DICCIONARIO

Español – Hebreo

Leon Dovidovich

© 2012 Snowball Publishing

Fax: 1 (815)6428329
Contacto: info@snowballpublishing.com

www.snowballpublishing.com

Diseño Portada: J.A. Neuman

ABREVIATURAS MAS COMUNES

קיצורים

adjetivo	adj	תֹּאַר
adjetivo adverbio	adjadv	תֹּאַר תֹּאַר הַפֹּעַל
adjetivo demostrativo	adjdem	תֹּאַר רוֹמֵז
adjetivo femenino	adjf	תֹּאַר; נְקֵבָה
adjetivo masculino	adjm	תֹּאַר; זָכָר
adjetivo posesivo	adjpos	תֹּאַר הַזִּקָּה
adverbio	adv	תֹּאַר הַפֹּעַל
artículo	art	ה׳ הַיְדִיעָה
artículo femenino plural	artfpl	ה׳ הַיְדִיעָה נְקֵבָה רַבִּים
artículo masculino plural	artmpl	ה׳ הַיְדִיעָה זָכָר רַבִּים
conjunción	conj	מִלַּת חִבּוּר
substantivo femenino	f	נְקֵבָה
interjección	interj	מִלַּת קְרִיאָה
substantivo masculino	m	זָכָר
masculino-femenino	mf	זָכָר; נְקֵבָה
masculino-femenino plural	mfpl	זָכָר, נְקֵבָה רַבִּים
plural	pl	רַבִּים
pronombre	pron	כִּנּוּי
pronombre demostrativo	prondem	כִּנּוּי רוֹמֵז
pronombre indefinido	pronindef	כִּנּוּי סְתָמִי
pronombre personal	pronper	כִּנּוּי הַגּוּף
verbo impersonal	vimp	פֹּעַל סְתָמִי
verbo intransitivo	vi	פֹּעַל עוֹמֵד
verbo reflexivo	vref	פֹּעַל חוֹזֵר
verbo transitivo	vt	פֹּעַל יוֹצֵא
verbo transitivo e intransitivo	vti	פֹּעַל יוֹצֵא וְעוֹמֵד

El alfabeto – הָאָלֶף־בֵּית

הָאָלֶף־בֵּית הַסְּפָרַדִּי מוֹנֶה עֶשְׂרִים וְתֵשַׁע אוֹתִיּוֹת:

הָאוֹת	קְטַנָּה	הַשֵּׁם	הַצְּלִיל	הֶעָרוֹת
A	a	אַ־אָ	אַ־אָ	
B	b	בֶּה	בּ	
C	c	סֶה	כּ־ס	c לִפְנֵי e i מְבֻטְּאִים ס, בְּיֶתֶר הַמִּקְרִים כּ
CH	ch	צֶ'ה	צ'	ch הִיא אוֹת בַּעֲלַת הִגּוּי אָחִיד וְאָסוּר לְהַפְרִיד בֵּין מַרְכִּיבֶיהָ
D	d	דֶה	ד	
E	e	אֵ־אָ	אֵ־אָ	
F	f	אֶפֶה	פ	
G	g	גֶה־חֶה	ג	g לִפְנֵי e i מְבֻטְּאִים ח
H	h	הַצֶ'ה	ה	אוֹת אִלֶּמֶת בִּסְפָרַדִּית
I	i	אִי	אִי־י	
J	j	חוֹטָה	ח־כ	
K	k	קָה	ק־כּ	k בְּשִׁמּוּשׁ בְּמִלִּים לוֹעֲזִיּוֹת
L	l	אֶלֶה	ל	
LL	ll	אֶלְיֶה	לְיֶה	ll הִיא אוֹת בַּעֲלַת הִגּוּי אָחִיד וְאָסוּר לְהַפְרִיד בֵּין מַרְכִּיבֶיהָ
M	m	אֶמֶה	מ	
N	n	אֶנֶה	נ	
N	ñ	אֶנְיֶה	נְיֶה	
O	o	אוֹ	אוֹ	
P	p	פֶּה	פּ	
Q	q	קוּ	ק	
R	r	אֶרֶה	ר	rr כְּפוּלָה הִיא בַּעֲלַת הִגּוּי אָחִיד וְאָסוּר לְהַפְרִיד בֵּינֵיהֶן. בָּאָה בְּאֶמְצַע הַמִּלָּה בִּלְבַד
S	s	אֶסֶה	ס	
T	t	טֶה־תֶה	ט־ת	
U	u	אוּ־אֻ	אוּ־אֻ	
V	v	וֶה־בֶה	ו־ב	
W	w	דוֹבְלֶה וֶה	וו	w בְּשִׁמּוּשׁ בְּמִלִּים לוֹעֲזִיּוֹת
X	x	אֶקִיס	קְס	
Y	y	יִגְרֶגָה	יְ	
Z	z	סֶטָה־סֶדָה	ז	

A

A 1 אַ, הָאוֹת הָרִאשׁוֹנָה שֶׁל הָאָלֶף־בֵּית הַסְּפָרַדִּי. 2 קִדֹּמֶת הַמַּרְאָה לְ־, אֶל. 3 אֶת

ababol *m* פֶּרֶג

abacá מוֹז

abacería *f* חֲנוּת מַכֹּלֶת

abacero חֶנְוָנִי

abacial *adj* מִנְזָרִי

ábaco *m* 1 חֶשְׁבּוֹנִיָּה, 2 אַפַּסְטִילָה. 3 עֲרֵבָה, גִּיגִית

abad *m* 1 אַב־מִנְזָר. 2 כֹּמֶר נָזִיר

abada *f* קַרְנַף

abadejo *m* 1 חֲמוֹר יָם. 2 מַלְכִּילוֹן

abadesa *f* אֵם מִנְזָר

abadía *f* 1 מִנְזָר. 2 כְּנֵסִיָּה

abajadero *m* מוֹרָד, מִדְרוֹן, שִׁפּוּעַ

abajo *adv* 1 מַטָּה, לְמַטָּה. 2 בַּמּוֹרָד. 3 לָרֶדֶת!

abalanzar *vtref* 1 אִזֵּן. 2 הִשְׁוָה, הִקְבִּיל, דִּמָּה. 3 הִתְנַפֵּל, הִסְתָּעֵר. 4 זָרַק, הִשְׁלִיךְ.

abaldonar *vt* הִשְׁפִּיל, גִּדֵּף, חֵרֵף

abalear *vt* נִפָּה

abaleo *m* הֲנָפָה, נִפּוּי

abalorio *m* חָרוּז

abanderado *m* דַּגְלָן, נוֹשֵׂא הַדָּגָל

abanderar *vt* 1 רָשַׁם אֳנִיָּה לְפִי דִגְלָהּ. 2 גִּיֵּס

abanderizar *vtref* 1 פִּלֵּג, חִלֵּק, הִפְרִיד. 2 הִגְדִּיר עַצְמוֹ

abandonado *adj* 1 עָזוּב, מֻזְנָח. 2 מֻפְקָר. 3 נָטוּשׁ

abandonar *vt* 1 עָזַב, הִזְנִיחַ, נָטַשׁ. 2 הִפְקִיר

abandonismo *m* תְּבוּסְתָּנוּת, תְּבוּסָנוּת

abandono *m* 1 הַזְנָחָה, עֲזוּבָה. 2 וִתּוּר, מְחִילָה. 3 הֶפְקֵר

abanicar *vt* 1 נִפְנֵף, הֵנִיף. 2 נָזַף, גָּעַר, הֶעֱנִישׁ

abanico *m* מְנִיפָה

abaniqueo *m* הֲנָפָה

abano *m* 1 מְאַוְרֵר. 2 מְנִיפָה

abañar *vt* מִיֵּן, סִוֵּג

abaratar *vtref* 1 הוֹזִיל. 2 הוּזַל

abarca *f* סַנְדָּל

abarcar *vt* 1 חִבֵּק, הִדֵּק. 2 כָּלַל, הֵכִיל. 3 צָפָה, הִשְׁקִיף

abarrancar *vt* 1 חָרַץ בְּקִיעִים (גשם). 2 הִתְדַּרְדֵּר, הִסְתַּבֵּךְ, הִתְבַּלְבֵּל

abarrotar *vt* 1 סָגַר, אָרַז. 2 טָעַן, הִטְעִין. 3 גָּדַשׁ, מִלֵּא, דָּחַס

abarrote *m* חֲבִילָה, אֲגֻדָּה, צְרוֹר. 2 חֲנוּת מַכֹּלֶת

abarrotero *m* חֶנְוָנִי

abarrotes *mpl* דִּבְרֵי מַכֹּלֶת

abastar *vt* 1 סִפֵּק, צִיֵּד. 2 הִסְפִּיק

abastecedor *m* סַפָּק

abastecer *vt* סִפֵּק, הִמְצִיא, צִיֵּד

abastecimiento *m* 1 אַסְפָּקָה, צִיָּדָה. 2 כַּלְכָּלָה, פַּרְנָסָה

abasto *m* 1 אַסְפָּקָה, צִיָּדָה. 2 כַּלְכָּלָה, פַּרְנָסָה

abatanar *vt* 1 בָּטַשׁ, חָבַט. 2 נִעֵר

abatatar *vtref* 1 הֵבִיךְ. 2 בִּלְבֵּל. 3 הִתְבַּלְבֵּל

abate *m* כֹּמֶר, נָזִיר, אָב

abatido *adj* 1 מְדֻכְדָּךְ, מְדֻכָּא, מְעֻנֶּה. 2 יָרוּד, פָּחוּת

abatimiento *m* דִּכָּאוֹן, דִּכְדּוּךְ, שִׁבְרוֹן לֵב

abatir *vti* 1 הִפִּיל. 2 הִשְׁפִּיל, בִּזָּה. 3 כָּפַף, הִרְכִּין. 4 פֵּרֵק. 5 דִּכְדֵּךְ, דִּכָּא. 6 תָּקַף, עָט (על טרף). 7 סָטָה, סָר.

abdicación *f* 1 הִתְפַּטְּרוּת, וִתּוּר. 2 כְּתַב־הִתְפַּטְּרוּת

abdicar *vt* הִתְפַּטֵּר, וִתֵּר עַל מַעֲמָדוֹ

abdomen *m* 1 בֶּטֶן, כָּרֵס. 2 גָּחוֹן

abdominal *adj* 1 בִּטְנִי, כַּרְסָנִי. 2 גְּחוֹנִי

1

abecé *m* אָלֶף־בֵּית

abecedario *m* 1 אָלֶף־בֵּית. 2 אַלְפוֹן

abedul *m* שַׁדָּר

abeja *f* דְּבוֹרָה

abejarrón *m* דַּבּוּר

abejaruco *m* שְׁרַקְרַק

abejera *f* מִכְוֶרֶת

abejero *m* 1 כַּוְּרָן. 2 שְׁרַקְרַק

abejón *m* 1 זְכַר הַדְּבוֹרִים. 2 דַּבּוּר

abejorro *m* דַּבּוּר

aberración *f* 1 סְטִיָּה, תְּעִיָּה. 2 לִקּוּי, מוּם, פְּגָם. 3 שְׁגִיאָה

abertura *f* 1 פְּתִיחָה, פֶּתַח. 2 בֶּקַע, סֶדֶק, חָרִיץ, פִּרְצָה

abesón *m* שֶׁבֶת (תבלין)

abetò *m* אַשׁוּחַ

abierto *adj* 1 פָּתוּחַ. פָּעוּר. 2 גָּלוּי, כֵּן

abigarrado *adj* חֲבַרְבּוּרִי, מְנֻקָּד, מְגֻוָּן, מְנֻמָּר

abigarrar *vt* גִּוֵּן

abigeato *m* גְּנֵבַת בְּהֵמוֹת

abigeo *m* גּוֹנֵב בְּהֵמוֹת

abismado *adj* 1 מְדֻכָּא, מְדֻכְדָּךְ. 2 שָׁקוּעַ

abismal *adj* תְּהוֹמִי

abismar *vtref* 1 הִטְבִּיעַ, טִבַּע. 2 הֵבִיךְ, בִּלְבֵּל. 3 שִׁקַּע. 4 הִסְתַּבֵּךְ

abismo *m* תְּהוֹם, שְׁאוֹל, מַעֲמַקִּים

abitaque *m* קוֹרָה

abjuración *f* 1 הִתְכַּחֲשׁוּת, הִתְנַכְּרוּת. 2 כְּפִירָה

abjurar *vt* 1 הִתְכַּחֵשׁ, הִתְנַכֵּר. 2 כָּפַר

ablación *f* כְּרִיתָה, קְטִיעָה, גִּדּוּם

ablandador *adj* מְרַכֵּךְ

ablandamiento *m* רִכּוּךְ

ablandar *vtref* 1 רִכֵּךְ, רִכְרֵךְ. 2 הֵקֵל, שִׁכֵּךְ, הִמְתִּיק, פִּיֵּס, הֵפִיג. 3 הִפְשִׁיר, מִזֵּג. 4 הִתְרַכֵּךְ

ablano *m* אִלְסָר (עץ)

ablativo *m* יַחֲסַת בְּ־

ablepsia *f* עִוָּרוֹן

ablución *f* 1 נְטִילַת יָדַיִם. 2 טְבִילָה

abnegación *f* מְסִירוּת, מְסִירוּת נֶפֶשׁ

abnegado *adj* מָסוּר, נֶאֱמָן

abnegar *vtref* 1 וִתֵּר. 2 הִתְמַסֵּר

abodamiento *m* 1 טִפְּשׁוּת, טִמְטוּם. 2 הַדְהָמָה

abobado *adj* כְּסִיל, טִפֵּשׁ, מְטֻמְטָם

abobar *vtref* 1 טִמְטֵם, בִּלְבֵּל. 2 הִתְבַּלְבֵּל

abocado *adjm* 1 עָדִין, נָעִים. 2 אֲבוֹקָדוֹ

abocar *vtref* 1 אָחַז בַּפֶּה. 2 יָצַק, נָסַךְ. 3 קָרַב, הִקְרִיב, הִסְמִיךְ. 4 הִתְכַּנֵּס, הִתְקַהֵל

abochornado *adj* מְבֻיָּשׁ, נִכְלָם, נָבוֹךְ

abochornar *vt* 1 בִּיֵּשׁ, בִּזָּה. 2 הִסְמִיק

abofetear *vt* 1 סָטַר. 2 גִּדֵּף, הִשְׁמִיץ

abogacía *f* עֲרִיכַת דִּין, פְּרַקְלִיטוּת, סָנֵגוֹרְיָה

abogado *m* עוֹרֵךְ דִּין, פְּרַקְלִיט, סָנֵגוֹר

abogar *vi* 1 סִנְגֵּר, טָעַן, לִמֵּד סָנֵגוֹרְיָה. 2 הִטִּיף, דָּרַשׁ. 3 תָּמַךְ, הִשְׁתַּדֵּל בְּעַד, דָּגַל

abolengo *m* יִחוּס, יַחֲסִין, יַחַשׂ, יַחַס

abolible *adj* בַּר־בִּטּוּל

abolición *f* 1 בִּטּוּל, חִסּוּל. 2 הֲפָרָה, שְׁלִילָה

abolicionismo *m* תּוֹרָה לְבִטּוּל הָעַבְדוּת

abolicionista *adjm* 1 תּוֹמֵךְ בְּבִטּוּל חֹק אוֹ מִנְהָג מְסֻיָּם. 2 תּוֹמֵךְ בְּבִטּוּל הָעַבְדוּת

abolir *vt* 1 בִּטֵּל, חִסֵּל. 2 הֵפֵר, שָׁלַל

abolsado *adj* 1 תָּפוּחַ, נָפוּחַ. 2 מְקֻוָּץ

abolsar *vtref* 1 תָּפַח, נָפַח, קִוֵּץ. 2 הִתְקַוֵּץ

abolladura *f* שְׁקַעֲרוּרִית, שֶׁקַע, עִקּוּם

abollar *vt* קִעֵר, שִׁקַּע, עִקֵּם

abollonar *vt* קִעֵר, שִׁקַּע, עִקֵּם

abomaso *m* קֵבַת מִיצִים

abombado *adj* 1 מְקֻשָּׁת, קָמוּר. 2 מְבֻלְבָּל, נָבוֹךְ

abombar *vtref* 1 קִעֵר, כָּפַף, קִמֵּר. 2 בִּלְבֵּל, הֶחֱרִישׁ, הֵבִיךְ. 3 נָבוֹךְ

abominable *adj* מְתֹעָב, מָאוּס, מַחְפִּיר

abominación *f* 1 שִׂנְאָה. 2 בְּחִילָה, תִּעוּב, מִאוּס

abominar *vt* 1 שָׂנֵא, עִיֵּן, שָׂטַם. 2 הִשְׁמִיץ,

גִּנָּה, נִבֵּל. 3 תִּעֵב, שִׁקֵּץ

abonado *m* 1 מְהֵימָן, נֶאֱמָן. 2 מָנוּי. 3 מוּכָן, עָרוּךְ. 4 מְזֻבָּל, מְשֻׁבָּח

abonador *m* 1 שַׁלָּם. 2 מְזַבֵּל, זַבָּל. 3 עָרֵב. 4 מַקְדֵּחָה

abonar *vt* 1 שִׁלֵּם, פָּרַע. 2 עָרַב. 3 זִבֵּל, שִׁבַּח. 4 חָתַם, מִנָּה. 5 זִכָּה

abonaré *m* שְׁטַר חוֹב, הַמְחָאָה

abono *m* 1 זָבָל. 2 חֲתִימָה, מִנּוּי. 3 תַּשְׁלוּם, פֵּרָעוֹן. 4 זִכּוּי

abordable *adj* נָגִישׁ

abordaje *m* הִסְתָּעֲרוּת, הִתְנַפְּלוּת (עַל אֳנִיָּה)

abordar *vt* 1 פָּגַע (אֳנִיָּה בְּמִשְׁנֶהָ). 2 עָלָה עַל אֳנִיָּה. 3 הִתְקָרֵב, קָרַב

abordo *m* עֲלִיָּה לָאֳנִיָּה

aborigen *adjm* יָלִיד, מְקוֹמִי, בֶּן הַמָּקוֹם

aborrascado *adj* סוֹעֵר, גּוֹעֵשׁ

aborrascarse *vref* הִסְתָּעֵר, הִתְקַבֵּר

aborrecedor *adj* מְתָעֵב, מַגְעִיל

aborrecer *vt* שָׂנֵא, שָׂטַם, תִּעֵב

aborrecible *adj* 1 מְעוֹרֵר־שִׂנְאָה. 2 מַגְעִיל, דּוֹחֶה

aborrecimiento *m* 1 שִׂנְאָה, שְׂטִימָה, מְאִיסָה. 2 שִׁעֲמוּם

abortar *vt* 1 הִפִּילָה. 2 עִוֵּת. 3 נִכְשַׁל

abortivo *adj* 1 שֶׁגּוֹרֵם הַפָּלָה. 2 שֶׁנּוֹלַד לִפְנֵי הַזְּמַן

aborto *m* 1 הַפָּלָה. 2 נֵפֶל

abotagamiento *m* הִתְנַפְּחוּת, תְּפִיחוּת, נְפִיחוּת

abotagar *vtref* 1 נִפַּח. 2 הִתְנַפֵּחַ

abotonar *vt* 1 כִּפְתֵּר, רָכַס. 2 לִבְלֵב, הֵנֵץ

abovedado *adj* מְקֻמָּר, מְקֻשָּׁת

abovedar קִמֵּר

abra *f* 1 מִפְרָץ, לְשׁוֹן יָם. 2 גַּיְא, עָרוּץ

abracadabra *m* אַבְרַקַדַּבְרָא

abracar *vt* הִקִּיף, חִבֵּק

abrasador *adj* לוֹהֵט, יוֹקֵד, שׂוֹרֵף, בּוֹעֵר

abrasamiento *m* 1 שְׂרֵפָה, דְּלֵקָה. 2 כְּוִיָּה, צָרֶבֶת

abrasante *adj* צוֹרֵב, שׂוֹרֵף

abrasar *vt* בִּעֵר, שָׂרַף, לִהֵט

abrasión *f* 1 גֵּרוּד, שִׁפְשׁוּף. 2 קִרְצוּף, שָׂרֶטֶת

abrasivo *adj* מְגָרֶה, שׂוֹרֵט

abrazadera *f* אוּנְקָל, קֶרֶס

abrazar *vt* 1 חִבֵּק, הִדֵּק. 2 הִקִּיף, כָּלַל. 3 אִמֵּץ, סִגֵּל

abrazo *m* 1 חִבּוּק, הִתְחַבְּקוּת. 2 גִּפּוּף

abrego *m* רוּחַ דְּרוֹמִית

abrelatas *mpl* פּוֹתְחָן

abrevadero *m* שֹׁקֶת, רַהַט

abrevar *vt* הִשְׁקָה, הִרְוָה

abreviación *f* קִצּוּר, תַּמְצִית

abreviadamente *adv* בְּקִצּוּר, בִּקְצָרָה

abreviar *vt* 1 קִצֵּר, הִפְחִית, הִמְעִיט. 2 זֵרֵז, הֵאִיץ, דִּרְבֵּן. 3 תִּמְצֵת

abreviatura *f* 1 קִצּוּר, רָאשֵׁי תֵבוֹת. 2 נוֹטָרִיקוֹן

abridor *adjm* פּוֹתֵחַ, פּוֹתְחָן

abrigadero *m* מְקוֹם מִקְלָט

abrigado *m* מָגֵן, מִקְלָט

abrigador *adj* 1 מְחַמֵּם. 2 מַגֵּן. 3 מְכַסֶּה

abrigar *vtref* 1 נָתַן מַחְסֶה. 2 הֵגֵן. 3 עָזַר, תָּמַךְ, סָמַךְ, סִיֵּעַ. 4 הִתְעַטֵּף, הִתְכַּסָּה

abrigo *m* 1 מַחְסֶה, מָגֵן, מִקְלָט. 2 מְעִיל עֶלְיוֹן. 3 סִיּוּעַ, תְּמִיכָה, עֶזְרָה

abril *m* 1 אַפְּרִיל. 2 אָבִיב. 3 נְעוּרִים

abrillantar *vt* לִטֵּשׁ, הִבְרִיק, צִחְצֵחַ

abrir *vt* 1 פָּתַח, פָּרַשׂ. 2 גִּלָּה, חָשַׂף. 3 הֵחֵל. 4 עוֹרֵר. 5 פָּקַח (עֵינַיִם)

abrochadura *f* כִּפְתּוּר, רְכִיסָה

abrochar *vt* כִּפְתֵּר, רָכַס

abrogación *f* בִּטּוּל, הֲפָרָה, שְׁלִילָה

abrogar *vt* 1 בִּטֵּל, הֵפֵר. 2 חִסֵּל, שָׁלַל

abrojo *m* דַּרְדַּר, קִמּוֹשׁ

abrumado *adj* 1 מֻטְרָד, טָרוּד. 2 מְדֻכָּא, מְדֻכְדָּךְ

abrumador *adj* 1 מַכְבִּיד, מֵעִיק, לוֹחֵץ. 2 מְיַגֵּעַ, מַלְאֶה. 3 מַטְרִיד

abrumar *vt* 1 הִכְבִּיד, הֵעִיק, לָחַץ. 2 הֶלְאָה, הִטְרִיד. 3 הִתְעַיֵּף

abrupto *adj* 1 תָּלוּל, מִדְרוֹנִי. 2 גַּס, מְחֻסְפָּס

abrutado *adj* גַּס, בַּהֲמִי, בּוּר

absceso *m* מֻרְסָה, כִּיב

abscisa *f* אַבְּסְקִיסָה

ábside *m* אַפְּסִיס, קִמּוֹרָה

absintio *m* לַעֲנָה, אַפְּסִנְתִּין

absolución *f* 1 מְחִילָה, כַּפָּרָה, סְלִיחָה. 2 זִכּוּי

absolutismo *m* אַבְּסוֹלוּטִיזְם

absoluto *adj* מֻחְלָט, גָּמוּר, נֶחֱרָץ, הֶחְלֵטִי

absolutorio *adj* מְכַפֵּר, מְזַכֶּה, מוֹחֵל

absolvente *adj* מוֹחֵל, מְכַפֵּר

absolver *vt* 1 מָחַל, כִּפֵּר, סָלַח. 2 זִכָּה, חָנַן

absorbencia *f* 1 סְפִיגָה, יְנִיקָה, שְׁאִיבָה. 2 קְלִיטָה

absorbente *adj* 1 סוֹפֵג, יוֹנֵק, שׁוֹאֵב. 2 קוֹלֵט

absorber *vt* 1 סָפַג, יָנַק, שָׁאַב. 2 קָלַט

absorpción *f* 1 סְפִיגָה, שְׁאִיבָה, יְנִיקָה. 2 קְלִיטָה. 3 בְּלִיעָה

absorto *adj* שָׁקוּעַ, תָּקוּעַ

abstemio *adj* נָזִיר (מִיַּיִן), מִסְתַּפֵּק בְּמֻעָט

abstención *f* 1 הִמָּנְעוּת. 2 פְּרִישׁוּת, נְזִירוּת

abstencionalismo *m* 1 הִמָּנְעוּת. 2 הִנָּזְרוּת

abstenerse *vref* נִמְנַע, הִתְנַזֵּר, הִתְאַפֵּק

abstinencia *f* 1 הִמָּנְעוּת. 2 פְּרִישׁוּת, הִנָּזְרוּת, הִתְאַפְּקוּת

abstinente *adj* 1 נָזִיר. 2 פּוֹרֵשׁ

abstracción *f* הַפְשָׁטָה

abstracto *adj* מֻפְשָׁט, אַבְּסְטְרַקְטִי

abstraer *vt* 1 הִפְשִׁיט. 2 הִסִּיחַ אֶת הַדַּעַת

abstraído *adj* 1 פָּרוּשׁ, מִתְבַּדֵּל. 2 מְפֻזָּר, מְבֻלְבָּל

abstruso *adj* סָתוּם, אָטוּם, עָמוּם

absuelto *adj* 1 מָחוּל, מְחוֹנָן. 2 זַכַּאי

absurdidad *f* 1 אִוֶּלֶת, טִפְּשׁוּת, סִכְלוּת. 2 חֹסֶר הִגָּיוֹן, גִּחוּךְ

absurdo *adj* אַבְּסוּרְדִי, מְגֻחָךְ

abubilla *f* דּוּכִיפַת

abuchear *vt* צָעַק בּוּז

abucheo *m* הַבָּעַת מֹרַת רוּחַ

abuela *f* 1 סַבְתָּא. 2 זְקֵנָה, יְשִׁישָׁה

abuelo *m* 1 סָב, סָבָא. 2 זָקֵן, יָשִׁישׁ

abulia *f* שַׁאֲנַנּוּת, אֲדִישׁוּת

abúlico *adj* שַׁאֲנָן, אָדִישׁ

abultado *adj* עָבֶה, גַּמְלוֹנִי, גּוּשִׁי, מֻבְלָט

abultar *vt* 1 עִבָּה. 2 הִבְלִיט. 3 הִגְזִים, הִגְדִּיל

abundamiento *m* שֶׁפַע

a mayor (–) יְתֵרָה מִזּוֹ, יָתֵר עַל כֵּן

abundancia *f* שֶׁפַע

abundante *adj* שׁוֹפֵעַ, מְרֻבֶּה, רַב

abundar *vt* שָׁפַע, הָיָה לוֹ בְּשֶׁפַע

aburar *vt* שָׂרַף, בִּעֵר

aburguesarse *vref* הִתְבַּרְגֵּן

aburrición *f* שִׁעֲמוּם, שִׁמָּמוֹן

aburrido *adj* מְשַׁעֲמֵם, מְשֻׁעֲמָם

aburridor *adj* מְשַׁעֲמֵם

aburrimiento *m* שִׁעֲמוּם, שִׁמָּמוֹן

aburrir *vt* שִׁעֲמֵם

abusador *adjm* עוֹשֵׁק, מְנַצֵּל לְרָעָה

abusar *vt* 1 עָשַׁק. 2 נִצֵּל לְרָעָה, הִשְׁתַּמֵּשׁ לְרָעָה. 3 הִפְרִיז

abusión *f* 1 עֹשֶׁק, נִצּוּל. 2 אֱמוּנָה תְּפֵלָה

abusivo *adj* 1 נַצְלָנִי, עוֹשְׁקָנִי. 2 מֻפְרָז

abuso *m* 1 עֹשֶׁק, נִצּוּל. 2 נִצּוּל לְרָעָה, שִׁמּוּשׁ לְרָעָה

abyección *f* 1 נִבְזוּת, שִׁפְלוּת, שְׁחִיתוּת. 2 דִּכָּאוֹן, דִּכְדּוּךְ

abyecto *adj* 1 נִבְזֶה, שָׁפָל, נִקְלֶה. 2 מְדֻכָּא, מְדֻכְדָּךְ

acá *adv* 1 פֹּה, כָּאן. 2 הֵנָּה

acabado *adj* 1 מֻגְמָר, שָׁלֵם, מְשֻׁכְלָל. 2 הָרוּס, שָׁבוּר, רָצוּץ, אָכוּל

acabador *adjm* 1 מַשְׁלִים, מְגַמֵּר. 2 מְסַיֵּם, גּוֹמֵר

acabar *vti* 1 גָּמַר, סִיֵּם, הִשְׁלִים. 2 אִכֵּל, כִּלָּה, עִכֵּל. 3 הִשִּׂיג, הִצְלִיחַ. 4 מֵת, נִפְטַר

acabe *m* גְּמָר, סִיּוּם, גִּמּוּר

acabildar *vt* שִׁדֵּל

acabóse *m* הַסּוֹף, סוֹף דָּבָר, גְּמָר

acacia *f* שִׁטָּה

academia *f* אֲקָדֶמְיָה

académico *adjm* אֲקָדֶמִי, אֲקָדֶמָאִי
acaecer *vi* קָרָה, אֵרַע, הִתְרַחֵשׁ
acaecimiento *m* אֵרוּעַ, מְאֹרָע, הִתְרַחֲשׁוּת, מִקְרֶה
acalambrarse *vref* הִתְכַּוֵּץ
acaldar *vt* 1 הִבְהִיל, הִפְחִיד. 2 סִדֵּר, הִתְאִים
acalía *f* חָטְמִית
acalenturarse *vref* קָדַח (מֵחֹם)
acalorado *adj* 1 מְחֻמָּם, נִרְגָּז. 2 לָהוּט, נִלְהָב
acaloramiento *m* 1 לַהַט, הִתְלַהֲטוּת. 2 חִמּוּם, הִתְרַגְּזוּת. 3 הִתְלַהֲבוּת, הִתְלַקְּחוּת, הִתְרַגְּשׁוּת
acalorar *vtref* 1 חִמֵּם. 2 הִדְלִיק, הִבְעִיר. 3 עוֹדֵד, תָּמַךְ. 4 שִׁלְהֵב, הִלְהִיב. 5 הִתְרַגֵּשׁ, הִתְלַהֵב
acaloro *m* 1 הִתְלַהֲטוּת. 2 חִמּוּם, הִתְרַגְּזוּת. 3 הִתְלַהֲבוּת, הִתְלַקְּחוּת, הִתְרַגְּשׁוּת
acallar *vt* 1 הִשְׁתִּיק, הִשְׁקִיט, שִׁתֵּק. 2 הִרְגִּיעַ, הֵפִיג, שִׁכֵּךְ
acampar *vt* הֶחֱנָה
acampo *m* אָחוּ, כַּר, אָפָר
acanalar *vt* 1 נִקֵּז, תִּעֵל. 2 חָרַץ, פִּצֵּל
acantilado *adjm* 1 תָּלוּל, זָקוּף. 2 מִדְרוֹן, מוֹרָד. 3 צוּק, שֻׁנִּית
acanto *m* קוֹצִיץ
acantonamiento *m* 1 הַחֲנָיַת צָבָא. 2 מַחֲנֶה צְבָאִי
acantonar *vt* 1 הֶחֱנָה צָבָא. 2 הִגְבִּיל
acaparador *adjm* 1 מְסַפְסֵר. 2 סַפְסָר
acaparamiento *m* סַפְסָרוּת
acaparar *vt* סִפְסֵר
acaracolado *adj* לוּלְיָנִי, סְלִילִי, סְפִּירָלִי, חֶלְזוֹנִי
acaramelado *adj* מְמֻתָּק
acaramelar *vt* הִמְתִּיק
acarar, acarear *vt* עִמֵּת
acariciador *adj* לַטְּפָנִי, מְלַטֵּף
acariciar *vt* 1 לִטֵּף, גִּפֵּף. 2 פִּנֵּק
ácaro *m* קַרְצִית, אַקְרִית
acarreadizo *adj* נַיָּד, מִטַּלְטֵל

acarreador *adjm* 1 מוֹבִיל, נוֹשֵׂא. 2 סַבָּל
acarreamiento *m* 1 הוֹבָלָה, טִלְטוּל, הַעֲבָרָה. 2 תּוֹבָלָה
acarrear *vt* 1 הוֹבִיל, נָשָׂא, הֶעֱבִיר, טִלְטֵל. 2 גָּרַם, סִבֵּב
acarreo *m* 1 הוֹבָלָה, הַעֲבָרָה. 2 תּוֹבָלָה
acaso *m adv* 1 מִקְרֶה, מַזָּל. 2 פֶּן, אוּלַי. 3 הַאִם? כְּלוּם?
acatamiento *m* 1 צִיּוּת, צַיְּתָנוּת. 2 מִשְׁמַעַת
acatar *vt* 1 צִיֵּת. 2 כִּבֵּד, הוֹקִיר
acatarrarse *vref* הִצְטַנֵּן
acato *m* 1 צִיּוּת, צַיְּתָנוּת. 2 מִשְׁמַעַת
acaudalado *adj* עָשִׁיר, אָמִיד, עַתִּיר נְכָסִים
acaudalar *vt* צָבַר, לִקֵּט, עָרַם, אָסַף, אָגַר
acaudillamiento *m* הַנְהָגָה, הַנְהָלָה
acaudillar *vt* 1 הִנְהִיג, פִּקֵּד. 2 עָמַד בְּרֹאשׁ. 3 הוֹלִיךְ, הוֹבִיל, הִדְרִיךְ
acceder *vi* 1 הִסְכִּים. 2 נִשְׁמַע, צִיֵּת, הִקְשִׁיב
accecibilidad *f* נְגִישׁוּת, גִּישָׁה
accecible *adj* נָגִישׁ, קַל גִּישָׁה
accesión *f* 1 הַסְכָּמָה. 2 טְפֵלָה. 3 הַקְנָיָה, רְכִישָׁה. 4 עֲוִית
acceso *m* 1 הִתְקָרְבוּת. 2 כְּנִיסָה, גִּישָׁה. 3 הַתְקָפַת עֲוִית
accesorio *adjm* 1 מִשְׁנִי, צְדָדִי. 2 טָפֵל. 3 אֲבִיזָר, חֵלֶק
accidentado *adj* 1 רָצוּץ, שָׁבוּר, מְחֻסְפָּס. 2 נִרְגָּשׁ, נִסְעָר. 3 סוֹעֵר, רוֹעֵשׁ
accidental *adj* 1 מִקְרִי, בְּשׁוֹגֵג. 3 מִשְׁנִי, צְדָדִי. 3 זְמַנִּי, אֲרָעִי
accidentar *vt* 1 גָּרַם לִתְאוּנָה. 2 סָבַל תְּאוּנָה
accidente *m* 1 תְּאוּנָה, אָסוֹן, פֶּגַע. 2 מִקְרֶה, אַקְרַאי. 3 נְטִיָּה
acción *f* 1 פְּעֻלָּה, מַעֲשֶׂה, עֲשִׂיָּה. 2 פְּעִילוּת. 3 הַשְׁפָּעָה. 4 מִבְצָע. 5 מְנָיָה
accionamiento *m* הַפְעָלָה, תִּפְעוּל
accionar *vi* 1 הֵנִיעַ יָדָיו (בשעת דִּבּוּר). 2 הִפְעִיל
accionista *m* מַשְׁקִיעַ, בַּעַל מְנָיָה
acebo *m* אֶדֶר

acecinado *adj* מְעֻשָּׁן
acechanza *f* מַאֲרָב, רִגּוּל, אֹרֶב, אֶרֶב
acechar *vt* אָרַב, רִגֵּל, תָּר
acecho *m* מַאֲרָב, רִגּוּל, אֶרֶב
acedar *vt* 1 הֶחְמִיץ. 2 הִרְגִּיז, הִכְעִיס. 3 כָּמַשׁ, קָמַל, נָבַל
acedera *f* 1 חַמְצָה. 2 חַמְצִיץ
acedía *f* 1 חֲמִיצוּת, חַמְצִיּוּת. 2 צָרֶבֶת. 3 חִסְפּוּס. 4 דַּג משֶׁה רַבֵּנוּ
acedo *adjm* 1 חָמוּץ, חָמִיץ. 2 תָּפֵל. 3 חֹמֶץ
aceitado *adj* מְשֻׁמָּן
aceitar *vt* 1 שִׁמֵּן. 2 סָךְ, מָשַׁח
aceite *m* 1 שֶׁמֶן. 2 יִצְהָר
aceitera *f* אָסוּךְ
aceitoso *adj* שַׁמְנִי, שַׁמְנוּנִי
aceitillo *m* יִצְהָר
aceituna *f* זַיִת
aceitunado *adj* מִצֶּבַע זַיִת, זֵיתִי
aceituno *m* עֵץ הַזַּיִת
aceleración *f* הָאָצָה, תְּאוּצָה, זֵרוּז, הָחָשָׁה
acceleradamente *adv* חִישׁ, בִּמְהֵרָה, בְּחִפָּזוֹן
acelerador *adjm* מֵאִיץ
aceleramiento *m* הָאָצָה, הָחָשָׁה
acelerar *vt* הֵאִיץ, הֵחִישׁ, זֵרֵז
acelga *f* סֶלֶק
acémila *f* פִּרְדָּה, בֶּהֱמַת מַשָּׂא
acemita *f* לֶחֶם סֻבִּין
acemite *m* סֻבִּין
acendrado *adj* זַךְ, צַח, טָהוֹר, נָקִי, צָלוּל
acendramiento *m* זִכּוּךְ, זִקּוּק
acendrar *vt* זִכֵּךְ, זִקֵּק
acento *m* נְגִינָה, טַעַם, נְעִימָה, מִבְטָא, הַדְגָּשָׁה
acentuación *f* הַטְעָמָה, הַנְעָמָה, הַדְגָּשָׁה
acentuar *vt* 1 הִטְעִים, תִּיֵּג. 2 הִבְלִיט, הִדְגִּישׁ
aceña *f* טַחֲנָה
acepción *f* 1 מַשְׁמָעוּת, פֵּשֶׁר, הוֹרָאָה. 2 פֵּרוּשׁ. 3 מַשּׂוֹא פָּנִים, עֲדִיפוּת, הַפְלָיָה
aceptabilidad *f* סְבִירוּת, רְצִיּוּת, קְבִילוּת
aceptable *adj* סָבִיר, רָצוּי, רָאוּי, מִתְקַבֵּל עַל הַדַּעַת, קָבִיל
aceptación *f* הַסְכָּמָה, הַעֲנוּת, אִשּׁוּר, קַבָּלָה
aceptar *vt* 1 הִסְכִּים, נַעֲנָה, אִשֵּׁר. 2 קִבֵּל. 3 הִתְחַיֵּב
acepto *adj* 1 נָעִים, הוֹלֵם. 2 מְקַבֵּל, מִתְקַבֵּל
acequia *f* תְּעָלָה, בִּיב
acera *f* מִדְרָכָה
acerado *adj* 1 פַּלְדִּי, מְפֻלָּד. 2 חָזָק, קָשֶׁה. 3 עוֹקְצָנִי, חָרִיף, שָׁנוּן
acerar *vt* 1 פִּלֵּד. 2 חִזֵּק, הִקְשָׁה. 3 בָּנָה מִדְרָכוֹת
acerbidad *f* 1 חִסְפּוּס. 2 אַכְזְרִיּוּת, חֻמְרָה
acerbo *adj* 1 מְחֻסְפָּס, חָמוּץ. 2 אַכְזָר, אַכְזְרִי
acerca (de) *adv* בְּנוֹגֵעַ, אוֹדוֹת, בְּעִנְיַן־, בִּדְבַר־
acercamiento *m* קֵרוּב, הַקְרָבָה, הַסְמָכָה
acercar *vt* קֵרֵב, הִסְמִיךְ, הִקְרִיב
ácere *m* אֶדֶר
acero *m* 1 פְּלָדָה. 2 חִשּׁוּל. 3 נֶשֶׁק קַר. 4 אֹמֶץ, לַהַט. 5 תֵּאָבוֹן
acerola *f* פְּרִי הָעֻזְרָד
acerolo *m* עֻזְרָד
acérrimo *adj* 1 נִמְרָץ, תַּקִּיף. 2 מֻחְלָט. 3 חָמוּץ
acerrojar *vt* נָעַל, הִנְעִיל
acertado *adj* נָכוֹן, מְדֻיָּק, בָּדוּק
acertante *adj* קוֹלֵעַ
acertar *vt* 1 קָלַע. 2 הִצְלִיחַ, הִשִּׂיג. 3 מָצָא, גִּלָּה. 4 קָרָה, אֵרַע
acertijo *m* חִידָה, מָשָׁל
acervo *m* 1 עֲרֵמָה, צֹבֶר. 2 מוֹרָשָׁה, מוֹרֶשֶׁת
acético *adj* חָמוּץ, אֲצֶטִי
acetileno *m* אֲצֶטִילֶן
acetona *f* אֲצֶטוֹן
acetosa *f* חֻמְעָה
acetoso *adj* חָמוּץ
acezar *vi* נָשַׁף, גָּנַח, נָשַׁם בִּכְבֵדוּת
aciago *adj* 1 עָגוּם, עָצוּב, קוֹדֵר, מַעֲצִיב. 2 מְבַשֵּׂר רָעוֹת
aciano *m* דְּגָנִיָּה, דַּרְדַּר כָּחֹל, דַּרְדַּר אָדֹם
acíbar *m* 1 אַלְוַי (צמח נוי). 2 מְרִירוּת, רֹגֶז
acicalamiento *m* צִחְצוּחַ, מֵרוּק, לִטּוּשׁ, בָּרָק
acicalar *vt* 1 צִחְצֵחַ, לִטֵּשׁ. 2 פֵּאֵר, הִדֵּר. 3 חִדֵּד, הִשְׁחִיז. 4 טִיַּח

acicate *m* 1 דָּרְבָן, מַלְמָד. 2 תַּמְרִיץ, גֵּרוּי
acicatear *vt* דִּרְבֵּן, הִמְרִיץ
acidez *f* 1 חֲמִיצוּת, חִמּוּץ. 2 צָרֶבֶת
acidia *f* 1 עַצְלוּת. 2 רַשְׁלָנוּת
acidulado *adj* חֲמַצְמַץ
acidular *vt* חִמֵּץ, הֶחְמִיץ
ácido *adjm* 1 חָמוּץ, תּוֹסֵס. 2 חֻמְצָה
acierto *m* 1 תְּבוּנָה, בִּינָה. 2 קְלִיעָה. 3 זְרִיזוּת, כִּשְׁרוֹן, חָרִיצוּת, מֻמְחִיּוּת
acimut *m* אַזִימוּת
aclamable *adj* רָאוּי לְשַׁבֵּחַ
aclamación *f* 1 תְּרוּעָה, תְּשׁוּאָה. 2 פֶּה אֶחָד
aclamar *vt* 1 הֵרִיעַ, מָחָא כַּף. 2 קָרָא, כִּנָּה
aclaración *f* בֵּאוּר, פֵּרוּשׁ, הֶסְבֵּר
aclarador *ad* מְבָאֵר, מְפָרֵשׁ, מַסְבִּיר
aclarar *vt* 1 בֵּאֵר, הִבְהִיר, פֵּרֵשׁ, הִסְבִּיר. 2 דִּלֵּל. 3 שָׁטַף. 4 הִתְבַּהֵר
aclaratorio *adj* מְבָאֵר, מַסְבִּיר, מַבְהִיר
aclarecer *vt* 1 הִבְהִיר, בֵּאֵר. 2 הֵאִיר, הִבְהִיק
aclimatación *f* אִקְלוּם, הִתְאַקְלְמוּת
aclimatar *vt* אִקְלֵם, הִרְגִּיל
aclocar *vt* דָּגַר, רָבַץ
acné *f* חֲזָזִית (מחלת עור)
acobardamiento *m* הַפְחָדָה, הַטָּלַת מוֹרָא
acobardar *vt* הִפְחִיד, הִבְהִיל, הֵטִיל מוֹרָא
acodado *adj* כָּפוּף, מְעֻקָּם, שָׁחוּחַ
acodar *vt* 1 הִבְרִיךְ. 2 כָּפַף, עִקֵּם. 3 נִשְׁעַן. 4 הִתְפַּרְקֵד
acodillar *vt* 1 כָּפַף, עִקֵּם. 2 הִבְרִיךְ
acogedor *adj* לְבָבִי, מַסְבִּיר פָּנִים
acoger *vt* 1 אֵרַח, אִכְסֵן. 2 הֵגֵן, קָלַט, הֶחֱסָה. 3 קִבֵּל, אִשֵּׁר
acogeta *m* מִקְלָט, מִסְתּוֹר, מַחְסֶה
acogible *adj* רָצוּי, רָאוּי, מִתְקַבֵּל
acogida *f* 1 קַבָּלַת פָּנִים. 2 הִתְכַּנְּסוּת, הִתְאַסְּפוּת
acogimiento *m* קַבָּלַת פָּנִים
acogotado *adj* 1 חָנוּק, שָׁנוּק. 2 לָחוּץ, דָּחוּק
acogotar *vt* שָׁחַט, זָבַח. 2 עָרַף. 3 הִתְגַּבֵּר, הִכְרִיעַ, נִצַּח

acolchar *vt* 1 הִצִּיעַ. 2 רִפֵּד. 3 שָׁזַר, קָלַע
acólito *m* 1 עוֹזֵר לְכֹמֶר. 2 מְלַוֶּה. 3 עוֹזֵר
acomedirse *vref* הִתְנַדֵּב
acometedor *adjm* תַּקִּיף, יוֹזֵם, פּוֹרֵץ, מִתְפָּרֵץ, מִתְנַפֵּל
acometer *vt* 1 הִתְנַפֵּל, תָּקַף, הִסְתָּעֵר, עָט. 2 יָזַם, זָמַם, הָגָה
acometida *f* 1 הִסְתָּעֲרוּת, הִתְנַפְּלוּת, הַתְקָפָה. 2 הִתְקַשְּׁרוּת
acometimiento *m* הִסְתָּעֲרוּת, הִתְנַפְּלוּת, הַתְקָפָה
acometividad *f* עַזּוּת, הֶעָזָה
acomodable *adj* סָדִיר, סָגִיל
acomodación *f* 1 סִדּוּר, עֲרִיכָה. 2 הַתְאָמָה, סִגּוּל, הִסְתַּגְּלוּת
acomodadizo *adj* סְתַגְּלָן, פַּשְׁרָן, וַתְּרָן
acomodado *adj* 1 נוֹחַ, הוֹלֵם. 2 זוֹל. 3 אָמִיד, מְבֻסָּס, מְסֻדָּר. 4 אוֹהֵב נוֹחוּת
acomodador *adjm* 1 מְסַדֵּר. 2 סַדְּרָן
acomodamiento *m* 1 הִסְתַּגְּלוּת, הַתְאָמָה, הֶסְדֵּר. 2 עִסְקָה
acomodar *vt* סִדֵּר, עָרַךְ, הִתְאִים, סִגֵּל
acomodaticio *adj* סְתַגְּלָנִי, נוֹחַ, סְתַגְּלָן, הִסְתַּגְּלוּתִי
acomodo *m* 1 תַּפְקִיד, מִשְׂרָה, כְּהֻנָּה. 2 הֶסְדֵּר, סִדּוּר, הַתְאָמָה
acompañado *adj* 1 מְלֻוֶּה, מְצֹרָף, לוּט. 2 צָפוּף, דָּחוּס
acompañador *m* מְלַוֶּה, בֶּן־לְוָיָה
acompañamiento *m* 1 לִוּוּי, לְוָיָה. 2 פָּמַלְיָה. 3 סְטָטִיסְט, נִצָּב
acompañante *m* מְלַוֶּה
acompañar *vt* 1 לִוָּה. 2 צֵרֵף, הוֹסִיף. 3 סִפַּח, חִבֵּר. 4 הִשְׁתַּתֵּף, הִתְכַּנֵּס
acompasado *adj* 1 קָצוּב, מִקְצָבִי. 2 שַׁאֲנָן. 3 שָׁקוּל, מָתוּן
acomplejado *adj* מְתֻסְבָּךְ
aconchar *vt* 1 שִׁקַּע. 2 הִתְקַמֵּר. 3 הֵגֵן, שָׁמַר
acondicionado *adj* 1 מֻתְאָם, מְסֻדָּר. 2 מֻתְנֶה, עַל תְּנַאי

acondicionamiento הַתְאָמָה, סִדּוּר

acondicionar *vt* 1 סִדֵּר, עָרַךְ, הִתְאִים. 2 הֵכִין, הִתְקִין. 3 עִמֵּד. 4 הִתְנָה

acongojado *adj* מְדֻכָּא, מְדֻכְדָּךְ

acongojador *adj* 1 מֵעִיק, לוֹחֵץ. 2 מַכְאִיב, מַעֲצִיב

acongojar *vt* צִעֵר, דִּכָּא, הֵעִיק, הֵצִיק

acónito *m* חוֹנֵק־הַדֹּב, חוֹנֵק־הַזְּאֵב

aconsejable *adj* כְּדַאי, רָצוּי, יָאֶה, נָבוֹן

aconsejador *adjm* יוֹעֵץ, מְיָעֵץ

aconsejar *vt* 1 יָעַץ. 2 הִמְלִיץ

acontecimiento מְאֹרָע, אֵרוּעַ, מִקְרֶה, הִתְרַחֲשׁוּת, הִזְדַּמְּנוּת

acontecer *vi* קָרָה, אֵרַע, הִזְדַּמֵּן, הִתְרַחֵשׁ, הָיָה

acopiar *vt* צָבַר, אָסַף, לִקֵּט, עָרַם, גָּדַשׁ, גִּבֵּב

acopio *m* לִקּוּט, אִסּוּף, צִבּוּר, אֹסֶף, קִבּוּץ

acoplado *adjm* 1 נִגְרָר, קָשׁוּר. 2 קָרוֹן נִגְרָר

acoplamiento *m* חִבּוּר, זִוּוּג, קִשּׁוּר, הַצְמָדָה

acoplar *vt* 1 הִצְמִיד, חִבֵּר, קָשַׁר. 2 זִוֵּג, בָּעַל. 3 שִׁדֵּךְ, הִשִּׂיא

acoquinar *vt* הִפְחִיד, הִבְהִיל, הֶחֱרִיד

acoralado *adj* אַלְמֻגִּי

acorazado *adjm* 1 מְשֻׁרְיָן. 2 אֳנִיַּת קְרָב

acorazar *vt* שִׁרְיֵן

acorazonado *adj* לָבוּב, מְלֻבָּב

acordado *adj* מֻסְכָּם, מְקֻבָּל, מְאֻשָּׁר

acordar *vt* 1 הִסְכִּים, הֶחְלִיט (ברוב דעות או פה אחד). 2 פִּיֵּס, שִׁדֵּל. 3 הִתְאִים, כּוֹנֵן, סִגֵּל. 4 נִזְכַּר

acorde *m adj* 1 תַּצְלִיל, אַקּוֹרְד. 2 מֻסְכָּם, מְקֻבָּל. 3 מַתְאִים, מְכֻוָּן

acordeón *m* אַקּוֹרְדִיוֹן, מַפּוּחִית־יָד

acordeonista *m* אַקּוֹרְדְיוֹנִיסְט, מַפּוּחוֹנַאי

acordonado 1 מֻקָּף, כָּתוּר. 2 קָשׁוּר, מְהֻדָּק

acordonar *vt* 1 קָשַׁר, צָרַר, הִדֵּק. 2 הִקִּיף, כִּתֵּר

acorralar *vt* 1 הִכְנִיס לַדִּיר. 2 חָסַם, סָגַר, כִּתֵּר

acorrer *vt* סִיַּע, עָזַר, תָּמַךְ

acortable *adj* גָּדִיעַ, כָּרִית, קָטִיעַ

acortamiento *m* קִצּוּר, צִמְצוּם, הַפְחָתָה

acortar *vt* 1 קִצֵּר, צִמְצֵם. 2 הִקְטִין, הִפְחִית.

3 הִתְעַנֵּו, הִצְטַנֵּעַ

acosador *m* צוֹרֵר, מֵצִיק, לוֹחֵץ

acosamiento *m* רְדִיפָה, הֲצָקָה

acoso *m* הַטְרָדָה, הַקְנָטָה, לַחַץ

acosar *vt* 1 רָדַף. 2 הֵצִיק, עִנָּה, לָחַץ

acostado *adj* שָׁכוּב, מֻנָּח, מוּטָל

acostamiento *m* 1 הַשְׁכָּבָה, שְׁכִיבָה. 2 הִשְׂתָּרְעוּת, הִשְׁתַּטְּחוּת. 3 תְּמִיכָה, חָסוּת. 4 תּוֹעֶלֶת, תַּגְמוּל

acostar *vt* 1 הִשְׁכִּיב, שִׁטַּח. 2 שָׁכַב, הִשְׂתָּרַע

acostumbrado *adj* מֻרְגָּל, מְקֻבָּל, רָגִיל

acostumbrar *vtref* 1 הִרְגִּיל, אִמֵּן, הִדְרִיךְ, סִגֵּל, חִנֵּךְ. 2 הִתְרַגֵּל, הִסְתַּגֵּל

acotación *f* 1 הֶעָרָה, צִיּוּן, הֶעָרַת שׁוּלַיִם. 2 סִמּוּן, הוֹרָאָה

acotar *vt* 1 תָּחַם. 2 הֵעִיר, פֵּרַשׁ. 3 צִיֵּן, סִמֵּן. 4 גָּזַם

acotiledón *m* חֲסַר־פְּסִיגִים

acotillo *m* מַקֶּבֶת, פַּטִּישׁ

agracia *f* תֹּהוּ וָבֹהוּ, אֲנַרְכְיָה

ácrata *adj* אֲנַרְכִיסְט

acre *madj* 1 אַקְר. 2 מְחֻסְפָּס, גַּס. 3 חָמוּץ, חָרִיף. 4 צוֹרֵב, צוֹרְבָנִי

acrecencia *f* צְבִירָה, גִּדּוּל, הוֹסָפָה, תּוֹסֶפֶת

acrecentamiento *m* צְבִירָה, גִּדּוּל, הוֹסָפָה, תּוֹסֶפֶת

acrecentar *vt* 1 צָבַר, עָרַם, הִגְדִּיל, הוֹסִיף. 2 הִתְקַדֵּם

acrecer *vt* צָבַר, עָרַם, הִגְדִּיל, הוֹסִיף

acresión *f* הִתְלַכְּדוּת, גִּדּוּל

acreditado *adj* 1 מֻסְמָךְ, מֻרְשֶׁה, מְיֻפֵּה כֹּחַ. 2 מְכֻבָּד, חָשׁוּב, נִכְבָּד. 3 מְפֻרְסָם

acreditar *vt* 1 אִמֵּת, הוֹכִיחַ. 2 הִסְמִיךְ, הִרְשָׁה, סָמַךְ. 3 זִכָּה. 4 הִמְלִיץ

acreedor *madj* 1 נוֹשֶׁה, מַלְוֶה. 2 רָאוּי, זַכַּאי

acribillar *vt* 1 נִקֵּב. 2 יִסֵּר, עִנָּה

acrílico *adj* אַקְרִילִי

acriminación *f* הַאֲשָׁמָה, אִשּׁוּם, קִטְרוּג, הַפְלָלָה

acriminar *vt* הֶאֱשִׁים, הִפְשִׁיעַ, הִפְלִיל

acrimonia *f* 1 חַדּוּת, חֲרִיפוּת. 2 חִסְפּוּס

acrimonioso *adj* חָרִיף, צוֹרֵב, מַר

acrisolado *adj* זַךְ, טָהוֹר

acrisolar *vt* 1 טִהֵר, זִקֵּק, זִכֵּךְ, צֵרַף. 2 הִבְהִיר, בֵּרֵר

acritud *f* 1 חַדּוּת, שְׁנִינוּת, חֲרִיפוּת. 2 חִסְפּוּס

acrobacia *f* לוּלְיָנוּת, אַקְרוֹבַּטִיקָה

acróbata *m* לוּלְיָן, אַקְרוֹבַּט

acrobático *adj* לוּלְיָנִי, אַקְרוֹבַּטִי

acromatico *adj* אַכְּרוֹמַטִי, חֲסַר צֶבַע

acromatismo חֹסֶר־צֶבַע

acróstico *m* אַקְרוֹסְטִיכוֹן

acta *f* 1 פְּרוֹטוֹקוֹל, פְּרָטֵי־כֹּל, זִכְרוֹן דְּבָרִים. 2 תִּעוּד, תְּעוּדָה, כְּתָב

actínico *adj* קַרְנִי, אַקְטִינִי

actinio *m* אַקְטִינְיוּם

actitud *f* 1 מַצָּב, עֶמְדָּה, נְטִיָּה. 2 יַחַס, גִּישָׁה, זִקָּה, שַׁיָּכוּת

activación *f* 1 הַפְעָלָה, שִׁפְעוּל. 2 תְּמִיכָה, עִדּוּד

activador *m* פָּעִיל, מַפְעִיל

activar *vt* 1 הִפְעִיל, עוֹרֵר. 2 זֵרֵז, גֵּרָה

actividad *f* 1 פְּעִילוּת, פְּעֻלָּה. 2 זְרִיזוּת, חָרִיצוּת. 3 הִתְעַסְּקוּת, מַעֲשֶׂה

activista *m* פָּעִיל

activo *adjm* 1 פָּעִיל, אַקְטִיבִי. 2 זָרִיז, עֵר. 3 חָרוּץ. 4 תּוֹסֵס. 5 חֶשְׁבּוֹן־זְכוּת

acto *m* 1 פְּעֻלָּה, מַעֲשִׂיָּה, מַעֲשֶׂה. 2 טֶכֶס, טֶקֶס. 3 מַעֲמָד, אֵרוּעַ, מְאֹרָע. 4 מַעֲרָכָה

actor *m* 1 שַׂחְקָן. 2 תּוֹבֵעַ, טוֹעֵן, עוֹתֵר

actriz *f* שַׂחְקָנִית

actuación *f* 1 מִשְׂחָק, שַׂחְקָנוּת. 2 הִתְנַהֲגוּת. 3 הָלִיךְ, תַּבְעָנָה

actual *adj* 1 נָכְחִי, עַכְשָׁוִי. 2 אַקְטוּאָלִי. 2 מַמָּשִׁי, קַיָּם

actualidad *f* נָכְחוּת, עַכְשָׁוִיּוּת, אַקְטוּאָלִיּוּת. 2 הֹוֶה

actualizar *vt* עִדְכֵּן, מִמֵּשׁ

actualmente *adv* כָּעֵת, עַתָּה, עַכְשָׁו

acuantiar *vt* אָמַד, הֶעֱרִיךְ, שִׁעֵר

actuar *vt* 1 פָּעַל, הִפְעִיל, הֵנִיעַ. 2 תָּבַע

actuarial *adj* אַקְטוּאָרִי, רַשְׁמָנִי

actuario *m* רַשְׁמָן, לַבְלָר, רַשָּׁם

acuarela *m* אַקְוָרֶל

acuarelista *m* אַקְוָרֶלִיסְט

acuario *m* 1 אַקְוַרְיוֹן. 2 מַזַּל דְּלִי

acuartelamiento *m* 1 גִּיּוּס. 2 שִׁכּוּן (בִּקְסַרְקְטִין)

acuartelar *vt* 1 גִּיֵּס. 2 אִכְסֵן, שִׁכֵּן (בִּקְסַרְקְטִין)

acuático *adj* מֵימִי, יַמִּי

acuatinta *f* אַקְוַטִינְט

acucia *f* 1 לַהַט, שְׁקִידָה. 2 חָרִיצוּת, זְרִיזוּת

acucamiento *m* זֵרוּז, דְּחִיפוּת

acuciar *vt* 1 זֵרֵז, דָּחַף. 2 חָשַׁק, הִשְׁתּוֹקֵק לְ־

acucioso *adj* 1 חָרוּץ, זָרִיז. 2 חוֹשֵׁק, תָּאֵב

acuclillarse *vref* כָּרַע, הִתְכּוֹפֵף

acuchillado *adj* טָבוּחַ, שָׁחוּט

acuchillador *adj* אִישׁ מָדוֹן, אִישׁ רִיב

acuchillar *vt* 1 תָּקַע, דָּקַר, נָעַץ. 2 טָבַח, שָׁחַט

acudimiento *m* 1 פְּנִיָּה. 2 סִיּוּעַ, תְּמִיכָה. 3 הִסְתּוֹפְפוּת

acudir *vi* 1 בָּא, הִגִּיעַ. 2 סִיֵּעַ, תָּמַךְ, עָזַר. 3 הִסְתּוֹפֵף. 4 צָמַח

acueducto *m* אַמַּת מַיִם, אַקְוָדוּקְט, אוּבָל

ácueo *adj* מֵימִי, יַמִּי

acuerdo *m* 1 הֶסְכֵּם, הַסְכָּמָה. 2 הַחְלָטָה, הַכְרָעָה

acuidad *f* 1 חַדּוּת, חֲרִיפוּת. 2 שְׁנִינוּת, פִּקְחוּת

acullá *adv* שָׁם, שָׁמָּה

acumen *m* מָעוֹף, חֲרִיפוּת תְּפִיסָה, עַמְקוּת

acumulación *f* צְבִירָה, אֲגִירָה

acumulador *madj* 1 מַצְבֵּר. 2 אַקּוּמוּלַטוֹר. 2 אוֹגֵר, צוֹבֵר

acumular *vt* צָבַר, אָגַר, אָסַף

acumulativo *adj* מְאַסֵּף, אוֹגֵר, צוֹבֵר

acunar *vt* נִדְנֵד, עִרְסֵל

acuñación *f* הַטְבָּעָה

acuñador *adjm* מַטְבִּיעַ

acuñar *vt* 1 הִטְבִּיעַ (מַטְבְּעוֹת). 2 בָּקַע, יִתֵּד

acuosidad *f* מֵימִיּוּת

acuoso *adj* מֵימִי

acurrucarse *vref* הִצְטוֹפֵף, הִתְכּוֹפֵף

acusable *adj* בַּר אִשּׁוּם

acusación *f* 1 אִשּׁוּם, הַאֲשָׁמָה. 2 עֲלִילָה, קִטְרוּג. 3 תְּבִיעָה

acusado *adj* נֶאֱשָׁם, נִתְבָּע

acusador *adj* 1 מַאֲשִׁים. 2 תּוֹבֵעַ, קָטֵגוֹר

acusar *vt* 1 הֶאֱשִׁים. 2 הִרְשִׁיעַ, תָּבַע. 3 חִיֵּב, אִשֵּׁר

acusativo *adjm* 1 מַאֲשִׁים. 2 יַחֲסַת אֶת

acuse *m* אִשּׁוּר, קַבָּלָה

acusete *m* מַלְשִׁין

acusón *m* מַלְשִׁין, מַאֲשִׁים

acústica *f* אַקּוּסְטִיקָה

acústico *adj* אַקּוּסְטִי

achacar *vt* 1 הֶאֱשִׁים. 2 יִחֵס, שִׁיֵּךְ

achacoso *adj* חוֹלָנִי, חָלוּשׁ

achaflanar *vt* שִׁפַּע, הִקְצִיעַ, הִטָּה

achantarse *vref* 1 הִסְתַּתֵּר, הִתְחַבֵּא. 2 הִתְיָרֵא, פָּחַד, נִבְהַל

achaparrado *adj* גּוּץ

achaque *m* 1 חֳלִי, מַחוּשׁ. 2 תֵּרוּץ, אֲמַתְלָה. 3 עִנְיָן, עֵסֶק, נוֹשֵׂא

achatado *adj* שָׁטוּחַ, רָקוּעַ, רָדוּד

achatar *vt* יִשֵּׁר, שִׁטַּח, רִדֵּד

achicado *adj* 1 נִפְחָד, נָבוֹךְ. 2 מְבֻיָּשׁ, נֶחְבָּא אֶל הַכֵּלִים

achicador *m* מַקְטִין

achicar *vt* 1 הִקְטִין, צִמְצֵם, הִפְחִית, קִצֵּר, הִמְעִיט. 2 הִפְחִיד, הִשְׁפִּיל. 3 דָּלָה

achicoria *f* עֹלֶשׁ

achicharrar *vt* 1 טִגֵּן, צָלָה, קָלָה. 2 שָׂרַף, בִּעֵר, לִהֵט

achinado *adj* 1 עֲמָמִי, הֲמוֹנִי, גַּס. 2 דָּמוּי לְסִינִי

achispado *adj* מְבֻשָּׂם, שִׁכּוֹר

achispar *vt* הִתְבַּשֵּׂם, הִשְׁתַּכֵּר

achilado *adj* מְטֻרְזָן, טַרְזָן, מְגֻנְדָּר

adafina *f* חַמִּין

adagio *m* 1 מָשָׁל, פִּתְגָּם, אִמְרָה. 2 אַדַּג'וֹ

adalid *m* מַנְהִיג, מְפַקֵּד

adamado *adj* נָשִׁי, עָדִין, מְפֻנָּק, רַךְ, מְנֻמָּס

adamascado *adj* מְסֻלְסָל

adaptable *adj* סָגִיל, סְתַגְּלָנִי, הִסְתַּגְּלוּתִי, מַתְאִים

adaptación *f* 1 סִגּוּל, הַתְאָמָה. 2 עִבּוּד

adaptador *adjm* 1 מְתָאֵם. 2 מְעַבֵּד

adaptar *vt* 1 הִתְאִים, סִגֵּל. 2 הִתְרַגֵּל, הִסְתַּגֵּל

adarga *f* מָגֵן, שִׁרְיוֹן

adarme *m* 1 רְבָב, קֻרְטוֹב. 2 חֵלֶק 16 שֶׁל הָאֻנְקִיָּה

adecentar *vt* הִתְלַבֵּשׁ כָּרָאוּי

adecuación *f* הַתְאָמָה, סִגּוּל

adecuado *adj* 1 מֻתְאָם, מְסֻגָּל. 2 מַתְאִים

adecuar *vt* הִתְאִים, סִגֵּל, הִכְשִׁיר

adefagía *f* 1 רַעַבְתָנוּת, גַּרְגְּרָנוּת. 2 לְהִיטוּת

adefesio *madj* 1 מִפְלֶצֶת. 2 שְׁטוּת, אִוֶּלֶת. 3 מְגֻחָךְ, נִלְעָג

adefina *f* חַמִּין

adehala *f* תּוֹסֶפֶת

adelantado *adj* 1 מֻקְדָּם, מִתְקַדֵּם. 2 מְמַהֵר, נִמְהָר. 3 קַל דַּעַת, פָּזִיז

adelantamiento *m* קִדְמָה, הַקְדָּמָה, הִתְקַדְּמוּת

adelantar *vt* 1 הִקְדִּים, הִתְקַדֵּם. 2 הֵאִיץ, מִהֵר

adelante *advinterj* 1 קָדִימָה, הָלְאָה. 2 יָבוֹא!

adelanto *m* 1 מִקְדָּמָה, מִפְרָעָה, דְּמֵי קְדִימָה. 2 הִתְקַדְּמוּת

adelfa *f* הַרְדּוּף

adelgazador *adj* מַרְזֶה

adelgazamiento *m* הַרְזָאָה, רְזִיָּה, הַכְחָשָׁה

adelgazar *vti* 1 רָזָה, כָּחַשׁ. 2 טִהֵר, זִכֵּךְ. 3 הָגָה, חָשַׁב

ademán *m* 1 הַעֲוָיָה, עִוּוּת. 2 רֶמֶז, תְּנוּעָה. 3 הִתְנַהֲגוּת, מִנְהָגִים

ademanes *mpl* מִנְהָגִים, הִתְנַהֲגוּת

además *adv* מִלְּבַד, יָתֵר עַל כֵּן, נוֹסָף לָזֶה

ademe *m* תּוֹמְכָה, מִשְׁעָן, תְּמוֹכָה

adenoide *f* בַּלּוּטָה

adenoideo *adj* דְּמוּי בַּלּוּטָה

adensar *vt* 1 תִּמְצֵת, קִצֵּר. 2 עִבָּה, הִסְמִיךְ

adentrarse *vref* 1 חָדַר, בָּקַע. 2 פָּלַשׁ,

הִתְפָּרֵץ

adentro *adv* 1 בִּפְנִים, בְּתוֹךְ, בְּקֶרֶב. 2 פְּנִימָה

adepto *adjm* 1 בָּקִי, מֻמְחֶה. 2 חָסִיד, תּוֹמֵךְ

aderazador *adjm* 1 מְקַשֵּׁט, מְיַפֶּה

aderezamiento *m* 1 קִשּׁוּט, יִפּוּי, הִדּוּר. 2 תִּבּוּל, רִקּוּחַ. 3 סִדּוּר, הֲכָנָה

aderezar *vt* 1 קִשֵּׁט, יִפָּה, הִדֵּר. 2 תִּבֵּל, רִקַּח. 3 סִדֵּר, הֵכִין, הִכְשִׁיר. 4 תִּקֵּן

aderezo *m* 1 קִשּׁוּט, יִפּוּי, הִדּוּר. 2 תִּבּוּל, רִקּוּחַ. 3 מַעֲרֶכֶת עֲדָיִים

adeudar *vt* 1 חָב, חִיֵּב. 2 זָקַף (לְחֶשְׁבּוֹן)

adeudo *m* 1 חוֹב. 2 מֶכֶס

adherencia *f* דְּבִיקוּת, הִתְחַבְּרוּת, הִשְׁתַּיְּכוּת

adherente *adj* 1 חָסִיד, תּוֹמֵךְ. 2 דָּבִיק, מְחֻבָּר. 3 קָשׁוּר, דָּבוּק, צָמוּד

adherir *viref* 1 דָּבַק, נִצְמַד, נִקְשַׁר. 2 הִצְטָרֵף, הִשְׁתַּיֵּךְ

adhesión *m* 1 אֲדִיקוּת, דְּבֵקוּת. 2 הַצְמָדָה, קְשִׁירָה. 3 שַׁיָּכוּת, הִתְמַסְּרוּת

adhesividad *f* 1 דְּבֵקוּת. 2 הִדָּבְקוּת

adhesivo *adj* דָּבִיק, צָמִיג

adición *m* 1 חִבּוּר, צֵרוּף. 2 תּוֹסֶפֶת, הוֹסָפָה. 3 חֶשְׁבּוֹן

adicionable *adj* מִתְחַבֵּר, מִסְתַּכֵּם

adicional *adj* 1 נוֹסָף, נִסְפָּח. 2 מַשְׁלִים

adicionar *vt* 1 חִבֵּר. 2 צֵרֵף, הוֹסִיף. 3 הִרְבָּה, הִתְרַבָּה

adicto *adj* 1 מִתְמַכֵּר. 2 חָסִיד, חָבֵר. 3 לָמוּד, רָגִיל

adiestrador *m* מְאַלֵּף, מְאַמֵּן, מְחַנֵּךְ

adiestramiento *m* אִלּוּף, אִמּוּן, חִנּוּךְ, תִּרְגּוּל

adiestrar *vt* תִּרְגֵּל, אִמֵּן, אִלֵּף, חִנֵּךְ

adinamia *f* חֻלְשָׁה, תְּשִׁישׁוּת

adinerado *adj* עָשִׁיר, אָמִיד

adiós *m* 1 פְּרִידָה. 2 שָׁלוֹם (בִּרְכַּת פְּרִידָה)

adipal *adj* מְשֻׁמָּן

adiposidad *f* שֹׁמֶן, שַׁמְנוּת

adiposis *f* שֹׁמֶן, הַשְׁמָנָה

adiposo *adj* שָׁמֵן, שַׁמְנוּנִי

adir *vt* קִבֵּל, יָרַשׁ

aditamiento *m* צֵרוּף, תּוֹסֶפֶת, הוֹסָפָה, חִבּוּר

aditicio *adj* 1 נִסְפָּח, נוֹסָף. 2 מְחֻבָּר

aditivo *adj* חָבִיר, מוּסָף

adivinación *f* נִחוּשׁ, נְבוּאָה, תַּחֲזִית, חִזּוּי

adivinador *m* מְנַחֵשׁ, מַגִּיד עֲתִידוֹת, חַזַּאי

adivinanza *f* חִידָה, מָשָׁל

adivinar *vt* נִחֵשׁ, חָד, הִמְשִׁיל

adivino *m* מְנַחֵשׁ, חַזַּאי, מַגִּיד עֲתִידוֹת

adjetival *adj* תָּאֳרִי, נוֹסָף

adjetivo *m* תֹּאַר, שֵׁם תֹּאַר

adjudicación *f* 1 מְסִירָה, נְתִינָה, הַעֲבָרַת רְכוּשׁ לַחֲלוּטִין. 2 הַעֲנָקָה

adjudicar *vtref* 1 מָסַר, נָתַן, הֶעֱבִיר. 2 רָכַשׁ לְעַצְמוֹ. 3 הֶעֱנִיק

adjuntar *vt* צֵרֵף

adjunto *adj* 1 צָרוּף, רָצוּף, צָמוּד, מְצֹרָף. 2 נִסְפָּח

adjutor *adjm* מוֹשִׁיעַ, עוֹזֵר

adminicular *vt* סָמַךְ, עָזַר, סִיֵּעַ

adminículo *m* 1 כְּלִי עֵזֶר. 2 עֶזְרָה

administración *f* 1 מִנְהָלָה, הַנְהָלָה, מַנְגָּנוֹן. 2 אֲמַרְכָּלוּת

administrador *m* מְנַהֵל, מִנְהָלָן, אֲמַרְכָּל

administrar *vt* נִהֵל

administrativo *adj* מִנְהָלִי, אֲמַרְכָּלִי, אַדְמִינִיסְטְרַטִיבִי

admirable *adj* נִפְלָא, נֶהְדָּר

admiración *f* הַעֲרָצָה, הִתְפַּעֲלוּת

admirador *m* מַעֲרִיץ, מוֹקִיר

admirar *vt* 1 הֶעֱרִיץ, הוֹקִיר, הִתְפַּעֵל. 2 הִתְפַּלֵּא, הִשְׁתּוֹמֵם

admirativo *adj* מַעֲרִיץ

admisible *adj* מִתְקַבֵּל עַל הַדַּעַת, קָבִיל

admisión *f* 1 קַבָּלָה, כְּנִיסָה. 2 הַכְנָסָה. 3 הַכָּרָה

admitir *vt* 1 הִכִּיר, הִסְכִּים. 2 הִרְשָׁה, הִתִּיר, אִפְשֵׁר. 3 הִכְנִיס, קִבֵּל

admonición *f* 1 תּוֹכָחָה, גְּעָרָה, נְזִיפָה. 2 הַזְהָרָה

adnato *adjm* 1 צָמוּד, קָלוּט. 2 לַחְמִית

adobado *adjm* 1 מְתֻבָּל. 2 בָּשָׂר מְתֻבָּל

adobar *vt* 1 תַּקֵּן, סַדֵּר. 2 תַּבֵּל, רַקַּח. 3 בַּרְסֵק

adobe *m* לְבֵנָה, לְבֵנַת טִיט

adobo *m* תִּבּוּל, רִקּוּחַ

adoctrinamiento *m* שִׁנּוּן, לִמּוּד

adoctrinar *vt* לִמֵּד, שִׁנֵּן, הוֹרָה

adolecer *vi* סָבַל, הִתְיַסֵּר, הִתְעַנָּה

adolescencia *f* עֲלוּמִים, נְעוּרִים, בַּחֲרוּת

adolescente *m* עֶלֶם, נַעַר, בָּחוּר

adolorido *adj* כָּאוּב, נֶעֱלָב, נִפְגָּע

adonde *adv* 1 לְאָן? לְהֵיכָן? 2 אֵיפֹה

adondequiera *adv* לְכָל מָקוֹם שֶׁהוּא

adopción *m* 1 אִמּוּץ. 2 קַבָּלָה, הַסְכָּמָה. 3 בְּחִירָה

adoptable *adj* סָגִיל, סְתַגְּלָנִי

adoptador *m* מְאַמֵּץ

adoptar *vt* 1 אִמֵּץ. 2 קִבֵּל

adoptivo *adj* מְאֻמָּץ

adoquín *m* אֶבֶן לְרִצּוּף, אֶבֶן מְרֻבַּעַת

adoquinado *adjm* 1 מְרֻצָּף. 2 רִצּוּף. 3 מִדְרָכָה

adoquinar *vt* רִצֵּף

adorable *adj* נַעֲרָץ, נֶחְמָד, מְקֻדָּשׁ

adoración *f* 1 הַעֲרָצָה, הוֹקָרָה. 2 עֲבוֹדַת אֱלֹהִים

adorar *vt* 1 הֶעֱרִיץ, הוֹקִיר, כִּבֵּד. 2 עָבַד לֵאלֹהִים

adormecedor *adjm* מַרְדִּים, מַשְׁקִיט

adormecer *vt* 1 הִרְדִּים, יִשֵּׁן. 2 הִרְגִּיעַ, הִשְׁקִיט

adormecimiento *m* הַרְדָּמָה, תַּרְדֵּמָה

adormidera *f* פֶּרֶג

adormilarse *vref* נִרְדַּם, הִתְנַמְנֵם

adornar *vt* קִשֵּׁט, הִדֵּר, יִפָּה, פֵּאֵר, עִטֵּר

adorno *m* קִשּׁוּט, עִטּוּר, הִדּוּר

adosar *vt* הִסְמִיךְ, נִשְׁעַן

adquiridor *adjm* 1 מַקְנֶה. 2 קוֹנֶה

adquirir *vt* רָכַשׁ, קָנָה, הִשִּׂיג

adquisición *f* 1 רְכִישָׁה, קְנִיָּה. 2 קִנְיָן, נַחֲלָה

adquisitivo *adj* שֶׁל רְכִישָׁה

adra *f* 1 פַּעַם, תּוֹר. 2 חֵלֶק

adrede *adv* בְּזָדוֹן, בְּמֵזִיד, בְּכַוָּנָה

adrenalina *f* אַדְרֶנָלִין

adrián *m* 1 יַבֶּלֶת, תְּפִיחָה. 2 קַן עַקְעַקִּים

adrolla *f* תַּחְבּוּלָה, תַּרְמִית, הוֹנָאָה

adrollar *vt* תִּחְבֵּל, הוֹנָה

adscribir *vt* 1 צֵרֵף, סִפֵּחַ. 2 רָשַׁם

adscripción *f* 1 צֵרוּף, סִפּוּחַ. 2 רִשּׁוּם

adscrito *adj* מְצֹרָף, נִסְפָּח, מְסֻנָּף

aduana *f* מֶכֶס, בֵּית מֶכֶס

aduanero *madj* 1 מוֹכֵס. 2 שֶׁל הַמֶּכֶס

aducir *vt* 1 הוֹכִיחַ, צִטֵּט, טָעַן, הִקְשָׁה. 2 הוֹסִיף

aductor *adjm* מְקָרֵב, מַתְוִיךְ

adueñar *vtref* 1 רָכַשׁ, הִשִּׂיג. 2 הִשְׁתַּלֵּט

adulación *f* חֲנֻפָּה, חֲנִיפָה, חַנְפָנוּת

adulador *adjm* חַנְפָן

adular *vt* הֶחֱנִיף, חָנַף

adularia *f* פַּצֶּלֶת, פַּצֶּלֶת הַשָּׂדֶה

adulón *m* חַנְפָן

adulonería *f* חַנְפָנוּת, חֲנֻפָּה

adulteración *f* זִיּוּף, קִלְקוּל, הַשְׁחָתָה, פִּגּוּל

adulterador *adj* 1 מְזַיֵּף, מְקַלְקֵל, מַשְׁחִית. 2 מֻשְׁחָת, זַיְּפָן

adulterante *adj* מְפַגֵּל, מַשְׁחִית, מְזַיֵּף

adulterar *vt* זִיֵּף, קִלְקֵל, הִשְׁחִית, פִּגֵּל

adulterino *adj* 1 זוֹנֶה. 2 מְזֻיָּף, מְקֻלְקָל

adulterio *m* נִאוּף, זְנוּת, פִּגּוּל, תּוֹעֵבָה

adúltero *m* נוֹאֵף, זוֹנֶה, זַנַּאי

adulto *m* 1 בּוֹגֵר, מְבֻגָּר. 2 בַּגִּיר

adustez *f* 1 צְרִיבָה, כְּוִיָּה, לַהַט. 2 קַפְּדָנוּת, קַדְרוּת

adusto *adj* 1 צָרוּב, לוֹהֵט, שׂוֹרֵף. 2 קַפְּדָן, קוֹדֵר, עָצוּב

advenedizo *adjm* 1 זָר, נָכְרִי. 2 הַרְפַּתְקָן, מְהַגֵּר. 3 הֶדְיוֹט שֶׁעָלָה לִגְדֻלָּה

advenimiento *m* 1 בִּיאָה, הַגָּעָה. 2 עֲלִיָּה

advenir *vt* 1 בָּא, הִגִּיעַ. 2 קָרַב, הִתְרַחֵשׁ

adventicio *adj* חִיצוֹנִי, זָר, טָפֵל

adverbial *adj* שֶׁל תֹּאַר הַפֹּעַל

adverbio *m* תֹּאַר הַפֹּעַל

adversario *m* 1 יָרִיב, שׂוֹנֵא, אוֹיֵב. 2 מִתְנַגֵּד, מִתְחָרֶה

adversativo *adj* מִתְנַגֵּד, נוֹגֵד
adversidad *f* 1 מְצוּקָה, מַחְסוֹר, דֹּחַק. 2 אָסוֹן, הִתְרוֹשְׁשׁוּת, רָעָה
adverso *adj* נוֹגֵד, נֶגְדִּי, שְׁלִילִי
advertencia *f* הַזְהָרָה, הַתְרָאָה, אַזְהָרָה, אַתְרָאָה
advertidamente *adv* בְּיוֹדְעִין, בְּכַוָּנָה
advertido *adj* כִּשְׁרוֹנִי, מֻכְשָׁר
advertir *vt* 1 הִזְהִיר, הִתְרָה. 2 הִבְחִין, הִשְׁגִּיחַ, הִרְגִּישׁ. 3 יָעַץ, הִמְלִיץ. 4 הוֹדִיעַ
adyacente *adj* שָׁכֵן, סָמוּךְ, גּוֹבֵל, צָמוּד, מִצְרָנִי
aeración *f* אִוְרוּר
aéreo *adj* 1 אַוְרִירִי, אֲוִירִי. 2 מוּטָס. 3 דִּמְיוֹנִי
aerodinámica *f* אֲוִירוֹדִינָמִיקָה
aerodinámico *adj* אֲוִירוֹדִינָמִי
aeródromo *m* שְׂדֵה תְּעוּפָה, נְמַל אֲוִיר, אֲוִירוֹדְרוֹם
aerograma *f* אִגֶּרֶת אֲוִיר
aerolínea *f* קַו תְּעוּפָה
aerolito *m* אֶלְגָּבִישׁ
aeromoza *f* דַּיֶּלֶת
aeronauta *m* נַוָּט, טַיָּס
aeronáutica *f* אֲוִירוֹנָאוּת
aeronáutico *adj* אֲוִירוֹנִי
aeronave *f* מָטוֹס, אֲוִירוֹן, סְפִינַת אֲוִיר
aeroplano *m* מָטוֹס, אֲוִירוֹן
aeropostal *adj* שֶׁל דֹּאַר אֲוִיר
aeropuerto *m* שְׂדֵה תְּעוּפָה, נְמַל אֲוִיר
aerostación *f* טַיִס
aerostatica *f* אֲוִירוֹסְטָטִיקָה
aeróstato *m* כַּדּוּר פּוֹרֵחַ
aerovía *f* נְתִיב אֲוִיר
afabilidad *f* אֲדִיבוּת, נִימוּס, חֲבִיבוּת
afable *adj* אָדִיב, חָבִיב, מְנֻמָּס
afamado *adj* מְפֻרְסָם, נוֹדָע, בַּעַל שֵׁם, בַּעַל מוֹנִיטִין
afamarse *vref* קִבֵּל שֵׁם, נִהְיָה מְפֻרְסָם
afán *m* 1 עָמָל, יְגִיעָה, טִרְחָה, שְׁקִידָה, מַאֲמָץ. 2 חֵפֶץ, חֵשֶׁק, תְּשׁוּקָה. 3 שְׁאִיפָה
afanar *vitref* 1 עָמַל, יָגַע. 2 הִטְרִיד. 3 הִתְיַגֵּעַ
afanoso *adj* 1 מְיֻגָּע, מְאֻמָּץ. 2 מַכְבִּיד, קָשֶׁה, מְיַגֵּעַ
afasia *f* אִלְּמוּת
afeamiento *m* כִּעוּר, גִּעוּל
afear *vt* כִּעֵר, הִשְׁחִית
afección *f* 1 מַחוֹשׁ, מַחֲלָה, חֳלִי. 2 חִבָּה, אַהֲבָה, יְדִידוּת, אַהֲדָה
afectación *f* 1 הַעֲמָדַת פָּנִים. 2 מְלָאכוּתִיּוּת, צְבִיעוּת
afectado *adj* 1 מְלָאכוּתִי, מְעֻשֶּׂה. 2 נָגוּעַ, חוֹלֶה. 3 מְיֻעָד, מֻשְׁפָּע. 4 נִפְגָּע, פָּגוּעַ
afectar *vt* 1 יָדַע, הֵבִין, חָשׁ. 2 הִרְגִּישׁ, מִשֵּׁשׁ, גִּשֵּׁשׁ. 3 נִסָּה, טָעַם. 4 נָגַע, הִשְׁפִּיעַ. 5 פָּגַע
afectividad *f* רְגִישׁוּת
afectivo *adj* רַגְשָׁנִי, רִגְשִׁי
afecto *adjm* 1 רִגְשִׁי. 2 נְטִיָּה, הַרְגָּשָׁה
afectuosidad *f* הַרְגָּשָׁה, רֶגֶשׁ, רְגִישׁוּת
afectuoso *adj* רַגְשָׁנִי, רִגְשִׁי, נֶחְמָד, לְבָבִי
afeitada *f* תִּגְלַחַת, גִּלּוּחַ
afeitar *vt* 1 גִּלַּח. 2 פֵּאֵר, יִפָּה. 3 אִפֵּר. 4 קִשֵּׁט, פִּרְכֵּס
afeite *m* 1 אִפּוּר, תַּמְרוּק. 2 קִשּׁוּט, פִּרְכּוּס. 3 תִּגְלַחַת
afelpado *adj* קְטִיפָתִי, קְטִיפָנִי, רַךְ
afeminación *f* 1 נָשִׁיּוּת, נַקְבוּת. 2 עֲדִינוּת, תְּשִׁישׁוּת
afeminado *adj* 1 נָשִׁי, נַקְבוּתִי. 2 תָּשׁוּשׁ, רַךְ, עָדִין
afeminar *vt* 1 עִדֵּן, רִכֵּךְ. 2 נֶהְפַּךְ לְאִשָּׁה
aferente *adj* מוֹבִיל
aferrado *adj* עִקֵּשׁ, עַקְשָׁן
aferramiento *m* 1 תְּפִיסָה, אֲחִיזָה. 2 עַקְשָׁנוּת, עִקְּשׁוּת, הַקְשָׁחָה
aferrar *vt* 1 אָחַז, תָּפַס. 2 הִקְשִׁיחַ. 3 הִתְעַקֵּשׁ
afestonado *adj* מְקֻשָּׁט, מְהֻדָּר
afianzamiento *m* 1 הִתְבַּסְּסוּת, הִתְחַזְּקוּת. 2 עַרְבוּת, עֲרֻבָּה
afianzar *vt* 1 חִזֵּק, בִּסֵּס, גִּבֵּר. 2 עָרַב
afición *f* 1 תַּחְבִּיב, נְטִיָּה. 2 חִבָּה, אַהֲדָה

aficionado *adjm* חוֹבֵב, חוֹבְבָנִי
aficionar *vt* מָשַׁךְ, הִקְסִים
afiche *m* כְּרָזָה, פְּלָקָט, פּוֹסְטֶר
afidávit *m* הוֹדָעָה בִּשְׁבוּעָה
afiebrado *adj* קוֹדֵחַ (מֵחֹם)
afiebrarse *vref* קָדַח (מֵחֹם)
afijo *m* נִסְפָּח, טְפוּלָה
afilado *adj* 1 חַד, מְשֻׁחָז. 2 לָהוּט, נִלְהָב
afilador *m* 1 מַשְׁחִיז. 2 מְחַדֵּד
afiladura *f* הַשְׁחָזָה, חִדּוּד
afilar *vt* 1 הִשְׁחִיז, חִדֵּד. 2 שִׁנֵּן
afiliación *f* הִצְטָרְפוּת, הִשְׁתַּיְּכוּת, הִתְחַבְּרוּת, קַבָּלָה, סִפּוּחַ, צֵרוּף
afilado *m* חָבֵר
afiliar *vt* 1 קִבֵּל כְּחָבֵר. 2 הִצְטָרֵף אֶל, צֵרֵף
áfilo *adj* חֲסַר עָלִים
afín *adj* שָׁכֵן, סָמוּךְ, קָרוֹב
afinación *f* 1 זִקּוּק, טִהוּר, צַחוּת. 2 עִדּוּן, שִׁכְלוּל, שִׁפּוּר. 3 כִּוְנוּן
afinado *adj* מְכֻוָּן
afinador *adjm* מְכַוֵּן
afinamiento *m* 1 גִּמּוּר, הַשְׁלָמָה, סִיּוּם. 2 זִקּוּק. 3 כִּוְנוּן. 4 עִדּוּן
afinar *vt* 1 זִקֵּק, טִהֵר. 3 כִּוְנֵן, כִּוֵּן. 3 סִיֵּם, גָּמַר
afincamiento *m* הִשְׁתַּכְּנוּת, הִתְנַחֲלוּת
afincarse *vref* 1 הִשְׁתַּכֵּן, חָנָה. 2 הִתְנַחֵל
afinidad *f* 1 קִרְבָה, דִּמְיוֹן. 2 כְּמַהוּת. 3 מִשְׁפָּחָה
afino *m* זִקּוּק, צְרִיפָה
afirmación *f* חִיּוּב, אִשּׁוּר
afirmado *m* תַּשְׁתִּית
afirmar *vt* 1 חִזֵּק, אִמֵּץ. 2 חִיֵּב, אִשֵּׁר. 3 הִכְרִיז, הִצְהִיר
afirmativa *f* חִיּוּב, תְּשׁוּבָה חִיּוּבִית
afirmativo *adj* חִיּוּבִי, מְאַשֵּׁר
aflato *m* 1 מַשַּׁב רוּחַ. 2 הַשְׁרָאָה
aflicción *f* 1 אָסוֹן, צָרָה, מְצוּקָה, מַכְאוֹב. 2 צַעַר, כְּאֵב. 3 יָגוֹן, אֵבֶל
aflictivo *adj* מַכְאִיב, מְצַעֵר, מַעֲצִיב
afligir *vti* 1 צִעֵר, הֵצִיק, הִכְאִיב. 2 הִתְאַבֵּל
aflojamiento *f* רִפְיוֹן, הָאָטָה. 2 הַתָּרָה. 3 הַחְלָשָׁה.
aflojar *vti* 1 הֶחֱלִישׁ, רִפָּה. 2 הִתִּיר. 3 רָפָה
aflorado *adj* 1 פִּרְחוֹנִי. 2 מְצֻיָּן, מְעֻלֶּה
afloramiento *m* הוֹפָעָה, הִתְגַּלּוּת
aflorar *vi* 1 הוֹפִיעַ, הִתְגַּלָּה, בִּצְבֵּץ. 2 נִפָּה, כָּבַר
afluencia *f* 1 שֶׁפַע, עשֶׁר. 2 זְרִימָה, נְהִירָה
afluente *adjm* 1 שׁוֹפֵעַ, עָשִׁיר. 2 זוֹרֵם, נוֹבֵעַ, נוֹהֵר. 3 יוּבַל, פֶּלֶג
afluir *vi* זָרַם, שָׁפַע, נָהַר, נָבַע
aflujo *m* זְרִימָה, זֶרֶם
afonía *f* צְרִידוּת
afónico *adj* צָרוּד, נִחָר
aforado *adj* בַּעַל חֲסִינוּת
aforador *m* מַעֲרִיךְ, שַׁמַּאי, מוֹדֵד
aforar *vt* הֶעֱרִיךְ, אָמַד, כִּיֵּל, שָׁם
aforismo *m* מָשָׁל, פִּתְגָּם, מֵימְרָה, אִמְרָה
aforístico *adj* פִּתְגָּמִי, מִכְתָּמִי
aforo *m* 1 הַעֲרָכָה, אֻמְדָּן, שׁוּמָה. 2 קִבּוּל, קְלִיטָה
afortunado *adj* 1 מַצְלִיחַ, עוֹשֶׂה חַיִל, בַּר־מַזָּל. 2 מֻצְלָח, מְאֻשָּׁר
afrancesar *vt* צִרְפֵּת, הִצְטַרְפֵּת
afrecho *m* סֻבִּין, סֻבִּים
afrenta *f* 1 כְּלִמָּה, בּוּשָׁה. 2 עֶלְבּוֹן, חֶרְפָּה, בִּזָּיוֹן
afrentar *vt* 1 הֶעֱלִיב, בִּיֵּשׁ, הִכְלִים. 2 בִּזָּה, חֵרֵף
afrentoso *adj* 1 מַעֲלִיב, מַכְלִים, מְבַיֵּשׁ. 2 מְבַזֶּה
africano *adj* אַפְרִיקָנִי
afrodisíaco *adjm* מְעוֹרֵר תַּאֲוָה מִינִית
afreontado *adj* מְעֻמָּת, מוּלָן
afrontamiento *m* עִמּוּת
afrontar *vt* 1 עִמֵּת, הִקְבִּיל. 2 הִתְנַגֵּד, עָמַד פָּנִים אֶל פָּנִים
aftoso *adj* חוֹלֶה בְּמַחֲלַת הַפֶּה וְהַטְּלָפַיִם
afuera *adv* 1 חוּץ, בַּחוּץ. 2 הַחוּצָה
afueras *fpl* פַּרְבָּר, חוּצוֹת
agachada *f* 1 תַּחְבּוּלָה, תַּכְסִיס, עָרְמָה. 2 כְּפִיפָה, הִתְכּוֹפְפוּת

agachadiza *f* חַרְטוֹמָן
agachar *vt* 1 כָּפַף, הִתְכּוֹפֵף. 2 הִרְכִּין. 3 נִכְנַע
agalla *f* 1 עֶפֶץ. 2 אָגִיד, זִים
ágamo *adj* לֹא מִינִי, לֹא מַפְרֶה
ágape *m* מִשְׁתֶּה, סְעֻדָּה, מְסִבָּה
agarbarse *vref* הִתְכּוֹפֵף, הִתְכַּוֵּץ
agarrada *f* רִיב, קְטָטָה, תִּגְרָה, מְרִיבָה
agarradera *f* 1 תֹּפֶס, יָדִית, קַת. 2 מִקְלָט
agarrado *adj* קַמְצָן, כִּילַי
agarrador *adj* 1 תּוֹפֵס, אוֹחֵז. 2 מְשַׁכֵּר
agarrar *vt* 1 תָּפַס, אָחַז. 2 לָקַח
agarrón *m* 1 תְּפִיסָה, אֲחִיזָה. 2 רִיב, קְטָטָה, תִּגְרָה, מְרִיבָה
agarrotar *vt* 1 כָּרַךְ, אָגַד, צָרַר. 2 כָּוַץ
agasajado *m* אוֹרֵחַ, אֻשְׁפִּיז
agasajador *adj* 1 אָדִיב, נִימוּסִי. 2 מַכְנִיס אוֹרְחִים, חוֹלֵק כָּבוֹד
agasajar *vt* כִּבֵּד, הוֹקִיר, אֵרַח
agasajo *m* כִּבּוּד, הוֹקָרָה, אֵרוּחַ
ágata *f* בָּרֶקֶת, אָכָט, אָכָטִיס
agazaparse *vref* 1 הִסְתַּתֵּר. 2 הִתְכּוֹפֵף
agencia *f* סוֹכְנוּת
agenciar *vt* הִשִּׂיג
agencioso *adj* חָרוּץ, שַׁקְדָן
agenda *f* 1 יוֹמָן. 2 סֵדֶר יוֹם
agenesia *f* עֲקָרוּת
agente *m* 1 סוֹכֵן. 2 נָצִיג, בָּא כֹּחַ. 3 שׁוֹטֵר, בַּלָּשׁ, שׁוֹטֵר חָרֵשׁ
agible *adj* אֶפְשָׁרִי, מַעֲשִׂי
agigantado *adj* 1 מִפְלַצְתִּי. 2 עָצוּם, גָּדוֹל, כַּבִּיר
agigantar *vt* 1 עִצֵּם, הִתְעַצֵּם. 2 הִגְזִים
ágil *adj* זָרִיז, מָהִיר, חָרוּץ
agilidad *f* זְרִיזוּת, מְהִירוּת, חָרִיצוּת
agilizar *vt* 1 זֵרֵז, הֵאִיץ. 2 הֵקַל
agio *m* סַפְסָרוּת
agiotage *m* סַפְסָרוּת, הַפְקָעַת שְׁעָרִים
agiotista *m* סַפְסָר
agitable *adj* נָעִים
agitación *f* 1 תְּסִיסָה, הֲנָעָה. 2 הִתְעוֹרְרוּת, הִתְלַהֲבוּת. 3 זַעֲזוּעַ
agitado *adj* סוֹעֵר, תּוֹסֵס
agitador *adjm* 1 מֵסִית, סַכְסְכָן, תַּעַמְלָן. 2 מַבְחֵשׁ
agitanado *adj* צוֹעֲנִי
agitar *vt* 1 טִלְטֵל, נִעְנַע. 2 עוֹרֵר, הֵעִיר, הִלְהִיב, קוֹמֵם. 3 סָעַר, הִסְעִיר
aglomeración *f* 1 צְבִירָה, עֲרִימָה, גִּבּוּב. 2 הִצְטוֹפְפוּת
aglomerar *vt* 1 צָבַר, עָרַם, גִּבֵּב. 2 הִצְטוֹפֵף
aglutinación *f* הִתְחַבְּרוּת, הִצְטָרְפוּת, הִתְאַחֲדוּת
aglutinante *adj* מְחַבֵּר, מְאַחֵד, מְדַבֵּק, מְצַמֵּת
aglutinar *vt* חִבֵּר, אִחֵד, הִדְבִּיק, צִמֵּת
agnación *f* קִרְבָה (מצד האב)
agnosticismo *m* אַגְנוֹסְטִיצִיזְם, כְּפִירָה
agnóstico *adj* אַגְנוֹסְטִי, כּוֹפֵר
agobiante *adj* מְדַכֵּא, לוֹחֵץ, מְדַכְדֵּךְ
agobiar *vt* 1 דִּכָּא, לָחַץ, דִּכְדֵּךְ. 2 הִרְכִּין, הִכְרִיעַ. 3 הִכְבִּיד, הֵעִיק
agobio *m* 1 מַעֲמָסָה, נֵטֶל. 2 מוּעָקָה, סֵבֶל, מְצוּקָה
agolpamiento *m* הִצְטוֹפְפוּת, הִתְקַהֲלוּת
agolparse *vref* הִצְטוֹפֵף, הִתְקַהֵל
agonía *f* 1 גְּוִיעָה, גְּסִיסָה. 2 יִסּוּרִים, מַאֲבָק. 3 גּוֹסְסוּת
agónico *adj* גּוֹסֵס, גּוֹוֵעַ
agonioso *adj* טַרְדָן, נַדְנְדָן, קַבְּסְתָּן
agonizante *adjm* גּוֹסֵס, גּוֹוֵעַ
agonizar *vi* גָּסַס, גָּוַע
agorar *vt* בִּשֵּׂר, חָד
agorero *adjm* 1 מְבַשֵּׂר רַע. 2 מְנַחֵשׁ, קוֹסֵם, מַגִּיד עֲתִידוֹת
agostado *adj* 1 קָמֵל, נָבוּל, חָרֵב. 2 חָרוּשׁ
agostar *vt* 1 יִבֵּשׁ, הוֹבִישׁ. 2 נָבַל, קָמַל. 3 רָעָה. 4 חָרַשׁ
agosto *m* אוֹגוּסְט
agotable *adj* אָזִיל, מִתְרוֹקֵן
agotador *adj* 1 מְיַגֵּעַ, מְעַיֵּף, מְלָאָה. 2 מַתִּישׁ
agotamiento *m* 1 הַתָּשָׁה, הַחְלָשָׁה. 2 הֲרָקָה,

הוֹצָאָה

agotar *vt* 1 כִּלָּה, הִתִּישׁ. 2 רוֹקֵן, הֵרִיק. 3 מִצָּה

agracejo *m* בְּאוּשִׁים

agraciado *adj* 1 מְחוֹנָן, חִנָּנִי. 2 יְפֵה תֹּאַר, חָסוּד

agraciar *vt* חָנַן, הֶעֱנִיק

agradable *adj* נָעִים, חָבִיב, נָאֶה, נֶחְמָד

agradar *vi* מָצָא חֵן, עִנֵּג

agradecer *vt* הוֹדָה

agradecido *adj* אֲסִיר תּוֹדָה, מוֹדֶה

agradecimiento *m* תּוֹדָה, הַכָּרַת תּוֹדָה

agrado *m* 1 חִבָּה, טַעַם, חֵשֶׁק. 2 תַּעֲנוּג, חֶדְוָה, שִׂמְחָה

agrandamiento *m* הַגְדָּלָה, הַרְחָבָה

agrandar *vt* הִגְדִּיל, הִרְחִיב, הִרְבָּה

agrario *adj* חַקְלָאִי, אַגְרָרִי

agravación *f* הַחְמָרָה, הֲרָעָה, הַכְבָּדָה

agravador *adj* מַחְמִיר, מַכְבִּיד

agravamiento *m* הַחְמָרָה, הֲרָעָה, הַכְבָּדָה

agravante *adj* מַחְמִיר, מַכְבִּיד

agravar *vt* הֶחֱמִיר, הֵרַע, הִכְבִּיד

agraviado *adj* 1 נִפְגָּע. 2 נֶעֱלָב

agraviador *adjm* 1 מַעֲלִיב, פּוֹגֵעַ. 2 עֲבַרְיָן

agraviante *adj* מַעֲלִיב, פּוֹגֵעַ

agraviar *vt* הֶעֱלִיב, פָּגַע

agravio *m* 1 עֶלְבּוֹן, בִּזָּיוֹן, גִּדּוּף. 2 עֲבֵרָה

agravioso *adj* מַעֲלִיב, פּוֹגֵעַ

agraz *m* בְּאוּשִׁים

agredido *adj* נִפְגָּע, פָּגוּעַ, סוֹבֵל

agredir *vt* תָּקַף, הִתְנַפֵּל, הִסְתָּעֵר

agregación *f* תּוֹסֶפֶת, הוֹסָפָה, צֵרוּף, סִפּוּחַ

agregado *m* 1 נִסְפָּח. 2 מְצֹרָף, נוֹסָף

agregar *vt* הוֹסִיף, צֵרֵף, סִפַּח, חִבֵּר

agremiación *f* אִחוּד, אִגּוּד, הִצְטָרְפוּת לְאִגּוּד מִקְצוֹעִי

agremiar *vtref* 1 אִגֵּד. 2 הִתְאַגֵּד, הִתְחַבֵּר

agresión *f* 1 הַתְקָפָה, הִתְנַפְּלוּת. 2 תּוֹקְפָנוּת, תְּקִיפָה

agresividad *f* תַּקִּיפוּת, אַגְרֶסִיבִיּוּת, תּוֹקְפָנוּת

agresivo *adj* תּוֹקְפָן, תּוֹקְפָנִי

agresor *m* תּוֹקְפָן

agreste *adj* 1 כַּפְרִי, קַרְתָּנִי. 2 גַּס, מְגֻשָּׁם. 3 בַּר

agriar *vt* הֶחְמִיץ

agrícola *adj* חַקְלָאִי

agricultor *m* חַקְלַאי, אִכָּר

agricultura *f* חַקְלָאוּת, אִכָּרוּת

agridulce *m* חָמוּץ־מָתוֹק, מְתוֹק־מַר

agrietamiento *m* בִּקּוּעַ, סִדּוּק

agrietarse *vtref* 1 סָדַק, בָּקַע. 2 נִסְדַּק, נִבְקַע

agrimensor *m* מוֹדֵד, כַּיָּל

agrimensura *f* כִּיּוּל

agrio *adj* 1 חָמוּץ. 2 מְחֻסְפָּס. 3 פְּרִי־הָדָר

agro *m* 1 אָחוּ. 2 חָמוּץ

agrología *f* אֶקוֹלוֹגְיָה, תּוֹרַת הַסְּבִיבָה

agronomía *f* אַגְרוֹנוֹמְיָה

agrónomo *m* אַגְרוֹנוֹם

agrumación *f* הַקְפָּאָה, הַקְרָשָׁה, הַקְרָמָה

agrumar *vt* 1 הִקְרִישׁ, הִקְפִּיא. 2 נִקְרַשׁ, נִקְפָּא

agrupación *f* אִגּוּד, אֲגֻדָּה, קְבוּצָה

agrupar *vt* 1 אִגֵּד, קִבֵּץ, צָרַר. 2 אָסַף, כִּנֵּס

agrura *f* חֲמִיצוּת

agua *f* מַיִם

agua dulce מֵי שְׁתִיָּה, מַיִם מְתוּקִים

agua fuerte חֻמְצָה חַנְקָנִית, חֻמְצַת נֶתֶר

agua oxigenada מֵי חַמְצָן

agua salada 1 מֵי יָם. 2 מַיִם מְלוּחִים

aguacatal *m* מַטַּע אֲבוֹקָדוֹ

aguacate *m* אֲבוֹקָדוֹ

aguacero *m* גֶּשֶׁם זַעַף, מָטָר סוֹחֵף

aguachento *adj* 1 מֵימִי. 2 טָפֵל. 3 תָּפֵל

aguada *f* 1 מֵי שְׁתִיָּה. 2 מְקוֹר מֵי שְׁתִיָּה

aguadero *m* שֹׁקֶת, רַהַט

aguadija *f* מֵי אֲבַעְבּוּעוֹת

aguado *adj* 1 מֵימִי. 2 רַךְ, עָדִין. 2 פָּרוּשׁ. 4 מָהוּל

aguador *m* 1 שׁוֹאֵב־מַיִם. 2 מוֹכֵר מַיִם

aguafiestas *m* 1 מַשְׁבִּית שִׂמְחָה. 2 מִתְפָּרֵעַ

aguafuerte *m* חֻמְצָה חַנְקָנִית, חֻמְצַת נֶתֶר

aguaitamiento *m* 1 אֹרֶב, מַאֲרָב. 2 רִגּוּל

aguaitar *vt* אָרַב, רִגֵּל

aguamala *f* מְדוּזָה

aguamarina *f* תַּרְשִׁישׁ

aguamiel *m* תָּמָד, תְּמָד, מֵי דְבַשׁ

aguantable *adj* נִסְבָּל

aguantaderas *fpl* סַבְלָנוּת, אֹרֶךְ רוּחַ

aguantar *vt* 1 הִפְסִיק, חָדַל. 2 סָבַל, נָשָׂא. 3 הִכְלִיל. 4 עָצַר, רִסֵּן, עִכֵּב

aguante *m* 1 סְבֹלֶת, כֹּחַ סֵבֶל. 2 סַבְלָנוּת

aguar *vt* 1 מָהַל. 2 הִפְרִיעַ, הִטְרִיד

aguardar *vt* צִפָּה, חִכָּה, יִחֵל

aguardentoso *adj* 1 כָּהֳלִי, מְשַׁכֵּר. 2 צָרוּד, נִחָר

aguardiente *m* יֵין־שָׂרָף

aguarrás *m* טֶרְפֶּנְטִין, שְׂרַף הָאַלָּה

aguazal *m* 1 שְׁלוּלִית. 2 בִּצָּה

agudeza *f* 1 חַדּוּת, שְׁנִינוּת. 2 חֲרִיפוּת, עַזּוּת

agudizar *vt* 1 חִדֵּד, הִשְׁחִיז. 2 הֶחֱרִיף, הֶחֱמִיר

agudo *adj* 1 מְחֻדָּד. 2 חַד, שָׁנוּן, מֻשְׁחָז. 2 חָרִיף, עַז. 3 עוֹקֵץ

agüero *m* 1 נִחוּשׁ, קֶסֶם. 2 נְבוּאָה, בְּשׂוֹרָה. 3 רֶמֶז לַבָּאוֹת

aguerrido *adj* אַמִּיץ, תַּקִּיף

aguijada *f* דָּרְבוֹן

aguijar *vt* דִּרְבֵּן

aguijón *m* דָּרְבָן, עֹקֶץ

aguijonear *vt* דִּרְבֵּן, עָקַץ, דָּקַר

águila *f* נֶשֶׁר

aguileño *adj* 1 נִשְׁרִי. 2 עָקֹם, כָּפוּף

aguilera *f* קֵן הַנֶּשֶׁר

aguilón *m* נֶשֶׁר גָּדוֹל

aguilucho *m* 1 נִשְׁרוֹן. 2 גּוֹזַל הַנֶּשֶׁר

aguinaldo *m* 1 תְּשׁוּרָה, שַׁי, דּוֹרוֹן. 2 מַתָּנָה לְחַג הַמּוֹלָד

aguja *f* מַחַט

agujazo *m* דְּקִירַת מַחַט

agujerear *vt* נָקַב, נִקֵּב, קָדַח, בִּקַּע

agujero *m* חוֹר, נֶקֶב, חָלָל, פִּרְצָה, גֻּמָּה

aguzamiento *m* הַשְׁחָזָה, חִדּוּד

aguzar *vt* 1 חִדֵּד, הִשְׁחִיז. 2 הֶחֱרִיף, הֶחֱמִיר

¡ah! *interj* אָהּ, אוֹי!

ahebrado *adj* סִיבִי, לִיפִי

ahechador *adjm* מְנַפָּה, זוֹרָה

ahechar *vt* כָּבַר, נִפָּה, זָרָה

ahecho *m* נִפּוּי, זְרִיָּה

ahelear *vt* מָרַר, הִמְרִיר, הֵמַר

aherrojamiento *m* כְּבִילָה, אֲסִירָה, קְשִׁירָה

aherrojar *vt* 1 אָסַר בַּאֲזִקִּים. 2 דִּכָּא, הִכְנִיעַ

ahí *adv* שָׁם, שָׁמָּה

ahijado *m* 1 יֶלֶד סַנְדְּקָאוּת. 2 בֶּן חָסוּת, נִתְמָךְ

ahijar *vt* אִמֵּץ

ahincar *vt* הֵאִיץ, עוֹרֵר, זֵרֵז, הֵחִישׁ

ahinco *m* חֲרִיצוּת, שְׁקִידָה, רָצוֹן

ahitar *vti* 1 הִשְׂבִּיעַ. 2 שָׂבַע. 3 קִלְקֵל אֶת הַקֵּבָה

ahito *madj* 1 קִלְקוּל קֵבָה. 2 מְרֻגָּז, כּוֹעֵס

ahogado *adj* 1 חָנוּק, שָׁנוּק. 2 טָבוּעַ, שָׁקוּעַ

ahogar *vt* 1 חָנַק. 2 טִבַּע. 3 הֶחֱנִיק, כִּבָּה. 4 דִּכָּא, הֵצִיק. 5 נֶחֱנַק

ahogo *m* 1 חֲנִיקָה, חֶנֶק, מַחֲנָק. 2 טְבִיעָה. 3 דִּכּוּי, מוּעָקָה, מְצוּקָה, צָרָה

ahondar *vt* הֶעֱמִיק

ahonde *m* הַעֲמָקָה

ahora *adv* עַכְשָׁו, עַתָּה, כָּעֵת, מִיָּד

ahorcado *m* תָּלוּי

ahorcadura *f* תְּלִיָּה

ahorcar *vt* תָּלָה

ahormar *vt* הִתְאִים, סִגֵּל, הִתְקִין

ahorquillado *adj* מְקֻלְשָׁן, מְמֻזְלָג

ahorrador *adj* חוֹסֵךְ, חָסְכוֹנִי, חַסְכָן, קַמְצָן

ahorrar *vt* חָסַךְ, קִמֵּץ

aborrativo *adj* חָסְכוֹנִי, קַמְצָנִי

ahorro *m* חִסָּכוֹן, קִמּוּץ

ahoyar *vt* חָפַר, כָּרָה

ahuecado *adj* חָלוּל, קָמוּר

ahuecar *vt* חָלַל, הִתְקַמֵּר

ahumado *adj* מְעֻשָּׁן

ahumar *vt* 1 עִשֵּׁן. 2 קִטֵּר, בִּשֵּׂם

ahuyentar *vt* 1 הִבְרִיחַ, הֵנִיס, גֵּרֵשׁ. 2 נִמְלַט, נָס עַל נַפְשׁוֹ

aína *adv* 1 מוּכָן. 2 מִיָּד

airado *adj* כּוֹעֵס, רוֹגֵז, זוֹעֵף
airamiento *m* כַּעַס, זַעַף, זַעַם, רֹגֶז, חֵמָה
airar *vt* הִכְעִיס, הִרְגִּיז
aire *m* 1 אֲוִיר. 2 רוּחַ, מַשָּׁב. 3 מַרְאֶה, חָזוּת. 4 נִגּוּן, מַנְגִּינָה
aire acondicionado מִזּוּג אֲוִיר
aireación *f* אִוְרוּר
aireado *adj* מְאֻוְרָר
airear *vt* אִוְרֵר
airón *m* 1 אֲנָפָה. 2 רוּחַ חֲזָקָה
airosidad *f* חִנָּנִיּוּת, טַרְזָנוּת
airoso *adj* 1 מְאֻוְרָר. 2 נָאֶה, יָאֶה, נֶחְמָד, הָדוּר. 3 מְנַצֵּחַ, מַצְלִיחַ
aislable *adj* מְבַדֵּד, מְבוֹדֵד, פָּרִיד
aislación *f* בִּדּוּד
aislacionismo *m* בַּדְלָנוּת
aislacionista *m* בַּדְלָן
aislado *adj* 1 מְבוֹדָד, מְבֻדָּד. 2 נִפְרָד
aislador *m* מַבְדֵּד
aislamiento *m* 1 בְּדִידוּת. 2 הִתְבַּדְּלוּת, פְּרִישָׁה
aislar *vt* בִּדֵּד, בִּדֵּל, הִפְרִיד
¡ajá! *interj* אָהָה, זֶהוּ, נָכוֹן!
ajar *m vt* 1 שְׂדֵה שׁוּם. 2 קִמֵּט, מִעֵךְ, לָחַץ. 3 פָּגַע, הֶעֱלִיב
ajear *vt* קִלֵּל, חֵרֵף, גִּדֵּף
ajedrea *f* צַתְרָה (צֶמַח רֵיחָנִי)
ajedrecista *m* שַׁחְמְטַאי, אִשְׁקוּקָן
ajedrez *m* שַׁחְמָט, נַרְדְּשִׁיר, אִשְׁקוּקָה
ajedrezado *adj* מְשֻׁבָּץ
ajenjo *m* לַעֲנָה
ajeno *adj* 1 זָר, נָכְרִי. 2 שֶׁל אַחֵר, זוּלָתִי
ajetrearse *vref* הִתְעַיֵּף
ajetreo *m* הֲמֻלָּה, שָׁאוֹן
ají *m* פִּלְפֵּל אָדֹם
ajiaco *m* רֹטֶב, תַּבְלִין, פִּלְפֵּל אָדֹם
ajironar *vt* קָרַע, גָּזַר, שִׁסַּע
ajo שׁוּם
ajobo *m* 1 מַשָּׂא, מִטְעָן. 2 מַעֲמָסָה, נֵטֶל
ajonjolí *m* שֻׁמְשֹׁם, שֻׁמְשְׁמִין

ajorca *f* צָמִיד, אֶצְעָדָה, עֶכֶס
ajuar *m* 1 רִהוּט, אַבְזָרִים. 2 נְדוּנְיָה, מֹהַר
ajustado *adj* 1 הָדוּק, צַר, מָתוּחַ. 2 מֻתְאָם
ajustador *m* 1 מָחוֹךְ. 2 חֲזִיָּה. 3 סַדָּר
ajustar *vt* הִתְאִים, סִדֵּר, הִתְקִין, הִכְשִׁיר
ajuste *m* 1 הַתְאָמָה, הַסְכָּמָה. 2 הִסְתַּגְּלוּת, סִגּוּל. 3 יִשּׁוּב, סִדּוּר, מִיּוּן
ajusticiado *adj* הוּצָא לְהוֹרֵג
ajusticiar *vt* הוֹצִיא לְהוֹרֵג
al אֶל, לְ־
ala *f* 1 כָּנָף. 2 אֲגַף
Alá *m* אַלְלַה
alabanza *f* שֶׁבַח, תְּהִלָּה, בְּרָכָה
alabar *vt* שִׁבַּח, הִלֵּל, רוֹמֵם, פֵּאֵר
alabarda *f* 1 הַלַּבַּרְד. 2 רֹמַח
alabardero *m* חַיָּל מְזֻיָּן בְּהַלַּבַּרְד
alabastrino *adj* בַּהֲטִי
alabastro *m* בַּהַט
alabear *vt* עִקֵּל, כּוֹפֵף
alacena *f* מִזְנוֹן, אֲרוֹן כֵּלִים
alacrán *m* עַקְרָב
alacridad *f* עַלִּיזוּת, שִׂמְחָה, עֵרָנוּת
alada *f* נִפְנוּף, הֲנָפָה (כְּנָפַיִם)
alado *adj* בַּעַל כָּנָף
alafia *f* סְלִיחָה, כַּפָּרָה
alamar *m* כַּפְתּוֹר
alambicar *vt* זִקֵּק
alambique *m* אַבִּיק
alambrada *f* גָּדֵר תַּיִל
alambrado *m* מְגֻדָּר תַּיִל
alambre *m* תַּיִל, חוּט
alambrera *f* סוֹרֵג
alameda *f* שְׂדֵרָה, טַיֶּלֶת
álamo *m* צַפְצָפָה
alano *m* כֶּלֶב שְׁמִירָה
alarde *m* 1 יְהִירוּת, הִתְפָּאֲרוּת, הִתְרַבְרְבוּת. 2 שַׁחֲצָנוּת, יָמְרָה
alardear *vi* הִתְרַבְרֵב, הִתְפָּאֵר, הִתְנַשֵּׂא
alardeo *m* הִתְרַבְרְבוּת, הִתְפָּאֲרוּת, הִתְהַלְּלוּת
alargado *adj* מְאֹרָךְ

alargamiento *m* אַרְכָּה, הַאֲרָכָה

alargar *vt* 1 הֶאֱרִיךְ. 2 הוֹשִׁיט. 3 הִגְדִּיל

alarido *m* יְלָלָה, צְוָחָה, צְרִיחָה, צְעָקָה

alarmar *f* 1 אַזְעָקָה. 2 פַּחַד, אֵימָה, חֲרָדָה, בֶּהָלָה

alarmar *vt* 1 הִזְעִיק. 2 הִפְחִיד, הֶחֱרִיד, הִבְהִיל

alarmista *m* זַעֲקָן, תַּבְהֲלָן

alazán *adj* שָׂרֹק, אֲדַמְדַּם

alba *f* 1 שַׁחַר, זְרִיחָה. 2 הַתְחָלָה

albacea *m* אַפּוֹטְרוֹפּוֹס, מְבַצֵּעַ

albaceazgo *m* אַפּוֹטְרוֹפְּסוּת

albacora *f* 1 תְּאֵנָה. 2 טוּנוּס

albahaca *f* רֵיחָן

albañal *m* בִּיב, תְּעָלָה, צִנּוֹר

albañil *m* בַּנַּאי, טַיָּח

albañilería *f* בַּנָּאוּת, טַיָּחוּת

albarda *f* מַרְדַּעַת

albardilla אֻכָּף

albaricoque *m* מִשְׁמֵשׁ

albaricoquero *m* עֵץ הַמִּשְׁמֵשׁ

albatros *m* אַלְבַּטְרוֹס

albayalde *m* עוֹפֶרֶת לְבָנָה

albedrío *m* 1 רָצוֹן. 2 בְּחִירָה, בְּרִירָה, בְּרֵרָה

albéitar *m* וֶטֶרִינָר, רוֹפֵא־בְּהֵמוֹת

alberca *f* 1 בּוֹר. 2 מַאֲגָר, בְּרֵכָה

albergar *vti* 1 אִכְסֵן, אֵרַח. 2 חָסָה

albergue *m* אַכְסַנְיָה, פֻּנְדָּק

albinismo *m* לַבְקָנוּת

albino *adj* לַבְקָן

albo *adj* לָבָן

albóndiga *f* קְצִיצָה, קָצִיץ

albor *m* 1 לֹבֶן. 2 נִצְנוּצֵי הַשַּׁחַר. 3 יַנְקוּת, יַלְדוּת, נְעוּרִים

alborada *f* 1 שַׁחַר. 2 תְּרוּעַת הַשְׁכָּמָה

alborear vi זָרַח, פָּרַח

albornoz *m* בֻּרְנוּס, מְעִיל בַּיִת

alborotado *adj* 1 נֶחְפָּז, פָּזִיז, נִמְהָר. 2 קַל דַּעַת

alborotadizo *adj* 1 כַּעֲסָן, רַגְזָן. 2 רַגְשָׁנִי

alborotar *vt* 1 הִרְעִישׁ, הִסְעִיר. 2 עוֹרֵר הִתְרַגְּשׁוּת

alboroto *m* מְהוּמָה, בִּלְבּוּל, בֶּהָלָה

alborozar *vt* שִׂמַּח, הִרְנִין

alborozo *m* צָהֳלָה, שִׂמְחָה, עַלִּיזוּת, שָׂשׂוֹן

albricias *f* 1 תְּשׁוּרָה, דּוֹרוֹן, שַׁי, מַתָּנָה. 2 אִחוּלִים

album *m* אַלְבּוֹם

albumen *m* חֶלְבּוֹן

albúmina *f* חֶלְבּוֹן

albur *m* 1 לַבְנוּן. 2 סִכּוּן, רִיזִיקוֹ. 3 מִקְרֶה, הִזְדַּמְּנוּת, סִכּוּי

alca יוֹכָנִי, עוֹף אַגָּדִי

alcabala *f* בְּלוֹ, הֶטֵּל

alcachofa *f* 1 חַרְשָׁף. 2 קִנְרֵס

alcahuete *m* 1 סַרְסוּר, רוֹעֵה זוֹנוֹת. 2 רַכְלָן, הוֹלֵךְ רָכִיל

alcahuetar *vt* סִרְסֵר

alcahuetería *f* 1 סַרְסָרוּת. 2 רְכִילוּת

alcaide *m* 1 מְפַקֵּד. 2 שׁוֹמֵר, סוֹהֵר. 3 מְמֻנֶּה עַל בֵּית כֶּלֶא

alcalde *m* רֹאשׁ עִירִיָּה, רֹאשׁ מוֹעָצָה

alcaldía *f* 1 עִירִיָּה, מוֹעָצָה. 2 רָאשׁוּת עִיר, רָאשׁוּת מוֹעָצָה

álcali *m* אַלְקָלִי, בָּסִיס

alcalinidad *f* אַלְקָלִיּוּת

alcalino *adj* אַלְקָלִי, בְּסִיסִי

alcalización *f* אַלְקָלִינִיּוּת

alcalizar *vt* אִלְקֵל

alcance *m* 1 הֶשֵּׂג, הַשָּׂגָה. 2 מַשְׁמָעוּת, הוֹרָאָה. 3 יִתְרַת הַחוֹב. 4 טְוָח, מֶרְחָק

alcancía *f* קֻפַּת חִסָּכוֹן

alcanfor *m* קַמְפוֹר, כֹּפֶר

alcanforado *adj* מְקֻמְפָּר

alcanforero *m* עֵץ הַקַּמְפוֹר

alcantarilla *f* בִּיב

alcantarillado *m* בִּיּוּב

alcanzable *adj* 1 בַּר הַשָּׂגָה. 2 נִתָּן לְהַגִּיעַ

alcanzado *adj* נִצְרָךְ, עָנִי, אֶבְיוֹן

alcanzar *vt* 1 הִשִּׂיג. 2 הִשְׂתָּרַע. 3 תָּפַס, אָחַז. 4 הִסְפִּיק. 5 הֵבִין. 6 חִיֵּב. 7 הוֹשִׁיט

alcaparra *f* צָלָף

alcaravea *f* כָּרַוְיָה

alcatraz *m* שַׂקְנַאי, פֶּלִיקָן
alcaudón *m* חַנְקָן
alcayata *f* מַסְמֵר
alcázar *m* 1 מִבְצָר, מְצוּדָה. 2 טִירָה, אַרְמוֹן
alce *m* צְבִי אֲמֵרִיקָנִי
alcista *adjm* סַפְסָר, מַפְקִיעַ שְׁעָרִים
alcoba *f* 1 חֲדַר מִשּׁוֹת. 2 חֶדֶר, קִיטוֹן
alcohol *m* 1 כֹּהַל, אַלְכֹּהָל. 2 יֵין־שָׂרָף
alcohólico *adjm* 1 כָּהֳלִי. 2 שִׁכּוֹר
alcoholismo *m* שִׁכְרוּת, שִׁכָּרוֹן
Alcorán *m* אַלְקֻרְאָן
alcornoque *m* 1 אַלּוֹן הַשַּׁעַם. 2 טִפֵּשׁ
alcurnia *f* 1 יִחוּס, יַחַשׂ. 2 שַׁלְשֶׁלֶת הַיֻּחֲסִין
alcuza *f* אָסוּךְ
aldaba *f* 1 מַקּוֹשׁ. 2 וָו מְהַדֵּק, בְּרִיחַ
aldabilla *f* וָו מְהַדֵּק
aldea *f* כְּפָר, עֲיָרָה
aldeano *adjm* 1 כַּפְרִי, בֶּן־כְּפָר. 2 גַּס, מְגֻשָּׁם
aldehido *m* אַלְדֶּהִיד
aldehuela *f* כֹּפֶר, כְּפָר קָטָן
aleación *f* מָסָג, נָתָךְ, סַגְסֹגֶת, סִגְסוּג
alear *vt* 1 נִעֲנַע, טִלְטֵל. 2 סִגְסֵג
aleccionador *adj* 1 מְאַלֵּף. 2 מְלַמֵּד, מְחַנֵּךְ
aleccionar *vt* אִמֵּן, הִרְגִּיל, הִדְרִיךְ, תִּדְרֵךְ, לִמֵּד
aledaño *adjm* 1 סָמוּךְ, קָרוֹב. 2 גְּבוּל, תְּחוּם
alegación *f* 1 טַעֲנָה, רְמִיזָה. 2 הוֹדָעָה
alegar *vt* 1 טָעַן, אָמַר, הוֹכִיחַ. 2 צִטֵּט.
3 הִתְוַכֵּחַ, קִטְרֵג
alegato *m* 1 טַעֲנָה, רְאָיָה. 2 פֻּלְמוּס.
3 שִׁקּוּל דַּעַת
alegoría *f* מָשָׁל, אַלֶגוֹרְיָה
alegórico *adj* אַלֶגוֹרִי, מְשָׁלִי
alegra *f* מַקְדֵּחַ
alegrar *vt* 1 שִׂמַּח. 2 שָׂשׂ, גָּל, עָלַז
alegre *adj* שָׂמֵחַ, עַלִּיז, עָלֵז
alegría *f* שִׂמְחָה, עַלִּיזוּת, חֶדְוָה
alegro *m* אַלֶגְרוֹ
alegrón *m* שִׂמְחָה, עַלִּיזוּת, עֲלִיצוּת
alejamiento *m* 1 הַרְחָקָה, הִתְרַחֲקוּת. 2 סִיג
alejar *vt* הִרְחִיק, הִפְרִישׁ, סִלֵּק, הֶעֱבִיר

alelado *adj* מְבֻלְבָּל, מְטֻמְטָם
alelamiento *m* בִּלְבּוּל, טִמְטוּם
alelar *vt* בִּלְבֵּל, טִמְטֵם
aleluya *f* הַלְלוּיָהּ
alemán *adjm* גֶּרְמָנִי
alentada *f* הִתְנַשְּׁמוּת מְמֻשֶּׁכֶת
alentado *adj* 1 אַמִּיץ, אַמִּיץ לֵב. 2 יָהִיר,
רַבְרְבָן
alentador *adj* מְעוֹדֵד, מְחַזֵּק, מַגְבִּיר
alentar *vt* 1 נָשַׁם. 2 עוֹדֵד, חִזֵּק, אִמֵּץ
alerce *m* לֶגֶשׁ
alergia *f* אַלֶרְגְּיָה
alérgico *adj* אַלֶרְגִּי
alero *m* 1 כַּרְכֹּב, גַּגּוֹן, שׁוּלֵי הַגַּג. 2 כָּנָף
alerón *m* מַאֲזֶנֶת
alerta *adv m* 1 בְּמַצַּב הָכֵן, עַל הַמִּשְׁמָר.
2 אַזְהָרָה
alertar *vt* הִזְהִיר, הֵכִין, עוֹרֵר
alerto *adj* מֻזְהָר, מֻתְרֶה, נִמְצָא בְּמַצַּב הָכֵן
alesna *f* מַרְצֵעַ
aleta *f* 1 סְנַפִּיר. 2 כָּנָף קְטַנָּה
aletargado *adj* יָשֵׁן, מְנֻמְנָם, נִרְדָּם, רָדוּם
aletargamiento 1 הַרְדָּמָה, יִשּׁוּן. 2 עִרְפּוּל
aletargar *vtref* 1 הִרְדִּים. 2 נִרְדַּם
aletazo *m* 1 מַכַּת סְנַפִּיר. 2 מַכָּה
aletear *vi* נִפְנֵף, רִפְרֵף, כָּנַף
aleteo *m* נִפְנוּף, רִפְרוּף
aleve *adjm* 1 בּוֹגֵד. 2 בְּגִידָה
alevín, alevino *m* דָּגִיג
alevosía *f* 1 כַּחַשׁ, כְּפִירָה, מִרְמָה. 2 בְּגִידָה
alevoso *adj* בּוֹגֵד, רַמַּאי
alfa *f* אַלְפָא
alfabético *adj* אָלֶפְבֵּיתִי
alfabetizar *vt* סִדֵּר לְפִי אָלֶף־בֵּית
alfabeto *m* אָלֶף־בֵּית
alfajor *m* דֻּבְשָׁן, דֻּבְשָׁנִית
alfalfa *f* אַסְפֶּסֶת
alfalfar *m* שְׂדֵה אַסְפֶּסֶת
alfanje *m* חֶרֶב מִזְרָחִית
alfarería *f* קַדָּרוּת

alfarero *m* קַדָּר

alfeízar *m* אָדֶן, מִפְתָּן, סַף

alfeñique *m* 1 דִּבְשָׁן, דִּבְשָׁנִית. 2 אִישׁ רָזֶה, כָּחוּשׁ, צָנוּם. 3 אִישׁ עָדִין, מְפֻנָּק

alférez *m* 1 דַּגָּל. 2 סְגַן מִשְׁנֶה

alfil *m* רָץ

alfiler *m* 1 סִכָּה. 2 מַכְבֵּנָה

alfiler de gancho *m* סִכַּת בִּטָּחוֹן

alfiletero *m* כַּר לְמְחָטִים

alfombra *f* שָׁטִיחַ, מַרְבַד

alfombrado *m* שְׁטִיחִים

alfombrar *vt* רִפֵּד

alfombrilla *f* חַצֶּבֶת

alfóncigo *m* בָּטְנָה

alforfón *m* כֻּסֶּמֶת

alforja *f* 1 תַּרְמִיל, אַמְתַּחַת, יַלְקוּט. 2 צֵידָה

alforza *f* קֶפֶל, חֲפָת

alforzar *vt* קִפֵּל, חָפַת, חִפֵּת

alga *f* אַצָּה

algarabía *f* 1 עֲרָבִית. 2 רַעַשׁ, שָׁאוֹן, מְהוּמָה

algarroba *f* חָרוּבִית

algarrobera *f* חָרוּב

algarrobo *m* חָרוּב

algazara *f* רַעַשׁ, שָׁאוֹן, מְהוּמָה

álgebra *f* אַלְגֶּבְּרָה

algebraico *adj* אַלְגֶּבְּרָאִי, אַלְגֶּבְּרִי

álgido *adj* 1 קַר. 2 נְקֻדַּת שִׂיא

algo *pron* 1 שֶׁמֶץ, קַרְטוֹב. 2 דְּבַר־מָה, מַשֶּׁהוּ

algodón *m* כֻּתְנָה, צֶמֶר־גֶּפֶן

algodonal *m* שְׂדֵה כֻּתְנָה

algodonero *m* כֹּתָן

alguacil *m* שַׁמַּשׁ בֵּית הַדִּין

alguien *pron* 1 פְּלוֹנִי, אַלְמוֹנִי, פַּלְמוֹנִי. 2 מִי שֶׁהוּא, מִישֶׁהוּ, מָאן דְּהוּ

algún *adj* אֵיזֶה, מִי שֶׁהוּא, מִישֶׁהוּ

alguno *adj* אֵיזֶה, מִי שֶׁהוּא, מִישֶׁהוּ

alhaja *f* 1 תַּכְשִׁיט, עֲדִי. 2 קִשּׁוּט, נוֹי

alharaca *f* רִגְשָׁה, הִתְפָּרְצוּת (בשל סיבה קלה)

alharaquiento *adj* רַגְשָׁנִי, מִתְפָּרֵץ

alhelí *m* קַרְפּוֹלוֹן

alheña *f* יַחְנוּנָה, כֹּפֶר

alheñar *vt* כָּפַר

aliado *adjm* בַּעַל בְּרִית

alianza *f* 1 בְּרִית. 2 אֲמָנָה

aliarse *vref* הִתְקַשֵּׁר, הִתְחַבֵּר, חָבַר, בָּא בִּבְרִית

alias *m adv* 1 כִּנּוּי, מְכֻנֶּה. 2 אַחֶרֶת

alicaído *adj* חַלָּשׁ, מְדֻכָּא, מְדֻכְדָּךְ

alicates *m* מֶלְקַחַת, צְבָת

aliciente *m* עִדּוּד

alienable *adj* מַעֲבִיר, עוֹבֵר

alienación *f* 1 הַעֲבָרָה. 2 טֵרוּף, שִׁגָּעוֹן. 3 מְכִירָה

alienado *adjm* מְשֻׁגָּע, מְטֹרָף, חוֹלֵה־רוּחַ

alienar *vt* 1 הֶעֱבִיר, הֶעְתִּיק. 2 מָכַר. 3 שִׁגֵּעַ

alienista *m* רוֹפֵא לְמַחֲלוֹת רוּחַ

aliento *m* 1 נְשִׁימָה. 2 עִדּוּד, הִתְאוֹשְׁשׁוּת

aliforme *adj* בְּצוּרַת כְּנָפַיִם

aligerar *vti* 1 הֵקֵל, קַל. 2 הִמְתִּיק. 3 הֵחִישׁ, הֵאִיץ. 4 מִהֵר

alijar *m vt* 1 שְׂדֵה בּוּר. 2 פֵּרֵק. 3 הִפְרִיד

alijo *m* 1 פְּרִיקָה. 2 הַבְרָחָה

alimaña *f* שֶׁרֶץ

alimentación *f* 1 תְּזוּנָה, הֲזָנָה, אֹכֶל. 2 פַּרְנָסָה

alimentador *adj* 1 מַזִּין. 2 מְפַטֵּם, מַאֲכִיל

alimentar *vt* הֶאֱכִיל, אִכֵּל, הֵזִין

alimenticio *adj* מַזִּין

alimento *m* אֹכֶל, מָזוֹן, מַאֲכָל

alindamiento *m* תִּחוּם, תְּחִימָה

alindar *vt* 1 גָּבַל, תִּחֵם, תָּחַם. 2 יִפָּה, פֵּאֵר. 3 הִגְבִּיל

alineación *f* יִשּׁוּר

alineamiento *m* יִשּׁוּר, מַעֲרָךְ

alinear *vt* 1 יִשֵּׁר, עָרַךְ בְּשׁוּרָה. 2 הֶעֱרִיךְ

aliñar *vt* תִּבֵּל, רִקַּח

aliño *m* 1 תַּבְלִין, תָּבָל. 2 תִּבּוּל

alisador *adjm* מַחֲלִיק, מְיַשֵּׁר

alisadura *f* 1 יִשּׁוּר, הַחְלָקָה. 2 לִטּוּשׁ

alisar *vt* יִשֵּׁר, הֶחֱלִיק, לִטֵּשׁ

alistamiento *m* 1 הִתְגַּיְּסוּת. 2 חִיּוּל

alistar *vt* 1 הֵכִין, כּוֹנֵן, עָרַךְ. 2 רָשַׁם. 3 גִּיֵּס, חִיֵּל
aliteración *f* כְּפַל לָשׁוֹן, אַלִיטֶרַצְיָה
aliterado *adj* בַּעַל כְּפַל לָשׁוֹן
aliviar *vt* 1 הֵקֵל, הֵפִיג. 2 הִמְתִּיק. 3 הִרְגִּיעַ. 4 הֵאִיץ, הֵחִישׁ
alivio *m* 1 הֲקַלָּה, הַרְגָּעָה. 2 הַמְתָּקָה, רְוָחָה
aljaba *f* אַשְׁפָּה
aljibe *m* גֵּב, בּוֹר
alma *f* נֶפֶשׁ, נְשָׁמָה, רוּחַ, רוּחַ חַיָּה
alma de Dios תָּמִים, תָּם
almacén *m* חֲנוּת, מַחְסָן, מַכֹּלֶת
almacenaje *m* אַחְסָנָה, הַחְסָנָה, אֲצִירָה, אֲגִירָה
almacenamiento אִחְסוּן, אֲגִירָה
almacenar *vt* אִחְסֵן
almacenero *m* חֶנְוָנִי
almacenista *m* זַבָּן
almáciga *f* 1 שְׂרָף. 2 מִשְׁתָּלָה
almácigo *m* 1 שָׁתִיל. 2 שְׂרָף
almadía *f* דּוֹבְרָה, רַפְסוֹדָה
almagre *m* סִקְרָה
almanaque *m* לוּחַ שָׁנָה
almeja *f* צִדְפָּה, רַכִּיכָה
almena *f* נָקָב, פֶּתַח, חָרִיץ
almenado *adj* בַּעַל נְקָבִים, בַּעַל חֲרִיצִים
almendra *f* שָׁקֵד
almendrado *adj* שְׁקֵדִי
almendro *m* שְׁקֵדִיָּה
almiar *m* מַתְבֵּן
almíbar *m* דִּבְשָׁה
almibarar *vt* 1 הִמְתִּיק. 2 רִכֵּךְ
almidón *m* עֲמִילָן
almidonado *adj* מְעֻמְלָן, עֲמִילָנִי
almidonar *vt* עִמְלֵן
alminar *m* מִינָרֶט, צְרִיחַ הַמִּסְגָּד
almirantazgo *m* אַדְמִירָלִיּוּת
almirante *m* אַדְמִירָל, מְפַקֵּד חֵיל הַיָּם
almizcle *m* מוּשְׁק
almizcleño *adj* מוּשְׁקִי
almizclero *m* מוּשְׁק
almohada *f* כַּר
almohadilla *f* כָּרִית
almohadón *m* כַּר
almohaza *f* קַרְצָפֶת, מַגְרֵד
almohazar *vt* קִרְצֵף
almoneda *f* מְכִירָה פֻּמְבִּית
almonedear *vt* מָכַר בִּמְכִירָה פֻּמְבִּית
almorranas *f* טְחוֹרִים
almorzar *vi* סָעַד צָהֳרַיִם
almuecín *m* מוּאַזִּין
almuédano *m* מוּאַזִּין
almuerzo *m* 1 צָהֳרַיִם. 2 אֲרוּחַת צָהֳרַיִם
alocado *adj* 1 פָּרָא, פִּרְאִי. 2 מֻפְרָע. 3 קַל דַּעַת
alocar *vt* שִׁגַּע
alocución *f* נְאוּם, דְּרָשָׁה
áloe *m* 1 אָהָל. 2 אַלְוַי
aloja *f* תְּמָר, תָּמָד
alojamiento *m* 1 אַכְסַנְיָה. 2 אִכְסוּן, אֵרוּחַ
alojar *vt* 1 אִכְסֵן, אֵרַח, הִשְׁכִּין, הֵלִין. 2 לָן
alón *m* כָּנָף (בְּלִי נוֹצוֹת)
alondra *f* עֶפְרוֹנִי
alopatía *f* אַלּוֹפַתְיָה
alopático *adj* אַלּוֹפַתִי
alotropía *f* אַלּוֹטְרוֹפְיָה
alotrópico *adj* אַלּוֹטְרוֹפִי
alótropo *m* אַלּוֹטְרוֹפִי
alpaca *f* 1 אַלְפָּקָה. 2 אָרִג מֵאַלְפָּקָה. 3 מַתֶּכֶת לְבָנָה
alpargata *f* פֻּזְמָק, סַנְדָּל
alpestre *adj* הֲרָרִי
alpinismo *m* טִפּוּס, טִפּוּס הָרִים, אַלְפִּינִיזְם
alpinista *m* מְטַפֵּס, מְטַפֵּס הָרִים
alpino *adj* הֲרָרִי
alpiste *m* חֲפוּרִית
alquería *f* חַוָּה
alquilar *vt* שָׂכַר, הִשְׂכִּיר, חָכַר
alquiler *m* שְׂכִירוּת, דְּמֵי שְׂכִירוּת
alquimia *f* אַלְכִּימְיָה
alquimista *m* אַלְכִּימַאי
alquitrán *m* כֹּפֶר, זֶפֶת
alquitranar *vt* זִפֵּת, כָּפַר

alrededor *adv* מִסָּבִיב, סָבִיב, סְחוֹר סְחוֹר
alrededores *m* סְבִיבוֹת, חוּצוֹת
alta *f* 1 שִׁחְרוּר, פִּטּוּר. 2 הִתְגַּיְּסוּת, גִּיּוּס
altamar *f* לֵב־יָם
altamente *adv* מְאֹד, בְּהוֹקָרָה רַבָּה
altanería *f* יְהִירוּת, שַׁחֲצָנוּת, גַּאֲוָה, גַּאַוְתָנוּת
altanero *adj* יָהִיר, שַׁחֲצָן, גַּאַוְתָן
altar *m* 1 מִזְבֵּחַ, בָּמָה. 2 דּוּכָן
altavoz *m* רַמְקוֹל
altea *f* חַטְמִית
alterable *adj* 1 נָתוּן לְשִׁנּוּי. 2 הֲפַכְפַּךְ
alteración *f* 1 שִׁנּוּי, חִלּוּף, תְּמוּרָה. 2 הַפְרָעָה,
זַעֲזוּעַ, הִתְרַגְּשׁוּת. 3 סִכְסוּךְ
alterar *vt* 1 שִׁנָּה, הֶחֱלִיף. 2 הִפְרִיעַ, זִעְזַע.
3 סִכְסֵךְ
altercación *f* קְטָטָה, תִּגְרָה, מָדוֹן
altercado *m* קְטָטָה, תִּגְרָה, מָדוֹן
altercar *vi* הִתְקוֹטֵט, רָב
alternador *m* גֶּנֶרָטוֹר
alternar *vt* 1 דִּלֵּג. 2 פָּעַל לְסֵרוּגִין.
3 בָּא בְּמַגָּע
alternativa *f* 1 בְּרֵרָה, בְּרֵירָה. 2 חֲלוּפָה
alternativo *adj* שֶׁל סֵרוּגִין, אַלְטֶרְנָטִיבִי
alterno *adj* 1 שֶׁל סֵרוּגִין. 2 מִתְחַלֵּף
alteza *f* רוּם, רוֹמְמוּת, הוֹד מַעֲלָה
altibajos *m* עֲלִיּוֹת וִירִידוֹת, חֲלִיפוֹת הָעִתִּים
altilocuencia *f* מְלִיצָה, מְלִיצוּת, יָמְרָנוּת
altilocuente *adj* מְלִיצִי, נִמְלָץ, יָמְרָנִי
altillo *m* 1 תְּלוּלִית. 2 עֲלִיַּת גַּג, עֲלִיָּה, אַתִּיק
altímetro *m* מַד גֹּבַהּ
altiplanicie *f* רָמָה, מִישׁוֹר
altiplano *m* רָמָה, מִישׁוֹר
altísimo *adj* 1 עֶלְיוֹן, רָם, נַעֲלֶה. 2 אֱלֹהִים
altisonancia *f* מְלִיצִיּוּת, מְלִיצָה, יָמְרָנוּת
altisonante *adj* מְלִיצִי, יָמְרָנִי
altísono *adj* יָמְרָנִי
altitud *f* גֹּבַהּ, מָרוֹם
altivez *f* יְהִירוּת, גַּאַוְתָנוּת, הִתְרַבְרְבוּת
altivo *adj* יָהִיר, גַּאַוְתָן, רַבְרְבָן
alto *adj adv m interj* 1 גָּבֹהַּ, רָם. 2 נִשְׂגָּב.
3 אַלְט. 4 עֲצִירָה. 5 עֲצֹר!
altoparlante *m* רַמְקוֹל
altozano *m* 1 תְּלִילוּת. 2 כִּכָּר
altruísmo *m* זוּלָתִיּוּת, זוּלְתָנוּת, אַלְטְרוּאִיזְם
altruísta *m* זוּלָתָן, אַלְטְרוּאִיסְט
altura *f* גֹּבַהּ, מָרוֹם
alucinación *f* הֲזָיָה, חֲלוֹם בְּהָקִיץ, דִּמְיוֹן שָׁוְא
alucinar *vt* הָזָה
alud *m* שִׁלְגּוֹן
aludir *vi* רָמַז, הִתְכַּוֵּן, הִזְכִּיר
alumbrado *adjm* 1 מוּאָר. 2 תְּאוּרָה
alumbramiento *m* 1 לֵדָה. 2 הָאָרָה
alumbrar *vt* 1 הֵאִיר, אוֹר. 2 הִדְלִיק, הִבְעִיר.
3 יָלַד, הוֹלִיד. 4 הִמְלִיטָה
alumbre *m* אֲלוּם, צָרִיף
alúmina *f* תַּחְמֹצֶת אֲלוּם
aluminio *m* חַמְרָן, אַלוּמִינְיוֹן
alumna *f* תַּלְמִידָה, חֲנִיכָה
alumnado *m* צִבּוּר הַתַּלְמִידִים
alumno *m* תַּלְמִיד, חָנִיךְ
alusión *f* רָמָז, רְמִיזָה, סִימָן
alusivo *adj* נִרְמָז, מְרַמֵּז
aluvial *adj* שִׁרְטוֹנִי
aluvión *m* 1 סְחִיפָה. 2 סַחַף. 3 שִׁרְטוֹן
alveolar *adj* תָּאִי, מַכְתַּשִׁי
alvéolo *m* 1 תָּא. 2 מַכְתֵּשׁ. 3 גֻּמָּה, שֶׁקַע
alza *f* 1 הִתְיַקְּרוּת. 2 כַּוֶּנֶת. 3 הֲרָמָה, הַעֲלָאָה
alzada *f* 1 גֹּבַהּ, קוֹמָה. 2 עִרְעוּר, עֲרָר
alzado *madj* 1 מוֹרֵד, מַרְדָן. 2 יָהִיר, גַּאַוְתָן.
3 פּוֹשֵׁט רָגֶל. 4 מֹעֳלֶה, מוּרָם
alzamiento *m* 1 מְרִידָה, מֶרֶד, הִתְקוֹמְמוּת.
2 הֲרָמָה, הַגְבָּהָה. 3 פְּשִׁיטַת רָגֶל
alzar *vt* 1 הֵרִים, הִגְבִּיהַּ. 2 הִתְקוֹמֵם, הִתְמָרֵד.
3 הִתְרוֹמֵם
allá *adv* שָׁם, שָׁמָּה
allanamiento *m* 1 יִשּׁוּר, פִּלּוּס. 2 שְׂבִיעוּת
רָצוֹן. 3 צַו חִפּוּשׂ
allanar *vt* 1 יִשֵּׁר, מָחַק, מָחָה. 2 הִתְגַּבֵּר, גָּבַר.
3 דִּכָּא
allegado *adjm* 1 מְקֹרָב, קָרוֹב. 2 יָדִיד, בֶּן־בַּיִת

allegar *vtref* 1 קֵרֵב, הִתְקָרֵב. 2 אָסַף, צָבַר, עָרַם. 3 הִצְטָרֵף

allende *adv* 1 מֵעֵבֶר, מֵרָחוֹק. 2 עוֹד, נוֹסָף עַל

allí *adv* 1 שָׁם, שָׁמָּה. 2 אָז

ama *f* 1 גְּבֶרֶת, גְּבִירָה. 2 אֵם־בַּיִת. 3 אוֹמֶנֶת

ama de llaves אֵם־בַּיִת

amabilidad *f* אֲדִיבוּת, הַסְבָּרַת פָּנִים

amable *adj* אָדִיב, חָבִיב, לְבָבִי

amachado *adj* גַּבְרִי, זְכָרִי

amado *adj* אָהוּב, אָהוּד, חָבִיב, נָעִים

amador *adjm* אוֹהֵב, חוֹבֵב

amaestrado *adj* מְבֻיָּת, מְאֻלָּף, מְאֻמָּן, מְחֻנָּךְ

amaestramiento *m* בִּיּוּת, אִלּוּף, אִמּוּן, חִנּוּךְ

amaestrar *vt* בִּיֵּת, אִלֵּף, אִמֵּן, חִנֵּךְ

amagar *vt* 1 הֶעֱמִיד פָּנִים, דִּמָּה. 2 אִיֵּם. 2 הִפְחִיד. 3 סִכֵּן

amago *m* 1 אִיּוּם, סַכָּנָה. 2 הַעֲמָדַת פָּנִים. 3 סִימָן, צִיּוּן, רֶמֶז

amainar *vti* 1 קִפֵּל, אָסַף (את המפרשים). 2 פָּג, שָׁכַךְ, נִרְגַּע, שָׁפַל

amaine *m* שְׁכִיכָה, הַרְגָּעָה, הַשְׁקָטָה

amalgama *f* 1 מָסָג, נֶתֶךְ, תִּצְרֹפֶת כַּסְפִּית. 2 מִזּוּג, מְזִיגָה

almagamación *f* 1 סִגְסוּג כַּסְפִּית עִם מַתֶּכֶת אַחֶרֶת. 2 מִזּוּג, מְזִיגָה

amalgamar *vt* 1 סִגְסֵג כַּסְפִּית עִם מַתֶּכֶת אַחֶרֶת. 2 מָזַג, עִרְבֵּב

amamantamiento *m* הֲנָקָה

amamantar *vt* יָנַק, הֵינִיק

amanecer *m vi* 1 שַׁחַר, זְרִיחָה. 2 זָרַח

amanecida *f* עֲלוֹת הַשַּׁחַר

amanerado *adj* מְלָאכוּתִי, מְעֻשֶּׂה

amaneramiento *m* מְלָאכוּתִיּוּת, הִתְגַּנְדְּרוּת

amanerarse *vref* הִתְגַּנְדֵּר, הִתְפָּאֵר

amansador *adj* מְאַלֵּף, מְבַיֵּת

amansar *vt* אִלֵּף, בִּיֵּת

amante *adjm f* 1 אוֹהֵב, מַעֲרִיץ. 2 מְאַהֵב, פִּילֶגֶשׁ

amanuense *m* 1 פָּקִיד, לַבְלָר. 2 מַזְכִּיר

amañado *adj* 1 מֻכְשָׁר, נָבוֹן, מֻצְלָח. 2 מְזֻיָּף, מְסֻלָּף

amañar *vtref* 1 זִיֵּף, סִלֵּף. 2 הֶעֱרִים. 3 הִסְתַּדֵּר

amaño *m* עַרְמוּמִיּוּת, עָרְמָה

amapola *f* פֶּרֶג

amar *vt* אָהַב, חִבֵּב

amaranto *m* יַרְבּוּז

amargado *adj* מַר־נֶפֶשׁ, מְמֻרְמָר, מְרֻגָּז

amargar *vt* 1 מֵרֵר. 2 הוֹסִיף טַעַם מַר

amargo *adj* 1 מַר, מָרִיר. 2 מַכְאִיב, מְצַעֵר. 3 חָרִיף, צוֹרֵב. 4 אַכְזָר

amargor *m* מְרוֹר, מָרִיר, מְרוֹרָה

amargos *m* פְּרִי הָדָר, הֲדָרִים

amargura *f* מְרִירוּת

amarlis *f* נַרְקִיס

amarillear *vt* 1 הִזְהִיב, הִצְהִיב. 2 הִצְטַהֵב

amarillento *adj* צְהַבְהַב

amarillo *adj* צָהֹב

amarra *f* 1 חִזּוּק, הִדּוּק, קֶרֶס. 2 כֶּבֶל עֲגִינָה. 3 מִקְלָט, חָסוּת

amarradero *m* מַעֲגָן

amarrar *vt* קָשַׁר, אָגַד, חִבֵּר, כָּרַךְ

amarre *m* 1 קְשִׁירָה, חִזּוּק, הִדּוּק. 2 מַעֲגָן, עֲגִינָה

amarrete *adjm* קַמְצָן, כִּילַי

amartillar *vt* 1 הָלַם, הִקִּישׁ, תָּקַע. 2 דָּרַךְ (נֶשֶׁק)

amasar *vt* לָשׁ, גָּבַל, גִּבֵּל, עִסָּה

amasijo *m* עִסָּה, בָּצֵק, לִישָׁה

amatista *f* אַחְלָמָה (אֶבֶן יְקָרָה)

amatorio *adj* אֵרוֹטִי

amazacotado *adj* כָּבֵד, מְגֻשָּׁם, גַּס, מְסֻרְבָּל

amazona *f* 1 אֲמָזוֹנָה. 2 אֵשֶׁת חַיִל

ambages *m* גִּבּוּב דְּבָרִים

ámbar *m* עִנְבָּר

ambarino *adj* עִנְבָּרִי

ambición *f* שְׁאִיפָה, שְׁאַפְתָּנוּת

ambicionar *vt* שָׁאַף, הִשְׁתּוֹקֵק, הִתְאַוָּה

ambicioso *adj* שַׁאַפְתָּנִי, שַׁאַפְתָן

ambidextro *adj* שׁוֹלֵט בִּשְׁתֵּי יָדַיִם

ambiental *adj* סְבִיבָתִי

ambientar *vt* 1 אִקְלֵם, סִגֵּל, בִּיֵּת. 2 הִרְגִּיל

ambiente *m* סְבִיבָה, אֲוִירָה, חוּג
ambigüedad *f* 1 דּוּ־מַשְׁמָעוּת. 2 עִרְפּוּל
ambiguo *adj* 1 דּוּ־מַשְׁמָעִי. 2 מְעֻרְפָּל, מְפֻקְפָּק
ámbito *m* 1 תְּחוּם, הֶקֵּף, גְּבוּל. 2 סְבִיבָה, שֶׁטַח. 3 מֶרְחָב
ambivalencia *f* 1 דּוּ־מַשְׁמָעוּת. 2 דּוּ־עֶרְכִּיּוּת
ambivalente *adj* 1 דּוּ־מַשְׁמָעִי. 2 דּוּ־עֶרְכִּי
amblar *vi* טָפַף
ambo *m* 1 מִסְפָּר כָּפוּל (בְּפַיִס). 2 חֲלִיפָה
ambos *adj* הַשְּׁנַיִם, שְׁנֵיהֶם, שְׁנֵיהֶם יַחַד
ambrosía *f* מֶגֶד שָׁמַיִם, מְזוֹן הָאֵלִים
ambulación *f* נְדִידָה, שׁוֹטְטוּת
ambulancia *f* אַמְבּוּלַנְס
ambulante *adj* נוֹדֵד, מְשׁוֹטֵט, נָע וָנָד, מְטַלְטֵל
ambular *vi* נָדַד, נָע, שׁוֹטֵט, סוֹבֵב
ameba *f* חִלּוּפִית, אֲמֶבָּה
amedrentador *adj* מַבְהִיל, מַפְחִיד, מְאַיֵּם
amedrentar *vt* הִפְחִיד, הִבְהִיל, אִיֵּם
amén *m* 1 אָמֵן. 2 חוּץ, יָתֵר עַל כֵּן, מִלְּבַד
amenaza *f* 1 אִיּוּם. 2 סַכָּנָה
amenazador *adj* 1 מְאַיֵּם. 2 מְסַכֵּן. 3 אַיְמְתָנִי
amenazante *adj* אַיְמְתָנִי
amenazar *vti* אִיֵּם, הִפְחִיד
amenguamiento *m* הַפְחָתָה, הַמְעָטָה, גְּרִיעָה
amenguar *vt* הִפְחִית, מִעֵט, גָּרַע, הִקְטִין
amenidad *f* נֹעַם, נְעִימוּת, עֲרֵבוּת
amenizar *vt* הִנְעִים, שִׁעֲשַׁע
ameno *adj* נָעִים, עָרֵב, נוֹחַ, נֶחְמָד
amento *m* תִּפְרַחַת
americana *f* מְעִיל
americano *adjm* אֲמֵרִיקָאִי, אֲמֵרִיקָנִי
americio *m* אֲמֶרִיצְיוּם
ameritar *vt* 1 זָכָה, הִצְלִיחַ. 2 הָיָה רָאוּי
ametrallador *m* מַקְלְעָן
ametralladora *f* מַקְלֵעַ, מְכוֹנַת יְרִיָּה
ametrallar *vt* 1 יָרָה בְּמַקְלֵעַ. 2 הִפְגִּיז
amezquindarse *vref* הִתְעַצֵּב, דָּאַב, הָיָה נוּגֶה
amianto *m* אַמִּינְטוֹן, אַסְבֶּסְט
amigable *adj* יְדִידוּתִי, חֲבֵרִי
amígdala *f* שָׁקֵד
amigdalitis *f* שַׁקֶּדֶת
amigo *m* חָבֵר, יָדִיד, רֵעַ
amigote *m* חָבֵר נֶאֱמָן, יְדִיד־נֶפֶשׁ
amilanado *adj* נִפְחָד, נִבְהָל
amilanar *vt* הִפְחִיד, הִבְהִיל
amillaramiento *m* שׁוּמָה, הַעֲרָכָה, אֻמְדָּן
amillarar *vt* אָמַד, הֶעֱרִיךְ, שָׁם
aminorar *vt* הֵאֵט, הִקְטִין, הִפְחִית
amir *m* אָמִיר
amistad *f* יְדִידוּת, חֲבֵרוּת, אַהֲבָה, מְסִירוּת
amistar *vt* 1 הִתְיַדֵּד, הִתְחַבֵּר. 2 פִּיֵּס, הִשְׁלִים
amistoso *adj* יְדִידוּתִי, חֲבֵרִי, חַבְרוּתִי
amnesia *f* שִׁכָּחוֹן, שִׁכְחָה
amnésico *adj* חוֹלֶה בְּשִׁכָּחוֹן
amnistía *f* חֲנִינָה, מְחִילָה
amnistiar *vt* חָנַן, מָחַל
amo *m* 1 בַּעַל, אָדוֹן. 2 בַּעַל בַּיִת
amoblar *vt* רִהֵט
amodorrado *adj* רָדוּם, מְנֻמְנָם
amodorrarse *vref* נִרְדַּם, נִמְנֵם, הִתְנַמְנֵם
amohinar *vt* צִעֵר, הֶעֱצִיב, הֵצִיק
amoladera *f* מַשְׁחֶזֶת
amolador *adjm* 1 מַשְׁחִיז. 2 מַשְׁחֶזֶת
amoladura *f* הַשְׁחָזָה
amolar *vt* 1 הִשְׁחִיז. 2 הִרְגִּיז, הִכְעִיס
amoldar *vt* כִּיֵּר, קִשֵּׁט, עִצֵּב
amonestación *f* נְזִיפָה, גְּעָרָה, הַזְהָרָה, תּוֹכָחָה
amonestar *vt* נָזַף, גָּעַר, הִזְהִיר, הוֹכִיחַ
amoníaco *m* אָשָׁק, אַמּוֹנְיָק
aminio *m* אַמּוֹנְיוּם
amoniuro *m* תַּרְכִּיב אַמּוֹנְיָה
amontonamiento *m* עֲרֵמָה, מִצְבּוֹר, מַאֲגָר
amontonar *vt* עָרַם, צָבַר, אָגַר, אָסַף
amor *m* 1 אַהֲבָה, חִבָּה, אַחֲוָה. 2 מְסִירוּת, הִתְמַסְּרוּת
amor propio כָּבוֹד עַצְמִי
amoral *adj* 1 בִּלְתִּי מוּסָרִי. 2 מֻשְׁחָת
amoralidad *f* הַשְׁחָתַת הַמִּדּוֹת
amoratado *adj* כְּחֹל־שְׁחַרְחַר, סָגֹל
amoratarse *vref* הִכְחִיל (מִמַּכָּה)

amorcillo *m* 1 עֲגִיבָה, פְלִירְט. 2 קוּפִּידוֹן

amordazar *vt* חָסַם, רִסֵּן, זָמַם

amorfo *adj* נְטוּל צוּרָה, אַמוֹרְפִי, הִיּוּלִי

amorío *m* פְלִירְט, עֲגִיבָה

amorosidad *f* חֲבִיבוּת, חִבָּה, יְדִידוּת, אַהֲדָה

amoroso *adj* חָבִיב, נֶחְמָד, חָמוּד, נָעִים

amorrar *vi* הִרְכִּין, רָכַן

amortajar *vt* עָטַף, עָטָה, כִּסָּה, כָּרַךְ תַּכְרִיכִים

amortiguación *f* עִמְעוּם, הַכְהָיָה, עִרְפּוּל, טִשְׁטוּשׁ

amortiguador *adjm* 1 מְעַמְעֵם. 2 עַמְעָם

amortiguamiento *m* עִמְעוּם, הַכְהָיָה, עִרְפּוּל, טִשְׁטוּשׁ

amortiguar *vt* עִמְעֵם, הִכְהָה, עִרְפֵּל, טִשְׁטֵשׁ

amortizable *adj* בַּר־פְּדִיָּה, בַּר סִלּוּק

amortización *f* אַמוֹרְטִיזַצְיָה, בְּלַאי

amortizar *vt* שִׁמֵּט, סִלֵּק חוֹב

amoscarse *vref* הִתְרַגֵּז, כָּעַס, זָעַף

amostazar *vt* הִרְגִּיז, הִכְעִיס, הִקְצִיף

amotinado *adjm* מִתְמָרֵד, מִתְקוֹמֵם, מוֹרֵד

amotinamiento *m* מֶרֶד, הִתְמָרְדוּת, הִתְקוֹמְמוּת

amotinar *vt* הִמְרִיד

amover *vt* הִדִּיחַ, סִלֵּק, הִרְחִיק

amparador *adj* מֵגֵן, גּוֹנֵן, חוֹסֶה

amparar *vt* הֵגֵן, גּוֹנֵן

amparo *m* מִקְלָט, חָסוּת, תְּמִיכָה

amperaje *m* אַמְפֶּרָז'

amperímetro *m* אַמְפֶּרִימֶטֶר

amperio *m* אַמְפֶּר

ampliación *f* הַגְדָּלָה, הַרְחָבָה

ampliador *adj* מַרְחִיב, מַגְדִּיל, מַגְבִּיר

ampliar *vt* הִגְדִּיל, הִרְחִיב

amplificación *f* הַגְדָּלָה, הַרְחָבָה, הַגְבָּהָה, הַגְבָּרָה

amplificador *adjm* מַגְבִּיר

amplificar *vt* הִגְבִּיר, הִרְחִיב, הִגְבִּיהַּ

amplio *adj* 1 רָחָב, מְרֻוָּח. 2 מַקִּיף, כּוֹלֵל

amplitud *f* הַרְחָבָה, רֹחַב

ampolla *f* אֲבַעְבּוּעָה, בּוּעָה, שַׁלְפּוּחִית

ampollar *adj vt* 1 בְּצוּרַת אֲבַעְבּוּעָה. 2 עָשָׂה בּוּעוֹת. 3 הִתְמַלֵּא אֲבַעְבּוּעוֹת

ampolleta *f* 1 נוּרָה. 2 שְׁעוֹן חוֹל. 3 בּוּעִית

ampulosidad *f* גַּנְדְּרָנוּת, גִּבּוּב דְּבָרִים

ampuloso *adj* 1 מְלִיצִי. 2 תָּפוּחַ, מְנֻפָּח

amputación *f* קְטִיעָה, כְּרִיתָה, גְּדִיעָה

amputar *vt* קָטַע, כָּרַת, גָּדַע

amuchachado *adj* יַלְדוּתִי, נַעֲרִי

amueblar *vt* רִהֵט

amulatado *adj* 1 שְׁחַרְחַר, שָׁחֹם. 2 מוּלָטִי

amuleto *m* קָמֵיעַ, קָמֵעַ

amura *f* 1 קֶשֶׁר, חִשּׁוּק. 2 חֶבֶל, כֶּבֶל

amurallar *vt* 1 גָּדַר, בִּצֵּר. 2 דִּפֵּן

amurrarse *vref* הִתְעַצֵּב, הִצְטַעֵר

ana *f* 1 אַמָּה. 2 חֲלָקִים שָׁוִים (בתרופות)

anabólico *adj* אֲנַבּוֹלִי

anabolismo *m* אֲנַבּוֹלִיזְם (חִלּוּף־חֳמָרִים)

anacardo *m* תּוֹלַעְנָה, מַהֲגוֹנִי

anaconda *f* אֲנַקוֹנְדָה, נָחָשׁ טוֹרֵף

anacoreta *m* נָזִיר, פָּרוּשׁ

anacrónico *adj* אֲנַכְרוֹנִי, מְיֻשָּׁן

anacronismo *m* אֲנַכְרוֹנִיזְם

ánade *m* בַּרְוָז

anadear *vi* טָפַף

anadeo *m* טִפּוּף

anadeja *f* בַּרְוָזוֹן

anadino *m* בַּרְוָזוֹן

anaerobio *adjm* אַל־אֲוִירִי (חַי לְלֹא חַמְצָן)

anafe *m* כִּירָה, "פְּרִימוּס"

anagrama *f* אֲנַגְרַמָּה, הִפּוּךְ אוֹתִיּוֹת

anal *adj* שַׁיָּךְ לְפִי הַטַּבַּעַת

anales *m* 1 קוֹרוֹת, דִּבְרֵי הַיָּמִים. 2 שְׁנָתוֹנִים

analfabetismo *m* בּוּרוּת, עַם־הָאֲרָצוּת, אַנְאַלְפָבֵּיתִיזְם

analfabeto *adjm* בּוּר, עַם־הָאָרֶץ, אַנְאַלְפָבֵּיתִי

analgesia *f* אֲנַלְגֶּסְיָה, בִּטּוּל הַכְּאֵב, אַלְחוּשׁ

analgésico *adj* אֲנַלְגֶּסִי, מְבַטֵּל כְּאֵב, מְאַלְחֵשׁ

análisis *m* 1 בְּדִיקָה, נִתּוּחַ. 2 קְבִיעָה, אַבְחָנָה. 3 הַפְרָדָה. 4 תַּמְצִית

analista *m* בּוֹדֵק, מַפְרִיד, מְנַתֵּחַ

analítico *adj* בִּקָּרְתִּי, אֲנָלִיטִי

analizar *vt* 1 בָּדַק, נִתַּח. 2 קָבַע, אִבְחֵן. 3 הִפְרִיד. 4 תִּמְצֵת. 5 בִּקֵּר

analogía *f* 1 אֲנָלוֹגְיָה. 2 הַשְׁוָאָה, דִּמְיוֹן, הַקְבָּלָה

analógico *adj* 1 אֲנָלוֹגִי. 2 דּוֹמֶה, מַקְבִּיל, שָׁוֶה

análogo *adj* שָׁוֶה, דּוֹמֶה, מַקְבִּיל

anamorfosis *f* אֲנָמוֹרְפוֹסָה, שִׁנּוּי צוּרָה

ananá *f* אֲנָנָס

anapéstico *adj* אֲנַפֶּסְטִי

anapesto *m* אֲנַפֶּסְט, רֶגֶל־שִׁיר

anaquel *m* מַדָּף, אִצְטַבָּה, רַף

anaranjado *adj* כָּתֹם

anarquía *f* 1 אֲנַרְכְיָה. 2 הֶפְקֵרוּת. 3 תֹּהוּ וָבֹהוּ

anárquico *adj* 1 אֲנַרְכִי. 2 מֻפְקָר

anarquismo *m* אֲנַרְכִיזְם

anarquista *m* אֲנַרְכִיסְט, מוֹרְדָן

anatema *f* חֵרֶם, נִדּוּי, מְאֵרָה

anatematizar *vt* נִדָּה, הֶחֱרִים

anatomía *f* אֲנָטוֹמְיָה

anatómico *adj* אֲנָטוֹמִי

anatomista *m* מְנַתֵּחַ

anatomizar *vt* נִתַּח, בִּתֵּר, גִּזֵּר

anca *f* אֲחוֹרַיִם, עַכּוּז, שֵׁת

ancestral *adj* קַדְמוֹנִי, עַתִּיק

ancianidad *f* זִקְנָה, שֵׂיבָה, קְשִׁישׁוּת

anciano *adjm* 1 זָקֵן, יָשִׁישׁ, קָשִׁישׁ. 2 סָב, בָּא בַּיָּמִים

ancla *f* עֹגֶן

ancladero *m* מַעֲגָן

anclaje *m* עִגּוּן, עֲגִינָה

anclar *vt* עָגַן

anclote *m* עֹגֶן קַל

ancón *m* 1 מִפְרָץ, מִפְרָצוֹן. 2 פִּנָּה, קֶרֶן זָוִית

áncora *f* 1 עֹגֶן. 2 עֹגֶן הַצָּלָה

ancho *adjm* 1 רָחָב, מְרֻוָּח. 2 רֹחַב

anchoa *f* עַפְיָן

anchura *f* רֹחַב, רַחֲבוּת

anchuroso *adj* רְחַב יָדַיִם, רַב מִדּוֹת

andada *f* 1 צְנִים, פַּכְסָם. 2 עִקְבָה

andaderas *f* עֶגְלַת הֲלִיכָה

andado *adj* 1 נוֹסֵעַ, עוֹבֵר אֹרַח. 2 רָגִיל, שָׁכִיחַ, מָצוּי. 3 מְשֻׁמָּשׁ

andador *m* 1 הַלְכָן, מְשׁוֹטֵט. 2 כָּרוֹז

andadura *f* הֲלִיכָה

andamiada *f* מַעֲרֶכֶת פִּגּוּמִים

andamiaje *m* פִּגּוּם

andamio *m* פִּגּוּם

andanada *f* מַטָּח

andante *adjm* 1 הוֹלֵךְ רֶגֶל, נוֹדֵד, מְשׁוֹטֵט. 2 אַנְדַּנְטֶה

andanza *f* מִקְרֶה, מְאֹרָע

andar *vi* 1 הָלַךְ, צָעַד, הִתְהַלֵּךְ. 2 הִסְתַּלֵּק

andariego *adj* הַלְכָן, מְשׁוֹטֵט, הַלָּךְ

andarín *adjm* מְשׁוֹטֵט, הַלָּךְ, הַלְכָן

andarivel *m* רַכֶּבֶל

andas *f* אֲלוּנְקָה

andén *m* רָצִיף

andino *adj* שֶׁל הָרֵי הָאַנְדִּים

ándito *m* 1 פְּרוֹזְדוֹר, מִסְדְּרוֹן. 2 מִדְרָכָה

andrajo *m* סְחָבָה, סְמַרְטוּט, מַטְלִית

andrajoso *adj* בָּלוּי, בָּלֶה, מְרֻפָּט

andrógino *adj* דּוּ־מִינִי

androide *m* רוֹבּוֹט

andullo *m* כְּרֹכֶת טַבָּק

andurrial *m* סְבִיבָה, חוּצוֹת

aneblar *vt* עִנֵּן, עִרְפֵּל

anécdota *f* מַעֲשִׂיָּה, אֲנֶקְדּוֹטָה, בְּדִיחָה

anegación *f* 1 הֲצָפָה, שִׁטָּפוֹן. 2 טְבִיעָה

anegamiento *m* הֲצָפָה, שִׁטָּפוֹן

anegadizo *adj* מוּצָף, שָׁטוּף

anegar *vt* הֵצִיף, שָׁטַף

anejo *adj* מְצֹרָף, מְחֻבָּר, מְסֻפָּח

anemia *f* אֲנֶמְיָה

anémico *adj* אֲנֶמִי

anenómetro *m* מַד רוּחַ

anémona *f* כַּלָּנִית

aneroide *adj* מַד אֲוִיר יָבֵשׁ

anestesia *f* אִלְחוּשׁ, הַרְדָּמָה

anestesiar *vt* הִרְדִּים, אִלְחֵשׁ

anestésico *adjm* מַרְדִּים

Spanish	Hebrew
anestesista *m*	מַרְדִים, אַלְחָשָׁן
aneurisma *mf*	מִפְרֶצֶת
anexar *vtref*	1 סִפַּח, חִבֵּר, צֵרֵף. 2 הִתְחַבֵּר
anexión *f*	סִפּוּחַ, צֵרוּף, הִתְחַבְּרוּת, הִצְטָרְפוּת
anexo *adj*	מְחֻבָּר, מְצֹרָף, נִסְפָּח
anfibio *adjm*	דּוּ־חַי
anfiteatro *m*	אַמְפִיתֵיאַטְרוֹן
anfitrión *m*	מְאָרֵחַ, מְאַשְׁפֵּז
ánfora *f*	כַּד
angarillas *f*	אֲלוּנְקָה
ángel *m*	מַלְאָךְ
angelical *adj*	מַלְאָכִי
angina *f*	אַנְגִּינָה
anglicanismo *m*	אַנְגְּלִיקָנִיְזָם
anglicano *adjm*	אַנְגְּלִיקָנִי
anglo *adjm*	אַנְגְּלִי
angloamericano *adjm*	אַנְגְּלוֹ־אֲמֶרִיקָנִי
anglófilo *adjm*	אַנְגְּלוֹפִיל, אוֹהֵב אַנְגְּלִים
anglófobo *m*	אַנְגְּלוֹפוֹבּ, שׂוֹנֵא אַנְגְּלִים
anglosajón *adjm*	אַנְגְּלוֹסַקְסִי
angostar *vt*	הֵצַר, צִמְצֵם, כִּוֵּץ
angosto *adj*	צַר, מְצֻמְצָם
angostura *f*	צָרוּת, דֹּחַק
anguila *f*	צְלוֹפָח
angula *f*	בֶּן־צְלוֹפָח
angular *adj*	זָוִיתִי
ángulo *m*	זָוִית
anguloso *adj*	זָוִיתִי
angurria *f*	1 רַעֲבְתָנוּת, בֻּלְמוֹס. 2 קַמְצָנוּת אֲנֹכִיּוּת
angurriento *adj*	רַעַבְתָן
angustia *f*	1 מְצוּקָה, צָרָה, יָגוֹן. 2 מוּעָקָה
angustiar *vtref*	1 הֵצַר, הֵצִיק. 2 הִסְתַּגֵּף, עִנָּה עַצְמוֹ. 3 הִצְטַעֵר
angustioso *adj*	מֵצִיק, מְצַעֵר, מְדַכֵּא
anhelante *adj*	1 גּוֹנֵחַ, נֶגְחָן. 2 תָּאֵב, לָהוּט. 3 מִשְׁתּוֹקֵק
anhelar *vt*	1 שָׁאַף, נָשַׁם וְשָׁאַף. 2 חָשַׁק, הִשְׁתּוֹקֵק
anhelo *m*	תְּשׁוּקָה, תַּאֲוָה, רָצוֹן, חֵשֶׁק
anheloso *adj*	1 מֻדְאָג, חוֹשֵׁשׁ. 2 מִשְׁתּוֹקֵק, חוֹשֵׁק
anidar *vi*	קִנֵּן
anilina *f*	אָנִילִין
anilla *f*	טַבַּעַת
anillo *m*	טַבַּעַת
ánima *f*	1 נֶפֶשׁ, רוּחַ, נְשָׁמָה. 2 רוּחַ רְפָאִים
animación *f*	עֵרָנוּת, הִתְלַהֲבוּת, הִתְעוֹרְרוּת
animador *adjm*	1 מַלְהִיב, מְעוֹרֵר. 2 מַנְחֶה
animadversión *f*	שִׂנְאָה, טִינָה, תַּרְעֹמֶת
animal *adjm*	1 גַּס, בּוּר. 2 בַּעַל־חַיִּים. 3 חַיָּה, בְּהֵמָה
animalada *f*	שְׁטוּת, גַּסּוּת, בּוּרוּת, טִפְּשׁוּת
animalidad *f*	בַּהֲמִיּוּת
animalizar *vtref*	1 עִכֵּל. 2 בִּהֵם. 3 הִתְבַּהֵם
animar *vt*	עוֹדֵד, הִלְהִיב, הִמְרִיץ, לִבָּה, עוֹרֵר
anímico *adj*	נַפְשִׁי, רוּחָנִי
animismo *m*	אֲנִימִיזָם, נַפְשָׁנוּת
animista *madj*	1 אֲנִימִיסְטָ. 2 רוּחָנִי, נַפְשָׁן
ánimo *m*	1 אֹמֶץ לֵב, גְּבוּרָה, עֹז, מֶרֶץ. 2 מַצַּב־רוּחַ
animosidad *f*	שִׂנְאָה, גְּעָרָה, טִינָה, תַּרְעֹמֶת
animoso *adj*	אַמִּיץ, עַלִּיז, שׂוֹפֵעַ חַיִּים
aniñado *adj*	יַלְדּוּתִי
anión *m*	אַנְיוֹן, יוֹן שְׁלִילִי
aniquilación *f*	הַשְׁמָדָה, כִּלָּיוֹן, כְּלָיָה, הַכְחָדָה
aniquilamiento *m*	הַשְׁמָדָה, כִּלָּיוֹן, כְּלָיָה, הַכְחָדָה, הַחְרָבָה
aniquilar *vt*	הִשְׁמִיד, כִּלָּה, הִכְרִית, הֶחֱרִיב
anís *m*	1 שֶׁבֶת, כַּמְנוֹן. 2 עֹרֶק
anisado *adjm*	1 שַׁמְכִיל עֹרֶק. 2 עֹרֶק
aniversario *madj*	1 יוֹם הַשָּׁנָה, יוֹם זִכָּרוֹן. 2 שְׁנָתִי
ano *m*	פִּי הַטַּבַּעַת
anoche *adv*	אֶמֶשׁ
anochecer *vim*	1 הֶחֱשִׁיךְ, יָרַד הַיּוֹם. 2 בֵּין הָעַרְבַּיִם, בֵּין הַשְּׁמָשׁוֹת
anochecida *f*	בֵּין הָעַרְבַּיִם, בֵּין הַשְּׁמָשׁוֹת
anodino *adjm*	1 מַרְגִּיעַ, מֵפִיג כְּאֵב. 2 תָּפֵל, רֵיקָנִי

ánodo *m* אֲנוֹדָה
anofeles *m* אֲנוֹפֶלֶס, יַתּוּשׁ
anomalía *f* חֲרִיגָה, סְטִיָּה, זָרוּת
anómalo *adj* זָר, מְשֻׁנֶּה, מוּזָר, יוֹצֵא־דֹּפֶן
anón *m* אֲנָנָס
anonadar *vt* 1 הִשְׁמִיד, הִכְרִית, הֶחֱרִיב. 2 הִשְׁפִּיל, בִּזָּה. 3 הִקְנִיט
anonimato *m* אַלְמוֹנִיּוּת, עִלּוּם שֵׁם
anónimo *adjm* אַלְמוֹנִי
anormal *adj* פָּגוּם, לָקוּי, בִּלְתִּי תַּקִּין
anormalidad *f* זָרוּת, לִקּוּי, פְּגָם
anotación *f* 1 רִשּׁוּם, סִמּוּן. 2 הֶעָרָה. 3 פֵּרוּשׁ
anotador *m* רוֹשֵׁם, כּוֹתֵב
anotar *vt* רָשַׁם, כָּתַב
anquilosarse *vref* 1 הִזְדַּקֵּן. 2 הִסְתַּיֵּד
ánsar *m* אַוָּז
ansarino *adjm* 1 אַוָּזִי. 2 אֶפְרוֹחַ הָאַוָּז
ansia *f* 1 שְׁאִיפָה, רָצוֹן. 2 דְּאָגָה, חֲרָדָה. 3 מְצוּקָה, צַעַר, חֲשָׁשׁ
ansiar *vt* תָּאַב, הִשְׁתּוֹקֵק, הִתְאַוָּה, נִכְסַף
ansiedad *f* 1 דְּאָגָה, פַּחַד, חֲרָדָה. 2 הִשְׁתּוֹקְקוּת, כִּסּוּפִים
ansioso *adj* 1 דּוֹאֵג, חָרֵד, פּוֹחֵד. 2 שׁוֹאֵף, שׁוֹקֵק, מִשְׁתּוֹקֵק
anta *f* 1 מוּז, הַצְּבִי הָאֲמֵרִיקָנִי. 2 אוֹבֶּלִיסְק. 3 עַמּוּד
antagónico *adj* נוֹגֵד, מִתְנַגֵּד, נֶגְדִּי
antagonismo *m* הִתְנַגְּדוּת, נִגּוּד, יְרִיבוּת
antagonista *m* יָרִיב, מִתְנַגֵּד, בַּר פְּלֻגְתָּא
antagonizar *vt* סָתַר, הִתְנַגֵּד
antaño *adv* 1 לְפָנִים, אֶשְׁתָּקַד. 2 בִּזְמַנִּים עָבָרוּ
antártico *adj* אַנְטַרְקְטִי, דְּרוֹמִי
ante *mprep* 1 מוּז, הַצְּבִי הָאֲמֵרִיקָנִי. 2 פַּרְפֶּרֶת. 3 לִפְנֵי, בִּפְנֵי. 4 קֹדֶם
anteanoche *adv* שִׁלְשׁוֹם בָּעֶרֶב
anteayer *adv* שִׁלְשׁוֹם
antebrazo *m* אַמָּה
antecámara *f* חֲדַר הַמְתָּנָה
antecedencia *f* בְּכוֹרָה, קוֹדְמָנוּת

antecedente *madj* 1 תַּקְדִּים. 2 קוֹדֵם. 3 תְּעוּדַת־יֹשֶׁר
anteceder *vt* הִקְדִּים, קָדַם
antecesor *adjm* 1 קוֹדֵם. 2 אָב. 3 אָב קַדְמוֹן
antedata *f* תַּאֲרִיךְ קוֹדֵם
antedatar *vt* 1 הִקְדִּים. 2 הִקְדִּים תַּאֲרִיךְ
antedecir *vt* חָזָה, נִבָּא
antedicho *adj* הַנֶּאֱמָר לְעֵיל, הַנִּזְכָּר לְעֵיל
antelación *f* הַקְדָּמָה
antemano *adv* מֵרֹאשׁ, מִלְּכַתְּחִלָּה
antemeridiano *adj* שֶׁלִּפְנֵי הַצָּהֳרַיִם
antena *f* מְשׁוֹשָׁה
antenoche *adv* שִׁלְשׁוֹם בָּעֶרֶב
anteojera *f* נַרְתִּיק מִשְׁקָפַיִם
anteojo *m* 1 מִשְׁקָפַיִם. 2 מִשְׁקֶפֶת
antepasado *adjm* 1 קוֹדֵם. 2 אָב קַדְמוֹן
antepecho *m* 1 מַעֲקֶה, סְבָכָה, סוֹרֵג. 2 אֶדֶן, סַף
anteponer *vt* 1 הִצִּיג. 2 הֶעְדִּיף
anteproyecto *m* הַצָּעָה מֻקְדֶּמֶת
antera *f* מַאֲבָק
anterior *adj* קוֹדֵם
anterioridad *f* קַדְמוֹנוּת, רִאשׁוֹנוּת, רִאשׁוֹנִיּוּת
antes *adv* קֹדֶם, לִפְנֵי
antesala *f* 1 חֲדַר הַמְתָּנָה. 2 הַמְתָּנָה
antever *vt* 1 נִבָּא, חָזָה. 2 נִחֵשׁ
antevíspera *f* שִׁלְשׁוֹם בָּעֶרֶב
anti *prep* נֶגֶד, נוֹגֵד
antiácido *m* נֶגֶד חֹמֶץ
antiaéreo *adj* נֶגֶד־מְטוֹסִי, נ"מ
antialcalino *m* נוֹגֵד אַלְקָלִיּוּת
antibiótico *madj* 1 אַנְטִיבִּיּוֹטִיקָה. 2 אַנְטִיבִּיּוֹטִי
anticipación *f* 1 הַקְדָּמָה. 2 מִקְדָּמָה. 3 צִפִּיָּה
anticipadamente *adv* בְּהֶקְדֵּם, מֵרֹאשׁ
anticipado *adj* 1 לִפְנֵי זְמַנּוֹ, מֻקְדָּם. 2 מֵרֹאשׁ
anticipante *adj* מַקְדִּים, מְצַפֶּה
anticipar *vt* 1 הִקְדִּים, הֶעְדִּיף. 2 פָּרַע מֵרֹאשׁ
anticipo *m* מִקְדָּמָה, מִפְרָעָה

anticlerical *adj* אַנְטִי־דָתִי
anticlimax *m* אַנְטִי־קְלִימַקְס
anticonstitucional *adj* שֶׁלֹּא כַּדִּין, נוֹגֵד לַחֻקָּה
anticristiano *adj* נוֹגֵד לַנַּצְרוּת
anticristo *m* אַנְטִי כְּרִיסְטוּס
anticuado *adj* 1 יָשָׁן, מְיֻשָּׁן, עַתִּיק, נוֹשָׁן. 2 שֶׁאָבַד עָלָיו כֶּלַח
anticuarse *vref* 1 הִתְיַשֵּׁן. 2 אָבַד עָלָיו כֶּלַח
anticuario *m* סוֹחֵר עַתִּיקוֹת, אוֹסֵף עַתִּיקוֹת
anticuerpo *m* נוֹגְדָן
antidemocrático *adj* אַנְטִידֶמוֹקְרָטִי
antidoral *adj* מְשַׁתַּלֵּם, מַכְנִיס רֶוַח
antídoto *m* סַם נֶגֶד רַעַל
antieconómico *adj* נִפְסָד, לֹא כַּלְכָּלִי
antier *adv* שִׁלְשׁוֹם
antifaz *m* מַסֵּכָה
antífona *f* אַנְטִיפוֹן
antigás *adj* מָגֵן נֶגֶד גַּז
antigualla *f* 1 עַתִּיקוֹת. 2 דָּבָר עַתִּיק יוֹמִין
antiguamente *adv* לְפָנִים, בִּזְמַן עָבָר, בְּיָמִים עָבָרוּ
antigüedad *f* 1 הַזְּמַן הָעַתִּיק. 2 יְמֵי קֶדֶם. 3 עַתִּיקוֹת, קַדְמוֹנִיּוֹת
antiguo *adj* יָשָׁן, עַתִּיק, קַדְמוֹן, עַתִּיק יוֹמִין
antihigiénico *adj* לֹא הִיגְיֶנִי
antilogía *f* נִגּוּד
antílope *m* אַנְטִילוֹפָּה, תְּאוֹ
antimonio *m* פּוּךְ, כָּחָל
antinomia *f* 1 תַּרְתֵּי דְסַתְרֵי. 2 סְתִירָה
antiparras *f* מִשְׁקָפַיִם
antipastía *f* טִינָה, סְלִידָה, מְאִיסָה, גֹּעַל, שִׂנְאָה
antipático *adj* מָאוּס, גָּעֲלִי, אַנְטִיפָּטִי
antípoda *madj* 1 אַנְטִיפּוֹד. 2 נִגּוּדִי
antiquísimo *adj* יָשָׁן נוֹשָׁן, עַתִּיק יוֹמִין
antisemita *m* אַנְטִישֵׁמִי
antisemítico *adj* אַנְטִישֵׁמִי
antisemitismo *m* אַנְטִישֵׁמִיּוּת
antisepsia *f* אַנְטִיסֶפְּצְיָה, אַלְאִלּוּחַ
antisocial *adj* 1 בִּלְתִּי חֶבְרָתִי. 2 אַנְטִיסוֹצְיָאלִי
antítesis *f* אַנְטִיתֶזָה, נִגּוּד
antitético *adj* נִגּוּדִי, שֶׁל אַנְטִיתֶזָה
antitóxico *adj* נוֹגֵד רַעַל
antitoxina *f* נוֹגֵד הָרַעֲלָן
antojadizo *adj* עַקְשָׁן, עִקֵּשׁ, עַקְשָׁנִי, שְׁרִירוּתִי
antojarse *vref* הִתְחַשֵּׁק, הִשְׁתּוֹקֵק
antojo *m* 1 חֵשֶׁק, תְּשׁוּקָה. 2 קַפְּרִיזָה
antología *f* אַנְתּוֹלוֹגְיָה, קֹבֶץ, יַלְקוּט
antónimo *madj* 1 הִפּוּךְ, אַנְטוֹנִים. 2 נֶגְדִּי
antorcha *f* לַפִּיד, אֲבוּקָה
antracita *f* אַנְתְּרָצִיט
ántrax *m* גַּחֶלֶת, גַּחֲלִית (מחלת־עור)
antro *m* מְעָרָה, מְאוּרָה, גֹּב
antropófago *adjm* אוֹכֵל־אָדָם, קַנִּיבָּל
antropoide *madj* 1 קוֹף. 2 דּוֹמֶה לְאָדָם
antropoligía *f* אַנְתְּרוֹפּוֹלוֹגְיָה
antropológico *adj* אַנְתְּרוֹפּוֹלוֹגִי
antropólogo *m* אַנְתְּרוֹפּוֹלוֹג
anual *adj* 1 שְׁנָתִי, בֶּן שָׁנָה. 2 חַד שְׁנָתִי
anualidad *f* קִצְבָּה שְׁנָתִית, תַּשְׁלוּם שְׁנָתִי
anuario *m* שְׁנָתוֹן
anubarrado *adj* 1 מְעֻנָּן, מוּעָב. 2 קוֹדֵר, נוּגֶה
anublar *vt* עִנֵּן, הֵעִיב
anudamiento *m* קְשִׁירָה, הִדּוּק, חִבּוּר
anudar *vt* 1 קָשַׁר, כָּרַךְ. 2 הִצְמִיד, חִבֵּר, אִחֵד
anuencia *f* הַסְכָּמָה, הֶתֵּר
anuente *adj* מַסְכִּים, מַתִּיר
anulación *f* 1 הַפְסָקָה, בִּטּוּל. 2 הֲפָרָה, שְׁלִילָה
anulamiento *m* 1 בִּטּוּל. 2 שְׁלִילָה
anular *adjmvt* 1 עָגֹל, טַבַּעְתִּי. 2 קְמִיצָה. 3 בִּטֵּל, הֵסִיר, הִפְסִיק. 4 הֵפֵר, שָׁלַל
anunciación *f* הוֹדָעָה, הַכְרָזָה, פִּרְסוּם, בְּשׂוֹרָה
anunciador *m* מוֹדִיעַ, מַכְרִיז, מְפַרְסֵם, כָּרוֹז
anunciante *m* מוֹדִיעַ, מַכְרִיז, מְפַרְסֵם, כָּרוֹז
anunciar *vt* הוֹדִיעַ, הִכְרִיז, פִּרְסֵם, בִּשֵּׂר
anuncio *m* יְדִיעָה, בְּשׂוֹרָה, מוֹדָעָה, פִּרְסוּם
anverso *m* 1 שַׁעַר שֶׁל סֵפֶר. 2 פְּנֵי הַמַּטְבֵּעַ
anzuelo *m* 1 קֶרֶס, אַגְמוֹן. 2 חַכָּה

añadidura *f* תּוֹסֶפֶת, מוּסָף, הוֹסָפָה, צֵרוּף, סֶפַח

añadir *vt* הוֹסִיף, צֵרֵף, סִפַּח, חִבֵּר

añagaza *f* 1 פִּתָּיוֹן. 2 תַּחְבּוּלָה, תַּכְסִיס

añal *adjm* 1 שְׁנָתִי. 2 יוֹם זִכָּרוֹן

añejarse *vref* הִתְיַשֵּׁן, הִזְדַּקֵּן

añejo *adj* 1 זָקֵן, יָשָׁן. 2 בָּא בַּיָּמִים, קָשִׁישׁ

añicos *mpl* רְסִיסִים, גְּרִיסִים, פֵּרוּרִים

añil *m* אִינְדִּיגוֹ, אָנִיל, צֶבַע כָּחֹל

año *m* שָׁנָה

añojo *m* עֵגֶל בֶּן שָׁנָה

añoranza *f* כִּסּוּפִים, גַּעְגּוּעִים, עָרְגָּה, כְּמִיהָה

añorar *vt* הִתְגַּעְגֵּעַ

añoso *adj* זָקֵן, יָשָׁן, קָשִׁישׁ, יָשִׁישׁ

aojar *vt* בִּשֵּׂר רָעוֹת, הֵבִיא מַזָּל רַע

aojo *m* מַזָּל רַע, עַיִן רָעָה

aorta *f* אָאוֹרְטָה, אַב עוֹרְקִים

aovado *adj* בֵּיצִי, סְגַלְגַּל

apabilado *adj* תָּשׁוּשׁ, רָפֶה

apabullar *vt* 1 רָמַס, דָּרַס, מָעַךְ, כָּתַשׁ. 2 הִכְרִיעַ, דִּכָּא, הִשְׁמִיד

apacentadero *m* אָחוּ, כַּר, אֲפָר

apacentar *vt* 1 רָעָה. 2 נָהַג, שָׁלַט, מָשַׁל

apacibilidad *f* שֶׁקֶט, שַׁלְוָה, מְנוּחָה, שַׁאֲנַנּוּת

apacible *adj* שָׁקֵט, שָׁלֵו, שַׁאֲנָן

apaciguador *adjm* 1 פַּיְסָן, מַשְׁקִיט, מַרְגִּיעַ. 2 פַּיְסָנִי

apaciguamiento *m* פַּיְסָנוּת, פִּיּוּס

apaciguar *vt* פִּיֵּס

apache *m* 1 אַפַּשָׁה. 2 שׁוֹדֵד, סַכִּינַאי, רוֹצֵחַ

apachurar *vt* 1 מָעַךְ, לָחַץ, כָּתַשׁ, רָמַס. 2 בִּלְבֵּל, הֵבִיךְ

apadrinar *vt* 1 נִהְיָה סַנְדָּק, הָיָה לְשׁוֹשְׁבִין. 2 נָתַן חָסוּת, נָתַן תְּמִיכָה

apagado *adj* כָּבוּי, דּוֹעֵךְ

apagar *vtref* 1 כִּבָּה. 2 הֶאֱפִיל. 3 כָּבָה, דָּעַךְ

apagón *m* דְּעִיכָה, כְּבִיָּה, הַאֲפָלָה, אֹפֶל

apalabrar *vt* שִׁדֵּל, שִׁכְנֵעַ

apalear *vt* 1 הִלְקָה, חָבַט. 2 דָּשׁ

apaleo *m* 1 חִבּוּט, הַכָּאָה. 2 הַלְקָאָה

apandillar *vt* נִהֵג כְּנוּפְיוֹת

apañar *vt* 1 אָחַז, תָּפַס. 2 גָּנַב, סָחַב. 3 קִשֵּׁט, פֵּאֵר. 4 כִּסָּה. 5 תִּקֵּן

aparador *m* מִזְנוֹן

apaño *m* 1 תִּקּוּן. 2 מִקְלָט, מַחְסֶה

aparato *m* 1 מַכְשִׁיר, כְּלִי. 2 מְכוֹנָה. 3 מַנְגָּנוֹן, מַעֲרָכָה. 4 פְּאֵר, הוֹד

aparatoso *adj* 1 גַּנְדְּרָן, טַרְזָן. 2 גַּנְדְּרָנִי, טַרְזָנִי. 3 מְפֹאָר

aparcadero *m* חָנְיוֹן

aparcería *f* אֲרִיסוּת

aparcero *m* אָרִיס

apareamiento *m* 1 הַתְאָמָה, הַקְבָּלָה. 2 זִוּוּג, חִבּוּר, צֵרוּף. 3 הַרְבָּעָה, שִׁדּוּךְ

aparear *vtref* 1 הִתְאִים, הִקְבִּיל. 2 זִוֵּג, חִבֵּר. 3 הִרְבִּיעַ, שִׁדֵּךְ. 4 הִזְדַּוֵּג

aparecer *viref* 1 הוֹפִיעַ, יָצָא לָאוֹר. 2 הָיָה. 3 הִתְגַּלָּה, נֶחְשַׂף

aparecido *m* רוּחַ, שֵׁד

aparejar *vt* 1 רָתַם, הֵכִין, סִדֵּר. 2 הִכְשִׁיר, הִתְקִין. 3 זִוֵּג, שִׁדֵּךְ. 4 הִזְדַּוֵּג

aparejo *m* 1 הֲכָנָה, סִדּוּר, הַתְקָנָה. 2 רִתְמָה. 3 צֶבַע יְסוֹד. 4 מַעֲרֶכֶת מִפְרָשִׂים

aparentar *vt* 1 הֶעֱמִיד פָּנִים. 2 הִתְחַזָּה

aparente *adj* 1 בָּדוּי, מְזֻיָּף, כּוֹזֵב. 2 מַתְאִים, רָאוּי, הוֹלֵם. 3 מִתְגַּלֶּה, גָּלוּי, מוּבָן

aparición *f* 1 הוֹפָעָה, מוֹפָע. 2 תּוֹפָעָה. 3 חָזוּת. 4 שֵׁד, רוּחַ, מַרְאָה

apariencia *f* 1 מַרְאֶה, מַבָּט. 2 דְּמוּת, צוּרָה. 3 הוֹפָעָה

apartadero *m* שְׁלוּחָה, הִסְתָּעֲפוּת

apartadizo *adjm* 1 מִתְבַּדֵּל, פָּרוּשׁ. 2 שְׁלוּחָה, הִסְתָּעֲפוּת

apartado *adjm* 1 נִפְרָד, נִבְדָּל. 2 תֵּבַת דֹּאַר

apartamento *m* דִּירָה, מָעוֹן, מִשְׁכָּן

apartamiento *m* 1 הִתְבַּדְּלוּת, הַבְדָּלָה, הִתְרַחֲקוּת. 2 דִּירָה, מָעוֹן. 3 פְּרִישׁוּת

apartar *vtref* 1 הִרְחִיק, הִפְרִיד, בּוֹדֵד. 2 פָּרַשׁ, הִסְתַּלֵּק

aparte *advadj* 1 לְחוּד, הַצִּדָּה. 2 נִפְרָד

apartidar *vt* תָּמַךְ, הִנְהִיג, נִהֵל

apasionado *adj* נִלְהָב, לָהוּט
apasionamiento *m* הִתְלַהֲבוּת, לְהִיטוּת
apasionante *adj* 1 מַלְהִיב. 2 מְרַתֵּק, מוֹתֵחַ, מוֹשֵׁךְ
apasionar *vtref* 1 הִלְהִיב, שִׁלְהֵב. 2 הִתְרַגֵּשׁ
apatía *f* אֲדִישׁוּת, קְרִירוּת, שִׁוְיוֹן נֶפֶשׁ, אִדָּשׁוֹן, אַפַּתְיָה
apático *adj* אָדִישׁ, אַפַּתִי
apear *vt* 1 יָרַד, הוֹרִיד. 2 הֵסִיר, סִלֵּק
apechugar *vt* 1 אָזַר עֹז. 2 דָּחַף בֶּחָזֶה
apedrear *vt* סָקַל, רָגַם, יִדָּה
apegarse *vref* נִצְמַד, נִדְבַּק, הִתְחַבֵּר
apego *m* דְּבֵקוּת, חִבָּה, יְדִידוּת
apelación *f* עִרְעוּר
apelar *vi* עִרְעֵר
apelativo *adjm* 1 כְּלָלִי. 2 שֵׁם עֶצֶם כְּלָלִי
apelmazar *vt* הִסְמִיךְ, צִפֵּף, עִבָּה
apelotonar *vt* גִּבֵּב, צָבַר, קָשַׁשׁ, עָרַם
apellidar *vt* כִּנָּה, מִנָּה, קָרָא בְּשֵׁם
apellido *m* 1 שֵׁם מִשְׁפָּחָה. 2 כִּנּוּי
apenar *vt* צִעֵר, הֶעֱצִיב, הִדְאִיב
apenas *advconj* 1 כִּמְעַט שֶׁלֹּא, לְכָל הַיּוֹתֵר. 2 מִיָּד לְאַחַר שֶׁ־
apendectomía *f* כְּרִיתַת הַתּוֹסֶפְתָּן
apéndice *m* 1 תּוֹסֶפְתָּן. 2 תּוֹסֶפֶת, צֵרוּף, מוּסָף
apendicitis *f* דַּלֶּקֶת הַתּוֹסֶפְתָּן
aperador *m* רַצְעָן
aperar *vt* 1 רָתַם, צִיֵּד. 2 חָגַר
apercibimiento *m* 1 הֲכָנָה, כּוֹנְנוּת, נְכוֹנוּת. 2 הַתְרָאָה, אַזְהָרָה
apercibir *vt* 1 הֵכִין, עָרַךְ, סִדֵּר. 2 הִכִּיר, הִשִּׂיג, קָלַט, הִרְגִּישׁ. 3 הִתְרָה, הִזְהִיר
apergaminado *adj* 1 גְּוִילִי. 2 יָבֵשׁ, מְיֻבָּשׁ
aperitivo *m* מְעוֹרֵר תֵּאָבוֹן
aperlado *adj* פְּנִינִי, דְּמוּי פְּנִינָה
aperos *mpl* 1 כְּלֵי עֲבוֹדָה. 2 רְתָמוֹת
apertura *f* 1 פְּתִיחָה, הַתְחָלָה. 2 הַקְדָּמָה, מָבוֹא
apesadumbrado *adj* מְדֻכָּא, מְדֻכְדָּךְ, שְׁבוּר וְרָצוּץ
apesadumbrar *vt* הֶעֱצִיב, הִכְאִיב
apestar *vt* הִסְרִיחַ, הִבְאִישׁ
apestoso *adj* מַסְרִיחַ, מַבְאִישׁ
apetecer *vt* חָשַׁק, הִשְׁתּוֹקֵק, חָפֵץ, חָמַד, רָצָה
apetecible *adj* טָעִים, עָרֵב, רָצוּי
apetencia *f* 1 תֵּאָבוֹן. 2 תְּשׁוּקָה, תַּאֲוָה
apetito *m* 1 תֵּאָבוֹן. 2 חֵשֶׁק, תְּשׁוּקָה, תַּאֲוָה
apetitoso *adj* עָרֵב, טָעִים
apiadarse *vref* רִחֵם, חָמַל, חָס
ápice *m* 1 פִּסְגָּה, רֹאשׁ, קָצֶה. 2 קַרְטוֹב, שֶׁמֶץ, קֹרֶט
apícola *adj* כַּוְּרָנִי
apicultor *m* כַּוְּרָן
apicultura *f* כַּוְּרָנוּת
apilar *vt* עָרַם, צָבַר, אָגַר, גִּבֵּב
apiñamiento *m* 1 צְפִיפוּת, דֹּחַק. 2 דְּחִיסוּת
apiñar *vt* 1 צִפֵּף, דָּחַק. 2 דָּחַס
apio *m* כַּרְפַּס
apisonar *vt* בָּטַשׁ, בָּלַל
aplacable *adj* נוֹחַ לְהַרְגָּעָה
aplacamiento *m* הַרְגָּעָה, הַשְׁקָטָה
aplacar *vt* הִרְגִּיעַ, הִשְׁקִיט, שִׁכֵּךְ
aplacible *adj* נָעִים, חָבִיב, נָאֶה
aplanadora *f* מַכְבֵּשׁ
aplanamiento *m* 1 יִשּׁוּר, הַחְלָקָה. 2 בִּטּוּשׁ, סְלִילָה
aplanar *vt* 1 יִשֵּׁר, הֶחֱלִיק. 2 סָלַל, בָּטַשׁ
aplastamiento *m* 1 דִּכּוּי, הַכְנָעָה. 2 מְעִיכָה, לְחִיצָה, דְּחִיקָה
aplastante *adj* מַכְרִיעַ
aplastar *vt* 1 דִּכָּא, הִכְנִיעַ. 2 מָעַךְ, לָחַץ, מָחַץ, דָּחַס
aplaudir *vt* 1 מָחָא כַּפַּיִם. 2 שִׁבַּח, הִלֵּל
aplauso *m* מְחִיאַת כַּפַּיִם, תְּשׁוּאוֹת
aplazable *adj* 1 נִדְחָה. 2 סוֹבֵל דִּחוּי
aplazamiento *m* 1 דְּחִיָּה. 2 הַשְׁהָיָה
aplazar *vt* 1 דָּחָה. 2 הִשְׁהָה
aplicabilidad *f* שִׁמּוּשִׁיּוּת, יִשּׂוּם
aplicable *adj* שִׁמּוּשִׁי, מַתְאִים, רָאוּי
aplicación *f* 1 יִשּׂוּם, שִׁמּוּשׁ. 2 שְׁקִידָה,

הַתְמָדָה, עִקְבִיּוּת, חָרִיצוּת

aplicado *adj* 1 חָרוּץ, שַׁקְדָן, מַתְמִיד. 2 שִׁמּוּשִׁי. 3 מְיֻשָּׂם

aplicar *vt* 1 יִשֵּׂם, הִתְאִים. 2 הִשְׁתַּמֵּשׁ. 3 הִתְמִיד, שָׁקַד. 4 שָׂם. 5 הֶאֱשִׁים. 6 הִתְמַסֵּר

aplique *m* מַכְשִׁיר, אַבְזָר

aplomado *adj* 1 מְיֻשָּׁב, רְצִינִי. 2 אַפְרוּרִי, אָפֹר

aplomar *vt* אִנֵּךְ

aplomo *m* רְצִינוּת, מְתִינוּת, יִשּׁוּב הַדַּעַת

apocado *adj* 1 נֶחְבָּא אֶל הַכֵּלִים, תָּמִים, נָאִיבִי, בַּיְשָׁן, צָנוּעַ. 2 פַּחְדָן

apocalipsis *m* אַפּוֹקָלִיפְּסָה, חֲזוֹן אַחֲרִית הַיָּמִים

apocalíptico *adj* אַפּוֹקָלִיפְּטִי

apocamiento *m* בַּיְשָׁנוּת, נָאִיבִיּוּת, תְּמִימוּת

apocar *vt* 1 הִמְעִיט, צִמְצֵם, הִפְחִית. 2 הִשְׁפִּיל

apócope *m* קִצּוּר, קִטּוּעַ

apócrifo *adj* אַפּוֹקְרִיפִי, חִיצוֹנִי, גָּנוּז

apodar *vt* כִּנָּה, קָרָא בְּשֵׁם, נָתַן שֵׁם לְוַאי

apoderado *m* בָּא כֹּחַ, מֻרְשֶׁה, נָצִיג

apoderar *vt* יִפָּה אֶת כֹּחוֹ

apoderarse *vref* הִשְׁתַּלֵּט

apodo *m* כִּנּוּי, שֵׁם לְוַאי

ápodo *adj* חֲסַר רַגְלַיִם

apogeo *m* 1 שִׂיא, פִּסְגָּה. 2 שִׂגְשׂוּג, פְּרִיחָה

apolillado *adj* 1 אָכוּל. 2 יָשָׁן־נוֹשָׁן

apolillarse *vref* נִתְבַּלָּה, אָכַל אוֹתוֹ עָשׁ

apolítico *adj* בִּלְתִּי מִפְלַגְתִּי

apologético *adj* אַפּוֹלוֹגֶטִי, מְשַׁבֵּחַ, מְהַלֵּל

apología *f* אַפּוֹלוֹגְיָה, תִּשְׁבָּחוֹת

apologista *m* מֵלִיץ יֹשֶׁר, סָנֵגוֹר

apologizar *vt* הִתְנַצֵּל, הִצְטַדֵּק

apoltronarse *vref* 1 הִתְעַצֵּל. 2 הִשְׂתָּרַע, הִשְׁתַּטֵּחַ

apoplejía *f* שָׁבָץ, שְׁבַץ־לֵב

apoplético *adj* שְׁבָצִי

aporrear *vt* 1 חָבַט, הִצְלִיף, הִלְקָה. 2 הִטְרִיד, הֵבִיךְ, הִטְרִיחַ

aporreo *m* חֲבָטָה, הַצְלָפָה

aportación *f* 1 הִשְׁתַּתְּפוּת, תְּרוּמָה, הֲבָאָה. 2 מַתָּנָה

aportar *vti* 1 תָּרַם, נָדַב. 2 הִגִּיעַ לַנָּמָל

aporte *m* הִשְׁתַּתְּפוּת, תְּרוּמָה

aportillar *vt* חָרַר, נִקֵּב

aposentar *vt* שִׁכֵּן, אִכְסֵן, הֵלִין, אֵרַח

aposentamiento *m* 1 אִכְסוּן, הַאֲרָחָה, שִׁכּוּן. 2 חֶדֶר, תָּא

aposento *m* 1 חֶדֶר. 2 אִכְסוּן, אֵרוּחַ

aposición *f* תְּמוּרָה (שֶׁל שֵׁם עֶצֶם)

apostadero *m* מַעֲגָן לָאֳנִיּוֹת־מִלְחָמָה

apostado *m* מְהַמֵּר. 2 מַצִּיב

apostar *vt* 1 הִתְעָרֵב, הִמֵּר. 2 הִצִּיב מִשְׁמָר

apostasía *f* כְּפִירָה

apóstata *m* כּוֹפֵר

apostatar *vi* כָּפַר

apostilla *f* בֵּאוּר, הֶעָרָה, הַגָּהָה

apostillar *vt* בֵּאֵר, הֵעִיר

apóstol *m* 1 שָׁלִיחַ, מְשֻׁלָּח. 2 מְבַשֵּׂר. 3 חָלוּץ

apostolado *m* שְׁלִיחוּת

apostólico *adj* אַפִּיפְיוֹרִי

apostrofar *vt* הִקְנִיט, גָּעַר, הִכְעִיס, הוֹכִיחַ

apóstrofe *m* תּוֹכָחָה, נְזִיפָה, הַקְנָטָה

apóstrofo *m* תָּג, גֵּרֵשׁ

apostura *f* 1 חֵן, יֹפִי, חֲנִנִיּוּת, נְדִיבוּת. 2 חָזוּת, מַרְאֶה

apotegma *f* מָשָׁל, פִּתְגָּם, מַאֲמָר

apoteósico *adj* מְהֻלָּל, נַעֲרָץ, נִפְלָא, מְפֹאָר

apoteosis *f* הַאֲלָהָה, הַעֲרָצָה

apoyar *vt* 1 תָּמַךְ, סָמַךְ, הִשְׁעִין, הֶחֱזִיק. 2 עָזַר, סָעַד

apoyo *m* 1 תְּמִיכָה, סְמִיכָה, הַשְׁעָנָה. 2 סַעַד, עֶזְרָה

apreciable *adj* 1 אָמִיד, חָשׁוּב, נִכָּר. 2 יְקַר עֵרֶךְ

apreciación *f* הַעֲרָכָה, הוֹקָרָה

apreciar *vt* 1 הֶעֱרִיךְ, הוֹקִיר, כִּבֵּד. 2 שִׁעֵר, אָמַד, חִשֵּׁב, שָׁם

apreciativo *adj* 1 מוֹקִיר. 2 שָׁם

aprecio *m* הַעֲרָכָה, הוֹקָרָה, הַעֲרָצָה

aprehender *vt* 1 תָּפַשׂ, תָּפַס, הֵבִין. 2 אָסַר

aprehensión *f* 1 תְּפִישָׂה, תְּפִיסָה, אֲחִיזָה. 2 הַשָּׂגָה, הַכָּרָה. 3 דְּאָגָה

aprehensivo *adj* 1 תּוֹפֵשׂ, תּוֹפֵס. 2 מֵבִין. 3 חוֹשֵׁשׁ, דּוֹאֵג

aprehensor *m* 1 תּוֹפֵשׂ, תּוֹפֵס. 2 אוֹסֵר, כּוֹלֵא

apremiante *adj* 1 דָּחוּף, נָחוּץ. 2 דָּחוּק, לָחוּץ

apremiar *vt* 1 זֵרֵז, הֵחִישׁ, דָּחַף, הֵאִיץ. 2 הִכְרִיחַ, אִלֵּץ, חִיֵּב

apremio *m* כְּפִיָּה, הַכְרָחַ

aprender *vt* 1 לָמַד, שִׁנֵּן. 2 עִיֵּן

aprendiz *m* שׁוּלְיָה, חָנִיךְ, טִירוֹן

arendizaje *m* חֲנִיכוּת, לִמּוּד, הוֹרָאָה

aprensión *f* 1 תְּפִישָׂה, תְּפִיסָה. 2 פַּחַד, חֲרָדָה, מוֹרָא

aprensivo *adj* 1 פַּחְדָן, מוּג־לֵב, פַּחְדָנִי. 2 חַשְׁשָׁן, הַסְסָן

apresamiento *m* לְכִידָה, תְּפִיסָה, אֲסִירָה, עֲצִירָה

apresar *vt* לָכַד, שָׁבָה, אָסַר, כָּלָא

aprestar *vt* 1 הֵכִין, הִזְמִין. 2 הִתְקִין

apresto *m* 1 הֲכָנָה, הִתְכּוֹנְנוּת, תְּכוּנָה. 2 תַּרְקִיחַ, רֶקַח

apresurado *adj* נֶחְפָּז, חָפוּז

apresuramiento *m* חִפָּזוֹן, זְרִיזוּת, חֲפִזָה, הָאָצָה

apresurar *vt* חָפַז, זֵרֵז, הֵאִיץ

apretado *adj* 1 מְהֻדָּק, הָדוּק, צַר. 2 קַמְצָן, כִּילַי. 3 מְסֻכָּן

apretar *vt* 1 הִדֵּק, כָּרַךְ, חִבֵּר. 2 חִבֵּק, לִפֵּף. 3 לָחַץ, דָּחַק

apretazón *m* דֹּחַק, צְפִיפוּת

apretón *m* 1 לְחִיצָה, חִבּוּק. 2 דֹּחַק, צְפִיפוּת. 3 מְעִיכָה, סְחִיטָה

apretujar *vt* מָעַךְ, סָחַט

apretura *f* 1 מְעִיכָה, סְחִיטָה. 2 צְפִיפוּת, דֹּחַק

aprieto *m* 1 תִּסְבֹּכֶת. 2 מְעִיכָה, סְחִיטָה. 3 צְפִיפוּת, דֹּחַק

aprisa *adv* 1 חִישׁ, מַהֵר. 2 בְּחִפָּזוֹן, בִּמְהִירוּת

aprisco *m* מִכְלָאָה, מִכְלָה

aprisionar *vt* כָּלָא, אָסַר, עָצַר

aprobación *f* חִיּוּב, אִשּׁוּר, הַסְכָּמָה, הֶתֵּר

aprobado *m* 1 מְאֻשָּׁר, שָׁרִיר. 2 צִיּוּן מַעֲבָר

aprobar *vt* אִשֵּׁר, הִסְכִּים, חִיֵּב

aprobatorio *adj* מַסְכִּים, מְקַבֵּל

aprontar *vt* 1 הֵכִין, זִמֵּן. 2 מָסַר, הֶעֱבִיר

apropiación *f* 1 תְּפִיסָה, תְּפִישָׂה. 2 רְכִישָׁה, קְנִיָּה. 3 הַתְאָמָה, הֲכָנָה, הַכְשָׁרָה

apropiado *adj* מַתְאִים, רָאוּי, הוֹלֵם

apropiar *vt* 1 תָּפַשׂ, תָּפַס. 2 רָכַשׁ, קָנָה. 3 הִתְאִים, הֵכִין, סִגֵּל, הִכְשִׁיר

aprovechable *adj* 1 שָׁמִישׁ, מוֹעִיל. 2 שִׁמּוּשִׁי, תּוֹעַלְתִּי

aprovechado *adj* 1 חָרוּץ, שַׁקְדָן. 2 אָנֹכִיִּי. 3 מְנֻצָּל

aprovechamiento *m* נִצּוּל, תּוֹעֶלֶת, שִׁמּוּשׁ

aprovechar *vt* 1 עָשַׂק, נִצֵּל. 2 הִתְקַדֵּם, הִתְפַּתֵּחַ

aprovisionador *m* סַפָּק

aprovisionar *vt* צִיֵּד, סִפֵּק

aproximación *f* 1 קִרְבָה, הִתְקָרְבוּת. 2 פְּרַס תַּנְחוּמִים

aproximadamente *adv* בְּקֵרוּב, בְּעֵרֶךְ

aproximado *adj* קָרוֹב, סָמוּךְ

aproximar *vt* 1 קֵרֵב, הִסְמִיךְ. 2 קָרַב, הִתְקָרֵב

aptitud *f* סְגֻלָּה, כֹּשֶׁר, כִּשְׁרוֹן, יְכֹלֶת

apto *adj* 1 כָּשִׁיר, כִּשְׁרוֹנִי, מַתְאִים. 2 חָרוּץ, שַׁקְדָן

apuesta *f* הִתְעָרְבוּת, הִמּוּר

apuesto *adj* נָאֶה, יָפֶה, יְפֵה תֹּאַר

apuntación *f* 1 רִשּׁוּם, צִיּוּן, הֶעָרָה, רְשִׁימָה. 2 סִמּוּן

apuntador *m* לַחֲשָׁן

apuntalar *vt* 1 תָּמַךְ, חִזֵּק. 2 סָעַד, סִיֵּעַ

apuntar *vti* 1 רָשַׁם, צִיֵּן. 2 הוֹפִיעַ, נִגְלָה. 3 לָחַשׁ. 4 כִּוֵּן, הִפְנָה

apunte *m* 1 רִשּׁוּם, רְשִׁימָה, צִיּוּן, תַּרְשִׁים. 2 הֶעָרָה. 3 לְחִישָׁה

apuñalar *vt* דָּקַר, תָּקַע

apurado *adj* 1 עָנִי, דַּל, אֶבְיוֹן. 2 דָּחוּק, לָחוּץ

3 מְסֻכָּן, קָשֶׁה. 4 מְמַהֵר, נֶחְפָּז

apurar *vt* 1 זֵרֵז, הֵאִיץ. 2 טִהֵר, זִקֵּק. 3 צִעֵר, הֶעֱצִיב

apuro *m* 1 לַחַץ, דֹּחַק, מְצוּקָה. 2 צַעַר, עֶצֶב. 3 תִּסְבֹּכֶת. 4 חִפָּזוֹן, מְהִירוּת

aquejar *vt* 1 דִּכָּא. 2 הִכְאִיב, הֵצִיק. 3 צִעֵר, הֶעֱצִיב

aquel *adjpron* הַהוּא, הַלָּה, הַלָּז

aquella *adjpron* הַהִיא, הַלֵּזוּ

aquello *adjpron* הַהוּא, הַלָּה, הַלָּז

aquende *adv* הֲלוֹם, הֵנָּה, לְכָאן

aquerenciarse *vref* הִשְׁתַּכֵּן

aquí *adv* פֹּה, כָּאן, הֵנָּה

aquiescencia *f* הַסְכָּמָה

aquietar *vt* הִרְגִּיעַ, הִשְׁקִיט, פִּיֵּס

aquilatar *vt* אָמַד, שָׂם, הֶעֱרִיךְ, שִׁעֵר, בָּחַן

aquilino *adj* נִשְׁרִי

aquilón *m* 1 צָפוֹן. 2 רוּחַ צְפוֹנִית

ara *f* מִזְבֵּחַ

árabe *adjm* עַרְבִי

arabesco *m* עַרְבִי, עֲרַבֶּסְקָה

arábico *adj* עַרְבִי

arábigo *adj* עַרְבִי

arable *adj* רָאוּי לַחֲרִישׁ

arácnido *m* מִשְׁפַּחַת הָעַכְבִישִׁים

arado *m* 1 מַחֲרֵשָׁה. 2 חָרִישׁ, חֲרִישָׁה

arameo *adjm* אֲרַמִּי

arancel *m* תַּעֲרִיף

arándano *m* אָכְמָנִית

arandela *f* 1 דִּסְקִית. 2 אֹגֶן

araña *f* 1 עַכָּבִישׁ. 2 נִבְרֶשֶׁת

arañar *vt* שָׂרַט, סָרַט

arañazo *m* שְׂרִיטָה, סְרִיטָה

arañón *m* שְׂרִיטָה, סְרִיטָה

arar *vt* 1 חָרַשׁ. 2 עִרְעֵר

arbitrador *m* בּוֹרֵר, מְפַשֵּׁר, מְתַוֵּךְ, שׁוֹפֵט

arbitraje *m* 1 בּוֹרְרוּת, פְּשָׁרָה, תִּוּוּךְ. 2 פְּסַק בּוֹרְרוּת

arbitrar *vt* 1 שָׁפַט, פָּסַק. 2 פִּשֵּׁר, תִּוֵּךְ. 3 צָבַר, אָסַף

arbitrariedad *f* זָדוֹן, רִשְׁעוּת, שְׁרִירוּת לֵב, מַשּׂוֹא פָּנִים

arbitrario *adj* שְׁרִירוּתִי

arbitrio *m* 1 בְּחִירָה חָפְשִׁית. 2 דִּין, שְׁפִיטָה, שִׁפּוּט. 3 חֲרִיצַת מִשְׁפָּט, פְּסַק דִּין

árbitro *m* שׁוֹפֵט, דַּיָּן, בּוֹרֵר

árbol *m* עֵץ, אִילָן

arbolado *adjm* 1 מְיֹעָר. 2 עֲצִי. 3 חֻרְשָׁה, חֹרֶשׁ

arboladura *f* מַעֲרֶכֶת הַמִּפְרָשִׂים

arboleda *f* חֻרְשָׁה, חֹרֶשׁ, יַעַר

arbóreo *adj* עֲצִי

arbusto *m* שִׂיחַ

arca *f* 1 תֵּבָה, אַרְגָּז, אָרוֹן. 2 אֲרוֹן הַקֹּדֶשׁ

arcabuz *m* רוֹבֶה קָדוּם

arcada *f* 1 מַעֲרֶכֶת קְשָׁתוֹת. 2 תְּנוּעַת הֲקָאָה

arcaico *adj* קָדוּם, מְיֻשָּׁן, קַדְמוֹנִי, אַרְכָאִי, עַתִּיק

arcaísmo *m* אַרְכָאִיזְם, עַתִּיקוּת

arcángel *m* מַלְאַךְ הַפָּנִים, רַב־מַלְאָךְ

arcano *adjm* 1 סוֹדִי, חֲשָׁאִי. 2 מִסְתּוֹר

arce *m* אֶדֶר

arcediano *m* אַרְכִידִיאַקוֹן

arcilla *f* חֵמָר, חֹמֶר, חַמְרָה, טִיט

arcilloso *adj* טִיטִי

arcipreste *m* כֹּהֵן גָּדוֹל, כֹּמֶר רָאשִׁי

arco *m* 1 קֶשֶׁת. 2 שַׁעַר

arco iris קֶשֶׁת עָנָן

archidiácono *m* אַרְכִידִיאַקוֹן

archiducado *m* אַרְכִידֻכָּסוּת

archiduque *m* אַרְכִידֻכָּס

archipiélago *m* אַרְכִיפֶּלָג

archivador *m* 1 גַּנְזַךְ. 2 כּוֹרְכָן, אוֹגְדָן

archivar *vt* 1 גָּנַז. 2 תִּיֵּק

archivero *m* גַּנָּז

archivo *m* גַּנְזַךְ, גֶּנֶז, אַרְכִיוֹן

ardentísimo *adj* לוֹהֵט, בּוֹעֵר, יוֹקֵד

arder *vi* 1 דָּלַק, לָהַט, בָּעַר. 2 נִרְגַּשׁ, נִסְעַר

ardid *m* תַּחְבּוּלָה, תַּרְמִית, עָרְמָה

ardiente *adj* 1 בּוֹעֵר, דּוֹלֵק. 2 נִלְהָב, סוֹעֵר

ardilla *f* סְנָאִי

ardimiento *m* 1 דְּלֵקָה, לַהַט. 2 אֹמֶץ, עֹז
ardite *m* 1 מַטְבֵּעַ סְפָרַדִּי עַתִּיק לְלֹא עֵרֶךְ רַב. 2 דָּבָר חֲסַר־חֲשִׁיבוּת
ardor *m* 1 צָרֶבֶת. 2 לַהַט, לַהַב. 3 הִתְלַהֲבוּת, אֹמֶץ, עֹז
ardoroso *adj* 1 לוֹהֵט, חַם. 2 צוֹרֵב. 3 נִלְהָב, אַמִּיץ
arduidad *f* יְגִיעָה, טִרְחָה, עָמָל
arduo *adj* קָשֶׁה, מְיַגֵּעַ
área *f* 1 שֶׁטַח, אֵזוֹר. 2 תְּחוּם, מֶרְחָב
arena *f* 1 זִירָה, בָּמָה. 2 חוֹל
arenal *m* 1 חוֹלָה, חוֹלִית. 2 חוֹלוֹת נָעִים
arenga *f* דְּרָשָׁה, נְאוּם
arengar *vt* דָּרַשׁ, נָאַם
arenisca *f* זִיפְזִיף
arenoso *adj* חוֹלִי
arenque *m* חִלָּק, דָּג מָלוּחַ
aréola *f* שִׁטְחוֹן, טַבַּעַת, הַפִּטְמָה
arete *m* עֲדִי, עָגִיל
argamasa *f* טִיחַ, טִיט
argamasar *vt* טִיַּח, טִיֵּט
argentado *adj* כַּסְפִּי, מְכֻסָּף
argentar *vt* הִכְסִיף, צִפָּה בְּכֶסֶף
argentino *adjm* 1 מְכֻסָּף, כַּסְפִּי. 2 אַרְגֶּנְטִינִי
argento *m* כֶּסֶף
argentoso *adj* 1 כַּסְפִּי. 2 מְכֻסָּף
argirol *m* אַרְגִּירוֹל
argo *m* אַרְגּוֹ
argolla *f* 1 טַבַּעַת. 2 עִגּוּל. 3 חֻלְיָה
argón *m* אַרְגּוֹן
argot *m* עָגָה
argucia *f* עָרְמָה, פִּלְפּוּל, מְזִמָּה, פִּקְחוּת
argüir *vt* 1 נִמֵּק, טָעַן. 2 הוֹכִיחַ, וִכֵּחַ. 3 הִתְפַּלְמֵס, הִתְוַכֵּחַ
argumentación *f* 1 טִעוּן, טַעֲנָה. 2 נִמּוּק, הַנְמָקָה. 3 וִכּוּחַ, פֻּלְמוּס
argumentador *adj* וַכְחָן, פֻּלְמוּסָן, קַנְטְרָנִי
argumentar *vt* 1 הוֹכִיחַ, נִמֵּק, טָעַן. 2 הִסִּיק. 3 הִתְפַּלְמֵס, הִתְוַכֵּחַ
argumentativo *adj* וִכּוּחִי, פֻּלְמוּסִי, מְפֻלְפָּל
argumento *m* 1 נִמּוּק, הַנְמָקָה, רְאָיָה. 2 וִכּוּחַ, טַעֲנָה. 3 תֹּכֶן, עֲלִילָה
aria *f* אַרְיָה, מַנְגִּינָה, נְעִימָה, זֶמֶר
aridez *f* 1 יֹבֶשׁ, צְחִיחוּת, שְׁמָמָה. 2 עֲקָרוּת
árido *adj* 1 יָבֵשׁ, שׁוֹמֵם, שָׁחוּן, צָחִיחַ. 2 עָקָר. 3 תָּפֵל, טָפֵל
aries *m* מַזַּל טָלֶה
ariete *m* אֵיל בַּרְזֶל, קֹבֶל
ario *madj* אָרִי
arisco *adj* 1 מְחֻסְפָּס. 2 פִּרְאִי, גַּס, פָּרוּעַ
arista *f* 1 צֶלַע. 2 מַלְעָן, זִיף
aristocracia *f* אֲצֻלָּה, אֲרִיסְטוֹקְרַטְיָה
aristócrata *m* אֶפְרָתִי, אָצִיל, אֲרִיסְטוֹקְרָט
aristocrático *adj* אֲצִילִי, אֲרִיסְטוֹקְרָטִי
aritmética *f* חֶשְׁבּוֹן, תּוֹרַת הַחֶשְׁבּוֹן, אֲרִיתְמֶטִיקָה
aritmético *adjm* 1 אֲרִיתְמֶטִי, חֶשְׁבּוֹנִי. 2 אֲרִיתְמֶטִיקָן
arlequín *m* לֵיצָן, מוּקְיוֹן
arma *f* נֶשֶׁק, כְּלִי זַיִן
arma blanca נֶשֶׁק קַר
arma de fuego נֶשֶׁק חַם
armada *f* צִי מִלְחָמָה
armadía *f* דּוֹבְרָה, רַפְסוֹדָה, אַסְדָּה
armadillo *m* אַרְמָדִיל
armado *adjm* 1 מְזֻיָּן, חָמוּשׁ. 2 מְצֻיָּד. 3 מְקֻשָּׁט
armador *m* 1 סַפָּק. 2 בּוֹנֵה אֳנִיּוֹת. 3 נַשָּׁק
armadura *f* 1 שִׁרְיוֹן, שִׁרְיָה, שִׁרְיָן. 2 שֶׁלֶד. 3 עֹגֶן
armamento *m* נֶשֶׁק, כְּלִי זַיִן
armar *vt* 1 זִיֵּן, צִיֵּד בְּנֶשֶׁק. 2 הִרְכִּיב, חִבֵּר. 3 צִיֵּד, סִפֵּק. 4 הֵקִים, בָּנָה
armario *m* אָרוֹן, מֶלְתָּחָה
armatoste *m* 1 מְכוֹנָה מְסֻרְבֶּלֶת. 2 אִישׁ מְסֻרְבָּל
armazón *m* שֶׁלֶד
armella *f* 1 קֶרֶס, אַנְקוֹל, וָו. 2 אַגְמוֹן
armería *f* 1 נִשְׁקִיָּה. 2 בֵּית נְכוֹת לְנֶשֶׁק. 3 נַשָּׁקוּת. 4 חֲנוּת נֶשֶׁק

armero *m* 1 נַשָּׁק. 2 אֲרוֹן רוֹבִים
armiño *m* חֹלֶד־הָרִים, סַמּוּר
armisticio *m* שְׁבִיתַת נֶשֶׁק
armonía *f* 1 הַרְמוֹנְיָה, הַתְאָמָה. 2 עֲרֵבוּת, נְעִימוּת. 3 יְדִידוּת, שָׁלוֹם
armónica *f* מַפּוּחִית, מַפּוּחִית־פֶּה
armónico *adj* הַרְמוֹנִי, מַתְאִים, עָרֵב לָאֹזֶן
armonioso *adj* עָרֵב, הַרְמוֹנִי, נָעִים
armonizar *vti* 1 הִנְעִים, הִלְחִין. 2 הִתְאִים, עָרַךְ
arnés *m* שִׁרְיוֹן, רִתְמָה
arneses *m* רְתָמוֹת
árnica *f* אַרְנִיקָה
aro *m* 1 חִשּׁוּק, גַּלְגַּל. 2 טַבַּעַת. 3 עָגִיל
aroma *m* בֹּשֶׂם, רֵיחַ, רֵיחָן, נִיחוֹחַ
aromático *adj* נִיחוֹחִי, רֵיחָנִי, מְבֻשָּׂם
aromatizador *m* מַזְלֵף, מַרְסֵס
aromatizar *vt* בִּשֵּׂם
arpa *f* נֵבֶל
arpar *vt* סָרַט, שָׂרַט
arpeo *m* אַנְקוֹל
arpía *f* הַרְפִּיָּה, מִפְלֶצֶת
arpillera *f* אֲרִיג יוּטָה
arpista *m* מְנַגֵּן הַנֵּבֶל
arpón *m* צִלְצָל
arponear *vt* שִׁלַּח הַצִּלְצָל
arponero *m* צִלְצְלָן
arqueada *f* 1 קַשְׁתָּנוּת. 2 תְּנוּעַת הֲקָאָה
arquear *vt* 1 כִּפֵּף, עִקֵּם, עִקֵּל. 2 קִשֵּׁת. 3 הֵקִיא. 4 אָמַד נֶפַח הָאֳנִיָּה
arqueo *m* 1 כְּפִיפָה, עִקּוּם, עַקְמוּמִיּוּת. 2 מְצַאי הַקֻּפָּה. 3 נֶפַח אֳנִיָּה
arqueología *f* אַרְכֵיאוֹלוֹגְיָה
arqueológico *adj* אַרְכֵיאוֹלוֹגִי
arqueólogo *m* אַרְכֵיאוֹלוֹג
arquero *m* 1 קַשָּׁת. 2 שׁוֹעֵר
arquetipo *m* אַבְטִיפּוּס
arquidiócesis *f* מְחוֹז הַהֶגְמוֹן
arquitecto *m* אַדְרִיכָל, אַרְדִּיכָל
arquitectónico *adj* אַדְרִיכָלִי, אַרְכִיטֶקְטוֹנִי
arquitectura *f* אַדְרִיכָלוּת, אַרְדִּיכָלוּת

arrabal *m* 1 פַּרְוָר, פַּרְבָּר, שְׁכוּנָה. 2 חוּצוֹת
arrabalero *adjm* 1 פַּרְבָּרִי, שְׁכוּנָתִי, פַּרְוָרִי. 2 אִישׁ גַּס, מְחֻצָּף, מְגֻשָּׁם
arracimado *adj* מְאֻשְׁכָּל
arracimar *vt* אִשְׁכֵּל
arraigado *adj* 1 מֻשְׁרָשׁ. 2 מְעֹרֶה, מְבֻסָּס
arraigar *vt* בִּסֵּס, הִתְבַּסֵּס, הִשְׁתָּרֵשׁ, הִשְׁרִישׁ
arraigo *m* 1 הִשְׁתָּרְשׁוּת, הִתְבַּסְּסוּת. 2 נְכָסִים
arralar *vt* דִּלֵּל, דִּלְדֵּל
arrancada *f* גִּיחָה, זְנִיקָה, זִנּוּק
arrancadero *m* נְקֻדַּת זִנּוּק
arrancado *adj* עָקוּר, מְדֻלְדָּל
arrancar *vt* 1 עָקַר, תָּלַשׁ, שֵׁרֵשׁ. 2 קָטַף. 3 זִנֵּק, הֵגִיחַ. 4 הִתְנִיעַ. 5 הִתְחִיל. 6 בָּרַח
arranchar *vt* 1 תָּפַס, חָטַף, אָחַז. 2 הִזְדַּוֵּג, בָּעַל
arranque *m* 1 גִּיחָה, זִנּוּק. 2 הִתְפָּרְצוּת. 3 עֲקִירָה, תְּלִישָׁה. 4 הַתְנָעָה. 5 הַתְחָלָה
arras *f* 1 מַשְׁכּוֹן, עֵרָבוֹן. 2 מֹהַר .
arrasar *vt* 1 יִשֵּׁר. 2 הָרַס, הֶחֱרִיב, הִשְׁמִיד. 3 גֵּרַשׁ. 4 הִתְבַּהֵר
arrastrado *adj* 1 עָנִי, דַּל. 2 מִסְכֵּן, אֻמְלָל, עָלוּב. 3 נִסְחָב, נִגְרָר
arrastramiento *m* סְחִיבָה, גְּרִירָה, מְשִׁיכָה
arrastrar *vt* 1 גָּרַר, מָשַׁךְ. 2 הִתְחַנֵּף, הִתְרַפֵּס, הִשְׁתַּחֲוָה
arrastre *m* סְחִיבָה, גְּרִירָה, מְשִׁיכָה
arrayán *m* הֲדַס
¡arre! *interj* דְּיוֹ!
arrear *vt* 1 הֵאִיץ, זֵרֵז. 2 רָעָה. 3 בִּהֵם, חִמֵּר
arrebatado *adj* 1 פָּזִיז, בָּהוּל, נֶחְפָּז. 2 סוֹעֵר, רוֹעֵשׁ, נִרְגָּשׁ
arrebatador *adj* שׁוֹבֵה לֵב, מַקְסִים, מַלְהִיב
arrebatamiento *m* 1 פְּזִיזוּת, בְּהִילוּת. 2 כַּעַס, זַעַם, זַעַף. 3 הִתְלַהֲבוּת
arrebatar *vt* 1 לָקַח, חָטַף, תָּפַס. 2 עוֹרֵר, הִלְהִיב, הִקְסִים. 3 הִרְגִּיז, הִכְעִיס
arrebato *m* 1 חֲטִיפָה, לְקִיחָה, תְּפִיסָה. 2 זַעַם, הִתְפָּרְצוּת, כַּעַס. 3 הִתְלַהֲבוּת
arrebol *m* 1 אֹדֶם, אַדְמוּמִית. 2 עָנָן אֲדַמְדַּם

arrebolada *f*	עֲנָנִים אֲדֻמִּים בִּשְׁעַת הַשְּׁקִיעָה
arrebolarse *vref*	הִתְאַדֵּם, הִסְמִיק
arrebujar *vt*	1 עָטַף, כִּסָּה. 2 הִתְעַטֵּף, הִתְכַּסָּה,
	נָטַף
arreciar *vi*	הִתְחַזֵּק, הִתְגַּבֵּר, גָּבַר
arrecife *m*	שּׁוּנִית, שֵׁן סֶלַע, כֵּף
arredramiento *m*	רְתִיעָה, נְסִיגָה
arredrarse *vref*	נִרְתַּע, הִרְתִּיעַ, נָסוֹג
arreglar *vt*	1 סִדֵּר, תִּקֵּן. 2 עָרַךְ, הֵכִין.
	3 הִתְאִים, סִגֵּל. 4 הִסְתַּגֵּל
arreglárselas	הִסְתַּדֵּר
arreglo *m*	1 סִדּוּר, תִּקּוּן. 2 פְּשָׁרָה, וִתּוּר,
	הִתְחַיְּבוּת. 3 עִבּוּד. 4 הַתְאָמָה
arrellanarse *vref*	הִשְׁתַּטַּח, הִשְׂתָּרֵעַ
arremangar *vt*	הִפְשִׁיל, קִפֵּל, גִּלֵּל
arremango *m*	הַפְשָׁלָה, קִפּוּל
arremeter *vt*	הִסְתָּעֵר, הִתְנַפֵּל, הִתְקִיף
arremetida *f*	הִסְתָּעֲרוּת, הִתְנַפְּלוּת, הַתְקָפָה
arremolinarse *vref*	הִסְתַּחְרֵר, הִסְתּוֹבֵב
arrendador *m*	1 מַחְכִּיר, מַשְׂכִּיר. 2 שׂוֹכֵר,
	חוֹכֵר, דַּיָּר
arrendajo *m*	עוֹרֵב־הַצִּיצָה
arrendamiento *m*	חֲכִירָה, שְׂכִירוּת, הַשְׂכָּרָה
arrendar *vt*	1 חָכַר, שָׂכַר. 2 רָתַם. 3 אִלֵּף. 4 חִקָּה
arrendatario *adjm*	1 שׂוֹכֵר, חוֹכֵר. 2 דַּיָּר
arreos *madv*	1 רִתְמוֹת, רִתְמָה. 2 קִשּׁוּטִים,
	עִטּוּרִים. 3 בִּרְצִיפוּת
arrepentido *adj*	חוֹזֵר בִּתְשׁוּבָה, מִתְחָרֵט
arrepentimiento *m*	מוּסַר כְּלָיוֹת, חֲרָטָה
arrepentirse *vref*	הִתְחָרֵט, חָזַר בִּתְשׁוּבָה
arrestado *adj*	1 נוֹעָז, אַמִּיץ, אָסוּר
arrestar *vt*	1 עָצַר, אָסַר, כָּלָא. 2 הִשְׁלִיךְ עַצְמוֹ
arresto *m*	1 מַאֲסָר, מַעְצָר, תְּפִיסָה. 2 תְּעוּזָה,
	אֹמֶץ, עֹז
arriar *vt*	1 הוֹרִיד, הֵצִיף. 2 שָׁטַף
arriba *adv*	מַעְלָה, לְמַעְלָה
arribada *f*	הַגָּעָה, בִּיאָה, הַשָּׂגָה
arribar *vi*	הִגִּיעַ, בָּא
arribo *m*	הַגָּעָה, בִּיאָה, הַשָּׂגָה
arriendo *m*	חֲכִירָה, הַשְׂכָּרָה, שְׂכִירוּת

arriero *m*	מְחַמֵּם, בֶּהָם
arriesgado *adj*	1 מְסֻכָּן. 2 אַמִּיץ, נוֹעָז
arriesgar *vt*	סִכֵּן, הִסְתַּכֵּן
arrimar *vt*	קֵרַב, הִתְקָרֵב, הִסְמִיךְ
arrimo *m*	1 הִתְקָרְבוּת, הַקְרָבָה. 2 תְּמִיכָה,
	סַעַד, מִשְׁעָן. 3 תָּחְבִּיב
arrinconado *adj*	1 מְזֻנָּח. 2 נִדָּח, בּוֹדֵד,
	מֻפְרָשׁ. 3 זָוִיתִי
arrinconar *vt*	1 צָפַן. 2 הִנִּיחַ בַּפִּנָּה. 3 רָדַף,
	לָחַץ, הֵצִיק, הִזְנִיחַ. 4 זָנַח
arriscarse *vref*	1 הִסְתַּכֵּן, הֵעֵז. 2 הִתְרַגֵּז
arrobamiento *m*	1 סֹמֶק, אֹדֶם, אַדְמוּמִית.
	2 הִתְלַהֲבוּת, הִתְפַּעֲלוּת
arrobar *vt*	1 הִסְמִיק, סָמַק. 2 הִתְלַהֵב, הִתְפַּעֵל
arrobo *m*	הִתְלַהֲבוּת, הִתְפַּעֲלוּת
arrocero *adjm*	1 שֶׁל אֹרֶז. 2 מְגַדֵּל אֹרֶז
arrodillarse *vref*	כָּרַע, כָּרַע בֶּרֶךְ, הִשְׁתַּחֲוָה
arrogación *f*	1 אִמּוּץ. 2 נְטִילָה שֶׁלֹּא כַּחֹק
arrogancia *f*	יְהִירוּת, גַּאַוְתָנוּת, הִתְרַבְרְבוּת
arrogante *adj*	יָהִיר, גַּאַוְתָן, רַבְרְבָן
arrogarse *vref*	1 יִחֵס לְעַצְמוֹ. 2 אִמֵּץ לְעַצְמוֹ
arrojadizo *adj*	נִתָּן לַהֲטָלָה
arrojado *adj*	אַמִּיץ, אַמִּיץ לֵב, נוֹעָז
arrojo *m*	אֹמֶץ, אֹמֶץ לֵב, עֹז, גְּבוּרָה
arrojar *vtiref*	1 זָרַק, הִשְׁלִיךְ. 3 הֵקִיא. 2 הֵטִיל
	עַצְמוֹ
arrollar *vt*	1 גִּלֵּל, גִּלְגֵּל. 2 הֵבִיס, נִצַּח, מִגֵּר.
	3 דָּרַס, רָמַס. 4 נִרְגַּן
arropamiento *m*	הִתְעַטְּפוּת, הִתְכַּסּוּת
arropar *vt*	1 כִּסָּה, עָטַף, הִלְבִּישׁ. 2 הִתְכַּסָּה,
	הִתְעַטֵּף
arrostrar *vt*	הִתְיַצֵּב כְּנֶגֶד, הֶחֱזִיק מַעֲמָד
arroyo *m*	1 פֶּלֶג, נַחַל, יוּבַל. 2 בִּיב
arroz *m*	אֹרֶז
arrozal *m*	שְׂדֵה אֹרֶז
arruga *f*	1 קֶמֶט. 2 קֶפֶל
arrugar *vt*	1 קִמֵּט. 2 קִפֵּל. 3 הִתְכַּוֵּץ
arruinador *adj*	הַרְסָנִי, מַחֲרִיב
arruinar *vt*	הָרַס, הֶחֱרִיב, הִשְׁמִיד, רוֹשֵׁשׁ, הִשְׁחִית
arrullar *vt*	הָגָה, הָמָה, נָהַם

arrullo *m* הֶמְיָה, נְהִימָה, הִמְהוּם
arrumaco *m* לְטִיפָה, חִבָּה
arrumaje *m* שִׁטְעוּן, טְעִינַת אֳנִיָּה
arrumar *vt* 1 הִטְעִין אֳנִיָּה. 2 הִתְעַנֵּן, הִתְקַדֵּר
arrumbar *vt* 1 שָׂם בְּקֶרֶן זָוִית. 2 הִפְנָה, כִּוֵּן. 3 הָרַס, מִגֵּר
arsenal *m* 1 מִסְפָּנָה. 2 נַשָּׁקִיָּה, בֵּית נֶשֶׁק
arsenical *adj* זַרְנִיכִי
arsénico *m* זַרְנִיךְ
arte *m* אָמָּנוּת, אֳמָנוּת
artes y oficios מְלָאכֶת מַחֲשֶׁבֶת
artefacto *m* כְּלִי, מַכְשִׁיר, מִתְקָן
artejo *m* חֻלְיָה, פֶּרֶק
arteria *f* עוֹרֵק
artería *f* עָרְמָה, רִשְׁעוּת, עַרְמוּמִיּוּת
arterial *adj* עוֹרְקִי
arteriosclerosis *f* הִסְתַּיְּדוּת הָעוֹרְקִים
artero *adj* עַרְמוּמִי, עָרוּם
artesa *f* עֲרֵבָה, מִשְׁאֶרֶת
artesanado *m* קְהַל אָמָּנִים
artesanía *f* אָמָּנוּת
artesano *m* אָמָּן, בַּעַל מְלָאכָה
artesiano *adj* אַרְטָזִי
ártico *adj* אַרְקְטִי
articulación *f* 1 מִפְרָק. 2 הִגּוּי
articulado *adj* בַּעַל מִפְרָקִים
articular *vtadj* 1 חִבֵּר, אִחֵד, קִשֵּׁר. 2 בִּטֵּא, הָגָה. 3 סַעַף. 4 פִּרְקִי
articulista *m* כַּתָּב, עִתּוֹנַאי
artículo *m* 1 חֻלְיָה, פֶּרֶק. 2 מִפְרָק. 3 סָעִיף. 4 מַאֲמָר. 5 ה' הַיְדִיעָה. 6 מִצְרָךְ, חֵפֶץ
artículo de primera necesidad מִצְרָךְ חִיּוּנִי
artífice *m* אָמָּן, אֳמָן
artificial *adj* מְלָאכוּתִי, מְעֻשֶּׂה
artificialidad *f* מְלָאכוּתִיּוּת
artificio *m* 1 אֳמָנוּת. 2 תַּחְבּוּלָה, מְזִמָּה. 3 מִתְקָן, אַמְצָאָה
artificioso *adj* 1 עַרְמוּמִי. 2 מְלָאכוּתִי
artilugio *m* מַלְכֹּדֶת, תִּסְבֹּכֶת
artillado *m* תּוֹתְחָנוּת
artillar *vt* צִיֵּד בְּתוֹתָחִים
artillería *f* חֵיל תּוֹתְחָנִים
artillero *m* תּוֹתְחָן
artimaña *f* 1 מַלְכֹּדֶת. 2 תַּחְבּוּלָה, תַּכְסִיס
artista *m* אֳמָן
artístico *adj* אֳמָנוּתִי
artrítico *adj* שִׁגְרוֹנִי
artritis *f* שִׁגָּרוֹן
artrópodo *m* חֶרֶק
arveja *f* 1 אֲפוּנָה. 2 בַּקְיָה
arzobispado *m* אַרְכִיבִּישׁוֹפוּת
arzobispal *adj* אַרְכִיבִּישׁוֹפִי
arzobispo *m* אַרְכִיבִּישׁוֹף
as *m* 1 אֶחָד. 2 אַלּוּף, מִצְטַיֵּן
asa *f* יָדִית, קַת
asado *madj* 1 צָלִי, צְלִי אֵשׁ. 2 צָלוּי
asador *m* 1 שַׁפּוּד. 2 אַסְכָּלָה
asatear *vt* 1 יָרָה חִצִּים. 2 הִפְרִיעַ
asafétida *f* חִלְתִּית
asalariado *adj* שָׂכִיר
asaltador *m* שׁוֹדֵד, מַתְקִיף, מִתְנַפֵּל
asaltante *m* שׁוֹדֵד, מִתְנַפֵּל, מַתְקִיף
asaltar *vt* תָּקַף, הִתְנַפֵּל, פָּרַץ
asalto *m* 1 הִתְנַפְּלוּת. 2 הַתְקָפָה, הִסְתָּעֲרוּת. 3 סִבּוּב
asamblea *f* 1 אֲסֵפָה, כִּנּוּס. 2 וְעִידָה, עֲצֶרֶת
asambleísta *m* 1 נִבְחָר, צִיר. 2 חֲבֵר וְעִידָה
asar *vt* צָלָה
asaz *adv* דַּי, מַסְפִּיק
asbesto *m* אַסְבֶּסְט
ascalonia *f* בָּצָל, בְּצַלְצָל
ascendencia *f* 1 שַׁלְשֶׁלֶת הַיִּחֲסִין. 2 הַשְׁפָּעָה
ascendente *adj* עוֹלֶה, מִתְרוֹמֵם, מְטַפֵּס, מִתְקַדֵּם
ascender *vit* 1 עָלָה, הִתְרוֹמֵם, טִפֵּס. 2 הֶעֱלָה
ascendiente *madj* 1 הוֹרִים, אָבוֹת. 2 אָב, הוֹרֶה. 3 הַשְׁפָּעָה. 4 עוֹלֶה
ascensión *f* עֲלִיָּה, הִתְרוֹמְמוּת

ascensional *adj* עוֹלֶה
ascencionista *m* 1 מְטַפֵּס הָרִים. 2 נַוָּט
ascenso *m* 1 קִדּוּם. 2 עֲלִיָּה, הַעֲלָאָה
ascensor *m* מַעֲלִית
asceta *m* סַגְּפָן, פָּרוּשׁ, נָזִיר
ascético *adj* סַגְּפָנִי
ascetismo *m* סַגְּפָנוּת
asco *m* בְּחִילָה, גֹּעַל, קָבָס, תִּעוּב
ascua *f* גַּחֶלֶת, רֶמֶץ, אוּד
aseado *adj* נָקִי, טָהוֹר
asear *vt* 1 נִקָּה, טִהֵר. 2 יִפָּה, קִשֵּׁט, פֵּאֵר
asechanza *f* אֹרֶב, אָרָב, מַאֲרָב, פַּח, מַלְכֹּדֶת
asechar *vt* אָרַב
asediar *vt* צָר, כִּתֵּר, הִקִּיף
asedio *m* מָצוֹר
asegurado *adjm* מְבֻטָּח
asegurar *vt* 1 אִבְטַח. 2 חִזֵּק. 3 בִּצֵּר. 4 בִּטַּח
asemejar *vt* דִּמָּה, הִקְבִּיל, הִשְׁוָה
asenso *m* אֵמוּן, הַסְכָּמָה
asentada *f* יְשִׁיבָה
asentaderas *f* עַכּוּז, אֲחוֹרַיִם
asentado *adj* מְבֻסָּס, יַצִּיב, קָבוּעַ
asentamiento *m* 1 הוֹשָׁבָה. 2 הִתְיַשְּׁבוּת,
הִשְׁתַּקְּעוּת
asentar *vt* 1 הוֹשִׁיב, יִשֵּׁב. 2 הִתְיַשֵּׁב, הִשְׁתַּקֵּעַ.
3 הִצִּיב. 4 לִטֵּשׁ
asentimiento *m* הַסְכָּמָה, אִשּׁוּר, הִנְהוּן
asentir *vi* הִסְכִּים, נָאוֹת
asentista *m* סַפָּק
aseo *m* נִקָּיוֹן, טֹהַר
asepsia *f* אַלְאִלּוּחַ
aséptico *adj* אַלְאִלְחִי
asequible *adj* 1 אָדִיב, יְדִידוּתִי. 2 נוֹחַ לְגִישָׁה
aserción *f* חִיּוּב, אִשּׁוּר, הַסְכָּמָה, הִנְהוּן
aserradero *m* מִנְסָרָה
aserrador *m* נַסָּר
aserradura *f* נְסִירָה
aserrar *vt* נִסֵּר
aserrín *m* נְסֹרֶת
aserruchar *vt* נִסֵּר
asertivo *adj* חִיּוּבִי
aserto *m* אִשּׁוּר, חִיּוּב, הַסְכָּמָה
asesinar *vt* רָצַח, הָרַג
asesinato *m* רֶצַח, הֲרִיגָה
asesino *madj* רוֹצֵחַ, רַצְחָן, רַצְחָנִי
asesor *m* יוֹעֵץ
asesoramiento *m* יִעוּץ
asesorar *vt* יָעַץ
asesoría *f* יִעוּץ
asestar *vt* 1 הִנְחִית, הִנְחִיל. 2 כִּוֵּן, הִפְנָה.
3 יָרָה
aseveración *f* הוֹדָעָה, הַכְרָזָה, הַצְהָרָה
aseveradamente *adv* בְּחִיּוּב, בְּפֵרוּשׁ
aseverar *vt* הוֹדִיעַ, הִכְרִיז
aseverativo *adj* 1 מְחַיֵּב, חִיּוּבִי. 2 מַסְבִּיר
asexual *adj* חֲסַר מִין
asfaltado *m* זִפּוּת
asfaltar *vt* זִפֵּת
asfalto *m* חֵמָר, זֶפֶת, אַסְפַלְט
asfixia *f* חֶנֶק, חֲנִיקָה, תַּשְׁנִיק, תַּשְׁנוּק
asfixiante *adj* מַחֲנִיק, מְשַׁנֵּק
asfixiar *vt* חָנַק, שִׁנֵּק
asfódelo *m* עִירִית
así *adv* כֹּה, כָּכָה, כֵּן
asiático *adjm* אַסְיָתִי, אַסְיָנִי
asidero *m* 1 אֹחֶז, יָדִית, אֹזֶן, קַת. 2 תֵּרוּץ,
אֲמַתְלָה
asiduidad *f* שַׁקְדָנוּת, הַתְמָדָה, חָרִיצוּת
asiduo *adj* שַׁקְדָן, מַתְמִיד, חָרוּץ
asiento *m* 1 מוֹשָׁב, יְשִׁיבָה. 2 כִּסֵּא, מְקוֹם
יְשִׁיבָה. 3 הִשְׁתַּקְּעוּת,
הִתְיַשְּׁבוּת. 4 הִתְכַּנְּסוּת
asignable *adj* נִתָּן לְהַקְצָבָה
asignación *f* 1 הַקְצָבָה, קִצְבָּה. 2 שָׂכָר
asignar *vt* 1 הִקְצִיב, קָצַב. 2 קָבַע, יָעַד, יִחֵד
asignatario *m* 1 נֶאֱמָן. 2 יוֹרֵשׁ
asignatura *f* מִקְצוֹעַ
asilado *m* 1 בֶּן־בַּיִת. 2 פָּלִיט
asilamiento *m* מִקְלָט, מַחְסֶה
asilar *vt* קָלַט, חָסָה

asimetría *f* אַסִימֶטְרִיָּה
asimétrico *adj* אַסִימֶטְרִי
asimilable *adj* קָלִיט, טָמִיעַ
asimilación *f* 1 הִתְבּוֹלְלוּת, טְמִיעָה. 2 הִסְתַּגְּלוּת, הִתְמַזְּגוּת. 3 הַבְלָעָה. 4 קְלִיטָה
asimilado *adjm* 1 מִתְבּוֹלֵל. 2 קָלוּט. 3 נִבְלָע. 4 מֻתְאָם
asimilar *vti* 1 הִתְבּוֹלֵל, נִטְמַע, סִגֵּל, הִסְתַּגֵּל. 2 בָּלַע, עִכֵּל. 3 קָלַט. 4 דָּמָה, שָׁוָה
asimismo *adv* כְּמוֹ כֵן, לֹא כָּל שֶׁכֵּן
asir *vt* 1 אָחַז, תָּפַשׂ. 2 הִשְׁתָּרֵשׁ
asirio *adjm* אַשּׁוּרִי
asistencia *f* 1 סִיּוּעַ, תְּמִיכָה, עֶזְרָה. 2 נָכְחוּת, נוֹכְחוּת. 3 קִצְבָּה
asistente *m* 1 נוֹכֵחַ. 2 שָׁלִישׁ. 3 אַסִיסְטֶנְט
asistir *vti* 1 נָכַח, הָיָה, הִשְׁתַּתֵּף. 2 עָזַר, תָּמַךְ, סִיֵּעַ. 3 טִפֵּל. 4 לִוָּה, הִתְלַוָּה
asma *f* קַצֶּרֶת, אַסְתְּמָה
asmático *m* אַסְתְּמָתִי
asna *f* אָתוֹן
asnada *f* חֲמוֹרוּת, טִפְּשׁוּת, עַקְשָׁנוּת
asnal *adj* 1 חֲמוֹרִי. 2 טִפְּשִׁי, בַּהֲמִי
asnería *f* 1 עֵדֶר חֲמוֹרִים. 2 חֲמוֹרוּת, טִפְּשׁוּת
asno *m* 1 חֲמוֹר. 2 טִפֵּשׁ
asociación *f* 1 הִתְאַחֲדוּת, הִתְאַגְּדוּת, הִתְחַבְּרוּת. 2 חֶבְרָה, אִגּוּד. 3 שֻׁתָּפוּת. 4 זִכְרָה
asociado *adjm* 1 שֻׁתָּף, חָבֵר. 2 בַּעַל בְּרִית
asociar *vt* אִגֵּד, שִׁתֵּף, חִבֵּר, קָשַׁר
asolador *adj* מַחֲרִיב, מַשְׁמִיד, הוֹרֵס
asolamiento *m* חֻרְבָּן, שְׁמָמָה, הַחְרָבָה, הֲרִיסָה
asolar *vt* הֶחֱרִיב, הָרַס, הִשְׁמִיד
asoleada *f* מַכַּת שֶׁמֶשׁ
asoleado *adj* 1 מוּצָף שֶׁמֶשׁ. 2 טִפֵּשׁ
asolear *vt* 1 חָשַׂף לַשֶּׁמֶשׁ. 2 קִבֵּל מַכַּת שֶׁמֶשׁ. 3 הִתְחַמֵּם בַּשֶּׁמֶשׁ, הִשְׁתַּזֵּף, נִשְׁזַף
asomar *vt* 1 הֶרְאָה. 2 הוֹפִיעַ, הִתְגַּלָּה. 3 יָצָא, הֵצִיץ, הִזְדַּקֵּר
asombradizo *adj* מַפְתִּיעַ, מַפְלִיא, מַדְהִים
asombrar *vt* הִפְתִּיעַ, הִפְלִיא, הִדְהִים
asombro *m* פְּלִיאָה, תִּמָּהוֹן, הִשְׁתּוֹמְמוּת
asombroso *adj* מַפְלִיא, מַדְהִים, מַפְתִּיעַ
asomo *m* 1 רֶמֶז, רְמִיזָה. 2 סִימָן, אוֹת
asonada *f* 1 אֲסַפְסוּף, עֵרֶב־רַב. 2 מְהוּמָה
asonancia *f* 1 הַצְלָלָה, תֵּאוּם צְלִילִים. 2 שַׁיָּכוּת, סְמִיכוּת
asonante *adj* בַּעַל צְלִיל דּוֹמֶה
asordar *vt* הֶחֱרִישׁ
aspa *f* 1 צְלָב. 2 כְּנַף טַחֲנַת רוּחַ
aspaventero *adjm* רַגְשָׁן, מַגְזִים
aspaviento *m* רַגְשָׁנוּת, הַגְזָמָה
aspecto *m* 1 מַרְאֶה, הֶבֵּט. 2 תֹּאַר, דְּמוּת. 3 חִזָּיוֹן, מַחֲזֶה
aspereza *f* חִסְפּוּס, גַּסּוּת
asperilla *f* חַסְפָּסִית, צֶמַח רֵיחָנִי
áspero *adj* מְחֻסְפָּס
aspersión *f* הַתָּזָה, הַזָּאָה, זִלּוּף
áspid *f* מַמְטֵרָה
aspersorio *m* צֶפַע
aspiración *f* 1 נְשִׁימָה. 2 שְׁאִיפָה. 3 שְׁאִיבָה
aspirador *m* שׁוֹאֵב
aspiradora *f* שׁוֹאֵב אָבָק
aspirante *m* מֻעֲמָד
aspirar *vti* 1 שָׁאַב, נָשַׁם. 2 יָנַק. 3 שָׁאַף
aspirina *f* אַסְפִּירִין
asquear *vt* גָּעַל, הִגְעִיל, הִמְאִיס
asquerosidad *f* גֹּעַל נֶפֶשׁ, תּוֹעֵבָה
asqueroso *adj* גַּעֲלִי
asta *f* 1 תֹּרֶן. 2 חֲנִית, רֹמַח, כִּידוֹן. 3 קֶרֶן. 4 נִצָּב, יָדִית
astacio *m* אַסְטָטִין
aster *f* אַסְתֵּר
asterisco *m* כּוֹכָבוֹן (*)
asteroide *adjm* 1 כּוֹכָבִי. 2 אַסְטֵרוֹאִיד
astigmático *adj* אַסְטִיגְמָטִי
astigmatismo *m* אַסְטִיגְמָטִיזְם
astil *m* יָצוּל, מוֹט, קוֹרָה
astilla *f* שְׁבָב, קוֹץ, רְסִיס, קֵיסָם
asilo *m* 1 מִקְלָט, מַחְסֶה. 2 בֵּית מַחְסֶה

astillar *vt* נָתַץ, קָרַץ
astillero *m* מִסְפָּנָה
astral *adj* כּוֹכָבִי
astricción *f* עֲצִירוּת
astringencia *f* עֲצִירוּת, כִּוּוּץ, הִתְכַּוְּצוּת
astringente *adj* מְכַוֵּץ, עוֹצֵר
astringir *vt* עָצַר, כִּוֵּץ
astro *m* כּוֹכָב
astrofísica *f* אַסְטְרוֹפִיסִיקָה
astrofísico *adj* אַסְטְרוֹפִיסִי
astrología *f* אִצְטַגְנִינוּת
astrológico *adj* אִצְטַגְנִינִי
astrólogo *adjm* אִצְטַגְנִין
astronauta *m* אַסְטְרוֹנָאוּט, קוֹסְמוֹנָאוּט
astronáutica *f* אַסְטְרוֹנָאוּטִיקָה
astronave *f* חֲלָלִית
astronomía *f* אַסְטְרוֹנוֹמְיָה
astronómico *adj* אַסְטְרוֹנוֹמִי
astrónomo *m* תּוֹכֵן, אַסְטְרוֹנוֹם
astroso *adj* 1 עָלוּב, בָּלֶה, מִסְכֵּן. 2 נִבְזֶה, שָׁפָל
astucia *f* עַרְמוּמִיּוּת, עָרְמָה, פִּקְחוּת
astuto *adj* עַרְמוּמִי, עָרוּם, פִּקֵּחַ
asueto *m* חֻפְשָׁה, חֹפֶשׁ, פַּגְרָה
asumir *vt* נָטַל, קִבֵּל עַל עַצְמוֹ
asunción *f* 1 עֲלִיָּה. 2 הַנָּחָה, הַשְׁעָרָה
asunto *m* 1 עִנְיָן, דָּבָר, עֵסֶק. 2 פֶּרֶק, נוֹשֵׂא, תֹּכֶן. 3 עֲלִילָה
asustadizo *adj* נִפְחָד, נִבְהָל, נִרְעָשׁ
asustar *vt* הִבְהִיל, הִפְחִיד, הֶחֱרִיד
atabal *m* תֹּף, טַנְבּוּר
atabe *m* פָּתַח, יְצִיאָה
atacante *adjm* 1 מַתְקִיף. 2 תּוֹקֵף
atacar *vt* תָּקַף, הִתְנַפֵּל, הִשְׂתָּעֵר, הִסְתָּעֵר
atadero *m* מַעֲקָה
atado *m* צְרוֹר, חֲבִילָה, אֶגֶד, אֲגֻדָּה
atadura *f* 1 קְשִׁירָה, הִדּוּק, חִבּוּר. 2 קֶשֶׁר, אֶגֶד, צְרוֹר
atajar *vt* 1 עָצַר, חָסַם, מָנַע, עִכֵּב. 2 בָּלַם
atajo *m* קַפַּנְדְּרִיָּא, דֶּרֶךְ צְדָדִית, שְׁבִיל
atalaya *m* 1 מִצְפֶּה. 2 זָקִיף
atañadero *adj* מִתְיַחֵס, נוֹגֵעַ
atañer *vi* נָגַע, הִתְיַחֵס
ataque *m* 1 הַתְקָפָה, הִתְנַפְּלוּת, הִשְׂתָּעֲרוּת, הִסְתָּעֲרוּת. 2 הֶתְקֵף, שָׁבָץ
atar *vt* קָשַׁר, אָגַד, צָרַר, הִדֵּק, חִבֵּר
atarantado *adj* נֶחְפָּז, פָּזִיז
atarantar *vt* 1 בִּלְבֵּל. 2 הִתְבַּלְבֵּל
atardecer *m* עֶרֶב, בֵּין הָעַרְבַּיִם, בֵּין הַשְּׁמָשׁוֹת
atareado *adj* עָסוּק, טָרוּד
atarear *vt* הֶעֱסִיק
atarugamiento *m* פִּקּוּק
atarugar *vt* פָּקַק
atascadero *m* 1 מִכְשׁוֹל, מַעְצוֹר. 2 הַפְרָעָה, מְנִיעָה
atascar *vt* 1 פָּקַק, סָתַם. 2 הִכְשִׁיל, הִפְרִיעַ
atasco *m* מִכְשׁוֹל, הַפְרָעָה, מְנִיעָה
ataúd *m* אֲרוֹן מֵתִים
ataviar *vt* יִפָּה, קִשֵּׁט, הִדֵּר
atávico *adj* אֲטָבִיסְטִי, תּוֹרַשְׁתִּי
atavío *m* קִשּׁוּט, הִדּוּר
atavismo *m* אָטָבִיזְם, תּוֹרָשָׁה
ataxia *f* אַטַקְסְיָה, חֹסֶר קוֹאוֹרְדִינַצְיָה
atediar *vt* שִׁעֲמֵם, הִטְרִיד
ateísmo *m* כְּפִירָה בָּעִקָּר, אַתֵּיאִיזְם
ateísta *m* כּוֹפֵר, אַתֵּיאִיסְט
atemorizar *vt* הִבְהִיל, הֶחֱרִיד, הִפְחִיד
atemperación *f* 1 אִזּוּן, מִתּוּן, יִשּׁוּב הַדַּעַת. 2 הַתְאָמָה, הִלּוּם
atemperante *adj* 1 מְמַתֵּן, מְאַזֵּן. 2 מַתְאִים
atemperar *vt* 1 הִמְתִּיק, מִתֵּן, שִׁכֵּךְ, רִכֵּךְ. 2 הִתְאִים, הִלֵּם. 3 אִזֵּן
atención *f* 1 הַקְשָׁבָה, שִׂימַת לֵב. 2 צִיּוּת. 3 זְהִירוּת. 4 אֲדִיבוּת, נִימוּס
atender *vt* 1 הִקְשִׁיב, הֶאֱזִין. 2 הִשְׁגִּיחַ, טִפֵּל
atenebrarse *vref* הִתְקַדֵּר, הִשְׁחִיר
ateneo *m* מוֹעֲדוֹן, בֵּית וַעַד
atenerse *vref* 1 נִשְׁעַן, נִסְמַךְ עַל. 2 הִסְתַּמֵּךְ, הִתְבַּסֵּס עַל
atenta *f* מִכְתָּב, אִגֶּרֶת
atentado *m* 1 הִתְנַגְּשׁוּת, הִתְנַקְּשׁוּת. 2 פְּגִיעָה.

3 מָתוּן, מְיֻשָּׁב

atentar *vt* 1 נִסָּה לְהִתְנַקֵּשׁ. 2 קָשַׁר קֶשֶׁר

atentatorio *adj* 1 מַזִּיק, פּוֹגֵעַ. 2 לֹא כַּדִּין

atento *adj* 1 אָדִיב, מְנֻמָּס. 2 מַקְשִׁיב, שָׂם־לֵב.
3 עֵרָנִי

atenuación *f* הֲקַלָּה, הַפְחָתָה, הַחְלָשָׁה

atenuante *adj* מֵקֵל, מַמְתִּיק

atenuar *vt* הֵקֵל, הִמְתִּיק, הִמְעִיט

ateo *m* כּוֹפֵר, אַתֵּיאִיסְט

aterciopelado *adj* קְטִיפָתִי

aterimiento *m* הִצְטַמְּרְרוּת

aterirse *vref* הִצְטַמְרֵר

aterrador *adj* מַחֲרִיד, מַבְהִיל, מַפְחִיד, נוֹרָא

aterrajarar *vt* תִּבְרֵג

aterraje *m* נְחִיתָה

aterramiento *m* 1 הַשְׁחָתָה, כְּלָיָה, הֶרֶס.
2 הַבְהָלָה, הַטְרָדָה

aterrar *vti* 1 הֶחֱרִיב. 2 הִבְהִיל, הִפְחִיד. 3 נָחַת

aterrizaje *m* נְחִיתָה

aterrizar *vi* נָחַת

aterrorizar *vt* 1 הִפְחִיד, הִבְהִיל, הֵטִיל מוֹרָא,
בִּעֵת, הִבְעִית. 2 הִתְבַּעֵת

atesorar *vt* צָבַר, עָרַם, אָסַף

atesoramiento *m* אֲגִירָה, אֲצִירָה, צְבִירָה

atestación *f* עֵדוּת, הַצְהָרָה

atestamiento *m* דְּחִיסָה, צִפּוּף, צְפִיפוּת,
דְּחִיקָה

atestar 1 הֵעִיד, הִצְהִיר. 2 דָּחַס, צִפֵּף, כָּבַשׁ

atestiguación *f* עֵדוּת, הַצְהָרָה

atestiguamiento *m* עֵדוּת, הַצְהָרָה

atestiguar *vt* הֵעִיד, הִצְהִיר

atetar *vt* הֵנִיק

atezado *adj* שָׁזוּף, שָׁחֹם, שָׁחוּם

atezar *vt* שָׁזַף, הִשְׁחִים

atiborrar *vt* גָּרַשׁ, פִּטֵּם

ático *m* עֲלִיַּת גַּג

atigrado *adj* מְנֻמָּר

atildado *adj* 1 מָתוּג. 2 מְגֻנְדָּר

atinadamente *adv* בְּחָכְמָה, בִּתְבוּנָה

atinar *vit* 1 קָלַע. 2 נִחֵשׁ, שִׁעֵר. 3 סָבַר, חָשַׁב

atisbar *vt* הֵצִיץ

atisbo *m* הֲצָצָה

atizador *m* 1 דֶּקֶר, שַׁפּוּד. 2 יָעֶה

atizar *vt* עוֹרֵר, גֵּרָה

atlántico *adj* אַטְלַנְטִי

atlas *m* אַטְלַס

atleta *m* אַתְלֵט, סְפּוֹרְטַאי

atlético *adj* אַתְלֵטִי

atletismo *m* אַתְלֵטִיקָה, סְפּוֹרְט

atmósfera *f* 1 אַטְמוֹסְפֵירָה. 2 אֲוִירָה, סְבִיבָה

atmosférico *adj* אַטְמוֹסְפֵירִי

atoaje *m* גְּרִירָה, מְשִׁיכָה, סְחִיבָה

atoar *vt* גָּרַר, מָשַׁךְ, סָחַב

atolón *m* אִי אַלְמֻגִּים

atolondrado *adj* פָּזִיז, מְבֻלְבָּל

atolondramiento *m* בִּלְבּוּל, פְּזִיזוּת

atolondrar *vt* בִּלְבֵּל, פִּזֵּז, הָמַם, הֵבִיךְ, הִמֵּם

atolladero *m* 1 בִּצָּה, מִכְשׁוֹל. 2 תִּסְבֹּכֶת,
מְבוּכָה

atollarse *vref* הִסְתַּבֵּךְ, נִכְשַׁל

atómico *adj* אֲטוֹמִי, גַּרְעִינִי

atomización *f* רִסּוּס, הַתָּזָה, הַזָּאָה, הַזְלָפָה

atomizador *m* מַרְסֵס, מַזְלֵף

atomizar *vt* רִסֵּס, הִזְלִיף, הִזָּה, הִתִּיז

átomo *m* אָטוֹם, גַּרְעִין

atonal *adj* אַטוֹנָלִי

atonalidad *f* אַטוֹנָלִיּוּת

atónito *adj* נָבוֹךְ, תּוֹעֶה, נִדְהָם

atontadamente *adv* בְּטִפְּשׁוּת

atontado *adj* טִפְּשִׁי, מְטֻפָּשׁ, מְטֻמְטָם

atontar *vt* הִדְהִים, בִּלְבֵּל, הֵבִיךְ

atorar *vt* 1 הֶחֱנִיק, שִׁנֵּק. 2 סָתַם, עָצַר. 3 גָּזַר

atormentador *m* צוֹרֵר, מְעַנֶּה, מֵצִיק

atormentar *vt* הֵצִיק, עִנָּה, יִסֵּר

atornillador *m* מַבְרֵג

atornillar *vt* הִבְרִיג

atorrante *m* פִּרְחָח, בַּטְלָן, עַצְלָן, אָרְחֵי פָּרְחֵי

atosigador *adj* 1 מַרְעִיל, מְסַמֵּם. 2 מַקְנִיט,
מַטְרִיחַ, מַטְרִיד

atosigamiento *m* 1 סִמּוּם, הַרְעָלָה. 2 הַרְגָּזָה,

הַטְרָדָה, הַקְנָטָה

atosigar *vt* בִּשֵּׁם, הִרְעִיל, סִמֵּם

atoxicar *vt* הִרְעִיל, סִמֵּם

atrabiliario *adj* תִּמְהוֹנִי

atracadero *m* 1 רָצִיף, מִבְדּוֹק. 2 מַעֲגָן

atracar *vit* 1 עָגַן. 2 פִּטֵּם, הִלְעִיט

atracción *f* 1 מְשִׁיכָה, גְּרִירָה, סְחִיבָה. 2 קֶסֶם. 3 בִּדּוּר

atraco *m* שֹׁד, גָּזֵל, פְּרִיצָה

atracón *m* זְלִילָה, פִּטּוּם

atractivo *adj* מוֹשֵׁךְ, מַקְסִים, חִנָּנִי

atraer *vt* 1 מָשַׁךְ, גָּרַר, סָחַב. 2 הִקְסִים

atragantarse *vref* נֶחֱנַק

atrancar *vt* הִבְרִיחַ

atranco *m* 1 מִכְשׁוֹל, שִׁבּוּשׁ. 2 קֹשִׁי, מְצוּקָה

atrapar *vt* 1 תָּפַשׂ, תָּפַס. 2 צָד, דָּג. 3 אָחַז, לָכַד, שָׁבָה

atrás *adv* אָחוֹרָה, לְאָחוֹר

atrasado *adj* 1 מְפַגֵּר, נֶחֱשָׁל. 2 מְאַחֵר, מְאֻחָר

atrasar *vt* 1 אִחֵר, הֵאֵט, פִּגֵּר. 2 עִכֵּב, הִשְׁהָה. 3 נֶחֱשַׁל. 4 הִתְעַכֵּב, הִתְמַהְמַהּ

atraso *m* 1 פִּגּוּר, אִחוּר, הִתְמַהְמְהוּת, הַשְׁהָיָה. 2 נֶחֱשָׁלוּת

atravesado *adj* 1 חָצוּי. 2 אֲלַכְסוֹנִי. 3 בָּדְכִלְאַיִם. 4 מְעֹרָב

atravesar *vt* חָצָה, עָבַר

atrayente *adj* מוֹשֵׁךְ, מַקְסִים, חִנָּנִי

atreverse *vref* הֵעֵז, הִתְחַצֵּף

atrevido *adj* 1 נוֹעָז, אַמִּיץ לֵב. 2 חֻצְפָּן, חָצוּף

atrevimiento *m* 1 הֶעָזָה, אֹמֶץ. 2 עַזּוּת, חֻצְפָּה

atribución *f* תְּכוּנָה, סַמְכוּת

atribuir *vt* יִחֵס, תָּלָה, זָקַף

atribulación *f* צַעַר, עִנּוּי, מַכְאוֹב, יָגוֹן

atribular *vt* הִכְאִיב, צִעֵר

atributivo *adj* מַגְדִּיר, מְיַחֵס, מְתָאֵר

atributo *m* 1 תְּכוּנָה, סְגֻלָּה, סֵמֶל. 2 לְוַאי

atrición *f* חֲרָטָה, כַּפָּרָה

atril *m* עַמּוּד־קְרִיאָה, כַּן־תָּוִים

atrincheramiento *m* הִתְבַּצְּרוּת, הִתְחַפְּרוּת

atrincherar *vt* 1 בִּצֵּר. 2 הִתְבַּצֵּר

atrio *m* 1 חָצֵר. 2 פְּרוֹזְדוֹר, מָבוֹא. 3 אוּלָם, טְרַקְלִין

atrocidad *f* אַכְזְרִיּוּת, רִשְׁעוּת, זְוָעָה

atrofia *f* אַלְזָן, אַטְרוֹפְיָה, הִתְנַוְּנוּת

atrofiarse *vref* הִתְנַוֵּן

atrófico *adj* מְנֻוָּן, מְדֻלְדָּל

atronado *adj* פָּזִיז, נֶחְפָּז

atronador *adj* מַרְעִישׁ, רוֹעֵם, צַעֲקָנִי

atronar *vt* 1 הִרְעִים, רָעַם. 2 הִרְעִישׁ, מוֹטֵט

atropar *vt* 1 קִהֵל, אָסַף, קִבֵּץ. 2 גִּיֵּס

atropellamiento *m* 1 דְּרִיסָה, רְמִיסָה. 2 חִפָּזוֹן, בְּהִילוּת

atropellar *vt* 1 דָּרַס, רָמַס. 2 בִּזָּה. 3 דָּרַךְ, דָּחַף. 4 הֶעֱלִיב, הִכְלִים

atropello *m* 1 דְּרִיסָה, רְמִיסָה. 2 זִלְזוּל, עֶלְבּוֹן, כְּלִמָּה, בִּזָּיוֹן

atropina *f* אַטְרוֹפִּין

atroz *adj* אַכְזָר, אַכְזָרִי, אָיֹם, נוֹרָא

atuendo *m* 1 בֶּגֶד, לְבוּשׁ. 2 גִּנְדּוּר, פִּרְכּוּס

atún *m* טֻנּוּס

aturdido *adj* מְבֻלְבָּל, נָבוֹךְ, מְבֹהָל

aturdimiento *m* בֶּהָלָה, מְבוּכָה, בִּלְבּוּל, תִּמָּהוֹן, תַּדְהֵמָה

aturdir *vt* בִּלְבֵּל, הִדְהִים, הָמַם, הֵבִיךְ, הִמֵּם

aturullamiento *m* בִּלְבּוּל, תַּדְהֵמָה, בֶּהָלָה, מְבוּכָה

aturullar *vt* בִּלְבֵּל, הִדְהִים, הֵבִיךְ, הָמַם

atusar *vt* 1 גָּזַז, גָּזַם. 2 הֶחֱלִיק

audacia *f* 1 הֶעָזָה, אֹמֶץ, אֹמֶץ לֵב. 2 חֻצְפָּה, עַזּוּת־מֵצַח

audaz *adj* אַמִּיץ, נוֹעָז, אַמִּיץ לֵב

audible *adj* שָׁמִיעַ

audición *f* 1 הַאֲזָנָה, שְׁמִיעָה. 2 שְׁמִיעוּת

audiencia *f* 1 שְׁמִיעָה, הַאֲזָנָה. 2 רֵאָיוֹן. 3 בֵּית הַמִּשְׁפָּט. 4 קְהַל שׁוֹמְעִים

audífono *m* אוֹדִיפוֹן

auditivo *adj* שָׁמִיעַ

auditor *m* 1 מַאֲזִין, שׁוֹמֵעַ. 2 דַּיָּן, שׁוֹפֵט. 3 רוֹאֵה חֶשְׁבּוֹן

auditorio *m* 1 קְהַל שׁוֹמְעִים. 2 אוֹדִיטוֹרְיָה

auge *m* 1 שִׂגְשׂוּג, פְּרִיחָה. 2 פִּסְגָּה, שִׂיא

augur *m* מְנַחֵשׁ עֲתִידוֹת, קוֹסֵם, מְנַחֵשׁ

augurar *vt* נִחֵשׁ, נִבָּא

augurio *m* נִחוּשׁ, נְבוּאָה

augusto *adj* נַעֲלֶה, אַדִּיר, נִשְׂגָּב

aula *f* אוּלָם, חֶדֶר

aulaga *f* רֹתֶם אֵירוֹפִּי

aullador *adj* צוֹרֵחַ, מְיַבֵּב, מְיַלֵּל

aullar *vi* יִלֵּל, יִבֵּב, זָעַק, צָרַח

aullido *m* יְלָלָה, יְבָבָה, צְרִיחָה

aumentable *adj* 1 מַגְדִּיל, מַגְבִּיר. 2 מַרְבֶּה, מוֹסִיף

aumentación *f* הַגְדָּלָה, הַרְחָבָה, הִתְרַבּוּת, הוֹסָפָה

aumentar *vt* הִגְדִּיל, הִרְחִיב, הִתְרַבָּה, הוֹסִיף

aumentativo *adj* מַגְדִּיל, מַרְחִיב, מַרְבֶּה, מוֹסִיף

aumento *m* הַגְדָּלָה, גִּדּוּל, תּוֹסֶפֶת, הוֹסָפָה

aún *adv* עֲדַיִן, עֲדַי, אֲפִלּוּ

aun *adv* עַד, גַּם

aunar *vt* 1 אִחֵד, יִחֵד. 2 חִבֵּר, שִׁתֵּף

aunque *conj* אֲפִלּוּ, אַף עַל פִּי, לַמְרוֹת

aura *f* 1 מַשַּׁב רוּחַ, נְשִׁיבָה, מַשָּׁב. 2 פִּרְסוּם, פּוֹפּוּלָרִיּוּת. 3 פֶּרֶס אֲדֹם הָרֹאשׁ

áureo *adj* זָהוּב, מְזֻהָב, מְזֹהָב

aureola *f* זִיו, הִלָּה, עֲטָרָה

aureomicina *f* אוֹרֵאוֹמִיצִין

aurícula *f* 1 אֲפַרְכֶּסֶת. 2 אֹזֶן הַלֵּב

auricular *adj m* 1 שְׁמִיעָתִי. 2 זֶרֶת. 3 אָזְנִיָּה, אֲפַרְכֶּסֶת

aurífero *adj* זָהָבִי

auriga *m* עֶגְלוֹן

aurora *f* שַׁחַר, זְרִיחָה

aurora austral זֹהַר הַדָּרוֹם

aurora boreal זֹהַר הַצָּפוֹן

auscultación *f* הַאֲזָנָה

auscultar *vt* הֶאֱזִין

ausencia *f* הֵעָדְרוּת, הֶעְדֵּר, חֹסֶר, אֵינוּת

ausentar *vtref* 1 הִרְחִיק. 2 נֶעְדַּר, הִתְרַחֵק

ausente *adj* נֶעְדָּר, חָסֵר, נִפְקָד

ausentismo *m* הֵעָדְרוּת

auspiciar *vt* אִמֵּץ, נָטַל תַּחַת חָסוּתוֹ

auspicio *m* 1 חָסוּת. 2 בְּשׂוֹרָה. 3 מוֹפֵת

auspicioso *adj* מוֹפְתִי, מַצְלִיחַ, מְבַשֵּׂר טוֹבוֹת

austeridad *f* 1 צָנַע, פַּשְׁטוּת, סַגְפָנוּת. 2 קַפְּדָנוּת, חֻמְרָה

austero *adj* 1 צָנוּעַ, פָּשׁוּט, סַגְפָן. 2 חָמוּר, קָשֶׁה. 3 חָמוּץ

austral *adj* דְּרוֹמִי

austro *m* 1 דָּרוֹם. 2 רוּחַ דְּרוֹמִית

autarquía *f* אוֹטַרְקְיָה, עַצְמָאוּת כַּלְכָּלִית

autárquico *adj* אוֹטַרְקִי

autenticación *f* אִמּוּת, אִשּׁוּר, קִיּוּם, עֲדוּת

autenticar *vt* אִמֵּת, הֵעִיד, אִשֵּׁר

autenticidad *f* אֲמִתּוּת, מְהֵימָנוּת

auténtico *adj* אֲמִתִּי, מְקוֹרִי, נֶאֱמָן

autillo *m* לִילִית

auto *m* 1 מְכוֹנִית. 2 כְּתָב, צַו. 3 מִסְמָךְ

autobiografía *f* אוֹטוֹבִּיוֹגְרַפְיָה

autobiográfico *adj* אוֹטוֹבִּיוֹגְרָפִי

autobús *m* אוֹטוֹבּוּס

autocracia *f* אוֹטוֹקְרַטְיָה

autócrata *m* אוֹטוֹקְרָט

autocrático *adj* אוֹטוֹקְרָטִי

autocrítica *f* בִּקֹּרֶת עַצְמִית

autóctono *adj* יָלִיד, מְקוֹמִי, מְקוֹרִי

autodeterminación *f* הַגְדָּרָה עַצְמִית

autodidacto *adj* אוֹטוֹדִידַקְטִי, מִתְלַמֵּד

autogiro *m* מַסּוֹק, הֶלִיקוֹפְּטֶר

autógrafo *m* אוֹטוֹגְרָף

autómata *m* 1 אוֹטוֹמָט. 2 רוֹבּוֹט

automático *adj* אוֹטוֹמָטִי

automatización *f* אוֹטוֹמָטִיּוּת, מִכּוּן

automatizar *vt* מִכֵּן

automotor *adj* מְנוֹעִי

automotriz *adjm* 1 מְנוֹעִי. 2 מְכוֹנִית

automóvil *adjm* 1 בַּעַל הֲנָעָה עַצְמִית. 2 מְכוֹנִית. 3 מְמֻנָּע

automovilismo *m* תּוֹרַת הַמְּכוֹנִיּוֹת

automovilista *m* נֶהָג, נַהַג מְכוֹנִית

automovilístico *adj* מְנוֹעִי

autonomia *f* אוֹטוֹנוֹמְיָה

autonómico *adj* אוֹטוֹנוֹמִי

autónomo *adj* אוֹטוֹנוֹמִי

autopista *f* כְּבִישׁ, נָתִיב

autopsia *f* נְתִיחַת מֵתִים

autor *m* 1 מַלְחִין. 2 מְחַבֵּר, סוֹפֵר. 3 גּוֹרֵם, אַחֲרַאי. 4 מַמְצִיא, יוֹצֵר

autoridad *f* 1 סַמְכוּת, רָשׁוּת. 2 שִׁלְטוֹן, מֶמְשָׁלָה. 3 עֵדוּת. 4 מֻמְחֶה

autoritario *adj* אוֹטוֹרִיטָרִי, שְׁתַלְּטָנִי

autorización *f* רְשׁוּת, הַרְשָׁאָה, אִשּׁוּר, יִפּוּי כֹּחַ

autorizado *adj* 1 מֻרְשֶׁה. 2 מֻסְמָךְ, מְהֵימָן. 3 בַּר סַמְכָא

autorizar *vt* 1 אִשֵּׁר, הִרְשָׁה. 2 הִסְמִיךְ, יִפָּה כֹּחוֹ

autorretrato *m* דְּיוֹקָן עַצְמִי

autorriel *m* רַכֶּבֶת מָנוֹעַ

autoservicio *m* שֵׁרוּת עַצְמִי

autosugestión *f* הַשָּׁאָה עַצְמִית, אוֹטוֹסוּגֶסְטְיָה

autovía *m* רַכֶּבֶת מָנוֹעַ

autumnal *adj* סְתָוִי, סִתְוָנִי

auxiliar *adjmvt* 1 עוֹזֵר, תּוֹמֵךְ, מְסַיֵּעַ. 2 תְּמִיכָה, עֶזְרָה, סַעַד, סִיּוּעַ. 3 תָּמַךְ, עָזַר

auxilio *m* 1 תְּמִיכָה, עֶזְרָה, סַעַד, סִיּוּעַ. 2 הַצִּילוּ!

aval *m* 1 חֲתִימַת עָרֵב. 2 כְּתַב עַרְבוּת, עֲרֻבָּה. 3 עָרֵב

avalancha *f* שִׁלְגּוֹן, מַבּוּל

avalar *vt* עָרַב

avalorar *vt* 1 הֶעֱרִיךְ, אָמַד, שִׁעֵר, שָׂם. 2 עוֹדֵד, עוֹרֵר, אִמֵּץ

avaluación *f* שִׁעוּר, אֻמְדָּן, הַעֲרָכָה

avaluar *vt* שָׂם, אָמַד, שִׁעֵר, הֶעֱרִיךְ

avalúo *m* 1 אֻמְדָּן, שִׁעוּר, הַעֲרָכָה. 2 שׁוּמָה

avance *m* 1 הִתְקַדְּמוּת. 2 מִקְדָּמָה, דְּמֵי קְדִימָה

avanzada *f* 1 חָלוּץ. 2 סַיֶּרֶת

avanzar *vt* 1 קִדֵּם. 2 זֵרֵז. 3 הִתְקַדֵּם

avaricia *f* קַמְצָנוּת, חַמְדָנוּת, כִּילוּת, כִּילָאוּת

avaricioso *adj* קַמְצָנִי, חַמְדָנִי

avariento *adjm* קַמְצָן, חַמְדָן

avaro *adjm* קַמְצָן, חַמְדָן, כִּילַי

avasallador *adj* 1 מַכְנִיעַ, מְשַׁעְבֵּד. 2 מַכְרִיעַ

avasallamiento *m* הַכְנָעָה, שִׁעְבּוּד

avasallar *vt* 1 שִׁעְבֵּד, רָדָה. 2 הִכְנִיעַ. 3 נִכְנַע

ave *f* עוֹף, צִפּוֹר

avecinarse *vref* הִשְׁתַּכֵּן, הִתְיַשֵּׁב

avecindarse *vref* הִתְקָרֵב, קָרַב

avechucho *m* צִפּוֹר מְכֹעֶרֶת

avefría *f* שָׂרוֹנִי

avejentarse *vref* הִזְדַּקֵּן

avellana *f* אִלְסָר

avellanar *mvt* 1 מַטַּע אִלְסָרִים. 2 הִתְכַּוֵּץ, הִצְטַמֵּק. 3 שִׁקַּע

avellaneda *f* מַטַּע אִלְסָרִים

avellanedo *m* מַטַּע אִלְסָרִים

avellano *m* עֵץ אִלְסָר

avena *f* שִׁבֹּלֶת שׁוּעָל

avenar *vt* נִקֵּז

avenencia *f* 1 הֶסְכֵּם. 2 הֲבָנָה, הַתְאָמָה

avenible *adj* גָּמִישׁ

avenida *f* 1 שְׂדֵרָה, טַיֶּלֶת. 2 שִׁטָּפוֹן

avenimiento *m* 1 פִּיּוּס, פִּשּׁוּר. 2 הַתְאָמָה. 3 הִתְפַּשְּׁרוּת

avenir *vt* 1 פִּיֵּס, פִּשֵּׁר, הִתְאִים. 2 הִתְפַּשֵּׁר

aventador *adj* זוֹרֶה, מְנַפֶּה

aventadura *f* תְּפִיחַת קְרוּם הַמִּפְרָק

aventajado *adj* בּוֹלֵט, דָּגוּל, מְפֻרְסָם, מִתְקַדֵּם, כִּשְׁרוֹנִי

aventajar *vt* 1 הִקְדִּים, קָדַם. 2 הִצְטַיֵּן

aventamiento *m* 1 אִוְרוּר. 2 זְרִיָּה, נִפּוּי

aventar *vt* אִוְרֵר. 2 זָרָה, נִפָּה, כָּבַר

aventón *m* דְּחִיפָה, הֲדִיפָה

aventura *f* 1 הַרְפַּתְקָה, הָעָזָה. 2 מִקְרֶה, הִזְדַּמְּנוּת. 3 סִכּוּן, סַכָּנָה

aventurar *vt* סִכֵּן

aventurero *adjm* הַרְפַּתְקָן

avergonzar *vt* בִּיֵּשׁ, הִכְלִים, הִלְבִּין פָּנָיו

avería *f* קִלְקוּל, תַּקָּלָה, פְּגָם, לִקּוּי

averiar *vt* קִלְקֵל, פָּגַם

averiguación *f* חֲקִירָה, בְּדִיקָה
averiguador *adj* חוֹקֵר, בּוֹדֵק, דוֹרֵשׁ
averiguar *vt* חָקַר, בָּדַק, דָּרַשׁ
averno *m* גֵּיהִנּוֹם, שְׁאוֹל, אֲבַדּוֹן
averrugado *adj* מְיֻבָּל
averrugarse *vref* הִתְמַלֵּא יַבָּלוֹת
aversión *f* שִׂנְאָה, סְלִידָה, מְאִיסָה, גֹּעַל
avestruz *m* יָעֵן
avetoso *m* אֲנָפָה
avezado *adj* 1 רָגִיל, מֻרְגָּל. 2 מְסֻגָּל, מֻכְשָׁר, מְנֻסֶּה
avezar *vt* 1 הִרְגִּיל, סִגֵּל. 2 הִדְרִיךְ, חִנֵּךְ
aviación *f* 1 טַיִס, תְּעוּפָה. 2 חֵיל אֲוִיר
aviador *m* 1 טַיָּס. 2 סַפָּק
aviar *vt* 1 סִפֵּק, צִיֵּד. 2 הֵכִין, סִדֵּר, תִּקֵּן
avicultura *f* גִּדּוּל עוֹפוֹת
avidez *f* 1 חַמְדָנוּת, תַּאֲוָה, תַּאַוְתָנוּת. 2 לְהִיטוּת, חֵשֶׁק
ávido *adj* 1 חַמְדָן, חוֹמֵד. 2 חָפֵץ, לָהוּט, מִשְׁתּוֹקֵק
avieso *adj* 1 עָקֹם, כָּפוּף. 2 מֻפְקָר. 3 מֻשְׁחָת
avillanado *adj* מֻרְשָׁע, נִתְעָב, שָׁפָל
avillanar *vt* הִשְׁפִּיל, בִּזָּה, בִּיֵּשׁ
avinagrado *adj* חָמוּץ, חֲמַצְמַץ
avión *m* אֲוִירוֹן, מָטוֹס
avión de propulsión a chorro מְטוֹס סִילוֹן
avíos *m* צֵידָה, צִיּוּד
avisado *adj* 1 פִּקֵּחַ, עָרוּם. 2 נָבוֹן, זָהִיר
avisar *vt* 1 הוֹדִיעַ, הִזְהִיר. 2 יָעַץ
aviso *m* 1 הוֹדָעָה, הַזְהָרָה, הַתְרָאָה. 2 מוֹדָעָה
avispa *f* 1 צִרְעָה. 2 אִישׁ עַרְמוּמִי
avispado *adj* פִּקֵּחַ, עָרוּם, עַרְמוּמִי
avispar *vt* הִלְהִיב, עוֹרֵר
avispero *m* כַּוֶּרֶת צְרָעוֹת
avispón *m* דַּבּוּר
avistar *vt* 1 הִתְבּוֹנֵן, הִשְׁקִיף, נִשְׁקַף. 2 נִפְגַּשׁ, נִזְדַּמֵּן
avivar *vt* הֶחֱיָה, עוֹרֵר, עוֹדֵד, הִלְהִיב, הִלְהִיט
avizor *adj* אוֹרֵב, שׁוֹמֵר עֵרָנִי
avizorar *vt* אָרַב, הִשְׁגִּיחַ, שָׁמַר, צָפָה
avulsión *f* כְּרִיתָה, עֲקִירָה, גְּדִיעָה
axial *adj* צִירִי, בְּרִיחִי
axila *f* בֵּית־הַשֶּׁחִי
axioma *f* אֲמִתָּה, מֻשְׂכָּל רִאשׁוֹן, אַקְסְיוֹמָה
axiomático *adj* אַקְסְיוֹמָטִי
axis *m* חֻלְיַת הַצִּיר
¡ay! *interj* אוֹיְ, אֲבוֹי!
aya *f* אוֹמֶנֶת, מַדְרִיכָה
ayer *adv* אֶתְמוֹל, תְּמוֹל
ayermar *vt* 1 הֶחֱרִיב, הִשְׁמִיד. 2 הָרַס, כִּלָּה
ayo *m* אוֹמֵן, מַשְׁגִּיחַ, מַדְרִיךְ
ayuda *f* 1 עֶזְרָה, סִיּוּעַ. 2 חֹקֶן
ayuda de cámara מְשָׁרֵת, חַדְרָן
ayudante *m* 1 עוֹזֵר, שָׁרָת. 2 שָׁלִישׁ
ayudantía *f* שָׁלִישׁוּת
ayudar *vti* עָזַר, סִיֵּעַ, תָּמַךְ
ayunador *m* 1 צָם. 2 מִתְעַנֶּה
ayunar *vi* 1 צָם. 2 הִתְעַנָּה
ayuno *adjm* 1 צָם. 2 מִתְנַזֵּר. 3 שֶׁאֵינוֹ מֵבִין בַּמֶּה מְדֻבָּר. 4 תַּעֲנִית, צוֹם
ayuntamiento *m* 1 עִירִיָּה, רָשׁוּת מְקוֹמִית. 2 הִזְדַּוְּגוּת, מִשְׁגָּל
azabachado *adj* שַׁחֲרוֹנִי, שָׁחוֹר
azabache *m* שַׁחֲרוֹן
azada *f* מַעְדֵּר, טוּרִיָּה
azadón *m* מַעְדֵּר
azadonar *vt* עָדַר, עִדֵּר
azafata *f* דַּיֶּלֶת
azafate *m* מַגָּשׁ, טַס
azafrán *m* כַּרְכֹּם, זַעַפְרָן
azagaya *f* כִּידוֹן, חֲנִית, רֹמַח
azahar *m* פֶּרַח הָדָר
azalea *f* אֲזָלֵיאָה
azar *m* 1 מִקְרֶה, גּוֹרָל. 2 אָסוֹן
azaroso *adj* 1 מִקְרִי, גּוֹרָלִי. 2 נָבוֹךְ, אֻמְלָל
ázimo *adj* לְלֹא חֹמֶץ
azimut *m* אַזִּימוּת
azoado *adj* חַנְקָנִי
ázoe *m* חַנְקָן
azoato *m* חַנְקָה, מֶלַח־הַחֻמְצָה

azogar *vt* כִּסָּה בְּכַסְפִּית

azogue *m* 1 כַּסְפִּית. 2 יָרִיד, שׁוּק

azor *m* עֲזְנִיָּה

azoramiento *m* 1 הִתְרַגְּשׁוּת, מְבוּכָה. 2 כַּעַס

azorar *vt* 1 הִכְלִים, בִּלְבֵּל, הֵבִיךְ.
2 הִכְעִיס, הִבְהִיל

azotaina *f* הַלְקָאָה, הַצְלָפָה, הַכָּאָה

azotar *vt* הִלְקָה, הִצְלִיף, הִכָּה

azotazo *m* הַצְלָפָה

azote *m* 1 הַצְלָפָה, הַכָּאָה. 2 שׁוֹט, שַׁבֶט.
3 אָסוֹן

azotea *f* גַּג שָׁטוּחַ

azteca *adjm* אַצְטֶקִי

azúcar *m* סֻכָּר

azucarado *adj* 1 מְמֻתָּק, מָתוֹק. 2 רַךְ

azucarar *vt* 1 הִמְתִּיק. 2 רִכֵּךְ

azucarera *f* מִסְכָּרֶת

azucarero *adjm* 1 מָתוֹק, מְמֻתָּק. 2 מִסְכָּרֶת

azucena *f* שׁוֹשַׁנָּה, חֲבַצֶּלֶת

azuela *f* קַרְדֹּם

azufrado *adj* גָּפְרִיתִי

azufrador *m* מְרַסֵּס

azufrar *vt* גִּפֵּר, רִסֵּס

azufre *m* גָּפְרִית

azufrera *f* מִרְבַּץ גָּפְרִית

azul *adjm* 1 כָּחֹל. 2 תְּכֵלֶת

azulado *adj* תְּכַלְתִּי, כְּחַלְחַל

azular *vt* הִכְחִיל

azulejar *vt* הִנִּיחַ אֲרִיחִים

azulejo *m* 1 אָרִיחַ. 2 כְּחַלְחַל. 3 שְׁרַקְרַק

azulino *adj* כְּחַלְחַל

azur *adjm* 1 כָּחֹל. 2 כְּחוֹל

azuzar *vt* הֵסִית, שִׁסָּה, עוֹרֵר

azuzón *m* 1 מֵסִית, מְשַׁסֶּה. 2 מְגָרֶה, מְעוֹרֵר

B

B *f* בֶּה, הָאוֹת הַשְּׁנִיָּה בָּאָלֶף־בֵּית הַסְּפָרַדִּי

Baal *m* בַּעַל

baba *f* רִיר, רֹק

babaza *f* 1 רִיר, רֹק. 2 שַׁבְּלוּל, חִלָּזוֹן

babear *vi* רָר, הֵרִיר, הִפְרִישׁ רֹק

babel *mf* 1 בָּבֶל. 2 מְהוּמָה וּמְבוּכָה. 3 אַנְדְּרוֹלוֹמוּסְיָה

babeo *m* הַפְרָשַׁת רִיר

babero *m* סִנּוֹר שֶׁל תִּינוֹק

babieca *adjm* 1 עַם־הָאָרֶץ, נִבְעָר. 2 טִפֵּשׁ, כְּסִיל

babilonia *f* בָּבֶל

babilónico *adj* 1 בַּבְלִי. 2 מְפֹאָר

babilonio *adjm* בַּבְלִי

babor *m* צַד שְׂמֹאל

babosa *f* שַׁבְּלוּל, חִלָּזוֹן

babosear *vt* רָר, הֵרִיר, הִפְרִישׁ רֹק

baboso *adj* רִירִי

babucha *f* מָסוּל

babuino *m* בַּבּוּן

baca *f* בְּרֶזֶנְט

bacalao *m* 1 חֲמוֹר־הַיָּם. 2 בַּקָּלָה

bacanal *fadj* 1 מִשְׁתֶּה לִכְבוֹד בַּקְכוּס. 2 הוֹלֵלוּת, מִשְׁתֵּה שִׁכּוֹרִים. 3 בַּקְכָנָלִי

bacará *m* 1 בַּקָּרָה (מִשְׂחַק קְלָפִים). 2 בְּדֹלַח

bacía *f* קַעֲרִית גִּלּוּחַ

bacilo *m* מָתָג

bacín *m* סִיר לַיְלָה, עָבִיט

bacinica *f* סִיר לַיְלָה, עָבִיט

bacinilla *f* סִיר לַיְלָה, עָבִיט

bacteria *f* חַיְדַּק, בַּקְטֶרְיָה

bacterial *adj* חַיְדַּקִּי

bactérico *adj* חַיְדַּקִּי

bacteriología *f* בַּקְטֶרְיוֹלוֹגְיָה

bacteriológico *adj* בַּקְטֶרְיוֹלוֹגִי

bacteriólogo *m* בַּקְטֶרְיוֹלוֹג

báculo *m* 1 מַקֵּל, מַטֶּה, קָנֶה. 2 מִשְׁעֶנֶת, תְּמִיכָה

bache *m* נֶקֶב, שֶׁקַע, גֻּמָּה

bachiller *m* 1 בּוֹגֵר, בַּעַל תְּעוּדַת בַּגְרוּת. 2 בִּי.אֵי. 3 פַּטְפְּטָן

bachillerato *m* בַּגְרוּת

bada *f* קַרְנַף

badajada *f* פַּטְפְּטָנוּת

badajear *vi* פִּטְפֵּט

badajo *m* 1 עִנְבָּל. 2 פַּטְפְּטָן

badán *m* חָזֶה, גּוּף

badana *f* עוֹר כֶּבֶשׂ מְעֻבָּד

badén *m* 1 עָרוּץ, נָקִיק. 2 גֻּמָּה

badil *m* יָעֶה, מַחְתָּה

badulaque *m* שׁוֹטֶה, טִפֵּשׁ

bagaje *m* 1 אַפְסְנָאוּת. 2 מִטְעָן, מַשָּׂא

bagasa *f* זוֹנָה, יַצְאָנִית

bagatela *f* זוּטָא, זוּטוֹת, דָּבָר שֶׁל מַה בְּכָךְ

bagazo *m* פְּסֹלֶת זֵיתִים

bagre *m* שְׂפַמְנוּן

bagual *adjm* 1 פִּרְאִי, אַמִּיץ, פֶּרֶא. 2 סוּס פִּרְאִי

bahía *f* מִפְרָץ

bahuno *adj* שָׁפָל, נִקְלֶה

bailable *adj* רִקּוּדִי

bailador *m* רַקְדָן, רוֹקֵד

bailar *vit* 1 רָקַד, כִּרְכֵּר. 2 הִרְקִיד

bailarín *m* רַקְדָן

bailarina *f* רַקְדָנִית

baile *m* רִקּוּד, מָחוֹל

bailía *f* שֶׁטַח שִׁפּוּט

bailotear *vi* רָקַד, כִּרְכֵּר

bailoteo *m* רִקּוּד, מָחוֹל

baja *f* 1 יְרִידַת עֵרֶךְ. 2 הוֹזָלָה. 3 אֲבֵדָה בְּנֶפֶשׁ (מֻנָּח צְבָאִי)

bajá *m* פֶּחָה

bajada *f* יְרִידָה, מוֹרָד

bajamar *f* שֵׁפֶל

bajamente *adv* בְּשִׁפְלוּת

bajar *vit* 1 יָרַד, הוֹרִיד. 2 סִלֵּק, הֵסִיר. 3 הִשְׁפִּיל. 4 הִפְחִית

bajareque *m* בִּקְתָּה, סֻכָּה

bajel *m* סְפִינָה, סִירָה, אֳנִיָּה

bajero *adj* תַּחְתּוֹן

bajete *m* גּוּץ

bajeza *f* שִׁפְלוּת, נִבְזוּת, הִתְרַפְּסוּת

bajial *m* בִּצָּה

bajío *m* 1 שִׂרְטוֹן. 2 שְׁפֵלָה

bajista *m* סַפְסָר

bajito *adjadv* 1 גּוּץ. 2 בְּשֶׁקֶט, בְּנַחַת

bajo *adjm* 1 נָמוּךְ. 2 גּוּץ. 3 יָרוּד, פָּחוּת. 4 שָׁפָל, נָבָל, נִבְזֶה. 5 תַּחְתּוֹן. 6 בַּס

bajón *m* בַּסּוֹן

bajonista *m* בַּסּוֹנַאי

bajorrelieve *m* תַּבְלִיט

bajuno *adj* שָׁפָל, נִקְלֶה

bajura *f* נְמִיכוּת, שִׁפְלוּת

bala *f* 1 קָלִיעַ, כַּדּוּר. 2 יְרִיָּה. 3 חֲבִילָה, צְרוֹר, כְּרֹכֶת

balada *f* בַּלָּדָה

baladí *adj* פָּעוּט, בִּלְתִּי חָשׁוּב, זָעִיר

baladrar *vi* יִלֵּל, צָרַח, צָוַח, זָעַק

baladro *m* יְלָלָה, צְרִיחָה, צְוָחָה, זְעָקָה

baladrón *m* רַבְרְבָן

baladronada *f* רַבְרְבָנוּת, שַׁחֲצָנוּת, הִתְפָּאֲרוּת

baladronear *vi* הִתְרַבְרֵב, הִתְפָּאֵר

bálago *m* קַשׁ, תֶּבֶן

balaguero *m* שַׁחַת

balance *m* 1 מַאֲזָן. 2 אִזּוּן. 3 נִדְנוּד

balancear *vti* 1 אִזֵּן. 2 הִתְנַדְנֵד. 3 הִתְאַזֵּן

balancín *m* 1 יָצוּל. 2 נַדְנֵדָה. 3 גַּלְגַּל תְּנוּפָה

balandra *f* סִירָה

balandrán *m* גְּלִימָה

balandro *m* בּוּצִית, בִּצִּית

bálano *m* עֲטָרָה

balante *adj* גּוֹעֶה, פּוֹעֶה

balanza *f* מֹאזְנַיִם

balar *vi* פָּעָה, גָּעָה

balasto *m* תַּשְׁתִּית (לְפַסֵּי רַכֶּבֶת)

balaustrada *f* מַעֲקָה

balaustre *m* מַעֲקָה

balazo *m* 1 יְרִיָּה. 2 פֶּצַע מִכַּדּוּר

balboa *m* בַּלְבּוֹאָה

balbucear *vi* גִּמְגֵּם, מִלְמֵל

balbucencia *f* מִלְמוּל, גִּמְגּוּם

balbuceo *m* מִלְמוּל, גִּמְגּוּם

balbuciente *adj* 1 מְגַמְגֵּם. 2 מְמַלְמֵל

balbucir *vi* גִּמְגֵּם, מִלְמֵל

balcánico *adj* בַּלְקָנִי

balcón *m* 1 גְּזוּזְטְרָה, יָצִיעַ, מִרְפֶּסֶת. 2 סוֹרֵג, סְבָכָה

balda *f* 1 אִצְטַבָּה, מַדָּף. 2 בְּרִיחַ

baldado *adj* נָכֶה, בַּעַל מוּם

baldamiento *m* נָכוּת

baldaquín *m* חֻפָּה, אַפִּרְיוֹן, כִּלָּה, שַׁפְרִיר

baldar *vt* עָשָׂה לְבַעַל־מוּם

balde *madv* 1 דְּלִי. 2 בְּחִנָּם. 3 לַשָּׁוְא

baldear *vt* דָּלָה

baldío *adj* בּוּר, בִּלְתִּי־מְעֻבָּד

baldón *m* 1 עֶלְבּוֹן, כְּלִמָּה, בִּזָּיוֹן. 2 קָלוֹן, כֶּתֶם

baldonar *vt* 1 הֶעֱלִיב, בִּזָּה, הִכְלִים. 2 הִכְתִּים

baldosa *f* מַרְצֶפֶת, אָרִיחַ

baldosado *m* רִצּוּף

baldosar *vt* רִצֵּף

balear *vt* 1 יָרָה, קָלַע. 2 פָּצַע

baleo *m* קְרַב יְרִיּוֹת

balido *m* גְּעִיָּה, פְּעִיָּה

balín *m* כַּדּוּר, קֶלַע

balines *mpl* כַּדּוּרֵי רוֹבֵה־צַיִד

balística *f* בַּלִּיסְטִיקָה

balístico *adj* בַּלִּיסְטִי

baliza *f* מָצוֹף
balneario *m* אֵזוֹר מֶרְחָץ, מֶרְחֲצָאוֹת
balompié *m* כַּדּוּר־רֶגֶל, כַּדּוּרֶגֶל
balón *m* 1 כַּדּוּר. 2 כַּדּוּר פּוֹרֵחַ
baloncesto *m* כַּדּוּר־סַל, כַּדּוּרְסַל
balota *f* הַגְרָלָה, הַצְבָּעָה, פֶּתֶק הַצְבָּעָה
balotar *vi* הִצְבִּיעַ, הִגְרִיל, בָּחַר
balsa *f* 1 אַסְדָּה, רַפְסוֹדָה. 2 שְׁלוּלִית. 3 בְּרֵכַת נִקּוּז. 4 עֵץ בַּלְסָה
balsámico *adj* בָּשְׂמִי, שְׂרָפִי
bálsamo *m* בֹּשֶׂם, צֳרִי, שְׂרָף
balsear *vt* הֶעֱבִיר עַל אַסְדָּה
báltico *adj* בַּלְטִי
baluarte *m* מִבְצָר, מְצוּדָה
balumba *f* 1 צְרוֹר, חֲבִילָה, אֲגֻדָּה. 2 עֲרֵמָה, גַּל, תֵּל
balumbo *m* גַּמְלָנִי, גַּמְלוֹנִי
ballena *f* לִוְיָתָן
ballenato *m* לִוְיָתָן צָעִיר
ballenero *adjm* 1 לִוְיְתָנִי. 2 דּוּגַת לִוְיְתָנִים
ballesta *f* בַּלִּיסְטְרָה
ballet *m* בַּלֶּט
ballico *m* עֵשֶׂב הַשִּׁיפוֹן
ballueca *f* שִׁבֹּלֶת־שׁוּעָל־בָּר
bambalina *f* קְלָעִים, פַּרְגּוֹד
bambolear *vi* הִתְנוֹעֵעַ, הִתְנַדְנֵד
bamboleo *m* נִדְנוּד, תְּנוּעָה
bambolla *f* 1 גַּנְדְּרָנוּת, טַרְזָנוּת. 2 הַעֲמָדַת פָּנִים. 3 פִּטְפּוּט
bambollero *m* גַּנְדְּרָן, מִטַּרְזֵן
bambú *m* בַּמְבּוּק, חִזְרָן
banal *adj* בָּנָלִי, נָדוֹשׁ, פָּשׁוּט, הֲמוֹנִי
banalidad *f* בָּנָלִיּוּת, הֲמוֹנִיּוּת, פַּשְׁטוּת יְתֵרָה
banana *f* מוֹז, בָּנָנָה
bananal *m* מַטַּע בָּנָנוֹת
bananero *adj* מוֹזִי
banano *m* צֶמַח הַמּוֹז, צֶמַח הַבָּנָנָה
banasta *f* טֶנֶא
banca *f* 1 סַפְסָל. 2 קֻפָּה. 3 בַּנְקָאוּת
bancada *f* 1 סִיעָה (בפרלמנט, בכנסת). 2 סַפְסָל
bancal *m* טֶרָסָה, מַדְרֵגָה
bancario *adj* בַּנְקָאִי
bancarrota *f* פְּשִׁיטַת רֶגֶל
banco *m* 1 בַּנְק. 2 סַפְסָל. 3 שִׂרְטוֹן. 4 שֻׁלְחַן עֲבוֹדָה
banda *f* 1 רְצוּעָה, סֶרֶט. 2 תִּזְמֹרֶת. 3 לַהֲקָה, כְּנוּפְיָה, חֲבוּרָה
bandada *f* 1 לַהֲקַת צִפֳּרִים. 2 חֲבוּרָה, כְּנוּפְיָה
bandazo *m* תְּנוּדָה, נְטִיָּה
bandeado *adj* מְקֻוְקָו
bandeja *f* מַגָּשׁ, טַס
bandera *f* דֶּגֶל, נֵס
bandereta *f* דִּגְלוֹן
bandería *f* כְּנוּפְיָה, קְבוּצָה, פְּלֻגָּה
banderilla *f* דִּגְלוֹן, בַּנְדֶּרִילָה
banderillero *m* בַּנְדֶּרִילְיֵרוֹ
banderín *m* דִּגְלוֹן
banderola *f* דִּגְלוֹן
bandidaje *m* גַּזְלָנוּת, שֹׁד, חָמָס
bandido *m* גַּזְלָן, שׁוֹדֵד, חַמְסָן
bando *m* 1 כַּת, סִיעָה. 2 צַו, כְּרָזָה. 3 גְּזֵרָה
bandola *f* 1 מַנְדּוֹלִינָה. 2 תֹּרֶן עֲרָאִי
bandolera *f* 1 שׁוֹדֶדֶת, גַּזְלָנִית. 2 פֻּנְדָּה, אַפֻּנְדָּה
bandolerismo *m* שׁוֹדְדָנוּת, מַעֲשֵׂה לִסְטִים
bandolero *m* גַּזְלָן, שׁוֹדֵד
bandullo *m* קְרָבַיִם, מֵעַיִם
bandurria *f* קַתְרוֹס
baniano *m* בַּנְיָן, פִיקוּס בֶּנְגָלִי
banjo *m* בַּנְג'וֹ
banjoísta בַּנְג'וֹאָן
banquero *m* בַּנְקַאי
banqueta *f* שְׁרַפְרַף, דַּרְגָּשׁ, הֲדוֹם
banquete *m* סְעֻדָּה, מִשְׁתֶּה, כֵּרָה
banquetear *vti* הִסְעִיד, עָרַךְ סְעֻדָּה
banquillo *m* 1 שְׁרַפְרַף. 2 סַפְסָל
bañada *f* רְחִיצָה, טְבִילָה
bañadera *f* אַמְבַּטְיָה
bañador *m* 1 מִתְרַחֵץ. 2 בֶּגֶד־יָם

bañar *vt* 1 רָחַץ. 2 טָבַל. 3 הִתְקַלַּח. 4 צִפָּה
bañera *f* אַמְבַּטְיָה
bañista *mf* מִתְרַחֵץ (במים מינרליים)
baño *m* 1 רְחִיצָה, מֶרְחָץ. 2 טְבִילָה.
3 מִקְלַחַת. 4 צִפּוּי.
5 בֵּית מֶרְחָץ
baptista *adjm* מַטְבִּיל, בַּפְּטִיסְט
baptisterio *m* מַטְבִּילָה
baque *m* חֲבָטָה
baquelita *f* בָּקֶלִיט
baqueta *f* שַׁרְבִיט
baqueteado *adj* מְנֻסֶּה, מֻמְחֶה
baquetear *vt* עִנָּה, הֵצִיק
baquiano *adjm* 1 מְנֻסֶּה, בָּקִי. 2 סַיָּר
bar *m* מִסְבָּאָה, בַּר, בֵּית מַרְזֵחַ
barahunda *f* שָׁאוֹן
baraja *f* חֲפִיסַת קְלָפִים
barajar *vt* 1 חִלֵּק קְלָפִים. 2 טָרַף קְלָפִים
barajón *m* נַעַל־שֶׁלֶג
baranda *m* מַעֲקֶה
barandal *m* מַעֲקֶה, סוֹרֵג, סְבָכָה
barandilla *f* מַעֲקֶה, סוֹרֵג
barata *f* 1 תִּיקוּן, מַקָּק. 2 סְחַר־חֲלִיפִין
baratear *vt* הוֹזִיל
baratería *f* רַמָּאוּת, אוֹנָאָה
baratijas *f* דְּבָרִים פְּעוּטִים
baratillo *m* דִּבְרֵי רוֹכְלוּת
barato *adjadv* 1 זוֹל. 2 בְּזוֹל
báratro *m* שְׁאוֹל, תֹּפֶת
baratura *f* 1 זוֹלוּת. 2 בְּזִיל הַזּוֹל
baraúnda *f* שָׁאוֹן
barba *f* 1 זָקָן. 2 דִּלְדּוּל. 3 סַנְטֵר
barbado *adj* מְזֻקָּן
barbacoa *f* 1 זָבַח. 2 רִצְפַּת קְלִיָּה
barbar *vi* 1 הִצְמִיחַ זָקָן. 2 הִשְׁרִישׁ. 3 גִּדֵּל
דְּבוֹרִים
בַּרְבָּרִי
barbarismo *m* שִׁבּוּשׁ לָשׁוֹן
barbarizar *vt* 1 הָפַךְ לְפֶרֶא. 2 שִׁבֵּשׁ הַלָּשׁוֹן
bárbaro *adj* 1 פִּרְאִי, פֶּרֶא. 2 אַכְזָר. 3 בּוּר, גַּס
barbechar *vt* כָּרַב
barbechera *f* כֶּרֶב
barbecho *m* כֶּרֶב
barbería *f* מִסְפָּרָה
barberil *adj* סַפָּרִי
barbero *m* סַפָּר, גַּלָּב
barbilla *f* סַנְטֵר
barbiturato *m* בַּרְבִּיטוּרָה
barbitúrico *adj* בַּרְבִּיטוּרִי
barbo *m* 1 בִּינִית. 2 מוּלִית
barbotar *vti* מִלְמֵל, גִּמְגֵּם, רָטַן
barbotear *vti* מִלְמֵל, גִּמְגֵּם, רָטַן
barboteo *m* מִלְמוּל, גִּמְגּוּם, רִטּוּן
barbudo *adj* מְזֻקָּן, עַבְדְּקָן
barbulla *f* מְהוּמָה, רַעַשׁ, שָׁאוֹן, פִּטְפּוּט
barbullar *vi* פִּטְפֵּט, גִּבֵּב
barbullón *adjm* רַעֲשָׁן, פַּטְפְּטָן
barca *f* סִירָה
barcarola *f* בַּרְקָרוֹלָה
barcaza *f* דּוֹבְרָה
barcia *f* מוֹץ, גְּבָבָה, נְשֹׁבֶת
barcino *adj* מְנֻמָּר
barco *m* אֳנִיָּה, סְפִינָה
bardo פַּיְטָן, מְשׁוֹרֵר
bario *m* בַּרְיוּם
barítono *adjm* בָּרִיטוֹן
barlovento *m* צַד הָרוּחַ
barniz *m* פּוֹלִיטוּרָה
barnizar *vt* הִבְרִיק, לִטֵּשׁ, מֵרֵק
barométrico *adj* בָּרוֹמֶטְרִי
barómetro *m* בָּרוֹמֶטֶר
barón *m* בָּרוֹן, רוֹזֵן
baronesa *f* בָּרוֹנִית, רוֹזֶנֶת
baronía *f* בָּרוֹנוּת, רוֹזְנוּת
barquero *m* שַׁיָּט, סִירַאי, סַפָּן
barqueta *f* דּוּגָה, דּוּגִית
barquichuelo *m* סְפִינָה קְטַנָּה

barquilla *f* 1 גּוֹנְדּוֹלָה. 2 תַּבְנִית. 3 אַגָּן

barquillo *m* אֲפִיפִית

barquín *m* מַפּוּחַ

barquinazo *m* טִלְטוּל, נִעְנוּעַ, הֲדִיפָה

barra *f* 1 מוֹט, מַטֶּה, קוֹרָה. 2 מָנוֹף. 3 מַעֲקָה. 4 מְטִיל. 5 שִׂרְטוֹן. 6 קַו נָטוּי

barrabás *m* 1 שׁוֹבָב, פָּרוּעַ, הוֹלֵל. 2 קָנְדֵּס

barrabasada *f* 1 שׁוֹבְבוּת, הִתְפָּרְעוּת, הוֹלֵלוּת. 2 קָנְדֵּסוּת

barraca *f* בִּקְתָּה, צְרִיף, סְכָכָה

barracón *m* בִּיתָן, סְכָכָה

barracuda *f* בָּרָקוּדָה

barrado *adj* שֶׁמִּסְתַּיֵּם בִּגְדִילִים, מְצֻיָּץ

barragana *f* פִּילֶגֶשׁ

barranca *f* 1 נָקִיק, עָרוּץ. 2 שִׁפּוּעַ, מוֹרָד

barranco *m* 1 תְּהוֹם, צוּק. 2 מִכְשׁוֹל. 3 שִׁפּוּעַ, מוֹרָד

barrancoso *adj* צוּקִי, תְּהוֹמִי

barrar *vt* 1 הִכְפִּישׁ, טִיֵּט. 2 מָשַׁח, מָרַח, טִנֵּף. 3 חָסַם, בִּצֵּר

barredera *f* מְכוֹנַת־טִאטוּא

barredura *f* 1 טִאטוּא, גֵּרוּף. 2 אַשְׁפָּה, זֶבֶל

barreminas *m* שׁוֹלַת־מוֹקְשִׁים, מַקֶּשֶׁת

barrena *f* מַקְדֵּחַ

barrenar *vt* קָדַח

barrendero *m* פּוֹעֵל נִקָּיוֹן

barreno *m* מַקְדֵּחָה

barreño *m* גִּיגִית

barrer *vt* כִּבֵּד, טִאטֵא

barrera *f* 1 מַחְסוֹם, מִכְשׁוֹל. 2 מְחִיצָה, חַיִץ. 3 סוֹלְלָה, גַּבְשׁוּשִׁית

barrero *m* 1 קַדָּר. 2 בִּצָּה

barreta *f* 1 מוֹט קָטָן. 2 בִּטְנָה

barriada *f* שְׁכוּנָה, רֹבַע, פַּרְוָר

barrica *f* חָבִית

barricada *f* 1 מִתְרָס, בָּרִיקָדָה. 2 מַחְסוֹם

barrido *m* טִאטוּא, כִּבּוּד

barriga *f* בֶּטֶן, כֶּרֶס

barrigón *adj* כַּרְסָן

barrigudo *adj* כַּרְסְתָן

barriguera *f* חֶבֶק

barril *m* חָבִית

barrilero *m* חַבְתָּן

barrilete *m* 1 כְּלִיבָה, מַלְחָצָת. 2 חֲבִיוֹנָה, חֲבִיֹּנֶת. 3 עֲפִיפוֹן

barrilla *f* 1 פִּרְקָן. 2 פַּחְמַת נַתְרָן

barrillo *m* חֲזָזִית (פִּצְעֵי בַּגְרוּת)

barrio *m* שְׁכוּנָה, רֹבַע, פַּרְוָר

barrizal *m* בִּצָּה

barro *m* 1 בֹּץ, טִיט, רֶפֶשׁ, טִין. 2 קָלוֹן, חֶרְפָּה. 3 כְּלִי חֶרֶס. 4 חֲזָזִית

barro cocido טֶרָה־קוֹטָה, חַרְסִית

barroco *adj* בָּרוֹק

barroso *adj* בִּצִּי, מְרֻפָּשׁ

barrote *m* מוֹט בַּרְזֶל

barrumbada *f* 1 הִתְפָּאֲרוּת, גַּאַוְתָנוּת. 2 הַפְרָזָה, גְּדִישַׁת הַסְּאָה, בִּזְבּוּז

barruntar *vt* שִׁעֵר, סָבַר, נִחֵשׁ

barrunto *m* 1 סְבָרָה, הַשְׁעָרָה. 2 חֲשָׁשׁ

bartola *f* פִּזִּיזוּת, רַשְׁלָנוּת, חֹסֶר זְהִירוּת

bártulos *mpl* חֲפָצִים

baruca *f* תַּחְבּוּלָה, תַּכְסִיס

barullero *m* רְכִילַאי

barullo *m* שָׁאוֹן, מְהוּמָה, רַעַשׁ

barzón *m* טִיּוּל

basa *f* בָּסִיס, יְסוֹד, מַסָּד

basal *adj* בְּסִיסִי, יְסוֹדִי

basalto *m* בַּזֶּלֶת

basar *vt* 1 בִּסֵּס, כּוֹנֵן. 2 הִסְתַּמֵּךְ

basca *f* בְּחִילָה, קֶבֶס

báscula *f* מֹאזְנַיִם

base *f* בָּסִיס, יְסוֹד, מַסָּד

básico *adj* בְּסִיסִי, יְסוֹדִי

basílica *f* בַּסִּילִיקָה

basilisco *m* בַּסִּילִיסְק

basquear *vi* נָטָה לַהֲקָאָה, הִרְגִּישׁ בְּחִילָה

básquetbol *m* כַּדּוּרְסַל

basta *interjf* 1 דַּי, מַסְפִּיק. 2 שְׁלָל, כְּלִיבָה

bastante *adjadv* 1 מַסְפִּיק. 2 דַּי

bastar *vi* 1 הִסְפִּיק. 2 סִפֵּק

bastardear *vt* נִוֵּן, קִלְקֵל, זִיֵּף
bastardía *f* 1 הִתְנַוְּנוּת, קִלְקוּל, זִיּוּף. 2 מַמְזֵרוּת
bastardilla *f* אוֹת מְשֻׁפַּעַת, קוּרְסִיבִית
bastardillo *adj* קוּרְסִיבִי
bastardo *adjm* 1 מַמְזֵר. 2 מְזֻיָּף, מְנֻוָּן, מְסֻלָּף
baste *m* 1 שְׁלָל. 2 מַרְדַּעַת
bastear *vt* הִכְלִיב
basteza *f* גַּסּוּת, הֲמוֹנִיּוּת
bastidor *m* 1 מִסְגֶּרֶת, שֶׁלֶד. 2 פַּרְגּוֹד
bastilla *f* קֶפֶל, קִפּוּל, מַנְצֵ'ט, חֵפֶת
bastillar *vt* עָשָׂה קְפָלִים
bastimentar *vt* צִיֵּד, סִפֵּק
bastimiento *m* 1 צֵידָה, אַסְפָּקָה. 2 אֳנִיָּה
bastión *m* מְצוּדָה, מִבְצָר, תַּבְנוּן
bastionado *adj* מְבֻצָּר
basto *madj* 1 מַרְדַּעַת. 2 גַּס, מְחֻסְפָּס
bastón *m* מַקֵּל
bastonazo *m* מַכַּת מַקֵּל
bastoncillo *m* 1 מַקְלוֹן, שַׁרְבִיט. 2 מֶתֶג
bastonera *f* מַחֲזִיק שְׁמְשִׁיּוֹת
basura *f* אַשְׁפָּה, פְּסֹלֶת, זֶבֶל
basurero *m* פּוֹעֵל נִקָּיוֹן, זַבָּל
bata *f* חָלוּק
batacazo *m* חֲבָטָה
batahola *f* רַעַשׁ, שָׁאוֹן, מְהוּמָה
batalla *f* 1 קְרָב. 2 מַעֲרָכָה
batallador *m* לוֹחֵם
batallar *vi* לָחַם, נִלְחַם, נֶאֱבַק, הִתְגּוֹשֵׁשׁ
batallón *m* פְּלֻגָּה
batán *m* מִבְטָשָׁה, מַבְטֵשָׁה
batanar *vt* 1 בָּטַשׁ, חָבַט. 2 נִעֵר
batanear *vt* חָבַט, בָּטַשׁ
batanero *m* בַּטָּשׁ
bataola *f* שָׁאוֹן, מְהוּמָה, רַעַשׁ
batata *f* בַּטָּטָה
batayola *f* מַעֲקֶה
bate *m* מַחְבֵּט לְכַדּוּר־בָּסִיס
batea *f* 1 מַגָּשׁ. 2 דּוּגָה, סִירָה. 3 עֲרֵבָה, מִשְׁאֶרֶת
bateador *m* מַחְבְּטָן
batear *vt* חָבַט
batel *m* סְפִינָה, אֳנִיָּה
bateo *m* 1 מַחְבֵּט. 2 טְבִילָה
batería *f* 1 סוֹלְלָה. 2 מַצְבֵּר. 3 תֹּף. 4 כְּלֵי־מִטְבָּח
batida *f* מִרְדָּף
batido *adjm* 1 מְקֻצָּף, דָּרוּךְ. 2 קְצָפֶת. 3 דֶּרֶךְ כְּבוּשָׁה
batidor *adjm* 1 בּוֹחֵשׁ. 2 מַחְבֵּט. 3 סַיָּר
batiente *adjm* 1 דּוֹפֵק, מַכֶּה, חוֹבֵט. 2 מְזוּזָה. 3 מַקּוֹשׁ
batín *m* מִקְטֹרֶן, מְעִיל־בַּיִת
batintín *m* גּוֹנְג, תֹּף סִינִי
batir *vt* 1 הִקִּישׁ, הָלַם, חָבַט. 2 הֵבִיס, מוֹטֵט. 3 נִצַּח, הִכְנִיעַ. 4 בָּחַשׁ, דָּשׁ. 5 רָדַף
batiscafio *m* בַּתִּיסְקוֹף (תָּא־עֹמֶק)
batisfera *f* תָּא צְלִילָה
batista *f* בַּטִּיסְט
bato *m* פֶּתִי, כְּסִיל
batómetro *m* מַד־עֹמֶק
batracio *adjm* מִמִּשְׁפַּחַת הַצְּפַרְדְּעִים
baturrillo *m* עִרְבּוּבְיָה
batuta *f* שַׁרְבִיט
baúl *m* תַּרְכּוֹס, תֵּבָה, אַרְגָּז
bauprés *m* מוֹט הַחַרְטוֹם (בָּאֳנִיָּה)
bausán *m* 1 דְּמוּת, מַרְאָה. 2 מָנֶקִין. 3 פֶּתִי, כְּסִיל
bautismal *adj* בַּפְּטִיסְטִי
bautismo *m* טְבִילָה, הַטְבָּלָה לַנַּצְרוּת
bautista *m* בַּפְּטִיסְט, מַטְבִּיל
bautisterío *m* מַטְבִּילָה
bautizar *vt* הִטְבִּיל, נִצֵּר
bautizo *m* טְבִילָה
bauxita *f* בּוֹקְסִיט
baya *f* עֲנָבָה, גַּרְגֵּר
bayeta *f* מַטְלִית, סְחָבָה
bayetón *m* בַּד עָבֶה
bayo *adjm* חוּם־אֲדַמְדַּם
bayoneta *f* כִּידוֹן

bayonetazo *m* דְּקִירַת כִּידוֹן
baza *f* 1 קְלַף הַמְּזַכֶּה בְּמִשְׂחָק. 2 הִזְדַּמְּנוּת
bazar *m* 1 שׁוּק, יָרִיד. 2 חֲנוּת כָּל־בּוֹ
bazo *m* טְחוֹל
bazofia *f* 1 שְׁיָרִים, שְׁאֵרִיּוֹת. 2 לִכְלוּךְ, טִנֹּפֶת
bazucar *vt* נִעֵר, עִרְבֵּב (נוֹזְלִים)
bazuquear *vt* נִעֵר
bazuqueo *m* נְעִירָה, עִרְבּוּב (שֶׁל נוֹזְלִים)
beata *adjf* 1 אֲדוּקָה. 2 צְבוּעָה. 3 קְדוֹשָׁה
beatificación *f* הַקְדָּשָׁה, הַעֲרָצָה
beatificar *vt* הִקְדִּישׁ
beatífico *adj* 1 קָדוֹשׁ. 2 מִתְחַסֵּד
beatísimo *adj* קָדוֹשׁ מְאֹד, חָסוּד מְאֹד, חָסִיד
beatitud *f* 1 קְדֻשָּׁה. 2 הִתְחַסְּדוּת
beato *adjm* 1 קָדוֹשׁ. 2 מִתְחַסֵּד
beatón *m* צָבוּעַ, מַעֲמִיד פָּנִים
bebé *m* תִּינוֹק
bebedero *m* שֹׁקֶת, רַהַט
bebedizo *adj* רָאוּי לִשְׁתִיָּה
bebedor *m* 1 שַׁתְיָן. 2 שִׁכּוֹר
beber *vti* 1 שָׁתָה, גָּמָא. 2 הִשְׁתַּכֵּר
bebible *adj* רָאוּי לִשְׁתִיָּה, נִתָּן לִשְׁתִיָּה
bebida *f* 1 מַשְׁקֶה. 2 שְׁתִיָּה
bebido *adj* שָׁתוּי, מְבֻסָּם
beca *f* מִלְגָּה, סְטִיפֶּנְדְיָה
becado *m* בַּעַל מִלְגָּה
becario *m* מִשְׁתַּלֵּם, בַּעַל־מִלְגָּה
becerra *f* 1 עֶגְלָה. 2 לֹעַ הָאֲרִי
becerril *adj* שֶׁל הָעֵגֶל
becerro *m* עֵגֶל
becuadro *m* סַלְקָה, בֶּקָר (סִימָן מוּזִיקָלִי)
bedel *m* 1 שַׁמָּשׁ. 2 מְשָׁרֵת
bedelía *f* שַׁמָּשׁוּת
beduino *adjm* 1 בֶּדְוִי, נַוָּד. 2 פִּרְאִי
beduro *m* סַלְקָה, בֶּקָר
befa *f* לַעַג, לִגְלוּג, הִתּוּל
befar *vt* לָעַג, לִגְלֵג, הִתֵּל
befo *adj* עַב שְׂפָתַיִם
begonia *f* בֶּגוֹנְיָה
behaviorismo *m* הִתְנַהֲגוּתָנוּת
behaviorista *madj* 1 הִתְנַהֲגוּתָן. 2 הִתְנַהֲגוּתָנִי
behemot *m* בְּהֵמוֹת
behetría *f* תֹּהוּ וָבֹהוּ
béisbol *m* כַּדּוּר־בָּסִיס
beibolista *m* שַׂחְקַן כַּדּוּר־בָּסִיס
bejín *m* 1 אַבְקָן. 2 כַּעֲסָן
bejucal *m* שְׂדֵה סוּף
bejuco *m* קְנֵה סוּף
beldad *f* 1 יָפְיוּת, יֹפִי, חֵן. 2 יְפֵהפִיָּה
beldar *vt* זָרָה, כָּבַר, נָפָה
Belén *m* 1 בֵּית־לֶחֶם. 2 מוֹלָד. 3 כְּסִילוּת
beleño *m* שִׁכָּרוֹן
belez(o) *m* כַּד, קַנְקַן
belfo *adjm* 1 בַּעַל שָׂפָה תַּחְתּוֹנָה עָבָה. 2 שָׂפָה
belga *adjm* בֶּלְגִּי
belicismo *m* חִרְחוּר מִלְחָמָה, מִלְחַמְתִּיּוּת
belicista *adj* מְחַרְחֵר מִלְחָמָה, מִלְחַמְתִּי
bélico *adj* מִלְחַמְתִּי
belicosidad *f* מִלְחַמְתִּיּוּת
belicoso *adj* אִישׁ מָדוֹן, מִלְחַמְתִּי
beligerancia *f* לְחִימָה, לוֹחֲמוּת
beligerante *madj* לוֹחֵם, מִלְחַמְתִּי
belitre *adjm* נוֹכֵל, בַּר־בְּלִיַּעַל
bellacada *f* שִׁפְלוּת, נִבְזוּת, עַרְמוּמִיּוּת
bellaco *adjm* שָׁפָל, נִבְזֶה, עַרְמוּמִי
belladona *f* בֶּלָדוֹנָה
bellaquear *vi* הוֹנָה, זִיֵּף, הֶעֱרִים
bellaquería *f* שִׁפְלוּת, נִבְזוּת, עַרְמוּמִיּוּת
belleza *f* יֹפִי, יָפְיוּת, נוֹי, חֵן
bello *adj* יָפֶה, נָאֶה, נֶחְמָד, חִנָּנִי
bellota *f* בַּלּוּט
bemol *adjm* נַחַת, בֶּמוֹל
bencedrina *f* בֶּנְזֶדְרִין
benceno *m* בֶּנְזֶן
bencina *f* בֶּנְזִין, נֵפְט
bendecir *vt* 1 בֵּרַךְ, קִדֵּשׁ. 2 הִלֵּל
bendición *f* 1 בְּרָכָה, הַקְדָּשָׁה. 2 הַלֵּל
bendito *adjm* בָּרוּךְ, מְבֹרָךְ
benedictino *adjm* בֶּנֶדִיקְטִינִי

benefactor *m* נָדִיב, מֵטִיב, נַדְבָן
beneficencia *f* 1 נַדְבָנוּת, נְדִיבוּת. 2 סַעַד, צְדָקָה
beneficiado *m* נֶהֱנֶה, חָתָן, בַּעַל טוֹבַת הֲנָאָה
beneficiar *vt* 1 הוֹעִיל, עָזַר, הִנָּה, הֵיטִיב. 2 שִׁכְלֵל, שִׁפֵּר. 3 נִצֵּל. 4 שָׁחַט, טָבַח, זָבַח. 5 עִבֵּד (קַרְקַע)
beneficiario *m* בַּעַל טוֹבַת הֲנָאָה
beneficio *m* 1 רֶוַח. 2 תּוֹעֶלֶת, יִתְרוֹן. 3 חֶסֶד, טוֹבָה, גְּמוּל
beneficioso *adj* 1 רִוְחִי. 2 מוֹעִיל
benéfico *adj* מוֹעִיל, יָעִיל
benemérito *adj* נִכְבָּד, חָשׁוּב, נַעֲרָץ
beneplácito *m* 1 הַסְכָּמָה, אִשּׁוּר. 2 שְׂבִיעוּת רָצוֹן
benevolencia *f* נְדִיבוּת, חֶסֶד, טוּב־לֵב, רָצוֹן טוֹב
benevolente *adj* נָדִיב, טוֹב־לֵב
benévolo *adj* נָדִיב, נְדִיב־לֵב, טוֹב־לֵב
bengala *f* 1 בַּמְבּוּק. 2 זִקּוּקִין דִּנּוּר
benignidad *f* נְדִיבוּת־לֵב, מְתִינוּת, רַכּוּת, רֹךְ, לְבָבִיּוּת
benigno *adj* נְדִיב־לֵב, מָתוּן, רַךְ, לְבָבִי
benjuí *m* בֶּנְזוֹאִין
benzoato *m* בֶּנְזוֹאָט
benzoico *adj* בֶּנְזוֹאִי
benzol *m* בֶּנְזוֹל
beocio *adj* טִפֵּשׁ, שׁוֹטֶה
beodez *f* שִׁכְרוּת, שִׁכָּרוֹן
beodo *adjm* שִׁכּוֹר, שָׁתוּי, מְבֻסָּם
berbiquí *m* מַקְדֵּחָה
berberí *adjm* בַּרְבָּרִי
bereber *adjm* בַּרְבָּרִי
berenjena *f* חָצִיל
berenjenal *m* 1 שְׂדֵה חֲצִילִים. 2 עֵסֶק בִּישׁ
bergante *m* רַמַּאי, נָבָל, נִבְזֶה
bergantín *m* סְפִינָה (דּוּ־תוֹרְנִית קְטַנָּה)
beriberi *m* בֶּרִי־בֶּרִי
berilio *m* בֶּרִילְיוּם
berilo *m* תַּרְשִׁישׁ, בֶּרִיל
berkelio *m* בֶּרְקֶלְיוּם
berlina *f* מֶרְכָּבָה
bermejizo *adj* אַדְמוֹנִי
bermejo *adj* אֲדַמְדַּם
bermejón *adj* אַדְמוֹנִי
bermellón *m* שָׁשַׁר
berrear *vi* 1 פָּעָה, גָּעָה. 2 צָרַח, יִלֵּל
berrido *m* 1 פְּעִיָּה, גְּעִיָּה. 2 צְרִיחָה, יְלָלָה
berrinche *m* זַעַם, כַּעַס, שֶׁצֶף־קֶצֶף
berrizal *m* מַטַּע גַּרְגִּירִים
berro *m* גַּרְגִּיר־הַמַּיִם
berza *f* כְּרוּב
berzal *m* מַטַּע כְּרוּבִים
besamanos *m* קַבָּלַת פָּנִים
besar *vt* נִשֵּׁק, נָשַׁק
beso *m* נְשִׁיקָה
bestia *f* 1 בְּהֵמָה, חַיָּה. 2 פֶּרֶא־אָדָם, גַּס
bestial *adj* בַּהֲמִי, פִּרְאִי
bestialidad *f* בַּהֲמוּת, פִּרְאוּת
bestiario *m* מִשְׁלֵי חַיּוֹת
béstola *f* מַלְמָד, מַרְדֵּעַ
besucar *vt* נִשֵּׁק, נָשַׁק פְּעָמִים רַבּוֹת
besucón *adj* נַשְׁקָן
besugo *m* אַבְרוֹמָה (דָּג)
besuquear *vt* נִשֵּׁק, נָשַׁק פְּעָמִים רַבּוֹת
besuqueo *m* הִתְנַשְּׁקוּת
beta *f* 1 בֵּיתָא. 2 חֶבֶל
betarraga *f* סֶלֶק
betel *m* פִּלְפֵּל־הֹדּוּ
betón *m* בֶּטוֹן
betún *m* 1 חֵמָר, זֶפֶת. 2 אַסְפַלְט. 3 מִשְׁחַת נַעֲלַיִם
betunar *vt* זִפֵּת, צִפָּה, זִפֵּת
bezo *m* 1 שָׂפָה עָבָה. 2 בָּשָׂר חַי
biaza *f* אַמְתַּחַת
biberón *m* 1 בַּקְבּוּק יְנִיקָה. 2 מוֹצֵץ
Biblia *f* תַּנַ"ךְ, תּוֹרָה
bibliófilo *m* אוֹהֵב סְפָרִים, חוֹבֵב סְפָרִים
bibliografía *f* בִּיבְּלִיוֹגְרַפְיָה
bibliográfico *adj* בִּיבְּלִיוֹגְרָפִי

bibliomanía *f* שִׁגָּעוֹן לִסְפָרִים
biblíomano *m* שִׁגָּעוֹן לִסְפָרִים
biblioteca *f* 1 סִפְרִיָּה. 2 אֲרוֹן סְפָרִים
bibliotecario *m* סַפְרָן
bicameral *adj* בַּעַל שְׁנֵי מְחוֹקְקִים
bicarbonato *m* דּוּ פַּחְמַת הַנַּתְרָן, סוֹדָה לִשְׁתִיָּה
bicentenario *adj* בֶּן מָאתַיִם שָׁנָה
bíceps *m* קִבֹּרֶת
bicicleta *f* אוֹפַנַּיִם
biciclo *m* אוֹפַנַּיִם
bicimoto *f* אוֹפַנּוֹעַ
bicloruro *m* דּוּ כְּלוֹרִיד
bicoca *f* 1 זִיל הַזּוֹל 2 דָּבָר פָּעוּט, בְּלִי עֵרֶךְ. 3 שְׁטוּת
bicolor *adj* דּוּ צִבְעִי
bicornio *m* כּוֹבַע דּוּ קַרְנִי
bicuento *m* בִּילְיוֹן
bicúspide *adj* דּוּ פִּסְגִּי, דּוּ חֲדוּדִי
bichero *m* אַנְקַל סִירָה
bicharraco *m* שֶׁרֶץ
bicho *m* חֶרֶק, שֶׁרֶץ
biela *f* אַרְכֻּבָּה
bielda *f* קִלְשׁוֹן
bieldo *m* קִלְשׁוֹן
bien *advm* 1 טוֹב, נָכוֹן. 2 כַּנּוּת, יֹשֶׁר, תֹּם, אֲמִתִּיּוּת. 3 נֶכֶס, קִנְיָן, רְכוּשׁ
bienal *adj* דּוּ שְׁנָתִי, שֶׁנִּמְשָׁךְ שְׁנָתַיִם
bienamado *adj* אָהוּב
bienandante *adj* מְאֻשָּׁר
bienandanza *f* אֹשֶׁר
bienaventurado *adj* מְאֻשָּׁר
bienaventuranza *f* אֹשֶׁר
bienes *mpl* נְכָסִים, קִנְיָן, רְכוּשׁ
bienes eternos הָעוֹלָם הַבָּא
bienes gananciales נִכְסֵי מְלוֹג
bienes inmuebles נִכְסֵי דְּלָא נָיְדֵי
bienes muebles נִכְסֵי דְּנָיְדֵי, מִטַּלְטְלִין
bienes raíces נִכְסֵי דְּלָא נָיְדֵי, מְקַרְקְעִין
bienes terrenales הָעוֹלָם הַזֶּה
bienestar *m* 1 רְוָחָה, נוֹחוּת. 2 קֹרַת רוּחַ
bienfortunado *adj* מְאֻשָּׁר, בַּר־מַזָּל, עוֹשֶׂה חַיִל
bienhablado *adj* אָדִיב, מְנֻמָּס
bienhadado *adj* בַּר־מַזָּל, עוֹשֶׂה חַיִל, מְאֻשָּׁר
bienhechor *m* נָדִיב, נַדְבָן
bienintencionado *adj* בַּעַל כַּוָּנוֹת טוֹבוֹת
bienio *m* שְׁנָתַיִם
bienmesable *m* מִקְצֶפֶת
bienoliente *adj* נִיחוֹחִי
bienquerencia *f* רָצוֹן טוֹב, חִבָּה
bienquerer *vt* חִבֵּב, הוֹקִיר
bienqueriente *adj* אוֹהֵב, חוֹבֵב
bienquistar *vt* פִּשֵּׁר, פִּיֵּס
bienquisto *adj* אָהוּד, חָבִיב, נָעִים
bienvenida *f* קַבָּלַת פָּנִים
bienvenido *interj* בָּרוּךְ הַבָּא!
bifocal *adj* דּוּ מוֹקְדִי
biftec *m* אֻמְצָה, כְּתִיתָה
bifurcación *f* 1 הִסְתָּעֲפוּת, הִתְפַּלְּגוּת. 2 פָּרָשַׁת דְּרָכִים
bifurcado *adj* מְפֻצָּל, מְסֹעָף
bifurcarse *vref* הִתְפַּלֵּג, הִסְתָּעֵף
biga *f* מֶרְכָּבָה
bigamia *f* בִּיגַמְיָה
bígamo *adj* בִּיגַמִי
bigardía *f* פְּרִיצוּת, הוֹלְלוּת, הֶפְקֵרוּת
bigardo *adj* מֻפְקָר, מֻשְׁחָת, הוֹלֵל
bigornia *f* סַדָּן
bigote *m* שָׂפָם
bigotera *f* מְחוֹגַת אֲפָסִים
bigotudo *adj* מְשֻׂפָּם
bilateral *adj* הֲדָדִי, דּוּ צְדָדִי
bilingüe *adj* דּוּ לְשׁוֹנִי
biliosidad *f* מְרֵרָה
bilioso *adj* 1 מְרָרִי. 2 כַּעֲסָן, רַגְזָן
bilis *f* מָרָה, מְרֵרָה
billar *m* בִּילְיַרְד
billete *m* 1 מִכְתָּב, אִגֶּרֶת. 2 כַּרְטִיס, פֶּתֶק, פִּתְקָה. 3 שְׁטַר כֶּסֶף
billetera *f* אַרְנָק

billón *m* 1 בִּילְיוֹן. 2 מִילְיַרְד

billonario *m* 1 בִּילְיוֹנֶר. 2 מִילְיַרְדֶּר

billonésimo *m* בִּילְיוֹנִית

bimensual *adj* דּוּ־שְׁבוּעִי

bimestral *adj* דּוּ חָדְשִׁי

bimestre *madj* 1 חָדְשַׁיִם. 2 דּוּ־חָדְשִׁי

binador *m* מְנַכֵּשׁ, נַכָּשׁ

binar *vt* חָרַשׁ שֵׁנִית

binario *adj* 1 שְׁנִיּוֹנִי. 2 כָּפוּל, זוּגִי, דּוּ עֶרְכִּי, דּוּ יְסוֹדִי, בִּינָרִי

binocular *adj* דּוּ עֵינִי, בַּעַל שְׁתֵּי עֵינַיִם

binóculo *m* מִשְׁקֶפֶת

binómico *adj* בִּינוֹמִי, דּוּ־אֵיבָרִי

binomio *m* דּוּ אֵיבָר, בִּינוֹם

binza *f* קְרוּם

biografía *f* בִּיּוֹגְרַפְיָה, תּוֹלְדוֹת חַיִּים

biográfico *adj* בִּיּוֹגְרָפִי

biógrafo 1 קוֹלְנוֹעַ. 2 בִּיּוֹגְרָף

biología *f* בִּיּוֹלוֹגְיָה

biológico *adj* בִּיּוֹלוֹגִי

biólogo *m* בִּיּוֹלוֹג

biombo *m* פַּרְגּוֹד, מָסָךְ, מְחִצָּה

biopsia *f* בִּיּוֹפְּסְיָה, בְּדִיקָה מִן הַחַי

bioquímica *f* בִּיּוֹכִימְיָה

bioquímico *adjm* 1 בִּיּוֹכִימִי. 2 בִּיּוֹכִימַאי

bióxido *m* דּוּ תַּחְמֹצֶת

bípede *adj* הוֹלֵךְ עַל שְׁתַּיִם

bípedo *adjm* הוֹלֵךְ עַל שְׁתַּיִם

biplano *m* מָטוֹס כְּפוּל כָּנָף

birimbao *m* נֵבֶל עִבְרִי

birlador *m* נוֹכֵל, רַמַּאי, גַּנָּב

birlar *vt* 1 גָּנַב, סָחַב. 2 הָרַג, הִפִּיל

birlocha *f* עֲפִיפוֹן

birlocho *m* כִּרְכָּרָה

birreta *f* כֻּמְתָּה, כִּפָּה

birrete *m* 1 כֻּמְתָּה, כִּפָּה. 2 מִצְנֶפֶת, כּוֹבַע

birretina *f* מִצְנֶפֶת

bis *adv* שֵׁנִית, פַּעַם נוֹסֶפֶת, עוֹד פַּעַם

bisabuelo *m* אָב שִׁלֵּשׁ, אֲבִי הַסָּב

bisagra *f* צִיר

bisalto *m* אֲפוּנָה

bisar *vt* שִׁנֵּן, חָזַר שֵׁנִית

bisbisar *vti* מִלְמֵל, גִּמְגֵּם

bisbiseo *m* מִלְמוּל, גִּמְגּוּם

bisecar *vt* חָצָה

bisección *f* חֲצִיָּה

bisector *adjm* חוֹצֶה

bisectriz *f* חוֹצֵה זָוִית

bisel *m* שִׁפּוּעַ, אֲלַכְסוֹן

biselado *adjm* מְשֻׁפָּע

biselar *vt* 1 שִׁפַּע, הִטָּה. 2 הִקְצִיעַ

bisemanal *adj* דּוּ־שְׁבוּעִי, שֶׁמּוֹפִיעַ פַּעֲמַיִם בְּשָׁבוּעַ

bisexual *adj* דּוּ־מִינִי

bisiesto *adj* שֶׁל שָׁנָה מְעֻבֶּרֶת

bisílabo *adjm* 1 דּוּ־הֲבָרָתִי. 2 דּוּ־הֲבָרָה

bismuto *m* בִּיסְמוּת

bisnieto *m* נִין

bisojo *adjm* פּוֹזֵל

bisonte *m* בִּיזוֹן, תְּאוֹ

bisoño *adjm* טִירוֹן, מַתְחִיל, חָנִיךְ

bistec *m* אֻמְצָה, כְּתִיתָה

bistrecha *f* מִקְדָּמָה, מִפְרָעָה

bisturí *m* אִזְמֵל

bisulco *adj* שְׁסוּעַ פַּרְסָה, בַּעַל פַּרְסָה שְׁסוּעָה

bisunto *adj* מְלֻכְלָךְ, מְזֹהָם

bitácora *f* קֻפְסַת מַצְפֵּן

bitoque *m* 1 מְגוּפָה. 2 בֶּרֶז. 3 חֹקֶן

bituminoso *adj* כָּפְרִי, זִפְתִּי, חֵמָרִי

bivalencia *f* דּוּ עֶרְכִּיּוּת

bivalente *adj* דּוּ עֶרְכִּי

bivalvo *adj* דּוּ שַׁסְתּוֹמִי

biza *f* פַּלְמוּדָה

bizantino *adjm* בִּיזַנְטִי

bizarría *f* אֹמֶץ־לֵב, גְּבוּרָה, חֵרוּף־נֶפֶשׁ

bizarro *adj* 1 אַמִּיץ־לֵב, גִּבּוֹר. 2 מְנֻמָּס, אָדִיב, נָדִיב

bizcar *vi* פָּזַל

bizco *adj* פּוֹזֵל

bizcocho *m* 1 בִּיסְקְוִיט, רָקִיק, תֻּפִּין. 2 עוּגָה

bizcochuelo *m* עוּגִית
bizma *f* אִסְפְּלָנִית, תַּחְבֹּשֶׁת
bizmar *vt* חָבַשׁ
biznieto *m* נִין
bizquear *vi* פָּזַל
blanca *f* חֲצִי תָּו
blancazo *adj* לַבְנוּנִי, לְבַנְבַּן
blanco *adjm* 1 לָבָן, בָּהִיר. 2 לֹבֶן. 3 מַטָּרָה
blancor *m* לֹבֶן, לַבְנוּת, בְּהִירוּת
blancura *f* לֹבֶן, לַבְנוּת, בְּהִירוּת
blancuzco *adj* לַבְנוּנִי, לְבַנְבַּן
blandeador *adj* מַרְתִּיעַ, מְשַׁכְנֵעַ, מְרַפֶּה
blandeamiento *m* הַרְתָּעָה, הַרְפָּיָה
blandear *vt* 1 הִרְתִּיעַ, שִׁכְנֵעַ. 2 רִפָּה, הִרְגִּיעַ, רִכֵּךְ
blandicia *f* 1 חֲנֻפָּה, חֲלָקוֹת. 2 רַכּוּת, רֹךְ, עֲדִינוּת
blandir *vt* הֵנִיף, נוֹפֵף
blando *adj* 1 רַךְ. 2 עָדִין, נָעִים, אָדִיב
blandura *f* רֹךְ, רַכּוּת
blanqueamiento *m* הַלְבָּנָה, סִיּוּד
blanquear *vt* סִיֵּד, הִלְבִּין, לִבֵּן
blanquecer *vt* 1 הִבְרִיק, צִחְצַח. 2 טִהֵר. 3 סִיֵּד, הִלְבִּין, לִבֵּן
blanquecino *adj* לְבַנְבַּן
blanqueo *m* 1 לִבּוּן, הַלְבָּנָה. 2 צִחְצוּחַ, טִהוּר
blanquillo *adjm* 1 לְבַנְבַּן. 2 בֵּיצָה
blasfemador *m* מְגַדֵּף, מְקַלֵּל, מְחַלֵּל
blasfemante *adjm* מְגַדֵּף, מְקַלֵּל, מְחַלֵּל
blasfemar *vi* קִלֵּל, חִלֵּל, גִּדֵּף, חֵרֵף
blasfemia *f* חִלּוּל, קְלָלָה, גִּדּוּף, חֵרוּף
blasfemo *adj* מְגַדֵּף, מְחַלֵּל
blasón *m* 1 מָגֵן, שֶׁלֶט יְחָסִין. 2 כָּבוֹד, תְּהִלָּה
blasonador *adj* מֵכִין סִמְלֵי יְחָסִין
blasonar *vti* 1 הֵכִין סִמְלֵי יְחָסִין. 2 הִתְרַבְרֵב
blasonería *f* רַבְרְבָנוּת, שַׁחֲצָנוּת, הִתְפָּאֲרוּת
bledo *m* 1 יַרְבּוּז מָצוּי. 2 דָּבָר חֲסַר־עֵרֶךְ
blenorragia *f* זִיבָה
blindado *adj* מְשֻׁרְיָן
blindaje *m* שִׁרְיוּן
blindar *vt* שִׁרְיֵן
bloc *m* 1 בְּלוֹק. 2 דַּפְדֶּפֶת, פִּנְקָס. 3 לְבֵנָה
blocao *m* עֶמְדָּה מְבֻצֶּרֶת
blondo *adj* בְּלוֹנְדִי
bloque *m* גּוּשׁ
bloqueador *adjm* אוֹטֵם, חוֹסֵם, סוֹגֵר, מֵצֵר
bloquear *vt* חָסַם, צָר, סָגַר
bloqueo *m* מָצוֹר, הֶסְגֵּר
blusa *f* חֻלְצָה, כֻּתֹּנֶת
boa *f* חַנָּק
boato *m* 1 הָדָר, הוֹד, זֹהַר. 2 הִתְגַּנְדְּרוּת, הִתְפָּאֲרוּת
bobada *f* שְׁטוּת, טִפְּשׁוּת
bobalías *m* שׁוֹטֶה, טִפֵּשׁ, כְּסִיל
bobalicón *adjm* שׁוֹטֶה, טִפֵּשׁ, כְּסִיל
bobear *vi* עָשָׂה שְׁטֻיּוֹת, הִסְכִּיל, הִשְׁתַּטָּה
bobería *f* שְׁטוּת, טִפְּשׁוּת
bobina *f* סְלִיל, אַשְׁוָה, פְּקַעַת
bobo *adj* כְּסִיל, טִפֵּשׁ, שׁוֹטֶה
boca *f* 1 פֶּה. 2 כְּנִיסָה, פְּתִיחָה, פֶּתַח, חָלָל, שֶׁפֶךְ
boca abajo הַפָּנִים כְּלַפֵּי מַטָּה, אַפַּיִם אַרְצָה
boca arriba עִם הַפָּנִים לְמַעְלָה, אַפַּרְקְדָן
bocacalle *f* צֹמֶת רְחוֹבוֹת
bocacaz *m* תְּעָלַת מָנוֹף
bocací *m* בַּד מֻקְשֶׁה
bocadillo *m* 1 אַבַּרְזִין. 2 סָרֶט. 3 כָּרִיךְ. 4 נְגִיסָה
bocado *m* 1 רֶסֶן. 2 פַּת, פְּרוּסָה, חֲתִיכָה. 3 לְגִימָה, נְגִיסָה
bocallave *f* פִּי הַמַּנְעוּל
bocamanga *f* חֵפֶת הַשַּׁרְווּל
bocanada *f* לְגִימָה, גְּמִיעָה
bocaza *f* 1 פֶּה גָּדוֹל. 2 פַּטְפְּטָן
boceto *m* תַּרְשִׁים, סְקִיצָה, מִרְשָׁם
bocina *f* 1 צוֹפָר. 2 מַגְבִּיר קוֹל
bocinar *vi* צָפַר
bocio *m* זַפֶּקֶת
bocón *adjm* רַבְרְבָן, שַׁחֲצָן
bocoy *m* חָבִית גְּדוֹלָה
bocha *f* כַּדֹּרֶת

bochar *vt* הִכְשִׁיל, נִכְשַׁל
boche *m* 1 חוֹר, נֶקֶב, גֻּמָּה. 2 הֲמֻלָּה, מְהוּמָה, רַעַשׁ
bochinche *m* שָׁאוֹן, הֲמֻלָּה, מְהוּמָה, רַעַשׁ
bochinchero *m* רַעֲשָׁן, רוֹעֵשׁ, מַרְעִישׁ
bochista *mf* שַׂחְקַן כַּדֹּרֶת
bochorno *m* 1 שָׁרָב. 2 מַחֲנָק, חָנָק. 3 סֹמֶק. 4 כְּלִמָּה, בּוּשָׁה, עֶלְבּוֹן
bochornoso *adj* 1 שְׁרָבִי. 2 מַחֲנִיק. 3 מַעֲלִיב, מַשְׁפִּיל
boda *f* כְּלוּלוֹת, חֲתֻנָּה, נִשּׂוּאִין
bodega *f* 1 מַחְסָן. 2 יֶקֶב
bodegón *m* מִסְבָּאָה, בֵּית מַרְזֵחַ, פֻּנְדָּק
bodeguero *m* 1 פֻּנְדְּקַאי. 2 מַחְסְנַאי. 3 יֵינָן
bodoque *m* 1 צְרוֹר, חֲבִילָה. 2 חַבּוּרָה, תְּפִיחָה. 3 טִפֵּשׁ, מְטֻמְטָם
bodrio *m* 1 לִכְלוּךְ, זֻהֲמָה. 2 מְכֹעָר
bóer *adjm* בּוּר (מִתְיַשֵּׁב דְּרוֹם־אַפְרִיקָאִי)
bofes *mpl* רֵאוֹת
bofetada *f* סְנוֹקֶרֶת, סְטִירָה
bofetón *m* סְטִירָה, סְנוֹקֶרֶת
bofia *f* 1 שׁוֹטֵר. 2 מִשְׁטָרָה
bofo *adj* רָפֶה, חַלָּשׁ
boga *f* 1 חֲתִירָה. 2 אָפְנָה. 3 פִּרְסוּם, מוֹנִיטִין
bogada *f* תְּנוּפַת מָשׁוֹט
bogador *m* חוֹתֵר, שַׁיָּט
bogadura *f* חֲתִירָה
bogar *vi* חָתַר, שָׁט
bohardilla *f* 1 עֲלִיַּת גַּג. 2 צֹהַר, אֶשְׁנָב
bohemio *adjm* בּוֹהֵמִי
bohío *m* סֻכָּה, בִּקְתָּה
boicot *m* חֵרֶם, נִדּוּי
boicotear *vt* הֶחֱרִים, נִדָּה
boicoteo *m* חֵרֶם, נִדּוּי
boina *f* כֻּמְתָּה, בֶּרֶט
boj *m* אֶשְׁכְּרוֹעַ
bola *f* 1 כַּדּוּר, גֻּלָּה. 2 כָּזָב. 3 מִשְׁחַת נַעֲלַיִם
bolazo *advm* 1 בְּחִפָּזוֹן. 2 מַכַּת כַּדּוּר
bolchevique *adjm* בּוֹלְשֶׁבִיק
bolcheviquismo *m* בּוֹלְשֶׁבִיזְם
boleadoras *f* בּוֹלֵאַדּוֹרַס, קֶלַע־כַּדּוּרִים
bolear *vti* 1 שִׂחֵק כַּדֹּרֶת. 2 הֵטִיל כַּדּוּר. 3 בִּלְבֵּל, הוֹנָה
boleo *m* כַּדֹּרֶת
bolero *m* 1 בּוֹלֶרוֹ. 2 שַׁקְרָן, רַמַּאי
boleta *f* 1 כַּרְטִיס. 2 רִשָּׁיוֹן. 3 חֶשְׁבּוֹן. 4 פִּתְקַת בּוֹחֲרִים
boletería *f* קֻפָּה
boletín *m* 1 עָלוֹן, בּוּלֶטִין, חוֹבֶרֶת. 2 רְשׁוּמוֹת
boleto *m* כַּרְטִיס
boliche *m* 1 כַּדּוּר כַּדֹּרֶת. 2 מִשְׂחַק כַּדֹּרֶת. 3 אוּלָם לְכַדֹּרֶת. 4 חֲנוּת זְעִירָה
bólido *m* 1 אֶלְגָּבִישׁ. 2 מָטָאוֹר
bolígrafo *m* עֵט כַּדּוּרִי
bolita *f* כַּדּוּרִית, גֻּלָּה
bolívar *m* בּוֹלִיבָר (מַטְבֵּעַ וֶנֶצוּאֶלִי)
boliviano *adjm* בּוֹלִיבְיָנִי
bolo *m* 1 חָרוּט לְמִשְׂחַק "בּוֹלוֹ". 2 טִפֵּשׁ, כְּסִיל. 3 כַּדּוּר, גְּלוּלָה גְּדוֹלָה
boloña *f* בּוֹלוֹנְיָה
bolsa *f* 1 שַׂק, אַמְתַּחַת, תַּרְמִיל, אַרְנָק. 2 בּוּרְסָה. 3 נְכָסִים, רְכוּשׁ
bolsear *vt* כִּיֵּס
bolsillo *m* כִּיס
bolsín *m* בּוּרְסָה
bolsista *m* סַפְסָר, סוֹכֵן בּוּרְסָה
bolso *m* תִּיק, אַרְנָק
bollo *m* 1 עוּגָה, סֻפְגָּן. 2 חַבּוּרָה, מַכָּה. 3 רִיב, קְטָטָה
bomba *f* 1 מַשְׁאֵבָה. 2 מְכוֹנַת כִּבּוּי אֵשׁ. 3 פְּצָצָה, פָּגָז. 4 נוּרָה. 5 בּוּעָה
bombachas *fpl* 1 אַבְרָקַיִם. 2 תַּחְתּוֹנִים (שֶׁל אִשָּׁה)
bombacho *m* מִכְנָסַיִם
bombardear *vt* הִפְגִּיז, הִפְצִיץ
bombardeo *m* הַפְגָּזָה, הַפְצָצָה
bombardero *m* מַפְצִיץ
bombástico *adj* מְנֻפָּח, מְלִיצִי, מְגֻבָּב
bombazo *m* פִּצּוּץ
bombear *vt* 1 הִפְצִיץ, הִפְגִּיז. 2 רִגֵּל. 3 שָׁאַב.

4 נִפַּח, הִפְרִיז

bombeo *m* 1 הַפְצָצָה, הַפְגָּזָה. 2 שְׁאִיבָה. 3 קְמִירָה, קְמִירוּת

bombero *m* כַּבַּאי, מְכַבֵּה אֵשׁ

bómbice *m* תּוֹלַעַת מֶשִׁי

bombilla *f* 1 נוּרָה. 2 סִיפוֹן. 3 פָּנָס. 4 קַשְׁשֶׁת

bombo *adjm* 1 מְבֹהָל, נִדְהָם. 2 תֹּף גָּדוֹל. 3 הַלֵּל, שֶׁבַח. 4 מְתוֹפֵף. 5 קֻפְסַת הַגְרָלָה

bombón *m* 1 בּוֹמְבּוֹן, סֻכָּרִיָּה, מַמְתָּק. 2 "חֲתִיכָה"

bombona *f* בַּקְבּוּק לְחֻמְצוֹת, צִנְצֶנֶת גְּדוֹלָה

bombonera *f* מַמְתַּקִיָּה, קֻפְסַת שׁוֹקוֹלָדָה

bonachón *adj* טוֹב־לֵב, תָּמִים

bonancible *adj* שָׁקֵט, רָגוּעַ, נוֹחַ, שָׁלֵו

bonanza *f* שֶׁקֶט, שַׁלְוָה, מַרְגּוֹעַ

bondad *f* טוּב־לֵב, נְדִיבוּת־לֵב, נְדִיבוּת, חֶסֶד

bondadoso *adj* נָדִיב, יְדִידוּתִי, נָעִים

honete *m* כּוֹבַע, מִצְנֶפֶת, כֻּמְתָּה

bongó *m* טַנְבּוּר, תֹּף

boniato *m* מִין בַּטָּטָה מְתוּקָה

bonificación *f* 1 הֲטָבָה, הַשְׁבָּחָה. 2 טִיּוּב, זִבּוּל. 3 מַעֲנָק, הֲנָחָה, הוֹזָלָה

bonificar *vt* הֵיטִיב, גָּמַל, הוֹסִיף

bonísimo *adj* טוֹב מְאֹד

bonitamente *adv* יָפֶה מְאֹד

bonito *adjm* 1 יָפֶה, נָאֶה, נֶחְמָד, יָאֶה. 2 טוֹב. 3 בּוֹנִיטוֹ, פַּלָּמוּדָה (דָּג)

bono *m* 1 מְנָיָה. 2 שְׁטָר חוֹב, אִגֶּרֶת חוֹב. 3 הַמְחָאָה. 4 שׁוֹבֵר

boñiga *f* גְּלָל, גָּלָל, רְעִי

boom *m* 1 פִּצּוּץ. 2 תּוֹפָעָה

boqueada *f* פְּעִירַת פֶּה

boquear *vit* 1 פָּעַר אֶת הַפֶּה, פִּהֵק. 2 גָּסַס. 3 הָגָה, בִּטֵּא

boquerón *m* 1 פִּרְצָה, פֶּתַח. 2 עֲפִיָן, אַנְשׁוֹבִי

boquete *m* פִּרְצָה, פֶּתַח

boquiabierto *adj* פְּעוּר פֶּה

boquilla *f* פִּיָּה, פּוּמִית

boratado *adj* שֶׁל בּוֹרָט

borato *m* בּוֹרָט

bórax *m* בּוֹרַקְס

borbolla *f* בַּעְבּוּעַ, בּוּעָה

borbollar *vi* רָתַח, בִּעְבַּע

borbollón *m* 1 רְתִיחָה, בִּעְבּוּעַ. 2 חִפָּזוֹן, פְּזִיזוּת

borbor *m* רְתִיחָה, בִּעְבּוּעַ

borbotar *vi* רָתַח, בִּעְבַּע

borbotón *m* חִפָּזוֹן, פְּזִיזוּת

borceguí *m* מַגָּף, מַגָּפַיִם

borda *f* 1 בִּקְתָּה, סֻכָּה. 2 לִזְבֵּת, לִזְבֵּט

bordada *f* זִגְזוּג (שֶׁל סְפִינָה)

bordado *madj* 1 רִקְמָה. 2 רָקוּם

bordador *m* רוֹקֵם

bordadura *f* רִקְמָה, רָקָם

bordar *vt* רָקַם

borde *m* 1 שָׂפָה, סַף, גְּבוּל. 2 חוֹף. 3 מַמְזֵר. 4 פֶּרֶא

bordear *vt* תָּחַם, גָּבַל, הִקִּיף

bordeo *m* זִגְזוּג (שֶׁל סְפִינָה)

bordillo *m* אֶבֶן־שָׂפָה

bordo *m* דֹּפֶן

bordón *m* 1 מַקֵּל. 2 מוֹרֵה דֶּרֶךְ. 3 פִּזְמוֹן. 4 מֵיתְרֵי הַבַּס

bordonero *m* נַוָּד, נָע וָנָד

boreal *adj* 1 צְפוֹנִי. 2 בּוֹרֵאָל

borgoña *m* יֵין בּוּרְגוּנְדִיָּה

bórico *adj* שֶׁל חֻמְצַת בּוֹר, בּוֹרִי

borinqueño *adjm* יְלִיד פּוּרְטוֹרִיקוֹ

borla *f* 1 גְּדִיל, צִיצִית, קְוֻצָּה. 2 תַּלְתַּל

borne *m* 1 קְצֵה הַחֲנִית. 2 כַּפְתּוֹר, הֶדֶק. 3 בּוֹרְנָה

bornear *vt* 1 הִטָּה, הִפְנָה, הֵסִיט, כָּפַף, נָטָה. 2 הִשְׁוָה, יִשֵּׁר

borneo *m* נְטִיָּה, סְטִיָּה, הַפְנָיָה

boro *m* בּוֹר

borona *f* 1 דֹּחַן. 2 גַּרְגִּיר תִּירָס

borra *f* 1 שֶׂה בֶּן שָׁנָה. 2 צֶמֶר גַּס. 3 פְּלוּמָה, מוֹךְ. 4 מִשְׁקָע. 5 פִּטְפּוּטִים. 6 בּוֹרַקְס

borrachera *f* שִׁכְרוּת, שִׁכָּרוֹן

borrachez *f* שִׁכְרוּת, שִׁכָּרוֹן, הִתְבַּשְּׂמוּת

borrachín *m* שִׁכּוֹר, שַׁתְיָן

borracho *adjm* שִׁכּוֹר, שַׁתְיָן, מְבֻסָּם

borrador *m* 1 טְיוּטָה. 2 מוֹחֵק, מַחַק

borradura *f* מְחִיקָה

borrajear *vti* שִׁרְבֵּט, קִשְׁקֵשׁ

borrajo *m* אוּד, אֵפֶר, רֶמֶץ

borrar *vt* 1 מָחַק. 2 טִשְׁטֵשׁ

borrasca *f* סוּפָה, סְעָרָה

borrascoso *adj* 1 סוֹעֵר, רוֹעֵשׁ, גּוֹעֵשׁ. 2 נִרְגָּז, זוֹעֵף

borregada *f* עֵדֶר כְּבָשִׂים

borrego *m* 1 כֶּבֶשׂ, רָחֵל, רְחֵלָה. 2 בּוּר, עַם הָאָרֶץ. 3 יְדִיעָה כּוֹזֶבֶת

borrica *f* אָתוֹן

borricada *f* 1 עֵדֶר חֲמוֹרִים. 2 אִוֶּלֶת, שְׁטוּת

borrico *m* חֲמוֹר

borricón *m* מְטֻמְטָם

borrón *m* כֶּתֶם, מְחִיקָה, טִשְׁטוּשׁ

borronear *vt* שִׁרְבֵּט, קִשְׁקֵשׁ

borroso *adj* 1 מְטֻשְׁטָשׁ. 2 מָלֵא מִשְׁקָע. 3 מָחוּק. 4 מְלֻכְלָךְ

borrumbada *f* 1 הִתְפָּאֲרוּת, גַּאַוְתָנוּת. 2 הַפְרָזָה

boruca *f* שָׁאוֹן, מְהוּמָה

borujo *m* 1 פֶּלַח. 2 מִשְׁקָע

borujón *m* פֶּלַח

boscaje *m* חֻרְשָׁה

boscoso *adj* מְיֹעָר

bosque *m* יַעַר

bosquejear *vt* שִׂרְטֵט, תֵּאֵר, רָשַׁם

bosquejo *m* תֵּאוּר, רִשּׁוּם, שִׂרְטוּט

bosta *f* גָּלָל, פֶּרֶשׁ, צוֹאָה

bostezar *vi* פִּהֵק

bostezo *m* פִּהוּק

bota *f* 1 מַגָּף. 2 נֹאד, חֵמֶת

botadura *f* הֲשָׁקָה

botalón *m* קוֹרַת הַחַרְטוֹם, כְּלוֹנָס

botánica *f* בּוֹטָנִיקָה

botánico *adjm* בּוֹטָנִי, בּוֹטָנִיקָן

botanista *m* בּוֹטָנִיקָן

botar *vti* 1 הִשְׁלִיךְ, זָרַק, סִלֵּק. 2 הֵשִׁיט. 3 קָפַץ

botarate *adjm* 1 קַל־דַּעַת, פָּזִיז. 2 בַּזְבְּזָן

botarel *m* מִתְמָךְ, קוֹרָה תּוֹמֶכֶת

botavara *f* כְּלוֹנַס־הַיַּרְכָתַיִם

bote *m* 1 סִירָה, דּוּגִית, בּוּצִית. 2 קְפִיצָה, נִתּוּר. 3 חוֹר, נֶקֶב, גֻּמָּה. 4 דְּקִירָה. 5 פַּךְ

botella *f* בַּקְבּוּק

botellero *m* זַגָּג

botellón *m* בַּקְבּוּק גָּדוֹל

botica *f* 1 בֵּית מִרְקַחַת. 2 חֲנוּת

boticario *m* רוֹקֵחַ

botija *f* כַּד, קַנְקַן

botijo *m* 1 כַּד. 2 אָדָם שָׁמֵן

botín *m* 1 שָׁלָל, בִּזָּה. 2 נַעַל גְּבוֹהָה, מַגָּף

botinero *m* סַנְדְּלָר

botiquín *m* אַרְגָּז לְעֶזְרָה רִאשׁוֹנָה

boto *adjm* 1 קֵהֶה. 2 גַּס, מְחֻסְפָּס. 3 נֹאד

botón *m* 1 כַּפְתּוֹר. 2 נֶבֶט, נִצָּן

botón de oro נוּרִית (פֶּרַח)

botonadura *f* מַעֲרֶכֶת כַּפְתּוֹרִים

botonar *vi* הֵנֵץ, פָּרַח

botonería *f* סִדְקִית

botones *m* נַעַר שָׁלִיחַ, שָׁלִיחַ

botulismo *m* הַרְעָלַת קֵבָה

bóveda *f* 1 כִּפָּה, קִמְרוֹן, קֶשֶׁת. 2 מְעָרָה, מִנְהָרָה

bovino *adjm* 1 בְּקָרִי. 2 בָּקָר

boxeador *m* מִתְאַגְרֵף, אֶגְרוֹפָן

boxear *vi* הִתְאַגְרֵף

boxeo *m* אִגְרוּף

bóxer *m* בּוֹקְסֶר

boya *f* מָצוֹף

boyada *f* עֵדֶר שְׁוָרִים

boyante *adj* 1 צָף. 2 מַצְלִיחַ

boyar *vi* צָף, שָׁט

boyera *f* דִּיר, מִכְלָא

boyero *m* בּוֹקֵר, רוֹעֶה, בֹּהֵם

bozal *adjm* 1 טִירוֹן, מַתְחִיל. 2 מְטֻמְטָם, שׁוֹטֶה. 3 פֶּרֶא, בּוּר. 4 זְמָם, מַחְסוֹם

bozo *m* מוֹךְ, פְּלוּמָה

braceada *f* תְּנוּעַת יָדַיִם

braceaje *m* 1 טְבִיעַת מַטְבְּעוֹת. 2 מְצוּלָה
bracear *vi* 1 שָׂחָה. 2 נִעְנַע בִּזְרוֹעוֹתָיו
bracero *adjm* 1 מוּטָל, מָשְׁלָךְ. 2 מִשְׁעָן. 3 שְׁלוּב זְרוֹעוֹת. 4 פּוֹעֵל־יוֹם
bracete *m* שְׁלוּב זְרוֹעוֹת
braco *adjm* 1 בַּעַל אַף סוֹלֵד. 2 כֶּלֶב צַיִד
braga *f* 1 אַבְרָקַיִם. 2 תַּחְתּוֹנִים. 3 כֶּבֶל
bragadura *f* מִפְשָׂעָה
braguero *m* רְצוּעָה, חֲגוֹרַת שֶׁבֶר
bragueta *f* פֶּתַח בְּמִכְנְסֵי הַגֶּבֶר
brahmán *m* בְּרַהְמִין
brahmanismo *m* בְּרַהְמִינִיּוּת
Braille *m* בְּרַיְל
brama *f* 1 גְּעִיָּה, נְהִימָה. 2 תַּאֲוָה, יִחוּם
bramador *adj* גּוֹעֶה, נוֹהֵם, שׁוֹאֵג
bramante *adjm* 1 גּוֹאֶה, נוֹהֵם, שׁוֹאֵג. 2 חוּט קַנְבּוֹס
bramar *vi* גָּעָה, נָהַם, שָׁאַג
bramido *m* שְׁאָגָה, נְהִימָה, גְּעִיָּה
brancada *f* מִכְמֹרֶת
branquia *f* אָגִיד, זִים
branquial *adj* אֲגִידִי, זִימִי
braquial *adj* זְרוֹעִי
brasa *f* גַּחֶלֶת, אוּד
brasero *m* אָח, מַחְתָּה, כִּירָה
bravamente *adv* 1 בִּגְבוּרָה, בְּאֹמֶץ־לֵב. 2 בְּשֶׁפַע, לְמַכְבִּיר. 3 הֵיטֵב. 4 בְּאַכְזְרִיּוּת
bravata *f* 1 אִיּוּם סְרָק, הַפְחָדָה. 3 שַׁחֲצָנוּת, הִתְפָּאֲרוּת, רַבְרְבָנוּת
bravear *vi* 1 הִתְרַבְרֵב, הִתְפָּאֵר. 2 אִיֵּם אִיּוּמֵי סְרָק
bravío *adjm* 1 פֶּרֶא, בָּר, פִּרְאִי. 2 אַכְזָר. 3 פִּרְאוּת
bravo *adjinterj* 1 אַמִּיץ־לֵב, בֶּן־חַיִל. 2 רַבְרְבָן, שַׁחֲצָן. 3 מְצֻיָּן, טוֹב מְאֹד. 4 בָּר, אַכְזָר, פֶּרֶא. 5 כּוֹעֵס, זוֹעֵף. 6 הֵידָד!
bravucón *adj* רַבְרְבָן, שַׁחֲצָן
bravuconería *f* רַבְרְבָנוּת, שַׁחֲצָנוּת
bravura *f* 1 אֹמֶץ־לֵב, גְּבוּרָה, עֹז־רוּחַ. 2 שַׁחֲצָנוּת, הִתְרַבְרְבוּת
braza *f* אַמָּה
brazada *f* 1 מְלֹא זְרוֹעַ. 2 אַמָּה
brazado *m* מְלֹא זְרוֹעַ
brazal *m* 1 שִׁרְיוֹן הַזְּרוֹעַ. 2 אַמַּת מַיִם
brazalete *m* צָמִיד, אֶצְעָדָה
brazo *m* 1 זְרוֹעַ. 2 כֹּחַ, עָצְמָה. 3 שִׁלְטוֹן, סַמְכוּת. 4 פּוֹעֵל־יוֹם
brea *f* שְׂרָף, זֶפֶת, כֹּפֶר
brear *vt* 1 עִנָּה, הִטְרִיד. 2 זִפֵּת
brebaje *m* מַשְׁקֶה
brécol *m* כְּרוּבִית
brecha *f* פִּרְצָה, פֶּרֶץ, בְּקִיעַ, סֶדֶק, נָקִיק
brega *f* מַאֲבָק, הֵאָבְקוּת, מַאֲמָץ
bregar *vi* 1 נֶאֱבַק, הִתְגּוֹשֵׁשׁ, נִלְחַם. 2 הִתְאַמֵּץ
brema *f* אַבְרוֹמָה
bren *m* סֻבִּים, סֻבִּין
breña *m* טֶרֶשׁ
breñal *m* אַדְמַת טְרָשִׁים
breñar *m* אַדְמַת טְרָשִׁים
breñoso *adj* מָלֵא טְרָשִׁים
bresca *f* חַלַּת דְּבַשׁ
Bretaña *f* בְּרִיטַנְיָה
brete *m* 1 סַד. 2 מְבוּכָה, תִּסְבֹּכֶת
bretón *adjm* בְּרִיטִי
bretones *mpl* כְּרוּב נִצָּנִים
breva *f* תְּאֵנָה
breve *adjadvf* 1 קָצָר, תַּמְצִיתִי, מְצֻמְצָם, מְקֻצָּר. 2 בְּקָרוֹב, תֵּכֶף. 3 צַו
brevedad *f* 1 קִצּוּר, צִמְצוּם. 2 זְמַן קָצָר
brevemente *adv* 1 בְּהֶקְדֵּם. 2 בְּקִצּוּר
brevete *m* תַּזְכִּיר, מִזְכָּר, תִּזְכֹּרֶת
breviario *m* סֵפֶר תְּפִלּוֹת נוֹצְרִי, סִדּוּר תְּפִלָּה
brezal *m* חֻרְשַׁת אַבְרָשִׁים
brezo *m* אַבְרָשׁ
bribón *adjm* 1 שׁוֹבָב. 2 עַצְלָן. 3 נוֹכֵל, רַמַּאי
bribonada *f* 1 שׁוֹבְבוּת. 2 רַמָּאוּת, מִרְמָה
bribonear *vi* הִשְׁתּוֹבֵב

bribonería *f* שׁוֹבְבוּת, רַמָּאוּת

bricbarca *f* סְפִינָה

bricho *m* לוּחִית כֶּסֶף, לוּחִית זָהָב

brida *f* רֶסֶן

bridge *m* בְּרִידְג׳

brigada *f* חֲטִיבָה, בְּרִיגָדָה

brigadier *m* תַּת־אַלּוּף

brillante *adjm* 1 מַבְרִיק, מַבְהִיק. 2 מְצֻחְצָח. 3 מַזְהִיר, נוֹצֵץ. 4 יַהֲלוֹם

brillantez *f* זֹהַר, בָּרָק, זִיו

brillar *vi* נִצְנֵץ, זָהַר, הִבְהִיק, בָּרַק

brillo *m* זֹהַר, בָּרָק, זִיו, נִצְנוּץ

brincador *adj* קוֹפֵץ, מְדַלֵּג, מְנַתֵּר

brincar *vi* קָפַץ, דִּלֵּג, נִתֵּר

brinco *m* קְפִיצָה, דִּלּוּג, נִתּוּר

brindar *vi* 1 שָׁתָה לְחַיִּים. 2 הִגִּישׁ, נָתַן. 3 הִקְרִיב

brindis *m* שְׁתִיָּה לְחַיִּים

brío *m* 1 מֶרֶץ, עֹז, אֹמֶץ. 2 חִיּוּת

brioso *adj* אַמִּיץ, עַז

brioche *m* עוּגָה, גְּלוּסְקָה

briqueta *f* לְבֵנִית

brisa *f* 1 מַשַּׁב רוּחַ, מַשָּׁב, נְשִׁיבָה. 2 זַג

británico *adj* בְּרִיטִי

brizna *f* חוּט, נִימָה, זִיר

broca *f* 1 סְלִיל, אַשְׁוָה. 2 מַקְדֵּחַ. 3 מַרְצֵעַ

brocado *madj* 1 בְּרוֹקַד. 2 רָקוּם (בזהב או בכסף)

brocal *m* אֹגֶן הַבְּאֵר, פִּי הַבְּאֵר

brócula *f* חַבּוּרָה, מַכָּה

bróculi *m* כְּרוּבִית

brocha *f* מִכְחוֹל, מִבְרֶשֶׁת, מִשְׂעֶרֶת

brochada *f* תְּנוּעַת מִכְחוֹל

brochadura *f* סֶט לַחְצָנִיּוֹת

brochal *m* קוֹרָה

brochazo *m* תְּנוּעַת מִכְחוֹל

broche *m* 1 לַחְצָנִית. 2 רֶכֶס, קֶרֶס

brocheta *f* שַׁפּוּד, דֶּקֶר

broma *f* לָצוֹן, בְּדִיחָה, הֲלָצָה, הִתּוּל, צְחוֹק

bromear *vi* הִתְלוֹצֵץ, הִתְבַּדֵּחַ, הִתֵּל, צָחַק

bromista *m* בַּדְּחָן, לֵץ, לֵיצָן

bromo *m* בְּרוֹם

bromuro *m* בְּרוֹמִיד

bronca *m* 1 תִּגְרָה, רִיב. 2 תְּלוּנָה

bronce *m* אָרָד, פְּלִיז, בְּרוֹנְזָה

bronceado *adj* שָׁזוּף

broncear *vt* שִׁזֵּף

broncíneo *adj* פְּלִיזִי

bronco *adj* 1 גַּס, מְחֻסְפָּס. 2 חָמוּץ

broncoscopio *m* רְאִי הַסִּמְפּוֹנוֹת

bronquedad *f* חִסְפּוּס

bronquial *adj* סִמְפּוֹנִי

bronquio *m* סִמְפּוֹן, אוּנָה

bronquitis *f* בְּרוֹנְכִיטִיס, דַּלֶּקֶת הַסִּמְפּוֹנוֹת

brontosauro *m* בְּרוֹנְטוֹסָאוּרוּס

broquel *m* מָגֵן, צִנָּה, שִׁרְיוֹן

broqueta *f* שַׁפּוּד, דֶּקֶר

brotadura *f* נְבִיטָה, הֲנָצָה

brotar *vi* 1 צָמַח, נָבַט, הֵנֵץ, פָּרַח. 2 זָרַם. 3 נָבַע

brote *m* 1 צְמִיחָה, נְבִיטָה, הֲנָצָה, פְּרִיחָה. 2 נֶבֶט, נִצָּן

brotón *m* נֶבֶט, נִצָּן

broza *f* 1 פְּסֹלֶת, שְׁאֵרִיּוֹת. 2 סְבַךְ. 3 שְׁטֻיּוֹת

bruces *mpl* 1 שְׂפָתַיִם. 2 פְּנֵי הָאָרֶץ

bruja *f* 1 מְכַשֵּׁפָה. 2 יַנְשׁוּף, לִילִית. 3 זְקֵנָה מְכֹעֶרֶת

brujear *vi* כִּשֵּׁף, קָסַם

brujería *f* כִּשּׁוּף

brujo *m* מְכַשֵּׁף

brújula *f* מַצְפֵּן

bruma *f* עֲרָפֶל, אֹבֶךְ

brumal *adj* עַרְפִּלִּי

brumoso *adj* עַרְפִּלִּי

bruno *adj* שְׁחַרְחַר, כֵּהֶה

bruñido *adj* מְלֻטָּשׁ, מְצֻחְצָח, מַבְרִיק

bruñidor *adj* מְלַטֵּשׁ, מְצַחְצֵחַ, מְמָרֵט, מַבְרִיק

bruñidura *f* לִטּוּשׁ, הַבְרָקָה, צִחְצוּחַ

bruñir *vt* לִטֵּשׁ, צִחְצַח, הִבְרִיק, מֵרֵט

bruscamente *adv* לְפֶתַע פִּתְאֹם, פִּתְאֹם

brusco *adj* 1 גַּס, מְחֻסְפָּס. 2 פִּתְאֹמִי, פּוֹחֵז.

3 שַׁחֲצָן, יָהִיר

brusquedad *f* 1 גַּסּוּת. 2 פִּתְאֹמִיּוּת.
3 שַׁחֲצָנוּת, יְהִירוּת

brutal *adj* 1 פִּרְאִי, אַכְזָרִי. 2 בַּהֲמִי

brutalidad *f* 1 פִּרְאוּת, אַכְזְרִיּוּת. 2 בַּהֲמִיּוּת.
3 גַּסּוּת, בּוּרוּת, בְּרוּטָלִיּוּת

bruteza *f* 1 פִּרְאוּת, אַכְזְרִיּוּת. 2 גַּסּוּת, בּוּרוּת

bruto *adjm* 1 פֶּרֶא, אַכְזָר. 2 בְּהֵמָה. 3 גַּס, בּוּר.
4 כְּסִיל, טִפֵּשׁ, פֶּתִי. 5 בְּרוּטוֹ

bruza *f* מִבְרֶשֶׁת

bu *m* שֵׁד, פַּחַד שָׁוְא

buba *f* תְּפִיחָה

bubón *m* גִּדּוּל, שְׂאֵת, תְּפִיחָה

bubónico *adj* גִּדּוּלִי, שְׂאֵתִי

bucal *adj* פִּיִּי, פּוּמִי, שֶׁל הַפֶּה

bucanero *m* שׁוֹדֵד־יָם

bucarán *m* בִּטְנָה קָשָׁה

búcaro *m* 1 טִיט רֵיחָנִי. 2 כַּד חֶרֶס

buccino *m* חִלָּזוֹן הָאַרְגָּמָן

bucear *vi* 1 צָלַל. 2 שָׁקַע

buceo *m* צְלִילָה, טְבִילָה

bucle *m* תַּלְתַּל, בְּלוֹרִית

buco *m* 1 פֶּתַח, חוֹר. 2 תַּיִשׁ

bucólico *adjm* כַּפְרִי, פַּסְטוֹרָלִי, בּוּקוֹלִי

buchada *f* לְגִימָה, גְּמִיעָה

buche *m* 1 זֶפֶק, מֻרְאָה. 2 קֵבָה

buchón *adj* תּוֹפֵחַ, בּוֹלֵט

Buda *m* בּוּדְהָא

budín *m* רַפְרֶפֶת, פּוּדִינְג, פַּשְׁטִידָה

budinera *f* תַּבְנִית לְפַשְׁטִידָה

budismo *m* בּוּדְהִיזְם

budista *adjm* בּוּדְהִיזְם

buega *f* צִיּוּן גְּבוּל

buen *adj* טוֹב

buenas noches עֶרֶב טוֹב, לַיְלָה טוֹב

buenaventura *f* 1 אֹשֶׁר, מַזָּל טוֹב. 2 נִחוּשׁ

bueno *adj* 1 טוֹב. 2 חָבִיב, לְבָבִי, נָעִים.
3 אָדִיב, נָאֶה

buey *m* שׁוֹר

bufa *f* בַּדְּחָנוּת, מוּקְיוֹנוּת, לֵיצָנוּת

búfalo *m* תְּאוֹ

bufanda *f* צָעִיף, רָדִיד

bufante *adj* נוֹהֵם, הוֹמֶה, רוֹעֵשׁ, נוֹשֵׁף

bufar *vi* 1 נָשַׁף, נָחַר, נָהַם. 2 כָּעַס, זָעַם

bufete *m* 1 מִשְׂרָד, לִשְׁכָּה. 2 שֻׁלְחַן כְּתִיבָה

buffet *m* מִזְנוֹן

bufido *m* נְחִירָה, נְהִימָה, נְשִׁיפָה

bufo *adj* 1 מַצְחִיק, מְלַגְלֵג. 2 לֵיצָן

bufón *adj* לֵיצָן

bufonada *f* לֵיצָנוּת, לַגְלְגָנוּת, לָצוֹן, בַּדְּחָנוּת

bufonearse *vref* לִגְלֵג, הִתְלוֹצֵץ, הִתְבַּדֵּחַ

bufonería *f* לֵיצָנוּת, לַגְלְגָנוּת, לָצוֹן, בַּדְּחָנוּת

bufonesco *adj* לֵיצָנִי, לַגְלְגָנִי, בַּדְּחָנִי

bugalla *f* עָפָץ

buganvilla *f* בּוּגָנְוִילַיאָה

buhardilla *f* 1 עֲלִיַּת גַּג. 2 צֹהַר

buho *m* אֹחַ

buhonería *f* רוֹכְלוּת

buhonero *m* רוֹכֵל

buitre *m* פֶּרֶס

buitrero *adjm* 1 טוֹרֵף. 2 צַיַּד פְּרָסִים

buje *m* בֵּית הַסֶּרֶן

bujería *f* דְּבָרִים פְּעוּטִים

bujeta *f* קֻפְסָה, תֵּבָה

bujía *f* 1 נֵר. 2 פָּמוֹט. 3 מַצַּת

bula *f* 1 צַו, פְּקֻדָּה. 2 חוֹתָם. 3 אִגֶּרֶת אַפִּיפְיוֹרִית

bulbar *adj* פַּקְעִי, בּוּלְבּוּסִי

bulbo *m* פְּקַעַת, בָּצָל, בּוּלְבּוּס

bulboso *adj* פַּקְעִי, בּוּלְבּוּסִי

bulevar *m* שְׂדֵרָה

bulo *m* סִפּוּר בַּדִּים

bulto *m* 1 נֶפַח, גֹּדֶל. 2 גּוּף. 3 חֲבִילָה, צְרוֹר.
4 עֲרֵמָה

bulla *f* שָׁאוֹן, רַעַשׁ, מְהוּמָה

bullanguero *adj* 1 מַרְעִישׁ. 2 רַעֲשָׁן, צַעֲקָן

bullicio *m* רַעַשׁ, שָׁאוֹן, הֲמֻלָּה

bullicioso *adj* מַרְעִישׁ, רַעֲשָׁנִי, קוֹלָנִי

bullir *vi* 1 רָתַח, בִּעְבֵּעַ. 2 תָּסַס. 3 הִתְרַגֵּשׁ

bumerang *m* בּוּמֶרַנְג

buniato *m* מִין בַּטָּטָה

buñuelo *m* סְפְגָנִיָּה, לְבִיבָה
buque *m* אֳנִיָּה, סְפִינָה
buque cisterna מְכָלִית
buque mercante אֳנִיַּת סוֹחֵר
buque velero אֳנִיַּת מִפְרָשִׂים
buqué *m* 1 זֵר. 2 רֵיחַ יַיִן
burato *m* סַלְסִלָּה
burbuja *f* בּוּעָה
burbujear *vi* בִּעְבַּע
burbujeo *m* בִּעְבּוּעַ
burdel *m* בֵּית בֹּשֶׁת, בֵּית זוֹנוֹת
burdo *adj* גַּס, פָּשׁוּט, מְחֻסְפָּס
bureo *m* שַׁעֲשׁוּעַ, בִּלּוּי
burga *f* מַעְיָן (של מים חמים)
burgado *m* חִלָּזוֹן, שַׁבְּלוּל
burgo *m* קִרְיָה, עִיר
burgués *adj* בֻּרְגָּנִי, עִירוֹנִי
burguesía *f* בֻּרְגָּנוּת
buriel *adj* אָדֹם כֵּהֶה
buril *m* אִזְמֵל
burla *f* לַעַג, לִגְלוּג, לָצוֹן
burladero *m* מַחְסֶה בַּזִּירָה לְלוֹחֵם־הַשְּׁוָרִים
burlador *adj* 1 לַגְלְגָן, לֵיצָן, גַּחֲכָן. 2 מְפַתֶּה
burlar *vt* 1 לִגְלֵג, לָעַג, גִּחֵךְ. 2 פִּתָּה, רִמָּה
burlería *f* 1 לַעַג, לָצוֹן, צְחוֹק. 2 תַּרְמִית
burlesco *adj* 1 מַצְחִיק, לַגְלְגָנִי. 2 בּוּרְלֶסְקִי
burlete *m* רְצוּעַת אֲטִימָה
burlón *m* מְלַגְלֵג, גַּחֲכָן
buró *m* שֻׁלְחַן עֲבוֹדָה
burocracia *f* בְּיוּרוֹקְרַטְיָה
burócrata *m* בְּיוּרוֹקְרָט
burocrático *adj* בְּיוּרוֹקְרָטִי
burra *f* אָתוֹן
burrada *f* 1 עֵדֶר חֲמוֹרִים. 2 שְׁטוּת, טִפְּשׁוּת, אִוֶּלֶת
burro *m* 1 חֲמוֹר. 2 עַקְשָׁן
bursátil *adj* שֶׁל הַבּוּרְסָה
bursitis *f* דַּלֶּקֶת הַכֶּסֶת
busardo *m* אַיָּה מְצוּיָה
busca *f* 1 חִפּוּשׂ, גִּשּׁוּשׁ. 2 צַיִד
buscador *adjm* חַפְּשָׂן, חַקְרָן
buscapiés *m* זִקּוּקִין דִּנּוּר
buscapleitos *m* סַכְסְכָן, אִישׁ מָדוֹן
buscar *vt* 1 חִפֵּשׂ, שָׁאַל. 2 חָקַר, דָּרַשׁ. 3 הִטְרִיד, הֵצִיק
buscarruidos *m* סַכְסְכָן, אִישׁ מָדוֹן
buscas *m* בַּלָּשׁ, שׁוֹטֵר חָרֵשׁ
buscavidas *m* סַקְרָן
buscón *m* 1 חַפְּשָׂן, סַקְרָן. 2 רַמַּאי
buscona *f* זוֹנָה
búsqueda *f* חִפּוּשׂ
busto *m* פְּרוֹטוֹמָה
butaca *f* כֻּרְסָה
butacón *m* סַפָּה
butano *m* בּוּטָן
butifarra *f* נַקְנִיק, נַקְנִיקִיָּה
butifarrero *madj* מוֹכֵר נַקְנִיקִים
butileno *m* בּוּטִילֶן
butilo *m* בּוּטִיל
butiro *m* חֶמְאָה
buz *m* נְשִׁיקָה, נְשִׁיקַת כָּבוֹד
buzamiento *m* מִדְרוֹן, שִׁפּוּעַ
buzar *vi* 1 שָׁקַע. 2 צָלַל
buzo *m* אָמוֹדַאי
buzón *m* תֵּבַת מִכְתָּבִים

C

C *f* ס, הָאוֹת הַשְּׁלִישִׁית שֶׁל הָאָלֶף־בֵּית הַסְּפָרַדִּי
cabal *adj* 1 מְדֻיָּק, נָכוֹן. 2 שָׁלֵם, מֻשְׁלָם. 3 מָלֵא, הָגוּן
cábala *f* 1 קַבָּלָה. 2 מִסְתּוֹרִין, סוֹד, חֵ"ן (חָכְמַת נִסְתָּר)
cabalgada *f* אוֹרְחַת פָּרָשִׁים
cabalgador *m* רוֹכֵב, רַכָּב, פָּרָשׁ
cabalgadura *f* 1 סוּס. 2 בֶּהֱמַת רְכִיבָה. 3 בֶּהֱמַת מַשָּׂא
cabalgante *adj* רוֹכֵב
cabalgar *vi* רָכַב
cabalgata *f* 1 אוֹרְחַת פָּרָשִׁים. 2 רְכִיבָה
cabalista *m* מְקֻבָּל, יוֹדֵעַ חֵ"ן
cabalístico *adj* קַבָּלִי, מִסְתּוֹרִי
cabalmente *adv* 1 כָּלִיל, בִּשְׁלֵמוּת. 2 כַּהֹגֶן, כָּרָאוּי
caballa *f* כְּפִיָּה, קוֹלְיָס (דָּג)
caballada *f* 1 עֵדֶר סוּסִים. 2 טִפְּשׁוּת, שְׁטוּת, הֶבֶל
caballar *adj* סוּסִי, דְּמוּי סוּס
caballear *vi* רָכַב לְעִתִּים קְרוֹבוֹת
caballejo *m* סוּסוֹן, סְיָח
caballeresco *adj* 1 אַבִּירִי. 2 נִימוּסִי, מְנֻמָּס, אָדִיב
caballerete *m* גַּנְדְּרָן, רַבְרְבָן
caballería *f* 1 חֵיל פָּרָשִׁים. 2 בֶּהֱמַת רְכִיבָה
caballería andante אַבִּירוּת
caballería mayor סוּס, פֶּרֶד
caballería menor חֲמוֹר
caballeriza *f* אֻרְוָה
caballerizo *m* אֻרְוָן, סַיָּס
caballero *madj* אַבִּיר, מְנֻמָּס
caballero andante אַבִּיר נוֹדֵד
caballerosamente *adv* בַּאֲדִיבוּת, בְּנִימוּס, בַּאֲצִילוּת
caballerosidad *f* אֲצִילוּת, אֲדִיבוּת, אַבִּירוּת
caballeroso *adj* אָדִיב, אֲצִילִי, מְנֻמָּס
caballerote *m* אָדָם גַּס, מְחֻסְפָּס
caballeta *f* חָגָב
caballete *m* 1 גַּב הַגַּג. 2 חֲמוֹר־עֵץ. 3 כַּנָּה
caballista *m* בָּקִי בְּסוּסִים
caballito *m* סוּסוֹן, סְיָח
caballito de mar סוּסוֹן הַיָּם
caballito del diablo שַׁפִּירִית
caballo *m* סוּס
caballo de fuerza כֹּחַ סוּס
caballo marino סוּס הַיְאוֹר
caballón *m* עֲרוּגָה, תֶּלֶם
caballuno *adj* סוּסִי
cabaña *f* 1 סֻכָּה, צְרִיף, מְלוּנָה. 2 עֵדֶר
cabañero *adjm* 1 עֶדְרִי. 2 רוֹעֶה, נוֹקֵד
cabaret *m* מוֹעֲדוֹן לַיְלָה
cabás *m* 1 סַל, טֶנֶא. 2 תִּיק
cabecear *vi* 1 הֵנִיד בָּרֹאשׁ, נִעְנַע בָּרֹאשׁ. 2 רָמַז. 3 נָטָה, נָד
cabeceo *m* 1 נִעְנוּעַ רֹאשׁ. 2 נִמְנוּם. 3 רְמִיזָה
cabecera *f* 1 רֵאשִׁית. 2 רֹאשׁ הַשֻּׁלְחָן. 3 כּוֹתֶרֶת רָאשִׁית. 4 עִיר רָאשִׁית. 5 מְרַאֲשׁוֹת
cabecera de puente רֹאשׁ גֶּשֶׁר
cabecero *m* מְנַהֵל עֲבוֹדָה בְּמִכְרָה
cabecilla *f* 1 רֹאשׁ כְּנוּפְיָה. 2 מַנְהִיג. 3 אִישׁ פּוֹחֵז
cabellera *f* 1 שֵׂעָר. 2 זְנַב שָׁבִיט
cabello *m* 1 שֵׂעָר. 2 שַׂעֲרָה
cabelludo *adj* שָׂעִיר
caber *vti* 1 הֵכִיל. 2 נִכְלַל
cabestrillo *m* 1 תַּחְבֹּשֶׁת מְשֻׁלָּשׁ. 2 עֲנָק, רָבִיד
cabestro *m* 1 אַפְסָר. 2 פַּר מוֹבִיל. 3 רָבִיד

cabeza *f* 1 רֹאשׁ. 2 מַנְהִיג. 3 שֵׂכֶל
cabeza de puente רֹאשׁ גֶּשֶׁר
cabezada *f* רֹאשִׁיָּה, נְגִיחַת־רֹאשׁ
cabezal *m* 1 כָּרִית. 2 כַּר. 3 תַּחְבֹּשֶׁת
cabezalero *m* נֶאֱמָן
cabezazo *m* רֹאשִׁיָּה, נְגִיחַת רֹאשׁ
cabezo *m* 1 רֹאשׁ הָהָר, פִּסְגָּה. 2 הַר. 3 צוּק. 4 צַוָּארוֹן
cabezón *adj* 1 בַּעַל רֹאשׁ גָּדוֹל. 2 עַקְשָׁן
cabezonada *f* עִקְּשׁוּת, עַקְשָׁנוּת
cabezota *f* 1 עַקְשָׁן. 2 רֹאשׁ גָּדוֹל
cabezudo *adjm* 1 עַקְשָׁן. 2 מוּלִית, קִיפוֹן
cabida *f* קִבֹּלֶת, קִבּוּל, הֲכָלָה
cabildear *vi* הִשְׁתַּדֵּל (לִרְכֹּשׁ תּוֹמְכִים)
cabildeo *m* שִׁדּוּל, שְׁתַדְּלָנוּת
cabildero *m* שְׁתַדְּלָן
cabildo *m* 1 רָשׁוּת מְקוֹמִית, עִירִיָּה. 2 מוֹעָצָה עִירוֹנִית
cabilla *f* פִּין, יָתֵד
cabillo *m* פִּטְמָה, פֹּטֶם
cabimiento *m* קִבֹּלֶת, הֲכָלָה, תְּכוּלָה
cabina *f* תָּא, חֶדֶר
cabio *m* 1 קוֹרָה. 2 מַשְׁקוֹף
cabizbajo *adj* עָצוּב, נוּגֶה
cable *m* 1 כֶּבֶל, חֶבֶל. 2 מִבְרָק
cablegrafiar *vt* הִבְרִיק
cablegráfico *adj* מִבְרָקִי, כַּבְּלוֹגְרָפִי
cablegrama *f* מִבְרָק
cabo *m* 1 סוֹף, קָצֶה. 2 כַּף. 3 רַב טוּרַאי. 4 יָדִית, קַת. 5 שְׁאֵרִית, שָׂרִיד
cabotaje *m* שַׁיִט, לְאֹרֶךְ הַחוֹף
cabra עֵז
cabrear *vt* 1 הִרְגִּיז, הִקְנִיט. 2 הִתְרַגֵּז
cabrería *f* דִּיר
cabrerizo *madj* 1 רוֹעֵה עִזִּים. 2 עִזִּי
cabrero *m* רוֹעֵה עִזִּים
cabrestante *m* כַּנֶּנֶת, מָנוֹף
cabria *f* מָנוֹף
cabrilla *f* 1 חֲמוֹר נַסָּרִים. 2 דַּקָּר (דָּג)
cabrio *m* מָנוֹף, כַּנֶּנֶת
cabrío *adj* עִזִּי
cabriola *f* דִּלּוּג, קְפִיצָה, נִתּוּר
cabriolar *vi* דִּלֵּג, קִפֵּץ, נִתֵּר
cabriolé *m* כִּרְכָּרָה
cabritilla *f* עוֹר גְּדִי
cabritillo *m* 1 גְּדִי. 2 עוֹר גְּדִי
cabrito *m* גְּדִי
cabro, cabrón *m* 1 תַּיִשׁ. 2 קַרְנָן
cabronada *f* עֶלְבּוֹן
cabruno *adj* עִזִּי
cabuya *f* אֲגָבָה
caca *f* צוֹאָה, טִנֹּפֶת
cacahual *m* שְׂדֵה בָּטְנִים
cacahuate, cacahuete *m* בָּטְנָה, אֱגוֹז אֲדָמָה
cacalote *m* עוֹרֵב
cacao *m* קָקָאוֹ
cacaotal *m* שְׂדֵה קָקָאוֹ
cacareador *adj* קַרְקְרָן
cacarear *vi* קִרְקֵר
cacareo *m* קִרְקוּר
cacatúa *f* קַקָּטוּאָה, תֻּכִּי
cacera *f* תְּעָלָה
cacería *f* צַיִד
cacerina *f* אַשְׁפָּה, נַרְתִּיק לְכַדּוּרִים
cacerola *f* אִלְפָּס, מַרְחֶשֶׁת
cacique *m* רֹאשׁ שֵׁבֶט
caciquismo *m* הַשְׁפָּעַת רָאשֵׁי הַשְּׁבָטִים
caco *m* 1 גַּנָּב, כַּיָּס. 2 פַּחְדָן
cacofonía *f* תַּצְרוּם, קָקוֹפוֹנְיָה
cacofónico *adj* צוֹרֵם, קָקוֹפוֹנִי
cacto *m* קַקְטוּס, צַבָּר
cacumen *m* חֲרִיפוּת, שְׁנִינוּת, מָעוֹף, עַמְקוּת
cachalote *m* לִוְיָתַן הַזֶּרַע
cachano *m* שָׂטָן
cachar *vt* 1 חָתַךְ, כָּרַת, גָּזַר. 2 חָצָה, חִלֵּק. 3 לָעַג, לִגְלֵג, בָּז
cacharro *m* 1 כְּלִי חֶרֶס. 2 גְּרוּטָאָה
cachaza *f* 1 שֶׁקֶט, אִטִּיּוּת, קֹר רוּחַ. 2 רוּם
cachazudo *adj* קַר רוּחַ, שָׁקֵט, שְׁוֵה נֶפֶשׁ, אִטִּי
cachear *vt* בָּדַק, עָרַךְ חִפּוּשׂ

cacheo *m* חִפּוּשׂ, בְּדִיקָה

cachemir, cachemira *mf* בַּד, אָרִיג

cachete *m* 1 סְטִירַת לֶחִי, סְנוֹקֶרֶת. 2 לֶחִי

cachetear *vt* סָטַר, סִנְקֵר

cachimba *f* מִקְטֶרֶת

cachiporra *f* אַלָּה

cachiporrazo *m* מַכַּת אַלָּה

cachivache *m* 1 גְּרוּטָאָה. 2 כְּלִי. 3 אָדָם מְגֻחָךְ

cacho *madj* 1 קֶרֶן. 2 חֲתִיכָה, נֵתַח. 3 כָּפוּף, עָקֹם

cachondo *adj* מִתְאַוֶּה, יָחוּם, מְיֻחָם

cachorro *m* 1 גּוּר. 2 כְּלַבְלָב

cachucha *f* 1 בּוּצִית, דּוּגִית, דּוּגָה. 2 כּוֹבָעִית, כּוֹבַע

cachuchear *vt* שִׁדֵּל, פִּתָּה

cachuela *f* תַּבְשִׁיל בָּשָׂר, פְּרִיקַסֶּה

cada *adj* כָּל, כָּל אֶחָד

cadalso *m* 1 גַּרְדֹּם. 2 בִּימָה, דּוּכָן

cadañal *adj* שְׁנָתִי

cadáver *f* גְּוִיָּה, פֶּגֶר, נְבֵלָה, גּוּפָה

cadavérico *adj* פִּגְרִי, שֶׁל פֶּגֶר

cadena *f* שַׁרְשֶׁרֶת, שַׁלְשֶׁלֶת

cadena perpetua מַאֲסַר עוֹלָם

cadencia *f* 1 תַּנַח, קֶצֶב. 2 קָדֶנְצָה. 3 פֶּרֶק־זְמַן, תְּקוּפָה

cadencioso *adj* מִקְצָבִי, קָצוּב, רִתְמִי

cadente *adj* 1 נָטוּי, כָּפוּף. 2 מִקְצָבִי, קָצוּב, רִתְמִי

cadera *f* 1 יָרֵךְ. 2 מֹתֶן. 3 אַגַּן־הַיְרֵכַיִם

cadete *m* 1 טִירוֹן, צוֹעֵר. 2 פְּרַח קְצִינִים

cadmio *m* קַדְמִיּוּם

caducar *vi* 1 פָּג, פָּג תָּקְפּוֹ. 2 עָבַר וּבָטֵל

caduceo *m* מַטֵּה מֶרְקוּלִיס

caducidad *f* 1 הִתְיַשְּׁנוּת. 2 בִּטּוּל. 3 אֲרָעִיּוּת. 4 פְּקִיעָה

caduco *adj* 1 זָקֵן, יָשָׁן, שֶׁאָבַד עָלָיו כֶּלַח. 2 שֶׁפָּג תָּקְפּוֹ

caduquez *f* הִתְיַשְּׁנוּת, פְּקִיעָה

caedizo *adj* 1 נָשִׁיר, נָשִׁיל. 2 נוֹפֵל. 3 חוֹלֵף, עוֹבֵר

caer *vi* נָפַל, יָרַד, נָשַׁר, שָׁקַע

caer bien 1 מָצָא חֵן. 2 הִתְאִים. 3 סִגֵּל עַצְמוֹ

caer en gracia מָצָא חֵן

caer en la cuenta הֵבִין, יָרַד לְסוֹף דַּעְתּוֹ

café *m* קָפֶה, בֵּית־קָפֶה

cafeína *f* קָפֶאִין

cafetal *m* מַטַּע קָפֶה

cafetera *f* 1 קֻמְקוּם. 2 פִּינְגָ'ן

cafetería *f* חֲנוּת לִמְכִירַת קָפֶה

cafetero *adjm* 1 שֶׁל קָפֶה. 3 מוֹכֵר קָפֶה. 3 מְגַדֵּל קָפֶה

cafeto *m* עֵץ קָפֶה

cáfila *f* שַׁיָּרָה, אוֹרְחָה, חֲבוּרָה

caftán *m* קַפְטָן

cagada *f* 1 צוֹאָה, עֲשִׂיַּת צְרָכִים. 2 טָעוּת

cagadero *m* בֵּית שִׁמּוּשׁ, בֵּית כִּסֵּא

cagar *vit* חִרְבֵּן, שִׁלְשֵׁל, טִנֵּף

cagón *adjm* 1 מְחֻרְבָּן. 2 מוּג־לֵב, רַךְ־לֵבָב, פַּחְדָן

caíd *m* קָדִי

caída *f* 1 נְפִילָה, הִתְמוֹטְטוּת. 2 שְׁקִיעָה. 3 תְּבוּסָה. 4 מוֹרָד

caídas *fpl* צֶמֶר גַּס

caída de la tarde בֵּין הָעַרְבַּיִם, בֵּין הַשְּׁמָשׁוֹת

caída de sol שְׁקִיעַת הַחַמָּה

caído *adjm* 1 נָפוּל, יָרוּד, תָּשׁוּשׁ, חַלָּשׁ. 2 חָלָל. 3 פִּגּוּר, חוֹב יָשָׁן

caimán *m* תַּנִּין אֲמֵרִיקָנִי, אַלִּיגַטוֹר

caimiento *m* נְפִילָה, הִתְמוֹטְטוּת, תְּשִׁישׁוּת, חֻלְשָׁה

caja *f* 1 תֵּבָה, קֻפְסָה. 2 קֻפָּה, כַּסֶּפֶת. 3 אֲרוֹן מֵתִים. 4 אַרְגָּז. 5 מְגֵרָה. 6 נַרְתִּיק. 7 גּוּף, שֶׁלֶד

caja de ahorros 1 קֻפַּת חִסָּכוֹן. 2 בַּנְק לְחִסָּכוֹן

caja de cuadales כַּסֶּפֶת

caja de menores קֻפָּה קְטַנָּה

caja de seguridad כַּסֶּפֶת

caja registradora קֻפָּה רוֹשֶׁמֶת

caja del tímpano חֲלַל הַתֹּף

cajero *m* קַפַּאי, גִּזְבָּר

cajeta *f* תֵּבָה

cajetilla *f* 1 חֲפִיסָה. 2 תֵּבָה, קֻפְסָה

cajista *m* סַדָּר

cajón *m* 1 אַרְגָּז, תֵּבָה. 2 מְגֵרָה

cajonería *f* סֶט אַרְגָּזִים, סֶט מְגֵרוֹת

cal *f* סִיד

cal hidráulica מֶלֶט

cal muerta o apagada סִיד כָּבוּי

cal viva סִיד חַי

cala *f* 1 חֲתִיכָה, פְּרוּסָה. 2 קִלּוּף. 3 פְּתִילָה. 4 יַרְכְּתֵי הָאֳנִיָּה. 5 לוּף

calabacear *vt* הִכְשִׁיל, דָּחָה, הִכְזִיב

calabacera *f* 1 קִשּׁוּא, דְּלַעַת. 2 מוֹכֶרֶת דְּלוּעִים

calabaza *f* דְּלַעַת

calabozo *m* 1 תָּא מַאֲסָר, צִינוֹק. 2 בֵּית סֹהַר. 3 מַזְמֵרָה

calabrote *m* כֶּבֶל

calada *f* 1 שְׁרִיָּה, הַשְׁרָיָה. 2 סְפִיגָה. 3 עֲטִיָּה עַל הַטֶּרֶף

calado *adjm* 1 שָׁרוּי. 2 שֶׁקַע. 3 סְפוֹג. 4 רִקְמָה. 5 תַּחְרִים, סַלְסָלָה

calador *m* נוֹקֵב, קוֹדֵחַ

calafatear *vt* זִפֵּת, כָּפַר

calafateo *m* זִפּוּת

calamar *m* תְּמָנוּן, דְּיוֹנוֹן

calambre *m* הִתְכַּוְּצוּת, כֶּוֶץ, עֲוִית

calamidad *f* אָסוֹן, פֶּגַע, שׁוֹאָה, פֻּרְעָנוּת, צָרָה

calamina *f* קָלָמִין

calamitoso *adj* 1 עָלוּב, אֻמְלָל. 2 הֲרֵה־אָסוֹן

calamorra *f* רֹאשׁ

calamorrada *f* רֹאשִׁיָּה

calandrajo *m* סְחָבָה, סְמַרְטוּט

calandria *f* 1 עֶפְרוֹנִי הַשָּׂדֶה. 2 מָנוֹף. 3 מִתְחַלֶּה

calaña *f* 1 סוּג, מִין, טִיפּוּס. 2 אֹפִי, תְּכוּנָה. 3 אֵיכוּת, דֻּגְמָה, טִיב. 4 מְנִיפָה

calar *vtref* 1 הִשְׁרָה, הִרְטִיב. 2 שָׁקַע, טָבַע. 3 חָדַר, נָקַב. 4 הִתְרַשֵּׁב, נִשְׁרָה

calavera *f* 1 גֻּלְגֹּלֶת. 2 הוֹלְלָן, מֻפְקָר, מֻשְׁחָת. 3 גֻּלְגֹּלֶת־הַמֵּת

calaverada *f* הוֹלֵלוּת, הֶפְקֵרוּת, פְּרִיצוּת

calaverear *vi* הִתְהוֹלֵל, הִתְפַּקֵּר

calcado *m* תִּעְתּוּק, הַעְתָּקָה

calcador *m* מַעְתִּיק

calcañal, calcañar, calcaño *m* עָקֵב

calcar *vt* 1 הֶעְתִּיק. 2 חִקָּה. 3 צִיֵּר, רָשַׁם

calcáreo *adj* גִּירִי, סִידִי

calce *m* חִשּׁוּק

calceta *f* גֶּרֶב, פֻּזְמָק

calcetería *f* 1 סְרִיגַת גַּרְבַּיִם. 2 חֲנוּת לְגַרְבַּיִם

calcetero *m* סוֹרֵג גַּרְבַּיִם

calcetín *m* גֶּרֶב

calcificación *f* הִסְתַּיְּדוּת, הֲפִיכָה לְגִיר

calcificar *vt* 1 הָפַךְ לְסִיד. 2 הִסְתַּיֵּד

calcina *f* חֹמֶר, מֶלֶט, טִיחַ, טִיט

calcinación *f* 1 לִבּוּן, לַהַט. 2 שְׂרֵפָה לְאֵפֶר

calcinar *vt* לִהֵט, לִבֵּן, שָׂרַף לְאֵפֶר

calcio *m* סִידָן

calco *m* 1 הֶעְתֵּק. 2 חִקּוּי

calcomanía *f* קַלְקוֹמַנְיָה

calculable *adj* בַּר־חִשּׁוּב, בַּר־הַעֲרָכָה

calculación *f* 1 הַעֲרָכָה. 2 תַּחֲשִׁיב, חִשּׁוּב

calculador *adjm* 1 מַעֲרִיךְ, מְשַׁעֵר. 2 דַּיְקָן, קַפְּדָן

calculadora *f* 1 מְכוֹנַת חִשּׁוּב. 2 מַחְשֵׁב

calcular *vt* שִׁעֵר, הֶעֱרִיךְ, אָמַד, חִשֵּׁב, תִּכְנֵן

calculista *m* 1 שַׁמַּאי, מַעֲרִיךְ. 2 מְתַכְנֵן

cálculo *m* 1 חִשּׁוּב, שִׁעוּר, חֶשְׁבּוֹן. 2 תִּכְנוּן. 3 חַצָּצֶת, אֶבֶן

calda *f* 1 חִמּוּם. 2 לִבּוּן. 3 מַעְיַן־מַרְפֵּא

caldario *m* חֲדַר הָאֵדִים

caldeamiento *m* חִמּוּם, הַסָּקָה

caldear *vt* 1 חִמֵּם. 2 לִבֵּן

caldera *f* 1 קִיטוֹר. 2 קַלַּחַת, דּוּד

calderero *m* 1 מוֹכֵר דְּוָדִים. 2 נַפָּח, פֶּחָח

caldero *m* יוֹרָה, דּוּד

calderón *m* 1 דּוּד גָּדוֹל. 2 תָּג. 3 תֵּנַח, קֶצֶב

caldillo *m* 1 רֹטֶב, צִיר. 2 מָרָק, נָזִיד

caldo *m* 1 מָרָק. 2 מִיץ. 3 תַּבְשִׁיל

calé *adjm* צוֹעֲנִי

calecer *vi* הִתְחַמֵּם

calefacción *f* 1 הַסָּקָה. 2 חִמּוּם

calefactor *adjm* 1 מְחַמֵּם, מַסִּיק. 2 מַחַם

calendario *m* לוּחַ, לוּחַ שָׁנָה

caléndula *f* צִפָּרְנֵי הֶחָתוּל

calentador *m* מַחַם, תַּנּוּר

calentamiento *m* חִמּוּם, הַסָּקָה

calentar *vtref* 1 חִמֵּם, הִסִּיק. 2 הִתְחַמֵּם, הִתְרַגֵּז

calentar las orejas a uno הוֹכִיחַ, נָזַף

calentura *f* חֹם, קַדַּחַת

calenturiento *adjm* קוֹדֵחַ, לוֹהֵט

calera *f* 1 כִּבְשָׁן. 2 מִכְרֵה סִיד

calesa *f* מֶרְכָּבָה

calesín *m* כִּרְכָּרָה

caleta *f* סְפִינָה

caletre *m* חֲרִיפוּת, יִשּׁוּב הַדַּעַת

calibración *f* כִּיּוּל

calibrador *m* מַד־קֹטֶר, מְחוּגָה

calibrar *vt* כִּיֵּל

calibre *m* קֹטֶר, קָלִיבֶּר

calicanto *m* סַתָּתוּת

calicó *m* אָרִיג דַּק, קָלִיקוֹ

calidad *f* 1 אֵיכוּת, טִיב, סוּג. 2 מִין, תְּכוּנָה, מַעֲלָה

calidez *f* חֹם, לַהַט

cálido *adj* 1 חַם, חָמִים. 2 לוֹהֵט, בּוֹעֵר

calidoscópico *adj* קָלֵידוֹסְקוֹפִּי

calidoscopio *m* קָלֵידוֹסְקוֹפּ

calientapiés *mpl* מְחַמֵּם רַגְלַיִם

caliente *adj* חַם, לוֹהֵט, בּוֹעֵר

califa *m* כָּלִיף, חָלִיף

califato *m* כָּלִיפוּת, חָלִיפוּת

calificable *adj* נִתָּן לְהַעֲרָכָה

calificación *f* צִיּוּן, תֵּאוּר, אִיּוּךְ, סְגֻלָּה, מִדָּה, הַעֲרָכָה

calificado *adj* מֻכְשָׁר, הָגוּן, מִצְטַיֵּן, מְסֻגָּל

calificador *m* 1 מְצַיֵּן, מְתָאֵר. 2 בּוֹחֵן, מַעֲרִיךְ. 3 צֶנְזוֹר

calificar *vt* 1 צִיֵּן, תֵּאֵר. 2 בָּחַן, הֶעֱרִיךְ. 3 צִנְזֵר

calificativo *adjm* 1 מְתָאֵר, מְצַיֵּן. 2 אֵיכוּתִי

californio *m* קָלִיפוֹרְנִי

caligrafía *f* קָלִיגְרַפְיָה, כְּתִיבָה תַּמָּה

caligráfico *adj* קָלִיגְרָפִי

calígrafo *m* קָלִיגְרָף

calina *f* 1 אֹבֶךְ, אִבְכָה, עֲרָפֶל. 2 סִידִית, גִּירִית

calinoso *adj* אָבִיךְ, אַדִי, עַרְפִּלִּי

calistenia *f* הִתְעַמְּלוּת

calisténico *adj* הִתְעַמְּלוּתִי

cáliz *m* 1 קֻבַּעַת, גָּבִיעַ. 2 כּוֹס

calizo *adj* סִידִי, גִּירִי

calma *f* שֶׁקֶט, שַׁלְוָה, דּוּמִיָּה, מַרְגּוֹעַ

calmado *adj* שָׁקֵט, שָׁלֵו, רָגוּעַ, מָתוּן

calmante *adjm* 1 מַרְגִּיעַ, מֵקֵל. 2 סַם מַרְגִּיעַ

calmar *vt* 1 הִרְגִּיעַ, הֵקֵל. 2 הִשְׁתִּיק, הִשְׁקִיט

calmo *adj* 1 שׁוֹמֵם, צָחִיחַ. 2 שָׁקֵט

calmoso *adj* מָתוּן, אִטִּי, רָגוּעַ

caló *m* זַ'רְגוֹן, עָגָה

calofriarse, calosfriarse *vref* נִצְטַמְרֵר

calofrío, calosfrío *m* צְמַרְמֹרֶת

calor *m* 1 חֹם. 2 חֲמִימוּת. 3 הִתְלַהֲבוּת, לַהַט, לְבָבִיּוּת

caloría *f* חֲמִית, קָלוֹרְיָה

calórico *adj* חֲמִיתִי, קָלוֹרִי

calorífero *madj* 1 תַּנּוּר, כִּירָה, כִּבְשָׁן. 2 מְחַמֵּם

calorífico *adj* יוֹצֵר חֹם, מוֹלִיד חֹם, קָלוֹרִי

caloso *adj* נַקְבּוּבִי

calostro *m* חֲלֵב לֵדָה

caloyo *m* 1 טָלֶה, גְּדִי, שֶׂה. 2 טִירוֹן

calumnia *f* דִּבָּה, עֲלִילָה, הַשְׁמָצָה, רְכִילוּת, לַעַז, רָכָל

calumniador *m* רְכִילַאי, רַכְלָן, מַלְעִיז, מַשְׁמִיץ, הוֹלֵךְ רָכִיל

calumniar *vt* הֶעֱלִיל, הִרְכִּיל, הִשְׁמִיץ, לָעַז

calumnioso *adj* מַעֲלִיל, מַלְשִׁין

caluroso *adj* 1 חַם, חָמִים. 2 לְבָבִי, לוֹהֵט, נִלְהָב

calva *f* קָרַחַת

calvario *m* 1 גָּלְגָּלְתָּא. 2 יִסּוּרִים

calvez *f* קַרְחוּת

calvicie *f* קַרְחוּת

calvo *adj* קֵרֵחַ, קַרְחָן

calza *f* 1 מִכְנָסַיִם. 2 יָתֵד, טְרִיז. 3 גַּרְבַּיִם

calzada *f* כְּבִישׁ, רְחוֹב

calzado *adjm* 1 נָעוּל. 2 נַעֲלַיִם

calzador *m* כַּף לִנְעָלַיִם

calzadura *f* 1 הַנְעָלָה. 2 חִשּׁוּק

calzar *vt* 1 נָעַל. 2 הִנְעִיל. 3 טָרַז, יִתֵּד

calzo *m* 1 יָתֵד, יְתֵדָה, טְרִיז. 2 סָמוֹךְ, קֶרֶשׁ, תְּמִיכָה. 3 גַּפַּיִּסוּס

calzón *m* 1 תַּחְתּוֹנִים. 2 אַבְרָקַיִם

calzoncillos *mpl* תַּחְתּוֹנִים

callada *f* שְׁתִיקָה, שֶׁקֶט

callado *adj* 1 מְאֻפָּק, שַׁתְקָנִי, שׁוֹתֵק. 2 מְרֻמָּז

callar *vit* 1 שָׁתַק, שָׁקַט, הֶחֱרִישׁ. 2 הִשְׁתִּיק, הִשְׁקִיט

calle *f* רְחוֹב

calleja *f* סִמְטָה

callejear *vi* שׁוֹטֵט

callejeo *m* שׁוֹטְטוּת, הִסְתּוֹבְבוּת, נְדִידָה

callejero *adj* מְשׁוֹטֵט, נוֹדֵד

callejón *m* סִמְטָה

callejuela *f* סִמְטָה

callista *m* פֶּדִיקוּרִיסְט

callo *m* יַבֶּלֶת

callos *mpl* מֵעַיִם

callosidad *f* הִתְקַשּׁוּת, צַלֶּקֶת

calloso *adj* יַבְּלוּלִי, יַבַּלְתִּי

cama *f* מִטָּה, יָצוּעַ, מִשְׁכָּב

camada *f* 1 הַמְלָטָה. 2 כְּנוּפְיָה, קְבוּצָה

camafeo *m* קָמֵיעַ, קָמֵעַ

camaleón *m* זִקִּית

camaleónico *adj* הֲפַכְפַּךְ

cámara *f* 1 חֶדֶר, אוּלָם, לִשְׁכָּה. 2 תָּא. 3 אַבּוּב. 4 מַצְלֵמָה. 5 בַּיִת תַּחְתּוֹן. 6 בַּיִת עֶלְיוֹן

cámaras *fpl* שִׁלְשׁוּל

camarada *m* חָבֵר, רֵעַ

camaradería *f* חֲבֵרוּת, רֵעוּת

camaranchón *m* עֲלִיַּת גַּג

camarera *f* חַדְרָנִית, מְשָׁרֶתֶת

camarero *m* מְשָׁרֵת, חַדְרָן

camareta *f* תָּא

camarilla *f* כְּנוּפְיָה

camarín *m* 1 תָּא. 2 חֲדַר הַלְבָּשָׁה. 3 גֻּמְחָה

camarlengo *m* חַשְׁמָן, קַרְדִּינָל

cámaro, camarón *m* סַרְטַנִּים

camarote *m* תָּא

camastro *m* מִטָּה בְּלוּיָה

cambalache *m* מִיר, חֲלִיפִין, תַּגָּרָה

cambalachear *vt* תִּגֵּר, הֵמִיר

cambalachero *adjm* תַּגְרָן

cambiar *vt* עִקֵּם, כָּפַף

cambiable *adj* מִתְחַלֵּף, מִשְׁתַּנֶּה

cambiada *f* שִׁנּוּי, חִלּוּף

cambiadizo *adj* 1 הֲפַכְפַּךְ. 2 מִשְׁתַּנֶּה

cambiador *adjm* 1 מַחֲלִיף, חַלְפָן, תַּגְרָן. 2 עַתָּק

cambiamiento *m* שִׁנּוּי, חִלּוּף, הֲמָרָה

cambiante *adjm* 1 מִשְׁתַּנֶּה, הֲפַכְפַּךְ. 2 חַלְפָן

cambiar *vti* 1 הֶחֱלִיף, הֵמִיר. 2 תִּגֵּר. 3 שִׁנָּה כִּוּוּן, הִשְׁתַּנָּה (הָרוּחַ)

cambiavía *m* עַתָּק

cambio *m* 1 חִלּוּף, חִלּוּפִין. 2 שִׁנּוּי, תְּמוּרָה. 3 עֹדֶף

cambista *m* חַלְפָן, שֻׁלְחָנִי

cambray *m* קַמְבְּרֵי (אָרִיג)

cambucho *m* 1 שַׂקִּית. 2 סַל (לִפְסֹלֶת)

cambur *m* מוֹז, בַּנָּנָה

camelador *adjm* חַנְפָן, צָבוּעַ

camelar *vt* 1 חָנַף, הֶחֱנִיף. 2 פִּתָּה

camelia *f* קָמֶלְיָה

camelo *m* 1 חֲנֻפָּה, חֹנֶף. 2 הֲלָצָה, לַעַג, מַהֲתַלָּה

camella *f* נָאקָה

camellero *m* גַּמָּל

camello *m* גָּמָל
camellón *m* תֶּלֶם
camerino *m* חֲדַר הַלְבָּשָׁה
camilla *f* אֲלוּנְקָה
camillero *m* אֲלוּנְקַאי
caminante *m* הַלָּךְ, עוֹבֵר אֹרַח
caminar *vi* הָלַךְ, צָעַד, דָּרַךְ
caminata *f* 1 הֲלִיכָה, צְעָדָה. 2 טִיּוּל
camino *m* 1 דֶּרֶךְ, אֹרַח, מְסִלָּה, נָתִיב. 2 מַעֲבָר.
3 נֹהַג. 4 אֹפֶן, אֶמְצָעִי
camino real דֶּרֶךְ רָאשִׁית, דֶּרֶךְ הַמֶּלֶךְ
camino vecinal דֶּרֶךְ צְדָדִית
camión *m* מַשָּׂאִית, אוֹטוֹ מַשָּׂא
camionaje *m* הוֹבָלָה בְּמַשָּׂאִית
camionero *m* נֶהָג
camioneta *f* מְכוֹנִית מַשָּׂא, טֶנְדֶּר
camisa *f* חֻלְצָה, כֻּתֹּנֶת
camisa de fuerza כְּתֹנֶת־כְּפִיָּה
camisería *f* חֲנוּת גַּלַנְטֶרְיָה
camisero *m* תּוֹפֵר חֻלְצוֹת
camiseta *f* גּוּפִיָּה
camisilla *f* 1 גּוּפִיָּה. 2 חֻלְצָה
camisola *f* חֻלְצַת מַלְמָלָה
camisolín *m* לְבָבִית
camisón *m* כְּתֹנֶת לַיְלָה, חָלוּק
camita *adjmf* בֶּן חָם
camítico *adj* חָמִי
camomila *f* בַּבּוֹנָג
camón *m* אַפִּרְיוֹן
camorra *f* תִּגְרָה, מְרִיבָה, קְטָטָה
camorrear *vi* קוֹטֵט, חִרְחֵר, סִכְסֵךְ
camorrero, קַנְטְרָן, סַכְסְכָן,
camorrista *adjm* אִישׁ מָדוֹן
camote *m* בַּטָּטָה
campal *adj* תַּחַת כִּפַּת הַשָּׁמַיִם
campamento *m* 1 מַחֲנֶה. 2 חֲנִיָּה
campana *f* 1 פַּעֲמוֹן. 2 כְּנֵסִיָּה
campanada *f* צִלְצוּל
campanario *m* מִגְדַּל פַּעֲמוֹנִים
campanear *vi* צִלְצֵל
campaneo *m* צִלְצוּל הַפַּעֲמוֹנִים
campanero *m* פַּעֲמוֹנָר
campanilla *f* מְצִלָּה
campanillazo *m* צִלְצוּל
campante *adj* מְרֻצֶּה, שְׂבַע־רָצוֹן
campanudo *adj* דּוֹמֶה לְפַעֲמוֹן
campaña *f* 1 שָׂדֶה, אָחוּ, כַּר, אֲפָר. 2 מַעֲרָכָה,
מִבְצָע, מַסָּע, פְּעֻלָּה. 3 מַגְבִּית.
4 שִׁיּוּט, טִיּוּל
campañol *m* עַכְבָּר, עַכְבְּרוּשׁ
campar *vi* 1 בָּלַט, הִצְטַיֵּן. 2 חָנָה, שָׁכַן
campear *vi* 1 רָעָה. 2 הוֹרִיק. 3 בָּלַט, הִצְטַיֵּן
campechano *adj* עַלִּיז, שָׂמֵחַ, מִתְרוֹנֵן, לְבָבִי
campeón *m* 1 אַלּוּף. 2 גִּבּוֹר, לוֹחֵם, אַבִּיר.
3 סָנֵגוֹר, פְּרַקְלִיט
campeonato *m* אַלִּיפוּת
campero *adj* 1 חָשׂוּף. 2 מְנֻסֶּה, בָּקִי. 3 כַּפְרִי
campesino *adjm* 1 כַּפְרִי. 2 אִכָּר
campestre *adj* כְּפָרִי, כַּפְרִי
campiña *f* אָחוּ, כַּר, אֲפָר
campo *m* 1 שָׂדֶה, אָחוּ. 2 מִגְרָשׁ.
3 שֶׁטַח, תְּחוּם
camposanto *m* בֵּית קְבָרוֹת, בֵּית עָלְמִין
camuflaje *m* הַסְוָאָה
camuflar *vt* הִסְוָה
can *m* 1 כֶּלֶב. 2 הֶדֶק. 3 חַן, נָסִיךְ
cana *f* שַׂעֲרַת שֵׂיבָה
canal *m* 1 תְּעָלָה, אַמָּה, אָפִיק. 2 דֶּרֶךְ, אֶמְצָעִי.
3 חָרִיץ. 4 צִנּוֹר. 5 עָרוּץ
canalizar *vt* תִּעֵל, בִּיֵּב
canalización *f* תִּעוּל, בִּיּוּב
canalón *m* מַרְזֵב
canalla *mfadj* 1 אֲסַפְסוּף, הָמוֹן. 2 נָבָל,
נִבְזֶה, נוֹכֵל, רַמַּאי
canallesco *adj* בָּזוּי, נִבְזֶה, נִתְעָב
canana *f* פֻּנְדָּה
canapé *m* סַפָּה
canario *m* 1 כַּנָּרִית. 2 קָנָרִי
canasta *f* סַל, טֶנֶא
canastero *m* טַנַּאי, סַלַּאי

canasto *m* סַל, טֶנֶא
cáncamo *m* 1 שְׁרָף. 2 אַנְקוֹל, קֶרֶס. 3 נַחְשׁוֹל
cancán *m* קַנְקַן
cancela *f* סְרִיג
cancelación *f* 1 בִּטּוּל, הֲפָרָה, שְׁלִילָה. 2 פֵּרָעוֹן, סִלּוּק. 3 הִפָּרְעוּת
cancelar *vt* 1 בִּטֵּל. 2 פָּרַע, סִלֵּק
cáncer *m* סַרְטָן
cancerarse *vref* חָלָה בְּמַחֲלַת הַסַּרְטָן
cancerbero *m* כֶּלֶב שְׁמִירָה
canceroso *adj* סַרְטָנִי
canciller *m* 1 קַנְצְלֶר. 2 שַׂר הַחוּץ
cancillería *f* קַנְצְלָרוּת, מַזְכִּירוּת
canción *f* 1 שִׁיר, זֶמֶר, מַנְגִּינָה. 2 שִׁירָה
cancionero *m* שִׁירוֹן
cancionista *m* 1 זַמָּר. 2 מַלְחִין
cancro *m* סַרְטָן
cancha *f* 1 מִגְרָשׁ, זִירָה. 2 תִּירָס קָלוּי
candado *m* מַנְעוּל
candar *vt* נָעַל
candela *f* 1 נֵר. 2 אֵשׁ, אוֹר. 3 פָּמוֹט
candelabro *m* 1 פָּמוֹט. 2 מְנוֹרָה
candelaria *f* בּוּצִין
candeleja *f* פָּמוֹט
candelero *m* פָּמוֹט
candelilla *f* 1 צַנְתֵּר, אַבּוּב. 2 עָגִיל. 3 גַּחְלִילִית
candencia *f* לִבּוּן, הִתְלַהֲטוּת
candente *adj* 1 מְלֻבָּן, לוֹהֵט. 2 בּוֹעֵר. 3 מַלְהִיב
candidato *m* מֻעֲמָד, מָעֳמָד
candidatura *f* מֻעֲמָדוּת
candidez *f* תְּמִימוּת, יֹשֶׁר, תֹּם, פַּשְׁטוּת
cándido *adj* תָּמִים, יָשָׁר, תָּם
candil *m* מְנוֹרָה
candileja *f* 1 מְנוֹרָה. 2 אוֹרוֹת הַבִּימָה
candor *m* 1 תְּמִימוּת, יֹשֶׁר, תֹּם, פַּשְׁטוּת. 2 טֹהַר, כֵּנוּת
candoroso *adj* תָּמִים, יָשָׁר, תָּם
canela *f* קִנָּמוֹן
canelo *m* 1 קִנָּמוֹן. 2 שִׂיחַ קִנָּמוֹן
canelón *m* 1 מַרְזֵב. 2 זַרְבּוּבִית
canelones *mpl* כִּיסוֹנִים
cangreja *f* מִפְרָשׁ לְאֹרֶךְ הָאֳנִיָּה
cangrejo *m* סַרְטָן
cangrena *f* מָקָק, מַק, חִרְחוּר, חַרְחֶרֶת
cangrenarse *vref* הִתְמַקְמֵק, הִתְרַקֵּב
cangrenoso *adj* חִרְחוּרִי
cangro *m* סַרְטָן (מַחֲלָה)
canguro *m* קֶנְגּוּרוּ
caníbal *m* אוֹכֵל אָדָם, קַנִּיבָּל, אַכְזָר
canibalismo *m* קַנִּיבָּלִיּוּת, אַכְזְרִיּוּת
canica *f* גֻּלָּה, כַּדּוּרִית
canicie *f* שֵׂיבָה
canícula *f* 1 אַבְרֵק. 2 יְמֵי שָׁרָב
cánidos *mpl* מִשְׁפַּחַת הַכַּלְבִּיִּים
canijo *m* חַלָּשׁ, רָפֶה, תָּשׁוּשׁ
canilla *f* 1 שׁוֹקָה. 2 בֶּרֶז. 3 סְלִיל, אַשְׁוָה
canillera *f* מָגֵן הַשּׁוֹק
canillita *m* מוֹכֵר עִתּוֹנִים
canino *adjm* 1 כַּלְבִּי. 2 שֵׁן הַכֶּלֶב, נִיב
canje *m* חִלּוּפִין, חֲלִיפִין, הֲמָרָה
canjeable *adj* חָלִיף, בַּר חֲלִיפִין
canjear *vt* הֶחֱלִיף, תִּגֵּר, הֵמִיר
cano *adj* בַּעַל שֵׂיבָה
canoa *f* בּוּצִית, דּוּגִית
canoero *m* מֵשִׁיט סִירָה
canódromo *m* מִגְרָשׁ לְמֵרוֹץ כְּלָבִים
canon *m* 1 חֹק, מִשְׁפָּט. 2 קָנוֹן
canones *mpl* חֹק קָנוֹנִי
canónico *adj* קָנוֹנִי
canonicato *m* קָנוֹנִיּוּת, כְּמֻרוּת
canonicidad *f* קָנוֹנִיּוּת
canónigo *m* כֹּמֶר
canonista *m* בָּקִי בְּחֻקֵּי הַכְּנֵסִיָּה
canonización *f* הַקְדָּשָׁה, קִדּוּשׁ
canonizar *vt* קִדֵּשׁ, הִקְדִּישׁ
canonjía *f* 1 קָנוֹנִיּוּת, כְּמֻרוּת. 2 סִינֶקוּרָה
canoro *adj* שִׁירִי, מְזַמֵּר
canoso *adj* בַּעַל שֵׂיבָה

canotié *m* כּוֹבַע קַשׁ
cansable *adj* מְיַגֵּעַ, מְעַיֵּף, מַטְרִיד
cansado *adj* עָיֵף, לָאֶה, יָגֵעַ
cansancio *m* עֲיֵפוּת, לֵאוּת, יְגִיעָה
cansar *vt* 1 עִיֵּף, יִגַּע. 2 הִטְרִיד
cansino *adj* 1 עָיֵף, לָאֶה. 2 מְשַׁעֲמֵם, חַדְגּוֹנִי
cantable *adj* זִמְרִי, מֶלוֹדִי, לִירִי, בַּר זִמְרָה
cantalupo *m* אֲבַטִּיחַ צָהֹב
cantante *mf* 1 זַמָּר, מְזַמֵּר. 2 זַמָּרִית, זַמֶּרֶת
cantar *vtim* 1 זִמֵּר, שָׁר, רִנֵּן. 2 זֶמֶר, שִׁיר, רִנָּה
cántara *f* 1 מִדַּת נוֹזְלִים. 2 כַּד
cantarín *m* מְזַמֵּר
cántaro *m* כַּד, כְּלִי חֶרֶס
cantata *f* קַנְטָטָה
cantatriz *f* זַמֶּרֶת
cantazo *m* הַלְמוּת, דְּפִיקָה, הַכָּאָה
cantera *f* מַחְצָבָה
cantería *f* סִתּוּת, סַתָּתוּת
cantero *m* סַתָּת
cántico *m* 1 מִזְמוֹר, שִׁיר. 2 פִּיּוּט, הַלֵּל
cantidad *f* כַּמּוּת, סְכוּם
cantilena *f* זֶמֶר, לַחַן, פִּזְמוֹן
cantimplora *f* מֵימִיָּה, נֹאד
cantina *f* מִסְבָּאָה, בַּר, קַנְטִינָה, פֻּנְדָּק
cantinela *f* זֶמֶר, לַחַן, פִּזְמוֹן
cantinero *m* פּוּנְדְּקַאי
canto *m* 1 שִׁירָה, זִמְרָה. 2 שִׁיר, זֶמֶר, מִזְמוֹר. 3 צַד, שָׂפָה, קָצֶה. 4 גַּב. 5 חַלּוּק־נַחַל
canto del gallo קְרִיאַת הַגֶּבֶר
cantón *m* חֶבֶל, מָחוֹז, גָּלִיל, קַנְטוֹן
cantonal *adj* מְחוֹזִי, גְּלִילִי, אֲזוֹרִי
cantonar *vt* 1 שִׁכֵּן, הֶחֱנָה. 2 הִגְבִּיל
cantonera *f* 1 זָוִיתוֹן. 2 שֻׁלְחָן פִּנָּתִי
cantonero *madj* יוֹשֵׁב קְרָנוֹת, בַּטְלָן, עַצְלָן
cantor *m* זַמָּר, חַזָּן
canturía *f* 1 נִגּוּן חַדְגּוֹנִי. 2 אִמּוּן בְּשִׁירָה. 3 זִמְרוּר, רְנָנָה
canturrear *vti* פִּזֵּם
canturreo *m* זִמְזוּם, פִּזּוּם
canturria *f* זִמְרוּר
cánula *f* צַנְתֵּר, מַבְחֵנָה
canujo *m* 1 פֶּרֶק. 2 קָנֶה. 3 צִנּוֹר
caña *f* 1 קְנֵה סוּף. 2 הָגֶה. 3 לְשַׁד הָעֲצָמוֹת. 4 בֵּית שׁוֹק
caña de pescar חַכָּה
cañada *f* בִּקְעָה, עֵמֶק, גַּיְא, עָרוּץ
cañal *m* 1 סְבַךְ קָנִים. 2 מִכְמֹרֶת־קָנִים
cañamazo *m* יְרִיעָה, בְּרֶזֶנְט, אֲרִיג בְּרֶזֶנְט
cañamelar *m* מַטַּע סֻכָּר
cañamiel *f* קְנֵה סֻכָּר
cáñamo *m* קַנַּבּוֹס
cañaveral *m* חֻרְשַׁת קָנִים, סְבַךְ קָנִים
cañería *f* צַנֶּרֶת, תְּעוּל
cañi *adjm* צוֹעֲנִי
caño *m* צִנּוֹר, בִּיב
cañón *m* 1 תּוֹתָח. 2 קָנֶה. 3 צִנּוֹר, בִּיב. 4 עָרוּץ, בִּקְעָה, מִשְׁעוֹל
cañonazo *m* 1 יְרִיַּת תּוֹתָח. 2 "פָּגָז"
cañonear *vt* הִפְגִּיז, הִפְצִיץ
cañoneo *m* הַפְגָּזָה
cañonería *f* סוֹלְלָה
cañonero *m* 1 תּוֹתְחָן. 2 סִירַת תּוֹתָחִים
cañuto *m* קָנֶה, סוּף
caoba, caobo *fm* תּוֹלַעְנָה, מַהֲגוֹנִי
caos *m* 1 תֹּהוּ וָבֹהוּ. 2 בִּלְבּוּל, מְבוּכָה, מְהוּמָה, אַנְדְּרוֹלוֹמוּסְיָה
caótico *adj* 1 שֶׁל מְבוּכָה. 2 שֶׁל תֹּהוּ וָבֹהוּ
capa *f* 1 אַדֶּרֶת, גְּלִימָה. 2 תֵּרוּץ, אֲמַתְלָה, תּוֹאֲנָה. 3 שִׁכְבָה, רֹבֶד, נִדְבָּךְ, שׁוּרָה. 4 קְלִפָּה
capacidad *f* 1 יְכֹלֶת, כִּשְׁרוֹן. 2 קִבּוּל, סְפִיקָה, תְּכוּלָה. 3 תְּפִיסָה
capacitar *vt* 1 הִכְשִׁיר. 2 הִדְרִיךְ, לִמֵּד. 3 הִסְמִיךְ, אִפְשֵׁר, יִפָּה כֹּחַ
capacho *m* סַל נְצָרִים
capador *adjm* מְסָרֵס, מְעַקֵּר
capadura *f* סֵרוּס, עִקּוּר
capar *vt* סֵרֵס, עִקֵּר
caparazón *m* 1 שִׁרְיוֹן. 2 מִכְסֶה

capataz *m* מְנַהֵל עֲבוֹדָה, מַשְׁגִּיחַ, מְפַקֵּחַ

capaz *adj* מְסֻגָּל, עָלוּל, מֻכְשָׁר, כִּשְׁרוֹנִי

capciocidad *f* עַרְמוּמִיּוּת, כַּזְּבָנוּת, שַׁקְרָנוּת

capcioso *adj* עַרְמוּמִי, כַּזְּבָנִי, שַׁקְרָנִי

capear *vt* 1 חָמַק, הִשְׁתַּמֵּט. 2 תִּחְבֵּל, הֶעֱרִים. 3 הִתְחַמֵּק

capellán *m* 1 כֹּמֶר צְבָאִי. 2 רַב צְבָאִי

caperuza *f* כִּפָּה

capilar *adj* נִימִי

capilaridad *f* נִימִיּוּת

capilla *f* קַפֶּלָה, בֵּית תְּפִלָּה

capirotazo *m* 1 מַכַּת אֶצְבַּע צְרֵדָה. 2 מַהֲלוּמָה, מַהֲלֻמָּה

capirote *m* מִצְנֶפֶת

capitación *f* מַס גֻּלְגֹּלֶת

capital *madj* 1 עִיר בִּירָה. 2 רְכוּשׁ, נְכָסִים, מָמוֹן, הוֹן. 3 קֶרֶן. 4 רָאשִׁי, עִקָּרִי

capital fijo הוֹן עוֹמֵד

capital flotante, circulante דְּמֵי מַחֲזוֹר

capitalismo *m* קַפִּיטַלִיזְם, רְכוּשָׁנוּת

capitalista *adjm* קַפִּיטָלִיסְט, רְכוּשָׁנִי

capitalización *f* מִמּוּן, הִוּוּן, צְבִירַת הוֹן

capitalizar *vt* מִמֵּן, צָבַר הוֹן, הִוֵּן

capitán *m* 1 סֶרֶן. 2 קָצִין, מְפַקֵּד. 3 קַבַּרְנִיט

capitama *f* 1 אֳנִיַּת הַדֶּגֶל. 2 אֵשֶׁת הַקַּבַּרְנִיט

capitanear *vt* 1 הִנְהִיג, נָהַג. 2 צִוָּה, פִּקֵּד, פִּקַּח

capitanía *f* 1 קְצִינוּת, קַבַּרְנִיטוּת. 2 פִּקּוּד, הַנְהָלָה

capitel *m* כּוֹתֶרֶת

capitolio *m* 1 קַפִּיטוֹל. 2 הֵיכָל, אַרְמוֹן

capitulación *f* 1 כְּנִיעָה, הִכָּנְעוּת. 2 הֶסְכֵּם

capitulaciones *fpl* 1 כְּתֻבָּה. 2 קַפִּיטוּלַצְיוֹת

capitulado *m* 1 תַּמְצִית, סִכּוּם. 2 נִכְנָע. 3 כְּנִיעָה, הִכָּנְעוּת. 4 הֶסְכֵּם

capitular *vitadj* 1 נִכְנַע. 2 הִגִּיעַ לִידֵי הֶסְכֵּם. 3 קִטְרֵג, גִּנָּה. 4 שֶׁל אֲגֻדָּה

capítulo *m* 1 פֶּרֶק. 2 פָּרָשָׁה. 3 כְּתֻבָּה

capó *m* מִכְסֵה מְכוֹנִית

capolado *m* מְבֻתָּר, קָצוּץ

capolar *vt* בִּתֵּר, קִצֵּץ, חִתֵּךְ

capón *adjm* מְסֹרָס

caporal *m* רַב טוּרַאי

capot *m* מִכְסֵה מְכוֹנִית

capota *f* 1 בַּרְדָּס. 2 אַדֶּרֶת, גְּלִימָה

capotar *vi* הִתְהַפֵּךְ

capote *m* אַדֶּרֶת, גְּלִימָה, סָגִין

capotear *vt* 1 הִתְחַמֵּק, בָּרַח. 2 תִּעְתֵּעַ, רִמָּה

capotera *f* קוֹלָב

caprario *adj* עִזִּי

Capricornio *m* מַזַּל גְּדִי

capricho *m* 1 שְׁרִירוּת לֵב, עִקְּשׁוּת, קַפְּרִיזָה. 2 קַפְּרִיצ'וֹ

caprichoso *adj* קַפְּרִיזִי

caprichudo *adj* עַקְשָׁן, עַקְשָׁנִי, עִקֵּשׁ

caprino *adj* עִזִּי

cápsula *f* 1 הֶלְקֵט. 2 תַּחְמִישׁ. 3 נַרְתִּיק, קֻפְסִית

capsular *adj* נַרְתִּיקִי

captación *f* 1 קְלִיטָה. 2 הֲבָנָה. 3 מְשִׁיכָה

captador *adjm* קוֹלֵט, מוֹשֵׁךְ

captar *vt* 1 קָלַט, הֵבִין. 2 תָּפַס, לָכַד. 3 מָשַׁךְ, שָׁבָה

captura *f* תְּפִיסָה, לְכִידָה, שְׁבִיָּה

capturar *vt* לָכַד, תָּפַס, שָׁבָה

capucha *f* בַּרְדָּס

capuchina *f* כּוֹבַע־הַנָּזִיר (צֶמַח)

capuchino *madj* נָזִיר פְרַנְצִיסְקָנִי, פְרַנְצִיסְקָנִי

capuchón *m* בַּרְדָּס

capullo *m* 1 נִצָּן, כַּפְתּוֹר, פְּקַעַת. 2 גֹּלֶם, בֵּיצָה

capuz *m* 1 גְּלִימָה. 2 בַּרְדָּס

caqui *adjm* 1 חַקִי. 2 אֲפַרְסְמוֹן

cara *f* 1 קְלַסְתֵּר, פָּנִים, פַּרְצוּף. 2 חֲזִית. 3 מַרְאֶה, תֹּאַר, דְּמוּת. 4 צַד, עֵבֶר, צֶלַע

cara a cara פָּנִים אֶל פָּנִים

cara mitad עֵזֶר כְּנֶגְדּוֹ, הָאִשָּׁה

carabao *m* תְּאוֹ

cárabe *m* עִנְבָּר

carabela *f* קָרַבֶלָה, סְפִינַת מִפְרָשִׂים

carabina *f* רוֹבֶה, קָרַבִּין

carabinazo *m* יְרִיַּת קָרַבִּין

carabinero *m* שׁוֹטֵר, קָרַבִּינֶר

caracol *madj* 1 שַׁבְּלוּל, חִלָּזוֹן, קוֹנְכִית. 2 לוּלְיָנִי, סְלִילִי

caracolear *vi* נִתֵּר, דִּלֵּג, קִפֵּץ

caracoleo *m* דִּלּוּג, נְתִירָה, קְפִיצָה, נִתּוּר

carácter *m* 1 אֹפִי, צִבְיוֹן, אֲוִירָה. 2 תְּכוּנָה, טִיב, אוֹת. 3 סִגְנוֹן, סְגֻלָּה

característica *f* תְּכוּנָה, טִיב, אֹפִי, סִימַן־אֹפִי

característico *adjm* 1 אָפְיָנִי, טִיפּוּסִי. 2 שַׂחֲקַן־אֹפִי

caracterizado *adj* מְכֻבָּד, דָּגוּל, מֻפְלָג, נַעֲלֶה

caracterización *f* 1 אִפְיוּן, תֵּאוּר, אִפּוּי. 2 מִשְׂחָק

caracterizar *vt* 1 אִפְיֵן, תֵּאֵר. 2 שִׂחֵק

caracul *m* קָרָקוּל

¡caramba! *interj* לַעֲזָאזֵל!

carámbano *m* נְטִיף קֶרַח

carambola *f* 1 עֲקִיפִין, מִקְרֶה, מַזָּל. 2 פְּגִיעָה בִּשְׁנֵי כַּדּוּרִים

carambolear *vt* פָּגַע בִּשְׁנֵי כַּדּוּרִים

caramelizar *vt* הִמְתִּיק, מִתֵּק

caramelo *m* מַמְתָּק, סֻכָּרִיָּה

caramente *adv* 1 בְּאַהֲבָה, בְּחִבָּה. 2 בְּיֹקֶר

caramillo *m* 1 חֲלִילִית. 2 כַּחַשׁ, כְּפִירָה

carapacho *m* שִׁרְיוֹן

carátula *f* 1 מַסֵּכָה. 2 שַׁעַר, שַׁעַר הַסֵּפֶר

caravana *f* שַׁיָּרָה, אוֹרְחָה

carbohidrato *m* פַּחְמֵימָה

carbólico *adj* קַרְבּוֹלִי

carbón *m* 1 פֶּחָם. 2 פַּחְמָן

carbonado *m* אֶבֶן פֶּחָם, יַהֲלֹם שָׁחוֹר

carbonar *vt* פִּחֵם, הָפַךְ לְפֶחָם

carbonatar *vt* פִּחְמֵן

carbonato *m* 1 פַּחְמָה. 2 סוֹדָה

carboncillo *m* עִפָּרוֹן פֶּחָם

carbonear *vt* פִּחֵם, הָפַךְ עֵץ לְפֶחָם

carboneo *m* הֲפִיכַת עֵץ לְפֶחָם

carbonera *f* 1 מִכְרֵה פֶּחָם. 2 מִשְׂרָפָה לַהֲפִיכַת עֵצִים לְפֶחָם

carbonería *f* חֲנוּת לִמְכִירַת פֶּחָם

carbonero *m* מוֹכֵר פֶּחָם

carbónico *adj* פַּחְמָנִי

carbonífero *adj* 1 פַּחְמָנִי. 2 מִתְּקוּפַת הַפֶּחָם

carbonización *f* פִּחְמוּן, פִּחוּם

carbonizar *vt* 1 פִּחְמֵן, חָרַךְ. 2 הִתְפַּחְמֵן

carbono *m* פַּחְמָן

carbonoso *adj* פַּחְמָנִי

carborundo *m* קַרְבּוֹרוּנְד, גָּבִישׁ קָשֶׁה

carbunclo, carbunco *m* 1 גַּחֲלִית. 2 אֹדֶם, רוּבִּין

carbúnculo *m* אֹדֶם, רוּבִּין

carburación *f* פִּחְמוּן

carburador *m* מְאַיֵּד, קַרְבּוּרָטוֹר

carburante *m* דֶּלֶק

carburar *vt* פִּחְמֵן

carburo *m* קַרְבִּיד

carcaj *m* אַשְׁפָּה

carcajada *f* צְחוֹק רָם, צָהֳלַת צְחוֹק

carcañal *m* עָקֵב

cárcava *f* 1 עָרוּץ, תְּעָלָה. 2 קֶבֶר

cárcel *f* בֵּית סֹהַר, בֵּית כֶּלֶא

carcelario *adj* שֶׁל בֵּית הַסֹּהַר

carcelero *m* סוֹהֵר

carcinoma *f* סַרְטָן

cárcola *f* דַּוְשַׁת הַנּוֹל

carcoma *f* 1 תּוֹלַעַת הָעֵץ. 2 רִקָּבוֹן. 3 אִכּוּל, הַשְׁחָתָה

carcomer *vt* 1 כִּרְסֵם. 2 אִכֵּל, הִשְׁחִית, הָרַס

carcomido *adj* מְכֻרְסָם, אָכוּל

carda *f* מַסְרֵקָה, מַגְרֶדֶת

cardadura *f* נִפּוּץ, קְרִידָה

cardamomo *m* הֶל, חֲמָם

cardar *vt* סֵרֵק, קֵרֵד

cardelina *f* חוֹחִית

cardenal *m* 1 חַשְׁמָן, הֶגְמוֹן. 2 חַבּוּרָה. 3 דּוּכִיפַת

cardenalato *m* חַשְׁמַנּוּת

cardencha *f* 1 קַרְדָּה, בַּרְקָן, דַּרְדַּר.

2 מַסְרֵקָה, מַגְרֶדֶת

cárdeno *adj* סָגֹל

cardíaco *adjm* 1 שֶׁל הַלֵּב. 2 חוֹלֵה לֵב

cardialgía *f* צָרֶבֶת, כְּאֵב לֵב

cardinal *adj* עִקָּרִי, בְּסִיסִי, יְסוֹדִי, רָאשִׁי

cardiograma *f* קַרְדְּיוֹגְרַמָּה

cardiología *f* קַרְדְּיוֹלוֹגְיָה

cardiológico *adj* קַרְדְּיוֹלוֹגִי

cardiólogo *m* קַרְדְּיוֹלוֹג

carditis *f* דַּלֶּקֶת הַלֵּב

cardo *m* דַּרְדַּר, קַרְדָּה, בַּרְקָן

cardumen, cardume *m* דָּגָה

carear *vt* 1 עִמֵּת. 2 הִשְׁוָה, דִּמָּה

carecer *vi* חָסֵר, הָיָה מְשֻׁלָּל מַשֶּׁהוּ

carenar *vt* שִׁפֵּץ, תִּקֵּן

carencia *f* חֹסֶר, הֶעְדֵּר, מַחְסוֹר

carente *adj* נָטוּל, חָסֵר

careo *m* עִמּוּת

carero *adj* יַקְרָן

carestía *f* יֹקֶר, יַקְרוּת

careta *f* מַסֵּכָה

carey *m* 1 צַב הַיָּם. 2 שִׁרְיוֹן הַצָּב

carga *f* 1 מַשָּׂא, מִטְעָן. 2 נֵטֶל, הַטְרָדָה. 3 סֵבֶל. 4 הִסְתָּעֲרוּת. 5 מַעֲמָסָה, טְעִינָה

cargadero *m* 1 תַּחֲנַת הַטְּעָנָה. 2 מַטְעַן

cargado *adj* 1 טָעוּן, עָמוּס. 2 מֻטְרָד

cargador *m* 1 מַטְעִין. 2 סַוָּר. 3 סַבָּל

cargamiento *m* מַשָּׂא, מִטְעָן

cargante *adj* 1 מַטְרִיד, מַפְרִיעַ. 2 בִּלְתִּי נִסְבָּל

cargar *vti* 1 טָעַן, הֶעֱמִיס. 2 הִטְרִיד. 3 נָטַל עַל עַצְמוֹ, סָבַל

cargazón *f* 1 מִטְעָן, מַשָּׂא. 2 כְּבֵדוּת, נֵטֶל

cargo *m* 1 טְעִינָה, הַעֲמָסָה. 2 מַשָּׂא, מִטְעָן. 3 מִשְׂרָה, תַּפְקִיד. 4 אַשְׁמָה

cargo de conciencia מוּסַר כְּלָיוֹת

cargoso *adj* 1 מַטְרִיד, מַפְרִיעַ. 2 מֵעִיק, כָּבֵד

carguero *adjm* 1 נוֹשֵׂא־מַשָּׂא, סַבָּל. 2 בֶּהֱמַת מַשָּׂא. 3 אֳנִיַּת מַשָּׂא

cari *m* קָרִי

caria *f* עַמּוּד

cariacontecido *adj* מְדֻכָּא

cariado *adj* עָשׁוּשׁ (שֵׁן אוֹ עֶצֶם)

cariadura *f* עַשֶּׁשֶׁת, רָקָב

cariarse *vref* נָמַק, נִרְקַב

caribe *adjm* 1 קָרִיבִּי. 2 אַכְזָרִי

caricatura *f* קָרִיקָטוּרָה

caricaturesco *adj* 1 קָרִיקָטוּרִי. 2 מֻגְזָם, מֻפְרָז

caricaturista *mf* קָרִיקָטוּרִיסְטָן

caricaturizar *vt* 1 צִיֵּר קָרִיקָטוּרָה. 2 הִגְזִים, הִפְרִיז

caricia *f* לְטִיפָה, גִּפּוּף

caricioso *adj* מְלַטֵּף, מְחַבֵּק

caridad *f* 1 צְדָקָה, חֶסֶד. 2 גְּמִילַת חֶסֶד, נְדִיבוּת לֵב. 3 נְדָבָה, עֶזְרָה

caries *fpl* 1 רִקָּבוֹן, רָקָב. 2 עַשֶּׁשֶׁת

carilla *f* 1 מַסֵּכַת־הַכַּוְּרָן. 2 עַמּוּד שֶׁל סֵפֶר

carillón *m* תִּשְׁלֹבֶת פַּעֲמוֹנִים

cariño *m* חִבָּה, אַהֲבָה, אַהֲדָה

cariñoso *adj* חָבִיב, יְדִידוּתִי, נֶחְמָד, אָהוּד

carisma *f* כָּרִיזְמָה

carismático *adj* כָּרִיזְמָטִי

caritativo *adj* 1 אָדִיב, נָדִיב, נוֹחַ. 2 נְדִיב לֵב

cariz *m* 1 מַרְאֶה, חָזוּת. 2 אַסְפֶּקְט, בְּחִינָה

carlinga *f* 1 תָּא־נוֹסְעִים. 2 תָּא הַטַּיָּס

carmenar *vt* 1 הִתִּיר, שִׁחְרֵר. 2 מָרַט, תָּלַשׁ

carmesí *adjm* 1 חַכְלִילִי. 2 אַרְגָּמָן

carmín *m* כַּרְמִיל, תּוֹלָע, אַרְגָּמָן

carnada *f* פִּתָּיוֹן

carnal *adj* 1 בְּשָׂרִי, גּוּפָנִי. 2 חוּשָׁנִי, מִינִי

carnalidad *f* תַּאַוְתָנוּת, גַּשְׁמִיּוּת

carnaval *m* קַרְנָבָל, עַדְלָיָדַע

carnavalesco *adj* הוֹלְלָנִי, פּוּרִימִי

carnaza *f* 1 פִּתָּיוֹן. 2 בַּשְׂרִיּוּת

carne *f* בָּשָׂר

carne de cañón בְּשַׂר־תּוֹתָחִים

carne y hueso 1 בָּשָׂר וְגִידִים. 2 בֶּן אָדָם, בָּשָׂר וָדָם

carne y uña יְדִידוּת בְּלֵב וָנֶפֶשׁ

carneada *f* טְבִיחָה, שְׁחִיטָה

carnear *vt* שָׁחַט, טָבַח

carnero *m* כֶּבֶשׂ

carnet 1 תְּעוּדַת זֶהוּת. 2 פִּנְקָס. 3 רִשָּׁיוֹן

carnicería *f* 1 אִטְלִיז. 2 טֶבַח, הַשְׁמָדָה

carnicero *adjm* 1 קַצָּב. 2 אוֹכֵל בָּשָׂר. 3 אַכְזָרִי, צְמֵא דָם. 4 חַיַּת טֶרֶף

carnívoro *adjm* 1 בְּשָׂרוֹנִי. 2 חַיַּת־טֶרֶף

carnosidad *f* בַּשְׂרָנוּת, בְּשָׂרִיּוּת

carnoso *adj* בַּשְׂרָנִי, בְּשָׂרִי

caro *adjadv* 1 יָקָר. 2 חָבִיב, אָהוּב. 3 בְּיֹקֶר

carona *f* מַרְדַּעַת

carótida *f* עוֹרֵק הַצַּוָּאר

carozo *m* חַרְצָן, גַּלְעִין, גַּרְעִין

carpa *f* 1 קַרְפִּיוֹן. 2 אֹהֶל

carpelo *m* שַׁחֶלֶת הֶעָלִי

carpeta *f* 1 מַפָּה, שְׁטִיחַ. 2 תִּיק, נַרְתִּיק

carpidor *m* מַעְדֵּר

carpintería נַגָּרִיָּה

carpintero *m* נַגָּר

carpir *vt* 1 עָדַר, נִכֵּשׁ. 2 גֵּרֵד, שָׂרַט, קִרְצֵף

carpo *m* כַּף, פֶּרֶק הַיָּד

carral *m* 1 חָבִית. 2 אָדָם זָקֵן

carralero *m* חַבְתָּן

carraspear *vi* כִּחְכֵּחַ

carraspeo *m* כִּחְכּוּחַ

carraspera *f* צְרִידוּת

carrasposo *adj* צָרוּד

carrejo *m* פְּרוֹזְדוֹר, מִסְדְּרוֹן

carrera *f* 1 מֵרוֹץ, רִיצָה. 2 קַרְיֵרָה, מִקְצוֹעַ

carrero *m* עֶגְלוֹן

carreta *f* עֲגָלָה, קָרוֹן

carretada *f* 1 מִטְעַן עֲגָלָה. 2 שֶׁפַע

carretaje *m* תְּנוּעַת עֲגָלוֹת

carrete *m* סְלִיל אַשְׁוָה

carretear *vt* הוֹבִיל, הוֹלִיךְ, נָהַג

carretera *f* כְּבִישׁ

carretero *m* 1 עֶגְלוֹן. 2 בּוֹנֵה עֲגָלוֹת

carretilla *f* מְרִיצָה

carretón *m* עֲגָלָה דּוּ־אוֹפַנִּית

carril *m* מְסִלָּה

carrillo *m* 1 לְחִי, לֶחִי. 2 גַּלְגֶּלֶת

carriola *f* 1 כִּרְכָּרָה, עֲגָלָה. 2 אַפִּרְיוֹן

carro *m* 1 קָרוֹן, מֶרְכָּבָה. 2 כִּרְכָּרָה, קְרוֹנִית, עֲגָלָה. 3 מְכוֹנִית, רֶכֶב

carrocería *f* 1 שֶׁלֶד, מֶרְכָּב. 2 סַדְנָה לְרֶכֶב

carromato *m* קָרוֹן

carroña *f* נְבֵלָה, בָּשָׂר מְקֻלְקָל

carroza *f* קָרוֹן, כִּרְכָּרָה

carruaje *m* רֶכֶב, כְּלִי רֶכֶב

carrucha *f* גַּלְגֶּלֶת

carrusel *m* סְחַרְחֵרָה, קָרוּסֶלָה

carta *f* 1 מִכְתָּב, אִגֶּרֶת, מִנְשָׁר. 2 חֻקָּה. 3 קְלָף. 4 מַפָּה. 5 תַּפְרִיט, תַּפְרִיטוֹן

carta blanca יָד חָפְשִׁית, יִפּוּי כֹּחַ בִּלְתִּי מֻגְבָּל

cartabón *m* 1 מְשֻׁלָּשׁ. 2 זָוִיתוֹן, מַדְזָוִית

cartapacio *m* 1 פִּנְקָס, מַחְבֶּרֶת. 2 תִּיק, יַלְקוּט

cartearse *vref* הִתְכַּתֵּב

cartel *m* 1 מוֹדָעָה, כְּרָזָה, פְּלַקָט. 2 פִּרְסוּם

cartela *f* 1 כַּרְטִיס. 2 אִצְטַבָּה

cartelera *f* לוּחַ מוֹדָעוֹת

cartelero *m* מַדְבִּיק מוֹדָעוֹת

cartelón *m* לוּחַ מוֹדָעוֹת גָּדוֹל

carteo *m* הִתְכַּתְּבוּת

cárter *m* אַגַּן הַשֶּׁמֶן

cartera *f* 1 תִּיק, אַרְנָק, יַלְקוּט. 2 מִשְׂרָד, מִינִיסְטֶרְיוֹן

carterista *m* כַּיָּס

cartero *m* דַּוָּר, נוֹשֵׂא־מִכְתָּבִים

cartilagíneo, **cartilaginoso** *adj* סְחוּסִי, חַסְחוּסִי

cartílago *m* סְחוּס, חַסְחוּס

cartilla *f* 1 אַלְפוֹן. 2 כַּרְטִיס

cartografía *f* מַפָּאוּת

cartográfico *adj* מַפָּאִי

cartógrafo *m* מַפַּאי, קַרְטוֹגְרָף

cartón *m* קַרְטוֹן

cartonero *m* עוֹשֶׂה אוֹ מוֹכֵר קַרְטוֹן

cartuchera *f* פּוּנְדָּה, אַשְׁפָּה

cartucho *m* 1 תַּחְמִישׁ. 2 שַׂקִּית

cartulario *m* 1 מִרְשָׁמָה, אַרְכִיב. 2 גַּנָּז, אַרְכִיבָר

cartulina *f* קַרְטוֹלִין, נְיַר בְּרִיסְטוֹל

carúncula *f* 1 כַּרְבֹּלֶת. 2 תִּלְתּוּל
carunculado *adj* מְכֻרְבָּל
casa *f* 1 בַּיִת. 2 דִּירָה. 3 בֵּית מְגוּרִים. 4 מֶשֶׁק בַּיִת. 5 מִשְׁפָּחָה. 6 חֶבְרָה, פִירְמָה. 7 מִשְׁבֶּצֶת שֶׁל שַׁחְמָט
casa de empeño בֵּית עֲבוֹט
casa de huéspedes פֶּנְסְיוֹן, בֵּית־אוֹרְחִים
casa de socorro בֵּית־מַחְסֶה
casaca *f* מְעִיל, מִקְטֹרֶן
casadero *adj* בַּר־חִתּוּן, שֶׁהִגִּיעַ לְפִרְקוֹ
casado *m* נָשׂוּי
casal *m* 1 אֲחֻזָּה. 2 מֶשֶׁק. 3 זוּג, צֶמֶד
casalicio *m* בַּיִת, בִּנְיָן
casamata *f* 1 תָּא מְשֻׁרְיָן. 2 מַחְפֹּרֶת מְבֻצֶּרֶת
casamentero *adjm* 1 מְשַׁדֵּךְ. 2 שַׁדְּכָן
casamiento *m* נִשּׂוּאִין, נִשּׂוּאִים, חֲתֻנָּה, כְּלוּלוֹת
casar *vtirefm* 1 הִשִּׂיא, חִתֵּן. 2 נָשָׂא, הִתְחַתֵּן. 3 בִּטֵּל. 4 הִתְאִים. 5 כְּפָר, כֹּפֶר
cascabel *m* מְצִלָּה
cascabela *f* אֶפְעֶה, פֶּתֶן הַמְּעֻיָּנִים
cascabelear *vt* תִּעְתַּע, אָחַז עֵינַיִם
cascabillo *m* 1 מְצִלָּה. 2 מוֹץ
cascada *f* אֶשֶׁד, מַפַּל מַיִם
cascado *adj* 1 מְשֻׁמָּשׁ. 2 רָצוּץ, רָפֶה, תָּשׁוּשׁ
cascadura *f* פִּצּוּחַ, רִסּוּק
cascajo *m* 1 חָצָץ. 2 גְּרוּטָאָה, רְסִיס
cascanueces *m* מַפְצֵחַ־אֱגוֹזִים
cascar *vt* 1 רִסֵּק, פִּצַּח, נִפֵּץ. 2 הִכָּה, הִלְקָה
cáscara *f* קְלִפָּה, קְרוּם, זַג
cascarón *m* 1 קְלִפַּת בֵּיצָה. 2 אֳנִיָּה
cascarrabias *m* רַטְנָן, רַגְזָן, כַּעֲסָן
cascarudo *adj* בַּעַל קְלִפָּה עָבָה, קְשֵׁה קְלִפָּה
casco *m* 1 קַסְדָּה, כּוֹבַע פְּלָדָה. 2 גֻּלְגֹּלֶת, קָדְקֹד. 3 פַּרְסָה, טֶלֶף. 4 שֶׁלֶד אֳנִיָּה
caseína *f* קָזֵאִין
caseoso *adj* גְּבִינִי
casera *f* 1 לָקוֹחָה, קוֹנָה. 2 סוֹכֶנֶת־בַּיִת
caserío *m* 1 אֲחֻזָּה, חֲוִילָה. 2 כְּפָר
casero *madj* 1 בַּעַל בַּיִת. 2 בֶּן בַּיִת, בֵּיתִי. 3 חוֹכֵר
caserón *m* בַּיִת גָּדוֹל, בֵּית־אֲחֻזָּה
caseta *f* תָּא, בַּיִתָן
casi *adv* כִּמְעַט
casia *f* קְצִיעָה, כַּסְיָה
casilla *f* 1 תָּא. 2 רִבּוּעַ, מִשְׁבֶּצֶת. 3 קֻפָּה. 4 תֵּבָה. 5 מְלוּנָה. 6 תֵּבַת־דֹּאַר
casillero *m* 1 אַרְכִיּוֹן. 2 שׁוֹמֵר־הַמְּסִלָּה. 3 תָּא
casimir *m* אֲרִיג צֶמֶר, קַשְׁמִיר
casino *m* 1 קָסִינוֹ. 2 מוֹעֲדוֹן
caso *m* 1 מְאֹרָע, מִקְרֶה. 2 עִנְיָן. 3 יַחֲסָה
casón *m* בַּיִת גָּדוֹל
casorio *m* שִׁדּוּךְ לֹא־מֻצְלָח
caspa *f* קַשְׂקַשׂ, קַשְׂקֶשֶׂת
caspera *f* מַסְרֵק נֶגֶד קַשְׂקַשִּׂים
casposo *adj* בַּעַל קַשְׂקָשׂוֹת
¡cáspita! *interj* אוֹי וַאֲבוֹי
casquete *m* 1 קַסְדָּה. 2 כִּפָּה. 3 כּוֹבַע. 4 כּוֹבָעִית
casquivano *adj* הֲפַכְפְּכָן, קַל דַּעַת
casta *f* 1 כַּת, כִּתָּה. 2 מַעֲמָד. 3 גֶּזַע. 4 דּוֹר. 5 יִחוּס, יַחַס
castaña *f* עַרְמוֹן
castañal, castañar *m* חֻרְשַׁת עֲצֵי עַרְמוֹנִים
castañeo, castañeado *m* הַקָּשַׁת מְכוֹשִׁיּוֹת
castañero *m* מוֹכֵר עַרְמוֹנִים
castañeta *f* מְכוֹשִׁית, מַקּוֹשִׁית
castañetear *vi* הִקִּישׁ בִּמְכוֹשִׁיּוֹת
castañeteo *m* הַקָּשַׁת מְכוֹשִׁיּוֹת
castaño *madj* 1 עֵץ עַרְמוֹנִים. 2 עַרְמוֹנִי
castañuela *f* מְכוֹשִׁיּוֹת, קַסְטַנְיֶטוֹת
castellano *adjm* 1 קַסְטִילְיָנִי, סְפָרַדִּי. 2 מְאָרֵחַ, בַּעַל אַכְסַנְיָה
castidad *f* 1 פְּרִישׁוּת, צְנִיעוּת, הִנָּזְרוּת, טֹהַר, תֹּם. 2 בְּתוּלִים
castigable *adj* עָנִישׁ, בַּר עֳנָשִׁין
castigación *f* הַעֲנָשָׁה
castigador *adj* מַעֲנִישׁ, מְיַסֵּר

castigar *vt* עָנַשׁ, הֶעֱנִישׁ, יִסֵּר
castigo *m* עֹנֶשׁ, הַעֲנָשָׁה
castillo *m* טִירָה, מִבְצָר, מְצוּדָה
castizo *adj* 1 יַחְסָנִי. 2 צַח, טָהוֹר, נָקִי
casto *adj* 1 טָהוֹר, נָקִי. 2 פָּרוּשׁ, תָּם, צָנוּעַ. 3 בָּתוּל, בְּתוּלִי
castor *m* 1 בּוֹנֶה, בִּיבָר. 2 כּוֹבַע מֵעוֹר הַבִּיבָר
castración *f* סֵרוּס, עִקּוּר
castrado *adjm* סָרִיס, מְסֹרָס. 2 עָקָר
castrar *vt* סֵרֵס
castrense *adj* צְבָאִי
casual *adj* מִקְרִי, זְמַנִּי, אֲרָעִי
casualidad *f* 1 מִקְרִיּוּת, מִקְרֶה, הִזְדַּמְּנוּת. 2 גּוֹרָל, מַזָּל
casucha *f* מְלוּנָה, צְרִיף, בִּקְתָּה
casuista *m* בַּעַל פִּלְפּוּל, פַּלְפְּלָן
casuística *f* פִּלְפּוּל, קָזוּאִיסְטִיקָה
casuístico *adj* פִּלְפּוּלִי, קָזוּאִיסְטִי
casulla *f* מַעֲטָה, אֵפוֹד
cata *f* 1 טְעִימָה. 2 בְּדִיקָה. 3 הֲצָצָה
catabólico *adj* קָטַבּוֹלִי
catabolismo *m* קָטַבּוֹלִיזְם, הִתְפָּרְקוּת הַחֳמָרִים
cataclismo *m* חֻרְבָּן, מַבּוּל, שׁוֹאָה, שִׁטָּפוֹן
catacumbas *f* קָטַקּוֹמְבּוֹת, מְעָרוֹת־קְבָרִים
catador *m* טוֹעֵם
catadura *f* 1 טְעִימָה, מַטְעֶמֶת. 2 קְלַסְתֵּר, פַּרְצוּף, מַרְאֶה
catafalco *m* 1 בָּמַת הָאַשְׁכָּבָה. 2 מְכוֹנִית לִנְשִׂיאַת מֵת
catalán *adjm* קָטָלוֹנִי
catalejo *m* מִשְׁקֶפֶת
catalepsia *f* שִׁתּוּק, חֹסֶר תְּחוּשָׁה, קָטָלֶפְּסְיָה
cataléptico *adjm* מְשֻׁתָּק, קָטָלֶפְּטִי
catálisis *m* קָטָלִיז, זֵרוּז רֵיאַקְצְיָה כִּימִית
catalítico *adj* מְזָרֵז, קָטָלִיזִי
catalizador *m* קָטָלִיזָטוֹר, מְזָרֵז
catalogación *f* קִטְלוּג, מִיּוּן
catalogador *m* מְמַיֵּן, מַיָּן
catalogar *vt* 1 קִטְלֵג. 2 מִיֵּן
catálogo *m* קָטָלוֹג
catalpa *f* קָטַלְפָּה (עֵץ צְפוֹן־אֲמֵרִיקָאִי)
cataplasma *f* 1 מְלַגְמָה, אִסְפְּלָנִית, רְטִיָּה, תַּחְבֹּשֶׁת. 2 שִׁעֲמוּם, הַטְרָדָה
cataplexia *f* פַּלָּצוּת, שִׁתּוּק
catapulta *f* בַּלִּידְרָה
catar *vt* 1 טָעַם, בָּחַן, בָּדַק. 2 הִתְבּוֹנֵן, הִסְתַּכֵּל
catarata *f* 1 אָשֵׁד, מַפַּל מַיִם, חַרְדָּלִית. 2 תְּבַלּוּל, חֲרַוְרָר
catarral *adj* נַזַּלְתִּי
catarriento *adjm* מְנֻזָּל
catarro *m* נַזֶּלֶת
catarroso *adj* סוֹבֵל מִנַּזֶּלֶת, מְנֻזָּל
catarsis *f* 1 קַתַרְסִיס, הִשְׁתַּהֲרוּת, זִכּוּךְ הַנֶּפֶשׁ. 2 מְשַׁלְשֵׁל
catártico *adjm* 1 מְטַהֵר, מְנַקֶּה, מְזַכֵּךְ. 2 מְשַׁלְשֵׁל
catastro *m* רִשּׁוּם קַרְקָעוֹת
catástrofe *f* שׁוֹאָה, אָסוֹן, קָטַסְטְרוֹפָה
catastrófico *adj* קָטַסְטְרוֹפָלִי, אָיֹם, נוֹרָא
catavinos *m* 1 בּוֹחֵן יֵינוֹת. 2 שִׁכּוֹר
cateada *f* סִקּוּר
catear *vt* בָּחַן, סָקַר, חָקַר
catecismo *m* מַדְרִיךְ שְׁאֵלוֹת וּתְשׁוּבוֹת
catecúmeno *m* טִירוֹן, לוֹמֵד עֶקְרוֹנוֹת הַנַּצְרוּת
cátedra *f* 1 קָתֶדְרָה. 2 אוּלַם הַרְצָאוֹת
catedral *f* כְּנֵסִיָּה, קָתֶדְרָלָה
catedrático *m* בַּעַל־קָתֶדְרָה, פְּרוֹפֶסוֹר
categoría *f* 1 סוּג, דַּרְגָּה, מִין, קָטֵגוֹרְיָה. 2 מַעֲמָד
categóricamente *adv* בְּאֹפֶן מֻחְלָט
categórico *adj* הֶחְלֵטִי, מֻחְלָט, קָטֵגוֹרִי, בָּרוּר, נִמְרָץ, מַכְרִיעַ
catequista *f* מוֹרֶה לְנַצְרוּת
catequístico *adj* נוֹצְרִי
catequización *f* נִצּוּר
catequizador *m* מְנַצֵּר
catequizante *m* מְנַצֵּר
catequizar *vt* נִצֵּר

caterético *adj* מְכַרְסֵם, מְכַלֶּה

caterva *f* אֲסַפְסוּף, הָמוֹן, עֵרֶב־רַב

catéter *m* צַנְתָּר, קָתֶטֶר

cateto *adjm* אֲנָךְ, נִצָּב

catión *m* קַטְיוֹן

cátodo *m* קָטוֹדָה

catolicismo *m* קָתוֹלִיּוּת, נַצְרוּת

catolicidad *f* קָתוֹלִיּוּת, נַצְרוּת

católico *adjm* קָתוֹלִי, נוֹצְרִי

catonizar *vt* גִּנָּה, נָזַף, הוֹכִיחַ

catorce *adj* אַרְבָּעָה עָשָׂר, אַרְבַּע עֶשְׂרֵה

catorzavo *adj* הַחֵלֶק הָאַרְבָּעָה עָשָׂר

catre *m* מִטָּה קְטַנָּה

catre de tijera מִטָּה מִתְקַפֶּלֶת

catrecillo *m* שְׁרַפְרַף מִתְקַפֵּל

catrín *adjm* 1 טַרְזָן, גַּנְדְּרָן. 2 טִפֵּשׁ, יַמְרָן

caucásico *adj* קַוְקָזִי

cauce *m* 1 אָפִיק, עָרוּץ. 2 אֲפִיק הַנָּהָר

caución *f* 1 זְהִירוּת, שְׁמִירָה. 2 עַרְבוּת. 2 רְאִיַּת הַנּוֹלָד

caucho *m* קָאוּצ'וּק

caudal *adjm* 1 זְנָבִי. 2 זֶרֶם. 3 עֹשֶׁר, שֶׁפַע. 4 הוֹן

caudaloso *adj* 1 שׁוֹפֵעַ, זוֹרֵם. 2 עָשִׁיר

caudillaje *m* 1 מַנְהִיגוּת. 2 רוֹדָנוּת

caudillo *m* מַנְהִיג, רֹאשׁ

causa *f* 1 סִבָּה, נִמּוּק, עִלָּה, גּוֹרֵם, תַּכְלִית, טַעַם. 2 מְגַמָּה. 3 מִשְׁפָּט. 4 מַטָּרָה

causador *adjm* גּוֹרֵם

causal *adj* סִבָּתִי

causalidad *f* סִבָּתִיּוּת

causante *adjm* 1 גּוֹרֵם, מֵנִיעַ, מְסַבֵּב. 2 אָשֵׁם, אַחֲרַאי

causar *vt* גָּרַם, חוֹלֵל, הֵבִיא, הוֹלִיד

causativo *adj* מְחוֹלֵל, מוֹלִיד, מֵנִיעַ

cáustico *adjm* 1 צוֹרֵב, שׂוֹרֵף. 2 עוֹקְצָנִי, שָׁנוּן, רָשָׁע

cautela *f* 1 זְהִירוּת, מְתִינוּת. 2 עָרְמָה

cauteloso *adj* 1 זָהִיר, מָתוּן. 2 עַרְמָנִי, עָרוּם

cautelar *vref* הִזְהִיר. 2 נִזְהַר, נִשְׁמַר

cauterio *m* מַצְרֵב

cauterización *f* צְרִיבָה, כְּוִיָּה, כִּוּוּי

cauterizador *m* מַצְרֵב

cauterizante *adj* 1 צוֹרֵב. 2 מַצְרֵב

cauterizar *vt* 1 צָרַב, כָּוָה. 2 הִגְלִיד

cautín *m* מַלְחֵם

cautivador *adjm* שׁוֹבֵה־לֵב, מַקְסִים

cautivar *vt* 1 שָׁבָה. 2 הִכְנִיעַ. 3 שָׁבָה לֵב, הִקְסִים

cautiverio, cautividad *mf* 1 שְׁבִי. 2 גָּלוּת. 3 עַבְדוּת, שִׁעְבּוּד

cautivo *adjm* 1 שָׁבוּי. 2 עֶבֶד. 3 מְשֻׁעְבָּד

cauto *adj* 1 זָהִיר, מָתוּן. 2 עָרוּם

cava *f* 1 חֲפִירָה. 2 מַרְתֵּף־יַיִן

cavado *adj* חָפוּר

cavador *m* מַחְפֵּר, חוֹפֵר

cavadura *f* חֲפִירָה

cavar *vti* 1 חָפַר, כָּרָה, חָצַב. 2 הִתְעַמֵּק

caverna *f* מְעָרָה, מְחִלָּה, מְאוּרָה, נִקְרָה, כּוּךְ

cavernícola *adjm* חַי בִּמְעָרוֹת

cavernoso *adj* 1 חָלוּל, חָשׁוּךְ. 2 מַכִּיל מְעָרוֹת

caviar, cavial *m* קַוְיָר

cavidad *f* חָלָל, נֶקֶב, חוֹר

cavilación *f* הִרְהוּר, הָגוּת

cavilar *vi* הִרְהֵר, הָגָה, חָשַׁב

caviloso *adj* מְהַרְהֵר, חוֹשֵׁב

cayado, cayada *m* מַקֵּל, מַטֶּה

cayo *m* שֶׁן־סֶלַע

caz *m* תְּעָלָה, בִּיב

caza *f* צַיִד

cazabe *m* קַסָּבָה (צֶמַח טְרוֹפִּי)

cazador *m* צַיָּד

cazadores *mpl* חֵיל פָּרָשִׁים

cazar *vt* 1 עָרַךְ צַיִד. 2 רָדַף

cazatorpedero *m* מַשְׁחֶתֶת

cazcarria *f* 1 טִיט, בֹּץ, רֶפֶשׁ. 2 גְּלָלִים, רְעִי

cazo *m* תַּרְוָד, מַצֶּקֶת, קַעֲרִית

cazón *m* הַכָּרִישׁ הַכַּלְבִּי

cazuz *m* קִיסוֹס

cazuela *f* 1 אִלְפָּס, מַרְחֶשֶׁת. 2 יָצִיעַ

ce *f* סֶ, הָאוֹת הַשְּׁלִישִׁית בָּאָלֶף־בֵּית הַסְּפָרַדִּי

ceba *f* פִּטּוּם, הַלְעָטָה

cebada *f* שְׂעוֹרָה

cebadero *m* 1 פַּטָּם. 2 סוֹחֵר בִּשְׂעוֹרִים

cebado *adj* 1 מְפֻטָּם. 2 חַמְסָן. 3 מְשַׁחֵר לְטֶרֶף

cebadura *f* פִּטּוּם, הַלְעָטָה, אֲבִיסָה

cebar *vtref* 1 פִּטֵּם, הִלְעִיט. 2 טָעַן. 3 הֵסִית. 4 הִתְעַלֵּל, הִתְרַגֵּז, הִתְרַתֵּחַ

cebellina *f* נְמִיָּה

cebo *m* 1 פִּתָּיוֹן. 2 הַלְעָטָה, פִּטּוּם. 3 חֹמֶר נֶפֶץ

cebolla *f* בָּצָל

cebollar *m* מַטַּע בְּצָלִים

cebollina *f, cebellino m* בְּצַלְצָל

cebón *adjm* מְפֻטָּם, פָּטוּם, אָבוּס; פְּטָם

cebra *f* זֶבְּרָה

cebrado *adj* דּוֹמֶה לְזֶבְּרָה

cebú *m* זֶבּוּ (בֶּהֱמַת־בַּיִת בְּהֹדּוּ)

ceca *f* מִטְבָּעָה

cecal *adj* שֶׁל הַמְּעִי הָעִוֵּר

cecear *vi* שִׁפְתֵּת, בִּטֵּא ס' כְּמוֹ צ'

ceceo *m* שִׁפְתּוּת

ceceoso *adjm* מְגַמְגֵּם

cecina *f* בָּשָׂר מְעֻשָּׁן

cecografía *f* בְּרַיִל, כְּתַב־עִוְרִים

cecográfico *adj* בְּרַיְלִי

cecógrafo *m* כּוֹתֵב בְּרַיִל

ceda *f* שְׂעַר־סוּסִים

cedazo *m* כְּבָרָה, נָפָה

cedente *adj* מַעֲנִיק, מַקְצִיב, נוֹתֵן

ceder *vt* 1 נָתַן, הֶעֱנִיק, הוֹשִׁיט. 2 הֶעֱבִיר, וִתֵּר. 3 נִכְנַע

cedilla *f* סֶדִּילְיָה

cedro *m* אֶרֶז

cédula *f* 1 תְּעוּדָה, מִסְמָךְ. 2 תְּעוּדַת זֶהוּת

cefálico *adj* שֶׁל הָרֹאשׁ, גֻּלְגָּלְתִּי

cefalópodo *madj* דְּיוֹנוֹן, בַּעַל שְׁמוֹנֶה זְרוֹעוֹת

céfiro *m* צְפִרִיר

cegador *adj* מְסַנְוֵר

cegajoso *adj* זַבְלְגָן

cegar *vi* 1 סִמֵּא, סִנְוֵר, עִוֵּר. 2 בִּלְבֵּל, הֵבִיךְ. 3 סָתַם, סָגַר

cegato, cegatón *adjm* 1 קְצַר רְאִיָּה. 2 חֲסַר מָעוֹף

cegatoso *adj* זַבְלְגָן

ceguedad *f* עִוָּרוֹן, סִנְוּוּר, סַמָּאוֹן

ceguera *f* עִוָּרוֹן, סִנְוּוּר, סַמָּאוֹן

ceiba *f* 1 צֵיבָּה (עֵץ טְרוֹפִּי גָּבוֹהַּ). 2 אַצָּה

ceja *f* גַּבָּה

cejar *vi* 1 נָסוֹג, נִרְתַּע. 2 הִרְפָּה, וִתֵּר

celada *f* 1 קַסְדָּה. 2 מַאֲרָב, פַּח, מַלְכֹּדֶת

celador *adjm* שׁוֹמֵר, פַּקָּח, מְפַקֵּחַ, מַשְׁגִּיחַ

celaje *m* 1 שָׁמַיִם חַכְלִילִיִּים. 2 צֹהַר, אֶשְׁנָב. 3 נִחוּשׁ, אוֹת, סִימָן

celar *vt* 1 שָׁמַר, הִשְׁגִּיחַ. 2 הִקְפִּיד, קִיֵּם. 3 הֶחְבִּיא, הִסְתִּיר. 4 חָקַק, חָרַת

celda *f* תָּא

celdilla *f* 1 תָּא שֶׁל כַּוֶּרֶת. 2 תָּאוֹן. 3 כּוּךְ

celebérrimo *adj* מְפֻרְסָם בְּיוֹתֵר

celebración *f* 1 חֲגִיגָה, חַג, טֶקֶס. 2 תְּשׁוּאוֹת

celebrante *adjm* חוֹגֵג

celebrar *vt* 1 חָגַג, הִלֵּל. 2 קִבֵּל בִּתְשׁוּאוֹת

célebre *adj* מְפֻרְסָם, נוֹדָע, בַּעַל שֵׁם

celebridad *f* 1 פִּרְסוּם, תְּהִלָּה. 2 אִישִׁיּוּת, בַּעַל שֵׁם. 3 חֲגִיגָה, חַג

celeridad *f* מְהִירוּת, זְרִיזוּת

celerímetro *m* מַד־מְהִירוּת

celeste *adj* 1 תְּכַלְתִּי. 2 שְׁמֵימִי

celestial *adj* שְׁמֵימִי, אֱלֹהִי

celestina *m* 1 צֶלֶסְטִין. 2 סַרְסוּרִית

celibato *m* רַוָּקוּת

célibe *adj* רַוָּק

célico *adj* שְׁמֵימִי

celo *m* 1 קִנְאָה. 2 הַקְפָּדָה. 3 יִחוּם, תַּאֲוָה

celos *mpl* קִנְאָה

celofán *m* צֶלוֹפָן

celosía *f* 1 שְׂבָכָה, סוֹרֵג. 2 קִנְאָה

celoso *adj* 1 קַנַּאי. 2 אָדוּק. 3 חַשְׁדָן

celsitud *f* 1 רוֹמְמוּת, תִּפְאֶרֶת, הוֹד. 2 הוֹד מַעֲלָה

celta *adjm* קֶלְטִי

céltico *adj* קֶלְטִי

célula *f* תָּא

celular *adj* 1 תָּאִי. 2 רִשְׁתִּי

celuloide *m* צֶלּוּלוֹאִיד

celulosa *f* תָּאִית

celuloso *adj* תָּאִי

cellisca *f* גֶּשֶׁם קַרְחִי

cellisquear *vi* יָרַד גֶּשֶׁם קַרְחִי

cello *m* חִשּׁוּק

cementar *vt* צִמְנֵט

cementerio *m* בֵּית עָלְמִין, בֵּית קְבָרוֹת

cemento *m* מֶלֶט, צֶמֶנְט

cena *f* 1 סְעֻדָּה. 2 אֲרוּחַת עֶרֶב

cenáculo *m* מִפְגָּשׁ סִפְרוּתִי

cenadero *m* חֲדַר אֹכֶל

cenador *m* 1 חֲדַר אֹכֶל. 2 סוֹעֵד

cenagal *m* 1 בִּצָּה. 2 עֵסֶק בִּישׁ

cenagoso *adj* בִּצִּי, רִפְשִׁי

cenar *vti* סָעַד, אָכַל

cenceño *adj* רָזֶה, כָּחוּשׁ, צָנוּם

cencerrear *vi* 1 צִלְצֵל. 2 נִגֵּן בְּזִיּוּפִים

cencerro *m* מְצִלָּה, פַּעֲמוֹנִית

cencido *adj* בּוּר, לֹא מְעֻבָּד

cendal *m* מַלְמָלָה

cenefa *f* 1 כָּנָף שֶׁל בֶּגֶד. 2 שׁוּלַיִם

cenicero *m* מַאֲפֵרָה

cenicienta *f* לִכְלוּכִית, סִינְדְּרֶלָּה

ceniciento *adj* אָפֹר, אַפְרוּרִי

cénit *m* זֵנִית

ceniza *f* אֵפֶר

cenizo *adjm* 1 אָפֹר, אַפְרוּרִי. 2 יַרְבּוּז

cenobial *adj* מִנְזָרִי

cenobio *m* מִנְזָר

cenobita *m* נָזִיר

cenobítico *adj* נְזִירִי

cenobitismo *m* נְזִירוּת

cenopegías *fpl* חַג הַסֻּכּוֹת

cenotafio *m* מַצֶּבֶת זִכָּרוֹן

censar *vt* עָרַךְ מִפְקָד

ceusatorio *m* אָרִיס, חוֹכֵר, שׂוֹכֵר

censo *m* מִפְקָד, מִפְקַד עַם

censor *m* צֶנְזוֹר

censorino, censorio *adj* צֶנְזוֹרִי

censura *f* צֶנְזוּרָה, בִּדֹּקֶת

censurable *adj* בַּר גִּנּוּי, רָאוּי לִנְזִיפָה

censurador *adj* מְבַקֵּר, מְגַנֶּה, בִּקָּרְתִּי

censurar *vt* בִּקֵּר, גִּנָּה, נָזַף, הוֹכִיחַ

centauro *m* קֶנְטָאוּר

centavo *adjm* מֵאִית, סֶנְט

centella *f* נִיצוֹץ, בָּרָק, זִיק

centellante, centelleante *adj* נוֹצֵץ, מַבְרִיק, זוֹהֵר

centellar, centellear *vi* נָצַץ, בָּרַק, הִבְרִיק, נוֹצֵץ, נִצְנֵץ

centelleo *m* נִצְנוּץ, זֹהַר

centena *f* מֵאָה

centenada *f* מֵאָה

centenar *m* מֵאָה

centenario *adjm* 1 בֶּן מֵאָה שָׁנָה. 2 מֵאָה שָׁנָה

centeno *adjm* 1 מֵאִית. 2 שִׁפּוֹן

centésimo *adjm* מֵאִית, סֶנְט

centiárea *f* מֶטֶר מְרֻבָּע

centígrado *adj* בַּעַל מֵאָה מַעֲלוֹת

centigramo *m* סֶנְטִיגְרַם

centilitro *m* סֶנְטִילִיטֶר

centillero *m* מְנוֹרָה (בַּעֲלַת שִׁבְעָה קָנִים)

centímetro *m* סֶנְטִימֶטֶר

céntimo *adjm* 1 מֵאִית. 2 סֶנְטִים

centinela *m* זָקִיף, שׁוֹמֵר

centón *m* מְעִיל־תַּשְׁבֵּץ

central *adjf* 1 מֶרְכָּזִי, אֶמְצָעִי. 2 מֶרְכָּז. 3 מֶרְכָּזִיָּה

centralidad *f* מֶרְכָּזִיּוּת

centralilla *f* מֶרְכָּזִיָּה

centralización *f* רִכּוּז

centralizar *vt* רִכֵּז

centrar *vt* מִרְכֵּז, טִוַּח

céntrico *adj* מֶרְכָּזִי

centrifugadora *f* צֶנְטְרִיפוּגָה, מַפְרֵדָה

centrífugo *adj* צֶנְטְרִיפוּגָלִי

centrípeto *adj* צֶנְטְרִיפֶּטָלִי, נִמְשָׁךְ לַמֶּרְכָּז

centro *m* מֶרְכָּז

centroamericano *adjm* מֶרְכָּז־אֲמֶרִיקָנִי

centrobárico *adj* שֶׁל מֶרְכַּז הַכֹּבֶד

centrosoma *m* גּוּפִיף מֶרְכָּזִי

centuplicar *vti* הִמְאָה, הִגְדִּיל פִּי מֵאָה

céntuplo *adjm* פִּי מֵאָה

centuria *f* מֵאָה שָׁנָה

centurión *m* קֶנְטוּרְיוֹן, צֶנְטוּרְיוֹן

ceñido *adj* קַפְּדָן, צָנוּעַ, חַסְכָן

ceñidor *m* אַבְנֵט, חֲגוֹרָה, אֵזוֹר

ceñidura *f* צִמְצוּם, חֲגוֹר

ceñir *vt* 1 אָזַר, חָגַר. 2 הִקִּיף, סוֹבֵב. 3 חִבֵּק. 4 הִקְטִין, צִמְצֵם, הִמְעִיט

ceño *m* 1 קִמּוּט מֵצַח, פָּנִים זוֹעֲפוֹת. 2 חִשּׁוּק

ceñudo *adj* בַּעַל פָּנִים זוֹעֲפוֹת

cepa *f* שׁוֹרֶקָה, גֶּפֶן. 2 יַחַס, יִחֲסִין

cepilladura *f* 1 הַקְצָעָה. 2 הַבְרָשָׁה

cepillar *vt* 1 הִקְצִיעַ. 2 בֵּרֵשׁ, הִבְרִישׁ

cepillo *m* 1 מִבְרֶשֶׁת. 2 מַקְצוּעָה

cepo *m* 1 זֶרֶד, עָנָף. 2 מַלְכֹּדֶת, פַּח. 3 קוֹרָה. 4 סַד

cera *f* דּוֹנַג, שַׁעֲוָה

cerámica *f* קֶרָמִיקָה, קַדָּרוּת

cerámico *adj* קֶרָמִי

ceramista *m* קַדָּר, יוֹצֵר

ceraste *m* צִפְעוֹנִי

cerbatana *f* קָנֶה לִירִיַּת חִצִּים, סַרְבָּטָנָה

cerca *fadv* 1 גָּדֵר. 2 קָרוֹב, סָמוּךְ

cercado *adjm* 1 סָגוּר, מְסֻגָּר, מְגֻדָּר. 2 גָּדֵר, סְיָג, מְשׂוּכָה

cercador *adjm* מַקִּיף

cercamiento *m* גִּדּוּר, הַקָּפָה

cercanía *f* 1 קִרְבָה, סְמִיכוּת. 2 חוּצוֹת, סְבִיבוֹת

cercano *adj* קָרוֹב, סָמוּךְ

cercar *vt* חָסַם, גִּדֵּר, הִקִּיף, סָגַר

cercenadura *f* גְּזִירָה, חִתּוּךְ, קִצּוּץ, גְּדִיעָה

cercenar *vt* גָּדַע, גָּזַר, חָתַךְ, קִצֵּץ

cerciorar *vt* 1 אִמֵּת, הוֹכִיחַ. 2 אִשֵּׁר, קִיֵּם. 3 וִדֵּא, בֵּרֵר, בָּדַק, הִבְטִיחַ

cerco *m* 1 גָּדֵר. 2 חִשּׁוּק. 3 אֹגֶן. 4 מָצוֹר, הֶסְגֵּר

cerda *f* זִיף

cerdear *vi* הִתְנוֹדֵד, מָעַד

cerdo *m* חֲזִיר, דָּבָר אַחֵר

cerdoso *adj* זִיפִי, מְסֻמָּר

cerdulo *adj* זִיפִי, מְסֻמָּר

cereal *adim* 1 דְּגָנִי. 2 דָּגָן, תְּבוּאָה

cerebelo *m* מֹחוֹן, הַמֹּחַ הַקָּטָן

cerebral *adj* מֹחִי, שִׂכְלִי

cerebritis *f* דַּלֶּקֶת הַמֹּחַ

cerebro *m* מֹחַ

cerebroespinal *adj* שֶׁל הַמֹּחַ וְשֶׁל חוּט הַשִּׁדְרָה

ceremonia *f* טֶכֶס, טֶקֶס, חֲגִיגָה, נֹהַג

ceremonial *adjm* 1 חֲגִיגִי, טִקְסִי, רִשְׁמִי. 2 טֶקֶס, נֹהַג

ceremonioso *adj* 1 רִשְׁמִי, חֲגִיגִי. 2 טִקְסִי

cerero *m* מְיַצֵּר אוֹ מוֹכֵר שַׁעֲוָה

cereza *f* דֻּבְדְּבָן

cerezal *m* מַטַּע דֻּבְדְּבָנִים

cerezo *m* עֵץ דֻּבְדְּבָן

cerilla *f* 1 גַּפְרוּר. 2 נֵר שַׁעֲוָה. 3 שַׁעֲוַת הָאֹזֶן

cerillo *m* גַּפְרוּר, נֵר שַׁעֲוָה

cerio *m* צֶרְיוֹן

cernada *f* אוּד, גַּחֶלֶת, רֶמֶץ

cernedor *m* כְּבָרָה, נָפָה

cerner, cernir *vtiref* 1 נָבַט, לִבְלֵב. 2 נִפָּה, כָּבַר. 3 נָטַף, טִפְטֵף, רָעַף. 4 הִסְתַּכֵּל, הִתְבּוֹנֵן. 5 רִפְרֵף, רִחֵף. 6 סִכֵּן, אִיֵּם

cernido *m* נִפּוּי

cero *m* אֶפֶס

cero a la izquierda חֲסַר־עֵרֶךְ

ceroso *adj* דּוֹנַגִּי, מְדֻנָּג

cerquita *adv* קָרוֹב מְאֹד

cerradera *f* מַנְעוּל

cerradero *adjm* 1 נִתָּן לִסְגִירָה. 2 פִּי הַמַּנְעוּל

cerradizo *adj* נִתָּן לִסְגִירָה

cerrado *adjm* 1 סָגוּר. 2 שַׁתְקָן. 3 מְאֻפָּק, נֶחְבָּא אֶל הַכֵּלִים. 4 גָּדֵר
cerrador *madj* 1 מַנְעוּל. 2 סוֹגֵר
cerradura *f* מַנְעוּל
cerraja *f* 1 מַנְעוּל. 2 מָרוֹר
cerrajería *f* 1 מַסְגֵּרוּת. 2 מַסְגֵּרִיָּה
cerrajero *m* מַסְגֵּר
cerramiento *m* חֲסִימָה, סְגִירָה
cerrar *vtref* 1 סָגַר, נָעַל, סָתַם. 2 הִסְתַּגֵּר
cerrazón *m* קַדְרוּת, אֹפֶל
cerrero *adj* 1 פִּרְאִי, חָפְשִׁי. 2 מְחֻסְפָּס, גַּס, פָּרוּעַ
cerril *adj* 1 טַרְשִׁי. 2 בּוּר. 3 פִּרְאִי, חָפְשִׁי. 4 מְחֻסְפָּס, גַּס, פָּרוּעַ
cerrillar *vt* גִּיֵּץ, חָרַץ
cerrión *m* נָטִיף
cerro *m* 1 גִּבְעָה, תֵּל. 2 עֹרֶף, מַפְרֶקֶת
cerrojo *m* בְּרִיחַ, סוֹגֵר
certamen *m* תַּחֲרוּת
certero *adj* חַד, שָׁנוּן, נוֹקֵב, מְמֻלָּח, חָרִיף, דַּיְקָן, קַפְּדָן
certeza *f* וַדָּאוּת, בִּטָּחוֹן, בִּטְחָה
certidumbre *f* וַדָּאוּת, בִּטָּחוֹן, בִּטְחָה
certificación *f* 1 הוֹדָעָה, אִשּׁוּר. 2 עֵדוּת
certificado *adjm* 1 רָשׁוּם. 2 תְּעוּדָה, אִשּׁוּר
certificar *vt* 1 אִשֵּׁר, הֵעִיד. 2 עָרַךְ רִשּׁוּם
certísimo *adj* וַדַּאי בְּיוֹתֵר
certitud *f* וַדָּאוּת, בִּטָּחוֹן, בִּטְחָה
cerúleo *adj* תְּכָלְתִּי
cerumen *m* שַׁעֲוַת הָאֹזֶן
cerval *adj* צְבִיִּי
cerval (miedo) פַּחַד מָוֶת
cervato *m* עֹפֶר
cervecería *f* בֵּית מַרְזֵחַ, מִסְבָּאָה
cervecero *m* מוֹכֵר בִּירָה
cerveza *f* שֵׁכָר, בִּירָה
cervical *adj* עָרְפִּי, צַוָּארִי
cervino *adj* צְבִיִּי
cerviz *f* עֹרֶף, מַפְרֶקֶת
cervuno *adj* 1 צְהַבְהַב־חוּם. 2 צְבִיִּי

cesación, cesamiento *f* חִדָּלוֹן, הַפְסָקָה, הֶפְסֵק
cesante *m* מְפֻטָּר, מְבֻטָּל
cesantía *f* 1 הַבְטָלָה, אַבְטָלָה, בַּטָּלָה. 2 פִּצּוּיִים. 3 פִּטּוּרִים
césar *m* קֵיסָר
cesar *vi* הִפְסִיק, פָּסַק, חָדַל
cesárea, cesáreo *adj* קֵיסָרִי
cese *m* הֶפְסֵק, הַפְסָקָה, חִדָּלוֹן
cese de fuego הַפְסָקַת אֵשׁ
cesible *adj* עָבִיר, נַיָּד
cesio *m* צֶסְיוּם
cesión *f* 1 וִתּוּר, מְסִירָה, הַסְגָּרָה. 2 הַעֲבָרָה
cesionario *m* נוֹחֵל מַעֲנָק
cesionista *m* מַנְחִיל
césped *m* דֶּשֶׁא, מִדְשָׁאָה, כַּר דֶּשֶׁא
cesta *f* סַלְסִלָּה, טֶנֶא, סַל
cestería *f* עֲבוֹדַת נְצָרִים, עֲבוֹדַת קְלִיעָה
cesto *m* סַל, טֶנֶא
cesura *f* הֶפְסֵק, נְגִינָה מַפְסֶקֶת
cetáceo *adjm* 1 לִוְיָתָנִי. 2 לִוְיָתָן
cetona *f* קֵטוֹן
cetrería *f* 1 בַּזָּיָרוּת. 2 גִּדּוּל בַּזִּים
cetrero *m* בַּזָּיָר
cetrino *adj* 1 יְרַקְרַק. 2 מָלַנְכּוֹלִי, עָצוּב, מְדֻכָּא
cetro *m* 1 שַׁרְבִיט. 2 שִׁלְטוֹן, שְׁלִיטָה
cía *f* עֶצֶם הַכֶּסֶל
cianógeno *m* כַּחְלָן, גַּז הַצִּיאַן
cianosis *f* כִּחָלוֹן
cianuro *m* צִיאָנִיד
ciática *f* נָשִׁית
cicatear *vi* קִמֵּץ, קִמְצֵן
cicatería *f* קַמְצָנוּת, כִּילוּת
cicatero *adjm* קַמְצָן, כִּילַי, צַר עַיִן
cicatriz *f* צַלֶּקֶת
cicatrizar *vt* צִלֵּק, הִגְלִיד
cícero *m* פִּיקָא, צִיצֶרוֹ (יְחִידַת־דְּפוּס)
cicerone *m* מוֹרֵה־דֶּרֶךְ
ciclamen, ciclamino *m* רַקֶּפֶת
ciclamor *m* שִׁקְמָה

cíclico *adj* מַחֲזוֹרִי, תְּקוּפָתִי, מַעְגָּלִי
ciclismo *m* אוֹפַנָּנוּת, רְכִיבָה עַל אוֹפַנַּיִם
ciclista *m* אוֹפַנָּן, רוֹכֵב אוֹפַנַּיִם
ciclo *m* מַחֲזוֹר, תְּקוּפָה, מַעְגָּל, סִדְרָה
cicloidal *f* עִגּוּלִי
cicloide *f* צִיקְלוֹאִיד
ciclón *m* סְעָרָה, סוּפָה, צִיקְלוֹן
ciclonal, ciclónico *adj* צִיקְלוֹנִי
cíclope *m* צִיקְלוֹפּ
ciclópeo *adj* 1 צִיקְלוֹפִּי. 2 עֲנָקִי
ciclorama *m* נוֹף, אֹפֶק
ciclotrón *m* צִיקְלוֹטְרוֹן
cicuta *f* רוֹשׁ
cid *m* אָדוֹן, גִּבּוֹר, אַבִּיר
cidra *f* אֶתְרוֹג
cidro *m* עֵץ הָאֶתְרוֹג
cidronela *f* מְלִיסָה (צֶמַח רְפוּאִי)
ciego *m* 1 עִוֵּר, סוּמָא. 2 מְעִי עִוֵּר
cielito *m* סִיאֶלִיטוֹ, רִקּוּד אַרְגֶּנְטִינָאִי
cielo *m* רָקִיעַ, שָׁמַיִם, שְׁחָקִים
cielo raso תִּקְרָה
ciempiés *m* נַדָּל
cien *adj* מֵאָה
ciénaga *f* בִּצָּה
ciencia *f* 1 מַדָּע, תּוֹרָה. 2 חָכְמָה, יֶדַע
cienmilésimo *adjm* מֵאָה־אַלְפִּית
cienmillonésimo *adjm* מֵאָה־מִילְיוֹנִית
cieno *m* טִיט, בֹּץ, רֶפֶשׁ
científico *adjm* 1 מַדָּעִי. 2 מַדְּעָן
ciento *adjm* מֵאָה
cierne *m* לִבְלוּב, פְּרִיחָה
cierre *m* נְעִילָה, סְגִירָה, הִנָּעֲלוּת
cierre relámpago רוֹכְסָן
cierro *m* 1 גָּדֵר, גְּדֵרָה. 2 נְעִילָה, סְגִירָה
ciertamente *adv* בְּוַדַּאי, אָל־נָכוֹן, בְּוַדָּאוּת
cierto *adjadv* 1 נָכוֹן, וַדַּאי, בָּטוּחַ. 2 אֱמֶת. 3 פְּלוֹנִי, מָאן דְּהוּ, אֵיזֶה
ciervo *m* צְבִי, אַיָּל
ciervo volante חִפּוּשִׁית אַיָּל
cifra *f* 1 מִסְפָּר, סִפְרָה, סְכוּם. 2 צֹפֶן, כְּתַב סְתָרִים. 3 שֵׁם
cifrado *adj* מְצֻפָּן
cifrador *m* כּוֹתֵב בְּצֹפֶן
cifrar *vt* 1 כָּתַב בְּצֹפֶן. 2 קִצֵּר, סִכֵּם, הִקְטִין, צִמְצֵם. 3 הִצְפִּין, צִפֵּן
cigarra *f* צְרָצַר
cigarrera *f* קֻפְסַת סִיגָרִיּוֹת
cigarrería *f* חֲנוּת לְסִיגָרִיּוֹת, חֲנוּת לְטַבָּק
cigarrero *m* עוֹשֶׂה אוֹ מוֹכֵר סִיגָרִיּוֹת
cigarillo *m* סִיגָרִיָּה
cigarro *m* סִיגָר
cigoñal *m* קִילוֹן, מָנוֹף
cigüeña *f* חֲסִידָה
cigüeñal *m* 1 קִילוֹן, מָנוֹף. 2 אַרְכֻּבָּה
cilanco *m* שְׁלוּלִית
cilandro *m* כֻּסְבָּר
ciliado *adj* רִיסָנִי
ciliar *adj* רִיסִי
cilindrado *adj* מְעֻרְגָּל
cilindrar *vt* גָּלַל, גִּלְגֵּל, גּוֹלֵל, עִרְגֵּל
cilíndrico *adj* גְּלִילִי, צִילִינְדְּרִי, אִצְטְוָנִי
cilindro *m* גָּלִיל, צִילִינְדֶּר
cilio *m* רִיסִים
cilla *f* גֹּרֶן, אָסָם
cima *f* פִּסְגָּה, שִׂיא
cimarrón *adj* פִּרְאִי, חָפְשִׁי, בָּר
cimbalero, cimbalista *m* מַקִּישׁ בִּמְצִלְתַּיִם
címbalo *m* מְצִלְתַּיִם
címbara *f* חֶרְמֵשׁ
cimbra *f* קְמִירוּת, כְּפִיפָה
cimbrar, cimbrear *vt* נִדְנֵד, הֵנִיעַ, זִעְזֵעַ, נוֹפֵף
cimbreante *adj* גָּמִישׁ, כָּפִיף
cimbreo *m* נִדְנוּד, זַעֲזוּעַ
cimentación *f* יִסּוּד, בִּסּוּס
cimentador *adjm* מְיַסֵּד, בּוֹנֶה
cimentar *vt* יִסֵּד, בִּסֵּס
cimiento *m* יְסוֹד, בָּסִיס, מַסָּד
cimitarra *f* חֶרֶב עֲקֻמַּת לַהַב
cinabrio *m* קִנְבָּר, צִינוֹבָּר

cinc אָבָץ
cinca *f* עֲבֵרָה
cincel *m* אִזְמֵל, מַפְסֶלֶת
cincelado *adjm* 1 חָטוּב, מְגֻלָּף. 2 חִטּוּב, גִּלּוּף
cincelador *m* סַתָּת, גּוֹלֵף, חַטָּב
cinceladura *f* גִּלּוּף, חִטּוּב
cincelar *vt* חִטֵּב, גִּלֵּף, סִתֵּת
cinco *adjm* חָמֵשׁ, חֲמִשָּׁה
cincografía *f* צִינְקוֹגְרַפְיָה
cincuenta *adjm* חֲמִשִּׁים
cincuentavo *adjm* חֵלֶק הַחֲמִשִּׁים
cincuentena *f* חֲמִשִּׁים
cincuentón *adjm* בֶּן חֲמִשִּׁים
cincha *f* חֶבֶק
cinchar *vt* חָבַק
cincho *m* אַבְנֵט, אֵזוֹר, חֲגוֹרָה, רְצוּעָה
cine, cinema *m* קוֹלְנוֹעַ
cineasta *m* אִישׁ קוֹלְנוֹעַ
cinematografía *f* קוֹלְנוֹעַ
cinematográfico *adj* קוֹלְנוֹעִי
cinematógrafo *m* קוֹלְנוֹעַ
cinética *f* קִינֶטִיקָה
cinético *adj* קִינֶטִי
cíngaro *m* צוֹעֲנִי
cíngulo *m* חֲגוֹרָה, אֵזוֹר
cínico *adjm* צִינִי, צִינִיקָן
cinismo *m* צִינִיּוּת
cinosura *f* הַדֹּב הַקָּטָן
cinta *f* סֶרֶט
cinta adhesiva אֶגֶד מְדַבֵּק
cinta métrica מַגְלוֹל
cintillo *m* סֶרֶט, שְׂרוֹךְ
cinto *m* 1 חֲגוֹרָה, אֵזוֹר, אַבְנֵט. 2 מֹתֶן, מָתְנַיִם
cintura *f* מֹתֶן, מָתְנַיִם
cinturón *m* חֲגוֹרָה, אֵזוֹר, אַבְנֵט
cipayo *m* סְפָּהִי
ciprés *m* בְּרוֹשׁ
cipresal *m* יַעַר בְּרוֹשִׁים
circo *m* קִרְקָס
circón *m* זִירְקוֹן (מַחְצָב)
circonio *m* זִירְקוֹן
circuir *vt* הִקִּיף, סָבַב, כָּלַל, הִכְלִיל
circuito *m* 1 סִבּוּב, מַעְגָּל. 2 חֶבֶל, שְׁכוּנָה. 3 הֶקֵּף הָעִגּוּל. 4 מַעְגָּל חַשְׁמַלִּי
circulación *f* 1 מַחֲזוֹר, תְּנוּעָה, צִירְקוּלַצְיָה. 2 הֲפָצָה, תְּפוּצָה
circulante *adj* 1 מַחֲזוֹרִי. 2 נוֹדֵד
circular *vtiadjm* 1 נָע, סָבַב, זָרַם. 2 עָגֹל, עִגּוּלִי. 3 חוֹזֵר, תַּזְכִּיר
circulatorio *adj* צִירְקוּלָרִי, מַחֲזוֹרִי
círculo *m* 1 מַעְגָּל, עִגּוּל. 2 חוּג. 3 מַחֲזוֹר
círculo vicioso מַעְגַּל קְסָמִים
circuncidar *vt* מָהַל, מָל
circuncisión *f* בְּרִית מִילָה, מִילָה
circunciso *adjm* נִמּוֹל
circundante *adj* מַקִּיף, מְכַתֵּר
circundar *vt* הִקִּיף, סָבַב
circunferencia *f* מַעְגָּל, עִגּוּל, הֶקֵּף
circunflejo *adj* מְסֻמָּן בְּגֵרֵשׁ
circunlocución, circunloquio *fm* גִּבּוּב דְּבָרִים, לָשׁוֹן סְחוֹר־סְחוֹר
circunnavegación *f* שַׁיִט לְהַקָּפַת הָאָרֶץ
circunnavegar *vt* שָׁט לְהַקָּפַת הָאָרֶץ
circunscribir *vt* הִגְדִּיר, תָּחַם, סִיֵּג, הִגְבִּיל, הִקִּיף
circunscripción *f* 1 מָחוֹז, תְּחוּם. 2 תִּחוּם, סִיּוּג, הַגְבָּלָה
circunscrito *adj* מְתֻחָם, מֻגְבָּל, מֻקָּף
circunspección *f* 1 זְהִירוּת, מְתִינוּת. 2 עֵרָנוּת, פִּקְחוּת. 3 בִּינָה, רְצִינוּת
circunspecto *adj* 1 זָהִיר, מָתוּן. 2 עֵרָנִי, פִּקֵּחַ. 3 נָבוֹן, רְצִינִי
circunstancia *f* סִבָּה, נְסִבָּה, מִקְרֶה, מַצָּב, מְאֹרָע, עֻבְדָּה, תַּקְרִית
circunstanciado *adj* מְפֹרָט
circunstancial *adj* נְסִבָּתִי, מִקְרִי, סִבָּתִי
circunstante *adjm* 1 שָׁכֵן, מַקִּיף, סוֹבֵב. 2 נוֹכֵחַ
circunvalación *f* הַקָּפָה, כִּתּוּר
circunvalar *vt* הִקִּיף, סָבַב, סוֹבֵב

circunvecino *adj* שָׁכֵן, קָרוֹב, מִצְרָנִי
cirio *m* נֵר־נְשָׁמָה
cirro *m* 1 קְנוֹקֶנֶת. 2 שְׂאֵת
cirrosis *f* שַׁחֶמֶת
cirrótico *adj* חוֹלֵה־שַׁחֶמֶת
ciruela *f* שְׁזִיף
ciruelo *m* עֵץ שְׁזִיף
cirugía *f* כִּירוּרְגְיָה
cirujano *m* כִּירוּרְג
cisma *m* קֶרַע, מַחֲלֹקֶת, פֵּרוּד, פִּלּוּג
cismático *adj* פַּלְגָנִי, מְפַלֵּג
cisne *m* בַּרְבּוּר
cisterna *f* גֵּב, בּוֹר לְמֵי־גְשָׁמִים
cístico *adj* כִּיסָנִי
cistitis *f* דַּלֶּקֶת שַׁלְפּוּחִית הַשֶּׁתֶן
citoscopio *m* צִיסְטוֹסְקוֹפּ
cisura *f* שָׂרֶטֶת, חֲתָךְ, חִתּוּךְ
cita *f* 1 צִטּוּט, צִיטָטָה. 2 פְּגִישָׁה, מִפְגָּשׁ. 3 רַאֲיוֹן
citable *adj* בַּר־צִטּוּט
citación *f* 1 הַזְמָנָה לְדִין. 2 צִטּוּט, מוּבָאָה
citado *adj* מְצֻטָּט
citador *adj* 1 מַזְמִין, תּוֹבֵעַ. 2 שְׁלִיחַ בֵּית הַמִּשְׁפָּט
citar *vt* 1 צִטֵּט. 2 צִיֵּן, הִזְכִּיר. 3 הִזְמִין לְדִין
cítara *f* קַתְרוֹס
citatorio *adjm* 1 הַזְמָנַת בֵּית מִשְׁפָּט. 2 צַו, קְרִיאָה
citerior *adj* קָרוֹב, סָמוּךְ
citología *f* תּוֹרַת הַתָּאִים
citológico *adj* שֶׁל תּוֹרַת הַתָּאִים
citólogo *m* חוֹקֵר תָּאִים
citoplasma *m* חֹמֶר הַתָּא
citrato *m* צִיטְרָט
cítrico *adj* 1 הַדָּרִי. 2 שֶׁל חֻמְצַת לִימוֹן
citrino *adj* תָּרֹג, צְהַבְהַב
citrón *m* לִימוֹן
ciudad *f* עִיר, כְּרַךְ, קִרְיָה
ciudadanía *f* אֶזְרָחוּת
ciudadano *madj* 1 אֶזְרָח. 2 אֶזְרָחִי, עִירוֹנִי
ciudadela *f* מְצוּדָה, קִרְיָה
civeta *f* חָתוּל הַזַּבָּד (מוּשְׁק)
civeto *m* זַבָּד
cívico *adj* אֶזְרָחִי, עִירוֹנִי
civil *adj* 1 אֶזְרָחִי. 2 אָדִיב, מְנֻמָּס. 3 אֶזְרָחָנִי
civilidad *f* 1 אֶזְרָחָנוּת. 2 נִימוּס, אֲדִיבוּת. 3 אִזְרוּחַ
civilización *f* 1 תַּרְבּוּת, צִיבִילִיזַצְיָה. 2 נִימוּס
civilizador *adjm* מְתַרְבֵּת
civilizar *vt* 1 תִּרְבֵּת, אִלֵּף. 2 אִזְרֵחַ
cizaña *f* 1 זוּן. 2 מַחֲלֹקֶת, סִכְסוּךְ, פֵּרוּד
clamador *adj* 1 צַעֲקָן, צַוְחָן. 2 צַעֲקָנִי, צַוְחָנִי, קוֹלָנִי
clamar *vit* צָעַק, זָעַק, צָוַח, תָּבַע
clamor *m* זְעָקָה, צְוָחָה, תְּבִיעָה, מְחָאָה
clamorear *vti* צָעַק, זָעַק, צָוַח, תָּבַע
clamoreo *m* תְּחִנָּה, הַפְצָרָה, זְעָקָה
clamoroso *adj* צַעֲקָנִי, קוֹלָנִי, צַוְחָנִי
clan *m* בֵּית אָב, שֵׁבֶט, מַטֶּה, מִשְׁפָּחָה
clandestinidad *f* סוֹדִיּוּת, חֲשָׁאִיּוּת, סֵתֶר
clandestino *adj* חֲשָׁאִי, סוֹדִי, נִסְתָּר
claque *f* מְחָאֲנִים, מוֹחְאֵי־כַּף
clara *f* חֶלְבּוֹן
claraboya *f* צֹהַר, אֶשְׁנָב
clarear *viref* בָּקַע הַשַּׁחַר, בָּקַע הָאוֹר, הִתְבָּאֵר, הִתְבַּהֵר
clarecer *vi* בָּקַע הַשַּׁחַר
clarete *m* יַיִן אָדֹם
claridad *f* בְּהִירוּת, בְּאִירוּת, צְלִילוּת, צַחוּת, שְׁקִיפוּת
claridoso *adj* גְּלוּי־לֵב, כֵּן, אֲמִתִּי
clarificación *f* הַבְהָרָה, זִקּוּק, זִכּוּךְ, בֵּרוּר, טִהוּר
clarificador *adjm* 1 מְבָרֵר, מְטַהֵר, מְזַקֵּק, מְזַכֵּךְ
clarificar *vt* הִבְהִיר, טִהֵר, זִקֵּק, זִכֵּךְ
clarín *m* חֲצוֹצְרָה
clarinero *m* חֲצוֹצְרָן
clarinete *m* קְלַרְנִית (קְלָרִינֶט)
clarión *m* גִּיר
clarividencia *f* חַדּוּת הַשֵּׂכֶל, פִּקְחוּת, בִּינָה

clarividente *adjm* נָבוֹן, חָכָם, פִּקֵּחַ, חָרִיף, גְּלוּי־עֵינַיִם

claro *adjmadv* 1 בָּהִיר, בָּרוּר, מוּבָן, יָדוּעַ. 2 דָּלִיל. 3 זֹהַר. 4 בִּבְהִירוּת

clase *f* 1 כִּתָּה. 2 שִׁעוּר. 3 מַעֲמָד. 4 מַחְלָקָה. 5 סוּג, מִין

clasicismo *m* קְלַסִּיצִיזְם

clasicista *m* קְלַסִּיקוֹן

clásico *adjm* 1 קְלַסִּי, מוֹפְתִי. 2 קְלַסִּיקוֹן

clasificación *f* מִיּוּן, סִוּוּג, הַשְׁבָּצָה

clasificador *adjm* 1 מְמַיֵּן, מְסַוֵּג. 2 סַדְּרָן

clasificar *vt* מִיֵּן, סִוֵּג

claustro *m* 1 מִנְזָר. 2 חֶבֶר מוֹרִים (בְּמִכְלָלָה)

claudicación *f* 1 פִּסְחוּת. 2 סְטִיָּה מֵעֶקְרוֹנוֹת. 3 כְּנִיעָה

claudicar *vi* 1 צָלַע. 2 סָטָה מֵעֶקְרוֹנוֹתָיו. 3 נִכְנַע

claustrofobia *f* בַּעַת סְגוֹר

cláusula *f* 1 סָעִיף, פָּסוּק. 2 מִשְׁפָּט

clausular *vt* 1 סִכֵּם. 2 חִלֵּק לִסְעִיפִים

clausura *f* 1 נְעִילָה, סְגִירָה, סִיּוּם, חֲתִימָה. 2 פְּרִישׁוּת

clausurar *vt* נָעַל, סָגַר, סִיֵּם, חָתַם

clava *f* אַלָּה

clavado *adj* 1 דָּפוּק, מְמֻסְמָר, מְסֻמָּר. 2 מְדֻיָּק, הוֹלֵם, מַתְאִים

clavar *vt* דָּפַק, נָעַץ, תָּקַע מַסְמֵר

clave *f* 1 צֹפֶן. 2 מַפְתֵּחַ (בְּמוּסִיקָה)

clavel *m* צִפֹּרֶן (פֶּרַח)

clavero *m* 1 מַחֲזִיק מַפְתְּחוֹת. 2 מִקְלֶדֶת. 3 קוֹלָב

clavetear *vt* 1 מִסְמֵר. 2 הֵבִיא עִסְקָה לִידֵי גְּמָר

clavicordio *m* צֶ'מְבָּלוֹ

clavícula *f* עֶצֶם הַבְּרִיחַ, בְּרִיחַ

clavija *f* יָתֵד, פִּין

clavijero *m* 1 מֵיתַד־הַמֵּיתָרִים. 2 קוֹלָב

clavillo *m* 1 פִּין, יָתֵד. 2 מַסְמֵר

clavo *m* מַסְמֵר

clemátide *f* זַלְזֶלֶת (צֶמַח נוֹי)

clemencia *f* רַחֲמָנוּת, חֶמְלָה, רַחֲמִים

clemente *adj* רַחֲמָן, רַחוּם

clepsidra *f* שְׁעוֹן מַיִם

cleptomanía *f* קְלֶפְּטוֹמַנְיָה

cleptomaníaco *adjm* קְלֶפְּטוֹמָן

cleptómano *adjm* קְלֶפְּטוֹמָן

clerecía *f* כְּמוּרָה

clerical *adj* קְלֶרִיקָלִי

clericato *m* מַעֲמַד הַכֹּמֶר

clericatura *f* כְּמוּרָה

clérigo *m* כֹּמֶר

clero *m* כְּמוּרָה

cliente *m* קוֹנֶה, לָקוֹחַ

clientela *f* קְהַל הַלָּקוֹחוֹת

clima *m* אַקְלִים, מֶזֶג אֲוִיר

climatérico, climático *adj* אַקְלִימִי

climatología *f* תּוֹרַת הָאַקְלִים

clímax *m* שִׂיא, פִּסְגָּה

clínica *f* מִרְפָּאָה

clínico *adj* קְלִינִי

clíper *m* סְפִינַת־מִפְרָשִׂים

clisar *vt* עָשָׂה אִמָּהוֹת (דְּפוּס)

clisé *m* אִמָּה, סְטֶרֶאוֹטִיפּ, גְּלוּפָה

clítoris *m* דַּגְדְּגָן

clivoso *adj* תָּלוּל, מְשֻׁפָּע, יוֹרֵד

cloaca *f* בִּיב, צִנּוֹר שְׁפָכִים

clocar, cloquear *vi* קִרְקְרָה (דּוֹגֶרֶת)

cloque *m* צִלְצָל

cloqueo *m* קִרְקוּר

clorato *m* כְּלוֹרָט

cloro *m* כְּלוֹר

clorofila *f* כְּלוֹרוֹפִיל

clorofílico *adj* כְּלוֹרוֹפִילִי

cloroformizar *vt* הִרְדִּים בִּכְלוֹרוֹפוֹרְם

cloroformo *m* כְּלוֹרוֹפוֹרְם

cloruro *m* כְּלוֹרִיד

club *m* 1 מוֹעֲדוֹן, בֵּית וַעַד. 2 אֲגֻדָּה, אִגּוּד

clueca *f* דּוֹגֶרֶת

coacción *f* כְּפִיָּה, אִלּוּץ

coacervar *vt* עָרַם, צָבַר, גִּבֵּב, קוֹשֵׁשׁ

coactivo *adj* כּוֹפֶה, מַכְרִיחַ, מְחַיֵּב

coadyuvar *vt* 1 תָּמַךְ, עָזַר. 2 סִיֵּעַ, תָּרַם לְ־
coagulación *f* הַקְרָשָׁה, קְרִישָׁה, הִתְקָרְשׁוּת
coagulador *adj* מַקְרִישׁ
coagular *vt* 1 הִקְרִישׁ. 2 קָרַשׁ, נִקְרַשׁ, קָפָא, נִקְפָּא
coágulo *m* קָרִישׁ, מִקְרָשׁ, קְרוּם
coalición *f* קוֹאָלִיצְיָה
coartada *f* אַלִּיבִּי
coartar *vt* 1 הִגְבִּיל, צִמְצֵם. 2 אִלֵּץ, הִכְרִיחַ
coaxial *adj* מְשֻׁתַּף־צִיר
coba *f* 1 חֲנֻפָּה, חֲנִיפָה, מַחֲמָאָה, לְשׁוֹן חֲלָקוֹת. 2 כִּפָּה
cobalto *m* קוֹבַּלְט
cobarde *adjm* מוּג לֵב, פַּחְדָן
cobardía *f* מֹרֶךְ לֵב, פַּחְדָנוּת
cobayo *m* שְׁפַן נִסָּיוֹן
cobertera *f* מִכְסֶה, כִּסּוּי
cobertizo *m* סְכָכָה, מוּסָךְ
cobertor *m* שְׂמִיכָה
cobertura *f* כִּסּוּי, מִכְסֶה
cobija *f* שְׂמִיכָה, כִּסּוּי
cobijadura *f* כִּסּוּי, כְּסוּת, מַחְסֶה
cobijamiento *m* אַכְסַנְיָה, מִשְׁכָּן
cobijar *vt* 1 כִּסָּה. 2 הֶחֱסָה, הֵגֵן, חִפָּה
cobijo *m* כִּסּוּי, כְּסוּת, מַחְסֶה
cobra *f* 1 פֶּתֶן. 2 מוֹסֵרָה. 3 מִסְפַּר סוּסוֹת־דַּיִשׁ
cobrable, cobradero *adj* טָעוּן גְּבִיָּה, בַּר־גְּבִיָּה
cobrador *m* גּוֹבֶה
cobranza *f* גְּבִיָּה, גּוּבַיְנָא
cobrar *vtref* 1 גָּבָה. 2 רָכַשׁ. 3 הֶחֱזִיר לְעַצְמוֹ
cobre *m* נְחֹשֶׁת
cobrizo *adj* שָׁחוֹם, נְחָשְׁתִּי
cobro *m* גְּבִיָּה, גּוּבַיְנָא
coca *f* קוֹקָה (שִׂיחַ). 2 גַּרְגֵּר
cocaína *f* קוֹקָאִין
cocaví *m* צֵידָה
cocción *f* 1 שְׁלוּק. 2 רְתִיחָה, שְׁלִיקָה. 3 בִּשּׁוּל
cóccix *m* עֶצֶם הָעֹקֶץ, עֶצֶם הָאַלְיָה
coceadura *f* בְּעִיטָה
coceamiento *m* בִּעוּט
cocear *vi* בָּעַט, חָבַט
cocedor *m* בַּעֲטָן
cocer *vt* בִּשֵּׁל, אָפָה, שָׁלַק
coces *fpl* בְּעִיטוֹת
cocido *adjm* 1 מְבֻשָּׁל. 2 תַּבְשִׁיל
cociente *m* 1 מָנָה. 2 תּוֹצָאָה שֶׁל חִלּוּק
cocimiento *m* 1 בִּשּׁוּל, הַרְתָּחָה. 2 רִקּוּחַ תְּרוּפָה
cocina *f* 1 מִטְבָּח. 2 תַּנּוּר, כִּירָה, כִּירַיִם
cocinar *vti* 1 בִּשֵּׁל. 2 הִתְעָרֵב בְּעִנְיָן לֹא־לוֹ
cocinero *m* טַבָּח
cocinilla *f* 1 פְּתִילִיָּה, כִּירָה. 2 אָח (תַּנּוּר)
coco *m* 1 קוֹקוֹס. 2 דַּחְלִיל. 3 חַיְדַּק
cocodrilo *m* תַּנִּין, תִּמְסָח
cocotal *m* מַטַּע קוֹקוֹס
cocotero *m* עֵץ הַקּוֹקוֹס
coctel *m* קוֹקְטֵיל
coctelera *f* כְּלִי לַהֲכָנַת קוֹקְטֵיל
coche *m* 1 מֶרְכָּבָה, קָרוֹן, כִּרְכָּרָה. 2 מְכוֹנִית
cochecillo *m* עֶגְלַת יְלָדִים
cochera *f* מוּסָךְ, מַחְסָן
cochería *f* אֻרְוָה
cochero *m* עֶגְלוֹן
cochevira *f* שֻׁמַּן חֲזִיר
cochina *f* חֲזִירָה
cochinada *f* 1 טִנּוּף, זֻהֲמָה. 2 שִׁפְלוּת, נִבְזוּת
cochinería *f* חֲזִירוּת, לִכְלוּךְ, מַעֲשֶׂה בָּזוּי
cochinilla *f* 1 תּוֹלַעַת שָׁנִי. 2 פִּשְׁפֵּשׁ אַדְמוֹנִי
cochino *madj* 1 חֲזִיר. 2 מְלֻכְלָךְ, מְזֹהָם, מְטֻנָּף
coda *f* 1 יָסֵף, קוֹדָה. 2 טְרִיז מְשֻׁלָּשׁ, יָתֵד
codal *m* 1 תּוֹמֵךְ, מִשְׁעָן. 2 מִסְגֶּרֶת. 3 קוֹרָה, עַמּוּד
codazo *m* מַכַּת מַרְפֵּק
codear *viref* 1 נִדְחַק, פִּלֵּס לוֹ דֶּרֶךְ. 2 הִתְרוֹעֵעַ, הִסְתּוֹפֵף
codeína *f* קוֹדְאִין
codelincuencia *f* שֻׁתָּפוּת לַעֲבֵרָה
codelincuente *m* שֻׁתָּף לַעֲבֵרָה
codemandado *m* נִתְבָּע בְּשֻׁתָּפוּת

codeo *m* 1 הִתְרוֹעֲעוּת, הִתְיַדְּדוּת. 2 מִרְפּוּק
codeso *m* כְּלָיָנִית (שִׂיחַ)
códice *m* 1 כְּתַב־יָד עַתִּיק. 2 מַחֲזוֹר תְּפִלּוֹת
codicia *f* תְּשׁוּקָה, תַּאֲוָה, חַמְדָנוּת, חֵשֶׁק
codiciable *adj* 1 חָמִיד, חָשִׁיק. 2 חַמְדָנִי
codiciar *vt* חָמַד, חָשַׁק, תָּאַב, הִתְאַוָּה
codicilo *m* סִמְפּוֹן, נִסְפָּח לְצַוָּאָה
codicioso *adj* חַמְדָן, חוֹשֵׁק, חוֹמֵד, חַמְדָנִי, תַּאַוְתָן
codificación *f* קוֹדִיפִיקַצְיָה, חֲקִיקָה
codificar *vt* חוֹקֵק, חָקַק
código *m* קוֹדֶקְס
codillo *m* 1 זְרוֹעַ. 2 מַרְפֵּק. 3 מִשְׁוֶרֶת, אַרְכּוּף, רְכֻבָּה
codo *m* מַרְפֵּק
codorniz *f* שְׂלָו
coeducación *f* חִנּוּךְ מְעֹרָב
coeducativo *adj* שֶׁל הַחִנּוּךְ הַמְעֹרָב
coeficiente *adjm* מְקַדֵּם, כּוֹפֵל, קוֹאֶפִיצְיֶנְט
coercer *vt* כָּפָה, הִכְרִיחַ, חִיֵּב, אִלֵּץ
coercible *adj* שֶׁנִּתָּן לְעַכֵּב, לְרַסֵּן, לְחַיֵּב
coerción *f* כְּפִיָּה, חִיּוּב, אִלּוּץ
coercitivo *adj* כּוֹפֶה, מַכְרִיחַ, מְחַיֵּב
coetáneo *adj* בֶּן אוֹתוֹ זְמַן, בֶּן דּוֹר
coevo *adj* בֶּן דּוֹר, בֶּן זְמַנֵּנוּ, בֶּן גִּיל
coexistencia *f* דּוּ־קִיּוּם
coexistir *vi* הִתְקַיֵּם בִּצְוָתָא
cofia *f* 1 כִּפִּיָּה. 2 רֶשֶׁת שֵׂעָר
cofín *m* סַל, טֶנֶא
cofrade *m* חָבֵר, אָח
cofra lía *f* אֲגֻדָּה, חֶבֶר
cofre *m* אַרְגָּז, תֵּבָה
cogedero *adjm* 1 נִתָּן לִתְפִיסָה. 2 יָדִית, קַת
cogedura *f* אִסּוּף, לֶקֶט, לִקּוּט
coger *vt* 1 לָקַח, אָחַז, תָּפַשׂ. 2 אָסַף, לִקֵּט, קָטַף
cogida *f* 1 אֲחִיזָה, תְּפִישָׂה. 2 אִסּוּף, לֶקֶט, קָטִיף
cogido *m* קִפּוּל, מַכְפֶּלֶת
cognac *m* קוֹנְיָק
cognado *adjm* שְׁאֵר בָּשָׂר, קָרוֹב מִשְׁפָּחָה
cognición *f* תְּפִיסָה, יְדִיעָה, הַכָּרָה
cognomen *m* שֵׁם מִשְׁפָּחָה
cognomento *m* מוֹנִיטִין, כִּנּוּי
cogollo *m* 1 קֶלַח. 2 נֶבֶט, נִצָּן
cogotazo *m* עָרְפִּיָּה, מַכַּת־עֹרֶף
cogote *m* עֹרֶף
cogulla *f* בַּרְדָּס, גְּלִימַת נְזִירִים
cohabitación *f* חַיִּים יַחַד, הִזְדַּוְּגוּת
cohabitar *vi* בָּעַל, הִזְדַּוֵּג, חַי יַחַד
cohechar *vt* שִׁחֵד
cohecho *m* שֹׁחַד, שִׁחוּד
coheredero *m* יוֹרֵשׁ מְשֻׁתָּף
coherencia *f* חִבּוּר, קֶשֶׁר, הִדָּבְקוּת, הִתְלַכְּדוּת
coherente *adj* 1 שַׁיָּךְ לָעִנְיָן, תּוֹפֵס. 2 בָּרוּר, הֶגְיוֹנִי
cohesión *f* הִתְלַכְּדוּת, הִדָּבְקוּת, הִתְמַזְּגוּת
cohesivo *adj* מְדַבֵּק, מִתְלַכֵּד
cohete *m* טִיל, קָלִיעַ, רָקֶטָה
cohibición *f* מַעְצוֹר, רִסּוּן, הִתְאַפְּקוּת, הַבְלָגָה
cohibidor *adj* בּוֹלֵם, עוֹצֵר, מְעַכֵּב
cohibir *vt* עָצַר, רִסֵּן, בָּלַם, הִרְתִּיעַ, אָסַר
cohombro *m* מְלָפְפוֹן
cohorte *f* 1 פְּלֻגָּה. 2 פְּלֻגַּת רַגְלִים רוֹמָאִית
coima *f* שֹׁחַד
coimear *vti* 1 שִׁחֵד. 2 לָקַח שֹׁחַד
coincidencia *f* 1 מִקְרֶה, הִזְדַּמְּנוּת. 2 הַתְאָמָה
coincidente *adj* 1 מַתְאִים. 2 מִקְרִי
coincidir *vi* 1 הִתְאִים, הִקְבִּיל, חָפַף. 2 קָרָה בְּעֵת וּבְעוֹנָה אַחַת
coinquilino *m* 1 דַּיָּר מִשְׁנֶה. 2 דַּיָּר מְשֻׁתָּף
coito *m* הִזְדַּוְּגוּת, בִּיאָה, בְּעִילָה, מִשְׁגָּל
cojear *vi* צָלַע, פָּסַח, חָגַר
cojera *f* צְלִיעָה, פִּסְחוּת, חִגְּרוּת
cojín *m* כַּר, כֶּסֶת
cojinete *m* 1 מֵסַב. 2 כָּרִית
cojo *adjm* צוֹלֵעַ, חִגֵּר, פִּסֵּחַ
cok *m* פַּחֲמֵי אֶבֶן, קוֹקְס
col *f* כְּרוּב
cola *f* 1 זָנָב. 2 תּוֹר, שׁוּרָה. 3 שֹׁבֶל
colaboración *f* שִׁתּוּף פְּעֻלָּה
colaboracionista *adjm* מְשַׁתֵּף פְּעֻלָּה

colaborador *m* מְשַׁתֵּף פְּעֻלָּה, מִשְׁתַּתֵּף
colaborar *vi* שִׁתֵּף פְּעֻלָּה
colación *f* 1 הַסְמָכָה. 2 הַשְׁוָאָה. 3 אֲרוּחָה קַלָּה. 4 סִנּוּן. 5 הֲבָאַת אַסְמַכְתָּה
colacionar *vt* הִשְׁוָה
colada *f* 1 סִנּוּן. 2 כְּבִיסָה. 3 וָאדִי
coladera *f* מְסַנֶּנֶת, מְשַׁמֶּרֶת
colado *adj* 1 יָצוּק (בַּרְזֶל). 2 מְסֻנָּן
colador, coladero *m* 1 מְסַנֶּנֶת, מְשַׁמֶּרֶת. 2 מַסְמִיךְ
coladura *f* סִנּוּן
colapso *m* 1 הִתְמוֹטְטוּת, הִכָּשְׁלוּת. 2 רִפְיוֹן, הִתְעַלְּפוּת, חֻלְשָׁה
colar *vti* 1 סִנֵּן, שִׁמֵּר, זִקֵּק. 2 הִסְמִיךְ. 3 כָּבַס. 4 שָׁתָה, גָּמַע (יַיִן). 5 נִדְחַק, הִסְתַּנֵּן
colateral *adj* 1 צְדָדִי, עָקִיף, טָפֵל. 2 מַקְבִּיל. 3 קְרוֹב מִשְׁפָּחָה
colcha *f* כֶּסֶת, שְׂמִיכָה
colchadura *f* הִתְכַּסּוּת בִּשְׂמִיכָה
colchar *vt* רִפֵּד
colchón *m* מִזְרָן
colchoneta *f* מִזְרָן, מַחְצֶלֶת
colear *vi* 1 כִּשְׁכֵּשׁ בְּזָנָב, הֵנִיעַ, נִדְנֵד. 2 הִזְדַּנֵּב
colección *f* אֹסֶף, לֶקֶט, קֹבֶץ, דִּיוָאן
coleccionar *vt* אָסַף, אָגַר, קִבֵּץ, לִקֵּט
coleccionista *m* אַסְפָן
colecta *f* מַגְבִּית
colectar *vt* אָסַף, קִבֵּץ, לִקֵּט, כִּנֵּס, גָּבָה, צָבַר
colectividad *f* 1 קְהִלָּה, צִבּוּר. 2 חֶבְרָה, חֶבֶר
colectivismo *m* קוֹלֶקְטִיבִיּוּת, שִׁתּוּף
colectivo *madj* 1 קוֹלֶקְטִיב. 2 קוֹלֶקְטִיבִי, צִבּוּרִי, שִׁתּוּפִי
colector *m* גּוֹבֶה, אַסְפָן, אוֹסֵף
colega *m* עָמִית, קוֹלֶגָה, חָבֵר
colegiado *adj* קוֹלֶגְיָלִי
colegial *adjm* 1 קוֹלֶגְיָלִי. 2 תַּלְמִיד
colegiatura *f* מִלְגָה, סְטִיפֶּנְדְּיָה, הַעֲנָקָה
colegio *m* קוֹלֶג', בֵּית סֵפֶר, מִדְרָשָׁה
colegir *vt* 1 אָסַף, לִקֵּט, אָגַר. 2 הִסִּיק, הוֹצִיא מַסְקָנוֹת
coleóptero *m* קְשֵׁה כְּנָפַיִם
cólera *m* 1 זַעַם, כַּעַס, רֹגֶז. 2 חֹלִירָע
colérico *adj* 1 זוֹעֵם, כַּעֲסָן, רַגְזָן. 2 חוֹלֵה חֹלִירָע
coleta *f* 1 צַמָּה. 2 תּוֹסֶפֶת, מוּסָף, הוֹסָפָה
coleto *m* 1 מְעִיל. 2 פְּנִימִיּוּתוֹ שֶׁל אָדָם
colgadero *madj* 1 קוֹלָב. 2 שֶׁנִּתָּן לִתְלוֹת עָלָיו
colgadizo *adjm* 1 שָׁעוּן. 2 גַּגּוֹן
colgado *adj* 1 תָּלוּי. 2 שָׁהוּי
colgadura *f* קְלָעִים, מַרְבַדִּים, שְׁטִיחִים
colgante *adjm* 1 תָּלוּי. 2 גָּדִיל
colgar *vt* 1 תָּלָה. 2 הִכְשִׁיל בִּבְחִינָה. 3 הֶאֱשִׁים
colibrí *m* יוֹנֵק הַדְּבַשׁ
cólico *adjm* 1 שֶׁל הַמְּעִי הַגַּס. 2 קוֹלִיקוּס. 3 כְּאֵב בֶּטֶן
coliflor *f* כְּרוּבִית
coligarse *vref* הִתְחַבֵּר, הִתְקַשֵּׁר
colilla *f* בְּדַל סִיגַרְיָה
colina *f* גִּבְעָה, תֵּל
colinabo *m* קוֹלְרַבִּי, כְּרוּב הַקֶּלַח
colindante *adj* סָמוּךְ, שָׁכֵן, קָרוֹב, מִצְרָנִי
colindar *vi* גָּבַל, קָרַב
coliseo *m* קוֹלוֹסֵאוּם, זִירָה
colisión *f* 1 הִתְנַגְּשׁוּת. 2 פְּלֻגְתָּא, מַחֲלֹקֶת
colitis *f* קוֹלִיטִיס, דַּלֶּקֶת הַמְּעִי הַגַּס
colmado *adjm* 1 מָלֵא, גָּדוּשׁ. 2 חֲנוּת מַכֹּלֶת. 3 מִסְעָדָה
colmar *vt* 1 מִלֵּא, גָּדַשׁ. 2 הֶעֱנִיק
colmena *f* כַּוֶּרֶת
colmenar *m* מִכְוֶרֶת
colmenilla *f* גַּמְצוּץ (פִּטְרִיַּת־מַאֲכָל)
colmillo *m* 1 נִיב. 2 שֶׁן־הַפִּיל
colmo *m* 1 גֹּדֶשׁ. 2 שִׂיא, פִּסְגָּה. 3 גַּל, תֵּל
colocación *f* 1 מָקוֹם, מַעֲמָד, עֶמְדָּה. 2 מִשְׂרָה, תַּפְקִיד, עֲבוֹדָה. 3 הֲנָחָה, הַפְקָדָה
colocar *vti* 1 שָׂם, הִנִּיחַ, הִצִּיב, הֵקִים, שִׁכֵּן. 2 סִדֵּר, עָרַךְ, מִיֵּן, סִוֵּג. 3 הֶעֱסִיק. 4 הִשְׁקִיעַ
colodión *m* קוֹלוֹדְיוֹן

colofón *m* קוֹלוֹפוֹן

coloide *m* קוֹלוֹאִיד

coloideo *adj* קוֹלוֹאִידִי

colon *m* 1 מְעִי גַּס. 2 נְקֻדָּתַיִם, נְקֻדָּה וּפְסִיק

colón *m* קוֹלוֹן

colonia *f* 1 מוֹשָׁבָה. 2 מֵי בֹּשֶׂם

colonial *adj* קוֹלוֹנְיָלִי

colonialismo *m* קוֹלוֹנְיָלִיזְם, קוֹלוֹנְיָלִיּוּת

colonización *f* הִתְיַשְּׁבוּת, יִשּׁוּב

colonizador *adj* מְיַשֵּׁב, מִתְנַחֵל

colonizar *vt* יִשֵּׁב, שִׁכֵּן

colono *m* מִתְיַשֵּׁב, מִתְנַחֵל

coloquoi *m* שִׂיחַ, שִׂיחָה, דּוּ־שִׂיחַ

color *m* צֶבַע, גֶּוֶן, אוֹר

coloración *f* צְבִיעָה, צִבּוּעַ, גִּוּוּן

colorado *adj* אָדֹם, כַּרְמִיל, שָׁנִי

colorante *adjm* 1 צוֹבֵעַ. 2 צֶבַע

colorar *vt* צָבַע, גִּוֵּן

colorear *vti* פִּרְכֵּס, הֶאְדִּים

colorete *m* אֹדֶם

colorido *m* 1 גֶּוֶן, צֶבַע. 2 סִבָּה, אֲמַתְלָה, תּוֹאֲנָה

colosal *adj* עֲנָקִי

coloso *m* עֲנָק

coludir *vi* זָמַם, עָשָׂה קְנוּנְיָה

columbio *m* קוֹלוּמְבִּיּוּם

columbrar *vt* 1 רִגֵּל, חָקַר. 2 קָלַט, הִרְגִּישׁ. 3 סָבַר, שִׁעֵר

columna *f* 1 עַמּוּד. 2 טוּר, גַּיִס. 3 שְׁדֵרָה. 4 עֲרוּגָה

columna vertebral עַמּוּד הַשִּׁדְרָה

columnario *adj* טוּרִי

columnata *f* שְׁדֵרַת עַמּוּדִים

columnista *m* בַּעַל טוּר

columpiar *vt* נִדְנֵד, עִרְסֵל

columpio *m* נַדְנֵדָה

colusión *f* קֶשֶׁר, קְנוּנְיָה, תְּכָכִים

colusorio *adj* תְּכָכִי

colza *f* לִפְתִית (צֶמַח בָּר)

collado *m* גִּבְעָה, תֵּל

collar *m* עֲנָק, רָבִיד

collazo *m* 1 צָמִית. 2 פּוֹעֵל, עוֹבֵד

collera *f* קוֹלָר

coma *mf* 1 פְּסִיק. 2 יַשֶּׁנֶת (מַחֲלָה)

comadre *f* 1 סַנְדָּקִית. 2 רַכְלָאִית, רַכְלָנִית

comadrear *vi* הִלְעִיז, הִרְכִּיל, רִכֵּל

comadreja *f* סַמּוּר

comadreo *m* רְכִילוּת, פִּטְפּוּט

comadrona *f* מְיַלֶּדֶת

comandancia *f* 1 מִפְקָדָה. 2 פִּקּוּד

comandante *m* מְפַקֵּד

comandar *vt* פָּקַד, פִּקֵּד

comandita *f* שֻׁתָּפוּת סְבִילָה

comando *m* 1 פִּקּוּד. 2 קוֹמַנְדוֹ

comarca *f* אֵזוֹר, גָּלִיל, מָחוֹז, חֶבֶל

comarcano *adj* סָמוּךְ, קָרוֹב, שָׁכֵן

comatoso *adj* מְתֻרְדָּם (מַצָּב חוֹלָנִי)

comba *f* עִקּוּל, עִקּוּם, קְמִירוּת, כְּפִיפָה

combar *vt* כָּפַף, עִקֵּם, הִטָּה, הִפְנָה

combate *m* 1 קְרָב, הֵאָבְקוּת. 2 מִלְחָמָה, מַעֲרָכָה

combatiente *adjm* 1 לוֹחֵם. 2 חַיָּל קְרָבִי

combatir *vti* לָחַם, נֶאֱבַק, נִלְחַם

combatividad *f* 1 לוֹחֲמוּת. 2 לְחִמָה

combinable *adj* בַּר הַרְכָּבָה

combinación *f* 1 תִּמְרוֹן, תַּחְבּוּלָה, תַּכְסִיס. 2 תִּרְכֹּבֶת. 3 שִׁלּוּב. 4 תַּחְתּוֹנִית.

combinar *vt* 1 הִרְכִּיב, שִׁלֵּב. 2 תִּמְרֵן. 3 סִדֵּר, עָרַךְ

combo *adjm* 1 קָמוּר, כָּפוּף, עָקֹם, מְעֻקָּל. 2 מַקֶּבֶת

combustible *adjm* 1 בָּעִיר, דָּלִיק, בּוֹעֵר. 2 דֶּלֶק

combustión *f* שְׂרֵפָה, אִכּוּל, הִתְלַקְּחוּת

comedero *m* אֵבוּס

comedia *f* קוֹמֶדְיָה

comedianta *f* 1 שַׂחֲקָנִית. 2 צְבוּעָה

comediante *m* 1 שַׂחֲקָן, קוֹמִיקָן. 2 צָבוּעַ

comedido *adj* אָדִיב, מְנֻמָּס, מְהֻגָּן

comedimiento *m*	1 אֲדִיבוּת, נִימוּס.
	2 מְתִינוּת, תְּבוּנָה
comedio *m*	1 חֲצִי, אֶמְצַע. 2 תְּקוּפַת בֵּינַיִם
comedirse *vref*	1 הִתְאַפֵּק, נִמְנַע, הִתְמַתֵּן.
	2 הִתְמַעֵט. 3 הִתְנַדֵּב
comedón *m*	נְקֻדָּה שְׁחוֹרָה
comedor *adjm*	1 אַכְלָן, זַלְלָן, גַּרְגְּרָן. 2 חֲדַר
	אֹכֶל
comendador *m*	קוֹמֶנְדָדוֹר
comensal *m*	1 אַסְפִּיט. 2 סָמוּךְ עַל שֻׁלְחַן
	אֲחֵרִים
comentador *m*	פַּרְשָׁן, מְפָרֵשׁ, מְבָאֵר
comentar *vti*	פֵּרֵשׁ, בֵּאֵר
comentario *m*	1 פֵּרוּשׁ, פַּרְשָׁנוּת, בֵּאוּר.
	2 הֶעָרָה. 3 בִּקֹּרֶת
comentarista *mf*	פַּרְשָׁן
comento *m*	פֵּרוּשׁ, פַּרְשָׁנוּת
comenzante *adjm*	מַתְחִיל, טִירוֹן
comenzar *vti*	1 הִתְחִיל, הֵחֵל. 2 פָּתַח
comer *vt*	1 אָכַל, סָעַד. 2 עִכֵּל, בִּלָּה, כִּלָּה
comerciable *adj*	סָחִיר, שָׁוִיק, עוֹבֵר לַסּוֹחֵר
comercial *adj*	מִסְחָרִי, עִסְקִי, תַּגְרָנִי
comercializar *vt*	תִּגֵּר, סָחַר, מִסְחֵר
comerciante *m*	סוֹחֵר, תַּגְרָן
comerciar *vi*	תִּגֵּר, סָחַר
comercio *m*	מִסְחָר, עֵסֶק, סַחַר
comercio exterior	סַחַר חוּץ
comercio interior	סַחַר פְּנִים
comestible *madj*	1 אֹכֶל, מָזוֹן. 2 אָכִיל,
	רָאוּי לַאֲכִילָה
cometa *m*	1 שָׁבִיט. 2 עֲפִיפוֹן
cometer *vt*	בִּצַּע, עָשָׂה, עָבַר עֲבֵרָה, חָטָא
cometido *m*	1 מְשִׂימָה, מַטָּרָה. 2 תַּכְלִית,
	כַּוָּנָה, שֵׁרוּת
comezón *f*	1 תְּשׁוּקָה, הִשְׁתּוֹקְקוּת.
	2 גֵּרוּי, גֵּרוּד
comible *adj*	אָכִיל
comicios *mpl*	1 אֲסֵפָה. 2 עֲצֶרֶת בְּחִירוֹת.
	3 בְּחִירוֹת
cómico *adjm*	1 מַצְחִיק, מְבַדֵּחַ, קוֹמִי.

	2 קוֹמִיקָן, בַּדְחָן
comida *f*	1 אֹכֶל, מַאֲכָל. 2 אֲרוּחָה, סְעֻדָּה.
	3 אֲכִילָה
comidilla *f*	1 שִׂיחַת הַכֹּל. 2 רְכִילוּת
comienzo *m*	רֵאשִׁית, הַתְחָלָה, תְּחִלָּה
comilón *adjm*	גַּרְגְּרָן, זַלְלָן, אַכְלָן
comilona, comilitona *f*	סְעֻדָּה, מִשְׁתֶּה,
	הִלּוּלִים
comillas *fpl*	מֵרְכָאוֹת כְּפוּלוֹת
comino *m*	כַּמּוֹן
comisar *vt*	עִקֵּל, הִפְקִיעַ, תָּפַס
comisaría *f*	1 תַּחֲנַת מִשְׁטָרָה. 2 מִפְקָדָה
comisariato *m*	בֵּית הַמֶּמְנֶּה, קוֹמִיסָרְיָט,
	מִשְׁטָרָה
comisario *m*	1 קוֹמִיסָר. 2 מְפַקֵּד מִשְׁטָרָה.
	3 קָצִין, מְמֻנֶּה
comisión *f*	1 עֲמָלָה, דְּמֵי עֲמִילוּת. 2 שְׁלִיחוּת.
	3 מִשְׁלַחַת, וַעֲדָה
comisionado *adjm*	1 מְפֻקָּח, נָצִיב, מְמֻנֶּה.
	2 סוֹכֵן, שָׁלִיחַ. 3 נֶאֱמָן,
	אַפּוֹטְרוֹפּוֹס
comisionar *vt*	מִנָּה, יָעַד, סָדַּר, צִיֵּד, פָּקַד, צִוָּה
comiso *m*	הַחְרָמָה, עִקּוּל, תְּפִיסָה
comisorio *adj*	מְחַיֵּב, תָּקֵף, בַּר-תֹּקֶף
comistrajo *m*	נָזִיד
comisura *f*	תֶּפֶר, חִבּוּר, שְׁלִיבָה
comité *m*	וַעַד, וַעֲדָה
comitiva *f*	פְּמַלְיָה
como *adv*	כְּמוֹ, כְּ, אֵיךְ, כֵּיצַד
cómoda *f*	שִׁדָּה, קַמְטָר
comodidad *f*	נוֹחִיּוּת, נְעִימוּת, נוֹחוּת
comodín *m*	1 ג׳וֹקֶר. 2 אוֹהֵב נוֹחִיּוּת
cómodo *adj*	נוֹחַ, נָעִים, מַרְוִיחַ
comodoro *m*	קוֹמוֹדוֹר, קַבַּרְנִיט רָאשִׁי
compactibilidad *f*	דְּחִיסוּת, עֳבִי, צְפִיפוּת
compacto *adj*	מְהֻדָּק, דָּחוּס, סָמִיךְ, מְעֻבֶּה,
	צָפוּף
compadecer *vt*	רִחֵם, חָמַל, הִשְׁתַּתֵּף בְּצַעַר
compadrar *vi*	1 הִתְחַבֵּב. 2 סִנְדֵּק
compadrazgo *m*	סַנְדְּקָאוּת

compadre *m* 1 סַנְדָּק. 2 חָבֵר, רֵעַ, יָדִיד
compaginación *f* עִמּוּד
compaginar *vt* 1 סִדֵּר, עָרַךְ, מִיֵּן. 2 עִמֵּד
compañerismo *m* רֵעוּת, יְדִידוּת, חֲבֵרוּת
compañero *m* חָבֵר, יָדִיד, רֵעַ
compañía *f* 1 חֶבְרָה. 2 חָבֵר, צֶוֶת. 3 לַהֲקָה, חֲבוּרָה. 4 פְּלֻגָּה
compañón *m* אֶשֶׁךְ
comparable *adj* בַּר הַשְׁוָאָה, דּוֹמֶה לְ־
comparación *f* הַשְׁוָאָה, דִּמְיוֹן, דֻּגְמָה, הַשְׁוָיָה
comparado *adj* מֻשְׁוֶה, יַחֲסִי
comparar *vt* הִשְׁוָה, דִּמָּה, הִקְבִּיל, הִקִּישׁ
comparativo *adjm* הַשְׁוָאָתִי
comparecencia *f* הוֹפָעָה
comparecer *vi* הוֹפִיעַ, הִתְיַצֵּב
comparendo *m* הַזְמָנַת הוֹפָעָה בְּבֵית הַמִּשְׁפָּט
comparsa *m* 1 נִצָּב, סְטָטִיסְט. 2 מַקְהֵלָה. 3 תַּהֲלוּכָה
compartimiento *m* תָּא, מַחְלָקָה
compartir *vt* חִלֵּק עִם מִישֶׁהוּ
compás *m* 1 מְחוּגָה. 2 קֶצֶב, מִקְצָב. 3 מַצְפֵּן
compasar *vt* 1 מָדַד. 2 הֵכִין, סִדֵּר, עָרַךְ
compasible *adj* 1 רַחֲמָן. 2 רָאוּי לְרַחֲמִים
compasión *f* רַחֲמִים, רַחֲמָנוּת, חֶמְלָה
compasivo *adj* רַחֲמָן, רַחוּם, חָס, חוֹמֵל
compatibilidad *f* הַתְאָמָה, תְּאִימוּת, הִשְׁתַּוּוּת
compatible *adj* מִתְיַשֵּׁב, מַתְאִים, מִשְׁתַּוֶּה, יָאֶה
compatriota *m* בֶּן אֶרֶץ, בֶּן עִיר
compeler *vt* כָּפָה, הִכְרִיחַ, אִלֵּץ
compendiador *adjm* מְתַמְצֵת, מְתַקְצֵר
compendiar *vt* תִּמְצֵת, קִבֵּץ, סִכֵּם, קִצֵּר
compendio *m* תַּקְצִיר, קֹבֶץ, תַּמְצִית
compendioso *adj* מְצֻמְצָם, מְתֻמְצָת, מְרֻכָּז
compensación *f* 1 פִּצּוּי, גְּמוּל. 2 אִזּוּן, קִזּוּז
compensar *vt* פִּצָּה, גָּמַל, הֵיטִיב
compensativo, compensatorio *adj* מְפַצֶּה, מֵיטִיב
competencia *f* 1 הִתְחָרוּת, תַּחֲרוּת. 2 סַמְכוּת
competente *adj* מַתְאִים, מֻכְשָׁר, כָּשִׁיר, הוֹלֵם, מֻסְמָךְ, מְסֻגָּל
competer *vi* נָגַע לוֹ, הָיָה בְּסַמְכוּתוֹ
competición *f* תַּחֲרוּת, הִתְחָרוּת
competidor *adjm* 1 מִתְחָרֶה. 2 יָרִיב
competir *vi* הִתְחָרָה
compilación *f* 1 אֹסֶף, קֹבֶץ, לֶקֶט. 2 אִסּוּף, לִקּוּט
compilador *adjm* מְקַבֵּץ, מְלַקֵּט, מְחַבֵּר
compilar *vt* אָסַף, קִבֵּץ, כִּנֵּס, לִקֵּט, חִבֵּר
compinche *m* חָבֵר, יָדִיד, רֵעַ
complacencia *f* נֹעַם, שַׁלְוַת נֶפֶשׁ, שְׂבִיעוּת רָצוֹן
complacer *vt* הִנָּה, עִנֵּג, הֶהֱנָה, הִשְׂבִּיעַ רָצוֹן
complaciente *adj* נוֹחַ, נָעִים, אָדִיב
complejidad *f* הֻרְכָּבִיּוּת, סִבּוּךְ, תִּרְכֹּבֶת
complejo *adjm* 1 מֻרְכָּב, סָבוּךְ. 2 תַּסְבִּיךְ
complementar *vt* הִשְׁלִים
complementario *adj* מַשְׁלִים
complemento *m* 1 הַשְׁלָמָה, תּוֹסֶפֶת. 2 מַשְׁלִים הַנָּשׂוּא
completamente *adv* בִּשְׁלֵמוּת, לַחֲלוּטִין
completar *vt* הִשְׁלִים, סִיֵּם, גָּמַר, מִלֵּא
completo *adj* שָׁלֵם, גָּמוּר, מָלֵא, מֻשְׁלָם
complexión *f* מַרְאֶה, תֹּאַר, מִבְנֵה־גוּף
complicación *f* הִסְתַּבְּכוּת, קֹשִׁי
complicado *adj* מְסֻבָּךְ, מֻרְכָּב, קָשֶׁה
complicar *vt* סִבֵּךְ, סִכְסֵךְ, הִקְשָׁה
cómplice *m* 1 שֻׁתָּף לִדְבַר עֲבֵרָה. 2 שֻׁתָּף
complicidad *f* 1 שֻׁתָּפוּת לִדְבַר עֲבֵרָה. 2 שֻׁתָּפוּת
complot *m* קֶשֶׁר, מֶרֶד, הִתְקוֹמְמוּת
componedor *m* 1 מְתַקֵּן. 2 מַלְחִין. 3 מְשׁוֹרֵר. 4 בּוֹרֵר, מְפַשֵּׁר
componenda *f* 1 הֶסְכֵּם מְשֻׁחָד. 2 שֹׁחַד, פִּתּוּי
componente *madj* 1 רְכִיב. 2 מַרְכִּיב
componer *vt* תִּקֵּן, חִבֵּר, סִדֵּר, כָּתַב, הִרְכִּיב
comportamiento *m* הִתְנַהֲגוּת
comportar *vtref* 1 סָבַל, נָשָׂא. 2 הִתְנַהֵג
composición *f* 1 חִבּוּר. 2 סִדּוּר. 3 הֶרְכֵּב, תִּרְכֹּבֶת. 4 הַלְחָנָה
compositor *adjm* 1 מַלְחִין, פַּזְמָן. 2 מְסַדֵּר,

סַדָּר

compostura *f* 1 הִתְנַהֲגוּת. 2 תִּקּוּן, סִדּוּר. 3 תַּקָּנָה, מְתִינוּת, עֲנִיּוּת

compota *f* רַפְרֶפֶת, לִפְתָּן, פַּרְפֶּרֶת

compotera *f* קַעֲרִית לְלִפְתָּן

compra *f* 1 קְנִיָּה, רְכִישָׁה. 2 עֲרִיכַת קְנִיּוֹת

comprable *adj* 1 מָכִיר. 2 שָׁחִיד

comprador *m* קוֹנֶה, לָקוֹחַ

comprar *vti* 1 קָנָה, רָכַשׁ. 2 עָרַךְ קְנִיּוֹת

comprender *vt* 1 הֵבִין, הִשִּׂיג, תָּפַס. 2 הֵכִיל, כָּלַל

comprensibilidad *f* הֲבָנָה, בִּינָה

comprensible *adj* מוּבָן, בָּרוּר

comprensión *f* הֲבָנָה, תְּפִיסָה, הַשָּׂגָה

comprensivo *adj* 1 מֵבִין, נָבוֹן. 2 מַקִּיף, נִרְחָב

compresa *f* מְלוּגְמָא, אִסְפְּלָנִית, מְלֻגְמָה

compresión *f* דְּחִיסוּת, דְּחִיסָה, כְּבִישָׁה, לְחִיצָה, צִמְצוּם

compresivo *adj* דּוֹחֵס, מְצַמְצֵם

compresor *madj* 1 מַדְחֵס. 2 לוֹחֵץ, דּוֹחֵס

compresora *f* מַדְחֵס

comprimible *adj* דָּחִיס

comprimido *adjm* 1 דָּחוּס, לָחוּץ, כָּבוּשׁ. 2 גְּלוּלָה, כַּדּוּר

comprimir *vt* 1 דָּחַס, כָּבַשׁ, לָחַץ, צִמְצֵם, דָּחַק. 2 רִסֵּן, הֵנִיא

comprobación *f* אִמּוּת, אִשּׁוּר, הוֹכָחָה

comprobante *m* קַבָּלָה, שׁוֹבֵר, אִשּׁוּר

comprobar *vt* בָּדַק, אִמֵּת, אִשֵּׁר, הִתְחַקָּה

comprometedor *adj* מַפְלִיל, מַרְשִׁיעַ

comprometer *vt* 1 יִשֵּׁב, פִּשֵּׁר. 2 הִקִּיף, הֵכִיל, כָּלַל. 3 סִבֵּךְ, הִפְלִיל

comprometido *adj* מְאֹרָס, אָרוּס

compromisario *m* מְתַוֵּךְ, מְפַשֵּׁר, שׁוֹפֵט

compromiso *m* 1 אֵרוּסִין, תְּנָאִים, כְּלוּלוֹת. 2 פְּשָׁרָה, וִתּוּר, הִתְחַיְּבוּת

compuerta סֶכֶר, מַחְסוֹם

compuesto *adjm* 1 מֻרְכָּב, מְסֻבָּךְ. 2 תִּרְכֹּבֶת

compulsa *f* 1 הֶעְתֵּק. 2 הַשְׁוָאָה

compulsar *vt* הִשְׁוָה, הֶעְתִּיק

compulsión *f* כְּפִיָּה, הֶכְרֵחַ, לַחַץ

compulsivo *adj* כָּפוּי, כּוֹפֶה, מַכְרִיחַ

compunción *f* חֲרָטָה, נֹחַם

compungido *adj* עָצוּב, נוּגֶה, מֵצֵר

compungirse *vref* הִתְעַצֵּב, הִצְטַעֵר, הִתְאַבֵּל

computación *f* חִשּׁוּב, אֻמְדָּן, חֶשְׁבּוֹן, הַעֲרָכָה

computador *adjm* 1 מַחְשֵׁב. 2 מְכוֹנַת חִשּׁוּב

computar *vt* חִשֵּׁב, מָנָה, סָפַר, הֶעֱרִיךְ, אָמַד

cómputo *m* חִשּׁוּב, הַעֲרָכָה, סִכּוּם

comulgante *m* 1 אוֹכֵל לֶחֶם קֹדֶשׁ. 2 תְּמִים־דֵּעִים

comulgar *vti* 1 אָכַל לֶחֶם קֹדֶשׁ. 2 הִזְדַּהָה

común *adjm* 1 מְשֻׁתָּף, צִבּוּרִי. 2 כְּלָלִי, רָגִיל, שָׁכִיחַ, מָצוּי. 3 צִבּוּר

comuna *f* 1 קוֹמוּנָה. 2 רָשׁוּת מְקוֹמִית, מוֹעָצָה, עִירִיָּה

comunal *adjm* 1 צִבּוּרִי, כְּלָלִי. 2 עִירוֹנִי, קוֹמוּנָלִי. 3 צִבּוּר

comunero *m* 1 עֲמָמִי. 2 מְשֻׁתָּף, צִבּוּרִי

comunicable *adj* מַעֲבִיר, מוֹסֵר

comunicación *f* 1 מְסִירָה, הוֹדָעָה, הַעֲבָרָה. 2 הִתְקַשְּׁרוּת, קֶשֶׁר. 3 שֶׁדֶר, תְּשְׁדֹּרֶת. 4 הִתְכַּתְּבוּת. 5 תִּקְשֹׁרֶת

comunicado *m* הוֹדָעָה, גִּלּוּי דַּעַת

comunicar *vt* הוֹדִיעַ, מָסַר, גִּלָּה, הִצְהִיר

comunicativo *adj* גְּלוּי לֵב, דַּבְּרָנִי

comunidad *f* עֵדָה, צִבּוּר, קְהִלָּה, חֶבְרָה

comunión *f* 1 קַבָּלַת לֶחֶם קֹדֶשׁ. 2 אַחֲוָה, קֶשֶׁר. 3 קִרְבַת לְבָבוֹת

comunismo *m* קוֹמוּנִיזְם, שַׁתְּפָנוּת

comunista *m* קוֹמוּנִיסְט, שַׁתְּפָן

comunitario *adj* 1 קְהִלָּתִי, עֲדָתִי. 2 חֶבְרָתִי, צִבּוּרִי

comunizar *vt* שִׁתֵּף, עָשָׂה לְשִׁתּוּפִי

con *prep* עִם, אֵצֶל, בְּ־

conato *m* נִסָּיוֹן, מַאֲמָץ, הִשְׁתַּדְּלוּת

concavidad *f* קִעוּר, קְעִירוּת, שְׁקַעֲרוּרִיּוּת

cóncavo *adj* קָעוּר, שְׁקַעֲרוּרִי

concebible *adj* עוֹלֶה עַל הַדַּעַת

concebir *vti* 1 סָבַר, חָשַׁב. 2 הָרָה, הִתְעַבֵּר.

3 הִשִּׂיג, הֵבִין

conceder *vt* 1 הֶעֱנִיק, נָתַן. 2 הִסְכִּים, וִתֵּר

concejal *m* חֲבֵר מוֹעֶצֶת רָשׁוּת מְקוֹמִית

concejo *m* מוֹעָצָה עִירוֹנִית

concentración *f* 1 רִכּוּז, הִתְרַכְּזוּת. 2 צִמְצוּם, צְפִיפוּת

concentrado *adj* 1 תַּרְכִּיז. 2 סָמִיךְ, צָפוּף, מְעֻבֶּה

concentrar *vt* 1 רִכֵּז, הִתְרַכֵּז. 2 הִסְמִיךְ, צִפֵּף. 3 צִמְצֵם

concentricidad *f* קוֹנְצֶנְטְרִיּוּת

concéntrico *adj* קוֹנְצֶנְטְרִי

concepción *f* 1 מֻשָּׂג, רַעְיוֹן, גִּישָׁה. 2 הַשְׁקָפָה, תְּפִיסָה. 3 הִתְעַבְּרוּת, הֵרָיוֹן. 4 הַתְחָלָה, רֵאשִׁית

concepto *m* מֻשָּׂג, רַעְיוֹן

conceptual רַעְיוֹנִי, מֻשָּׂגִי

conceptuar *vt* חָשַׁב, סָבַר

concerniente *adj* 1 הַמִּתְיַחֵס. 2 בְּנוֹגֵעַ לְ־, קָשׁוּר בְּ־

concernir *vi* הָיָה שַׁיָּךְ, נָגַע, הִתְיַחֵס

concertación *f* הַסְכָּמָה

concertar *vt* 1 הִסְדִּיר, סִדֵּר, יִשֵּׁב. 2 תִּכְנֵן, תִּחְבֵּל. 3 סִכֵּם

concertina מַפּוּחוֹן, קוֹנְצֶרְטִינָה

concertino *m* קוֹנְצֶ'רְטִינוֹ, כַּנָּר רִאשׁוֹן

concesible *adj* בַּר־מְסִירָה

concesión *f* 1 וִתּוּר, כְּנִיעָה. 2 זִכָּיוֹן

concesionario *m* בַּעַל זִכָּיוֹן, זִכְיוֹנַאי

conciencia *f* 1 מַצְפּוּן, תּוֹדָעָה. 2 מוּסַר כְּלָיוֹת

concienzudo *adj* מָסוּר, נֶאֱמָן, דַּיְקָן, בַּעַל מַצְפּוּן

concierto *m* 1 קוֹנְצֶרְט. 2 הַרְמוֹנְיָה. 3 שִׁתּוּף, הֶסְכֵּם

conciliación *f* פִּיּוּס, פִּשּׁוּר, פְּשָׁרָה, הַשְׁלָמָה, הִתְפַּשְּׁרוּת

conciliar *vt* פִּיֵּס, רִצָּה, הִשְׁלִים, פִּשֵּׁר

conciliatorio *adj* פַּיְסָנִי, מְפַיֵּס

concilio *m* מוֹעָצָה, סַנְהֶדְרִין, אֲסֵפָה

concisión *f* תַּמְצִיתִיּוּת, מִצּוּי, קִצּוּר

conciso *adj* תַּמְצִיתִי, מְרֻכָּז

concitar *vt* חִרְחֵר, הֵסִית, הִסִּית, עוֹרֵר

conciudadano *m* בֶּן עִיר, בֶּן אֶרֶץ

cónclave, conclave *m* 1 קוֹנְקְלָבָה. 2 מוֹעֶצֶת הַחַשְׁמַנִּים. 3 וְעִידָה, כִּנּוּס

concluir *vt* 1 סִיֵּם, גָּמַר, סִכֵּם. 2 הִסִּיק, לָמַד. 3 הֶחְלִיט, הִגִּיעַ לְמַסְקָנָה

conclusión *f* 1 סִיּוּם, גְּמָר, סִכּוּם. 2 מַסְקָנָה, הַחְלָטָה. 3 סוֹף

conclusivo *adj* מַכְרִיעַ, סוֹפִי, חוֹתֵךְ

concluso *adj* 1 סוֹפִי, סָגוּר. 2 מַכְרִיעַ, הֶחְלֵטִי

concluyente *adj* הֶחְלֵטִי, מָנוּי וְגָמוּר, מֻחְלָט, סוֹפִי

concomerse *vref* הִתְפַּרְפֵּר, הִתְעַוֵּת

concomitancia *f* 1 לְוַאי, חִבּוּר, צְמִידוּת. 2 דּוּ־קִיּוּם

concomitante *adj* מְחֻבָּר, מְלַוֶּה, בֶּן לְוַאי, צָמוּד

concomitar *vt* לִוָּה, חִבֵּר, הִצְמִיד

concordancia *f* 1 קוֹנְקוֹרְדַּנְצְיָה. 2 הַתְאָמָה. 3 הֶתְאֵם, הֶסְכֵּם

concordante *adj* מַקְבִּיל, הַרְמוֹנִי, מַתְאִים

concordar *vi* 1 הִסְכִּים, הִתְאִים. 2 פִּשֵּׁר, פִּיֵּס

concordato *m* אֲמָנָה, בְּרִית, חוֹזֶה

concordia *f* 1 הַרְמוֹנְיָה, הַסְכָּמָה, הַתְאָמָה. 2 אַחְדוּת, שַׁלְוָה

concreción *f* 1 הִתְקָרְשׁוּת, הִתְמַצְּקוּת. 2 לִכּוּד, הִתְגַּלְּמוּת, הִתְגַּשְּׁמוּת

concretar *vt* 1 מִמֵּשׁ, גִּבֵּשׁ. 2 הִגְדִּיר, קָבַע, צִיֵּן. 3 תָּחַם, פֵּרֵשׁ, סִמֵּן. 4 הִצְטַמְצֵם, הִגְבִּיל עַצְמוֹ

concreto *adjm* 1 מַמָּשִׁי, מוּחָשִׁי, קוֹנְקְרֶטִי. 2 בֶּטוֹן

concubina *f* פִּילֶגֶשׁ

concubinato *m* פִּילַגְשׁוּת

conculcar *vt* 1 דָּרַךְ, דָּרַס. 2 הֵפֵר, חִלֵּל, פָּגַע

concupiscencia *f* אֲבִיּוֹנָה, תְּשׁוּקָה, תַּאַוְתָנוּת

concupiscente *adj* 1 חוֹמֵד, מִתְאַוֶּה, תַּאַוְתָן. 2 תַּאַוְתָנִי, חַמְדָנִי

concurrencia *f* 1 קָהָל, צִבּוּר. 2 אֵרוּעַ.

3 הִשְׁתַּתְּפוּת, שִׁתּוּף

concurrente *adjm* 1 נוֹכֵחַ. 2 תּוֹרֵם, תּוֹמֵךְ. 3 יָרִיב, מִתְחָרֶה

concurrido *adj* 1 הוֹמֶה, סוֹאֵן. 2 צָפוּף

concurrir *vi* 1 הִסְתּוֹפֵף, הִשְׁתַּתֵּף, הִתְאַסֵּף. 2 הִסְכִּים. 3 הִצְטָרֵף. 4 הִתְחָרָה

concursante *m* 1 מִתְחָרֶה. 3 מֻעֲמָד

concursar *vt* הִתְחָרָה, תִּחֵר

concurso *m* הִתְחָרוּת, תַּחֲרוּת

concusión *f* 1 זַעֲזוּעַ, רְעָדָה. 2 עֹשֶׁק, סְחִיטָה, מְעִילָה

concusionario *madj* 1 סַחְטָן, עוֹשֵׁק, נוֹגֵשׂ. 2 סַחְטָנִי

concha *f* צֶדֶף, שַׁבְּלוּל

conchabar *vt* 1 עִרְבֵּב, עָרַב. 2 קָשַׁר, אִחֵד. 3 זָמַם, קָשַׁר קֶשֶׁר. 4 הִתְעַרְבֵּב, הִתְאַסֵּף

concho *m* 1 מִשְׁקָע. 2 שִׁירַיִם, שְׁיָרִים

conchudo *adj* 1 שַׁבְּלוּלִי, צִדְפִּי. 2 חַצְפָּן, חָצוּף, חֲסַר בּוּשָׁה, גַּס

condado *m* 1 רוֹזְנוּת. 2 מָחוֹז, חָבָל

conde *m* רוֹזֵן

condecoración *f* צִיּוּן לְשֶׁבַח, אוֹת כָּבוֹד, אוֹת הִצְטַיְּנוּת

condecorar *vt* עִטֵּר, הֶעֱנִיק אוֹת כָּבוֹד

condena *f* 1 הַרְשָׁעָה, הַאֲשָׁמָה. 2 פְּסַק דִּין, גְּזַר דִּין

condenación *f* 1 הַרְשָׁעָה, נִדּוּי, גִּנּוּי. 2 חִיּוּב בַּדִּין

condenado *adjm* 1 הֻרְשַׁע, חַיָּב בַּדִּין. 2 מְקֻלָּל, אָרוּר

condenar *vt* הִרְשִׁיעַ, הֶאֱשִׁים, חִיֵּב, גִּנָּה

condenatorio *adj* מַרְשִׁיעַ, מְחַיֵּב

condensación *f* עִבּוּי, דְּחִיסָה, צִמְצוּם-

condensador *m* מַדְחֵס, קוֹנְדֶנְסָטוֹר

condensar *vt* 1 דָּחַס, צִמְצֵם, עִבָּה. 2 תִּמְצֵת, קִצֵּר, רִכֵּז

condesa *f* רוֹזֶנֶת

condescendencia *f* טוּב לֵב, נַחַת רוּחַ, נְדִיבוּת

condescender *vi* נָטָה חֶסֶד, מָחַל עַל כְּבוֹדוֹ

condescendiente *adj* נְדִיב לֵב, נוֹטֶה חֶסֶד

condición *f* 1 תְּנַאי, אֹפִי, תְּכוּנָה. 2 מַעֲמָד, מַצָּב. 3 אֵיכוּת

condicional *adj* מֻתְנֶה, עַל תְּנַאי, תָּלוּי

condicionar *vt* 1 סִדֵּר, עָרַךְ, הִתְאִים. 2 הֵכִין, הִתְקִין. 3 עִמֵּד, הֶעֱמִיד. 4 הִתְנָה

condigno *adj* מַתְאִים, רָאוּי

condimentar *vt* 1 תִּבֵּל. 2 גִּוֵּן

condimento *m* תַּבְלִין

condiscípulo *m* חָבֵר לְסַפְסַל הַלִּמּוּדִים

condolencia *f* תַּנְחוּמִים, הַבָּעַת צַעַר, הִשְׁתַּתְּפוּת בְּצַעַר

condolerse *vref* הִתְנַחֵם, נִחֵם

condominio *m* קוֹנְדוֹמִינְיוּם

condonación *f* מְחִילָה, סְלִיחָה, וִתּוּר

condonar *vt* מָחַל, סָלַח, כִּפֵּר, וִתֵּר

cóndor *m* קוֹנְדוֹר, נֶשֶׁר דְּרוֹם-אֲמֶרִיקָאִי

conducción *f* 1 הוֹלָכָה, הוֹבָלָה, הַעֲבָרָה. 2 נִהוּל, הַנְהָגָה

conducente *adj* מוֹבִיל, מַדְרִיךְ

conducir *vti* 1 הוֹבִיל, הוֹלִיךְ. 2 נִהֵל, הִנְהִיג. 3 הִדְרִיךְ

conducta *f* 1 הִתְנַהֲגוּת, נֹהַג. 2 נִהוּל, הַנְהָגָה

conductibilidad *f* מוֹלִיכוּת, הוֹלָכָה

conductible *adj* מוֹלִיךְ, מוֹבִיל, מַעֲבִיר

conductividad *f* הוֹבָלָה, הַעֲבָרָה, מוֹלִיכוּת

conductivo *adj* מוֹלִיךְ, מוֹבִיל, מַעֲבִיר

conducto *m* צִנּוֹר, תְּעָלָה, מוֹבִיל

conductor *adjm* 1 מוֹבִיל, מוֹלִיךְ. 2 מַנְהִיג, מְנַהֵל. 3 מְנַצֵּחַ, קוֹנְדוּקְטוֹר

conectar *vt* 1 קָשַׁר, חִבֵּר. 2 הִצְמִיד, צִמֵּד, אִחֵד. 3 הִתְחַבֵּר

conectivo *adj* מְחַבֵּר, מְאַגֵּד, מְקַשֵּׁר

conejera *f* 1 מְעָרַת שְׁפַנִּים. 2 מְאוּרָה

conejillo *m* שְׁפַן נִסָּיוֹן

conejo *m* שָׁפָן, אַרְנֶבֶת

conexión *f* 1 חִבּוּר, קֶשֶׁר. 2 קְשָׁרִים, שַׁיָּכוּת

confabulación *f* 1 קֶשֶׁר, מֶרֶד. 2 קְנוּנְיָה. 3 פִּטְפּוּט

confabular *vi* קָשַׁר קֶשֶׁר

confección *f* 1 מִרְקַחַת, רְקִיחָה, מַמְתָּק. 2 עֲשִׂיָּה, יִצּוּר, קוֹנְפֶקְצְיָה

confeccionar *vt* יָצַר, עָשָׂה

confederación *f* הִסְתַּדְּרוּת, הִתְאַגְּדוּת הִתְאַחֲדוּת

confederado *adjm* 1 מְאֻגָּד. 2 חֲבֵר אֲגֻדָּה

confederar *vt* אִרְגֵּן בַּאֲגֻדָּה

conferencia *f* 1 וְעִידָה, כִּנּוּס, כֶּנֶס. 2 הַרְצָאָה, נְאוּם. 3 אֲסֵפָה, דְּרָשָׁה

conferenciante *m* מַרְצֶה, דַּרְשָׁן

conferenciar *vi* נוֹעַץ, קִיֵּם יְשִׁיבָה

conferimiento *m* הַעֲנָקָה, מַתָּן, נְתִינָה

conferir *vt* 1 הֶעֱנִיק, נָתַן. 2 הִשְׁוָה. 3 הִתְיָעֵץ

confesar *vt* 1 הוֹדָה, גִּלָּה. 2 הִתְוַדָּה

confesión *f* 1 וִדּוּי, גִּלּוּי. 2 הִתְוַדּוּת. 3 הוֹדָאָה

confesionario *m* 1 תָּא הַוִּדּוּי. 2 תַּדְרִיךְ וִדּוּי

confeso *adj* 1 מוֹדֶה, מוּעָד. 2 מוּמָר, מְשֻׁמָּד

confesonario *m* תָּא הַמְוַדֶּה

confesor *m* 1 נוֹצְרִי, קָתוֹלִי. 2 כֹּמֶר הַוִּדּוּיִים

confeti *m* קוֹנְפֶטִי, פְּתוֹתֵי־נְיָר צִבְעוֹנִי

confiable *adj* 1 מְהֵימָן. 2 נֶאֱמָן

confiado *adj* 1 מַאֲמִין, בָּטוּחַ. 2 יָהִיר, גְּבַהּ לֵב

confianza *f* 1 אֵמוּן. 2 בִּטָּחוֹן עַצְמִי. 3 יְהִירוּת. 4 יַחֲסֵי קִרְבָה

confianzudo *adj* שַׁחֲצָן, חָצוּף, יָהִיר

confiar *vti* הִפְקִיד, בָּטַח, סָמַךְ

confidencia *f* 1 הַפְקָדַת סוֹד. 2 אֵמוּן, בִּטָּחוֹן

confidencial *adj* 1 סוֹדִי, חֲשָׁאִי, מְהֵימָן. 2 כָּמוּס, שָׁמוּר

confidente *m* אִישׁ סוֹד, נֶאֱמָן

configuración *f* הִתְחַזּוּת, תַּבְנִית, צוּרָה, צֵרוּף

configurar *vt* תֵּאֵר, רָשַׁם, צִיֵּר, שִׂרְטֵט

confín *m* גְּבוּל, תְּחוּם

confinamiento *m* 1 כְּלִיאָה, מַאֲסָר. 2 תְּחוּם, הַגְבָּלָה. 3 גָּלוּת, גּוֹלָה

confinar *vti* 1 כָּלָא, אָסַר. 2 הִרְחִיק, הָגְלָה. 3 גָּבַל עִם

confines *mpl* גְּבוּלוֹת, תְּחוּמִים

confirmación *f* אִשּׁוּר, עֵדוּת, הוֹכָחָה, אִמּוּת

confirmar *vt* 1 אִמֵּת, אִשֵּׁר. 2 נִצֵּר

confirmatorio *adj* מְאַשֵּׁר, מְקַיֵּם, מְחַזֵּק

confiscación *f* 1 הַחְרָמָה, עִקּוּל. 2 הַפְקָעָה

confiscar *vt* 1 עִקֵּל, הֶחֱרִים. 2 הִפְקִיעַ

confitar *vt* 1 צִפָּה בְּסֻכָּר. 2 הִמְתִּיק

confite *m* סֻכָּרִיָּה, מַמְתָּק, מִגְדָּן

confitería *f* מִגְדָּנִיָּה

confitero *m* קוֹנְדִּיטוֹר

confitura *f* מַמְתָּק, מִגְדָּן, מִרְקַחַת

conflagración *f* 1 הִתְלַקְּחוּת, שְׂרֵפָה. 2 מִלְחָמָה

conflicto *m* 1 סִכְסוּךְ, רִיב, מַחֲלֹקֶת, הִתְנַגְּשׁוּת. 2 מְצוּקָה

confluencia *f* 1 צֹמֶת. 2 הִתְקַהֲלוּת

confluente *adjm* 1 מִתְלַכֵּד, מִתְמַזֵּג. 2 צֹמֶת

confluir *vi* אִחֵד, חִבֵּר, הִדְבִּיק, הוֹסִיף, צֵרֵף, הִצְמִיד, זִוֵּג

conformación *f* 1 סִגּוּל, הַתְאָמָה, עִצּוּב. 2 מִבְנֶה, קְלַסְתֵּר

conformar *vtiref* 1 סִגֵּל, הִתְאִים, עִצֵּב. 2 נִכְנַע, הִסְכִּים, וִתֵּר, הִשְׁלִים. 3 הִסְתַּפֵּק

conforme *adj* 1 מַתְאִים, הוֹלֵם. 2 מַקְבִּיל, דּוֹמֶה. 3 מִסְתַּגֵּל, נִכְנָע

conformidad *f* 1 הַסְכָּמָה, הֶסְכֵּם. 2 הַתְאָמָה. 3 הִתְרַגְּלוּת. 4 הַכְנָעָה, צַיְּתָנוּת

conformista *m* צַיְּתָן

confortable *adj* נוֹחַ, נָעִים, מְרֻוָּח

confortación *f* 1 עִדּוּד, קֹרַת רוּחַ, רְוָחָה. 2 חִזּוּק, נֶחָמָה, תַּנְחוּמִים

confortante *adjm* 1 מְחַזֵּק, מְעוֹדֵד. 2 מַרְגִּיעַ, מַשְׁקִיט. 3 מְנַחֵם

confortar *vti* 1 עוֹדֵד, רִוַּח. 2 חִזֵּק, נִחֵם

conforte *m* 1 עִדּוּד, קֹרַת רוּחַ, רְוָחָה. 2 חִזּוּק, נֶחָמָה, נִחוּמִים

confraternidad *f* אַחֲוָה, אֲגֻדָּה

confrontación *f* 1 עִמּוּת. 2 חִבָּה, מְשִׁיכָה, כְּמֵהוּת

confrontar *vt* 1 עִמֵּת, הִתְיַצֵּב. 2 הִסְכִּים

confundir *vtref* 1 בִּלְבֵּל, הֵבִיךְ. 2 הִכְלִים, הֵבִישׁ. 3 טָעָה, הִתְבַּלְבֵּל

confusión *f* בִּלְבּוּל, אַנְדְּרוֹלוֹמוּסְיָה, עִרְבּוּבְיָה, מְבוּכָה, מְהוּמָה, תֹּהוּ וָבֹהוּ
confuso *adj* 1 נָבוֹךְ, מְבֻלְבָּל, מְעֻרְפָּל. 2 נִכְלָם, מְבֻיָּשׁ
confutación *f* הַפְרָכָה, הֲזָמָה
confutar *vt* הִפְרִיךְ, הֵזֵם
congelación *f* 1 הַקְפָּאָה, קְפִיאָה, קָרָה. 2 הַקְרָשָׁה, הִתְקָרְשׁוּת
congelador *m* מַקְפִּיא
congelamiento *m* הַקְפָּאָה, קְפִיאָה
congelar *vt* הִקְפִּיא, הִקְרִישׁ
congenial *adj* נָעִים, אָדִיב, אָהוּד
congeniar *vi* 1 הִתְאִים, תָּאַם. 2 הִסְתַּגֵּל
congénito *adj* מִלֵּדָה, מִבֶּטֶן, מֵרֶחֶם
congerie *f* גַּל, עֲרֵמָה, עִי, תֵּל, צֹבֶר
congestión *f* 1 דַּלֶּקֶת. 2 גֹּדֶשׁ, צְפִיפוּת יֶתֶר, דֹּחַק
congestionar *vt* 1 גָּדַשׁ, צָפַף, הִגְדִּישׁ, צוֹפֵף. 2 גָּרַם דַּלֶּקֶת
conglomeración *f* הִצְטוֹפְפוּת, צְפִיפוּת, הִתְאַסְּפוּת
conglomerar *vt* אָסַף, גִּבֵּב, צָבַר, צָפַף
congoja *f* צַעַר, יָגוֹן, כְּאֵב, סֵבֶל, דִּכָּאוֹן
congoleño, congolés *adjm* יְלִיד קוֹנְגוֹ
congraciador *adj* מִתְחַבֵּב, מִתְחַנֵּף, מִתְרַפֵּס
congraciamiento *m* הִתְחַבְּבוּת, הִתְרַפְּסוּת
congraciar *vt* הִתְרַפֵּס, הִתְחַבֵּב
congratulación *f* בְּרָכָה, אִחוּלִים
congratular *vt* אִחֵל, בֵּרֵךְ
congregación *f* עֵדָה, קְהִלָּה, קָהָל, כְּנֶסֶת, צִבּוּר
congregacionalista *adj* עֲדָתִי
congregar *vtref* כִּנֵּס, הִתְקַהֵל, הִתְכַּנֵּס
congresista *m* חֲבֵר בֵּית הַנִּבְחָרִים, חָבֵר בּוּעִידָה
congreso *m* 1 קוֹנְגְרֶס, וְעִידָה, כִּנּוּס. 2 בֵּית נִבְחָרִים
congrio *m* צְלוֹפַח הַיָּם
congruencia *f* הַתְאָמָה, חֲפִיפָה
congruente *adj* עִקְבִי, חוֹפֵף, מַתְאִים
congruidad *f* תֵּאוּם, הַתְאָמָה, עִקְבִיּוּת
cónico *adj* קוֹנִי, חֲרוּטִי, אִצְטְרֻבָּלִי
conífera *f* מַחְטָן, מִשְׁפַּחַת מַחְטָנִיִּים
conífero *adj* מַחְטָנִי
conjetura *f* סְבָרָה, הַשְׁעָרָה, נִחוּשׁ, אֻמְדָּן
conjetural *adj* מְשֹׁעָר, מְסֻפָּק
conjeturar *vti* סָבַר, שִׁעֵר, נִחֵשׁ, אָמַד
conjugación *f* 1 נְטִיָּה, גִּזְרָה. 2 נְטִיַּת הַפֹּעַל
conjugar *vt* נָטָה הַפֹּעַל
conjunción *f* 1 חִבּוּר, צֵרוּף, קֶשֶׁר. 2 מִלַּת הַחִבּוּר
conjuntivitis *f* דַּלֶּקֶת הַלַּחְמִית
conjuntivo *adj* מְחַבֵּר, מְקַשֵּׁר, מְאַחֵד, מְשַׁתֵּף
conjunto *madj* 1 לַהֲקָה, קְבוּצָה, חֲבוּרָה. 2 מְאֻחָד, מְחֻבָּר, מְשֻׁתָּף
conjuración, conjura *f* הִתְנַקְּשׁוּת, קֶשֶׁר
conjurado *m* מוֹרֵד, קוֹשֵׁר, זוֹמֵם
conjurar *vt* 1 הִשְׁבִּיעַ. 2 קָשַׁר, זָמַם. 3 מָנַע, הִפְחִית. 4 הִפְצִיר, בִּקֵּשׁ
conjuro *m* 1 כִּשּׁוּף, קֶסֶם, לַחַשׁ. 2 הַפְצָרָה, בַּקָּשָׁה, תְּחִנָּה
conllevar *vt* 1 סָבַל, נָשָׂא. 2 הִתְעַנָּה, הִתְיַסֵּר
conmemoración *f* חֲגִיגָה, אַזְכָּרָה, כִּבּוּד
conmemorar *vt* חָגַג, כִּבֵּד, אִזְכֵּר
conmemorativo *adj* מוּחָג לְזֵכֶר
conmensurable *adj* מְשֻׁתַּף מִדָּה
conmensurado *adj* שָׁוֶה, שָׁקוּל, מְשֻׁתַּף מִדָּה
conmigo *pronper* אִתִּי, עִמִּי, עִמָּדִי
conminación *f* 1 הַתְרָאָה, הַזְהָרָה. 2 אִיּוּם, הַפְחָדָה
conminar *vt* 1 הִתְרָה, הִזְהִיר. 2 אִיֵּם, הִפְחִיד
conminatorio *adj* 1 מַתְרֶה, מַזְהִיר. 2 מְאַיֵּם, מַפְחִיד
conmiseración *f* חֶמְלָה, רַחֲמִים, רַחֲמָנוּת
conmoción *f* 1 מְהוּמָה, אַנְדְּרוֹלוֹמוּסְיָה, רַעַשׁ. 2 זַעֲזוּעַ, הִזְדַּעְזְעוּת, הִתְרַגְּשׁוּת
conmovedor *adj* מְזַעְזֵעַ, נוֹגֵעַ לַלֵּב, מְעוֹרֵר רַחֲמִים
conmover *vt* זִעְזַע, נָגַע לַלֵּב, עוֹרֵר רַחֲמִים
conmutable *adj* חָלִיף
conmutación *f* 1 חֲלִיפִין, חִלּוּף, תְּמוּרָה.

2 הֲקַלַּת עֹנֶשׁ, הַמְתָּקַת דִּין

conmutador *adjm* 1 מַחֲלִיף, מַעֲבִיר זֶרֶם. 2 מַפְסֵק

conmutar *vt* 1 הֶחֱלִיף, הִמְתִּיק. 2 הֵקֵל בְּעֹנֶשׁ

connatural *adj* טִבְעִי, מִלֵּדָה, פְּנִימִי, מִסְתַּגֵּל

connaturalización *f* הִתְאַקְלְמוּת, הִסְתַּגְּלוּת, הִתְרַגְּלוּת

connaturalizarse *vref* הִתְאַקְלֵם, הִסְתַּגֵּל, הִתְרַגֵּל

connivencia *f* 1 הַעֲלָמַת עַיִן, הַסְכָּמָה חֲרִישִׁית. 2 קֶשֶׁר

connotación *f* 1 הֶקֵּשׁ, רֶמֶז, הַגְדָּרָה, מַשְׁמָעוּת לְוַאי. 2 קִרְבָה מִשְׁפַּחְתִּית

connotado *adj* מְפֻרְסָם, נוֹדָע, יָדוּעַ

connotar *vt* רָמַז, הִקִּישׁ

cono *m* 1 חָרוּט, קוֹנוּס, חַדּוּדִית. 2 גָּבִיעַ

conocedor *adjm* 1 מֻמְחֶה, מְאֻמָּן, מְנֻסֶּה. 2 מַכִּיר, בָּקִי, מֵבִין

conocer *vt* 1 יָדַע, הִכִּיר. 2 הֵבִין, הִבְחִין. 3 סָבַר, שִׁעֵר, הִנִּיחַ

conocido *adjm* 1 מֻכָּר, יָדוּעַ. 2 מַכָּר

conocimiento *m* 1 יֶדַע, בְּקִיאוּת. 2 תּוֹדָעָה, הַכָּרָה. 3 הַשְׂכָּלָה

conopeo *m* אַפִּרְיוֹן

conque *adv* 1 לָכֵן, עַל כֵּן, אָז. 2 בִּתְנַאי שֶׁ־

conquista *f* כִּבּוּשׁ, לְכִידָה, הַכְנָעָה

conquistador *m* כּוֹבֵשׁ, מְנַצֵּחַ

conquistar *vt* כָּבַשׁ, לָכַד, הִכְנִיעַ

consabido *adj* הַנִּזְכָּר לְעֵיל, הַיָּדוּעַ

consagración *f* 1 הַקְדָּשָׁה, קִדּוּשׁ, הִתְקַדְּשׁוּת. 2 קְדֻשָּׁה. 3 הִתְמַסְּרוּת

consagrar *vt* 1 הִקְדִּישׁ, קִדֵּשׁ. 2 הִתְמַסֵּר

consanguíneo *adj* שְׁאֵר בָּשָׂר, קְרוֹב מִשְׁפָּחָה

consanguinidad *f* קִרְבָה מִשְׁפַּחְתִּית

consciencia *f* הַכָּרָה, תּוֹדָעָה, יְדִיעָה

consciente *adjm* 1 יוֹדֵעַ, מַכִּיר. 2 בַּעַל הַכָּרָה

conscientemente *adv* בְּיוֹדְעִין, בְּהַכָּרָה

conscripción *f* גִּיּוּס, חִיּוּל

conscripto *adjm* טִירוֹן, מְגֻיָּס

consecución *f* 1 הֶשֵּׂג, הַשָּׂגָה. 2 רְצִיפוּת. 3 רְכִישָׁה, נַחֲלָה

consecuencia *f* תּוֹצָאָה, מַסְקָנָה, תּוֹלָדָה

consecuente *adj* 1 עִקְבִי, מַסְקָנִי. 2 יוֹצֵא, נוֹבֵעַ

consecutivo *adj* תָּכוּף, רָצוּף, זֶה אַחַר זֶה

conseguir *vt* הִשִּׂיג, רָכַשׁ, קִבֵּל

conseja *f* סִפּוּר, אַגָּדָה, מַעֲשֶׂה

consejero *m* יוֹעֵץ

consejo *m* 1 עֵצָה. 2 מוֹעָצָה

consejo de guerra 1 מַטֵּה מִלְחָמָה, מוֹעֶצֶת מִלְחָמָה. 2 בֵּית דִּין צְבָאִי

consenso *m* הַסְכָּמָה

consentido *adj* 1 מְפֻנָּק. 2 מֻסְכָּם

consentimiento *m* 1 הַסְכָּמָה, הֶתֵּר, אִשּׁוּר. 2 פִּנּוּק

consentir *vti* 1 הִסְכִּים, הִתִּיר, אִשֵּׁר. 2 פִּנֵּק

conserje *m* שׁוֹמֵר, שׁוֹעֵר

conserjería *f* לִשְׁכַּת הַשּׁוֹמֵר

conserva *f* 1 שִׁמּוּרִים. 2 שִׁמּוּר

conservable *adj* שָׁמִיר, מִשְׁתַּמֵּר

conservación *f* שְׁמִירָה, שִׁמּוּר

conservador *adjm* 1 שַׁמְרָנִי, שַׁמְרָן. 2 אוֹצֵר

conservar *vt* שָׁמַר, נָצַר, שִׁמֵּר

conservatorio *m* קוֹנְסֶרְוָטוֹרְיוֹן

considerable *adj* עָצוּם, רַב עֵרֶךְ, נִכָּר, נִכְבָּד

consideración *f* 1 הִתְחַשְּׁבוּת, עִיּוּן. 2 הוֹקָרָה, הַעֲרָצָה. 3 אֲדִיבוּת, נִימוּס. 4 גִּישָׁה

considerado *adj* 1 שָׁקוּל, בָּדוּק, מָתוּן. 2 מְנֻמָּס, אָדִיב

considerando *m* הֱיוֹת, הוֹאִיל וְ־

considerar *vt* 1 חָשַׁב, הִרְהֵר, עִיֵּן. 2 שָׁקַל, הֶעֱרִיךְ. 3 סָבַר, הֵבִין. 4 הִתְחַשֵּׁב

consigna *f* 1 סִיסְמָה, אוֹת. 2 מֶלְתָּחָה

consignación *f* 1 הַפְקָדָה, פִּקָּדוֹן. 2 מְסִירָה, שְׁלִיחָה, שִׁגּוּר. 3 סְחוֹרָה בַּעֲמִילוּת, קוֹנְסִיגְנַצְיָה. 4 הַקְצָבָה

consignador *m* שׁוֹגֵר, שׁוֹלֵחַ, מְשַׁלֵּחַ

consignar *vt* 1 שִׁגֵּר, שָׁלַח. 2 הִפְקִיד, מָסַר, הֶעֱבִיר. 3 הִקְצִיב

consignatario *m* 1 סוֹכֵן. 2 שָׁלִיחַ. 3 מְקַבֵּל,

מַפְקִיד. 4 בַּעַל פִּקָּדוֹן

consigo *proper* 1 עִמּוֹ, אִתּוֹ. 2 עִמָּהּ, אִתָּהּ

consiguiente *adjm* 1 תּוֹצָאָתִי. 2 תּוֹצָאָה, תּוֹלָדָה

consiliario *m* יוֹעֵץ

consistencia *f* 1 יַצִּיבוּת, קְבִיעוּת, הִתְלַכְּדוּת. 2 עֲקִיבוּת, עִקְבִיּוּת, תֵּאוּם

consistente *adj* 1 מוּצָק, יַצִּיב, אֵיתָן. 2 מַתְאִים, עָקִיב, עִקְבִי

consistir *vi* 1 כָּלַל, הֵכִיל. 2 הִוָּה. 3 תָּאַם. 4 הָיָה מֻרְכָּב

consistorio *m* 1 וַעַד, מוֹעָצָה. 2 בֵּית דִּין

consocio *m* שֻׁתָּף, חָבֵר

consola *f* זִיזִית, אִצְטַבָּה, מַדָּף

consolación *f* 1 נִחוּם, תַּנְחוּמִים, נֶחָמָה, עִדּוּד. 2 הִשְׁתַּתְּפוּת בְּצַעַר

consolador *adjm* 1 מְנַחֵם. 2 מְעוֹדֵד

consolar *vt* 1 נִחֵם, עוֹדֵד, חִזֵּק. 2 הִשְׁתַּתֵּף בְּצַעַר

consolidación *f* 1 בִּסּוּס, חִזּוּק. 2 גִּבּוּשׁ, עִבּוּי, הִתְגַּבְּשׁוּת, הִתְלַכְּדוּת

consolidar *vt* 1 בִּסֵּס, חִזֵּק. 2 גִּבֵּשׁ, עִבָּה, לִכֵּד. 3 הִשְׁתִּית

consomé, consommé *m* מְרָק זַךְ

consonancia *f* 1 הַתְאָמָה, הַרְמוֹנְיָה. 2 קֶצֶב, מִקְצָב. 3 מִזּוּג, לִכּוּד, אַחְדוּת

consonante *adjmf* 1 מִתְחָרֵז. 2 הַרְמוֹנִי, מַתְאִים. 3 עִצּוּר, קוֹנְסוֹנַנְט

consonar *vi* הִתְאִים, תָּאַם בִּצְלִיל

consorcio *m* 1 שֻׁתָּפוּת, הִתְחַבְּרוּת. 2 חֶבְרָה, קוֹנְסוֹרְצְיוֹן

consorte *mf* בֶּן זוּג

consortes *pl* שֻׁתָּפִים לִדְבַר עֲבֵרָה

conspicuo *adj* 1 בּוֹלֵט, חָשׁוּב, נִכְבָּד, נַעֲלֶה. 2 נִשָּׂא, מְפֻרְסָם

conspiración *f* 1 קֶשֶׁר, קְנוּנְיָה. 2 מֶרֶד, הִתְנַקְּשׁוּת

conspirador *m* מוֹרֵד, מִתְנַקֵּשׁ, קוֹשֵׁר

conspirar *vi* קָשַׁר, מָרַד, זָמַם

constancia *f* 1 קְבִיעוּת, תְּדִירוּת, יַצִּיבוּת. 2 הוֹכָחָה, בִּטָּחוֹן. 3 נֶאֱמָנוּת, יֹשֶׁר

constante *adjf* 1 קָבוּעַ, תָּדִיר, יַצִּיב. 2 נֶאֱמָן, יָשָׁר. 3 בִּלְתִּי מִשְׁתַּנֶּה

constar *vi* הוֹכִיחַ, בֵּרֵר, הֵעִיד, כָּלַל, הֵכִיל

constatación *f* הוֹכָחָה, אִשּׁוּר, קְבִיעָה

constatar *vt* הוֹכִיחַ, אִשֵּׁר, קִיֵּם, אִמֵּת, קָבַע

constelación *f* מַעֲרֶכֶת כּוֹכָבִים, קוֹנְסְטֶלַצְיָה

consternación *f* בֶּהָלָה, פַּחַד, תִּמָּהוֹן, פְּלִיאָה, מְבוּכָה

consternar *vt* הִבְהִיל, הִפְחִיד, הֵבִיךְ, הִפְלִיא

constipación *f* 1 הִצְטַנְּנוּת. 2 עֲצִירוּת

constipado *m* הִצְטַנְּנוּת, נַזֶּלֶת

constipar *vt* 1 כִּוֵּץ, צִמְצֵם, לָחַץ, הִדֵּק. 2 הִצְטַנֵּן

constitución *f* 1 חֻקָּה, קוֹנְסְטִיטוּצְיָה. 2 מִבְנֵה הַגּוּף. 3 תְּכוּנָה, מִבְנֶה

constitucional *adj* 1 תְּחֻקָּתִי, חֻקָּתִי. 2 יְסוֹדִי, חִיּוּנִי

constitucionalidad *f* תְּחֻקָּתִיּוּת

constitucionalmente *adv* בְּהֶתְאֵם לַחֻקָּה

constituir *vt* יִסֵּד, הֵקִים, הִוָּה, מִנָּה, קָבַע, אִרְגֵּן, כּוֹנֵן

constitutivo *adjm* מְכוֹנֵן, מְיַסֵּד, מֵקִים

constituyente *adjm* 1 מְכוֹנֵן. 2 אֲסֵפָה מְכוֹנֶנֶת

constreñimiento *m* 1 כְּפִיָּה, הֶכְרֵחַ, מְנִיעָה. 2 עֲצִירָה. 3 מְבוּכָה, כִּבּוּשׁ רְגָשׁוֹת

constreñir *vt* 1 כָּפָה, הִכְרִיחַ, לָחַץ עַל־. 2 עָצַר, מָנַע

constricción *f* כִּוּוּץ, צִמְצוּם, הֲצָרָה, הִתְכַּוְּצוּת, הִדּוּק

constrictor *adjm* 1 מְכַוֵּץ, מֵצֵר, לוֹחֵץ. 2 גּוֹרֵם לַעֲצִירוּת

constringente *adj* מְכַוֵּץ, מְצַמְצֵם

construcción *f* 1 בְּנִיָּה, בִּנְיָן. 2 פִּתְרוֹן, פֵּרוּשׁ. 3 מִבְנֶה, קוֹנְסְטְרוּקְצְיָה

constructivo *adj* בּוֹנֶה, יוֹצֵר, קוֹנְסְטְרוּקְטִיבִי

constructor *adjm* בּוֹנֶה, בַּנַּאי

construir *vt* 1 בָּנָה, יָצַר, עָשָׂה. 2 חִבֵּר, סִדֵּר, עָרַךְ

consuegro *m* מְחֻתָּן
consuelo *m* נֶחָמָה, תַּנְחוּמִים, עִדּוּד
consueta *m* לַחֲשָׁן
consuetudinario *adj* שִׁגְרָתִי, רָגִיל, נָהוּג, מְקֻבָּל, שָׁכִיחַ
cónsul *m* קוֹנְסוּל, צִיר
consulado *m* קוֹנְסוּלְיָה, צִירוּת
consular *adj* קוֹנְסוּלָרִי
consulta *f* הִתְיָעֲצוּת, טִכּוּס עֵצָה
consultación *f* כֶּנֶס, הִתְיָעֲצוּת, הִתְוַעֲדוּת
consultante *adjm* מִתְיָעֵץ, יוֹעֵץ
consultar *vt* הִתְיָעֵץ, נוֹעַץ
consultivo *adj* יוֹעֵץ, מְיָעֵץ
consultor *adjm* יוֹעֵץ
consultorio *m* 1 מִרְפָּאָה. 2 מָדוֹר לִשְׁאֵלוֹת (בעתון)
consumación *f* 1 שִׁכְלוּל. 2 הַשְׁלָמָה, סִיּוּם, גְּמִירָה. 3 מִמּוּשׁ, הִתְמַמְּשׁוּת. 4 כְּלָיָה, כִּלָּיוֹן, אֲבַדּוֹן. 5 בִּצּוּעַ
consumado *adjm* 1 גָּמוּר, מֻגְמָר. 2 מֻחְסָל. 3 שָׁלֵם, מְשֻׁכְלָל, מֻשְׁלָם. 4 מָרֵק זַךְ
consumar *vt* 1 כִּלָּה, הִשְׁלִים, סִיֵּם, גָּמַר. 2 מִמֵּשׁ, בִּצֵּעַ
consumido *adj* 1 כָּחוּשׁ, נִלְאֶה, חַלָּשׁ. 2 אָכוּל
consumidor *adjm* צַרְכָן
consumir *vt* 1 צָרַךְ. 2 אָכַל, כִּלָּה, הִשְׁמִיד. 3 בִּזְבֵּז
consumo *m* 1 צְרִיכָה. 2 שִׁמּוּשׁ, תִּצְרֹכֶת. 3 בִּזְבּוּז
consunción *f* כִּלּוּי, אִכּוּל, בִּזְבּוּז
consuno (de) *adv* בְּיַחַד, בִּמְשֻׁתָּף
consuntivo *adj* מְאַכֵּל, מְעַכֵּל
contabilidad *f* פִּנְקְסָנוּת, הַנְהָלַת פִּנְקָסִים, נִהוּל חֶשְׁבּוֹנוֹת
contable *adjm* 1 פִּנְקְסָן, רוֹאֵה חֶשְׁבּוֹנוֹת. 2 בַּר סְפִירָה
contactar *vt* הִתְקַשֵּׁר, בָּא בְּמַגָּע עִם
contacto *m* 1 מַגָּע, קֶשֶׁר, חִבּוּר, קִרְבָה. 2 הִתְקַשְּׁרוּת, הִשְׁתַּלְּבוּת
contado *adj* 1 נָדִיר. 2 סָפוּר, מוּעָט
contado (al-) טְבִין וּתְקִילִין
contador *m* 1 רוֹאֵה חֶשְׁבּוֹן. 2 פִּנְקְסָן, מְנַהֵל חֶשְׁבּוֹנוֹת
contaduría *f* חֶשְׁבּוֹנָאוּת, הַנְהָלַת חֶשְׁבּוֹנוֹת, פִּנְקְסָנוּת
contagiar *vt* הִדְבִּיק, הִרְעִיל, זִהֵם, אִלַּח
contagio *m* הַדְבָּקוּת, זִהוּם, אִלּוּחַ
contagiosidad *m* הַדְבָּקוּת
contagioso *adj* מְדַבֵּק, מְאַלֵּחַ, מַדְבִּיק
contaminable *adj* מְזֹהָם, מְטֻנָּף
contaminación *f* 1 זִהוּם, טִנּוּף, הַכְתָּמָה, לִכְלוּךְ, סֵאוּב. 2 הַרְעָלָה
contaminador *adj* מְזַהֵם, מְטַמֵּא, מַטְנִיף
contaminar *vt* זִהֵם, טִנֵּף, סֵאֵב, לִכְלֵךְ, הִכְתִּים, אִלַּח
contante *adjm* 1 מוּכָן, נָכוֹן. 2 מְזֻמָּנִים, מְצַלְצְלִים
contante y sonante טְבִין וּתְקִילִין
contar *vt* סָפַר, מָנָה, חָשַׁב, חִשֵּׁב, סִפֵּר, אָמַר, הִגִּיד, הִבִּיעַ, מָסַר, הוֹדִיעַ, פִּרְסֵם
contemplación *f* 1 הִתְבּוֹנְנוּת, הִסְתַּכְּלוּת. 2 עִיּוּן, הִרְהוּר, צְפִיָּה. 3 בְּחִינָה, כַּוָּנָה
contemplar *vti* 1 הִתְבּוֹנֵן, הִסְתַּכֵּל. 2 עִיֵּן, הִרְהֵר, צָפָה. 3 בָּחַן, הִתְכַּוֵּן
contemplativo *adj* הִסְתַּכְּלוּתִי, מְהַרְהֵר
contemporáneo *adj* 1 בֶּן דּוֹר. 2 עַכְשָׁוִי, נָכְחִי
contemporizar *vi* הִסְתַּגֵּל, הִתְאִים אֶת עַצְמוֹ
contención *f* 1 הַבְלָגָה, הִתְאַפְּקוּת. 2 תִּגְרָה, רִיב, קְטָטָה, מַחֲלֹקֶת
contencioso *adjm* 1 אִישׁ רִיב וּמָדוֹן, וַכְּחָן, מְחַרְחֵר רִיב. 2 עִנְיָן מִשְׁפָּטִי
contender *vi* 1 נִלְחַם, נֶאֱבַק. 2 הִתְוַכֵּחַ, הִתְפַּלְמֵס. 3 טָעַן, דָּן
contendor *adj* 1 טוֹעֵן. 2 יָרִיב. 3 בַּר־פְּלֻגְתָּא
contener *vt* 1 הִכְלִיל, כָּלַל, הֵכִיל. 2 בָּלַם, עָצַר, עִכֵּב. 3 הִבְלִיג, הִתְאַפֵּק
contenido *madj* 1 תֹּכֶן, סִכּוּם, תְּכוּלָה. 2 זָהִיר, מָתוּן. 3 כָּלוּל

contenta *f* 1 דּוֹרוֹן, שַׁי, מַתָּנָה. 2 הֲסִבָּה
contentadizo *adj* מַשְׂבִּיעַ רָצוֹן, מַשְׁלִים
contentamiento *m* שְׂבִיעַת רָצוֹן, הִסְתַּפְּקוּת, נַחַת רוּחַ, שִׂמְחָה
contentar *vt* פִּצָּה, פִּיֵּס, הִשְׂבִּיעַ רָצוֹן, גָּרַם קֹרַת רוּחַ, שִׂמַּח, רִצָּה
contento *adjm* 1 שָׂמֵחַ, שְׂבַע רָצוֹן, מְרֻצֶּה. 2 שִׂמְחָה, סִפּוּק, נַחַת רוּחַ
contera *f* 1 קָצֶה, עֹקֶץ, חֹד. 2 טַבַּעַת, חָח. 3 פִּזְמוֹן חוֹזֵר
contérmino *adj* סָמוּךְ, קָרוֹב, גּוֹבֵל, מִצְרָנִי
contertulio *m* חֲבֵר חוּג
contesta *f* 1 תְּשׁוּבָה, מַעֲנֶה. 2 שִׂיחַ, פִּטְפּוּט
contestación *f* תְּשׁוּבָה, מַעֲנֶה, תְּגוּבָה
contestar *vti* 1 הֵשִׁיב, עָנָה. 2 אִשֵּׁר. 3 הִתְאִים
contexto *m* 1 הֶקְשֵׁר, עִנְיָן. 2 תִּסְבֹּכֶת, בִּלְבּוּל, עִרְבּוּב
contextura *f* 1 מִבְנֶה, מַסֶּכֶת. 2 הֶקְשֵׁר, עִנְיָן
contienda *f* מַאֲבָק, קְרָב, רִיב, מַחֲלֹקֶת, תִּגְרָה, וִכּוּחַ
contigo *promper* 1 אִתְּךָ, עִמְּךָ. 2 אִתָּךְ, עִמָּךְ
contigüidad *f* סְמִיכוּת, קִרְבָה, שְׁכֵנוּת
contiguo *adj* סָמוּךְ, קָרוֹב, שָׁכֵן
continencia *f* 1 הִתְאַפְּקוּת, מְתִינוּת. 2 פְּרִישׁוּת, הִתְנַזְּרוּת, צְנִיעוּת
continental *adj* יַבַּשְׁתִּי
continente *madj* 1 יַבָּשָׁה. 2 מֵכִיל, כּוֹלֵל. 3 מִתְנַזֵּר, פָּרוּשׁ. 4 מָתוּן, מִתְאַפֵּק
contingencia *f* מִקְרֶה, אֶפְשָׁרוּת, מִקְרִיּוּת, אֶפְשָׁרִיּוּת
contigente *adjm* 1 מִקְרִי, אֶפְשָׁרִי. 2 מִכְסָה, חֵלֶק, שִׁעוּר, מָנָה
contingible *adj* אֶפְשָׁרִי
continuación *f* 1 הֶמְשֵׁךְ, הֶמְשֵׁכִיּוּת. 2 רְצִיפוּת
continuadamente, continuamente *adv* בְּהֶמְשֵׁכִיּוּת, לְלֹא הֶרֶף, בְּהַתְמָדָה, בִּרְצִיפוּת
continuado *adj* רָצוּף, נִמְשָׁךְ לְלֹא־הֲפוּגָה
continuar *vti* הִמְשִׁיךְ, הִתְמִיד, נִמְשַׁךְ
continuidad *f* הֶמְשֵׁכִיּוּת, רְצִיפוּת, הֶמְשֵׁךְ
continuo *adj* מַתְמִיד, נִמְשָׁךְ, רָצוּף, תְּמִידִי
contonearse *vref* 1 טָפַף. 2 הִתְרַבְרֵב
contoneo *m* טֶפֶף, טְפִיפָה
contorcerse *vref* הִתְכַּוֵּץ, הִתְפַּתֵּל, הִתְעַקֵּם
contornar, contornear *vt* 1 הִקִּיף, סָבַב, סוֹבֵב. 2 שִׂרְטֵט צְדוּדִית שֶׁל מַשֶּׁהוּ
contorno *m* 1 סִבּוּב, מִתְאָר, הֶקֵּף, קַו גְּבוּל, קַו גֹּבַהּ. 2 חוּצוֹת, סְבִיבוֹת
contorsión *f* עִקּוּם, עִוּוּי, הַעֲוָיָה
contorsionista *m* לוּלְיָן, נְחַשׁ־אָדָם
contra *prepm* 1 נֶגֶד, מוּל, לְעֻמַּת, נֹכַח, כְּלַפֵּי. 2 נִגּוּד, דֵּעָה נֶגְדִּית
contraalmirante *m* סְגַן אַדְמִירָל
contraatacar *vt* עָרַךְ הַתְקָפַת נֶגֶד
contraataque *m* הַתְקָפַת נֶגֶד
contrabajo *m* 1 קוֹנְטְרַבַּס, בַּטְנוּן. 2 בַּטְנוּנָר
contrabalancear *vt* 1 אִזֵּן, הִתְאַזֵּן. 2 קִזֵּז
contrabandear *vt* הִבְרִיחַ, הִגְנִיב
contrabandista *adjm* מַבְרִיחַ
contrabando *m* 1 הַבְרָחָה. 2 יִצּוּר לֹא־חֻקִּי
contracarril *m* פַּס מְכַוֵּן שֶׁל מְסִלַּת־בַּרְזֶל, מַסְעֵף
contracción *f* 1 קִצּוּר, צִמְצוּם, כִּוּוּץ. 2 הִתְכַּוְּצוּת, הִצְטַמְצְמוּת
contracifra *f* צֹפֶן
contractable *adj* כָּוִיץ
contráctil *adj* כָּוִיץ
contractual *adj* חוֹזִי, הֶסְכֵּמִי
contradanza *f* קוֹנְטְרַדַּנְס, מְחוֹל מַחֲנַיִם
contradecir *vt* נָגַד, סָתַר, הֵזֵם, הִכְחִישׁ
contradicción *f* סְתִירָה, נִגּוּד, הַכְחָשָׁה
contradictorio *adj* סוֹתֵר, מִתְנַגֵּד
contraer *vti* 1 כִּוֵּץ. 2 צִמְצֵם. 3 תִּמְצֵת. 4 הִתְכַּוֵּץ, הִצְטַמְצֵם. 5 קָלַט. 6 הִתְחַיֵּב
contraespionaje *m* רִגּוּל נֶגְדִּי
contrafuerte *m* 1 עַמּוּד, מִתְמָךְ, מִשְׁעָן, מִסְעָד. 2 רְצוּעָה, פַּס, סֶרֶט. 3 אֲחוֹרָה
contragolpe *m* מַהֲלֻמַּת נֶגֶד, מַכָּה נֶגְדִּית
contrahacer *vt* 1 זִיֵּף, רִמָּה, הֶעְתִּיק, חִקָּה.

2 הֶעֱמִיד פָּנִים, הִתְחַפֵּשׂ
contrahecho *adjm* 1 מְזֻיָּף, צָבוּעַ, מִתְנַכֵּר. 2 מְעֻוָּת, בַּעַל מוּם
contralor *m* 1 מְבַקֵּר. 2 מְפַקֵּחַ, מַשְׁגִּיחַ
contraloría nacional מְבַקֵּר הַמְּדִינָה
contralto *m* קוֹנְטְרָאַלְטוֹ
contramaestre *m* מְנַהֵל עֲבוֹדָה
contramandar *vt* בִּטֵּל אוֹ הֵפֵר פְּקֻדָּה
contramandato *m* בִּטּוּל צַו אוֹ פְּקֻדָּה, פְּקֻדָּה נֶגְדִּית
contramano (a) *adv* בְּכִוּוּן הָפוּךְ, נֶגֶד הַזֶּרֶם
contramarca *f* חוֹתֶמֶת שְׁנִיָּה, חוֹתָם נוֹסָף, תָּוִית נוֹסֶפֶת
contramarcar *vt* שָׂם חוֹתֶמֶת שְׁנִיָּה, שָׂם תָּוִית נוֹסֶפֶת
contranatural *adj* לֹא נוֹרְמָלִי, לֹא תַּקִּין, לֹא טִבְעִי
contraofensiva *f* מִתְקֶפֶת נֶגֶד
contraorden *f* פְּקֻדַּת נֶגֶד
contraparte *f* צַד שֶׁכְּנֶגֶד, צַד נֶגְדִּי
contrapartida *f* סְטוֹרְנוֹ
contrapelo (a-) נֶגֶד כִּוּוּן הַשֵּׂעָר
contrapesar *vt* אִזֵּן, הִשְׁוָה, קִזֵּז
contrapeso *m* אִזּוּן, מִשְׁקָל נֶגֶד, קִזּוּז
contraproducente *adj* שֶׁגּוֹרֵם תּוֹצָאָה הֲפוּכָה
contrapunto *m* קוֹנְטְרַפּוּנְקְט
contrariamente *adv* אַדְּרַבָּה, לְהֵפֶךְ, מִצַּד אַחֵר
contrariar *vt* סָתַר, הִרְגִּיז, הִתְנַגֵּד
contrariedad *f* סְתִירָה, מִכְשׁוֹל, הִתְנַגְּדוּת
contrario *madj* 1 יָרִיב, אוֹיֵב, שׂוֹנֵא. 2 נוֹגֵד, נֶגְדִּי, מְנֻגָּד. 3 סוֹתֵר, מַזִּיק
contrarreferencia *f* סָמָךְ כָּפוּל (בהנהלת חשבונות)
contrarrestar *vt* עָמַד כְּנֶגֶד, הִתְנַגֵּד
contrarrevolución *f* מַהְפֵּכָה נֶגְדִּית
contrarrevolucionario *m* קוֹנְטְרַרֶבוֹלוּצְיוֹנֵר
contraseña *f* סִיסְמָה, מַעֲנָה
contrastar *vt* 1 הִשְׁוָה, עִמֵּת, דִּמָּה, הִקְבִּיל. 2 הִתְנַגֵּד, עָמַד נֶגֶד
contraste *m* נִגּוּד, סְתִירָה, הַשְׁוָאָה
contrata *f* חוֹזֶה, הֶסְכֵּם
contratapa *f* עֲטִיפָה אֲחוֹרִית
contratar *vt* שָׂכַר, חָכַר, הִשְׂכִּיר, עָרַךְ חוֹזֶה
contratiempo *m* תַּקָּלָה, מִכְשׁוֹל, הַפְרָעָה, פֶּגַע רַע
contratista *m* קַבְּלָן
contrato *m* חוֹזֶה, הֶסְכֵּם
contravalor *m* 1 מְחִיר. 2 עֵרֶךְ
contravención *f* הֲפָרָה, עֲבֵרָה, חֵטְא
contraveneno *m* אַנְטִידוֹט, סַם שֶׁכְּנֶגֶד
contravenir *vt* הֵפֵר, עָבַר עַל הַחֹק
contraventana *f* תְּרִיס
contraventor *adjm* עֲבַרְיָן, עוֹבֵר עֲבֵרָה
contravidriera *f* חַלּוֹן בִּטָּחוֹן נוֹסָף
contribución *f* 1 תְּרוּמָה, הִשְׁתַּתְּפוּת. 2 מַס. 3 נְדָבָה
contribuidor *adjm* תּוֹרֵם, מִשְׁתַּתֵּף, מְסַיֵּעַ
contribuir *vt* תָּרַם, הִשְׁתַּתֵּף, הִקְדִּישׁ, נָדַב
contribulado *adj* מְדֻכָּא, מֻכֵּה דִּכָּאוֹן
contribuyente *adjm* 1 תּוֹרֵם, מִשְׁתַּתֵּף, מְסַיֵּעַ. 2 מְשַׁלֵּם הַמִּסִּים
contrición *f* חֲרָטָה, חֲזָרָה בִּתְשׁוּבָה, נֹחַם
contrincante *m* יָרִיב, מִתְחָרֶה, מִתְנַגֵּד
contrito *adj* מִתְחָרֵט, חוֹזֵר בִּתְשׁוּבָה, עָנָו
control *m* 1 פִּקּוּחַ, בְּדִיקָה, הַשְׁגָּחָה. 2 בַּקָּרָה. 3 בִּקֹּרֶת
controlador *m* 1 מְבַקֵּר. 2 מְפַקֵּחַ, מַשְׁגִּיחַ
controlar *vt* בִּקֵּר, בָּדַק, וִסֵּת
controversia *f* פּוּלְמוּס, פְּלֻגְתָּא, מַחֲלֹקֶת, וִכּוּחַ, סִכְסוּךְ
controversial *adj* פּוּלְמוּסִי, מִתְנַגֵּד
controvertible *adj* בַּר סְתִירָה
controvertir *vt* 1 סָתַר, הִכְחִישׁ, הִתְנַגֵּד. 2 הִתְוַכֵּחַ, הִתְפַּלְמֵס
contubernio *m* 1 חַיֵּי אִישׁוּת לֹא־חֻקִּיִּים. 2 מְזִמָּה
contumacia *f* 1 עַקְשָׁנוּת, הִתְעַקְשׁוּת. 2 פְּרִיקַת עֹל, מַרְדָנוּת

contumaz *adj* 1 עַקְשָׁן, עִקֵּשׁ. 2 מַרְדָן, סוֹרֵר

contumelia *f* חֻצְפָּה, שַׁחֲצָנוּת, גַּסּוּת, עֶלְבּוֹן, גִּדּוּף, הַעֲלָבָה

contumelioso *adj* חָצוּף, גַּס, שַׁחֲצָן, מַעֲלִיב

contundir *vt* חִבֵּל, פָּצַע

contusión *f* חַבָּלָה, חַבּוּרָה, פְּצִיעָה

contuso *adjm* פָּצוּעַ, חָבוּל

convalecencia *f* הַבְרָאָה, הַחְלָמָה

convalecer *vi* הִבְרִיא, הֶחֱלִים

convaleciente *adjm* מַבְרִיא, מַחֲלִים

convalidar *vt* אִשֵּׁר, אִמֵּת, קִיֵּם

convenico *adjm* שָׁכֵן, סָמוּךְ, מִצְרָן

convencer *vt* שִׁכְנֵעַ, הוֹכִיחַ

convencimiento *m* שִׁכְנוּעַ

convención *f* כִּנּוּס, אֲסֵפָה, וְעִידָה, אֲמָנָה

convencional *adj* מֻסְכָּם, הֶסְכֵּמִי, מְקֻבָּל, שִׁגְרָתִי, רָגִיל, בָּנָלִי

convencionalismo *m* פוֹרְמָלִיּוּת, שַׁמְרָנוּת

convenible *adj* 1 נוֹחַ לַבְּרִיּוֹת. 2 סָבִיר

conveniencia *f* 1 יַחַס. 2 הַתְאָמָה, תֵּאוּם. 3 נִימוּס. 4 תּוֹעֶלֶת, כְּדָאִיּוּת. 5 נוֹחִיּוּת, נוֹחוּת. 6 נְכָסִים, רְכוּשׁ

conveniente *adj* 1 מוֹעִיל, כְּדַאי. 2 מַתְאִים, תּוֹאֵם. 3 נוֹחַ, מְרֻוָּח, רָצוּי

convenio *m* הֶסְכֵּם, חוֹזֶה, אֲמָנָה, בְּרִית

convenir *vi* 1 הִסְכִּים, הִשְׁלִים. 2 הִתְאִים. 3 אָסַף, כִּנֵּס, קִבֵּץ. 4 שִׁיֵּךְ. 5 סִגֵּל, הִכְשִׁיר

convento *m* מִנְזָר

convergencia *f* 1 הִתְחַבְּרוּת, הִתְלַכְּדוּת, הִתְקָרְבוּת. 2 הִתְכַּנְּסוּת

convergente *adj* 1 מִתְכַּנֵּס. 2 מִתְחַבֵּר, מִתְלַכֵּד, מִתְקָרֵב

converger *vi* 1 נִפְגַּשׁ. 2 הִתְחַבֵּר, הִתְלַכֵּד, הִתְקָרֵב

conversable *adj* חַבְרוּתִי, אוֹהֵב שִׂיחָה

conversación *f* שִׂיחָה, שִׂיחַ, דִּבּוּר, הִשְׁתַּעוּת

conversar *vi* שָׂח, שׂוֹחֵחַ, דִּבֵּר

conversión *f* 1 הֲמָרָה, הֲפִיכָה, חֲלִיפָה, חִלּוּף, הַחְלָפָה. 2 הֲמָרַת דָּת

converso *adjm* 1 גֵּר, מִתְיַהֵד. 2 מוּמָר, מְשֻׁמָּד

convertible *adj* בַּר־חִלּוּף, בַּר־הֲמָרָה

convertir *vt* 1 הֵמִיר, הָפַךְ, הֶחֱלִיף. 2 שִׁמֵּד

convexidad *f* קְמִירוּת, קְמִירָה, גַּבְנוּנִיּוּת

convexo *adj* קָמוּר, גַּבְנוּנִי

convicción *f* שִׁכְנוּעַ, אֱמוּנָה, הַכָּרָה

convicto *adj* מֻרְשָׁע, אָשֵׁם, שֶׁחֻיַּב בְּדִין

convidado *m* מֻזְמָן, קָרוּא, אוֹרֵחַ

convidar *vt* הִזְמִין, אֵרַח

convincente *adj* מְשַׁכְנֵעַ

convite *m* 1 הַזְמָנָה. 2 מִשְׁתֶּה, סְעֻדָּה

convival *adj* 1 מֻזְמָן. 2 חֲגִיגִי, מִשְׁתִּי

convivencia *f* דּוּ־קִיּוּם

convocación *f* כִּנּוּס, עֲצֶרֶת, אֲסֵפָה

convocar *vt* כִּנֵּס, קָרָא, זִמֵּן

convocatoria *f* הַזְמָנָה, זִמּוּן, כִּנּוּס

convoy *m* 1 שַׁיָּרָה. 2 מִשְׁמַר־לִוּוּי

convoyar *vt* לִוָּה, לִוָּה בְּמִשְׁמָר מְזֻיָּן

convulsión *f* 1 פִּרְכּוּס, זַעֲזוּעַ, פִּרְפּוּר, עֲוִית. 2 הִתְרַגְּשׁוּת, רַעַשׁ, מְהוּמָה

convulsionar *vt* 1 גָּרַם עֲוִית. 2 זִעֲזַע, הִרְעִיד

convulsivo *adj* עֲוִיתִי

conyugal *adj* שֶׁל חֲתֻנָּה, שֶׁל נִשּׂוּאִים

cónyuge *mf* בֶּן זוּג, בַּת זוּג, בַּעַל, אִשָּׁה

coñac, cognac *m* קוֹנְיָק

cooperación *f* שִׁתּוּף פְּעֻלָּה

cooperador *adjm* 1 מְסַיֵּעַ. 2 שִׁתּוּפִי, מְשַׁתֵּף־פְּעֻלָּה

cooperar *vi* שִׁתֵּף פְּעֻלָּה, עָזַר, סִיַּע

cooperario *m* מְשַׁתֵּף־פְּעֻלָּה

cooperativa *f* קוֹאוֹפֶּרָטִיב, אֲגֻדָּה שִׁתּוּפִית

cooperativo *adj* קוֹאוֹפֶּרָטִיבִי

coordenada *f* קוֹאוֹרְדִינָטָה

coordenado *adj* קוֹאוֹרְדִינָטִיבִי

coordinación *f* תֵּאוּם, הַתְאָמָה, אִחוּי, הַשְׁוָאָה

coordinado *adj* מְתֹאָם

coordinar *vt* תֵּאֵם, הִתְאִים, אִחָה

copa *f* 1 גָּבִיעַ, כּוֹסִית. 2 צַמֶּרֶת שֶׁל עֵץ

copar *vt* 1 לָכַד, שָׁבָה. 2 כִּסָּה, חָסַם. 3 הִקִּיף

coparticipación *f* שְׁתָפוּת, שִׁתּוּף־פְּעֻלָּה

copartícipe *m* שֻׁתָּף, מְשַׁתֵּף־פְּעֻלָּה

copec, copeck *m* קוֹפִּיקָה

copete *m* 1 פָּקַע, כְּשׁוּת, צִיצָה. 2 בְּלוֹרִית. 3 כַּרְבֹּלֶת. 4 רֶכֶס, פִּסְגָּה, מָרוֹם. 5 יִחוּס. 6 הָעָזָה

copia *f* 1 גֹּדֶשׁ, שֶׁפַע. 2 הֶעְתֵּק, הַעְתָּקָה. 3 תַּעְתִּיק. 4 חִקּוּי

copiador *adjm* 1 מַעְתִּיק. 2 מְשַׁכְפֵּל. 3 מְחַקֶּה

copiar *vt* 1 הֶעְתִּיק. 2 חִקָּה

copioso *adj* שׁוֹפֵעַ, גָּדוּשׁ, פּוֹרֶה

copista *m* 1 מַעְתִּיק. 2 סוֹפֵר

copla *f* 1 פִּזְמוֹן. 2 בַּיִת שֶׁל שִׁיר

copo *m* 1 בְּלוֹרִית. 2 כַּרְבֹּלֶת. 3 פָּתִית

copra *f* קוֹפְּרָה

copto *adjm* קוֹפְּטִי

cópula *f* 1 הִזְדַּוְּגוּת, מִשְׁגָּל. 2 זִוּוּג, חִבּוּר, הִתְחַבְּרוּת. 3 אוֹגֵד

copulación *f* 1 הִזְדַּוְּגוּת, בִּיאָה, בְּעִילָה, מִשְׁגָּל. 2 הִתְחַבְּרוּת, קֶשֶׁר

copulador *adj* 1 מְאַחֵד, מְחַבֵּר. 2 מִזְדַּוֵּג, שׁוֹגֵל

copular *vti* בָּעַל, שָׁגַל, הִזְדַּוֵּג

copulativo *adj* אוֹגֵד, מְחַבֵּר, מְקַשֵּׁר

coque *m* קוֹקְס, אֶבֶן פֶּחָם

coqueta *f* מִתְחַנְחֶנֶת, גַּנְדְּרָנִית, מִתְהַדֶּרֶת

coquetear *vi* פְלִירְטֵט, אִהְבֵּהֵב, עָגַב

coqueteo *m* פְלִירְטוּט, עֲגָבִים, עֲגִיבָה

coquetería *f* עַגְבָנוּת, אֲהַבְהָבִים

coquetón *adj* גַּנְדְּרָן, עַגְבָן, עוֹגֵב, מִתְחַנְחֵן

coquina *f* לְבִיָּה (צִדְפַּת מַאֲכָל)

coraje *m* אֹמֶץ לֵב, גְּבוּרָה, חֹזֶק, חַיִל

coral *adjm* 1 אַלְמֹג, קוֹרָל. 2 מַקְהֵלָתִי, כּוֹרָלִי

coralino *adj* אַלְמֻגִּי, קוֹרָלִי

Corán *m* קוּרְאָן

coraza *f* שִׁרְיוֹן

corazón *m* לֵב, לֵבָב

corazonada *f* 1 הַרְגָּשָׁה. 2 הַרְגָּשָׁה מֻקְדֶּמֶת

corbata *f* עֲנִיבָה

corbeta *f* קוֹרְבֶטָה

corcel *m* סוּס, סוּס מִלְחָמָה

corcino *m* עֹפֶר

corcova *f* גַּבְנוּן, דַּבֶּשֶׁת, חֲטוֹטֶרֶת

corcovado *adj* גִּבֵּן, בַּעַל חֲטוֹטֶרֶת

corcovear *vi* עִקֵּם, כּוֹפֵף

corcovo *m* 1 עִקּוּם, כִּפּוּף. 2 דִּלּוּג, קְפִיצָה

corchea *f* שְׁמִינִית

corcheta *f* לוּלְאַת־הָרֶכֶס

corchete *m* 1 רֶכֶס שֶׁל בֶּגֶד. 2 סִכַּת־הִדּוּק

corcho *m* 1 שַׁעַם. 2 פְּקָק, מְגוּפָה

corchoso *adj* דּוֹמֶה לְשַׁעַם

cordaje *m* חִבֵּל, מִכְבֹּלֶת (מַעֲרֶכֶת כְּבָלִים)

cordal *m* 1 שֵׁן הַבִּינָה. 2 תַּאֲחִיד־הַמֵּיתָרִים

cordato *adj* מָתוּן, זָהִיר, נָבוֹן

cordel *m* חֶבֶל, חוּט

cordelería *f* 1 חֲנוּת לַחֲבָלִים. 2 חִבֵּל, מִכְבֹּלֶת

cordero *m* 1 טָלֶה, כֶּבֶשׂ, שֶׂה. 2 תָּמִים, עָדִין

cordial *adjm* 1 לְבָבִי, יְדִידוּתִי, כֵּן. 2 מַשְׁקֶה מְרַעֲנֵן

cordialidad *f* לְבָבִיּוּת, יְדִידוּת, כֵּנוּת

cordillera *f* שַׁרְשֶׁרֶת הָרִים, רֶכֶס

cordobán *m* עוֹר קוֹרְדוֹבָה

cordón *m* 1 שְׂרוֹךְ, חוּט, פְּתִיל, מֵיתָר. 2 שַׁרְשֶׁרֶת

cordoncillo *m* 1 שׁוּרָה בָּאָרִיג. 2 שׁוּלֵי הַמַּטְבֵּעַ

cordura *f* תְּבוּנָה, זְהִירוּת, מְתִינוּת, פִּקְחוּת

corear *vt* 1 שָׁר בְּמַקְהֵלָה. 2 הִלְחִין לְמַקְהֵלָה. 3 הִסְכִּים, חִזֵּר אַחֲרֵי

corégono *m* קוֹרֵגוֹנוּס (הַלִּוְיָתָן הַלָּבָן)

coreo *m* טְרוֹכֵיאוּס

coreografía *f* כּוֹרֵיאוֹגְרַפְיָה

coreógrafo *m* כּוֹרֵיאוֹגְרָף

corifeo *m* 1 מְנַצֵּחַ. 2 מַנְהִיג

corista *mf* 1 זַמַּר מַקְהֵלָה. 2 רַקְדָנִית, נַעֲרַת מַקְהֵלָה

cornada *f* נְגִיחָה

cornadura *f* קַרְנַיִם

córnea *f* קַרְנִית

cornear *vt* נָגַח

corneja *f* עוֹרֵב
cornejo *m* קַרְנִית (צֶמַח)
córneo *adj* 1 קַרְנִי, גַּרְמִי. 2 קָשֶׁה
corneta *f* 1 חֲצוֹצְרָה. 2 קֶרֶן. 3 חֲצוֹצְרָן
cornezuelo *m* 1 קַרְנֵי שִׁפּוֹן. 2 שִׁדָּפוֹן
cornista *f* כַּרְכֹּב, עֲטָרָה, כּוֹתֶרֶת
cornucopia *f* קֶרֶן הַשֶּׁפַע
cornuda, cornudilla *f* דַּג הַפַּטִּישׁ, פַּטִּישׁ הַיָּם
cornudo *adjm* 1 בַּעַל קַרְנַיִם. 2 קַרְנָן
coro *m* 1 מַקְהֵלָה. 2 פִּזְמוֹן
corola *f* כּוֹתֶרֶת
corolario *m* מַסְקָנָה, תּוֹצָאָה, מוּסָף, תּוֹסֶפֶת
corona *m* 1 כֶּתֶר, עֲטָרָה, זֵר, נֵזֶר. 2 קוֹרוֹנָה.
3 מַלְכוּת, מַמְלָכָה. 4 צַמֶּרֶת
coronación *f* הַכְתָּרָה, הַמְלָכָה
coronal *adj* כִּתְרִי
coronar *vt* הִכְתִּיר, הִמְלִיךְ, עִטֵּר
coronel *m* קוֹלוֹנֶל, אַלּוּף מִשְׁנֶה
coronelía *f* קוֹלוֹנֶלְיוּת
coronilla *f* קָדְקֹד
corpachón *m* 1 גּוּף רָחָב. 2 פֶּגֶר, נְבֵלָה
corpiño *m* חֲזִיָּה
corporación *f* תַּאֲגִיד, חֶבְרָה, אֲגֻדָּה, שֻׁתָּפוּת,
אִגּוּד
corporal *adj* גּוּפָנִי, גַּשְׁמִי
corpóreo *adj* 1 גּוּפָנִי, גַּשְׁמִי. 2 חָמְרִי, מַמָּשִׁי
corpulencia *f* חֹסֶן, חֲסִינוּת
corpulento *adj* חָסֹן, בַּעַל־גּוּף
corpúsculo *m* גּוּפִיף
corral *m* דִּיר, מִכְלָאָה, אֻרְוָה
corralón *m* מִכְלָאָה
correa *f* חֲגוֹרָה, רְצוּעָה
correarje *m* חֲגוֹרוֹת, רְצוּעוֹת
corrección *f* 1 תִּקּוּן, הַגָּהָה. 2 הֲטָבָה, שִׁפּוּר.
3 תּוֹכָחָה, נְזִיפָה, עֹנֶשׁ
correccional *adjm* 1 מְתַקֵּן, מֵיטִיב. 2 מוֹסָד
לַעֲבַרְיָנִים
correctivo *adjm* מְתַקֵּן, מֵיטִיב
correcto *adj* נָכוֹן, מְדֻיָּק, מְתֻקָּן, מֻגָּה, בָּדוּק
corrector *adj* 1 מְתַקֵּן, מֵיטִיב. 2 מַגִּיהַּ
corredera *f* 1 מְסִלָּה. 2 טַלְטָל. 3 רֶכֶב. 4 תִּיקָן
corredizo *adj* זָחִיחַ, נוֹחַ לְהַתָּרָה (קֶשֶׁר)
corredor *adjm* 1 רָץ, אָצָן. 2 פְּרוֹזְדוֹר,
מִסְדְּרוֹן. 3 מָבוֹא, מַעֲבָר.
4 סוֹכֵן. 5 סַיָּר
corregible *adj* נִתָּן לְתִקּוּן
corregidor *m* 1 מְתַקֵּן, מַגִּיהַּ. 2 שַׂר, מוֹשֵׁל.
3 רֹאשׁ מוֹעָצָה
corregir *vt* 1 תִּקֵּן, סִדֵּר, שִׁפֵּר. 2 הוֹכִיחַ,
הֶעֱנִישׁ, עָנַשׁ. 3 הִגִּיהַּ
correlación *f* הַקְבָּלָה, זִקָּה, קוֹרֶלַצְיָה, הֲדָדִיּוּת
correlacionar *vt* הִקְבִּיל, הִתְאִים
correlativo *adjm* הֲדָדִי, מַקְבִּיל
correligionario *adjm* בֶּן בְּרִית, בֶּן דָּת
correntoso *adj* זִרְמִי, מָהִיר, עַז
correo *m* 1 דֹּאַר. 2 שָׁלִיחַ. 3 דַּוָּר
correón *m* חֲגוֹרָה, רְצוּעָה
correoso *adj* גָּמִישׁ
correr *vt* 1 רָץ, גִּמֵּא. 2 מִהֵר. 3 הֵנִיס. 4 סִיֵּר,
הִסְתּוֹבֵב, סָבַב. 5 הִתְבַּיֵּשׁ. 6 זָרַם
correría *f* 1 פְּשִׁיטָה, הַתְקָפָה. 2 טִיּוּל, סִיּוּר
correrse *vref* 1 זָז, נָע, זָע. 2 דָּהָה
correspondencia *f* 1 תִּכְתֹּבֶת, הִתְכַּתְּבוּת.
2 כַּתָּבָה. 3 הַתְאָמָה,
הֲדָדִיּוּת
corresponder *vt* 1 הֶחֱזִיר, הֵשִׁיב. 2 שִׁיֵּךְ,
יִחֵס. 3 הִתְאִים, הִקְבִּיל.
4 הִתְכַּתֵּב
correspondiente *adjm* 1 מַתְאִים, דּוֹמֶה,
מַקְבִּיל. 2 מִתְכַּתֵּב, כַּתָּב
corresponsal *m* כַּתָּב
corretaje *m* 1 תִּוּוּךְ, סַרְסָרוּת. 2 דְּמֵי תִּוּוּךְ
corretear *vi* 1 הִתְרוֹצֵץ, הִתְנוֹעֵעַ. 2 שׁוֹטֵט, נָדַד
correteo *m* הִתְרוֹצְצוּת, שׁוֹטְטוּת
correvedile *com* 1 הוֹלֵךְ־רָכִיל, מַלְשִׁין.
2 בַּדַּאי
corrida *f* 1 רִיצָה. 2 מֵרוֹץ, סִבּוּב, מַהֲלָךְ
corrido *adj* 1 מֻגְזָם, גָּדוּשׁ. 2 בָּקִי, מְנֻסֶּה.
3 מְבֻיָּשׁ, נִכְלָם. 4 זוֹרֵם,
חוֹלֵף, שׁוֹטֵף. 5 רָצוּף

corriente *adjf* 1 רָגִיל, מְקֻבָּל, שָׁגוּר. 2 זֶרֶם, שֶׁטֶף. 3 זוֹרֵם, שׁוֹטֵף, חוֹלֵף. 4 חַשְׁמַל

corrillo *m* הִסְתּוֹדְדוּת

corro *m* חוּג

corroboración *f* אִשּׁוּר, חִזּוּק, אִמּוּת, הוֹכָחָה

corroborar *vt* אִשֵּׁר, חִזֵּק, אִמֵּת, הוֹכִיחַ

corroborativo *adj* מְחַזֵּק, מְאַמֵּת, מוֹכִיחַ, מְאַשֵּׁר

corroer *vt* 1 כִּרְסֵם, כָּסַס. 2 בִּלָּה, אִכֵּל, כִּלָּה

corromper *vt* 1 הִשְׁחִית, קִלְקֵל. 2 שִׁחֵד. 3 עִוֵּת

corrosión *f* אִכּוּל, שִׁתּוּךְ, קוֹרוֹזְיָה. 2 כִּרְסוּם, הִתְפּוֹרְרוּת

corrosivo *adj* מְאַכֵּל, מְכַרְסֵם

corrugación *f* קֶמֶט, קִפּוּל

corrugador *adjm* מְכַוֵּץ, מְקַפֵּל (שְׁרִיר)

corrupción *f* 1 שְׁחִיתוּת, הַשְׁחָתָה. 2 רִקָּבוֹן, קִלְקוּל

corruptible *adj* 1 מָשְׁחָת. 2 מִתְקַלְקֵל, נִרְקָב

corrupto *adj* 1 מָשְׁחָת. 2 מְקֻלְקָל

corsario *m* 1 שׁוֹדֵד יָם. 2 אֳנִיַּת שֹׁד

corsé *m* מָחוֹךְ

corsear *vi* יָצָא לְשֹׁד יַמִּי

corso *m* 1 שֹׁד יַמִּי. 2 מִצְעָד

cortabolsas *m* כַּיָּס

cortacircuito *m* קֶצֶר

cortacircuitos *mpl* מַפְסֵק אוֹטוֹמָטִי

cortada *f* חִתּוּךְ, חֲתָךְ

cortado *adj* 1 חָתוּךְ, גָּזוּר. 2 מְחֻשָּׁב

cortador *adjm* 1 חוֹתֵךְ, מְחַתֵּךְ, גַּיֶּצֶת, כַּרְסֹם. 2 גַּזְרָן, גּוֹזֵר. 3 קַצָּב

cortadura *f* 1 חֲתָךְ, חִתּוּךְ. 2 מַעֲבָר

cortafrío *m* אִזְמֵל, מַפְסֶלֶת

cortalápiz *m* מְחַדֵּד, מַחְדֵּדָה

cortante *adjm* 1 חַד, חוֹדֵר. 2 עוֹקֵץ, עוֹקְצָנִי, נוֹקֵב. 3 חָרִיף, שָׁנוּן. 4 קַצָּב

cortapapeles *m* חוֹתֵךְ נְיָרוֹת

cortapisa *f* 1 תְּנַאי, נְסִבָּה, הַגְבָּלָה. 2 מְלִיצָה. 3 מִכְשׁוֹל

cortaplumas *m* אוֹלָר

cortar *vt* חָתַךְ, כָּרַת, בִּתֵּר, חָטַב, חָצַב, בִּקַּע, נִסֵּר, גָּזַר, קָצַץ, פָּרַס, חִלֵּק, פָּצַע, הִפְסִיק, סִפֵּר, כָּסַח, סֵרֵס, נִתַּח, הִפְרִיד, נִתֵּק, גַּיֵּץ, נָקַב, חָפַר, גָּלַף, חָרַת

corte *m* 1 חֲתָךְ, חִתּוּךְ, גְּזִירָה, חֲטִיבָה, כְּרִיתָה. 2 בֵּית דִּין. 3 חֲצַר מַלְכוּת

cortedad *f* 1 קֹצֶר, חֹסֶר, קַטְנוּת. 2 בַּיְשָׁנוּת, עַנְוְתָנוּת. 3 בּוּרוּת

cortejante *adjm* 1 מְחַזֵּר. 2 מְלַוֶּה

cortejar *vt* 1 חִזֵּר, עָגַב. 2 הִפְצִיר, הֶחֱנִיף

cortejo *m* 1 חִזּוּר, עַגְבָנוּת. 2 פָּמַלְיָה, לְוָיָה, תַּהֲלוּכָה. 3 חֲבוּרָה. 4 כִּבּוּד

cortés *adj* אָדִיב, מְנֻמָּס, נָעִים, עָדִין

Cortes *fpl* הַפַּרְלָמֶנְט הַסְּפָרַדִּי

cortesana *f* 1 זוֹנָה, פְּרוּצָה, פִּילֶגֶשׁ. 2 חַצְרָנִית

cortesano *adj* 1 חַצְרָן. 2 מְנֻמָּס, אָדִיב, עָדִין

cortesía *f* עֲדִינוּת, אֲדִיבוּת, נִימוּס, דֶּרֶךְ־אֶרֶץ

corteza *f* 1 קְלִפָּה, קְרוּם. 2 עוֹר, גֶּלֶד. 3 חִסְפּוּס, גַּסּוּת

cortical *adj* קְלִפָּתִי, חִיצוֹנִי

cortijo *m* מֶשֶׁק, חַוָּה, אֲחֻזָּה, חֲוִילָה

cortina *f* וִילוֹן, מָסָךְ, פָּרֹכֶת, פַּרְגּוֹד, יְרִיעָה

cortinaje *m* מִסּוּךְ, וִלּוּן

cortisona *f* קוֹרְטִיזוֹן

corto *adj* 1 קָצָר, קָטָן, נָמוּךְ. 2 בַּיְשָׁן, עַנְוְתָן

corva *f* גֻּמַּת הַבֶּרֶךְ

corvadura *f* עִקּוּם, עֹקֶם, קֶשֶׁת, קְמִירוּת

corveta *f* דַּהֲרָה

corvetear *vi* דָּהַר

córvido *adj* עוֹרְבִי

corvo *adjm* 1 עָקֹם, כָּפוּף. 2 וָו, אַנְקוֹל. 3 קוֹרְבִּינָה (דָּג)

corzo *m* אַיָּל, אַיָּלָה

cosa *f* 1 דָּבָר, עֶצֶם, כְּלִי, חֵפֶץ, גּוּף. 2 מַעֲשֶׂה, מַשֶּׁהוּ

cosa de uno עִנְיָן אִישִׁי

cosaco *m* קוֹזָק

cosecante *f* קוֹסֶקַנְט

cosecha *nf* יְבוּל, קָצִיר, אָסִיף, מָסִיק, קָטִיף, גְּדִירָה, בָּצִיר

cosechar *vti* קָצַר, אָסַף, קָטַף

coseno *m* קוֹסִינוּס

coser *vt* תָּפַר

cosido *m* תְּפִירָה

cosmético *adjm* 1 קוֹסְמֶטִי. 2 קוֹסְמֶטִיקָה

cósmico *adj* קוֹסְמִי

cosmogonía *f* קוֹסְמוֹגוֹנְיָה

cosmografía *f* קוֹסְמוֹגְרַפְיָה

cosmología *f* קוֹסְמוֹלוֹגְיָה

cosmopolita *adjm* קוֹסְמוֹפּוֹלִיט

cosmos *m* קוֹסְמוֹס, עוֹלָם, תֵּבֵל, בְּרִיאָה

coso *m* 1 מָקוֹם צִבּוּרִי. 2 רְחוֹב רָאשִׁי. 3 חִפּוּשִׁית

cospel *m* אֲסִימוֹן

cosquillas *fpl* דִּגְדּוּג

cosquillar, cosquillear *vt* דִּגְדֵּג

cosquilleo *m* דִּגְדּוּג

cosquilloso *adj* 1 רָגִישׁ, רַגְשָׁנִי. 2 מְדַגְדֵּג

costa *f* 1 חוֹף, שָׂפָה, גָּדָה. 2 מְחִיר. 3 יְצִיאָה, הוֹצָאָה

costado *m* 1 צַד, עֵבֶר, צֵלָע. 2 אֲגַף. 3 מוֹצָא

costal *madj* 1 אַמְתַּחַת, שַׂק. 2 קוֹרָה. 3 צַלְעִי

costanera *f* טַיֶּלֶת

costanero *adj* מְשֻׁפָּע, חוֹפִי

costar *vi* עָלָה (עֵרֶךְ)

coste, costo *m* 1 מְחִיר. 2 יְצִיאָה, הוֹצָאָה, תַּשְׁלוּם

costear *vti* 1 שִׁלֵּם, מִמֵּן. 2 שָׁט בְּקִרְבַת הַחוֹף

costero *adj* חוֹפִי

costilla *f* צֵלָע

costoso *adj* 1 יָקָר. 2 נֶהְדָּר, מְפֹאָר

costra *f* גֶּלֶד, קְרוּם, קְלִפָּה

costroso *adj* מְגֻלָּד

costumbre *f* 1 מִנְהָג, נֹהַג, נֹהַל. 2 הֶרְגֵּל, שִׁגְרָה

costura *f* 1 תְּפִירָה. 2 תֶּפֶר, חִבּוּר

costurera *f* תּוֹפֶרֶת

costurero *m* 1 מִתְפָּרָה. 2 תֵּבַת כְּלֵי־תְפִירָה

costurón *m* 1 טְלַאי. 2 צַלֶּקֶת

cota *f* 1 שִׁרְיוֹן. 2 נְקֻדַּת גֹּבַהּ

cotangente *f* קוֹטַנְגֶּנְס

cotarro *m* 1 בֵּית מַחְסֶה. 2 מוֹרָד, מִדְרוֹן, שִׁפּוּעַ

cotejar *vt* 1 הִשְׁוָה, דִּמָּה, הִקִּישׁ. 2 הִשְׁתַּוָּה

cotejo *m* הַשְׁוָאָה, דִּמּוּי

coterraneo *adj* בֶּן אוֹתוֹ מוֹצָא

cotidiano *adj* יוֹמְיוֹמִי, יוֹמִי

cotiledón *m* פְּסִיג, טַבּוּרִית

cotillón *m* קוֹטִילְיוֹן (מָחוֹל)

cotización *f* 1 מְחִיר, שַׁעַר. 2 תַּחֲשִׁיב

cotizador *adjm* מַעֲרִיךְ, שַׁמַּאי, אוֹמֵד

cotizar *vt* הֶעֱרִיךְ, חִשֵּׁב

coto *m* 1 גְּדֵרָה, מִכְלָאָה. 2 שְׁמוּרָה. 3 גְּבוּל, קָצָה, קֵץ. 4 זַפֶּקֶת

cotorra *f* 1 תֻּכִּי. 2 פַּטְפְּטָנִית

cotorrear *vi* פִּטְפֵּט

cotorreo *m* פַּטְפְּטָנוּת

covacha *f* כּוּךְ

coyote *m* קוֹיוֹטָה, זְאֵב עֲרָבוֹת

coyunda *f* 1 רְצוּעָה, פַּס, סֶרֶט. 2 נִשּׂוּאִין. 3 שִׁעְבּוּד, הַכְנָעָה

coyuntura *f* 1 פֶּרֶק, מִפְרָק, קֶשֶׁר. 2 הִזְדַּמְּנוּת

coz *f* 1 בְּעִיטָה. 2 רְתִיעָה

cráneo *m* גֻּלְגֹּלֶת, קַרְקֶפֶת

crápula *f* 1 שִׁכְרוּת, שִׁכָּרוֹן. 2 הוֹלֵלוּת, הֶפְקֵרוּת

crapuloso *adj* 1 שִׁכּוֹר. 2 מֻפְקָר

crasitud *f* שֹׁמֶן, שֻׁמָּן, שַׁמְנוּת

craso *adj* 1 שָׁמֵן, בָּרִיא. 2 בָּרוּר, וַדָּאִי

cráter *m* לֹעַ, מַכְתֵּשׁ

creación *f* 1 בְּרִיאָה, עוֹלָם, יְקוּם. 2 יְצִירָה, אַמְצָאָה

creador *adjm* 1 בּוֹרֵא. 2 יוֹצֵר, בּוֹנֶה, מְחוֹלֵל, מוֹלִיד

crear *vt* 1 בָּרָא. 2 יָצַר, הִמְצִיא, הֵקִים, חוֹלֵל

crecer *vi* 1 גָּדַל, צָמַח. 2 עָלָה (עֵרֶךְ). 3 גָּאָה. 4 שִׂגְשֵׂג, הִתְפַּתֵּחַ, רָבָה

creces *fpl* הוֹסָפָה, הַגְדָּלָה, תּוֹסֶפֶת

crecida *f* גֵּאוּת

crecido *adj* גָּדוֹל, מְפֻתָּח, חָשׁוּב, מְבֻגָּר

creciente *adjm* 1 גָּדֵל, צוֹמֵחַ, מִתְרַבֶּה.

2 סַהֲרוֹן

crecimiento *m* גִּדּוּל, הִתְרַבּוּת, צְמִיחָה

credenciales *fpl* 1 תְּעוּדָה. 2 כְּתַב אֲמָנָה, מִכְתַּב הַמְלָצָה

credibilidad *f* מְהֵימָנוּת

crédito *m* 1 אַשְׁרַאי, הַקָּפָה. 2 אֱמוּנָה, נֶאֱמָנוּת, מְהֵימָנוּת

credo *m* קְרֵדוֹ, אֲנִי מַאֲמִין, אֱמוּנָה

credulidad *f* אֱמוּנָה בְּכָל דָּבָר

crédulo *adj* מַאֲמִין לְכָל דָּבָר

creencia *f* אֱמוּנָה, אֵמוּן, תּוֹרָה, דָּת

creer *vti* הֶאֱמִין, סָבַר, חָשַׁב

creíble *adj* 1 מִתְקַבֵּל עַל הַדַּעַת. 2 מְהֵימָן

crema *f* 1 שַׁמֶּנֶת, זִבְדָּה. 2 שַׁמְנָהּ וְסָלְתָּהּ שֶׁל־. 3 קְרֶם, מִמְרָח. 4 מִשְׁחָה. 5 דִּיאֶרֶסִיס

cremación *f* שְׂרֵפַת גּוּפוֹת מֵתִים

cremallera *f* 1 זַחְלָן. 2 מַחְגַּר־שִׁנַּיִם

crematorio *m* מִשְׂרָפָה, קְרֶמָטוֹרְיוּם

crémor *m* מַחְבֶּצָה

cremoso *adj* שָׁמֵן, דָּשֵׁן

cremera *f* מֶלַח אַשְׁלְגָן חֻמְצִי

creosota *f* קְרֶאוֹסוֹט

crepé *m* 1 סַלְסָלָה. 2 קְרֶפּ

crepitación *f* 1 קוֹל נֶפֶץ קַל. 2 חֲרִיקָה. 3 רִשְׁרוּשׁ

crepitante *adj* 1 מְרַשְׁרֵשׁ. 2 מַשְׁמִיעַ קוֹל נֶפֶץ

crepitar *vi* 1 הִשְׁמִיעַ קוֹל נֶפֶץ קַל. 2 חָרַק. 3 רִשְׁרֵשׁ

crepuscular *adj* 1 עַרְבִּי, שֶׁבֵּין הָעַרְבַּיִם. 2 אַפְלוּלִי

crepúsculo *m* עֶרֶב, בֵּין הַשְּׁמָשׁוֹת, בֵּין הָעַרְבַּיִם, דִּמְדּוּמִים

cresa *f* זַחַל, גָּזָם

crescendo *adjadv* קְרֶשְׁצֶ'נְדוֹ

crespo *adj* מְתֻלְתָּל, מְסֻלְסָל

crespón *m* קְרֶפּ, סַלְסָלָה

cresta *f* 1 כַּרְבֹּלֶת. 2 פִּסְגָּה. 3 מַרְוָה (צֶמַח)

crestomatía *f* מִקְרָאָה

creta *f* גִּיר

cretinismo *m* קְרֶטִינִיּוּת

cretino *m* קְרֶטִין

cretona *f* אֲרִיג־כֻּתְנָה

creyente *adj* מַאֲמִין

creyón *m* אֹדֶם

cría *f* 1 גִּדּוּל, רְבִיָּה. 2 תִּינוֹק, עוֹלָל, גּוּר. 3 בְּרִיכָה

criadero *m* 1 מִשְׁתָּלָה. 2 מִרְבָּעָה

criadilla *f* 1 אֶשֶׁךְ. 2 תַּפּוּד. 3 כְּמֵיהָה

criado *madj* 1 מְשָׁרֵת. 2 מְחֻנָּךְ

criador *adjm* 1 מְגַדֵּל, מַרְבִּיעַ. 2 יוֹצֵר, בּוֹנֶה, פּוֹרֶה. 3 מֵזִין, מְכַלְכֵּל, מְטַפֵּחַ

criamiento *m* גִּדּוּל, שִׁמּוּר, טִפּוּל

criandera *f* מֵינֶקֶת

crianza *f* 1 גִּדּוּל, צְמִיחָה. 2 חִנּוּךְ. 3 נִימוּסִין. 4 תְּקוּפַת הַיַּנְקוּת

criar *vt* 1 גִּדֵּל, הִצְמִיחַ. 2 הֵזִין, כִּלְכֵּל, הֵינִיק, פִּרְנֵס. 3 חִנֵּךְ, טִפַּח

criatura *f* 1 יְצוּר, בְּרִיאָה, בָּשָׂר וָדָם. 2 תִּינוֹק, עוֹלָל, טַף

criba *f* כְּבָרָה, נָפָה

cribado *m* נִפּוּי

cribar *vt* כָּבַר, נִפָּה

crica *f* בֵּית בֹּשֶׁת

crimen *m* עָווֹן, חֵטְא, פֶּשַׁע, עֲבֵרָה, זָדוֹן

criminal *adjm* 1 פְּלִילִי. 2 פּוֹשֵׁעַ, חוֹטֵא

criminalidad *f* פְּשִׁיעָה, עֲבַרְיָנוּת

criminalista *m* קְרִימִינוֹלוֹג

criminología *f* קְרִימִינוֹלוֹגְיָה

crin *f* 1 רַעְמָה. 2 שְׂעַר סוּסִים

crinolina *f* קְרִינוֹלִין

crío *m* 1 תִּינוֹק, יֶלֶד. 2 בֵּן, בַּת

criollo *adjm* קְרֵאוֹלִי

cripta *f* כּוּךְ, מְעָרָה

criptografía *f* קְרִיפְּטוֹגְרַפְיָה, כְּתַב סְתָרִים

criptográfico *adj* קְרִיפְּטוֹגְרָפִי

criptógrafo *m* 1 כְּתַב סְתָרִים. 2 קְרִיפְּטוֹגְרַף

criptograma *m* קְרִיפְּטוֹגְרָמָה

criptón *m* קְרִיפְּטוֹן

criquet *m* קְרִיקֶט

crisálida *f* גֹּלֶם

crisantemo *m* חַרְצִית
crisis *f* 1 מַשְׁבֵּר, שְׁעַת חֵרוּם, שְׁעַת סַכָּנָה. 2 נְקֻדַּת מִפְנֶה
crisma *f* רֹאשׁ
crisol *m* 1 כּוּר, מַצְרֵף. 2 קִבּוּץ גָּלֻיּוֹת
crisopeya *f* אַלְכִּימְיָה
crispamiento *m* הִתְכַּוְּצוּת, כִּוּוּץ, עִוּוּת
crispante *adj* 1 עֲוִיתִי, פִּרְפּוּרִי. 2 מְזַעְזֵעַ
crispar *vt* כִּוֵּץ, עִוֵּת, הִתְכַּוֵּץ
cristal *m* 1 גָּבִישׁ, בְּדֹלַח. 2 אֶלְגָּבִישׁ. 3 זְכוּכִית
cristalera *f* מִזְנוֹן
cristalería *f* כְּלֵי זְכוּכִית
cristalino *adjm* 1 גְּבִישִׁי, בְּדָלְחִי. 2 צַח, בָּרוּר, שָׁקוּף. 3 עֲדָשַׁת הָעַיִן
cristalizable *adj* מִתְגַּבֵּשׁ
cristalización *f* גִּבּוּשׁ, הִתְגַּבְּשׁוּת
cristalizar *vt* 1 גִּבֵּשׁ. 2 הִתְגַּבֵּשׁ
cristel *m* חֹקֶן
cristianar *vt* 1 נִצֵּר. 2 הִתְנַצֵּר
cristiandad, cristianismo *fm* נַצְרוּת
cristiano *adjm* נוֹצְרִי
Cristo *m* 1 קְרִיסְטוּס, מָשִׁיחַ. 2 יֵשׁוּ הַנּוֹצְרִי
criterio *m* קְנֵה מִדָּה, קְרִיטֶרְיוֹן, אַמַּת מִדָּה
crítica *f* 1 בִּקֹּרֶת. 2 גִּנּוּי
criticable *adj* בַּר־בִּקֹּרֶת
criticar *vt* 1 בִּקֵּר. 2 גִּנָּה
critico *adjm* 1 מְבַקֵּר. 2 בִּקָּרְתִּי, קְרִיטִי. 3 גּוֹרָלִי
criticón *adjm* בַּקְרָן
croar *vi* קִרְקֵר
croata *adjm* קְרוֹאָטִי
croché *m* צְנִירָה, מַסְרֵגָה
cromado *adjm* 1 כְּרוֹמִי. 2 צִפּוּי בִּכְרוֹם
cromático *adj* כְּרוֹמָטִי
cromo *m* 1 כְּרוֹם. 2 צִבְעָן
cromosoma *m* כְּרוֹמוֹזוֹמָה
crónica *f* כְּרוֹנִיקָה, רְשׁוּמוֹת, דִּבְרֵי הַיָּמִים
crónico *adj* כְּרוֹנִי, מְמֻשָּׁךְ
cronista *m* 1 כַּתָּב. 2 סוֹפֵר
cronología *f* כְּרוֹנוֹלוֹגְיָה, סֵדֶר זְמַנִּים, סֵדֶר הַדּוֹרוֹת
cronológico *adj* כְּרוֹנוֹלוֹגִי
cronómetro *m* כְּרוֹנוֹמֶטֶר, מַד זְמַן, מֶטְרוֹנוֹם
croqueta *f* קְצִיצָה
croquis *m* רִשּׁוּם, תַּרְשִׁים, סְקִיצָה, מִתְוֶה
crótalo *m* 1 עַרְמוֹנִית. 2 אֶפְעֶה
cruce *m* 1 צֹמֶת, הִצְטַלְּבוּת, פָּרָשַׁת דְּרָכִים. 2 חֲצִיָּה. 3 הַכְלָאָה
crucero *m* 1 נוֹשֵׂא־צְלָב. 2 מַעֲבַר חֲצִיָּה. 3 שִׁיּוּט, טִיּוּל. 4 סַיֶּרֶת. 5 קוֹרָה. 6 אֲגַף
crucial *adj* מַכְרִיעַ, גּוֹרָלִי, רְצִינִי, חָמוּר
crucificar *vt* 1 צָלַב, הִצְלִיב. 2 עִנָּה, הֵצִיק
crucifijo *m* צְלָב
crucifixión *f* 1 צְלִיבָה, הַצְלָבָה. 2 יִסּוּרִים, סֵבֶל, עִנּוּיִים
crucigrama *m* תַּשְׁבֵּץ
crudelísimo *adj* אַכְזָרִי, חֲסַר רַחֲמִים
crudeza *f* 1 גַּסּוּת, גָּלְמִיּוּת, חִסְפּוּס. 2 בֹּסֶר
crudo *adj* 1 טִבְעִי, גָּלְמִי, חַי. 2 בֹּסֶר. 3 גַּס, מְחֻסְפָּס
cruel *adj* אַכְזָרִי, אַכְזָר
crueldad *f* אַכְזְרִיּוּת, חֹסֶר רַחֲמִים
cruento *adj* אַכְזָרִי, עָקֹב מִדָּם
crujía *f* 1 פְּרוֹזְדוֹר, מִסְדְּרוֹן. 2 גַּמְלָה. 3 מַעֲבָר
crujido *m* חֲרִיקָה, צְרִימָה
crujiente *adj* חוֹרֵק, צוֹרֵם
crujir *vi* חָרַק, צָרַם
crúor *m* דָּם
crup *m* אַסְכָּרָה
crural *adj* שֶׁל הַיָּרֵךְ
crustáceo *adjm* 1 סַרְטָנִי. 2 סַרְטָן
cruz *f* צְלָב, צֶלֶם
cruz gamada צְלַב הַקֶּרֶס
cruzada *f* 1 מַסַּע־צְלָב. 2 מַסָּע, מִבְצָע
cruzado *adjm* 1 צַלְבָנִי, צַלְבָן. 2 מְצֻלָּב
cruzamiento *m* 1 חֲצִיָּה. 2 צְלִיבָה. 3 הַכְלָאָה
cruzar *vt* 1 חָצָה, עָבַר. 2 צָלַב, הִצְלִיב. 3 הִכְלִיא. 4 שִׁיֵּט

cuaderno *m* מַחְבֶּרֶת

cuadra *f* 1 אֻרְוָה. 2 בִּיתָן, בֵּית חוֹלִים. 3 רֹבַע, שְׁכוּנָה

cuadrado *adjm* 1 מְרֻבָּע. 2 רִבּוּעַ. 3 שָׁלֵם, מֻשְׁלָם

Cuadragésima *f* צוֹם הָאַרְבָּעִים

cuadregésimo *adj* חֵלֶק הָאַרְבָּעִים

cuadrangular *adjm* מְרֻבָּע

cuadrángulo *adjm* מְרֻבָּע

cuadrante *m* 1 קְוַדְרַנְט. 2 רֶבַע, רְבִיעַ. 3 רֶבַע הָעִגּוּל. 4 מֹאזְנַיִם. 5 מַד־מִגְבָּהּ

cuadrar *vti* 1 רִבַּע. 2 הִתְאִים, הָלַם. 3 עָמַד דֹּם. 4 עָמַד עַל דַּעְתּוֹ

cuadrática *f* מִשְׁוָאָה רִבּוּעִית

cuadrático *adj* רִבּוּעִי

cuadratín *m* מְרֻבָּע

cuadratura *f* רִבּוּעַ

cuadricular *adjvt* 1 מְשֻׁבָּץ. 2 שִׁבֵּץ

cuadrienal *adj* אַרְבַּע־שְׁנָתִי

cuadrienio *m* תְּקוּפָה שֶׁל אַרְבַּע שָׁנִים

cuadrilátero *adjm* 1 מְרֻבָּע. 2 זִירַת אִגְרוּף

cuadrilla *f* 1 קְבוּצָה, חֲבוּרָה, לַהֲקָה. 2 כְּנוּפְיָה. 3 קַדְרִיל

cuadringentésimo *adjm* הַחֵלֶק הָאַרְבַּע מֵאוֹת

cuadro *m* 1 מְרֻבָּע, רִבּוּעַ. 2 תְּמוּנָה, צִיּוּר. 3 מִסְגֶּרֶת. 4 מַרְאֶה, מַבָּט. 5 מַעֲמָד. 6 תַּרְשִׁים. 7 קְצֻנָּה

cuadro de distribución מֶרְכָּזִיָּה, לוּחַ חִבּוּרִים

cuadrúpedo *adjm* הוֹלֵךְ עַל אַרְבַּע, אַרְבַּע־רַגְלִי

cuádruple *madj* 1 רְבִיעִיָּה. 2 פִּי אַרְבָּעָה, מְרֻבָּע

cuadrúpleto *m* רְבִיעִיָּה

cuadruplicado *adjm* 1 בְּחֶזְקַת אַרְבַּע. 2 פִּי אַרְבָּעָה. 3 אֶחָד מֵאַרְבַּעַת הָהֶעְתֵּקִים

cuadruplicar *vt* הִגְדִּיל פִּי אַרְבָּעָה, הִכְפִּיל בְּאַרְבַּע

cuádruplo *adjm* 1 מְרֻבָּע, פִּי אַרְבָּעָה. 2 רְבִיעִיָּה

cuajada *f* זִבְדָּה

cuajado *m* 1 קוֹם. 2 מְלִית

cuajadura *f* הַקְרָשָׁה, קְרִישָׁה, חִבּוּץ

cuajar *vti* 1 הִקְרִישׁ, חִבֵּץ. 2 קִשֵּׁט. 3 הִצְלִיחַ, הִתְגַּשֵּׁם. 4 מָצָא חֵן

cuajo *m* 1 קוֹם. 2 מְסוֹ. 3 קְרִישָׁה

cual *adjpron* 1 אֵיזֶה, אֲשֶׁר, שֶׁ־, אֵיזוֹ. 2 דּוֹמֶה, כְּמוֹ

cualesquiera *pron* אֵיזֶה, מִישֶׁהוּ, מַשֶּׁהוּ, מָאן דְּהוּ

cualidad *f* 1 אֵיכוּת, טִיב. 2 תְּכוּנָה, אֹפִי, סְגֻלָּה. 3 סוּג, מִין. 4 כִּשְׁרוֹן, מַעֲלָה

cualitativo *adj* אֵיכוּתִי, סְגֻלָּתִי

cualquier, cualquiera *adj* אֵיזֶה, מִישֶׁהוּ, מַשֶּׁהוּ, מָאן דְּהוּ

cuan *adv* אֵיךְ, כֵּיצַד, כַּמָּה

cuando *advconj* 1 מָתַי. 2 כַּאֲשֶׁר, כְּשֶׁ־, בְּשָׁעָה שֶׁ־

cuanta *n* קְוַנְט

cuantía *f* 1 כַּמּוּת, גֹּדֶל, שִׁעוּר, מִדָּה. 2 הוֹקָרָה, כָּבוֹד. 3 דַּרְגָּה, מַדְרֵגָה

cuantiar *vt* הֶעֱרִיךְ, אָמַד, שִׁעֵר

cuántico *adj* קְוַנְטִי

cuantioso *adj* שׁוֹפֵעַ, גָּדוּשׁ, מָלֵא, עָשִׁיר, רַב

cuantitativo *adj* כַּמּוּתִי

cuanto *adj* כַּמָּה

cuaquerismo *m* קְוֵקֶרִיּוּת

cuáquero *m* קְוֵקֶר

cuarenta *adjm* אַרְבָּעִים

cuarentavo *adjm* חֵלֶק הָאַרְבָּעִים

cuarentena *f* 1 הֶסְגֵּר. 2 אַרְבָּעִים

cuarentón *m* בֶּן אַרְבָּעִים

cuaresma *f* תַּעֲנִית, צוֹם

cuarta *f* רְבִיעִית, רֶבַע

cuartago *m* סוּסוֹן

cuartear *vt* 1 חִלֵּק. 2 בִּתֵּר, גָּזַר, חָתַךְ. 3 רִבֵּעַ. 4 זִגְזֵג. 5 סִדֵּק, בִּקַּע, שִׁסַּע. 6 הִצְלִיף

cuartel *m* 1 קְסַרְקְטִין, מַחֲנֶה צְבָאִי. 2 מַטֶּה
cuartel general מַטֶּה כְּלָלִי
cuartelada *f* הִתְקוֹמְמוּת צְבָאִית
cuarterón *m* 1 רֶבַע. 2 בֶּן תַּעֲרֹבֶת
cuarteto *m* רְבִיעִיָּה
cuartilla *f* 1 רֶבַע גִּלָּיוֹן. 2 דַּף. 3 מִדַּת נֶפַח
cuartillo *m* מִדַּת נֶפַח
cuarto *madj* 1 רֶבַע. 2 חֶדֶר. 3 רְבִיעִי
cuarzo *m* קוַרְץ
cuasi *adv* כִּמְעַט
cuate *m* 1 תְּאוֹם. 2 כָּפִיל
cuaternario *adjm* רְבִיעוֹנִי, רְבִיעוֹן
cuaterno *adj* אַרְבַּע־סִפְרָתִי
cuatrero *m* 1 שׁוֹדֵד דְּרָכִים. 2 גּוֹנֵב בָּקָר
cuatrillón *m* קְוַדְרִילְיוֹן
cuatro *m* אַרְבָּעָה
cuatrocientos *adjm* אַרְבַּע מֵאוֹת
cuba *f* חָבִית, חָבִיוֹנָה, מְכָל
cubeta *f* 1 דְּלִי. 2 חָבִיוֹנָה. 3 קְעָרָה
cubicación *f* קְבִיעַת הַנֶּפַח
cubicar *vt* הֶעֱלָה לְחֶזְקָה הַשְּׁלִישִׁית
cúbico *adj* מְעֻקָּב
cubículo *m* 1 חֲדַרְוֹן, חֶדֶר. 2 תָּא
cubierta *f* 1 מִכְסֶה, מַעֲטֶה, כִּסּוּי, סוֹכֵךְ. 2 מַעֲטָפָה, עֲטִיפָה. 3 צְמִיג
cubierto *madj* 1 סַכּוּ"ם. 2 מְכֻסֶּה
cubil *m* 1 מִרְבָּץ, מְאוּרָה. 2 אָפִיק
cubismo *m* קוּבִּיזְם
cubista *m* קוּבִּיסְט
cúbito *m* קָנֶה (עֶצֶם בַּזְּרוֹעַ)
cubo *m* 1 קֻבִּיָּה. 2 חָבִית, דְּלִי, גִּיגִית. 3 חֶזְקָה שְׁלִישִׁית
cubrecama *f* כֶּסֶת, צִפִּית, מַעֲטֶה
cubretablero *m* מַפָּה
cubrir *vt* 1 כִּסָּה, צִפָּה. 2 הֵגֵן, חִפָּה. 3 חָבַשׁ. 4 הִסְתִּיר, הֶחְבִּיא, הִצְפִּין, הֶעֱלִים. 5 הִרְבִּיעַ
cucaracha *f* תִּיקָן
cuclillas *fpl* כְּרִיעָה, שְׁפִיפָה
cuclillo *m* קוּקִיָּה
cuco *adjm* 1 עַרְמוּמִי, עָרוּם. 2 צָבוּעַ. 3 יָאֶה, נָאֶה. 4 קוּקִיָּה
cucurucho *m* שַׂקִּית
cuchara *f* כַּף
cucharada *f* 1 מְלֹא הַכַּף. 2 כַּמּוּת קְטַנָּה
cucharadita *f* כַּמּוּת קְטַנָּה
cucharear *vti* 1 לָקַח בְּכַף. 2 הִתְעָרֵב
cucharita *f* כַּפִּית
cucharón *m* תַּרְוָד, בַּחֲשָׁה
cuchichear *vi* לָחַשׁ, הִתְלַחֵשׁ
cuchicheo *m* לְחִישָׁה, לַחַשׁ
cuchilla *f* סַכִּין, מַאֲכֶלֶת, חַלָּף
cuchillería *f* סַכּוּ"ם
cuchillero *m* סַכִּינַאי
cuchillo *m* סַכִּין, מַאֲכֶלֶת
cuchitril *m* 1 בִּקְתָּה. 2 חֲזִירִיָּה
cuchufleta *f* חִדּוּד, הֲלָצָה, בְּדִיחָה
cuello *m* 1 צַוָּאר. 2 צַוָּארוֹן
cuenca *f* 1 קַעֲרִית. 2 בִּקְעָה, גַּיְא, עֵמֶק. 3 אֲרֻבַּת הָעַיִן
cuenco *m* כַּד, קְעָרָה
cuenta *f* 1 חֶשְׁבּוֹן, עֵרֶךְ. 2 סְפִירָה, מְנִיָּה. 3 דִּין וְחֶשְׁבּוֹן. 4 חָרוּז, חֻלְיָה
cuentagotas *m* טַפְטֶפֶת
cuentapasos *m* מַד־צְעָדִים
cuentista *m* 1 מְסַפֵּר, סוֹפֵר. 2 בַּדַּאי, שַׁקְרָן
cuento *m* 1 סִפּוּר, מַעֲשִׂיָּה, עֲלִילָה. 2 שִׂיחָה. 3 סִפּוּר בַּדִּים, שֶׁקֶר
cuentón *m* רַכְלָן, בַּדַּאי
cuerda *f* 1 חֶבֶל, חוּט. 2 מֵיתָר. 3 קָפִיץ
cuerdo *adj* 1 שָׁפוּי, בָּרִיא, מְיֻשָּׁב. 2 נָבוֹן, זָהִיר, מָתוּן
cuereada *f* 1 פְּשִׁיטַת עוֹר. 2 הַצְלָפָה, הַלְקָאָה
cuerear *vt* 1 פָּשַׁט עוֹר. 2 הִצְלִיף, הִלְקָה
cuérnago *m* אָפִיק (הנהר)
cuerno *m* קֶרֶן, שׁוֹפָר
cuero *m* עוֹר
cuerpeada *f* הִשְׁתַּמְּטוּת, הִתְחַמְּקוּת
cuerpear *vi* חָמַק, הִשְׁתַּמֵּט, הִתְחַמֵּק
cuerpo *m* 1 גּוּף. 2 גּוּפָה, גְּוִיָּה. 3 גּוּשׁ, חֹמֶר. 4 תַּאֲגִיד, אִגּוּד. 5 קוֹרְפּוּס,

מַחֲנֶה, חַיִל. 6 סָגָל

cuerpo a cuerpo פָּנִים אֶל פָּנִים

cuervo *m* עוֹרֵב

cuesco *m* חַרְצָן, גַּלְעִין, גַּרְעִין

cuesta *f* מִדְרוֹן, שִׁפּוּעַ, מוֹרָד

cuesta abajo 1 בְּשַׁפָּל, בְּמוֹרָד. 2 בִּירִידָה, בִּשְׁקִיעָה

cuesta arriba 1 דָּבָר מְיַגֵּעַ. 2 מַעֲלֵה הָהָר, מַעֲלָה

cuestión *f* 1 שְׁאֵלָה, בְּעָיָה, קוּשְׁיָה. 2 סָפֵק, פִּקְפּוּק. 3 מַחֲלֹקֶת, דִּיּוּן, עִנְיָן

cuestionable *adj* מְסֻפָּק, מְפֻקְפָּק

cuestionar *vt* שָׁאַל, חָקַר, הוֹכִיחַ

cuestionario *m* שְׁאֵלוֹן

cuestor *m* 1 קְוֶסְטוֹר. 2 חוֹזֵר עַל הַפְּתָחִים

cueva *f* 1 מְעָרָה, כּוּךְ, מְאוּרָה, נִקְרָה. 2 מַרְתֵּף, יֶקֶב

cuévano *m* סַל, טֶנֶא

cuguar *m* קוּגָר, פּוּמָה

cuico *m* זָר, נָכְרִי

cuidado *m* 1 זְהִירוּת. 2 דְּאָגָה, שְׁמִירָה, טִפּוּל, הַשְׁגָּחָה, פִּקּוּחַ. 3 תְּשׂוּמֶת לֵב

cuidadoso *adj* קַפְּדָן, זָהִיר, חָרֵד, עֵרָנִי

cuidar *vti* 1 דָּאַג, שָׁמַר. 2 טִפֵּל, הִשְׁגִּיחַ. 3 שָׂם לֵב, הִתְעַנְיֵן

cuita *f* דְּאָגָה, צַעַר, עֶצֶב, יִסּוּרִים

cuitado *adj* מֻדְאָג

cuja *f* 1 נוֹשֵׂא הַדֶּגֶל. 2 שֶׁלֶד הַמִּטָּה

culantro *m* כֻּסְבָּר

culata *f* 1 קַת. 2 אֲחוֹרַיִם

culatazo *m* מַכַּת קַת

culebra *f* נָחָשׁ

culebra de cascabel אֶפְעֶה

culebrear *vi* הִתְפַּתֵּל, הִתְעַקֵּם

culebreo *m* הִתְפַּתְּלוּת, הִתְעַקְּמוּת

culinario *adj* מִטְבָּחִי

culminación *f* שִׂיא, פִּסְגָּה

culminar *vi* הִגִּיעַ לְשִׂיא, הִגִּיעַ לַפִּסְגָּה

culo *m* תַּחַת, אֲחוֹרַיִם, עַכּוּז, יַשְׁבָן

culombio *m* קוּלוֹן

culpa *f* אַשְׁמָה, חֵטְא, אָשָׁם

culpabilidad *f* אַשְׁמָה, אָשָׁם

culpable *adjm* אָשֵׁם, חַיָּב, חוֹטֵא

culpar *vt* הֶאֱשִׁים, גִּנָּה

cultivable *adj* עָבִיד, חָרִישׁ

cultivador *adjm* 1 מְגַדֵּל. 2 אִכָּר, חַקְלַאי, אָרִיס

cultivadora *f* קוּלְטִיבָטוֹר

cultivación *f* עִבּוּד, פִּתּוּחַ, טִפּוּחַ, תִּרְבּוּת

cultivar *vt* 1 עִבֵּד, חָרַשׁ. 2 פִּתַּח, טִפַּח, שִׁכְלֵל, תִּרְבֵּת. 3 גִּדֵּל

cultivo *m* עִבּוּד, פִּתּוּחַ, טִפּוּחַ, תִּרְבּוּת

culto *madj* 1 פֻּלְחָן, עֲבוֹדָה. 2 מְתֻרְבָּת, מְחֻנָּךְ

cultor *adjm* 1 חוֹבֵב. 2 מַעֲרִיץ

cultura *f* תַּרְבּוּת, הַשְׂכָּלָה, חִנּוּךְ, פִּתּוּחַ

cultural *adj* תַּרְבּוּתִי, הַשְׂכָּלָתִי, חִנּוּכִי

cumbre *f* 1 פִּסְגָּה, שִׂיא. 2 צַמֶּרֶת

cúmplase *m* 1 אִשּׁוּר. 2 צַו לְהוֹצָאָה לַפֹּעַל

cumpleaños *m* יוֹם הֻלֶּדֶת

cumplido *adjm* 1 גָּמוּר, מֻשְׁלָם, מֻחְלָט, שָׁלֵם. 2 אָדִיב, מְנֻמָּס. 3 אֲדִיבוּת, נִמּוּס

cumplidor *adjm* 1 מְהֵימָן, אָמִין. 2 מְבַצֵּעַ

cumplimiento *m* 1 קִיּוּם, בִּצּוּעַ, הוֹצָאָה לַפֹּעַל, הִתְגַּשְּׁמוּת, הִתְמַמְּשׁוּת. 2 אֲדִיבוּת

cumplir *vt* קִיֵּם, מִלֵּא, בִּצֵּעַ, הִשְׁלִים, הוֹצִיא לַפֹּעַל

cúmulo *m* 1 עֲרֵמָה, גַּל, תֵּל. 2 עַנְנֵי צֶמֶר. 3 הִצְטַבְּרוּת

cuna *f* 1 עֲרִיסָה, עֶרֶשׂ, עַרְסָל. 2 מוֹלֶדֶת. 3 מוֹצָא

cundidor *adj* גָּדֵל וְהוֹלֵךְ

cundir *vi* 1 מָרַח, הִתְפַּזֵּר. 2 הִתְפַּשֵּׁט

cuneiforme *adjm* 1 דְּמוּי יָתֵד. 2 כְּתַב יְתֵדוֹת

cuneta *f* בִּיב, מַרְזֵב, תְּעָלָה

cuña *f* 1 יָתֵד, טְרִיז. 2 פְּרוֹטֶקְצְיָה

cuñado *m* גִּיס

cuño *m* אִמָּה, מַטְבַּעַת

cuociente *m* מָנָה

cuota *f* 1 חֲלָק, שִׁעוּר, מִכְסָה, מָנָה. 2 תַּשְׁלוּם
cuotidiano *adj* יוֹמִי, יוֹמְיוֹמִי
cupé *m* מֶרְכָּבָה
cupón *m* תְּלוּשׁ
cúpula *f* כִּפָּה
cura *f* 1 הַבְרָאָה, רִפּוּי. 2 כֹּהֵן, כֹּמֶר, גַּלָּח
curabilidad *f* רִפּוּי, רְפִיאוּת
curable *adj* רָפִיא, בַּר רִפּוּי
curación *f* רְפוּאָה, רִפּוּי, מַרְפֵּא, הַבְרָאָה
curador *m* מְפַקֵּחַ, מַשְׁגִּיחַ, שׁוֹמֵר, מְנַהֵל, אַפּוֹטְרוֹפּוֹס
cúralotodo *m* צֳרִי, מַרְפֵּא־לַכֹּל
curandero *m* רוֹפֵא אֱלִיל
curar *vt* 1 רִפֵּא, הִתְרַפֵּא. 2 תִּקֵּן. 3 כָּבַשׁ, שִׁמֵּר. 4 עִשֵּׁן (בָּשָׂר). 5 עִבֵּד (עוֹרוֹת)
curativa *f* תְּרוּפָה, רְפוּאָה
curativo *adj* מְרַפֵּא, רְפוּאִי
curato *m* כְּמֻרוּת, גַּלָּחוּת
cúrcuma *f* כַּרְכֹּם
curia *f* כְּהֻנָּה
curiosear *vi* הֵצִיץ, הִסְתַּקְרֵן, הִתְבּוֹנֵן
curioseo *m* הִסְתַּקְרְנוּת, הִתְבּוֹנְנוּת
curiosidad *f* סַקְרָנוּת
curioso *adj* סַקְרָן, סַקְרָנִי
curro *adjm* יְפֵה־תֹּאַר, מַרְשִׁים
curruca *f* סִבְכִּי
currutaco *adj* גַּנְדְּרָן, טַרְזָן
cursado *adj* יַדְעָן, בָּקִי, מֻמְחֶה
cursar *vt* 1 הִסְתּוֹפֵף. 2 לָמַד. 3 לִמֵּד. 4 טִפֵּל
cursi *adj* 1 יָהִיר, יַמְרָנִי. 2 מִתְגַּנְדֵּר. 3 מְעוֹרֵר צְחוֹק
cursilería *f* 1 יְהִירוּת, יַמְרָנוּת. 2 הִתְגַּנְדְּרוּת
cursivo *adj* קוּרְסִיבִי
curso *m* 1 מַהֲלָךְ, דֶּרֶךְ, כִּוּוּן, מַסְלוּל. 2 קַרְיָרָה. 3 לִמּוּד, חוּג. 4 זְרִימָה
curtido *adjm* 1 מְעֻבָּד (עוֹר). 2 שָׁזוּף. 3 בָּקִי, בַּעַל נִסָּיוֹן, מְנֻסֶּה
curtidor *m* בֻּרְסִי
curtiduría *f* בֻּרְסְקִי
curtiembre *f* בֻּרְסְקִי
curtir *vt* בִּרְסֵק, עִבֵּד
curva *f* סִבּוּב, פִּתּוּל, עִקּוּל, עֲקֻמָּה
curvar *vt* כָּפַף, פִּתֵּל, עִקֵּם, סָבַב
curvatura *f* עִקּוּם, עֹקֶם, קֶשֶׁת
curvo *adj* עָקֹם, כָּפוּף
cuscurro *m* לֶחֶם קָלוּי
cúspide *f* פִּסְגָּה, שִׂיא
custodia *f* שְׁמִירָה, הַשְׁגָּחָה, פִּקּוּחַ
custodiar *vt* שָׁמַר, הִשְׁגִּיחַ, פִּקֵּחַ
custodio *m* שׁוֹמֵר, מַשְׁגִּיחַ, מְפַקֵּחַ
cúter *m* סְפִינַת מִפְרָשִׂים מְהִירָה, קוּטֶר
cutí *m* בַּד מַאֲרִיג גַּס
cutícula *f* קְרוּם, עוֹר קַרְנִי
cutir *vt* הָלַם, דָּפַק, הִקִּישׁ, הִכָּה
cutis *m* עוֹר, עוֹר פָּנִים
cuy *m* שְׁפַן נִסָּיוֹן
cuyo *adj* אֲשֶׁר, שֶׁ־
czar *m* צַאר
czarevitz צַארֶבִיץ
czarina *f* צַארִית

CH

Ch *f* צָ'ה, הָאוֹת הָרְבִיעִית שֶׁל הָאָלֶף־בֵּית הַסְּפָרַדִּי

cha *m* שַׁח

chabacanería *f* חֹסֶר טַעַם, אֱוִילוּת, גַּסּוּת

chabacano *adj* אֱוִילִי, גַּס, מְחֻסַּר טַעַם

chacal *m* תַּן

chacarero *m* אִכָּר, חַקְלַאי

chacolí *m* יַיִן חֲמַצְמַץ

chacota *f* שׁוֹבָבוּת, עֲלִיצוּת, שָׁאוֹן, רַעַשׁ

chacotear *vi* חָמַד לָצוֹן, הִתְבַּדֵּחַ, הֵתֵל, הִתְלוֹצֵץ

chacoteo *m* הִתְבַּדְּחוּת, הִתְלוֹצְצוּת, לֵיצָנוּת

cacotero *adjm* לֵיצָנִי, חוֹמֵד לָצוֹן

chacra *f* חַוָּה, מָשָׁק

cháchara *f* גִּבּוּב דְּבָרִים, פִּטְפּוּט

chacharear *vi* פִּטְפֵּט

chafadura *f* 1 יִשּׁוּר. 2 קִמּוּט

chafar *vt* 1 יִשֵּׁר. 2 קִמֵּט, מָעַךְ

chafarrinar *vt* הִכְתִּים, לִכְלֵךְ

chaflán *m* מַזְוִית, שִׁפּוּעַ

chaflanar *vt* שִׁפַּע, הִקְצִיעַ, הִטָּה

chagra *m* 1 חַוָּה, מָשָׁק. 2 חַקְלַאי, אִכָּר

chal *m* צָעִיף, רְדִיד

chalado *adj* תִּמְהוֹנִי

chalán *m* 1 סִדְקִי, רוֹכֵל. 2 בּוֹקֵר. 3 מְאַלֵּף סוּסִים

chalana *f* דּוּגִית, סִירָה

chalanear *vt* סָחַר בְּסוּסִים

chaleco *m* חֲזִיָּה

chalet *m* חֲוִילָה, בַּיִת כַּפְרִי

chalina *f* צָעִיף

chalote *m* שׁוּם

chalupa *f* בּוּצִית, דּוּגִית, סִירָה

chamaco *m* יֶלֶד, זַאֲטוּט, נַעַר

chamal *m* צָעִיף, רְדִיד

chamanto *m* שִׁכְמִיָּה

chamarasca *f* גִּזְרֵי עֵצִים, זְרָדִים

chamarra *f* מְעִיל עוֹר

chamarreta *f* פּוֹנְצ'וֹ

chambelán *m* חַצְרָן, סְרִיס הַמֶּלֶךְ

chambón *adjm* גַּס, גָּלְמָנִי, מְסֻרְבָּל, לֹא יֻצְלַח

chambonada *f* שְׁטוּת, גָּלְמָנִיּוּת

chambra *f* חָלוּק

chamizo *f* אוּד

chamorro *adj* גָּזוּז

champaña *m* שַׁמְפַּנְיָה, יֵין הַנָּשִׂיא

champú *m* שַׁמְפּוּ

champurrar *vt* עִרְבֵּב, מָזַג, מָהַל

chamuscar *vt* חָרַךְ, קָלָה, כָּוָה

chamusquina *f* קְלִיָּה, חֲרִיכָה, כְּוִיָּה

chancear *vi* הִתְלוֹצֵץ, הִתְבַּדֵּחַ

chancero *adjm* לֵץ, לֵיצָן, בַּדְּחָן

chancha *f* מָסוּל

chancleta *f* מָסוּל, נַעַל בַּיִת

chanclo *m* קַבְקַב

chancro *m* 1 אִכָּל. 2 עַגֶּבֶת

chancho *madj* 1 חֲזִיר. 2 מְלֻכְלָךְ, מְתֹעָב

chanchullo *m* הוֹנָאָה, תּוֹעֵבָה, הַטְעָיָה

chanfaina *f* בְּלִיל, דַּיְסָה

changador *m* סַבָּל, סַוָּר

chango *m* 1 טַרְדָן, טַרְחָן. 2 מַגֵּפָה, דֶּבֶר

chantaje *m* סְחִיטָה

chantajear *vt* סָחַט

chantajista *m* סַחְטָן

chantar *vt* 1 הִלְבִּישׁ, שָׂם. 2 הוֹכִיחַ

chantre *m* חַזָּן

chanza *f* הֲלָצָה, בְּדִיחָה, לַעַג

chapa *f* רֶדֶד, רִקּוּעַ, לוּחַ

chapalear *vi* הִתִּיז מַיִם

chapaleteo *m* הַתָּזָה
chapapote *m* אַסְפַלְט
chapar *vt* 1 צִפָּה, כִּסָּה. 2 קִשֵּׁט
chaparrear *vi* יָרַד גֶּשֶׁם חָזָק
chaparrón *m* סַגְרִיר
chaparreras *f* מִכְנְסֵי עוֹר
chaparro *m* אַלּוֹן
chapear *vt* 1 צִפָּה, כִּסָּה. 2 קִשֵּׁט
chapeo *m* 1 צִפּוּי, כִּסּוּי. 2 קִשּׁוּט
chapeta *f* סֹמֶק
chapitel *m* כּוֹתֶרֶת
chapotear *vt* הִתִּיז, הִרְטִיב, לִחְלֵחַ
chapoteo *m* הַתָּזָה, לִחְלוּחַ
chapucear *vt* עָשָׂה בְּצוּרָה רַשְׁלָנִית
chapucería *f* חֹסֶר טַעַם, רַשְׁלָנוּת
chapucero *adjm* רַשְׁלָן
chapulín *m* חַרְגּוֹל, חָגָב
chapurear *vti* גִּמְגֵּם, עִלֵּג
chapurreo גִּמְגּוּם, עִלְּגוּת
chapuz *m* 1 טְבִילָה, שִׁקּוּעַ. 2 רַשְׁלָנוּת
chapuza *f* רַשְׁלָנוּת
chapuzar *vti* 1 הִטְבִּיל. 2 צָלַל, שָׁקַע
chapuzón *m* טְבִילָה, שְׁקִיעָה
chaqué *m* מְעִיל בֹּקֶר
chaqueta *f* מִקְטֹרֶן
chaquetón *m* מְעִיל
chaquete *m* שֵׁשׁ־בֵּשׁ
charada *f* חִידָה, חִידוֹן תְּנוּעוֹת
charamusca *f* זְרָדִים, גְּזָרִים
charanga *f* תִּזְמֹרֶת כְּלֵי נְשִׁיפָה
charca, charco *fm* שְׁלוּלִית, בִּצָּה
charia *f* שִׂיחָה, שִׂיחַ, פִּטְפּוּט
chariar *vi* שׂוֹחַח, פִּטְפֵּט
charlatán *adjm* פַּטְפְּטָן, שַׁרְלָטָן
charlatanería *f* פַּטְפְּטָנוּת, תַּעְתּוּעַ
charnela *f* צִיר (שֶׁל דֶּלֶת אוֹ חַלּוֹן)
charol *m* 1 עוֹר מַבְרִיק. 2 לַכָּה, בָּרָק
charolar *vt* הִבְרִיק, צִחְצֵחַ
charpa *f* נַרְתִּיק
charqui *m* בָּשָׂר מְעֻשָּׁן
charrada *f* גַּסּוּת, אֱוִילוּת
charrán *adjm* נוֹכֵל, בֶּן בְּלִיַּעַל
charrería *f* קִשּׁוּט זוֹל, חֹסֶר־טַעַם
charretera *f* כְּתֵפָה
charro *adjm* 1 גַּס, מְחֻסְפָּס. 2 צַעֲקָנִי, זוֹל. 3 בּוֹקֵר מֶקְסִיקָנִי
chascar *vt* 1 שִׁקְשֵׁק, נָקַשׁ. 2 בָּלַע, נָגַס
chascarillo *m* בְּדִיחָה, הֲלָצָה, חִדּוּד
chasca *f* 1 גִּזְרֵי עֵצִים. 2 פֶּרַע
chasco *m* 1 הֲלָצָה, חִדּוּד. 2 אַכְזָבָה, תַּרְמִית, לַעַג
chasis *m* 1 שִׁלְדָּה. 2 מִסְגֶּרֶת
chascón *m* פְּרוּעַ רֹאשׁ
chasquear *vti* 1 הִכְזִיב, כִּזֵּב. 2 רִמָּה. 3 לִגְלֵג, לָעַג. 4 הִצְלִיף. 5 חָרַק
chasqui *m* רָץ, שָׁלִיחַ
chasquido *m* 1 הַצְלָפָה. 2 חֲרִיקָה
chata *f* עָבִיט
chatarra *f* גְּרוּטָאָה
chato *adjm* 1 שָׁטוּחַ, קֵהֶה. 2 חֲרוּמַף
chauvinismo *m* שׁוֹבִינִיזְם, לְאֻמָּנוּת
chauvinista *adjm* שׁוֹבִינִיסְט, לְאֻמָּנִי
chaval *m* עֶלֶם, בָּחוּר
chaveta *f* יָתֵד, פִּין
che *finterj* 1 צֶ'ה, הָאוֹת הָרְבִיעִית שֶׁל הָאָלֶף־בֵּית הַסְּפָרַדִּי. 2 הֵי אַתָּה!
checo, checoslovaco *adjm* צֶ'כִי
chelín *m* שִׁילִינְג
chepa *f* חֲטוֹטֶרֶת, דַּבֶּשֶׁת, גַּבְשׁוּשִׁית, גַּבְנוּן
cheque *m* שֶׁק, הַמְחָאָה
cherna *f* דָּקָר
cheslón *m* דַּרְגָּשׁ
cheviot *m* צֶמֶר סְקוֹטִי
chica *f* 1 יַלְדָּה. 2 בַּחוּרָה
chicle *m* גּוּמִי לְעִיסָה
chico *adjm* 1 קָטָן. 2 יֶלֶד, פָּעוֹט. 3 בָּחוּר
chicoria *f* עֹלֶשׁ
chicote *m* 1 זַאֲטוּט, בָּחוּר. 2 סִיגָר. 3 שׁוֹט, שֵׁבֶט, מַגְלֵב
chicotear *vti* חָבַט, הִצְלִיף, הִכָּה

chicoteo *m* הַצְלָפָה
chicuelo *adjm* זַאֲטוּט
chicha *f* יֵי״שׁ תִּירָס
chícharo *m* אֲפוּנָה, קִטְנִית
chicharra *f* צְרָצַר, צְלָצַל
chicharrón *m* שְׁוִיסָק
chichear *vi* שָׁרַק, צִפְצֵף
chicheo *m* שְׁרִיקָה, צִפְצוּף
chichón *m* חַבּוּרָה, תְּפִיחָה
chifla *f* שְׁרִיקָה
chiflado *adj* תִּמְהוֹנִי, מְטֹרָף, מְשֻׁגָּע
chifladura *f* 1 שִׁגָּעוֹן, טֵרוּף הַדַּעַת. 2 שְׁרִיקָה
chiflar *vt* 1 שָׁרַק. 2 קִרְצֵף
chifle *m* 1 שְׁרִיקָה. 2 נֹאד
chiflido *m* שְׁרִיקָה
chiflón *m* רוּחַ פְּרָצִים
chile *m* פִּלְפֵּל חָרִיף
chilindrina *f* עִנְיָן שֶׁל מַה־בְּכָךְ, זוּטוֹת
chilla *f* נָסָר צַר
chillar *vi* צָרַח, צָוַח
chillido *m* צְרִיחָה, צְוָחָה
chillón *adjm* צַרְחָן, צַוְחָן, בַּכְיָן
chimenea *f* אֲרֻבָּה
chimpancé *m* שִׁימְפַּנְזָה
china *f* 1 חָצָץ. 2 צְרוֹר. 3 חַרְסִינָה. 4 מְשָׁרֶתֶת
chinapo *m* לַבָּה שְׁחוֹרָה
chincharrero *m* מָקוֹם מָלֵא פִּשְׁפְּשִׁים
chinche *f* 1 פִּשְׁפֵּשׁ. 2 נַעַץ
chinchilla *f* צִ׳ינְצִ׳ילָה
chinchorrería *f* רַכְלָנוּת
chinchorro *m* רֶשֶׁת, מִכְמֹרֶת
chinela *f* מָסוּל, נַעַל בַּיִת
chinero *m* מִזְנוֹן
chinesco *adj* סִינִי
chinito *m* יַקִּיר, אָהוּב
chino *adjm* סִינִי
chiquear *vt* פִּנֵּק, עִדֵּן, עִנֵּג
chiquero *m* דִּיר חֲזִירִים
chiquitico *adj* קְטַנְטַן, קָטָן
chiquito *adj* קְטַנְטַן
chirigota *f* בְּדִיחָה, הֲלָצָה
chirimbolo *m* כְּלִי, עֶצֶם, חֵפֶץ
chirimía *f* חֲלִיל הַקֶּרֶן
chiripa *f* מִקְרֶה, מַזָּל
chirivía *f* גֶּזֶר לָבָן
chirona *f* בֵּית סֹהַר, בֵּית כֶּלֶא
chirriar *vi* חָרַק, שָׁרַק
chirrido *m* חֲרִיקָה, שְׁרִיקָה
chisguete *m* הַתָּזָה, זִלּוּף
chisme *m* רָכִיל, דִּבָּה, רְכִילוּת
chismear *vi* רָכַל, פִּטְפֵּט, הוֹצִיא דִּבָּה
chismografía *f* רְכִילוּת
chismoso *adjm* רַכְלָן
chispa *f* נִיצוֹץ, שְׁבִיב, זִיק, גֵּץ
chispazo *m* נִיצוֹץ, גֵּץ, שְׁבִיב, רֶשֶׁף
chispenate *adj* מַבְרִיק, שָׁנוּן, נוֹצֵץ
chispear *vi* נָצַץ, רָשַׁף, נִצְנֵץ, הִבְרִיק
chispo *m* מְבֻסָּם, שָׁתוּי
chisporrotear *vi* הִתִּיז גִּצִּים
chisporroteo *m* הַתָּזַת גִּצִּים
chistar *vi* מִלְמֵל, גִּמְגֵּם
chiste *m* בְּדִיחָה, הֲלָצָה
chistera *f* 1 מִגְבַּע. 2 סַל, טֶנֶא. 3 סַל נְצָרִים
chistoso *adjm* 1 מְגַחֵךְ, מַצְחִיק. 2 בַּדְחָן, לֵץ
chito, chitón *interj* הַס, שָׁקֵט
chiva *f* עֵז
chivato *m* גְּדִי
chivo *m* תַּיִשׁ
chivo expiatorio שָׂעִיר לַעֲזָאזֵל
chocante *adj* 1 מְזַעֲזֵעַ, מַבְהִיל. 2 מוּזָר, מְשֻׁנֶּה. 3 מַרְגִּיז, מַטְרִיד, מַפְרִיעַ
chocar *vti* 1 הִרְגִּיז. 2 הִתְנַגֵּשׁ, נִתְקַל
chocarrear *vi* הִתְבַּדֵּחַ
chocarrería *f* הִתְבַּדְּחוּת, הֲלָצָה
chocarrero *adjm* בַּדְחָן
choclo *m* 1 קַבְקַב. 2 תִּירָס
chocolate *m* שׁוֹקוֹלָדָה
chocha *f* חַרְטוֹמָן

chochear *vi* 1 הֶרְאָה סִימָנֵי זִקְנָה, הָיָה עוֹבֵר בָּטֵל. 2 אָהַב אַהֲבָה עִוֶּרֶת
chochera, chochez *f* 1 רִפְיוֹן הֲבָנָה, קַהוּת־חוּשִׁים. 2 אַהֲבָה נָאִיבִית
chocho *adj* עוֹבֵר בָּטֵל
chofer, chófer *m* נֶהָג
chofeta *f* 1 כִּירָה. 2 מַצִּית
cholo *m* צִבְעוֹנִי, בֶּן תַּעֲרֹבֶת
cholla *f* רֹאשׁ
chopo *m* צַפְצָפָה
choque *m* 1 הִתְנַגְּשׁוּת. 2 זַעֲזוּעַ, הֶלֶם
choquezuela *f* פִּקַּת הַבֶּרֶךְ
chorizo *m* נַקְנִיקִית, נַקְנִיקִיָּה
chorlito *m* 1 שָׂרוֹנִי, שִׁיקְשַׁק. 2 אָדָם תָּמִים
choro *m* 1 גַּנָּב. 2 גְּנֵבָה
chorrear *vi* דָּלַף, טִפְטֵף, נָטַף, נָזַל, זָלַף
chorreo *m* טִפְטוּף, דְּלִיפָה, נְזִילָה, זְלִיפָה
chorrera *f* 1 זַרְבּוּבִית. 2 מַבּוּל, שֶׁטֶף. 3 מַלְמָלָה
chorro *m* סִילוֹן, זֶרֶם, זִלּוּף
chotear *vi* 1 לָעַג, לִגְלֵג. 2 הִשְׁתּוֹבֵב
choto *m* 1 גְּדִי, טָלֶה. 2 עֵגֶל
choza *f* סֻכָּה, צְרִיף, בִּקְתָּה
chubasco *m* סַגְרִיר
chúcaro *adj* פִּרְאִי
chucruta *f* כְּרוּב כָּבוּשׁ
chuchería *f* 1 דָּבָר קַל עֵרֶךְ. 2 מַמְתָּק
chucho *m* 1 כֶּלֶב. 2 חֹם
chueco *adj* 1 עָקֹם, כָּפוּף. 2 פִּסֵּחַ
chufar *vi* לָעַג, לִגְלֵג
chufeta *f* 1 כִּירָה. 2 מַצִּית
chufleta *f* לִגְלוּג, לַעַג
chuleta *f* צַלְעִית, נֵתַח בָּשָׂר
chulo *adjm* 1 יָפֶה, חִנָּנִי. 2 נוֹכֵל, רַמַּאי. 3 עַרְמוּמִי
chumacera *f* 1 מֵסַב. 2 בֵּית מָשׁוֹט
chumbera *f* צַבָּר
chunga *f* לָצוֹן, הִתְלוֹצְצוּת
chupada *f* 1 יְנִיקָה, מְצִיצָה. 2 גְּמִיעָה
chupado *adj* כָּחוּשׁ, צָנוּם
chupador *adjm* 1 מוֹצֵץ, יוֹנֵק. 2 מָצָץ
chupaflor *m* יוֹנֵק הַדְּבַשׁ
chupar *vti* מָצַץ, יָנַק
chupete *m* מוֹצֵץ
chupón *m* 1 נְבִיטָה, בִּצְבּוּץ. 2 מְצִיצָה. 3 בַּכְיָן, טוֹבְלָן. 4 נוֹכֵל, רַמַּאי
churrasco *m* צָלִי
churrasquear *vt* צָלָה
churre *m* עָסִיס, טִפְטוּף
churrete *m* כֶּתֶם
churriento *adj* עֲסִיסִי, מְטַפְטֵף
churro *m* 1 סֻפְגָּנִיָּה. 2 צֶמֶר גַּס. 3 "חֲתִיכָה"
churruscar *vt* טִגֵּן, הֶחֱרִיךְ
chuscada *f* בְּדִיחָה, הֲלָצָה, הִתְבַּדְּחוּת, הִתְלוֹצְצוּת
chusco *adj* לֵיצָן, בַּדְּחָן, לֵץ
chusma *f* אֲסַפְסוּף, הָמוֹן, עֵרֶב רַב
chutar *vi* בָּעַט
chuzo *m* דֶּקֶר, מוֹט

D

D *f* דֶּה, הָאוֹת הַחֲמִישִׁית שֶׁל הָאָלֶף־בֵּית הַסְּפָרַדִּי

dable *adj* נִתָּן, אֶפְשָׁרִי

daca *m* תַּן

dactilado *adj* בְּצוּרַת אֶצְבַּע

dactílico *adj* עַלְעָלִי, מַרִים, דַּקְטִילִי

dáctilo *m* 1 דַּקְטִילִי. 2 אֶצְבַּע

dactilografía *f* כַּתְבָנוּת, תִּקְתּוּק

dactilógrafo *m* כַּתְבָן, תַּקְתְּקָן

dádiva *f* נְדָבָה, מַתָּנָה, שַׁי

dadivoso *adj* נַדְבָן, נָדִיב, פַּזְּרָן

dado *madj* 1 קֻבִּיָּה. 2 נָתוּן

dador *madj* תּוֹרֵם, נוֹתֵן

daga *f* פִּגְיוֹן

daguerrotipo *m* דָּגֵרִית (שִׁיטַת צִלּוּם)

daifa *m* פִּילֶגֶשׁ

dalia *f* דַּלְיָה

dálmata *adjm* דַּלְמָטִי

daltoniano *m* דַּלְטוֹנִי

daltonismo *m* דַּלְטוֹנִיּוּת, עִוָּרוֹן צְבָעִים

dallar *vt* קָצַר בְּחֶרְמֵשׁ

dalle *m* חֶרְמֵשׁ

dama *f* גְּבֶרֶת, מַטְרוֹנָה

damajuana *f* קִיתוֹן

damasco *m* 1 פִּלְדַת דַּמֶּשֶׂק. 2 אָרִיג דַּמַּשְׂקִי.
3 מִשְׁמֵשׁ

damisela *f* עַלְמָה, בַּחוּרָה

damnificador *adjm* מַזִּיק, מְקַלְקֵל, מֵרֵעַ

damnificar *vt* הִזִּיק, קִלְקֵל, פָּגַע

danés *adjm* דָּנִי

danta *f* טַפִּיר

danza *f* רִקּוּד, מָחוֹל

danzante *madj* 1 רַקְדָן. 2 רִקּוּדִי

danzar *vi* רָקַד, חוֹלֵל, כִּרְכֵּר

danzarín *m* רַקְדָן

danzón *m* רִקּוּד קוּבָּנִי

dañado *adj* נִזּוֹק, פָּגוּם, מְקֻלְקָל, מָשְׁחָת

dañar *vt* הִשְׁחִית, קִלְקֵל, פָּגַם, הִזִּיק

dañino *adj* מַזִּיק, פּוֹגֵעַ, מֵרֵעַ

daño *m* נֶזֶק, הֶפְסֵד, חִסָּרוֹן, גֵּרָעוֹן

dar *vt* 1 נָתַן, מָסַר, הִגִּישׁ. 2 הֶעֱנִיק, הִנְחִיל.
3 גָּרַם

dardo *m* רֹמַח, חֲנִית

dares y tomares טְעָנוֹת וּמַעֲנוֹת, דִּין וּדְבָרִים

dársena *f* מַעֲגָן

dasonomía *f* יַעֲרָנוּת, יִעוּר

data *f* תַּאֲרִיךְ

datar *vt* תִּאֲרֵךְ, זִמֵּן

dátil *m* תָּמָר

dativo *adj* דָּטִיבוּס, יַחֲסַת "אֶל"

dato *m* פְּרָט, עֻבְדָּה

daza *f* דּוּרָה

de *prepm* 1 מִ־, מֵ־, מִן, מִתּוֹךְ, מֵאָז, בֵּין.
2 שֶׁל, לְפִי. 3 שֵׁם הָאוֹת הַחֲמִישִׁית

deambular *vi* שׁוֹטֵט, נָדַד

deán *m* דֶּקָן, דַּיָּן

debajo *adv* תַּחַת, לְמַטָּה, נָמוּךְ

debate *m* וִכּוּחַ, דִּיּוּן, פּוּלְמוּס

debatible *adj* נִתָּן לְהִתְוַכֵּחַ

debatir *vt* דָּן, הִתְוַכֵּחַ, הִתְפַּלְמֵס, שָׁקַל

debe *n* חוֹב, חוֹבָה, דֶּבִּיט

debelación *f* הַכְנָעָה, כִּבּוּשׁ

debelador *m* מַכְנִיעַ

debelar *vt* הִכְנִיעַ

deber *mvt* 1 חוֹבָה, הִתְחַיְּבוּת, נֶדֶר. 2 חַיָּב, חָב.
3 צָרַךְ, הִצְטָרֵךְ

debidamente *adv* כָּרָאוּי, כַּיָּאוּת, כַּהֹגֶן,
כַּהֲלָכָה, הֵיטֵב, בְּצֶדֶק

debido *adj* רָאוּי, יָאוּת, מַתְאִים

débil *adj* חַלָּשׁ, רָפֶה, תָּשׁוּשׁ

debilidad *f* חֻלְשָׁה, רִפְיוֹן, תְּשִׁישׁוּת

debilitación *f* הַחְלָשָׁה, הַרְפָּיָה, הֲתַשָּׁה
debilitar *vt* 1 הֶחֱלִישׁ, רִפָּה. 2 נֶחֱלַשׁ, רָפָה
débito *m* חוֹב, חוֹבָה
debutante *adj* טִירוֹן, מַתְחִיל
debutar *vt* 1 הִתְחִיל, הֵחֵל. 2 הוֹפִיעַ הוֹפָעָה רִאשׁוֹנָה
década *f* 1 עָשׂוֹר. 2 עֲשִׂירִיָּה
decadencia *f* יְרִידָה, הִתְנַוְּנוּת, שְׁקִיעָה, נְסִיגָה, נְפִילָה, דֶּקַדֶּנְס
decadente *adjm* יוֹרֵד, מִתְנַוֵּן, שׁוֹקֵעַ, נוֹפֵל, דֶּקַדֶּנְט
decaedro *m* מְעֻשָּׂרוֹן
decaer *vi* יָרַד, הִתְנַוֵּן, שָׁקַע, נָסוֹג, נָפַל
decágono *m* מְעֻשָּׂר
decagramo *m* דֶּקַגְרָם
decaído *adj* נָפוּל, נִדְכֶּה, שָׁפָל
decaimiento *m* 1 יְרִידָה, הִתְנַוְּנוּת, נְפִילָה. 2 חֻלְשָׁה, רִפְיוֹן, דִּכָּאוֹן
decalcomanía *f* דֶּקַלְקוֹמַנְיָה (העברת תמונה מנייר וכו׳)
decalitro *m* דֶּקָלִיטֶר
decálogo *m* עֲשֶׂרֶת הַדִּבְּרוֹת
decámetro *m* דֶּקָמֶטֶר
decampar *vi* פֵּרֵק מַחֲנֶה, נָטַשׁ מַחֲנֶה
decanato *m* דֶּקָנוּת
decano *m* דֶּקָן
decantación *f* מְזִיגָה, יְצִיקָה, שְׁפִיכָה
decantar *vt* 1 מָזַג, יָצַק, הֵרִיק. 2 הִגְזִים, פֵּאֵר, הִפְרִיז, הִפְלִיג, רוֹמֵם, שִׁבַּח, נִשָּׂא
decapitación *f* עֲרִיפָה
decapitar *vt* עָרַף
decárea *f* דּוּנָם, דֶּקָרָה
decasílabo *adjm* מְעֻשַּׂר הֲבָרוֹת
decastéreo *m* דֶּקַסְטֶר
decatlón *m* דֶּקַתְּלוֹן (קְרַב־עֶשֶׂר)
decena *f* עֲשִׂירִיָּה
decenal *adj* עֲשׂוֹרִי
decencia *f* הֲגִינוּת, יֹשֶׁר, צְנִיעוּת, נִימוּס, תֹּם
decenio *m* עָשׂוֹר
deceno *adj* עֲשִׂירִי
decentar *vt* 1 כִּלָּה, בִּלָּה, קִלְקֵל, הִשְׁחִית. 2 פָּרַס, חָתַךְ
decepción *f* אַכְזָבָה, מַפַּח נֶפֶשׁ
decepcionar *vt* 1 אִכְזֵב. 2 הִתְאַכְזֵב
decibel *m* דֶּסִיבֶּל
decible *adj* בַּר־בִּטּוּי
decidido *adj* 1 בָּרוּר, נֶחֱרָץ, נִמְרָץ. 2 תַּקִּיף, פַּסְקָן, מֻגְדָּר
decidir *vt* 1 הֶחְלִיט, הִכְרִיעַ, קָבַע, פָּסַק, חָרַץ. 2 הִתִּיר, פָּתַר
decidor *adjm* דַּבְּרָן
deciduo *adj* נָשִׁיר, נָשִׁיל, עוֹבֵר, חוֹלֵף
decigramo *m* דֶּצִיגְרָם
decilitro *m* דֶּצִילִיטֶר
decillón *m* דֶּצִילְיוֹן
décima *f* 1 עֲשִׂירִית. 2 מַעֲשֵׂר
decimal *adj* עֶשְׂרוֹנִי
decímetro *m* דֶּצִימֶטֶר
décimo *adjm* עֲשִׂירִי
décimoctavo *adjm* הַשְּׁמוֹנָה עָשָׂר
décimocuarto *adjm* הָאַרְבָּעָה עָשָׂר
décimonono *adjn* הַתִּשְׁעָה עָשָׂר
décimoquinto *adjm* הַחֲמִשָּׁה עָשָׂר
decimoséptimo *adjm* הַשִּׁבְעָה עָשָׂר
décimosexto *adjm* הַשִּׁשָּׁה עָשָׂר
décimotercero *adjm* הַשְּׁלֹשָׁה עָשָׂר
decimotercio *adjm* הַשְּׁלֹשָׁה עָשָׂר
decir *vtm* 1 הִגִּיד, אָמַר, דִּבֵּר, שָׂח. 2 אֲמִירָה, דִּבּוּר, בִּטּוּי
decisión *f* הַכְרָעָה, הַחְלָטָה
decisivo *adj* מַכְרִיעַ, גּוֹרָלִי
declamación *f* דִּקְלוּם, הַקְרָאָה, הַטְעָמָה
declamador *m* מְדַקְלֵם, קַרְיָן
declamar *vi* דִּקְלֵם, הִקְרִיא
declamatorio *adj* דִּקְלוּמִי, מְלִיצִי, מְסֻלְסָל
declarable *adj* מַצְהִיר, בַּר־הַצְהָרָה
declaración *f* הַצְהָרָה, הַכְרָזָה, הוֹדָעָה
declarado *adj* מֻצְהָר, מֻכְרָז
declarador *adjm* מַכְרִיז, מַצְהִיר
declarante *adjm* מַצְהִיר, מֵעִיד

declarar *vt* 1 הִכְרִיז, הִצְהִיר, הוֹדִיעַ. 2 הֵעִיד
declinable *adj* 1 מֻטֶּה. 2 נִדְחָה
declinación *f* 1 נְסִיגָה, נְפִילָה, שְׁקִיעָה. 2 נְטִיָּה. 3 הִתְנַוְּנוּת. 4 סֵרוּב, מֵאוּן. 5 יְרִידָה
declinar *vit* 1 נָסוֹג, נָפַל, שָׁקַע, יָרַד. 2 נָטָה. 3 סֵרֵב, מֵאֵן. 4 הִתְנַוֵּן
declive, declividad *mf* 1 מוֹרָד, מִדְרוֹן, שִׁפּוּעַ. 2 הִתְנַוְּנוּת
decocción *f* 1 רְתִיחָה. 2 חֲלִיטָה, שְׁלִיקָה
decoloración *f* דִּהוּי, דְּהִיָּה
decomisar *vt* עִקֵּל, הֶחֱרִים
decomiso *m* עִקּוּל, הַחְרָמָה
decoración *f* 1 קִשּׁוּט. 2 תַּפְאוּרָה
decorado *m* 1 תַּפְאוּרָה. 2 קִשּׁוּט
decorador *m* 1 תַּפְאוּרָן. 2 קַשְּׁטָן, דֶּקוֹרָטוֹר
decorar *vt* קִשֵּׁט, עִטֵּר, הִדֵּר
decorativo *adj* מְקַשֵּׁט, מְפָאֵר, מְעַטֵּר
decoro *m* הֲגִינוּת, יֹשֶׁר, נִימוּס, צְנִיעוּת
decoroso *adj* יָאֶה, צָנוּעַ, הוֹגֵן, נָאֶה, אָדִיב
decorticar *vt* קִלֵּף, הֵסִיר
decrecer *vi* פָּחַת, קָטַן, יָרַד, מָעַט
decreciente *adj* מִתְמַעֵט, פּוֹחֵת וְהוֹלֵךְ
decremento *m* הִתְמַעֲטוּת, הַפְחָתָה, הַקְטָנָה
decrepitar *vi* אִוְשֵׁשׁ, הִתְפַּצֵּחַ (תּוֹךְ בְּעֵירָה)
decrépito *adj* תָּשׁוּשׁ, בָּלֶה, רָפֶה
decrepitud *f* תְּשִׁישׁוּת, זִקְנָה, רִפְיוֹן
decretar *vt* 1 גָּזַר, צִוָּה. 2 חָקַק, הֶחְלִיט
decreto *m* צַו, גְּזֵרָה, פְּסָק, פְּקֻדָּה
decuplicar *vt* הִכְפִּיל פִּי עֲשָׂרָה
décuplo *adj* כְּפוּל עֶשֶׂר, פִּי עֲשָׂרָה
decurso *m* מֶשֶׁךְ
dechado *m* מַפִּית, דֻּגְמָה, סַמָּל
dedal *m* אֶצְבָּעוֹן
dedicación *f* 1 שְׁקִידָה, הִתְמַסְּרוּת, מְסִירוּת. 2 הַקְדָּשָׁה, יִעוּד
dedicar *vt* 1 הוֹעִיד. 2 הִקְדִּישׁ. 3 שָׁקַד, הִתְמַסֵּר
dedicatoria *f* הַקְדָּשָׁה
dedicatorio *adj* הַקְדָּשָׁתִי
dedignar *vt* זִלְזֵל, תִּעֵב
dedillo, al dedillo *madv* 1 אֶצְבַּע קְטַנָּה. 2 בִּשְׁלֵמוּת
dedo *m* אֶצְבַּע
deducción *f* 1 חִסּוּר, נִכּוּי, הַפְחָתָה. 2 מַסְקָנָה, הַסָּקָה, דֶּדוּקְצְיָה
deducible *adj* נִתָּן לִלְמֹד מִמֶּנּוּ
deducir *vt* 1 הִקִּישׁ, הִסִּיק. 2 הֶחְסִיר, חִסֵּר, נִכָּה, גָּרַע, הִפְחִית
deductivo *adj* מַקִּישׁ, מַסִּיק, דֶּדוּקְטִיבִי
defalcar *vt* מָעַל
defecación *f* 1 טִהוּר, זִכּוּךְ. 2 הַפְרָשָׁה, עֲשִׂיַּת צְרָכִים
defecar *vti* 1 הִפִּיל בַּפַּח, הִכְשִׁיל, גָּרַם מַפַּח נֶפֶשׁ. 2 טִהֵר, זִכֵּךְ. 3 חִרְבֵּן
defección *f* הִשְׁתַּמְּטוּת, מְעִילָה, בְּגִידָה, שְׁמָד
defectivo *adj* 1 חָסֵר, לָקוּי, פָּגוּם, פָּסוּל, מֻטְעֶה. 2 עָלוּל
defecto *m* חֶסְרוֹן, פְּגָם, מוּם, לִקּוּי, פְּסוּל, טָעוּת, שְׁגִיאָה
defectuoso *adj* לָקוּי, פָּגוּם, פָּסוּל, מֻטְעֶה, חָסֵר
defender *vt* הֵגֵן, הֶחֱסָה, תָּמַךְ, סִנְגֵּר
defendible *adj* בַּר הֲגַנָּה, בַּר הַצְדָּקָה
defensa *f* 1 הֲגַנָּה, הִתְגּוֹנְנוּת. 2 סִנְגּוּר, סָנֵגוֹרְיָה, הַצְדָּקָה. 3 מִגּוּן
defensiva *f* 1 מָגֵן, הִתְגּוֹנְנוּת. 2 מִגְנָנָה
defensivo *adjm* 1 הֲגַנָּתִי. 2 מָגֵן
defensor *adjm* מָגֵן, סָנֵגוֹר, טוֹעֵן
defensorio *m* כְּתַב הֲגַנָּה
deferencia *f* הַכְנָעָה, דֶּרֶךְ אֶרֶץ, צִיּוּת, הִכָּנְעוּת
deferente *adj* נִכְנָע, מְצַיֵּת
deferir *vit* 1 נִכְנַע, צִיֵּת. 2 אָצַל
deficiencia *f* חֶסְרוֹן, פְּגָם, לִקּוּי, מוּם
deficiente *adj* לָקוּי, פָּגוּם, חָסֵר
déficir *m* גֵּרָעוֹן
definible *adj* בַּר הַגְדָּרָה
definición *f* 1 הַגְדָּרָה. 2 בֵּרוּר, הַבְלָטָה
definido *adj* מֻגְדָּר, בָּרוּר, יָדוּעַ, מְסֻיָּם
definidor *adj* מַגְדִּיר, מְפָרֵשׁ, קוֹבֵעַ
definir *vt* הִגְדִּיר, קָבַע, סִמֵּן, תָּחַם, פֵּרֵשׁ, צִיֵּן, אִפְיֵן

definitivo *adj* מְגֻדָּר, מֻחְלָט, מַכְרִיעַ, סוֹפִי, קָבוּעַ, בָּרוּר

deflagración *f* הִתְלַקְּחוּת, בְּעֵרָה, דְּלֵקָה

deflagrador *adjm* מַדְלִיק, מַצִּית

deflagrar *vi* הִתְלַקַּח, בָּעַר, דָּלַק

deflector *m* דֶּפְלֶקְטוֹר

deflexión *f* הַטָּיָה, סְטִיָּה, הַסָּחָה

defoliación *f* שַׁלֶּכֶת

deformación *f* עִוּוּת צוּרָה, כִּעוּר, קִלְקוּל, נִוּוּל, הַשְׁחָתַת צוּרָה, דֶּפוֹרְמַצְיָה

deformador *adjm* מַשְׁחִית, מְכַעֵר

deformar *vt* קִלְקֵל, כִּעֵר, נִוֵּל, הִשְׁחִית צוּרָה

deforme *adj* בַּעַל מוּם

deformidad *f* מוּם, הַשְׁחָתַת צוּרָה, כִּעוּר, סְטִיָּה

defraudación *f* מִרְמָה, רַמָּאוּת, מְעִילָה, עֲשִׁיקָה, הוֹנָאָה, עֹשֶׁק, רְמִיָּה, מַעַל

defraudador *adjm* מוֹעֵל, עוֹשֵׁק, רַמַּאי

defraudar *vt* עָשַׁק, רִמָּה, מָעַל

defuera *adv* מִבַּחוּץ

defunción *f* מָוֶת, מִיתָה, פְּטִירָה

degeneración *f* הִתְנַוְּנוּת, שְׁקִיעָה, שְׁחִיתוּת

degenerado *adjm* מְנֻוָּן, מֻשְׁחָת, דֶּגֶנֶרָט

degenerante *adj* מְנַוֵּן, מְדַלְדֵּל, מַשְׁחִית

degenerar *vi* הִתְנַוֵּן, הִתְקַלְקֵל

deglución *f* בְּלִיעָה, לְגִימָה

deglutir *vti* בָּלַע, לָגַם

degollación *f* עֲרִיפָה, שְׁחִיטָה, טָבַח

degolladero *m* 1 בֵּית מִטְבָּחַיִם. 2 גַּרְדּוֹם. 3 גַּרְגֶּרֶת

degollado *adj* שָׁחוּט, עָרוּף

degollador *adj* עוֹרֵף, שׁוֹחֵט

degollar *vt* עָרַף, שָׁחַט, טָבַח

degradación *f* 1 הַשְׁפָּלָה, קָלוֹן, בִּזָּיוֹן. 2 הַפְחָתָה, הִתְבַּלּוּת. 3 הוֹרָדָה בְּדַרְגָּה

degradante *adj* מַשְׁפִּיל, מֵבִישׁ

degradar *vt* 1 הִפְחִית, הִתְבַּלָּה. 2 הוֹרִיד בְּדַרְגָּה. 3 הִשְׁפִּיל, בִּזָּה, הֵמִיט קָלוֹן

degüello *m* 1 שְׁחִיטָה, טְבִיחָה. 2 עֲרִיפָה, כְּרִיתַת רֹאשׁ

degustación *f* טְעִימָה

dehesa *f* אָחוּ, כַּר, אֲפָר

deicida *adjm* רוֹצֵחַ אֵל

deidad *f* אֵל, אֱלֹהוּת, אֱלֹהִים

deificación *f* הַאֲלָהָה

deificar *vt* הֶאֱלִיהַ, הֶעֱרִיץ

deísmo *m* דֵּאִיזְם

deísta *adjm* דֵּאִיסְט

dejación *f* 1 רַשְׁלָנוּת. 2 הַזְנָחָה, עֲזִיבָה

dejadez *f* רַשְׁלָנוּת

dejado *adj* רַשְׁלָן, מֻזְנָח, עַצְלָן

dejamiento *m* חִבּוּק יָדַיִם, בַּטָּלָה, עַצְלוּת

dejar *vt* 1 עָזַב, הִזְנִיחַ, נָטַשׁ, הִשְׁאִיר. 2 הִפְסִיק, חָדַל, נִמְנַע. 3 הִשְׁמִיט, הֶחְסִיר. 4 הִפְקִיד, הִסְכִּים, הִטִּיל. 5 הִנִּיחַ, הִתִּיר, הִרְשָׁה, אִפְשֵׁר

deje *m* 1 טַעַם־לְוַי. 2 מִבְטָא

dejo *m* 1 הַזְנָחָה, עֲזִיבָה, רַשְׁלָנוּת. 2 סוֹף, קֵץ, סִיּוּם, גְּמָר, קָצֶה. 3 מִבְטָא, נִיב

del שֶׁל, מִן, מִ־

delación *f* הַלְשָׁנָה, מְסִירָה

delantal *m* סִנּוֹר, סִנָּר

delante *adv* בִּפְנִים, לְפָנִים, מוּל, נֶגֶד

delantera *f* 1 חֲזִית, פָּנִים. 2 יִתְרוֹן, תּוֹעֶלֶת, עֶלְיוֹנוּת

delantero *adj* 1 קִדְמִי. 2 חָלוּץ

delatar *vt* הִלְשִׁין, מָסַר

delator *adjm* מַלְשִׁין

delco *m* מַפְלֵג

deleble *adj* מָחִיק

delectación *f* נְעִימוּת, עֹנֶג, נַחַת, תַּעֲנוּג

delegación *f* 1 מִשְׁלַחַת. 2 הַאֲצָלַת סַמְכֻיּוֹת

delegado *adjm* 1 נָצִיג, צִיר, שָׁלִיחַ, בָּא כֹּחַ. 2 נֶאֱצָל

delegar *vt* 1 יִפָּה כֹּחַ, שָׁלַח. 2 הֶאֱצִיל

deleitación *f* נְעִימוּת, עֹנֶג, נַחַת, תַּעֲנוּג

deleitable *adj* מְהַנֶּה, מְעַנֵּג, מְשַׁעֲשֵׁעַ, נֶחְמָד

deleitante *adj* מַנְעִים, מְשַׁעֲשֵׁעַ, נֶחְמָד, נוֹחַ

deleitar *vt* 1 עִנֵּג, הִנָּה, שִׁעֲשַׁע, שִׂמַּח. 2 הִתְעַנֵּג, הִשְׁתַּעֲשַׁע

deleite *m* עֹנֶג, תַּעֲנוּג, הֲנָאָה, שִׂמְחָה

deleitoso *adj* מְהַנֶּה, מְעַנֵּג, מְשַׁעֲשֵׁעַ, נֶחְמָד

deletéreo *adj* אַרְסִי, מַזִּיק, הַרְסָנִי

deletrear *vi* אִיֵּת

deletreo *m* אִיּוּת

deleznable *adj* 1 חֲלַקְלַק, חָמִיק, חֲמַקְמַק. 2 פָּרִיךְ, רוֹפֵף, שָׁבִיר, שַׁבְרִירִי. 3 נִשְׁחָת, מִתְכַּלֶּה

delfín *m* דּוֹלְפִין

delgadez *f* כְּחִישׁוּת, דַּקּוּת, רָזוֹן, צְנִימוּת

delgado *adj* דַּק, רָזֶה, כָּחוּשׁ, צָנוּם

deliberación *f* עִיּוּן, דִּיּוּן, הִתְיָעֲצוּת, שִׁקּוּל דַּעַת

deliberadamente *adv* 1 בִּזְהִירוּת, בִּמְתִינוּת 2 בְּמֵזִיד, בְּכַוָּנָה, בְּמִתְכַּוֵּן

deliberado *adj* 1 מְכֻוָּן, זְדוֹנִי. 2 שָׁקוּל

deliberar *vti* עִיֵּן, דָּן, הִתְיָעֵץ, שָׁקַל, הָגָה, הִרְהֵר

deliberativo *adj* הוֹגֶה, מְהַרְהֵר, שׁוֹקֵל

delicadez *f* עֲדִינוּת, רֹךְ, רְגִישׁוּת, פִּנּוּק

delicadeza *f* נִימוּס, רַכּוּת, עֲדִינוּת, עֶדְנָה

delicado *adj* 1 עָדִין, רַךְ. 2 נָעִים, עָרֵב. 3 חַלָּשׁ, רָפֶה. 4 רָגִישׁ, מְנֻמָּס

delicia *f* עֹנֶג, תַּעֲנוּג, הֲנָאָה, שִׂמְחָה

delicioso *adj* טָעִים, עָרֵב, מְעַנֵּג, מְהַנֶּה, נָעִים

delictivo, delictuoso *adj* פְּלִילִי, חוֹטֵא

delicuescencia *f* הֲפִיכוּת לְנוֹזֵל, סְפִיגַת מַיִם

delicuescente *adj* נָמֵס, סוֹפֵג מַיִם, הִיגְרוֹסְקוֹפִּי

delimitación *f* 1 תִּחוּם, תְּחִימָה. 2 הַגְבָּלָה

delimitar *vt* 1 תִּחֵם. 2 הִגְבִּיל, קָבַע גְּבוּל

delincuencia *f* עֲבַרְיָנוּת, פְּלִילִיּוּת, פְּשִׁיעָה

delincuente *m* עֲבַרְיָן, פּוֹשֵׁעַ

delineación *f* סִמּוּן, שִׂרְטוּט, רִשּׁוּם, תֵּאוּר, תְּחִימָה

delineante *m* מְשַׂרְטֵט, שַׂרְטָט, רַשָּׁם

delinear *vt* שִׂרְטֵט, רָשַׁם, תֵּאֵר, צִיֵּר

delinquimiento *m* עֲבַרְיָנוּת, הֲפָרָה, עֲבֵרָה, פְּשִׁיעָה, פֶּשַׁע

delinquir *vi* פָּשַׁע, חָטָא

delinquio *m* 1 הִתְפַּעֲלוּת, הִתְלַהֲבוּת, אֶקְסְטָזָה. 2 הִתְעַלְּפוּת

delirante *adj* הוֹזֶה, מְטֹרָף, מְשֻׁגָּע, נָבוֹךְ

delirar *vi* הָזָה, הִשְׁתַּגֵּעַ

delirio *m* טַרְפּוֹן, הֲזָיָה, שִׁגָּעוֹן, טֵרוּף הַדַּעַת

delito *m* חֵטְא, עָווֹן, עֲבֵרָה

delta *f* דֶּלְתָּה

deludir *vt* הִטְעָה, הִתְעָה, רִמָּה, הוֹנָה

delusivo, delusorio *adj* מַטְעֶה, מַתְעֶה, מְתַעְתֵּעַ, מְרַמֶּה

demacración *f* 1 רָזוֹן, כְּחִישׁוּת. 2 הִתְנַוְּנוּת

demacrado *adj* 1 כָּחוּשׁ, אֲכוּל רָזוֹן. 2 מְנֻוָּן

demacrar *vti* 1 הִרְזָה, רָזָה, כָּחַשׁ. 2 הִתְנַוֵּן

demagogía *f* דֶּמָגוֹגְיָה

demagógico *adj* דֶּמָגוֹגִי

demagogo *adjm* 1 דֶּמָגוֹגִי. 2 דֶּמָגוֹג

demanda *f* 1 דְּרִישָׁה, תְּבִיעָה, עֲתִירָה. 2 שְׁאֵלָה, בַּקָּשָׁה

demandado *m* נִתְבָּע

demandador *adjm* תּוֹבֵעַ, טוֹעֵן

demandante *adjm* עוֹתֵר

demandar *vt* 1 שָׁאַל, בִּקֵּשׁ. 2 תָּבַע, עָתַר

demarcación *f* 1 תְּחוּם, גְּבוּל. 2 הַבְחָנָה, הַגְבָּלָה, הַבְדָּלָה

demarcar *vt* 1 תָּחַם, גָּבַל. 2 הִגְבִּיל, הִבְחִין

demás *adjadv* 1 יָתֵר, שְׁאָר. 2 לַשָּׁוְא

demasía *f* 1 שֶׁפַע, רֹב, עֹדֶף. 2 חֵטְא, פֶּשַׁע. 3 הֶעָזָה

demasiado *adjadv* 1 רַב מִדַּי. 2 לְמַכְבִּיר, יָתֵר עַל הַמִּדָּה

demencia *f* טֵרוּף, הִשְׁתַּטּוּת

dementar *vt* שִׁגַּע, הִטְרִיף אֶת הַדַּעַת

demente *adj* מְטֹרָף, בִּלְתִּי שָׁפוּי, חוֹלֵה רוּחַ, מְשֻׁגָּע

demérito *m* חֶסְרוֹן, אַשְׁמָה, קִלְקוּל

democracia *f* דֶּמוֹקְרַטְיָה

demócrata *adjm* דֶּמוֹקְרָט

democrático *adj* דֶּמוֹקְרָטִי

democratización *f* דֶּמוֹקְרָטִיזַצְיָה

democratizar *vt* דִּמְקְרֵט

demografía *f* דֶּמוֹגְרַפְיָה

demográfico *adj* דֶּמוֹגְרָפִי

demógrafo *m* דֶּמוֹגְרָף

demoler *vt* הָרַס, הֶחֱרִיב, הִשְׁמִיד, הִשְׁחִית, הִפִּיל, פֵּרֵק

demolición *f* הֲרִיסָה, הַחְרָבָה, הַשְׁמָדָה, הַשְׁחָתָה, הֶרֶס

demoníaco *adj* שְׂטָנִי

demonio *m* שֵׁד, מַזִּיק, רוּחַ רָעָה, מַשְׁחִית

demontre *minterj* 1 שָׂטָן. 2 לַעֲזָאזֵל!

demora *f* 1 עִכּוּב, דְּחִיָּה. 2 אִחוּר, פִּגּוּר

demorar *vti* 1 עִכֵּב, דָּחָה, הִשְׁהָה. 2 אִחֵר, הִתְמַהְמַהּ, שָׁהָה

demostrable *adj* בַּר הוֹכָחָה, בַּר הַדְגָּמָה

demostración *f* 1 רְאָיָה, הוֹכָחָה, אִמּוּת. 2 הַפְגָּנָה, הַצָּגָה, הַדְגָּמָה, תַּעֲרוּכָה

demostrar *vt* 1 הוֹכִיחַ, אִמֵּת, בֵּאֵר, לִמֵּד. 2 הִפְגִּין, הִצִּיג, הִדְגִּים

demostrativo *adj* 1 מוֹכִיחַ, מַדְגִּים, מְשַׁכְנֵעַ, מַטְעִים. 2 מַפְגִּין

demudación *f* שִׁנּוּי, חִלּוּף, תְּמוּרָה

demudar *vt* 1 שִׁנָּה, הֶחֱלִיף, עִוֵּת. 2 הִשְׁתַּנָּה, הִתְחַלֵּף

denegación *f* הַכְחָשָׁה, סְתִירָה, כְּפִירָה, דְּחִיָּה, סֵרוּב, שְׁלִילָה, מֵאוּן

denegar *vt* הִכְחִישׁ, סָתַר, כָּפַר, דָּחָה, סֵרֵב, שָׁלַל, הִתְכַּחֵשׁ

dengoso *adj* אִסְטְנִיס, מְפֻנָּק, שַׁחֲצָן, מְבַזֶּה

dengue *m* 1 הִתְגַּנְדְּרוּת, הַעֲמָדַת פָּנִים. 2 גַּנְדֶּרֶת (מַחֲלָה)

denigración *f* הַשְׁמָצָה, דִּבָּה, בִּזָּיוֹן, עֲלִילָה, רְכִילוּת, הַלְשָׁנָה

denigrar *vt* הִשְׁמִיץ, הֶעֱלִיל, בִּזָּה, הִלְשִׁין

denodado *adj* נוֹעָז, אַמִּיץ, עַז, אַמִּיץ לֵב

denominación *f* 1 כִּנּוּי, שֵׁם, קְרִיאַת שֵׁם. 2 סוּג, מִין. 3 כַּת, כִּתָּה, מַחְלָקָה. 4 עֵרֶךְ נָקוּב

denominador *adj* מְכַנֶּה

denominar *vt* כִּנָּה, קָרָא בְּשֵׁם, נָקַב, קָרָא, מִנָּה, הוֹעִיד

denominativo *adj* מְכֻנֶּה, גָּזוּר, נִגְזָר, מְתֹאָר

denostrar *vt* גִּדֵּף, קִלֵּל, אָרַר, גִּנָּה, חֵרֵף

denotación *f* שֵׁם, כִּנּוּי, צִיּוּן, פֵּרוּשׁ, סִמּוּן

denotar *vt* סִמֵּן, צִיֵּן, הֶרְאָה, זִהָה, הִצְבִּיעַ

densamente *adv* בִּצְפִיפוּת

densidad *f* דְּחִיסוּת, צְפִיפוּת, עִבּוּי, סְמִיכוּת

densificar *vt* צוֹפֵף, הִסְמִיךְ

denso *adj* סָמִיךְ, צָפוּף, דָּחוּס, עָבֹת, מְעֻבֶּה

dentado *adj* מְשֻׁנָּן, בַּעַל שִׁנַּיִם, מַסּוֹרִי

dentadura *f* מַעֲרֶכֶת שִׁנַּיִם

dental, dentario *adj* שֶׁל שִׁנַּיִם

dentar *vt* שִׁנֵּן

dentellada *f* נְגִיסָה, נְשִׁיכָה

dentellado *adj* מְשֻׁנָּן, שָׁנוּן, מַסּוֹרִי

dentellar *vi* נָקַשׁ בְּשִׁנָּיו

dentellear *vt* נָגַס, נָשַׁךְ

dentición *f* צְמִיחַת שִׁנַּיִם

dentífrico *m* מִשְׁחַת־שִׁנַּיִם

dentina *f* דֶּנְטִין, שֶׁנָּן

dentista *m* רוֹפֵא שִׁנַּיִם

dentro *adv* 1 בִּפְנִים, בְּתוֹךְ. 2 בְּמֶשֶׁךְ, תּוֹךְ

dentro de poco בְּקָרוֹב, תּוֹךְ זְמַן קָצָר

denudación *f* חֲשִׂיפָה, עִרְטוּל, עֵירֹם, גִּלּוּי, הַפְשָׁטָה

denudar *vt* 1 חָשַׂף, גִּלָּה, עִרְטֵל, הִפְשִׁיט. 2 הִתְפַּשֵּׁט

denuedo *m* אַמִּיצוּת, אֹמֶץ לֵב, גְּבוּרָה, הָעָזָה

denuesto *m* עֶלְבּוֹן, קְלָלָה, הַכְלָמָה

denuncia *f* הַלְשָׁנָה, הַאֲשָׁמָה, קִטְרוּג, הַכְתָּמָה, מְסִירָה

denunciador *adjm* מַלְשִׁין, מוֹדִיעַ

denunciante *m* מַלְשִׁין, מַאֲשִׁים, מוֹסֵר, מְקַטְרֵג

denunciar *vt* הִלְשִׁין, גִּנָּה, הֶאֱשִׁים, הִכְתִּים, קִטְרֵג

denuncio *m* דְּרִישַׁת בַּעֲלוּת עַל מִכְרָה

denutrición *f* תַּת־זוּנָה לְקוּיָה

deparar *vt* 1 הִצִּיעַ, הִגִּישׁ. 2 הֶעֱנִיק, סִפֵּק, נָתַן

departamental *adj* 1 מְחוֹזִי, אֲזוֹרִי, נָפָתִי. 2 עֲנָפִי, מַחְלַקְתִּי, אֲגַפִּי

departamento *m* 1 אֵזוֹר, מָחוֹז, נָפָה. 2 מַחְלָקָה, עָנָף, אֲגַף. 3 דִּירָה, מָעוֹן, מִשְׁכָּן

departir *vi* שָׂח, שׂוֹחַח, דָּן

depauperación *f* הִתְרוֹשְׁשׁוּת, הִדַּלְדְּלוּת, דִּלְדּוּל

depauperar *vt* 1 רוֹשֵׁשׁ, דִּלְדֵּל. 2 הֶחֱלִישׁ, הִתִּישׁ

dependencia *f* 1 תְּלוּת, כְּפִיפוּת, זִקָּה. 2 סְנִיף

depender *vi* 1 נִסְמַךְ, נִשְׁעַן, נִתְלָה. 2 בָּטַח בְּ־, חָסָה בְּ־

dependiente *adjm* 1 זַבָּן, מְשָׁרֵת. 2 תָּלוּי, מְשֻׁעְבָּד

depilación *f* הֲסָרַת שֵׂעָר

depilar *vt* הִשִּׁיר שֵׂעָר

depilatorio *adj* מַשִּׁיר שֵׂעָר

deplorable *adj* אֻמְלָל, עָלוּב, מִסְכֵּן, מַעֲצִיב

deplorablemente *adv* בְּצַעַר רַב

deplorar *vt* הִצְטַעֵר, הִתְעַצֵּב, קוֹנֵן (עַל)

deponente *m* 1 עֵד, מֵעִיד. 2 מַדִּיחַ

deponer *vti* 1 הִדִּיחַ, הֵסִיר, הוֹרִיד. 2 הֵעִיד, טָעַן. 3 עָשָׂה צְרָכָיו

deportación *f* הַגְלָיָה, גֵּרוּשׁ, גָּלוּת, הַרְחָקָה

deportar *vt* הָגְלָה, גֵּרֵשׁ, הִרְחִיק

deporte *m* 1 סְפּוֹרְט. 2 בִּדּוּר, שַׁעֲשׁוּעַ

deportista *m* סְפּוֹרְטַאי

deportivo *adj* סְפּוֹרְטִיבִי

deposición *f* 1 עֵדוּת, הַצְהָרָה. 2 הֲדָחָה, הֲסָרָה, הַרְחָקָה. 3 עֲשִׂיַּת צְרָכִים

depositar *vt* 1 הִפְקִיד, הִשְׁלִישׁ. 2 הִנִּיחַ, שָׂם. 3 הֶאֱמִין. 4 שָׁקַע (כְּמִשְׁקָע)

depositaría *f* 1 טִמְיוֹן, אוֹצַר הַמְּדִינָה. 2 נֶאֱמָנוּת

depositario *adjm* 1 בַּעַל פִּקָּדוֹן. 2 אַפּוֹטְרוֹפּוֹס, נֶאֱמָן

depósito *m* 1 מַחְסָן. 2 מִשְׁקָע, מַרְבַּד, מִרְבָּץ, שִׁכְבָה. 3 עֵרָבוֹן, פִּקָּדוֹן

depravación *f* הַשְׁחָתָה, קִלְקוּל, נִוּוּן

depravado *adj* מֻשְׁחָת, מְנֻוָּן

depravar *vt* הִשְׁחִית, נִוֵּן, קִלְקֵל

deprecación *f* תַּחֲנוּנִים, בַּקָּשָׁה, תְּחִנָּה, הַעְתָּרָה

deprecar *vt* הִתְחַנֵּן, בִּקֵּשׁ, הֶעְתִּיר

depreciativo *adj* שֶׁל תַּנְחוּמִים

depreciación *f* 1 פִּחוּת, יְרִידַת־עֶרֶךְ. 2 הַפְחָתַת עֶרֶךְ. 3 בְּלַאי, פְּחָת

depreciar *vt* 1 פִּחֵת. 2 הִפְחִית עֶרֶךְ

depredación *f* שֹׁד, בִּזָּה, עֹשֶׁק, גְּזֵלָה, בְּזִיזָה

depredador *adjm* גּוֹזֵל, עוֹשֵׁק, בּוֹזֵז

depredar *vt* שָׁדַד, עָשַׁק, גָּזַל, בָּזַז

depresión *f* 1 שְׁקִיעָה, שֶׁקַע. 2 דִּכָּאוֹן, עַצְבוּת. 3 מִשְׁקָע, שְׁקַעֲרוּרִית. 4 שֵׁפֶל, מַשְׁבֵּר

depresivo *adj* מֵעִיק, מְדַכֵּא, מַעֲצִיב, מֵצִיק, לוֹחֵץ

depresor *m* מְדַכֵּא, מֵעִיק

deprimente *adj* 1 מַכְלִים, מַשְׁפִּיל. 2 מֵעִיק, מְדַכֵּא. 3 עָגוּם, עָצוּב

deprimir *vt* 1 הֵעִיק, הִשְׁפִּיל, דִּכָּא. 2 הֶעֱצִיב, רִפָּה

depuración *f* טִהוּר, זִקּוּק, צֵרוּף

depurar *vt* טִהֵר, זִקֵּק, צֵרַף, זִכֵּךְ, נִקָּה

depurativo *adjm* מְטַהֵר, מְזַקֵּק, מְנַקֶּה, מְשַׁלְשֵׁל

derecha *f* יָמִין

derechamente *adv* 1 יְשִׁירוּת. 2 בִּזְהִירוּת

derechista *adjm* יְמָנִי, שַׁמְרָן

derecho *adjadvm* 1 יָשָׁר, יָשִׁיר. 2 בָּרוּר, פָּשׁוּט. 3 יְמָנִי. 4 צֶדֶק, מִשְׁפָּט, זְכוּת. 5 רְשׁוּת. 6 מֶכֶס, מַס, בְּלוֹ

deriva *f* סְחִיפָה, דְּחִיפָה, מִסְחָף, הַשְׁפָּעָה

derivación *f* 1 נִגְזֶרֶת. 2 הוֹצָאָה, הֲפָקָה

derivado *adjm* 1 נִגְזָר, מוּפָק, מִסְתָּעֵף. 2 נִגְזֶרֶת. 3 צֶאֱצָא, תּוֹלָדָה

derivar *vti* 1 גָּזַר (מִלָּה). 2 נָבַע. 3 נָטָה, סָטָה

derivativo *adjm* 1 נִגְזָר, גָּזוּר. 2 מְשַׁלְשֵׁל

dermatitis *f* דַּלֶּקֶת עוֹר

dermatología *f* חֵקֶר מַחֲלוֹת עוֹר, דֶּרְמָטוֹלוֹגְיָה

dermatológico *adj* דֶּרְמָטוֹלוֹגִי

dermatólogo *m* דֶּרְמָטוֹלוֹג

dermis *f* עוֹר

derogación *f* בִּטּוּל, הֲפָרָה, שְׁלִילָה

derogar *vt* בטל, הפר, שלל
derogatorio *adj* מבטל
derrabar *vt* זנב, קצץ את הזנב
derrama *f* שומה, הערכת מס
derramamiento *m* 1 שפיכה, גלישה, הגדשה. 2 פזור, התפרדות, התפצלות
derramar *vt* 1 שפך. 2 פרסם ברבים, הפיץ
derrame *m* 1 נזילה, דליפה, טפטוף. 2 שפוע, מדרון, מורד. 3 דמם, שטף דם
derrapar *m* החליק
derrape *m* החלקה
derredor *m* מתאר, היקף
derredor (en-) *adv* סביב־סביב
derrelicción *f* הפקרה, נטישה, הזנחה, עזיבה
derrelicto *adjm* 1 נטוש, מפקר. 2 חפץ נטוש
derrelinquir *vt* עזב, זנח, נטש, הפקיר
derrengar *vt* 1 נקע. 2 הטה (לצד אחד)
derretimiento *m* התוך, התכה, המסה, תמסה
derretir *vt* 1 התיך, המס, הפשיר. 2 התמסמס
derribar *vt* 1 הפיל, מוטט. 2 הרס, החריב. 3 הדיח, הוריד
derribo *m* הריסה, מפלת, השמדה
derrocadero *m* תהום, מורד
derrocamiento *m* הדחה, הפלה, הריסה
derrocar *vt* הדיח, הפיל, זרק
derrochador *adj* בזבזן, פזרן
derrochar *vt* בזבז, פזר
derroche *m* בזבזנות, פזרנות, בזבוז, פזור
derrota *f* 1 מפלה, תבוסה, כשלון. 2 דרך, מסלול, נתיב
derrotar *vt* הביס, הכה, נצח, הכשיל
derrotero *m* נתיב, מסלול, דרך, כוון
derrotismo *m* תבוסנות
derrotista *adjm* תבוסן, תבוסתן
derrubiar *vt* 1 סחף, כרסם, בלה. 2 התבלה
derrubio *m* סחף, כלוי, כרסום
derruir *vt* הרס, נתץ, השמיד, החריב, השחית
derrumbadero *m* תהום, מורד
derrumbar *vt* הפיל, מוטט, הטיל, השליך
derrumbe *m* 1 התמוטטות, נפילה, מפלת, חרבן. 2 תהום
derviche *m* דרויש
desabarrancar *vt* חלץ, הציל, שחרר
desabastecer *vt* הפסיק אספקה
desabollar *vt* ישר (כפוף)
desabonarse *vref* בטל החתמה
desabono *m* 1 בטול החתמה. 2 השמצה
desabor *m* תפלות
desabotonar *vti* התיר כפתורים
desabrido *adj* 1 תפל. 2 חמוץ, תוסס. 3 קודר, זועם
desabrigar *vt* ערטל, חשף, גלה
desabrigo *m* ערטול, חשוף, חשיפה, הסרת לבוש, התפשטות
desabrimiento *m* תפלות, חסר טעם
desabrir *vt* 1 התפיל. 2 העכיר (רוחו של מישהו)
desabrochar *vt* התיר, פתח (לבוש)
desacalorarse *vref* הצטנן
desacatar *vt* בזה
desacato *m* בזיון
desacerbar *vt* הקל, הפיג, שכך, המתיק
desacertar *vi* טעה, שגה, החטיא את המטרה
desacierto *m* טעות, שגיאה, משגה
desacomodado *adj* 1 מטרד, בלתי מרוח. 2 מבטל, מחסר עבודה
desacomodar *vt* 1 הטריד, הפריע. 2 הדיח, הסיר, פטר. 3 בלבל
desacomodo *m* 1 הטרדה, הפרעה. 2 הדחה, פטורים
desacoplar *vt* נתק, הפריד, פנה
desacordar *vt* היה דיסוננטי, צרם (את האזן)
desacordarse *vref* אבד את הזכרון
desacorde *adj* דיסהרמוני, דיסוננטי
desacostumbrado *adj* בלתי רגיל, נדיר, יוצא מן הכלל
desacostumbrar *vt* גמל, הגמיל
desacotar *vt* התיר
desacoto *m* התר, התרה

desacreditado *adj* בַּעַל שֵׁם רַע, מְשֻׁלַּל־אֵמוּן

desacreditar *vt* הִלְעִיז, הוֹצִיא שֵׁם רַע, הִשְׁמִיץ

desacuerdo *m* פְּלֻגְתָּא, מַחֲלֹקֶת, חִלּוּקֵי דֵעוֹת

desadvertido *adj* רַשְׁלָן, בִּלְתִּי זָהִיר

desadvertir *vt* לֹא שָׂם לֵב, הִתְעַלֵּם מִ־

desafección *f* חֹסֶר רָצוֹן, חֹסֶר נֶאֱמָנוּת, אִי־נַחַת

desafectado *adj* כֵּן, אֲמִתִּי, פָּשׁוּט, בִּלְתִּי־מֻשְׁפָּע

desafecto *adjm* 1 אָדִישׁ, קָרִיר. 2 מְנֻגָּד, עוֹיֵן. 3 אֵיבָה, שִׂנְאָה. 4 אֲדִישׁוּת

desaferrar *vt* הִתִּיר, הִפְרִיד, נִתֵּק, פֵּרֵק

desafiador *adjm* קוֹרֵא תִּגָּר

desafiar *vt* 1 קָרָא תִּגָּר. 2 הִתְמוֹדֵד. 3 הִזְמִין לְדוּ־קְרָב

desaficionar *vt* 1 גָּמַל, הִגְמִיל. 2 נִגְמַל

desafinado *adj* דִּיסוֹנַנְטִי, צוֹרֵם, בִּלְתִּי־הוֹלֵם

desafinar *vi* צָרַם, הָיָה דִּיסְהַרְמוֹנִי

desafío *m* תִּגָּר, הִתְגָּרוּת, אֶתְגָּר

desaforado *adj* 1 פָּרוּעַ, מֻשְׁחָת, מְקֻלְקָל. 2 רַב, מֻגְזָם, גָּדוֹל

desaforar *vt* 1 שָׁלַל חֲסִינוּת. 2 הִתְפָּרַע, הִשְׁתּוֹלֵל

desafuero *m* 1 שְׁלִילַת חֲסִינוּת. 2 הִתְפָּרְעוּת, הִשְׁתּוֹלְלוּת

desafortunado *adj* מִסְכֵּן, אֻמְלָל, בִּישׁ מַזָּל

desagradable *adj* דּוֹחֶה, בִּלְתִּי נָעִים, לֹא־נוֹחַ

desagradar *vt* עוֹרֵר מֹרַת רוּחַ, גָּרַם אִי שְׂבִיעַת רָצוֹן

desagradecer *vt* הָיָה כְּפוּי טוֹבָה

desagradecido *adj* כְּפוּי טוֹבָה

desagradecimiento *m* כְּפִיּוּת טוֹבָה

desagrado *m* מֹרַת רוּחַ, אִי שְׂבִיעַת רָצוֹן

desagraviar *vt* פִּצָּה, הִתְנַצֵּל, תִּקֵּן אֶת הַמְעֻוָּת

desagravio *m* פִּצּוּי, הִתְנַצְּלוּת, כֹּפֶר, תַּגְמוּל

desagregación *f* הִתְפַּצְּלוּת, הַפְרָדָה

desagregar *vt* פִּצֵּל, הִפְרִיד

desaguadero *m* צִנּוֹר, תְּעָלָה, בִּיב

desaguar *vti* 1 הֵרִיק, שָׁפַךְ. 2 הִשְׁתַּפֵּךְ לַיָּם

desagüe *m* הֲרָקָה, תִּעוּל, בִּיּוּב

desaguisado *adjm* 1 לֹא־צוֹדֵק, לֹא־הוֹגֵן, לֹא־הֶגְיוֹנִי. 2 עֲבֵרָה, פֶּשַׁע. 3 עֶלְבּוֹן, גִּדּוּף

desahogado *adj* מְרֻוָּח, נוֹחַ

desahogar *vt* הִרְגִּיעַ, הֵקֵל

desahogo *m* הַרְגָּעָה, הֲקַלָּה

desahuciar *vt* 1 גֵּרֵשׁ, נִשֵּׁל, הִרְחִיק. 2 נוֹאַשׁ, בָּא לִידֵי יֵאוּשׁ, הִתְיָאֵשׁ

desahucio *m* גֵּרוּשׁ, נִשּׁוּל, הַרְחָקָה

desahumado *adj* תָּפֵל, חֲסַר־טַעַם

desahumar *vt* נִקָּה מֵעָשָׁן

desairar *vt* בִּזָּה, הִכְלִים, זִלְזֵל

desaire *m* בִּזּוּי, זִלְזוּל, פְּגִיעָה, בִּטּוּל, אֲדִישׁוּת

desajustar *vt* בִּלְבֵּל, הִפְרִיעַ, פֵּרֵק

desajuste *m* בִּלְבּוּל, אִי הַתְאָמָה

desalación *fm* 1 הַמְתָּקָה. 2 דְּהִירָה

desalado *adj* 1 מֻדְאָג, מִשְׁתּוֹקֵק, תָּאֵב, לָהוּט. 2 מְמֻתָּק. 3 בְּלִי מֶלַח

desalar *vt* 1 הִתְפִּיל. 2 קִצֵּץ אֶת הַכְּנָפַיִם. 3 הִשְׁתּוֹקֵק. 4 דָּהַר

desalentador *adj* מְדַכְדֵּךְ, מְדַכֵּא

desalentar *vt* דִּכְדֵּךְ, דִּכָּא

desaliento *m* דִּכְדּוּךְ, דִּכָּאוֹן, יֵאוּשׁ

desalineado *adj* בִּלְתִּי מְעֻרָךְ

desalinear *vt* קִלְקֵל אֶת הַשּׁוּרָה

desaliñar *vt* קִמֵּט, קִלְקֵל צוּרָה

desaliño *m* קִלְקוּל צוּרָה, רַשְׁלָנוּת, כִּעוּר

desalivar *vi* רָר, יָרַק, הִפְרִישׁ רֹק

desalmado *adj* קָשׁוּחַ, אַכְזָרִי

desalmar *vt* הִתִּישׁ, הֶחֱלִישׁ, רִפָּה, דִּלְדֵּל

desalojamiento *m* גֵּרוּשׁ, נִשּׁוּל, פִּנּוּי

desalojar *vt* גֵּרֵשׁ, נִשֵּׁל, פִּנָּה, הִרְחִיק

desalquilado *adj* פָּנוּי, חָפְשִׁי

desalquilar *vt* פִּנָּה, הִרְחִיק

desalumbramiento *m* עִוָּרוֹן, עִוְרוּת

desamarrar *vt* הִתִּיר, פִּתַּח

desamistarse *vref* רָב, הִתְקוֹטֵט

desamor *m* 1 חֹסֶר אַהֲבָה. 2 אֵיבָה, שִׂנְאָה

desamorado *adj* אָדִישׁ, חֲסַר רֶגֶשׁ

desamorar *vt* אִבֵּד אַהֲבָה, חָדַל מִלֶּאֱהֹב

desamparar *vt* הִזְנִיחַ, זָנַח, נָטַשׁ, הִפְקִיר
desamparo *m* הֶפְקֵר, הַזְנָחָה
desamueblado, desamoblado *adj* חֲסַר רָהִיטִים, בִּלְתִּי מְרֹהָט
desamueblar *vt* הוֹצִיא הָרָהִיטִים
desandadura *f* 1 נְסִיגָה, רְתִיעָה. 2 חֲרָטָה
desandar *vt* נָסוֹג
desangrar *vt* 1 הִקִּיז. 2 נִקָּז. 3 רוֹשֵׁשׁ
desanimar *vt* הֵבִיךְ, רִפָּה אֶת הַיָּדַיִם
desánimo *m* רִפְיוֹן יָדַיִם, דִּכָּאוֹן
desanudar *vt* הִתִּיר, פִּתַּח, שִׁחְרֵר
desapacible *adj* 1 דּוֹחֶה, מַרְחִיק. 2 גַּס, פּוֹחֵז. 3 סַגְרִירִי, קָשֶׁה
desaparecer *vi* 1 נֶעֱלַם, חָלַף, אָבַד. 2 הִסְתַּלֵּק
desaparición *f* 1 הֵעָלְמוּת. 2 הִסְתַּלְּקוּת
desaparejar *vt* הֵסִיר צִיּוּד, הֵסִיר קִשּׁוּטִים
desapasionado *adj* קַר רוּחַ, שָׁלֵו, מְיֻשָּׁב, אָדִישׁ
desapasionamiento *m* קֹר רוּחַ, יִשּׁוּב הַדַּעַת
desapasionarse *vref* נַעֲשָׂה אָדִישׁ
desapegar *vti* 1 הִפְרִיד. 2 הִמְרִיא
desapegarse *vref* הִתְאַדֵּשׁ, הִתְרַחֵק
desapego *m* הִתְרַחֲקוּת, אֲדִישׁוּת
desapercibido *adj* בִּלְתִּי מוּכָן
desapercibimiento *m* אִי־הֲכָנָה
desaplicación *f* רַשְׁלָנוּת, אֲדִישׁוּת
desaplicado *adj* רַשְׁלָן, אָדִישׁ
desapoderar *vt* 1 נִשֵּׁל, גֵּרֵשׁ, סִלֵּק. 2 בִּטֵּל, פָּסַל, הֵפֵר
desapreciar *vt* זִלְזֵל, בִּזָּה, לֹא הֶעֱרִיךְ
desaprecio *m* זִלְזוּל, בִּזּוּי
desaprender *vt* שָׁכַח
desaprobación *f* גִּנּוּי, הִתְנַגְּדוּת, אִי־הַסְכָּמָה
desaprobar *vt* גִּנָּה, הִתְנַגֵּד, בִּקֵּר, דָּחָה
desaprovechado *adj* 1 מְבֻזְבָּז. 2 בִּלְתִּי מְנֻצָּל. 3 אָדִישׁ, רַשְׁלָן
desaprovechar *vt* בִּזְבֵּז, פִּזֵּר
desapuntalar *vt* הוֹרִיד הַפִּגּוּם
desarmado *adj* מְחֻסַּר הֲגָנָה, בִּלְתִּי־מְזֻיָּן
desarmar *vt* 1 פֵּרֵק, הֵסִיר. 2 פִּיֵּס, הִשְׁקִיט, הִרְגִּיעַ, שִׁכֵּךְ. 3 הוֹצִיא נִשְׁקוֹ
desarme *m* 1 פֵּרוּק נֶשֶׁק. 2 פֵּרוּק
desarraigar *vt* שֵׁרֵשׁ, עָקַר
desarraigo *m* שֵׁרוּשׁ, עֲקִירָה
desarrapado *adj* בָּלוּי, בָּלֶה, מְרֻפָּט
desarreglado *adj* מְבֻלְבָּל, מְעֻרְבָּב
desarreglar *vt* בִּלְבֵּל, עִרְבֵּב, טָרַף
desarreglo *m* בִּלְבּוּל, עִרְבּוּבְיָה, מְהוּמָה, חֹסֶר סֵדֶר, אִי סֵדֶר
desarrollar *vt* 1 פִּתַּח, שִׁכְלֵל. 2 הִתְפַּתֵּחַ, הִתְקַדֵּם
desarrollo *m* פִּתּוּחַ, שִׁכְלוּל, הִתְפַּתְּחוּת, הִתְקַדְּמוּת
desarropar *vt* עִרְטֵל, חָשַׂף, גִּלָּה
desarrugar *vt* יִשֵּׁר, הֶחֱלִיק
desarticular *vt* בִּתֵּר, פֵּרֵק, הִפְרִיד, נִתֵּק
desaseado *adj* מְטֻנָּף, מְלֻכְלָךְ
desasear *vt* טִנֵּף, לִכְלֵךְ, טִמֵּא
desaseo *m* לִכְלוּךְ, טִנֹּפֶת
desasir *vt* הִרְפָּה, הִתִּיר, שִׁחְרֵר
desasosegar *vt* הִטְרִיחַ, הִרְגִּיז, בִּלְבֵּל, הִפְרִיעַ
desasosiego *m* מְתִיחוּת, עַצְבָּנוּת, חֹסֶר מְנוּחָה
desastrado *adj* 1 מִסְכֵּן, אֻמְלָל. 2 מְלֻכְלָךְ, מֻזְנָח. 3 קָרוּעַ וּבָלוּי
desastre *m* 1 מַפָּלָה, תְּבוּסָה. 2 אָסוֹן, שׁוֹאָה
desastroso *adj* מֵמִיט שׁוֹאָה, הֲרֵה־אָסוֹן
desatadura *f* הַתָּרָה
desatar *vt* הִתִּיר, חִלֵּץ, שִׁחְרֵר, פִּתַּח
desatascar *vt* חִלֵּץ, הִצִּיל, שִׁחְרֵר
desataviar *vt* 1 הוֹרִיד קִשּׁוּטִים. 2 הִפְשִׁיט
desatavío *m* הַפְשָׁטָה
desate *m* הַתָּרָה, פְּתִיחָה
desatención *f* 1 בְּהִיָּה, אִי תְּשׂוּמֶת־לֵב. 2 חֹסֶר נִימוּס
desatender *vt* זִלְזֵל, הִתְעַלֵּם, לֹא שָׂם לֵב
desatento *adjm* 1 רַשְׁלָן. 2 זִלְזוּל, בִּטּוּל, הִתְעַלְּמוּת
desatinado *adj* טִפְּשִׁי, אֱוִילִי, מְבֻלְבָּל, נֶחְפָּז
desatinar *vi* הֵבִיךְ, הִדְהִים, בִּלְבֵּל

desatino *m* שְׁטוּת, סִכְלוּת, אִוֶּלֶת, בִּלְבּוּל

desatracar *vt* הִפְלִיג

desatrancar *vt* פָּתַח, הֵסִיר בְּרִיחַ

desautorización *f* שְׁלִילַת סַמְכוּת

desautorizado *adj* מְשֻׁלַּל סַמְכוּת

desautorizar *vt* שָׁלַל סַמְכוּת

desavenencia *f* רִיב, אִי הַסְכָּמָה, חִלּוּקֵי דֵעוֹת, סִכְסוּךְ, מְרִיבָה

desavenirse *vref* הִסְתַּכְסֵךְ

desayunar *vi* סָעַד אֲרוּחַת בֹּקֶר

desayuno *m* אֲרוּחַת בֹּקֶר

desazón *m* 1 תְּפֵלוּת. 2 מֹרַת רוּחַ, תַּרְעֹמֶת, הַרְגָּזָה

desazonar *vt* 1 הִרְגִּיז, הִכְעִיס, הִקְנִיט. 2 הִתְפִּיל

desbancar *vt* 1 הֶחֱלִיף, שִׁנָּה. 2 הִפְקִיעַ הַקֻּפָּה

desbandada *f* מְנוּסָה, בְּרִיחָה

desbandarse *vref* 1 הִתְפַּזֵּר. 2 בָּרַח, נָס, נִמְלַט. 3 עָרַק

desbarajustar *vt* בִּלְבֵּל, הִפְרִיעַ, עִרְבֵּב

desbarajuste *m* בִּלְבּוּל, הַפְרָעָה, עִרְבּוּבְיָה

desbaratamiento *m* הַשְׁחָתָה, הַשְׁמָדָה, אֲבַדּוֹן

desbaratar *vt* הִשְׁחִית, הִשְׁמִיד, נִתֵּץ, הָרַס

desbastar *vt* 1 הֶחֱלִיק, הִקְצִיעַ. 2 חִנֵּךְ, שִׁפֵּר. 3 הִפְחִית, הִקְטִין

desbaste *m* הַחְלָקָה, יִשּׁוּר

desbocado *adj* 1 מִשְׁתּוֹלֵל. 2 חַצְפָן, עַז פָּנִים, נָבָל

desbocarse *vref* הִשְׁתּוֹלֵל, הִתְחַצֵּף

desbordamiento *m* גְּדִישַׁת הַסְּאָה, גְּלִישָׁה

desbordar *vi* שָׁטַף, גָּלַשׁ, הִשְׁתַּפֵּךְ

desbroce *m* נִקּוּי פְּסֹלֶת

desbrozar *vt* נִקָּה פְּסֹלֶת

descabal *adj* לֹא שָׁלֵם, לֹא מֻשְׁלָם

descabalar *vt* 1 הִשְׁאִיר בִּלְתִּי־מֻגְמָר. 2 נִתְמַעֵט

descabellado *adj* 1 בִּלְתִּי־הֶגְיוֹנִי, שְׁטוּתִי. 2 פָּרוּעַ

descabellar *vt* 1 עָרַף, הָרַג. 2 פָּרַע (שְׂעָרוֹת)

descabezado *adj* עָרוּף

descabezar *vt* עָרַף

descaecer *vi* שָׁקַע, הִתְנַוֵּן, נָסוֹג, נָפַל

descaecimiento *m* הִתְנַוְּנוּת, נְסִיגָה, נְפִילָה

descalabradura *f* 1 פְּגִיעָה בָּרֹאשׁ. 2 צַלֶּקֶת בָּרֹאשׁ

descalabrar *vt* 1 הִזִּיק, פָּגַע. 2 פָּצַע בָּרֹאשׁ

descalificación *f* פִּסּוּל, פְּסִילָה, שְׁלִילָה

descalificar *vt* פָּסַל, פָּגַם, שָׁלַל

descalzar *vt* חָלַץ, הֵסִיר, שָׁלַף, פָּשַׁט

descalzo *adj* יָחֵף

descaminar *vt* הוֹלִיךְ שׁוֹלָל, הִתְעָה, הִטְעָה

descamisado *adjm* אֶבְיוֹן, מְדֻלְדָּל

descansadero *m* מַרְבֵּץ

descansar *vi* 1 נָח, שָׁבַת, שָׁכַב. 2 יָשַׁן. 3 מֵת

descanso *m* מְנוּחָה, שֶׁקֶט, מַרְגּוֹעַ, שַׁלְוָה

descantear *vt* סָתַת, סִתֵּת, לִטֵּשׁ, הִקְצִיעַ

descantillar, descantonar *vt* סָתַת, סִתֵּת, לִטֵּשׁ, הִקְצִיעַ

descarado *adj* חָצוּף, עַז פָּנִים, חַצְפָן

descararse *vref* הִתְחַצֵּף

descaro *m* חֻצְפָּה, עַזּוּת פָּנִים

descarga *f* 1 פְּרִיקָה. 2 מַטָּח

descargador *m* פּוֹרֵק, סַבָּל

descargar *vt* 1 פָּרַק. 2 יָרָה מַטָּח

descargo, descargue *m* 1 פְּרִיקָה. 2 סִלּוּק, נִכּוּי. 3 הִצְטַדְּקוּת

descarnado *adj* כָּחוּשׁ, רָזֶה, מְנֻוָּן

descarnar *vt* 1 הִכְחִישׁ, הִרְזָה. 2 קִלֵּף אֶת הַבָּשָׂר (מֵעַל הָעֶצֶם). 3 הִתְנַוֵּן

descaro *m* עַזּוּת פָּנִים, חֻצְפָּה

descarriar *vt* 1 הִגָּה מִן הַדֶּרֶךְ, הִתְעָה. 2 יָצָא לְתַרְבּוּת רָעָה

descarrilamiento *m* הוֹרָדָה מֵהַפַּסִּים, יְרִידָה מֵהַפַּסִּים

descarrilar *vi* יָרַד מֵהַפַּסִּים

descarrío *m* סְטִיָּה, תְּעִיָּה, הַתְעָיָה

descartar *vt* הִשְׁלִיךְ, הִרְחִיק, דָּחָה

descarte *m* הַשְׁלָכָה (קְלָפִים)

descasamiento *m* גֵּרוּשִׁים, גֵּרוּשִׁין

descasar *vt* גֵּרֵשׁ, הִתְגָּרֵשׁ
descascarar *vt* קִלֵּף, הִתְקַלֵּף
decasque *m* קִלּוּף (שֶׁל עֵץ)
descastar *vt* הִשְׁמִיד, כִּלָּה, הִכְרִית
descendencia *f* צֶאֱצָאִים, יוֹצְאֵי חֲלָצַיִם
descender *vi* יָרַד, נָחַת, צָנַח
descendiente *adj* 1 צֶאֱצָא, יוֹצֵא חֲלָצָיו. 2 יוֹרֵד, מְשֻׁפָּע
descenso *m* יְרִידָה, נְחִיתָה, צְנִיחָה, נְפִילָה
descentralización *f* בִּזּוּר
descentralizar *vt* בִּזֵּר
descentrar *vt* הוֹצִיא מִן הַמֶּרְכָּז, הֵזִיז מִן הַמֶּרְכָּז
desceñir *vt* הִתִּיר
descerrajar *vt* 1 נִפֵּץ, שִׁבֵּר. 2 יָרָה
descifrable *adj* בַּר פִּעְנוּחַ
descifrar *vt* פִּעְנֵחַ, פָּתַר
descifre *m* פִּעְנוּחַ
descoagular *vt* הֵמֵס, הִפְשִׁיר
descobijar *vt* חָשַׂף, עִרְטֵל, גִּלָּה
descocarse *vref* הִתְחַצֵּף
descoco *m* חֻצְפָּנוּת, חֻצְפָּה
descocer *vt* עִכֵּל
descogollar *vt* זִמֵּר, גִּזֵּם
descolgar *vt* הוֹרִיד
descoloramiento *m* דֵּהוּי, דְּהִיָּה
descolorido *adj* דָּהוּי
descolorar *vt* הִדְהָה
descollar *vi* בָּלַט, הִצְטַיֵּן, הִתְנַשֵּׂא
descombrar *vt* נִקָּה, הֵסִיר לִכְלוּךְ
descombro *m* הֲסָרַת לִכְלוּךְ אוֹ פְּסֹלֶת
descomedido *adj* גַּס, חֻצְפָּן, חָצוּף
descomedimiento *m* גַּסּוּת, חֹסֶר דֶּרֶךְ אֶרֶץ
descomodidad *f* טִרְדָּה, טֹרַח
descompaginar *vt* בִּלְבֵּל, עִרְבֵּב
descompasado *adj* גַּס, חֻצְפָּן, חָצוּף
descomponer *vt* 1 קִלְקֵל, הִשְׁחִית. 2 הִפְרִיד, פֵּרֵק
descomposición *f* 1 קִלְקוּל. 2 הַפְרָדָה, הִתְפָּרְקוּת
descompostura *f* עִרְבּוּבְיָה, מְהוּמָה
descompuesto *adj* 1 מְקֻלְקָל. 2 עַז פָּנִים, חֻצְפָּן
descomulgado *adj* מְנֻדֶּה, מֻחְרָם
descomulgar *vt* הֶחֱרִים, נִדָּה
descomunal *adj* 1 כַּבִּיר, עָצוּם, נָדִיר. 2 מִפְלַצְתִּי
desconcertar *vt* 1 הִפְתִּיעַ, הִדְהִים, הֵבִיךְ. 2 בִּלְבֵּל, בִּטֵּל, סִכֵּל
desconcierto *m* 1 מְבוּכָה, מְהוּמָה, בִּלְבּוּל. 2 אִי הַתְאָמָה. 3 מַחֲלֹקֶת
desconchadura *f* הִתְקַלְּפוּת
desconchar *vt* קִלֵּף
desconectar *vt* נִתֵּק, הִפְרִיד
desconfiado *adj* חַשְׁדָן, סַפְקָן
desconfianza *f* חַשְׁדָנוּת, סַפְקָנוּת, אִי אֵמוּן
desconfiar *vi* חָשַׁד
desconformar *vi* חָלַק עַל, הִתְנַגֵּד
desconforme *adj* בִּלְתִּי מְרֻצֶּה, מִתְנַגֵּד
desconformidad *f* חִלּוּקֵי דֵעוֹת, אִי הַסְכָּמָה
descongelador *m* מַפְשִׁיר
descongelar *vt* הִפְשִׁיר, נָמוֹג
descongestionar *vt* דִּלְדֵּל
descongojar *vt* נִחֵם, עוֹדֵד, חִזֵּק
desconocer *vt* 1 לֹא הִכִּיר. 2 הִתְנַכֵּר
desconocido *adj* 1 זָר, נָכְרִי, אַלְמוֹנִי. 2 בִּלְתִּי יָדוּעַ, בִּלְתִּי מֻכָּר
desconocimiento *m* 1 הִתְנַכְּרוּת, בּוּרוּת. 2 כְּפִיּוּת טוֹבָה. 3 זִלְזוּל, אֲדִישׁוּת
desconsiderado *adjm* רַשְׁלָן, זַלְזְלָן
desconsolado *adj* מְיֹאָשׁ, עָצוּב, אֻמְלָל
desconsolar *vt* הֶעֱצִיב, צִעֵר
desconsuelo *m* יָגוֹן, צָרָה, סֵבֶל
descontar *vt* נִכָּה, הִפְחִית, הֶחְסִיר
descontentadizo *adj* בִּלְתִּי מְרֻצֶּה, נִרְגָּן
descontenar *vt* הִכְעִיס, הִרְגִּיז
descontento *adjm* 1 רוֹגֵז. 2 תַּרְעֹמֶת, רֹגֶז, כַּעַס
descontinuación *f* הַפְסָקָה, נִתּוּק, אִי־רְצִיפוּת

descontinuar *vt* הִפְסִיק, נִתֵּק
descontinuo *adj* מְקֻטָּע, לְסֵרוּגִין
descontrol *m* בִּטּוּל פִּקּוּחַ
descontrolar *vt* בִּטֵּל פִּקּוּחַ
desconvenible *adj* בִּלְתִּי־מַתְאִים
desconveniente *adj* לֹא נוֹחַ, לֹא מַתְאִים
desconvenir *vi* חָלַק עַל, הִתְנַגֵּד
descorazonamiento *f* יֵאוּשׁ, רִפְיוֹן יָדַיִם
descorazonar *vt* הֶעֱצִיב, רִפָּה יָדַיִם
descorchador *m* מַחְלֵץ
descorchar *vt* חָלַץ (פְּקָק)
descortés *adj* חָצוּף, בִּלְתִּי מְנֻמָּס, גַּס
descortesía *f* גַּסּוּת, חֹסֶר נִימוּס
descortezar *vt* קִלֵּף
descoser *vt* פָּרַם
descosido *adjm* 1 פָּרוּם. 2 פָּרוּעַ. 3 פֶּרֶם
descostrar *vt* הֵסִיר הַקְּרוּם
descotado *adj* חָשׂוּף
descotar *vt* חָשַׂף
descote *m* מַחְשׂוֹף
descoyuntamiento *m* 1 נְקִיעָה, נֶקַע. 2 לֵאוּת
descoyuntar *vt* 1 נָקַע. 2 הִרְגִּיז, הִקְנִיט, הֵצִיק
descrédito *m* חֹסֶר אֵמוּן, פִּקְפּוּק, לַעַז, קָלוֹן
descreer *vt* כָּפַר, פִּקְפֵּק
descreído *adj* כּוֹפֵר
descreimiento *m* כְּפִירָה
describir *vt* תֵּאֵר, סִפֵּר
descripción *f* תֵּאוּר
descriptivo *adj* תֵּאוּרִי, מְתָאֵר
descuajar *vt* 1 שֵׁרֵשׁ. 2 הֵמֵס. 3 יֵאֵשׁ
descuajaringarse *vref* הִתְיַגֵּעַ
descuartizamiento *m* בִּתּוּר, כְּרִיתָה, גְּזִירָה
descuartizar *vt* בִּתֵּר, כָּרַת, גָּזַר
descubierta *f* סִיּוּר
descubierto *adj* חָשׂוּף, גָּלוּי
descubridor *adjm* 1 מְגַלֶּה, חוֹשֵׂף. 2 סַיָּר
descubrimiento *m* 1 גִּלּוּי. 2 הַמְצָאָה, תַּגְלִית
descubrir *vt* גִּלָּה, חָשַׂף
descuello *m* 1 רוֹמְמוּת, גַּבְהוּת. 2 יְהִירוּת, הִתְנַשְּׂאוּת
descuento *m* נִכּוּי, הֲנָחָה, נִכָּיוֹן, דִּיסְקוֹנְט
descuidado *adj* רַשְׁלָן, מֻזְנָח
descuidar *vt* 1 הִזְנִיחַ. 2 הִתְרַשֵּׁל
descuido *m* רַשְׁלָנוּת, הַזְנָחָה, זִלְזוּל
descuidero *m* כַּיָּס
desde *prep* מִן, מִ־, מִנִּי, מֵאָז
desde luego כַּמּוּבָן, בְּוַדַּאי
desde que מֵאָז
desde ya מֵעַכְשָׁו
desdecir *viref* 1 לֹא הָלַם, לֹא הִתְאִים. 2 הִתְכַּחֵשׁ. 3 הִתְנַוֵּן, נִתְדַּלְדֵּל
desdén *m* זִלְזוּל, לַעַג, בּוּז
desdentado *adj* חֲסַר־שִׁנַּיִם
desdeñable *adj* בָּזוּי, נִבְזֶה, נִמְאָס
desdeñar *vt* זִלְזֵל, בָּזָה
desdeñoso *adj* בָּז, מְזַלְזֵל, מִתְעַב
desdicha *f* 1 אָסוֹן, צָרָה. 2 דַּלּוּת, מַחְסוֹר
desdichado *adjm* מִסְכֵּן, עָלוּב, אֻמְלָל
desdoblar *vt* פָּרַשׂ, מָתַח, שָׁטַח
desdorar *vt* 1 הִכְהָה, עִמֵּם. 2 חִלֵּל, בִּיֵּשׁ, הִכְתִּים
desdoro *m* 1 עִמּוּם, כֵּהוּת, הַכְהָיָה. 2 קָלוֹן, רְבָב, כֶּתֶם
deseable *adj* רָצוּי
desear *vt* רָצָה, הִשְׁתּוֹקֵק, חָפֵץ, חָשַׁק
desecación *f* יִבּוּשׁ
desecante *adjm* מְיַבֵּשׁ
desecar *vt* יִבֵּשׁ
desecativo *adj* מְיַבֵּשׁ
desechar *vt* 1 דָּחָה. 2 הֵפֵר, בִּטֵּל
desecho *m* פְּסֹלֶת, שְׁאֵרִית, שִׁירַיִם
desedificar *vt* הִשְׁחִית הַמִּדּוֹת
desellar *vt* הֵסִיר (חוֹתָם)
desembalaje *m* פְּרִיקָה
desembalar *vt* פֵּרַק
desembarazar *vt* 1 חִלֵּץ. 2 פִּנָּה. 3 הִתְאוֹשֵׁשׁ
desembarazo *m* שִׁחְרוּר, חִלּוּץ, הַתָּרָה, הֲקַלָּה
desembarcadero *m* רָצִיף, מֵזַח
desembarcar *vt* 1 הוֹרִיד (מֵאֳנִיָּה). 2 נָחַת

desembarco *m* 1 הוֹרָדָה. 2 יְרִידָה, נְחִיתָה
desembargar *vt* הֵסִיר עִקּוּל
desembargo *m* הֲסָרַת עִקּוּל
desembarque *m* פְּרִיקָה, עֲלִיָּה לַיַּבָּשָׁה
desembarrancar *vt* גָּרַר, סָחַב, הוֹרִיד מִשִּׂרְטוֹן
desembocadero *m*,
desembocadura *f* שֶׁפֶךְ
desembocar *vi* הִשְׁתַּפֵּךְ
desembolsar *vt* 1 הוֹצִיא. 2 שִׁלֵּם
desembolso *m* הוֹצָאָה, תַּשְׁלוּם
desembotar *vt* חִדֵּד, הִשְׁחִיז
desembozar *vt* גִּלָּה, חָשַׂף
desembragar *vt* שִׁחְרֵר הַמַּצְמֵד
desembriagar *vt* פִּכֵּחַ
desembuchar *vt* הֵקִיא, שָׁפַךְ, פָּלַט
desemejante *adj* שׁוֹנֶה
desemejanza *f* שֹׁנִי
desemejar *vt* שִׁנָּה
desempacar *vt* 1 פֵּרַק. 2 נִרְגַּע
desempachar *vt* שִׁחְרֵר, חִלֵּץ, הִתִּיר, הֵקַל
desempacho *m* 1 הִתְאוֹשְׁשׁוּת. 2 הֲקַלָּה
desempalmar *vt* נִתֵּק, הִפְרִיד
desempaquetar *vt* הִתִּיר (חֲבִילָה)
desempatar *vt* הִכְרִיעַ
desempeñar *vt* 1 שִׁחְרֵר, פָּדָה, סִלֵּק. 2 מִלֵּא
חוֹבָה, מִלֵּא תַּפְקִיד
desempeño *m* 1 שִׁחְרוּר, פִּדְיוֹן, סִלּוּק.
2 מִלּוּי חוֹבָה, מִלּוּי תַּפְקִיד
desemperezarse *vref* 1 הִתְאוֹשֵׁשׁ.
2 הִתְמַתַּח
desempleado *adj* מֻבְטָל, מְחֻסַּר עֲבוֹדָה
desempleo *m* אַבְטָלָה, חֹסֶר עֲבוֹדָה
desempolvar *vt* נִקָּה, הֵסִיר אָבָק
desencadenar *vt* 1 שִׁחְרֵר, הִתִּיר. 2 פָּרַץ
desencajar *vt* 1 הִפְרִיד, נִתֵּק. 2 נַעֲוָה,
הִתְעַקֵּם
desencallar *vt* שִׁחְרֵר, חִלֵּץ (מִשִּׂרְטוֹן)
desencantamiento,
desencanto *m* אַכְזָבָה, מַפַּח נֶפֶשׁ
desencantar *vt* אִכְזֵב

desencarcelar *vt* שִׁחְרֵר, שִׁלַּח לַחָפְשִׁי
desencarnar *vt* מֵת, שָׁבַק חַיִּים
desencoger *vt* 1 יִשֵּׁר, שִׁוָּה. 2 פָּרַשׂ, מָתַח
desenconar *vt* 1 הֵפִיג, הֵקֵל, הִפְחִית. 2 שִׁכֵּךְ,
הִשְׁקִיט, הִרְגִּיעַ. 3 הִתְרַכֵּךְ
desencono *m* 1 הֲפָגָה, הֲקַלָּה. 2 שִׁכּוּךְ, הַרְגָּעָה
desencordar *vt* רִפָּה מֵיתָר, הֵסִיר מֵיתָרִים
desencordelar *vt* הִתִּיר, פָּתַח (חֲבִילָה)
desencorvar *vt* יִשֵּׁר
desenchufar *vt* נִתֵּק, הִתִּיר, הִפְסִיק,
נִתֵּק קֶשֶׁר
desenfadaderas *fpl* תּוּשִׁיָּה
desenfadar *vt* פִּיֵּס, שִׁכֵּךְ
desenfado *m* פִּיּוּס, שִׁכּוּךְ, הַרְגָּעָה
desenfrenado *adj* מֻפְקָר, פָּרוּץ, פָּרוּעַ
desenfrenar *vt* 1 הֵסִיר הָרֶסֶן. 2 שִׁחְרֵר
מֵעֲצוֹרִים
desenfreno *m* הֶפְקֵרוּת, פְּרִיצוּת
desenfundar *vt* שָׁלַף
desenganchar *vt* הִתִּיר, פִּתַּח, הֵסִיר
desengañar *vt* הִכְזִיב
desengaño *m* אַכְזָבָה, מַפַּח נֶפֶשׁ
desengranar *vt* שִׁחְרֵר, חִלֵּץ, סִלֵּק, הִתִּיר
desengrane *m* שִׁחְרוּר, חִלּוּץ, סִלּוּק, הַתָּרָה
desenlace *m* 1 הַתָּרָה, שִׁחְרוּר. 2 פִּתְרוֹן, סִכּוּם
desenlazar *vt* 1 הִתִּיר, שִׁחְרֵר. 2 פָּתַר
desenmarañar *vt* פִּעְנֵחַ, בֵּרֵר
desenmascarar *vt* חָשַׂף, הוֹקִיעַ
desenojo *m* פִּיּוּס, רִצּוּי
desenredar *vt* 1 הִתִּיר, שִׁחְרֵר, פִּתַּח.
2 הִשְׁתַּחְרֵר
desenredo *m* שִׁחְרוּר, הַתָּרָה
desenrollar *vt* פָּרַשׂ, שִׁטַּח, הִתִּיר
desenroscar *vt* הִתִּיר, פָּרַשׂ, שִׁטַּח
desensartar *vt* שִׁחְרֵר, הִתִּיר
desensillar *vt* הֵסִיר אֻכָּף
desentenderse *vref* הִתְעַלֵּם, הִתְנַכֵּר
desentendido *adj* פָּזִיז, רַשְׁלָן
desenterramiento *m* 1 חֲשִׂיפָה, גִּלּוּי.
2 הוֹצָאָה מִן הַקֶּבֶר

desenterrar *vt* 1 חָשַׂף, גִּלָּה. 2 הוֹצִיא מִן הַקֶּבֶר
desentonar *vt* 1 צָרַם. 2 הִשְׁפִּיל, בִּזָּה. 3 הִתְבַּזָּה
desentono *m* 1 דִּסּוֹנַנְס. 2 גַּסּוּת
desentrañar *vt* 1 הוֹצִיא אֶת הַמֵּעַיִם. 2 פִּעְנַח
desenvainar *vt* שָׁלַף
desenvoltura *f* זְרִיזוּת, גְּמִישׁוּת, עֵרָנוּת
desenvolver *vt* 1 הִתִּיר, שִׁחְרֵר, פִּתַּח. 2 קִדֵּם. 3 הִתְפַּתֵּחַ
desenvuelto *adj* עֵר, זָרִיז, פִּקֵּחַ, בָּקִיא
deseo *m* תְּשׁוּקָה, חֵשֶׁק, רָצוֹן, חֵפֶץ
deseoso *adj* רוֹצֶה, חוֹשֵׁק, מִשְׁתּוֹקֵק
desequilibrado *adj* 1 בִּלְתִּי שָׁפוּי, מְטֹרָף, חוֹלֵה רוּחַ. 2 חֲסַר שִׁוּוּי־מִשְׁקָל
desequilibrar *vt* הוֹצִיא מִשִּׁוּוּי מִשְׁקָל
desequilibrio *m* חֹסֶר־אִזּוּן, חֹסֶר שִׁוּוּי־מִשְׁקָל
deserción *f* עֲרִיקָה, נְטִישָׁה, עֲזִיבָה
desertar *vt* עָרַק, נָטַשׁ, עָזַב
desertor *m* עָרִיק
deservicio *m* נֶזֶק, הֶפְסֵד
deservir *vt* הִזִּיק, חִבֵּל
deseslabonar *vt* הִתִּיר שַׁרְשֶׁרֶת
desesperación *f* יֵאוּשׁ, מַפַּח נֶפֶשׁ
desesperadamente *adv* מִתּוֹךְ יֵאוּשׁ
desesperado *adj* מְיֹאָשׁ, חֲסַר־תִּקְוָה
desesperanza *f* יֵאוּשׁ
desesperanzado *adj* מְיֹאָשׁ
desesperanzar *vt* יֵאֵשׁ
desesperar *vt* 1 יֵאֵשׁ. 2 הִתְיָאֵשׁ
desestimación *f* זִלְזוּל, בִּטּוּל, בּוּז
desestimar *vt* 1 זִלְזֵל, בִּטֵּל, בָּז. 2 דָּחָה, שָׁלַל
desfachatado *adj* עַז פָּנִים, חָצוּף, חַצְפָן
desfachatez *f* עַזּוּת פָּנִים, חֻצְפָּה
desfalcador *m* רַמַּאי, מוֹעֵל
desfalcar *vt* הוֹנָה, מָעַל
desfalco *m* מְעִילָה, מַעַל
desfallecer *vi* הִתְעַלֵּף
desfallecimiento *m* הִתְעַלְּפוּת
desfavorable *adj* שְׁלִילִי, בִּלְתִּי רָצוּי
desfavorecer *vt* 1 כִּעֵר. 2 זִלְזֵל. 3 הִתְנַגֵּד, שָׁלַל
desfiguración *f* כִּעוּר, טִשְׁטוּשׁ
desfiguramiento *m* כִּעוּר, טִשְׁטוּשׁ
desfigurar *vt* טִשְׁטֵשׁ, כִּעֵר, קִלְקֵל צוּרָה
desfiladero *m* מֵצַר, מִשְׁעוֹל
desfilar *vi* צָעַד, עָרַךְ מִסְדָּר
desfile *m* 1 מִצְעָד. 2 תַּהֲלוּכָה
desfloración *f*, **desfloramiento** *m* 1 בִּתּוּק בְּתוּלִים. 2 נְבִילָה, כְּמִישָׁה, הִצְטַמְּקוּת
desflorar *vt* 1 בִּתֵּק בְּתוּלִים. 2 נָבַל, כָּמַשׁ, יָבַשׁ, הִצְטַמֵּק
desfogar *vt* 1 נָתַן מוֹצָא. 2 נָתַן בִּטּוּי, הִבִּיעַ. 3 כִּבָּה
desfondar *vt* 1 שָׁבַר קַרְקָעִית כְּלִי. 2 שָׁבַר קַרְקָעִית סִירָה אוֹ סְפִינָה
desgaire *m* 1 זִלְזוּל, בּוּז. 2 בִּלְבּוּל, רַשְׁלָנוּת. 3 כִּעוּר
desgajar *vt* עָקַר, תָּלַשׁ, קָטַף
desgana *f* 1 חֹסֶר תֵּאָבוֹן. 2 אֲדִישׁוּת, שִׁעֲמוּם. 3 טַרְדָנוּת
desganar *vt* 1 עוֹרֵר בְּחִילָה. 2 שִׁעֲמֵם, הֶאֱדִישׁ. 3 הִרְתִּיעַ. 4 הִתְאַדֵּשׁ
desgarbado *adj* מְגֻשָּׁם, מְסֻרְבָּל, גַּס, דֻּבִּי, גָּלְמָנִי, גַּמְלוֹנִי
desgarbo *m* גַּמְלוֹנִיּוּת, דֻּבִּיּוּת, גַּסּוּת
desgarrado *adj* 1 שָׁסוּעַ, קָרוּעַ. 2 מֻפְקָר, מֻשְׁחָת, הוֹלֵל
desgarrador *adj* קוֹרֵעַ לְבָבוֹת, מְצַעֵר, מַכְאִיב
desgarradura *f* 1 קֶרַע, פְּרִימָה, הַתָּרָה. 2 חוֹר, סֶדֶק
desgarrar *vt* 1 קָרַע, פָּרַם, הִתִּיר. 2 סָדַק, שִׁסַּע
desgarro *m* 1 קְרִיעָה, פְּרִימָה. 2 עַזּוּת, חֻצְפָּה, גַּסּוּת
desgarrón *m* קְרִיעָה
desgastar *vt* 1 כִּלָּה, הִשְׁחִית. 2 הֶחֱלִיק, הִקְצִיעַ. 3 נִרְפָּה, נֶחֱלַשׁ
desgaste *m* 1 כְּלָיָה, בְּלָיָה, הִתְבַּלּוּת. 2 שְׁחִיקָה. 3 הַתָּשָׁה
desglosar *vt* הִפְרִישׁ, הִפְרִיד
desgracia *f* 1 אָסוֹן, שׁוֹאָה, צָרָה. 2 קָלוֹן,

בּוּשָׁה, בִּזָּיוֹן, כְּלִמָּה, חֶרְפָּה

desgraciadamente *adv* לְמַרְבֵּה הַצַּעַר, לְרֹעַ הַמַּזָּל

desgraciado *adj* עָלוּב, מִסְכֵּן, אֻמְלָל

desgranar *vt* דָּשׁ, חָבַט

desgreñar *vt* פָּרַע, סָתַר

desguarnecer *vt* 1 הִתִּיר, הִפְשִׁיט. 2 הֶחֱלִישׁ. 3 פֵּרַק, נִתֵּק. 4 סִלֵּק, הוֹצִיא

desguazar *vt* 1 חָטַב עֵצִים. 2 הָרַס, נִתַּץ

deshabitado *adj* רֵיק, פָּנוּי, חָפְשִׁי

deshabitar *vt* 1 נָטַשׁ (בַּיִת), הֶחֱרִיב, הֵשֵׁם

deshabituar *vt* 1 גָּמַל מֵהֶרְגֵּל. 2 נִגְמַל

deshacer *vt* 1 הִתִּיר, פָּתַח, הֵסִיר. 2 הֵמֵס, מוֹסֵס. 3 הֵפִיג, בִּטֵּל

desharrapado *adj* בָּלוּי, מְרֻפָּט

deshebillar *vt* הִתִּיר אַבְזֵם

deshecha *f* 1 הִתְחַפְּשׂוּת. 2 הַעֲמָדַת פָּנִים. 2 פְּרִידָה, הִסְתַּלְּקוּת

deshecho *adj* 1 קָרוּעַ, מֻתָּר. 2 נָמֵס, נָמוֹג. 3 חָזָק, עַז (גֶּשֶׁם)

deshelar *vt* 1 הִפְשִׁיר, הֵמֵס. 2 נָמוֹג, נָמֵס

desherbar *vt* נִכֵּשׁ

desheredación *f*, **desheredamiento** *m* הַעֲבָרָה מִנַּחֲלָה, בִּטּוּל יְרֻשָּׁה

desheredar *vt* בִּטֵּל יְרֻשָּׁה, הֶעֱבִיר מִנַּחֲלָה

deshidratación *f* יִבּוּשׁ, צִנּוּם, דֶּהִידְרַצְיָה

deshidratar *vt* יִבֵּשׁ, צִנֵּם, צִמֵּק

deshielo *m* הַפְשָׁרָה, הֲמַסָּה

deshierba *f* נִכּוּשׁ

deshilachar, deshilar *vt* פֵּרַם

deshiladura *f* פְּרִימָה

deshilvanado *adj* פָּרוּם

deshilvanar *vt* פֵּרַם

deshojar *vt* הִשִּׁיר

deshollejar *vt* קִלֵּף, קִרְצֵף

deshollinador *m* מְנַקֵּה־אֲרֻבּוֹת

deshollinar *vt* 1 נִקָּה אֲרֻבּוֹת. 2 טִאטֵא, פִּנָּה

deshonestidad *f* מַעַל, בְּגִידָה, אִי־יֹשֶׁר, רַמָּאוּת

deshonesto *adj* מוֹעֵל, בּוֹגֵד, רַמַּאי, לֹא־יָשָׁר

deshonor *m* עֶלְבּוֹן, כְּלִמָּה, חֶרְפָּה, קָלוֹן

deshonra *f* כְּלִמָּה, חֶרְפָּה, גְּנוּת, בִּזָּיוֹן

deshonrar *vt* חִלֵּל, בִּיֵּשׁ, בִּזָּה, הִכְלִים

deshonroso *adj* מְגֻנֶּה, מַבִּישׁ

deshora *f* שָׁעָה לֹא־נוֹחָה

deshuesar *vt* 1 סִלֵּק הָעֲצָמוֹת. 2 גִּלְעֵן

desidia *f* 1 הַזְנָחָה, רַשְׁלָנוּת. 2 עַצְלָנוּת

desidioso *adj* 1 עַצְלָן. 2 רַשְׁלָנִי, מַזְנִיחַ

desierto *madj* 1 מִדְבָּר, שְׁמָמָה, יְשִׁימוֹן. 2 שׁוֹמֵם, מִדְבָּרִי, חָרֵב, צָחִיחַ. 3 עָזוּב, נָטוּשׁ

designación *f* 1 מִנּוּי. 2 הִתְמַנּוּת

designar *vt* 1 סִמֵּן, הִתְוָה, צִיֵּן. 2 קָבַע, מִנָּה, קָרָא. 3 בָּחַר, הוֹעִיד

designio *m* מְזִמָּה, רַעְיוֹן, כַּוָּנָה, תַּכְלִית, מְגַמָּה, יַעַד

desigual *adj* שׁוֹנֶה, בִּלְתִּי שָׁוֶה

desigualar *vt* שִׁנָּה

desigualdad *f* שֹׁנִי, הֶבְדֵּל

desilusión *f* אַכְזָבָה, מַפַּח נֶפֶשׁ

desilusionar *vt* אִכְזֵב

desimantar *vt* בִּטֵּל מַגְנֶטִיּוּת

desinclinar *vt* הִרְחִיק

desinencia *f* 1 סוֹף, סִיּוּם, חֲתִימָה, קֵץ. 2 נְטִיָּה

desinfección *f* חִטּוּי, טִהוּר

desinfectante *adj* מְחַטֵּא

desinfectar *vt* חִטֵּא, טִהֵר, זִכֵּךְ

desinflación *f* הוֹצָאַת הָאֲוִיר

desinflar *vt* הוֹצִיא הָאֲוִיר

desintegración *f* הִתְפּוֹרְרוּת, הִתְפָּרְדוּת, הִתְפָּרְקוּת

desintegrar *vt* 1 פּוֹרֵר, הִפְרִיד. 2 הִתְפּוֹרֵר

desinterés *m* 1 אֲדִישׁוּת. 2 אִי נְגִיעָה בַּדָּבָר, אוֹבְּיֶקְטִיבִיּוּת

desinteresado *adj* 1 בִּלְתִּי מְעֻנְיָן, חֲסַר־פְּנִיּוֹת. 2 שֶׁעוֹשֶׂה שֶׁלֹּא עַל מְנָת לְקַבֵּל פְּרָס

desintoxicación *f* גְּמִילָה

desinteresarse *vref* לֹא הִתְעַנְיֵן

desistimiento *m* הַרְתָּעוּת, וִתּוּר

desistir *vi* חָדַל, וִתֵּר, נִרְתַּע

desjarreatar *vt* 1 כָּרַת רַגְלַיִם. 2 הִתִּישׁ

deslavado *adj* חָצוּף, חֻצְפָּן
deslavar *vt* רָחַץ בְּשִׁטְחִיּוּת
desleal *adj* בּוֹגֵד, בִּלְתִּי נֶאֱמָן
deslealtad *f* בְּגִידָה, מְעִילָה
desleimiento *m* הֲמַסָּה, הִמַּסּוּת, תְּמִסָּה
desleír *vt* 1 הֵמֵס, מוֹסֵס. 2 מָהַל, דִּלֵּל. 3 גִּבֵּב דְּבָרִים
deslenguado *adj* חָצוּף, חֻצְפָּן
desligar *vt* הִתִּיר, פִּתַּח, חִלֵּץ, שִׁחְרֵר
deslindar *vt* תָּחַם, הִגְבִּיל
deslinde *m* תְּחוּם, גְּבוּל, הַגְבָּלָה
desliz *m* 1 הִתְחַלְּקוּת, גְּלִישָׁה. 2 טָעוּת, שְׁגִיאָה, מִשְׁגֶּה
deslizamiento *m* הִתְגַּלְּשׁוּת, הִתְחַלְּקוּת
deslizadero *adjm* 1 חֲלַקְלַק. 2 מָקוֹם חֲלַקְלַק
deslizadizo *adj* חֲלַקְלַק, חָמִיק, חֲמַקְמַק
deslizador *m* מִגְלָשַׁיִם, גַּלְגִּלַּיִם
deslizar *vi* 1 הֶחֱלִיק, מָעַד. 2 הִתְחַלֵּק, הִתְחַמֵּק
deslucido *adj* 1 עָמוּם, כֵּהֶה, קוֹדֵר. 2 מְסֻרְבָּל
deslucir *vt* 1 הִכְהָה, עִמֵּם. 2 בִּזָּה, הִשְׁמִיץ
deslumbrador, deslumbrante *adj* מַזְהִיר, מְסַנְוֵר, מַבְרִיק
deslumbrar *vt* 1 סִנְוֵר. 2 הִפְלִיא
deslustrar *vt* 1 הִכְהָה, עִמֵּם. 2 לִכְלֵךְ, טִנֵּף
deslustre *m* 1 עִמּוּם. 2 כְּלִמָּה, חֶרְפָּה, קָלוֹן
desmadejar *vt* הֶחֱלִישׁ, הִתִּישׁ
desmalezar *vt* נִכֵּשׁ
desmán *m* 1 חֵרוּף, גִּדּוּף, בִּזָּיוֹן, הַשְׁפָּלָה. 2 אָסוֹן, שׁוֹאָה, תְּאוּנָה
desmantelamiento *m* פֵּרוּק, הֲסָרָה, סִלּוּק, הֲרִיסָה
desmantar *vt* פֵּרֵק, נִתֵּץ, הָרַס
desmaña *f* כְּבֵדוּת, גַּסּוּת, גַּמְלוֹנִיּוּת
desmañado *adj* מְגֻשָּׁם, גַּס, מְסֻרְבָּל, דֻּבִּי
desmarrido *adj* עָיֵף, תָּשׁוּשׁ
desmayar *vti* 1 עִלֵּף. 2 רָפוּ יָדָיו. 3 הִתְעַלֵּף
desmayo *m* הִתְעַלְּפוּת, עִלָּפוֹן
desmedido *adj* מֻפְרָז, מֻגְזָם
desmedirse *vref* אִבֵּד עֶשְׁתּוֹנוֹתָיו, הִתְפָּרֵץ
desmedrar *vt* 1 הִשְׁחִית, קִלְקֵל. 2 רִפָּה, הִתִּישׁ
desmedro *m* הֶפְסֵד, נֶזֶק
desmejorar *vt* הֶחֱלִישׁ, הֶחֱמִיר, הֵרַע
desmelenar *vt* פָּרַע (שֵׂעָר)
desmembramiento *m* 1 בִּתּוּר. 2 חֲלֻקָּה. 3 הַפְרָדָה
desmembrar *vt* 1 בִּתֵּר. 2 חִלֵּק, הִפְרִיד, פֵּרֵק
desmentido *m* הַכְחָשָׁה, הֲזַמָּה, סְתִירָה
desmentir *vt* הִכְחִישׁ, הֵזֵם, סָתַר
desmenuzar *vt* פּוֹרֵר, רִסֵּק
desmerecedor *adj* נִקְלֶה, לֹא הוֹלֵם, לֹא רָאוּי
desmerecimiento *m* נִקְלוּת
desmerecer *vt* אִבֵּד עֶרְכּוֹ
desmesurado *adj* מֻגְזָם, מֻפְרָז
desmesurar *vt* 1 בִּלְבֵּל. 2 הִגְזִים, הִגְדִּישׁ אֶת הַסְּאָה
desmigajar *vt* פּוֹרֵר, רִסֵּק
desmilitarización *f* פֵּרוּז
desmilitarizar *vt* פֵּרֵז
desmochar *vt* גָּדַע, קָצַץ, כָּרַת, קָטַע, הִתִּיז
desmolado *adj* חֲסַר־שִׁנַּיִם
desmontar *vt* 1 הוֹרִיד. 2 פֵּרֵק. 3 בֵּרֵא, כָּרַת. 4 יִשֵּׁר (קַרְקַע). 5 פֵּרֵק (בַּיִת). 6 פֵּרֵק (נֶשֶׁק)
desmoralización *f* הַשְׁחָתַת הַמִּדּוֹת, שְׁחִיתוּת, דֶּמוֹרָלִיזַצְיָה
desmoralizar *vt* הִשְׁחִית הַמִּדּוֹת
desmoronar *vt* מוֹטֵט, פּוֹרֵר
desmotadora *f* מַפְרֵד
desmotar *vt* הִפְרִיד
desmovilización *f* 1 שִׁחְרוּר (מִצָּבָא). 2 הִשְׁתַּחְרְרוּת
desmovilizar *vt* 1 שִׁחְרֵר. 2 הִשְׁתַּחְרֵר
desnatar *vt* הֵסִיר הַשַּׁמֶּנֶת אוֹ הַקְּרוּם
desnaturalización *f* 1 הַשְׁחָתַת צוּרָה. 2 שְׁלִילַת אֶזְרָחוּת
desnaturalizado *adj* 1 מְסֻלָּף, מְזֻיָּף. 2 מִתְנַכֵּר. 3 מְשֻׁלַּל אֶזְרָחוּת
desnaturalizar *vt* 1 הִשְׁחִית צוּרָה. 2 שָׁלַל אֶזְרָחוּת

desnivel *m* 1 שִׁפּוּעַ, מִדְרוֹן. 2 הֶבְדֵּל־גֹּבַהּ
desnivelar *vt* שִׁפֵּעַ
desnucar *vt* עָרַף
desnudar *vt* 1 הִפְשִׁיט, חָשַׂף, עִרְטֵל. 2 הִתְפַּשֵּׁט
desnudez *f* עֵירֹם, הַפְשָׁטָה, חֲשִׂיפָה, עִרְטוּל
desnudo *adj* עֵירֹם, עָרֹם, חָשׂוּף, מְעֻרְטָל
desnutrición *f* תַּת־תְּזוּנָה
desobedecer *vt* הִמְרָה, מָרַד, מָרָה, לֹא צִיֵּת
desobediencia *f* מְרִי, סֵרוּב, אִי־צִיּוּת
desobediente *adj* מוֹרֶה, מַמְרֶה, מוֹרֵד
desobligar *vt* 1 שִׁחְרֵר (מֵהִתְחַיְּבוּת). 2 הֶעֱלִיב, פָּגַע
desocupado *adj* פָּנוּי, מְבֻטָּל
desocupar *vt* 1 הֵרִיק. 2 פִּנָּה. 3 הִתְפַּנָּה
desodorante *adjm* מֵפִיג רֵיחוֹת
desodorización *f* הֲפָגַת רֵיחוֹת
desodorizar *vt* הֵפִיג רֵיחוֹת
desoír *vt* הִמְרָה, לֹא הֶאֱזִין
desolación *f* 1 שְׁמָמָה, שִׁמָּמוֹן, יְשִׁימוֹן, חֻרְבָּן, עֲזוּבָה. 2 תּוּגָה, צַעַר, בְּדִידוּת
desolado *adj* 1 חָרֵב, שׁוֹמֵם, נָטוּשׁ, עָזוּב, מְזֻנָּח. 2 נוּגֶה, בּוֹדֵד
desolar *vt* 1 הֵשַׁם, הֶחֱרִיב, הִשְׁמִיד. 2 הִרְגִּישׁ עַצְמוֹ גַּלְמוּד
desolladura *f* פְּשִׁיטַת עוֹר
desollar *vt* 1 פָּשַׁט עוֹר. 2 הִזִּיק, עָשַׁק, רִמָּה
desorbitado *adj* 1 שֶׁמִּחוּץ לַמַּסְלוּל. 2 שֶׁיָּצָא מִמְּקוֹמוֹ. 3 מֻגְזָם, מֻפְרָז
desorbitar *vt* 1 הִגְזִים, הִפְרִיז. 2 יָצָא מִמְּקוֹמוֹ
desorden *m* עִרְבּוּבְיָה, מְהוּמָה, אַנְדְּרוֹלוֹמוּסְיָה
desordenado *adj* מְעֹרָב, מְבֻלְבָּל
desordenar *vt* בִּלְבֵּל, עִרְבֵּב
desorganización *f* בִּלְבּוּל, עִרְבּוּבְיָה, חֹסֶר אִרְגּוּן
desorganizar *vt* בִּלְבֵּל, עִרְבֵּב, גָּרַם אִי סֵדֶר
desorientación *f* אִי הִתְמַצְּאוּת, מְבוּכָה
desorientar *vt* בִּלְבֵּל, הֵבִיךְ, הִתְעָה
desosar *vt* 1 סִלֵּק הָעֲצָמוֹת. 2 גִּלְעֵן
desovar *vt* הֵטִילָה בֵּיצִים
desove *m* הֲטָלַת בֵּיצִים
despabilado *adj* עֵר, עֵרָנִי
despabilar *vt* 1 מָחַט, כָּרַת, כִּבָּה. 2 הָרַג. 3 גָּמַר, סִיֵּם. 4 עָשַׁק, גָּנַב
despacio *adv* לְאַט, אַט־אַט
despacioso *adj* אִטִּי
despachador *m* עָמִיל, זַבָּן
despachante *m* 1 זַבָּן. 2 עֲמִיל־מֶכֶס
despachar *vt* 1 גָּמַר, סִיֵּם. 2 הֶחְלִיט. 3 שָׁלַח, שִׁלַּח. 4 הָרַג, הֵמִית. 5 פִּטֵּר
despacho *m* 1 מִשְׁלוֹחַ, שְׁלִיחוּת. 2 אִגֶּרֶת, תִּשְׁדֹּרֶת. 3 מִשְׂרָד, סוֹכְנוּת. 4 הֲמָתָה. 5 פִּטּוּרִים
despachurrar *vt* 1 מָעַךְ, מָחַץ, רִסֵּק. 2 הִטְרִיד, סִבֵּךְ, הֵבִיךְ
despampanante *adj* מַדְהִים, מַפְתִּיעַ
despampanar *vt* 1 דִּלֵּל (כֶּרֶם). 2 הִדְהִים
despampanarse *vref* נִפְצַע, נֶחְבַּל
desparejar *vt* 1 הִפְרִיד, הִבְדִּיל. 2 הִתְפָּרֵד
desparpajar *vt* 1 הֵפִיץ, פִּזֵּר. 2 גִּבֵּב דְּבָרִים
desparpajo *m* 1 עַרְנוּת, זְרִיזוּת. 2 אִי סֵדֶר, בִּלְבּוּל
desparramar *vt* 1 פִּזֵּר, זָרָה, שָׁפַךְ. 2 בִּזְבֵּז
desparramo *m* 1 פִּזּוּר, זְרִיָּה, שְׁפִיכָה. 2 בִּזְבּוּז
despartir *vt* 1 הִפְרִיד. 2 הִשְׁלִים (בֵּין יְרִיבִים)
despatillar *vt* 1 חָרַץ. 2 גִּלַּח, הִקְצִיעַ, הֶחֱלִיק
despavorido *adj* נִבְהַל, נִפְחַד, נֶחֱרַד
despectivo *adj* מְזַלְזֵל, מַשְׁפִּיל, מְבַזֶּה
despecho *m* קִנְאָה, קִנְטוּר, כַּעַס, טִינָה
despedazar *vt* בִּתֵּר, שִׁסַּע, קָרַע, טָרַף
despedida *f* 1 פְּרִידָה, שָׁלוֹם. 2 פִּטּוּרִין
despedir *vt* 1 פִּטֵּר, שִׁלַּח. 2 הִשְׁלִיךְ, זָרַק. 3 הֵפִיץ, פִּזֵּר, זָרָה. 4 נִפְרַד
despegado *adj* מְחֻסְפָּס, גַּס, דּוֹחֶה
despegar *vti* 1 הִפְרִיד, הִתִּיר, פִּתַּח. 2 הִמְרִיא
despego *m* אֲדִישׁוּת, הִתְרַחֲקוּת
despeinar *vt* פָּרַע, סָתַר (שֵׂעָר)
despegue *m* הַמְרָאָה
despejado *adj* 1 עֵרָנִי, פִּקֵּחַ. 2 בָּהִיר, צָלוּל

despejar *vt* 1 הִבְהִיר, בֵּאֵר. 2 הֵסִיר, פִּנָּה (מִכְשׁוֹל). 3 פָּתַר

despejo *m* 1 הַבְהָרָה. 2 פִּנּוּי מִכְשׁוֹל. 3 פִּתְרוֹן. 4 עֵרָנוּת, פִּקְחוּת

despeluzar *vt* פָּרַע, סָתַר (שֵׂעָר)

despeluznante *adj* אָיֹם, נוֹרָא

despeluznar *vt* 1 גָּזַל, עָשַׁק. 2 פָּרַע, סָתַר

despellejar *vt* פָּשַׁט הָעוֹר

despenar *vt* 1 הֵסִיר דְּאָגָה, נִחֵם. 2 קָטַל

despender *vt* הוֹצִיא, בִּזְבֵּז

despensa *f* מַחְסָן, מְזָוֶה

despensero *m* דַּיָּל, מַחְסָנַאי

despeñar *vt* הִשְׁלִיךְ, זָרַק, הִפִּיל

despeñadero *m* תְּהוֹם, מִדְרוֹן

despepitar *vt* גִּרְעֵן, גִּלְעֵן

desperdiciar *vt* בִּזְבֵּז, בִּלָּה, דִּלְדֵּל, אִבֵּד

desperdicio *m* 1 בִּזְבּוּז. 2 פְּסֹלֶת, אַשְׁפָּה

desesperezarse *vref* הִתְמַתַּח, חִלֵּץ עַצְמוֹתָיו

desperfecto *m* קִלְקוּל, לִקּוּי, תֶּקֶר, פְּגָם, מוּם, מִגְרַעַת, פְּסוּל, שְׁגִיאָה

despertador *adjm* 1 מְעוֹרֵר. 2 עִדּוּד. 3 הוֹדָעָה

despertar *vt* 1 עוֹרֵר, הֵעִיר. 2 הִתְעוֹרֵר, הֵקִיץ

despiadado *adj* אַכְזָרִי, אַכְזָר, חֲסַר רַחֲמִים

despicar *vt* סִפֵּק, הִשְׂבִּיעַ, רִוָּה

despido *m* גֵּרוּשׁ, פִּטּוּרִים

despierto *adj* 1 עֵר, עֵרָנִי. 2 פִּקֵּחַ, זָרִיז

despilfarrar *vt* בִּזְבֵּז, פִּזֵּר

despilfarro *m* בִּזְבּוּז, פַּזְרָנוּת

despintarse *vref* דָּהָה, כָּמַשׁ, הִתְעַמְעֵם

despique *m* נְקָמָה, גְּמוּל, נָקָם

despistar *vt* הִתְעָה, הִטְעָה, רִמָּה, הוֹלִיךְ שׁוֹלָל

despiste *m* הַטְעָיָה, הַשְׁגָּיָה

desplacer *vt* הִכְעִיס, הִרְגִּיז, הִקְנִיט

desplantador *m* מַעְדֵּר, טוּרִיָּה

desplantar *vt* שֵׁרֵשׁ, עָקַר

desplante *m* 1 הֶעָזָה, חֻצְפָּה, עַזּוּת. 2 עֲמִידָה בִּלְתִּי נְכוֹנָה (עַל בָּמָה)

desplazamiento *m* 1 מַעֲמָס (שֶׁל אֳנִיָּה). 2 הַעֲבָרָה

desplazar *vt* 1 עָקַר, הֶעֱבִיר, הִתִּיק. 2 דָּחָה הַצִּדָּה. 3 טָעַן (מַעֲמָס)

desplegar *vt* 1 גּוֹלֵל, פָּרַשׂ, פָּתַח, מָתַח. 2 הִצִּיג, גִּלָּה, הִבְלִיט. 3 בֵּאֵר, פֵּרֵשׁ

despliegue *m* 1 הִתְפַּשְּׁטוּת, הִתְפָּרְסוּת. 2 פְּרִישָׂה, מְתִיחָה, גְּלִילָה

desplomar *vt* 1 הִפִּיל, מוֹטֵט. 2 נָפַל, הִתְמוֹטֵט

desplome *m* הִתְמוֹטְטוּת, מַפֹּלֶת, נְפִילָה

desplumar *vt* מָרַט, תָּלַשׁ

despoblado *m* מִדְבָּר, שְׁמָמָה, יְשִׁימוֹן

despoblar *vt* הֵשַׁם, עָקַר אֻכְלוּסִין

despojar *vt* בָּזַז, שָׁדַד, גָּזַל, עָשַׁק, שָׁלַל

despojo *m* 1 בִּזָּה, גָּזֵל, עֹשֶׁק, שָׁלָל. 2 פְּסֹלֶת, גְּבָבָה, שִׁירַיִם. 3 גְּוִיָּה, גּוּפָה. 4 פֶּגֶר

desportilladura *f* שְׁבָב, קֵיסָם

desportillar *vt* בִּקַּע, סִתֵּת

desposado *adjm* 1 נָשׂוּי. 2 כָּבוּל, אָסוּר

desposar *vt* הִשִּׂיא, חִתֵּן, נָשָׂא

desposeer *vt* 1 נִשֵּׁל, שָׁלַל (זְכֻיּוֹת). 2 רוֹשֵׁשׁ. 3 הִתְרוֹשֵׁשׁ

desposeído *m* עָשׁוּק, חֲסַר־כֹּל

desposeimiento *m* הִשּׁוּל, גֵּרוּשׁ, סִלּוּק

desposorio *m* 1 חֲתֻנָּה, כְּלוּלוֹת, נִשּׂוּאִין. 2 אֵרוּסִין, תְּנָאִים

déspota *m* עָרִיץ, רוֹדָן, אַכְזָר

despótico *adj* אַכְזָרִי, עָרִיץ, רוֹדָנִי

despotismo *m* רוֹדָנוּת, עָרִיצוּת, אַכְזְרִיּוּת

despotricar *vi* פִּטְפֵּט, פָּטַט

despreciable *adj* בָּזוּי, מָאוּס, נִבְזֶה, שָׁפָל, נִתְעָב

despreciar *vt* בִּזָּה, תִּעֵב, נִאֵץ, מָאַס, שִׁקֵּץ, לֹא הֶעֱרִיךְ, זִלְזֵל בְּ־

desprecio *m* בּוּז, תּוֹעֵבָה, שְׁאָט נֶפֶשׁ, נְאָצָה

desprender *vt* נִתֵּק, פֵּרֵק, תָּלַשׁ, הִפְרִיד

desprendido *adj* 1 נִפְרָד, נִבְדָּל, מְנֻתָּק. 2 נָדִיב, בַּזְבְּזָן, נַדְבָן, פַּזְרָן

desprendimiento *m* 1 תְּלִישָׁה, הַפְרָדָה, נִתּוּק. 2 נְדִיבוּת, בַּזְבְּזָנוּת, פַּזְרָנוּת

despreocupación *f* שַׁאֲנַנּוּת, שַׁלְוָה, אֲדִישׁוּת

despreocupado *adj* שַׁאֲנָן, שָׁלֵו
despreocuparse *vref* הָיָה אָדִישׁ, שַׁאֲנָן
desprestigiar *vt* הִשְׁמִיץ, בִּזָּה
desprestigio *m* לַעַז, קָלוֹן, הַשְׁמָצָה
desprevenido *adj* בִּלְתִּי מוּכָן
desproporción *f* חֹסֶר הַתְאָמָה, אִי הַתְאָמָה
desproporcionado *adj* בִּלְתִּי פְּרוֹפּוֹרְצְיוֹנָלִי, מְחֻסַּר תֵּאוּם
desproporcionar *vt* הֵפֵר תֵּאוּם
despropósito *m* תִּפְלוּת, חֹסֶר־טַעַם
desproveer *vt* מָנַע, שָׁלַל, הֵסִיר
desprovisto *adj* מְשֻׁלָּל מַשֶּׁהוּ, חֲסַר־, נְטוּל־
después *adv* אַחַר, אַחַר־כָּךְ, אַחַר מִכֵּן
despuntar *vi* 1 הִקְהָה. 2 קִרְטֵם, קָטַם. 3 נָבַט, צָמַח. 4 עָלָה, הוֹפִיעַ. 5 הִתְבַּלֵּט
desquiciar *vt* 1 הוֹרִיד מִן הַצִּיר, עָקַר. 2 שִׁגַּע, הִרְגִּיז
desquitarse *vref* הִתְנַקֵּם
desquite *m* נְקָמָה, גְּמוּל
desrazonable *adj* בִּלְתִּי הֶגְיוֹנִי, לֹא נָבוֹן
desrizar *vt* הֵסִיר תַּלְתַּלִּים, הֵסִיר קְוֻצּוֹת
destacado *adj* 1 נִכְבָּד, בּוֹלֵט, חָשׁוּב, דָּגוּל. 2 מִצְטַיֵּן
destacamento *m* פְּלֻגָּה, גְּדוּד
destacar *vt* 1 הִפְרִישׁ, הִקְצָה. 2 הִדְגִּישׁ, הִבְלִיט. 3 הִתְבַּלֵּט, הִצְטַיֵּן
destajar *vt* קִבֵּל בְּקַבְּלָנוּת
destajero *m* קַבְּלָן
destajo *m* 1 קַבְּלָנוּת. 2 עֲבוֹדָה
destapar *vt* חָשַׂף, גִּלָּה, פָּתַח, הֵסִיר
destape *m* חֲשִׂיפָה
destaponar *tv* חָשַׂף, פָּתַח
destartalado *adj* רָעוּעַ, רוֹפֵף
destejer *vt* 1 פָּרַם. 2 סִכֵּל מְזִמָּה
destellar *vt* נָצַץ, הִזְהִיר, נִצְנֵץ
destello *m* 1 נִיצוֹץ, נִצְנוּץ. 2 הִבְהוּב
destemplado *adj* צוֹרֵם, דִּיסוֹנַנְטִי
destemplanza *f* 1 אִי מְתִינוּת, אִי הִתְאַפְּקוּת. 2 שִׁכְרוּת. 3 מֵחוֹשׁ, חֻלְשָׁה. 4 דֹּפֶק חַלָּשׁ. 5 אִבּוּד הַחִסּוּם
destemplar *vt* 1 עִרְבֵּב, בִּלְבֵּל. 2 הִפְרִיעַ, קִלְקֵל. 3 הָיָה צָרוּד, צָרַם, חָרַק. 4 הִתְקוֹטֵט
destemple *m* 1 דִּיסוֹנַנְס. 2 בִּלְבּוּל, עִרְבּוּבְיָה. 3 חֻלְשָׁה. 4 אִבּוּד הַחִסּוּם
desteñir *vti* 1 הִדְהָה. 2 דָּהָה
desternillarse *vref* הִתְפַּקַּע
desterrado *adj* גּוֹלֶה
desterrar *vt* גֵּרֵשׁ, הִגְלָה, הִרְחִיק
destetar *vt* 1 גָּמַל. 2 נִגְמַל
destete *m* גְּמִילָה
destiempo *adv* בְּטֶרֶם עֵת, לֹא בְּעִתּוֹ
destierro *m* גּוֹלֶה, הַגְלָיָה, גָּלוּת, גֵּרוּשׁ
destilación *f* 1 סִנּוּן. 2 זִקּוּק
destilar *vt* 1 סִנֵּן. 2 זִקֵּק
destilería *f* בֵּית זִקּוּק
destinación *f* 1 יִעוּד, מַטָּרָה, יַעַד. 2 מְחוֹז־חֵפֶץ
destinar *vt* 1 יָעַד, קָבַע, הוֹעִיד. 2 מִנָּה, בָּחַר
destinatario *m* מוֹעָן
destino *m* 1 גּוֹרָל, מַזָּל. 2 יִעוּד, מַטָּרָה. 3 תַּכְלִית. 4 מִשְׂרָה, תַּפְקִיד
destitución *f* הַדָּחָה, פִּטּוּרִים
destituído *adj* מֻדָּח, מְפֻטָּר
destituir *vt* הִדִּיחַ, פִּטֵּר, הֵסִיר
destocar *vt* 1 גִּלָּה רֹאשׁ. 2 הֵסִיר אִפּוּר
destorcer *vt* יִשֵּׁר, תִּקֵּן (אֶת הַמְעֻוָּת)
destornillador *m* מַבְרֵג
destornillar *vt* הִבְרִיג, בֵּרֵג
destral *m* כֵּילָף
destrenzar *vt* הִתִּיר, פִּזֵּר
destreza *f* מְיֻמָּנוּת, חָרִיצוּת, זְרִיזוּת, מֻמְחִיּוּת
destripar *vt* 1 הוֹצִיא הַמֵּעַיִם. 2 הוֹצִיא הַתּוֹךְ
destrísimo *adj* מְיֻמָּן בְּיוֹתֵר
destrizar *vt* שִׁבֵּר, נִפֵּץ, נִתֵּץ
destronamiento *m* הַדָּחָה
destronar *vt* הִדִּיחַ
destroncar *vt* כָּרַת, גָּדַע, גָּדַם
destrozar *vt* נִפֵּץ, נִתֵּץ, הִשְׁחִית, הָרַס, הִשְׁמִיד
destrozo *m* הֶרֶס, הֲרִיסָה, הַשְׁמָדָה, הַשְׁחָתָה

destrucción *f* כְּלָיָה, אֲבַדּוֹן, חֻרְבָּן, הֶרֶג, הַשְׁחָתָה

destructible *adj* מִתְכַּלֶּה, הָרִיס

destructivo *adj* הַרְסָנִי, מַזִּיק, מַחֲרִיב, מַשְׁמִיד

destructor *adjm* 1 מַשְׁמִיד, מַחֲרִיב. 2 מַשְׁחֶתֶת

destruíble *adj* מִתְכַּלֶּה, הָרִיס

destruidor *adjm* מַשְׁמִיד, הוֹרֵס, הַרְסָנִי, מַשְׁחִית, מְכַלֶּה

destruir *vt* 1 הָרַס, הִשְׁמִיד, נִתֵּץ, הִשְׁחִית. 2 הֶחֱרִיב, הוֹרִיד מִנְּכָסָיו

destusar *vt* קִלֵּף

desuello *m* פְּשִׁיטָה, הֲסָרָה, הוֹרָדָה

desuncir *vt* הֵסִיר הָעֹל, פָּרַק הָעֹל

desunión *f* הַפְרָדָה, פֵּרוּד, הִתְבַּדְּלוּת, מַחֲלֹקֶת

desunir *vt* 1 הִפְרִיד, הִבְדִּיל, חָצָה, פִּלֵּג. 2 הִרְחִיק, סִלֵּק, הֶעֱבִיר

desusado *adj* 1 מְיֻשָּׁן, נוֹשָׁן. 2 בִּלְתִּי רָגִיל, יוֹצֵא מִן הַכְּלָל. 3 שֶׁאָבַד עָלָיו כֶּלַח

desusar *vt* חָדַל מִלְּהִשְׁתַּמֵּשׁ, הוֹצִיא מִכְּלַל שִׁמּוּשׁ

desuso *m* אִי שִׁמּוּשׁ

desvaído *adj* 1 כָּחוּשׁ, צָנוּם. 2 עָמוּם, כֵּהֶה, דָּהוּי

desvainar *vt* 1 קִלֵּף. 2 שָׁלַף, הוֹצִיא

desvalido *adj* אֻמְלָל, מִסְכֵּן, רָשׁ, עָזוּב, עָנִי

desvalijamiento *m* שְׁדִידָה, שֹׁד, גְּנֵבָה, עֹשֶׁק, גְּזֵלָה

desvalijar *vt* שָׁדַד, גָּנַב, עָשַׁק, גָּזַל

desvalorización *f* פִּחוּת, הַפְחָתָה, גְּרִיעָה, חִסּוּר

desvalorizar *vt* פִּחֵת, מִעֵט, גָּרַע, הִקְטִין

desván *m* עֲלִיָּה, עֲלִיַּת גַּג

desvanecer *vt* 1 הֶעְלִים. 2 הֵפִיג, הֵסִיר, פִּזֵּר. 3 הִתְאַדָּה, הִתְנַדֵּף. 4 הֶעֱבִיר עַל דַּעְתּוֹ. 5 הִתְעַלֵּף

desvanecimiento *m* 1 הִתְעַלְּפוּת, עִלָּפוֹן. 2 יְהִירוּת, זְחִיחוּת, גַּאֲוָה

desvarar *vt* 1 מָעַד, הֶחֱלִיק, חָמַק. 2 נֶחֱלַץ מִשִּׂרְטוֹן

desvariado *adj* 1 הוֹזֶה, חוֹלֵם. 2 מְדַמֶּה. 3 מְבֻלְבָּל

desvariar *vi* 1 הָזָה, חָלַם. 2 נִטְרְפָה עָלָיו דַּעְתּוֹ, הִשְׁתַּגֵּעַ

desvarío *m* הֲזָיָה, חֲלוֹם, טֵרוּף, שִׁגָּעוֹן

desvedar *vt* בִּטֵּל אִסּוּר

desvelar *vt* 1 הִדִּיר שֵׁנָה. 2 גִּלָּה, חָשַׂף. 3 שָׁקַד, הִתְמַסֵּר

desvelo *m* 1 חֹסֶר שֵׁנָה, נְדוּדִים. 2 שְׁקִידָה, עֵרָנוּת, הִתְמַסְּרוּת

desvencijar *vt* הִפְרִיד, פֵּרֵק

desventaja *f* מִכְשׁוֹל, חִסָּרוֹן, נֶזֶק, מִגְרַעַת, פְּגָם, לִקּוּי

desventajoso *adj* שְׁלִילִי, מַזִּיק

desventura *f* אָסוֹן, פֶּגַע, תְּאוּנָה, פֻּרְעָנוּת

desventurado *adj* מִסְכֵּן, אֻמְלָל, עָלוּב

desvergonzado *adj* 1 חֲסַר־בּוּשָׁה. 2 חָצוּף, עַז פָּנִים

desvergonzarse *vref* הִתְחַצֵּף

desvergüenza *f* חֹסֶר־בּוּשָׁה, גַּסּוּת, עַזּוּת פָּנִים

desvestir *vt* 1 חָשַׂף, עִרְטֵל, הִפְשִׁיט. 2 הִתְפַּשֵּׁט, הִתְעַרְטֵל

desviación *f* 1 סְטִיָּה, נְטִיָּה. 2 הַסָּחָה

desviar *vt* 1 סָטָה, נָטָה, תָּעָה. 2 הִטָּה, הִסִּיחַ

desvío *m* 1 סְטִיָּה, נְטִיָּה. 2 הַטָּיָה, הַסָּחָה

desvirgar *vt* 1 הֵסִיר הַבְּתוּלִים. 2 בָּעַל

desvirtuar *vt* הֵזֵם, סָתַר, הִפְרִיךְ

desvivirse *vref* כָּמַהּ, הִשְׁתּוֹקֵק, הִתְאַוָּה

desvolvedor *m* מַפְתֵּחַ בְּרָגִים

desvolver *vt* הִבְרִיג

desyerbar *vt* שֵׁרֵשׁ

detall (al-) *adv* בִּקְמְעוֹנוּת

detallar *vt* פֵּרֵט

detalle *m* 1 פְּרָט, פְּרוֹטְרוֹט; סָעִיף. 2 קִמְעוֹנוּת

detallista *m* קִמְעוֹנַאי

detección *f* גִּלּוּי, תַּגְלִית, מְצִיאָה

detectar *vt* גִּלָּה, חָשַׂף

detective *m* בַּלָּשׁ, שׁוֹטֵר חָרֵשׁ

detector *m* מְגַלֶּה, גַּלַּאי, דֶּטֶקְטוֹר

detención *f* 1 עֲצִירָה, מַאֲסָר, כְּלִיאָה.

2 מַעְצוֹר. 3 עִכּוּב, הַשְׁהָיָה. 4 הֵעָצְרוּת

detener *vt* 1 עָצַר, אָסַר, כָּלָא. 2 עִכֵּב, הִשְׁהָה

detenido *adj* 1 פַּחְדָן, הַסְסָן. 2 עָצוּר, אָסוּר

detentación *f* הַחְזָקָה, תְּפִיסָה, אֲחִיזָה

detentar *vt* 1 הֶחֱזִיק, תָּפַס, אָחַז (בְּלִי רְשׁוּת). 2 כִּהֵן, מִלֵּא תַּפְקִיד

detergente *adjm* דֶּטֶרְגֶּנְט

deterioración *f* הֲרָעָה, קִלְקוּל, יְרִידָה, הַשְׁחָתָה

deteriorar *vt* קִלְקֵל, הִשְׁחִית, פָּגַם

deterioro *m* הֲרָעָה, קִלְקוּל, הַשְׁחָתָה

determinación *f* 1 הַחְלָטָה, הַכְרָעָה, הַגְדָּרָה, קְבִיעָה. 2 עַקְשָׁנוּת, אֹמֶץ, הֶחְלֵטִיּוּת

determinado *adj* 1 מֻחְלָט, מֻגְדָּר, בָּרוּר. 2 מְסֻיָּם. 3 עַקְשָׁן, אַמִּיץ

determinar *vt* 1 הֶחְלִיט, הִכְרִיעַ, הִגְדִּיר, קָבַע. 2 פָּסַק, גָּזַר, חָרַץ

detersión *f* נִקּוּי, טִהוּר

detersivo *adj* מְנַקֶּה, מְטַהֵר

detestable *adj* מְתֹעָב, נִתְעָב, שָׂנוּא, בָּזוּי, מָאוּס

detestación *f* תִּעוּב, שִׁקּוּץ, שִׂנְאָה, בּוּז

detestar *vt* תִּעֵב, מָאַס, שִׁקֵּץ, שָׂנֵא, בָּז

detonación *f* 1 הִתְפּוֹצְצוּת, נִפּוּץ, נֶפֶץ. 2 יְרִיָּה

detonador *m* נַפָּץ, פַּצָּץ

detonar *vti* 1 פּוֹצֵץ, נִפֵּץ. 2 הִתְפּוֹצֵץ

detracción *f* 1 לַעַז, זִלְזוּל, דִּבָּה, דֹּפִי. 2 חִסּוּר, הַפְחָתָה

detractar *vt* הִשְׁמִיץ, הִלְעִיז, הוֹצִיא דִבָּה

detractor *m* מַשְׁפִּיל, מַעֲלִיב, אִישׁ רָכִיל

detraer *vt* 1 חִסֵּר, הֶחְסִיר, גָּרַע. 2 לָעַז, הִשְׁמִיץ, הֶעֱלִיב

detrás *adv* מֵאָחוֹר, אַחֲרֵי, אֲחוֹרַנִּית, אַחַר, עַל פִּי

detrimiento *m* נֶזֶק, הֶפְסֵד, רָעָה, מִגְרַעַת

detritus *m* הִתְפָּרְקוּת, שַׁחַק

deuda *f* חוֹב, חוֹבָה

deudo *m* קָרוֹב, שְׁאֵר בָּשָׂר

deudor *adjm* 1 חַיָּב, לוֹוֶה. 2 בַּעַל חוֹב

deuterio *m* דֵּאוּטֶרִיּוּם, מֵימָן כָּבֵד

deuterión *m* דֵּאוּטֵרוֹן, הַגַּרְעִין שֶׁל מֵימָן כָּבֵד

Deuteronomio *m* סֵפֶר דְּבָרִים

devaluación *f* פִּחוּת

devanadera *f* סְלִיל, אַשְׁוָה, מַסְתּוֹרִית

devanar *vt* 1 לִפֵּף, כָּרַךְ, גִּלְגֵּל, צָנַף. 2 הִתְפַּתֵּל (מִצְחוֹק, מִכְּאֵב וְכוּ')

devanear *vi* הָזָה, נִטְרְפָה עָלָיו דַּעְתּוֹ, הִשְׁתַּגֵּעַ

devaneo *m* הֲזָיָה, טֵרוּף דַּעַת, שִׁגָּעוֹן

devastación *f* שְׁמָמָה, חֻרְבָּן, הֶרֶס, הַשְׁמָדָה

devastador *adj* מַחֲרִיב, מַשַּׁם

devastar *vt* הֵשַׁם, הֶחֱרִיב, בָּזַז, הִשְׁמִיד

devengar *vt* 1 הִשְׂתַּכֵּר, הִרְוִיחַ. 2 זָכָה בְּתַמְלוּגִים

devoción *f* 1 אֲדִיקוּת, חֲסִידוּת. 2 הִתְמַסְּרוּת. 3 הַקְדָּשָׁה, הִתְקַדְּשׁוּת

devocionario *m* סֵפֶר תְּפִלּוֹת, סִדּוּר

devolución *f* הַחְזָרָה, הֲשָׁבָה, שִׁיבָה

devolutivo *adj* בַּר הַחְזָרָה, שֶׁאֶפְשָׁר לְהַחֲזִירוֹ

devolver *vt* הֶחֱזִיר, שִׁלַּח, הֵשִׁיב

devorador *adj* 1 בַּלְעָן, זוֹלֵל. 2 טוֹרֵף

devorar *vt* 1 בָּלַע, זָלַל, אָכַל. 2 טָרַף. 3 כִּלָּה, אִכֵּל, הִשְׁמִיד

devoto *adj* 1 אָדוּק, חָסִיד, דָּתִי. 2 מָסוּר, נֶאֱמָן

dextrosa *f* סֻכַּר עֲנָבִים

deyección *f* 1 עִיֵּי מַפֹּלֶתווּלְקָנִיִּים. 2 הֲרָקַת הַמֵּעַיִם, עֲשִׂיַּת צְרָכִים. 3 צוֹאָה

día *m* יוֹם

diabetes *f* סֻכֶּרֶת

diabético *adjm* 1 שֶׁל סֻכֶּרֶת. 2 חוֹלֵה סֻכֶּרֶת

diablesco *adj* שְׂטָנִי

diablo *m* 1 שָׂטָן, שֵׁד, יֵצֶר הָרַע. 2 רָשָׁע, חוֹטֵא

diablura *f* שׁוֹבְבוּת, תַּעֲלוּלִים

diabólico *adj* 1 שְׂטָנִי, שֵׁדִי. 2 אַכְזָרִי, מֻרְשָׁע

diaconisa *f* דִּיאַקוֹנִית

diácono *m* דִּיאַקוֹן

diacrítico *adj* 1 דִּיאַקְרִיטִי, מְאַבְחֵן. 2 מְנֻקָּד

diadema *f* 1 כֶּתֶר, עֲטָרָה, נֵזֶר. 2 סֵמֶל הַמַּלְכוּת

diafanidad *f* שְׁקִיפוּת, בְּהִירוּת, צַחוּת

diáfano *adj* שָׁקוּף, בָּהִיר, צַח

diafragma *m* 1 סַרְעֶפֶת, טַרְפַּשׁ. 2 תַּפִּית, מְחִצָּה, חַיִץ. 3 קְרוּמִית. 4 צַמְצָם

diagnosis *m* אַבְחָנָה, אִבְחוּן, דִּיאַגְנוֹזָה

diagnosticar *vt* אִבְחֵן, קָבַע

diagnóstico *adjm* 1 אַבְחָנִי, אַבְחָנָתִי. 2 אִבְחוּן

diagonal *adjm* 1 אֲלַכְסוֹנִי, מְלֻכְסָן. 2 אֲלַכְסוֹן

diagrama *f* 1 תַּרְשִׁים, שִׂרְטוּט, תָּכְנִית. 2 עֲקֻמָּה

diagramático *adj* תַּרְשִׁימִי, דִּיאַגְרַמִּי

dial *m* 1 חוּגָה. 2 לוּחַ אַסְטְרוֹנוֹמִי

dialectal *adj* דִּיאָלֶקְטִי, נִיבִי

dialéctica *f* דִּיאָלֶקְטִיקָה

dialéctico *adj* דִּיאָלֶקְטִי

dialecto *m* נִיב, דִּיאָלֶקְט

diálogo *m* דּוּ שִׂיחַ, דִּיאָלוֹג, שִׂיחַ

diamante *m* יַהֲלוֹם

diamantista *com* 1 לַטַּשׁ־יַהֲלוֹמִים. 2 יַהֲלוֹמָן

diametral *adj* קָטְרִי

diámetro *m* קֹטֶר

diana *f* 1 הַשְׁכָּמָה. 2 תְּרוּעַת הַשְׁכָּמָה

diantre *m* שָׂטָן, שֵׁד, מַזִּיק

diapasón *m* מַצְלֵל, קוֹלָן, דִּיאַפָּזוֹן

diariamente *adv* יוֹם בְּיוֹמוֹ, יוֹם יוֹם

diario *adjm* 1 יוֹמִי, יוֹמְיוֹמִי. 2 עִתּוֹן, יוֹמוֹן

diarrea *f* שִׁלְשׁוּל

diarreico *adj* שִׁלְשׁוּלִי

Diáspora *f* גּוֹלָה, גָּלוּת, תְּפוּצוֹת

diástole *m* תַּרְוִיחַ, הִתְרַחֲבוּת הַלֵּב

diastólico *adj* תַּרְוִיחִי

diatermia *f* דִּיאַתֶּרְמִיָּה

diatérmico *adj* דִּיאַתֶּרְמִי

diatomea *f* חֲלוּקִית, אַצָּה זַעַרְעָרָה

diatónico *adj* דִּיאָטוֹנִי

diatriba *f* גִּדּוּף, חֵרוּף, גִּנּוּי

dibujante *m* רַשָּׁם, שַׁרְטָט, צַיָּר

dibujar *vt* צִיֵּר, תֵּאֵר, רָשַׁם, שִׂרְטֵט, סִרְטֵט

dibujo *m* צִיּוּר, תֵּאוּר, רִשּׁוּם, שִׂרְטוּט

dicadicad *f* שְׁנִינוּת, חֲרִיפוּת

dicaz *adj* שָׁנוּן, חָרִיף

dicción *f* 1 מִלָּה. 2 סִגְנוֹן, לָשׁוֹן. 3 מִבְטָא

diccionario *m* מִלּוֹן, אוֹצַר מִלִּים

diccionarista *m* מִלּוֹנַאי, לֶכְּסִיקוֹגְרָף

diciembre *m* דֶּצֶמְבֶּר

dicotomía *f* חִצּוּי, הִתְפַּצְּלוּת לִשְׁנֵי חֲלָקִים

dictado *m* 1 הַכְתָּבָה. 2 פְּקֻדָּה, צַו, תַּכְתִּיב. 3 הַשְׁרָאָה

dictador *m* רוֹדָן, דִּיקְטָטוֹר, עָרִיץ, שַׁלִּיט

dictadura *f* רוֹדָנוּת, דִּיקְטָטוּרָה, עָרִיצוּת

dictáfono *m* דִּיקְטָפוֹן

dictamen *m* חַוַּת דַּעַת, שִׁקּוּל דַּעַת

dictar *vt* 1 הִכְתִּיב. 2 פָּקַד, צִוָּה. 3 נָאַם, דִּבֵּר. 4 הִשְׁרָה

dictatorial *adj* רוֹדָנִי, עָרִיצִי

dicha *f* אֹשֶׁר, נַחַת, מַזָּל טוֹב

dicha (por-) *adv* בְּמִקְרֶה

dicharacho *m* פַּטְפְּטָן

dicho *adjm* 1 אָמוּר. 2 מָשָׁל, פִּתְגָּם, מֵימְרָה

dicho y hecho תֵּכֶף וּמִיָּד, נַעֲשֶׂה וְנִשְׁמַע

dichoso *adj* 1 מְאֻשָּׁר, בַּר מַזָּל. 2 מַטְרִיד

didáctica *f* דִּידַקְטִיקָה, חָכְמַת הַהוֹרָאָה, תּוֹרַת הַחִנּוּךְ, פֶּדָגוֹגְיָה

didáctico *adj* דִּידַקְטִי

didimio *m* דִּידִימְיוּם

diecinueve *adjm* 1 תִּשְׁעָה עָשָׂר. 2 תְּשַׁע עֶשְׂרֵה

diecinueveavo *adjm* 1 הַתִּשְׁעָה עָשָׂר. 2 הַחֵלֶק הַתִּשְׁעָה עָשָׂר

deiciseis *adjm* 1 שִׁשָּׁה עָשָׂר. 2 שֵׁשׁ עֶשְׂרֵה

dieciseisavo *adjm* הַשִּׁשָּׁה עָשָׂר, הַחֵלֶק הַשִּׁשָּׁה עָשָׂר

diecisiete *adjm* 1 שִׁבְעָה עָשָׂר. 2 שְׁבַע עֶשְׂרֵה

diecisieteavo *adjm* הַשִּׁבְעָה עָשָׂר, הַחֵלֶק הַשִּׁבְעָה עָשָׂר

diedro *adj* דּוּ מִישׁוֹרִי, דּוּ פַּאִי, דִּיהֶדְרָלִי

dieléctrico *adjm* לֹא מוֹלִיךְ (חַשְׁמַל) אַל־מוֹלִיךְ

diente *m* 1 שֵׁן. 2 בְּלִיטָה, זִיז, חֹד
diente de león שֶׁן הָאֲרִי
diente de perro אִזְמֵל, מַפְסֶלֶת
diéresis *f* דִּיאֶרֶסִיס, נְקֻדָּתַיִם מֵעַל לְאוֹת (ü)
diestra *f* יָד יְמָנִית
diestro *adj* 1 מְיֻמָּן, מֻמְחֶה, מֻכְשָׁר. 2 זָרִיז, חָרוּץ
dieta *f* 1 דִּיאֶטָה. 2 מוֹעָצָה מְחוֹקֶקֶת. 3 מִלְגָּה, שְׂכַר כָּבוֹד
dietética *f* תּוֹרַת הַתְּזוּנָה
dietético *adj* דִּיאֶטִי, דִּיאֶטֶטִי
diez *adj* 1 עֲשָׂרָה. 2 עֶשֶׂר
diezmar *vt* 1 עָשַׂר. 2 עִשֵּׂר, הִתְעַשֵּׁר. 3 קָטַל, הֵמִית, הָרַג, הִשְׁמִיד
diezmilésimo *adjm* הַחֵלֶק הָעֲשֶׂרֶת אֲלָפִים
diezmo *m* 1 מַעֲשֵׂר. 2 הַחֵלֶק הָעֲשִׂירִי
difamación *f* עֲלִילָה, דִּבָּה, הַשְׁמָצָה, לַעַז, רְכִילוּת, הַלְשָׁנָה
difamar *vt* לָעַז, הִלְעִיז, הֶעֱלִיל
difamatorio *adj* מַשְׁמִיץ, מַעֲלִיל, מַלְשִׁין
diferencia *f* 1 הֶבְדֵּל, הֶפְרֵשׁ, חִסּוּר. 2 שִׁנּוּי, חִלּוּק, רִיב, סִכְסוּךְ, מַחֲלֹקֶת
diferenciación *f* 1 מִיּוּן. 2 הַבְדָּלָה, הַבְחָנָה. 3 הִתְפַּלְּגוּת, הִתְחַלְּקוּת
diferencial *adjm* חִלּוּקִי, הֶפְרֵשִׁי, הֶבְדֵּלִי, דִּיפֶרֶנְצְיָאלִי
diferenciar *vt* 1 הִבְדִּיל, הִפְלָה. 2 הִבְחִין, גָּזַר. 3 הִצְטַיֵּן, הִשְׁתַּנָּה, נִבְדַּל
diferente *adj* שׁוֹנֶה, נִבְדָּל
diferir *vt* 1 דָּחָה, עִכֵּב. 2 שִׁנָּה, הֵמִיר, הֶחֱלִיף
difícil *adj* קָשֶׁה, מְסֻבָּךְ
dificultad *f* 1 קֹשִׁי. 2 מִכְשׁוֹל, תִּסְבֹּכֶת
dificultar *vt* הִכְבִּיד, הִקְשָׁה
dificultoso *adj* קָשֶׁה, מְסֻבָּךְ
difidencia *f* חַשְׁדָנוּת, חֹסֶר אֵמוּן
difidente *adj* חַשְׁדָן
difracción *f* הִשְׁתַּבְּרוּת, הַטָּיָה
difractar *vt* שִׁבֵּר (קַרְנֵי־אוֹר)
difteria *f* אַסְכָּרָה, דִּיפְתֶּרְיָה
difundir *vt* הֵפִיץ, פִּזֵּר, חִלֵּק, פִּרְסֵם
difunto *m* מֵת, בַּר מִנָּן, מָנוֹחַ
difusión *f* פִּזּוּר, הֲפָצָה, הִתְפַּשְּׁטוּת, פִּעְפּוּעַ, דִּיּוּת
difusor *adj* מֵפִיץ
difuso *adj* 1 מְפֻזָּר, מְבֻלְבָּל. 2 רָחָב, מְרֻוָּח. 3 נָפוֹץ, מוּפָץ
digerible *adj* מִתְעַכֵּל, בַּר עִכּוּל
digerir *vt* 1 עִכֵּל, הִתְעַכֵּל. 2 סָבַל, הִתְעַנָּה, נִתְיַסֵּר
digestible *adj* מִתְעַכֵּל
digestión *f* עִכּוּל
digestivo *adj* מְעַכֵּל
digesto *m* קֹבֶץ, יַלְקוּט, מִבְחָר, תַּקְצִיר, תַּמְצִית
digital *adjf* 1 אֶצְבָּעִי. 2 אֶצְבְּעוֹנִית
dígito *adjm* 1 אֶצְבַּע. 2 סִפְרָה (פָּחוֹת מֵעֶשֶׂר)
dignarse *vref* הִתְרַצָּה
dignatario *m* נִכְבָּד, פָּקִיד בָּכִיר
dignidad *f* כָּבוֹד, אֲצִילוּת, קוֹמְמִיּוּת, תֹּאַר
dignificar *vt* רוֹמֵם, נִשֵּׂא, כִּבֵּד, הֶאֱצִיל
digno *adj* רָאוּי, זַכַּאי
digresión *f* סְטִיָּה
digresivo *adj* סוֹטֶה (מִן הָעִקָּר)
dije *m* 1 עֲדִי, תַּכְשִׁיט, קִשּׁוּט. 2 עִלּוּי
dilaceración *f* בִּתּוּר, חִתּוּךְ, גְּזִירָה
dilacerar *vt* בִּתֵּר, חָתַךְ, גָּזַר
dilación *f* עִכּוּב, דְּחִיָּה, הַשְׁהָיָה
dilapidación *f* פִּזּוּר, בִּזְבּוּז
dilapidar *vt* פִּזֵּר, בִּזְבֵּז
dilatable *adj* מִתְפַּשֵּׁט, מִתְרַחֵב
dilatación *f* הַרְחָבָה, הִתְרַחֲבוּת, הִתְפַּשְּׁטוּת
dilatar *vt* 1 הִרְחִיב, הִתְרַחֵב, הִתְפַּשֵּׁט. 2 עִכֵּב, דָּחָה, הִשְׁהָה
dilatoria *f* עִכּוּב, דְּחִיָּה, הַשְׁהָיָה
dilatorio *adj* מְעַכֵּב, מְפַגֵּר, דּוֹחֶה
dilección *f* חִבָּה, אַהֲבָה, אַהֲדָה
dilecto *adj* אָהוּב, אָהוּד, חָבִיב, יָקָר
dilema *f* בְּרֵרָה, דִּילֶמָּה
diletante *m* חוֹבֵב, חוֹבְבָן, דִּילֶטַנְט
diligencia *f* 1 שְׁקִידָה, הַתְמָדָה, חָרִיצוּת. 2 שְׁלִיחוּת, הוֹדָעָה. 3 דִּילִיזַ'נְס.

4 שְׁתַדְּלָנוּת

diligenciar *vt* 1 שִׁדֵּל. 2 שָׁקַד, הִתְמִיד. 3 עָשָׂה מַאֲמַצִּים. 4 הִתְמַסֵּר

diligenciero *m* שְׁתַדְּלָן

diligente *adj* 1 חָרוּץ, שַׁקְדָן, מַתְמִיד. 2 זָרִיז, מָהִיר. 3 שְׁתַדְּלָנִי

dilucidación *f* בֵּרוּר, הַבְהָרָה, בֵּאוּר, הָאָרָה

dilucidar *vt* בֵּרֵר, הִבְהִיר, בֵּאֵר, הֵאִיר, פֵּרֵשׁ, הִסְבִּיר

dilución *f* הַקְלָשָׁה, מְהִילָה, הַדְלָלָה

diluente *adj* מֵמֵס, מְמוֹסֵס

diluir *vt* מָהַל, הִקְלִישׁ, הִדְלִיל, הֵמֵס

diluvial, diluviano *adj* מַבּוּלִי

diluvio *m* מַבּוּל

dimanación *f* 1 נְבִיעָה, שְׁפִיעָה. 2 מָקוֹר (שֶׁל מַיִם)

dimanar *vi* נָבַע, יָצָא, שָׁפַע

dimensión *f* מֵמַד, שִׁעוּר, גֹּדֶל, מִדָּה, הֶקֵּף

dimensional *adj* מְמַדִּי

dimes y diretes דִּין וּדְבָרִים, פּוּלְמוּס, מַחֲלֹקֶת

diminución *f* הַקְטָנָה, הַפְחָתָה, הִתְמַעֲטוּת

diminuendo *adjm* דִּימִינוּאֶנְדוֹ, הוֹלֵךְ וְנֶחֱלָשׁ (מוסיקה)

diminutivo *adjm* 1 מַקְטִין, מַמְעִיט. 2 מִלַּת הַקְטָנָה

diminuto *adj* זָעִיר, פָּעוּט, קָטָן, קְטַנְטַן

dimisión *f* הִתְפַּטְּרוּת

dimitir *vt* הִתְפַּטֵּר

dina *f* דִּינָה

dinamarqués *adjm* דָּנִי

dinámica *f* דִּינָמִיקָה

dinámico *adj* דִּינָמִי, פָּעִיל, עֵר, זָרִיז, בַּעַל מֶרֶץ

dinamismo *m* דִּינָמִיּוּת, דִּינָמִיזְם, פְּעִילוּת, מֶרֶץ, זְרִיזוּת

dinamita *f* דִּינָמִיט

dinamitar *vt* פּוֹצֵץ בְּדִינָמִיט

dínamo *f* דִּינָמוֹ

dinamómetro *m* מַד כֹּחַ, דִּינָמוֹמֶטֶר

dinasta *m* מוֹשֵׁל, שַׁלִּיט

dinastía *f* שׁוֹשֶׁלֶת

dinástico *adj* שׁוֹשַׁלְתִּי

dineral *adjm* הוֹן תּוֹעָפוֹת

dinero *m* כֶּסֶף, מָמוֹן, מָעוֹת, הוֹן

dinosauro *m* דִּינוֹסָאוּרוּס

dintel *m* 1 מַשְׁקוֹף. 2 פֶּתַח

diocesano *adj* בִּישׁוֹפִי

diócesis *f* בִּישׁוֹפוּת

díodo *m* דִּיאוֹדָה

diorama *m* דִּיאוֹרָמָה, תַּפְאוּרָה

diorámico *adj* דִּיאוֹרָמִי

dios *m* אֱלֹהִים, אֲדֹנָי, שַׁדַּי, אֵל, אֱלֹקִים

diosa *f* אֵלָה, אֱלִילָה

dióspiro *m* אֲפַרְסְמוֹן

dióxido *m* דּוּ תַחְמֹצֶת

diploma *m* תֹּאַר, תְּעוּדָה, דִּיפְּלוֹמָה

diplomacia *f* 1 דִּיפְּלוֹמַטְיָה, מְדִינָאוּת. 2 טַקְט, טַעַם טוֹב

diplomático *adjm* 1 דִּיפְּלוֹמָטִי. 2 דִּיפְּלוֹמָט

dipsomanía *f* שַׁכֶּרֶת

dipsómano *adjm* חוֹלֵה שַׁכֶּרֶת

diptongo *m* דּוּ תְנוּעָה, דּוּ קוֹל

diputación *f* 1 שְׁלִיחוּת, נְצִיגוּת. 2 מְחוֹז בְּחִירָה לְבֵית הַנִּבְחָרִים

diputado *m* 1 צִיר, נִבְחָר. 2 נָצִיג, שָׁלִיחַ. 3 מְמֻנֶּה, מֻרְשֶׁה. 4 חֲבֵר כְּנֶסֶת

diputar *vt* שִׁגֵּר, בָּחַר, מִנָּה

dique *m* סֶכֶר

dirección *f* 1 כְּתֹבֶת, מַעַן. 2 כִּוּוּן. 3 הוֹרָאָה, פְּקֻדָּה. 4 נִצּוּחַ, נִהוּל. 5 מַנְהִיגוּת

direccional *adj* נִצּוּחִי, נִהוּלִי

directiva *f* 1 הַנְהָלָה, מִנְהָלָה. 2 הוֹרָאָה, תַּכְתִּיב

directivo *adjm* 1 מִנְהָלִי. 2 מַנְחֶה, מְכַוֵּן. 3 הַנְחָיָה, דִּירֶקְטִיבָה

directo *adj* יָשָׁר, יָשִׁיר

director *adjm* 1 מְנַהֵל. 2 בַּמַּאי. 3 מְנַצֵּחַ

directorio *m* מִנְהָלָה, הַנְהָלָה, דִּירֶקְטוֹרְיוֹן

dirigible *adjm* 1 נָהִיג. 2 צֶפֶּלִין

dirigente *m* מַנְהִיג, מַדְרִיךְ, מוֹרֵה דֶרֶךְ

dirigir *vt* 1 נָהַג, כִּוֵּן, הִפְנָה, פָּנָה. 2 נִהֵל, פָּקַד,

הוֹרָה, צִוָּה. 3 נִצַּח, הִקְדִּישׁ, הִדְרִיךְ. 4 שָׁלַח

dirimir *vt* 1 בַּטֵּל, פָּסַק, הֵסִיר. 2 סִכֵּם, פָּתַר, סִדֵּר, הִסְדִּיר

discernimiento *m* הַבְחָנָה, הַשָּׂגָה, הַכָּרָה, תְּפִיסָה, חֲדִירָה, חֲרִיפוּת

discernir *vt* 1 הִבְחִין, הִרְגִּישׁ, גִּלָּה. 2 שָׁפַט

disciplina *f* 1 מִשְׁמַעַת, חִנּוּךְ. 2 צִיְּתָנוּת, הַקְשָׁבָה. 3 שִׁיטָה, מִשְׁטָר. 4 עֹנֶשׁ, יִסּוּר

disciplinado *adj* 1 מְמֻשְׁמָע. 2 צַיְּתָן

disciplinal *adj* מִשְׁמַעְתִּי

disciplinar *vt* 1 מִשְׁמֵעַ. 2 חִנֵּךְ, לִמֵּד, הִרְגִּיל. 3 הִלְקָה, הִצְלִיף. 4 עָנַשׁ, יִסֵּר

disciplinario *adj* מִשְׁמַעְתִּי

discípulo *m* 1 תַּלְמִיד, חָנִיךְ. 2 חָסִיד, תַּלְמִיד חָכָם

disco *m* 1 תַּקְלִיט. 2 דִּיסְקוּס. 3 אֲסִימוֹן

díscolo *adj* מַמְרֶה, מוֹרֵד, שׁוֹבָב

disconformidad *f* אִי הַסְכָּמָה, חִלּוּקֵי דֵעוֹת

discontinuación *f* אִי רְצִיפוּת, הַפְסָקָה, נִתּוּק

discontinuar *vt* חָדַל, הִפְסִיק, נִתֵּק, שָׂם קֵץ

discontinuidad *f* הַפְסָקָה, נִתּוּק, חֲדִילָה

discontinuo *adj* מְקֻטָּע, נִפְסָק לְסֵרוּגִין

disconvenir *vi* הִתְנַגֵּד, חָלַק עַל־

discordancia *f* 1 אִי הַתְאָמָה, חֹסֶר עִקְבִיּוּת, רִיב. 2 צְרִיר

discordante *adj* 1 סוֹתֵר. 2 לֹא הַרְמוֹנִי, צוֹרֵם, צְרִירִי

discordar *vi* 1 צָרַם, צָרַר. 2 הִתְנַגֵּשׁ, הִתְנַגֵּד

discorde *adj* 1 צוֹרֵם, צָרִיר. 2 לֹא הַרְמוֹנִי, סוֹתֵר

discordia *f* סִכְסוּךְ, רִיב, מַחֲלֹקֶת, מְרִיבָה, מָדוֹן

discoteca *f* תַּקְלִיטִיָּה

discreción *f* 1 טַקְט, נִימוּס. 2 מְתִינוּת, זְהִירוּת. 3 בִּינָה, חָכְמָה, שִׁקּוּל דַּעַת

discrecional *adj* דִּיסְקְרֶטִי, שִׁקּוּלִי

discrepancia *f* סְתִירָה, נִגּוּד, אִי הַתְאָמָה

discrepante *adj* סוֹתֵר, נוֹגֵד, שׁוֹנֶה

discrepar *vi* 1 סָתַר, נָגַד, חָלַק עַל־. 2 נִבְדַּל

discretamente *adv* 1 בִּתְבוּנָה. 2 בִּזְהִירוּת

discreto *adj* זָהִיר, מָתוּן, נָבוֹן

discriminación *f* 1 הַפְלָיָה. 2 הַבְדָּלָה, הַבְחָנָה

discriminar *vt* 1 הִפְלָה. 2 הִבְדִּיל, הִבְחִין

disculpa *f* 1 סְלִיחָה, מְחִילָה, פְּטוֹר. 2 הִצְטַדְּקוּת, הִתְנַצְּלוּת. 3 אֲמַתְלָה, סִבָּה, תֵּרוּץ

disculpable *adj* 1 סָלִיחַ. 2 מֻצְדָּק

disculpar *vt* זִכָּה, הִצְדִּיק, סָלַח

discurrir *vi* 1 שׁוֹטֵט, נָדַד, נָע. 2 זָרַם, שָׁטַף, זָב, נָבַע, שָׁפַע. 3 חָלַף. 4 חָשַׁב, הִסִּיק, סָבַר. 5 שׂוֹחַח, הִרְצָה, הִטִּיף, דָּן

discursear *vi* נָאַם, דָּרַשׁ

discurso *m* 1 נְאוּם, דְּרָשָׁה, הַרְצָאָה, מַסָּה, חִבּוּר. 2 מַהֲלָךְ, דֶּרֶךְ

discusión *f* 1 פּוּלְמוּס, וִכּוּחַ, דִּיּוּן. 2 תּוֹכָחָה. 3 מַשָּׂא וּמַתָּן

discutible *adj* מְפֻקְפָּק, שָׁנוּי בְּמַחֲלֹקֶת

discutir *vti* 1 דָּן. 2 הִתְוַכֵּחַ, הִתְפַּלְמֵס

disecar *vt* 1 בִּתֵּר, חָתַךְ. 2 פִּחְלֵץ

disección *f* בִּתּוּר, חִתּוּךְ, נִתּוּחַ, גְּזִירָה

disector *m* 1 מְנַתֵּחַ, מְבַתֵּר. 2 אַדְרַאי, פַּחְלְצָן

diseminación *f* 1 הֲפָצָה, פִּזּוּר. 2 זְרִיעָה, זְרִיָּה

diseminar *vt* 1 הֵפִיץ, פִּזֵּר. 2 זָרַע, זָרָה

disentería *f* בּוֹרְדָם, דִּיזֶנְטֶרְיָה

disención *f* מַחֲלֹקֶת, פְּלֻגְתָּא, רִיב, סִכְסוּךְ

disentimiento *m* מַחֲלֹקֶת, חִלּוּקֵי דֵעוֹת, נִגּוּד, רִיב

disentir *vi* הִתְנַגֵּד, חָלַק

diseñador *m* שַׂרְטָט, צַיָּר, רַשָּׁם

diseñar *vt* שִׂרְטֵט, צִיֵּר, רָשַׁם

diseño *m* שִׂרְטוּט, צִיּוּר, רִשּׁוּם, תַּרְשִׁים

disertación *f* 1 הַרְצָאָה, דִּיסֶרְטַצְיָה. 2 מֶחְקָר, מַסָּה

disertante *m* 1 מַרְצֶה, נוֹאֵם. 2 חוֹקֵר

disertar *vi* דָּן, הִרְצָה, דִּבֵּר, הִטִּיף

disfavor *m* אִבּוּד־הַחֵן

disformar *vt* קִלְקֵל, כִּעֵר, נִוֵּל, הִשְׁחִית צוּרָה

disforme *adj* בַּעַל מוּם

disformidad *f* מוּם, הַשְׁחָתַת צוּרָה, כִּעוּר

disfraz *m* 1 מַסְוֶה, תַּחְפֹּשֶׂת. 2 הַעֲמָדַת פָּנִים, הִתְנַכְּרוּת

disfrazar *vt* 1 הִסְוָה, תִּחְפֵּשׂ, הִסְתִּיר. 2 הֶעֱמִיד פָּנִים. 3 הִתְחַפֵּשׂ

disfrutar *vti* 1 נִצֵּל. 2 נֶהֱנָה, הִתְעַנֵּג, הִשְׁתַּעֲשֵׁעַ

disfrute *m* הֲנָאָה, תַּעֲנוּג, שַׁעֲשׁוּעַ

disgustar *vt* הִכְעִיס, הִרְגִּיז, הִקְנִיט

disgusto *m* מֹרַת רוּחַ, תַּרְעֹמֶת, הַרְגָּזָה, הַקְנָטָה, כַּעַס, רֹגֶז

disidencia *f* פְּרִישָׁה, הִתְנַגְּדוּת, מַחֲלֹקֶת

disidente *adj* פּוֹרֵשׁ, חוֹלֵק, מִתְנַגֵּד

disidir *vi* הִתְנַגֵּד, חָלַק

disílabo *adjm* 1 דּוּ הֲבָרָתִי. 2 מִלָּה דּוּ הֲבָרָתִית

disimetría *f* אִי סִימֶטְרִיָּה

disimétrico *adj* אִי סִימֶטְרִי

disímil *adj* שׁוֹנֶה, נִבְדָּל, לֹא דּוֹמֶה

disimilación *f* שִׁנּוּי, הִשְׁתַּנּוּת, הַחְלָפַת אוֹתִיּוֹת

disimilar *vtadj* 1 שִׁנָּה, הִבְדִּיל. 2 שׁוֹנֶה, לֹא דּוֹמֶה

disimilitud *f* שֹׁנִי, הֶבְדֵּל, אִי דִּמְיוֹן

disimulación *f* 1 הַעֲמָדַת פָּנִים, הִתְנַכְּרוּת. 2 הַסְתָּרָה, הִתְחַפְּשׂוּת

disimulado *adj* 1 מְחֻפָּשׂ, מֻסְתָּר. 2 צָבוּעַ. 3 עַרְמוּמִי, מִתְנַכֵּר

disimular *vt* 1 הֶעֱמִיד פָּנִים, הִתְנַכֵּר. 2 מָחַל, סָלַח. 3 הִסְתִּיר, הִתְחַפֵּשׂ

disimulo *m* 1 הִתְנַכְּרוּת, הִתְחַפְּשׂוּת. 2 סוֹבְלָנוּת, סַלְחָנוּת

disipación *f* 1 בִּזְבּוּז, פַּזְרָנוּת, פִּזּוּר. 2 הִתְפָּרְקוּת, הוֹלֵלוּת

disipado *adj* 1 מְבֻזְבָּז, מְפֻזָּר. 2 פַּזְרָנִי, בַּזְבְּזָן. 3 מֻפְקָר, מֻשְׁחָת, הוֹלֵל

disipar *vt* 1 פִּזֵּר, הֵפִיץ. 2 הוֹצִיא, בִּזְבֵּז. 3 הִתְאַדָּה, הִתְנַדֵּף

dislate *m* אִוֶּלֶת, שְׁטוּת, הֲבָלִים

dislocación *f* נְקִיעָה, נֶקַע, שִׁמּוּט

dislocar *vt* נָקַע, שָׁמַט

disminución *f* הַפְחָתָה, הַקְטָנָה, גְּרִיעָה, הִתְמַעֲטוּת

disminuir *vt* 1 הִפְחִית, הִקְטִין, גָּרַע. 2 נִכָּה, פָּחַת, הִתְמַעֵט

disociación *f* הַפְרָדָה, פֵּרוּד, פֵּרוּק, נִתּוּק

disociar *vt* הִפְרִיד, פֵּרֵק, נִתֵּק

disolución *f* 1 הֲמַסָּה, תְּמִסָּה, הִמַּסּוּת. 2 פֵּרוּק, פִּזּוּר. 3 הוֹלֵלוּת, פְּרִיצוּת

disoluto *adj* מֻפְקָר, פָּרוּץ, הוֹלֵל, מֻפְקָר

disolvente *adjm* 1 מֵמֵס, מְמוֹסֵס. 2 מָסִיס

disolver *vt* 1 הֵמֵס, מוֹסֵס, נָמוֹג, מוֹגֵג, מָג, נָמַס. 2 פֵּרֵק, פִּזֵּר. 3 הִשְׁמִיד, כִּלָּה

disonancia *f* צְרִירוּת, צְרִימַת אֹזֶן, דִּיסוֹנַנְס

disonante *adj* צְרִירִי, צוֹרֵם, דִּיסוֹנַנְטִי

disonar *vi* 1 צָרַר, צָרַם. 2 הָיָה בִּלְתִּי מַתְאִים

dispar *adj* שׁוֹנֶה, לֹא שָׁוֶה, לֹא יָשָׁר

disparada *f* מְנוּסָה, בְּרִיחָה

disparador *m* הֶדֶק

disparar *vti* 1 יָרָה. 2 זָרַק, שִׁלַּח, הִשְׁלִיךְ. 3 הֵנִיס. 4 בָּרַח, נָס, נִמְלַט

disparatado *adj* טִפְּשִׁי, שְׁטוּתִי, תָּפֵל, מְגֻחָךְ, אַבְּסוּרְדִי

disparatar *vi* פִּטְפֵּט, הִרְכִּיל, רִכֵּל

disparate *m* שְׁטוּת, טִפְּשׁוּת, אִוֶּלֶת, תִּפְלוּת

disparejo *adj* שׁוֹנֶה, לֹא שָׁוֶה, לֹא יָשָׁר

disparidad *f* פַּעַר, שֹׁנִי, הֶבְדֵּל

disparu *m* יְרִיָּה

dispendio *m* 1 הוֹצָאָה. 2 בִּזְבּוּז, פַּזְרָנוּת

dispendioso *adj* יָקָר

dispensa, dispensación *f* הֶתֵּר, פְּטוֹר, שִׁחְרוּר

dispensable *adj* שֶׁנִּתָּן לְוַתֵּר עָלָיו

dispensar *vt* 1 חִלֵּק, נָתַן. 2 פָּטַר, שִׁחְרֵר, הִתִּיר. 3 מָחַל, סָלַח

dispensario *m* מִרְפָּאָה

dispepsia *f* פְּרַעְכּוּל

dispéptico *adj* חוֹלֵה פְּרַעְכּוּל

dispersar *vt* פִּזֵּר, זָרָה, הֵפִיץ

dispersión *f* 1 תְּפוּצָה, גָּלוּת. 2 פִּזּוּר, הֲפָצָה, זְרִיָּה, פֵּרוּד

disperso *adj* מְפֻזָּר, מְפֹרָד, זָרוּי, נָפוֹץ

displicencia *f* 1 אֲדִישׁוּת, שִׁוְיוֹן נֶפֶשׁ. 2 אִי־נְעִימוּת

displicente *adj* 1 לֹא נָעִים, דּוֹחֶה. 2 אָדִישׁ, שְׁוֵה נֶפֶשׁ

disponer *vti* 1 עָרַךְ, קָבַע. 2 הֵכִין. 3 הִתְכּוֹנֵן

disponible *adj* 1 שָׁמִישׁ. 2 פָּנוּי, מוּכָן. 3 מָצוּי

disposición *f* 1 סִדּוּר, עֲרִיכָה, חֲלֻקָּה. 2 סֵדֶר, שִׁיטָה, נְטִיָּה. 3 נִהוּל, רָשׁוּת, פִּקּוּחַ. 4 צַו, תַּקָּנָה. 5 כֹּשֶׁר

dispositivo *adjm* 1 מַסְדִּיר, מְסַדֵּר, מֵכִין. 2 מַנְגָּנוֹן, מִתְקָן, מַכְשִׁיר

disprosio *m* דִּיסְפְּרוֹסְיוּם

dispuesto *adj* 1 מוּכָן, עָרוּךְ, מְסֻדָּר. 2 זָרִיז, עֵר. 3 מַתְאִים

disputa *f* 1 קְטָטָה, פּוּלְמוּס, סִכְסוּךְ. 2 וִכּוּחַ, דִּיּוּן

disputable *adj* שָׁנוּי בְּמַחֲלֹקֶת, מֻטָּל בְּסָפֵק

disputador *adjm* וַכְּחָן, אִישׁ מָדוֹן, פּוּלְמוּסָן

disputar *vti* דָּן, הִתְוַכַּח, הִתְפַּלְמֵס, הִתְדַּיֵּן

disquisición *f* מַסָּה, חִבּוּר, דִּיּוּן

disruptivo *adj* מְשַׁסֵּעַ, מְנַתֵּק

distancia *f* 1 מֶרְחָק, רֹחַק. 2 תְּחוּם, מַהֲלָךְ. 3 הִתְקָרְרוּת בַּיְּחָסִים

distanciar *vt* הִרְחִיק, סִלֵּק

distante *adj* רָחוֹק

distar *vi* 1 הִתְרַחֵק. 2 נִבְדַּל

distender *vt* 1 מָתַח, מִתַּח, נִפַּח. 2 הִתִּיר

distensión *f* הִתְמַתְּחוּת, הִתְנַפְּחוּת

distinción *f* 1 הַבְדָּלָה, הֶבְדֵּל, הַבְחָנָה. 2 כָּבוֹד. 3 הִצְטַיְּנוּת, מוֹנִיטִין, פִּרְסוּם

distinguible *adj* בָּרוּר, בּוֹלֵט, בַּר הַבְחָנָה

distinguido *adj* מִצְטַיֵּן, מְפֻרְסָם, נִכְבָּד, דָּגוּל

distinguir *vt* 1 הִבְחִין, הִבְדִּיל. 2 אִפְיֵן, כִּבֵּד, פֵּאֵר, הוֹקִיר

distintivo *adjm* 1 מַבְדִּיל, מְצַיֵּן, אָפְיָנִי, מַבְחִין. 2 אוֹת, תָּג, סֵמֶל

distinto *adj* 1 שׁוֹנֶה, נִבְדָּל, מְסֻיָּם. 2 בָּרוּר, מְיֻחָד

distorsión *f* עִוּוּת, עִקּוּם, סִבּוּב

distorsionar *vt* סֵרֵס, סִלֵּף, עִוֵּת, עִקֵּם

distracción *f* 1 הֶסַּח הַדַּעַת, פִּזּוּר הַנֶּפֶשׁ. 2 שַׁעֲשׁוּעַ, בִּדּוּר. 3 מְבוּכָה, תִּמָּהוֹן

distraer *vt* 1 הֵבִיךְ, בִּלְבֵּל, הָמַם, הִפְרִיעַ, שִׁגַּע. 2 שִׁעֲשַׁע, בִּדֵּר, בִּדַּח. 3 הוֹנָה, רִמָּה. 4 הִדִּיחַ

distraído *adj* מְפֻזָּר, מְבֻלְבָּל, נָבוֹךְ, רַשְׁלָן

distribución *f* 1 חֲלֻקָּה, הֲפָצָה, הִתְפַּלְּגוּת. 2 תְּפוּצָה, מְכִירָה

distribuidor *adj* מֵפִיץ, מוֹכֵר, מְחַלֵּק

distribuir *vt* הֵפִיץ, חִלֵּק, מִיֵּן, הִקְצִיב, הִקְצָה

distributivo *adj* מְחַלֵּק, גּוֹמֵל, מַקְצִיב

distributor *m* מֵפִיץ, מְחַלֵּק

distrito *m* מָחוֹז, נָפָה, פֶּלֶךְ, גָּלִיל, תְּחוּם

disturbar *vt* הִפְרִיעַ, הִטְרִיד, הִרְגִּיז, בִּלְבֵּל

disturbio *m* 1 הַפְרָעָה, מְבוּכָה, רַעַשׁ, בִּלְבּוּל. 2 פְּרָעוֹת, מְהוּמוֹת

disuadir *vt* הִרְתִּיעַ, הֵנִיא

disuasión *f* הַרְתָּעָה

disuasivo *adj* מַרְתִּיעַ

disuelto *adj* נָמֵס, מִתְמוֹגֵג

disyunción *f* 1 הַפְרָדָה, הַפְסָקָה, נִתּוּק. 2 בְּרֵרָה

disyuntivo *adj* מַפְרִיד, מַבְדִּיל

dita *f* 1 פִּקָּדוֹן, עֵרָבוֹן, שִׁעְבּוּד. 2 חוֹב

diuresis *f* שְׁתִינָה

diurético *adjm* מְשַׁתֵּן, גּוֹרֵם לְהַשְׁתָּנָה

diurno *adj* יוֹמִי, יוֹמְיוֹמִי

diva *f* 1 זַמֶּרֶת, דִּיוָה. 2 אֵלָה

divagación *f* 1 נְדִידָה, שׁוֹטְטוּת. 2 פִּטְפּוּט

divagar *vi* 1 נָדַד, שׁוֹטֵט. 2 פִּטְפֵּט

divalente *adj* דּוּ עֶרְכִּי

diván *m* 1 דִּיוָאן, חֲצַר הַמַּלְכוּת. 2 סַפָּה. 3 קֹבֶץ, אֹסֶף שִׁירִים

divergencia *f* 1 סְטִיָּה, הִתְרַחֲקוּת. 2 פְּלֻגְתָּא, מַחֲלֹקֶת

divergente *adj* סוֹטֶה, מַרְחִיק, חוֹלֵק

divergir *vi* 1 הִתְרַחֵק, סָטָה. 2 חָלַק, הִתְנַגֵּד

diversificación *f* גִּוּוּן, שִׁנּוּי, הִשְׁתַּנּוּת

diversificar *vt* גִּוֵּן, שִׁנָּה

diversión *f* 1 בִּדּוּר, שַׁעֲשׁוּעַ. 2 גִּוּוּן, שִׁנּוּי. 3 הַטְעָיָה, הַסָּחַת הַדַּעַת

diversidad *f* שֹׁנִי, רַבְגּוֹנִיּוּת, שׁוֹנוּת

diversivo *adj* 1 מְבַדֵּר, מְשַׁעֲשֵׁעַ. 2 מַטְעֶה, מְבַלְבֵּל

diverso *adj* שׁוֹנֶה, נִבְדָּל, נִפְרָד, מְגֻוָּן

divertido *adj* 1 מְשַׁעֲשֵׁעַ, מְבַדֵּחַ, מְשַׂמֵּחַ. 2 מְבֻסָּם

divertir *vt* 1 שִׁעֲשַׁע, בִּדַּח, שִׂמַּח. 2 הִסִּיחַ הַדַּעַת. 3 הִפְנָה, הִטָּה, הִסְטָה

dividendo *m* 1 מְחֻלָּק (בְּחֶשְׁבּוֹן). 2 רְוָחִים

dividir *vt* חִלֵּק, פִּלֵּג, הִפְרִיד, חָצָה

divieso *m* חָטָט, סַמֶּטֶת

divinidad *f* 1 קְדֻשָּׁה, אֱלֹהוּת, אֱלִילוּת. 2 הַעֲרָצָה, הַאֲלָהָה

divinizar *vt* הֶאֱלִיהַּ, הֶעֱרִיץ, הִלֵּל

divino *adj* 1 אֱלֹהִי, נַעֲרָץ. 2 מְצֻיָּן, נֶהְדָּר, נֶחְמָד

divisa *f* 1 סִיסְמָה, אוֹת, סִימָן. 2 מַיִמְרָה. 3 מַטְבֵּעַ זָר

divisar *vt* הִבְחִין, הִבִּיט

divisibilidad *f* הִתְחַלְּקוּת

divisible *adj* מִתְחַלֵּק

división *f* 1 חִלּוּק, חֲלֻקָּה. 2 פִּלּוּג, מַחֲלֹקֶת. 3 קֶטַע, חֵלֶק. 4 מְחִצָּה. 5 עֻצְבָּה, אֻגְדָּה

divisional *adj* 1 חוֹצֶה, מְחַלֵּק. 2 עֻצְבָּתִי

divisivo *adj* מְחַלֵּק

divisor *adjm* מְחַלֵּק (בְּחֶשְׁבּוֹן)

divisorio *adj* מְחַלֵּק

divorciado *m* גָּרוּשׁ

divorciar *vt* גֵּרֵשׁ, נָתַן גֵּט, הִפְרִיד

divorcio *m* גֵּרוּשִׁין, גֵּט, פִּטּוּרִין

divulgable *adj* בַּר־הֲפָצָה

divulgación *f* פִּרְסוּם, גִּלּוּי

divulgar *vt* 1 פִּרְסֵם, גִּלָּה. 2 הֵפִיץ

diz כְּלוֹמַר

dizque *m* שְׁמוּעָה

do *madv* 1 דּוֹ. 2 אַיֵּה, אֵיפֹה

dobladillo *m* קִפּוּל, קֵפֶל

doblado *adj* 1 מְקֻפָּל. 2 דּוּ פַּרְצוּפִי, נוֹכֵל. 3 טַרְשִׁי, לֹא־יָשָׁר

doblar *vt* 1 כָּפַל, הִכְפִּיל. 2 קִפֵּל. 3 עִקֵּם, כָּפַף. 4 הֶעֱנִישׁ, עָנַשׁ. 5 שִׁכְנֵעַ. 6 אִלֵּץ. 7 הִתְקַפֵּל

doble *adjm* 1 כָּפִיל. 2 כָּפוּל, זוּגִי. 3 כֶּפֶל. 4 מְמַלֵּא מָקוֹם. 5 כִּפְלַיִם

doblegable *adj* 1 גָּמִישׁ, כָּפִיף. 2 צַיְּתָן, וַתְּרָן

doblegar *vt* 1 כָּפַף, עִקֵּם, קִפֵּל. 2 שִׁדֵּל, שִׁכְנֵעַ. 3 הֵנִיף, נוֹפֵף. 4 הִכְנִיעַ, שִׁעְבֵּד

doblez *m* 1 קֵפֶל, קִפּוּל. 2 צְבִיעוּת

doce *adjm* שְׁנֵים עָשָׂר, שְׁתֵּים עֶשְׂרֵה

docena *f* תְּרֵיסָר

doceno *adj* הַשְּׁנֵים עָשָׂר

docente *adj* חִנּוּכִי, מְלַמֵּד

dócil *adj* 1 נוֹחַ, צַיְּתָן. 2 עָדִין. 3 לָמִיד. 4 עָבִיד

docilidad *f* 1 נוֹחוּת, צִיּוּת. 2 לְמִידוּת. 3 עֲבִידוּת

docto *adj* מְלֻמָּד

doctor *m* 1 רוֹפֵא, דּוֹקְטוֹר. 2 מְלֻמָּד, חָכָם

doctorado *m* דּוֹקְטוֹרָט, סְמִיכָה

doctorar *vt* דִּקְטֵר, הִסְמִיךְ

doctrina *f* מִשְׁנָה, תּוֹרָה, שִׁיטָה, דּוֹקְטְרִינָה

doctrinal *adj* הֲלָכִי, עִיּוּנִי

doctrinario *adjm* דּוֹקְטְרִינָרִי, דּוֹקְטְרִינָר

documentación *f* תִּעוּד, דּוֹקוּמֶנְטַצְיָה

documental *adj* תְּעוּדָתִי, תִּעוּדִי, עֻבְדָּתִי

documentar *vt* 1 תִּעֵד. 2 אָסַף מֵידָע

documento *m* תְּעוּדָה, אִגֶּרֶת, שְׁטָר, מִסְמָךְ

dodo *m* שׁוֹטֶה, פַּגְרָן

dogal *m* 1 אַפְסָר. 2 חֶבֶל תְּלִיָּה

dogma *m* דּוֹגְמָה, עִקָּר, אֱמוּנָה, "אֲנִי מַאֲמִין"

dogmético *adj* דּוֹגְמָטִי

dogmatismo *m* דּוֹגְמָטִיּוּת

dólar *m* דּוֹלָר

dolar *vt* חִטֵּב, סִתֵּת, פִּסֵּל

dolencia *f* חֳלִי, מֵחוֹשׁ, פֶּגַע, נֶגַע, מַכְאוֹב

doler *vi* כָּאַב, סָבַל

doliente *adjm* 1 אָבֵל. 2 חוֹלֶה

dolo *m* תַּרְמִית, מִרְמָה, הוֹנָאָה, זִיּוּף, כַּחַשׁ

dolor *m* כְּאֵב, צַעַר, מַכְאוֹב, סֵבֶל, יָגוֹן

dolorido *adj* 1 סוֹבֵל, כּוֹאֵב. 2 עָצוּב, נוּגֶה

doloroso *adj* מַכְאִיב, פּוֹגֵעַ, מְצַעֵר, מֵצִיק, כּוֹאֵב

doloso *adj* עָרוּם, נוֹכֵל, צָבוּעַ, זַיְפָנִי, מְזַיֵּף

doma *f* אִלּוּף, בִּיּוּת
domador *m* מְאַלֵּף
domar *vt* אִלֵּף, בִּיֵּת, תִּרְבֵּת
domeñar *vt* הִכְנִיעַ, הִשְׁתַּלֵּט, הִתְגַּבֵּר
domesticar *vt* אִלֵּף, בִּיֵּת
domesticidad *f* בִּיּוּת, אִלּוּף
doméstico *adjm* 1 בֵּיתִי, מְבֻיָּת. 2 חַיַּת־בַּיִת.
3 מְשָׁרֵת
domiciliar *vt* 1 שִׁכֵּן. 2 הִשְׁתַּכֵּן, הִתְגּוֹרֵר
domiciliario *adjm* 1 בֵּיתִי. 2 בֶּן־בַּיִת
domicilio *m* 1 בַּיִת, מָעוֹן, מְגוּרִים, דִּירָה.
2 מוֹשָׁב. 3 כְּתֹבֶת
dominación *f* שְׁלִיטָה, הִשְׁתַּלְּטוּת, שְׂרָרָה
dominante *adj* 1 שַׁלִּיט, שְׁתַּלְּטָנִי. 2 עֶלְיוֹן
dominar *vt* 1 שָׁלַט, מָשַׁל. 2 חָלַשׁ. 3 הִשְׁתַּלֵּט.
4 רִסֵּן אֶת עַצְמוֹ
dómine *m* 1 מוֹרֶה. 2 קַפְּדָן, פֶּדַנְט
domingo *m* יוֹם א׳, יוֹם רִאשׁוֹן
dominical *adj* שֶׁל יוֹם רִאשׁוֹן
dominicano *adjm* דּוֹמִינִיקָנִי
dominico *adjm* דּוֹמִינִיקָנִי
dominio *m* 1 דּוֹמִינְיוֹן. 2 שְׁלִיטָה, שִׁלְטוֹן.
3 נַחֲלָה, אֲחֻזָּה. 4 בַּעֲלוּת
dominó, dómino *m* דּוֹמִינוֹ
domo *m* כִּפָּה
don *m* 1 שַׁי, תְּשׁוּרָה. 2 כִּשְׁרוֹן, כִּשּׁוּר. 3 אָדוֹן,
מַר, דּוֹן
donación *f* תְּרוּמָה, נְדָבָה, מַתָּנָה, הַעֲנָקָה
donador *m* תּוֹרֵם, מְנַדֵּב, נַדְבָן, נָדִיב
donaire *m* 1 חֵן, יֹפִי. 2 חֶסֶד, סְלִיחָה.
3 נְדִיבוּת, אֲדִיבוּת
donairoso *adj* חִנָּנִי, נָאֶה, נָעִים
donante *adj* תּוֹרֵם, נַדְבָן, מַעֲנִיק
donar *vt* תָּרַם, נָדַב, הֶעֱנִיק
donativo *m* תְּרוּמָה, נְדָבָה, מַתָּנָה, הַעֲנָקָה
donatorio *m* מְקַבֵּל שַׁי, מְקַבֵּל מַעֲנָק, מְקַבֵּל
תְּרוּמָה
doncella *f* 1 רִיבָה, בַּחוּרָה, נַעֲרָה, עַלְמָה.
2 בְּתוּלָה. 3 עוֹזֶרֶת, מְשָׁרֶתֶת
doncellez *f* 1 בְּתוּלִים, בְּתוּלִין. 2 עֲלוּמִים

donde *adv* אֵיפֹה, אַיֵּה, הֵיכָן
don de gentes נִימוּסֵי חֶבְרָה
dondequiera *adv* בְּכָל מָקוֹם שֶׁהוּא
dondiego *m* לְפוּפִית
donoso *adj* חִנָּנִי, יָפֶה
donosura *f* חִנָּנִיּוּת, יֹפִי, חֵן
doña *f* 1 אֲצִילָה, מְחֻנֶּכֶת, אַפּוֹטְרוֹפְּסִית. 2 גְּבֶרֶת
doquier, doquiera *adv* בְּכָל מָקוֹם
dorado *adjm* מְזֻהָב, זְהָבִי
dorar *vt* 1 הִזְהִיב. 2 כִּסָּה, צִפָּה
dórico *adj* דּוֹרִי
dormidere *adj* מַרְדִּים
dormillón *m* עַצְלָן, מִתְנַמְנֵם
dormir *vi* יָשַׁן, נָם, נִרְדַּם
dormitar *vi* נִמְנֵם
dormitorio *m* חֲדַר שֵׁנָה, חֲדַר מִטּוֹת
dorsal *adj* שֶׁל הַגַּב
dorso *m* גַּב
dos *adjm* שְׁנַיִם, שְׁתַּיִם
doscientos *adjm* מָאתַיִם
dosel *m* אַפִּרְיוֹן, כִּלָּה, חֻפָּה
dosificación *f* תִּבּוּל, מִנּוּן
dosificar *vt* תִּבֵּל, מִנֵּן
dosis *f* מָנָה, כַּמּוּת, חֵלֶק, שִׁעוּר
dotación *f* 1 צֶוֶת, סֶגֶל, מַנְגָּנוֹן, חֶבֶר.
2 הַעֲנָקָה, נְדוּנְיָה, מֹהַר
dotal *adj* שֶׁל נְדוּנְיָה, שֶׁל מֹהַר
dotar *vt* 1 נָתַן נְדוּנְיָה, נָתַן מֹהַר. 2 נָתַן, חָנַן,
הֶעֱנִיק. 3 צִיֵּד, חִמֵּשׁ
dote *f* 1 נְדוּנְיָה. 2 מֹהַר
doxología *f* 1 מִזְמוֹר תְּהִלִּים, שִׁיר הַלֵּל.
2 קַדִּישׁ
dozavo *adjm* הַשְּׁנֵים עָשָׂר, הַחֵלֶק הַשְּׁנֵים עָשָׂר
dracma *f* דַּרְכְּמָה, אֲדַרְכְּמוֹן, אֲדַרְכּוֹן
draga *f* מַחְפֵּר
dragado *m* חֲפִירָה, נִקּוּי נָהָר אוֹ נָמֵל
dragaminas *m* שׁוֹלֶת מוֹקְשִׁים
dragar *vt* 1 חָפַר, כָּרָה. 2 נִקָּה בְּמַחְפֵּר
dragomán *m* תֻּרְגְּמָן
dragón *m* דְּרָקוֹן

drama *m* 1 מַחֲזֶה, חִזָּיוֹן, דְּרָמָה. 2 אָסוֹן
dramática *f* מַחֲזָאוּת, דְּרָמָאוּת
dramático *adj* דְּרָמָתִי
dramaturgo *m* דְּרָמָטִיקָן, דְּרָמָטוּרְג
dramatización *f* דְּרָמָתִיּוּת, דְּרָמָטִיזַצְיָה, הַמְחָזָה
dramatizar *vt* הִמְחִיז, כָּתַב דְּרָמָה
drástico *adj* קִיצוֹנִי, חָרִיף, נִמְרָץ, דְּרַסְטִי
drenaje *m* נִקּוּז, תִּעוּל, בִּיּוּב, יִבּוּשׁ
drenar *vt* נִקֵּז, תִּעֵל, בִּיֵּב, יִבֵּשׁ
dríada, dríade *f* דְּרִיאָדָה
driblar *vt* כִּדְרֵר
dribling *m* כִּדְרוּר
dril *m* שָׁלָשׁ, בַּד חָזָק
driza *f* נוֹף, חֶבֶל
droga *f* סַם, תְּרוּפָה, רְפוּאָה
drogman *m* תֻּרְגְּמָן
droguería בֵּית מִרְקַחַת
droguista *m* רוֹקֵחַ
dromedario *m* גָּמָל, בֶּכֶר
dual *adj* זוּגִי, כָּפוּל
dualidad *f* כְּפִילוּת, זוּגִיּוּת, שְׁנִיּוּת
dualismo *m* כְּפִילוּת, זוּגִיּוּת, שְׁנִיּוּת, דּוּאָלִיזְם
dualístico *adj* זוּגִי, כָּפוּל, שְׁנִיּוּתִי
dubitable, dudable *adj* מֻטָּל בְּסָפֵק
ducado *m* דֻּכָּסוּת
ducal *adj* דֻּכָּסִי
ducentésimo *adjm* הַחֵלֶק הַמָּאתַיִם
dúctil *adj* 1 בַּר רִקּוּעַ, מִתְמַתֵּחַ, גָּמִישׁ. 2 צַיְּתָן, וַתְּרָן
ductilidad *f* 1 רְקִיעוּת, גְּמִישׁוּת, הִתְמַתְּחוּת. 2 צַיְּתָנוּת
ducha *f* מִקְלַחַת
duchar *vt* 1 קִלַּח. 2 הִתְקַלֵּחַ
ducho *adj* מְנֻסֶּה, בָּקִי, מֻמְחֶה
duda *f* 1 סָפֵק, פִּקְפּוּק, חָשָׁד, חֲשָׁשׁ. 2 פַּחַד
dudar *vt* פִּקְפֵּק, חָשַׁד, חָשַׁשׁ, הֵטִיל סָפֵק
dudoso *adj* מְסֻפָּק, מְפֻקְפָּק, סַפְקָנִי
duelista *m* לוֹחֵם דּוּ קְרָב, אִישׁ־בֵּינַיִם
duelo *m* 1 דּוּ קְרָב. 2 אֲבֵלוּת, אֵבֶל
duende *m* שֵׁד, רוּחַ, שֵׁדוֹן
dueña *f* 1 גְּבֶרֶת. 2 בַּעֲלַת בַּיִת, עֲקֶרֶת בַּיִת
dueño *m* 1 בַּעַל, אָדוֹן. 2 בַּעַל בַּיִת
duerna *f* אֵבוּס, שֹׁקֶת, עֲרֵבָה
dueto, dúo *m* דּוּאֶט
dulce *adjm* 1 מָתוֹק. 2 עָרֵב, נָעִים, נֶחְמָד. 3 רִבָּה, מַמְתָּק, מִרְקַחַת
dulcedumbre *f* רֹךְ, מְתִיקוּת, נֹעַם, עֶדְנָה
dulcemente *adv* בְּנֹעַם, בְּרַכּוּת, בַּעֲדִינוּת
dulcería *f* חֲנוּת מַמְתַּקִּים
dulcero *adjm* 1 אוֹהֵב־מַמְתַּקִּים. 2 עוֹשֵׂה מַמְתַּקִּים
dulcificante *adj* מַמְתִּיק
dulcificar *vt* הִמְתִּיק, הִנְעִים, עִנֵּג
dulzor, dulzura *mf* 1 מְתִיקוּת, מֹתֶק. 2 עֲדִינוּת, רַכּוּת
duna *f* חוֹלִית, חוֹלָה, דְּיוּנָה
dúo *m* 1 דּוּאִית. 2 צֶמֶד, זוּג, שְׁנַיִם
duodecimal *adj* הַשְּׁנֵים עָשָׂר
duodécimo *adjm* 1 הַשְּׁנֵים עָשָׂר. 2 הַחֵלֶק הַשְּׁנֵים עָשָׂר
duodenal *adj* תְּרֵיסַרְיָנִי
duodenitis *f* דַּלֶּקֶת הַתְּרֵיסַרְיָן
duodeno *m* תְּרֵיסָרוֹן
duplicación *f* הַכְפָּלָה, כְּפִילוּת, שִׁכְפּוּל
duplicado, duplicata *m* הֶעְתֵּק
duplicador *adjm* מְשַׁכְפֵּל
duplicar *vt* הִכְפִּיל, שִׁכְפֵּל
duplicidad *f* כְּפִילוּת, דּוּ פַּרְצוּפִיּוּת
duplo *adjm* 1 כָּפוּל. 2 כֶּפֶל
duque *m* דֻּכָּס
duquesa *f* דֻּכָּסִית
dura *f* קִיָּם, קִיּוּם
durabilidad *f* 1 קִיּוּם, אֹרֶךְ יָמִים. 2 עֲמִידוּת
durable *adj* בַּר קְיָמָא, מַאֲרִיךְ יָמִים, עָמִיד
duración *f* קִיּוּם, הִתְקַיְּמוּת, מֶשֶׁךְ
duradero *adj* מַאֲרִיךְ יָמִים
duramadre, duramáter *f* הַקְּרוּם הַקָּשֶׁה שֶׁל הַמֹּחַ
duramente *adv* קָשׁוֹת, בְּחֻמְרָה

durante *adv* מֶשֶׁךְ, בְּמֶשֶׁךְ, בִּימֵי, בִּשְׁעַת

durar *vi* הִמְשִׁיךְ, אָרַךְ, נִמְשַׁךְ, הִתְקַיֵּם, הִתְמִיד, הֶחֱזִיק מַעֲמָד

duraznero *m* עֵץ אֲפַרְסֵק

durazno *m* אֲפַרְסֵק

dureza *f* קַשְׁיוּת, קֹשִׁי

durmiente *adjm* 1 יָשֵׁן, נִרְדָּם. 2 אֶדֶן

duro *adj* 1 קָשֶׁה, מוּצָק, חָזָק. 2 אַכְזָרִי. 3 עַקְשָׁן, קָשִׁיחַ

dux *m* דֻּכָּס, פָּקִיד בָּכִיר בָּרֶפּוּבְּלִיקוֹת שֶׁל וֶנֶצְיָה וְגֵנוּאָה

E

E *f conj* 1 אֶ, הָאוֹת הַשִּׁשִּׁית שֶׁל הָאָלֶף־בֵּית הַסְּפָרַדִּי. 2 וְ־, וּ־

¡ea! *interj* הָבָה!

ebanista *m* רָהִיטָן

ebanistería *f* נַגָּרוּת עֲדִינָה

ébano *m* הָבְנֶה

ebriedad *f* שִׁכְרוּת, שִׁכָּרוֹן

ebrio *adj* שִׁכּוֹר, שָׁתוּי, מְבֻסָּם

ebullición *f* רְתִיחָה, הַרְתָּחָה

eclecticismo *m* לַקְטָנוּת, אֶקְלֶקְטִיּוּת

ecléctico *adjm* 1 אֶקְלֶקְטִי, בַּרְרָן, לַקְטָן. 2 בּוֹרֵר, בּוֹחֵר, מְלַקֵּט

Eclesiastés *m* 1 קֹהֶלֶת. 2 סֵפֶר קֹהֶלֶת

eclesiástico *adjm* כְּנֵסִיָּתִי

eclipsar *vt* 1 כִּסָּה בְּלִקּוּי. 2 הֶאֱפִיל, הֶחְשִׁיךְ, אִפֵּל, עִמֵּם

eclipse *m* 1 לִקּוּי חַמָּה, לִקּוּי לְבָנָה. 2 הַאֲפָלָה, אִפּוּל

eclíptica *f* מִלְקָה

eclíptico *adj* שֶׁל מִלְקָה, אֶקְלִיפְּטִי

écloga *f* אִידִילְיָה

eclosión *f* 1 נְבִיטָה, צְמִיחָה, הֲנָצָה. 2 יְצִיאָה

eco *m* 1 הֵד, בַּת־קוֹל. 2 חֲזָרָה. 3 חִקּוּי

ecología *f* אֶקוֹלוֹגְיָה

ecológico *adj* אֶקוֹלוֹגִי

ecólogo *m* אֶקוֹלוֹג

economía *f* 1 כַּלְכָּלָה, מֶשֶׁק. 2 חִסָּכוֹן, חַסְכָנוּת

economista *m* כַּלְכָּלָן

económico *adj* כַּלְכָּלִי, מִשְׁקִי

economizar *vti* חָסַךְ, קִמֵּץ

ecónomo *m* 1 מְנַהֵל מֶשֶׁק, מְנַהֵל בַּיִת. 2 אַפּוֹטְרוֹפּוֹס, נֶאֱמָן

ectoplasma *m* חוּץ־הַפְּלַסְמָה, אֶקְטוֹפְּלַסְמָה

ecuable *adj* אָחִיד, שָׁוֶה, קָבוּעַ

ecuación *f* מִשְׁוָאָה, הַשְׁוָאָה

ecuador *m* קַו הַמַּשְׁוֶה, אֶקְוָטוֹר

ecuánime *adj* 1 מְיֻשָּׁב, שָׁלֵו, מָתוּן. 2 יָשָׁר, שֶׁאֵינוֹ נוֹשֵׂא פָּנִים

ecuanimidad *f* יִשּׁוּב הַדַּעַת, מְתִינוּת, שַׁלְוָה, אִזּוּן־הַנֶּפֶשׁ

ecuatorial *adj* מַשְׁוָנִי

ecuestre *adj* 1 סוּסִי. 2 פָּרָשִׁי

ecuménico *adj* 1 עוֹלָמִי, כְּלָלִי. 2 אֶקוּמֶנִי, שֶׁל הַכְּנֵסִיָּה הַנּוֹצְרִית

echadero *m* מַרְבֵּץ, מִרְבַּעַת

eczema *f* אֶקְזֶמָה, גָּרָב, גַּלֶּשֶׁת

echadillo *m* אֲסוּפִי

echadizo *adjm* 1 מְרַגֵּל. 2 אֲסוּפִי. 3 פְּסֹלֶת. 4 רִגּוּל

echadura *f* דְּגִירָה

echar *vt* 1 זָרַק, הִשְׁלִיךְ, הֵטִיל. 2 גֵּרֵשׁ, הִדִּיחַ, סִלֵּק. 3 הִטָּה, הִפִּיל. 4 שִׁלְשֵׁל. 5 פִּטֵּר. 6 הָלַךְ

echar de menos הִתְגַּעְגֵּעַ

echarpe *m* צָעִיף, שָׁל

echazón *f* הַשְׁלָכָה, הַשְׁלֵךְ, הֲטָלָה לַיָּם

edad *f* 1 גִּיל. 2 תְּקוּפָה

Edad media יְמֵי הַבֵּינַיִם

edecán *f* שָׁלִישׁ

edema *f* בַּצֶּקֶת, תְּפִיחָה

Edén *m* עֵדֶן, גַּן עֵדֶן

edición *f* 1 מַהֲדוּרָה, הוֹצָאָה. 2 פִּרְסוּם

edición príncipe הוֹצָאָה רִאשׁוֹנָה

edicto *m* פְּקֻדָּה, צַו, גְּזֵרָה

edificación *f* 1 בְּנִיָּה, בִּנּוּי. 2 בִּנְיָן, מִבְנֶה. 3 חִנּוּךְ (ע"י דֻּגְמָה אִישִׁית)

edificador *adjm* בּוֹנֶה, בַּנַּאי

edificante *adj* 1 מְחַזֵּק. 2 מְחַזֵּק רוּחַ

edificar *vt* 1 בָּנָה. 2 יִסֵּד, הֵקִים, קוֹמֵם

edificio *m* בִּנְיָן, מִבְנֶה

edil *m* 1 חֲבֵר עִירִיָּה, חֲבֵר מוֹעָצָה. 2 פְּקִיד עִירוֹנִי
editar *vt* 1 פִּרְסֵם, הִדְפִּיס. 2 הוֹצִיא לָאוֹר
editor *m* 1 עוֹרֵךְ. 2 מוֹצִיא לָאוֹר
editorial *adjm* 1 שֶׁל הוֹצָאָה לָאוֹר. 2 מַאֲמָר רָאשִׁי, מַאֲמַר מַעֲרֶכֶת. 3 הוֹצָאַת־סְפָרִים
edredón *m* 1 שְׂמִיכַת נוֹצוֹת. 2 כַּר
educable *adj* לָמִיד, חָנִיךְ
educación *f* 1 חִנּוּךְ, לִמּוּד. 2 תַּרְבּוּת, הַשְׂכָּלָה. 3 אִלּוּף, הַדְרָכָה
educador *adjm* מְחַנֵּךְ, מְלַמֵּד, מַדְרִיךְ
educando *m* תַּלְמִיד, חָנִיךְ, שׁוּלְיָה
educar *vt* 1 חִנֵּךְ, לִמֵּד, הוֹרָה. 2 הִשְׂכִּיל, תִּרְבֵּת. 3 אִלֵּף, הִדְרִיךְ
educativo *adj* חִנּוּכִי
educción *f* מַסְקָנָה
educir *vt* הִסִּיק
efebo *m* עֶלֶם, צָעִיר, בָּחוּר
efectivamente *adv* 1 בְּיָעִילוּת. 2 בֶּאֱמֶת, אָמְנָם
efectivo *adjm* 1 מַמָּשִׁי, אֶפֶקְטִיבִי, יָעִיל, פָּעִיל. 2 בַּר תֹּקֶף. 3 מְזֻמָּנִים
efecto *m* 1 תּוֹצָאָה. 2 רֹשֶׁם. 3 תּוֹלָדָה, הַשְׁפָּעָה. 4 תַּכְלִית, מַטָּרָה. 5 גּוֹרֵם, כַּוָּנָה. 6 מִטַּלְטְלִים, חֲפָצִים, נְכָסִים
efectos personales חֲפָצִים אִישִׁיִּים
efectuación *f* בִּצּוּעַ, הוֹצָאָה לַפֹּעַל
efectuar *vt* עָרַךְ, פָּעַל, גָּרַם, הוֹצִיא לַפֹּעַל
efemérides *fpl* 1 יוֹמָן. 2 קוֹרוֹת הַיָּמִים
efervescencia *f* 1 תְּסִיסָה, בִּעְבּוּעַ. 2 רְתִיחָה, הִתְרַגְּשׁוּת, סְעָרָה
efervescente *adj* 1 תּוֹסֵס, מְבַעְבֵּעַ. 2 עַלִּיז, רוֹתֵחַ. 3 תָּסִיס
eficacia *f* 1 יְעִילוּת. 2 מֶרֶץ, כִּשְׁרוֹן, יְכֹלֶת
eficaz *adj* יָעִיל, אֶפֶקְטִיבִי, פָּעִיל
eficazmente *adv* בִּיעִילוּת
eficiencia *f* 1 יְעִילוּת, יַעַל. 2 כִּשְׁרוֹן, יְכֹלֶת, חָרִיצוּת, זְרִיזוּת
eficiente *adj* 1 יָעִיל. 2 חָרוּץ. 3 מֻכְשָׁר

efigie *f* 1 צֶלֶם, דְּמוּת, תְּמוּנָה. 2 פַּרְצוּף, קְלַסְתֵּר פָּנִים
efímero *adj* חוֹלֵף, אַרְעִי, זְמַנִּי, קִיקְיוֹנִי
eflorescencia *f* 1 פְּרִיחָה, לִבְלוּב. 2 תִּפְרַחַת, אֲבָבִית
eflorescente *adj* פּוֹרֵחַ, מְלַבְלֵב
efluente *adj* מִשְׁתַּפֵּךְ, זוֹרֵם, שׁוֹטֵף
efluvio *m* 1 הֶבֶל, זִיבָה, שֶׁפֶךְ, נְבִיעָה. 2 קְרִינָה
efusión *f* 1 שְׁפִיכָה, הִשְׁתַּפְּכוּת, נְזִילָה. 2 לְבָבִיּוּת
efusivo *adj* לְבָבִי, נִרְגָּשׁ, רַגְשָׁנִי
égida, egida *f* מָגֵן, מַחֲסֶה, חָסוּת
egipcio *adjm* מִצְרִי
eglantina *f* וֶרֶד אֲדַמְדַּם
égloga *f* אִידִילְיָה, שִׁיר רוֹעִים
ego *m* אֶגוֹ, אָנֹכִיּוּת, עַצְמִיּוּת
egoísmo *m* אָנֹכִיּוּת, אֶגוֹאִיזְם
egoísta *adj* אָנֹכִיִּי, אֶגוֹאִיסְט
egolatría *f* הַעֲרָצָה עַצְמִית, פֻּלְחָן עַצְמִי, אַהֲבָה עַצְמִית
egotismo *m* אָנֹכִיּוּת, יְהִירוּת, הִתְרַבְרְבוּת
egotista *m* אָנֹכִיִּי, יָהִיר, מִתְרַבְרֵב
egregio *adj* מְהֻלָּל, מְפֻרְסָם, דָּגוּל, מַזְהִיר, נַעֲלֶה
egresado *m* בּוֹגֵר, מֻסְמָךְ
egresar *vt* סִיֵּם חֹק לִמּוּדָיו
egreso *m* 1 יְצִיאָה, הוֹצָאָה. 2 סִיּוּם, הַסְמָכָה
¡eh! *interj* אָהּ! אֵי!
eíder *m* בַּרְוָז יַמִּי
einsteinio *m* אַיְנְשְׁטַיְנִי
eje *m* צִיר, סֶרֶן, סַדָּן, בְּרִיחַ
ejecución *f* 1 בִּצּוּעַ, הַגְשָׁמָה. 2 הוֹצָאָה לַפֹּעַל. 3 הוֹצָאָה לַהוֹרֵג. 4 אַדְרַכְתָּא
ejecutante *m* מְנַגֵּן, נַגָּן
ejecutar *vt* 1 בִּצֵּעַ, הִגְשִׁים, קִיֵּם. 2 הוֹצִיא לַפֹּעַל. 3 הוֹצִיא לְהוֹרֵג, הֵמִית. 4 נִגֵּן
ejecutivo *adjm* 1 מִנְהָלִי, מְבַצֵּעַ, מוֹצִיא אֶל הַפֹּעַל. 2 מְנַהֵל, מִנְהָלָה, אֶקְזֶקוּטִיבָה
ejecutor *adjm* 1 מְבַצֵּעַ. 2 אַפּוֹטְרוֹפּוֹס

ejecutora *f* אַפּוֹטְרוֹפְּסִית, מְבַצַּעַת

ejecutorio *adj* 1 מְנַהֲלִי, מִבְצָעִי. 2 שֶׁל בִּצּוּעַ הַחֹק

¡ejem! *interj* אַהֶם!

ejemplar *adjm* 1 מוֹפְתִי, דֻּגְמָתִי. 2 דֻּגְמָה, מוֹפֵת. 3 טֹפֶס, עֹתֶק

ejemplificación *f* הַדְגָּמָה

ejemplificar *vt* הִדְגִּים

ejemplo *m* דֻּגְמָה, מָשָׁל

ejercer *vt* 1 קִיֵּם, מִלֵּא תַּפְקִיד, עָסַק. 2 בִּצַּע, שִׁנֵּן, תִּרְגֵּל, אִמֵּן

ejercicio *m* 1 תַּרְגִּיל, אִמּוּן. 2 כְּהֻנָּה, הַנְהָגָה. 3 שִׁמּוּשׁ, הִתְעַסְּקוּת

ejercitar *vt* אִמֵּן, תִּרְגֵּל, שִׁנֵּן

ejército *m* צָבָא, חַיִל

ejido *m* אֲדָמָה צִבּוּרִית, אָחִידוֹ

el *art* הַ, הָ

él *pron* הוּא, הַהוּא

elaboración *f* עִבּוּד, שִׁפּוּר, לִטּוּשׁ

elaborado *adj* מְעֻבָּד, מְשֻׁפָּר, מְלֻטָּשׁ

elaborar *vt* עִבֵּד, שִׁפֵּר, לִטֵּשׁ

elación *f* 1 יְהִירוּת, גַּאֲוָה, הִתְרַבְרְבוּת. 2 רוֹמְמוּת, אֲצִילוּת

elasticidad *f* גְּמִישׁוּת, קְפִיצִיּוּת, אֶלַסְטִיּוּת

elástico *adjm* גָּמִישׁ, קְפִיצִי, אֶלַסְטִי

elección *f* 1 בְּחִירָה. 2 הַצְבָּעָה. 3 בְּחִירוֹת

electivo *adj* בָּחִיר

electo *adjm* נִבְחָר, בָּחִיר

elector *adjm* בּוֹחֵר, אֶלֶקְטוֹר

electorado *m* קְהַל הַבּוֹחֲרִים

electoral *adj* 1 אֶלֶקְטוֹרִי. 2 שֶׁל בְּחִירוֹת

electricidad *f* חַשְׁמַל

electricista *m* חַשְׁמַלַּאי

eléctrico *adj* חַשְׁמַלִּי

electrificación *f* 1 חִשְׁמוּל. 2 הִתְחַשְׁמְלוּת

electrificar *vt* חִשְׁמֵל

electrización *f* חִשְׁמוּל

electrizar *vt* חִשְׁמֵל

electro *m* עִנְבָּר

electrocución *f* הֲמָתָה בְּחַשְׁמַל, הִתְחַשְׁמְלוּת

electrocutar *vt* 1 הֵמִית בְּחַשְׁמַל. 2 הִתְחַשְׁמֵל

electrocutor *m* מֵמִית בְּחַשְׁמַל, תַּלְיָן

electrodo *m* אֶלֶקְטְרוֹד

electrólisis *f* אֶלֶקְטְרוֹלִיזָה

electrolítico *adj* אֶלֶקְטְרוֹלִיטִי

electrólito *m* אֶלֶקְטְרוֹלִיט

electrolizar *vt* הִפְרִיד בְּאֹפֶן חַשְׁמַלִּי

electromagnético *adj* אֶלֶקְטְרוֹמַגְנֶטִי

electromagnetismo *m* אֶלֶקְטְרוֹמַגְנֶטִיּוּת

electromotriz *adj* אֶלֶקְטְרוֹמוֹטוֹרִי

electrón *m* אֶלֶקְטְרוֹן

electrónica *f* אֶלֶקְטְרוֹנִיקָה

electrónico *adj* אֶלֶקְטְרוֹנִי

electrostática *f* אֶלֶקְטְרוֹסְטָטִיקָה

electrostático *adj* אֶלֶקְטְרוֹסְטָטִי

electrotipo *m* גִּלְווּן

elefancía *f* שַׁנְהֶבֶת

elefante *m* פִּיל

elefantiasis *f* שַׁנְהֶבֶת

elefantino *adj* פִּילִי, עֲנָק, כָּבֵד, גַּס

elegancia *f* הָדָר, פְּאֵר, חֵן, תִּפְאֶרֶת, טַרְזָנוּת, אֶלֶגַּנְטִיּוּת

elegante *adj* הָדוּר, מְפֹאָר, נָאֶה, אֶלֶגַּנְטִי

elegía *f* קִינָה, אֶלֶגְיָה, נְהִי

elegíaco *adj* נוּגֶה, מְקוֹנֵן, אֶלֶגִי

elegibilidad *f* בְּחִירוּת

elegible *adj* רָצוּי, מַתְאִים, רָאוּי לְהִבָּחֵר

elegido *adj* נִבְחָר, מְיֹעָד, בָּחִיר

elegir *vt* בָּחַר, הִצְבִּיעַ, מִנָּה, בֵּרֵר

elemental *adj* 1 יְסוֹדִי, עִקָּרִי, רִאשׁוֹנִי. 2 פָּשׁוּט

elemento *m* 1 יְסוֹד, עִקָּר. 2 יְסוֹד כִּימִי, חֹמֶר. 3 אֵיבָר. 4 סְבִיבָה טִבְעִית. 5 צַעַד רִאשׁוֹן, הַתְחָלָה

elenco *m* 1 תֹּכֶן, מַפְתֵּחַ, תֹּכֶן הָעִנְיָנִים. 2 לַהֲקָה, קְבוּצָה

elevación *f* רוֹמְמוּת, הַגְבָּהָה, הֲרָמָה, רוּם

elevado *adj* מוּרָם, עִלִּי, נִשְׂגָּב

elevador *adjm* 1 מֵרִים. 2 מַעֲלִית. 3 עֲגוּרָן

elevar *vt* 1 הֶעֱלָה, הִגְבִּיהַּ, הֵרִים, רוֹמֵם, עוֹרֵר, נִשָּׂא. 2 הִתְרוֹמֵם, הִתְפָּאֵר

elfo *m* שֵׁד, גַּמָּד
elidir *vt* הִבְלִיעַ, הִשְׁמִיט
eliminación *f* הַשְׁמָטָה, סִלּוּק, הַרְחָקָה, חִלּוּץ, הֲסָרָה
eliminar *vt* הִשְׁמִיט, סִלֵּק, הֵסִיר
elipse *f* אֱלִיפְּסָה
elipsis *fpl* חִסּוּר, הַבְלָעָה, הַשְׁמָטָה
elíptico *adj* 1 אֱלִיפְּסִי, אֱלִיפְּטִי, בֵּיצָתִי. 2 הַבְלָעִי, שָׁמוּט
elisión *f* הַשְׁמָטָה, הַבְלָעָה
elixir, elíxir *m* סַם חַיִּים, אֱלִיקְסִיר
elocución *f* 1 סִגְנוֹן, הַשָּׂפָה. 2 דַּבְּרָנוּת. 3 אָמָּנוּת הַנְּאוּם, צַחוּת הַנְּאוּם
elocuencia *f* הַבָּעָה, אָמָּנוּת הַדִּבּוּר, רֶטוֹרִיקָה, מְלִיצוּת
elocuente *adj* מְלִיצִי, צַח, רֶטוֹרִי
elogiar *vt* שִׁבַּח, הִלֵּל, רוֹמֵם, קִלֵּס
elogio *m* שֶׁבַח, תְּהִלָּה, הַלֵּל
elogioso *adj* מְקַלֵּס, מְשַׁבֵּחַ, מְהַלֵּל
elongación *f* 1 הַאֲרָכָה, הַרְחָבָה, הַמְשָׁכָה. 2 אֶלוֹנְגַצְיָה
elote *m* תִּירָס
elucidación *f* הַבְהָרָה, בֵּאוּר, הֶאָרָה, הֶסְבֵּר, פֵּרוּשׁ
elucidar *vt* הִבְהִיר, בֵּאֵר, הֵאִיר, הִסְבִּיר, פֵּרֵשׁ
eludible *adj* חָמִיק
eludir *vt* עָקַף, הִתְחַמֵּק, הִשְׁתַּמֵּט, נִמְנַע
ella *pronf* הִיא
ellas *pron fpl* 1 הֵן. 2 אוֹתָן
ello *pron* זֶה, הוּא, הַהוּא
ellos *pronplm* 1 הֵם. 2 אוֹתָם
emaciación *f* רָזוֹן, כְּחִישׁוּת
emanación *f* 1 נְבִיעָה, יְצִיאָה, שְׁפִיעָה. 2 אֲצִילוּת. 3 אֶמָנַצְיָה
emanar *vi* נָבַע, יָצָא, שָׁפַע, נָדַף
emancipación *f* 1 שִׁחְרוּר, חֵרוּת, גְּאֻלָּה, אֶמַנְסִיפַּצְיָה. 2 שִׁוְיוֹן זְכֻיּוֹת
emancipador *adjm* גּוֹאֵל, מְשַׁחְרֵר
emancipar *vt* 1 שִׁחְרֵר, גָּאַל, הוֹצִיא לְחֵרוּת. 2 הִשְׁוָה זְכֻיּוֹת
emasculación *f* סֵרוּס, עִקּוּר
embajada *f* 1 שַׁגְרִירוּת, צִירוּת. 2 מִשְׁלַחַת
embajador *m* 1 שַׁגְרִיר, צִיר. 2 שָׁלִיחַ
embalador *m* אוֹרֵז, אַרְזָן
embalaje *m* 1 אֲרִיזָה, חֲבִישָׁה. 2 חִזּוּק
embalar *vt* 1 צָרַר, אָרַז, חָבַשׁ. 2 זִנֵּק
embaldosado *m* רִצְפָּה, מַרְצֶפֶת
embaldosador *m* רַצָּף
embaldosar *vt* רִצֵּף
embalsamador *m* חוֹנֵט
embalsamamiento *m* 1 חֲנִיטָה. 2 בִּשּׂוּם
embalsamar *vt* 1 חָנַט. 2 בִּשֵּׂם
embarazada *adj* הָרָה
embarazar *vt* 1 הֵבִיךְ, בִּלְבֵּל, הִטְרִיחַ, הִטְרִיד. 2 עָצַר, עִכֵּב. 3 הִכְנִיס לְהֵרָיוֹן
embarazo *m* 1 בִּלְבּוּל, מְבוּכָה, טַרְדָּה, תִּמָּהוֹן. 2 מִכְשׁוֹל, תַּקָּלָה, מַעֲמָסָה. 3 הֵרָיוֹן
embarazoso *adj* 1 מֵבִיךְ, מְבַלְבֵּל, מַטְרִיד, מַכְבִּיד, מַפְרִיעַ. 2 גַּמְלוֹנִי
embarbecer *vi* גִּדֵּל זָקָן
embarcación *f* 1 אֳנִיָּה, סִירָה, סְפִינָה. 2 הַפְלָגָה, עֲלִיָּה לָאֳנִיָּה
embarcadero *m* רָצִיף, מֵזַח
embarcador *m* מְשַׁלֵּחַ בָּאֳנִיָּה, סוֹכֵן
embarcar *vt* 1 הִפְלִיג. 2 הִטְעִין, הֶעֱלָה עַל אֳנִיָּה. 3 הִסְתַּבֵּךְ
embarco *m* הַפְלָגָה, עֲלִיָּה עַל אֳנִיָּה
embargar *vt* 1 עִקֵּל, הֶחֱרִים. 2 עָצַר, עִכֵּב
embargo *m* 1 הַחְרָמָה, עִקּוּל. 2 הֶסְגֵּר, אֶמְבַּרְגוֹ
embarque *m* הַטְעָנָה, הַפְלָגָה
embarradura *f* הִתְלַכְלְכוּת
embarrancar *vi* 1 שָׁקַע, טָבַע, נִתְקַע. 2 עָלָה עַל שִׂרְטוֹן
embarrar *vt* 1 לִכְלֵךְ, רִפֵּשׁ, טִנֵּף. 2 הִכְשִׁיל, קִלְקֵל
embarullar *vt* סִבֵּךְ, עִרְבֵּב, בִּלְבֵּל
embastar *vt* הִכְלִיב
embaste *m* הַכְלָבָה
embate *m* 1 מַכָּה, חֲבָטָה. 2 הִסְתָּעֲרוּת

embaucador *adjm* נוֹכֵל, רַמַּאי, עוֹשֵׁק

embaucamiento *m* הוֹנָאָה, תַּרְמִית, רַמָּאוּת

embaucar *vt* הוֹנָה, רִמָּה, הִטְעָה, עָשַׁק

embazadura *f* תִּמָּהוֹן, פְּלִיאָה, הִשְׁתּוֹמְמוּת

embebecer *vt* 1 שִׁעֲשַׁע, בִּדֵּר. 2 עִנֵּג, הִקְסִים

embebecido *adj* מְקֻסָּם, מְשֻׁעֲשָׁע

embebecimiento *m* קֶסֶם, מִקְסָם, כִּשּׁוּף

embeber *vt* 1 סָפַג. 2 הִשְׁרָה, שָׁרָה. 3 הִכְנִיס, דָּחַס, קָבַע. 4 כִּוֵּץ, קִמֵּט. 5 הִשְׁתַּעֲשַׁע, הִתְעַנֵּג

embelecar *vt* הוֹנָה, רִמָּה, הִטְעָה, עָשַׁק

embeleco *m* הוֹנָאָה, רַמָּאוּת, הַטְעָיָה

embelesar *vt* הִקְסִים, לִבֵּב

embeleso *m* מִקְסָם, קֶסֶם, חֵן

embellecer *vt* יִפָּה, פֵּאֵר, הִדֵּר, קִשֵּׁט

embellecimiento *m* יִפּוּי, הִדּוּר, הִתְיַפּוּת

embestida *f* הִתְנַפְּלוּת, הִסְתָּעֲרוּת, הַתְקָפָה, תְּקִיפָה

embestir *vt* הִתְנַפֵּל, הִסְתָּעֵר, הִתְקִיף, תָּקַף

emblandecer *vt* רִכֵּךְ, שִׁכֵּךְ

emblanquecer *vt* לִבֵּן, הִלְבִּין

emblema *m* סֵמֶל, סִימָן, אוֹת, נֵס

emblematico *adj* סִמְלִי

embobamiento *m* הִתְפַּעֲלוּת, הִקָּסְמוּת

embobar *vt* 1 שִׁעֲשַׁע, בִּדַּח, בִּדֵּר, הִנָּה. 2 הִקְסִים. 3 הִשְׁתּוֹמֵם

embocadura *f* 1 כְּנִיסָה. 2 פִּיָּה, פּוּמִית. 3 פְּתִיחָה. 4 שֶׁפֶךְ

embolada *f* מַהֲלַךְ הַבֻּכְנָה

embolado *m* 1 קִשּׁוּט. 2 אָדָם לֹא יָעִיל

embolar *vt* צִחְצֵחַ נַעֲלַיִם

embolia, embolismo *f* 1 עִבּוּר הַשָּׁנָה. 2 פַּקֶּקֶת, סְחִיף. 3 אַנְדְּרוֹלוֹמוּסְיָה, תֹּהוּ וָבֹהוּ. 4 בְּדָיָה

émbolo *m* 1 בֻּכְנָה. 2 סְחִיף, קָרִישׁ, פְּקִיק

embolsar *vt* 1 הִכְנִיס לַכִּיס. 2 הִרְוִיחַ

embonar *vt* 1 טִיֵּב, הֵיטִיב, שִׁכְלֵל, הִשְׁבִּיחַ. 2 הִתְאִים

emborrachar *vt* 1 שִׁכֵּר. 2 הִשְׁתַּכֵּר, הִתְבַּשֵּׂם

emborrascar *vt* 1 הִרְגִּיז, הִקְנִיט, הִטְרִיד. 2 הִסְתַּגְרֵר (מֶזֶג־הָאֲוִיר)

emborronar *vt* 1 שִׁרְבֵּט, קִשְׁקֵשׁ. 2 הִכְתִּים, לִכְלֵךְ. 3 נִכְתַּם

emboscada *f* מַאֲרָב

embotamiento *m* 1 קֵהָיוֹן, קֵהוּת. 2 טִמְטוּם, טִפְּשׁוּת. 2 חֹסֶר תְּחוּשָׁה

emboscar *vt* אָרַב

embotar *vt* 1 הִקְהָה. 2 הֶחֱלִישׁ

embotellar *vt* מִלֵּא בַּקְבּוּקִים

embozar *vt* 1 הֶעֱטָה, כִּסָּה. 2 חָסַם, רִסֵּן. 3 הִסְתִּיר, הִטְמִין, הֶעְלִים

embozo *m* 1 מַעֲטֶה, כִּסּוּי. 2 מַסְוֶה

embragar *vt* 1 הִצְמִיד. 2 חִבֵּר, קָשַׁר

embrague *m* מַצְמֵד

embravecer *vt* 1 הִרְגִּיז, הִכְעִיס, הִקְצִיף, הִסְעִיר. 2 חִזֵּק

embrear *vt* זִפֵּת

embregarse *vref* רָב, הִתְקוֹטֵט, קִנְטֵר

embriagado *adj* שִׁכּוֹר, מְבֻשָּׂם

embriagante *adj* מְשַׁכֵּר

embriagar *vt* שִׁכֵּר

embriaguez *f* שִׁכְרוּת, שִׁכָּרוֹן, הִתְבַּשְּׂמוּת

embridar *vt* מִתֵּג, שָׂם רֶסֶן

embriología *f* אֶמְבְּרִיּוֹלוֹגְיָה

embriólogo *m* אֶמְבְּרִיּוֹלוֹג

embrión *m* עֻבָּר, וָלָד, גֹּלֶם

embrionario *adj* עֻבָּרִי

embrollador *adjm* 1 מֵבִיךְ, מַטְרִיד. 2 סַכְסְכָן, טַרְדָן

embrollar *vt* הֵבִיךְ, הִטְרִיד, סִכְסֵךְ, סִבֵּךְ

embrollo *m* בִּלְבּוּל, מְבוּכָה, סִכְסוּךְ, רִיב

embromador *adjm* 1 מְלַגְלֵג. 2 לַגְלְגָן, לֵיצָן

embromar *vt* 1 לָעַג, לִגְלֵג. 2 הִתְלוֹצֵץ, הִתְבַּדֵּחַ. 3 הִטְרִיד, הֵבִיךְ

embrujamiento *m* כִּשּׁוּף, הַקְסָמָה, מִקְסָם

embrujar *vt* הִקְסִים, כִּשֵּׁף

embrujo *m* קֶסֶם, כִּשּׁוּף

embrutecer *vt* בִּהֵם, טִמְטֵם

embudo *m* 1 מַשְׁפֵּךְ. 2 סְבַךְ, מַלְכֹּדֶת

embuste *m* שֶׁקֶר, כָּזָב, בְּדָיָה, כַּחַשׁ

embustero *m* שַׁקְרָן, בַּדַּאי, כַּזְּבָן

embutido *adjm* 1 מְשֻׁבָּץ. 2 נַקְנִיק, נַקְנִיקִיָּה

embutir *vt* שִׁבֵּץ, הִכְנִיס, קָבַע

emergencia *f* 1 חֵרוּם, דֹּחַק. 2 צְמִיחָה, הוֹפָעָה, הִתְגַּלּוּת

emergente *adj* מִזְדַּקֵּר, עוֹלֶה, מְבַצְבֵּץ

emerger *vi* הוֹפִיעַ, עָלָה, הִזְדַּקֵּר, בִּצְבֵּץ

emérito *adj* שֶׁפָּרַשׁ, שֶׁמְּקַבֵּל פֶּנְסְיָה

emético *adjm* 1 גּוֹרֵם הֲקָאָה. 2 סַם הֲקָאָה

emigración *f* הֲגִירָה, נְדִידָה

emigrante *adjm* מְהַגֵּר, נוֹדֵד, גּוֹלֶה

emigrar *vi* הִגֵּר, נָדַד

eminencia *f* 1 רָמָה, גִּבְעָה, גֹּבַהּ. 2 רוֹמְמוּת. 3 הוֹד מַעֲלָתוֹ, הוֹד רוֹמְמוּתוֹ

eminente *adj* נִשָּׂא, דָּגוּל, מְפֻרְסָם, חָשׁוּב, יָדוּעַ

emir *m* אָמִיר

emisario *m* שָׁלִיחַ, סוֹכֵן, צִיר

emisión *f* 1 מַהֲדוּרָה. 2 שִׁלּוּחַ. 3 פְּלִיטָה. 4 אֲמִיסְיָה, הַנְפָּקָה

emisor *adjm* מְשַׁדֵּר, מַשְׁדֵּר

emisora *f* תַּחֲנַת שִׁדּוּר

emitir *vt* נִפֵּק, הִנְפִּיק, הֵפִיק, הוֹצִיא

emoción *f* הִתְרַגְּשׁוּת, הִתְלַהֲבוּת, אֶמוֹצְיָה

emocional *adj* רִגְשִׁי, רַגְשָׁנִי, אֶמוֹצְיוֹנָלִי

emocionante *adj* מְרַגֵּשׁ, מְזַעֲזֵעַ

emocionar *vt* זִעְזַע, רִגֵּשׁ, הִלְהִיב

emoliente *adjm* 1 מְרַכֵּךְ. 2 מְלַגְמָה, אִסְפְּלָנִית

emolumento *m* 1 הֲנָאָה, תּוֹעֶלֶת, רֶוַח. 2 תַּגְמוּל, שָׂכָר, מַשְׂכֹּרֶת

emotivo *adj* רִגְשִׁי, נִרְגָּשׁ, רַגְשָׁנִי

empacado *m* אָרוּז

empacador *m* 1 אוֹרֵז. 2 מְכוֹנַת אֲרִיזָה

empacar *vti* 1 אָרַז, צָרַר. 2 הִתְעַקֵּשׁ

empachar *vt* 1 הִפְרִיעַ, בִּטֵּל. 2 קִלְקֵל הַקֵּבָה

empacho *m* 1 מְנִיעָה, מַעְצוֹר, הַגְבָּלָה, הִתְאַפְּקוּת. 2 בּוּשָׁה. 3 בִּלְבּוּל, מִכְשׁוֹל, מְבוּכָה. 4 קִלְקוּל קֵבָה

empadronamiento *m* מִפְקָד, מִרְשַׁם־תּוֹשָׁבִים

empadronar *vt* פָּקַד, רָשַׁם (בְּמִפְקַד תּוֹשָׁבִים)

empalagar *vt* 1 עוֹרֵר בְּחִילָה, הִמְאִיס. 2 נִמְאַס. 3 הִשְׁתַּעֲמֵם, שִׁעֲמֵם

empalago *m* 1 בְּחִילָה, מְאִיסָה. 2 שִׁעֲמוּם

empalagoso *adj* מַבְחִיל, מַמְאִיס, גָּעֳלִי

empalar *vt* 1 שִׁפֵּד, הֵמִית (עַל יְדֵי הוֹשָׁבָה עַל כְּלוֹנָס חַד). 2 הִתְעַקֵּשׁ

empalizada *f* מְשׂוּכָה, גָּדֵר

empalizar *vt* גִּדֵּר

empalmar *vt* 1 חִבֵּר, הִצְמִיד, שִׁלֵּב. 2 הִסְתָּעֵף

empalme *m* 1 הִסְתָּעֲפוּת. 2 חִבּוּר, הַצְמָדָה, שִׁלּוּב

empanada *f* 1 כִּיסָן. 2 תַּרְמִית, הוֹנָאָה, מִרְמָה

empanar *vt* 1 כִּסָּה בְּפֵרוּרֵי לֶחֶם. 2 מִלֵּא (כִּיסָן)

empañar *vt* 1 חִתֵּל. 2 הִכְתִּים. 3 הֶאֱפִיל, הִכְהָה

empañetar *vt* טִיֵּחַ, כִּיֵּר

empapar *vt* שָׁרָה, הִשְׁרָה, הִרְטִיב, טָבַל

empapelado *m* טַפֵּיט, שְׁטִיחַ־קִיר

empapelador *m* רַפָּד קִירוֹת, טַפֵּיטָר

empapelar *vt* 1 עָטַף בִּנְיָר. 2 נִיֵּר, צִפָּה בִּנְיָר. 3 פָּתַח תִּיק פְּלִילִי

empaque *m* 1 אֲרִיזָה. 2 אֲרֶשֶׁת פָּנִים. 3 רְצִינוּת

empaquetador *m* אוֹרֵז

empaquetadura *f* 1 אֲרִיזָה. 2 אֶטֶם, אָטָם אֲגָנִים

empaquetar *vt* 1 אָרַז, צָרַר. 2 דָּחַס. 3 הִתְקַשֵּׁט

emparedado *m* כָּרִיךְ, סַנְדְוִיץ׳

emparedar *vt* כָּלָא, עָצַר, אָסַר

emparejar *vt* 1 זִוֵּג, חִבֵּר, הִתְאִים. 2 יִשֵּׁר, שִׁוָּה. 3 הִזְדַּוֵּג, הִתְחַתֵּן

emparentar *vi* הִתְחַתֵּן, הִשְׁתַּדֵּךְ

emparrado *m* סֻכָּה, בִּקְתָּה

empastar *vt* 1 סָתַם (שִׁנַּיִם). 2 כָּרַךְ (סְפָרִים)

empaste *m* 1 סְתִימָה. 2 כְּרִיכָה

empatar *vt* הִשְׁוָה, סִיֵּם בְּתֵיקוּ

empate *m* תֵּיקוּ

empatía *f* אֶמְפַּתְיָה

empecinado *adj* עַקְשָׁן, עִקֵּשׁ, מַתְמִיד, עַקְשָׁנִי

empecinarse *vref* 1 הִתְעַקֵּשׁ. 2 הִתְמִיד, שָׁקַד

empedernido *adj* אַכְזָר, קְשֵׁה לֵב, עַז פָּנִים

empedernir *vt* 1 חִסֵּם, הִקְשָׁה. 2 הִתְאַכְזֵר

empedrado *adj* סָלוּל, מְרֻצָּף

empedrar *vt* סָלַל, רִצֵּף

empega *f* זֶפֶת, כֹּפֶר

empegado *m* אַבַּרְזִין, בְּרֶזֶנְט

empegar *vt* זִפֵּת, כָּפַר

empeine *m* 1 מִפְשָׂעָה. 2 קִמּוּר הָרֶגֶל. 3 גָּרֶדֶת, גַּזֶּזֶת

empellar *vt* הָדַף, דָּחַף, דָּחַק

empellón *m* דְּחִיפָה, הֲדִיפָה, הִדָּחֲקוּת, דְּחִיקָה

empeñar *vt* 1 מִשְׁכֵּן, עָרַב. 2 הִכְרִיחַ, אִלֵּץ. 3 הִתְחַיֵּב, הִבְטִיחַ. 4 הִתְעַקֵּשׁ. 5 הִשְׁתַּדֵּל, הִתְאַמֵּץ

empeño *m* 1 מַשְׁכּוֹן, עֲבוֹט, עֵרָבוֹן. 2 תַּאֲוָה, הִשְׁתּוֹקְקוּת, תְּשׁוּקָה. 3 הַתְמָדָה, שְׁקִידָה. 4 הִשְׁתַּדְּלוּת, מַאֲמָץ

empeoramiento *m* הֲרָעָה, הַחְמָרָה

empeorar *vt* הֵרַע, הֶחֱמִיר

empequeñecer *vt* הִקְטִין, הִמְעִיט, הִפְחִית

emperador *m* קֵיסָר, אִימְפֶּרָטוֹר

emperatriz *f* קֵיסָרִית

emperifollar *vt* 1 קִשֵּׁט, פֵּאֵר. 2 הִתְקַשֵּׁט

empero *conj* בְּרַם, אוּלָם, אֲבָל, עִם זֹאת

emperrarse *vref* הִתְעַקֵּשׁ

empezar *vt* הִתְחִיל, הֵחֵל, פָּתַח

empicotar *vt* 1 הִכְלִים, בִּזָּה, בִּיֵּשׁ. 2 הֶעֱמִיד לְיַד עַמּוּד הַקָּלוֹן

empinado *adj* 1 זָקוּף, תָּלוּל. 2 גָּבוֹהַּ, רָם, עֶלְיוֹן, נִשְׂגָּב. 3 יָהִיר, גַּאַוְתָן

empinar *vt* 1 הֵרִים, הֶעֱלָה, הִגְבִּיהַּ. 2 הִתְנַשֵּׂא, הִתְרוֹמֵם

empinar el codo שָׁתָה לְשָׁכְרָה

empiojado *adj* מְכֻנָּם

empírico *adj* אֶמְפִּירִי, נִסְיוֹנִי, נִסּוּיִי

empirismo *m* אֶמְפִּירִיּוּת, נִסְיוֹנִיּוּת

empizarrar *vt* כִּסָּה בְּצִפְחָה

emplastar *vt* 1 שָׂם אִסְפְּלָנִית. 2 קִשֵּׁט, יִפָּה, אִפֵּר. 3 הִכְשִׁיל. 4 הִתְיַפָּה. 5 הִתְלַכְלֵךְ בְּדֶבֶק

emplástico *adj* דָּבִיק, מְדַבֵּק

emplasto *m* 1 רְטִיָּה, אִסְפְּלָנִית, תַּחְבֹּשֶׁת. 2 אָדָם חָלוּשׁ, כָּחוּשׁ, רָפֶה

emplazamiento *m* 1 הַזְמָנָה, צַו־קְרִיאָה. 2 עֶמְדָּה, עֶמְדַּת תּוֹתָחִים

emplazar *vt* 1 הִזְמִין, צִוָּה, קָרָא. 2 הֶעֱמִיד, הִצִּיב

empleado *adjm* שָׂכִיר, עוֹבֵד, פָּקִיד, מָעֳסָק

empleador *m* מַעֲבִיד, מַעֲסִיק, נוֹתֵן עֲבוֹדָה

emplear *vt* 1 הֶעֱסִיק, הֶעֱבִיד. 2 הִשְׁקִיעַ, הוֹצִיא, הִקְדִּישׁ. 3 הִשְׁתַּמֵּשׁ

empleo *m* 1 מִשְׂרָה, תַּפְקִיד, עֲבוֹדָה. 2 מִקְצוֹעַ. 3 עֵסֶק. 4 שִׁמּוּשׁ. 5 תַּעֲסוּקָה

emplomar *vt* כִּסָּה בְּעוֹפֶרֶת

emplumar *vt* קִשֵּׁט בְּנוֹצוֹת, כִּסָּה בְּנוֹצוֹת

empobrecer *vt* 1 רוֹשֵׁשׁ, דִּלְדֵּל. 2 הִתְרוֹשֵׁשׁ

empobrecimiento *m* הִתְרוֹשְׁשׁוּת, דִּלְדּוּל

empolvar *vt* 1 אִבֵּק. 2 פִּדֵּר. 3 הִתְאַפֵּר

empollar *vt* דָּגַר

empollón *m* "חֲמוֹר נוֹשֵׂא סְפָרִים"

emponzoñador *adjm* 1 רָעִיל, מַרְעִיל. 2 רַעַל

emponzoñamiento *m* הַרְעָלָה

emponzoñar *vt* הִרְעִיל

emporio *m* 1 כְּרַךְ. 2 מֶרְכָּז מִסְחָרִי. 3 כָּל־בּוֹ

empotrar *vt* 1 שִׁבֵּץ, קָבַע, הִדְבִּיק. 2 שִׁקַּע

emprendedor *adj* בַּעַל יָזְמָה

emprender *vt* 1 יָזַם. 2 הִתְחִיל, הֵחֵל

emprenderla con רָב עִם־, הִתְקוֹטֵט בְּרַעַשׁ

empreñar *vt* 1 עִבֵּר, הִפְרָה. 2 הִתְעַבְּרָה

empresa *f* 1 עֵסֶק, מִפְעָל, חֶבְרָה. 2 קַבְּלָנוּת. 3 הַנְהָלָה, מִנְהָלָה

empresario *m* 1 אֲמַרְגָּן. 2 קַבְּלָן

empréstito *m* הַלְוָאָה, מִלְוֶה

empujar *vt* דָּחַף, הָדַף

empuje *m* 1 הֲדִיפָה, דְּחִיפָה. 2 יָזְמָה, דַּחַף

empujón *m* דְּחִיפָה, הֲדִיפָה

empulgueras *fpl* 1 בֹּרֶג כְּנָפַיִם. 2 מַלְחֲצֵי־עִנּוּיִים

empuñadura *f* 1 יָדִית, אֹחֶז. 2 קַת

empuñar ☞ encapuchar | 161

empuñar *vt* תָּפַס, אָחַז, לָפַת

emulación *f* 1 חִקּוּי, הִתְחָרוּת. 2 קִנְאָה

emular *vt* תִּחֲרָה, הִתְחָרָה

émulo *adjm* מִתְחָרֶה, יָרִיב

emulsión *f* תַּחֲלִיב

emulsionamiento *m* תִּחְלוּב

emulsionar *vt* תִּחְלֵב

emulsor *m* מְתַחְלֵב

emunción *f* הַפְרָשָׁה

en *prep* בְּ־, בְּתוֹךְ

enagua *f* תַּחְתּוֹנִית

enajenación *f* 1 מְכִירָה, הַעֲבָרָה. 2 הִתְנַכְּרוּת, הִתְכַּחֲשׁוּת. 3 פִּזּוּר הַנֶּפֶשׁ

enajenación mental הַפְרָעָה נַפְשִׁית, טֵרוּף הַדַּעַת, שִׁגָּעוֹן

enajenamiento *m* 1 הִתְנַכְּרוּת, הִתְכַּחֲשׁוּת. 2 מְכִירָה, הַעֲבָרָה. 3 פִּזּוּר הַנֶּפֶשׁ

enajenar *vt* 1 הֶעֱבִיר, מָכַר. 2 הִתְנַכֵּר, הִתְכַּחֵשׁ. 3 הִרְחִיק, הִפְרִיד. 4 הִשְׁתַּגֵּעַ

enaltecer *vt* רוֹמֵם, נִשָּׂא, הֶעֱלָה, שִׁבַּח, פֵּאֵר

enaltecimiento *m* הִתְרוֹמְמוּת, הִתְעַלּוּת, הִתְלַהֲבוּת, רוּם

enamorado *adjm* מְאֹהָב, אוֹהֵב, מֻקְסָם

enamoramiento *m* הִתְאַהֲבוּת

enamorar *vt* 1 אָהַב, הִתְאַהֵב. 2 הִקְסִים, נִקְסַם

enanchar *vt* 1 הִרְחִיב, מָתַח, שָׁטַח. 2 הִתְרַחֵב, הִתְפַּשֵּׁט

enano *adjm* נַנָּס, גַּמָּד, גּוּץ

enarbolar *vt* 1 הֵנִיף, הֵרִים. 2 הִתְרַגֵּז, כָּעַס

enarcar *vt* 1 קִשֵּׁת, כָּפַף, עִקֵּם. 2 חִשֵּׁק, הִדֵּק, כִּתֵּר, הִקִּיף

enardecer *vt* הִלְהִיב, שִׁלְהֵב, לִבָּה

enardecimiento *m* שִׁלְהוּב, לִבּוּי, הַלְהָבָה

enarenar *vt* 1 כִּסָּה בְּחוֹל. 2 עָלָה עַל שִׂרְטוֹן

encabezamiento *m* 1 מִפְקָד. 2 מִרְשָׁם תּוֹשָׁבִים. 3 שִׁעוּר הַמַּס, מַס. 4 כּוֹתֶרֶת, רֹאשׁ, רֹאשׁ הָעַמּוּד

encabezar *vt* 1 רָשַׁם בְּמִרְשָׁם. 2 הִכְתִּיר, כָּתַר. 3 הוֹבִיל, עָמַד בְּרֹאשׁ, נָהַג, הִנְהִיג

encabritarse *vref* 1 עָמַד עַל רַגְלַיִם אֲחוֹרִיּוֹת. 2 הִתְרוֹמֵם. 3 כָּעַס, רָגַז

encadenación *f*, **encadenamiento** *m* 1 חִבּוּר, קֶשֶׁר, שַׁיָּכוּת. 2 כְּבִילָה, אֲסִירָה בַּאֲזִקִּים. 3 שִׁרְשׁוּר

encadenar *vt* 1 שִׁרְשֵׁר, אָסַר. 2 כָּבַל. 3 חִבֵּר, קָשַׁר. 4 שִׁעְבֵּד

encajar *vt* 1 הִכְנִיס, קָבַע, תָּקַע. 2 חִבֵּר, הִצְמִיד, אִחֵד. 3 הִתְעָרֵב

encaje *m* 1 שִׁבּוּץ, חִבּוּר. 2 תַּחְרִים, מַלְמָלָה

encajonado *adj* 1 אָרוּז. 2 עָמוּס

encajonar *vt* 1 אָרַז, צָרַר. 2 הֶעֱמִיס, הִטְעִין

encallar *vi* עָלָה עַל הַשִּׂרְטוֹן

encamado *adj* רָתוּק לְמִטָּתוֹ

encamarse *vref* נָפַל לְמִשְׁכָּב

encaminar *vt* 1 הִדְרִיךְ, הוֹרָה, הִנְהִיג, כִּוֵּן, הִפְנָה. 2 שִׁלַּח, שָׁלַח

encamotarse *vref* הִתְאַהֵב

encandecer *vt* לִבֵּן

encandilar *vt* סִנְוֵר, עִמְעֵם, הִסְתַּנְוֵר

encanecer *vi* שָׂב, הִזְדַּקֵּן

encanijarse *vref* כָּחַשׁ, צָנַם, רָזָה

encantado *adj* מֻקְסָם, מְרֻצֶּה, שָׂמֵחַ

encantador *adjm* 1 מַקְסִים, חָבִיב, נֶחְמָד. 2 קוֹסֵם, מָג

encantamiento *m* 1 הַקְסָמָה, קֶסֶם, כִּשּׁוּף. 2 הִתְלַהֲבוּת, הִתְפַּעֲלוּת

encantar *vt* 1 הִקְסִים, קָסַם, כִּשֵּׁף. 2 לִבֵּב, חִבֵּב, הֶאֱהִיב

encanto *m* 1 יֹפִי, חֵן, חֶמֶד. 2 קֶסֶם, כִּשּׁוּף

encapotado *adj* 1 מְעֻנָּן, מוּעָב. 2 מְכֻסֶּה. 3 זוֹעֵף, כּוֹעֵס, קוֹדֵר

encapotadura, **encapotamiento** *f* 1 הִתְעַנְּנוּת, קַדְרוּת. 2 הַבָּעָה, אַרֶשֶׁת

encapotar *vt* 1 כִּסָּה (בִּמְעִיל). 2 הִתְרַגֵּז. 3 הִתְעַטֵּף, הִתְכַּסָּה. 4 הִתְעַנֵּן, הִתְקַדֵּר

encapricharse *vref* הִתְעַקֵּשׁ

encapuchar *vt* כִּסָּה בְּבַרְדָּס, הִתְכַּסָּה בְּבַרְדָּס

encaramar *vt* 1 הִגְבִּיהַּ, הֵרִים, רוֹמֵם, הֶעֱלָה. 2 הִלֵּל, שִׁבַּח, קִלֵּס

encarar *vt* 1 כִּוֵּן. 2 הִתְיַצֵּב, עָמַד פָּנִים אֶל פָּנִים

encararse con הִתְיַצֵּב פָּנִים אֶל פָּנִים

encarcelación *f*, **encarcelamiento** *m* אֲסִירָה, כְּלִיאָה, חֲבִישָׁה

encarcelar *vt* כָּלָא, אָסַר, חָבַשׁ, עָצַר

encarecer *vt* 1 יִקֵּר, הֶעֱלָה. 2 הִלֵּל, שִׁבַּח, קִלֵּס

encarecidamente *adv* בְּמִדָּה רַבָּה, בְּהַעֲרָכָה

encarecimiento *m* יִקּוּר, הַעֲלָאַת־מְחִיר

encargado *m* 1 סוֹכֵן, נָצִיג, שָׁלִיחַ, בָּא כֹּחַ. 2 מְנַהֵל עֲבוֹדָה, מַשְׁגִּיחַ

encargado de negocios מְיֻפֵּה כֹּחַ

encargar *vt* 1 הִפְקִיד, הִטִּיל. 2 הִזְהִיר. 3 הִזְמִין (מַשֶּׁהוּ). 4 צִוָּה, פָּקַד

encargo *m* 1 שְׁלִיחוּת, תַּפְקִיד. 2 מִשְׁלוֹחַ. 3 הַזְמָנָה. 4 הִתְחַיְּבוּת

encariñado *adj* מְאֹהָב, חוֹבֵב, אוֹהֵב, מָסוּר

encariñamiento *m* חִבָּה, אַהֲבָה, הִתְקַשְּׁרוּת, הִתְחַבְּרוּת

encariñarse *vref* הִתְחַבֵּב, הִתְקַשֵּׁר, הִתְחַבֵּר, הִתְאַהֵב

encarnación *f* הִתְגַּשְּׁמוּת, הִתְגַּלְּמוּת, הַגְשָׁמָה

encarnado *adj* 1 בְּצֶבַע הַבָּשָׂר. 2 סָמוּק

encarnamiento *m* הַעֲלָאַת אֲרוּכָה

encarnar *vti* 1 הִגְשִׁים, גִּלֵּם. 2 הִגְלִיד. 3 הִתְגַּלֵּם

encarnecer *vi* הִשְׁמִין, שָׁמַן

encarnizado *adj* 1 עָקֹב מִדָּם. 2 אַכְזָרִי, עַז

encarnizar *vt* 1 הִלְעִיט (בְּבָשָׂר חַי). 2 אִכְזֵר. 3 הִתְאַכְזֵר, הִתְעַלֵּל

encaro *m* 1 לְטִישַׁת עַיִן, מַבָּט בּוֹהֶה. 2 רוֹבֶה קְצוּץ־קָנֶה. 3 קַת. 4 כִּוּוּן, הַכְוָנָה

encarpetar *vt* תִּיֵּק

encarrilar *vt* 1 הִפְנָה. 2 כִּוֵּן, הִדְרִיךְ. 2 הֶעֱלָה עַל מְסִלָּה

encasillado *m* שִׁבּוּץ, תַּשְׁבֵּץ

encasillar *vt* שִׁבֵּץ, שִׁלֵּב

encastillado *adj* יָהִיר, שַׁחֲצָן

encauchar *vt* צִמֵּג, צָמַג

encauzar *vt* 1 תִּעֵל, נִקָּה. 2 כִּוֵּן, הִפְנָה. 3 נִהֵל, הִדְרִיךְ, נָהַג

encefalitis *f* דַּלֶּקֶת הַמֹּחַ

encefalograma *f* אֶנְצֶפָלוֹגְרָם

encelar *vt* 1 קִנֵּא, עוֹרֵר קִנְאָה. 2 יִחֵם. 3 הִתְיַחֵם

encendedor *adjm* 1 מַדְלִיק. 2 מַצִּית

encender *vt* הִדְלִיק, הִצִּית, הִבְעִיר

encendido *adjm* 1 דָּלוּק, מֻצָּת, בּוֹעֵר. 2 סֹמֶק. 3 הַצָּתָה, הַדְלָקָה, הַבְעָרָה

encerado *adjm* 1 מְדֻנָּג. 2 שִׁכְבַת דּוֹנַג, שִׁכְבַת שַׁעֲוָה. 3 שַׁעֲוָנִית. 4 לוּחַ־כִּתָּה

encerar *vt* 1 מֵרֵק, צִחְצַח. 2 צִפָּה בְּשַׁעֲוָה

encerradero *m* מִכְלָאָה

encerrar *vt* 1 סָגַר, נָעַל, גָּנַז. 2 אָסַר, עָצַר, כָּלָא. 3 הִסְתַּגֵּר

encía *f* חֲנִיכַיִם

encíclica *f* אִגֶּרֶת אַפִּיפְיוֹרִית

enciclopedia *f* אֶנְצִיקְלוֹפֶּדְיָה

enciclopédico *adj* אֶנְצִיקְלוֹפֶּדִי

enciclopedista *m* אֶנְצִיקְלוֹפֶּדִיסְט

encierro *m* 1 הִסְתַּגְּרוּת. 2 כְּלִיאָה. 3 הַקָּפָה. 4 מַעְצָר. 5 צִינוֹק

encima *adv* עַל, לְמַעְלָה, מֵעַל

encina *f* אַלּוֹן

encinta *adj* הָרָה, מְעֻבֶּרֶת

encintado *m* 1 שְׂרוֹךְ. 2 אֶבֶן שָׂפָה

encintar *vt* 1 קִשֵּׁט, הִדֵּר. 2 שָׂם אֶבֶן שָׂפָה

enclaustrar *vt* 1 הִכְנִיס לְמִנְזָר. 2 הִסְתִּיר, הִצְפִּין

enclavado *adjm* 1 תָּקוּעַ, קָבוּעַ. 2 מֻבְלָעָה

enclavar *vt* 1 מִסְמֵר, סִמֵּר. 2 חָדַר, פָּרַץ. 3 רִמָּה, הוֹנָה, הִטְעָה

enclave *m* מֻבְלָעָה, כִּיס

enclavijar *vt* 1 חִבֵּר, הִצְמִיד, קָבַע. 2 יִתֵּד

enclenque *adjm* תָּשׁוּשׁ, חַלָּשׁ, רָפֶה, חוֹלֶה

encocorar *vt* הִטְרִיד, נִדְנֵד, הִרְגִּיז

encoger *vt* 1 כִּוֵּץ, קִצֵּר, צִמְצֵם, הִפְחִית. 2 הָיָה נָבוֹךְ, הִתְבַּיֵּשׁ. 3 נִרְתַּע, הִתְכַּוֵּץ

encogerse de hombros הֵנִיעַ בִּכְתֵפָיו

encogido *adj* 1 כָּווּץ, מְכֻוָּץ. 2 נֶחְבָּא אֶל הַכֵּלִים, בַּיְשָׁן

encogimiento *m* 1 הִתְכַּוְּצוּת, רְתִיעָה. 2 בַּיְשָׁנוּת

encolar *vt* הִדְבִּיק, חִבֵּר

encolerizar *vt* הִרְגִּיז, הִכְעִיס, הִזְעִיף

encomendable *adj* מְמֻלָּץ

encomendamiento *m* 1 שְׁלִיחוּת, תַּפְקִיד. 2 מִשְׁלוֹחַ. 3 הַזְמָנָה, הִתְחַיְּבוּת

encomendar *vt* 1 הִטִּיל, הִפְקִיד. 2 שָׁלַח, שִׁלַּח. 3 הִתְמַסֵּר

encomiar *vt* הִלֵּל, שִׁבַּח, רוֹמֵם, פֵּאֵר, הֶעֱרִיץ

encomiástico *adj* 1 מְהַלֵּל, מְשַׁבֵּחַ. 2 חַנְפָנִי

encomienda *f* 1 שְׁלִיחוּת. 2 מִשְׁלוֹחַ. 3 חֲבִילָה. 4 שֶׁבַח, תְּהִלָּה, הַלֵּל

encomio *m* תְּהִלָּה, הַלֵּל, שֶׁבַח, הַעֲרָצָה

enconamiento *m* 1 דַּלֶּקֶת, קַדַּחַת. 2 כִּיב, אִלּוּחַ. 3 אֵיבָה, שִׂטְנָה, מַשְׂטֵמָה

enconar *vt* 1 מִגֵּל, זִהֵם, אִלַּח, הִרְעִיל. 2 הִרְגִּיז, שִׁסָּה, הֵסִית

encono *m* אֵיבָה, שִׂטְנָה, מַשְׂטֵמָה

enconoso *adj* 1 מַזִּיק, מַכְאִיב, פּוֹגֵעַ. 2 מַרְגִּיז, מֵסִית

encontrado *adj* 1 מָצוּי. 2 נָכְחִי, נֶגְדִּי. 3 יָרִיב

encontrar *vti* 1 מָצָא. 2 פָּגַשׁ. 3 נִתְקַל

encontrón, encontronazo *m* הִתְנַגְּשׁוּת

encopetado *adj* יָהִיר, שַׁחֲצָן

encopetar *vt* רוֹמֵם, הֶעֱלָה, הִגְבִּיהַּ

encordar *vt* 1 קָבַע מֵיתָרִים. 2 קָשַׁר, מָתַח

encordelar *vt* קָשַׁר, חִזֵּק, מָתַח

encorvada *f* 1 כְּפִיפָה, כָּפָף. 2 גְּחִינָה

encorvadura *f*, **encorvamiento** *m* 1 עִקּוּם, כָּפָף, עִקּוּל. 2 נוֹכְלוּת

encorvar *vt* 1 עִקֵּם, כָּפַף, עִקֵּל. 2 הִתְכּוֹפֵף, הִתְעַקֵּם

encrespar *vt* 1 סִלְסֵל, תִּלְתֵּל. 2 סִמֵּר

encristalar *vt* זִגֵּג

encrucijada *f* 1 פָּרָשַׁת דְּרָכִים, הִצְטַלְּבוּת. 2 מַאֲרָב

encrudecer *vt* הִכְעִיס, הִרְגִּיז, הִקְנִיט

encuadernación *f* כְּרִיכָה

encuadernador *m* כּוֹרֵךְ

encuadernar *vt* כָּרַךְ

encuadrar *vt* 1 עִצֵּב, הִתְאִים, קָבַע. 2 מִסְגֵּר

encubridor *m* 1 מַסְתִּיר, מַעְלִים, מַעְלִים עַיִן. 2 סַרְסוּר, זוֹנֶה

encubrimiento *m* הַסְתָּרָה, הַעֲלָמַת עַיִן

encubrir *vt* הִסְתִּיר, הֶעְלִים, הִצְפִּין, כִּסָּה

encuentro *m* 1 פְּגִישָׁה. 2 הִתָּקְלוּת, הִתְנַגְּשׁוּת. 3 קְרָב, הִתְמוֹדְדוּת. 4 מְצִיאָה

encuerado *adj* עָרֹם, מְעֻרְטָל

encuerar *vt* עִרְטֵל, הִפְשִׁיט

encuesta *f* 1 חֲקִירָה. 2 מִשְׁאָל

encumbrado *adj* 1 נִשָּׂא, רָם, נִכְבָּד. 2 גָּבוֹהַּ

encumbramiento *m* הַעֲלָאָה, הִתְנַשְּׂאוּת

encumbrar *vt* 1 נִשֵּׂא, הִגְבִּיהַּ, רוֹמֵם. 2 שִׁבַּח, הִלֵּל

encurtidos *mpl* כְּבוּשִׁים

encurtir *vt* כָּבַשׁ

enchapado *m* 1 כִּסּוּי, צִפּוּי. 2 פּוּרְנִירָה

enchapar *vt* צִפָּה, כִּסָּה

encharcar *vt* הֵצִיף, שָׁטַף

enchilada *f* אֶנְצִ'ילָדָה

enchufar *vt* תָּקַע, נָעַץ, תָּחַב

enchufe *m* תֶּקַע, מַצְמֶדֶת

endeble *adj* פָּרִיךְ, חַלָּשׁ, שָׁבִיר, רָפֶה, תָּשׁוּשׁ

endeblez *f* תְּשִׁישׁוּת, חֻלְשָׁה, רִפְיוֹן

endecha *f* אִלְיָא, קִינָה

endémico *adj* 1 אֶנְדֶּמִי. 2 חוֹזֵר וְנִשְׁנֶה

endemoniado *adj* 1 שְׂטָנִי, שֵׁדִי. 2 מֻשְׁחָת, רָשָׁע

endemoniar *vt* 1 הִכְעִיס, הִרְגִּיז. 2 הִכְנִיס דִּבּוּק

endentar *vt* שִׁנֵּן, חֵרֵץ (גַּלְגַּל)

enderezador *adj* מְיַשֵּׁר, מַחֲלִיק

enderezador de entuertos מַחֲלִיק הֲדוּרִים, מְיַשֵּׁר הֲדוּרִים

enderezamiento *m* יִשּׁוּר, הַחְלָקָה, יִשּׁוּר הֲדוּרִים

enderezar *vt* 1 יִשֵּׁר, הֶחֱלִיק, הִדֵּר. 2 הִדְרִיךְ,

הִפְנָה. 3 הוֹכִיחַ. 4 הִתְכּוֹנֵן

endeudarse *vref* הִתְחַיֵּב

endiablado *adj* אָחוּז דִּבּוּק

endiablar *vt* 1 הִכְנִיס דִּבּוּק. 2 הִכְעִיס, הִרְגִּיז. 3 הִתְרַגֵּז

endibia *f* עֹלֶשׁ

endilgar *vt* 1 הִדְרִיךְ, כִּוֵּן. 2 יִחֵס, שִׁיֵּךְ

endiosamiento *m* 1 הַאֲלָהָה. 2 יְהִירוּת, גַּאַוְתָנוּת. 3 הַעֲרָצָה

endiosar *vt* 1 הֶאֱלִיהַ, הֶעֱרִיץ. 2 הִתְיַהֵר, הִתְגָּאָה, הִתְרַבְרֵב

endocrino *adjm* 1 אֶנְדּוֹקְרִינִי. 2 הַפְרָשָׁה פְּנִימִית

endomingarse *vref* הִתְכּוֹנֵן לֶחָג, הִתְגַּנְדֵּר, לָבַשׁ בִּגְדֵי־חַג

endorsar *vt* 1 הֵסֵב (הַמְחָאָה). 2 יִחֵס, שִׁיֵּךְ

endorso *m* הֲסָבָה

endosante *m* מֵסֵב

endosar *vt* 1 הֵסֵב. 2 יִחֵס, שִׁיֵּךְ

endosatario *m* מוּסָב

endoso *m* הֲסָבָה

endrina *f* שְׁזִיף בָּר

endrino *m* עֵץ שְׁזִיף בָּר

endulzadura *f* הַמְתָּקָה

endulzar *vt* 1 הִמְתִּיק. 2 רִכֵּךְ, עִדֵּן, שִׁכֵּךְ

endurador *adjm* חַסְכָן, קַמְצָן

endurar *vt* 1 הִקְשָׁה. 2 סָבַל, נָשָׂא. 3 חָסַךְ

endurcer *vt* הִקְשָׁה, חִזֵּק, הִתְאַכְזֵר

endurecimiento *m* הַקְשָׁיָה, חִסּוּם, קִשּׁוּי

enebro *m* עַרְעָר

enebrina *f* פְּרִי הָעַרְעָר

eneldo *m* שֶׁבֶת (צֶמַח־תַּבְלִין)

enema *f* חֹקֶן

enemigo *adjm* יָרִיב, אוֹיֵב, שׂוֹנֵא, עוֹיֵן

enemistad *f* אֵיבָה, שִׂנְאָה, יְרִיבוּת, מַשְׂטֵמָה

enemistar *vt* אָיַב, שָׂנֵא

energía *f* אֶנֶרְגְּיָה, מֶרֶץ

enérgico *adj* תַּקִּיף, נִמְרָץ, אֶנֶרְגִּי

energúmeno *m* 1 אָחוּז דִּבּוּק. 2 זוֹעֵף, רַגְזָן

enero *m* יָנוּאָר

enervación *f* תְּשִׁישׁוּת, חֻלְשָׁה, רִפְיוֹן

enervar *vt* הֵתֵשׁ, הֶחֱלִישׁ, רִפָּה

enésimo *adj* שֶׁל הַ־

enfadadizo *adj* 1 רָגִיז. 2 כַּעֲסָן, רַגְזָן, רַתְחָן, גָּרִי

enfadar *vt* הִרְגִּיז, הִכְעִיס, הִרְתִּיחַ, הִקְצִיף

enfado *m* רֹגֶז, כַּעַס, תַּרְעֹמֶת

enfadoso *adj* מַרְגִּיז, מַכְעִיס, מַרְתִּיחַ

enfangar *vt* הִדְלִיחַ, הֶעֱכִיר, רִפֵּשׂ

enfardar *vt* אָרַז, צָרַר

énfasis *m* הַדְגָּשָׁה, הַבְלָטָה, הַטְעָמָה, דָּגֵשׁ

enfático *adj* מֻדְגָּשׁ, מֻטְעָם, נִמְרָץ, וַדָּאִי

enfermar *vi* חָלָה

enfermedad *f* חֹלִי, מַחֲלָה, מַדְוֶה

enfermería *f* מִרְפָּאָה

enfermizo *adj* חוֹלָנִי

enfermero *m* אָח, חוֹבֵשׁ

enfermo *adjm* חוֹלֶה

enfilada *f* טוּר, שׁוּרָה עָרְפִּית

enfilar *vt* 1 הֶעֱמִיד בְּשׁוּרָה. 2 הִשְׁחִיל. 3 הִפְנָה, כִּוֵּן

enflaquecer *vti* 1 הִרְזָה. 2 רָזָה, כָּחַשׁ

enfocar *vt* מִקֵּד

enfoque *m* 1 מִקּוּד. 2 גִּישָׁה

enfrascamiento *m* הִשְׁתַּקְּעוּת

enfrascar *vt* 1 שָׁקַע. 2 מִלֵּא בִּנְצָנוֹת

enfrenar *vt* עָצַר, רִסֵּן

enfrentamiento *m* עִמּוּת

enfrentar *vt* עִמֵּת

enfrente *adv* מוּל, נֶגֶד, נֹכַח

enfriamiento *m* 1 צִנּוּן, הִתְקָרְרוּת, צִנָּה. 2 אֲדִישׁוּת

enfriar *vt* 1 צִנֵּן. 2 הִתְקָרֵר

enfundar *vt* שָׂם בְּנַרְתִּיק

enfurecer *vt* הִכְעִיס, הִרְגִּיז, הִקְצִיף

enfurecimiento *m* הַרְגָּזָה, הַכְעָסָה, הַקְצָפָה

enfurruñarse *vref* הִתְרַגֵּז

enfurtir *vt* 1 חָבַט, בָּטַשׁ. 2 סִלְסֵל (שֵׂעָר)

engalanar *vt* פֵּאֵר, יִפָּה, קִשֵּׁט, הִדֵּר

enganchamiento, 1 תְּפִיסָה, אֲחִיזָה.

enganche *m* 2 הִתְגַּיְּסוּת
enganchar *vt* 1 תָּפַס, אָחַז. 2 הִתְגַּיֵּס
engañador *adjm* רַמַּאי
engañar *vt* רִמָּה, שִׁקֵּר, גָּנַב דַּעַת
engañifa *f* תַּרְמִית, גְּנֵבַת דַּעַת
engaño *m* רַמָּאוּת, שֶׁקֶר, תַּרְמִית
engañoso *adj* שַׁקְרָנִי, מַטְעֶה, מְרַמֶּה
engarce *m* שִׁבּוּץ, קְבִיעָה
engarzar *vt* שִׁבֵּץ
engastar *vt* שִׁבֵּץ, קָבַע
engaste *m* שִׁבּוּץ, קְבִיעָה
engatusador *adjm* חַנְפָן
engatusar *vt* 1 הֶחֱנִיף. 2 הִתְחַנֵּף
engendrar *vt* 1 הוֹלִיד. 2 עוֹרֵר, גָּרַם, יָצַר
engendro *m* 1 יְצוּר. 2 עֻבָּר. 3 מִפְלֶצֶת
englobar *vt* הֵכִיל, כָּלַל, הִקִּיף, צֵרַף
engolfarse *vref* שָׁקַד, הִתְמַסֵּר
engomar *vt* הִדְבִּיק
engordar *vti* 1 פִּטֵּם, הִלְעִיט, אִבֵּס. 2 הִשְׁמִין
engorde *m* פִּטּוּם, הַלְעָטָה, אִבּוּס
engranaje *m* תִּשְׁלֹבֶת שִׁנַּיִם
engranar *vti* 1 שִׁלֵּב. 2 הִשְׁתַּנֵּן (גַּלְגַּל בְּגַלְגַּל)
engrandecer *vt* 1 הִגְדִּיל, הִרְחִיב, הִגְזִים. 2 רוֹמֵם, נִשֵּׂא
engrandecimiento *m* 1 הַגְדָּלָה, הַרְחָבָה. 2 הִתְרוֹמְמוּת
engrane *m* תִּשְׁלֹבֶת שִׁנַּיִם
engrapador *m* מַחְבֵּר, מַהֲדֵק
engrapar *vt* חִזֵּק בְּיָתֵדוֹת
engrasador *m* אָסוּךְ
engrasar *vt* שִׁמֵּן, סָךְ
engrase *m* סִיכָה, שִׁמּוּן
engreído *adj* זָחוּחַ, גֵּא, יָהִיר
engreímiento *m* זְחִיחוּת, יְהִירוּת
engreír *vt* 1 הִזְחִיחַ. 2 הִתְרַבְרֵב, הִתְפָּאֵר, הִתְגָּאָה
engrosar *vti* 1 עִבָּה. 2 הִגְדִּיל. 3 שָׁמַן
engrudo *m* דֶּבֶק
enguantar *vt* לָבַשׁ כְּפָפוֹת, לָבַשׁ כְּסָיוֹת
enguirnaldar *vt* עִטֵּר, קִשֵּׁט, שִׁזֵּר
engullir *vt* בָּלַע, גָּמַע, לָעַט, גָּמָא
enhebrar *vt* הִשְׁחִיל
enhiesto *adj* זָקוּף, יָשָׁר, אֲנָכִי
enhilar *vt* הִשְׁחִיל
enhorabuena *f* מַזָּל טוֹב, אִחוּלִים, בְּשָׁעָה טוֹבָה!
enhuerar *vt* הֶעֱכִיר, הִדְלִיחַ
enigma *f* 1 חִידָה, תַּעֲלוּמָה. 2 מָשָׁל
enigmático *adj* סָתוּם, חִידָתִי
enjabonado *adjm* 1 מְסֻבָּן. 2 סִבּוּן
enjabonar *vt* סִבֵּן
enjaezar *vt* רָתַם, חָבַשׁ
enjalbegar *vt* 1 סִיֵּד, טִיֵּחַ. 2 אִפֵּר
enjambrar *vti* 1 נִחֵל (דְּבוֹרִים). 2 הִשְׁרִיץ, שָׁרַץ
enjambre *m* 1 נְחִיל. 2 הָמוֹן, אֲסַפְסוּף, עֵדָה, קָהָל
enjaular *vt* כָּלָא
enjoyar *vt* עָדָה, הֶעֱדָה, עָנַד
enjuagadientes *m* מֵי גִּרְגּוּר, מֵי שְׁטִיפָה
enjuagar *vt* שָׁטַף, הֵדִיחַ
enjuague *m* הֲדָחָה, שְׁטִיפָה
enjugar *vt* 1 יִבֵּשׁ. 2 נִגֵּב, מָחָה. 3 פָּרַע (חֶשְׁבּוֹן). 4 רָזָה, הִצְטַמֵּק
enjuiciar *vt* דָּן, שָׁפַט
enjundia *f* 1 תֹּכֶן, עִקָּר, תַּמְצִית. 2 שֻׁמָּן. 3 מֶרֶץ, אֹמֶץ, אוֹן, עָצְמָה
enjuto *adj* 1 רָזֶה, כָּחוּשׁ, צָנוּם. 2 מְיֻבָּשׁ, יָבֵשׁ
enlace *m* 1 חִבּוּר, קֶשֶׁר. 2 חֻלְיָה, פֶּרֶק. 3 שִׁלּוּב. 4 נִשּׂוּאִים, חֲתֻנָּה, כְּלוּלוֹת
enladrillado *m* רִצּוּף
enladrillador *m* רַצָּף
enladrillar *vt* רִצֵּף
enlatar *vt* שִׁמֵּר
enlazar *vt* 1 שִׁלֵּב, קִשֵּׁר, קָשַׁר, חִבֵּר, כָּרַךְ, צָרַר, אָגַד. 2 פִּלְצֵר. 3 הִתְחַתֵּן, נִשָּׂא
enlistonado *m* סְבָכָה, שְׂבָכָה
enlodar *vt* רִפֵּשׁ, הִכְפִּישׁ
enloquecedor *adj* 1 מְשַׁגֵּעַ. 2 שׁוֹבֵה לֵב
enloquecer *vt* 1 שָׁבָה לֵב. 2 שִׁגַּע. 3 הִשְׁתַּגֵּעַ
enloquecimiento *m* טֵרוּף הַדַּעַת, שִׁגָּעוֹן

enlosado *m* רִצּוּף

enlosar *vt* רִצֵּף

enlutar *vt* 1 עָטַף בְּאֵבֶל. 2 הֶאֱפִיל, הִקְדִּיר. 3 הֶעֱצִיב

enllantar *vt* חִשֵּׁק

enmaderamiento *m* עֲבוֹדַת־עֵץ, דָּבָר הֶעָשׂוּי מֵעֵץ

enmaderar *vt* עִצָּה

enmarañamiento *m* סְבַךְ, הִסְתַּבְּכוּת, תִּסְבֹּכֶת

enmarañar *vt* 1 סִבֵּךְ, הֵבִיךְ, בִּלְבֵּל. 2 הִתְקַדֵּר

enmascarar *vt* 1 כִּסָּה בְּמַסֵּכָה. 2 הִסְתִּיר, הִסְוָה. 3 הִתְחַפֵּשׂ

enmelar *vt* 1 מָרַח בִּדְבַשׁ. 2 הִמְתִּיק

enmendar *vt* תִּקֵּן, סִדֵּר, שִׁפֵּר, הִכְשִׁיר

enmienda *f* 1 תִּקּוּן. 2 הַגָּהָה. 3 פִּצּוּי. 4 טִיּוּב

enmohecer *vt* 1 עִפֵּשׁ, עִבֵּשׁ, הִתְעַפֵּשׁ. 2 הֶחֱלִיד

enmohecido *adj* 1 מְעֻבָּשׁ, מְעֻפָּשׁ. 2 חָלוּד

enmohecimiento *m* 1 עִבּוּשׁ, עִפּוּשׁ, הִתְעַפְּשׁוּת. 2 חֲלוּדָה

enmollecer *vt* רִכֵּךְ, הִתְרַכֵּךְ

enmudecer *vti* 1 הִשְׁתִּיק. 2 שָׁתַק, נָדַם, נִשְׁתַּתֵּק, נֶאֱלַם

ennegrecer *vt* 1 הֶחְשִׁיךְ, הִשְׁחִיר, הֶאֱפִיל. 2 נִשְׁתַּחֵר, שָׁחַר, הִתְקַדֵּר

ennegrecimiento *m* הַשְׁחָרָה, הִתְקַדְּרוּת, הַאֲפָלָה, הַחְשָׁכָה

ennoblecedor *adj* מַאֲצִיל, מְרוֹמֵם

ennoblecer *vt* הֶאֱצִיל, רוֹמֵם

ennoblecimiento *m* רוֹמְמוּת, הִתְנַשְּׂאוּת, נִשּׂוּא

enojadizo *adj* 1 רָגִיז, גָּרִי. 2 כַּעֲסָן, רַגְזָן, רַתְחָן

enojado *adj* מְרֻגָּז, כּוֹעֵס

enojar *vt* הִרְגִּיז, הִכְעִיס, הִקְצִיף

enojo *m* רֹגֶז, כַּעַס, זַעַם, חָרוֹן, הִתְרַגְּזוּת

enojoso *adj* מַרְגִּיז, מַכְעִיס

enólogo *m* יֵינָן, יֵינַאי

enorgullecer *vt* 1 הִלֵּל. 2 הִתְגָּאָה, הִתְפָּאֵר, הִתְהַלֵּל

enorgullecido *adj* גֵּאֶה, יָהִיר, רַבְרְבָן

enorme *adj* 1 כַּבִּיר, עָצוּם, גָּדוֹל. 2 מִפְלַצְתִּי

enormidad *f* 1 גֹּדֶל, עֹצֶם, עֲנָקִיּוּת, הַגְזָמָה. 2 תּוֹעֵבָה, שַׁעֲרוּרִיָּה. 3 מִפְלַצְתִּיּוּת

enrabiar *vt* הִרְגִּיז, הִכְעִיס

enramada *f* סֻכָּה, סְבַךְ

enramar *vti* 1 סָבַךְ, סִבֵּךְ. 2 הִתְעַנֵּף, הִסְתָּעֵף

enranciar *vt* 1 הִדְבִּישׁ, הִבְאִישׁ, הֶעְפִּישׁ, הִסְרִיחַ. 2 הִתְקַלְקֵל, נֶעְפַּשׁ

enrarecer *vt* הִדְלִיל, הִקְלִישׁ

enredadera *adjf* מְטַפֵּס

enredador *adjm* 1 סַכְסְכָן. 2 רַכְלָן, מַלְעִיז, רְכִילַאי

enredar *vt* 1 סִבֵּךְ, סִכְסֵךְ, בִּלְבֵּל. 2 רִשֵּׁת

enredo *m* תִּסְבֹּכֶת, סְבַךְ, בִּלְבּוּל

enredoso *adj* מְבֻלְבָּל, מְסֻבָּךְ, מְסֻכְסָךְ

enrejado *m* 1 סוֹרֵג, שְׂבָכָה. 2 גָּדֵר

enrejar *vt* 1 קָלַע, שָׁזַר, פִּתֵּל. 2 הֵכִין הַמַּחֲרֵשָׁה

enrevesado *adj* 1 מְסֻבָּךְ, מְבֻלְבָּל. 2 שׁוֹבָב, הוֹלֵל

enrevesar *vt* סִבֵּךְ, בִּלְבֵּל

enrielar *vt* הִפְנָה, הִטָּה, הִדְרִיךְ

enriquecer *vt* 1 הֶעֱשִׁיר. 2 הִשְׁבִּיחַ, יִפָּה, פֵּאֵר

enriquecimiento *m* 1 הַעֲשָׁרָה, הַשְׁבָּחָה. 2 הִתְעַשְּׁרוּת

enrocar *vti* הִצְרִיחַ (שַׁחְמָט)

enrojecer *vt* 1 הֶאְדִּים. 2 אָדַם, סָמַק, הִסְמִיק

enrojecido *adj* מְאָדָּם

enrojecimiento *m* הִתְאַדְּמוּת, הַסְמָקָה, סֹמֶק

enrolamiento *m* גִּיּוּס, חִיּוּל

enrolar *vt* גִּיֵּס, חִיֵּל

enrollar *vt* גָּלַל, גִּלְגֵּל, כָּרַךְ, סוֹבֵב

enronquecer *vt* 1 הִצְרִיד. 2 הִצְטָרֵד

enronquecimiento *m* הַצְרָדָה, צָרֶדֶת, צֵרוּד

enroscar *vt* שָׁזַר, פִּתֵּל, כָּרַךְ, שֵׂרֵג

ensacar *vt* שָׂם בְּשַׂק

ensalada *f* סָלָט

ensaladera *f* קְעָרַת סָלָט

ensalmo *m* 1 כִּשּׁוּף, קֶסֶם, לַחַשׁ. 2 דֶּרֶךְ פֶּלֶא, דֶּרֶךְ נֵס

ensalzamiento *m* הִתְרוֹמְמוּת, הִתְעַלּוּת, רוֹמְמוּת, הִלּוּל, תְּהִלָּה, שֶׁבַח

ensalzar *vt* שִׁבַּח, הִלֵּל, רוֹמֵם, נִשֵּׂא

ensamblador *m* 1 מְהַדֵּק, מְחַבֵּר. 2 נַגָּר

ensambladura *f* חִבּוּר, הִדּוּק, שִׁבּוּץ, הַרְכָּבָה

ensamblar *vt* הִרְכִּיב, שִׁבֵּץ, הִדֵּק, חִבֵּר

ensanchador *m* מַרְחִיב, מְמַתֵּחַ

ensanchamiento *m* הַרְחָבָה, מְתִיחָה

ensanchar *vt* הִרְחִיב, מָתַח

ensanche *m* הַרְחָבָה, מְתִיחָה

ensangrentar *vt* הִגְאִיל, גֵּאֵל בְּדָם

ensañamiento *m* הִתְאַכְזְרוּת

ensañar *vtref* הִתְאַכְזֵר

ensartar *vt* 1 הִשְׁחִיל. 2 קָשַׁר, חִבֵּר. 3 פִּטְפֵּט, גִּבֵּב דְּבָרִים. 4 דָּקַר, נָעַץ, תָּקַע, עָקַץ

ensayar *vt* 1 נִסָּה, בָּחַן, בָּדַק. 2 אִמֵּן, אִלֵּף. 3 חָזַר, שִׁנֵּן

ensayista *m* 1 בּוֹדֵק, בּוֹחֵן. 2 מַסַּאי

ensayo *m* 1 מַסָּה. 2 נִסָּיוֹן, בְּחִינָה, בְּדִיקָה. 3 חֲזָרָה

enseguida *adv* מִיָּד, תֵּכֶף, לְאַלְתַּר, תֵּכֶף וּמִיָּד

ensenada *f* מִפְרָץ

enseña *f* דֶּגֶל, נֵס, סִיסְמָה, אוֹת, סִימָן

enseñanza *f* 1 לִמּוּד, הוֹרָאָה, חִנּוּךְ. 2 לֶקַח, מַסְקָנָה. 3 מִשְׁנָה, תּוֹרָה

enseñar *vt* 1 לִמֵּד, הוֹרָה, חִנֵּךְ. 2 הֶרְאָה, הִצְבִּיעַ, גִּלָּה

enseres *mpl* 1 חֲפָצִים, מִטַּלְטְלִים. 2 צִיּוּד, מֶשֶׁק בַּיִת

ensilaje *m* אִסּוּף בְּסִילוֹ

ensilar *vt* הִכְנִיס בְּסִילוֹ

ensillar *vt* אִכֵּף, חָבַשׁ

ensimismamiento *m* הִתְרַכְּזוּת

ensimismarse *vref* הִתְרַכֵּז, שָׁקַע בְּהִרְהוּרִים

ensorberbecer *vt* 1 פֵּאֵר, רוֹמֵם. 2 הִתְיַהֵר, הִתְגָּאָה, הִתְרַבְרֵב, הִתְגַּדֵּל, הִתְנַשֵּׂא

ensoberbecimiento *m* הִתְיַהֲרוּת, הִתְגָּאוּת, הִתְרַבְרְבוּת, הִתְגַּדְּלוּת

ensombrecer *vt* 1 הֶחֱשִׁיךְ, הֶאֱפִיל, הִשְׁחִיר, עִרְפֵּל, הִקְדִּיר. 2 הִתְעַרְפֵּל, הִתְקַדֵּר

ensopar *vt* הִשְׁרָה, הִרְוָה, הִרְטִיב, שָׁפַךְ, שָׁרָה

ensordecedor *adj* מַחֲרִישׁ אָזְנַיִם

ensordecer *vt* 1 הֶחֱרִישׁ. 2 הָמַם. 3 הִתְחָרֵשׁ

ensordecimiento *m* חֵרְשׁוּת

ensortijado *adj* מְסֻלְסָל, מְתֻלְתָּל

ensortijar *vt* סִלְסֵל, תִּלְתֵּל

ensuciar *vt* 1 לִכְלֵךְ, זִהֵם, טִנֵּף, גֵּאֵל. 2 שִׁחֵד

ensueño *m* 1 אַשְׁלָיָה, הֲזָיָה, חִזָּיוֹן, תַּעְתּוּעַ. 2 חֲלוֹם

entablar *vt* 1 כִּסָּה בִּקְרָשִׁים. 2 חִבֵּר קַשֶּׁשֶׁת. 3 הִתְחִיל. 4 עָרַךְ

entablillar *vt* חִבֵּר קַשֶּׁשֶׁת, חָבַשׁ

entallar *vt* 1 פָּסַל, חָרַט, חָטַב, חָקַק, גָּלַף. 2 גָּזַר (לִתְפִירָה)

entapizar *vt* כִּסָּה בְּשְׁטִיחִים, רִפֵּד

entarimado *m* 1 רִצְפַּת קְרָשִׁים. 2 בִּימָה, דּוּכָן, בָּמָה

entarimar *vt* רִצֵּף בִּקְרָשִׁים

ente *m* יְצוּר, עֶצֶם, גּוּף

enteco, entecado *adj* כָּחוּשׁ, רָזֶה, חוֹלָנִי, רָפֶה

entendedor *m* מֻמְחֶה, מֵבִין, בָּקִי

entender *vti* 1 הֵבִין, סָבַר, הִסִּיק. 2 נִחֵשׁ, הִנִּיחַ, שִׁעֵר, דִּמָּה. 3 הִתְמַצֵּא

entendido *adj* 1 מוּבָן. 2 בָּקִי, מֻמְחֶה, מֵבִין

entendimiento *m* 1 בִּינָה, הֲבָנָה. 2 שֵׂכֶל, תְּבוּנָה

enterado *adj* יָדוּעַ, מֻכָּר

enteramente *adv* כָּלִיל, בִּשְׁלֵמוּת, לְגַמְרֵי

enterar *vt* 1 הוֹדִיעַ, בִּשֵּׂר, מָסַר. 2 הִלְשִׁין

enterarse de הִתְבָּרֵר לוֹ, נוֹדַע לוֹ

entereza *f* 1 יֹשֶׁר, תֹּם, כֵּנוּת. 2 שְׁלֵמוּת, מִכְלוֹל, כְּלָל. 3 תַּקִּיפוּת, כֹּחַ, חֹזֶק־יָד. 4 אֹמֶץ, מֶרֶץ

enterizo *adv* בִּשְׁלֵמוּת, כָּלִיל

enternecedor *adj* נוֹגֵעַ עַד הַלֵּב, קוֹרֵעַ לֵב

enternecer *vt* 1 רִכֵּךְ, עִדֵּן, הֵמֵס. 2 רִחֵם, חָמַל, חָס. 3 הִתְרַכֵּךְ

entero *adj* 1 שָׁלֵם, מָלֵא, טָהוֹר. 2 אֵיתָן, מוּצָק. 3 הָגוּן, יָשָׁר

enterrador *m* קַבְּרָן
enterramiento *m* 1 קְבוּרָה. 2 קֶבֶר, מַצֵּבָה
enterrar *vt* קָבַר
entibar *vt* תָּמַךְ, הִשְׁעִין, סָעַר
entibiar *vt* הִפְשִׁיר
entibo *m* 1 תְּמִיכָה. 2 תּוֹמְכָה, קוֹרָה, עַמּוּד, סָמוֹךְ
entidad *f* 1 עֶצֶם, הִתְהַוּוּת, הֲוָיָה. 2 יֵשׁוּת, יְצוּר
entierro *m* 1 קְבוּרָה. 2 מַטְמוֹן, אוֹצָר
entintar *vt* דִּיֵּת
entoldar *vt* סָכַךְ
entomología *f* אַנְטוֹמוֹלוֹגְיָה
entomológico *adj* אַנְטוֹמוֹלוֹגִי
entomólogo *m* אַנְטוֹמוֹלוֹג
entonación *f* 1 הַטְעָמָה, הַנְגָּנָה. 2 גִּוּוּן, סִלְסוּל. 3 יְהִירוּת, גַּאֲוָה
entonado *adj* 1 יָהִיר, גַּאַוְתָן, רַבְרְבָן. 2 מְתֹאָם
entonar *vt* 1 סִלְסֵל, גִּוֵּן. 2 הִטְעִים, הִנְגִּין. 3 הִתְאִים. 4 הִתְרַבְרֵב
entonces *adv* 1 אָז, אִם כֵּן. 2 אֵפוֹא
entono *m* 1 הַטְעָמָה, הַנְגָּנָה. 2 שַׁחֲצָנוּת, רַבְרְבָנוּת, יְהִירוּת
entontecer *vt* טִמְטֵם, הִטְפִּישׁ
entontecimiento *m* טִמְטוּם, קֵהוּת
entornar *vt* 1 סָגַר בְּמִקְצָת. 2 הִפְנָה, הִטָּה. 3 הִתְכּוֹפֵף, נָטָה הַצִּדָּה
entorpecer *vt* 1 הִכְבִּיד, הִקְשָׁה. 2 עִכֵּב, בָּלַם. 3 בִּלְבֵּל
entorpecimiento *m* עִכּוּב, הַכְשָׁלָה, בִּלְבּוּל
entosigar *vt* הִרְעִיל
entrada *f* 1 כְּנִיסָה, בִּיאָה, מָבוֹא, גִּישָׁה. 2 הַכְנָסָה. 3 כַּרְטִיס־כְּנִיסָה. 4 מָנָה רִאשׁוֹנָה
entrambos *adjpronpl* שְׁנֵיהֶם יַחַד
entrampamiento *m* מַלְכֹּדֶת
entrampar *vt* 1 הִפִּיל בַּפַּח. 2 רִמָּה, בִּלְבֵּל
entramparse *vref* הִסְתַּבֵּךְ
entrante *adjm* נִכְנָס, בָּא
entraña *f* 1 קְרָבַיִם, מֵעַיִם. 2 מֶרְכָּז, תָּוֶךְ, לִבָּה
entrañable *adj* אִינְטִימִי, מְקֹרָב, יְדִידוּתִי
entrañar *vt* 1 הֶחְדִּיר, הִכְנִיס, הִטְמִין. 2 הִקִּיף, הֵכִיל. 3 הִתְיַדֵּד, הִתְחַבֵּר
entrar *vi* נִכְנַס, בָּא, חָדַר
entre *prep* בֵּין, בְּתוֹךְ, אֵצֶל, בְּקֶרֶב
entre manos בְּיָדַיִם
entre tanto בֵּינְתַיִם
entreabierto *adj* פָּתוּחַ בְּמִקְצָת
entreabrir *vt* פָּתַח בְּמִקְצָת
entreacto *m* הַפְסָקָה
entrecano *adj* אַפְרוּרִי
entrecasa (para-) *adv* לְשִׁמּוּשׁ בַּבַּיִת
entrecejo *m* 1 קִמּוּט מֵצַח. 2 פָּנִים זוֹעֲפוֹת
entrecoro *m* חֵלֶק מִזְרָח בִּכְנֵסִיָּה
entrecortado *adj* מְקֻטָּע, סֵרוּגִי, לְסֵרוּגִין
entredicho *m* 1 אִסּוּר, מְנִיעָה. 2 נִדּוּי, חֵרֶם. 3 מִצְוַת לֹא תַעֲשֶׂה
entrega *f* 1 מְסִירָה. 2 הַסְגָּרָה. 3 הִתְמַסְּרוּת
entregar *vt* 1 מָסַר, נָתַן, הִגִּישׁ. 2 הִסְגִּיר, הִלְשִׁין
entregarse *vref* 1 הִתְמַסֵּר. 2 נִכְנַע
entrelazar *vt* שָׁזַר, קָלַע, סָרַג, שִׁלֵּב, סִבֵּךְ
entremedias *adv* בֵּינְתַיִם
entremés *m* 1 פַּרְפֶּרֶת. 2 מַעַרְכוֹן
entremeter *vt* הִכְנִיס, תָּקַע, קָבַע
entremetido *adjm* סַקְרָן, בּוֹחֵשׁ בִּקְדֵרָה
entremetimiento *m* הִתְעָרְבוּת
entremezclar *vt* עִרְבֵּב, בָּחַשׁ, בָּלַל, עֵרֵב
entrenador *adj* מְאַמֵּן, מַדְרִיךְ, מְאַלֵּף
entrenamiento *m* אִמּוּן
entrenar *vt* אִמֵּן, הִדְרִיךְ, אִלֵּף
entrepierna *f* מִפְשָׂעָה
entreponer *vt* שִׁרְבֵּב, שִׁבֵּץ
entresacar *vt* 1 דִּלֵּל. 2 בָּחַר
entresuelo *m* קוֹמַת בֵּינַיִם
entretanto *adv* בֵּינְתַיִם
entretecho *m* עֲלִיַּת־גַּג
entretejer *vt* שָׁזַר, אָרַג, קָלַע
entretela *f* בִּטְנָה
entretener *vt* 1 שִׁעֲשַׁע, בִּדֵּר. 2 הִנָּה. 3 עִכֵּב, הִשְׁהָה. 4 שָׁהָה, הִתְמַהְמֵהַּ
entretenido *adj* מְשַׁעֲשֵׁעַ, מְבַדֵּר, מְשַׂמֵּחַ
entretenimiento *m* שַׁעֲשׁוּעַ, בִּדּוּר

entretiempo *m* בֵּין־הַזְּמַנִּים, עוֹנַת־בֵּינַיִם
entrever *vt* 1 הִבִּיט. 2 שִׁעֵר, סָבַר, נִחֵשׁ
entreverar *vt* שִׁרְבֵּב, עִרְבֵּב, בָּלַל
entrevista *f* רַאֲיוֹן, פְּגִישָׁה, מִפְגָּשׁ
entrevistar *vt* רִאְיֵן
entristecer *vt* הֶעֱצִיב, צִעֵר, הִדְאִיב
entristecimiento *m* עֶצֶב, עַצְבוּת, יָגוֹן
entrometer *vt* 1 עִרְבֵּב. 2 הִתְעָרֵב, בָּחַשׁ בַּקְּדֵרָה
entrometido *adjm* סַקְרָן, בּוֹחֵשׁ בִּקְדֵרָה
entrometimiento *m* הִתְעָרְבוּת
entronización *f* הַמְלָכָה, הַכְתָּרָה
entronar, entronizar *vt* הִמְלִיךְ, הִכְתִּיר
entruchar *vt* פִּתָּה, שִׁדֵּל
entruchón *m* פִּתָּיוֹן, פִּתּוּי, תַּחְבּוּלָה
entuerto *m* עָוֶל, חָמָס
entumecer *vt* 1 הִקְהָה, קִהָה. 2 הִתְנַפֵּחַ
entumecimiento *m* 1 קֵהוּת, טִמְטוּם. 2 הִתְנַפְּחוּת
enturbiar *vt* עִכֵּר, דִּלַּח, זִהֵם, הֶעֱכִיר
entusiasmado *adj* נִלְהָב, לָהוּט, מְשֻׁלְהָב
entusiasmar *vt* הִלְהִיב, הִלְהִיט, שִׁלְהֵב
entusiasmo *m* הִתְלַהֲבוּת, הִתְפַּעֲלוּת
entusiasta *adjm* נִלְהָב, מַעֲרִיץ
entusiástico *adj* מִתְלַהֵב, מִתְפַּעֵל
enucleación *f* עֲקִירָה
enumeración *f* 1 מְנִיָּה, סְפִירָה. 2 פֵּרוּט, רְשִׁימָה
enumerar *vt* 1 מָנָה, סָפַר. 2 פֵּרֵט
enunciación *f* 1 הַבָּעָה, בִּטּוּי, הִגּוּי. 2 הוֹדָעָה, הַכְרָזָה, גִּלּוּי דַּעַת, הַצְהָרָה
enunciado *m* נֻסְחָה, נֹסַח, גִּרְסָה
enunciar *vt* הִבִּיעַ, בִּטֵּא, הָגָה, הוֹדִיעַ, הִכְרִיז
envainar *vt* שָׂם בְּנַרְתִּיק, נִדֵּן (חֶרֶב)
envalentonar *vt* 1 עוֹדֵד, חִזֵּק, עוֹרֵר. 2 הִתְפָּאֵר
envanecer *vt* 1 הֶהֱבִיל, רוֹמֵם. 2 הִתְיַהֵר
envanecimiento *m* הֶבֶל, הִתְיַהֲרוּת
envasar *vt* יָצַק
envase *m* 1 יְצִיקָה, מִלּוּי. 2 אֲרִיזָה
envejecer *vt* 1 הִזְקִין, עָשָׂה מְיֻשָּׁן. 2 הִזְדַּקֵּן, זָקֵן. 3 הִתְיַשֵּׁן
envejecido *adj* מְיֻשָּׁן, עַתִּיק
envejecimiento *m* 1 הִזְדַּקְּנוּת. 2 הִתְיַשְּׁנוּת
envenenador *adjm* מַרְעִיל, מְסַמֵּם
envenenar *vt* הִרְעִיל, סִמֵּם
envergadura *f* 1 מֻטַּת הַכְּנָפַיִם. 2 רֹחַב, מֶרְחָב
enviado *m* שָׁלִיחַ, צִיר, מְשֻׁלָּח
enviar *vt* 1 שָׁלַח, שִׁלַּח, שִׁגֵּר. 2 סִלֵּק
enviciar *vt* הִשְׁחִית, שִׁחֵת, קִלְקֵל
envidia *f* 1 קִנְאָה, צָרוּת עַיִן. 2 תְּשׁוּקָה, תַּאֲוָה
envidiable *adj* מְעוֹרֵר קִנְאָה
envidiar *vt* 1 קִנֵּא, הִתְקַנֵּא. 2 חָשַׁק, חָמַד, הִתְאַוָּה
envidioso *adj* מְקַנֵּא, קַנַּאי, קַנְאָן
envigar *vt* קֵרָה, הִצִּיב קוֹרוֹת (שֶׁל בַּיִת)
envilecer *vt* סֵאֵב, הִשְׁפִּיל, בִּזָּה
envilecimiento *m* הַשְׁפָּלָה, שִׁפְלוּת, קָלוֹן
envío *m* מִשְׁלוֹחַ, שְׁלִיחָה, שִׁגּוּר
enviscar *vt* 1 הֵסִית. 2 הִלְהִיב, שִׁלְהֵב
envite *m* 1 הִתְעָרְבוּת. 2 הַצָּעָה. 3 דְּחִיפָה
enviudar *vi* הִתְאַלְמֵן
envoltorio *m* 1 צְרוֹר, חֲבִילָה, אֲגֻדָּה. 2 עֲטִיפָה, אֲרִיזָה
envoltura *f* 1 חִתּוּלִים. 2 עֲטִיפָה
envolvedor *m* עוֹטֵף
envolvente *adj* עוֹטֵף, מַקִּיף
envolver *vt* 1 עָטַף, כָּרַךְ. 2 חִתֵּל. 3 אִגֵּף, כִּתֵּר
envolvimiento *m* 1 עֲטִיפָה. 2 אִגּוּף, כִּתּוּר
envuelto *adj* עָטוּף, כָּרוּךְ
enyesado *m*, **enyesadura** *f* טִיחָה, טִיּוּחַ
enyesar *vt* גִּבֵּס, טִיֵּחַ
enyugar *vt* שָׂם עֹל עַל הַצַּוָּאר
enzima *f* תַּסָּס, מַתְסִיס
enzunchar *vt* חִשֵּׁק (גַּלְגַּל)
¡epa! *interj* הַלּוֹ! אָהּ
épica *f* אֶפִּיקָה, אֶפּוֹס
épico *adj* אֶפִּי
epicúreo *adj* 1 אֶפִּיקוֹרְאִי. 2 רוֹדֵף תַּעֲנוּגוֹת
epidemia *f* מַגֵּפָה, דֶּבֶר, אֶפִּידֶמְיָה
epidémico *adj* מַגֵּפָתִי, אֶפִּידֶמִי

epidermis *f* עוֹר

Epifanía *f* חַג הַהִתְגַּלּוּת

epífisis *f* 1 קְצֵה הָעֶצֶם. 2 בַּלּוּטַת הָאִצְטְרֻבָּל

epiglotis *f* הַלָּשׁוֹן הַקְּטַנָּה, כִּסּוּי הַגָּרוֹן

epigrama *m* מִכְתָּם, אֶפִּיגְרָמָה

epigramático *adj* מִכְתָּמִי, שָׁנוּן, אֶפִּיגְרָמִי

epigramista *m* מִכְתְּמָן

epigramatario *adjm* שָׁנוּן, מִכְתָּמִי

epilepsia *f* מַחֲלַת הַנְּפִילָה, כִּפְיוֹן, אֶפִּילֶפְּסְיָה

epiléptico *adjm* נִכְפֶּה, אֶפִּילֶפְּטִי

epilogar *vt* סִיֵּם, חָתַם, סִכֵּם, נָעַל

epílogo *m* סִיּוּם, חֲתִימָה, סִכּוּם, נְעִילָה, אֶפִּילוֹג

episcopado *m* בִּישׁוֹפוּת

episcopal *adj* בִּישׁוֹפִי, אֶפִּיסְקוֹפָּלִי

episcopalista, episcolaliano *adjm* אֶפִּיסְקוֹפָּלִי

episódico *adj* 1 אֶפִּיזוֹדִי, צְדָדִי, טָפֵל. 2 חֶלְקִי

episodio *m* 1 אֶפִּיזוֹדָה, מִקְרֶה. 2 תַּקְרִית

epístola *f* אִגֶּרֶת, מִכְתָּב

epistolar *adj* אֶפִּיסְטוֹלָרִי, שֶׁל הִתְכַּתְּבוּת

epistolario *m* 1 קֹבֶץ מִכְתָּבִים, צְרוֹר מִכְתָּבִים. 2 הִתְכַּתְּבוּת

epitafio *m* נֹסַח מַצֵּבָה, פ.נ.

epíteto *m* תֹּאַר, כִּנּוּי, שֵׁם לְוַאי

epitomar *vt* תִּמְצֵת, קִצֵּר, סִכֵּם

epítome *m* תַּמְצִית, קִצּוּר, סִכּוּם

época *f* תְּקוּפָה, עִדָּן

epopeya *f* אֶפּוֹס, עֲלִילִיָּה, עֲלִילָה

equidad *f* צֶדֶק, יֹשֶׁר, תֹּם, הֲגִינוּת

equidistante *adj* שְׁוֵה טְוָח, שְׁוֵה מֶרְחָק

equilátero *adj* שְׁוֵה צְלָעוֹת

equilibrar *vt* 1 אִזֵּן, הִתְאִים. 2 הִתְאַזֵּן

equilibrio *m* אִזּוּן, שִׁוּוּי מִשְׁקָל

equilibrista *m* לוּלְיָן

equino *adj* סוּסִי

equinoccial *adj* 1 שֶׁל קַו הַמַּשְׁוֶה. 2 שְׁוֵה־יוֹם־וָלַיְלָה

equinoccio *m* שִׁוְיוֹן יוֹם וָלַיְלָה

equipaje *m* מִטְעָן, מַשָּׂא, מִזְוָד, חֲפָצִים, צִיּוּד

equipar *vt* 1 צִיֵּד, סִפֵּק. 2 חִמֵּשׁ, זִיֵּן. 3 הֵכִין, הִכְשִׁיר

equiparar *vt* הִשְׁוָה, דִּמָּה

equiparable *adj* שָׁוֶה, מַקְבִּיל

equiparación *f* הַשְׁוָאָה, הַקְבָּלָה

equipo *m* 1 צִיּוּד, אַסְפָּקָה, מַכְשִׁירִים. 2 נֶשֶׁק, חִמּוּשׁ. 3 קְבוּצָה, נִבְחֶרֶת

equitación *f* 1 רְכִיבָה. 2 פָּרָשׁוּת. 3 אָמָּנוּת הָרְכִיבָה

equitativo *adj* צוֹדֵק, יָשָׁר, אוֹבְּיֶקְטִיבִי

equivalencia *f* שִׁוְיוֹן, שִׁוְיוֹן עֵרֶךְ, זֶהוּת

equivalente *adj* שָׁוֶה, שָׁקוּל, שְׁוֵה־עֵרֶךְ

equivaler *vi* 1 שָׁוָה, דָּמָה. 2 חָפַף

equivocación *f* טָעוּת, שְׁגִיאָה, מִשְׁגֶּה, שִׁבּוּשׁ

equivocado *adj* מְשֻׁבָּשׁ, מַטְעֶה, מֻטְעֶה

equivocar *vt* 1 הִטְעָה, הִכְשִׁיל, הִתְעָה. 2 שָׁגָה, טָעָה, הִשְׁתַּבֵּשׁ

equívoco *adjm* 1 דּוּ מַשְׁמָעִי, מְסֻפָּק, חָשׁוּד. 2 בִּלְבּוּל, טָעוּת

era *f* 1 תְּקוּפָה, עִדָּן, תַּאֲרִיךְ, סְפִירָה. 2 גֹּרֶן

eral *m* עֵגֶל

erario *m* אוֹצָר, טִמְיוֹן

erbio *m* אֶרְבִּיּוּם

ere *f* שֵׁם הָאוֹת r (R)

erección *f* 1 הֲקָמָה, בְּנִיָּה, זְקִיפָה. 2 קִשּׁוּי הָאֵיבָר

eréctil *adj* זָקִיף, מִזְדַּקֵּף

eremita *m* נָזִיר, פָּרוּשׁ, מִתְבּוֹדֵד

erg, ergio *m* אֶרְג

ergo *adv* לָכֵן, כָּךְ

ergotina *f* שִׁפָּנֶת, אֶרְגוֹטִין

ergotismo *m* הַרְעָלָה מִקַּרְנֵי שִׁפּוֹן

erguir *vt* 1 הֵקִים, זָקַף, הֵרִים. 2 הִתְגָּאָה, הִתְרַבְרֵב

erial *m* בּוּר, אַדְמַת בּוּר

eriazo *adj* בּוּר, שֶׁל אַדְמַת בּוּר

erigir *vt* 1 בָּנָה, הֵקִים, קוֹמֵם, יִסֵּד. 2 זָקַף

erisipela *f* וֶרֶדֶת, שׁוֹשַׁנָּה (מַחֲלָה)

erizado *adj* סָמִיר, זִיפִי, מְסֻמָּר

erizar *vt* סָמַר, סִמֵּר

erizo *m* קִפּוֹד

erizo de mar קִפּוֹד יָם

ermita *f* מָעוֹן בּוֹדֵד

ermitaño *m* נָזִיר, פָּרוּשׁ, מִתְבּוֹדֵד
erogación *f* 1 חֲלֻקָּה. 2 תְּרוּמָה, הַקְצָבָה
erogar *vt* 1 חִלֵּק. 2 הִקְצִיב, תִּקְצֵב
erosión *f* 1 סַחַף, סְחִיפָה, חָשַׂף. 2 כִּרְסוּם, כִּלּוּי, הַחְלָדָה
erosionar *vt* 1 סָחַף. 2 כִּרְסֵם, כִּלָּה
erosivo *adj* 1 סוֹחֲפָנִי. 2 מְכַרְסֵם, מְכַלֶּה
eroticismo *m* עַגְבָנוּת, חַשְׁקָנוּת
erótico *adj* עַגְבָנִי, חַשְׁקָנִי
erotismo *m* עַגְבָנוּת, חַשְׁקָנוּת
errabundo *adj* נוֹדֵד, נַוָּד, תּוֹעֶה
erradicación *f* שֵׁרוּשׁ, עֲקִירָה, הַשְׁמָדָה
erradicador *m* עוֹקֵר, מַשְׁמִיד, מְבַעֵר
erradicar *vt* שֵׁרֵשׁ, עָקַר, הִשְׁמִיד, בִּעֵר
errado *adj* טוֹעֶה, מַטְעֶה, מְשֻׁבָּשׁ, שׁוֹגֶה
errante *adj* נוֹדֵד, נַוָּד, תּוֹעֶה
errar *vt* שָׁגָה, טָעָה, תָּעָה, הֶחֱטִיא
errata *f* טָעוּת דְּפוּס
errático *adj* תּוֹעֶה, נוֹדֵד, מְשֻׁנֶּה, סוֹטֶה, מוּזָר
erróneo *adj* טוֹעֶה, מַטְעֶה, שׁוֹגֶה, מְשֻׁבָּשׁ
error *m* טָעוּת, שְׁגִיאָה, שִׁבּוּשׁ, לִקּוּי, סְטִיָּה
eructación *f* גִּהוּק, שִׁהוּק
eructar *vi* גִּהֵק, שִׁהֵק
eructo *m* גִּהוּק, שִׁהוּק
erudición *f* לַמְדָנוּת, בְּקִיאוּת, יַדְעָנוּת
erudito *adjm* לַמְדָן, מְלֻמָּד, יַדְעָן, בָּקִי
erumpir *vi* פָּרַץ, הִתְפָּרֵץ, הִתְגָּעֵשׁ
erupción *f* 1 הִתְפָּרְצוּת, הִתְגָּעֲשׁוּת. 2 פְּרִיחָה, אֲבַעְבּוּעוֹת, שְׁחִין
eruptivo *adj* 1 מִתְפָּרֵץ. 2 פּוֹרֵחַ
esa *adjdem* זוֹ, זֹאת
ésa *prondem* הַזֹּאת, הַהִיא
esbeltez *f* תְּמִירוּת, זְקִיפוּת
esbelto *adj* תָּמִיר, זָקוּף
esbirro *m* 1 שׁוֹטֵר. 2 קַלְגַּס
esbozar *vt* הִתְוָה, רָשַׁם, צִיֵּר, תֵּאֵר, שִׂרְטֵט
esbozo *m* רִשּׁוּם, מִתְוֶה, שִׂרְטוּט, תֵּאוּר, צִיּוּר
escabechar *vt* כָּבַשׁ, שִׁמֵּר
escabeche *m* כְּבוּשִׁים
escabel *m* הֲדוֹם, שְׁרַפְרַף

escabiosis *f* גָּרָב, גָּרֶדֶת, שְׁחִין
escabrosidad *f* 1 גַּבְנוּן, חִסְפּוּס, קִמּוּט, קַשְׁיוּת. 2 גַּסּוּת, קַרְתָּנוּת. 3 הֶעָזָה
escabroso *adj* 1 גַּבְנוּנִי, מְחֻסְפָּס, מְקֻמָּט, קָשֶׁה. 2 גַּס, קַרְתָּנִי. 3 נוֹעָז
escabullimiento *m* הִשְׁתַּמְּטוּת, הִתְחַמְּקוּת, הִסְתַּלְּקוּת, הַעֲרָמָה
escabullirse *vref* הִשְׁתַּמֵּט, הִתְחַמֵּק, הִסְתַּלֵּק, נִמְלַט
escafandra *m* בֶּגֶד צְלִילָה, בֶּגֶד אֲמוֹדַאי
escajo *m* אַדְמַת־בּוּר
escala *f* 1 סֻלָּם. 2 קְנֵה מִדָּה, אַמַּת מִדָּה. 3 שִׁעוּר, מִדָּה. 4 דֵּרוּג, מוֹרֵד
escalada *f* הַסְלָמָה
escalador *m* 1 מְטַפֵּס. 2 גַּנָּב, פּוֹרֵץ
escalafón *m* 1 רְשִׁימָה. 2 דָּרָג, דֵּרוּג, מַעֲרָךְ מְדֹרָג
escalar *vt* 1 טִפֵּס, עָלָה. 2 מָדַד. 3 הִסְלִים
escaldadura *f* גִּעוּל, הַגְעָלָה
escaldar *vt* 1 הִגְעִיל. 2 שָׁלַק, חָלַט
escalera *f* סֻלָּם, מַדְרֵגוֹת
escalfador *m* כִּירָה
escalfar *vt* שָׁלַק, חָלַט
escalinata *f* מַדְרֵגָה
escalo *m* טִפּוּס, פְּרִיצָה
escalofriado *adj* מְצֻנָּן
escalofríamente *adv* 1 מֵעִיק. 2 מֵטִיל אֵימָה
escalofrío *m* 1 צְמַרְמֹרֶת, רֶטֶט, רַעַד. 2 הִתְחַלְחֲלוּת
escalón *m* 1 מַדְרֵגָה. 2 שָׁלָב, דַּרְגָּה. 3 וָתִק
escalonar *vt* 1 הִסְלִים, סִלֵּם. 2 הִדְרִיג, דֵּרֵג
escaloña *f* בְּצַלְצוּל
escalpar *vt* קִרְקֵף
escalpelo *m* אִזְמֵל
escama *f* קַשְׂקַשׂ, קַשְׂקֶשֶׂת
escamado *adj* 1 חַשְׁדָן, זָהִיר. 2 בַּעַל־קַשְׂקַשִּׂים
escamar *vt* 1 הֵסִיר קַשְׂקַשִּׂים. 2 עוֹרֵר חֲשַׁד
escamonda *f* גִּזּוּם, זִמּוּר

escamondar *vt* גָּזַם, גִּזֵּם, זָמַר

escamoso *adj* קַשְׂקַשִּׂי, עַלְעָלִי, פְּתִיתִי

escamotear *vt* 1 אָחַז אֶת הָעֵינַיִם, תִּעְתַּע. 2 גָּנַב, סָחַב. 3 הוֹנָה

escamoteo *m* 1 אֲחִיזַת עֵינַיִם, תַּעְתּוּעַ. 2 סְחִיבָה, גְּנֵבָה

escampar *vt* 1 נִקָּה, פִּנָּה, טִהֵר. 2 הִתְבַּהֵר

escanciar *vt* יָצַק, נָסַךְ

escandalizar *vt* שִׁעֲרֵר, עוֹרֵר שַׁעֲרוּרִיָּה

escándalo *m* שַׁעֲרוּרִיָּה, מְהוּמָה

escandaloso *adj* 1 שַׁעֲרוּרָן, סוֹרֵר. 2 זַעֲרוּרִי

escandinavo *adjm* סְקַנְדִּינָבִי

escandio *m* סְקַנְדְּיוּם

escandir *vt* שָׁקַל, קָבַע מִשְׁקָל

escansión *f* קְבִיעַת מִשְׁקָל

escantillar *vt* כִּיֵּל, מָדַד, מָנָה

escantillón *m* שַׁבְלוֹנָה, תַּדְמִית

escaño *m* 1 סַפְסָל. 2 מוֹשָׁב, כֵּס, מָקוֹם

escapada *f* בְּרִיחָה, מָנוֹס, מְנוּסָה, הִסְתַּלְּקוּת

escapar *vi* 1 בָּרַח, נִמְלַט, נָס. 2 נִצַּל, נֶחֱלַץ. 3 הִשְׁתַּמֵּט, הִתְחַמֵּק

escaparate *m* חַלּוֹן רַאֲוָה

escapatoria *f* 1 בְּרִיחָה, מְנוּסָה, מָנוֹס. 2 תֵּרוּץ, אֲמַתְלָה, הִתְחַמְּקוּת

escape *m* 1 מִפְלָט, בְּרִיחָה, מָנוֹס. 2 מַחְגֵּר. 3 הִתְרוֹקְנוּת, פְּלִיטָה, פָּלָט

escapismo *m* עַרְקָנוּת, תְּנוּסְתָנוּת

escapista *m* עַרְקָן

escápula *f* עֶצֶם הַשֶּׁכֶם, שִׁכְמָה

escapular *adj* שִׁכְמִי

escapulario *m* אֵפוֹד

escaque *m* 1 מִשְׁבֶּצֶת. 2 שַׁחְמָט

escara *f* גֶּלֶד, קְרוּם

escarabajo *m* 1 חִפּוּשִׁית. 2 שִׁרְבּוּט

escaramuza *f* תִּגְרָה, רִיב, הִתְנַגְּשׁוּת, תַּקְרִית

escaramuzar *vi* הִתְקוֹטֵט, הִתְנַגֵּשׁ

escarbadientes *m* קֵיסָם

escarbadura *f* 1 גֵּרוּד, שְׂרִיטָה. 2 חִטּוּט, חֲפִירָה. 3 נִקּוּר

escarbar *vt* חִטֵּט, נִקֵּר, חָפַר, גֵּרֵד

escarcha *f* כְּפוֹר, קֹר, קִפָּאוֹן

escarchado *adj* מְקֻפָּא

escarchar *vti* 1 הִקְפִּיא. 2 קָפָא

escarda *m* שֵׁרוּשׁ, עֲקִירָה, נִכּוּשׁ

escardar *vt* שֵׁרֵשׁ, עָקַר, נִכֵּשׁ

escariador *m* מַקְדֵּד, מַסְחֵט

escariar *vt* קִדֵּד, נִקֵּב

escarlata *adjf* 1 שָׁנִי. 2 שָׁנִית

escarlatina *f* שָׁנִית

escarmentar *vt* 1 לִמֵּד לֶקַח. 2 יִסֵּר, הֶעֱנִישׁ

escarmiento *m* לֶקַח

escarnecedor *adjm* מְבַזֶּה, מְגַדֵּף, מְחָרֵף

escarnecer *vt* לָעַג, גִּדֵּף, לִגְלֵג

escarnecidamente *adv* בְּלַעַג, בְּבוּז, בְּזִלְזוּל

escarnio *f* לִגְלוּג, לַעַג, גִּדּוּף, בּוּז

escarola *f* עֹלֶשׁ

escarpa, escarpadura *f* מִדְרוֹן, מוֹרָד, מִתְלָל, מַתְלוּל

escarpado *adj* תָּלוּל, מְשֻׁפָּע

escarpelo *m* אִזְמֵל

escarpia *f* וָו, אַנְקוֹל, קֶרֶס

escasamente *adv* בְּקֹשִׁי, בְּדֹחַק, בְּצִמְצוּם

escasear *vt* 1 חָסַךְ, צִמְצֵם. 2 קִמֵּץ, חִסֵּר, הֶחְסִיר

escasez *f* 1 מַחְסוֹר, חֹסֶר. 2 עֹנִי, דַּלּוּת. 3 צִמְצוּם

escaso *adj* 1 מְצֻמְצָם, מוּעָט. 2 קַמְצָן, קַמְּצָנִי

escatimar *vt* צִמְצֵם, חִסֵּר, הֶחְסִיר

escayola *f* טִיחַ

escayolar *vt* טָח, טִיֵּחַ

escayolista *m* טַיָּח

escena *f* 1 בָּמָה, בִּימָה. 2 תַּפְאוּרָה. 3 מַעֲמָד, תְּמוּנָה. 4 מְאֹרָע, מִקְרֶה, סְצֶנָה. 5 מַחֲזֶה. 6 תַּקְרִית, הִתְפָּרְצוּת, שַׁעֲרוּרִיָּה

escenario *m* 1 בָּמָה, בִּימָה. 2 זִירָה

escénico *adj* בִּימָתִי

escenificación *f* בִּמּוּי, בִּיּוּם

escenificar *vt* בִּיֵּם

escenografía *f* תַּפְאוּרָה

escenógrafo *m* בַּמַּאי, תַּפְאוּרָן

escepticismo *m* סַפְקָנוּת, סְקֶפְּטִיּוּת

escéptico *adjm* סַפְקָן, סְקֶפְּטִי
esclarecer *vt* בֵּאֵר, הִבְהִיר, הֶחֱוִיר, הֵאִיר
esclarecido *adj* מְהֻלָּל, דָּגוּל, מְפֻרְסָם, נַעֲלֶה
esclarecimiento *m* 1 הַסְבָּרָה. 2 הַבְהָרָה, בֵּאוּר
esclava *f* שִׁפְחָה
esclavitud *f* עַבְדוּת, שִׁעְבּוּד
esclavización *f* שִׁעְבּוּד
esclavizar *vt* 1 שִׁעְבֵּד. 2 דִּכָּא
esclavo *adjm* 1 מְשֻׁעְבָּד. 2 עֶבֶד
esclerosis *f* טָרֶשֶׁת, הִסְתַּיְּדוּת, קַשְׁיוּת
esclerótico *adj* קָשֶׁה, נִקְשֶׁה
esclusa *f* 1 סֶכֶר. 2 תְּעָלָה
escoba *f* מַטְאֲטֵא
escobar *vt* טִאטֵא, כִּבֵּד
escobilla *f* מִבְרֶשֶׁת, מִשְׂעֶרֶת
escobillar *vt* בֵּרֵשׁ
escocedura *f*, **escocimiento** *m* צְרִיבָה, כְּוִיָּה
escocer *vit* 1 צָרַב, כָּאַב. 2 הֵצִיק
escocés *adjm* סְקוֹטִי
escofina *f* שׁוֹפִין, פְּצִירָה
escofinar *vt* שִׁיֵּף, שִׁפְשֵׁף
escoger *vt* בֵּרֵר, בָּחַר
escogido *adj* 1 נִבְחָר, בָּחִיר, מֻבְחָר. 2 בַּרְרָן
escogidamente *adv* בְּהַקְפָּדָה, בִּזְהִירוּת, בְּדַיְקָנוּת, בִּדְאָגָה
escogimiento *m* בְּחִירָה, בְּרֵרָה
escolar *adjm* 1 חִנּוּכִי, אֲקָדֶמִי, לִמּוּדִי. 2 סְטוּדֶנְט, תַּלְמִיד, חָנִיךְ
escolástica *f* פִּלְפּוּל, סְקוֹלַסְטִיקָה
escolástico *adjm* פִּלְפּוּלִי, סְקוֹלַסְטִי
escolta *f* 1 מְלַוֶּה, לִוּוּי. 2 בְּנֵי לְוָיָה, פָּמַלְיָה
escoltar *vt* לִוָּה, נָתַן מִשְׁמָר
escollera *f* מַזָח, שׁוֹבֵר גַּלִּים
escollo *m* 1 שׂוּנִית. 2 מִכְשׁוֹל. 3 סַכָּנָה
escombro *m* חֳרָבוֹת, שְׂרִידִים, עִיֵּי מַפֹּלֶת
esconce *m* זָוִית, פִּנָּה
esconder *vt* הִסְתִּיר, הֶחְבִּיא, הִצְפִּין, הִטְמִין, טָמַן
escondidas *fpl* מַחֲבוֹאִים
escondimiento *m* הַסְתָּרָה, הַכְמָנָה, הַצְפָּנָה
escondite, escondrijo *m* מַחֲבוֹא, מִסְתּוֹר, מַחֲבוֹאָה
escopeta *f* רוֹבֶה
escopetazo *m* 1 יְרִיַּת רוֹבֶה. 2 פֶּצַע מִירִיַּת רוֹבֶה
escopladura *f* חָרִיץ, חֲרִיטָה בָּעֵץ
escoplo *m* מַפְסֶלֶת, אִזְמֵל
escopolamina *f* סְקוֹפּוֹלָמִין
escora *f* קוֹרָה, עַמּוּד, סָמוֹךְ, מַשְׁעֵן, תּוֹמְכָה
escorar *vti* 1 תָּמַךְ. 2 נִשְׁעַן. 3 נָטָה הַצִּדָּה (אֳנִיָּה)
escorbútico *adj* צַפְדִּינִי
escorbuto *m* צַפְדִּינָה
escoria *f* 1 סִיגִים, פְּסֹלֶת. 2 שִׁפְלוּת. 3 גְּרוּטָאָה
escorial *m* תֵּל סִיגִים, גַּל סִיגִים
escorpión *m* 1 עַקְרָב. 2 מַזַּל עַקְרָב
escota *f* יְרִיעָה
escotado *adj* חָשׂוּף
escotadura *f* מַחְשׂוֹף
escotar *vt* 1 חָשַׂף. 2 גָּזַר (לְפִי מִדָּה). 3 נִקֵּז
escote *m* מַחְשׂוֹף
escotilla *f* כַּוָּה, אֶשְׁנָב, חַלּוֹן
escotillón *m* מַלְכֹּדֶת, פָּתַח
escozor *m* צְרִיבָה, גֵּרוּי, צָרֶבֶת
escriba *m* 1 סוֹפֵר, לַבְלָר. 2 סוֹפֵר סְתָ"ם
escribanía *f* מִשְׂרַד הַנּוֹטַרְיוֹן
escribano *m* נוֹטַרְיוֹן
escribano del agua סְבִיבוֹנִית
escribiente *m* לַבְלָר, סוֹפֵר
escribir *vt* 1 כָּתַב. 2 חִבֵּר, רָשַׁם
escrito *adjm* 1 כָּתוּב. 2 מִסְמָךְ, כְּתָב, אִגֶּרֶת. 3 כְּתַב יָד
escritor *m* סוֹפֵר
escritorio *m* מִכְתָּבָה, שֻׁלְחַן כְּתִיבָה
escritura *f* 1 כְּתָב, כְּתִיב, כְּתִיבָה. 2 חוֹזֶה, שְׁטַר מֶכֶר. 3 הַתַּנַ"ךְ
escrófula *f* חֲזִירִית
escrofuloso *adj* חוֹלֵה חֲזִירִית
escroto *m* כִּיס הָאֲשָׁכִים
escrupulizar *vi* פִּקְפֵּק, הִסֵּס

escrúpulo *m* הִסּוּס, פִּקְפּוּק, יִסּוּרֵי חֲרָטָה, מוּסַר כְּלָיוֹת

escrupulosidad *f* קַפְּדָנוּת, דַּקְדְּקָנוּת, זְהִירוּת

escrupuloso *adj* קַפְּדָן, דַּקְדְּקָן, דַּיְקָן

escritador *adj* חוֹקֵר, בּוֹדֵק, חוֹדֵר, בּוֹלֵשׁ

escrutar *vt* 1 בָּדַק, חָקַר, בָּחַן. 2 מָנָה קוֹלוֹת

escrutinio *m* 1 בְּדִיקָה, חֲקִירָה, עִיּוּן. 2 מְנִיַּת־קוֹלוֹת

escuadra *f* 1 מְשֻׁלָּשׁ, זָוִיתוֹן. 2 צִי, שַׁיֶּטֶת. 3 גְּדוּד. 4 טַיֶּסֶת

escuadrar *vt* אִנֵּךְ, יָצַר זָוִית יְשָׁרָה

escuadrilla *f* 1 טַיֶּסֶת. 2 מַטָּס

escuadrón *m* גְּדוּד, גְּדוּד פָּרָשִׁים

escualidez *f* 1 לִכְלוּךְ, זֻהֲמָה, סְחִי. 2 רָזוֹן, כְּחִישׁוּת

escuálido *adj* 1 מְלֻכְלָךְ, מְזֹהָם. 2 רָזֶה, כָּחוּשׁ. 3 מִמִּשְׁפַּחַת הַכְּרִישִׁים

escucha *f* 1 שׁוֹמֵעַ. 2 מַקְשִׁיב, מַאֲזִין. 3 זָקִיף

escuchador *adj* מַאֲזִין

escuchar *vt* 1 שָׁמַע. 2 הִקְשִׁיב, הֶאֱזִין. 3 צִיֵּת. 4 צוֹתֵת

escudar *vt* הֵגֵן, הֶחֱסָה

escudero *m* נוֹשֵׂא כֵּלִים

escudete *m* 1 מָגֵן. 2 טְרִיז

escudilla *f* קַעֲרִית, קְעָרָה

escudo *m* 1 מָגֵן, צִנָּה. 2 שֶׁלֶט

escudriñador *adjm* חוֹקֵר, בּוֹדֵק, בּוֹלֵשׁ, בּוֹחֵן

escudriñamiento *m* חֲקִירָה, בְּדִיקָה, עִיּוּן

escudriñar *vt* בָּדַק, חָקַר, בָּחַן

escuela *f* 1 בֵּית סֵפֶר, אֻלְפָּן. 2 אַסְכּוֹלָה

escuelante *m* תַּלְמִיד

escueto *adj* 1 חָפְשִׁי, גָּלוּי, חָשׂוּף. 2 חֲסַר מְלִיצוֹת

esculcar *vt* רִגֵּל, חָקַר, חִפֵּשׂ, בָּדַק

esculpidor *m* גַּלָּף, חָרָט, פַּסָּל, חַטָּב

esculpir *vt* פִּסֵּל, גִּלֵּף, חָרַט, חִטֵּב

escultura *f* 1 פֶּסֶל. 2 פִּסּוּל

escultural *adj* פִּסּוּלִי, חָטוּב

escultor *m* פַּסָּל

escullirse *vref* הִשְׁתַּמֵּט, הִתְחַמֵּק, נִמְלַט

escuna *f* סְקוּנֶר, סְפִינַת־מִפְרָשִׂים

escupidera *f* מַרְקֵקָה, רְקָקִית

escupir *vt* 1 יָרַק, רָקַק, כָּח, כִּחְכֵּחַ. 2 זָרַק, הִשְׁלִיךְ

escupo *m* יְרִיקָה, רְקִיקָה

escurana *f* חֲשֵׁכָה, אֲפֵלָה, אֹפֶל

escurridizo *adj* חֲלַקְלַק, עַרְמוּמִי

escurrido *adj* צַר יְרֵכַיִם

escurrimiento *m* 1 טִפְטוּף, זַרְזִיף. 2 עָרְמָה. 3 הִתְחַמְּקוּת, הִסְתַּלְּקוּת

escurrir *vti* 1 סָחַט, יִבֵּשׁ. 2 טִפְטֵף, זִרְזֵף. 3 הִתְחַמֵּק, הִתְגַּנֵּב

esdrújulo *adj* קְדַם־מִלְעֵילִי

ese *adjdem* 1 זֶה, הַהוּא, הַלָּזֶה, אוֹתוֹ. 2 שֵׁם הָאוֹת

ése *prondem* זֶה, הַהוּא, הַלָּזֶה, אוֹתוֹ

esencia *f* 1 מַהוּת, עֶצֶם. 2 עִקָּר, יְסוֹד. 3 תַּמְצִית. 4 בֹּשֶׂם

esencial *adj* 1 מַהוּתִי, חִיּוּנִי. 2 עִקָּרִי, יְסוֹדִי. 3 תַּמְצִיתִי

esfera *f* 1 כַּדּוּר. 2 כִּפַּת הַשָּׁמַיִם. 3 תְּחוּם, הֶקֵּף, שֶׁטַח. 4 חוּג, סְבִיבָה, מַעֲמָד

esférico *adj* כַּדּוּרִי

esferoidal *adj* כַּדּוּרִי, עָגֹל

esferoide *m* גּוּף כַּדּוּרִי

esfinge *f* 1 סְפִינְקְס. 2 חִידָה, תַּעֲלוּמָה

esfínter *m* סוֹגֵר

esforzado *adj* בַּעַל מֶרֶץ, אַמִּיץ, נוֹעָז

esforzar *vt* אִמֵּץ, עוֹדֵד, חִזֵּק, הִמְרִיץ

esfuerzo *m* מַאֲמָץ

esfumar *vt* 1 הֵצֵל. 2 הִתְאַדָּה, נֶעְלַם, הִסְתַּלֵּק

esgrima *f* סַיִף, סִיּוּף

esgrimidor *m* סַיָּף

esguince *m* 1 עִוּוּת, מִפְתָּל, כְּפִיפָה. 2 נָקַע, נְקִיעָה. 3 הִשְׁתַּמְּטוּת, הִתְחַמְּקוּת

eslabón *m* שָׁלָב, חֻלְיָה, פֶּרֶק, קֶשֶׁר, חִבּוּר

eslabonar *vt* חִבֵּר, קִשֵּׁר

eslavo *adjm* סְלָבִי

eslovaco *adjm* סְלוֹבָקִי

esloveno *adjm* סְלוֹבֵנִי

esmaltar *vt* אִמֵּל, צִפָּה בְּאֲמַיִל
esmalte *m* אֲמַיִל
esmerado *adj* קַפְּדָנִי, מַקְפִּיד, זָהִיר
esmeralda *f* אִזְמָרַגְד
esmeraldino *adj* אִזְמָרַגְדִּי
esmerar *vtref* 1 הִבְרִיק, לִטֵּשׁ, שִׁפְשֵׁף, צִחְצֵחַ. 2 דָּאַג, הִשְׁתַּדֵּל, הִתְאַמֵּץ
esmerejón *m* הַבַּז הַקָּטָן
esmeril *m* שָׁמִיר, נְיַר זְכוּכִית
esmerillar *vt* לִטֵּשׁ
esmero *m* קַפְּדָנוּת, שְׁקִידָה
esmoladera *f* אֶבֶן מַשְׁחֶזֶת
esmoquín *m* סְמוֹקִינְג
esnob *m* סְנוֹבּ, נוֹקְדָן
esnobismo *m* סְנוֹבִּיּוּת, נוֹקְדָנוּת
esnórquel *m* שְׁנוֹרְקֶל, מַכְשִׁיר נְשִׁימָה
eso *prondem* הַהוּא, הַלָּז, הַלָּזֶה
esófago *m* וֶשֶׁט
esos *adjdempl* הָהֵם
ésos *prindempl* הָהֵם
esotérico *adj* נִסְתָּר, סוֹדִי, חֲשָׁאִי
espabilar *vt* 1 מָחַט, כָּרַת, כִּבָּה. 2 הָרַג. 3 גָּמַר, סִיֵּם. 4 עָשַׁק, גָּנַב
espacial *adj* 1 מֶרְחָבִי. 2 חֲלָלִי
espaciar *vt* רִוַּח
espacio *m* 1 מֶרְחָב, חָלָל. 2 שֶׁטַח. 3 רֶוַח
espaciosidad *f* רָוַח, רַחֲבוּת
espacioso *adj* מְרֻוָּח, רָחָב, רַב מִדּוֹת
espada *f* חֶרֶב, סַיִף, שֶׁלַח
espadachín *m* סַיָּף
espadilla *f* 1 מָשׁוֹט. 2 סַמֶּל
espadín *m* פִּגְיוֹן
espahi *m* סְפָּהִי
espalda *f* 1 גַּב, גֵּו. 2 מְאַסֵּף
espaldar *m* 1 מִשְׁעֶנֶת, מִסְעָד. 2 גַּב, גֵּו
espaldarazo *m* 1 טְפִיחַת גַּב. 2 הַעֲנָקַת תֹּאַר כָּבוֹד
espaldera *f* 1 סְבָכָה, סוֹרֵג. 2 גַּב
espaldudo *adj* חָזָק, רְחַב כְּתֵפַיִם
espantado *f* מְנוּסָה, בֶּהָלָה
espantadizo *adj* פַּחְדָן, נִפְחָד, חַשְׁשָׁן
espantajo *m* דַּחְלִיל
espantapájaros *m* דַּחְלִיל
espantar *vt* הִבְהִיל, הֶחֱרִיד, הִפְחִיד
espanto *m* בֶּהָלָה, מוֹרָא, חֲרָדָה, פַּחַד
espantoso *adj* מַחֲרִיד, מַפְחִיד, נוֹרָא
español *adjm* סְפָרַדִּי
esparadrapo *m* אִסְפְּלָנִית, רְטִיָּה
esparcimiento *m* 1 פִּזּוּר, זְרִיעָה. 2 שַׁעֲשׁוּעִים, בִּדּוּר
esparcir *vt* זֵרָה, הֵפִיץ, פִּזֵּר
espárrago *m* אַסְפָּרָגוֹס
espartano *adjm* סְפַּרְטָנִי
esparto *m* גֹּמֶא סְפָרַדִּי
espasmo *m* עֲוִית
espasmódico *adj* עֲוִיתִי
espástico *adjm* 1 עֲוִיתִי. 2 חוֹלֵה־עֲוִית
espato *m* פַּצֶּלֶת
espátula *f* מָרִית
especia *f* 1 תַּבְלִין, תֶּבֶל. 2 בֹּשֶׂם
especial *adj* 1 מְיֻחָד. 2 פְּרָטִי
especialidad *f* 1 יִחוּד, סְגֻלָּה, צִבְיוֹן, תְּכוּנָה. 2 מֻמְחִיּוּת, מִקְצוֹעִיּוּת
especialista *m* מֻמְחֶה, מִקְצוֹעָן, בָּקִי
especialización *f* הִתְמַחוּת, הַבְדָּלָה
especializar *vi* הִתְמַחָה
especiar *vt* תִּבֵּל, בִּשֵּׂם
especie *f* סוּג, מִין, זַן
especificación *f* פֵּרוּט, פְּרָט, מִפְרָט
especificar *vt* פֵּרֵט, הִגְדִּיר, פֵּרֵשׁ
específico *adjm* מְסֻיָּם, מְדֻיָּק, מְיֻחָד, אָפְיָנִי, בָּרוּר, מְגֻבָּל, סְפֶּצִיפִי
espécimen *m* דֻּגְמָה, דֶּגֶם, טִיפּוּס, יִצּוּר
especiosidad *f* 1 קֶסֶם, מְשִׁיכָה, חֵן, חִנָּנִיּוּת. 2 לִכְאוֹרִיּוּת
especioso *adj* 1 מַקְסִים, מוֹשֵׁךְ, חִנָּנִי. 2 טוֹב לִכְאוֹרָה
espectáculo *m* 1 תְּצוּגָה, הַצָּגָה, מוֹפָע, מוֹפָעָה. 2 מַחֲזֶה, תַּעֲרוּכָה, תְּמוּנָה
espectador *m* צוֹפֶה

espectral *adj* 1 תַּחֲזִיתִי. 2 שֵׁדִי, שֶׁל רוּחַ, מִפְלַצְתִּי
espectro *m* 1 תַּחֲזִית. 2 שֵׁד, רוּחַ, מִפְלֶצֶת, רוּחַ רְפָאִים
espectroscópico *adj* סְפֶּקְטְרוֹסְקוֹפִּי
espectroscopio *m* סְפֶּקְטְרוֹסְקוֹפּ, רְאִי, תַּחֲזִית
especulación *f* 1 סַפְסָרוּת, סַרְסָרוּת. 2 עִיּוּן, הִרְהוּר, מַחֲשָׁבָה, הַשְׁעָרָה
especulador *adjm* סַפְסָר, סַרְסוּר, סְפֶּקוּלַנְט
especular *vt* 1 סִפְסֵר, סִרְסֵר, הִפְקִיעַ שְׁעָרִים. 2 הִרְהֵר, חָשַׁב, עִיֵּן, שִׁעֵר
especulativo *adj* 1 סַפְסָרִי. 2 הִרְהוּרִי, עִיּוּנִי, מַחֲשַׁבְתִּי
espejismo *m* הֲזָיָה, דִּמְיוֹן שָׁוְא, חֶזְיוֹן שָׁוְא
espejo *m* מַרְאָה, רְאִי, אַסְפַּקְלַרְיָה
espejuelos *mpl* מִשְׁקָפַיִם, מִשְׁקֶפֶת
espelta *f* חִטַּת הַכֻּסֶּמֶת
espeluznante *adj* אָיֹם, נוֹרָא, מַבְעִית, מַפְחִיד, מַבְהִיל
espeluznar *vt* הִפְחִיד, הִבְהִיל, הֶחֱרִיד
espera *f* 1 הַמְתָּנָה, צִפִּיָּה, תִּקְוָה, סִכּוּי. 2 הֲפוּגָה, הַפְסָקָה
esperanza *f* תִּקְוָה, תּוֹחֶלֶת, סִכּוּי
esperanzado *adj* מָלֵא תִקְוָה, מְיַחֵל, בּוֹטֵחַ
esperanzar *vt* עוֹרֵר תִּקְוָה, נָתַן תִּקְוָה
esperar *vt* 1 קִוָּה. 2 חִכָּה, צִפָּה, הִמְתִּין
esperma *f* 1 זֶרַע. 2 דּוֹנַג, חֵלֶב
espermatogénesis *f* יְצִירַת זֶרַע
espermatozoo *m* זֶרַע, זַרְעִין, זַרְעוֹן
esperpento *m* 1 כִּעוּר, מִפְלֶצֶת. 2 שְׁטוּת, אִוֶּלֶת, טִפְּשׁוּת
espesar *vt* הִסְמִיךְ, עִבָּה
espeso *adj* סָמִיךְ, מְעֻבֶּה, צָפוּף
espesor *m* עֹבִי
espesura *f* צְפִיפוּת, סְמִיכוּת, עִבּוּי
espetar *vt* 1 דָּקַר, תָּקַע, שִׁפֵּד. 2 הִפְתִּיעַ, הִדְהִים. 3 פָּלַט, הִפְלִיט, הִטִּיף
espetera *f* קוֹלָב לִכְלֵי מִטְבָּח
espetón *m* 1 שַׁפּוּד, דָּקָר. 2 סִכָּה, מַחַט

espía *m* מְרַגֵּל
espiar *vti* רִגֵּל
espicanardo *m* נֵרְדְּ
espiga *f* 1 שִׁבֹּלֶת. 2 שֵׁן, שֶׁגֶם, לָשׁוֹן
espigado *adj* 1 בָּשֵׁל. 2 זָקוּף. 3 מְפֻתָּח
espigadora, espigadera *f* מְלַקֶּטֶת
espigar *vt* לִקֵּט, אָסַף, קִבֵּץ
espina *f* קוֹץ, דַּרְדַּר, שַׁיִת, עֹקֶץ
espinaca *f* תֶּרֶד
espinal *adj* גַּבִּי, שֶׁל חוּט הַשִּׁדְרָה
espinazo *m* עַמּוּד הַשִּׁדְרָה
espineta *f* סְפִּינֶטוֹ, צֶ'מְבָּלוֹ
espinilla *f* 1 שׁוֹק. 2 נְקֻדָּה שְׁחוֹרָה
espino *m* עֻזְרָד, אָטָד
espinoso *adj* קוֹצָנִי, מְסֻבָּךְ
espión *m* מְרַגֵּל
espionaje *m* רִגּוּל
espira *f* סְלִיל, פְּתִיל
espiración *f* נְשִׁיפָה, נְשִׁימָה
espiral *adjf* 1 לוּלְיָנִי, חֶלְזוֹנִי. 2 תַּסְלִיל
espirar *vti* נָשַׁף, נָשַׁם
espiritismo *m* סְפִּירִיטִיזְם
espiritista *m* סְפִּירִיטִיסְט
espíritu *m* 1 רוּחַ, נֶפֶשׁ, נְשָׁמָה. 2 דִּבּוּק, שֵׁד, רוּחַ רְפָאִים. 3 אֹפִי, תְּכוּנָה
espiritual *adj* 1 רוּחָנִי, נַפְשִׁי. 2 מוּסָרִי. 3 זַךְ, עָדִין. 4 חָרִיף. 5 סְפִּירִיטוּאָל
espirituoso *adj* 1 כָּהֳלִי. 2 עֵרָנִי
espirómetro *m* מַד נְשִׁימָה
espiroqueta *f* שַׁלְשֶׁלֶת
espita *f* 1 מְגוּפָה, בֶּרֶז. 2 זַרְבּוּבִית. 3 שִׁכּוֹר, שַׁתְיָן
esplendidez *f* פְּאֵר, זֹהַר, הוֹד, הָדָר
espléndido *adj* מַזְהִיר, מַבְרִיק, נֶהְדָּר, מְפֹאָר
esplendor *m* זֹהַר, בָּרָק, פְּאֵר, הוֹד, הָדָר
esplendorosamente *adv* בְּצוּרָה נֶהְדֶּרֶת, לְהַפְלִיא
esplendoroso *adj* מַזְהִיר, מַבְרִיק, נֶהְדָּר, מְפֹאָר
espliego *m* אֲזוֹבְיוֹן
esplín *m* מָרָה שְׁחוֹרָה, חֵמָה, טְחוֹל
espolear *vt* דִּרְבֵּן, זֵרֵז, עוֹרֵר

espoleta 1 הֶדֶק, פְּתִיל. 2 עַצְמוּת הַבְּרִיחַ
espolón *m* 1 דַּרְבָּן. 2 מְקוֹם הַכְּפִיפָה (שֶׁל
הַסּוּס). 3 אַיִל, כַּר.
4 שׁוֹבֵר גַּלִּים, סָכָר
espolvorear *vt* 1 אִבֵּק. 2 הִתְאַבֵּק
esponja *f* סְפוֹג
esponjar *vt* סָפַג
esponjoso *adj* סְפוֹגִי, סוֹפֵג
esponsales *mpl* אֵרוּשִׂין, תְּנָאִים
espontaneidad *f* סְפּוֹנְטָנִיּוּת
espontáneo *adj* סְפּוֹנְטָנִי
espora *f* נֶבֶג
esporádico *adj* סֵרוּגִי, לֹא קָבוּעַ, סְפּוֹרָדִי
esporocarpio *m* סְפּוֹרוֹקַרְפּ, מִנְבָּג
esposa *f* אִשָּׁה, רַעְיָה, בַּת זוּג
esposar *vt* כָּבַל, אָסַר בַּאֲזִקִּים
esposas *fpl* אֲזִקִּים
esposo *m* בַּעַל, בֶּן זוּג
espuela *f* דָּרְבָן, דָּרְבוֹן
espuela de caballero רֶגֶל חוּגָה (צֶמַח)
espuerta *f* סַל, טֶנֶא
espulgar *vt* 1 פָּלָה. 2 בָּחַן, בָּדַק, חָקַר, נִתַּח
espuma *f* קֶצֶף
espumadera *f* מְקַפָּה
espumajoso *adj* תּוֹסֵס
espumante *adj* תּוֹסֵס
espumar *vti* 1 קִפָּה. 2 הֶעֱלָה קֶצֶף.
3 צָמַח, גָּדַל
espumarajo *m* רִיק, רִיר
espumilla *f* מַלְמָלָה
espumoso *adj* קִצְפִּי
espurio, espúreo *adj* 1 מַמְזֵר. 2 מְזֻיָּף, מְסֻלָּף
espurrear *vt* הִתִּיז, הִזָּה
esputar *vt* יָרַק, רָקַק, כִּחְכֵּחַ
espuro *m* רִיר, כִּיחַ, לֵחָה
esquela *f* אִגֶּרֶת, מִכְתָּב
esquelético *adj* 1 שִׁלְדִּי. 2 רָזֶה, כָּחוּשׁ
esqueleto *m* שֶׁלֶד
esquema *f* מִתְוֶה, תַּרְשִׁים, סְקִיצָה, תָּכְנִית,
שִׂרְטוּט
esquemático *adj* סְכֵמָתִי, תַּרְשִׁימִי
esquena *f* 1 עַמּוּד שִׁדְרָה. 2 אִדְרָה
esquí *m* סְקִי, מִגְלָשַׁיִם
esquiador *m* גּוֹלֵשׁ, גַּלְשָׁן
esquiar *vi* גָּלַשׁ, הֶחֱלִיק
esquiciar *vt* רָשַׁם, הִתְוָה, שִׂרְטֵט
esquicio *m* שִׂרְטוּט, מִתְוֶה, תַּרְשִׁים
esquife *m* בּוּצִית
esquiismo *m* גְּלִישָׁה, גַּלְשָׁנוּת
esquila *f* 1 גֵּז, גְּזִיזָה, גִּזָּה. 2 פַּעֲמוֹן
esquilador *m* גּוֹזֵז, גַּזָּז
esquilar *vt* גָּזַז
esquileo *m* גֵּז, גְּזִיזָה, גִּזָּה
esquilmar *vt* 1 קָצַר, אָסַף, לָקַט. 2 רוֹשֵׁשׁ,
דִּלְדֵּל
esquimal *adjm* אֶסְקִימוֹאִי
esquina *f* פִּנָּה, זָוִית, קֶרֶן זָוִית
esquinazo *m* פִּנָּה, קֶרֶן־זָוִית
esquirol *m* מֵפֵר שְׁבִיתָה
esquisto *m* צִפְחָה
esquivar *vt* 1 עָקַף. 2 חָמַק, נִמְלַט, הִתְחַמֵּק,
הִשְׁתַּמֵּט
esquivo *adj* 1 חֲמַקְמַק, חֲמַקְמַנִי. 2 מְאֻפָּק,
מְסֻיָּג, מָתוּן, הַסְּסָנִי
esquizofrenia *f* סְכִיזוֹפְרֶנְיָה, שַׁסַּעַת, שִׁסָּעוֹן
esquizofrénico *adj* סְכִיזוֹפְרֶנִי, שַׁסַּעְתִּי
esta *adjdem* זֹאת, זוֹ, הַזֹּאת
ésta *prondem* זֹאת, זוֹ, הַזֹּאת
estabilidad *f* יַצִּיבוּת, קְבִיעוּת, תְּמִידוּת
estabilización *f* יִצּוּב, חִזּוּק, קְבִיעוּת,
תְּמִידוּת
estabilizador *adj* מְיַצֵּב, מְאַזֵּן
estabilizar *vt* יִצֵּב, אִזֵּן
estable *adj* יַצִּיב, קָבוּעַ, אֵיתָן
establecer *vt* 1 הֵקִים, יָסַד, קָבַע, כּוֹנֵן, בִּסֵּס.
2 הוֹכִיחַ, אִשֵּׁר, קִיֵּם
establecimiento *m* 1 מוֹסָד, מָכוֹן. 2 הֲקָמָה,
יְסוֹד, יִסּוּד. 3 מֶשֶׁק
establo *m* רֶפֶת, אֻרְוָה, דִּיר
estaca *f* 1 יָתֵד, מוֹט, עַמּוּד. 2 שָׁתִיל, נֶטַע

estacada *f* גָּדֵר, גְּדֵרָה

estacar *vt* גָּדַר

estacazo *m* מַכָּה בְּמַקֵּל

estación *f* 1 עוֹנָה, תְּקוּפָה. 2 תַּחֲנָה, תַּחֲנַת רַכֶּבֶת. 3 מַצָּב, מַעֲמָד, עֶמְדָּה

estacional *adj* עוֹנָתִי, תְּקוּפָתִי

estacionamiento *m* חֲנִיָּה, חָנְיוֹן

estacionar *vt* 1 הֶחֱנָה. 2 הִתְמַקֵּם, חָנָה

estacionario *adj* יַצִּיב, קָבוּעַ, תָּדִיר, קַיָּם

estada *f* שְׁהִיָּה, הִתְעַכְּבוּת, יַצִּיבוּת

estadía *f* שְׁהִיָּה, עִכּוּב, אִחוּר, הַשְׁהָיָה

estadio *m* 1 אִצְטַדְיוֹן, זִירָה. 2 שָׁלָב, דַּרְגָּה

estadista *m* מְדִינַאי

estadística *f* סְטָטִיסְטִיקָה

estadístico *adjm* סְטָטִיסְטִי

estado *m* 1 מְדִינָה. 2 שָׁלָב, דַּרְגָּה, מַצָּב. 3 מַעֲמָד, עֶמְדָּה. 4 שִׁלְטוֹן, מֶמְשָׁלָה, רָשׁוּת

estado civil מַצָּב מִשְׁפַּחְתִּי

estado mayor מַטֶּה כְּלָלִי

estadounidense *adj* אֲמֶרִיקָאִי

estafa *f* הוֹנָאָה, תַּרְמִית, רַמָּאוּת, מְעִילָה

estafador *m* נוֹכֵל, רַמַּאי

estafar *vt* הוֹנָה, עָשַׁק, רִמָּה, גָּזַל

estafeta *f* 1 דֹּאַר. 2 בַּלְדָּר

estala *f* 1 אֻרְוָה, רֶפֶת, דִּיר. 2 נְמַל־חֲנָיָה

estalación *f* דֵּרוּג

estalactita *f* נָטִיף

estalagmita *f* נָטִיף

estallar *vt* 1 פּוֹצֵץ, הָרַס. 2 הִתְפּוֹצֵץ

estallido *m* פִּצּוּץ, הִתְפּוֹצְצוּת

estambre *m* אַבְקָן

estamento *m* מַעֲמָד

estameña *f* אָרִיג גַּס

estampa *f* 1 הֶדְפֵּס, חִקּוּק, דְּפוּס. 2 חוֹתָם, תְּכוּנָה, מַרְאֶה. 3 צֶלֶם, דְּמוּת

estampación *f* הַטְבָּעָה, מִטְבָּע, הֶדְפֵּס

estampado *adjm* 1 חָתוּם, מֻדְפָּס. 2 בַּד מְצֻיָּר

estampar *vt* 1 טָבַע, הִטְבִּיעַ, הִדְפִּיס. 2 חָתַם

estampía *adv* בְּחִפָּזוֹן

estampida *f* 1 מְנוּסַת בֶּהָלָה. 2 הִתְפּוֹצְצוּת, נֶפֶץ

estampido *m* פִּצּוּץ, הִתְפּוֹצְצוּת, נֶפֶץ

estampilla *f* בּוּל

estampillado *m* בִּיּוּל

estampillar *vt* בִּיֵּל

estancación *f*, **estancamiento** *m* קִפָּאוֹן, עֲצִירָה

estancar *vt* 1 עָצַר, חָסַם, עִכֵּב. 2 אָסַר מְכִירָה חָפְשִׁית

estancia *f* 1 שְׁהוּת, שְׁהִיָּה. 2 חַוָּה, אֲחֻזָּה. 3 חֶדֶר. 4 בַּיִת

estanciero *m* 1 חַוַּאי. 2 בּוֹקֵר

estanco *adjm* 1 אָטִים, אֲטִים מַיִם. 2 אִסּוּר מְכִירָה חָפְשִׁית. 3 אַרְכִיּוֹן

estándar *m* תֶּקֶן, טִיפּוּס, נוֹרְמָה

estandarización *f* תִּקְנוּן, סְטַנְדַּרְטִיזַצְיָה

estandarizar *vt* תִּקְנֵן

estandarte *m* נֵס, דֶּגֶל

estanque *m* בְּרֵכָה, מַאֲגָר, מִקְוֵה מַיִם

estanquillo *m* חֲנוּת טַבָּק

estante *adjm* 1 יַצִּיב, קָבוּעַ. 2 אִצְטַבָּה, מַדָּף, כּוֹנָנִית. 3 בָּסִיס, מַעֲמָד

estantería *f* כּוֹנָנִית, מַדָּפִים, אִצְטַבּוֹת

estantío *adj* דָּלוּחַ, עָכוּר

estañar *vt* 1 הִלְחִים. 2 צִפָּה בִּבְדִיל

estaño *m* בְּדִיל

estaquilla *f* יָתֵד, מַסְמֵר

estar *vi* הָיָה, נִמְצָא, עָמַד, הִתְקַיֵּם, הִשְׁתַּיֵּךְ

estarcido *m* שַׁעֲוָנִית

estarcir *vt* שִׁכְפֵּל

estas *adjdempl* הָאֵלּוּ, הָהֵן

éstas *prondempl* הָאֵלּוּ, הָהֵן

estatal *adj* מְדִינִי, מַמְלַכְתִּי, מְדִינָתִי, צִבּוּרִי

estática *f* סְטָטִיקָה

estático *adj* 1 נַיָּח, סְטָטִי. 2 יַצִּיב. 3 נִנּוֹחַ

estatidad *f* מַעֲמַד מְדִינָה

estador *m* גַּלְגַּל מְכַוֵּן, סְטָטוֹר

estatua *f* פֶּסֶל, אַנְדַּרְטָה

estatuaria *f* אָמָנוּת הַפִּסּוּל

estatuilla, estatuita *f* פִּסְלוֹן

estatuir *vt* 1 חָקַק, קָבַע, עָרַךְ. 2 הוֹכִיחַ
estatura *f* גֹּבַהּ, קוֹמָה, שִׁעוּר קוֹמָה
estatutario *adj* חֻקִּי, תַּקְנוֹנִי
estatuto *m* תַּקָּנוֹן, חֹק
estay *m* סָמוֹךְ
este *madjdem* 1 מִזְרָח, קֶדֶם. 2 הַזֶּה, זֶה, אֵלֶּה, הַלָּלוּ
éste *prondem* הַזֶּה, זֶה, אֵלֶּה, הַלָּלוּ
esteatita *f* אֶבֶן סַבּוֹן, גִּיר חַיָּטִים
estela *f* שֹׁבֶל, סִימָן, שְׁבִיל, נָתִיב
estelar *adj* 1 כּוֹכָבִי. 2 רָאשִׁי, עִקָּרִי
estenogfrafía *f* קַצְרָנוּת
estenográfico *adj* קַצְרָנִי
estenógrafo *m* קַצְרָן
estentóreo *adj* חָזָק, רָם, עָצוּם
estepa *f* עֲרָבָה
ester *m* אֶסְטֶר
estera *f* מַחְצֶלֶת
esterado *adj* מְכֻסֶּה שָׁטִיחַ, מְכֻסֶּה מַחְצֶלֶת
estercoladura *f*, **estercolamiento** *m* דִּשּׁוּן, זִבּוּל, הַפְרָאָה
estercolar *vt* זִבֵּל, דִּשֵּׁן, טִיֵּב
estercolero *m* 1 מִזְבָּלָה. 2 זַבָּל
estéreo *m* 1 סְטֶר, מֶטֶר מְעֻקָּב. 2 הַקְלָטָה דוּ אֲפִיקִית
estereofónico *adj* סְטֶרֵיאוֹפוֹנִי
estereoscopia *f* סְטֶרֵיאוֹסְקוֹפְּיָה
estereoscópico *adj* סְטֶרֵיאוֹסְקוֹפִּי
estereoscopio *m* סְטֶרֵיאוֹסְקוֹפּ
estereotipar *vt* 1 הֶעְתִּיק. 2 הִדְפִּיס, אִמָּה, הִטְפִּיס
estereotipia *f* הַדְפָּסָה, אִמּוּת, הַטְפָּסָה
estereotípico *adj* הֶטְפֵּסִי, סְטֶרֵיאוֹטִיפִּי
estereotipo *m* אִמָּה, סְטֶרֵיאוֹטִיפּ
estéril *adj* 1 עָקָר, מְעֻקָּר. 2 סְרָק
esterilidad *f* עֲקָרוּת, אִי פִּרְיוֹן
esterilización *f* 1 עִקּוּר. 2 פִּסְטוּר, חִטּוּי, סְטֶרִילִיזַצְיָה
esterilizador *adj* 1 מְעַקֵּר. 2 מְפַסְטֵר, מְחַטֵּא
esterilizar *vt* עִקֵּר, פִּסְטֵר, חִטֵּא
esterilla *f* מַחְצֶלֶת
esterlina *adjf* סְטֶרְלִינְג, שְׁטֶרְלִינְג
esternón *m* עֶצֶם הֶחָזֶה
estero *m* 1 יוּבַל, פֶּלֶג, נַחַל. 2 אַדְמַת גַּאוּת. 3 בִּצַּת מֵי־יָם
estertor *m* נְהָמָה, הֶמְיָה, נְחִירָה, חִרְחוּר
estertoroso *adj* חִרְחוּרִי, נַחְרָנִי, נוֹחֵר
esteta *m* אִסְטְנִיס
estética *f* אִסְטְנִיסוּת, אֶסְתֶּטִיקָה
estético *adj* אֶסְתֶּטִי
estetoscopio *m* אֶסְטֶטוֹסְקוֹפּ
esteva *f* יָתֵד הַמַּחֲרֵשָׁה
estevado *adj* עֲקֹם רַגְלַיִם
estiaje *m* שֵׁפֶל
estiba *f* 1 סְוָאר. 2 סַוָּר
estibador *m* סַוָּר, סַבָּל
estibar *vt* הִטְעִין, הֶעְמִיס
estibio *m* פּוּךְ, כָּחָל, אַנְטִימוֹן
estiércol *m* גָּלָל, גֶּלֶל, צוֹאָה, פֶּרֶשׁ
estigio *adj* 1 סְטִיקְסִי. 2 שְׁאוֹלִי, תָּפְתִּי, גֵּיהִנּוֹמִי
estigma *m* 1 תָּג, סִימָן, תָּו. 2 דַּלֶּקֶת, כְּוִיָּה. 3 אוֹת קָלוֹן, כֶּתֶם
estigmatizar *vt* 1 תִּיֵּג, סִמֵּן. 2 הִכְלִים, בִּיֵּשׁ, בִּזָּה
estilete *m* 1 פִּגְיוֹן. 2 חֶרֶט, מַכְתֵּב. 3 אִזְמֵל, מַפְסֶלֶת
estilista *m* סוֹפֵר, מְסַגְנֵן, בַּעַל סִגְנוֹן
estilística *f* 1 סִגְנוֹן. 2 תּוֹרַת הַסִּגְנוֹן
estilístico *adj* סִגְנוֹנִי
estilizar *vt* סִגְנֵן
estilo *m* סִגְנוֹן, נֹסַח, אָפְנָה
estilográfica *f* עֵט נוֹבֵעַ
estima *f* הַעֲרָכָה, הוֹקָרָה, חִבָּה, כָּבוֹד
estimable *adj* יָקָר, נִכְבָּד, רָאוּי לְהַעֲרָכָה
estimación *f* הַעֲרָכָה, הוֹקָרָה, חִבָּה, כָּבוֹד
estimar *vt* 1 הֶעֱרִיךְ, הוֹקִיר, כִּבֵּד. 2 אָמַד, חִשֵּׁב, שָׁם
estimulante *adjm* מְעוֹרֵר, מְעוֹדֵד, מְגָרֶה, מַלְהִיב
estimular *vt* עוֹרֵר, עוֹדֵד, הִלְהִיב, הִמְרִיץ

estímulo *m* עִדּוּד, הַמְרָצָה, אֶתְגָּר, גֵּרוּי
estinco *m* חֹמֶט
estío *m* קַיִץ
estipendio *m* 1 מַשְׂכֹּרֶת, שָׂכָר. 2 מִלְגָּה, פְּרָס, מַעֲנָק, קִצְבָּה
estíptico *adjm* סוֹבֵל מֵעֲצִירוּת
estipulación *f* הֶסְכֵּם, חוֹזֶה, הַתְנָיָה, תְּנַאי
estipular *vt* הִתְנָה, קָבַע, הִסְכִּים
estirado *adj* 1 יָהִיר, גֵּאֶה. 2 פָּרוּשׂ, מָתוּחַ
estiramiento *m* מְתִיחָה, רִקּוּעַ, שִׁטּוּחַ, רִדּוּד
estirar *vt* 1 רִקַּע, שִׁטַּח, רִדֵּד. 2 מָתַח, פָּרַשׂ
estirena *f* סְטִירֶן
estirón *m* 1 מְשִׁיכָה, גְּרִירָה. 2 צְמִיחָה, גְּדִילָה
estirpe *f* 1 שׁוֹשֶׁלֶת יוּחֲסִין. 2 יִחוּס, מוֹצָא
estival *adj* קֵיצִי
esto *adjdem* הַזֶּה, זֶה, הַזֹּאת, זֹאת
estocada *f* דְּקִירָה, עֲקִיצָה
estofa *f* 1 סוּג, טִיב, מִין. 2 אֲרִיג מֶשִׁי
estofado *adj* 1 מְקֻשָּׁט, הָדוּר. 2 מְתֻבָּל, מְאֻדֶּה. 3 נְזִיד בָּשָׂר וִירָקוֹת. 4 רִקְמָה
estofar *vt* 1 רָקַם, תָּפַר. 2 בִּשֵּׁל נְזִיד בָּשָׂר
estoicismo *m* סְטוֹאִיּוּת
estoico *adj* סְטוֹאִי
estola *f* סוּדָר, גְּלִימָה
estolidez *f* טִפְּשׁוּת, טִמְטוּם, שְׁטוּת
estólido *adj* טִפֵּשׁ, מְטֻמְטָם, שׁוֹטֶה
estolón *m* 1 גְּלִימָה. 2 אַרְכֻּבָּה (שֶׁל צֶמַח)
estomacal *adj* קֵבָתִי, מְעַכֵּל
estomagar *vt* 1 קִלְקֵל הַקֵּבָה. 2 הִרְגִּיז, הִקְצִיף, הִכְעִיס
estómago *m* קֵבָה, אִסְטוֹמְכָא, בֶּטֶן
estomatología *f* תּוֹרַת מַחֲלוֹת הַפֶּה, אֶסְטוֹמָטוֹלוֹגְיָה
estopa *f* נְעֹרֶת
estoque *m* 1 פִּגְיוֹן, סַיִף, חֶרֶב. 2 גְּלַדְיוֹלָה
estoquear *vt* סִיֵּף
estorbar *vt* הִפְרִיעַ, הִטְרִיד, הִכְשִׁיל
estorbo *m* 1 הַטְרָדָה, הַפְרָעָה. 2 מִכְשׁוֹל
estornino *m* זַרְזִיר
estornudar *vi* הִתְעַטֵּשׁ
estornudo *m* עִטּוּשׁ, הִתְעַטְּשׁוּת
estos *adjdempl* אֵלֶּה, הָאֵלֶּה
éstos *prondempl* אֵלֶּה, הָאֵלֶּה
estotro *adjprondem* הַזֶּה, הַהוּא
estrabismo *m* פְּזוּל, פְּזִילָה
estrada *f* דֶּרֶךְ, נָתִיב, כְּבִישׁ
estrado *m* 1 דּוּכָן, בָּמָה. 2 חֲדַר אוֹרְחִים
estrafalario *adj* תִּמְהוֹנִי, מְגֻחָךְ, מְשֻׁנֶּה
estragar *vt* 1 הִשְׁחִית, קִלְקֵל, הֶחֱרִיב. 2 הָרַס, הִשְׁמִיד
estrago *m* 1 הֶרֶס, שׁוֹאָה, חֻרְבָּן. 2 הַשְׁחָתָה, קִלְקוּל
estragón *m* לַעֲנָה דְּרָקוֹנִית
estrambótico *adj* תִּמְהוֹנִי, מוּזָר, מְשֻׁנֶּה, מְגֻחָךְ
estrangulación *f* חֲנִיקָה, חֶנֶק
estrangular *vt* הֶחֱנִיק, חָנַק
estraperlista *m* סַפְסָר, פּוֹעֵל בַּשּׁוּק הַשָּׁחוֹר
estraperlo *m* שׁוּק שָׁחוֹר
estratagema *f* תַּחְבּוּלָה, עָרְמָה, תַּכְסִיס
estrategia *f* תַּכְסִיסָנוּת, אַסְטְרָטֶגְיָה
estratega *m* תַּכְסִיסָן
estratégico *adj* תַּכְסִיסִי, אַסְטְרָטֶגִי
estratificación *f* רִבּוּד, שִׁטּוּחַ
estratificar *vt* רִבֵּד, שִׁטַּח
estrato *m* 1 שִׁכְבָה, רֹבֶד, נִדְבָּךְ. 2 סְטְרָטוּס
estratosfera *f* סְטְרָטוֹסְפֵרָה
estrechar *vt* 1 הֵצֵר, צָרַר. 2 הִדֵּק, חִבֵּק. 3 לָחַץ, הֵצִיק
estrechar la mano תָּקַע כַּף, לָחַץ יָדַיִם
estrechez *f* 1 דֹּחַק, עֹנִי, צִמְצוּם. 2 צָרוּת, הִדּוּק. 3 לְחִיצָה, מְצוּקָה
estrecho *adjm* 1 צַר, דָּחוּק. 2 מֵצַר. 3 מְצוּקָה. 4 מַעֲבָר
estrechura *f* 1 קִרְבָה. 2 עֹנִי, דֹּחַק, צָרוּת
estregamiento *m* שִׁפְשׁוּף, מֵרוּק, לִטּוּשׁ, צִחְצוּחַ
estregar *vt* שִׁפְשֵׁף, מֵרֵק, לִטֵּשׁ, צִחְצֵחַ
estrella *f* כּוֹכָב
estrella fugaz מֶטֶאוֹר, כּוֹכָב נוֹפֵל
estrellado *adj* 1 כָּכוּב, מְכֻכָּב, מַזְהִיר, זָרוּעַ

כּוֹכָבִים. 2 מְנֻפָּץ

estrellamar *f* כּוֹכַב יָם

estrellar *vt* 1 נִפֵּץ, רִסֵּק, מִעֵךְ. 2 הִרְכִּיב (צֶמַח)

estrellón *m* 1 הִתְנַגְּשׁוּת, הִתְמוֹטְטוּת. 2 הֶרֶס, חֻרְבָּן

estremecer *vt* הִרְעִיד, זִעְזַע

estremecimiento *m* זַעֲזוּעַ, חִיל, רְעָדָה, חִלְחוּל, חַלְחָלָה

estrenar *vt* 1 חָנַךְ. 2 הִצִּיג הַצָּגַת בְּכוֹרָה

estreno *m* 1 בְּכוֹרָה. 2 חֲנֻכָּה

estrenuidad *f* נִמְרָצוּת, חָרִיצוּת

estrenuo *adj* נִמְרָץ, חָרוּץ, פָּעִיל

estreñido *adj* עָצוּר

estreñimiento *m* עֲצִירוּת

estreñir *vt* עָצַר, גָּרַם עֲצִירוּת

estrépito *m* רַעַשׁ, שָׁאוֹן, קוֹל, הֲמֻלָּה

estrepitoso *adj* מַרְעִישׁ, רוֹעֵשׁ, רַעֲשָׁנִי

estreptococo *m* נָקָר שַׁרְשֶׁרֶת

estroptomicina *f* סְטְרֶפְּטוֹמִיצִין

estría *f* סֶדֶק, חָרִיץ, בְּקִיעַ

estriado *adj* עָקֹד, מְשֻׂרְטָט, מְחֹרָץ

estriar *vt* פִּסְפֵּס, קִוְקֵו

estribación *f* שַׁרְשֶׁרֶת הָרִים

estribar *vi* 1 נִשְׁעַן, נִסְמַךְ. 2 הִסְתַּמֵּךְ

estribillo *m* פִּזְמוֹן

estribo *m* 1 מִשְׁוֶרֶת, אַרְכּוֹף, רְכֻבָּה. 2 מִשְׁעָן, תְּמִיכָה, סוֹמֵךְ. 3 שַׁרְשֶׁרֶת הָרִים

estribor *m* יָמָן, יְמִין הָאֳנִיָּה

estricnina *f* סְטְרִיכְנִין

estrictez *f* קַפְּדָנוּת, חֻמְרָה

estricto *adj* חָמוּר, מַחְמִיר, מַקְפִּיד

estridencia *f* צְרִימוּת

estridente *adj* צוֹרֵם

estro *m* 1 הִתְלַהֲבוּת, הַשְׁרָאָה. 2 יִחוּם, תַּאֲוָה. 3 זְבוּב הַסּוּס

estroboscopio *m* סְטְרוֹבּוֹסְקוֹפּ, מַד־תְּנוּעָה

estrofía *f* בַּיִת (בְּשִׁיר)

estroncio *m* סְטְרוֹנְצְיוּם

estropajo *m* 1 סְמַרְטוּט, סְחָבָה, מַטְלִית. 2 בְּלָאִים

estropear *vt* קִלְקֵל, הִשְׁחִית, חִבֵּל, הָרַס, בָּזַז, שָׁדַד

estropeo *m* 1 קִלְקוּל, הַשְׁחָתָה, חִבּוּל. 2 בְּלָיָה, בְּלַאי, בִּלּוּי

estropicio *m* 1 הֶרֶס, קִלְקוּל, שְׁבִירָה. 2 מְהוּמָה

estructura *f* מִבְנֶה, בִּנְיָן, צוּרָה

estructural *adj* מִבְנִי, שֶׁל בִּנְיָן

estructurar *vt* עִצֵּב, גִּבֵּשׁ, עָרַךְ

estruendo *m* רַעַשׁ, הֲמֻלָּה, שָׁאוֹן

estruendoso *adj* רַעֲשָׁנִי, מַרְעִישׁ, מַרְעִים, רוֹעֵם

estrujadura *f*, **estrujamiento** *m* סְחִיטָה, מִצּוּי

estrujar *vt* סָחַט, מִצָּה

estrujón *m* 1 סְחִיטָה, מִצּוּי. 2 מְעִיכָה

estuario *m* שֶׁפֶךְ, מִפְרָץ

estucado *m* טִיּוּחַ, טִיחָה

estucar *vt* טִיַּח

estuco *m* טִיחַ

estuche *m* נַרְתִּיק, תֵּבָה, קֻפְסָה, תִּיק

estudiantado *m* קְהַל הַסְּטוּדֶנְטִים

estudiante *m* סְטוּדֶנְט, תַּלְמִיד

estudiar *vt* לָמַד, עִיֵּן, בָּחַן, חָקַר, בָּדַק

estudio *m* 1 לִמּוּד, עִיּוּן, חֵקֶר, מֶחְקָר, סֶקֶר. 2 אֶטְיוּד. 3 מַסָּה. 4 אֻלְפָּן, חֲדַר עֲבוֹדָה

estudioso *adj* לַמְדָן, שַׁקְדָן, חָרוּץ

estufa *f* תַּנּוּר, כִּירָה, קָמִין

estupefactión *f* 1 תִּמָּהוֹן. 2 קִהְיוֹן חוּשִׁים, טִמְטוּם

estupefacto *adj* 1 נִדְהָם, מִשְׁתּוֹמֵם, הָמוּם. 2 מְטֻמְטָם

estupendo *adj* 1 נִפְלָא, מַפְלִיא, מַתְמִיהַּ. 2 עָצוּם, כַּבִּיר, עֲנָק

estupidez *f* טִפְּשׁוּת, אֱוִילוּת, טִמְטוּם, שְׁטוּת, בּוּרוּת

estúpido *adj* טִפֵּשׁ, אֱוִיל, מְטֻמְטָם, שׁוֹטֶה, בּוּר

estupor *m* 1 דִּהוּם, דַּהֶמֶת, קֵהָיוֹן, קִפָּאוֹן חוּשִׁים. 2 תִּמָּהוֹן, תַּדְהֵמָה

estuprador *m* אַנָּס, חַמְסָן
estuprar *vt* אָנַס, חָמַס
estupro *m* אֹנֶס, חָמָס
esturión *m* חִדְקָן
etano *m* אֶטָן
etapa *f* 1 חֲנִיָּה, תַּחֲנָה. 2 מֶרְחָק. 3 תְּקוּפָה, מַצָּב, שָׁלָב
etcétera *f* וְכוּלֵי, וְכוּ'
éter *m* אֶתֶר
etéreo *adj* 1 אֶתְרִי. 2 אַוְרִירִי, שְׁמֵימִי
eternamente *adv* לְעוֹלָם, לָנֶצַח, לָעַד, עֲדֵי עַד
eternidad *f* נֵצַח, נִצְחִיּוּת, אַלְמָוֶת
eterno *adj* נִצְחִי, אֵינְסוֹפִי
ética *f* אֶתִּיקָה, מוּסָר
ético *adj* אֶתִּי, מוּסָרִי
etileno *m* אֶתִּילֶן
etilo *m* אֶתִּיל
etimología *f* גִּזְרוֹן, אֶטִימוֹלוֹגְיָה
etimológico *adj* גִּזְרוֹנִי, אֶטִימוֹלוֹגִי
etimologista *m* אֶטִימוֹלוֹג
etiología *f* אֶטְיוֹלוֹגְיָה
etiope *adjm* אֶתְיוֹפִּי, חַבָּשִׁי, כּוּשִׁי
etiópico *adj* חַבָּשִׁי, כּוּשִׁי, אֶתְיוֹפִּי
etiqueta *f* 1 תָּוִית, מַדְבֵּקָה. 2 טֶקֶס, גִּנּוּנִים, אֶתִּיקֶטָה
étnico *adj* אֶתְנִי, גִּזְעִי
etnología *f* אֶתְנוֹלוֹגְיָה
etnológico *adj* אֶתְנוֹלוֹגִי
etnólogo *m* אֶתְנוֹלוֹג
eucalipto *m* אֵיקָלִיפְּטוּס
Eucaristía *f* סְעֻדַּת יֵשׁוּ
eucarístico *adj* שֶׁל סְעֻדַּת יֵשׁוּ, מָלֵא הוֹדָיָה
eufemismo *m* לָשׁוֹן נְקִיָּה, לְשׁוֹן סַגִּי נְהוֹר
eufemístico *adj* מֻבָּע בִּלְשׁוֹן סַגִּי נְהוֹר
eufonía *f* תַּנְעוּמָה
eufónico *adj* עָרֵב לָאֹזֶן, הַרְמוֹנִי
euforia *f* 1 הִתְאַפְּקוּת, הַבְלָגָה. 2 הִתְלַהֲבוּת, סִפּוּק, הִתְרוֹמְמוּת
eufórico *adj* מַלְהִיב, מְרוֹמָם
eugenesia *f* אֶוְגֶנִיקָה
eugenésico *adj* אֶוְגֶנִי
eunuco *m* סָרִיס
eurásico *adjm* אֵירוֹפִּי־אַסְיָתִי
europeo *adjm* אֵירוֹפִּי
europio *m* אֵירוֹפְּיוּם
eutanasia *f* אוֹתַנַּסְיָה
evacuación *f* 1 בִּעוּר, פִּנּוּי, סִלּוּק. 2 יְצִיאָה, עֲזִיבָה. 3 הֲרָקָה. 4 עֲשִׂיַּת צְרָכִים
evacuar *vti* 1 פִּנָּה, סִלֵּק, נִקָּה, בִּעֵר. 2 הוֹצִיא, הֵרִיק. 3 עָשָׂה צְרָכָיו
evadir *vt* חָמַק, הִתְחַמֵּק, הִשְׁתַּמֵּט
evaluación *f* שׁוּמָה, הַעֲרָכָה, אֻמְדָּנָה אֹמֶד, אֻמְדָּן, שִׁעוּר, שׁוּם
evaluar *vt* אָמַד, הֶעֱרִיךְ, שָׁם, שִׁעֵר
evalúo *m* שׁוּמָה, אֹמֶד, אֻמְדָּן
evanescencia *f* הֵעָלְמוּת, הִתְחַמְּקוּת, חֲמִיקָה
evanescente *adj* מִתְעַלֵּם, מִתְחַמֵּק, חוֹלֵף
evangélico *adj* אֶוַנְגֶּלִי
evangelismo *m* אֶוַנְגֶּלִיּוּת
evangelio *m* אֶוַנְגֶּלְיוֹן
evangelista *m* מַטִּיף נוֹצְרִי, אֶוַנְגֶּלִיסְט
evangelizar *vt* 1 נִצֵּר. 2 הִטִּיף לְדָת הַנּוֹצְרִית
evaporable *adj* נָדִיף, מִתְאַדֶּה, מִתְנַדֵּף
evaporación *f* הִתְנַדְּפוּת, אִדּוּי, הִתְאַדּוּת
evaporar *vt* 1 אִדָּה, אִיֵּד. 2 הִתְנַדֵּף, הִתְאַדָּה
evaporización *f* הִתְנַדְּפוּת, אִדּוּי, הִתְאַדּוּת
evaporizar *vt* 1 אִדָּה, אִיֵּד. 2 הִתְנַדֵּף, הִתְאַדָּה
evasión *f* 1 הִשְׁתַּמְּטוּת, הִתְחַמְּקוּת. 2 בְּרִיחָה, מְנוּסָה
evasiva *f* הִשְׁתַּמְּטוּת, הִתְחַמְּקוּת
evasivo *adj* חַמְקָנִי, חֲמַקְמַק, מִתְחַמֵּק
evasor *adjm* מִתְחַמֵּק, חֲמַקְמַק
evento *m* אֵרוּעַ, מְאֹרָע, מִקְרֶה
eventual *adj* מִקְרִי, אֲרָעִי, אֶפְשָׁרִי
eventualidad *f* מִקְרִיּוּת, אֲרָעִיּוּת, אֶפְשָׁרוּת
evicción *f* עֹשֶׁק, גָּזֵל, קִפּוּחַ, נִשּׁוּל
evidencia *f* 1 הוֹכָחָה, רְאָיָה. 2 עֵדוּת, וַדָּאוּת
evidenciar *vt* 1 הוֹכִיחַ, אִמֵּת. 2 הֵעִיד
evidente *adj* בָּרוּר, גָּלוּי, מְפֹרָשׁ, נִרְאָה בַּעֲלִיל
evisceración *f* 1 פִּנּוּי, בִּעוּר, סִלּוּק. 2 עֲשִׂיַּת

צְרָכִים

eviscerar *vt* 1 פִּנָּה, בִּעֵר, סִלֵּק. 2 עָשָׂה צְרָכָיו

evitable *adj* נִתָּן לִמְנֹעַ

evitación *f* 1 הִמָּנְעוּת, בִּטּוּל. 2 הִתְרַחֲקוּת

evitar *vt* 1 הִרְחִיק, פִּנָּה, סִלֵּק. 2 מָנַע.
3 נִמְנַע, הִתְחַמֵּק, הִשְׁתַּמֵּט

evocación *f* 1 אוֹב. 2 הַעֲלָאָה בְּזִכָּרוֹן

evocador *adj* 1 בַּעַל אוֹב. 2 מַזְכִּיר, מַעֲלָה
בַּזִּכָּרוֹן

evocar *vt* 1 הֶעֱלָה בָּאוֹב. 2 זָכַר. 3 נִזְכַּר

evolución *f* 1 הִתְפַּתְּחוּת, אֶבוֹלוּצְיָה. 2 סִבּוּב,
תִּמְרוּן, תְּנוּעָה

evolucionar *vi* 1 הִתְפַּתֵּחַ בְּהַדְרָגָה. 2 סָבַב,
הִסְתּוֹבֵב, תִּמְרֵן, הִתְנוֹעֵעַ, נָע

evolucionismo *m* אֶבוֹלוּצְיוֹנִיזְם,
הִתְפַּתְּחוּתָנוּת

evolucionista *adjm* אֶבוֹלוּצְיוֹנִיסְט,
הִתְפַּתְּחוּתָן

evolutivo *adj* הִתְפַּתְּחוּתִי

ex- לְשֶׁעָבַר, לְפָנִים

ex abrupto *advm* 1 בְּאֹפֶן פִּתְאוֹמִי.
2 פְּלִיטַת פֶּה

exacción *f* עֹשֶׁק, סְחִיטָה, חָמָס, גָּזֵל

exacerbación *f* 1 הֲרָעָה, הַחְרָפָה. 2 הַרְגָּזָה,
הַכְעָסָה

exacerbar *vt* 1 הֵרַע, הֶחֱרִיף. 2 הִרְגִּיז, הִכְעִיס

exactitud *f* דִּיּוּק, דַּיְקָנוּת, נְכוֹנוּת, קַפְּדָנוּת

exacto *adj* 1 נָכוֹן, מְדֻיָּק, בָּרוּר. 2 קַפְּדָנִי, דַּיְקָן

exactor *m* 1 גּוֹבֶה. 2 פְּקִיד שׁוּמָה

exageración *f* הַגְזָמָה, הַפְרָזָה, גְּדִישַׁת הַסְּאָה

exagerar *vt* הִגְזִים, הִפְרִיז, הִפְלִיג

exaltación *f* 1 עִלּוּי. 2 הִתְעַלּוּת, הִתְפַּעֲלוּת,
הִתְלַהֲבוּת, הִתְרוֹמְמוּת־הָרוּחַ

exaltado *adj* 1 נַעֲלֶה, רָם, מְרוֹמָם. 2 כַּעֲסָן,
חֲמוּם מֹחַ, רַגְזָן, קִיצוֹנִי

exaltar *vt* נִשֵּׂא, רוֹמֵם, הֶעֱלָה, שִׁבַּח, פֵּאֵר

examen *m* בְּחִינָה, מִבְחָן, בְּדִיקָה, חֲקִירָה,
בִּקֹּרֶת, סְקִירָה, בַּקָּרָה

examinador *m* בּוֹחֵן, בּוֹדֵק

examinar *vt* בָּחַן, בָּדַק, חָקַר, בִּקֵּר, סָקַר, נִתַּח

exangüe *adj* 1 אֲנֶמִי, חֲסַר דָּם. 2 חַלָּשׁ

exánime *adj* 1 חֲסַר הַכָּרָה. 2 לְלֹא רוּחַ חַיִּים

exasperación *f* הִתְמַרְמְרוּת, רֹגֶז, כַּעַס, חֲרוֹן
אַף, תַּרְעֹמֶת

exasperar *vt* הִרְגִּיז, הִכְעִיס, מֵרֵר

excarcelación *f* שִׁחְרוּר

excarcelar *vt* שִׁחְרֵר, שִׁלַּח לַחָפְשִׁי

excava *f* חֲפִירָה, כְּרִיָּה

excavación *f* חֲפִירָה, כְּרִיָּה

excavador *adjm* 1 חוֹפֵר. 2 מַחְפֵּר

excavadora *f* מַחְפֵּר

excavar *vt* חָפַר, כָּרָה

excedente *adjm* 1 עוֹדֵף, יָתֵר, נוֹתָר.
2 מוֹתָר, עֹדֶף, יִתְרָה

exceder *vti* 1 עָלָה עַל־. 2 הִפְרִיז, חָרַג

excelencia *f* 1 הוֹד מַעֲלָתוֹ. 2 טִיב מְעֻלֶּה.
3 יִתְרוֹן. 4 הִצְטַיְּנוּת

excelente *adj* מְצֻיָּן, מֻפְלָא, מְעֻלֶּה, דָּגוּל

excelentísimo *adj* הוֹד מַעֲלָתוֹ

excelso *adj* נִשְׂגָּב, מְרוֹמָם, נִשָּׂא

excéntrica *f* אֶקְסֶנְטֶר

excentricidad *f* תִּמְהוֹנוּת, זָרוּת, מוּזָרוּת,
יְצִיאַת דֹּפֶן, מְשֻׁנּוּת

excéntrico *adj* תִּמְהוֹנִי, מוּזָר, מְשֻׁנֶּה

excepción *f* חָרִיג, יוֹצֵא מִן הַכְּלָל

excepcional *adj* נָדִיר, חָרִיג, יוֹצֵא מִן הַכְּלָל,
יְקַר הַמְּצִיאוּת

excepto *adv* מִלְּבַד, חוּץ, פְּרָט, זוּלַת־

exceptuar *vt* 1 פָּטַר, הוֹצִיא מִן הַכְּלָל.
2 הוֹצִיא עַצְמוֹ מִן הַכְּלָל

excerta *f* מוּבָאָה, צִיטָטָה, קֶטַע, תַּמְצִית

excesivo *adj* רַב מִדַּי, נִפְרָז, יָתֵר

exceso *m* עֹדֶף, יֶתֶר, הַפְרָזָה, קִיצוֹנִיּוּת

excisión *f* קְטִיעָה, עֲקִירָה, כְּרִיתָה

excitabilidad *f* רַגְשָׁנוּת, רְגִישׁוּת, רַגְזָנוּת,
הִתְעוֹרְרוּת

excitable *adj* רַגְשָׁנִי, כַּעֲסָן, רָגִיז

excitación *f* הִתְרַגְּשׁוּת, הִתְעוֹרְרוּת, גֵּרוּי

excitado *adj* 1 מְגֹרֶה, נִרְגָּשׁ, מְרֻגָּשׁ. 2 נִלְהָב,
מְשֻׁלְהָב

excitante *adjm* מְעוֹרֵר, מְגָרֶה
excitar *vt* גֵּרָה, עוֹרֵר
exclamación *f* 1 קְרִיאָה, צְעָקָה. 2 הַבָּעַת תְּמִיהָה
exclamar *vi* קָרָא, צָעַק
exclamativo, exclamatorio *adj* קוֹלָנִי, צַעֲקָנִי
excluir *vt* הוֹצִיא, גֵּרַשׁ, הוֹצִיא מִן הַכְּלָל, סִלֵּק
exclusión *f* הוֹצָאָה, גֵּרוּשׁ, מְנִיעָה, הוֹצָאָה מִן הַכְּלָל, סִלּוּק
exclusiva *f* 1 מְנִיעָה, גֵּרוּשׁ, סִלּוּק, חֵרֶם. 2 זְכוּת בִּלְעָדִית, בִּלְעָדִיּוּת
exclusive *adv* בִּלְבַד, בְּיִחוּד, אַךְ וְרַק
exclusivamente *adv* בִּלְעָדִית, אַךְ וְרַק, אֶכְּסְקְלוּסִיבִית
exclusividad *f* בִּלְעָדִיּוּת, יִחוּדִיּוּת
exclusivo *adj* מְיֻחָד, יִחוּדִי, בִּלְעָדִי
excomulgado *adj* מֻחְרָם, מְנֻדֶּה
excomulgar *vt* הֶחֱרִים, נִדָּה
excomunión *f* הַחְרָמָה, חֵרֶם, נִדּוּי
excoriación *f* קִלּוּף, שְׁחִיקָה, גִּלּוּעַ
excoriar *vt* קִלֵּף
excrecencia *f* סַפַּחַת, יַבֶּלֶת, גִּדּוּל
excrecente *adj* מְגֻדָּל, גִּדּוּלִי
excreción *f* הַפְרָשָׁה
excremento *m* צוֹאָה, פֶּרֶשׁ, רְעִי, גְּלָלִים
excretar *vi* הִפְרִישׁ, עָשָׂה צְרָכָיו
exculpación *f* זִכּוּי, הַצְדָּקָה
exculpar *vt* זִכָּה, הִצְדִּיק
excursión *f* נְסִיעָה, סִיּוּר, טִיּוּל
excursionista *m* תַּיָּר, סַיָּר, טַיָּל
excusa *f* 1 סְלִיחָה, מְחִילָה. 2 אֲמַתְלָה, תֵּרוּץ. 3 הִתְנַצְּלוּת, הִצְטַדְּקוּת
excusable *adj* סָלִיחַ, בַּר סְלִיחָה, שֶׁאֶפְשָׁר לְהַצְדִּיקוֹ
excusado *adjm* 1 פָּטוּר, מְשֻׁחְרָר מִמִּסִּים, חָסוּי. 2 מְיֻתָּר. 3 סָלוּחַ, מָחוּל. 4 שָׁמוּר. 5 בֵּית שִׁמּוּשׁ, בֵּית כִּסֵּא
excusar *vt* 1 סָלַח, מָחַל. 2 פָּטַר, שִׁחְרֵר. 3 נִמְנַע, הִשְׁתַּמֵּט, הִתְחַמֵּק. 4 הִצְטַדֵּק
execrable *adj* מְתֹעָב, נִתְעָב, אָרוּר, שָׂנוּא, מְשֻׁקָּץ
execración *f* תִּעוּב, שִׁקּוּץ, קְלָלָה, תּוֹעֵבָה
execrar *vt* שָׂנֵא, תִּעֵב, שִׁקֵּץ, קִלֵּל
exégesis *f* פַּרְשָׁנוּת, בֵּאוּר הַתַּנַ"ךְ
exégeta *m* פַּרְשָׁן, מְבָאֵר הַתַּנַ"ךְ
exegético *adj* פַּרְשָׁנִי
exención *f* 1 שִׁחְרוּר, פְּטוֹר. 2 חֲסִינוּת
exentar *vt* שִׁחְרֵר, פָּטַר
exento *adj* פָּטוּר, מְשֻׁחְרָר
exequias *fpl* לְוָיָה
exhalación *f* 1 נְשִׁימָה, גֹּהַר, אַד. 2 הִתְנַדְּפוּת, הִתְאַדּוּת. 3 בָּרָק, נִיצוֹץ. 4 מֶטָאוֹר
exhalar *vt* 1 נָשַׁם, נָשַׁף, הִדִּיף, נָדַף. 2 הֵפִיץ, אִדָּה. 3 הִפְלִיט, הִבִּיעַ. 4 הִתְנַדֵּף
exhaustivo *adj* 1 מְיַגֵּעַ, מְעַיֵּף. 3 מַקִּיף, כּוֹלֵל, מְמַצֶּה
exhausto *adj* 1 תָּשׁוּשׁ, נִלְאֶה. 2 שָׁאֲזַל
exhibición *f* 1 תַּעֲרוּכָה, תְּצוּגָה. 2 הַצָּגָה, רַאֲוָה
exhibicionismo *m* רַאַוְתָנוּת, חַשְׂפָנוּת
exhibicionista *m* רַאַוְתָן, חַשְׂפָן
exhibir *vt* הִצִּיג, הֶרְאָה, הִפְגִּין, גִּלָּה, חָשַׂף
exhortación *f* 1 דְּרָשָׁה, הַפְצָרָה. 2 הַטָּפַת מוּסָר, תּוֹכָחָה. 3 הָאָצָה, דִּרְבּוּן
exhortar *vt* 1 הִפְצִיר. 2 הִטִּיף, דָּרַשׁ. 3 דִּרְבֵּן. 4 הוֹכִיחַ
exhortatorio *adj* מוֹכִיחַ, מְיַסֵּר, מַזְהִיר
exhumación *f* הוֹצָאָה מֵהַקֶּבֶר, הוֹצָאָה מֵהֶעָפָר
exhumar *vt* הוֹצִיא מֵהַקֶּבֶר, הוֹצִיא מֵהֶעָפָר
exigencia *f* דְּרִישָׁה, תְּבִיעָה
exigente *adj* תַּבְעָן, דּוֹרֵשׁ בְּחָזְקָה, תּוֹבְעָנִי
exigir *vt* תָּבַע, דָּרַשׁ
exigüidad *f* צִמְצוּם, דַּלּוּת, מִדָּה פְּחוּתָה
exiguo *adj* מוּעָט, מְצֻמְצָם, קָטָן, דַּל
exilado *adjm* גּוֹלֶה
exilarse *vref* גָּלָה, נִגְלָה
exilio *m* גּוֹלָה, גָּלוּת, פִּזּוּר
eximio *adj* בָּחִיר, נִבְחָר
eximir *vt* שִׁחְרֵר, פָּטַר

existencia *f* מְצִיאוּת, קִיּוּם, הֲוָיָה, תְּקוּמָה, מַמָּשׁוּת, חַיִּים, קִיָּם

existencias *fpl* סְחוֹרוֹת, מִצְרָכִים

existencial *adj* אֶכְּסִיסְטֶנְצְיָלִי, שֶׁל הַקִּיּוּם

existencialismo *m* אֶכְּסִיסְטֶנְצְיָלִיזְם

existencialista *m* אֶכְּסִיסְטֶנְצְיָלִיסְט

existente *adj* קַיָּם, חַי

existir *vi* נִמְצָא, חַי, הָיָה קַיָּם

éxito *m* 1 הַצְלָחָה, חַיִל. 2 סוֹף, סִיּוּם

exitoso *adj* מֻצְלָח, מַצְלִיחַ

éxodo *m* 1 יְצִיאָה, הֲגִירָה. 2 סֵפֶר שְׁמוֹת

exoneración *f* 1 הֲקַלָּה, שִׁחְרוּר. 2 הִתְרוֹקְנוּת, הֲרָקָה. 3 פִּטּוּרִין, הֲדָחָה, הַשְׁעָיָה

exonerar *vt* 1 שִׁחְרֵר, זִכָּה. 2 רוֹקֵן, הֵרִיק. 3 פִּטֵּר, הִדִּיחַ. 4 הִשְׁעָה

exorar *vt* הִפְצִיר, הֶעְתִּיר

exorbitancia *f* גְּדִישַׁת הַסְּאָה, הַפְרָזָה, בִּזְבּוּז, גֻּזְמָה

exorbitante *adj* מֻגְזָם, מֻפְרָז, מֻפְקָע

exorcismo *m* גֵּרוּשׁ שֵׁדִים, הוֹצָאַת דִּבּוּק

exorcizar *vt* גֵּרֵשׁ שֵׁדִים, הוֹצִיא דִבּוּק

exordio *m* הַקְדָּמָה, מָבוֹא, פְּתִיחָה

exonerar *vt* הִדֵּר, פֵּאֵר, קִשֵּׁט, יִפָּה

exotérico *adj* גָּלוּי, נִגְלֶה, שָׁכִיחַ, מוּבָן

exótico *adj* חִיצוֹנִי, נָכְרִי, זָר, אֶקְזוֹטִי

exotismo *m* חִיצוֹנִיּוּת, נָכְרִיּוּת, אֶקְזוֹטִיּוּת

expandir *vt* 1 הִרְחִיב, מָתַח. 2 הִתְפַּשֵּׁט, הִתְפָּרֵשׂ

expansible *adj* מָתִיחַ, מִתְפַּשֵּׁט, מִתְרַחֵב

expansión *f* הִתְרַחֲבוּת, הִתְפַּשְּׁטוּת, מְתִיחוּת, מִתּוּחַ, הִתְפָּרְשׂוּת

expansionarse *vref* הִתְפַּשֵּׁט, הִתְרַחֵב, הִתְמַתַּח, הִשְׂתָּרַע, הִתְפָּרֵשׂ

expansivo *adj* 1 מִתְמַתֵּחַ, מִתְרַחֵב, מִתְפַּשֵּׁט. 2 גְּלוּי־לֵב

expatriación *f* הַגְלָיָה, גֵּרוּשׁ, גָּלוּת

expatriado *adjm* גּוֹלֶה

expatriar *vt* הִגְלָה, גֵּרֵשׁ, שִׁלַּח

expectable *adj* 1 רָאוּי לִתְשׂוּמֶת־לֵב. 2 צָפוּי

expectación *f* צִפִּיָּה, תִּקְוָה, תּוֹחֶלֶת, יִחוּל

expectante *adj* מְצַפֶּה, מְחַכֶּה, מַמְתִּין, מְקַוֶּה, מְיַחֵל

expectativa *f* תִּקְוָה, תּוֹחֶלֶת, צִפִּיָּה

expectoración *f* כִּיחָה, כִּיחַ, יְרִיקָה, רֹק, לֵחָה

expectorante *adjm* 1 גּוֹרֵם כִּיחָה. 2 כַּיְחָן, יוֹרֵק

expectorar *vt* יָרַק, כִּחְכֵּחַ

expedición *f* 1 מַסָּע, נְסִיעָה. 2 מִשְׁלַחַת. 3 מִשְׁלוֹחַ. 4 חֵיל מִשְׁלוֹחַ

expedicionario *adjm* 1 שֶׁל מִשְׁלַחַת. 2 סַיָּר

expediente *m* 1 אֶמְצָעִי, תַּחְבּוּלָה. 2 תִּיק

expedienteo *m* נַיֶּרֶת

expedir *vt* שָׁלַח, שִׁלַּח, הֵחִישׁ, שִׁגֵּר

expeditivo *adj* מָהִיר, זָרִיז, מֻכְשָׁר, נִמְרָץ

expedito *adj* פָּנוּי, חָפְשִׁי

expelente *adjm* מְגָרֵשׁ, מְשַׁלֵּחַ, פּוֹלֵט, מַשְׁלִיךְ

expeler *vt* פָּלַט, הִשְׁלִיךְ, גֵּרֵשׁ

expender *vt* 1 הוֹצִיא, בִּזְבֵּז. 2 מָכַר

expendio *m* 1 בִּזְבּוּז, הוֹצָאָה. 2 מְכִירָה

expensas *fpl* 1 הוֹצָאוֹת. 2 חֶשְׁבּוֹן הוֹצָאוֹת

experiencia *f* 1 נִסָּיוֹן. 2 נִסּוּי. 3 חֲוָיָה

experimentación *f* נִסּוּי, נִסָּיוֹן, עֲרִיכַת נִסּוּיִים

experimentado *adjm* מְנֻסֶּה, בַּעַל נִסָּיוֹן

experimental *adj* נִסְיוֹנִי

experimentar *vt* נִסָּה, בָּחַן, עָרַךְ נִסָּיוֹן

experimento *m* נִסּוּי, נִסָּיוֹן, מִבְחָן

experto *adjm* מֻמְחֶה, בָּקִי, יַדְעָן, בַּעַל נִסָּיוֹן

expiación *f* כַּפָּרָה, רִצּוּי

expiar *vt* כִּפֵּר, רִצָּה

expiatorio *adj* מְכַפֵּר

expiración *f* 1 מָוֶת, נְשִׁימָה אַחֲרוֹנָה. 2 סוֹף, סִיּוּם, קֵץ, גְּמָר, פְּקִיעָה

expirar *vi* 1 מֵת, נָפַח נַפְשׁוֹ, הוֹצִיא נִשְׁמָתוֹ. 2 כָּבָה, הִסְתַּיֵּם, פָּקַע

explanación *f* 1 בֵּרוּר, הֶסְבֵּר. 2 יִשּׁוּר, שִׁטּוּחַ

explanada *f* טַיֶּלֶת, רָצִיף, מִדְשָׁאָה, כִּכָּר

explanar *vt* 1 בֵּאֵר, הִבְהִיר, פֵּרֵשׁ. 2 יִשֵּׁר, שִׁטֵּחַ

explayarse *vref* 1 הִתְרַחֵב. 2 הִתְפַּשֵּׁט

expletivo *adj* מְמַלֵּא, מַשְׁלִים

explicable *adj* נִתָּן לְהַסְבָּרָה, סָבִיר, בַּר בֵּאוּר

explicación *f* הֶסְבֵּר, בֵּאוּר, הַסְבָּרָה, פֵּרוּשׁ
explicar *vt* הִסְבִּיר, בֵּאֵר, פֵּרֵשׁ
explicativo *adj* מַסְבִּיר, מְבָאֵר, מְפָרֵשׁ
explícito *adj* בָּרוּר, מְפֹרָשׁ
exploración *f* 1 סִיּוּר, גִּשּׁוּשׁ, תִּיּוּר. 2 חֲקִירָה, בְּדִיקָה, בְּחִינָה
explorador *adjm* 1 חוֹקֵר. 2 סַיָּר, גַּשָּׁשׁ
explorar *vt* 1 סִיֵּר, גִּשֵּׁשׁ, תָּר. 2 חָקַר, בָּדַק, בָּחַן
exploratorio *adj* 1 סִיּוּרִי, מְשַׁמֵּשׁ לְסִיּוּר. 2 בּוֹדֵק, בּוֹחֵן
explosión *f* הִתְפּוֹצְצוּת, נֶפֶץ, הִתְפָּרְצוּת
explosivo *adjm* 1 מִתְפּוֹצֵץ, מְפוֹצֵץ. 2 חֹמֶר־נֶפֶץ
explotable *adjm* 1 פָּצִיץ. 2 נִתָּן לְנִצּוּל
explotación *f* 1 נִצּוּל, עֹשֶׁק. 2 הֲפָקַת תּוֹעֶלֶת, הֲפָקָה
explotador *adjm* מְנַצֵּל, עוֹשֵׁק
explotar *vt* 1 נִצֵּל, עָשַׁק. 2 הֵפִיק
expoliación *f* עֹשֶׁק, חָמָס, גָּזֵל
expoliador *adjm* עוֹשֵׁק, בּוֹזֵז, שׁוֹדֵד
expoliar *vt* עָשַׁק, חָמַס, גָּזַל
exponente *adj* 1 מַצִּיג, מַדְגִּים. 2 מַעֲרִיךְ
exponer *vt* 1 הִצִּיג. 2 הִסְתַּכֵּן, חָשַׂף עַצְמוֹ. 3 בֵּאֵר, הִסְבִּיר. 4 הִפְקִיר
exportación *f* יְצוּא
exportador *adjm* יְצוּאָן
exportar *vt* יִצֵּא
exposición *f* 1 תַּעֲרוּכָה, הַצָּגָה. 2 הֶסְבֵּר, בֵּאוּר, הַרְצָאָה
expositivo *adj* מְתָאֵר, מְבָאֵר, מַסְבִּיר
expósito *adjm* אֲסוּפִי
expositor *adjm* מַסְבִּיר, מְפָרֵשׁ
expresamente *adv* בְּפֵרוּשׁ, בִּמְפֹרָשׁ, בְּפֶה מָלֵא
expresar *vt* בִּטֵּא, הִבִּיעַ
expresión *f* בִּטּוּי, נִיב, הַבָּעָה, מַבָּע, אֲרֶשֶׁת
expresivo *adj* 1 הַבָּעָתִי, רַב־רֹשֶׁם, רַב הַבָּעָה. 2 רִגְשִׁי, נִמְרָץ
expreso *adj* 1 בָּרוּר, מְפֹרָשׁ, מְדֻיָּק, מְיֻחָד. 2 דָּחוּף, מָהִיר
exprimidera *f* מַסְחֵטָה
exprimidor *m* 1 סוֹחֵט. 2 מַסְחֵט
exprimir *vt* סָחַט
expropiación *f* הַפְקָעָה, הַחְרָמָה, הַלְאָמָה
expropiar *vt* הִפְקִיעַ, הֶחֱרִים, הִלְאִים
expuesto *adj* 1 מֻצָּג, חָשׂוּף. 2 מְסֻכָּן
expugnable *adj* שֶׁנִּתָּן לְכִבּוּשׁ
expugnación *f* כִּבּוּשׁ, לְכִידָה
expugnar *vt* כָּבַשׁ, לָכַד
expulsar *vt* גֵּרֵשׁ, שִׁלַּח
expulsión *f* גֵּרוּשׁ, הַגְלָיָה, שִׁלּוּחַ
expulsivo *adjm* מְגָרֵשׁ, מְשַׁלֵּחַ
expulsor *m* מַפְלֵט
expurgación *f* טִהוּר, נִקּוּי, נִכּוּשׁ
expurgar *vt* טִהֵר, נִקָּה, נִכֵּשׁ
exquisitez *f* רַכּוּת, נְעִימוּת, עֲדִינוּת
exquisito *adj* נִפְלָא, מְעֻדָּן, אִסְטְנִיס
extasiar *vt* 1 קָסַם, הִקְסִים. 2 הִלְהִיב, הִפְלִיא. 3 הִתְפָּעֵל, הִתְפַּלֵּא
éxtasis *m* אֶכְּסְטָזָה, הִתְלַהֲבוּת, הִתְפָּעֲלוּת, הִתְפַּשְּׁטוּת הַגַּשְׁמִיּוּת
extático *adj* מְקֻסָּם, מִתְפָּעֵל, מִתְלַהֵב, מַקְסִים אֶכְּסְטָטִי
extemporáneo *adj* 1 שֶׁלֹּא בְּעִתּוֹ, לֹא מַתְאִים, לֹא הוֹלֵם. 2 מְאֻלְתָּר
extender *vt* 1 פָּרַשׂ, שָׁטַח, מָתַח, הוֹשִׁיט. 2 הִשְׂתָּרֵעַ
extendido *adj* מָתוּחַ, פָּרוּשׂ, שָׁטוּחַ, שָׂרוּעַ
extensible *adj* מִתְמַתֵּחַ, בַּר הַרְחָבָה, מִתְפַּשֵּׁט, שֶׁנִּתָּן לְהַאֲרִיכוֹ
extensión *f* 1 הֶקֵּף, שֶׁטַח, שִׁעוּר, מִדָּה, גֹּדֶל. 2 מְתִיחָה, הַרְחָבָה, הַגְדָּלָה, הִתְפַּשְּׁטוּת. 3 שְׁלוּחָה. 4 הַדְרָכָה
extensivo *adj* 1 רָחָב, נִרְחָב, מַקִּיף, כּוֹלֵל. 2 פָּשִׁיט
extenso *adj* רָחָב, מָתוּחַ, רְחַב יָדַיִם, מְרֻחָב
extenuación *f* 1 רִפְיוֹן, עֲיֵפוּת, לֵאוּת, חֻלְשָׁה, אֲפִיסַת כֹּחוֹת. 2 הַקְטָנָה, הַפְחָתָה, רִכּוּךְ
extenuado *adj* 1 עָיֵף, חַלָּשׁ, חֲסַר אוֹנִים.

2 קָטָן, מְפַחֵת, מְרַכֵּךְ

extenuar *vt* הֶחֱלִישׁ, הִתִּישׁ, דִּלְדֵּל

exterior *adjm* 1 חִיצוֹנִי, חִיצוֹן, זָר. 2 חוּץ לָאָרֶץ. 3 מַרְאֶה, חִיצוֹנִיּוּת

exterioridad *f* 1 חִיצוֹנִיּוּת. 2 הִתְנַהֲגוּת

exteriorizar *vt* 1 הִבִּיעַ. 2 גִּלָּה בָּרַבִּים. 3 חָשַׂף

exteriormente *adv* בְּאֹפֶן חִיצוֹנִי, חִיצוֹנִית

exterminable *adj* בַּר־הַשְׁמָדָה, נִתָּן לְהַשְׁמָדָה

exterminador *adjm* מַשְׁמִיד, הוֹרֵס, מְכַלֶּה

exterminar *vt* הָרַס, הִשְׁמִיד, כִּלָּה, שֵׁרֵשׁ, הִכְחִיד, הִשְׁחִית

exterminio *m* הַשְׁמָדָה, הַכְחָדָה, כִּלָּיוֹן, חָרְמָה, שֵׁרוּשׁ

externo *adjm* 1 חִיצוֹנִי, חִיצוֹן. 2 אֶכְּסְטֶרְן

extinción *f* 1 כִּבּוּי. 2 הֶרֶס, הַכְחָדָה, הַשְׁמָדָה, כִּלָּיוֹן, כְּלָיָה

extinguir *vt* 1 כִּבָּה. 2 הָרַס, הִכְחִיד, כִּלָּה, אִבֵּד

extinto *adj* 1 כָּבוּי. 2 נִכְחָד, נִשְׁכָּח. 3 בָּלֶה, בָּלוּי. 3 מֵת, בַּר מִנָּן, מָנוֹחַ

extintor *m* 1 מַטְפֶּה. 2 מְכַבָּה

extirpación *f* 1 בִּעוּר, עֲקִירָה, שֵׁרוּשׁ. 2 הַכְחָדָה, הַשְׁמָדָה, כְּרִיתָה

extirpar *vt* 1 בִּעֵר, עָקַר, שֵׁרֵשׁ. 2 הִכְחִיד, הִשְׁמִיד, הִכְרִית, אִבֵּד

extorsión *f* סְחִיטָה, עֹשֶׁק, חָמָס

extorsionar *vt* סָחַט, עָשַׁק

extra *adjm* 1 נוֹסָף, מְיֻחָד. 2 סְטָטִיסְט. 3 תּוֹסֶפֶת. 4 חוּץ, חִיצוֹן

extracción *f* 1 הוֹצָאָה, חִלּוּץ. 2 עֲקִירָה. 3 מוֹצָא, מְכוֹרָה. 4 מִצּוּי, תַּמְצִית

extractar *vt* תִּמְצֵת, מִצָּה, סִכֵּם, קִצֵּר, צִטֵּט

extracto *m* תַּמְצִית, סִכּוּם, צִיטָטָה, מוּבָאָה

extractor *adjm* 1 חוֹלֵץ, מוֹצִיא. 2 מַחֲלֵץ

extradición *f* הַסְגָּרָה

extraer *vt* 1 הוֹצִיא, הֵפִיק, חָלַץ. 2 עָקַר

extramuros *adv* מִחוּץ לָעִיר

extranjero *adjm* 1 זָר, נָכְרִי, בֶּן נֵכָר, גֵּר, לוֹעֲזִי. 2 חוּץ לָאָרֶץ

extrañamiento *m* הַגְלָיָה, גֵּרוּשׁ, הַרְחָקָה

extrañar *vt* 1 הִגְלָה, גֵּרֵשׁ, הִרְחִיק, סִלֵּק. 2 הִתְגַּעְגֵּעַ, הִשְׁתּוֹקֵק. 3 תָּמַהּ, הִשְׁתּוֹמֵם

extrañeza *f* 1 זָרוּת, הִתְנַכְּרוּת, נָכְרִיּוּת. 2 תִּמָּהוֹן, הִשְׁתּוֹמְמוּת

extraño *adj* 1 זָר, נָכְרִי, לוֹעֲזִי. 2 מוּזָר, מְשֻׁנֶּה. 3 תִּמְהוֹנִי, מַתְמִיהַּ

extraordinario *adj* יוֹצֵא מִן הַכְּלָל, מַפְתִּיעַ, נָדִיר, מְיֻחָד

extraterritorial *adj* אֶקְסְטְרָטֶרִיטוֹרְיָלִי

extravagancia *f* 1 מוּזָרוּת, זָרוּת. 2 הַפְרָזָה, בִּזְבּוּז. 3 גִּחוּךְ, תִּמְהוֹנוּת

extravagante *adj* 1 מוּזָר, זָר, מְשֻׁנֶּה. 2 מַפְרִיז, מְגֻזָּם. 3 מְגֻחָךְ, תִּמְהוֹנִי

extravelocidad *f* מְהִירוּת מֻפְרֶזֶת

extraversión *f* אֶקְסְטְרוֹבֶרְטִיּוּת, מֻחְצָנוּת

extravertido *adj* אֶקְסְטְרוֹבֶרְטִי, מֻחְצָן

extraviado *adj* תּוֹעֶה, נָבוֹךְ, אוֹבֵד עֵצוֹת

extraviar *vt* 1 הִתְעָה, הִטְעָה. 2 סָטָה, טָעָה. 3 הִכְשִׁיל, הוֹלִיךְ שׁוֹלָל, הֵבִיךְ

extravío *m* 1 סְטִיָּה, תְּעִיָּה, הַסָּחָה, נְטִיָּה. 2 אֲבֵדָה. 3 שִׁגָּעוֹן

extremado *adj* קִיצוֹנִי, סוֹפִי, מֻפְרָז, מַפְרִיז

extremar *vt* 1 הִפְרִיז, הֶחֱמִיר, הִקְפִּיד. 2 הִשְׁתַּדֵּל, הִתְאַמֵּץ

extremidad *f* 1 קָצֶה, גְּבוּל. 2 אֵיבָר, גַּפַּיִם. 3 קִיצוֹנִיּוּת

extremista *m* קִיצוֹנִי

extremo *madj* 1 קָצֶה, גְּבוּל, קֵץ. 2 אַחֲרוֹן, רָחוֹק

extremosidad *f* קִיצוֹנִיּוּת

extremoso *adj* קִיצוֹנִי

extrínseco *adj* חִיצוֹנִי, טָפֵל, נָכְרִי

extroversión *f* אֶקְסְטְרוֹבֶרְטִיּוּת, מֻחְצָנוּת

extrovertido *adjm* אֶקְסְטְרוֹבֶרְטִי, מֻחְצָן

extrusión *f* גֵּרוּשׁ, הַגְלָיָה

exuberancia *f* שֶׁפַע, שִׂגְשׂוּג

exuberante *adj* שׁוֹפֵעַ, מְשַׂגְשֵׂג

exudación *f* תַּפְלִיט, הַזָּעָה, טִפְטוּף, בִּעְבּוּעַ

exudar *vi* הִזִּיעַ, הִטִּיף, טִפְטֵף, נָטַף, בִּעְבֵּעַ

exultación *f* עַלִּיזוּת, עֲלִיצוּת, צָהֳלָה, הִתְלַהֲבוּת

exultar *vi* עָלַץ, שָׂמַח, עָלַז, צָהַל, הִתְרוֹנֵן

eyaculación *f* זִרְמָה, הַפְרָשָׁה, יְרִיַּת הַזֶּרַע, פְּלִיטָה

eyacular *vt* הִפְרִישׁ, הִזְרִים, הִפְלִיט, יָרָה זֶרַע

eyectar *vt* 1 פָּלַט, הִשְׁלִיךְ. 2 הִפְלִיט

eyector *m* מַפְלֵט

F

F *f* אֶפֶה, פ, הָאוֹת הַשְּׁבִיעִית שֶׁל הָאָלֶף־בֵּית הַסְּפָרַדִּי

fa *m* פַה

fábrica *f* 1 בֵּית חֲרֹשֶׁת. 2 מִפְעָל

fabricación *f* 1 יִצּוּר, בְּנִיָּה, הַרְכָּבָה. 2 אַמְצָאָה, בְּדוּתָה, כָּזָב

fabricante *m* 1 חֲרָשְׁתָּן, מְיַצֵּר, יַצְרָן. 2 כַּזְּבָן, בַּדַּאי, רַמַּאי

fabricar *vt* 1 עָשָׂה, בָּנָה, יִצֵּר, הִרְכִּיב. 2 בָּדָה, זִיֵּף

fabril *adj* תַּעֲשִׂיָּתִי, חֲרָשְׁתִּי

fábula *f* מָשָׁל, אַגָּדָה, מַעֲשִׂיָּה, עֲלִילָה, סִפּוּר בַּדִּים

fabulista *m* 1 מְמַשֵּׁל, בַּעַל אַגָּדוֹת. 2 שַׁקְרָן, בַּדַּאי

fabuloso *adj* 1 אַגָּדִי, דִּמְיוֹנִי. 2 בָּדוּי, כּוֹזֵב

faca *f* פִּגְיוֹן

facción *f* 1 סִיעָה, מִפְלָגָה, קְבוּצָה, חֶבֶר, אֲגֻדָּה. 2 תַּו פָּנִים

facciones *fpl* קְלַסְתֵּר, אֲרֶשֶׁת פָּנִים

faccioso *adjm* 1 פַּרְטִיזָן. 2 מַרְדָן. 3 קַנְטְרָן, מְחַרְחֵר רִיב

faces *fpl* קְלַסְתֵּר, פָּנִים

faceta *f* שִׁטְחָה, מִגְבֶּלֶת, פֵּאָה, שֶׁטַח

facial *adj* שֶׁל הַפָּנִים, שִׁטְחִי

fácil *adj* 1 קַל, נָקֵל, נוֹחַ. 2 אָדִיב, וַתְּרָן. 3 מָהִיר, זָרִיז

facilidad *f* 1 הֲקַלָּה, נוֹחִיּוּת, קַלּוּת. 2 מֻמְחִיּוּת, כִּשְׁרוֹן. 3 זְרִיזוּת, מְהִירוּת. 4 הִזְדַּמְּנוּת, אֶמְצָעִים, אֶפְשָׁרֻיּוֹת

facilitación *f* 1 הֲקַלָּה, עֵזֶר, הָחָשָׁה. 2 אִפְשׁוּר

facilitar *vt* 1 הֵקֵל, אִפְשֵׁר, עָזַר. 2 סִפֵּק

facineroso *adjm* רָשָׁע, רַע, מֻרְשָׁע, שׁוֹבָב, נָבָל, שָׁפָל

facsímil, facsímile *m* הַעְתָּקָה, תַּעְתִּיק

factibilidad *f* מַעֲשִׂיּוּת, אֶפְשָׁרוּת בִּצּוּעַ

factible *adj* אֶפְשָׁרִי, מַעֲשִׂי, בַּר בִּצּוּעַ

facticio *adj* מְזֻיָּף, מְעֻשֶּׂה, מְלָאכוּתִי

factor *m* 1 גּוֹרֵם, סִבָּה. 2 מַכְפִּיל. 3 יְסוֹד. 4 עָמִיל, סַרְסוּר, סוֹכֵן

factoraje *m* עֲמִילוּת, סַרְסָרוּת

factoría *f* 1 סוֹכְנוּת. 2 בֵּית חֲרֹשֶׁת

factorial *f* עֲצֶרֶת שֶׁל מִסְפָּר (מָתֶמָטִיקָה)

factorizar *vt* פֵּרֵק לְגוֹרְמִים

factura *f* חֶשְׁבּוֹן

facturación *f* הֲכָנַת חֶשְׁבּוֹן

facturar *vt* חִשְׁבֵּן, הֵכִין חֶשְׁבּוֹן

facultad *f* 1 כִּשְׁרוֹן, כֹּשֶׁר, יְכֹלֶת, מֻמְחִיּוּת. 2 סַמְכוּת. 3 פַּקּוּלְטָה

facultar *vt* הִרְשָׁה, יִפָּה כֹּחַ, אִפְשֵׁר, הִסְמִיךְ

facultativo *adjm* 1 שֶׁל רְשׁוּת, שֶׁל בְּרֵרָה. 2 רוֹפֵא

facundia *f* 1 גֹּדֶשׁ, שֶׁפַע. 2 צַחוּת הַדִּבּוּר, מְלִיצִיּוּת

facundo *adj* רֶתוֹרִי, מְלִיצִי, רַב־מֶלֶל

facha *f* 1 מַרְאֶה, הוֹפָעָה, פַּרְצוּף. 2 גִּחוּךְ, דְּבַר־צְחוֹק

fachada *f* 1 חֲזִית, פְּנֵי בִּנְיָן, חִיצוֹנִיּוּת. 2 מַרְאֶה, הוֹפָעָה

fachenda *f* יְהִירוּת, רֵיקָנוּת, שַׁחֲצָנוּת, גַּאַוְתָנוּת

fachendoso *adj* יָהִיר, שַׁחֲצָן, גַּאַוְתָן, רֵיקָנִי

faena *f* 1 עֲבוֹדָה, עָמָל. 2 תַּפְקִיד, מְשִׂימָה, מַטָּלָה. 3 טְבִיחָה, זֶבַח

faetón *m* עֲגָלָה, מֶרְכָּבָה

fagocito *m* תָּא בַּלְעָן, תָּא זוֹלֵל, בַּלְעָן

fagot *m* בַּסּוֹן, פָּגוֹט

fagotista *m* בַּסּוֹנַאי

Farenheit *m* פַרֶנְהַיְט

faisán *m* פַּסְיוֹן

faja *f* 1 מָחוֹךְ, חֲגוֹרָה, אַבְנֵט, אֵזוֹר. 2 פַּס, רְצוּעָה, סֶרֶט

fajar *vt* חָגַר, הִקִּיף, עָטַר, חָבַשׁ, חִתֵּל, כָּרַךְ
fajo *m* חֲבִילָה, צְרוֹר, אֶגֶד
falacia *f* שַׁבְשְׁתָּא, שִׁבּוּשׁ, טָעוּת
falange *f* 1 גְּדוּד חֵיל רַגְלִים. 2 פָּלַנְגָּה. 3 הָמוֹן. 4 פֶּרֶק (שֶׁל אֶצְבַּע)
falangista *m* פָּלַנְגִּיסְט
falaz *adj* 1 עָרוּם, נוֹכֵל, צָבוּעַ. 2 מַתְעֶה, מְתַעְתֵּעַ, מְאַכְזֵב, מַטְעֶה
falda *f* 1 חֲצָאִית. 2 דַּשׁ, כָּנָף, שָׂפָה. 3 מַרְגְּלוֹת. 4 חֵיק
faldas *fpl* נָשִׁים, נְקֵבוֹת
faldear *vt* הָלַךְ לְמַרְגְּלוֹת הָהָר, עָבַר מִסָּבִיב
faldero *adjm* 1 חֵיקִי. 2 כְּלַבְלַב־שַׁעֲשׁוּעִים
faldilla *f* חֲצָאִית
faldón *m* כָּנָף, דַּשׁ
falencia *f* 1 שְׁגִיאָה, טָעוּת, כָּזָב. 2 פְּשִׁיטַת רֶגֶל
falibilidad *f* טָעִיּוּת
falible *adj* בַּר טְעִיָּה, שֶׁעָלוּל לִשְׁגּוֹת
fálico *adj* שֶׁל הָאֵיבָר
falo *m* אֵיבָר, אֵיבָר הַזָּכָר
falsario *adjm* רַמַּאי, נוֹכֵל, גּוֹנֵב דַּעַת
falsear *vt* זִיֵּף, סִלֵּף, עִוֵּת
falsedad *f* זִיּוּף, סִלּוּף, עִוּוּת, שֶׁקֶר, מִרְמָה, בְּדָיָה
falsete *m* פַלְסֶט, סַלְפִית
falsía *f* זִיּוּף, סִלּוּף, עִוּוּת, שֶׁקֶר, מִרְמָה, בְּדָיָה
falsificación *f* זִיּוּף, סִלּוּף
falsificador *adjm* זַיְּפָן, סַלְּפָן
falsificar *vt* סִלֵּף, זִיֵּף
falso *adj* מְזֻיָּף, כּוֹזֵב
falta *f* 1 טָעוּת, שְׁגִיאָה. 2 אַשְׁמָה, חֵטְא. 3 תַּקָּלָה, פְּגָם, מוּם, דֹּפִי, פְּסוּל
faltar *vi* 1 חָסֵר, נֶעְדַּר. 2 אָזַל, אָפֵס, פָּקַע. 3 כָּבָה, אָבַד, תָּשַׁשׁ. 4 הִכְזִיב
falto *adj* מְחֻסָּר, חֲסַר־
faltriquera *f* 1 אַרְנָק, כִּיס. 2 אַמְתַּחַת
falúa *f* סִירָה, דּוּגִית
falla *f* פְּגָם, לִקּוּי, מוּם, סֶדֶק
fallada *f* כִּשָּׁלוֹן
fallar *vit* 1 הֶחֱטִיא, נִכְשַׁל, תָּשַׁשׁ. 2 פָּסַק, גָּזַר, הִכְרִיעַ
fallecer *vi* מֵת, שָׁבַק חַיִּים, נִפְטַר
fallecido *adj* מָנוֹחַ, בַּר מִנָּן
fallecimiento *m* פְּטִירָה, מָוֶת
fallido *adj* 1 מִתְסַכֵּל. 2 פּוֹשֵׁט רֶגֶל. 3 נִכְשָׁל, נִפָּל
fallo *m* 1 פְּסַק דִּין. 2 נֵפֶל, כֶּשֶׁל, מִשְׁגֶּה
fama *f* פִּרְסוּם, תְּהִלָּה, מוֹנִיטִין, שֵׁם
famélico *adj* רָעֵב
familia *f* 1 מִשְׁפָּחָה, בַּיִת. 2 מִין, סוּג, גֶּזַע. 3 יַחַס, יִחוּס
familiar *adj* 1 מִשְׁפַּחְתִּי, תּוֹרַשְׁתִּי. 2 שָׁגוּר, רָגִיל, שָׁכִיחַ
familiaridad *f* 1 יְדִידוּת, קִרְבָה, אִינְטִימִיּוּת. 2 בְּקִיאוּת, סְגִילוּת
familiarizar *vt* 1 סִגֵּל, חִנֵּךְ, הִרְגִּיל, הִכִּיר, קֵרֵב. 2 הִסְתַּגֵּל. 3 הִתְיַדֵּד
famosamente *adv* בְּצוּרָה נִפְלָאָה, לְהַפְלִיא
famoso *adj* מְפֻרְסָם, נוֹדָע, יָדוּעַ, דָּגוּל, מְהֻלָּל
fámulo *m* 1 שַׁמָּשׁ, שׁוּלְיָה. 2 מְשָׁרֵת
fanal *m* 1 פָּנָס. 2 פַּעֲמוֹן זְכוּכִית
fanático *adjm* קַנַּאי, אָדוּק
fanatismo *m* קַנָּאוּת, אֲדִיקוּת
fandango *m* 1 פַנְדַּנְגּוֹ, נֶשֶׁף עַלִּיז. 2 מְהוּמָה, קְטָטָה
fanega *f* פַנֶּגָה (יְחִידַת שֶׁטַח אוֹ מִשְׁקָל)
fanfarria *f* הִתְפָּאֲרוּת, הִתְרַבְרְבוּת, הִתְיַהֲרוּת
fanfarrón *m* שַׁחֲצָן, רַבְרְבָן, יָהִיר
fanfarronada *f* הִתְרַבְרְבוּת, רַבְרְבָנוּת
fanfarronear *vi* הִתְפָּאֵר, הִתְרַבְרֵב
fangal *m* בִּצָּה, אַדְמַת בֹּץ
fango *m* בֹּץ, רֶפֶשׁ, טִיט, בִּצָּה
fangoso *adj* בִּצִּי, מְרֻפָּשׁ, עָכוּר, דָּלוּחַ
fantasía *f* 1 דִּמְיוֹן, חֲלוֹם, הֲזָיָה. 2 פַנְטַסְיָה. 3 יְצִירָה דִּמְיוֹנִית
fantasma *m* רוּחַ, אוֹב, שֵׁד, נְשָׁמָה, צֵל
fantasmagoria *f* פַנְטַסְמָגוֹרְיָה, תַּעְתּוּעִים
fantasmagórico *adj* פַנְטַסְמָגוֹרִי, תַּעְתּוּעִי
fantástico *adj* דִּמְיוֹנִי, מוּזָר, מְשֻׁנֶּה, לֹא מַמָּשִׁי, פַנְטַסְטִי
fantoche *m* 1 בֻּבָּה, מַרְיוֹנֶטָה. 2 אָדָם מְגֻחָךְ

fañoso *adj* מְאֻנְפָּף
faquín *m* סַבָּל, כַּתָּף, סַוָּר
faquir *m* פָּקִיר, דַּרְוִישׁ
farad, faradio *m* פָּרָד
faralá *m* צִיצִית
farallón *m* צוּק, שׁוּנִית
faramalla *f* פִּטְפּוּט, גִּבּוּב דְּבָרִים, חֲלַקְלַקּוֹת
farándula *f* 1 לַהֲקָה, לַהֲקַת שַׂחֲקָנִים. 2 הוֹנָאָה
faraón *m* פַּרְעֹה
fardo *m* חֲבִילָה, צְרוֹר
farellón *m* צוּק, שֻׁנִּית
farfolla *f* פִּטְפּוּטִים, גִּבּוּב דְּבָרִים, חֲלַקְלַקּוֹת
farfulla *f* לַהַג, לַהֲגָנוּת
farfullar *vt* לָהַג
farináceo *adj* קִמְחִי
faringe *f* בֵּית הַבְּלִיעָה, לֹעַ
faríngeo *adj* לֹעִי
faringitis *f* דַּלֶּקֶת הַלֹּעַ
farisaico *adj* 1 פְּרוּשִׁי. 2 צָבוּעַ
fariseo *m* 1 פָּרוּשׁ. 2 צָבוּעַ
farmacéutico *adjm* 1 פַּרְמָצֶבְטִי. 2 רוֹקֵחַ
farmacia *f* 1 בֵּית מִרְקַחַת. 2 רוֹקְחוּת
farmacología *f* פַּרְמָקוֹלוֹגְיָה
farmacológico *adj* פַּרְמָקוֹלוֹגִי
farmacólogo *m* פַּרְמָקוֹלוֹג
farmacopea *f* סֵפֶר רוֹקְחוּת, פַּרְמָקוֹפֵּיאָה
faro *m* 1 מִגְדַּלּוֹר. 2 פָּנָס
farol *m* 1 פָּנָס. 2 יְהִירוּת, גַּאַוְתָנוּת
farolear *vi* הִתְרַבְרֵב, הִתְפָּאֵר
farola *f* פָּנָס
farolero *m* 1 רַבְרְבָן, גַּאַוְתָן, שַׁחֲצָן. 2 מוֹכֵר פָּנָסִים
farolillo *m* פָּנָסֵי נְיָר, פָּנָסֵי סִין
farra *f* הִלּוּלָה וְחִנְגָּה, הוֹלֵלוּת, מִשְׁתֶּה
farruco *adj* אַמִּיץ, נוֹעָז, חָצוּף
farsa *f* חִזָּיוֹן מְבַדֵּחַ, פַּרְסָה
farsante *adjm* גּוֹנֵב דַּעַת, מַעֲמִיד פָּנִים, נוֹכֵל
fascículo *m* 1 צְרוֹר, אֲגֻדָּה, חֲבִילָה, אֶשְׁכּוֹל. 2 חוֹבֶרֶת
fascinación *f* 1 קֶסֶם, מִקְסָם, כִּשּׁוּף. 2 שְׁבִיַּת לֵב, לְקִיחַת לֵב
fascinar *vt* הִקְסִים, מָשַׁךְ לֵב, קָסַם
fascimo *m* פָשִׁיזְם
fascista *adjm* פָשִׁיסְט
fase *f* שָׁלָב, צוּרָה, מַרְאֶה, מַצָּב, תְּקוּפָה
fastidiar *vt* 1 הִטְרִיד, הִפְרִיעַ, הִטְרִיחַ. 2 הִכְעִיס, הִרְגִּיז
fastidio *m* 1 טִרְדָּה, טִרְחָה, הַפְרָעָה. 2 בְּחִילָה
fastidioso *adj* טַרְדָן, טַרְחָן, מַטְרִיד, מַרְגִּיז
fastuoso *adj* מְפֹאָר, הָדוּר
fatal *adj* גּוֹרָלִי, קַטְלָנִי, פָטָלִי
fatalidad *f* גּוֹרָלִיּוּת, פָטָלִיּוּת, קַטְלָנוּת
fatalismo *m* פָטָלִיּוּת, גּוֹרָל, קַטְלָנוּת
fatalista *adjm* פָטָלִיסְט, מַאֲמִין בְּגוֹרָל
fatídico *adj* הֲרֵה אָסוֹן
fatiga *f* עֲיֵפוּת, לֵאוּת, יְגִיעָה, עָמָל
fatigar *vt* עִיֵּף, יִגַּע, הוֹגִיעַ, הֶלְאָה
fatigoso *adj* מְעַיֵּף, מְיַגֵּעַ
fatuidad *f* טִמְטוּם הַמֹּחַ, סִכְלוּת, טִפְּשׁוּת, אֱוִילוּת
fatuo *adj* כְּסִיל, מְטֻמְטָם, אֱוִילִי, טִפֵּשׁ
fauces *fpl* 1 לֹעַ. 2 גַּרְגֶּרֶת, בֵּית בְּלִיעָה. 3 לֶסֶת
fauna *f* הַחַי, עוֹלַם הַחַי, פָאוּנָה
fauno *m* פַּן, פָאוּנוֹ
fausto *adjm* 1 בַּר־מַזָּל. 2 פְּאֵר, הָדָר, הוֹד, תִּפְאֶרֶת
favor *m* חֶסֶד, טוֹבָה, חֵן, תְּמִיכָה, חָסוּת, רָצוֹן טוֹב
favorable *adj* נוֹחַ, רָצוּי, מוֹעִיל, יְדִידוּתִי, חִיּוּבִי
favorecedor *adj* מֵיטִיב, תּוֹמֵךְ, גּוֹמֵל חֶסֶד
favorecer *vt* 1 תָּמַךְ, עָזַר. 2 עוֹדֵד
favoritismo *m* מַשּׂוֹא פָּנִים, הַפְלָיָה, הַעֲדָפָה
favorito *adjm* אָהוּב, מְכֻבָּד, מְקֹרָב
faz *f* פָּנִים, קְלַסְתֵּר, פַּרְצוּף
fe *f* 1 אֱמוּנָה, דָּת. 2 אֵמוּן
fe de erratas תִּקּוּן טָעוּת
fealdad *f* כִּעוּר, נִוּוּל
feble *adj* חַלָּשׁ, רָפֶה, כָּחוּשׁ
febrero *m* פֶבְּרוּאָר
febril *adj* 1 קַדַּחְתָּנִי, לוֹהֵט. 2 נִלְהָב, עַצְבָּנִי
fecal *adj* צוֹאִי

fécula *f* עֲמִילָן

fecundable *adj* מַפְרֶה

fecundación *f* פּוֹרִיּוּת, עִבּוּר, הַפְרָאָה

fecundar *vt* הִפְרָה, עִבֵּר

fecundidad *f* פּוֹרִיּוּת, פִּרְיוֹן

fecundo *adj* פּוֹרֶה, מַנִיב

fecha *f* תַּאֲרִיךְ

fechar *vt* קָבַע תַּאֲרִיךְ, צִיֵּן תַּאֲרִיךְ

fechoría *f* חֵטְא, עָווֹן, פֶּשַׁע, שִׁפְלוּת

federación *f* הִתְאַחֲדוּת, הִסְתַּדְּרוּת, פֶדֶרַצְיָה

federal *adj* פֶדֶרָלִי

federalismo *m* פֶדֶרָלִיּוּת

federalista *m* פֶדֶרָלִיסְט

federar *vt* אִחֵד לְפֶדֶרַצְיָה

fehaciente *adj* אֲמִתִּי, מְקוֹרִי, מְהֵימָן

feldepasto *m* פַּצֶּלֶת הַשָּׂדֶה

felicidad *f* אֹשֶׁר, שִׂמְחָה, מַזָּל טוֹב, הַצְלָחָה

¡felicidades! מַזָּל טוֹב!

felicitación *f* בְּרָכוֹת, אִחוּלִים

felicitar *vt* בֵּרַךְ, אִחֵל

feligrés *m* חֲבֵר הַקְּהִלָּה

feligresía *f* עֵדָה, קְהִלָּה

felino *adjm* 1 חֲתוּלִי. 2 דּוֹמֶה לְחָתוּל.
3 מִשְׁפַּחַת הַחֲתוּלִים

feliz *adj* מְאֻשָּׁר, שָׂמֵחַ, שְׂבַע רָצוֹן

felón *adjm* פּוֹשֵׁעַ, עֲבַרְיָן, רוֹצֵחַ, רָשָׁע, מְשֻׁחָת

felonía *f* שִׁפְלוּת, עֲבַרְיָנוּת, חֵטְא, עָווֹן, פֶּשַׁע

felpa *f* קְטִיפָה

felpilla *f* חוּטֵי רִקְמָה, חוּטֵי מֶשִׁי

felpudo *adjm* 1 קְטִיפָתִי. 2 מַרְבָד שָׂעִיר

femenil *adj* נָשִׁי, נְקֵבִי

femenino *adj* 1 נָשִׁי, נְקֵבִי. 2 עָדִין, רַךְ, רָגִישׁ

fementido *adj* כּוֹזֵב, לֹא נֶאֱמָן, מַטְעֶה

femineidad, feminidad *f* נָשִׁיּוּת, נְקֵבִיּוּת

feminismo *m* נָשִׁיּוּת, פֶמִינִיזְם

feminista *m* פֶמִינִיסְט

femoral *adj* שֶׁל עֶצֶם הַיָּרֵךְ

fémur *m* יָרֵךְ

fenecer *vi* 1 מֵת, נִפְטַר, נָפַח רוּחוֹ. 2 סִיֵּם, פָּקַע

fenecido *adj* מֵת, מָנוֹחַ, נִפְטָר, בַּר מִנָּן

fenecimiento *m* 1 מִיתָה, מָוֶת. 2 סִיּוּם

fenicio *adjm* פֶנִּיקִי, צוֹרִי, צִידוֹנִי

fénico *adj* פֶנוֹלִי, קַרְבּוֹלִי

fénix *m* 1 חוֹל, פֶנִּיקְס. 2 דֶּקֶל, תָּמָר

fenobárbito *m* פֶנוֹבַּרְבִּיטָל

fenol *m* פֶנוֹל

fenomenal *adj* 1 נָדִיר, מֻפְלָא, פֶנוֹמֵנָלִי.
2 שֶׁל תּוֹפָעָה, שֶׁל מַחֲזֶה

fenómeno *m* 1 תּוֹפָעָה, מַרְאֶה, מַחֲזֶה. 2 עִלּוּי,
גָּאוֹן

feo *adjm* 1 מְכֹעָר, מָאוּס. 2 כִּעוּר

feracidad *f* פּוֹרִיּוּת, תְּנוּבָה, פִּרְיוֹן

feraz *adj* פּוֹרֶה, מַנִיב, שׁוֹפֵעַ

féretro *m* אֲרוֹן מֵתִים

feria *f* 1 יָרִיד, שׁוּק, תַּעֲרוּכָה. 2 נֹפֶשׁ, חֻפְשָׁה

feriado (dia) *adj* מוֹעֵד, שַׁבָּתוֹן, חַג

feriante *m* רוֹכֵל

ferino *adj* פֶּרֶא, עַז

fermentable *adj* תָּסִיס

fermentación *f* הַתְסָסָה, תְּסִיסָה, חִמּוּץ.
2 הִתְרַגְּשׁוּת

fermentador *adj* מַתְסִיס

fermentar *vti* 1 הִתְסִיס, תָּסַס. 2 הִתְרַגֵּשׁ, רָגַשׁ

fermento *m* חֹמֶץ, שְׂאוֹר, מַתְסִיס, תֶּסֶס

fermio *m* פֶרְמִיּוּם

ferocidad *f* אַכְזְרִיּוּת, פִּרְאוּת

feroz *adj* אַכְזָרִי, פִּרְאִי, אָיֹם, אַכְזָר

férreo *adj* 1 בַּרְזִלִּי. 2 מוּצָק, מֻתָּךְ

ferretería *f* 1 כְּלִי מַתֶּכֶת. 2 חֲנוּת לִכְלֵי בַּרְזֶל

ferretero *m* סוֹחֵר בִּכְלֵי מַתֶּכֶת

ferrocarril *m* מְסִלַּת בַּרְזֶל, רַכֶּבֶת

ferrocarrilero *m* מְסִלַּאי, עוֹבֵד רַכֶּבֶת

ferroso *adj* בַּרְזִלִּי

ferrotipo *m* צִלּוּם עַל בַּרְזֶל

ferrovía *f* 1 מְסִלָּה. 2 מְסִלַּת בַּרְזֶל

ferroviario *adjm* 1 שֶׁל מְסִלַּת הַבַּרְזֶל.
2 עוֹבֵד רַכֶּבֶת

ferrugíneo, ferruginoso *adj* מַכִּיל בַּרְזֶל

fértil *adj* פּוֹרֶה, מַנִיב

fertilidad *f* פּוֹרִיּוּת, תְּנוּבָה, פִּרְיוֹן

fertilización *f*   הַפְרָאָה, זִבּוּל, דִּשּׁוּן

fertilizante *m*   1 דֶּשֶׁן. 2 מַפְרֶה

fertilizar *vt*   הִפְרָה, דִּשֵּׁן, זִבֵּל, הִשְׁבִּיחַ

férula *f*   1 כַּלָּךְ. 2 שַׁרְבִיט. 3 מָרוּת

férvido *adj*   קַנָּאי, לוֹהֵט, נִמְרָץ, מִתְלַהֵב

ferviente, fervoroso *adj*   נִלְהָב, נִמְרָץ, לוֹהֵט

fervor *m*   דְּבֵקוּת, קַנָּאוּת, לַהַט,
התְלַהֲבוּת, עֹז

festear *vi*   חִזֵּר

festeo *m*   חִזּוּר

festejar *vt*   1 חָגַג, כִּבֵּד. 2 חִזֵּר

festejo *m*   חֲגִיגָה, שִׂמְחָה, מִשְׁתֶּה, הִלּוּלָה

festín *m*   סְעֻדָּה, חֲגִיגָה, אֲרוּחָה, הִלּוּלִים

festinado *adj*   שֶׁלִּפְנֵי זְמַנּוֹ

festinar *vt*   זֵרַז, הֶחִישׁ, הָאִיץ, הִבְהִיל

festival *m*   פֶסְטִיבָל, תִּחְגֹּגָה

festivamente *adv*   בְּשִׂמְחָה, בַּעֲלִיצוּת

festividad *f*   חֲגִיגִיּוּת, חֲגִיגָה, שִׂמְחָה

festivo *adj*   חֲגִיגִי, עַלִּיז

festón *m*   1 נֵזֶר, עֲטָרָה, זֵר פְּרָחִים.
2 קִשּׁוּט, עִטּוּר

festonar, festonear *vt*   קִשֵּׁט בְּזֵר

fetal *adj*   עֻבָּרִי, שֶׁל עֻבָּר

fetiche *m*   אֱלִיל, פֶּסֶל, פָּטִישׁ

fetichismo *m*   אֱמוּנַת טְפֵלוֹת, פֻּלְחַן אֱלִילִים

fetichista *m*   מַאֲמִין בֶּאֱמוּנוֹת טְפֵלוֹת,
פֶטִישִׁיסְט

fetidez *f*   סִרְחוֹן, בָּאְשָׁה

fétido *adj*   מַבְאִישׁ, מַסְרִיחַ

feto *m*   עֻבָּר

feúco, feúcho *adj*   מְכֹעָר

feudal *adj*   פֵאוֹדָלִי

feudalismo *m*   פֵאוֹדָלִיּוּת

feudo *m*   אֲחֻזָּה פֵאוֹדָלִית

fez *m*   תַּרְבּוּשׁ

fiado *adv*   בְּהַקָּפָה

fiador *m*   1 עָרֵב, נוֹתֵן עַרְבוּת. 2 מְהַדֵּק, מְחַבֵּר

fiambre *m*   1 מַאֲכָל קַר. 2 נַקְנִיק

fiambrera *f*   סַל לְצֵידָה

fianza *f*   עַרְבוּת, עֲרֻבָּה, עֵרָבוֹן

fiar *vt*   1 עָרַב. 2 מָכַר בַּהַקָּפָה. 3 הֶאֱמִין, בָּטַח

fiasco *m*   מַפָּלָה, כִּשָּׁלוֹן, מַפַּח נֶפֶשׁ

fibra *f*   1 לִיף, סִיב. 2 אֹפִי, מֶרֶץ

fibrina *f*   לִיפִין

fibroso *adj*   סִיבִי, לִיפִי

ficción *f*   סִפְרַת בַּדִּים, סִפּוּר בְּדָיָה, פִיקְצְיָה

ficticio *adj*   בָּדוּי, דִּמְיוֹנִי, מְדֻמֶּה, מְזֻיָּף

ficha *f*   1 אֲסִימוֹן. 2 כַּרְטִיס. 3 כְּלִי דוֹמִינוֹ

fichar *vt*   סִמֵּן, צִיֵּן, רָשַׁם, כִּרְטֵס

fichero *m*   1 כַּרְטֶסֶת, כַּרְטִיסִיָּה. 2 אַרְכִיב

fidedigno *adj*   מְהֵימָן, נֶאֱמָן, בַּר סַמְכָא

fidelidad *f*   נֶאֱמָנוּת, מְהֵימָנוּת

fideo *m*   אִטְרִיָּה

fideicomiso *m*   אַפּוֹטְרוֹפּוֹס

fiduciaro *adjm*   נֶאֱמָן, אַפּוֹטְרוֹפּוֹס

fiebre *f*   1 חֹם, קַדַּחַת. 2 תְּסִיסָה

fiel *adjm*   1 נֶאֱמָן, מָסוּר. 2 לְשׁוֹן הַמֹּאזְנַיִם

fieltro *m*   לֶבֶד

fiera *f*   חַיָּה, חַיַּת טֶרֶף

fiereza *f*   פְּרָאוּת, רִשְׁעוּת, אַכְזָרִיּוּת

fiero *adjm*   1 אַכְזָרִי, פִּרְאִי, עַז. 2 עֲנָקִי, גָּדוֹל, נִרְחָב, עָצוּם. 3 מְכֹעָר, מַבְהִיל. 4 חַיָּה

fierro *m*   בַּרְזֶל

fiesta *f*   חֲגִיגָה, חַג, מוֹעֵד, שִׂמְחָה, שָׂשׂוֹן

fiestero *adj*   אוֹהֵב מְסִבּוֹת וַחֲגִים

figón *m*   מִסְעָדָה, בֵּית מַרְזֵחַ

figura *f*   1 דְּמוּת, צוּרָה, תַּבְנִית, צֶלֶם. 2 מְלִיצָה. 3 דֻּגְמָה, מוֹפֵת. 4 מִרְגָּם, דֶּגֶם

figuración *f*   1 צוּרָה, סֵמֶל, סִלְסוּל, עִטּוּר. 2 תַּפְקִיד, הִשְׁתַּתְּפוּת

figurado *adj*   1 צִיּוּרִי, סִמְלִי, מְשׁאָל, עִטּוּרִי. 2 מְלִיצִי

figurante *m*   נִצָּב, סְטָטִיסְט

figurar *vt*   1 תֵּאַר, צִיֵּר, דִּמָּה, יִצֵּג, סִמֵּל. 3 הוֹפִיעַ. 4 הִתְחַזָּה, הִתְחַפֵּשׂ

figurarse *vref*   1 הִתְיַמֵּר, הִתְחַזָּה. 2 תֵּאַר לְעַצְמוֹ

figurativo *adj*   צִיּוּרִי, מְלִיצִי, סִמְלִי

figurín *m*   1 צִיּוּר אָפְנָה. 2 טַרְזָן, גַּנְדְּרָן. 3 דֻּגְמָן

figurón *m*   1 צֶלֶם, דְּמוּת. 2 רוֹדֵף כָּבוֹד.

3 נִצָּב, סְטָטִיסְט

fijación *f* 1 קְבִיעָה, יַצִּיבוּת, הִצָּמְדוּת, הַצְמָדָה. 2 הַתְאָמָה. 3 נְעִיצַת מַבָּט

fijado *m* 1 קְבִיעָה, תִּקּוּן. 2 הַתְאָמָה

fijar *vt* 1 קָבַע, תָּקַע, נָעַץ. 2 הִצִּיב, תִּקֵּן, סִדֵּר, עָרַךְ, הִתְאִים

fihjarse *vref* הִקְשִׁיב, שָׂם לֵב, הִתְרַכֵּז

fijeza *f* קְבִיעוּת, יַצִּיבוּת, תְּמִידוּת, בִּטְחָה

fijo *adj* יַצִּיב, קָבוּעַ, בָּטוּחַ, אֵיתָן, קָצוּב, מְסֻיָּם

fila *f* שׁוּרָה, תּוֹר

filacteria *f* 1 תְּפִלִּין. 2 טוֹטָפֶת, קָמֵיעַ

filamento *m* זִיר, נִימָה, חוּט

filantropía *f* 1 אַהֲבַת הַבְּרִיּוֹת. 2 נְדִיבוּת, נַדְבָנוּת, פִילַנְטְרוֹפְּיָה

filantrópico *adj* נַדְבָנִי, פִילַנְטְרוֹפִּי

filántropo *m* 1 נַדְבָן, נָדִיב, פִילַנְטְרוֹפּ. 2 אוֹהֵב הַבְּרִיּוֹת

filarmónico *adjm* 1 פִילְהַרְמוֹנִי. 2 אוֹהֵב־מוּסִיקָה

filatelia *f* בּוּלָאוּת

filatélico *adj* בּוּלָאִי

filatelista *m* בּוּלַאי

filatero *m* פַּטְפְּטָן, לַהֲגָן

filatura *f* 1 טְוִיָּה. 2 מַטְוִיָּה

filete *m* 1 סָרֶט, רְצוּעָה. 2 קַו, חוּט. 3 שָׂפָה, אֹגֶן. 4 פִּילָה. 5 שַׁפּוּד. 6 אִמְרָה

filfa *f* כָּזָב, שֶׁקֶר

filiación *f* 1 תֵּאוּר, צִיּוּר. 2 יַחַס, מוֹצָא. 3 הִתְיַחֲסוּת מִשְׁפַּחְתִּית

filial *adjm* 1 שֶׁל בֵּן אוֹ בַּת. 2 סְנִיף

filibustero *m* שׁוֹדֵד יָם

filicida *m* הוֹרֵג בְּנוֹ אוֹ בִּתּוֹ

filiforme *adj* נִימִי, חוּטִי

filigrana *f* פִילִיגְרָן, שְׁזִירָה בְּחוּטֵי זָהָב אוֹ כֶּסֶף

filipino *adjm* פִילִיפִּינִי

filis *m* 1 מְיֻמָּנוּת. 2 חֵן, חֲנֻנִיּוּת

filisteo *adjm* פְּלִשְׁתִּי

film *m* סֶרֶט

filmación *f* הַסְרָטָה

filmar *vt* הִסְרִיט

filo *m* חֹד, לַהַב

filología *f* בַּלְשָׁנוּת, פִילוֹלוֹגְיָה

filológico *adj* בַּלְשָׁנִי, פִילוֹלוֹגִי

filólogo *m* בַּלְשָׁן, פִילוֹלוֹג

filón *m* 1 עוֹרֵק מַתֶּכֶת. 2 הִזְדַּמְּנוּת, מְצִיאָה

filoso *adj* מְחֻדָּד, שָׁנוּן, מֻשְׁחָז

filosofar *vi* הִתְפַּלְסֵף, פִּלְסֵף

filosofía *f* פִילוֹסוֹפְיָה

filosófico *adj* פִילוֹסוֹפִי

filósofo *m* פִילוֹסוֹף

filtración *f* סִנּוּן, שִׁמּוּר, זִכּוּךְ

filtrado *m* תַּסְנִין, סָנָן, מִסְנָן, נוֹזְלִים שֶׁסֻּנְּנוּ

filtrar *vti* 1 סִנֵּן. 2 דָּלַף. 3 הִסְתַּנֵּן

filtro *m* 1 מַסְנֵן, מְסַנֶּנֶת, תַּסְנִין. 2 סִנּוּן

fílum *m* מַעֲרָכָה, מַעֲרֶכֶת

fimo *m* צוֹאָה, גְּלָלִים

fin *m* 1 סוֹף, קֵץ, סִיּוּם, גְּמָר, קָצֶה. 2 תַּכְלִית, מַטָּרָה, יַעַד

finado *m* נִפְטָר, מֵת, מָנוֹחַ, בַּר מִנָּן

final *madj* 1 סוֹף, קֵץ, נְעִילָה, סִיּוּם. 2 סוֹפִי, אַחֲרוֹן, מַכְרִיעַ. 3 תַּכְלִיתִי

finalidad *f* מַטָּרָה, מְגַמָּה, תַּכְלִיתִיּוּת, מַשְׁמָעוּת

finalista *m* שֶׁהִגִּיעַ לְשָׁלָב סוֹפִי

finalizar *vti* 1 סִיֵּם, סִכֵּם, גָּמַר, הִשְׁלִים. 2 כָּלָה, תַּם

financiar *vt* מִמֵּן

financiero *adjm* 1 כַּסְפִּי, פִינַנְסִי. 2 מְמַמֵּן, בַּעַל הוֹן

finanzas *fpl* 1 אוֹצָר, כְּסָפִים, מָמוֹנוֹת. 2 תּוֹרַת הַכְּסָפִים

finca *f* מֶשֶׁק, חַוָּה, אֲחֻזָּה, נַחֲלָה

finés *m* פִינִי

fineza *f* עֲדִינוּת, דַּקּוּת, טֹהַר, זַךְ, נִימוּס

fingido *adj* בָּדוּי, כּוֹזֵב, מְזֻיָּף

fingimiento *m* הַעֲמָדַת פָּנִים, הִתְנַכְּרוּת, זִיּוּף

fingir *vt* 1 הֶעֱמִיד פָּנִים, בָּדָה. 2 הִתְיַמֵּר, הִתְחַפֵּשׂ

finiquitar *vt* 1 פָּרַע, שִׁלֵּם, סִלֵּק חוֹב. 2 סִיֵּם, סִכֵּם, גָּמַר

finiquito *m* פֵּרָעוֹן

finito *adj* מֻגְבָּל, סוֹפִי, תַּכְלִיתִי

finlandés *adjm* פִינְלַנְדִּי, פִינִי
fino *adj* 1 דַּק, דַּקִּיק. 2 עָדִין. 3 מְנֻמָּס. 4 מְצֻיָּן, מְעֻלֶּה
finta *f* תַּחְבּוּלָה, הַתְקָפָה מְדֻמָּה
finura *f* 1 רַכּוּת, טַעַם, עֲדִינוּת, חֵן. 2 נִימוּס, אֲדִיבוּת, דֶּרֶךְ אֶרֶץ. 3 חֲרִיפוּת, עָרְמָה
fiord, fiordo *m* פְיוֹרְד
firma *f* 1 חֲתִימָה. 2 חֶבְרָה, פִירְמָה
firmamento *m* רָקִיעַ, שָׁמַיִם, כִּפַּת הַשָּׁמַיִם
firmán *m* פְּקֻדָּה, צַו
firmante *adj* חוֹתֵם
firmar *vt* חָתַם
firme *adj* 1 אֵיתָן, קָבוּעַ, יַצִּיב. 2 חָזָק, תַּקִּיף
¡firme! עֲצֹר! עֲמֹד דֹּם!
firmeza *f* תַּקִּיפוּת, חֹזֶק, כֹּחַ, קְבִיעוּת
firulete *m* צִיצָה, צִיצִית, קִשּׁוּט סְרָק
fiscal *adjm* 1 פִיסְקָלִי, כַּסְפִּי, שֶׁל אוֹצַר הַמְּדִינָה. 2 תּוֹבֵעַ, קָטֵגוֹר, תּוֹבֵעַ כְּלָלִי. 3 פְּרַקְלִיט הַמְּדִינָה, יוֹעֵץ מִשְׁפָּטִי
fiscalización *f* פִּקּוּחַ, בִּקֹּרֶת
fiscalizar *vt* פִּקֵּחַ, בִּקֵּר
fisco *m* אוֹצַר הַמְּדִינָה, טִמְיוֹן
fisga *f* 1 צִלְצָל. 2 לַעַג, הִתּוּל
fisgador *m* 1 דַּיָּג. 2 חוֹמֵד לָצוֹן
fisgón *adjm* 1 לַגְלְגָן. 2 סַקְרָן, מְחַטֵּט, חַטְטָן
fisgonear *vi* הֵצִיץ, הִבִּיט, חִטֵּט
fisgoneo *m* חִטּוּט, הֲצָצָה
física *f* פִיסִיקָה
físico *adjm* 1 פִיסִי, חָמְרִי, גּוּפָנִי, גַּשְׁמִי. 2 פִיסִיקַאי
fisiología *f* פִיסְיוֹלוֹגְיָה
fisiológico *adj* פִיסְיוֹלוֹגִי
fisiólogo *m* פִיסְיוֹלוֹג
fisión *f* סִדּוּק, בְּקִיעָה, פִּצּוּחַ, הִסְתַּדְּקוּת
fisionable *adj* בַּר פִּצּוּחַ, סָדִיק
fisionar *vt* בָּקַע, סָדַק, הִפְרִיד, פִּצֵּל, פִּצַּח
fisioterapeuta *m* פִיסְיוֹתֶרַפִּיסְט
fisioterapia *f* פִיסְיוֹתֶרַפְּיָה
fisípedo *adjm* מַפְרִיס־פַּרְסָה
fisonomía *f* פָּנִים, קְלַסְתֵּר, דְּמוּת, פַּרְצוּף
fisonómico *adj* פַּרְצוּפִי
fístula *f* מֻרְסָה, בָּרֶר
fisura *f* סֶדֶק, חָרִיץ, שֶׁסַע, בְּקִיעַ
flaccidez *f* רִפְיוֹן, חֻלְשָׁה, רַכּוּת
fláccido *adj* רָפֶה, חַלָּשׁ, רַךְ
flacura *f* רָזוֹן, דַּלּוּת, כְּחִישׁוּת
flagelación *f* הַלְקָאָה, יִסּוּר, הַצְלָפָה
flagelante *adjm* מַצְלִיף, מַלְקֶה
flagelar *vt* הִלְקָה, הִצְלִיף, יִסֵּר, פִּרְגֵּל
flagelo *m* 1 שׁוֹט, שֵׁבֶט, מַגְלֵב. 2 הַלְקָאָה. 3 צָרָה, מַכָּה
flagrancia *f* פַּרְהֶסְיָה, שַׁעֲרוּרִיָּה
flagrante *adj* מֵבִישׁ, מַחְפִּיר, שַׁעֲרוּרִיָּתִי
flama *f* אֵשׁ, לֶהָבָה, שַׁלְהֶבֶת
flamante *adj* 1 מַזְהִיר, מַבְרִיק, זוֹרֵחַ, נוֹצֵץ. 2 חָדִישׁ, חָדָשׁ לְגַמְרֵי
flamear *vi* 1 בָּעַר, הִתְלַבָּה, הִתְלַקַּח, הִשְׁתַּלְהֵב. 2 הִתְנוֹסֵס, הִתְנוֹפֵף
flamenco *adjm* 1 פְלָמִי. 2 שְׁקִיטָן, פְלָמִינְגּוֹ
flan *m* רַפְרֶפֶת
flanco *m* אֲגַף, צַד, עֵבֶר
flanquear *vt* אִגֵּף, כִּתֵּר, הִקִּיף
flaquear *vi* 1 נֶחֱלַשׁ, רָפָה, תָּשַׁשׁ. 2 רָפְתָה רוּחוֹ
flaqueza *f* 1 רָזוֹן, כְּחִישׁוּת, צְנִימוּת. 2 חֻלְשָׁה, רִפְיוֹן, תְּשִׁישׁוּת. 3 טָעוּת
flato *m* שִׁהוּק, פִּיחָה
flatulencia *f* נְפִיחוּת
flatulento *adj* נְפִיחָנִי
flauta *f* חָלִיל
flautín *m* חֲלִילוֹן
flautista *m* חֲלִילָן
flebitis *f* דַּלֶּקֶת הַוְּרִיד
flebotomía *f* הַקָּזַת דָּם
fleco *m* צִיצִית, גְּדִיל, פִּיף
flecha *f* חֵץ
flechar *vt* 1 יָרָה חִצִּים. 2 שָׁבָה לֵב, הִקְסִים
flechazo *m* 1 פְּגִיעַת חֵץ. 2 מְטַחֲוֵי־קֶשֶׁת. 3 אַהֲבָה מִמַּבָּט רִאשׁוֹן
flechero *m* קַשָּׁת
fleje *m* חִשּׁוּק

flema *f* לֵחָה, רִיר, כִּיחַ

flemático *adj* קַר רוּחַ, פְלֶגְמָתִי

flemón *m* שָׂרֶפֶת

fleo *m* אִיטָן, זְנַב הֶחָתוּל (צֶמַח)

flequillo *m* 1 בְּלוֹרִית. 2 צִיצִית, גְּדִיל

fletamento *m* דְּמֵי הוֹבָלָה בָּאֳנִיָּה

fletar *vt* שָׂכַר, חָכַר

flete *m* 1 שָׂכָר, חֲכִירָה. 2 דְּמֵי הוֹבָלָה

flexibilidad *adj* 1 גְּמִישׁוּת. 2 וַתְּרָנוּת, כְּפִיפוּת

flexible *adj* 1 גָּמִישׁ. 2 וַתְּרָן, כָּפִיף

flexión *f* 1 כְּפִיפָה, כָּפָף. 2 נְטִיָּה, הַטָּיָה

flexionar *vt* כָּפַף, עִקֵּם

flexura *f* כִּפּוּף, עִקּוּם, כָּפָף

flirteador *adjm* 1 עוֹגְבָנִי, אֲהַבְהָבָנִי. 2 עוֹגֵב

flirtear *vi* עָגַב, פְלִרְטֵט

flirteo *m* עֲגִיבָה, פְלִירְט

flojear *vi* 1 הִתְבַּטֵּל, הָלַךְ בָּטֵל. 2 דָּעַךְ, נָבַל, כָּמַשׁ. 3 תָּשַׁשׁ, עָיֵף

flojedad *f* 1 רִפְיוֹן, חֻלְשָׁה, לֵאוּת. 2 עַצְלָנוּת, בַּטְלָנוּת

flojel *m* 1 גַּבַּחַת. 2 מוֹךְ

flojera *f* עַצְלָנוּת, בַּטָּלָה

flojo *adj* 1 עַצְלָן, בַּטְלָן. 2 חַלָּשׁ, רָפֶה, לֵאֶה

flor *f* פֶּרַח

flor de lis אִירוּס

flor de muerto צִפָּרְנֵי הֶחָתוּל

flor de un día נִסָּיוֹן בֹּסֶר, בָּרָק חוֹלֵף

flor y nata שַׁמְנָהּ וְסָלְתָּהּ שֶׁל־

flora *f* צִמְחִיָּה, הַצּוֹמֵחַ, פְלוֹרָה

floración *f* פְּרִיחָה

floral *adj* פִּרְחִי

floreado *adj* פִּרְחוֹנִי

florear *vt* קִשֵּׁט בִּפְרָחִים

florecer *vi* 1 שִׂגְשֵׂג, פָּרַח. 2 הִצְלִיחַ

floreciente *adj* מְשַׂגְשֵׂג, מַצְלִיחַ

florecimiento *m* 1 שִׂגְשׂוּג, שֶׁפַע, הַצְלָחָה. 2 פְּרִיחָה

floreo *m* 1 פִּטְפּוּט. 2 חֲנֻפָּה

florería *f* חֲנוּת פְּרָחִים

florero *adjm* 1 מְלִיצִי. 2 עָצִיץ, אֲגַרְטָל

florescencia *f* פְּרִיחָה

floresta *f* 1 יַעַר, חֻרְשָׁה. 2 אַנְתּוֹלוֹגְיָה, אֹסֶף, קֹבֶץ

florete *m* סַיִף, חֶרֶב

floretista *m* סַיָּף

floricultor *m* מְגַדֵּל פְּרָחִים

floricultura *f* גִּדּוּל פְּרָחִים

floridez *f* פִּרְחִיּוּת, נִמְלָצוּת

florido *adj* 1 נִמְלָץ, מְסֻלְסָל. 2 פּוֹרֵחַ. 3 מְשַׂגְשֵׂג

florín *m* פְלוֹרִין

florista *m* גַּנָּן, מְגַדֵּל פְּרָחִים, מוֹכֵר פְּרָחִים

floristería *f* חֲנוּת פְּרָחִים

flota *f* 1 צִי, שַׁיֶּטֶת, יַמִּיָּה. 2 טַיֶּסֶת

flotable *adj* רָחִיף

flotación *f* צִיפָה, שִׁיטָה

flotador *m* מָצוֹף, דּוֹבְרָה

flotar *vi* צָף, שָׁט, רִחֵף

flote *m* 1 צִיפָה, שִׁיטָה. 2 רְחִיפָה

flotilla *f* 1 שַׁיֶּטֶת. 2 טַיֶּסֶת

flox *m* שַׁלְהָבִית (צֶמַח)

fluctuación *f* תְּנוּדָה, שִׁקְלוּל, נִדְנוּד

fluctuar *vi* 1 הִתְנוֹדֵד, הִתְנוֹעֵעַ. 2 הִסֵּס, פִּקְפֵּק

fluidez *f* נְזִילוּת, נוֹזְלִיּוּת

fluido *adjm* 1 נָזִיל, נוֹזֵל. 2 שׁוֹטֵף, שׁוֹפֵעַ, נוֹבֵעַ

fluir *vi* זָרַם, שָׁטַף, נָזַל, זָב, שָׁפַע, נָבַע

flujo *m* זוֹב, הַפְרָשָׁה, שֶׁטֶף, זֶרֶם, גֵּאוּת

flúor *m* פְלוּאוֹר

fluorescencia *f* נְגִיהַת אוֹר

fluorescente *adj* נוֹגֵהַ, פְלוּאוֹרֶסְצֶנְטִי, מַזְהִיר, מַבְרִיק

fluorización *f* פְלוּאוֹרִיסַצְיָה

fluoroscopia *f* בְּדִיקָה בִּרְאִי־נֹגַהּ

fluoroscópico *adj* שֶׁל רְאִי־נֹגַהּ

fluoroscopio *m* רְאִי־נֹגַהּ

fluoruro *m* פְלוּאוֹרִיד

fluvial *adj* שֶׁל הַנְּהָרוֹת

flux *m* חֲלִיפָה

¡fo! פוּ!

fobia *f* בַּעַת, בְּעָתָה, אֵימָה, פַּחַד

foca *f* כֶּלֶב הַיָּם

focal *adj* מוֹקְדִי, מֶרְכָּזִי

foco *m* מוֹקֵד, פוֹקוּס

fofo *adj* רָפֶה, חַלָּשׁ, רַךְ, סְפוֹגִי

fogaril *m* לַפִּיד, אֲבוּקָה

fogata *f* מְדוּרָה, מַשּׂוּאָה

fogón *m* אָח, מוֹקֵד, כִּירָה

fogonazo *m* לֶהָבָה, שַׁלְהֶבֶת

fogonero *m* מַסִּיק

fogosidad *f* הִתְלַהֲבוּת, לַהַט, חֹם, מֶרֶץ

fogoso *adj* לָהוּט, סוֹעֵר, נִלְהָב

foja *f,* **folio** *m* גִּלָּיוֹן, דַּף

foliación *f* 1 מִסְפּוּר. 2 לִבְלוּב, נְבִיטָה

foliar *vt* מִסְפֵּר

folklore *m* יֶדַע־עַם, פוֹלְקְלוֹר

folklórico *adj* שֶׁל יֶדַע־עַם, פוֹלְקְלוֹרִי

follaje *m* עַלְוָה

folletín *m* 1 עָלוֹן, חוֹבֶרֶת. 2 טוּר בְּעִתּוֹן

folletinista *m* בַּעַל טוּר

folleto *m* חוֹבֶרֶת, עָלוֹן, קוּנְטְרֵס

fomentar *vt* 1 חִמֵּם. 2 לִבָּה, עוֹרֵר, חִרְחֵר, הֵסִית, הִתְסִיס. 3 פִּתַּח, קִדֵּם, עוֹדֵד. 4 טִפַּח

fomento *m* 1 פִּתּוּחַ, קִדּוּם, עִדּוּד. 2 הַתְסָסָה. 3 טִפּוּחַ

fonda פּוּנְדָק, אַכְסַנְיָה

fondeadero *m* מַעֲגָן

fondear *vti* 1 בָּחַן אֶת הָעֹמֶק. 2 בָּדַק. 3 עָגַן

fondeo *m* 1 חִפּוּשׂ. 2 פְּרִיקָה. 3 עֲגִינָה

fondillos *m* אֲחוֹרֵי הַמִּכְנָסַיִם

fondista *m* פּוּנְדְקַאי

fondo *m* 1 תַּחְתִּית, קַרְקַע, קַרְקָעִית. 2 מְצוּלָה. 3 קֶרֶן. 4 עִקָּר, יְסוֹד. 5 מַהוּת. 6 רֶקַע

fonducho *m* פּוּנְדָק

fonema *f* הֲבָרָה

fonética *f.* הִבָּרוֹן, הִגּוּי, הֲגִיָּה, פוֹנֶטִיקָה

fonético *adj* הֶבְרוֹנִי, פוֹנֶטִי

fónica *f* תּוֹרַת הַקּוֹל

fónico *adj* קוֹלִי

fonil *m* מַשְׁפֵּךְ

fonje *m* רַךְ, סְפוֹגִי

fonocaptor *m* פָּטֶפוֹן

fonográfico *adj* מְקוֹלִי, פוֹנוֹגְרָפִי

fonógrafo *m* מָקוֹל, פוֹנוֹגְרָף

fontana *f* מַעְיָן, מָקוֹר

fontanería *f* שְׁרַבְרָבוּת

fontanero *m* שְׁרַבְרָב

foque *m* מִפְרָשׂ, מִפְרַשׂ חִלּוּץ

forajido *adjm* פּוֹשֵׁעַ, מֻפְקָר, מְנֻדֶּה, שֶׁמִּחוּץ לַחֹק

foral *adj* סַמְכוּתִי, שִׁלְטוֹנִי

foráneo *adj* נָכְרִי, זָר

forastero *adjm* נָכְרִי, זָר

forcejar, forcejear *vi* נֶאֱבַק, נִלְחַם, הִתְאַמֵּץ

fórceps *m* מֶלְקָחַיִם

forense *adj* 1 מִשְׁפָּטִי, דִּיּוּנִי. 2 נָכְרִי, זָר

forestal *adj* יַעֲרִי

forja *f* 1 מַפָּחָה, כּוּר, נַפָּחִיָּה. 2 חִשּׁוּל

forjador *m* נַפָּח, מְחַשֵּׁל

forjado *adj* עָשׂוּי, מְעֻצָּב, מְעֻבָּד, מְקֻשָּׁט, חָשִׁיל

forjadura *f* חִשּׁוּל, נִפּוּחַ

forjar *vt* 1 חִשֵּׁל, נִפַּח. 2 עִצֵּב, עִבֵּד. 3 בָּדָה, הִמְצִיא

forma *f* 1 צוּרָה, דְּמוּת, תַּבְנִית. 2 שִׁיטָה, אִרְגּוּן. 3 מִדְגָּם, דֶּגֶם

formación *f* 1 חֲטִיבָה, בְּרִיגָדָה. 2 הִתְהַוּוּת, תְּצוּרָה. 3 עִצּוּב, מִבְנֶה, צוּרָה. 4 הַכְשָׁרָה

formal *adj* 1 רִשְׁמִי, נֶהֱלִי. 2 צוּרָתִי. 3 קַפְּדָנִי, מְדֻיָּק, מְיֻשָּׁב

formaldehido *m* פוֹרְמַלְדֶּהִיד

formalidad *f* 1 רִשְׁמִיּוּת, גִּנּוּנִים, טֶקֶס. 2 דַּיְקָנוּת, פוֹרְמָלִיּוּת, קַפְּדָנוּת

formalismo *m* 1 קַפְּדָנוּת, פוֹרְמָלִיּוּת, דַּיְקָנוּת. 2 רִשְׁמִיּוּת, גִּנּוּנִים, טֶקֶס

formalista *adj* 1 פוֹרְמָלִיסְט, קַפְּדָן, דַּקְדְּקָן. 2 פוֹרְמָלִיסְטִי, מַקְפִּיד

formalizar *vt* 1 עִצֵּב, נָתַן תֹּקֶף. 2 הִכְשִׁיר, אִשֵּׁר

formar *vt* 1 הֵקִים, יִסֵּד, קָבַע. 2 יָצַר, עִצֵּב.

3 חַנֵּךְ, לִמֵּד

formativo *adj* צוּרָנִי, פוֹרְמָטִיבִי

formato *m* צוּרָה, תַּבְנִית, גֹּדֶל, מִדָּה, פוֹרְמָט

formidable *adj* 1 עָצוּם. 2 נוֹרָא, מַפְחִיד

formol *m* פוֹרְמוֹל

formón *m* מַפְסֶלֶת, אִזְמֵל

fórmula *f* נֻסְחָה, נֹסַח, כְּלָל, מַתְכּוֹן

formulación נִסּוּחַ, עִצּוּב, הַבָּעָה

formular *vt* 1 נִסַּח, עָרַךְ. 2 הִבִּיעַ

formulario *madj* 1 טֹפֶס, שְׁאֵלוֹן.
2 פוֹרְמוּלָרִי

formulismo *m* פוֹרְמָלִיּוּת

fornecer *vt* צִיֵּד, סִפֵּק

fornicación *f* נִאוּף, הִזְדַּוְּגוּת, זְנוּת

fornicar *vi* נִאֵף, זָנָה, הִזְדַּוֵּג

fornido *adj* חָסֹן, בָּרִיא, חָזָק, גַּבְרִי

foro *m* 1 זִירָה, בָּמָה, פוֹרוּם. 2 בֵּית דִּין

forraje *m* מִסְפּוֹא, חָצִיר, בְּלִיל

forrajear *vti* סִפֵּק מִסְפּוֹא

forrar *vt* עָטַף, כִּסָּה

forro *m* 1 עֲטִיפָה, כִּסּוּי. 2 בִּטְנָה

fortalecer *vt* 1 חִזֵּק, בִּצֵּר. 2 עוֹדֵד, אִמֵּץ

fortalecimiento *m* חִזּוּק, בִּצּוּר, עִדּוּד

fortaleza *f* 1 מָעוֹז, מִבְצָר, מְצוּדָה. 2 כֹּחַ, עֹז

fortificación *f* 1 חִזּוּק, בִּצּוּר. 2 מְצוּדָה, מִבְצָר

fortificar *vt* חִזֵּק, בִּצֵּר

fortín *m* מָעוֹז, מִצָּב

fortísimo *advadj* חָזָק מְאֹד, פוֹרְטִיסִימוֹ

fortuito *adj* מִקְרִי, אֲרָעִי

fortuna *f* 1 גּוֹרָל, מַזָּל, מִקְרֶה. 2 עֹשֶׁר, נַחֲלָה,
רְכוּשׁ, הוֹן. 3 סוּפָה, סְעָרָה

forúnculo *m* סִמְטָה

forzado *adjm* 1 מְאֻמָּץ, מְעֻשֶּׂה, מְלָאכוּתִי.
2 כָּפוּי, אָנוּס. 3 עָצִיר, אָסִיר

forzar *vt* אָנַס, כָּפָה, הִכְרִיחַ, אִלֵּץ

forzosamente *adv* בְּלִית בְּרֵרָה, בְּעַל כָּרְחוֹ,
בְּהֶכְרֵחַ, בְּאֹנֶס

forzoso *adj* הֶכְרֵחִי, מְחֻיָּב, נָחוּץ

forzudo *adj* חָזָק, אֵיתָן, גִּבַּרְתָּן

fosa *f* בּוֹר, קֶבֶר, מְאוּרָה, גֻּמָּה, גֹּב, חָלָל

fosas nasales נְחִירַיִם

fosca *f* אֹבֶךְ, אֵד, עֲרָפֶל

fosco *adj* 1 קוֹדֵר, מְעֻרְפָּל. 2 רָגִיז, רַתְחָן,
כַּעֲסָן, גָּרִי

fosfato *m* זַרְחָה, פוֹסְפָט

fosforecer *vi* זָרַח

fosforescencia *f* זַרְחָנוּת

fosforescente *adj* זוֹרֵחַ, זַרְחָנִי

fosfórico *adj* זַרְחִי

fósforo *m* 1 זַרְחָן. 2 גַּפְרוּר

fósil *adjm* מְאֻבָּן, קוֹפֵא עַל שְׁמָרָיו

fosilizar *vt* 1 אִבֵּן. 2 קָפָא עַל שְׁמָרָיו. 3 הִתְאַבֵּן

foso *m* 1 בּוֹר. 2 חֲפִיר

foto *m* צִלּוּם, תַּצְלוּם, תְּמוּנָה

fotocopia *f* תַּעְתִּיק מִצְלוּם

fotoeléctrico *adj* חַשְׁמַלּוֹרִי

fotogénico *adj* פוֹטוֹגֶנִי

fotograbado *m* פִּתּוּחַ אוֹר, דְּפוּס שָׁקַע

fotograbar *vt* פִּתַּח (צִלּוּם)

fotografía *f* צִלּוּם, תַּצְלוּם, תְּמוּנָה

fotográfico *adj* צִלּוּמִי, פוֹטוֹגְרָפִי

fotógrafo *m* צַלָּם

fotografiar *vti* צִלֵּם

fotómetro *m* מַדְאוֹר

fotón *m* פוֹטוֹן

fotosfera *f* פוֹטוֹסְפֶרָה

fotosíntesis *f* פוֹטוֹסִינְתֵזָה

fotostático *adj* פוֹטוֹסְטָטִי

fotóstato *m* פוֹטוֹסְטָט

frac, fraques *m* פְרַק

fracasado *adjm* 1 לֹא יִצְלַח, שְׁלוּמִיאֵל.
2 נִכְשָׁל

fracasar *vi* נִכְשַׁל, כָּשַׁל

fracaso *m* כִּשָּׁלוֹן, מַפָּלָה

fracción *f* שָׁבָר, חֵלֶק, קֶטַע

fraccionar *vt* הִפְרִיד, חִלֵּק

fraccionario *adj* 1 חֶלְקִי. 2 זָעִיר. 3 שָׁבוּר

fractura *f* 1 שֶׁבֶר, שְׁבִירָה, סְדִיקָה.
2 פְּקִיעָה, הַפְרָדָה

fracturar *vt* סָדַק, שָׁבַר

fragancia *f* רַיחָנִיּוּת, בָּשְׂמִיּוּת, רֵיחַ נִיחוֹחַ
fragante *adj* רֵיחָנִי, בָּשְׂמִי, נִיחוֹחִי
fragata *f* פְרִיגָטָה
frágil *adj* שָׁבִיר, פָּרִיךְ, עָדִין
fragilidad *f* שְׁבִירוּת, עֲדִינוּת, פְּרִיכוּת
fragmentación *f* פִּצּוּל, רִסּוּק, הִתְפַּצְּלוּת
fragmentar *vt* פִּצֵּל, קָטַע
fragmentario *adj* מְקֻטָּע, מְפֻצָּל, חֶלְקִי
fragmento *m* קֶטַע, שֶׁבֶר, שָׂרִיד, רְסִיס, חֵלֶק
fragor *m* רַעַשׁ, שָׁאוֹן, מְהוּמָה
fragoroso *adj* רַעֲשָׁנִי, קוֹלָנִי
fragosidad *f* עֲבִי יַעַר
fragoso *adj* מְחֻסְפָּס, מְשֻׁבָּשׁ
fragua *f* מַפָּחָה, כּוּר
fraguar *vt* 1 חִשֵּׁל, נִפַּח. 2 זָמַם, חִבֵּל
fraile *m* כֹּמֶר, נָזִיר, גַּלָּח
frambesia *f* פַּטֶּלֶת (מַחֲלָה)
frambuesa *f* פֶּטֶל
frambueso *m* שִׂיחַ הַפֶּטֶל
frámea *f* רֹמַח, חֲנִית, כִּידוֹן
francachela *f* מִשְׁתֶּה, סְעֻדָּה
francés *adjm* צָרְפָתִי
francio *m* פְרַנְצְיוּם
francmasón *m* בּוֹנֶה חָפְשִׁי, מָסוֹן
francmasonería *f* בּוֹנִים חָפְשִׁים
francmasónico *adj* שֶׁל הַבּוֹנִים הַחָפְשִׁים
franco *adjm* 1 רְחַב לֵב, כֵּן, תָּמִים, אֲמִתִּי. 2 פָּטוּר, חָפְשִׁי. 3 פְרַנְק
franco de porte פָּטוּר מִדְּמֵי דֹאַר
francote *adj* כֵּן, רְחַב לֵב
francotirador *m* צַלָּף
franela *f* פְלָנֶל
frangible *adj* שָׁבִיר
frangir *vt* נִתֵּץ, שָׁבַר, שִׁבֵּר
franja *f* 1 רְצוּעָה, סֶרֶט. 2 צִיצִית, גָּדִיל
franquear *vt* 1 שִׁחְרֵר, פָּטַר, חִלֵּץ, הִתִּיר. 2 פִּנָּה. 3 בִּיֵּל
franquearse *vref* הִתְוַדָּה, גִּלָּה לִבּוֹ
franqueo *m* 1 דְּמֵי מִשְׁלוֹחַ, בִּיּוּל. 2 שִׁחְרוּר, פְּטוֹר. 3 גִּלּוּי־לֵב
franqueza *f* 1 כֵּנוּת, תֹּם לֵב. 2 שִׁחְרוּר, פְּטוֹר. 3 רֹחַב יָד
franquicia *f* 1 פְּטוֹר, שִׁחְרוּר. 2 זִכָּיוֹן
frasco *m* צִנְצֶנֶת, צְלוֹחִית
frase *f* מִשְׁפָּט
frasear *vt* הִבִּיעַ, נִסַּח
fraseología *f* 1 דַּבֶּרֶת. 2 מְלִיצָה נְבוּבָה. 3 סִגְנוֹן
fraternal *adj* אַחֲוָתִי
fraternidad *f* 1 אַחֲוָה. 2 אֲגֻדָּה, מִסְדָּר
fraternización *f* הִתְאַחֲדוּת, הִתְיַדְּדוּת, הִתְרוֹעֲעוּת
fraternizar *vi* הִתְיַדֵּד, הִתְרוֹעַע, הִתְאַחֲוָה
fraterno *adj* אַחֲוִי
fraticida *adjm* הוֹרֵג אָח
fraticidio *m* הֲרִיגַת אָח
fraude *m* הוֹנָאָה, זִיּוּף, תַּרְמִית, מִרְמָה
fraudulencia *f* הוֹנָאָה, תַּרְמִית, מִרְמָה
fraudulento *m* זַיְפָן, רַמַּאי
fra, fray *m* כֹּמֶר, נָזִיר, גַּלָּח
frazada *f* שְׂמִיכָה
frecuencia *f* תְּדִירוּת, תְּכִיפוּת, שְׁכִיחוּת
frecuente *adj* תָּדִיר, תָּכוּף, שָׁכִיחַ, מָצוּי
frecuentación *f* הִסְתּוֹפְפוּת
frecuentar *vt* הִסְתּוֹפֵף, בִּקֵּר לְעִתִּים קְרוֹבוֹת
frecuentativo *adj* תָּדִיר, תָּכוּף, שָׁכִיחַ
fregadero *m* כִּיּוֹר מִטְבָּח
fregar *vt* 1 שִׁפְשֵׁף, גֵּרֵד. 2 הֵדִיחַ, נִקָּה, שָׁטַף. 3 הִטְרִיד, הִרְגִּיז
freidura *f* טִגּוּן
freir *vt* 1 טִגֵּן. 2 הִטְרִיד, הִרְתִּיחַ, צִעֵר, הִרְגִּיז
fréjol *m* שְׁעוּעִית
frémito *m* שְׁאָגָה
frenar *vt* 1 בָּלַם. 2 רִסֵּן, עָצַר
frenazo *m* בְּלִימָה, הַבְלָמָה
frenesí *m* טֵרוּף, שִׁגָּעוֹן, הִתְלַהֲבוּת, בּוּלְמוּס
frenético *adj* מְטֹרָף, נִרְגָּשׁ, נִלְהָב, מְשֻׁגָּע
frenillo *m* 1 רֶסֶן. 2 רִסְנוֹן, רִסְנִית
freno *m* 1 רֶסֶן. 2 מַעְצוֹר, בֶּלֶם
frenología *f* פְרֵנוֹלוֹגְיָה

frenológico *adj* פְרֵנוֹלוֹגִי
frenólogo *m* פְרֵנוֹלוֹג
frente *madv* 1 מֵצַח. 2 חֲזִית, פָּנִים. 3 מוּל
frente a frente פָּנִים אֶל פָּנִים
freo *m* מֵצַר, תְּעָלָה
fresa *f* 1 תּוּת שָׂדֶה. 2 מַקְדֵּחַ
fresadora *f* מַקְדֵּחָה מֵכָנִית
fresar *vt* קָדַח, נִקֵּב
fresca *f* 1 רוּחַ, מַשַּׁב רוּחַ. 2 הִתְחַכְּמוּת, הֶעָרָה מַרְגִּיזָה
fresco *adjm* 1 טָרִי, צַח, רַעֲנָן. 2 קָרִיר. 3 פְרֶסְקוֹ. 4 חָצוּף, טַרְדָן, עַז פָּנִים
frescor *m* קְרִירוּת, רַעֲנַנּוּת
frescura *f* 1 רַעֲנַנּוּת, קְרִירוּת. 2 עַזּוּת פָּנִים, חֻצְפָּה
fresno *m* מֵילָה (עֵץ)
freza *f* 1 גְּלָלִים, גָּלָל, צוֹאָה, רְעִי. 2 הֲטָלַת בֵּיצִים
frezar *vi* 1 הֵטִילָה בֵּיצִים. 2 הוֹצִיא גְּלָלִים
frialdad *f* קְרִירוּת, צִנָּה, אֲדִישׁוּת
fricasé *m* פְרִיקַסֶּה
fricción *f* 1 שִׁפְשׁוּף, חִכּוּךְ, חֲפִיפָה. 2 מַחֲלֹקֶת
friccional *adj* חִכּוּכִי
friccionar *vt* שִׁפְשֵׁף, חִכֵּךְ, חָפַף
friega *f* שִׁפְשׁוּף, חֲפִיפָה, מְרִיחָה, עִסּוּי
frigidez *f* אֲדִישׁוּת, קְרִירוּת, צִנָּה, צוֹנְנוּת
frígido *adj* אָדִישׁ, קַר, צוֹנֵן, מְשַׁעֲמֵם
frigorífico *adjm* 1 מְקָרֵר. 2 בֵּית קֵרוּר, מַקְרֵר
frijol *m* שְׁעוּעִית
frío *adjm* 1 קַר, צוֹנֵן. 2 אָדִישׁ. 3 קֹר, צִנָּה
friolento *adj* רָגִישׁ לְקֹר
friolera *f* זוּטוֹת, עִנְיָן שֶׁל מַה־בְּכָךְ
frisa *f* 1 אָרִיג גַּס. 2 גָּדֵר יְתֵדוֹת
frisar *vt* סִלְסֵל, תִּלְתֵּל
friso *m* כּוֹתֶרֶת, אַיִל
frita *f* 1 זְגָג, זִכּוּכָן. 2 פְּסֹלֶת, סִיגִים
fritada *f* 1 אֹכֶל מְטֻגָּן. 2 כִּיסָן
frito *adjm* 1 מְטֻגָּן. 2 טִגּוּן
fritura *f* אֹכֶל מְטֻגָּן

frivolidad *f* קַלּוּת דַּעַת, פְּזִיזוּת, פַּחֲזוּת
frivolité *m* תַּחְרִים, סַלְסָלָה, מַלְמָלָה
frívolo *adj* קַל דַּעַת, פָּזִיז, פּוֹחֵז
fronda *f* עָלֶה, עַלְעָל
frondosidad *f* שֶׁפַע עֲנָפִים
frondoso *adj* עָבֹת
frontal *adj* מִצְחִי, קִדְמִי, חֲזִיתִי
frontera *f* 1 גְּבוּל, סְפָר. 2 תְּחוּם
fronterizo *adj* גּוֹבֵל, שֶׁעַל הַגְּבוּל
frontero *adjm* 1 נִכְחִי. 2 מְפַקֵּד בְּמִשְׁמַר הַגְּבוּל
frontis, frontispicio *m* 1 פָּנִים. 2 חֲזִית הַבִּנְיָן. 3 שַׁעַר
frontón *m* פְרוֹנְטוֹן, מִשְׂחַק כַּדּוּר
frontudo *adj* גִּבֵּחַ
frotación *f* שִׁפְשׁוּף, חִכּוּךְ, עִסּוּי
frotador *adjm* מְשַׁפְשֵׁף, מְצַחְצֵחַ
frotamiento *m* שִׁפְשׁוּף, חִכּוּךְ, הִתְרַכְּכוּת
frotar *vt* 1 שִׁפְשֵׁף, חִכֵּךְ. 2 עִסָּה
fructífero *adj* פּוֹרֶה, מֵנִיב, שׁוֹפֵעַ, נוֹשֵׂא פְּרִי
fructificación *f* הַפְרָיָה, הַפְרָאָה, נְשִׂיאַת פְּרִי
fructificar *vi* הִפְרָה, נָתַן פְּרִי, הֵנִיב
fructuoso *adj* פּוֹרֶה, מֵנִיב, שׁוֹפֵעַ
frugal *adj* חַסְכָנִי, צָנוּעַ, מִסְתַּפֵּק בְּמוּעָט
frugalidad *f* חִסָּכוֹן, קִמּוּץ, הִסְתַּפְּקוּת בְּמוּעָט
frugífero *adj* נוֹשֵׂא פְּרִי
fruición *f* הֲנָאָה, הִתְעַנְּגוּת, תַּעֲנוּג, עֹנֶג, נַחַת
frunce *m* קִפּוּל, קָמֶט, קְפָלִים
fruncir *vt* קִפֵּל, קִמֵּט
fruslería *f* זוּטוֹת, קְטַנּוֹת
frustración *f* מַפַּח נֶפֶשׁ, תִּסְכּוּל
frustrar *vt* 1 תִּסְכֵּל, גָּרַם מַפַּח נֶפֶשׁ. 2 מָנַע, הֵנִיא
fruta *f* פְּרִי, תּוֹצֶרֶת, תְּנוּבָה, זֶרַע, תּוֹצָאָה
fruta bomba פַּפָּיָה (פְּרִי טְרוֹפִּי)
frutal *adj* נוֹשֵׂא פְּרִי
frutar *vi* נָתַן פְּרִי, הֵנִיב
frutería *f* חֲנוּת לְפֵרוֹת
frutero *adjm* 1 שֶׁל פְּרִי. 2 טַס לְפֵרוֹת
frutilla *f* תּוּת־שָׂדֶה
fruto *m* 1 פְּרִי. 2 תּוֹעֶלֶת. 3 יְבוּל,

תּוֹצֶרֶת, תְּנוּבָה

fúcar *m* אָדָם אָמִיד, גְּבִיר
fucilar *vi* הִבְרִיק, נִצְנֵץ, זָרַח
fucilazo *m* נִצְנוּץ, זְרִיחָה
fucsia *f* פּוּקְסְיָה (צֶמַח)
fuego *m* 1 אֵשׁ. 2 דְּלֵקָה, שְׂרֵפָה, לֶהָבָה, שַׁלְהֶבֶת
fuego fatuo 1 אוֹר מַתְעֶה. 2 דָּבָר מַתְעֶה
fuelle *m* מַפּוּחַ
fuente *f* 1 מַעְיָן, מָקוֹר, עַיִן. 2 קְעָרָה, פִּנְכָּה
fuer *m* 1 הֵן צֶדֶק. 2 בְּהֵן צֶדֶק
fuera *adv* 1 בַּחוּץ, מִחוּץ, מִלְּבַד. 2 הַחוּצָה
fuera de מִלְּבַד, פְּרָט לְ־
fuero *m* 1 סַמְכוּת, רְשׁוּת. 2 חֲסִינוּת. 3 יְהִירוּת, גַּאַוְתָנוּת
fuero interno מַצְפּוּן, מוּסַר כְּלָיוֹת
fuerte *adjm* 1 חָזָק, אֵיתָן, מוּצָק, חָסֹן, עָצוּם. 2 רָם, רוֹעֵשׁ, צַעֲקָנִי. 3 מִבְצָר, מְצוּדָה
fuerza *f* 1 כֹּחַ, חֹזֶק, מֶרֶץ. 2 תֹּקֶף
fuerza mayor כֹּחַ עֶלְיוֹן
fuetazo *m* הַצְלָפָה
fuete *m* שׁוֹט
fuga *f* 1 בְּרִיחָה, מְנוּסָה. 2 פוּגָה
fugacidad *f* זְמַנִּיּוּת
fugarse *vref* בָּרַח, נִמְלַט, נָס, הִסְתַּלֵּק, הִתְחַמֵּק
fugaz *adj* חוֹלֵף, עוֹבֵר, בַּר חֲלוֹף, חֲמַקְמַק
fugitivo *adjm* נִמְלָט, בּוֹרֵחַ, פָּלִיט
fulano *m* פְּלוֹנִי
fulano de tal פְּלוֹנִי אַלְמוֹנִי
fulano, zutano y mengano פְּלוֹנִי אַלְמוֹנִי פַּלְמוֹנִי
fular *m* אֲרִיג מֶשִׁי
fulcro *m* חִדּוּד, נְקֻדַּת מִשְׁעָן
fulero *adj* רַשְׁלָן, רַמַּאי, מִתְעַתֵּעַ
fulgencia *f* זֹהַר, בָּרָק, נֹגַהּ
fulgente *adj* מַבְרִיק, מַזְהִיר, נוֹצֵץ
fulgir *vi* נִצְנֵץ, הִבְהִיק, הִזְהִיר
fulgor *m* זֹהַר, בָּרָק, נִצְנוּץ
fulgurar *vi* נִצְנֵץ, הִבְרִיק, הִזְהִיר
fulguroso *adj* מַבְרִיק, מַזְהִיר, בְּרָקִי
fúlica *f* גִּירוּת (עוֹף מַיִם)
fulminante *adjm* 1 פִּתְאוֹמִי. 2 מִתְפּוֹצֵץ. 3 בְּרָקִי. 4 מִלְחַי פִּצּוּץ
fulminación *f* 1 הִתְפּוֹצְצוּת. 2 הַבְרָקָה, בְּרִיקַת בָּרָק, הֶבְזֵק
fulminar *vt* 1 פּוֹצֵץ, נִפֵּץ. 2 הֵמִית, הָלַם. 3 גִּנָּה, נָזַף
fullería *f* רַמָּאוּת, עָרְמָה
fullero *adjm* רַמַּאי, עָרוּם
fumada *f* עִשּׁוּן
fumadero *m* מַעֲשָׁנָה
fumar *vt* עִשֵּׁן
fumarada *f* מְלֹא הַמִּקְטֶרֶת
fumigación *f* קִטּוּר, רִסּוּס, גִּפּוּר, עִשּׁוּן
fumigador *m* מְרַסֵּס, מְגַפֵּר
fumigar *vt* קִטֵּר, רִסֵּס, גִּפֵּר, עִשֵּׁן
función *f* 1 תַּפְקִיד, מְשִׂימָה, פְּעֻלָּה. 2 הַצָּגָה, מוֹפָע. 3 כְּהֻנָּה, מִשְׂרָה
funcional *adj* תַּפְקִידִי, תִּפְקוּדִי, פוּנְקְצְיוֹנָלִי
funcionamiento *m* פְּעֻלָּה, תִּפְעוּל
funcionar *vi* 1 פָּעַל. 2 כִּהֵן, שִׁמֵּשׁ בְּתַפְקִיד
funcionario *m* פָּקִיד, עוֹבֵד
funda *f* צִפִּית, צִפָּה
fundación *f* 1 יְסוֹד, הֲקָמָה. 2 בָּסִיס, מַסָּד. 3 קֶרֶן
fundalamente *adv* בִּיסוֹדִיּוּת, לְפִי שִׁקּוּל הַדַּעַת
fundador *m* מְיַסֵּד, מֵקִים
fundamental *adj* עִקָּרִי, מַהוּתִי, בְּסִיסִי, יְסוֹדִי
fundamentar *vt* בִּסֵּס, יִסֵּד
fundamento *m* בָּסִיס, יְסוֹד, מַסָּד
fundar *vt* יִסֵּד, הֵקִים, בָּנָה
fundente *m* מַתִּיךְ, מֵמֵס
fundible *adj* בַּר הִתּוּךְ, נָמֵס
fundición *f* 1 בֵּית יְצִיקָה. 2 יְצִיקָה
fundidor *m* יוֹצֵק
fundillos *mpl* אֲחוֹרֵי הַמִּכְנָסַיִם
fundir *vt* 1 מוֹגֵג, הֵמֵס. 2 יָצַק, הִתִּיךְ
fundirse *vref* 1 הִתְמַזֵּג, הִתְאַחֵד. 3 פָּשַׁט אֶת הָרֶגֶל
fúnebre *adj* אֲבֵל, עָגוּם, קוֹדֵר

funeral *madj* 1 קְבוּרָה, לְוָיָה, הַלְוָיָה. 2 אָבֵל, עָגוּם, קוֹדֵר
funeraria *f* חֶבְרָה לְסִדּוּר לְוָיוֹת, חֶבְרָה קַדִּישָׁא
funerario *adj* אָבֵל, עָגוּם, קוֹדֵר
funesto *adj* נוּגֶה, עָצוּב, קוֹדֵר
fungible *adj* נֶעְכַּל, נֶאֱכַל
fungicida *adjm* 1 קוֹטֵל מַזִּיקִים. 2 תַּרְסִיס
fungir *vi* הִתְרַבְרֵב
fungo *m* פִּטְרִיָּה, סְפוֹג
fungoso *adj* סְפוֹגִי
funicular *madj* 1 רַכֶּבֶל. 2 פוּנִיקוּלָרִי
furcia *f* פְּרוּצָה
furgón *m* קְרוֹן מַשָּׂא
furia *f* זַעַם, קֶצֶף, כַּעַס, חָרוֹן
furibundo *adj* זוֹעֵם, מִתְקַצֵּף, מִשְׁתּוֹלֵל, מָלֵא זַעַם
furioso *adj* כּוֹעֵס, כַּעֲסָן, מִשְׁתּוֹלֵל, זוֹעֵם
furor *m* זַעַם, קֶצֶף, חָרוֹן, כַּעַס
furtivo *adj* חָטוּף, חֲשָׁאִי, עַרְמוּמִי
furúnculo *m* פוּרוּנְקוּל, כִּיב, סִמְטָה
fuselaje *m* מֶרְכָּב שֶׁל מָטוֹס
fusibilidad *f* הִתּוּךְ, הִתְמַזְּגוּת
fusible *adjm* 1 בַּר הִתּוּךְ. 2 פְּתִיל, נָתִיךְ, מַרְעוֹם
fusil *m* רוֹבֶה
fusilamiento *m* הֲמָתָה בִּירִיָּה
fusilar *vt* הֵמִית בִּירִיָּה
fusilería *f* חֵיל הַיּוֹרִים, כִּתַּת יוֹרִים
fusilero *m* קַלָּע, רוֹבַאי
fusión 1 הִתְמַזְּגוּת, מְזִיגָה, אִחוּי. 2 הֲמַסָּה, הַתָּכָה, הִתּוּךְ
fusionar *vt* 1 מִזֵּג, אִחָה, חִבֵּר, לִכֵּד, אִחֵד. 2 הִתִּיךְ, הֵמֵס
fusta *f* מַגְלֵב, שׁוֹט
fustán *m* 1 בַּד פִּשְׁתָּן. 2 תַּחְתּוֹנִית
fuste *m* 1 מוֹט, מַטֶּה. 2 אֻכָּף. 3 חֲשִׁיבוּת
fustigación *f* 1 הַלְקָאָה, מַלְקוֹת, הַצְלָפָה. 2 הַטְרָדָה
fustigar *vt* 1 הִלְקָה, הִצְלִיף. 2 הִטְרִיד
fútbol *m* כַּדּוּרֶגֶל
futbolista *m* כַּדּוּרַגְלָן
fútil *adj* הַבְלִי, אַפְסִי, רֵיק
futilidad *f* הַבְלוּת, אַפְסִיּוּת, הֶבֶל
futre *m* 1 מִתְהַדֵּר, גַּנְדְּרָן. 2 יָהִיר, רַבְרְבָן
futurismo *m* 1 פוּטוּרִיזְם. 2 עֲתִידָנוּת
futuro *adjm* 1 עֲתִידִי. 2 עָתִיד
futurista *adj* 1 פוּטוּרִיסְט. 2 עֲתִידָן

G

G *f* גֶ, חֶ, הָאוֹת הַשְּׁמִינִית שֶׁל הָאָלֶף־בֵּית הַסְּפָרַדִּי

gabán *m* מְעִיל, מְעִיל עֶלְיוֹן

gabardina *f* גַּבַּרְדִּין

gabarra *f* דּוֹבְרָה, אַרְבָּה

gabela *f* 1 מַס, בְּלוֹ. 2 מַעֲמָס, מַשָּׂא

gabinete *m* 1 לִשְׁכָּה, חֲדַר עֲבוֹדָה. 2 קַבִּינֶט, מֶמְשָׁלָה. 3 אָרוֹן, מִזְנוֹן

gablete *m* גַּמְלוֹן

gacela *f* צְבִי

gaceta *f* 1 עִתּוֹן, כְּתַב עֵת. 2 הָעִתּוֹן הָרִשְׁמִי

gacetero *m* מוֹכֵר־עִתּוֹנִים

gacetilla *f* 1 מַאֲמָר, פֶלְיֶטוֹן. 2 רַכְלָן

gacetillero *m* רְכִילַאי, פַּטְפְּטָן

gacha דַּיְסָה, מִקְפָּא

gacho *adj* עָקֹם, כָּפוּף, נָטוּי

gadolinio *m* גָּדוֹלִין (יְסוֹד כִּימִי)

gafa *f* 1 וָו, קֶרֶס. 2 מִשְׁקָפַיִם

gafe *m* מַזָּל רַע

gafete *m* אָטָב, מְהַדֵּק

gago *m* מְגַמְגֵּם, גַּמְגְּמָן

gaguear *vi* גִּמְגֵּם

gagueo *m* גִּמְגּוּם

gaita *f* חֵמַת חֲלִילִים

gaitero *m* מְנַגֵּן בְּחֵמַת חֲלִילִים

gaje *m* 1 מַשְׂכֹּרֶת, שָׂכָר. 2 תַּשְׁלוּם, תְּמוּרָה

gajes del oficio פְּגִיעָה וְהִסְתַּכְּנֻיּוֹת שֶׁבָּעֵסֶק

gajo *m* 1 עָנָף, זֶרֶד. 2 פֶּלַח. 3 אֶשְׁכּוֹל

gala *f* 1 הוֹד, תִּפְאֶרֶת, חֲגִיגִיּוּת. 2 נְדִיבוּת, אֲדִיבוּת

galáctico *adj* 1 חֲלָבִי. 2 שֶׁל שְׁבִיל הֶחָלָב

galán *adjm* 1 גַּנְדְּרָן, טַרְזָן, הָדוּר. 2 נְעִים הֲלִיכוֹת, מְנֻמָּס. 3 מְחַזֵּר. 4 שַׂחְקָן רָאשִׁי

galano *adj* הָדוּר, מְקֻשָּׁט

galante *adj* 1 מְנֻמָּס, אָדִיב, עָדִין. 2 הָדוּר, מְפֹאָר

galantear *vt* עָגַב, חִזֵּר

galanteo *m* עַגְבָנוּת, עֲגָבִים

galantería *f* אֲדִיבוּת, עַגְבָנוּת, נְדִיבוּת, חֵן

galanura *f* 1 גַּנְדְּרָנוּת, הִדּוּר. 2 יֹפִי, נוֹי

galápago *m* צַב יָם

galardón *m* שָׂכָר, גְּמוּל, פְּרָס, פִּצּוּי, רֶוַח

galardonar *vt* גָּמַל, פִּצָּה, נָתַן פְּרָס

galaxia *f* שְׁבִיל הֶחָלָב

gálbano *m* חֶלְבְּנָה

galena *f* גָּפְרַת עוֹפֶרֶת, גָּלֵנִיט

galeno *m* רוֹפֵא

gaeón *m* סְפִינַת מִפְרָשִׂים

galeote *m* עֶבֶד מְשׁוֹטַאי

galera *f* 1 חַד סְפִינִית. 2 קָרוֹן, עֲגָלָה. 3 סְדָר, יְרִיעָה. 4 מִגְבָּע. 5 בֵּית סֹהַר

galerada *f* 1 סְדָר. 2 יְרִיעַת הַגָּהָה. 3 מִטְעַן קָרוֹן

galería *f* 1 יָצִיעַ, מִסְדְּרוֹן, מַעֲקָה, גְּזוּזְטְרָה. 2 גָּלֶרְיָה, אוּלַם תַּעֲרוּכוֹת

galés *adjm* 1 וֶלְשִׁי. 2 וֵילְס

galga *f* 1 שְׁחִין. 2 סֶרֶט. 3 מוֹט, סָמוֹךְ. 4 נְקֵבַת זַרְזִיר מָתְנַיִם

galgo *m* זַרְזִיר מָתְנַיִם

galicismo *m* גַּלִּיצִיזְם

galillo *m* עִנְבָּל, לְהָאָה

galio *m* 1 גַּלְיוּם. 2 דְּבֵקָה (צֶמַח)

galo *adjm* 1 גַּלִּי. 2 גַּלִּית (שָׂפָה)

galocha *f* עַרְדָּל

galón *m* 1 גָּלוֹן. 2 סֶרֶט. 3 סִימַן הַדַּרְגָּה

galopante *adj* דּוֹהֵר

galopar, galopear *vi* דָּהַר, רָץ

galope *m* דְּהִירָה, דַּהֲרָה

galope tendido דְּהִירָה מְהִירָה

galvánico *adj* גַּלְוָנִי

galvanismo *m* גַּלְוָנִיּוּת

galvanización *f* גִּלְוּוּן
galvanizar *vt* 1 גִּלְוֵן. 2 חִשְׁמֵל, הִלְהִיב
galvanómetro *m* גַּלְוָנוֹמֶטֶר
gallardete *m* נֵס, נִסִּית, תִּלְיוֹן, דֶּגֶל
gallardía *f* 1 אֹמֶץ לֵב, אַבִּירוּת. 2 נִימוּסִיּוּת, אֲדִיבוּת
gallardo *adj* 1 אַמִּיץ, אַבִּיר, גִּבּוֹר. 2 נְדִיב לֵב, מְנֻמָּס. 3 נָאֶה, יְפֵה תֹּאַר
gallear *vi* 1 הִתְקַצֵּף, רָעַשׁ, דִּבֵּר בְּקוֹלֵי קוֹלוֹת. 2 הִצְטַיֵּן, הִתְבַּלֵּט
gallego *adjm* גַּלִּיצָאִי
galleta *f* 1 עוּגִיָּה, רָקִיק. 2 סְנוֹקֶרֶת, סְטִירַת לֶחִי
gallina *f* 1 תַּרְנְגֹלֶת. 2 מוּג לֵב
gallinazo *m* 1 עָזְנִיָּה אֲמֵרִיקָנִית. 2 צוֹאַת תַּרְנְגוֹלוֹת
gallinero *m* 1 לוּל. 2 לוּלָן. 3 יָצִיעַ
gallo *m* 1 תַּרְנְגוֹל, גֶּבֶר, שֶׂכְוִי. 2 תּוֹקְפָן, קַנְטְרָן. 3 זִיּוּף (בַּשִּׁירָה)
gama *f* 1 סֻלַּם הַצְּלִילִים. 2 סֻלַּם הַצְּבָעִים. 3 אַיָּלָה. 4 סֻלָּם, סִדְרָה
gambito *m* גַּמְבִּיט
gamma *f* גָּמָה
gamarra *f* רְצוּעַת רִתְמָה
gamo *m* אַיִל
gamón *m* עִירִית (צֶמַח)
gamuza *f* יָעֵל
gana *f* חֵשֶׁק, רָצוֹן, חֶמְדָּה, תַּאֲוָה, יֵצֶר, חֵפֶץ, תְּשׁוּקָה
ganadería *f* גִּדּוּל מִקְנֶה, גִּדּוּל בָּקָר
ganadero *m* בּוֹקֵר, חַוַּאי
ganado *m* מִקְנֶה, בָּקָר
ganador *m* מְנַצֵּחַ, זוֹכֶה
ganancia *f* רֶוַח, תּוֹעֶלֶת, יִתְרוֹן, הֶשֵּׂג
ganancia líquida רֶוַח נָקִי
ganancioso *adj* מוֹעִיל, מַכְנִיס
ganador *adjm* מְנַצֵּחַ, זוֹכֶה
ganapán *m* 1 פּוֹעֵל פָּשׁוּט. 2 אִישׁ גַּס
ganar *vt* זָכָה, נִצַּח, הִשִּׂיג, רָכַשׁ, עָשָׂה חַיִל
gancho *m* וָו, קֶרֶס, אוּנְקָל, אַנְקוֹל
gandul *adjm* עַצְלָן, בַּטְלָן, יוֹשֵׁב קְרָנוֹת
gandulear *vi* הָלַךְ־בָּטֵל, הִתְעַצֵּל
gandulería *f* עַצְלָנוּת, בַּטְלָנוּת
ganga *f* 1 פְּסֹלֶת מַתֶּכֶת. 2 חַד זָנָב. 3 מְצִיאָה, הִזְדַּמְּנוּת
ganglio *m* גַּנְגְּלִיּוֹן, חַרְצֹב
gangosidad *f* אִנְפּוּף
gangoso *adj* מְאַנְפֵּף
gangrena *f* מַק, רָקָב, מֶקֶק, חַרְחוּר
gangrenarse *vref* הִתְרַקֵּב, הִתְמַקְמֵק
gangrenoso *adj* חַרְחוּרִי, רָקוּב
gangster *m* פּוֹשֵׁעַ, שׁוֹדֵד, גַּנְגְּסְטֶר
ganguear *vi* אִנְפֵּף
gangueo *m* אִנְפּוּף
ganoso *adj* חוֹמֵד, חָפֵץ, מִשְׁתּוֹקֵק, רוֹצֶה
gansada *f* סִכְלוּת, טִמְטוּם
ganso *m* 1 אַוָּז. 2 שׁוֹטֶה, מְטֻמְטָם
ganzúa *f* 1 מַפְתֵּחַ גַּנָּבִים, פּוֹתֵחַ מַנְעוּלִים. 2 גַּנָּב, פּוֹרֵץ
gañido *m* נְבִיחָה, יְלָלָה, צְרִיחָה
gañil *m* 1 גַּרְגֶּרֶת. 2 זִים, אָגִיד
gañir *vi* נָבַח, יִלֵּל, צָרַח
garabatear *vi* שִׁרְבֵּט
garabato *m* 1 שִׁרְבּוּט. 2 כְּדוּם
garage, garaje *m* מוּסָךְ
garante *m* עָרֵב
garantía *f* עַרְבוּת, אַחֲרָיוּת, עֲרֻבָּה
garantizar *vt* עָרַב, הִבְטִיחַ
garañón *m* 1 חֲמוֹר לְרְבִיָּה. 2 סוּס לִרְבִיָּה
garapiña *f* צִפּוּי בְּסֻכָּר, הַמְתָּקָה
garapiñado *adj* מְצֻפֶּה סֻכָּר, מְמֻתָּק
garapiñar *vt* סִכֵּר, מִתֵּק, הִמְתִּיק
garbanzo *m* חִמְצָה
garbo *m* חֵן, חִנָּנִיּוּת, נֹעַם
garboso *adj* חִנָּנִי, נָאֶה, נְעִים הֲלִיכוֹת
gardenia *f* גַּרְדֶּנְיָה (פֶּרַח)
garete *m* נִסְחָף בַּזֶּרֶם, צָף
garfa *f* צִפֹּרֶן
garfio *m* וָו, קֶרֶס, אוּנְקָל, אַנְקוֹל, צִלְצָל, חַכָּה
gargajo *m* כִּיחָה, יְרִיקָה, לֵחָה
garganta *f* 1 גָּרוֹן, גַּרְגֶּרֶת. 2 נָקִיק, עֵמֶק צַר

gárgara *f* גִּרְגּוּר, גַּרְגֶּרֶת
gargarismo *m* גִּרְגּוּר
gargarizar *vi* גִּרְגֵּר
gárgola *f* זַרְבּוּבִית, מַרְזֵב
garita *f* מְלוּנָה
garito *m* בַּיִת לִמְשַׂחֲקֵי מַזָּל
garlador *adjm* פַּטְפְּטָן, קַשְׁקְשָׁן
garlar *vi* פִּטְפֵּט, קִשְׁקֵשׁ
garlito *m* מַלְכֹּדֶת, רֶשֶׁת
garlopa *f* מַקְצוּעַ
garra *f* צִפֹּרֶן
garrafa *f* לָגִין, כַּד לְמַיִם
garrafal *adj* עֲנָקִי, עָצוּם
garrafón *m* קִיתוֹן
garrapata *f* קַרְצִית
garrapatear *vi* שִׁרְבֵּט
garrapato *m* שִׁרְבּוּט
garrido *adj* חִנָּנִי, נָאֶה
garrocha *f* 1 מוֹט, מוֹט קְפִיצָה. 2 דָּרְבָן, מַלְמָד
garrotazo *m* מַכַּת אַלָּה
garrote *m* 1 אַלָּה. 2 שָׁתִיל, נֶטַע. 3 מַחֲנָק
garrotero *adjm* רַבְרְבָן
garrucha *f* גַּלְגֶּלֶת
garrudo *adj* חָזָק, תַּקִּיף
garrulidad *f* פַּטְפְּטָנוּת, פִּטְפּוּט
gárrulo *adj* 1 פַּטְפְּטָן. 2 צַפְצְפָן
garúa *f* טִפְטוּף, רְבִיבִים, רְעִיפָה
garza *f* אֲנָפָה
garzo *adj* כְּחַלְחַל, כְּחַלְחַלִּי
garzón *m* בָּחוּר, נַעַר, עֶלֶם
gas *m* גַּז
gasa *f* 1 גָּזָה. 2 מַלְמָלָה
gaseosa *f* מֵי סוֹדָה, גָּזוֹז
gaseoso *adj* גַּזִּי, אַדִּי
gasfitero *m* שְׁרַבְרַב
gasista *m* שְׁרַבְרַב
gasolina *f* בֶּנְזִין, גָּזוֹלִין
gasolinera *f* 1 תַּחֲנַת דֶּלֶק. 2 סִירַת מָנוֹעַ
gasómetro *m* 1 מַד גַּז. 2 גָּזוֹמֶטֶר
gastador *m* פַּזְרָן, בַּזְבְּזָן
gastar *vt* 1 פִּזֵּר, בִּזְבֵּז. 2 בִּלָּה, כִּלָּה, נִשְׁחַק. 3 הָיָה לוֹ
gasto *m* 1 הוֹצָאָה, יְצִיאָה. 2 שִׁמּוּשׁ, כִּלּוּי, אִכּוּל, צְרִיכָה
gástrico *adj* קֵבָתִי, שֶׁל הַקֵּבָה
gastritis *f* דַּלֶּקֶת הַקֵּבָה
gastronomía *f* גַּסְטְרוֹנוֹמְיָה
gastronómico *adj* גַּסְטְרוֹנוֹמִי
gastrónomo *m* גַּסְטְרוֹנוֹם
gata *f* 1 חֲתוּלָה. 2 מָנוֹף
gatear *vi* 1 זָחַל. 2 טִפֵּס
gatillo *m* 1 הֶדֶק. 2 מֶלְקָחַיִם
gato *m* 1 חָתוּל, שׁוּנְרָא. 2 מָנוֹף. 3 גַּנָּב, פּוֹרֵץ
gato montés חֲתוּל הַבָּר
gatuno *adj* חֲתוּלִי
gatuperio *m* 1 עִרְבּוּבְיָה. 2 תִּסְבֹּכֶת, סִכְסוּךְ
gaucho *m* גָּאוּצ'וֹ
gaulteria *f* גּוֹלְטֶרְיָה, פִּירוֹלָה
gaveta *f* מְגֵרָה
gavia *f* 1 מִפְרַשׂ עִלִּי. 2 תְּעָלָה
gavilán *m* נֵץ
gavilla *f* 1 אֲלֻמָּה. 2 כְּנוּפְיָה, חֲבוּרָה
gaviota *f* שַׁחַף
gavota *f* גָּבוֹט (רִקּוּד)
gayola *f* 1 כְּלוּב. 2 כֶּלֶא, בֵּית־סֹהַר
gaza *f* לוּלָאָה, אִבְקָה
gazapo *m* 1 שֶׁקֶר, בְּדָיָה. 2 טָעוּת, שְׁגִיאָה
gazmoñería *f* צְבִיעוּת, הִתְחַסְּדוּת, צְנִיעוּת
gazmoño *adjm* צָבוּעַ, צָנוּעַ, מִתְחַסֵּד
gaznate *m* גַּרְגֶּרֶת, בֵּית בְּלִיעָה, גָּרוֹן
gazpacho *m* מְרַק יְרָקוֹת קַר
gehena *f* גֵּיהִנֹּם
geiser *m* גַּיְזֶר, מַעְיַן מַיִם חַמִּים
geisha *f* גֵּישָׁה
gelatina *f* מִקְפָּא, מִקְפִּית, דֶּבֶק
gelatinoso *adj* דִּבְקִי, מִקְפָּאִי
gélido *adj* 1 קָרוּשׁ. 2 קָפוּא, קַרְחִי
gema *f* 1 אֶבֶן יְקָרָה, אֶבֶן טוֹבָה. 2 נֶבֶט, נִצָּן
gemelo *adjm* 1 תְּאוֹם. 2 כָּפוּל, זוּגִי
gemelos *m* 1 מִשְׁקֶפֶת. 2 חֲפָתִים

gemido *m* אֲנָקָה, יְבָבָה, הֶמְיָה, נְהִימָה, נְאָקָה
geminación *f* הַכְפָּלָה, זוּגִיּוּת
geminado *adj* כָּפוּל, זוּגִי
geminar *vt* הִכְפִּיל, כָּפַל
Géminis *m* מַזַּל תְּאוֹמִים
gemir *vi* יִבֵּב, נָהַם, הָמָה, נֶאֱנַק
gen, gene *m* גֶּן
genciana *f* עַרְבָּז (צֶמַח)
gendarme *m* שׁוֹטֵר, זַ'נְדַּרְם
genealogía *f* יַחַס, יוּחֲסִין, גֵּנֵאָלוֹגְיָה
genealógico *adj* יִחוּסִי, גֵּנֵאָלוֹגִי
genealogista *m* חוֹקֵק הַיִּחוּס
generación *f* 1 דּוֹר. 2 הוֹלָדָה, יְצִירָה. 3 רְבִיָּה, פְּרִיָּה
generador *adjm* 1 מוֹלִיד, גּוֹרֵם, מְחוֹלֵל. 2 גֶּנֶרָטוֹר, דִּינָמוֹ
general *adjm* 1 כְּלָלִי, מַקִּיף, כּוֹלֵל, שָׁכִיחַ, רָגִיל. 2 גֶּנֶרָל, רַב אַלּוּף
generales *fpl* מֵידָע אִישִׁי, נְתוּנִים אִישִׁיִּים
generalato *m* גֶּנֶרָלִיּוּת
generalidad *f* 1 כְּלָלִיּוּת. 2 רֹב, מַרְבִּית
generalísimo *m* מְפַקֵּד עֶלְיוֹן, שַׂר צְבָאוֹת, רַמַטְכָּ"ל
generalización *f* הַכְלָלָה
generalizar *vt* הִכְלִיל, כָּלַל
generante *adj* מוֹלִיד, מְחוֹלֵל
generar *vt* הוֹלִיד, גָּרַם, חוֹלֵל, יָצַר
generativo *adj* מוֹלִיד, מִתְרַבָּה, פּוֹרֶה וְרָבָה
genérico *adj* מִינִי, כְּלָלִי
género *m* 1 מִין, סוּג. 2 מִנְהָג, אֹפֶן, דֶּרֶךְ. 3 בַּד. 4 סְחוֹרָה
género chico מַעַרְכוֹן
género humano הָאֱנוֹשׁוּת, הַמִּין הָאֱנוֹשִׁי
generosidad *f* נְדִיבוּת לֵב, נַדְבָנוּת, פַּזְרָנוּת, וַתְּרָנוּת
generoso *adj* טוֹב לֵב, נְדִיב לֵב, וַתְּרָן, נַדְבָן, פַּזְרָן
genésico *adj* בְּרֵאשִׁיתִי, הִתְהַוּוּתִי
génesis *f* 1 בְּרֵאשִׁית. 2 רֵאשִׁית, מָקוֹר, הִתְהַוּוּת, יְצִירָה, הִתְפַּתְּחוּת

genética *f* גֶּנֶטִיקָה, תּוֹרַת הַתּוֹרָשָׁה
genético *adj* גֶּנֶטִי, תּוֹרַשְׁתִּי, הִתְהַוּוּתִי
genial *adj* 1 גְּאוֹנִי, כִּשְׁרוֹנִי. 2 נָעִים, מְשַׁעֲשֵׁעַ, לְבָבִי
genialidad *f* 1 גְּאוֹנִיּוּת, גְּאוֹנוּת. 2 רוּחַ, אֹפִי
genio *m* 1 גָּאוֹן, גֶּנְיוּס. 2 אֹפִי. 3 מַצַּב־רוּחַ
genista *f* רֹתֶם (צֶמַח)
genital *adj* שֶׁל רְבִיָּה וּפְרִיָּה, מוֹלִיד
genitales אֵיבְרֵי הַמִּין
genitivo *adjm* 1 מוֹלִיד, מְחוֹלֵל. 2 יַחַס הַקִּנְיָן, הַסְּמִיכוּת, יַחַס הַשַּׁיָּכוּת
genocida *adjm* מַשְׁמִיד־עַם
genocidio *m* הַשְׁמָדַת־עַם
gente *f* 1 בְּרִיּוֹת, אֲנָשִׁים, בְּנֵי אָדָם, הָמוֹן. 2 שֵׁבֶט, עַם, אֻמָּה. 3 קְרוֹבִים
gente baja אֲסַפְסוּף, עֲרֶבְרַב
gente bien אִישׁ אָמִיד, בַּעַל רְכוּשׁ
gente de bien אִישׁ כֵּן, אִישׁ תָּמִים
gente de mar מַלָּחִים, אַנְשֵׁי־יָם
gente de mediopelo הַמַּעֲמָד הַבֵּינוֹנִי
gente menuda יְלָדִים, טַף
gente de peso אֲנָשִׁים בַּעֲלֵי עֶמְדָּה
gentil *adjm* 1 אָדִיב, מְנֻמָּס, עָדִין, אָצִיל, נְעִים הֲלִיכוֹת. 2 גּוֹי, עָרֵל, נָכְרִי
gentileza *f* נִימוּס, אֲדִיבוּת, דֶּרֶךְ אֶרֶץ, חֵן
gentilhombre *m* אָצִיל, נִכְבָּד, נְשׂוּא פָּנִים
gentilicio *adj* 1 יִחוּסִי. 2 שֶׁל הָאֻמּוֹת
gentío *m* אֲסַפְסוּף, הָמוֹן
gentura *f* אֲסַפְסוּף, עֲרֶבְרַב
genuflexión *f* קִדָּה, כְּרִיעַת בֶּרֶךְ, הִשְׁתַּחֲוּוּת
genuino *adj* מְקוֹרִי, אֲמִתִּי, טִבְעִי
geocéntrico *adj* גֵּיאוֹצֶנְטְרִי
geodesia *f* גֵּיאוֹדֶסְיָה
geodésico *adj* גֵּיאוֹדֶסִי
geografía *f* גֵּיאוֹגְרַפְיָה
geográfico *adj* גֵּיאוֹגְרָפִי
geógrafo *m* גֵּיאוֹגְרָף
geología *f* גֵּיאוֹלוֹגְיָה
geológico *adj* גֵּיאוֹלוֹגִי
geólogo *m* גֵּיאוֹלוֹג

geómetra *m* גֵּיאוֹמֶטְרָן, מְהַנְדֵּס
geometría *f* הַנְדָּסָה, גֵּיאוֹמֶטְרִיָּה
geometría del espacio הַנְדָּסַת הַמֶּרְחָב
geométrico *adj* גֵּיאוֹמֶטְרִי, הַנְדָּסִי
geopolítica *f* גֵּיאוֹפּוֹלִיטִיקָה
geranio *m* גַּרְנְיוֹן
gerencia *f* הַנְהָלָה, מִנְהָלָה, נִהוּל, אֲמַרְכָּלוּת
gerente *m* מְנַהֵל, נָהָל, אֲמַרְכָּל
geriatría *f* תּוֹרַת מַחֲלוֹת זִקְנָה
geriátrico *adj* שֶׁל מַחֲלוֹת זִקְנָה
germanía *f* עָגָה, סְלֶנְג, שְׂפַת גַּנָּבִים
germánico *adj* גֶּרְמָנִי, טֶבְטוֹנִי
germanio *m* גֶּרְמַנְיוּם
germano *adjm* גֶּרְמָנִי
germen *m* 1 תָּא, בֵּיצָה, נֶבֶט, זֶרַע, נָבָג. 2 חַיְדַּק
germicida *adjm* קוֹטֵל חַיְדַּקִּים
germinal *adj* 1 נִבְטִי, תָּאִי. 2 חַיְדַּקִּי
germinación *f* נְבִיטָה, פְּרִיחָה, צְמִיחָה, הִתְפַּתְּחוּת, בִּצְבּוּץ, לִבְלוּב
germinar *vi* נָבַט, פָּרַח, צָמַח, בִּצְבֵּץ, לִבְלֵב
gerundio *m* שֵׁם הַפְּעֻלָּה, שֵׁם הַפֹּעַל
gesta *f* 1 שִׁיר גִּבּוֹרִים. 2 נַפְתּוּלִים
gestación *f* 1 הֵרָיוֹן, עִבּוּר. 2 נְבִיטָה
gesticulación *f* הַעֲוָיָה, תְּנוּעָה
gesticular *vi* עָשָׂה הַעֲוָיוֹת, עִוָּה פַּרְצוּף
gestión *f* 1 הִשְׁתַּדְּלוּת, נִסָּיוֹן, מַאֲמָץ. 2 פְּעֻלָּה, מַעֲשֶׂה, עֲשִׂיָּה. 3 נִהוּל, סִדּוּר
gestionar *vt* שִׁדֵּל, סִדֵּר, עָרַךְ
gesto *m* 1 הַעֲוָיָה, הַבָּעָה, מַבָּע, אַרֶשֶׁת. 2 מֶחֱוָה
gestor *adjm* שְׁתַדְּלָן, סוֹכֵן, סַרְסוּר, תַּעַמְלָן
ghetto *m* גֶּטוֹ
giba *f* 1 חֲטוֹטֶרֶת, דַּבֶּשֶׁת. 2 מִטְרָד, הַפְרָעָה, הַטְרָדָה
gibón *m* גִּיבּוֹן
giboso *adjm* 1 גִּבֵּן. 2 גַּבְנוּנִי, מְקֻמָּר
giga *f* חִנְגָּה, מָחוֹל מָהִיר
gigante *adjm* נְפִיל, עֲנָק, עֲנָקִי
gigantesco *adj* עֲנָקִי, עָצוּם
gigote *m* תַּבְשִׁיל
gimnasia *f* הִתְעַמְּלוּת
gimnasta *m* מִתְעַמֵּל
gimnástico *adj* הִתְעַמְּלוּתִי
gimnasio *m* 1 אוּלַם הִתְעַמְּלוּת. 2 גִּימְנַסְיָה, בֵּית סֵפֶר תִּיכוֹן
gimotear *vi* יִבֵּב, יִלֵּל, נָהַם
gimoteo *m* יְבָבָה, יְלָלָה, נְהִימָה
ginebra *f* 1 גִּ'ין. 2 שָׁאוֹן, רַעַשׁ
ginecología *f* גִּינֵיקוֹלוֹגְיָה
ginecológico *adj* גִּינֵיקוֹלוֹגִי
ginecólogo *m* גִּינֵיקוֹלוֹג, רוֹפֵא נָשִׁים
ginesta *f* רְתֵמָה
gineta *f* גַּחַן
gingival *adj* שֶׁל הַחֲנִיכַיִם
gingivitis *f* דַּלֶּקֶת הַחֲנִיכַיִם
gira *f* מַסָּע, סִבּוּב, סִיּוּר, טִיּוּל
girado *m* מוּסָב, מָשׁוּךְ
girador *m* מוֹשֵׁךְ (מֵחֶשְׁבּוֹנוֹ בַּבַּנְק)
giralda *f* שַׁבְשֶׁבֶת
girar *vi* 1 הִסְתּוֹבֵב, סָבַב, סוֹבֵב, גִּלְגֵּל, הִתְגַּלְגֵּל. 2 מָשַׁךְ, הֶעֱבִיר, הֵסֵב
girasol *m* חַמָּנִית
giratorio *adj* מִסְתּוֹבֵב, סִבּוּבִי
giro *m* 1 סִבּוּב, הִסְתּוֹבְבוּת, חִלּוּפִים. 2 נְטִיָּה, מְגַמָּה, כִּוּוּן, מַהֲלָךְ. 3 הַמְחָאָה
giroscopio, giróscopo *m* גִּירוֹסְקוֹפּ
girófago *adj* נוֹדֵד, נָע וָנָד
gitanería *f* 1 חֲנִיפָה, חֲנֻפָּה. 2 צוֹעֲנוּת
gitanesco *adj* צוֹעֲנִי
gitano *adjm* צוֹעֲנִי
glabro *adj* קֵרֵחַ
glacial *adj* קַרְחִי, קַרְחוֹנִי, כְּפוֹרִי
glaciar *m* קַרְחוֹן
glacis *m* מוֹרָד, שִׁפּוּעַ, חֲלַקְלַקָּה
gladiador *m* לוּדָר, גְּלַדְיָטוֹר
gladiola *f*, **gladiolo** *m* גְּלַדְיוֹלָה, סִיפָן
glándula *f* בַּלּוּטָה
glande *m* 1 עֲטָרָה. 2 בַּלּוּט
glandular *adj* בַּלּוּטִי
glaseado *adj* מְמֹרָט, מַבְרִיק, נוֹצֵץ

glaucoma *m* בַּרְקִית, גְלָאוּקוֹמָה
gleba *f* 1 רֶגֶב, גּוּשׁ. 2 אֲדָמָה
glicerina *f* גְלִיצֶרִין
global *adj* כּוֹלֵל, כּוֹלְלָנִי, טוֹטָלִי
globalmente *adj* בְּאֹפֶן כְּלָלִי, כְּלָלִית
globo *m* 1 כַּדּוּר, גְלוֹבּוּס, בַּלּוֹן. 2 כַּדּוּר פּוֹרֵחַ
globular *adj* כַּדּוּרִי, עֲגַלְגַּל
glóbulo *m* כַּדּוּרִית
gloria *f* 1 תְּהִלָּה, הָדָר, זֹהַר, תִּפְאֶרֶת, פְּאֵר. 2 כָּבוֹד, פִּרְסוּם
gloriarse *vref* הִתְהַלֵּל, עָלַז, הִתְפָּאֵר
glorieta *f* 1 עָרִיס, סֻכָּה. 2 כִּכָּר
glorificación *f* הַלֵּל, שֶׁבַח, הַעֲרָצָה, תְּהִלָּה
glorificar *vt* הֶעֱרִיץ, שִׁבַּח, הִלֵּל, רוֹמֵם
glorioso *adj* מְפֹאָר, נִשְׂגָּב, נֶהְדָּר, מְהֻלָּל
glosa *f* פֵּרוּשׁ, הֶעָרָה, בֵּאוּר
glosador *adjm* פַּרְשָׁן, מְבָאֵר
glosar *vt* פֵּרֵשׁ, הֵעִיר, בֵּאֵר
glosario *m* אָגְרוֹן, מִלּוֹן
glotis *f* בֵּית הַקּוֹל
glotón *m* בַּלְעָן, אַכְלָן, זוֹלְלָן, רַעַבְתָּן, גַּרְגְּרָן
glotonería *f* רַעַבְתָנוּת, זוֹלְלָנוּת, גַּרְגְּרָנוּת
glucinio *m* גְלוּצִינְיוּם
glucosa *f* גְלוּקוֹזָה
gluglú *m* 1 גִּרְגּוּר, בִּקְבּוּק. 2 קִעְקוּעַ
gluglutear *vi* 1 גִּרְגֵּר, בִּקְבֵּק. 2 קִעְקַע
gluten *m* דִּבְקִית
glúteo *adjm* עַכּוּז, שֵׁת, אֲחוֹרַיִם
glutinoso *adj* דָּבִיק, דִּבְקִי, מְדַבֵּק
gnomo *m* 1 גַּמָּד, נַנָּס. 2 שֵׁדוֹן
gnosticismo *m* גְנוֹסְטִיּוּת, גְנוֹסְטִיצִיזְם, יוֹדְעָנוּת
gnóstico *adjm* 1 יוֹדְעָן, הַכָּרָתִי. 2 פִּקֵּחַ, חָכָם
gobernación *f* מֶמְשָׁלָה, שִׁלְטוֹן, רָשׁוּת, מִמְשָׁל, הַנְהָלָה
gobernador *m* מוֹשֵׁל, נְצִיב, שַׁלִּיט, נָגִיד
gobernanta *f* מְטַפֶּלֶת, אוֹמֶנֶת
gobernante *madj* שַׁלִּיט, מוֹשֵׁל, שׁוֹלֵט
gobernar *vt* מָשַׁל, שָׁלַט, נִהֵל
gobierno *m* שִׁלְטוֹן, מֶמְשָׁלָה, רָשׁוּת, הַנְהָלָה, מִמְשָׁל
gobio *m* קִבְרְנוּן (דָּג)
goce *m* עֹנֶג, הֲנָאָה, תַּעֲנוּג
godo *adjm* 1 גּוֹתִי. 2 סְפָרַדִּי
gofio *m* פַּתַּת תִּירָס
gofo *adjm* 1 טִפֵּשׁ, כְּסִיל. 2 נַנָּס
gol *m* גּוֹל, שַׁעַר
gola *f* 1 גַּרְגֶּרֶת. 2 עֲנָק
goleta *f* סְפִינַת מִפְרָשִׂים
golf *m* גּוֹלְף
golfear *vi* שׁוֹטֵט, נָע וָנָד, הִתְפַּרְחֵחַ
golfo *m* 1 מִפְרָץ, לְשׁוֹן יָם. 2 שׁוֹטְטָן, פִּרְחָח
golilla *f* 1 צַוָּארוֹן קָלוּעַ. 2 אֹם
golondrina *f* סְנוּנִית
golondrino *m* הִתְנַפְּחוּת בֵּית הַשֶּׁחִי
golosina *f* 1 מַטְעַמִּים, מַעֲדָן. 2 מַמְתָּק, סֻכָּרִיָּה
goloso *adj* לַקְקָן, רַעַבְתָּן, גַּרְגְּרָן
golpe *m* 1 מַכָּה, מַהֲלוּמָה, דְּפִיקָה, נְקִישָׁה, חֲבָטָה, הַלְקָאָה. 2 הַתְקָפָה, תְּקִיפָה. 3 אָסוֹן, פֶּגַע
golpe de estado מַהְפֵּכָה, הֲפִיכָה
golde de gracia מַכָּה נִצַּחַת
golpe de mar נַחְשׁוֹל
golpe de vista טְבִיעַת עַיִן
golpe seco מַכָּה יְבֵשָׁה
golpear *vt* הִכָּה, הִלְקָה, הִקִּישׁ, הָלַם, דָּפַק, חָבַט, הָמַם, מָחַץ
gollería *f* מַטְעַמִּים, מַעֲדָן
gollette *m* 1 מַשְׁנֵק. 2 צַוַּאר הַבַּקְבּוּק
gollizno, gollizo *m* עָרוּץ, גַּיְא
goma *f* 1 גּוּמִי, שְׂרָף, דֶּבֶק. 2 מַחַק, מוֹחֵק
goma de borrar מַחַק, מוֹחֵק
goma de mascar מַסְטִיק, גּוּמִי לְעִיסָה
gomoso *adj* דָּבִיק, גּוּמָנִי
gonado *m* שַׁחֲלָה, אֶשֶׁךְ
gonce *m* צִיר
góndola *f* 1 גּוֹנְדוֹלָה. 2 מֶרְכָּבָה
gondolero *m* גּוֹנְדוֹלָר
gong *m* גּוֹנְג, תֹּף, צִלְצַל סִינִי

gonorrea *f* זִיבָה

gordiflón, gordinflón *adjm* שְׁמַנְמַן, עֲגַלְגַּל, גּוּץ

gordo *adjm* 1 שָׁמֵן, בָּרִיא, עָבֶה, דָּשֵׁן. 2 פְּרַס גָּדוֹל

gordolobo *m* בּוּצִין

gordura *f* 1 שֹׁמֶן, שַׁמְנוּת. 2 שֻׁמָּן

gorgojo *m* דָּרָן, תּוֹלַעַת

gorgorito *m* 1 טְרִיל, סִלְסוּל. 2 גִּרְגּוּר

gorgoteo *m* גִּרְגּוּר

gorila *m* גּוֹרִילָה

gorjeador *adjm* מְסַלְסֵל, מְטַרְלֵל, מְצַיֵּץ, מְצַפְצֵף

gorjear *vi* סִלְסֵל, טִרְלֵל, צִיֵּץ, צִפְצֵף

gorjeo *m* סִלְסוּל, טִרְלוּל, צִיּוּץ, צִפְצוּף

gormar *vt* הֵקִיא

gorra *f* 1 כּוֹבַע. 2 סַחְטָנוּת, טַפִּילוּת

gorrear *vti* סָחַט

gorrino *madj* 1 חֲזִיר. 2 גַּס

gorrión *m* דְּרוֹר, אַנְקוֹר

gorro *m* 1 כּוֹבַע. 2 סַחְטָנוּת, טַפִּילוּת

gorrón *m* 1 סַחְטָן, טַפִּיל. 2 חָצָץ, צְרוֹר

gota *f* טִפָּה, נֵטֶף, אֶגֶל, רְבִיב

gota a gota טִפִּין־טִפִּין

gotear *vi* טִפְטֵף, דָּלַף, זָלַף, נָטַף, נָזַל

goteo *m* טִפְטוּף, דְּלִיפָה, דֶּלֶף, נְזִילָה, זְלִיפָה

gotera *f* דְּלִיפָה, דֶּלֶף, נְזִילָה

gotero *m* טַפְטֶפֶת

gótico *adjm* גּוֹתִי

gourmet *m* אֲנִין־טַעַם

gozar *vt* הֵפִיק תּוֹעֶלֶת אוֹ הֲנָאָה

gozne *m* צִיר (שֶׁל דֶּלֶת)

gozo *m* הֲנָאָה, עֹנֶג, תַּעֲנוּג, חֶדְוָה, שִׂמְחָה

gozoso *adj* שָׂמֵחַ, עַלִּיז, צוֹהֵל

gozque, gozquejo *m* כְּלַבְלָב, כֶּלֶב

grabación *f* 1 גִּלּוּף, חֲקִיקָה, תַּחְרִיט, חֲרִיטָה. 2 הַקְלָטָה

grabado *adjm* 1 גָּלוּף, חָקוּק. 2 גִּלּוּף, חִקּוּק, חֲרִיטָה. 3 אִיּוּר, עִטּוּר

grabador *adjm* גַּלָּף, חָרָשׁ, חַקָּק

grabadora *f* רַשְׁמְקוֹל

grabar *vt* חָקַק, גִּלֵּף, חָרַט

gracejada *f* שׁוֹבְבוּת, הִתְבַּדְּחוּת

gracejar *vi* הִתְבַּדֵּחַ, עָלַז

gracejo *m* בְּדִיחָה, הֲלָצָה

gracia *f* 1 חֵן, חִנָּנִיּוּת, קֶסֶם, יֹפִי, נְעִימוּת. 2 חֶסֶד, טוֹבָה. 3 הַשֵּׁם. 4 חֲנִינָה, גְּמוּל. 5 הֲלָצָה, בְּדִיחָה

gracias *fpl* תּוֹדָה רַבָּה, רַב־תּוֹדוֹת

grácil *adj* עָדִין, דַּק

gracioso *adj* 1 חִנָּנִי, עַלִּיז. 2 בַּדְּחָן, לֵיצָן

grada *f* 1 מַדְרֵגָה, שָׁלָב, מַעֲלָה. 2 מַשְׂדֵּדָה

gradación *f* הַדְרָגָה, הַדְרָגָתִיּוּת

gradar *vt* 1 דֵּרֵג. 2 שִׂדֵּד

gradería *f* מַדְרֵגוֹת

grado *m* 1 מַעֲלָה, שָׁלָב, מִדָּה. 2 דַּרְגָּה, מַדְרֵגָה. 3 חֻזְקָה

graduación *f* דֵּרוּג, מִדְרוּג

graduado *adj* 1 מֻסְמָךְ, בּוֹגֵר. 2 מְדֹרָג, מְדָרָג, מֻדְרָג

gradual *adj* הַדְרָגָתִי, הַדְרָגִי

graduar *vt* 1 דֵּרֵג, הִדְרִיג, מִיֵּן, סִוֵּג. 2 כִּיֵּל. 3 הִסְמִיךְ, הֶעֱנִיק תֹּאַר

gráfica *f* גְּרָפִיקָה

gráfico *adjm* 1 צִיּוּרִי, מְסֻרְטָט, גְּרָפִי. 2 דִּיאַגְרַמָּה, עֲקֻמָּה, עָקֹם

grafito *m* גְּרָפִיט

gragea *f* מַמְתָּק, סֻכָּרִיָּה

grajo *m* עוֹרֵב

grama *f* יַבְּלִית

gramática *f* דִּקְדּוּק

gramatical *adj* דִּקְדּוּקִי

gramático *adjm* 1 דִּקְדּוּקִי. 2 דַּקְדְּקָן, מְדַקְדֵּק

gramo *m* גְּרַם

gramófono *m* גְּרָמוֹפוֹן

grampa *f* סִכַּת חִבּוּר

gran *adj* גָּדוֹל

grana *f* בַּשְׁלוּת, גְּמִלוּת

granada *f* רִמּוֹן

granadero *m* גְּרֶנָדִיר

granadina *f* 1 גְּרֶנָדִין. 2 עֲסִיס רִמּוֹנִים

granado *madj* 1 עֵץ הָרִמּוֹן. 2 נִבְחָר, נִכְבָּד. 3 מֻמְחֶה, בָּקִי. 4 בָּשֵׁל

granar *vi* בָּשַׁל, גָּמַל

granate *m* 1 גְּרָנָט. 2 אֹדֶם (אֶבֶן יְקָרָה)

grande *adj* גָּדוֹל, כַּבִּיר, עָצוּם

grandevo *adj* יָשִׁישׁ, קָשִׁישׁ

grandeza *f* 1 גְּדֻלָּה, גַּדְלוּת, כַּבִּירוּת. 2 רוֹמְמוּת, חֲשִׁיבוּת

grandilocuencia *f* מְלִיצוּת

grandilocuente *adj* מְלִיצִי, נִמְלָץ

grandiosidad *f* כַּבִּירוּת, גְּדֻלָּה, פְּאֵר

grandioso *adj* כַּבִּיר, עָצוּם, נַעֲלֶה

granel *m* תִּפְזֹרֶת

granero *m* גֹּרֶן, אָסָם, מַמְגּוּרָה

granito *m* גְּרָנִיט, שַׁחַם

granizada *f* סוּפַת בָּרָד

granizado *m* מַשְׁקֶה קַר

granizar *vimp* בָּרַד

granizo *m* בָּרָד

granja *f* חַוָּה, מֶשֶׁק

granjear *vt* הִרְוִיחַ, הִשִּׂיג, רָכַשׁ

granjero *m* חַוַּאי, חַקְלַאי, אִכָּר

grano *m* 1 גַּרְעִין, זֶרַע, גַּרְגַּר, גַּרְגִּיר, זֵרָעוֹן. 2 פֶּצַע, חַבּוּרָה

granuja *m* 1 שׁוֹבָב, פִּרְחָח. 2 גַּרְעִין, גַּלְעִין

granujada *f* פִּרְחָחוּת, שׁוֹבְבוּת

granujoso *adj* מָלֵא פְּצָעִים, מָלֵא חַבּוּרוֹת

granulación *f* חִסְפּוּס, פְּרִירָה

granular *vtadj* 1 פֵּרֵר, חִסְפֵּס. 2 מְגֻרְעָן, גַּרְעִינִי, מְחֻסְפָּס

gránulo *m* גַּרְגַּר, גַּרְגִּיר

granuloso *adj* גַּרְגְּרִי, גַּרְעִינִי

grapa *f* סִכַּת חִבּוּר

grasa *f* שֻׁמָּן, שֹׁמֶן, חֵלֶב

grasiento, grasoso *adj* מְשֻׁמָּן, שָׁמֵן, שַׁמְנוּנִי

graso *adj* שָׁמֵן, שַׁמְנוּנִי

grata *f* מִכְתָּב, אִגֶּרֶת

gratificación *f* גְּמוּל, פִּצּוּי, שָׂכָר, הַעֲנָקָה

gratificar *vt* גָּמַל, פִּצָּה, הֶעֱנִיק

gratis *adv* חִנָּם

gratitud *f* הוֹקָרָה, תּוֹדָה, הַעֲרָכָה, הוֹדָיָה

grato *adj* נָעִים, עָרֵב, נֶחְמָד

gratuito *adj* 1 בְּחִנָּם. 2 שְׁרִירוּתִי

grava *f* 1 חָצָץ. 2 תַּשְׁתִּית

gravamen *m* 1 מַעֲמָסָה, נֵטֶל. 2 מַשְׁכַּנְתָּא

gravar *vt* 1 הֶעְמִיס, הִטְעִין. 2 הִטִּיל

grave *adj* 1 חָמוּר, רְצִינִי. 2 מִלְּעֵילִי

gravedad *f* 1 חֻמְרָה, רְצִינוּת. 2 כֹּחַ־הַמְּשִׁיכָה

grávida *adjf* הָרָה, מְעֻבֶּרֶת

gravidez *f* הֵרָיוֹן

gravitación *f* מְשִׁיכָה, כֹּחַ מְשִׁיכָה, גְּרָוִיטַצְיָה

gravitar *vi* נִמְשַׁךְ אֶל־

gravoso *adj* מֵעִיק, מַטְרִיד, כָּבֵד

graznar *vi* קִרְקֵר, צָרַח

graznido *m* קִרְקוּר, צְרִיחָה

greca *f* קִשּׁוּט

grecorromano *adj* יְוָנִי־רוֹמִי

greda *f* חֹמֶר, טִיט

gredoso *adj* טִיטִי

gregario *adj* עֶדְרִי, קִבּוּצִי

gregarismo *m* קִבּוּצִיּוּת

gremial *adj* מִקְצוֹעִי, אִרְגּוּנִי

gremio *m* אִגּוּד, אֲגֻדָּה מִקְצוֹעִית

greña *f* שֵׂעָר פָּרוּעַ

greñudo *adj* פָּרוּעַ

gresca *f* קְטָטָה, רִיב

grey *f* 1 קְהִלָּה, עֵדָה. 2 עֵדֶר

grial *m* גְּבִיעַ קֶסֶם

griego *adjm* יְוָנִי

grieta *f* בְּקִיעַ, סֶדֶק, נִקְרָה

grifo *madj* 1 בֶּרֶז. 2 גְּרִיפִין. 3 פָּרוּעַ

grillarse *vref* נָבַט, צָמַח

grillete *m* אֲזִקִּים, כְּבָלִים

grillo *m* 1 צְרָצַר. 2 אֲזִקִּים. 3 חֹטֶר, נְבִיטָה

grillos *mpl* אֲזִקִּים, נְחֻשְׁתַּיִם

grima *f* אִי נְעִימוּת, מֹרַת רוּחַ, רֹגֶז

gringo *m* יָרֹק, נָכְרִי, זָר

gripal *adj* שַׁפַּעְתִּי

gripe *f* שַׁפַּעַת

gris *adjm* 1 אָפֹר. 2 נוּגֶה, עָצוּב
grisáceo *adj* אַפְרוּרִי
grisú *m* מֵימָן פַּחְמָנִי
grita *f* זְעָקָה, הֲמֻלָּה
gritador *adjm* צַעֲקָן, צַוְחָן, צַרְחָן
gritar *vi* 1 צָעַק, זָעַק, צָוַח, צָרַח. 2 נָזַף
gritería *f*, **griterío** *m* מְהוּמָה, קוֹלָנִיּוּת, צַעֲקָנוּת
grito *m* צְעָקָה, זְעָקָה, צְוָחָה, צְרִיחָה
grito pelado זְעָקָה בְּכָל הַכֹּחַ
gritón *adj* צַעֲקָן, צַוְחָן, צַרְחָן
gro *m* גְּרוֹגְרֵן (מָשִׁי גַּס)
gromo *m* נִצָּן, נֶבֶט
grosella *f* דַּמְדְּמָנִית
grosella blanca עִנְּבֵי שׁוּעָל
grosería *f* גַּסּוּת רוּחַ, עַזּוּת, גַּסּוּת
grosero *adj* גַּס רוּחַ, עַזְפָּן, גַּס
grosor *m* עֹבִי
grosura *f* שֻׁמָּן, חֵלֶב, מִשְׁמַנִּים
grotesco *adj* מְגֻחָךְ, מוּזָר, מַצְחִיק, תִּמְהוֹנִי
grúa *f* מָנוֹף, עֲגוּרָן, מַדְלֶה
gruesa *f* גְּרוֹס, תְּרֵיסַר תְּרֵיסָרִים
grueso *adjm* 1 עָבֶה. 2 עֹבִי
grulla *f* עָגוּר, כְּרוּכְיָה
grumete *m* שׁוּלְיָה בָּאֳנִיָּה
grumo *m* קָרִישׁ
grumoso *adj* קָרוּשׁ, מְעֻבֶּה
gruñido *m* 1 נְחִירָה. 2 רִטּוּן, נְהִימָה, יְלָלָה
gruñir *vi* 1 נָחַר. 2 רָטַן, נָהַם, יִלֵּל, הִתְלוֹנֵן
gruñón *adjm* רַטְנָן, כַּעֲסָן
grupa *f* עַכּוּז, אֲחוֹרַיִם
grupera *f* כַּר הָאֻכָּף, בֵּיזָנָב
grupo *m* קְבוּצָה, לַהֲקָה, חֶבֶר, לַהַק
gruta *f* מְעָרָה, נִקְרָה, נָקִיק
guaca *f* 1 קֶבֶר. 2 מַטְמוֹן
guacho *adjm* 1 יָתוֹם, אֲסוּפִי. 2 אֶפְרוֹחַ
guadaña *f* חֶרְמֵשׁ
guadañada *f* מַכַּת חֶרְמֵשׁ
guagua *f* 1 אוֹטוֹבּוּס. 2 תִּינוֹק, פָּעוֹט, טַף
guajiro *adjm* כַּפְרִי
guajolote *m* תַּרְנְגוֹל הֹדּוּ
guanaco *m* לָמַת בָּר, גּוּאַנְקוֹ
guanajo *m* 1 תַּרְנְגוֹל הֹדּוּ. 2 עַצְלָן
guano *m* גּוּאַנוֹ, זֶבֶל עוֹפוֹת
guante *m* כְּפָפָה, כְּסָיָה
guapear *vi* הִתְרַבְרֵב
guapería *f* הִתְרַבְרְבוּת
guapo *adj* 1 רַבְרְבָן, גַּנְדְּרָן. 2 יְפֵה תֹאַר
guarache *m* סַנְדָּל
guarapo *m* גּוּאַרַפּוֹ (מַשְׁקֶה חָרִיף)
guarda *m* 1 שׁוֹמֵר, זָקִיף. 2 מִשְׁמָר, שְׁמִירָה
guardabarreras *mpl* שׁוֹמֵר הַסַּף
guardabarro *m* כָּנָף
guardabosque *m* יַעֲרָן, שׁוֹמֵר יְעָרוֹת
guardabrisa *m* מָגֵן רוּחַ
guardacostas *mpl* מִשְׁמַר הַחוֹפִים
guardador *adjm* 1 שׁוֹמֵר. 2 חוֹסֵךְ, מְקַמֵּץ. 3 כִּילַי, קַמְּצָן. 4 חוֹנֵךְ
guardafango *m* כָּנָף
guardafrenos *mpl* בַּלְמָן
guardafuegos *mpl* מִשְׁמַר אֵשׁ
guardagujas *mpl* עַתָּק
guardalmacén *m* מַחְסָנַאי
guardameta *m* שׁוֹעֵר
guardapelo *m* מַשְׁכִּיָּה
guardapolvo *m* סִנָּר
guardar *vt* 1 שָׁמַר, הֶחֱזִיק. 2 הִטְמִין, הִצְפִּין, הֶחְבִּיא. 3 נִזְהַר
guardarropa *m* מֶלְתָּחָה, אֲרוֹן בְּגָדִים
guardarropía *f* חֲדַר תַּפְאוּרוֹת
guardavía *m* קַוָּן, מְסִלַּאי
guardería *f* גַּן יְלָדִים, פָּעוֹטוֹן
guardesa *f* 1 שׁוֹעֶרֶת. 2 שׁוֹמֶרֶת
guardia *mf* 1 שׁוֹמֵר, נוֹטֵר. 2 מִשְׁמָר, חֵיל מִשְׁמָר. 3 שְׁמִירָה, תּוֹרָנוּת
guardia marina פֶּרַח קְצֻנָּה (בְּחֵיל־הַיָּם)
guardián *m* שׁוֹמֵר, נוֹטֵר
guarecer *vt* הֵגֵן, שָׁמַר, נָתַן מִקְלָט, הִסְתִּיר
guarida *f* מְאוּרָה, מִרְבָּץ
guarismo *m* מִסְפָּר, סִפְרָה

guarnecedor *m* 1 רַפָּד. 2 סַפָּק

guarnecer *vt* 1 קִשֵּׁט, רִפֵּד. 2 סִפֵּק, צִיֵּד

guarnición *f* 1 קִשּׁוּט, רִפּוּד. 2 חֵיל מַצָּב. 3 נִצָּב

guasa *f* 1 תִּפְלוּת. 2 הֲלָצָה, קוּנְדֵסוּת

guasca *f* 1 שׁוֹט, מַגְלֵב. 2 חֶבֶל. 3 רְצוּעָה

guaso *adjm* כַּפְרִי, הוּאַסוֹ

guasón *adjm* בַּדְּחָן, לֵיצָן, לֵץ

guata *f* 1 כֶּרֶס. 2 כֶּסֶת

guayaba *f* גוּיָבָה

guayabo *m* עֵץ גוּיָבָה

gubernamental *adj* מֶמְשַׁלְתִּי, מַמְלַכְתִּי

gubernativo *adj* מֶמְשַׁלְתִּי, מַמְלַכְתִּי

gubia *f* מַפְסֶלֶת

guedeja *f* 1 רַעְמָה. 2 תַּלְתַּל

güero *adj* 1 בְּלוֹנְדִי. 2 רָקוּב

guerra *f* מִלְחָמָה, מַאֲבָק, קְרָב

guerrear *vi* לָחַם, נֶאֱבַק

guerrero *madj* 1 חַיָּל, לוֹחֵם. 2 מִלְחַמְתִּי

guerrilla *f* גֵּרִילָה, מִלְחֶמֶת גֵּרִילָה

guerrillero *m* פַּרְטִיזָן, לוֹחֵם גֵּרִילָה

gueto *m* גֶּטוֹ

guía *mf* 1 מַדְרִיךְ, מַנְהִיג. 2 מוֹרֵה דֶּרֶךְ

guiar *vt* 1 הִדְרִיךְ, הִנְהִיג, הִנְחָה. 2 לִוָּה

guijarro *m* חָלוּק

guijo *m* חָצָץ

guilladura *f* 1 טֵרוּף. 2 תְּשׁוּקָה

guillotina *f* גִּלְיוֹטִינָה

guillotinar *vt* עָרַף, כָּרַת הָרֹאשׁ

guinda *f* דֻּבְדְּבָן

guindar *vt* 1 תָּלָה. 2 חָנַק. 3 הִשִּׂיג

guindo *m* עֵץ דֻּבְדְּבָן

guinea *f* גִּינִי (מַטְבֵּעַ אַנְגְּלִי)

guineo *m* בַּנָּנָה, מוֹז

guiñada *f* 1 קְרִיצָה, רְמִיזָה. 2 תַּפְנִית

guiñapo *m* סְמַרְטוּט, מַטְלִית

guiñar *vti* 1 קָרַץ, רָמַז. 2 עָשָׂה תַּפְנִית

guiño *m* קְרִיצַת עַיִן

guión *m* 1 נֵס, דֶּגֶל. 2 מַנְהִיג, מַדְרִיךְ. 3 תַּסְרִיט. 4 מַקָּף. 5 טְיוּטָה

güiro *m* קָרָא (מִמִּשְׁפַּחַת הַדְּלוּעִים)

guirnalda *f* זֵר פְּרָחִים, נֵזֶר, עֲטָרָה

guisa *f* אֹפֶן, צוּרָה, אֹרַח

guisado *m* תַּבְשִׁיל, נָזִיד

guisante *m* אָפוּן

guisante de olor טֹפַח (צֶמַח)

guisar *vt* בִּשֵּׁל

guiso *m* בִּשּׁוּל, תַּבְשִׁיל, נָזִיד

guitarra *f* גִּיטָרָה, קַתְרוֹס

guitarrista *m* קַתְרוֹסָן, גִּיטָרִיסְט

gula *f* רַעַבְתָנוּת, גַּרְגְּרָנוּת, בַּלְעָנוּת

gurrumina *f* כְּנִיעוּת לָאִשָּׁה

gurrumino *adjm* 1 נוֹכֵל. 2 נִכְנָע לְאִשְׁתּוֹ

gusaniento *adj* מְתֻלָּע

gusanillo *m* תּוֹלַעַת

gusano *m* תּוֹלַעַת

gusanoso *adj* מְתֻלָּע

gusarapo *m* תּוֹלַעַת

gustar *vti* 1 טָעַם, חָשַׁק, רָצָה. 2 מָצָא חֵן

gustativo *adj* שֶׁל חוּשׁ הַטַּעַם

gustazo *m* עֹנֶג רַב, תַּעֲנוּג גָּדוֹל

gusto *m* 1 טַעַם, עֹנֶג, תַּעֲנוּג. 2 חֵשֶׁק, תְּשׁוּקָה

gustoso *adj* טָעִים, עָנֹג, נָעִים

gutapercha *f* גּוּטַפֶּרְשָׁה, קָאוּצ׳וּק

gutural *adj* גְּרוֹנִי

H

H *f* הָצֶ'ה, הָאוֹת הַתְּשִׁיעִית שֶׁל הָאָלֶף־בֵּית הַסְּפָרַדִּי

¡ha! *interj* הָאָח!, אָהּ!, אוֹ!

haba *f* בַּקְיָה, פּוֹל

habanera *f* הַבָּנֶרָה (רִקּוּד)

habano *m* 1 סִיגָר הָבָנִי. 2 יְלִיד הָבָנָה

hábeas corpus צַו הֲבָאָה, הַבֵּיאַס קוֹרְפּוּס

haber *vtm* 1 הָיָה לוֹ. 2 אָחַז, נָשָׂא. 3 קֶרֶן. 4 רְכוּשׁ, נְכָסִים. 5 זְכוּת

haber de הָיָה צָרִיךְ, הָיָה מֻכְרָח

haber que הָיָה צָרִךְ

haberes *mpl* זְכוּת, אַקְטִיב, נְכָסִים, רְכוּשׁ

haberío *m* 1 בֶּהֱמַת מַשָּׂא. 2 מֶשֶׁק הַחַי

habérselas con עָמַד בִּפְנֵי־, הִתְוַכַּח, הִתְעַסֵּק עִם־

habichuelo *f* שְׁעוּעִית

hábil *adj* 1 מֻכְשָׁר, חָרִיף, זָרִיז. 2 רָאוּי, מְסֻגָּל

habilidad *f* כִּשְׁרוֹן, כֹּשֶׁר, זְרִיזוּת, חֲרִיפוּת, חָרִיצוּת, מְיֻמָּנוּת

habilidoso *adj* מֻכְשָׁר, כִּשְׁרוֹנִי, מְיֻמָּן, בַּעַל נִסָּיוֹן

habilitación *f* אִכְשׁוּר, הַכְשָׁרָה

habilitar *vt* 1 הִכְשִׁיר, צִיֵּד. 2 אִפְשֵׁר, נָתַן יִפּוּי כֹּחַ, יִפָּה כֹּחַ

habitable *adj* נִתָּן לָגוּר, רָאוּי לְדִיּוּר

habitación *f* 1 חֶדֶר. 2 מִשְׁכָּן, מָעוֹן, בַּיִת, דִּירָה. 3 דִּיּוּר

habitante *m* תּוֹשָׁב, דַּיָּר, שׁוֹכֵן

habitar *vt* גָּר, דָּר, יָשַׁב, הִתְגּוֹרֵר, שָׁכַן

habitat *m* מְכוֹרָה, מְקוֹם מוֹצָא

hábito *m* 1 הֶרְגֵּל, מִנְהָג, נֹהַג, נְטִיָּה. 2 לְבוּשׁ, גְּלִימָה

habituación *f* רְגִילוּת, שְׁגִירוּת, שְׁכִיחוּת, הִתְרַגְּלוּת

habitual *adj* רָגִיל, שָׁכִיחַ, נָהוּג, טִבְעִי

habituar *vt* הִרְגִּיל, חִנֵּךְ, אִמֵּן, לִמֵּד

habitué *m* מְבַקֵּר, אוֹרֵחַ

habla *f* שָׂפָה, מִלָּה, דִּבּוּר

hablador *adjm* דַּבְּרָן, פַּטְפְּטָן

habladuría *f* רְכִילוּת, פִּטְפּוּט

hablar *vi* דִּבֵּר, שׂוֹחַח

hablar a chorros דִּבֵּר בִּמְהִירוּת, הִכְבִּיר מִלִּים

hablar a gritos צָעַק, דִּבֵּר בִּצְעָקוֹת

hablar por hablar דִּבֵּר סְתָם

hablar por los codos דִּבֵּר בְּלִי הֶרֶף

hablilla *f* רְכִילוּת, פִּטְפּוּט

hablista *m* דַּבְּרָן, דַּרְשָׁן, נוֹאֵם

hacán *m* חָכָם

hacedero *adj* אֶפְשָׁרִי, מַעֲשִׂי, בַּר בִּצּוּעַ

hacedor *m* 1 עוֹשֶׂה, יוֹצֵר. 2 בּוֹרֵא, אֱלֹהִים

hacendado *adjm* חַוַּאי, בַּעַל קַרְקָעוֹת

hacendista *m* כַּלְכְּלָן

hacendoso *adj* חָרוּץ, שַׁקְדָן, זָרִיז

hacer *vt* 1 עָשָׂה, פָּעַל, חוֹלֵל, בִּצַּע. 2 הֵכִין, צִיֵּד, כּוֹנֵן. 3 יָצַר. 4 גָּרַם. 5 עָשָׂה עַצְמוֹ, בָּנָה עַצְמוֹ

hacer añicos 1 שִׁבֵּר, נִתֵּץ. 2 עָשָׂה שַׁמּוֹת

hacer caso נִשְׁמַע, צִיֵּת

hacer daño הִזִּיק, גָּרַם נֶזֶק

hacer falta חָסַר לוֹ

facer frente עָמַד בְּ־, עָמַד בִּפְנֵי־

hacer fuego 1 יָרָה. 2 הִדְלִיק

haces *mpl* אֲלֻמּוֹת

hacia *prep* אֶל, לְ־, לִקְרַאת, כְּלַפֵּי

hacia acá הֵנָּה

hacia adelante קָדִימָה

hacia atrás אָחוֹרָה, אֲחוֹרַנִּית

hacienda *f* 1 מֶשֶׁק, רְכוּשׁ. 2 אֲחֻזָּה, חַוָּה

hacinación *f*, **hacinamiento** *m* גְּדִישָׁה, צְפִיפוּת

hacina *f* עֲרֵמָה, גַּל, תֵּל
hacinar *vt* 1 גָּדַשׁ, צִפֵּף, צָבַר, קִבֵּץ. 2 עָרַם, עָרַךְ אֲלֻמּוֹת
hacha *f* גַּרְזֶן, קַרְדֹּם
hachazo *m* מַכַּת גַּרְזֶן
hachear *vt* חָטַב, חָצַב, קָצַץ, כָּרַת, סִתֵּת
hachís *m* חֲשִׁישׁ
hachón *m* 1 לַפִּיד, אֲבוּקָה. 2 מַשּׂוּאָה
hada *f* פֵּיָה
hado *m* גּוֹרָל, מַזָּל, יִעוּד
hafnio *m* הַפְנִיּוּם (יסוד כימי)
¡hala! *interj* הֵי, קָדִימָה!
halagar *vt* 1 הֶחֱנִיף, דִּבֵּר חֲלָקוֹת, שִׁעֲשַׁע. 2 רִצָּה, הִשְׂבִּיעַ רָצוֹן
halago *m* חֲנֻפָּה, חֲנִיפָה, חֶלְקַת לָשׁוֹן
halagüeño *adj* מַחֲנִיף, חוֹנֵף, חָבִיב
halar *vt* גָּרַר, מָשַׁךְ
halcón *m* בַּז
halconería *f* בַּזָּיָרוּת
halconero *m* בַּזָּיָר
hálito *m* 1 נְשִׁימָה. 2 אֵד, רֵיחַ, הֶבֶל פֶּה
halitosis *f* בָּאְשַׁת הַנְּשִׁימָה
halo *m* הִלָּה, עֲטֶרֶת תִּפְאֶרֶת
halógeno *adjm* הָלוֹגֶן
haloza *f* עַרְדָּל
hall *m* אוּלָם, טְרַקְלִין
hallar *vt* 1 מָצָא, גִּלָּה. 2 הִמְצִיא. 3 הִבְחִין, הִרְגִּישׁ. 4 נִתְקַל. 5 נִמְצָא, שָׁהָה
hallazgo *m* 1 מְצִיאָה, תַּגְלִית. 2 הַמְצָאָה
hamaca *f* עַרְסָל
hamacar *vt* נִדְנֵד
hámago *m* 1 רִפְתָּה. 2 בְּחִילָה, קֶרֶס
hamamelis *m* הֲמָמֶלִיס (צֶמַח רְפוּאִי)
hambre *f* רָעָב
hambrear *vti* 1 הִרְעִיב. 2 רָעֵב
hambriento *adj* 1 רָעֵב. 2 חַמְדָן
hambruna *f* רָעָב, מַחְסוֹר
hamburguesa *f* הַמְבּוּרְגֶר
hampa *f* הָעוֹלָם הַתַּחְתּוֹן
hampón *m* עֲבַרְיָן, רָשָׁע
hámster *mf* אוֹגֵר
handicap *m* הַגְבָּלָה, מִגְבָּלָה
hangar *m* סְכָכָה, מוּסַךְ אֲוִירוֹנִים
haplología *f* הַבְלָעָה בְּדִבּוּר
haragán *adjm* עַצְלָן, בַּטְלָן, יוֹשֵׁב קְרָנוֹת
haraganear *vi* הִתְעַצֵּל, הִתְבַּטֵּל, הָלַךְ בָּטֵל
harakiri *m* הָרָקִירִי
harapo *m* סְמַרְטוּט, סְחָבָה, מַטְלִית
harapiento, haraposo *adj* 1 אֶבְיוֹן, מִסְכֵּן. 2 לָבוּשׁ קְרָעִים
harén, harem *m* הַרְמוֹן
harija *f* אֲבָקָה
harina *f* קֶמַח
harina de otro costal מִמִּין אַחֵר, דָּבָר שׁוֹנֶה
harinero *adjm* 1 קִמְחִי. 2 טוֹחֵן
harinoso *adj* קִמְחִי
harmonía *f* הַתְאָמָה, הַרְמוֹנְיָה
harnero *m* נָפָה, כְּבָרָה
harpa *f* נֵבֶל
harpía *f* הַרְפִּיָה, מִפְלֶצֶת
harpillera *f* אֲרִיג יוּטָה
hartar *vt* 1 הִשְׂבִּיעַ, הִרְוָה. 2 שָׂבַע, רָוָה. 3 הִטְרִיחַ, הִטְרִיד, יִגַּע. 4 הֶעֱנִיק בְּיָד רְחָבָה
hartazgo *m* שְׂבִיעָה
harto *adjadv* 1 שָׂבֵעַ, רָווּי. 2 מַסְפִּיק, דַּי וְהוֹתֵר
hartura *f* 1 שֹׂבַע, רְוָיָה. 2 שֶׁפַע, גֹּדֶשׁ. 3 סִפּוּק
hasta *prep* עַד
hasta luego לְהִתְרָאוֹת, לְהִשְׁתַּמֵּעַ
hastial *m* 1 גַּמְלוֹן. 2 אָדָם מְחֻסְפָּס
hastiar *vt* 1 הִטְרִיד, הִפְרִיעַ, הִטְרִיחַ. 2 הִכְעִיס, הִרְגִּיז. 3 הִמְאִיס
hastío *m* 1 גֹּדֶשׁ, סְבִיאָה, שֶׁפַע. 2 גֹּעַל, מְאִיסָה, בְּחִילָה. 3 שִׁעֲמוּם
hato *m* 1 עֵדֶר, בָּקָר, מִקְנֶה. 2 צֵידָה. 3 צֹבֶר, עֲרֵמָה, סְוָר. 4 הָמוֹן, כְּנוּפְיָה
haxix *m* חֲשִׁישׁ
hay *adv* יֵשׁ
haya *f* אַשּׁוּר, תְּאַשּׁוּר
hayuco *m* עֶפֶץ הָאַשּׁוּר

haz *m* 1 צְרוֹר, אֲלֻמָּה. 2 חֲבִילָה. 3 קֶרֶן אוֹר. 4 פָּנִים, פַּרְצוּף
hazaña *f* מַעֲלָל, הֶשֵּׂג, מַעֲשֵׂה גְבוּרָה
hazmerrereír *m* לַעַג וָקֶלֶס, צְחוֹק
he *interj* הִנֵּה
he aqui הִנֵּה כָּאן, הִנֵּה פֹּה
hebdómada *f* 1 שָׁבוּעַ. 2 שֶׁבַע שָׁנִים
hebdomadario *adjm* שְׁבוּעוֹן
hebilla *f* אַבְזֵם, חָבֶט
hebra *f* 1 חוּט. 2 סִיב
hebraico *adj* עִבְרִי
hebraísta *m* מֻמְחֶה לְעִבְרִית, חוֹקֵר עִבְרִית
hebreo *adjm* 1 עִבְרִי. 2 עִבְרִית
hebroso *adj* לִיפִי, סִיבִי
hecatombe *f* 1 קָרְבָּן גָּדוֹל. 2 טֶבַח, שְׁחִיטָה, הֶרֶג
heces *fpl* 1 צוֹאָה, פְּסֹלֶת, זֻהֲמָה. 2 שִׁירַיִם, שְׁיָרִים. 3 שְׁמָרִים, מִשְׁקָע
hectárea *f* הֶקְטָר
hectogramo *m* הֶקְטוֹגְרַם
hectolitro *m* הֶקְטוֹלִיטֶר
hectómetro *m* הֶקְטוֹמֶטֶר
hecha *f* עַתָּה, עַכְשָׁו
hechicería *f* אַשָּׁפוּת, כִּשּׁוּף, קֶסֶם
hechicero *adjm* קוֹסֵם, מְכַשֵּׁף, אַשָּׁף
hechizar *vt* קָסַם, הִקְסִים, כִּשֵּׁף, הִכְשִׁיף
hechizo *m* 1 כִּשּׁוּף, קֶסֶם, נַחַשׁ. 2 מְלָאכוּתִי, מְעֻשֶּׂה. 3 מְקוֹמִי
hecho *adjm* 1 עָשׂוּי, מוּכָן, מְלָאכוּתִי. 2 עֻבְדָּה, מַעֲשֶׂה. 3 מְצִיאוּת, וַדָּאוּת. 4 מְאֹרָע, אֵרוּעַ
hecho y derecho מֻשְׁלָם, קַב וְנָקִי
hechura *f* 1 צוּרָה. 2 עֲשִׂיָּה, יִצּוּר. 3 מְחִיר יִצּוּר
heder *vi* בָּאַשׁ, הִסְרִיחַ, סָרַח, הִבְאִישׁ
hediondez *f* סְרַח, סִרְחוֹן, בָּאְשָׁה
hediondo *adj* מַסְרִיחַ, מַבְאִישׁ
hedonismo *m* הֶדוֹנִיּוּת, אַהֲבַת תַּעֲנוּגוֹת
hedonista *adjm* תַּעֲנוּגָן, הֶדוֹנִיסְט, רוֹדֵף תַּעֲנוּגוֹת
hedor *m* סִרְחוֹן, צַחֲנָה, בְּאֹשׁ, בָּאְשָׁה
hegemonía *f* הֶגְמוֹנְיָה, שְׁלִיטָה, מַנְהִיגוּת, שִׁלְטוֹן
hégira *f* הֲגִירָה (בריחת מוחמד ממכה, ש' 622)
helada *f* קָרָה, צִנָּה, כְּפוֹר
heladera *f* מְקָרֵר
heladería *f* בֵּית חֲרֹשֶׁת לִגְלִידָה
helado *adjm* 1 קָפוּא, נִגְלָד. 2 גְּלִידָה
helar *vt* 1 הִקְפִּיא, הִגְלִיד. 2 קָפָא, נִתְקָרֵשׁ
helecho *m* שָׁרָךְ
helénico *adj* יְוָנִי
hélice *f* 1 סְלִיל, חֶלְזוֹנִית. 2 מַדְחֵף, פְּרוֹפֶּלֶר
helicóptero *m* מַסּוֹק, הֶלִיקוֹפְּטֶר
helio *m* הֶלְיוּם
heliocéntrico *adj* הֶלְיוֹצֶנְטְרִי
heliógrafo *m* הֶלְיוֹגְרָף
heliotropo *m* הֶלְיוֹטְרוֹפּ, עֹקֶץ־הָעַקְרָב
hematólisis *f* הִתְפָּרְדוּת הַדָּם
hematémesis *f* הֲקָאַת דָּם
hembra *f* 1 נְקֵבָה. 2 אִשָּׁה
hembrilla *f* חִשּׁוּק, טַבַּעַת
hemiciclo *m* חֲצִי עִגּוּל, חֲצִי גֹּרֶן עֲגֻלָּה
hemiplejía *f* פְּלַג־שִׁתּוּק, שִׁתּוּק חֶלְקִי
hemipléjico *adjm* מְשֻׁתָּק לְמֶחֱצָה
hemisférico *adj* הֶמִיסְפֶרִי, חֲצִי־כַּדּוּרִי
hemisferio *m* חֲצִי כַּדּוּר
hemofilia *f* דַּמֶּמֶת
hemofílico *adjm* דַּמְּמָן
hemoglobina *f* הֶמוֹגְלוֹבִּין
hemorragia *f* שֶׁטֶת דָּם, שֶׁטֶף דָּם, דֶּמֶם
hemorroides *fpl* טְחוֹרִים
henal *m* מַתְבֵּן
henar *m* שְׂדֵה שַׁחַת, שָׂדֶה מִסְפּוֹא
henchir *vt* 1 עָרַם, צָבַר, אָסַף, גִּבֵּב. 2 נִפַּח
hender *vt* בִּקַּע, סָדַק, שִׁסַּע, הִבְקִיעַ
hendidura *f* סֶדֶק, חָרִיץ, פִּרְצָה, בְּקִיעַ
hendimiento *m* בְּקִיעָה, הִסָּדְקוּת
henequén *m* אֲגָבָה
henil *m* מַתְבֵּן
heno *m* שַׁחַת, חָצִיר, מִסְפּוֹא, חֲשַׁשׁ
heñir *vt* לָשׁ, גִּבֵּל, עִסָּה
hepática *f* כַּבְדִּית, טַחֲבֵי הַכָּבֵד (צֶמַח)

hepático *adj* כְּבֵדִי
hepatitis *f* כַּבֶּדֶת, דַּלֶּקֶת הַכָּבֵד
heptaedro *madj* 1 מִשְׁבְּעוֹן. 2 מְשֻׁבָּע
heptagonal *adj* מְשֻׁבָּע
heptágono *m* מְשֻׁבָּע
heráldica *f* תּוֹרַת שִׁלְטֵי גִּבּוֹרִים
heráldico *adj* שֶׁל שִׁלְטֵי גִּבּוֹרִים
heraldo *m* כָּרוֹז, רָץ, שָׁלִיחַ, מְבַשֵּׂר
herbáceo *adj* עִשְׂבִּי, עֲשָׂבוֹנִי
herbaje *m* 1 עֵשֶׂב, דֶּשֶׁא, יֶרֶק. 2 מִרְעֶה. 3 זְכוּת מִרְעֶה
herbario *madj* 1 עִשְׂבִּיָּה. 2 עֲשָׂבוֹנִי, דִּשְׁאִי
herbazal *m* כַּר, אָפָר
herbívoro *adj* אוֹכֵל עֵשֶׂב
herboso *adj* עֲשָׂבוֹנִי, עִשְׂבִּי
hercúleo *adj* 1 עֲנָקִי, עָצוּם, רַב כֹּחַ. 2 שֶׁל הֶרְקוּלֶס
heredable *adj* עוֹבֵר בִּירֻשָּׁה
heredad *f* 1 נַחֲלָה, אֲחֻזָּה. 2 יְרֻשָּׁה
heredar *vt* יָרַשׁ, הוֹרִישׁ, נָחַל, הִנְחִיל
heredero *m* יוֹרֵשׁ
hereditario *adj* תּוֹרַשְׁתִּי
hereje *m* כּוֹפֵר, אֶפִּיקוֹרוֹס, מִין
herejía *f* כְּפִירָה, אֶפִּיקוֹרְסוּת, מִינוּת
herencia *f* 1 יְרֻשָּׁה. 2 תּוֹרָשָׁה, מוֹרָשָׁה. 3 נַחֲלָה, אֲחֻזָּה
herético *adj* כּוֹפֵר בָּעִקָּר, מִינִי, אֶפִּיקוֹרְסִי
herida *f* 1 פֶּצַע, חַבּוּרָה, מַכָּה. 2 פְּגִיעָה, עֶלְבּוֹן
herido *adjm* פָּצוּעַ, מֻכֶּה
herir *vt* 1 פָּצַע, פָּגַע. 2 צִעֵר, הִכְאִיב. 3 נִפְגַּע, נִפְצַע, נִזַּק
hermafrodita *adjm* 1 דּוּ־מִינִי, אַנְדְּרוֹגִינִי. 2 אַנְדְּרוֹגִינוֹס
hermana *f* אָחוֹת
hermanar *vt* זִוֵּג, הִתְאִים, אִחֵד
hermanastro *m* אָח חוֹרֵג
hermandad *f* אַחֲוָה, יְדִידוּת, בְּרִית אַחִים, מִסְדַּר־אַחֲוָה
hermano *m* אָח
hermano de leche אָח אָמוּן
hermano político גִּיס, יָבָם
hermético *adj* אָטוּם, גָּנוּז, סָגוּר וּמְסֻגָּר, הֶרְמֶטִי
hermosear *vt* 1 יִפָּה, פֵּאֵר, הִדֵּר, יִפָּה. 2 קִשֵּׁט
hermoso *adj* יָפֶה, נָאֶה, יְפֵה תֹאַר, חָבִיב, חָמוּד
hermosura *f* יֹפִי, חֵן
hernia *f* 1 שֶׁבֶר, פֶּקַע. 2 מַחֲלַת הַשֶּׁבֶר
héroe *m* גִּבּוֹר
heroicidad *f* גְּבוּרָה, אַמִּיצוּת, אַבִּירוּת
heroico *adj* גִּבּוֹר, אַמִּיץ, אַבִּירִי
heroína *f* 1 גִּבּוֹרָה, אֵשֶׁת חַיִל. 2 הֵרוֹאִין
heroísmo *m* גְּבוּרָה, אַמִּיצוּת לֵב
herpes *m* שַׁלְבֶּקֶת, חֲזָזִית
herpetología *f* תּוֹרַת הַזּוֹחֲלִים
herpetólogo *m* מֻמְחֶה בְּתוֹרַת הַזּוֹחֲלִים
herrador *m* נַפָּח, פַּרְזָל
herradura *f* פַּרְסָה, פַּרְסַת בַּרְזֶל
herraje *m* פִּרְזוּל
herramienta *f* 1 כְּלִי, מַכְשִׁיר. 2 אֶמְצָעִי
herrar *vt* פִּרְזֵל
herrería *f* 1 נַפָּחִיָּה. 2 נַפָּחוּת
herrero *m* פַּרְזָל
herrín *m* חֲלוּדָה, חֲלֻדָּה
herrumbrar *vt* 1 הֶחֱלִיד. 2 נֶחֱלַד
herrumbre *f* חֲלֻדָּה
hervidero *m* 1 רְתִיחָה. 2 קַלַּחַת. 3 מַעְיָן. 4 הָמוֹן
hervir *vt* 1 רָתַח, בִּעְבַּע. 2 הִתְרַתֵּחַ, רָגַז
hervor *m* 1 רְתִיחָה, הַרְתָּחָה. 2 לַהַט נְעוּרִים
hesitación *f* פִּקְפּוּק, הִסּוּס
hesitar *vi* פִּקְפֵּק, הִסֵּס
hetera *f* 1 פִּילֶגֶשׁ. 2 פְּרוּצָה, זוֹנָה
heterodoxia *f* כְּפִירָה, אֶפִּיקוֹרְסוּת, מִינוּת
heterodoxo *adj* כּוֹפֵר, אֶפִּיקוֹרוֹס
heterogéneo *adj* שׁוֹנֶה, מְגֻוָּן
heterosexual *adj* שֶׁל הַמִּין הַשֵּׁנִי
hético *adj* 1 שַׁחֲפָן. 2 שַׁחֲפָנִי
hetiquez *f* שַׁחֶפֶת
hexagonal *adj* מְשֻׁשֶּׁה
hexágono *adjm* מְשֻׁשֶּׁה
hez *f* 1 חֶלְאָה, זֻהֲמָה, פְּסֹלֶת. 2 מִשְׁקָע.

3 שִׁפְלוּת, תִּעוּב

hialino *adj* שָׁקוּף

hiato *m* 1 מִבְקָע, פִּרְצָה, פֶּתַח. 2 תַּצְרוּם

hibernación *f* תַּרְדֵּמַת חֹרֶף, חֲרִיפָה

hibernal *adj* חָרְפִּי

hibernar *vi* חָרַף

hibierno *m* חֹרֶף

hibisco *m* הִיבִּיסְקוּס

hibridismo *m* הַרְבָּעָה, הַרְכָּבָה, הַכְלָאָה, כִּלְאַיִם

híbrido *madj* 1 בֶּן כִּלְאַיִם, בֶּן תַּעֲרֹבֶת. 2 מְעֹרָב, אַנְדְּרוֹגִינִי

hidalgo *adjm* נִכְבָּד, אָצִיל, אֶפְרָתִי

hidalguía *f* אֲצִילוּת, הָדָר

hidratación *f* מִיּוּם

hidratar *vt* מִיֵּם

hidrato *m* מֵימָה

hidráulica *f* הִידְרוֹלִיקָה

hidraulico *adj* הִידְרוֹלִי

hidroavión *m* הִידְרוֹפְּלָן

hidrocarburo *m* פַּחְמֵימָן

hidrodinámica *f* הִידְרוֹדִינָמִיקָה

hidrodinámico *adj* הִידְרוֹדִינָמִי

hidroeléctrica *f* הִידְרוֹחַשְׁמַל

hidroeléctrico *adj* הִידְרוֹחַשְׁמַלִּי

hidrófilo *adj* סוֹפֵג־מַיִם

hidrofobia *f* 1 בַּעַת־מַיִם. 2 כַּלֶּבֶת

hidrófobo *adjm* הִידְרוֹפוֹבִּי, חוֹלֵה כַּלֶּבֶת

hidrogenación *f* מִימוּן (ממימן)

hidrogenar *vt* מִימֵן (ממימן)

hidrógeno *m* מֵימָן

hidrómetro *m* הִידְרוֹמֶטֶר, מַד מַיִם

hidromel, hidromel *m* תְּמֶד, תָּמֶד

hidropesía *f* מַיֶּמֶת

hidrópico *adj* חוֹלֵה־מַיֶּמֶת

hidroplano *m* הִידְרוֹפְּלָן

hiedra *f* קִיסוֹס

hiel *f* 1 מָרָה. 2 מְרִירוּת

hielo *m* קֶרַח

hiemal *adj* חָרְפִּי

hiena *f* צָבוֹעַ

hierático *adj* קָדוֹשׁ, מְקֻדָּשׁ

hierba *f* 1 עֵשֶׂב, יֶרֶק. 2 דֶּשֶׁא. 3 חָצִיר

hierbabuena *f* נַעֲנָה, מִנְתָּה

hierba mora סוֹלָנוּם (צֶמַח)

hierro *m* בַּרְזֶל

hierro colado o fundido עֶשֶׁת

hierro dulce בַּרְזֶל חָשִׁיל

hígado *m* כָּבֵד

higiene *f* הִיגְיֶנָה, תּוֹרַת הַבְּרִיאוּת, גַּהוּת

higiene pública הִיגְיֶנָה צִבּוּרִית

higiénico *adj* הִיגְיֶנִי, תַּבְרוּאִי, גַּהוּתִי

higienista *m* גַּהַאי

higo *m* תְּאֵנָה

higo chumbo, higo de tuna צָבָר

higrométrico *adj* שֶׁל מְדִידַת לַחוּת

higrómetro *m* מַד לַחוּת

higuera *f* עֵץ תְּאֵנָה

higuera chumba צֶמַח צָבָר

higuera de tuna צֶמַח צָבָר

higuera india פִיקוּס

hija *f* בַּת

hijastra *f* בַּת חוֹרֶגֶת

hijastro *m* בֵּן חוֹרֵג

hijo *m* בֵּן

hijo de leche בֵּן אָמוּן

hijo político חָתָן

hijuela *f* 1 חֹטֶר, נֵצֶר. 2 צַוָּאָה, עִזָּבוֹן. 3 מִזְרָן. 4 עֲטִיפַת הַמִּזְבֵּחַ. 5 פֶּלֶג. 6 שְׁבִיל, סִמְטָה. 7 חֶלְקָה

hijuelo *m* 1 שָׁתִיל. 2 נֵצֶר, חֹטֶר

hila *f* 1 שׁוּרָה. 2 חוּט. 3 מְעִי דַק

hilacha *f* חוּט תֶּפֶר

hilachas *fpl* סְחָבוֹת, קְרָעִים, סְמַרְטוּטִים

hilada *f* נִדְבָּךְ, שׁוּרָה, שִׁכְבָה

hilado *m* 1 טְוִיָּה, טָוִי. 2 מַטְוֶה

hilandería *f* מִטְוָאָה, מַטְוִיָּה

hilandero *m* טוֹוֶה

hilar *vt* טָוָה

hilarante *adj* מַצְחִיק

hilaridad *f* צְחוֹק

hilaza *f* חוּט גַּס

hilera *f* שׁוּרָה, טוּר

hilero *m* 1 זֶרֶם. 2 אַדְוָה, גַּל

hilo *m* חוּט, פְּתִיל

hilo bramante גָּדִיל, פְּתִיל

hilo de Escocia תַּחְרִים

hilo de medianoche אֱשׁוּן לַיְלָה, חֲצוֹת

hilo de mediodía צָהֳרַיִם, חֲצוֹת הַיּוֹם

hilván *m* הַכְלָבָה

hilvanar *vt* הִכְלִיב

himen *m* קְרוּם הַבְּתוּלִים

himeneo *m* כְּלוּלוֹת, נִשּׂוּאִין, חֲתֻנָּה

himnario *m* קֹבֶץ הִימְנוֹנִים

himno *m* הִימְנוֹן

hincapié *m* הַדְגָּשָׁה, הַטְעָמָה, נִמְרָצוּת

hincar *vt* 1 תָּחַב, נָעַץ, תָּקַע, דָּקַר. 2 כָּרַע בָּרָךְ, הִשְׁתַּחֲוָה. 3 הִשְׁעִין, הִסְמִיךְ

hincar el diente נָשַׁךְ, נָגַס, נָעַץ שִׁנּוֹ

hincha *m* 1 קִנְאָה, שִׂנְאָה, טִינָה, תַּרְעֹמֶת. 2 חוֹבֵב, חָסִיד, תּוֹמֵךְ

hinchado *adj* 1 נָפוּחַ, מָלֵא. 2 גַּאַוְתָן, רַבְרְבָן. 3 מֻגְזָם, מְלָאכוּתִי

hinchar *vt* 1 נִפַּח, מִלֵּא. 2 הִגְזִים, הִפְרִיז. 3 הִתְרַבְרֵב, הִתְיַהֵר

hinchazón *m* 1 תְּפִיחָה, הִתְנַפְּחוּת, נְפִיחוּת. 2 שַׁחֲצָנוּת, הִתְרַבְרְבוּת. 3 שֶׁפַע, גֹּדֶשׁ

hindú *adjm* הִינְדִּי, הֹדִּי

hinduísmo *m* הִינְדוּאִיזְם

hinojo *m* 1 שֶׁמֶר. 2 בֶּרֶךְ

hipar *vi* 1 שִׁהֵק. 2 גָּנַח, נָשַׁף

hipar por הִשְׁתּוֹקֵק

hipérbola *f* הִיפֶּרְבּוֹלָה

hipérbole *f* הַגְזָמָה, הַפְרָזָה, הֲבַאי

hiperbólico *adj* 1 הִיפֶּרְבּוֹלִי. 2 מֻגְזָם, מֻפְרָז

hipertensión *f* מְתִיחוּת־יֶתֶר

hipertrofia *f* גִּדּוּל יֶתֶר

hipertrofiarse *vref* גָּדַל יֶתֶר עַל הַמִּדָּה

hípico *adj* 1 פָּרָשִׁי. 2 סוּסִי, דּוֹמֶה לְסוּס

hipido *m* שִׁהוּק

hipnosis *f* הִיפְּנוֹזָה

hipnítico *adj* הִיפְּנוֹטִי, מַרְדִּים

hipnotismo *m* הִיפְּנוֹטִיּוּת

hipnotizador *m* מְהַפְנֵט

hipnotizar *vt* הִפְנֵט, הִרְדִּים

hipo *m* שִׁהוּק

hipocondría *f* דִּכָּאוֹן, דִּכְדּוּךְ

hipocondríaco *adjm* מְדֻכָּא, מְדֻכְדָּךְ

hipocresía *f* צְבִיעוּת, חֲנֻפָּה, הִתְחַסְּדוּת

hipícrita *adjm* צָבוּעַ, מִתְחַסֵּד

hipodérmico *adj* תַּת עוֹרִי

hipódromo *m* הִיפּוֹדְרוֹם

hipopótamo *m* סוּס הַיְאוֹר, בְּהֵמוֹת

hiposo *adj* סוֹבֵל מִשִּׁהוּק, שָׁהִיק

hipoteca *f* מַשְׁכַּנְתָּא, שִׁעְבּוּד

hipotecar *vt* מִשְׁכֵּן, שִׁעְבֵּד

hipotecario *adj* מְמַשְׁכֵּן, שֶׁל עֲרֻבָּה

hipotenusa *f* יֶתֶר (הנדסה)

hipótesis *f* הַנָּחָה, הַשְׁעָרָה, הִפּוֹתֵיזָה

hipotético *adj* הַשְׁעָרִי, הַנָּחִי

hiriente *adj* 1 מַזִּיק, פּוֹגֵעַ, מַכְאִיב. 2 מַעֲלִיב, מְצַעֵר

hirsuto *adj* שָׂעִיר, מְסֻמָּר, מְחֻסְפָּס

hisopo *m* 1 אֵזוֹב. 2 מַזְלֵף

hispánico *adj* הִיסְפָּנִי, סְפָרַדִּי, אִסְפָּמִי

hispano *adjm* הִיסְפָּנִי, סְפָרַדִּי

hispanoamericano *adjm* הִיסְפָּנִי אֲמֵרִיקָאִי

histamina *f* הִיסְטַמִּין

histerectomía *f* כְּרִיתַת הָרֶחֶם

histeria *f* הִיסְטֶרְיָה, עַצְבָּנוּת

histérico *adjm* הִסְטֶרִי, עַצְבָּנִי

histología *f* הִיסְטוֹלוֹגְיָה

histológico *adj* הִיסְטוֹלוֹגִי

histólogo *m* הִיסְטוֹלוֹג

historia *f* הִיסְטוֹרְיָה, דִּבְרֵי הַיָּמִים, תּוֹלָדוֹת. 2 תֵּאוּר, סִפּוּר, עֲלִילָה

historiado *adj* מְקֻשָּׁט, מְעֻבָּד

historiador *m* הִיסְטוֹרְיוֹן

historial *madj* 1 תּוֹלְדוֹת חַיִּים. 2 הִיסְטוֹרִי

historiar *vt* 1 כָּתַב דִּבְרֵי הַיָּמִים. 2 סִפֵּר

historias פִּטְפּוּטִים, סִפּוּרִים
historicidad *f* הִיסְטוֹרִיּוּת, עֻבְדָּתִיּוּת
histórico *adj* הִיסְטוֹרִי
historieta *f* מַעֲשִׂיָּה, בְּדִיחָה, סִפּוּר הִתּוּלִי
histrión *m* מוּקְיוֹן, בַּדְּחָן, לֵיצָן
histriónico *adj* בִּימָתִי, תֵּיאַטְרוֹנִי, מֵלוֹדְרָמָתִי
histrionismo *m* אֳמָנוּת הַבָּמָה, אֳמָנוּת הַתֵּיאַטְרוֹן
hito *adjm* 1 יַצִּיב, חָזָק. 2 שָׁכֵן, סָמוּךְ. 3 תַּמְרוּר, עַמּוּד דֶּרֶךְ, צִיּוּן דֶּרֶךְ
hoces *fpl* מַגָּלִים
hocicar *vti* 1 נָבַר, חִטֵּט. 2 הִתְנַגֵּשׁ. 3 נָשַׁק
hocico *m* 1 לֹעַ. 2 חֹטֶם, חַרְטוֹם
hockey *m* הוֹקִי
hogaño *adv* בְּיָמֵינוּ, הָשַׁתָּא, הַשָּׁנָה, כַּיּוֹם
hogar *m* 1 אָח, קָמִין, כִּירָה. 2 בַּיִת, מִשְׁכָּן, דִּירָה, מִקְלָט, מָעוֹן. 3 מְדוּרָה. 4 מִשְׁפָּחָה
hogareño *adj* 1 בֵּיתִי, מִשְׁפַּחְתִּי. 2 אוֹהֵב חַיֵּי מִשְׁפָּחָה
hogaza *f* כִּכַּר לֶחֶם
hoguera *f* מְדוּרָה, מַשּׂוּאָה
hoja *f* 1 עָלֶה, עַלְעָל. 2 דַּף. 3 לַהַב. 4 לוּחַ. 5 כְּרוּז, עָלוֹן, קוּנְטְרֵס
hoja suelta עָלוֹן, קוּנְטְרֵס, כְּרוּז
hojalata *f* פַּח
hojalatería *f* פֶּחָחִיָּה
hojalatero *m* פֶּחָח
hojaldre *m* חָלֶט, בְּצַק קְדֵרָה
hojarasca *f* עַלְוָה
hojear *vt* דִּפְדֵּף, עִלְעֵל
hojuela *f* רָקִיק
¡hola! *interj* הַלּוֹ!
holandra *f* אֲרִיג פִּשְׁתָּן דַּק
holandés *adjm* 1 הוֹלַנְדִּי. 2 הוֹלַנְדִּית
holgado *adj* 1 מְבֻטָּל, מְחֻסַּר עֲבוֹדָה. 2 רָחָב, מְרֻוָּח, נוֹחַ. 3 אָמִיד
holganza *f* 1 עַצְלוּת, בַּטָּלָה, בַּטְלָנוּת. 2 בִּזְבּוּז. 3 פְּנַאי, שְׁהוּת. 4 בִּדּוּר, שַׁעֲשׁוּעַ
holgar *vi* 1 נָח. 2 הִתְבַּטֵּל, הָלַךְ בָּטֵל. 3 הִתְבַּדֵּר, הִשְׁתַּעֲשֵׁעַ
holgazán *adjm* עַצְלָן, בַּטְלָן, עָצֵל
holgazanear *vi* הָלַךְ בָּטֵל, הִתְבַּטֵּל, הִתְעַצֵּל
holgazanería *f* עַצְלוּת, עַצְלָנוּת, בַּטָּלָה, בַּטְלָנוּת
holgorio *m* שִׂמְחָה, עַלִּיזוּת, שָׂשׂוֹן, עֲלִיצוּת
holgura *f* 1 רְוָחָה, שֶׁפַע. 2 שִׂמְחָה, שָׂשׂוֹן
holmio *m* הוֹלְמִיּוּם
holocausto *m* 1 קָרְבַּן עוֹלָה. 2 שׁוֹאָה, הֶרֶג רַב
hológrafo *adjm* 1 שֶׁל צַוָּאר. 2 אוֹטוֹגְרָף
holladura *f* 1 רְמִיסָה. 2 דְּרִיכָה. 3 עִקְבָה
hollar *vt* 1 דָּרַךְ, רָמַס. 2 הִשְׁפִּיל, דִּכָּא
hollejo *m* קְלִפָּה, זַג
hollín *m* פִּיחַ
holliniento *adj* מְפֻיָּח
hombrada *f* אַמִּיצוּת לֵב, גַּבְרִיּוּת
hombre *m* 1 אָדָם, אִישׁ, גֶּבֶר, בֶּן אָדָם. 2 בַּעַל
hombre de bien אִישׁ הָגוּן
hombría *f* 1 אַמִּיצוּת. 2 הֲגִינוּת, יֹשֶׁר, אֲדִיבוּת. 3 גַּבְרִיּוּת
hombro *m* כָּתֵף, שֶׁכֶם
hombruno *adj* גַּבְרִי
homenaje *m* הוֹקָרָה, הַעֲרָצָה, כָּבוֹד
homenajear *vt* כִּבֵּד, הוֹקִיר
homeópata *m* הוֹמֵיאוֹפַּת
homeopatía *f* הוֹמֵיאוֹפַּתְיָה
homeopático *adj* הוֹמֵיאוֹפַּתִי
homicida *madj* 1 רוֹצֵחַ. 2 רַצְחָנִי, קַטְלָנִי
homicidio *m* רֶצַח, הֲרִיגָה
homilética *f* חָכְמַת הַדְּרוּשׁ
homilético *adj* דְּרָשָׁתִי
homilía *f* דְּרָשָׁה
homofonía *f* הוֹמוֹפוֹנְיָה
homófono *adj* הוֹמוֹפוֹנִי
homogéneo *adj* הוֹמוֹגֵנִי
homogeneidad *f* הוֹמוֹגֵנִיּוּת
homogenización *f* הוֹמוֹגֵנִיּוּת
homogenizar *vt* אִחֵד, עָשָׂה לְהוֹמוֹגֵנִי
homologar *vt* 1 מִיֵּן, רָשַׁם, נִרְשָׁם. 2 אִשֵּׁר, קִיֵּם

homología *f* הַתְאָמָה, שִׁוְיוֹן, זֶהוּת

homólogo *adj* זַהֶה, שָׁוֶה, מַתְאִים

homónimo *adj* הוֹמוֹנִימִי, שְׁוֵה צוּרָה

homosexual *madj* 1 הוֹמוֹסֶקְסוּאָל. 2 הוֹמוֹסֶקְסוּאָלִי

homosexualidad *f* הוֹמוֹסֶקְסוּאָלִיּוּת

honda *f* מִקְלַעַת

hondero *m* קַלָּע

hondo *adjm* 1 עָמֹק. 2 קַרְקָעִית

hondonada *f* מַכְתֵּשׁ, נֶקֶב, שֶׁקַע, שְׁקַעֲרוּרִית

hondura *f* תְּהוֹם, מַעֲמַקִּים, עֹמֶק

honestidad *f* ישֶׁר, הֲגִינוּת, כֵּנוּת

honesto *adj* יָשָׁר, כֵּן, הָגוּן

hongo *m* 1 פִּטְרִיָּה, כְּמֵהָה. 2 מִגְבַּע

honor *m* 1 כָּבוֹד, הַעֲרָכָה, הוֹקָרָה. 2 גְּדֻלָּה, גַּדְלוּת. 3 אוֹת הִצְטַיְּנוּת

honorable *adj* נִכְבָּד, מְכֻבָּד, חָשׁוּב

honorario *adj* שֶׁל כָּבוֹד, שֶׁלֹּא עַל מְנָת לְקַבֵּל פְּרָס

honorarios *mpl* שָׂכָר, תַּשְׁלוּם, גְּמוּל

honorífico *adj* 1 שֶׁל כָּבוֹד. 2 מְכֻבָּד, נִכְבָּד

honra *f* 1 כָּבוֹד, שֵׁם טוֹב. 2 מוֹנִיטִין, הֲגִינוּת

honradez *f* הֲגִינוּת, תֹּם, כֵּנוּת, ישֶׁר

honrado *adj* יָשָׁר, כֵּן, הָגוּן, נֶאֱמָן

honrar *vt* כִּבֵּד, הוֹקִיר, הֶעֱרִיךְ

honroso *adj* מְכֻבָּד, נִכְבָּד

hopo *m* תַּלְתַּל

hora *f* שָׁעָה

horadar *vt* קָרַח, קִדֵּחַ

horario *adjm* 1 שְׁעָתִי. 2 עִתּוּי, לוּחַ זְמַנִּים. 3 שָׁעוֹן. 4 מְחוֹג הַשָּׁעוֹת

horca *f* 1 גַּרְדּוֹם, תְּלִיָּה. 2 קִלְשׁוֹן

horcajadas(a) *fpl* פִּשּׂוּק רַגְלַיִם, פִּשּׂוּק

horcón *m* קִלְשׁוֹן

horda *f* 1 שֵׁבֶט. 2 הָמוֹן, אֲסַפְסוּף, כְּנוּפְיָה

horizontal *adj* אָפְקִי, מְאֻזָּן

horizonte *m* 1 אֹפֶק. 2 גְּבוּל. 3 חוּג הַשָּׁמַיִם

horma *f* 1 אִמּוּם, תַּבְנִית. 2 דְּפוּס נַעַל. 3 חוֹמָה

hormiga *f* נְמָלָה

hormigón *m* בֶּטוֹן

hormiguear *vi* 1 דִּגְדֵּג, עִקְצֵץ. 2 שָׁרַץ, שָׁפַע

hormigueo *m* דִּגְדּוּג, גֵּרוּי, גֵּרוּד

hormiguero *m* עֲדַת נְמָלִים, קֵן נְמָלִים

hormona *f* הוֹרְמוֹן

hornada *f* אַצְוָה

hornear *vi* אָפָה

hornero *m* אוֹפֶה, נַחְתּוֹם

hornilla *f* 1 אָח, קָמִין. 2 שׁוֹבָךְ

hornillo *m* כִּירָה, תַּנּוּר

horno *m* תַּנּוּר, כִּבְשָׁן, קָמִין, כִּירָה

horología *f* 1 שָׁעָנוּת. 2 מְדִידַת הַזְּמַן

horólogo *m* שָׁעָן

horóscopo *m* אִצְטַגְנִינוּת, הוֹרוֹסְקוֹפּ

horqueta *f* 1 קִלְשׁוֹן. 2 מַכְבֵּנָה

horquilla *f* 1 קִלְשׁוֹן. 2 מַכְבֵּנָה

horrendo *adj* אָיֹם, נוֹרָא, מַחֲרִיד, מַבְהִיל

horrible *adj* זַוְעָתִי, מַבְעִית, מַחֲרִיד, נוֹרָא

horripilante *adj* מַפְחִיד, מַחֲרִיד

horripilar *vt* הִפְחִיד, הֶחֱרִיד, בִּעֵת

horror *m* אֵימָה, בַּעַת, פַּחַד, חֲרָדָה

horrorizar *vt* הִפְחִיד, בִּעֵת, הֶחֱרִיד

horroroso *adj* מַפְחִיד, זַוְעָתִי, נוֹרָא, אָיֹם

hortaliza *f* יָרָק

hortelano *m* 1 יַרְקָן. 2 גִּבְתּוֹן הַגַּנִּים (צִפּוֹר)

hortensia *f* בְּקַעְצוּר (צֶמַח)

hortícola *adj* גַּנָּנִי

horticultor *m* גַּנָּן

horticultura *f* גִּנּוּן, גַּנָּנוּת

hosanna *interj* הוֹשַׁעְנָה

hosco *adj* 1 קוֹדֵר, כֵּהֶה. 2 נִזְעָם, עִקֵּשׁ

hospedaje *m* אִכְסוּן, אֵרוּחַ, הִתְאַכְסְנוּת

hospedar *vt* 1 הֵלִין, אִכְסֵן, אֵרַח. 2 הִתְאַכְסֵן, הִתְאָרֵחַ

hospedería *f* אַכְסַנְיָה, מָלוֹן, פֶּנְסִיוֹן, פּוּנְדָּק

hospedero *m* פּוּנְדְּקַאי

hospicio *m* בֵּית מַחֲסֶה, מוֹשַׁב זְקֵנִים

hospital *m* בֵּית חוֹלִים

hospitalario *adj* 1 מַכְנִיס אוֹרְחִים, מְאָרֵחַ. 2 שֶׁל בָּתֵּי הַחוֹלִים

hospitalidad *f* הַכְנָסַת אוֹרְחִים, אֵרוּחַ, הַאֲרָחָה

hospitalización *f* אִשְׁפּוּז
hospitalizar *vt* אִשְׁפֵּז
hosquedad *f* 1 קַדְרוּת, כֵּהוּת, אֲפֵלָה. 2 עַקְשׁוּת, זַעַם
hostelero *m* פּוּנְדְּקַאי, בַּעַל אַכְסַנְיָה
hostería *f* פּוּנְדָּק, אַכְסַנְיָה
hostia *f* לֶחֶם קֹדֶשׁ
hostigamiento *f* 1 הַלְקָאָה, הַצְלָפָה. 2 הַטְרָדָה, הֲצָקָה
hostigar *vt* 1 הִלְקָה, הִצְלִיף. 2 הִטְרִיד, הֵצִיק
hostil *adj* עוֹיֵן
hostilidad *f* עוֹיְנוּת, שִׂנְאָה, אֵיבָה
hostilizar *vt* הִטְרִיד, הֵצִיק, גֵּרָה
hotel *m* בֵּית מָלוֹן, מָלוֹן, אַכְסַנְיָה
hotelero *madj* 1 מְלוֹנַאי, מְנַהֵל בֵּית מָלוֹן. 2 שֶׁל בָּתֵּי מָלוֹן
hoy *adv* הַיּוֹם
hoy día הַיּוֹם
hoy por hoy בְּיָמֵינוּ אֵלֶּה
hoya *f* 1 נִקְרָה, נֶקֶב, חוֹר, חָלָל, גֻּמָּה. 2 קֶבֶר
hoyo *m* בּוֹר, חוֹר, נֶקֶב
hoyuelo *m* 1 גֻּמַּת חֵן. 2 חָלָל, גֻּמָּה
hoz *f* 1 מַגָּל. 2 נָקִיק
hozar *vt* חִטֵּט, נִבֵּר
huasca *f* שׁוֹט, שֵׁבֶט, מַגְלֵב
huaso *adjm* כַּפְרִי, הוּאַסוֹ
hucha *f* 1 קֻפַּת חִסָּכוֹן. 2 כֶּסֶף חָסוּךְ. 3 אַרְגָּז, תֵּבָה
huchear *vti* 1 עוֹרֵר. 2 הֵאִיץ, זֵרֵז, הֵחִישׁ
hueco *adjm* 1 רֵיק, נָבוּב, חָלוּל. 2 מֶרְחָב זְמַן
huelga *f* שְׁבִיתָה
huelguista *m* שׁוֹבֵת
huella *f* 1 עָקֵב, עֲקֵבוֹת. 2 שְׁבִיל, נָתִיב. 3 סִימָן
huellas dactilares טְבִיעַת אֶצְבָּעוֹת
huérfano *adjm* 1 אֲסוּפִי, מְיֻתָּם. 2 יָתוֹם
huero *adj* 1 רֵיק, חָלוּל, פָּנוּי. 2 רָקוּב. 3 מַסְרִיחַ, קְלוֹקֵל
huerta *f* גַּן
huerto *m* גַּן־יָרָק, גִּנָּה
huesca *f* קֶבֶר

hueso *m* 1 גֶּרֶם, עֶצֶם. 2 גַּלְעִין
huésped *m* 1 אֻשְׁפִּיז, אוֹרֵחַ. 2 מְאָרֵחַ
hueste *f* הָמוֹן, חַיִל, גְּדוּד, לִגְיוֹן
huesudo *adj* גַּרְמִי
huevera *f* 1 שַׁחֲלַת הָעוֹפוֹת. 2 גָּבִיעַ לְבֵיצָה
huevero *m* 1 מוֹכֵר בֵּיצִים. 2 גָּבִיעַ לְבֵיצָה
huevo *m* בֵּיצָה
huida *f* מְנוּסָה, בְּרִיחָה, מָנוֹס
huir *vi* בָּרַח, נָס, נִמְלַט, הִסְתַּלֵּק
hule *m* שַׁעֲוָנִית
hulla *f* פֶּחָם
humanar *vt* 1 אִנֵּשׁ. 2 עִדֵּן, תִּרְבֵּת
humanidad *f* 1 אֱנוֹשׁוּת. 2 אֲדִיבוּת, טוּב־לֵב
humanismo *m* אֱנוֹשִׁיּוּת, הוּמָנִיּוּת, הוּמָנִיזְם
humanista *adjm* הוּמָנִיסְט, אוֹהֵב הָאָדָם
humanitario *adj* אֱנוֹשִׁי, נַדְבָן
humanizar *vt* אִנֵּשׁ, עִדֵּן, תִּרְבֵּת
humano *adjm* 1 אֱנוֹשִׁי, הוּמָנִי. 2 טוֹב לֵב, אָדִיב. 3 בָּשָׂר וָדָם
humareda *f* עַמּוּד עָשָׁן
humear *vi* עִשֵּׁן
humedad *f* לַחוּת, רְטִיבוּת, טַחַב
humedecer *vt* לִחְלַח, הִרְטִיב. 2 נִרְטַב, הִתְלַחְלֵחַ
húmedo *adj* לַח, רָטֹב, טָחוּב
húmero *m* עֶצֶם הַזְּרוֹעַ
humildad *f* 1 עֲנָוָה, צְנִיעוּת. 2 שִׁפְלוּת רוּחַ. 3 כְּנִיעָה, צַיְּתָנוּת
humilde *adj* 1 עָנָו, צָנוּעַ. 2 שָׁפָל, שְׁפַל רוּחַ. 3 נִכְנָע, צַיְּתָן
humillación *f* הַשְׁפָּלָה, הַכְנָעָה, בִּזָּיוֹן, עֶלְבּוֹן
humillar *vt* הִשְׁפִּיל, הִכְנִיעַ, בִּזָּה, הֶעֱלִיב
humillos *mpl* הִתְרַבְרְבוּת, יְהִירוּת, גַּאַוְתָנוּת
humita *f* עוּגַת קֶמַח־תִּירָס
humo *m* 1 עָשָׁן. 2 יְהִירוּת, גַּאֲוָה
humor *m* 1 לֵחָה, כִּיחַ, רְטִיבוּת, מֻגְלָה. 2 הוּמוֹר, מַצַּב רוּחַ, הֲלָךְ נֶפֶשׁ
humorada *f* הֲלָצָה, גִּחוּךְ, מַהֲתַלָּה
humorado *adj* 1 הוּמוֹרִיסְטִי, בַּעַל הוּמוֹר. 2 נָתוּן בְּמַצַּב רוּחַ טוֹב אוֹ רַע

humorismo *m* עַלִּיזוּת, לֵיצָנוּת, הוּמוֹרִיזְם

humorista *m* מְהַתֵּל, מְבַדֵּחַ, הוּמוֹרִיסְט

humorístico *adj* הִתּוּלִי, מְבַדֵּחַ, הוּמוֹרִיסְטִי

humos *mpl* הִתְרַבְרְבוּת, יְהִירוּת

humoso *adj* עֲשָׁנִי, מַעֲלֶה עָשָׁן

humus *m* רַקְבּוּבִית

hundir *vt* 1 הִשְׁקִיעַ. 2 הִטְבִּיעַ, טִבַּע. 3 טָבַע

huracán *m* סוּפָה, סְעָרָה, הוּרָגָן, הוּרִיקָן

hurañez, hurañía *f* בַּיְשָׁנוּת, זְהִירוּת, צְנִיעוּת

huraño *adj* בַּיְשָׁן, נֶחְבָּא אֶל הַכֵּלִים

hurgar *vt* חִטֵּט, בָּחַשׁ, טָרַף, נִעֵר

hurgón *madj* 1 מַחְתָּה. 2 חַטְטָן

hurgonear *vti* נִעֵר, בָּחַשׁ, חִטֵּט

hurón *m* 1 תְּלָא־אִילָן. 2 סַקְרָן

huronear *vi* חָקַר, סָקַר, בָּחַן, עָקַב

humonera *f* 1 מְאוּרָה. 2 מִקְלָט

¡hurra! *interj* הֵידָד

hurtadillas (a-) *adv* בַּסֵּתֶר, בִּגְנֵבָה, בַּחֲשַׁאי

hurtar *vt* גָּנַב

hurto *m* גְּנֵבָה

húsar *m* פָּרָשׁ, הוּסָר

husmear *vti* חִטֵּט, הֵרִיחַ, רִחְרֵחַ, גִּשֵּׁשׁ

husmeo *m* גִּשּׁוּשׁ, רִחְרוּחַ

buso *m* פֶּלֶךְ

¡huy! *interj* אַי!, אוֹי! אֲבוֹי!

I

I אִי, י, הָאוֹת הָעֲשִׂירִית שֶׁל הָאָלֶף־בֵּית הַסְּפָרַדִּי

ibérico *adj* אִיבֶּרִי, סְפָרַדִּי

ibero *adjm* אִיבֶּרִי

iberoamericano *adjm* אִיבְּרוֹ־אֲמֵרִיקָנִי

íbice *m* אַקּוֹ, עֵז הַבָּר

ibis *m* מַגְלָן

iceberg *m* קַרְחוֹן

icono *m* צֶלֶם, דְּמוּת, פֶּסֶל, אִיקוֹנִין

iconoclasta *m* 1 מְנַתֵּץ־פְּסִילִים. 2 אֶפִּיקוֹרוֹס, כּוֹפֵר בָּעִקָּר

ictericia *f* צַהֶבֶת

ictérico *adj* חוֹלֵה צַהֶבֶת

ictiología *f* תּוֹרַת הַדָּגִים, אִיכְתְּיוֹלוֹגְיָה

ictiológico *adj* שֶׁל תּוֹרַת הַדָּגִים, אִיכְתְּיוֹלוֹגִי

ictiólogo *m* דַּגַּאי, חוֹקֵר הַדָּגִים

ida *f* עֲזִיבָה, הֲלִיכָה, יְצִיאָה

ida y vuelta הָלוֹךְ וְחָזוֹר

idas y venidas הָלוֹךְ וָשׁוֹב

idea *f* 1 רַעְיוֹן, דֵּעָה, מֻשָּׂג, מֻשְׂכָּל. 2 מַטָּרָה, תָּכְנִית

ideación *f* יְצִירַת מֻשָּׂגִים

ideal *adjm* 1 אִידֵיאָלִי, מֻשְׁלָם. 2 חָזוֹן, חֲלוֹם, שְׁאִיפָה, מַשְׂאַת נֶפֶשׁ, מוֹפֵת, אִידֵיאָל

idealismo *m* אִידֵיאָלִיּוּת, שְׁאִיפָה לִשְׁלֵמוּת

idealista *adjm* אִידֵיאָלִיסְט, נְדִיב רוּחַ

idealización *f* הַאֲלָהָה, אִידֵיאָלִיזַצְיָה

idealizar *vt* הֶאֱלִיהַּ, הֶעֱרִיץ

idear *vt* תִּכְנֵן, חִשֵּׁב, הִמְצִיא

ideario *m* הַשְׁקָפַת־עוֹלָם, "אֲנִי מַאֲמִין"

ideático *adj* מֻפְרָע

idem *adv* כַּנַּ"ל

idéntico *adj* זֵהֶה, דּוֹמֶה, שָׁוֶה, אִידֶנְטִי

identidad *f* זֵהוּת

identificación *f* 1 זִהוּי, זֵהוּת. 2 הִזְדַּהוּת

identificar *vt* 1 זִהָה, הִשְׁוָה, דִּמָּה

ideología *f* 1 הַשְׁקָפַת עוֹלָם, אִידֵיאוֹלוֹגְיָה. 2 שִׁיטָה

ideológico *adj* אִידֵיאוֹלוֹגִי, רַעְיוֹנִי

idílico *adj* אִידִילִי, שַׁאֲנָן, שֶׁל שִׁיר רוֹעִים

idilio *m* אִידִילְיָה, שִׁיר רוֹעִים

idioma *m* 1 שָׂפָה, לָשׁוֹן. 2 מַטְבֵּעַ־לָשׁוֹן

idiomético *adj* לְשׁוֹנִי, נִיבִי, אִידְיוֹמָטִי

idiosincrasia *f* רְגִישׁוּת־יֶתֶר, אִידְיוֹסִינְקְרַסְיָה

idiosincrásico *adj* אִידְיוֹסִינְקְרָסִי

idiota *adjm* אִידְיוֹט, שׁוֹטֶה, טִפֵּשׁ

idiotez *f* טִפְּשׁוּת, אֱוִילוּת

idiotismo *m* 1 בּוּרוּת, חֹסֶר דַּעַת. 2 נִיב, בִּטּוּי

idiotizar *vt* טִמְטֵם, הִקְהָה

ido *adj* 1 מֻפְרָע. 2 שִׁכּוֹר, מְבֻשָּׂם

idólatra *adjm* 1 עוֹבֵד אֱלִילִים. 2 מַעֲרִיץ, מַאֲלִיהַּ, מַאֲלִיל

idolatrar *vt* הֶאֱלִיל, הֶעֱרִיץ, הֶאֱלִיהַּ

idolatría *f* עֲבוֹדַת אֱלִילִים

ídolo *m* פְּסִיל, פֶּסֶל, אֱלִיל, צֶלֶם

idoneidad *f* יְכֹלֶת, כֹּשֶׁר

idóneo *adj* מֻכְשָׁר, מַתְאִים, מְסֻגָּל

idumeo *adjm* אֲדֹמִי

idus *mpl* אִידִים (ימי חג ברומי)

iglesia *f* כְּנֵסִיָּה

iglú *m* אִיגְלוּ

ignaro *adj* 1 בּוּר, נִבְעָר. 2 עַם הָאָרֶץ

ígneo *adj* אִשִּׁי, ווּלְקָנִי

ignición *f* הַצָּתָה, הַדְלָקָה, הַבְעָרָה, הֶבְעֵר

ignito *adj* דָּלוּק, מֻצָּת

ignominia *f* חֶרְפָּה, כְּלִמָּה, קָלוֹן, שִׁמְצָה, בִּזָּיוֹן

ignominioso *adj* נִקְלֶה, שָׁפָל, בָּזוּי, מַחְפִּיר, מַעֲלִיב

ignorado *adj* נִסְתָּר, לֹא יָדוּעַ, נֶעְלָם

ignorancia *f* בּוּרוּת, בַּעֲרוּת, עַם הָאַרְצוּת, אִי יְדִיעָה, חֹסֶר־דַּעַת

ignorante *adjm* בּוּר, נִבְעָר, עַם הָאָרֶץ

ignorar *vt* 1 לֹא יָדַע. 2 הִתְנַכֵּר, הִתְעַלֵּם, בִּטֵּל

ignoto *adj* נִסְתָּר, נֶעְלָם, לֹא יָדוּעַ

igual *adjm* 1 שָׁוֶה, שָׁקוּל, רָאוּי, מַקְבִּיל.
2 דּוֹמֶה. 3 קָבוּעַ, אָחִיד.
4 סִימַן־הַשִּׁוְיוֹן [=]

igualación *f* 1 הַשְׁוָאָה, הַאֲחָדָה, קִזּוּז, הַשְׁוָיָה.
2 הַתְנָיָה, הָסְכֵּם, הַתְאָמָה

igualar *vt* 1 שִׁוָּה, דִּמָּה, הִשְׁוָה. 2 יִשֵּׁר. 3 הִשְׁתַּוָּה

igualdad *f* 1 שִׁוְיוֹן, אֲחִידוּת. 2 צֶדֶק, יֹשֶׁר

igualmente *adv* בְּמִדָּה שָׁוָה, בְּאֹפֶן אָחִיד,
כְּמוֹ כֵן

iguana *f* אִיגוּאָנָה (לְטָאָה אֲמֵרִיקָאִית)

ijada, ijar *f* חֲלָצַיִם, מָתְנַיִם

ilación *f* מַסְקָנָה, תּוֹצָאָה, הֶקֵּשׁ

ilegal *adj* בִּלְתִּי חֻקִּי, לֹא חֻקִּי

ilegalidad *f* אִי־חֻקִּיּוּת

ilegible *adj* לֹא קָרִיא, בִּלְתִּי קָרִיא, מְטֻשְׁטָשׁ,
לֹא בָּרוּר

ilegitimidad *f* אִי חֻקִּיּוּת, פְּסוּל, מַמְזֵרוּת

ilegítimo *adj* בִּלְתִּי חֻקִּי, לֹא חֻקִּי, לֹא כָּשֵׁר,
פָּסוּל, מַמְזֵר

íleon *m* 1 הַמְּעִי הָעָקֹם. 2 קוֹלִית

ileso *adj* שָׁלֵם, בָּרִיא, בָּרִיא וְשָׁלֵם

iletrado *adj* בּוּר, נִבְעָר מִדַּעַת, אַנְאַלְפָבֵּיתִי

ilíaco, iliaco *adj* כִּסְלִי, שֶׁל הַקּוֹלִית

iliberal *adj* לֹא חָפְשִׁי, בַּעַל דֵּעוֹת קְדוּמוֹת, צַר
עַיִן, לֹא־לִיבֶּרָלִי

iliberalidad *f* צָרוּת עַיִן, חֹסֶר־לִיבֶּרָלִיּוּת

ilícito *adj* לֹא חֻקִּי, לֹא כָּשֵׁר, פָּסוּל

ilimitable *adj* רְחַב יָדַיִם, אֵינְסוֹפִי, בִּלְתִּי מֻגְבָּל

ilimitado *adj* לֹא מֻגְבָּל, בִּלְתִּי־מֻגְבָּל

ilinio *m* פְּרוֹמֶטְיוּם (יסוד כימי)

iliterato *adjm* בּוּר, נִבְעָר מִדַּעַת, אַנְאַלְפָבֵּיתִי

ilógico *adj* לֹא הֶגְיוֹנִי

iluminación *f* 1 תְּאוּרָה, הָאָרָה, הַדְלָקַת
אוֹרִים. 2 צִיּוּר, עִטּוּר, אִיּוּר.
3 הַשְׂכָּלָה, הַשְׁרָאָה

iluminar *vt* 1 הֵאִיר. 2 הִבְהִיר. 3 עִטֵּר, אִיֵּר

ilusión *f* אַשְׁלָיָה, הֲזָיָה, תַּעְתּוּעַ, חִזָּיוֹן שָׁוְא

ilusionar *vt* הִשְׁלָה, הִטְעָה, אִחֵז עֵינַיִם

ilusivo *adj* מַשְׁלֶה, מַטְעֶה, כּוֹזֵב

iluso *adj* 1 בַּעַל הֲזָיוֹת, בַּעַל אַשְׁלָיוֹת.
2 מְרֻמֶּה, מֻטְעֶה

ilusorio *adj* מַטְעֶה, כּוֹזֵב

ilustración *f* 1 הַסְבָּרָה, פֵּרוּשׁ. 2 עִטּוּר, אִיּוּר.
3 הַשְׂכָּלָה, לַמְדָנוּת, חָכְמָה

ilustrado *adj* 1 מְעֻטָּר, מְאֻיָּר. 2 מַשְׂכִּיל, לַמְדָן

ilustrador *m* 1 צַיָּר, מְעַטֵּר. 2 מַסְבִּיר, מְפָרֵשׁ,
מַדְגִּים

ilustrar *vt* 1 בֵּאֵר, הִבְהִיר, הִסְבִּיר. 2 צִיֵּר, אִיֵּר,
עִטֵּר. 3 הִשְׂכִּיל, לִמֵּד, חִנֵּךְ. 4 הִדְגִּים

ilustrativo *adj* מַדְגִּים, מְבָאֵר, מַסְבִּיר, מְפָרֵשׁ

ilustre *adj* דָּגוּל, נַעֲלֶה, מַזְהִיר, מְפֻרְסָם, מְהֻלָּל

imagen *f* 1 צוּרָה, תַּבְנִית, תְּמוּנָה. 2 צֶלֶם,
דְּיוֹקָן, אִיקוֹנִין. 3 בָּבוּאָה.
4 מֻשָּׂג, סֵמֶל, רַעְיוֹן

imaginable *adj* בַּר תֵּאוּר, מִתְקַבֵּל עַל הַדַּעַת

imaginación *f* 1 דִּמְיוֹן. 2 מַחֲשָׁבָה, רַעְיוֹן

imaginativa *f* 1 כֹּחַ דִּמְיוֹן. 2 שֵׂכֶל יָשָׁר

imaginar *vt* דִּמְיֵן, דִּמָּה, בָּדָה, הָגָה, שִׁעֵר,
סָבַר, חָשַׁב, תֵּאֵר לְעַצְמוֹ

imaginario *adj* דִּמְיוֹנִי, מְדֻמֶּה, בָּדוּי

imaginativa *f* 1 כֹּחַ דִּמְיוֹן. 2 שֵׂכֶל יָשָׁר

imaginativo *adj* בַּעַל דִּמְיוֹן, מְדַמְיֵן

imán *m* מַגְנֵט, אֶבֶן שׁוֹאֶבֶת

imanación *f* מִגְנוּט

imanar *vt* מִגְנֵט

imantación *f* מִגְנוּט

imantar *vt* מִגְנֵט

imbécil *adjm* טִפֵּשׁ, כְּסִיל, אֱוִיל, שׁוֹטֶה, פֶּתִי,
אִימְבֶּצִיל

imbecilidad *f* טִפְּשׁוּת, אֱוִילוּת, כְּסִילוּת,
אִימְבֶּצִילִיּוּת

imberbe *adj* 1 חֲסַר זָקָן. 2 עוּל יָמִים, צָעִיר

imborrable *adj* 1 בִּלְתִּי־מָחִיק. 2 בִּלְתִּי־נִשְׁכָּח

imbuimiento *m* שִׁכְנוּעַ, שִׁדּוּל, פִּתּוּי

imbuir *vt* שִׁכְנֵעַ, שִׁדֵּל, פִּתָּה

imitable *adj* בַּר חִקּוּי

imitación *f* 1 חִקּוּי, חַקְיָנוּת. 2 זִיּוּף, הַעְתֵּק

imitado *adj* מְזֻיָּף, מְחֻקֶּה
imitador *m* 1 חַקְיָן, מְחַקֶּה. 2 זַיְּפָן, מַעְתִּיק
imitar *vt* 1 חִקָּה. 2 זִיֵּף, הֶעְתִּיק
imitativo *adj* חִקּוּיִי, שֶׁל חִקּוּי
impaciencia *f* קֹצֶר רוּחַ, חֹסֶר סַבְלָנוּת, כִּלְיוֹן עֵינַיִם
impacientar *vti* 1 הִטְרִיד, הִקְנִיט, הִרְעִים, הִרְגִּיז. 2 גִּלָּה קֹצֶר רוּחַ
impaciente *adj* קְצַר רוּחַ, מִשְׁתּוֹקֵק, תָּאֵב, בִּלְתִּי סַבְלָנִי, חֲסַר־סַבְלָנוּת
impactado *adj* נָעוּץ, דָּחוּס
impacto *m* פְּגִיעָה, נְגִיעָה
impagable *adj* 1 לֹא נִתָּן לְפַרָעוֹן. 2 יָקָר מִפָּז
impago *adj* שֶׁטֶּרֶם נִפְרַע
impalpabilidad *f* אִי תְּפִיסוּת
impalpable *adj* לֹא תָּפִיס, לֹא מֻרְגָּשׁ, רוּחָנִי
impar *adj* 1 בִּלְתִּי־זוּגִי. 2 שֶׁאֵין דּוֹמֶה לוֹ
imparcial *adj* חֲסַר־פְּנִיּוֹת, אוֹבְּיֶקְטִיבִי
imparcialidad *f* יֹשֶׁר, צֶדֶק, הֲגִינוּת, אוֹבְּיֶקְטִיבִיּוּת
impartir *vt* הִקְנָה, מָסַר, הוֹדִיעַ, נָתַן, הֶעֱנִיק, אָצַל, הֶאֱצִיל
impasibilidad *f* אֲדִישׁוּת, שִׁוְיוֹן נֶפֶשׁ
impasible *adj* אָדִישׁ, חֲסַר רֶגֶשׁ, שְׁוֵה נֶפֶשׁ
impavidez *f* 1 אֹמֶץ לֵב, עֹז. 2 חֻצְפָּה, עַזּוּת פָּנִים
impávido *adj* 1 אַמִּיץ לֵב, עַז רוּחַ. 2 חֻצְפָּן, עַז פָּנִים
impecabilidad *f* חֹסֶר חֵטְא, טֹהַר־מִדּוֹת
impecable *adj* לְלֹא פְּגָם, לְלֹא דֹּפִי
impedido *adj* נָכֶה, מְשֻׁתָּק, בַּעַל מוּם
impedimenta *f* מִכְשׁוֹלִים, מַעְצוֹרִים, מִטְעָן צְבָאִי
impedimento *m* מַעְצוֹר, עִכּוּב, מִכְשׁוֹל, מְנִיעָה
impedir *vt* מָנַע, עָצַר, עִכֵּב, הִכְשִׁיל
impeditivo *adj* עוֹצֵר, מְעַכֵּב, מַכְשִׁיל
impeler *vt* הֵאִיץ, עוֹרֵר, דָּחַף, הִמְרִיץ
impenetrabilidad *f* אֲטִימוּת, אִי חֲדִירוּת
impenetrable *adj* 1 אָטִים, לֹא חָדִיר. 2 לֹא מוּבָן, נִסְתָּר, סָתוּם
impenitencia *f* עַקְשָׁנוּת, עִקְּשׁוּת, קְשִׁיחוּת, קַשְׁיוּת לֵב
impenitente *adj* עַקְשָׁן, עִקֵּשׁ, קְשֵׁה לֵב, רָשָׁע
impensa *f* הִתְבַּלּוּת
impesadamente *adv* בִּשְׁגָגָה, בְּלִי צְדִיָּה
impensado *adj* בִּלְתִּי־מְשֹׁעָר, בִּלְתִּי צָפוּי מֵרֹאשׁ
imperar *vi* שָׂרַר, שָׁלַט, מָשַׁל
imperativo *adjm* 1 הֶכְרֵחִי, מְצֻוֶּה, הֶחְלֵטִי. 2 צִוּוּי, צַו
imperceptibilidad *f* אִי מוּחָשׁוּת, אִי הִתָּפְסוּת
imperceptible *adj* סָמוּי, לֹא מוּחָשׁ, בִּלְתִּי מוּחָשִׁי
imperdible *adjm* 1 לֹא־אָבִיד. 2 סִכַּת בִּטָּחוֹן
imperdonable *adj* שֶׁלֹּא נִתָּן לִסְלִיחָה, שֶׁאֵין לְהַצְדִּיקוֹ, בַּל־יְכֻפַּר
impercedero *adj* נִצְחִי, תְּמִידִי
imperfección *f* פְּגָם, חִסָּרוֹן, לִקּוּי
imperfecto *adjm* 1 פָּגוּם, לָקוּי. 2 זְמַן עָבָר
imperial *adjf* 1 קֵיסָרִי, מַלְכוּתִי. 2 כִּפָּה
imperialismo *m* אִימְפֶּרְיָלִיזְם
imperialista *m* אִימְפֶּרְיָלִיסְט
impericia *f* חֹסֶר מִקְצוֹעִיּוּת, חֹסֶר מְיֻמָּנוּת
imperio *m* 1 קֵיסָרוּת, אִימְפֶּרְיָה. 2 שִׁלְטוֹן. 3 גַּאַוְתָנוּת, יְהִירוּת
imperiosidad *f* הֶכְרֵחִיּוּת
imperioso *adj* 1 הֶכְרֵחִי, דָּחוּף, נָחוּץ. 2 מִתְנַשֵּׂא, מִשְׁתַּלֵּט, רוֹדָנִי
imperito *adj* בִּלְתִּי מְיֻמָּן
impermeabilidad *f* אֲטִימוּת
impermeabilización *f* אִטּוּם
impermeabilizar *vt* אִטֵּם
impermeable *adjm* 1 אָטִים, אָטוּם, לֹא חָדִיר. 2 מְעִיל גֶּשֶׁם
impermutable *adj* לֹא נִתָּן לְשִׁנּוּי, לֹא מִשְׁתַּנֶּה
impersonal *adj* סְתָמִי, אִימְפֶּרְסוֹנָלִי, לֹא־אִישִׁי
impersuasible *adj* עַקְשָׁן, עִקֵּשׁ

impertérrito *adj* אַמִּיץ לֵב, נוֹעָז, עַז רוּחַ
impertinencia *f* שַׁחֲצָנוּת, חֻצְפָּה, עַזּוּת פָּנִים
impertinente *adj* שַׁחֲצָן, חֻצְפָּן, עַז פָּנִים
impertinentes *mpl* מִשְׁקֶפֶת, מִשְׁקְפֵי אוֹפֶּרָה
imperturbabilidad *f* מְתִינוּת, קֹר רוּחַ
imperturbable *adj* שָׁקֵט, מָתוּן, קַר מֶזֶג
imperturbado *adj* מָתוּן, שָׁקֵט, קַר מֶזֶג
impétigo *m* סַרְעֶפֶת (מַחֲלַת־עוֹר)
impetra *f* רִשּׁוּי, רְשׁוּת, הֶתֵּר, רִשְׁיוֹן
impetrar *vt* 1 בִּקֵּשׁ, הִתְחַנֵּן, הִפְצִיר. 2 הִשִּׂיג, זָכָה
ímpetu *m* 1 דְּחִיפָה, דַּחַף, מֵנִיעַ. 2 תֹּקֶף, עֹז, מִתְקָף, הֶכְרֵחַ. 3 הַתְקָפָה
impetuosidad *f* הִתְפָּרְצוּת, פְּזִיזוּת, קֹצֶר רוּחַ
impetuoso *adj* סוֹעֵר, מִתְפָּרֵץ, חֲסַר סַבְלָנוּת
impiedad *f* אָפִּיקוֹרְסוּת, חֹסֶר אֲדִיקוּת, אִי־צְנִיעוּת
impío *adj* כּוֹפֵר, חוֹטֵא, לֹא דָתִי, רָשָׁע
implacabilidad *f* זַעַם, מַשְׂטֵמָה
implacable *adj* אַכְזָרִי, נוֹקֵם וְנוֹטֵר, חֲסַר רַחֲמִים
implantar *vt* 1 שָׁתַל, נָטַע, הִשְׁרִישׁ, הִרְכִּיב. 2 הִתְקִין, הִשְׁלִיט, קָבַע
implementar *vt* הִגְשִׁים, בִּצַּע
implicación *f* 1 מְעֹרָבוּת, הִסְתַּבְּכוּת, סִבּוּךְ. 2 מַשְׁמָעוּת, מַסְקָנָה
implicar *vt* 1 עָטַף, סִבֵּךְ. 2 הֵכִיל, כָּלַל. 3 חִיֵּב. 4 הִסְתַּבֵּךְ
implícito *adj* מוּבָן מֵאֵלָיו, בָּרוּר, מוּבָן
imploración *f* תַּחֲנוּנִים, הַפְצָרָה, בַּקָּשָׁה, תְּחִנָּה
implorar *vt* הִתְחַנֵּן, בִּקֵּשׁ, הִפְצִיר
implume *adj* חֲסַר נוֹצוֹת
impolítica *f* גַּסּוּת, חֹסֶר נִימוּס
impolítico *adj* 1 חֲסַר נִימוּס, גַּס. 2 לֹא־נָבוֹן
impoluto *adj* טָהוֹר, זַךְ, צַח, נָקִי
imponderable *adj* 1 לֹא שָׁקִיל, קַל מְאֹד. 2 שֶׁמֵּעֵבֶר לְכָל מִדָּה
imponente *adjm* 1 רַב רשֶׁם, נֶהְדָּר, מְפֹאָר, עָצוּם, אַדִּיר. 2 מַטִּיל־מִסִּים
imponer *vt* 1 כָּפָה, הֵטִיל. 2 סִדֵּר. 3 הוֹדִיעַ, בִּשֵּׂר, מָסַר. 4 הוֹרָה, צִוָּה
imponerse *vref* הִשְׁתַּלֵּט, הִתְגַּבֵּר
imponible *adj* חַיָּב בְּמַס, טָעוּן מַס
impopular *adj* לֹא מְקֻבָּל, לֹא פּוֹפּוּלָרִי
impopularidad *f* חֹסֶר פּוֹפּוּלָרִיּוּת
importación *f* יְבוּא
importador *m* יְבוּאָן
importancia *f* חֲשִׁיבוּת
importante *adj* חָשׁוּב, נִכְבָּד, בַּעַל עֵרֶךְ
importar *vti* 1 יִבֵּא. 2 עָלָה (מְחִירוֹ הָיָה...). 3 חָשׁוּב, נָגַע לָעִנְיָן
importe *m* 1 מְחִיר, סַךְ, סְכוּם. 2 עֵרֶךְ, שִׁעוּר
importunación *f* הַטְרָדָה, הַטְרָחָה
importunar *vt* הִטְרִיד, הִטְרִיחַ, הֵצִיק
importunidad *f* הַפְצָרָה, דְּחִיפוּת, הַטְרָדָה
importuno *adj* 1 טַרְדָן, עַקְשָׁן. 2 שֶׁלֹּא בְּעִתּוֹ
imposibilidad *f* אִי אֶפְשָׁרוּת, חֹסֶר יְכֹלֶת
imposibilitar *vt* פָּסַל, שָׁלַל יְכֹלֶת, שָׁלַל אֶפְשָׁרוּת, מָנַע
imposible *adj* אִי אֶפְשָׁרִי, בִּלְתִּי אֶפְשָׁרִי
imposición *f* 1 כְּפִיָּה, אֲכִיפָה. 2 הַטָּלַת מַס. 3 יְהָב, הֶטֵּל
impostergable *adj* מִיָּדִי, לֹא נִתָּן לִדְחִיָּה
impostor *m* רַמַּאי, נוֹכֵל, מִתְעַתֵּעַ
impostura *f* גְּנֵבַת דַּעַת, רַמָּאוּת, מִרְמָה, הוֹנָאָה
impotencia *f* 1 תְּשִׁישׁוּת, חֻלְשָׁה, אֵין־אוֹנוּת. 2 חֹסֶר כֹּחַ גַּבְרָא, עֲקָרוּת
impotente *adj* 1 תָּשׁוּשׁ, חַלָּשׁ, חֲסַר־אוֹנִים. 2 חֲסַר כֹּחַ גַּבְרָא, עָקָר
impractibilidad חֹסֶר מַעֲשִׂיּוּת, חֹסֶר שִׁמּוּשִׁיּוּת
impracticable *adj* לֹא מַעֲשִׂי, לֹא שִׁמּוּשִׁי
impráctico *adj* לֹא מַעֲשִׂי
imprecación *f* אָלָה, קְלָלָה, מְאֵרָה
imprecar *vt* קִלֵּל, אָרַר
imprecisión *f* חֹסֶר דִּיּוּק, סְתָמִיּוּת
impreciso *adj* בִּלְתִּי מְדֻיָּק, סְתָמִי
impregnable *adj* סָפִיג, סוֹפֵג
impregnación *f* הַרְטָבָה, הַשְׁרָיָה
impregnar *vt* הִשְׁרָה, הִרְטִיב, הִפְרָה

impremeditado *adj* שֶׁלֹּא בְּמַחֲשָׁבָה תְּחִלָּה
imprenta *f* דְּפוּס, בֵּית דְּפוּס
imprescindible *adj* הֶכְרֵחִי, נָחוּץ, חִיּוּנִי
imprescriptible *adj* שֶׁאֵינוֹ מִתְיַשֵּׁן
impresentable *adj* שֶׁלֹּא רָאוּי לְהַצִּיגוֹ
impresión *f* 1 הַרְגָּשָׁה, רֹשֶׁם, הִתְרַשְּׁמוּת. 2 טְבִיעָה. 3 הֶדְפֵּס, הַדְפָּסָה. 4 חֲתִימָה, חוֹתָם
impresión digital טְבִיעַת אֶצְבָּעוֹת
impresionable *adj* רָגִישׁ, נוֹחַ לְהִתְרַגֵּשׁ, נוֹחַ לִהְיוֹת מֻשְׁפָּע
impresionante *adj* 1 מְשַׁכְנֵעַ, רַב רֹשֶׁם. 2 מְזַעֲזֵעַ
impresionar *vt* 1 הִרְשִׁים. 2 זִעְזַע
impresionismo *m* אִימְפְּרֶסְיוֹנִיזְם
impresionista *m* אִימְפְּרֶסְיוֹנִיסְט
impreso *adjm* 1 מֻדְפָּס. 2 מְבֻיָּל, חָתוּם. 3 דִּבְרֵי דְפוּס. 4 קוּנְטְרֵס, חוֹבֶרֶת, עָלוֹן
impresor *m* מַדְפִּיס
impresos *mpl* דִּבְרֵי דְפוּס
imprevisible *adj* בִּלְתִּי נִרְאֶה מֵרֹאשׁ
imprevisión *f* אִי הַשְׁגָּחָה, רַשְׁלָנוּת, בַּזְבְּזָנוּת, אִי רְאִיַּת הַנּוֹלָד
imprevisto *adj* 1 בִּלְתִּי־צָפוּי. 2 פִּתְאוֹמִי
imprevistos *mpl* הוֹצָאָה לְלֹא תַקְצִיב
imprimir *vt* 1 הִדְפִּיס, הִטְבִּיעַ, חָרַט. 2 הִנְפִּיק (שטרות כסף). 3 הִשְׁפִּיעַ
improbabilidad *f* אִי אֶפְשָׁרוּת, אִי סְבִירוּת
improbable *adj* אִי אֶפְשָׁרִי, לֹא סָבִיר
improbidad *f* אִי־יֹשֶׁר, חֹסֶר כֵּנוּת
improbo *adj* 1 נוֹכֵל, רַמַּאי, לֹא יָשָׁר, לֹא מְהֻגָּן. 2 מְיַגֵּעַ, קָשֶׁה
improcedencia *f* חֹסֶר חֻקִּיּוּת
improcedente *adj* 1 בִּלְתִּי חֻקִּי. 2 לֹא מַתְאִים, לֹא הוֹלֵם
ímproductivo *adj* עָקָר, בִּלְתִּי מוֹעִיל, בִּלְתִּי יַצְרָנִי
impronunciable *adj* שֶׁאִי אֶפְשָׁר לְבַטְּאוֹ, שֶׁאֵין לְבַטְּאוֹ בְּמִלִּים
improperio *m* עֶלְבּוֹן, בִּזָּיוֹן, גִּדּוּף, חֵרוּף
impropiedad *f* בַּרְבָּרִיּוּת, טָעוּת, שִׁמּוּשׁ לֹא נָכוֹן
impropio *adj* לֹא נָכוֹן, בִּלְתִּי מַתְאִים, מֻטְעֶה
improrrogable *adj* מִיָּדִי, לֹא נִתָּן לִדְחוּי
impróspero *adj* בִּישׁ מַזָּל, בִּישׁ גַּדָּא, מִסְכֵּן
improvidencia *f* 1 חֹסֶר מָעוֹף. 2 בַּזְבְּזָנוּת
impróvido *adj* 1 חֲסַר מָעוֹף. 2 בַּזְבְּזָן
improvisación *f* אִלְתּוּר, אִימְפְּרוֹבִיזַצְיָה
improvisado *adj* מְאֻלְתָּר
improvisador *adjm* מְאַלְתֵּר
improvisar *vt* אִלְתֵּר
improviso, improvisto *adj* פִּתְאוֹמִי
imprudencia *f* חֹסֶר זְהִירוּת, רַשְׁלָנוּת, קַלּוּת דַּעַת, פְּזִיזוּת
imprudente *adj* פָּזִיז, פּוֹחֵז, רַשְׁלָנִי, בִּלְתִּי זָהִיר
impúber *adj* שֶׁלֹּא הִגִּיעַ לְפִרְקוֹ, בָּסִיר
impudencia *f* חֻצְפָּה, גַּסּוּת, עַזּוּת פָּנִים
impudente *adj* חָצוּף, חֻצְפָּן, עַז פָּנִים
impudicia *f* פְּרִיצוּת, חֹסֶר בּוּשָׁה, חֹסֶר צְנִיעוּת
impúdico *adj* גַּס, חָצוּף, חֲסַר־בּוּשָׁה, לֹא צָנוּעַ
impudor *m* חֻצְפָּה, פְּרִיצוּת, שַׁחֲצָנוּת
impuesto *m* 1 מַס, יְהָב, הֵטֵּל. 2 מַעֲמָסָה
impugnable *adj* שָׁנוּי בְּמַחֲלֹקֶת
impugnación b*f* הִתְנַגְּדוּת, סְתִירָה
impugnador *m* 1 מִתְנַגֵּד, מְעַרְעֵר. 2 סָרְבָן
impugnar *vt* סָתַר, הִתְנַגֵּד, חָלַק עַל־
impulsar *vt* הִמְרִיץ, דָּחַף, הֵאִיץ, עוֹרֵר
impulsión *f*, **impulso** *m* דַּחַף, תְּחוּשָׁה, אִימְפּוּלְס
impulsividad *f* רַגְשָׁנוּת, פְּזִיזוּת, אִימְפּוּלְסִיבִיּוּת
impulsivo *adj* נִמְהָר, פָּזִיז, אִימְפּוּלְסִיבִי
impulsor *adjm* 1 מַמְרִיץ, דּוֹחֵף, מְעוֹרֵר. 2 יוֹזֵם. 3 גַּלְגַּל מֵנִיעַ
impune *adj* חֲסַר־עֹנֶשׁ, שֶׁנִּשְׁאַר לְלֹא עֹנֶשׁ
impunidad *f* חֹסֶר עֹנֶשׁ, אִי־עֲנִישָׁה
impureza *f* 1 טֻמְאָה, לִכְלוּךְ, סֵאוּב, טִנּוּף. 2 טָעוּת לְשׁוֹנִית
impurificación *f* אִלּוּחַ
impurificar *vt* אִלַּח, טִמֵּא

impuro *adj* 1 טָמֵא, מְזֹהָם, מְלֻכְלָךְ, מְטֻנָּף. 2 מֻטְעֶה (מִבְּחִינָה לְשׁוֹנִית)

imputable *adj* 1 נוֹשֵׂא בְּאַחֲרָיוּת לְ־. 2 בַּר גִּנּוּי

imputación *f* דֹּפִי, יִחוּס, קִטְרוּג, גִּנּוּי, הַאֲשָׁמָה

imputador *adjm* מַאֲשִׁים, מְגַנֶּה

imputar *vt* הֶאֱשִׁים, יִחֵס, גִּנָּה, בִּקֵּר, טָפַל עַל־

inabarcable *adj* שֶׁלֹּא נִתָּן לְהַקִּיף, רְחַב־יָדַיִם

inabordable *adj* נִמְנַע הַגִּישָׁה, בִּלְתִּי נָגִישׁ

inacabable *adj* אֵינְסוֹפִי

inacabado *adj* בִּלְתִּי מֻשְׁלָם, לֹא גָּמוּר

inaccesibilidad *f* הֶעְדֵּר־גִּישָׁה

inaccesible *adj* 1 נִמְנַע הַגִּישָׁה, נִמְנַע הַהַשָּׂגָה. 2 אֲטוּם לֵב

inacción *f* חֹסֶר־מַעַשׂ, חֹסֶר פְּעֻלָּה, בַּטָּלָה, עַצְלוּת

inacentuado *adj* לֹא מֻטְעָם

inaceptable *adj* 1 לֹא מִתְקַבֵּל עַל הַדַּעַת. 2 לֹא רָצוּי. 3 בִּלְתִּי־קָבִיל

inactividad *f* חֹסֶר פְּעֻלָּה, אִי פְּעִילוּת, חֹסֶר־מַעַשׂ

inactivo *adj* לֹא פָּעִיל, בָּטֵל, חֲסַר־פְּעִילוּת

inadaptable *adj* בִּלְתִּי סָגִיל, שֶׁאֵינוֹ מִסְתַּגֵּל

inadecuado *adj* לֹא מַסְפִּיק, לֹא מַתְאִים, לֹא־מֻתְאָם

inadmisibilidad *f* 1 אִסּוּר כְּנִיסָה. 2 אִי־קְבִילוּת

inadmisible *adj* אָסוּר, לֹא קָבִיל, שֶׁאֵינוֹ מִתְקַבֵּל עַל הַדַּעַת

inadoptable *adj* לֹא מַעֲשִׂי, לֹא שִׁמּוּשִׁי

inadulterado *adj* טָהוֹר, נָקִי, זַךְ, צַח

inadvertencia *f* 1 הֶסַּח הַדַּעַת, אִי שִׂימַת לֵב. 2 טָעוּת, שְׁגָגָה

inadvertido *adj* 1 חֲסַר־זְהִירוּת. 2 רַשְׁלָן, רַשְׁלָנִי. 3 בִּלְתִּי־מֻבְחָן

inafectado *adj* כֵּן, אֲמִתִּי, פָּשׁוּט, טִבְעִי, לֹא מְעֻשֶּׂה

inagotable *adj* לֹא אַכְזָב, שׁוֹפֵעַ, בִּלְתִּי־נִדְלֶה, בִּלְתִּי פּוֹסֵק

inaguantable *adj* בִּלְתִּי נִסְבָּל

inajenable, inalienable *adj* שֶׁלֹּא נִתָּן לְהַעֲבָרָה אוֹ הַעְתָּקָה

inalámbrico *adj* אַלְחוּטִי

inalcanzable *adj* שֶׁלֹּא נִתָּן לְהַשִּׂיגוֹ, שֶׁמֵּעֵבֶר לְהַשָּׂגָה

inalterable *adj* קַיָּם, קָבוּעַ, יַצִּיב, שֶׁלֹּא נִתָּן לְשִׁנּוּי, בִּלְתִּי־מִשְׁתַּנֶּה

inalterado *adj* שֶׁלֹּא שֻׁנָּה

inane *adj* נָבוּב, רֵיק, חֲסַר עֵרֶךְ

inanición *f* רָעָב, תְּשִׁישׁוּת, חֻלְשָׁה

inanidad *f* רֵיקָנוּת, אַפְסוּת, חֹסֶר תֹּכֶן, הֲבָלִים

inanimado *adj* דּוֹמֵם, מֵת, חֲסַר חַיִּים

inánime *adj* 1 חֲסַר־הַכָּרָה. 2 נְטוּל רוּחַ חַיִּים

inapagable *adj* שֶׁאִי אֶפְשָׁר לְכַבּוֹתוֹ

inapelable *adj* 1 שֶׁלֹּא נִתָּן לְעִרְעוּר. 2 שֶׁאֵין לוֹ תַּקָּנָה

inapercibido *adj* 1 חֲסַר־זְהִירוּת, שׁוֹגֵג. 2 רַשְׁלָן, רַשְׁלָנִי

inapetencia *f* חֹסֶר תֵּאָבוֹן

inapetente *adj* חֲסַר תֵּאָבוֹן

inaplazable *adj* שֶׁאֵינוֹ נִתָּן לִדְחִיָּה

inaplicabilidad *f* לֹא שִׁמּוּשִׁיּוּת, לֹא מַעֲשִׂיּוּת

inaplicable *adj* לֹא מַתְאִים, לֹא שִׁמּוּשִׁי

inapreciable *adj* 1 חֲסַר עֵרֶךְ, נְטוּל עֵרֶךְ. 2 יָקָר מְאֹד, שֶׁאֵין עֲרֹךְ לוֹ

inaprovechable *adj* בִּלְתִּי מוֹעִיל, לֹא שִׁמּוּשִׁי, שֶׁאִי אֶפְשָׁר לְהִשְׁתַּמֵּשׁ בּוֹ

inarmónico *adj* צוֹרֵם, לֹא הַרְמוֹנִי

inarticulado *adj* 1 מֻרְשַׁל הַהַבָּעָה, בִּלְתִּי־מֻדְגָּשׁ. 2 אִלֵּם, מְגֻמְגָּם

inasequible *adj* 1 שֶׁאִי אֶפְשָׁר לְהַשִּׂיגוֹ. 2 שֶׁאֵין לְהִתְקָרֵב אֵלָיו, בִּלְתִּי נָגִישׁ

inasimilable *adj* 1 שֶׁלֹּא נֶעְכָּל. 2 בִּלְתִּי־טָמִיעַ

inasistencia *f* הֶעָדְרוּת

inatacable *adj* שֶׁאֵין לְהַתְקִיפוֹ, בִּלְתִּי פָּגִיעַ

inaudito *adj* 1 חֲסַר תַּקְדִּים, לֹא יָדוּעַ. 2 עָצוּם, כַּבִּיר

inauguración *f* חֲנֻכָּה, פְּתִיחָה חֲגִיגִית

inaugural *adj* 1 שֶׁל חֲנֻכָּה, שֶׁל פְּתִיחָה. 2 שֶׁל נְאוּם פְּתִיחָה

inaugurar *vt* חָנַךְ, פָּתַח

inaveriguable *adj* שֶׁלֹּא נִתָּן לְוַדֵּא אוֹ לְבָרֵר

inca *m* אִינְקָה (מֶלֶךְ אוֹ נָסִיךְ בְּפֶּרוּ לְפָנִים)

incaico *adj* אִינְקָאִי

incalculable *adj* עָצוּם, כַּבִּיר, בִּלְתִּי־מְשֹׁעָר

incalificable *adj* 1 שֶׁלֹּא נִתָּן לְהַעֲרִיכוֹ. 2 שֶׁמִּתַּחַת לְכָל בִּקֹּרֶת

incandescencia *f* לַהַט, הִתְלַבְּנוּת

incandescente *adj* לוֹהֵט, יוֹקֵד, מִתְלַבֵּן

incansable *adj* בִּלְתִּי לֵאֶה, בִּלְתִּי מְיֻגָּע

incapacidad *f* חֹסֶר יְכֹלֶת, פַּסְלוּת, אִי כִּשְׁרוֹן

incapacitar *vt* פָּסַל, שָׁלַל יְכֹלֶת

incapaz *adj* בִּלְתִּי מְסֻגָּל, חֲסַר יְכֹלֶת

incasto *adj* 1 נוֹאֵף. 2 מוֹעֵל, בּוֹגֵד, רַמַּאי

incautación *f* הַחְרָמָה, הַקְנָיָה

incautarse *vref* הֶחֱרִים, הִקְנָה לְעַצְמוֹ

incauto *adj* תָּם, תָּמִים, פָּזִיז, לֹא זָהִיר

incendiar *vt* שָׂרַף, הִצִּית, הִבְעִיר, הִדְלִיק

incendiario *adjm* 1 מַצִּית, שׂוֹרֵף, מַבְעִיר. 2 מֵסִית, מְחַרְחֵר רִיב

incendio *m* שְׂרֵפָה, דְּלֵקָה, בְּעֵרָה

incensar *vt* 1 הִקְטִיר, הֶעֱלָה קְטֹרֶת. 2 הֶחֱנִיף

incentivo *adjm* 1 מְעוֹדֵד, מְעוֹרֵר. 2 עִדּוּד, דְּחִיפָה

incertidumbre *f* אִי בִּטָּחוֹן, אִי וַדָּאוּת, הִסּוּס, הִתְלַבְּטוּת

incesante *adj* בִּלְתִּי פּוֹסֵק

incesto *m* גִּלּוּי עֲרָיוֹת, עֶרְוָה

incestuoso *adjm* 1 שֶׁל גִּלּוּי עֲרָיוֹת. 2 זוֹנֶה, נוֹאֵף

incidencia *f* 1 נְגִיעָה. 2 מִקְרֶה, מְאֹרָע. 3 זָוִית מַגָּע

incidental *adj* מִקְרִי, מִשְׁנִי, טָפֵל

incidente *madj* 1 תַּקְרִית, מְאֹרָע, מִקְרֶה. 2 נוֹפֵל. 3 מִקְרִי, טָפֵל, מִשְׁנִי

incidir *vit* 1 טָעָה, שָׁגָה. 2 פָּגַע, נָגַע. 3 כָּרַת, גָּזַר, חָתַךְ

incienso *m* 1 קְטֹרֶת, לְבוֹנָה. 2 חֲנֻפָּה

incierto *adj* מְפֻקְפָּק, מְסֻפָּק, מְעֻרְפָּל, לֹא־בָּטוּחַ

incineración *f* שְׂרֵפָה, הַבְעָרָה

incinerador *adjm* 1 שׂוֹרֵף, מַבְעִיר. 2 מִשְׂרֶפֶת, כִּבְשָׁן

incinerar *vt* שָׂרַף, הִבְעִיר

incipiente *adj* מַתְחִיל, הַתְחָלִי, רִאשׁוֹנִי

incircunciso *adj* עָרֵל, לֹא נִמּוֹל

incircunscrito *adj* לֹא מֻתְחָם

incisión *f* חֲתָךְ, חִתּוּךְ, חָרִיץ

incisivo *adj* חוֹתֵךְ, שׂוֹרֵט, נוֹקֵב, חַד

incisivos *mpl* שִׁנַּיִם חוֹתְכוֹת, נִיבִים

inciso *adjm* 1 חָתוּךְ, גָּזוּר, שָׂרוּט, חָרוּט. 2 פִּסְקָה, סָעִיף. 3 פְּסִיק

incitación *f* הֲסָתָה, גֵּרוּי, שִׁסּוּי, דְּחִיפָה

incitante *adj* מֵסִית, מְעוֹרֵר, מְגָרֶה

incitar *vt* 1 הֵסִית, גֵּרָה, שִׁסָּה. 2 עוֹרֵר, הִמְרִיד, קוֹמֵם

incivil *adj* גַּס, חֲסַר נִימוּס, בִּלְתִּי מְנֻמָּס

incivilidad *f* גַּסּוּת, חֹסֶר נִימוּס

incivilizado *adj* פֶּרֶא, לֹא תַּרְבּוּתִי, לֹא מְחֻנָּךְ

inclasificable *adj* לֹא נִתָּן לְמִיּוּן, לֹא נִתָּן לְסִוּוּג

inclasificado *adj* לֹא מְסֻוָּג, לֹא מְמֻיָּן

inclemencia *f* אַכְזְרִיּוּת, חֹסֶר רַחֲמָנוּת

inclemente *adj* 1 אַכְזָר, אַכְזָרִי, קָשֶׁה. 2 סַגְרִיר, סַגְרִירִי

inclinación *f* 1 נְטִיָּה, פְּנִיָּה. 2 קִדָּה, הַרְכָּנָה, הַטָּיָה. 3 שִׁפּוּעַ

inclinado *adj* 1 נוֹטֶה. 2 נָטוּי, מְשֻׁפָּע, כָּפוּף

inclinar *vti* 1 הִטָּה, כִּוֵּן. 2 נָטָה, הִתְכּוֹפֵף, הִרְכִּין רֹאשׁ, הִשְׁתַּחֲוָה

inclito *adj* נוֹדָע, דָּגוּל, מְהֻלָּל

incluir *vt* הִכְלִיל, כָּלַל, הֵכִיל

inclusa *f* בֵּית יְתוֹמִים, בֵּית אֲסוּפִים

inclusión *f* 1 הַכְלָלָה. 2 קִרְבָה

inclusivamente *adv* בִּכְלָל, וְעַד בִּכְלָל

inclusive *adv* בִּכְלָל, וְעַד בִּכְלָל

inclusivo *adj* כּוֹלֵל, כָּלוּל

incluso *adj* רָצוּף, כָּלוּל

incoativo *adj* הַתְחָלִי, רִאשׁוֹנִי, מַתְחִיל

incobrable *adj* שֶׁלֹּא נִתָּן לִגְבִיָּה

incógnita *f* נֶעְלָם

incógnito *adjm* 1 בִּלְתִּי יָדוּעַ. 2 עִלּוּם שֵׁם
incognoscible *adj* נִסְתָּר, כָּמוּס, סָתוּם
incoherencia *f* חֹסֶר הַתְאָמָה, חֹסֶר רְצִיפוּת
incoherente *adj* מְבֻלְבָּל, חֲסַר הַתְאָמָה, חֲסַר רְצִיפוּת
incoloro *adj* חֲסַר גֹּוֶן, שָׁקוּף
incólume *adj* שָׁלֵם, מֻשְׁלָם
incombustible *adj* לֹא דָלִיק, לֹא מִתְלַקֵּחַ
incomible *adj* לֹא אָכִיל, לֹא רָאוּי לְמַאֲכָל
incomodar *vt* הִטְרִיד, הִטְרִיחַ, הִפְרִיעַ
incomodidad *f* טִרְדָּה, טִרְחָה, אִי נוֹחוּת
incómodo *adj* טַרְדָנִי, טַרְחָנִי, לֹא־נוֹחַ
incomparable *adj* שֶׁאֵין דּוֹמֶה לוֹ, שֶׁאֵין כָּמוֹהוּ
incompasivo *adj* אַכְזָר, קְשֵׁה לֵב
incompatibilidad *f* אִי הַתְאָמָה, אִי הִתְמַזְּגוּת
incompatible *adj* בִּלְתִּי מַתְאִים
incompetencia *f* אָזְלַת יָד, חֹסֶר כִּשְׁרוֹן
incompetente *adj* לֹא מְסֻגָּל, חֲסַר יְכֹלֶת
incompleto *adj* חָסֵר, פָּגוּם, לָקוּי, לֹא שָׁלֵם
incomprensible *adj* סָתוּם, תָּמוּהַּ, מוּזָר, לֹא מוּבָן
incompresión *f* חֹסֶר הֲבָנָה
incomprensivo *adj* חֲסַר־הֲבָנָה
incompresible *adj* עָמִיד בִּפְנֵי לַחַץ
incomunicable *adj* 1 אָסוּר לְפִרְסוּם. 2 בִּלְתִּי־חֶבְרָתִי
incomunicación *f* 1 חֹסֶר קֶשֶׁר, נִתּוּק מַגָּע. 2 בִּדּוּד, הֶסְגֵּר
incomunicado *adj* מְנֻתָּק, מְבֻדָּד
incomunicar *vt* 1 נִתֵּק קֶשֶׁר, בּוֹדֵד. 2 הִתְבּוֹדֵד, הִסְתַּגֵּר
inconcebible *adj* שֶׁלֹּא מִתְקַבֵּל עַל הַדַּעַת
inconciliable *adj* בִּלְתִּי מִתְפַּשֵּׁר
inconcluso *adj* לֹא גָמוּר, לֹא מֻשְׁלָם
incondicional *adj* לְלֹא תְנָאִים, מֻחְלָט
inconducente *adj* לֹא־מוֹלִיךְ
inconexo *adj* 1 לֹא קָשׁוּר. 2 חֲסַר־רְצִיפוּת. 3 מְבֻלְבָּל
inconfesable *adj* שֶׁלֹּא נִתָּן לְסַפְּרוֹ
inconfeso *adj* 1 שֶׁאֵינוֹ מוֹדֶה. 2 שֶׁלֹּא הִתְוַדָּה
inconfundible *adj* בָּרוּר, מְפֹרָשׁ, מוֹנֵעַ טָעוּת
incongruencia *f* אִי הַתְאָמָה, סְתִירָה
incongruente *adj* לֹא מַתְאִים, לֹא הַרְמוֹנִי, סוֹתֵר
inconmensurabilidad *f* אִי־מְדִידוּת
inconmensurable *adj* שֶׁלֹּא נִתָּן לִמְדִידָה
inconmovible *adj* אָדִישׁ, שְׁוֵה נֶפֶשׁ
inconmutable *adj* לֹא נִתָּן לְשִׁנּוּי
inconquistable *adj* שֶׁאֵין לְכָבְשׁוֹ
inconsciencia *f* חֹסֶר הַכָּרָה, חֹסֶר תּוֹדָעָה
inconsciente *adj* 1 נְטוּל הַכָּרָה. 2 לֹא מוּדָע
inconscientemente *adv* לְלֹא הַכָּרָה, בְּלֹא יוֹדְעִין
inconsecuencia *f* חֹסֶר־עִקְבִיּוּת
inconsecuente *adj* לֹא עִקְבִי, חֲסַר עִקְבִיּוּת
inconsideración *f* חֹסֶר־הִתְחַשְּׁבוּת, קַלּוּת רֹאשׁ
inconsiderado *adj* רַשְׁלָן, לֹא מָתוּן, לֹא מִתְחַשֵּׁב
inconsiguiente *adj* לֹא עָקִיב, לֹא עִקְבִי
inconsistencia *f* אִי עֲקִיבוּת, סְתִירָה, הֲפַכְפְּכוּת
inconsistente *adj* 1 רוֹפֵף, חַלָּשׁ. 2 בִּלְתִּי יַצִּיב, הֲפַכְפַּךְ
inconsolable *adj* מְמָאֵן לְהִנָּחֵם, שֶׁאֵין לְנַחֲמוֹ
inconstancia *f* הֲפַכְפְּכוּת, קַלּוּת דַּעַת
inconstante *adj* הֲפַכְפַּךְ, קַל דַּעַת
inconstitucional *adj* בִּלְתִּי חֻקִּי, שֶׁלֹּא כַּדִּין
incontable *adj* רַב, עָצוּם, לֹא נִתָּן לִסְפִירָה
incontaminado *adj* נָקִי, טָהוֹר, בִּלְתִּי־מְזֹהָם
incontestable *adj* וַדָּאִי, שֶׁאֵינוֹ נִתָּן לְעִרְעוּר
incontinencia *f* אִי הִתְאַפְּקוּת, הֶפְקֵרוּת
incontinente *adj* מֻפְקָר, לֹא צָנוּעַ
incontinenti *adv* מִיָּד
incontrovertibilidad *f* וַדָּאוּת, נִמְנָעוּת, סְתִירָה
incontrovertible *adj* וַדָּאִי, שֶׁלֹּא נִתָּן לִסְתִירָה
inconveniencia *f* 1 אִי נוֹחוּת, טִרְדָּה. 2 גַּסּוּת, חֹסֶר עֲדִינוּת

inconveniente *adjm*	1 לֹא נוֹחַ, לֹא נָעִים.
	2 מִכְשׁוֹל. 3 אִי־נְעִימוּת
inconversable *adj*	לֹא חֶבְרָתִי, לֹא יְדִידוּתִי
incorporal *adj*	לֹא חָמְרִי, לֹא גַּשְׁמִי, לֹא מַמָּשִׁי
incorporación *f*	1 צֵרוּף, אִחוּד, מְזִיגָה.
	2 אִגּוּד, תַּאֲגִיד. 3 הִצְטָרְפוּת
incorporar *vt*	1 צֵרֵף, מָזַג, אִחֵד. 2 הֵכִיל,
	כָּלַל, הִכְלִיל
incorpóreo *adj*	בִּלְתִּי חָמְרִי, בִּלְתִּי גַּשְׁמִי
incorrección *f*	1 גַּסּוּת, חֹסֶר נִימוּס. 2 טָעוּת,
	שְׁגִיאָה, מִשְׁגֶּה, שִׁבּוּשׁ
incorrecto *adj*	1 לֹא מְנֻמָּס, גַּס. 2 לָקוּי,
	מְשֻׁבָּשׁ, מֻטְעֶה
incorregibilidad *f*	מֻשְׁבָּתוּת לְלֹא תַקָּנָה
incorregible *adj*	חֲסַר תַּקָּנָה, מֻשְׁחָת
incorruptibilidad *f*	הֲגִינוּת, נְקִיּוֹן כַּפַּיִם
incorruptible *adj*	בִּלְתִּי שָׁחִיר, בִּלְתִּי־נִשְׁחָת
incorrupto *adj*	תָּמִים, יָשָׁר, הָגוּן,
	בִּלְתִּי־מֻשְׁחָת
incredibilidad *f*	חֹסֶר אֲמִינָה
incredulidad *f*	אִי אֵמוּן, אֶפִּיקוֹרְסוּת, חֹסֶר
	אֱמוּנָה
incrédulo *adj*	כּוֹפֵר, אֶפִּיקוֹרְסִי
increíble *adj*	שֶׁלֹּא יֵאָמֵן, יוֹצֵא דֹּפֶן
incrementar *vt*	יָסַף, הִרְבָּה, הוֹסִיף, רִבָּה
incremento *m*	תּוֹסֶפֶת, מוּסָף, הוֹסָפָה, הַגְדָּלָה
increpación *f*	נְזִיפָה, גְּעָרָה, תּוֹכָחָה
increpar *vt*	הוֹכִיחַ, גִּנָּה, נָזַף, גָּעַר
incriminación *f*	הַפְלָלָה, הַאֲשָׁמָה, אִשּׁוּם
incriminar *vt*	הִפְלִיל, הֶאֱשִׁים
incrustación *f*	1 שִׁבּוּץ, צִפּוּי. 2 קְרִימָה
incrustar *vt*	שִׁבֵּץ, צִפָּה, כִּסָּה
incubación *f*	1 הַדְגָּרָה, דְּגִירָה. 2 תַּדְגֹּרֶת
incubadora *f*	מַדְגֵּרָה
incubar *vti*	הִדְגִּיר, דָּגַר
íncubo *m*	דִּבּוּק
incuestionable *adj*	וַדָּאִי, שֶׁלְּמַעְלָה מִכָּל סָפֵק
inculcación *f*	חֲרִיתָה, הַחְדָּרָה
inculcar *vt*	חָרַת, הֶחְדִּיר, הִשְׁגִּיר
inculpación *f*	הַרְשָׁעָה, הַאֲשָׁמָה

inculpar *vt*	הִרְשִׁיעַ, הֶאֱשִׁים
incultivable *adj*	שֶׁלֹּא נִתָּן לְעִבּוּד
inculto *adj*	1 בּוּר, בִּלְתִּי מְעֻבָּד. 2 חֲסַר תַּרְבּוּת
incultura *f*	1 בּוּרוּת. 2 חֹסֶר תַּרְבּוּת, בַּעֲרוּת
incumbencia *f*	יַחַס, עִנְיָן, עֵסֶק
incumbir *vi*	נָגַע לְ־
incumplimiento *m*	אִי מִלּוּי חוֹבָה, אִי בִּצּוּעַ
incumplir *vt*	לֹא בִּצַּע, לֹא הוֹצִיא לַפֹּעַל
incurable *adj*	לְלֹא רְפוּי, אָנוּשׁ, חֲשׂוּךְ־מַרְפֵּא
incuria *f*	רַשְׁלָנוּת, הַזְנָחָה
incurrir *vi*	נָפַל
incursión *f*	חֲדִירָה, פְּשִׁיטָה, פְּלִישָׁה
indagación *f*	חֲקִירָה, בְּדִיקָה
indagador *adjm*	חוֹקֵר, בּוֹדֵק, בּוֹחֵן
indagar *vt*	חָקַר, בָּדַק, בָּחַן
indagatoria *f*	חֲקִירַת שְׁתִי וָעֵרֶב
indebidamente *adv*	שֶׁלֹּא כַּחֹק, שֶׁלֹּא בְּצֶדֶק
indebido *adj*	לֹא נָכוֹן, לֹא אֲמִתִּי, מֻטְעֶה
indecencia *f*	חֹסֶר הֲגִינוּת, גַּסּוּת, פְּרִיצוּת
indecente *adj*	גַּס רוּחַ, מְנֻבָּל פֶּה, לֹא־הָגוּן
indecible *adj*	שֶׁאִי אֶפְשָׁר לְהַבִּיעוֹ בְּמִלִּים
indecisión *f*	הִסָּסָנוּת, פִּקְפּוּק, הִסּוּס
indeciso *adj*	1 הַסְּסָן, פַּקְפְּקָן. 2 מְפֻקְפָּק, לֹא בָּטוּחַ
indecoro *m*	חֹסֶר טַעַם, חֹסֶר נִימוּס
indecoroso *adj*	פָּרוּץ, מְגֻנֶּה, בִּלְתִּי מְנֻמָּס
indefectible *adj*	נֶאֱמָן, לֹא אַכְזָב, בָּטוּחַ
indefendible *adj*	שֶׁלֹּא נִתָּן לַהֲגִנָּה
indefenso *adj*	לְלֹא מָגֵן, חֲסַר הֲגַנָּה
indefinible *adj*	שֶׁלֹּא נִתָּן לְהַגְדִּירוֹ
indefinido *adj*	1 סְתָמִי, חָרִיג. 2 לֹא מֻגְבָּל, לֹא מֻגְדָּר
indeleble *adj*	לֹא מָחִיק, שֶׁלֹּא יִמָּחֶה
indeliberadamente *adv*	בִּשְׁגָגָה, לְלֹא כַּוָּנָה
indemne *adj*	שָׁלֵם, בָּרִיא, שֶׁלֹּא נִזּוֹק
indemnidad *f*	אִי־פְגִיעוּת
indemnización *f*	פִּצּוּי, כֹּפֶר, שִׁלּוּמִים
indemnizar *vt*	פִּצָּה, שִׁפָּה
independencia *f*	עַצְמָאוּת, חֵרוּת, חֹפֶשׁ, אִי תְלוּת

independiente *adj* עַצְמָאִי, חָפְשִׁי, בִּלְתִּי־תָלוּי

independizar *vt* 1 שִׁחְרֵר. 2 הִשְׁתַּחְרֵר

indescifrable *adj* מְטֻשְׁטָשׁ, לֹא בָּרוּר, שֶׁלֹּא נִתָּן לְפִעְנוּחַ

indescriptible *adj* בַּל־יְתֹאַר

indeseable *adj* בִּלְתִּי רָצוּי

indestructible *adj* שֶׁאֵין לְהַשְׁמִידוֹ, קַיָּם לָעַד

indeterminable *adj* לֹא מֻגְדָּר, שֶׁאֵין לְהַגְדִּירוֹ

indeterminado *adj* לֹא קָבוּעַ, לֹא מֻגְדָּר

indiada *f* עֲדַת אִינְדְיָנִים

indiano *adjm* אִינְדְיָנִי

indicación *f* רְמִיזָה, צִיּוּן, הוֹרָאָה, סִימַן־הֶכֵּר, הַצְבָּעָה

indicador *adjm* 1 מַצְבִּיעַ, רוֹמֵז, מְסַמֵּן, מְצַיֵּן. 2 מָחוֹג

indicar *vt* הִצְבִּיעַ, רָמַז, צִיֵּן, הֶרְאָה, הוֹרָה

indicativo *adjm* 1 מַרְאָה, מְצַיֵּן, מַצְבִּיעַ, מוֹרֶה עַל־. 2 דֶּרֶךְ הַחִוּוּי

índice *m* 1 אֶצְבַּע. 2 מָחוֹג. 3 מַפְתֵּחַ, תֹּכֶן הָעִנְיָנִים. 4 מַעֲרִיךְ. 5 מַחֲוָן

indicio *m* סִימָן, רֶמֶז, צִיּוּן־דֶּרֶךְ, עִקְבָה

índico *adj* הֹדִּי

indiferencia *f* אֲדִישׁוּת, שִׁוְיוֹן נֶפֶשׁ, לֹא אִכְפַּתִיּוּת

indiferente *adj* אָדִישׁ, שְׁוֵה נֶפֶשׁ

indígena *adjm* יָלִיד, תּוֹשָׁב קָדוּם

indigencia *f* עֹנִי, מַחְסוֹר, דַּלּוּת, אֶבְיוֹנוּת

indigente *adj* עָנִי, אֶבְיוֹן, דַּל, מִסְכֵּן

indigestarse *vref* 1 לֹא הִתְעַכֵּל. 2 קִלְקֵל הַקֵּבָה

indigestible *adj* לֹא מִתְעַכֵּל, קָשֶׁה לְעִכּוּל

indigestión *f* קִלְקוּל הַקֵּבָה

indigesto *adj* 1 לֹא מְעֻכָּל. 2 בִּלְתִּי מִתְעַכֵּל

indignación *f* כַּעַס, קֶצֶף, חָרוֹן, זַעַם, חֵמָה

indignado *adj* כּוֹעֵס, נִרְגָּז, מְמֻרְמָר

indignar *vt* 1 הִכְעִיס, הִקְצִיף, הִרְעִים. 2 הִתְרַגֵּז, הִתְאַנֵּף

indignidad *f* הַשְׁפָּלָה, עֶלְבּוֹן, כְּלִמָּה

indigno *adj* 1 לֹא רָאוּי, בִּלְתִּי רָאוּי. 2 נָבָל, נִקְלֶה, בָּזוּי

indigo *m* אָנִיל, אִינְדִּיגוֹ

indio *adjm* 1 אִינְדְיָנִי. 2 הֹדִּי

indirecta *f* ` רֶמֶז, רְמִיזָה

indirectamente *adv* לֹא־יְשִׁירוֹת, בַּעֲקִיפִין

indirecto *adj* עָקִיף, לֹא יָשִׁיר

indiscernible *adj* סָמוּי, שֶׁאֵינוֹ נִרְאֶה

indisciplina *f* חֹסֶר מִשְׁמַעַת, אִי צִיּוּת

indisciplinado *adj* לֹא מְמֻשְׁמָע, חֲסַר־מִשְׁמַעַת

índisciplinarse *vref* הִתְמָרֵד, הִתְקוֹמֵם

indiscreción *f* חֹסֶר זְהִירוּת, פִּטְפּוּט

indiscreto *adj* בִּלְתִּי זָהִיר, פַּטְפְּטָן

indisculpable *adj* חֲסַר־כַּפָּרָה, בַּל־יְכֻפַּר

indiscutible *adj* בָּרוּר, וַדָּאִי, שֶׁאֵין עָלָיו עוֹרְרִין

indisolubilidad *f* 1 אֵיתָנוּת, יַצִּיבוּת, אִי אֶפְשָׁרוּת הַהַתָּרָה. 2 אִי־נְמִיסוּת

indisoluble *adj* 1 אֵיתָן, יַצִּיב, מְשֻׁלַּל־הַתָּרָה. 2 בִּלְתִּי־נָמִיס, שֶׁאִי אֶפְשָׁר לְהַתִּיכוֹ

indispensable *adj* נָחוּץ, הֶכְרֵחִי, חִיּוּנִי

indisponer *vt* 1 הֶחֱלָה. 2 סִכְסֵךְ. 3 הִסְתַּכְסֵךְ

indisposición *f* מֵחוֹשׁ, חֻלְשָׁה, אִי־כֹּשֶׁר, חֳלִי

indispuesto *adj* חַלָּשׁ, שֶׁאֵינוֹ בְּקַו הַבְּרִיאוּת

indisputable *adj* בָּרוּר, שֶׁאֵין לְעַרְעֵר עָלָיו, שֶׁאֵינוֹ מֻטָּל בְּסָפֵק

indistinguible *adj* שֶׁאֵינוֹ נִתָּן לְהַבְחָנָה

indistinto *adj* עָמוּם, סָתוּם, לֹא בָּרוּר, מְעֻרְפָּל

individual *adj* אִישִׁי, עַצְמִי, פְּרָטִי, אִינְדִּיבִידוּאָלִי

individualidad *f* אִישִׁיּוּת, פְּרָטִיּוּת, עַצְמִיּוּת, אִינְדִּיבִידוּאָלִיּוּת

individualismo *m* יַחְדָּנוּת, פְּרָטִיּוּת, עַצְמִיּוּת, אִינְדִּיבִידוּאָלִיּוּת

individualista *adjm* אִינְדִּיבִידוּאָלִיסְט, יַחְדָּן

individuo *m* יָחִיד, פְּרָט, אָדָם, בַּרְנָשׁ, אִישׁ

indivisibilidad *f* אִי הִתְחַלְּקוּת

indivisible *adj* לֹא מִתְחַלֵּק, אֵינוֹ נִתָּן לַחֲלֻקָּה

indiviso *adj* שֶׁאֵינוֹ נִתָּן לְהִתְחַלֵּק
indócil *adj* פָּרוּעַ, לֹא צַיְּתָן, סוֹרֵר, מַמְרֶה
indocilidad *f* אִי צִיּוּת, אִי מִשְׁמַעַת
indocto *adj* בּוּר, עַם הָאָרֶץ
indoeuropeo *adjm* הֹדִּי־אֵירוֹפִּי
índole *f* סוּג, מִין, טִיב, טֶבַע, אֹפִי, צִבְיוֹן
indolencia *f* עַצְלוּת, עַצְלָנוּת, בַּטָּלָה, רַשְׁלָנוּת
indolente *adj* 1 בִּלְתִּי־רָגִישׁ. 2 עַצְלָן, בַּטְלָן, עָצֵל, רַשְׁלָן
indoloro *adj* לֹא־מַכְאִיב
indomable *adj* שֶׁאִי אֶפְשָׁר לְהַכְנִיעוֹ, אַמִּיץ
indomado *adj* בִּלְתִּי מְאֻלָּף
indómito *adj* עַקְשָׁן, פָּרוּעַ, פִּרְאִי
indubitable *adj* שֶׁאֵינוֹ מֻטָּל בְּסָפֵק, וַדָּאִי
inducción *f* 1 הַשְׁפָּעָה, הַשְׁרָאָה. 2 הַדָּחָה. 3 הֶקֵּשׁ, אִינְדוּקְצְיָה
inducimiento *m* הַשְׁרָאָה, הַשְׁפָּעָה, הֲנָעָה, הַדָּחָה, הַמְרָצָה
inducir *vt* הִשְׁפִּיעַ, הִשְׁרָה, עוֹרֵר, הֵנִיעַ, הִדִּיחַ, הִמְרִיץ
inductivo *adj* 1 מוֹבִיל, מוֹלִיךְ, אִינְדוּקְטִיבִי, מַשְׁרֶה, הַשְׁרָאָתִי. 2 הֶקֵּשִׁי
indudable *adj* בָּטוּחַ, בָּרוּר, שֶׁלֹּא מֻטָּל בְּסָפֵק
indulgencia *f* וַתְּרָנוּת, מְחִילָה, סְלִיחָה, כַּפָּרָה, סוֹבְלָנוּת
indulgente *adj* וַתְּרָן, סַלְחָן, מוֹחֵל
indultar *vt* חָנַן, סָלַח, מָחַל
indulto *m* חֲנִינָה, סְלִיחָה, מְחִילָה
indumentaria *f* מַלְבּוּשׁ, מַלְבּוּשִׁים, תִּלְבֹּשֶׁת
indumento *m* בֶּגֶד, מַלְבּוּשׁ
induración *f* הַקְשָׁחָה, הִתְקַשּׁוּת
industria *f* 1 תַּעֲשִׂיָּה, חֲרֹשֶׁת. 2 חָרִיצוּת, שַׁקְדָנוּת, הַתְמָדָה
industrial *adjm* 1 תַּעֲשִׂיָּתִי. 2 תַּעֲשִׂיָּן
industrialismo *m* תַּעֲשִׂיָּנוּת
industrialista *m* תַּעֲשִׂיָּן
industrialización *f* תִּעוּשׁ
industrializar *vt* תִּעֵשׁ
industrioso *adj* 1 שַׁקְדָן, חָרוּץ. 2 מַעֲשֶׂה
inédito *adj* שֶׁלֹּא פֻּרְסַם
ineducación *f* בּוּרוּת, עַם הָאַרְצוּת
ineducado *adj* בּוּר, עַם־הָאָרֶץ, חֲסַר־חִנּוּךְ
inefabilidad *f* אִי־בִּטְיאוּת, אִי־תְּאִירוּת
inefable *adj* אִי־יְכֹלֶת לְבַטֵּא בְּמִלִּים
ineficacia *f* חֹסֶר יְעִילוּת, חֹסֶר כִּשָּׁרוֹן
ineficaz *adj* לֹא יָעִיל, בִּלְתִּי יָעִיל
ineficiencia *f* חֹסֶר יְעִילוּת
ineficiente *adj* לֹא יָעִיל, בִּלְתִּי יָעִיל
inelegante *adj* לֹא אָדִיב, לֹא נִימוּסִי
inelegibilidad *f* אִי־בְּחִירוּת
inelegible *adj* פָּסוּל לִבְחִירָה
ineluctable *adj* בִּלְתִּי־נִמְנָע
ineludible *adj* הֶכְרֵחִי, שֶׁאֵין לְהִתְחַמֵּק מִמֶּנּוּ
inepcia, ineptitud *f* אִי הַתְאָמָה, אִי־כֹּשֶׁר, אִי יְעִילוּת
inepto *adj* לֹא מַתְאִים, לֹא מֻכְשָׁר
inequívoco *adj* פָּשׁוּט, בָּרוּר, מְפֹרָשׁ, שֶׁאֵינוֹ מִשְׁתַּמֵּעַ לִשְׁתֵּי פָּנִים
inercia *f* 1 חֹסֶר פְּעֻלָּה, חֹסֶר תְּנוּעָה. 2 אִינֶרְצְיָה, כֹּחַ הַתְמָדָה
inerme *adj* חֲסַר הֲגַנָּה, לֹא מְזֻיָּן
inerte *adj* דּוֹמֵם, חֲסַר חַיִּים, לֹא פָּעִיל, חֲסַר תְּנוּעָה
inescrupulosidad *f* חֹסֶר מוּסָרִיּוּת, חֹסֶר מַצְפּוּן, הֶעְדֵּר מַעְצוֹרִים
inescrupuloso *adj* לֹא מוּסָרִי, חֲסַר־מַעְצוֹרִים
inescrutabilidad *f* נִמְנָעוּת־הַהַשָּׂגָה
inescrutable *adj* בִּלְתִּי־נִתְפָּס, בִּלְתִּי־מֻשָּׂג
inesperado *adj* פִּתְאוֹמִי, בִּלְתִּי צָפוּי
inestabilidad *f* אִי יַצִּיבוּת, הֲפַכְפְּכָנוּת, רְפִיפוּת
inestable *adj* רוֹפֵף, הֲפַכְפַּךְ, לֹא יַצִּיב
inestimable *adj* יְקַר עֵרֶךְ, שֶׁאֵין עָרֹךְ לוֹ
inevitabilidad *f* הֶכְרֵחַ, כֹּרַח, אִי־נִמְנָעוּת
inevitable *adj* הֶכְרֵחִי, בִּלְתִּי־נִמְנָע
inexactitud *f* שִׁבּוּשׁ, אִי דִּיּוּק, טָעוּת
inexacto *adj* לֹא מְדֻיָּק, מֻטְעֶה, לֹא נָכוֹן
inexcusable *adj* שֶׁאֵין לוֹ כַּפָּרָה, בִּלְתִּי־נִסְלָח
inexistencia *f* אִי קִיּוּם, הֶעְדֵּר מְצִיאוּת
inexistente *adj* לֹא קַיָּם
inexorabilidad *f* אִי הֵעָנוּת, אֲטִימַת אָזְנַיִם,

אֲטִימַת לֵב

inexorable *adj* אַכְזָרִי, קְשֵׁה לֵב

inexperiencia *f* חֹסֶר נִסָּיוֹן, טִירוֹנוּת

inexperto *adj* טִירוֹן, לֹא מְנֻסֶּה, חֲסַר־נִסָּיוֹן

inexpiable *adj* שֶׁאֵין לוֹ כַּפָּרָה

inexplicable *adj* לֹא בָּרוּר, שֶׁאִי אֶפְשָׁר לְהַסְבִּירוֹ, חֲסַר־הֶסְבֵּר

inexplorado *adj* שֶׁלֹּא נֶחְקַר, שֶׁלֹּא נִבְדַּק

inexpresable *adj* שֶׁאִי אֶפְשָׁר לְהַבִּיעוֹ

inexpresivo *adj* מְשַׁעֲמֵם, חֲסַר מוּבָן, חֲסַר הַבָּעָה

inexpugnable *adj* שֶׁאִי אֶפְשָׁר לְכָבְשׁוֹ

inextinguible *adj* שֶׁאִי אֶפְשָׁר לְכַבּוֹתוֹ

inextirpable *adj* שֶׁאִי אֶפְשָׁר לְעָקְרוֹ

inextricable *adj* מְסֻבָּךְ, נִמְנַע הַהַתָּרָה

infalibilidad *f* וַדָּאוּת, נִמְנָעוּת הַטָּעִיָּה

infalible *adj* וַדָּאִי, בָּטוּחַ, שֶׁאֵינוֹ עָלוּל לִטְעוֹת

infamante *adj* מוֹצִיא לַעַז, מוֹצִיא דִּבָּה, מַלְעִיז

infamar *vt* הִשְׁמִיץ, בִּזָּה, הִכְלִים, הוֹצִיא דִּבָּה

infame *adjm* נִבְזֶה, שָׁפָל, בָּזוּי, טָמֵא, מְגֻנֶּה

infamia *f* בִּזָּיוֹן, בּוּשָׁה, תּוֹעֵבָה, קָלוֹן, דִּבָּה

infancia *f* יַלְדוּת, יַנְקוּת, קַטְנוּת

infando *adj* שֶׁאֵין לְבַטְּאוֹ בְּמִלִּים

infante *m* 1 אִינְפַנְטֶה (בן־המלך בספרד). 2 עוֹלָל, תִּינוֹק, קָטִין. 3 רַגְלִי

infantería *f* חֵיל רַגְלִים

infanticida *adjm* רוֹצֵחַ יְלָדִים

infanticidio *m* רְצִיחַת יֶלֶד, רֶצַח תִּינוֹק

infantil *adj* יַלְדוּתִי, יַלְדִּי, תִּינוֹקִי

infatigable *adj* בִּלְתִּי נִלְאֶה

infatuación *f* הִתְפָּאֲרוּת, שַׁחֲצָנוּת, גַּנְדְּרָנוּת

infatuar *vt* הוֹלִיךְ שׁוֹלָל

infausto *adj* אֻמְלָל, מִסְכֵּן, בִּישׁ מַזָּל

infección *f* 1 זִהוּם, אִלּוּחַ. 2 הַדְבָּקָה, הִדַּבְּקוּת

infeccioso *adj* מְדַבֵּק, מְאַלֵּחַ

infectar *vt* זִהֵם, אִלַּח, הִדְבִּיק, הֶאֱלִיחַ, הִרְעִיל

infecto *adj* מְזֹהָם, מֻדְבָּק

infecundidad *f* עֲקָרוּת, אִי פִּרְיוֹן

infecundo *adj* עָקָר, לֹא פּוֹרֶה

infelicidad *f* יָגוֹן, אָסוֹן, פֶּגַע, שֶׁבֶר, חֹסֶר הַצְלָחָה

infeliz *adj* בִּישׁ גַּדָּא, מִסְכֵּן, אֻמְלָל

inferencia *f* מַסְקָנָה, תּוֹצָאָה, הֶקְשֵׁר, הֶקֵּשׁ

inferior *adj* 1 נָחוּת, יָרוּד. 2 תַּחְתּוֹן. 3 עוֹזֵר, סְגָן

inferioridad *f* נְחִיתוּת, פְּחִיתוּת, שִׁפְלוּת

inferir *vt* 1 הִסִּיק, הִקִּישׁ. 2 גָּרַם

infernal *adj* 1 תָּפְתִּי, גֵּיהִנּוֹמִי. 2 אַכְזָרִי, מְתֹעָב, שְׂטָנִי

infestación *f* 1 הִתְקָפַת שְׁרָצִים. 2 אִלּוּחַ

infestar *vt* 1 הִתְקִיף (בְּמַגֵּפָה). 2 זִהֵם, אִלַּח

inficionar *vt* הִרְעִיל, אִלַּח, זִהֵם, טִמֵּא

infidelidad *f* 1 כְּפִירָה, מִינוּת. 2 בְּגִידָה, הֲפָרַת אֱמוּנִים, אִי־נֶאֱמָנוּת

infiel *adj* כּוֹפֵר, בּוֹגֵד, אֶפִּיקוֹרוֹס

infierno *m* גֵּיהִנּוֹם, שְׁאוֹל, תֹּפֶת, אֲבַדּוֹן, עֲזָאזֵל, גֵּיא־צַלְמָוֶת

infiltración *f* הִסְתַּנְּנוּת, סִנּוּן, חִלְחוּל, חֲדִירָה

infiltrar *vt* 1 סִנֵּן. 2 חָדַר, הִסְתַּנֵּן

ínfimo *adj* 1 הַנָּמוּךְ בְּיוֹתֵר, הַשָּׁפָל בְּיוֹתֵר. 2 הַקָּטָן בְּיוֹתֵר

infinidad *f* אֵינְסוֹפִיּוּת

infinitisimal *adj* קָטָן בְּתַכְלִית הַקְּטַנּוּת

infinitivo *m* מָקוֹר

infinito *adjm* 1 אֵינְסוֹפִי. 2 אֵינְסוֹפִיּוּת, אֵין סוֹף

inflación *f* 1 נִפּוּחַ, תְּפִיחָה, הִתְנַפְּחוּת. 2 גַּאֲוָה. 3 הַפְקָעַת שְׁעָרִים, אִינְפְלַצְיָה

inflacionista *adj* אִינְפְלַצְיוֹנִי

inflamable *adj* דָּלִיק, מִתְלַקֵּחַ, לָהִיב

inflamación *f* 1 דַּלֶּקֶת, קַדַּחַת. 2 בְּעֵרָה, דְּלֵקָה, שְׂרֵפָה. 3 הִתְלַקְּחוּת

inflamar *vt* 1 הִדְלִיק, הִבְעִיר. 2 הֵסִית, הִרְגִּיז, שִׁסָּה. 3 הִתְלַקֵּחַ

inflamatorio *adj* 1 דַּלַּקְתִּי. 2 מַלְהִיב, מֵסִית, מְשַׁסֶּה

inflar *vt* 1 נִפֵּחַ. 2 מִלֵּא גַאֲוָה. 3 הִפְקִיעַ

inflexibilidad *f* 1 אִי גְמִישׁוּת, קְשִׁיּוּת, אִי כְּפִיפוּת. 2 קַפְּדָנוּת, חֻמְרָה

inflexible *adj* 1 לֹא גָמִישׁ, לֹא כָּפִיף, מוּצָק.

2 קַפְּדָן

inflexión *f* 1 נְטִיָּה, כְּפִיפָה. 2 נְטִיַּת שֵׁם. 3 סִלְסוּל הַקּוֹל

infligir *vt* הִטִּיל, הִנְחִיל (תְּבוּסָה), גָּרַם

influencia *f* הַשְׁפָּעָה, הַשְׁרָאָה

influenza *f* שַׁפַּעַת

influir *vi* הִשְׁפִּיעַ

influjo *m* 1 זְרִימָה, זֶרֶם. 2 הַשְׁפָּעָה

influyente *adj* בַּעַל הַשְׁפָּעָה, מַשְׁפִּיעַ

información *f* 1 מֵידָע. 2 מוֹדִיעִין. 3 הַסְבָּרָה

informal *adj* לֹא רִשְׁמִי, לְלֹא טְקָסִים, שֶׁלֹּא מִן הַמִּנְיָן

informalidad *f* פַּשְׁטוּת, אִי רִשְׁמִיּוּת, אִי נַקְשׁוּת

informante *m* 1 מוֹדִיעַ, מְבַשֵּׂר. 2 מַלְשִׁין, בּוֹגֵד

informar *vt* 1 הוֹדִיעַ, בִּשֵּׂר, מָסַר (יְדִיעוֹת). 2 הִלְשִׁין

informativo *adjm* 1 מְחַנֵּךְ, מְלַמֵּד. 2 מוֹדִיעַ, אִינְפוֹרְמָטִיבִי. 3 תַּמְסִיר

informe *madj* 1 דִּין וְחֶשְׁבּוֹן, דּוּ"חַ, דִּוּוּחַ, יְדִיעָה. 2 חֹסֶר צוּרָה. 3 גָּלְמִי, נְטוּל־צוּרָה

infortunadamente *adv* לְרֹעַ הַמַּזָּל, לְמַרְבֵּה הַצַּעַר

infortunio *m* מְצוּקָה, צָרָה, אָסוֹן, שׁוֹאָה, פֶּגַע

infracción *f* 1 עֲבֵרָה, הֲפָרָה. 2 הִשְׁתַּבְּרוּת (האור)

infractor *m* עֲבַרְיָן, חוֹטֵא, פּוֹשֵׁעַ

in fraganti *adv* בִּשְׁעַת מַעֲשֶׂה

infrangible *adj* בִּלְתִּי שָׁבִיר

infranqueable *adj* בִּלְתִּי־עָבִיר

infrarrojo *adj* אִינְפְרָא אָדֹם

infrascrito *m* הֶחָתוּם מַטָּה

infrecuencia *f* נְדִירוּת, אִי תְּכִיפוּת, אִי שְׁכִיחוּת

infrecuente *adj* נָדִיר, בִּלְתִּי תָּכוּף, לֹא שָׁכִיחַ

infringir *vt* הֵפֵר, הִסִּיג גְּבוּל

infructuoso *adj* חֲסַר־תּוֹעֶלֶת, עָקָר

infulas *fpl* יְהִירוּת, גַּאַוְתָנוּת

infundado *adj* חֲסַר יְסוֹד, חֲסַר שַׁחַר, רוֹפֵף, רָעוּעַ, בִּלְתִּי־מְבֻסָּס

infundir *vt* 1 יָצַק, שָׁפַךְ. 2 הֶחְדִּיר, נָטַע בַּלֵּב, עוֹרֵר, הִשְׁרָה

infusión *f* 1 חֲלִיטָה. 2 תַּמְצִית. 3 אִינְפוּזְיָה

ingeniar *vt* הִמְצִיא, גִּלָּה, בָּדָה, תִּחְבֵּל

ingeniárselas כִּלְכֵּל אֶת עִנְיָנָיו

ingeniería הַנְדָּסָה

ingeniero *m* מְהַנְדֵּס

ingenio *m* חֲרִיפוּת, חִדּוּד, חָכְמָה, פִּקְחוּת, שֵׂכֶל, עָרְמָה

ingenio de azucar מַטַּע סֻכָּר, בֵּית חֲרשֶׁת לְסֻכָּר

ingeniosidad *f* חֲרִיפוּת, חִדּוּד־הַמֹּחַ, פִּקְחוּת

ingenioso *adj* שָׁנוּן, חָרִיף, חָכָם, עָרוּם, תַּחְבּוּלָנִי

ingénito *adj* שֶׁמִּלֵּדָה, טִבְעִי

ingenuidad *f* תְּמִימוּת, תֹּם לֵב, תֹּם, אֲמִתִּיּוּת

ingenuo *adj* תָּם, תָּמִים, גְּלוּי־לֵב, אֲמִתִּי

íngerir *vt* 1 הִכְנִיס. 2 בָּלַע. 3 הִכְלִיל, כָּלַל, הֵכִיל. 4 הִתְעָרֵב

ingestión *f* 1 אֲכִילָה. 2 בְּלִיעָה

ingle *f* מִפְשָׂעָה

inglés *adjm* אַנְגְּלִי

inglete *m* מִשְׁק יְשַׁר זָוִית

ingobernable *ad* פָּרוּעַ, פֶּרֶא, בִּלְתִּי־מְרֻסָּן

ingramatical *adj* לֹא דִקְדּוּקִי

ingratitud *f* כְּפִיַּת טוֹבָה

ingrato *adjm* כְּפוּי טוֹבָה

ingrediente *m* יְסוֹד, מַרְכִּיב, רְכִיב, סַמְמָן

ingresar *vt* 1 נִכְנַס, בָּא. 2 הִצְטָרֵף, הִתְחַבֵּר

ingreso *m* 1 כְּנִיסָה, פֶּתַח, שַׁעַר. 2 הַכְנָסָה, רֶוַח

inhábil *adj* לֹא מַתְאִים, לֹא־מֻכְשָׁר, לֹא יָעִיל

inhabilidad *f* 1 אִי־יְכֹלֶת, קֹצֶר יָד. 2 מַעְצוֹר, עַכָּבָה

inhabilitación *f* פְּסִילָה, שְׁלִילָה, שְׁלִילַת זְכֻיּוֹת

inhabilitar *vt* פָּסַל, שָׁלַל

inhabitable *adj* לֹא רָאוּי לִמְגוּרִים

inhabitado *adj* רֵיק, שׁוֹמֵם, בִּלְתִּי מְיֻשָּׁב

inhalación *f* נְשִׁימָה, שְׁאִיפָה, שִׁאוּף

inhalador *m* מַשְׁאֵף

inhalar *vti* שָׁאַף

inherencia *f* שַׁיָּכוּת, עַצְמִיּוּת

inherente *adj* טָבוּעַ בָּאֹפִי, טִיפּוּסִי, שַׁיָּךְ, פְּנִימִי

inhibición *f* מַעְצוֹר, עִכּוּב, מְנִיעָה, עַכָּבָה

inhibir *vt* עָצַר, עִכֵּב, מָנַע, אָסַר, הֵנִיא

inhospitalario *adj* מַקְדִּיר־פָּנִים, שֶׁאֵינוֹ מַכְנִיס אוֹרְחִים

inhospitalidad *f* אִי הַכְנָסַת אוֹרְחִים, חֹסֶר אֲדִיבוּת

inhóspito *adj* מַזְעִים־פָּנִים, חֲסַר אֲדִיבוּת

inhumación *f* קְבוּרָה

inhumanidad *f* אַכְזְרִיּוּת, מַעֲשֶׂה אַכְזָרִי

inhumano *adj* לֹא־אֱנוֹשִׁי, אַכְזָר, חֲסַר רֶגֶשׁ

inhumar *vt* קָבַר, טָמַן, הִטְמִין

iniciación *f* 1 הַתְחָלָה, פְּתִיחָה. 2 כְּנִיסָה (בברית). 3 טֶקֶס הַהַכְנָסָה בִּבְרִית

iniciador *adjm* יוֹזֵם, מַתְחִיל

inicial *adjfm* 1 הַתְחָלִי, רִאשׁוֹנִי, מַתְחִיל. 2 רֹאשׁ תֵּבָה, נוֹטָרִיקוֹן

iniciar *vt* 1 יָזַם, הִתְחִיל, חָנַךְ. 2 נִכְנַס בִּבְרִית. 3 הִכְנִיס בְּסוֹד הַדְּבָרִים

iniciativa *f* יָזְמָה

iniciativo *adj* הַתְחָלִי, יוֹזֵם, יָזוּם

inicio *m* הַתְחָלָה, פְּתִיחָה

inicuo *adj* 1 רָשָׁע, מְרֻשָּׁע, זְדוֹנִי. 2 לֹא־צוֹדֵק

inigualado *adj* שֶׁאֵין שֵׁנִי לוֹ, יָחִיד בְּמִינוֹ

inimaginable *adj* שֶׁלֹּא יְתֹאַר, בַּל־יְתֹאַר

inimitable *adj* אַלְשֵׁנִי, שֶׁאֵינוֹ נִתָּן לְחִקּוּי

ininteligible *adj* סָתוּם, מְטֻשְׁטָשׁ, מְשֻׁרְבָּט

ininterrumpido *adj* רָצוּף, נִמְשָׁךְ, בִּלְתִּי־פּוֹסֵק

iniquidad *f* 1 רִשְׁעוּת, עָוֶל, חֵטְא, עָווֹן. 2 אִי־יֹשֶׁר, אִי־שִׁוְיוֹן, אִי־צֶדֶק

injerir *vt* 1 הִכְנִיס. 2 בָּלַע. 3 הִכְלִיל, כָּלַל, הֵכִיל. 4 הִתְעָרֵב

injertar *vt* הִרְכִּיב

injerto *m* רֶכֶב (של צמח)

injuria *f* 1 חֵרוּף, גִּדּוּף, עֶלְבּוֹן, בּוּז. 2 נֶזֶק, פְּגִיעָה, חַבָּלָה

injuriar *vt* 1 הֶעֱלִיב, בִּזָּה, הִכְלִים, בִּיֵּשׁ, גִּדֵּף, חֵרֵף. 2 הִזִּיק, פָּגַע

injurioso *adj* 1 מַעֲלִיב, פּוֹגֵעַ, מַשְׁמִיץ, מְחָרֵף, מְגַדֵּף. 2 מַזִּיק, מֵרֵעַ

injustamente *adv* שֶׁלֹּא בְּצֶדֶק

injusticia *f* חָמָס, עָוֶל, אִי צֶדֶק

injustificable *adj* לֹא מֻצְדָּק, שֶׁאֵין לְהַצְדִּיקוֹ

injustificado *adj* בִּלְתִּי צוֹדֵק, בִּלְתִּי מֻצְדָּק

injusto *adj* לֹא הוֹגֵן, לֹא יָשָׁר

inmaculado *adj* צַח, זַךְ, טָהוֹר, לְלֹא רְבָב

inmadurez *adj* בֹּסֶר, בָּסְרִיּוּת, אִי בְּשִׁילוּת

inmanejable *adj* פָּרוּעַ, פֶּרֶא, בִּלְתִּי־רָסִין

inmanencia *f* נְבִיעָה מִבִּפְנִים, אִמָּנֶנְטִיּוּת

inmanente *adj* טָבוּעַ בִּפְנִים, אִמָּנֶנְטִי

inmaterial *adj* רוּחָנִי, לֹא גַּשְׁמִי, לֹא חָמְרִי

inmaterialidad *f* רוּחָנִיּוּת, אִי גַּשְׁמִיּוּת

inmaturo *adj* בָּסְרִי, בָּסִיר, לֹא בָּשֵׁל

inmediación *f* 1 קִרְבָה, שְׁכֵנוּת. 2 בִּלְתִּי־אֶמְצָעִיּוּת. 3 תְּכִיפוּת, דְּחִיפוּת

inmediaciones קִרְבַת מָקוֹם

inmediatamente *adv* מִיָּד, תֵּכֶף וּמִיָּד

inmediato *adj* מִיָּדִי, דָּחוּף, תָּכוּף

inmedicable *adj* חֲשׂוּךְ־מַרְפֵּא

inmejorable *adj* מְצֻיָּן, מְשֻׁבָּח

inmemorial *adj* קָדוּם, מִיָּמִים עָבָרוּ

inmensidad *f* אֵינְסוֹפִיּוּת, עֲנָקִיּוּת

inmenso *adj* אֵין סוֹפִי, עָצוּם

inmensurable *adj* עָצוּם, רְחַב יָדַיִם

inmerecido *adj* שֶׁאֵינוֹ רָאוּי

inmersión *f* טְבִילָה, שְׁקִיעָה, שְׁרִיָּה, הַטְבָּלָה

inmigración *f* הֲגִירָה, עֲלִיָּה (לישראל)

inmigrante *adjm* מְהַגֵּר, עוֹלֶה

inmigrar *vi* הִגֵּר, עָלָה (לישראל)

inminencia *f* קִרְבָה (של סכנה)

inminente *adj* קָרוֹב, מְמַשְׁמֵשׁ וּבָא

inmiscuir *vt* 1 עִרְבֵּב, מָזַג, מָהַל. 2 הִתְעָרֵב, בָּחַשׁ בַּקְּדֵרָה

inmoderación *f* הַפְרָזָה, הַגְזָמָה, קִיצוֹנִיּוּת

inmodestia *f* חֹסֶר עֲנָוָה, חֻצְפָּה, שַׁחֲצָנוּת, פְּרִיצוּת, אִי־צְנִיעוּת

inmodesto *adj* לֹא עָנָו, גַּס, חָצוּף, רַבְרְבָן

inmolación *f* הַקְרָבָה, קָרְבָּן

inmolar *vt* הִקְרִיב
inmoral *adj* לֹא מוּסָרִי, מֻשְׁחָת, נִבְזֶה
inmoralidad *f* אִי מוּסָרִיּוּת, שְׁחִיתוּת, נִבְזוּת
inmortal *adjm* 1 אַלְמוֹתִי, נִצְחִי, בֶּן אַלְמָוֶת. 2 אַלְמָוֶת (פֶּרַח)
inmortalidad *f* אַלְמָוֶת, נֶצַח, נִצְחִיּוּת
inmortalización *f* הַנְצָחָה
inmortalizar *vt* הִנְצִיחַ
inmoto *adj* יַצִּיב, עוֹמֵד, שֶׁאֵינוֹ זָז
inmovible *adj* קָבוּעַ, מוּצָק, שֶׁאֵינוֹ נִתָּן לַהֲזָזָה
inmóvil *adj* דּוֹמֵם, יַצִּיב
inmovilidad *f* יַצִּיבוּת, קְבִיעוּת
inmovilización *f* יַצִּיבוּת
inmovilizar *vt* יִצֵּב, נִיֵּחַ
inmueble *adjm* 1 קָבוּעַ. 2 נִכְסֵי דְלָא נָיְדֵי
inmundicia *f* לִכְלוּךְ, טִנֹּפֶת, זֻהֲמָה, טֻמְאָה
inmundo *adj* מְלֻכְלָךְ, מְטֻנָּף, מְזֹהָם, טָמֵא
inmune *adj* מְחֻסָּן, חָסִין, עָמִיד
inmunidad *f* חֲסִינוּת
inmunización *f* חִסּוּן
inmunizar *vt* חִסֵּן
inmutabilidad *f* יַצִּיבוּת, חֹסֶר הִשְׁתַּנּוּת, קְבִיעוּת
inmutable *adj* קַיָּם, נִצְחִי, מַתְמִיד, קָבוּעַ
inmutar *vt* 1 שִׁנָּה, הֶחֱלִיף. 2 הִשְׁתַּנָּה, הִתְחַלֵּף
innato *adj* שֶׁמִּלֵּדָה, טִבְעִי
innatural *adj* לֹא טִבְעִי, מְלָאכוּתִי
innecesario *adj* מְיֻתָּר, לֹא נָחוּץ
innegable *adj* נְטוּל סָפֵק
innoble *adj* נִקְלֶה, שָׁפָל, נִבְזֶה
innocuo *adj* לֹא מַזִּיק, לֹא מְקַלְקֵל
innominado *adj* אַלְמוֹנִי, חֲסַר שֵׁם, נְטוּל שֵׁם
innovación *f* חִדּוּשׁ, חַדְשָׁנוּת
innovador *adjm* חַדְשָׁן, מְחַדֵּשׁ, מַמְצִיא
innovar *vt* חִדֵּשׁ, הִמְצִיא
innumerable *adj* אֵין־סוֹפִי, רַב, עָצוּם
inobediencia *f* אִי־צִיּוּת, סָרְבָנוּת
inobservable *adj* שֶׁלֹּא נִתָּן לִצְפּוֹתוֹ
inobservancia *f* 1 אִי זְהִירוּת. 2 הִתְעַלְּמוּת
inocencia *f* 1 תְּמִימוּת, צְנִיעוּת. 2 חַפּוּת מִפֶּשַׁע
inocente *adjm* תָּם, זַכַּאי, חַף מִפֶּשַׁע
inocentón *m* תָּם, תָּמִים
inocuidad *f* אִי נֶזֶק
inocuo *adj* לֹא מַזִּיק, לֹא מְקַלְקֵל
inoculación *f* הַרְכָּבָה, הַזְרָקָה, חִסּוּן
inocular *vt* הִרְכִּיב, הִזְרִיק, חִסֵּן
inodoro *adjm* 1 חֲסַר רֵיחַ. 2 אַסְלָה
inofensivo *adj* לֹא מַזִּיק, שָׁקֵט
inolvidable *adj* בִּלְתִּי נִשְׁכָּח
inolvidado *adj* בִּלְתִּי־שָׁכוּחַ
inoperable *adj* שֶׁלֹּא נִתָּן לְהִנָּתֵחַ
inoperante *adj* לֹא שִׁמּוּשִׁי, לֹא פָּעִיל
inopia *f* עֹנִי, מִסְכֵּנוּת, מַחְסוֹר, דַּלּוּת
inopinado *adj* פִּתְאוֹמִי, בִּלְתִּי צָפוּי
inoportunidad *f* אִי־זְמִינוּת, חֹסֶר הַתְאָמָה
inoportuno *adj* לֹא מַתְאִים, שֶׁלֹּא בְּעִתּוֹ
inorgánico *adj* דּוֹמֵם, לֹא אוֹרְגָנִי
inorganizado *adj* לֹא מְאֻרְגָּן
inoxidable *adj* בִּלְתִּי מַחֲלִיד, בִּלְתִּי־חָלִיד
inquietar *vt* הִדְאִיג, הִטְרִיד, הִטְרִיחַ, הִפְרִיעַ
inquieto *adj* 1 חֲסַר מְנוּחָה, דּוֹאֵג, מֻדְאָג. 2 רוֹעֵשׁ
inquietud *f* 1 חֹסֶר מְנוּחָה, דְּאָגָה, חֲרָדָה. 2 אִי־שֶׁקֶט
inquilino *m* שׂוֹכֵר, חוֹכֵר, דַּיָּר, שָׁכֵן
inquina *f* שִׂנְאָה, אֵיבָה, מַשְׂטֵמָה, אַנְטִיפַּתְיָה
inquirir *vt* חָקַר, שָׁאַל, דָּרַשׁ
inquisidor *m* אִינְקְוִיזִיטוֹר
inquisición *f* אִינְקְוִיזִיצְיָה
inquisitivo *adj* סַקְרָנִי, תּוֹהֶה, חוֹקֵר
insabible *adj* סָתוּם, כָּמוּס, נִסְתָּר, לֹא יָדוּעַ
insaciabilidad *f* אִי־שֹׂבַע
insaciable *adj* בִּלְתִּי שָׂבֵעַ, שֶׁאֵינוֹ יוֹדֵעַ שָׂבְעָה
insalubre *adj* לֹא תַבְרוּאִי, מַזִּיק לַבְּרִיאוּת
insano *adj* חוֹלֵה רוּחַ, מְטֹרָף, מְשֻׁגָּע
insatisfecho *adj* 1 בִּלְתִּי שָׂבֵעַ. 2 בִּלְתִּי־מְרֻצֶּה
inscribir *vt* חָקַק, רָשַׁם, הִקְדִּישׁ
inscripción *f* 1 הַרְשָׁמָה. 2 כְּתֹבֶת. 3 הַקְדָּשָׁה. 4 חֲקִיקָה

insecticida *adjm*	קוֹטֵל חֲרָקִים	insolación *f*	מַכַּת שֶׁמֶשׁ
insecto *m*	חֶרֶק	insolencia *f*	חֻצְפָּה, עַזּוּת פָּנִים
inseguridad *f*	אִי וַדָּאוּת, חֹסֶר בִּטָּחוֹן	insolentar *vt*	1 הֶעֱלִיב. 2 הִתְחַצֵּף
inseguro *adj*	לֹא בָּטוּחַ, מְסֻפָּק	insolente *adj*	חָצוּף, עַזְפָּן, מַעֲלִיב, חֲצַפָּן
inseminación *f*	הַפְרָיָה, הַזְרָעָה מְלָאכוּתִית	insólito *adj*	נָדִיר, מְיֻחָד בְּמִינוֹ, לֹא שָׁכִיחַ
inseminar *vt*	הִפְרָה, הִזְרִיעַ	insolubilidad *f*	1 אִי הִתְמוֹסְסוּת. 2 חֹסֶר פִּתְרוֹן
insensatez *f*	טִפְּשׁוּת, אִוֶּלֶת	insoluble *adj*	1 לֹא מִתְמוֹסֵס. 2 שֶׁאֵין לוֹ פִּתְרוֹן
insensato *adjm*	1 טִפְּשִׁי, אֱוִילִי. 2 שׁוֹטֶה, טִפֵּשׁ, פֶּתִי	insolvencia *f*	1 אִי כֹּשֶׁר פֵּרָעוֹן. 2 פְּשִׁיטַת רֶגֶל, שְׁמִיטָה
insensibilidad *f*	1 חֹסֶר רֶגֶשׁ, אֲדִישׁוּת, אִי רְגִישׁוּת. 2 אֲטִימוּת-לֵב, שִׁוְיוֹן נֶפֶשׁ	insolvente *adjm*	1 חֲסַר כֹּשֶׁר פֵּרָעוֹן. 2 פּוֹשֵׁט רֶגֶל
		insomne *adj*	נְטוּל שֵׁנָה
insensible *adj*	1 לֹא רָגִישׁ, חֲסַר רֶגֶשׁ. 2 קָשֶׁה לֵב, אֲטוּם לֵב, אָדִישׁ	insomnio *m*	נְדוּדֵי שֵׁנָה
		insondable *adj*	סָתוּם, תַּמְהוֹנִי, תְּהוֹמִי
inseparable *adj*	בִּלְתִּי נִפְרָד, בִּלְתִּי פָּרִיד	insonoro *adj*	חֲסַר קוֹל
insepulto *adj*	בִּלְתִּי קָבוּר	insoportable *adj*	קָשֶׁה מִנְּשֹׂא, בִּלְתִּי נִסְבָּל
inserción *f*	1 צֵרוּף, הַכְלָלָה. 2 הַרְכָּבָה, הַשְׁתָּלָה. 3 מוּסָף (שֶׁל עִתּוֹן)	insospechado *adj*	מְהֵימָן, לֹא חָשׁוּד
		insostenible *adj*	1 שֶׁלֹּא נִתָּן לְשָׂאתוֹ. 2 שֶׁלֹּא נִתָּן לַהֲגָנָה. 3 שֶׁאֵינוֹ עוֹמֵד בִּפְנֵי בִּקֹּרֶת
insertar *vt*	1 הִכְנִיס, קָבַע. 2 צֵרַף, הִצְמִיד. 3 הִרְכִּיב, הִשְׁתִּיל	
inservible *adj*	בִּלְתִּי מוֹעִיל, חֲסַר תּוֹעֶלֶת, חֲסַר עֵרֶךְ, בִּלְתִּי-שִׁמּוּשִׁי	inspección *f*	בְּדִיקָה, מִסְקָר, פִּקּוּחַ, בְּחִינָה, בַּקָּרָה, הַשְׁגָּחָה, בִּקֹּרֶת
insidia *f*	1 מַאֲרָב. 2 בְּגִידָה, עַרְמוּמִיּוּת, מִרְמָה, הוֹנָאָה	inspeccionar *vt*	בָּדַק, פִּקַּח, בָּחַן, סָקַר, הִשְׁגִּיחַ
		inspector *m*	מְפַקֵּחַ, פַּקָּח, מַשְׁגִּיחַ, בּוֹדֵק
insidioso *adj*	1 אוֹרֵב. 2 עָרוּם, עַרְמוּמִי, טוֹמֵן פַּח, מַכְשִׁיל	inspiración *f*	1 הַשְׁרָאָה, הַשְׁפָּעָה. 2 שְׁאִיפָה. 3 שְׁאָר רוּחַ, רוּחַ הַקֹּדֶשׁ
insigne *adj*	דָּגוּל, מְהֻלָּל, מַזְהִיר, נַעֲלֶה	inspirador *adjm*	1 מַאֲצִיל. 2 מֵסִית
insignia *f*	סֵמֶל, נֵס, אוֹת, סִימָן	inspirar *vt*	1 נָשַׁם, שָׁאַף רוּחַ. 2 עוֹרֵר, הִשְׁרָה, הֶאֱצִיל, הֵפִיחַ, הִלְהִיב
insignificancia *f*	אַפְסִיּוּת, חֹסֶר עֵרֶךְ	
insignificante *adj*	אַפְסִי, חֲסַר עֵרֶךְ	instabilidad *f*	הֲפַכְפְּכוּת, קַלּוּת דַּעַת, אִי יַצִּיבוּת
insinceridad *f*	חֹסֶר כֵּנוּת, אִי-יֹשֶׁר	
insincero *adj*	חֲסַר כֵּנוּת, צָבוּעַ, לֹא-כֵן	instalación *f*	1 שִׁבּוּץ, קְבִיעָה בְּמִשְׂרָה. 2 הַתְקָנָה, אִינְסְטַלַצְיָה. 3 מִתְקָן
insinuación *f*	1 רְמִיזָה, רָמֶז. 2 גְּנֵבַת לֵב	
insinuar *vt*	1 רָמַז. 2 גָּנַב דַּעַת, רָכַשׁ אֵמוּן	instalar *vt*	1 שִׁבֵּץ, הִפְקִיד. 2 הִתְקִין, קָבַע
insipidez *f*	תִּפְלוּת, חֹסֶר טַעַם	instancia *f*	1 עֲרְכָּאָה, דָּרֶג. 2 בַּקָּשָׁה, הַפְצָרָה, דְּרִישָׁה
insípido *adj*	תָּפֵל, חֲסַר-טַעַם	
insistencia *f*	הַפְצָרָה, עַקְשָׁנוּת, דְּרִישָׁה	instantánea *f*	תַּצְלוּם, צִלּוּם
insistente *adj*	מַפְצִיר, עַקְשָׁן, עוֹמֵד עַל דַּעְתּוֹ	instantáneamente *adv*	כְּהֶרֶף-עַיִן, מִיָּדִית
insistir *vi*	הִפְצִיר, דָּרַשׁ, הִתְעַקֵּשׁ, עָמַד עַל דַּעְתּוֹ	instantáneo *adj*	1 מִיָּדִי, רִגְעִי. 2 חוֹלֵף
insociable *adj*	לֹא חַבְרוּתִי, לֹא יְדִידוּתִי	instante *m*	רֶגַע, הֶרֶף עַיִן

instar *vti* 1 הִפְצִיר, בִּקֵּשׁ, דָּרַשׁ. 2 הֵאִיץ, עוֹרֵר, הֵחִישׁ. 3 הִתְעַקֵּשׁ

instauración *f* 1 הַחֲיָאָה, חִדּוּשׁ. 2 יִסּוּד, הֲקָמָה, כִּנּוּן

instaurar *vt* 1 הֶחֱיָה, חִדֵּשׁ. 2 יִסֵּד, הֵקִים, כּוֹנֵן

instigación *f* הֲסָתָה, שִׁסּוּי, גֵּרוּי, הֲדָחָה לִדְבַר עֲבֵרָה

instigador *m* מֵסִית, מְחַרְחֵר, חַרְחָרָן, מַדִּיחַ, סַכְסְכָן

instigar *vt* הֵסִית, שִׁסָּה, גֵּרָה, פִּתָּה, הִדִּיחַ לִדְבַר עֲבֵרָה

instilación *f* טִפְטוּף, הַחְדָּרָה, יְצִיקָה

instilar *vt* טִפְטֵף, יָצַק, הֶחְדִּיר

instintivo *adj* חוּשִׁי, טִבְעִי, אִינְסְטִינְקְטִיבִי

instinto *m* חוּשׁ, אִינְסְטִינְקְט

institución *f* 1 חֶבְרָה, מוֹסָד, אִרְגּוּן, אֲגֻדָּה. 2 יִסּוּד, הֲקָמָה. 3 מִנְהָג, נֹהַג. 4 תַּקָּנָה, חֻקָּה

institucional *adj* 1 מוֹסָדִי, חֶבְרָתִי, אֲגֻדָּתִי. 2 יְסוֹדִי, חֻקָּתִי

instituir *vt* 1 הֵקִים, יִסֵּד, קָבַע. 2 הִדְרִיךְ, הוֹרָה. 3 הִתְקִין

instituto *m* 1 מוֹסָד, מָכוֹן. 2 חֹק, מִשְׁפָּט. 3 קוֹדֶכְּס

institutriz *f* אוֹמֶנֶת

instrucción *f* 1 חִנּוּךְ, הַדְרָכָה, לִמּוּד, הוֹרָאָה. 2 תּוֹרָה, מוּסָר. 3 חֹק, תַּקָּנָה

instructivo *adj* 1 חִנּוּכִי, מְחַנֵּךְ, מְאַלֵּף. 2 מוֹעִיל, מַנְחָה

instructor *m* 1 מַדְרִיךְ, מוֹרֶה. 2 מְאַלֵּף

instruido *adj* מַשְׂכִּיל, מְלֻמָּד

instruir *vt* 1 חִנֵּךְ, הִשְׂכִּיל, לִמֵּד, הוֹרָה. 2 צִוָּה, פִּקֵּד, הִנְחָה

instrumentación *f* תִּנְגּוּן

instrumental *adjm* 1 שֶׁל כְּלִי, מַכְשִׁירִי. 2 כְּלַל כְּלֵי הַתִּזְמֹרֶת

instrumentar *vt* תִּנְגֵּן

instrumento *m* 1 כְּלִי, מַכְשִׁיר, גּוֹרֵם. 2 מִסְמָךְ, תְּעוּדָה. 3 כְּלִי נְגִינָה. 4 אֶמְצָעִי

insubordinación *f* הִתְמָרְדוּת, הִתְקוֹמְמוּת, מֶרֶד, אִי־צִיּוּת, אִי־כְּנִיעָה

insubordinado *adjm* מוֹרֵד, סוֹרֵר, מִתְמָרֵד, מַרְדָנִי, פּוֹרֵק עֹל

insubordinar *vt* 1 הִמְרִיד, קוֹמֵם. 2 הִתְמָרֵד

insubsanable *adj* חֲסַר־תַּקָּנָה

insubstancial *adj* לֹא מַמָּשִׁי, חֲסַר תֹּכֶן, בִּלְתִּי מוּחָשִׁי, טָפֵל

insuficiencia *f* 1 מַחְסוֹר, חֹסֶר, דַּלּוּת. 2 אִי סְפִיקוּת

insuficiente *adj* לֹא מַסְפִּיק, לֹא סָפִיק

insufrible *adj* בִּלְתִּי נִסְבָּל, קָשֶׁה מִנְּשֹׂא

ínsula *f* אִי

insular *adjm* 1 אִיִּי, שֶׁל אִי. 2 בּוֹדֵד, תּוֹשַׁב־אִי

insulina *f* אִינְסוּלִין

insulso *adj* 1 תָּפֵל. 2 מְשַׁעֲמֵם

insultar *vt* הִשְׁמִיץ, הֶעֱלִיב, פָּגַע, בִּזָּה, הִכְלִים, בִּיֵּשׁ, גִּדֵּף

insulto *m* גִּדּוּף, עֶלְבּוֹן, בִּזָּיוֹן, חֵרוּף, בִּיּוּשׁ, פְּגִיעָה בְּכָבוֹד

insumergible *adj* צָף, לֹא טוֹבֵעַ

insumiso *adj* מַמְרֶה, מַרְדָן

insuperable *adj* מְצֻיָּן, עֶלְיוֹן, שֶׁאֵין לְנַצְּחוֹ

insuperado *adj* שֶׁלֹּא נֻצַּח, בִּלְתִּי־נָצִיחַ

insurgencia *f* הִתְקוֹמְמוּת, מְרִידָה, קֶשֶׁר

insurgente *adjm* מִתְקוֹמֵם, מוֹרֵד, קוֹשֵׁר

insurrección *f* מֶרֶד, מְרִידָה, קֶשֶׁר, הִתְקוֹמְמוּת

insurreccionarse *vref* הִתְקוֹמֵם, הִתְמָרֵד

insurrecto *adjm* מַרְדָן, מוֹרֵד, קוֹשֵׁר, מִתְקוֹמֵם

insustancial *adj* לֹא מַמָּשִׁי, חֲסַר תֹּכֶן, בִּלְתִּי מוּחָשִׁי, לֹא־חָשׁוּב, טָפֵל

intacto *adj* טָהוֹר, שָׁלֵם, שֶׁלֹּא נִזּוֹק, בִּלְתִּי־פָּגוּעַ

intachable *adj* חֲסַר־דֹּפִי, זַךְ, חַף, תָּמִים

intangibilidad *f* אִי־נְגִיעוּת, נִמְנָעוּת מִשּׁוּשׁ

intangible *adj* בִּלְתִּי מָשִׁישׁ, לֹא מוּחָשִׁי

integración *f* 1 סְכֵימָה. 2 הַכְלָלָה, הַרְכָּבָה. 3 מִזּוּג, קְלִיטָה. 4 הִקָּלְטוּת

integral *adjf* 1 אָחִיד, אִינְטֶגְרָלִי. 2 אִינְטֶגְרָל, סְכָם

integrar *vt* 1 הִשְׁלִים, חִבֵּר, אִחֵד. 2 סִכֵּם. 3 קָלַט. 4 נִקְלַט

integridad *f* 1 מִכְלוֹל. 2 שְׁלֵמוּת, תְּמִימוּת. 3 צֶדֶק, יֹשֶׁר. 4 תֹּם

íntegro *adj* 1 שָׁלֵם, מָלֵא, כָּלִיל. 2 תָּם, נְקִי כַּפַּיִם, תָּמִים

integumento *m* 1 עֲטִיפָה, כְּסוּת. 2 מַסֵּכָה, הִתְחַפְּשׂוּת

intelecto *m* תְּבוּנָה, שֵׂכֶל, הֲבָנָה, בִּינָה, חָכְמָה

intelectual *adjm* מַשְׂכִּיל, נָאוֹר

intelectualidad *f* אִינְטֶלִיגֶנְצְיָה

inteligencia *f* 1 בִּינָה, תְּבוּנָה, שֵׂכֶל, מִשְׂכָּל. 2 מוֹדִיעִין

inteligente *adj* מַשְׂכִּיל, נָבוֹן, חָכָם, תַּרְבּוּתִי

inteligibilidad *f* הֲבָנָה, תְּפִיסָה, הַבְחָנָה

inteligible *adj* מוּבָן, בָּרוּר

intemperancia *f* 1 סְבִיאוּת. 2 אִי מְתִינוּת

intemperante *adj* לֹא מָתוּן, מַפְרִיז, סוֹבֵא

intemperie *f* 1 סַגְרִירוּת. 2 כִּפַּת הַשָּׁמַיִם

intempestivo *adj* שֶׁלֹּא בְּעִתּוֹ

intención *f* 1 כַּוָּנָה, רָצוֹן, תַּכְלִית, מַטָּרָה. 2 מְזִמָּה, זָמָם

intencionado *adj* יָעוּד, בַּעַל כַּוָּנוֹת

intencional *adj* מְכֻוָּן, זְדוֹנִי

intendencia *f* 1 מִנְהָלָה, הַנְהָלָה, שִׁלְטוֹן. 2 הַשְׁגָּחָה, פִּקּוּחַ, בִּקֹּרֶת. 3 מָחוֹז, רָשׁוּת

intendente *m* 1 מוֹשֵׁל, מְפַקֵּד. 2 מְנַהֵל, מְפַקֵּחַ. 3 רֹאשׁ עִיר

intensidad *f* עָצְמָה, עֹז, חֹזֶק, צְפִיפוּת

intensificación *f* הַגְבָּרָה, הַחְרָפָה, הַמְרָצָה

intensificar *vt* 1 הִגְבִּיר, הֶחֱרִיף, הִמְרִיץ, הִגְדִּיל. 2 הִתְעַצֵּם

intensivo *adj* נִמְרָץ, עַז, מְאֻמָּץ, אִינְטֶנְסִיבִי

intenso *adj* נִמְרָץ, עַז, עָצוּם, מָתוּחַ

intentar *vt* 1 נִסָּה, יָזַם. 2 הִתְכַּוֵּן, נָטָה, חָשַׁב, סָבַר. 3 הִשְׁתַּדֵּל

intento *m* 1 נִסָּיוֹן, הִשְׁתַּדְּלוּת. 2 מַטָּרָה, תַּכְלִית, כַּוָּנָה. 3 רָצוֹן

intentona *f* נִסָּיוֹן נֵפֶל

interacción *f* פְּעֻלַּת גּוֹמְלִין

intercalación *f* 1 עִבּוּר. 2 צֵרוּף, הוֹסָפָה

intercalar *vtadj* 1 עִבֵּר. 2 צֵרַף. 3 כָּלוּל בְּלוּחַ הַשָּׁנָה

intercambiar *vt* הֶחֱלִיף, הֵמִיר

intercambio *m* הַחְלָפָה, חִלּוּף, חֲלִיפִין

interceder *vi* תִּוֵּךְ, סִנְגֵּר, הִשְׁתַּדֵּל

intercepción *f* 1 יֵרוּט. 2 עִכּוּב, מְנִיעָה, עֲצִירָה

interceptar *vt* 1 יֵרֵט. 2 עִכֵּב, מָנַע, עָצַר

interceptor *adjm* מְיָרֵט, עוֹצֵר

intercesión *f* תְּחִנָּה, הִשְׁתַּדְּלוּת, פְּשָׁרָה, סִנְגּוּר, תִּווּךְ

intercesor *adjm* סָנֵגוֹר, שְׁתַדְּלָן, מֵלִיץ יֹשֶׁר, מְתַוֵּךְ

interdecir *vt* 1 אָסַר, מָנַע. 2 נִדָּה

interdependencia *f* זִקַּת גּוֹמְלִין, תְּלוּת הֲדָדִית

interdependiente *adj* תָּלוּי הֲדָדִית

interdicción *f* נִדּוּי, חֵרֶם, אִסּוּר

interdicto *m* אִסּוּר, חֵרֶם, נִדּוּי, מִצְוַת לֹא תַעֲשֶׂה

interés *m* 1 עִנְיָן, תּוֹעֶלֶת. 2 רֶוַח, יִתְרוֹן, זְכוּת. 3 רִבִּית

interesado *adjm* 1 מְעֻנְיָן, שֻׁתָּף. 2 נוֹגֵעַ בַּדָּבָר, אָנֹכִיִּי

interesante *adj* מְעַנְיֵן

interesar *vt* עִנְיֵן

intereses creados זְכֻיּוֹת מֻקְנוֹת

interferencia *f* 1 מְנִיעָה, הַפְרָעָה, הִתְעָרְבוּת. 2 הִתְנַגְּשׁוּת, הִתְנַגְּדוּת

interferir *vi* 1 מָנַע, הִפְרִיעַ, הִתְעָרֵב. 2 הִתְנַגֵּד, הִתְנַגֵּשׁ

ínterin *m* בֵּינְתַיִם

interino *adj* זְמַנִּי, אֲרָעִי, מְמַלֵּא מָקוֹם

interior *adjm* 1 פְּנִימִי. 2 פְּנִים, תָּוֶךְ

interioridades *fpl* עִנְיָנִים מִשְׁפַּחְתִּיִּים

interiorizarse *vref* הִתְעַמֵּק, הִתְעַנְיֵן

interjección *f* מִלַּת קְרִיאָה

interlineal *adj* שֶׁבֵּין הַשִּׁיטִין
interlinear *vt* כָּתַב בֵּין הַשִּׁיטִין
interlocución *f* שִׂיחָה, דּוּ שִׂיחַ
interlocutor *m* אִישׁ שִׂיחָה, מְקַשֵּׁר
interlocutorio *adj* אֶמְצָעִי, לֹא סוֹפִי
(פְּסַק־דִּין)
interludio *m* נְגִינַת בֵּינַיִם
intermediar *vt* תִּוֵּךְ, פִּשֵּׁר
intermediario *madj* מְתַוֵּךְ, מְפַשֵּׁר
intermedio *madj* 1 הַפְסָקָה. 2 מִשְׂחַק בֵּינַיִם.
3 אֶמְצָעִי, תִּיכוֹן, בֵּינוֹנִי.
4 מְתַוֵּךְ, סוֹכֵן, סַרְסוּר
interminable *adj* אֵין סוֹפִי, בְּלִי סוֹף
intermisión *f* הַפְסָקָה, הֲפוּגָה, הֶפְסֵק
intermitencia *f* סֵרוּגִים, סֵרוּגִין
intermitente *adj* סֵרוּגִי, שֶׁבָּא חֲלִיפוֹת
intermuscular *adj* בֵּין־שְׁרִירִי
internacional *adj* בֵּינְלְאֻמִּי
internacionalismo *m* בֵּינְלְאֻמִּיּוּת
internacionalista *m* אִינְטֶרְנַצְיוֹנָלִיסְט
internacionalización *f* בִּנְאוּם
internado *madj* 1 פְּנִימִיָּה. 2 כָּלוּא
internamiento *m* 1 סְגִירָה, כְּלִיאָה. 2 אִשְׁפּוּז
internar *vti* 1 הִכְנִיס, אִשְׁפֵּז. 2 סָגַר, כָּלָא.
3 הִתְעַמֵּק
interno *adjm* 1 פְּנִימִי, בֵּיתִי. 2 תַּלְמִיד פְּנִימִיָּה
interpelación *f* שְׁאֵלְתָה
interpelar *vt* 1 שָׁאַל, חָקַר, בָּדַק. 2 שָׁאַל
שְׁאֵלְתָה
interpolación *f* 1 שִׁרְבּוּב. 2 חֲצִיצָה, בִּיּוּן
interpolar *vt* 1 שִׁרְבֵּב. 2 חָצַץ, בִּיֵּן. 3 תִּוֵּךְ
interponer *vt* 1 בִּיֵּן, שִׁרְבֵּב, חָצַץ, תִּוֵּךְ.
2 הִגִּישׁ תְּבִיעָה
interposición *f* בִּיּוּן, שִׁרְבּוּב, חִצּוּץ, חֲצִיצָה
interpretación *f* 1 תַּרְגּוּם. 2 הֶסְבֵּר, בֵּאוּר,
פֵּשֶׁר, פִּעְנוּחַ. 3 בִּצּוּעַ
interpretar *vt* 1 תִּרְגֵּם, בֵּאֵר. 2 הִסְבִּיר, פִּעְנֵחַ.
3 בִּצֵּעַ
interpretativo *adj* מַסְבִּיר, מְבָאֵר, מְפָרֵשׁ
intérprete *m* 1 תֻּרְגְּמָן, מְתַרְגֵּם. 2 מְבָאֵר,
פַּרְשָׁן, דַּרְשָׁן. 3 מְבַצֵּעַ
interrogación *f* 1 שְׁאֵלָה. 2 סִימַן שְׁאֵלָה.
3 חֲקִירָה, גְּבִיַּת עֵדוּת, תַּחְקִיר
interrogador *m* 1 חוֹקֵר. 2 שׁוֹאֵל
interrogar *vt* 1 שָׁאַל. 2 חָקַר, בָּדַק, גָּבָה עֵדוּת
interrogativo *adj* חוֹקֵר וְדוֹרֵשׁ
interrogatorio *m* חֲקִירַת שְׁתִי וָעֵרֶב
interrumpir *vt* הִפְסִיק, הִפְרִיעַ, הִשְׁבִּית, בִּטֵּל,
שִׁסַּע, עִכֵּב
interrupción *f* הַפְסָקָה, הַפְרָעָה, הַשְׁבָּתָה,
הַשְׁהָיָה
interruptor *adjm* 1 מַפְסִיק, מְנַתֵּק. 2 מַפְסֵק
intersecarse *vref* נֶחְתַּךְ אַהֲדָדֵי, הִצְטַלֵּב
intersección *f* חִתּוּךְ, חֲצִיָּה, הִצְטַלְּבוּת, צֹמֶת
intersticio *m* חָלָל, סֶדֶק, פִּרְצָה
intervalo *m* 1 הַפְסָקָה. 2 רֶוַח, מִרְוָח.
3 תְּקוּפָה. 4 הֲפוּגָה
intervención *f* הִתְעָרְבוּת, מְעֹרָבוּת
intervenir *vti* הִתְעָרֵב, הִשְׁתַּתֵּף, תִּוֵּךְ
interventor *m* 1 מְתַוֵּךְ. 2 מְפַקֵּחַ, מְמֻנֶּה, מְבַקֵּר
interviú *f* רַאֲיוֹן
intestado *m* מֵת לְלֹא צַוָּאָה
intestinal *adj* שֶׁל קְרָבַיִם, שֶׁל מֵעַיִם
intestino *adjm* 1 פְּנִימִי, תּוֹכִי. 2 קְרָבַיִם,
מֵעַיִם
intimación *f* 1 הַתְרָאָה, הוֹדָעָה, הַכְרָזָה, צַו.
2 הִתְיַדְּדוּת
intimar *vt* 1 הוֹדִיעַ, הִכְרִיז. 2 הִתְרָה. 3 הִתְיַדֵּד,
הִתְחַבֵּב
intimidación *f* הַפְחָדָה, אִיּוּם, הַבְהָלָה
intimidar *vt* הִפְחִיד, הִבְהִיל
íntimidad *f* אַחֲוָה, קִרְבָה, לְבָבִיּוּת, יְדִידוּת,
אִינְטִימִיּוּת
íntimo *adj* 1 לְבָבִי, יְדִידוּתִי, אִינְטִימִי.
2 פְּנִימִי
intitular *vt* כִּנָּה, קָרָא בְּשֵׁם
intocable *adj* טָמֵא, שֶׁאֵין לָגַעַת בּוֹ
intolerabilidad *f* אִי סוֹבְלָנוּת
intolerable *adj* בִּלְתִּי־נִסְבָּל
intolerancia *f* אִי סוֹבְלָנוּת

intolerante *adj* בִּלְתִּי סוֹבְלָנִי
intoxicación *f* הַרְעָלָה, שִׁכָּרוֹן
intoxicar *vt* הִרְעִיל
intraducible *adj* שֶׁלֹּא נִתָּן לְתַרְגּוּם
intranquilidad *f* דְּאָגָה, חֲרָדָה, חֹסֶר מְנוּחָה, אִי שֶׁקֶט
intranquilo *adj* דּוֹאֵג, חָרֵד, בִּלְתִּי שָׁקֵט
intransigencia *f* עַקְשָׁנוּת, קַשְׁיוּת עֹרֶף, סָרְבָנוּת
intransigente *adj* עַקְשָׁן, סָרְבָנִי, סָרְבָן
intransitable *adj* לֹא עָבִיר, בִּלְתִּי־עָבִיר
intransitivo *adj* (פֹּעַל) עוֹמֵד
intratabilidad *f* סוֹרְרוּת, פִּרְאוּת
intratable *adj* סוֹרֵר, פָּרוּעַ, שֶׁאֵינוֹ מְקַבֵּל מָרוּת
intravenoso *adj* תּוֹךְ־וְרִידִי
intrepidez *f* אֹמֶץ לֵב, עֹז רוּחַ
intrépido *adj* אַמִּיץ, עָשׂוּי לִבְלִי חָת
intriga *f* חִרְחוּר, סִכְסוּךְ, מְזִמָּה, קְנוּנְיָה
intrigante *adjm* סַכְסְכָן, מְחַרְחֵר רִיב, נוֹכֵל
intrigar *vti* 1 סִקְרֵן. 2 סִכְסֵךְ, זָמַם, חִרְחֵר רִיב, קָשַׁר קֶשֶׁר
intrincación *f* סִבּוּךְ, מְבוּכָה, בִּלְבּוּל, הִסְתַּבְּכוּת
intrincado *adj* מְסֻבָּךְ, מֻרְכָּב, סָבוּךְ
intrínseco *adj* תּוֹכִי, פְּנִימִי, חָבוּי, סוֹדִי
introducción *f* 1 מָבוֹא, הַקְדָּמָה, פְּתִיחָה. 2 עֲשִׂיַּת הֶכֵּרוּת. 3 הַכְנָסָה
introducir *vt* הִכְנִיס, הִצִּיג, הִקְדִּים, פָּתַח
intromisión *f* הִתְעָרְבוּת
introspección *f* תְּהִיָּה, הִסְתַּכְּלוּת פְּנִימִית
introspectivo *adj* בּוֹחֵן עַצְמוֹ, מֻפְנָם
introversión *f* הַפְנָמָה
introvertido *adjm* מְכֻנָּס בְּעַצְמוֹ, מֻפְנָם
intrusear *vi* פָּרַץ, פָּלַשׁ, הִתְפָּרֵץ
intrusión *f* פְּרִיצָה, הִדָּחֲקוּת, פְּלִישָׁה
intruso *adjm* פּוֹרֵץ, נִדְחָק, פּוֹלֵשׁ
intuición *f* תְּחוּשָׁה פְּנִימִית, אִינְטוּאִיצְיָה
intuir *vt* הִרְגִּישׁ, חָשׁ
intuitivo *adj* אִינְטוּאִיטִיבִי
inundación *f* הֲצָפָה, הִשְׁתַּפְּכוּת
inundar *vt* הֵצִיף, שָׁטַף
inusitado *adj* נָדִיר, יוֹצֵא מִן הַכְּלָל
inútil *adjm* לֹא מוֹעִיל, לֹא שִׁמּוּשִׁי, חֲסַר־תּוֹעֶלֶת
inutilidad *f* חֹסֶר תּוֹעֶלֶת
inutilizar *vt* קִלְקֵל, הִשְׁחִית, חִבֵּל, פָּגַם
inútilmente *adv* לַשָּׁוְא, לְלֹא־הוֹעִיל
invadir *vt* פָּלַשׁ, הִסִּיג גְּבוּל
invalidación *f* פְּסִילָה, בִּטּוּל תֹּקֶף
invalidar *vt* בִּטֵּל, פָּסַל
invalidez *f* נָכוּת, תְּשִׁישׁוּת, חֻלְשָׁה
inválido *adjm* נָכֶה, בַּעַל מוּם
invariabilidad *f* קְבִיעוּת, אִי הִשְׁתַּנּוּת
invariable *adj* קָבוּעַ, אֵיתָן, תְּמִידִי, לֹא מִשְׁתַּנֶּה
invasión *f* פְּלִישָׁה, פְּשִׁיטָה, הַסָּגַת גְּבוּל
invasor *adjm* פּוֹלֵשׁ, תּוֹקְפָן
invectiva *f* חֵרוּף, גִּדּוּף, פְּגִיעָה, הַעֲלָבָה
invencibilidad *f* אִי־מְנֻצָּחוּת
invencible *adj* לֹא מְנֻצָּח, בִּלְתִּי־מְנֻצָּח
invención *f* 1 הַמְצָאָה, תַּגְלִית, חִדּוּשׁ. 2 בְּדוּתָה, דִּמְיוֹן
invendible *adj* שֶׁאֵינוֹ נִתָּן לִמְכִירָה
inventar *vt* 1 הִמְצִיא, חִדֵּשׁ, גִּלָּה. 2 בָּדָה, דִּמְיֵן
inventariar *vt* קִטְלֵג, מִיֵּן, סִוֵּג
inventiva *f* כֹּשֶׁר הַמְצָאָה, דִּמְיוֹן יוֹצֵר
inventivo *adj* מַמְצִיא, מְחַדֵּשׁ, מְגַלֶּה, בַּעַל כֹּחַ הַמְצָאָה
invento *m* הַמְצָאָה, תַּגְלִית, חִדּוּשׁ
inventor *m* 1 מַמְצִיא, מְגַלֶּה, מְחַדֵּשׁ. 2 בּוֹדֶה מִלִּבּוֹ
invernáculo *m* חֲמָמָה
invernadero *m* 1 חֲמָמָה. 2 מִכְלְאַת־חֹרֶף
invernal *adjm* 1 חָרְפִּי. 2 מִכְלְאַת־חֹרֶף
invernar *vi* חָרַף
inverosímil *adj* שֶׁלֹּא יֵאָמֵן, לֹא סָבִיר
inversión *f* 1 הַשְׁקָעָה. 2 הֲפִיכָה, הִפּוּךְ
inverso *adj* הָפוּךְ, מְנֻגָּד, נֶגְדִּי
invertebrado *adjm* חֲסַר חֻלְיוֹת, חֲסַר אֹפִי
invertir *vt* 1 הָפַךְ, הֶעְתִּיק. 2 הִשְׁקִיעַ (כֶּסֶף)
investidura *f* מִנּוּי, מַתַּן סַמְכוּת, הַעֲנָקַת תֹּאַר

investigación *f* חֲקִירָה, בְּדִיקָה, בִּקֹּרֶת
investigador *m* חוֹקֵר
investigar *vti* חָקַר, בָּדַק
investir *vt* מִנָּה, הֶעֱנִיק
inveterado *adj* 1 מֻשְׁרָשׁ, יָשָׁן נוֹשָׁן. 2 מוּעָד
invicto *adj* בִּלְתִּי מְנֻצָּח
invierno *m* חֹרֶף
inviolabilidad *f* חֲסִינוּת, אִי־פְּגִיעוּת
inviolable *adj* 1 שֶׁאָסוּר לְחַלְּלוֹ. 2 חָסִין
inviolado *adj* תָּמִים, שֶׁלֹּא חֻלַּל
invisibilidad *f* סְמִיוּת, אִי רְאִיּוּת
invisible *adj* סָמוּי, בִּלְתִּי נִרְאֶה
invitación *f* הַזְמָנָה
invitado *m* אוֹרֵחַ, אֻשְׁפִּיז, מֻזְמָן, קָרוּא
invitar *vt* הִזְמִין, הוֹעִיד, זִמֵּן
invocación *f* תְּפִלָּה, בַּקָּשָׁה, קְרִיאָה, פְּנִיָּה
invocar *vt* קָרָא, בִּקֵּשׁ, הִתְחַנֵּן, הִתְפַּלֵּל
involución *f* הִצְטַמְּקוּת, הִתְנַוְּנוּת
involucrar *vt* עִרְבֵּב, כָּלַל
involuntariamente *adv* בְּאִי־רָצוֹן, עַל כָּרְחוֹ
involuntario *adj* אִי־רְצוֹנִי
invulnerabilidad *f* אִי־פְּגִיעוּת
invulnerable *adj* לֹא פָּגִיעַ, חֲסַר נְקֻדַּת תֻּרְפָּה
inyección *f* זְרִיקָה, הַרְכָּבָה, הַזְרָקָה
inyectado *adj* 1 אָדֹם, נָפוּחַ. 2 שֶׁקִּבֵּל זְרִיקָה
inyectar *vt* 1 הִזְרִיק. 2 הִזְרִים
inyector *m* מַזְרֵק
ión *m* יוֹן
ionio *m* יוֹנְיוּם
ionosfera *f* יוֹנוֹסְפֶרָה
ipecacuana *f* אִפֶּקָקוּאָנָה (צֶמַח רְפוּאִי)
ir *vi* 1 הָלַךְ. 2 הִלֵּךְ. 3 הִשְׁתַּתֵּף. 4 הִסְתַּלֵּק
ira *f* זַעַם, כַּעַס, עֶבְרָה, רֹגֶז
iracundo *adjm* זוֹעֵם, כּוֹעֵס, רוֹגֵז, כַּעֲסָן
irascibilidad *f* רַגְזָנוּת, רַתְחָנוּת
irascible *adj* רַגְזָן, כַּעֲסָן
iridio *m* אִירִידְיוּם
iridescendia *f* נִצְנוּץ, סַסְגּוֹנוּת
iridiscente *adj* נוֹצֵץ, סַסְגּוֹנִי
iris *m* 1 קֶשֶׁת. 2 קֶשֶׁת בֶּעָנָן. 3 קַשְׁתִּית הָעַיִן.
4 אִירוּס
irisado *adj* נוֹצֵץ, סַסְגּוֹנִי
irlandés *adjm* אִירִי
ironía *f* לַעַג, לִגְלוּג, הִתּוּל, מַהֲתַלָּה, אִירוֹנְיָה
irónico *adj* מְהַתֵּל, מְלַגְלֵג, אִירוֹנִי
irracional *adj* לֹא הֶגְיוֹנִי, אִי רַצְיוֹנָלִי
irracionalidad *f* חֹסֶר הִגָּיוֹן, אִי רַצְיוֹנָלִיּוּת
irradiación *f* הַקְרָנָה, קְרִינָה
irradiar *vt* הִקְרִין, קָרַן, נִצְנֵץ
irrazonable *adj* 1 לֹא נָבוֹן, לֹא הֶגְיוֹנִי. 2 לֹא מִתְקַבֵּל עַל הַדַּעַת
irreal *adj* דִּמְיוֹנִי, לֹא־מְצִיאוּתִי, לֹא מַמָּשִׁי
irrealidad *f* דִּמְיוֹנִיּוּת, אִי מַמָּשִׁיּוּת
irrealizable *adj* שֶׁלֹּא נִתָּן לְהַגְשָׁמָה
irrebatible *adj* שֶׁאֵין לְהַפְרִיכוֹ, שֶׁאֵין לְסָתְרוֹ, בִּלְתִּי נִתָּן לְעִרְעוּר
irreconciliable *adj* בִּלְתִּי מִתְפַּשֵּׁר, עוֹיֵן
irreconocible *adj* שֶׁלֹּא נִתָּן לְהַכִּירוֹ
irreconocido *adj* בִּלְתִּי מֻכָּר
irrecuperable *adj* שֶׁאֵין לְהַחֲזִירוֹ, שֶׁאֵין לַהֲשִׁיבוֹ
irrecusable *adj* שֶׁאֵין לְהַפְרִיכוֹ
irreducible, irreductible *adj* לֹא פָּרִיק, לֹא מִצְטַמְצֵם
irreemplazable *adj* 1 בִּלְתִּי חוֹזֵר. 2 חֲסַר־תַּחֲלִיף
irreflexión *f* פְּזִיזוּת, קַלּוּת דַּעַת
irreflexivo *adj* פָּזִיז, נִמְהָר, קַל דַּעַת
irrefrenable *adj* שֶׁאִי אֶפְשָׁר לְרַסְּנוֹ, בִּלְתִּי־רָסִין
irrefutable *adj* שֶׁאֵין לְהַפְרִיכוֹ, שֶׁאֵין לַחֲלֹק עָלָיו
irregular *adj* חָרִיג, חוֹרֵג, בִּלְתִּי סָדִיר
irregularidad *f* חֲרִיגוּת, שֹׁנִי, סְטִיָּה, אִי־סְדִירוּת
irreligiosidad *f* חֹסֶר דָּתִיּוּת, כְּפִירָה
irreligioso *adj* כּוֹפֵר, לֹא דָּתִי
irremediable *adj* חֲשׂוּךְ מַרְפֵּא
irremissible *adj* חֲסַר־כַּפָּרָה
irreparable *adj* חֲסַר תַּקָּנָה, שֶׁאֵינוֹ נִתָּן לְתִקּוּן

irreprensible *adj* עָשׂוּי לְלֹא דֹּפִי
irreprimible *adj* שֶׁאִי אֶפְשָׁר לְרַסְּנוֹ
irreprochable *adj* לְלֹא דֹּפִי, שֶׁאֵין לְגַנּוֹתוֹ
irresistible *adj* מְלַבֵּב, מְצוֹדֵד, שֶׁאֵין לַעֲמֹד בְּפָנָיו
irresolución *f* הִסּוּס, פִּקְפּוּק, חֹסֶר־הַחְלָטָה
irresoluto *adj* מְהַסֵּס, מְפַקְפֵּק, הַסְסָן
irrespetuoso *adj* גַּס, עַז פָּנִים, חֲצְפָן
irresponsabilidad *f* חֹסֶר אַחֲרָיוּת
irresponsable *adj* לֹא אַחֲרָאִי, חֲסַר־אַחֲרָיוּת
irreverencia *f* חֹסֶר כָּבוֹד, זִלְזוּל
irreverente *adj* מְזַלְזֵל, מְחֻסַּר דֶּרֶךְ אֶרֶץ, גַּס
irreversible *adj* בִּלְתִּי הָפִיךְ, בִּלְתִּי חוֹזֵר
irrevocabilidad *f* אִי־בְּטִילוּת
irrevocable *adj* 1 סוֹפִי, שֶׁאֵין לַהֲשִׁיבוֹ. 2 לְלֹא עִרְעוּר
irrigación *f* הַשְׁקָיָה, הַשְׁקָאָה, הַזְלָפָה, הַרְוָיָה
irrigar *vt* הִשְׁקָה, הִרְוָה, הִרְטִיב
irrisión *f* צְחוֹק, לַעַג, לִגְלוּג
irrisorio *adj* מְגֻחָךְ, מַצְחִיק, לַגְלְגָנִי
irritabilidad *f* רַתְחָנוּת, רַגְזָנוּת, רֹגֶז, רְגִיזוּת
irritable *adj* רָגִיז, רַגְזָן, רַתְחָן
irritado *adj* כּוֹעֵס, רוֹגֵז, זוֹעֵם
irritación *f* 1 הַרְגָּזָה, הַכְעָסָה, הַקְנָטָה. 2 גֵּרוּי, כְּאֵב
irritante *adjm* 1 מַרְגִּיז, מַכְעִיס, מַקְנִיט. 2 מְגָרֶה, מַכְאִיב
irritar *vt* 1 הִרְגִּיז, הִכְעִיס, הִקְנִיט. 2 גֵּרָה, הִכְאִיב
irrompible *adj* בִּלְתִּי שָׁבִיר
irrumpir *vi* פָּלַשׁ, פָּרַץ, הִתְפָּרֵץ
irrupción *f* הִתְפָּרְצוּת, הַבְקָעָה, פְּלִישָׁה
isla *f* אִי
Islam *m* אִסְלָם, אִסְלָאם
islámico *adj* אִסְלָמִי
islamismo *m* אִסְלָמִיּוּת, מֻסְלְמִיּוּת
islamita *adjm* מֻסְלְמִי, אִסְלָמִי
isleño *adjm* אִיִּי, שׁוֹכֵן אִי
islote *m* אִיּוֹן
isométrico *adj* שְׁוֵה אֹרֶךְ, אִיזוֹמֶטְרִי
isósceles *adj* שְׁוֵה שׁוֹקַיִם
isótopo *m* אִיזוֹטוֹפּ
israelí *adjm* יִשְׂרְאֵלִי
israelita *adjm* יִשְׂרְאֵלִי, יְהוּדִי, עִבְרִי
istmo *m* מֵצַר
italiano *adjm* אִיטַלְקִי
itálico *adj* אִיטַלְקִי
item *advm* 1 כְּמוֹ־כֵן, לֹא כָּל שֶׁכֵּן. 2 סָעִיף, פְּרִיט
iteración *f* חֲזָרָה
iterar *vt* חָזַר עַל־
iterbio *m* אִיטֶרְבִּיּוּם (יְסוֹד כִּימִי)
itinerario *madj* 1 לוּחַ זְמַנִּים. 2 נָע וָנָד, נַיָּד
itrio *m* אִיטְרִיּוּם
izar *vt* הֵנִיף
izquierda *f* שְׂמֹאל
izquierdista *adjm* שְׂמֹאלָנִי
izquierdo *adj* 1 שְׂמָאלִי. 2 אִטֵּר

J

J *f* חוֹטָה, ח, כ, הָאוֹת הָאַחַת־עֶשְׂרֵה שֶׁל הָאָלֶף־בֵּית הַסְּפָרַדִּי

¡ja! הָאָח!, הָהּ!, הוֹ!

jaba *f* סַל, טֶנֶא

jabado *adj* מְנֻמָּר

jabalí *m* חֲזִיר הַבָּר

jabalina *f* 1 חֲנִית, כִּידוֹן. 2 חֲזִירַת הַבָּר

jabón *m* סַבּוֹן

jabonada, jabonadura *f* 1 סַבּוֹן, מֵי סַבּוֹן. 2 נְזִיפָה

jabonar *vt* 1 סִבֵּן. 2 נָזַף

jabonera *f* סַבּוֹנִיָּה

jabonoso *adj* 1 סַבּוֹנִי. 2 מַחֲנִיף

jaca *f* סוּסָה

jacal *f* בִּקְתָּה, סֻכָּה

jácara *f* 1 שִׁיר, מַנְגִּינָה עַלִּיזָה. 2 שִׂמְחָה, עַלִּיזוּת. 3 רַעַשׁ, שָׁאוֹן. 4 בְּדָיָה, שֶׁקֶר

jacarandá *f* יָקָרַנְדָּה (עֵץ)

jacinto *m* יָקִינְטוֹן

jaco *m* סוּס

jactancia *f* גַּאַוְתָנוּת, יְהִירוּת, רַבְרְבָנוּת

jactancioso *adj* גַּאַוְתָן, יָהִיר, רַבְרְבָן

jactarse *vref* הִתְפָּאֵר, הִתְגָּאָה, הִתְרַבְרֵב

jaculatoria *f* תְּפִלָּה קְצָרָה

jade *m* יַרְקָן (אֶבֶן)

jadeante *adj* נוֹשֵׁם וְנוֹשֵׁף

jadear *vi* הִתְנַשֵּׁם, הִתְנַשֵּׁף, גָּנַח

jadeo *m* נְשִׁימָה כְּבֵדָה, גְּנִיחָה, הִתְנַשְּׁפוּת

jaez *m* רִתְמָה, חֲגוֹר

jaguar *m* יַגּוּאָר, נָמֵר

jaiba *f* סַרְטָן

jalar *vti* 1 גָּרַר, מָשַׁךְ. 2 חִזֵּר. 3 בִּקֵּשׁ, הִפְצִיר, הִתְחַנֵּן

jalea *f* מִקְפָּא, קָרִישׁ, גֶ'לִי

jalear *vt* 1 הִטְרִיד, הֵצִיק. 2 עוֹדֵד (בִּקְרִיאוֹת אוֹ בִּמְחִיאוֹת־כַּפַּיִם). 3 הִזְעִיק (אֶת הַכְּלָבִים)

jaleo *m* 1 מְהוּמָה, רַעַשׁ, שָׁאוֹן. 2 רִקּוּד

jaletina *f* מִקְפָּא, מִקְפִּית

jalón *m* 1 יָתֵד, מוֹט, מַטֶּה. 2 צִיּוּן גְּבוּל, צִיּוּן דֶּרֶךְ. 3 תַּמְרוּר

jamás *adv* לְעוֹלָם לֹא, מֵעוֹלָם לֹא

jamba *f* מְזוּזָה

jamelgo *m* סוּס רָזֶה

jamón *m* יָרֵךְ, יֶרֶךְ חֲזִיר, קָתְלֵי חֲזִיר

jamona *f* אִשָּׁה שְׁמֵנָה

japonés *adjm* יַפָּנִי

jaque *m* שַׁח

jaque mate שַׁחְמָט

jaquear *vt* אִיֵּם עַל הַמֶּלֶךְ (שַׁח מָט)

jaqueca *f* צִלְחָה, פֶּלֶג, מִיגְרֶן

jarabe *m* סִירוֹפ, עָסִיס

jarana *f* 1 שָׁאוֹן, רַעַשׁ. 2 בְּדִיחָה, שַׁעֲשׁוּעַ

jaranear *vi* הִשְׁתּוֹלֵל, הִתְהוֹלֵל, הִשְׁתַּעֲשֵׁעַ

jardín *m* גַּן, גִּנָּה

jardín infantil גַּן יְלָדִים

jardinera *f* 1 גַּנֶּנֶת. 2 עָצִיץ

jardinería *f* גַּנָּנוּת

jardinero *m* גַּנָּן

jarra *f* כַּד, פַּךְ

jarro *m* 1 כַּד, צִנְצֶנֶת. 2 סֵפֶל

jarrón *m* 1 אֲגַרְטָל. 2 גָּבִיעַ

jaspe *m* יָשְׁפֵה

jaspeado *adj* 1 יָשְׁפִי. 2 בָּרֹד, מְנֻמָּר

jaspear *vt* 1 גִּוֵּן. 2 סִמֵּן

jauja *f* גַּן עֵדֶן

jaula *f* 1 כְּלוּב. 2 בֵּית סֹהַר

jauría *f* עֲדַת כַּלְבֵי צַיִד

jazmín *m* יַסְמִין

jazz *m* גַ'ז

jebe *m* 1 אֲלוּם, צָרִיף. 2 קָאוּצ'וּק

jebuseo *adjm* יְבוּסִי
jedive *m* כַּדִּיב
jeep *m* גִּ'יפּ
jefatura *f* 1 רָאשׁוּת. 2 מִפְקָדָה
jefe *m* מַנְהִיג, רֹאשׁ, מְפַקֵּד
Jehová *m* יְהֹוָה, יְיָ
jején *m* יַבְחוּשׁ, יַתּוּשׁ
jengibre *m* זַנְגְּבִיל
jeque *m* שֵׁיךְ
jerarca *m* כֹּהֵן גָּדוֹל, שַׁלִּיט דָּתִי
jerarquía *f* 1 כְּהֻנָּה. 2 מִדְרָג, הִיֶּרַרְכְיָה
jerárquico *adj* 1 מִדְרָגִי, הִיֶּרַרְכִי. 2 כְּהֻנָּתִי
jeramiada *f* קִינָה, אֵיכָה
jerez *m* 1 שֶׁרִי. 2 יַיִן לָבָן מְשֻׁבָּח
jerga *f* 1 בַּד גַּס. 2 עָגָה, זַ'רְגּוֹן. 3 מַצָּע, מִזְרָן
jergón *m* 1 מִזְרָן, מַצָּע. 2 בְּלָאִים, סְחָבוֹת, סְמַרְטוּטִים
jerife *m* שָׁרִיף
jerigonza *f* עָגָה, זַ'רְגּוֹן
jeringa *f* 1 מַזְרֵק. 2 חֹקֶן
jeringar *vt* 1 הִזְרִיק. 2 הִטְרִיד, הִטְרִיחַ
jeroglífico *madj* 1 כְּתַב חַרְטֻמִּים. 2 הִיֶּרוֹגְלִיפִי
jersey *m* גֶּ'רְסִי
jesuita *adjm* יֵשׁוּעִי
jeta *f* 1 שְׂפָתַיִם עָבוֹת. 2 פֶּה, לֹעַ. 3 פָּנִים, פַּרְצוּף
jíbaro *madj* 1 אִכָּר. 2 גַּס, כַּפְרִי, קַרְתָּנִי
jibia *f* דְּיוֹנוּן
jícara *f* סֵפֶל, צְלוֹחִית, סִפְלוֹן
jifa *f* פְּסֹלֶת, גְּבָבָה, שִׁירַיִם
jilguero *m* חוֹחִית
jineta *f* 1 דַּרְגַּת סַמָּל. 2 דַּרְגָּה. 3 גָּחָן
jinete *m* פָּרָשׁ, רוֹכֵב, רַכָּב
jinetear *vit* 1 רָכַב לְרַאֲוָה. 2 אִלֵּף (סוּסִים)
jingo *m* גִּ'ינְגוֹ, לְאֻמָּנִי קִיצוֹנִי
jingoísmo *m* לְאֻמָּנוּת קִיצוֹנִית, שׁוֹבִינִיזְם
jingoísta *adjm* שׁוֹבִינִיסְט, לְאֻמָּנִי קִיצוֹנִי
jira *f* 1 טִיּוּל, סִיּוּר. 2 טוּזִיג, סְבֹלֶת
jirafa *f* גִּ'ירָפָה, גְּמַל נְמֵרִי
jirón *m* 1 קֶרַע. 2 סְמַרְטוּט, מַטְלִית, סְחָבָה. 3 חֲתִיכָה, פִּסַּת־בַּד
jitomate *m* עַגְבָנִיָּה
jiu-jitsu *m* גִּ'יאוּ־גִ'יטְסוּ
jockey *m* פָּרָשׁ, סַיָּס
jocosidad *f* עַלִּיזוּת, לֵיצָנוּת, בַּדְּחָנוּת
jocoso *adj* עַלִּיז, לֵיצָנִי, בַּדְּחָנִי
jocundo *adj* עַלִּיז, שָׂמֵחַ, מְבַדֵּחַ
jofaina *f* כִּיּוֹר רַחְצָה, קַעֲרַת רַחְצָה
jolgorio *m* שִׂמְחָה, עַלִּיזוּת, שָׂשׂוֹן, עֲלִיצוּת
jónico *adj* יוֹנִי
jornada *f* 1 מַסָּע, נְסִיעָה. 2 מַהֲלָךְ, דֶּרֶךְ. 3 עֲבוֹדַת יוֹם, נְסִיעַת יוֹם. 4 טִיּוּל
jornal *m* 1 שְׂכַר יוֹמִי. 2 עֲבוֹדַת יוֹם
jornalero *m* עוֹבֵד, פּוֹעֵל, שְׂכִיר יוֹם
joroba *f* 1 חֲטוֹטֶרֶת, דַּבֶּשֶׁת. 2 הַטְרָדָה
jorobado *adjm* 1 מְגֻבָּן. 2 גִּבֵּן, בַּעַל חֲטוֹטֶרֶת
jorobar *vt* הִטְרִיד, הִטְרִיחַ
jota *f* 1 חוֹטָה, שֵׁם הָאוֹת הַ־12 שֶׁל הָאָלֶף־בֵּית. 2 קוֹצוֹ שֶׁל יוֹד. 3 רִקּוּד חוֹטָה
joule *m* גַּ'אוּל (יחידת עבודה, פיסיקה)
joven *adjm* 1 צָעִיר. 2 עֶלֶם, בָּחוּר
jovial *adj* 1 עַלִּיז, שָׂמֵחַ, מִתְרוֹנֵן. 2 שֶׁל יוּפִּיטֶר
jovialidad *f* שִׂמְחָה, עַלִּיזוּת, הִתְרוֹנְנוּת
joya *f* תַּכְשִׁיט, עֲדִי, מַרְגָּלִית
joyel *m* תַּכְשִׁיטָן
joyería *f* 1 תַּעֲשִׂיַּת תַּכְשִׁיטִים. 2 חֲנוּת תַּכְשִׁיטִים
joyero *m* 1 צוֹרֵף, תַּכְשִׁיטָן. 2 מֶחְפָּצָה
juanete *m* 1 יַבֶּלֶת, פִּקָּה. 2 קוֹרַת־הַמִּפְרָשׂ
jubilación *f* 1 פְּרִישָׁה. 2 גִּמְלָה, קִצְבָּה
jubilado *adjm* 1 פּוֹרֵשׁ. 2 מְקַבֵּל קִצְבָּה, פֶּנְסְיוֹנֵר
jubilar *vt* 1 חָגַג. 2 פָּרַשׁ, יָצָא לְגִמְלָאוֹת
jubileo *m* 1 יוֹבֵל. 2 חֲגִיגַת יוֹבֵל
júbilo *m* תְּרוּעָה, צָהֳלָה, חֲגִיגָה, עַלִּיזוּת
jubiloso *adj* חוֹגֵג, שָׂמֵחַ, מִתְרוֹנֵן
jubón *m* מָתְנִיָּה
judaico *adj* יַהֲדוּתִי
judaísmo *m* יַהֲדוּת
judaizar *vt* 1 גִּיֵּר, יִהֵד. 2 הִתְיַהֵד, הִתְגַּיֵּר

judería *f* גֶּטוֹ, רֹבַע יְהוּדִים
judía *f* 1 פּוֹל, שְׁעוּעִית. 2 יְהוּדִיָּה
judicatura *f* 1 שְׁפִיטָה, סַמְכוּת מִשְׁפָּטִית. 2 בָּתֵּי מִשְׁפָּט, שׁוֹפְטִים
judicial *adj* מִשְׁפָּטִי, שִׁפּוּטִי
judío *adjm* יְהוּדִי
judo *m* גִ'יאוּ־גִ'יטְסוּ, ג'וּדוֹ
juego *m* 1 מִשְׂחָק, שַׁעֲשׁוּעִים. 2 צְחוֹק. 3 מַעֲרֶכֶת, סִדְרָה
juerga *f* עַלִּיזוּת, שָׂשׂוֹן, עֲלִיצוּת, שִׂמְחָה
juerguista *m* הוֹלְלָן, מִתְעַנֵּג
jueves *m* יוֹם חֲמִישִׁי
juez *m* 1 שׁוֹפֵט, דַּיָּן, פּוֹסֵק. 2 מְתַוֵּךְ, בּוֹרֵר
jugada *f* 1 מַהֲלָךְ, מִשְׂחָק. 2 תַּחְבּוּלָה, תַּכְסִיס
jugador *adjm* שַׂחְקָן
jugar *vi* 1 שִׂחֵק. 2 הִתְעָרֵב. 3 הִסְתַּבֵּךְ
jugarreta *nf* תַּחְבּוּלָה, מַעֲשֵׂה קוּנְדֵס
juglar *m* 1 פַּיְטָן, חַרְזָן. 2 לֵיצָן, בַּדְּחָן
juglaría *f* 1 פִּיּוּט, נִגּוּן. 2 לֵיצָנוּת, בַּדְּחָנוּת
jugo *m* מִיץ, עָסִיס, תִּירוֹשׁ, רֹטֶב
jugoso *adj* 1 עֲסִיסִי, מִיצִי. 2 מְעַנְיֵן, מְסַקְרֵן, פִּיקַנְטִי
juguete *m* צַעֲצוּעַ
juguetear *vi* הִצְטַעֲצֵעַ, הִשְׁתַּעֲשֵׁעַ, שִׂחֵק
juguetería *f* חֲנוּת צַעֲצוּעִים
juguetón *adj* עַלִּיז, שׁוֹבָב, שָׂמֵחַ
juicio *m* 1 מִשְׁפָּט, דִּין. 2 שִׁפּוּט, בִּינָה, תְּבוּנָה. 3 פְּסַק דִּין
juicioso *adj* מְיֻשָּׁב, נָבוֹן, מָתוּן, זָהִיר
julepe *m* 1 נְזִיפָה, תּוֹכָחָה. 2 פַּחַד, אֵימָה, יִרְאָה
julio *m* 1 יוּלִי. 2 גַ'אוּל
jumento *m* חֲמוֹר
junco *m* 1 סָמָר. 2 קְנֵה סוּף. 3 אֳנִיָּה סִינִית
junio *m* יוּנִי
junquillo *m* נַרְקִיס
junta *f* 1 מוֹעָצָה, וַעַד, חֶבֶר, אֲגֻדָּה. 2 חִבּוּר, קֶשֶׁר. 3 מִפְגָּשׁ, צֹמֶת, מִסְעָף. 4 כֶּנֶס, כִּנּוּס
juntar *vt* 1 אִחֵד, חִבֵּר, קִשֵּׁר, צֵרֵף. 2 הִצְמִיד, סָגַר
junto *adjadv* 1 קָשׁוּר יַחַד, מְאֻחָד. 2 יַחַד
juntos *adv* בַּד בְּבַד, כְּיַחַד, בִּמְשֻׁתָּף
juntura *f* קֶשֶׁר, חֻלְיָה, חִבּוּר, מִפְרָק
Júpiter *m* יוּפִּיטֶר
jura *f* הַשְׁבָּעָה
jurado *madj* 1 חֶבֶר מֻשְׁבָּעִים. 2 שׁוֹפֵט מֻשְׁבָּע. 3 מֻשְׁבָּע
jurador *adjm* 1 מְקַלֵּל, מְחָרֵף. 2 נִשְׁבָּע
juramentar *vt* הִשְׁבִּיעַ
juramento *m* נֵדֶר, שְׁבוּעָה
jurar *vit* 1 נִשְׁבַּע. 2 קִלֵּל, גִּדֵּף
jurel *m* יוּרֶל (דָּג)
jurídico *adj* מִשְׁפָּטִי, שִׁפּוּטִי, חֻקִּי
jurisconsulto *m* מִשְׁפְּטָן, יוּרִיסְט
jurisdicción *f* שִׁפּוּט, סַמְכוּת שִׁפּוּטִית
jurisdiccional *adj* שִׁפּוּטִי
jurisperito *m* בָּקִי בַּחֹק, בָּקִי בְּמִשְׁפָּטִים
jurisprudencia *f* תּוֹרַת הַמִּשְׁפָּטִים, יוּרִיסְפְּרוּדֶנְצְיָה
jurista *m* מִשְׁפְּטָן, יוּרִיסְט
justa *f* 1 דּוּ קְרָב, הֵאָבְקוּת, מִלְחֶמֶת רְמָחִים. 2 הִתְחָרוּת, הִתְמוֹדְדוּת
justamente *adv* 1 בְּצֶדֶק. 2 בְּדִיּוּק
justicia *f* 1 צֶדֶק, יֹשֶׁר. 2 מִשְׁפָּט
justiciero *adj* יָשָׁר, הוֹגֵן, צוֹדֵק
justificable *adj* מֻצְדָּק, בַּר הַצְדָּקָה
justificación *f* הַצְדָּקָה, צִדּוּק הַדִּין
justificar *vt* 1 הִצְדִּיק, זִכָּה. 2 אִזֵּן
justo *adjmadv* 1 נָכוֹן. 2 צַדִּיק. 3 בְּדִיּוּק
juvenil *adj* שֶׁל נְעוּרִים, צָעִיר
juventud *f* עֲלוּמִים, צְעִירוּת, נַעֲרוּת
juzgado *m* 1 בֵּית מִשְׁפָּט. 2 עַרְכָּאָה
luzgamundos *mf* חַטְטָן, מְחַפֵּשׂ־פְּגָמִים
juzgar *vt* שָׁפַט, דָּן, פָּסַק

K

K *f* קָה – ק, כּ – הָאוֹת הַשְּׁתֵּים־עֶשְׂרֵה שֶׁל הָאָלֶף־בֵּית הַסְּפָרַדִּי
kadí *m* קַד'
káiser *m* קֵיסָר
kajak *m* קָיָק
kaki *m* חַקִּי
kaleidoscopio *m* קָלֵידוֹסְקוֹפּ
kan *m* 1 חָן, אַכְסַנְיָה. 2 נָסִיךְ, פֶּחָה
kanato *m* חָנוּת, מֶמְשֶׁלֶת הֶחָן
kanguro *m* קֶנְגּוּרוּ
kapok *m* קַפּוֹק (כֻּתְנַת יָוָה)
kayak *m* קָיָק
kebir *m* כַּבִּיר
kefir *m* קֶפִיר
kerosén, kerosene *m* נֵפְטְ
kilo *m* קִילוֹ
kilociclo *m* קִילוֹהֶרְץ
kilogramo *m* קִילוֹגְרַם
kilolitro *m* קִילוֹלִיטֶר
kilometraje *m* קִילוֹמֶטְרַז'
kilométrico *adj* קִילוֹמֶטְרִי
kilómetro *m* קִילוֹמֶטֶר
kilovatio *m* קִילוֹוַט
kimono *m* קִימוֹנוֹ
kindergarten *m* גַּן יְלָדִים
kinescopio *m* קִינֶסְקוֹפּ
kiosco, kiosko *m* קִיוֹסְק
kitch *m* קִיטְשׁ
kiwi *m* קִיוִי
kirileisón *m* תְּפִלַּת אַשְׁכָּבָה
knut *m* מַגְלֵב, שׁוֹט
koala *m* קוֹאָלָה (חית כיס אוסטראלית)
kremlín קְרֶמְלִין
kulak *m* קוּלָק, בַּעַל־אֲחֻזָּה
kurdo *adjm* כּוּרְדִי

L

L *f* אֶלֶה, ל, הָאוֹת הַשְּׁלֹשׁ־עֶשְׂרֵה שֶׁל הָאָלֶף־בֵּית הַסְּפָרַדִּי

la *artdetfm* 1 הַ־, הָ־. 2 לָהּ, אוֹתָהּ, אֵלֶיהָ. 3 לָה (תו נגינה)

laberíntico *adj* מְסֻבָּךְ, מְבֻלְבָּל, מְבוֹכִי

laberinto *m* מָבוֹךְ, סְבַךְ, לַבִּירִינְת

labia *f* לָשׁוֹן חֲלַקְלַקָּה, מְלִיצוּת

labial *adj* שְׂפָתִי

labihendido *adj* שְׂסוּעַ־שָׂפָה

labio *m* שָׂפָה

labio leporino שָׂפָה סְדוּקָה

labor *f* 1 עֲבוֹדָה, פְּעֻלָּה. 2 מַאֲמָץ, עָמָל, טִרְחָה. 3 מְלֶאכֶת־רִקְמָה, תְּפִירָה. 4 מְלָאכָה

laborable *adj* 1 עָבִיד, רָאוּי לְעִבּוּד. 2 שֶׁל יוֹם חֹל

laborar *vti* 1 עָבַד, עָמַל, עִבֵּד. 2 זָמַם

laboratorio *m* מַעְבָּדָה, בֵּית הַיּוֹצֵר

laboriosidad *f* חָרִיצוּת, שַׁקְדָנוּת, זְרִיזוּת

laborioso *adj* 1 קָשֶׁה, מְיַגֵּעַ. 2 שַׁקְדָן, חָרוּץ

laborista *f* חֲבֵר מִפְלֶגֶת הָעֲבוֹדָה

labrado *adjm* 1 חָרוּשׁ. 2 מְעֻבָּד, עָשׂוּי, חָשִׁיל. 3 מְקֻשָּׁט. 4 שָׂדֶה חָרוּשׁ

labrador *m* אִכָּר, יוֹגֵב, פַּלָּח

labrantío *madj* 1 שְׂדֵה נִיר. 2 שֶׁל נִיר

labranza *f* אִכָּרוּת, חַקְלָאוּת

labrar *vt* 1 חָרַשׁ. 2 עָבַד, עָמַל, עִבֵּד, חִשֵּׁל. 3 בָּנָה, עִצֵּב. 4 רָקַם

labriego *m* אִכָּר, חַקְלַאי, יוֹגֵב

laca *f* לַכָּה, שְׂרָף

lacayo *m* שַׁמָּשׁ, מְשָׁרֵת, שָׁרָת

lacear *vt* 1 פִּלְצֵר. 2 קִשֵּׁט

laceración *f* קְרִיעָה, שְׂרִיטָה, שִׁסּוּעַ, פְּצִיעָה

lacerar *vti* 1 קָרַע, פָּצַע, שָׂרַט. 2 פָּגַע. 3 סָבַל

lacio *adj* 1 כָּמוּשׁ, נָבוּל. 2 חַלָּשׁ, תָּשׁוּשׁ, רָפֶה. 3 חָלָק

lacónico *adj* תַּמְצִיתִי, מְצֻמְצָם, לָקוֹנִי

laconismo *m* תַּמְצִיתִיּוּת, לָקוֹנִיּוּת

lacra *f* 1 צַלֶּקֶת, גֶּלֶד שֶׁל פֶּצַע. 2 לִקּוּי, פְּגָם, מִגְרַעַת. 3 קֶמֶט. 4 חֻלְאָה

lacrar *vt* 1 הִדְבִּיק, נָגַף, הֶחֱלָה. 2 חָתַם, סָגַר

lacre *m* שַׁעֲוַת חוֹתָם

lacrimal *adj* שֶׁל דְּמָעוֹת

lacrimoso *adj* עָגוּם, עָצוּב, מָלֵא דְמָעוֹת

lacrimógeno *adj* מַדְמִיעַ

lactación, lactancia *f* הֲנָקָה, יְנִיקָה

lactante *adjm* יוֹנֵק, עוֹלֵל

lactar *vti* יָנַק, הֵינִיק

lácteo *adj* חֲלָבִי

láctico *adj* חֲלָבִי

lactosa *f* לַקְטוֹסָה, סֻכַּר חָלָב

lacustre *adj* אֲגַמִּי, יְאוֹרִי

ladeado *adj* מְצֻדָּד, נוֹטֶה הַצִּדָּה

ladear *vti* 1 הִטָּה. 2 נָטָה הַצִּדָּה

ladeo *m* נְטִיָּה, הִתְכּוֹפְפוּת

ladera *f* מוֹרָד, מִדְרוֹן, שִׁפּוּעַ

ladilla *f* כִּנַּת הָעֶרְוָה

ladino *adjm* 1 עָרוּם, עַרְמוּמִי, פִּקֵּחַ. 2 לָדִינוֹ

lado *m* 1 צַד, צֶלַע, עֵבֶר, גָּדָה. 2 כַּוָּנָה, כִּוּוּן, גִּיסָא

ladrar *vi* נָבַח

ladrido *m* נְבִיחָה

ladrillado *m* רִצְפָּה

ladrillar *vtm* 1 רִצֵּף (בלבנים). 2 מִלְבָּנָה

ladrillo *m* לְבֵנָה

ladrón *adjm* גַּנָּב

ladronera *f* מְאוּרַת גַּנָּבִים

lagaña *f* לַחַת עֵינַיִם

lagar *m* יֶקֶב, גַּת, בֵּית בַּד

lagartija *f* לְטָאָה קְטַנָּה

lagarto *m* לְטָאָה

lago *m* יְאוֹר, אֲגַם

lagotear *vi* הִתְחַנֵּף, הִתְרַפֵּס
lagotería *f* חֲנֻפָּה, הִתְרַפְּסוּת
lágrima *f* דִּמְעָה, דֶּמַע
lagrimal *adj* שֶׁל דְּמָעוֹת
lagrimar *vi* בָּכָה, דָּמַע
lagrimear *vi* בָּכָה, דָּמַע, הִזִּיל דְּמָעוֹת
lagrimoso *adj* דּוֹמֵעַ, עָגוּם, עָצוּב
laguna *f* 1 בְּרֵכָה, לָגוּנָה. 2 חָלָל רֵיק, רֶוַח, מִרְוָח
laicismo *m* חִלּוֹנִיּוּת
laico *adj* חִלּוֹנִי
laja *f* חָלוּק
lama *f* 1 בֹּץ, רֶפֶשׁ, טִיט. 2 לָמָה (כהן טיבטי)
lamaísmo *m* לָמָאוּת
lamasería *f* מִנְזָר לָמָאִי
lamé *m* לָמֶה
lambrión *adj* זַלְלָן, רַעַבְתָן
lamedal *m* בִּצָּה
lamedor *adj* מְלַקֵּק, לַקְקָן
lamedura *f* לְקִיקָה, לִקּוּק
lamentable *adj* 1 מְצַעֵר, עָצוּב, מַעֲצִיב. 2 אֻמְלָל, מִסְכֵּן
lamentación *f* 1 קִינָה, נְהִי, תַּאֲנִיָּה, יְלָלָה. 2 הֶסְפֵּד
lamentar *vti* 1 סָפַד, הִסְפִּיד, קוֹנֵן, הִתְאַבֵּל. 2 הִצְטַעֵר
lamento *m* קִינָה, זְעָקָה, נְהִי, יְלָלָה
lamer *vt* לִקֵּק, לִקְלֵק
lámina *f* 1 יְרִיעָה, לוּחַ, רִקּוּעַ. 2 עִטּוּר, אִיּוּר. 3 צִיּוּר
laminación *f* רִבּוּד, רִקּוּעַ
laminado *adj* מְרֻבָּד, רָקוּעַ
laminar *vtadj* 1 רִבֵּד, רִקַּע. 2 עַלְעָלִי
lampa *f* יָעֶה, אֵת, מַחְתָּה
lampacear *vt* נִגֵּב בִּלְיפָה
lámpara *f* מְנוֹרָה, פָּנָס, נוּרָה
lamparero *m* עוֹשֶׂה אוֹ מוֹכֵר נִבְרָשׁוֹת
lamparón *m* 1 חֲזִירִית. 2 עַשֶּׁשֶׁת. 3 כֶּתֶם שֻׁמָּן
lampazo *m* לִיפָה
lampear *vt* גֵּרֵף, חָתָה
lampiño *adj* חֲסַר זָקָן
lampo *m* נִצְנוּץ, בָּרָק
lamprea *f* תְּשַׁע־עֵינַן (דָּג)
lana *f* צֶמֶר
lanar *adj* צַמְרִי
lance *m* 1 זְרִיקָה, הַשְׁלָכָה. 2 מִקְרֶה, מְאֹרָע. 3 תַּקְרִית, דּוּ קְרָב
lancear *vt* דָּקַר, נִקֵּר, נִקֵּב
lancero *m* נוֹשֵׂא רֹמַח, נוֹשֵׂא חֲנִית
lanceta *f* אִזְמֵל, דֶּקֶר
lancetada *f*, **lancetazo** *m* חִתּוּךְ, דְּקִירָה, פֶּצַע מֵאִזְמֵל
lancha *f* סִירָה, בּוּצִית
lanchón *m* אַרְבָּה
langosta *f* 1 אַרְבֶּה. 2 סַרְטַן הַיָּם
langostín, langostino *m* סַרְטַן הַיָּם
languidecer *vi* נָבַל, נֶחֱלַשׁ, תָּשַׁשׁ
languidecimiento *m* חֻלְשָׁה, עֲיֵפוּת, תְּשִׁישׁוּת
languidez *f* תְּשִׁישׁוּת, רִפְיוֹן
lánguido *adj* חַלָּשׁ, רָפֶה, תָּשׁוּשׁ
lanilla *f* מוֹךְ, צֶמֶר דַּק
lanolina *f* לָנוֹלִין
lantano *m* לַנְתָּן (יסוד כימי)
lanudo *adj* צַמְרִי, צַמְרִירִי
lanza *f* רֹמַח, חֲנִית, כִּידוֹן, שֶׁלַח
lanzada *f* מַכַּת כִּידוֹן, פְּצִיעַת רֹמַח
lanzadera *f* בַּכִּיָּר
lanzallamas *mpl* לַהֲבִיּוֹר
lanzamiento *m* 1 יִדּוּי, זְרִיקָה, הַשְׁלָכָה. 2 גֵּרוּשׁ, נִשּׁוּל. 3 הַשָּׁקַת אֳנִיָּה
lanzar *vt* 1 זָרַק, הִשְׁלִיךְ, הֵדֵף, הֵטִיל. 2 הִשִּׁיק. 3 נִשֵּׁל, גֵּרֵשׁ
lanzazo *m* מַכַּת כִּידוֹן, פְּצִיעַת רֹמַח
lapa *f* 1 עֲלוּקָה. 2 טַפִּיל
lapicera *f*, **lapicero** *m* עֵט
lápida *f* מַצֵּבָה, יָד
lapidación *f* סְקִילָה, רְגִימָה
lapidar *vt* סָקַל, רָגַם, יִדָּה
lapidario *madj* 1 לוֹטֵשׁ. 2 סוֹחֵר בַּאֲבָנִים

טוֹבוֹת. 3 תַּמְצִיתִי, חָזָק

lapizlázuli *m* אֶבֶן כָּחֹל, אֶבֶן פּוּךְ

lápiz *m* עִפָּרוֹן

lápiz de labios שְׂפָתוֹן

lapón *adjm* לַפִּי, לַפְּלַנְדִּי

lapso *m* 1 זְמַן, תְּקוּפָה, עֵת. 2 טָעוּת, שִׁבּוּשׁ

laquear *vt* לִכָּה, צִפָּה בְּלַכָּה

lar *m* 1 בַּיִת, מָעוֹן, דִּירָה, בֵּית מְגוּרִים. 2 אָח, תַּנּוּר

lardar, lardear *vt* שִׁמֵּן, מָרַח בְּשֻׁמָּן

lardo *m* שֻׁמַּן חֲזִיר

largar *vt* 1 הִתִּיר, פִּתַּח, שִׁחְרֵר. 2 זָרַק. 3 שִׁלַּח לַחָפְשִׁי, עָזַב

largo *adjm* 1 אָרֹךְ, גָּבוֹהַּ, רְחַב יָדַיִם. 2 נְדִיב לֵב. 3 שֶׁפַע. 4 אֹרֶךְ. 5 לַרְגּוֹ

largor *m* אֹרֶךְ, אֲרִיכוּת

largueza *f* 1 אֹרֶךְ, אֲרִיכוּת. 2 נְדִיבוּת לֵב

larguirucho *adj* גָּבוֹהַּ וְרָזֶה

larguísimo *adj* אָרֹךְ מְאֹד

largura *f* רֹחַב, אֹרֶךְ

laringe *f* גָּרוֹן, גַּרְגֶּרֶת

laríngeo *adj* גְּרוֹנִי

laringitis *f* דַּלֶּקֶת הַגָּרוֹן

larva *f* זַחַל

larval *adj* שֶׁל זַחַל

las *artdetf* הַ, אֶת הַ־, הָהֵן

lascivia *f* תַּאַוְתָנוּת, עַגְבָנוּת, זִמָּה, הֶפְקֵרוּת

lascivo *adj* תַּאַוְתָן, עַגְבָן, עַגְבָנִי, תַּאַוְתָנִי

lasitud *f* רִפְיוֹן, עֲיֵפוּת, תְּשִׁישׁוּת

lástima *f* 1 רַחֲמִים, חֶמְלָה. 2 חֲבָל!

lastimadura *f* חַבָּלָה, פְּגִיעָה, פְּצִיעָה, פֶּצַע

lastimar *vt* פָּצַע, פָּגַע, הֶעֱלִיב, הִכְאִיב

lastimero *adj* 1 מְעוֹרֵר רַחֲמִים. 2 מַזִּיק

lastimoso *adj* 1 רַחוּם. 2 מַעֲצִיב, מִסְכֵּן, עָלוּב

lastrar *vt* שָׂם זְבוֹרִית, יִצֵּב

lastre *m* זְבוֹרִית

lata *f* 1 פַּח, פַּחִית. 2 שִׁעֲמוּם

latente *adj* 1 חָבוּי, כָּמוּס. 2 רָדוּם, נִסְתָּר, טָמִיר

lateral *adj* צְדָדִי, צִדִּי

látex *m* שְׂרָף גּוּמִי

latifundio *m* נַחֲלָה, אֲחֻזָּה

latifundista *m* בַּעַל אֲחֻזָּה, רְכוּשָׁן

latigazo *m* הַצְלָפָה

látigo *m* שׁוֹט, שֵׁבֶט, פַּרְגּוֹל, מַלְמַד

latigudo *adj* גָּמִישׁ, מִתְמַתֵּחַ

latín *m* לָטִינִית

latino *adjm* לָטִינִי

latinoamericano *adjm* לָטִינוֹ אֲמֶרִיקָאִי

latir *vi* פָּעַם, דָּפַק, הָלַם, הִתְרַגֵּשׁ

latitud *f* קַו רֹחַב

latitudinal *adj* שֶׁל הָרֹחַב

lato *adj* 1 מְרֻחָב, נִרְחָב. 2 מָתוּחַ, מָאֳרָךְ

latón *m* פְּלִיז

latonería *f* פֶּחָחִיָּה

latonero *m* פֶּחָח

latoso *adj* טַרְדָן, טַרְחָן

latrocinio *m* גְּנֵבָה, גְּזֵלָה, גָּזֵל

laucha *f* עַכְבָּרוֹן

laúd *m* קַתְרוֹס

laudable *adj* רָאוּי לְשֶׁבַח, מְהֻלָּל, רָאוּי לִתְהִלָּה

láudano *m* מִשְׁרַת אוֹפְיוּם, לְבוֹנָה

laudatorio *adj* מְהַלֵּל, מְקַלֵּס, תְּהִלָּתִי

laureado *adjm* 1 מְפֻרְסָם, מְהֻלָּל. 2 בַּעַל־עִטּוּר

laurear *vt* כִּבֵּד, הוֹקִיר, הֶעֱנִיק עִטּוּר

laurel *m* דַּפְנָה

lauréola *f* זֵר דַּפְנִים

lauro *m* כָּבוֹד, תְּהִלָּה, שֶׁבַח

lava *f* לָבָה

lavabo *m* 1 כִּיּוֹר, כִּיּוֹר רַחְצָה. 2 חֲדַר רַחְצָה. 3 בֵּית שִׁמּוּשׁ

lavadero *m* מִכְבָּסָה

lavado *m* שְׁטִיפָה, רְחִיצָה, כִּבּוּס

lavadora *f* 1 מְכַבֶּסֶת. 2 מְכוֹנַת כְּבִיסָה

labamanos *mpl* כִּיּוֹר רַחְצָה

lavanda *f* אֲזוֹבִיוֹן (צֶמַח)

lavandera *f* מְכַבֶּסֶת

lavandería *f* מִכְבָּסָה

lavandero *m* כּוֹבֵס

lavaplatos *mpl* מְכוֹנָה לַהֲדָחַת כֵּלִים

lavar *vt* רָחַץ, שָׁטַף, כִּבֵּס
lavativa *f* 1 חֹקֶן. 2 הַטְרָדָה, הַפְרָעָה
lavatorio *m* 1 כִּיּוֹר, גִּיגִית, קְעָרָה. 2 רְחִיצָה, שְׁטִיפָה
lavazas *fpl* כְּבָסִים
laxante *adjm* 1 מְרַכֵּךְ. 2 סַם מְשַׁלְשֵׁל, רַפָּף
laxar *vt* רִכֵּךְ, רִפָּה, הֶחֱלִישׁ, דִּלְדֵּל
laxativo *adj* מְרַכֵּךְ, מְשַׁלְשֵׁל
laxitud *f* רִפְיוֹן, חֻלְשָׁה
laxo *adj* רָפֶה, חַלָּשׁ
lay *m* לַחַן, שִׁיר סִפּוּרִי
laya *f* 1 אֵת, יָעֶה. 2 מִין, סוּג, טִיב
layar *vt* חָפַר, עִדֵּר
lazada *f* 1 לוּלָאָה, עֲנִיבָה. 2 פְּלָצוּר
lazar *vt* פִּלְצֵר
lazarillo *m* מוֹבִיל עִוֵּר
lázaro *m* עָנִי, מִסְכֵּן, עָלוּב, אֻמְלָל
lazo *m* פְּלָצוּר
le *pronpers* אֶל, לוֹ, אוֹתוֹ
leal *adj* נֶאֱמָן, מְהֵימָן, כֵּן, יָשָׁר
lealtad *f* נֶאֱמָנוּת, מְהֵימָנוּת, כֵּנוּת, אֱמוּנִים
lebrato *m* אַרְנָבוֹן
lebrel *m* זַרְזִיר מָתְנַיִם
lebrillo *m* גִּיגִית
lebrón *m* מוּג לֵב, פַּחְדָן
lebruno *adj* דּוֹמֶה לְאַרְנֶבֶת, שֶׁל אַרְנֶבֶת
lección *f* שִׁעוּר, לֶקַח, פֶּרֶק, פָּרָשָׁה, לִמּוּד, הַרְצָאָה
lectivo *adj* לִמּוּדִי
lector *m* 1 קוֹרֵא, קַרְיָן. 2 מַרְצֶה, דַּרְשָׁן
lectura *f* קְרִיאָה
lecha *f* חֲלַב דָּג
lechada *f* טִיחַ, סִיד
leche *f* חָלָב
lechera *f* 1 חַלְבָנִית. 2 כְּלִי חָלָב
lechería *f* מַחְלָבָה
lechero *m* חַלְבָן
lechigada *f* 1 בְּרִיכָה (דור של בעלי־חיים). 2 עֵדָה, קָהָל
lechín *m* 1 עֵץ הַזַּיִת. 2 שְׂאֵת, תְּפִיחָה
lecho *m* 1 מִטָּה, מִשְׁכָּב. 2 עָרוּץ, אָפִיק
lechón *m* חֲזִירוֹן
lechosa *f* פַּפָּיָה (צמח)
lechoso *adj* חֲלָבִי
lechuga *f* חַסָּה
lechiguilla *f* חַסַּת בָּר
lechuza *f* יַנְשׁוּף, לִילִית
ledo *adj* שָׂמֵחַ, עַלִּיז, צוֹהֵל
leer *vt* 1 קָרָא. 2 בֵּאֵר, פֵּרֵשׁ
legación *f* צִירוּת, שַׁגְרִירוּת
legado *m* 1 שָׁלִיחַ, צִיר. 2 אַפּוֹטְרוֹפּוֹס. 3 יְרֻשָּׁה, מוֹרָשָׁה, נַחֲלָה, עִזָּבוֹן
legajo *m* צְרוֹר מִסְמָכִים
legal *adj* חֻקִּי, כָּשֵׁר
legalidad *f* כַּשְׁרוּת, חֻקִּיּוּת
legalizar *vt* 1 הִכְשִׁיר. 2 אִשֵּׁר. 3 נָתַן תֹּקֶף חֻקִּי
légamo *m* בֹּץ, רֶפֶשׁ, טִיט
legamoso *adj* בִּצִּי
legaña *f* לַחַת הָעַיִן
legañoso *adj* זַבְלְגָן
legar *vt* 1 הוֹרִישׁ, צִוָּה, הִנְחִיל. 2 יִפָּה כֹּחַ
legatario *m* יוֹרֵשׁ
legendario *adj* אַגָּדִי, דִּמְיוֹנִי
legibilidad *f* קְרִיאוּת, בְּהִירוּת
legible *adj* קָרִיא, בָּרוּר
legión *f* גְּדוּד, לִגְיוֹן, מַחֲנֶה
legionario *adjm* 1 גְּדוּדִי. 2 לִגְיוֹנֵר
legislación *f* תְּחִקָּה, חֲקִיקָה
legislador *m* מְחוֹקֵק
legislar *vti* חָקַק
legislativo *adj* תְּחִקָּתִי, מְחוֹקֵק
legislatura *f* 1 הָרָשׁוּת הַמְחוֹקֶקֶת. 2 בֵּית הַמְחוֹקְקִים
legista *m* מִשְׁפְּטָן
legitimación *f* הַכְשָׁרָה, הַתָּרָה
legitimar *vt* הִכְשִׁיר, הִתִּיר
legitimidad *f* כַּשְׁרוּת, חֻקִּיּוּת
legítimo *adj* 1 כָּשֵׁר, נָכוֹן, מֻתָּר. 2 אֲמִתִּי
lego *adj* 1 הֶדְיוֹט. 2 חִלּוֹנִי
legua *f* פַּרְסָה
leguleyo *m* פְּרַקְלִיטוֹן

legumbre *f* קִטְנִית

leguminoso *adj* שֶׁל קִטְנִיּוֹת

leíble *adj* קָרִיא, בָּרוּר

leida *f* קְרִיאָה

leído *adj* בָּקִי, יוֹדֵעַ סֵפֶר, מֻמְחֶה

lejanía *f* מֶרְחָק, רִחוּק, רֹחַק

lejano *adj* רָחוֹק, זָר

lejía *f* מֵי אֵפֶר

lejos *adv* רָחוֹק, הַרְחֵק

lelo *adjm* טִפֵּשׁ, שׁוֹטֶה

lema *m* 1 סִיסְמָה, סֵמֶל. 2 נוֹשֵׂא, מַסָּה

lemanita *f* יַרְקָן (אבן)

lémur *m* קוֹף הַשּׁוּעָלִים

lena *f* מֶרֶץ, חִיּוּת

lencería *f* 1 בַּדִּים, לְבָנִים. 2 חֲנוּת בַּדִּים

lene *adj* 1 רַךְ, קַל, עָדִין. 2 נָעִים, נוֹחַ, עָרֵב

lengua *f* לָשׁוֹן, שָׂפָה

lenguado *m* סַנְדָּל (דָּג)

lenguaje *m* שָׂפָה, לָשׁוֹן, דִּבּוּר

lenguaraz *madj* 1 פַּטְפְּטָן. 2 מְנַבֵּל פִּיו, מַעֲלִיב

lengüeta *f* 1 לְשׁוֹנִית. 2 עִנְבָּל. 3 לְשׁוֹן הַמֹּאזְנַיִם. 4 לְשׁוֹן הַנַּעַל. 5 שֶׁגֶם

lengüetada *f*, **lengüetazo** *m* לִקּוּק, לְקִיקָה, לְחִיכָה

lenidad *f* רֹךְ, רַכּוּת, קַלָּא, חֲנִינָה

lenitivo *adjm* מַרְגִּיעַ, מַשְׁקִיט, מֵקֵל

lentamente *adv* בְּאִטִּיּוּת, לְאַט לְאַט

lente *m* 1 עֲדָשָׁה. 2 מִשְׁקֶפֶת

lentes *mpl* מִשְׁקָפַיִם

lenteja *f* עֲדָשָׁה

lentejuela *f* לוּחִית נוֹצֶצֶת

lenticular *adj* קָמוּר, עֲדָשִׁי

lentitud *f* אִטִּיּוּת

lento *adj* אִטִּי

leña *f* 1 זְרָדִים, עֵצִים. 2 הַלְקָאָה, עֹנֶשׁ

leñador *m* חוֹטֵב עֵצִים

leñar *v* חָטַב (עֵצִים)

leñera *f* מַחְסַן עֵצִים

leño *m* קוֹרָה, בּוּל עֵץ

leñoso *adj* עֵצִי

Leo *m* מַזַּל אַרְיֵה

león *m* אַרְיֵה, לָבִיא

leona *f* לְבִיאָה

leonado *adjm* שָׁזוּף

leonera *f* גֹּב אֲרָיוֹת

leonino *adj* 1 שֶׁל אַרְיֵה. 2 לֹא הוֹגֵן, לֹא צוֹדֵק

leontina *f* שַׁרְשֶׁרֶת שָׁעוֹן

leopardo *m* נָמֵר

lépero *adj* גַּס, שַׁחֲצָן

leporino *adj* שֶׁל אַרְנֶבֶת, דּוֹמֶה לְאַרְנֶבֶת

lepra *f* צָרַעַת

leproso *adj* מְצֹרָע

lerdo *adj* אִטִּי, כְּבַד־תְּנוּעָה, מְסֻרְבָּל

les *pronper* לָהֶם

lesbiana *adjf* לֶסְבִּית

lesión *f* פֶּצַע, חַבָּלָה, מַכָּה, נֶגַע

lesionar *vt* פָּצַע, חִבֵּל, הִכָּה

lesna *f* מַרְצֵעַ

leso *adj* 1 פָּצוּעַ. 2 נֶעֱלָב. 3 טִפֵּשׁ, כְּסִיל

letal *adj* קַטְלָנִי, מֵמִית

letanía *f* תְּחִנָּה, תְּפִלָּה

letárgico *adj* מִתְנַמְנֵם, לָתַרְגִּי

letargo *m* 1 נַיֶּמֶת, תַּרְדֵּמָה, לָתַרְגִּיָּה. 2 עִרְפּוּל

letra *f* 1 אוֹת. 2 תַּמְלִיל. 3 שְׁטָר. 4 אִגֶּרֶת, מִכְתָּב

letrado *adjm* 1 בַּר־אוֹרְיָן, מְלֻמָּד, לַמְדָן. 2 פְּרַקְלִיט, עוֹרֵךְ דִּין

letrero *m* שֶׁלֶט, לוּחַ מוֹדָעוֹת

letrina *f* מַחֲרָאָה, בֵּית שִׁמּוּשׁ

leucemia *f* לֹבֶן הַדָּם, סַרְטַן הַדָּם

leucocito *m* כַּדּוּרִית לְבָנָה

leudar *vt* 1 הֶחְמִיץ (בָּצֵק). 2 נֶחְמַץ

leudo *adj* מְתֻפָּח, חָמוּץ, מְשֻׁמָּר

leva *f* הַפְלָגָה, הֲרָמַת הָעֹגֶן

levadizo *adj* מִתְרוֹמֵם

levadura *f* שְׂאוֹר, מַחְמֶצֶת, שְׁמָרִים

levantado *adj* שַׂגִּיא, מְרוֹמָם, נִשָּׂא

levantamiento *m* הִתְקוֹמְמוּת, מֶרֶד, קֶשֶׁר

levantar *vt* 1 הֵקִים, הֵרִים, הִגְבִּיהַּ, רוֹמֵם. 2 קוֹמֵם, הִמְרִיד. 3 קָם, הִתְרוֹמֵם. 4 הִתִּיר, בִּטֵּל (אִסּוּר). 5 הִתְקוֹמֵם

levante *m* מִזְרָח, קֶדֶם

levantino *adjm* לֶוַנְטִינִי

levar *vt* הִפְלִיג, הֵרִים עֹגֶן

leve *adj* קַל, קַל מִשְׁקָל

levedad *f* קַלּוּת

leviatán *m* לִוְיָתָן

levirato *m* יִבּוּם

levita *m* 1 לֵוִי. 2 מְעִיל אָרֹךְ

levítico *adjm* 1 שֶׁל הַלְוִיִּם. 2 סֵפֶר "וַיִּקְרָא"

levógiro *adj* נוֹטֶה שְׂמֹאלָה

léxico *m* לֶכְּסִיקוֹן, אוֹצַר מִלִּים, מִלּוֹן

lexicografía *f* מִלּוֹנָאוּת, מִלּוֹנוּת

lexicográfico *adj* מִלּוֹנִי, לֶכְּסִיקוֹגְרָפִי

lexicógrafo *m* מִלּוֹנַאי, לֶכְּסִיקוֹגְרָף

ley *f* 1 חֹק, דִּין. 2 תּוֹרָה, דָּת

leyenda *f* 1 אַגָּדָה, מָשָׁל, מִיתוֹס. 2 מִקְרָא

lezna *f* מַרְצֵעַ

liar *vt* 1 קָשַׁר, חִבֵּר, צָרַר. 2 בִּלְבֵּל, סִבֵּךְ, סִכְסֵךְ. 3 הִסְתַּכְסֵךְ

libación *f* 1 נְסִיכָה, נֶסֶךְ, נִסּוּךְ. 2 שְׁתִיָּה, מַשְׁקֶה

libamen, libamiento *m* 1 קָרְבַּן־מִזְבֵּחַ. 2 נֶסֶךְ

libar *vt* 1 לָגַם, טָעַם, מָצַץ. 2 נָסַךְ

libelista *m* מַעֲלִיל, מַלְשִׁין, מוֹצִיא לַעַז

libelo *m* דִּבָּה, כְּתַב פַּלַסְתֵּר, הַשְׁמָצָה

libélula *f* שַׁפִּירִית

liberación *f* שִׁחְרוּר, גְּאֻלָּה, חֵרוּת, הִשְׁתַּחְרְרוּת

liberal *adjm* 1 לִיבֵּרָלִי, חָפְשִׁי, סוֹבְלָן. 2 לִיבֵּרָל

liberalidad *fm* נְדִיבוּת, צְדָקָה, סוֹבְלָנוּת

liberalismo *m* לִיבֵּרָלִיּוּת, חָפְשִׁיּוּת

liberalización *f* שִׁחְרוּר מִדֵּעָה קְדוּמָה

liberalizar *vt* עָשָׂה לְלִיבֵּרָלִי

liberalmente *adv* בִּנְדִיבוּת־לֵב, בְּאֹפֶן לִיבֵּרָלִי

liberar *vt* 1 שִׁחְרֵר, גָּאַל, פָּטַר. 2 הוֹצִיא לַחָפְשִׁי

libérrimo *adj* חָפְשִׁי בְּיוֹתֵר

libertad *f* 1 חֹפֶשׁ, דְּרוֹר, חֵרוּת, עַצְמָאוּת. 2 חֲסִינוּת, רְשׁוּת

libertador *m* מְשַׁחְרֵר

libertar *vt* שִׁחְרֵר, הוֹצִיא לַחָפְשִׁי

libertinaje *m* עַגְבָנוּת, פְּרִיצוּת, פְּרִיקַת עֹל

libertino *adjm* עַגְבָן, מֻפְקָר

liberto *m* מְשֻׁחְרָר, בֶּן־חוֹרִין

libídine *f* תַּאֲוָה, תְּשׁוּקָה, חֵשֶׁק, עֲגָבִים

libidinoso *adj* תַּאַוְתָן, נוֹאֵף, פּוֹרֵק עֹל

libido *m* לִיבִּידוֹ, אֲבִיּוֹנָה, תַּאֲוָה מִינִית

libra *f* 1 לִיטְרָה. 2 מַזַּל מֹאזְנַיִם. 3 לִירָה

librado *m* נִמְשָׁךְ (חָתוּם עַל שְׁטָר)

librador *m* מוֹשֵׁךְ (שְׁטָר אוֹ הַמְחָאָה)

libramiento *m* 1 שִׁחְרוּר, הַעֲבָרָה, מְסִירָה. 2 שְׁטָר, הַמְחָאָה

libranza *f* 1 הַמְחָאָה, שֵׁיק. 2 הַמְחָאַת דֹּאַר

librar *vt* 1 שִׁחְרֵר, גָּאַל. 2 חִלֵּץ, הִתִּיר, זִכָּה. 3 מָשַׁךְ. 4 פָּטַר

libre *adjm* 1 חָפְשִׁי, מְשֻׁחְרָר, בֶּן־חוֹרִין. 2 פָּנוּי. 3 רֵיק. 4 מֻשְׁחָת, מֻפְקָר. 5 חֻצְפָּן

librea *f* בֶּגֶד שְׂרָד

librepensador *m* כּוֹפֵר, שִׂכְלְתָן

librepensamiento *m* כְּפִירָה, שִׂכְלְתָנוּת

librería *f* 1 חֲנוּת סְפָרִים. 2 סִפְרִיָּה

librero *m* 1 מוֹכֵר סְפָרִים. 2 כּוֹנָנִית־סְפָרִים

libreta *f* פִּנְקָס

libretista *m* תַּמְלִילָן, לִיבְּרִיתָן

libreto *m* תַּמְלִיל

libro *m* סֵפֶר

licencia *f* 1 רִשָּׁיוֹן, רְשׁוּת, פְּטוֹר. 2 סְמִיכוּת, תְּעוּדַת גְּמָר

licenciado *m* 1 מְשֻׁחְרָר. 2 מֻסְמָךְ

licenciar *vt* 1 שִׁלַּח, שִׁחְרֵר. 2 הִסְמִיךְ. 3 פָּטַר

licenciatura *f* תֹּאַר

licencioso *adj* מֻפְקָר, פָּרוּעַ, פּוֹרֵק עֹל

liceo *m* לִיצֵאוּם, בֵּית סֵפֶר תִּיכוֹן

licitación *f* מִכְרָז, מְכִירָה פֻּמְבִּית

licitador *m* מִשְׁתַּתֵּף בְּמִכְרָז

licitar *vt* הִצִּיעַ בִּמְכִירָה פֻּמְבִּית

lícito *adj* חֻקִּי, מֻתָּר, כָּשֵׁר

licor *m* לִיקֶר, מַשְׁקֶה, טִפָּה מָרָה
licuable *adj* מָסִיס, בַּר הֲמַסָּה
licuación *f* הֲמַסָּה, הַתָּכָה
licuar *vt* הֵמֵס, הִתִּיךְ
licuefacción *f* הֲמַסָּה, הַתָּכָה
lid *f* 1 מַאֲבָק, קְרָב, מִלְחָמָה. 2 רִיב, תִּגְרָה, קְטָטָה. 3 פּוּלְמוּס
líder *m* מַנְהִיג, מַדְרִיךְ, רֹאשׁ
lidia *f* 1 רִיב, תִּגְרָה, קְטָטָה. 2 מַאֲבָק, קְרָב. 3 פּוּלְמוּס
lidiar *vi* 1 לָחַם, נִלְחַם, נֶאֱבַק. 2 עָמַד בִּפְנֵי. 3 לָחַם בַּזִּירָה
liebre *f* 1 אַרְנֶבֶת. 2 מוּג לֵב, פַּחְדָן
liendre *m* אִנְבָּה
lienzo *m* אֲרִיג פִּשְׁתָּה
liga *f* 1 בְּרִית, חֶבֶר, אֲגֻדָּה, לִיגָה. 2 בִּירִית, חֶבֶק. 3 תַּעֲרֹבֶת, סִיגִים, נֶתֶךְ, מֶסֶג
ligado *adjm* 1 מְחֻבָּר, קָשׁוּר, מְקֻשָּׁר. 2 קִשּׁוּר הָאוֹתִיּוֹת. 3 לֶגָטוֹ (במוסיקה)
ligadura *f* 1 חִתּוּל, תַּחְבֹּשֶׁת. 2 קִשּׁוּר, חִבּוּר
ligamiento *m* רְצוּעָה, קֶשֶׁר, קִשּׁוּר
ligar *vt* 1 קָשַׁר, חִבֵּר. 2 מִסֵּג, הִתִּיךְ, סִיֵּג. 3 הִתְחַבֵּר, הִתְאַגֵּד
ligazón *f* קֶשֶׁר, חִבּוּר
ligereza *f* 1 זְרִיזוּת, מְהִירוּת, קַלּוּת. 2 פְּזִיזוּת, חִפָּזוֹן. 3 קַלּוּת רֹאשׁ
ligero *adj* 1 קַל. 2 זָרִיז, מָהִיר. 3 פָּזִיז, חָפוּז, קַל־דַּעַת. 4 פְּחוּת־עֵרֶךְ. 5 קַל לְעִכּוּל
ligero de cascos קַל דַּעַת, קַל רֹאשׁ
ligero de lengua פַּטְפְּטָן
lignito *m* פַּחַם עֵץ
lija *f* נְיַר שָׁמִיר, נְיַר זְכוּכִית
lijar *vt* שִׁפְשֵׁף, גֵּרֵד, לִטֵּשׁ
lila *f* 1 לִילָךְ. 2 צֶבַע סָגֹל
lima *f* 1 פְּצִירָה, שׁוֹפִין, מָשׁוֹף. 2 לִימָה
limar *vt* שִׁפְשֵׁף, שִׁיֵּף
limar asperezas יִשֵּׁר הֲדוּרִים
limaza *f* חִלָּזוֹן, שַׁבְּלוּל
limbo *m* 1 עוֹלַם הַנְּשָׁמוֹת. 2 שָׂפָה, קָצֶה, גָּדָה
limero *m* עֵץ־הַלִּימָה (ממשפחת ההדריים)
limitación *f* הַגְבָּלָה, מִגְבָּלָה, תְּחוּם, צִמְצוּם
limitar *vti* 1 הִגְבִּיל. 2 צִמְצֵם. 3 תָּחַם
límite *m* 1 גְּבוּל, סְפָר. 2 תְּחוּם, שִׁעוּר. 3 סְיָג, קֵץ, חַיִץ
limítrofe *adj* גּוֹבֵל, סָמוּךְ, קָרוֹב
limo *m* טִיט, רֶפֶשׁ, בֹּץ
limón *m* לִימוֹן
limonada *f* מִיץ לִימוֹן, לִימוֹנָדָה
limonero *m* עֵץ לִימוֹן
limosna *f* נְדָבָה, צְדָקָה
limosnero *adjm* 1 נַדְבָן. 2 קַבְּצָן, פּוֹשֵׁט יָד
limpia *f* נִקּוּי, הַגְעָלָה
limpiabotas *mpl* מְצַחְצֵחַ נַעֲלַיִם
limpiador *m* מְנַקֶּה, מְטַהֵר
limpiaparabrisas *mpl* מַגֵּב
limpiar *vt* 1 נִגֵּב, נִקָּה, טִהֵר. 2 גָּנַב, סָחַב
limpidez *f* בְּהִירוּת, זַכּוּת, שְׁקִיפוּת
límpido *adj* בָּהִיר, זַךְ, שָׁקוּף, בָּרוּר
limpieza *f* 1 נִקָּיוֹן, טָהֳרָה, נִקּוּי, חִטּוּי. 2 הַגְעָלָה. 3 הֲגִינוּת, יֹשֶׁר, נִקְיוֹן כַּפַּיִם
limpio *adj* 1 נָקִי, טָהוֹר. 2 נְקִי כַּפַּיִם
linaje *m* יִחוּס, מִשְׁפָּחָה, שׁוֹשֶׁלֶת, זֶרַע
linaza *f* פִּשְׁתָּן
lince *madj* 1 חֲתוּל יַעַר. 2 אָדָם פִּקֵּחַ. 3 חַד־עַיִן
linchamiento *m* עֲשִׂיַּת מִשְׁפַּט לִינְץ'
linchar *vt* בִּצַּע מִשְׁפַּט לִינְץ'
lindante *adj* גּוֹבֵל, סָמוּךְ, מִצְרָנִי
lindar *vi* גָּבַל
linde *m* גְּבוּל, תְּחוּם, סְפָר
lindero *adjm* 1 שָׁכֵן, גּוֹבֵל, סָמוּךְ, קָרוֹב. 2 גְּבוּל, סְפָר, שָׂפָה
lindeza *f* יֹפִי, חִנָּנִיּוּת
lindo *adj* יָפֶה, יָאֶה, נָאֶה, חִנָּנִי
lindura *f* יֹפִי, חִנָּנִיּוּת
línea *f* קַו, שׁוּרָה
lineal *adj* מְקֻוְקָו, מְסֻרְגָּל, קַוִּי
lineamiento *m* שִׂרְטוּט, צִיּוּן, צִבְיוֹן
linear *vtadj* 1 קִוְקֵו, שִׂרְטֵט, סִרְגֵּל. 2 מְסֻרְגָּל,

מְקֻוְקָו, קַוִּי

linfa *f* לִימְפָה

linfático *adj* לִימְפָתִי

lingote *f* מְטִיל

lingual *adj* לְשׁוֹנִי

lingüista *m* בַּלְשָׁן

lingüística *f* בַּלְשָׁנוּת

lingüístico *adj* בַּלְשָׁנִי

linimento *m* מִמְרָח, מִשְׁחָה

lino *m* פִּשְׁתָּה

linóleo *m* שַׁעֲמָנִית, לִינוֹלֵאוּם

linón *m* אָרִיג דַּק

linotipia *f* לִינוֹטַיְפּ

linotipista *m* סַדַּר־לִינוֹטַיְפּ

linotipo *m* מַסְדֶּרֶת

linterna *f* פָּנָס

liño *m* שְׂדֵרָה

lío *m* 1 חֲבִילָה, צְרוֹר. 2 תִּסְבֹּכֶת, סְבַךְ. 3 סִכְסוּךְ

liquen *m* 1 אֵזוֹב. 2 יַלֶּפֶת

liquidable *adj* נָזִיל, מָסִיס, בַּר הֲמַסָּה

liquidación *f* 1 פֵּרוּק, חִסּוּל. 2 פֵּרָעוֹן. 3 מְכִירָה כְּלָלִית

liquidar *vt* 1 הֵמֵס, הִתִּיךְ. 2 פֵּרֵק, חִסֵּל, סִלֵּק. 3 פָּרַע חוֹב

líquido *madj* 1 נוֹזֵל. 2 נוֹזְלִי

lira *f* 1 נֵבֶל, לִירָה. 2 הַשְׁרָאָה

lírica *f* לִירִיקָה

lírico *adj* לִירִי

lirio *m* חֲבַצֶּלֶת, שׁוֹשַׁנָּה

lirismo *m* לִירִיּוּת

lirón *m* נַמְנְמָן

lisiado *adjm* פָּגוּם, נָכֶה, בַּעַל מוּם

lisiar *vt* פָּצַע, הֵמֵם, הִכָּה

liso *adj* 1 חָלָק, יָשָׁר, חֲלַקְלַק. 2 פָּשׁוּט, רָגִיל. 3 שַׁחֲצָן, חָצוּף, חַנְפָן

lisonja *f* חֲנֻפָּה, חֲלַקַּת לָשׁוֹן, מַחְמָאָה

lisonjear *vt* 1 הֶחֱנִיף. 2 שִׁעֲשַׁע

lisonjero *adjm* 1 מַחֲנִיף, חוֹנֵף. 2 בַּדַּאי

lista *f* 1 רְשִׁימָה, לוּחַ. 2 רְצוּעָה, פַּס. 3 קָטָלוֹג

listado *adj* מְפֻסְפָּס, עָקֹד

listar *vt* 1 רָשַׁם. 2 פִּסְפֵּס, עִקֵּד

listo *adj* 1 מוּכָן, נָכוֹן. 2 זָרִיז, מָהִיר. 3 פִּקֵּחַ, עָרוּם

listón *m* 1 סֶרֶט, רְצוּעָה. 2 קֶרֶשׁ

listonado *m* 1 סְבָכָה. 2 סוֹרֵג

lisura *f* 1 חֲלָקוּת, שְׁפִי, חֲלַקְלַקּוּת. 2 צֶדֶק, יֹשֶׁר. 3 חֻצְפָּה, גַּסּוּת

litera *f* אַפִּרְיוֹן

literal *adj* מִלּוּלִי, מְדֻיָּק, מוּבָא כִּכְתָבוֹ

literario *adj* סִפְרוּתִי

literato *adjm* 1 מְלֻמָּד, מַשְׂכִּיל. 2 סוֹפֵר

literartura *f* סִפְרוּת

litigación *f* מִשְׁפָּט, דִּין, דִּין וּדְבָרִים

litigante *adjm* מִתְדַּיֵּן, עוֹתֵר

litigar *vti* רָב, דָּן, הִתְדַּיֵּן

litigio *m* מִשְׁפָּט, דִּין, פְּלֻגְתָּא, מַחֲלֹקֶת

litio *m* לִיתְיוּם

litografía *f* לִיתוֹגְרַפְיָה

litográfico *adj* לִיתוֹגְרָפִי

litógrafo *m* לִיתוֹגְרָף

litografiar *vt* הִדְפִּיס לִיתוֹגְרַפְיָה

litoral *madj* 1 חוֹף. 2 חוֹפִי

litorina *f* לִיטוֹרִינָה (צדפת מאכל)

litosfera *f* לִיתוֹסְפֶרָה

litro *m* לִיטֶר

liturgia *f* פֻּלְחָן, לִיתוּרְגְיָה

litúrgico *adj* פֻּלְחָנִי, לִיתוּרְגִי

liviandad *f* 1 קַלּוּת. 2 פְּזִיזוּת, חִפָּזוֹן, קַלּוּת דַּעַת

liviano *adj* 1 קַל. 2 קַל דַּעַת, פָּזִיז, חָפוּז

lividez *f* כְּחָלוֹן, כְּחִילוּת

lívido *adj* כָּחֹל, שָׁחוֹר־כָּחֹל

liza *f* זִירָה

lo *artneut* לוֹ, אוֹתוֹ, זֹאת

loa *f* שֶׁבַח, תְּהִלָּה

loable *adj* רָאוּי לְשֶׁבַח, רָאוּי לִתְהִלָּה

loar *vt* שִׁבַּח, הִלֵּל, קִלֵּס, רוֹמֵם

lobanillo *m* כִּיס־חָלָב, שְׂאֵת הָעוֹר

lobato *m* גּוּר זְאֵבִים

lobero *adjm* 1 זְאֵבִי. 2 צַיַּד זְאֵבִים

lobo *m* זְאֵב

lóbrego *adj* 1 קוֹדֵר, חָשׁוּךְ. 2 עָצוּב, נוּגֶה
lobreguez *f* חֹשֶׁךְ, חֲשֵׁכָה, קַדְרוּת
lóbulo *m* 1 אוּנָה. 2 תְּנוּךְ, אַלְיָה
local *adjm* 1 מְקוֹמִי, מָצוּי, שָׁכִיחַ. 2 מָקוֹם. 3 אוּלָם
localidad *f* 1 מָקוֹם. 2 סְבִיבָה, שְׁכוּנָה, עֲיָרָה. 3 מַעֲמָד, מִתְחָם. 4 מוֹשָׁב (באולם)
localización *f* 1 אִתּוּר, אִכּוּן. 2 רִכּוּז, הַגְבָּלָה
localizar *vt* 1 אִתֵּר, אִכֵּן. 2 רִכֵּז, הִגְבִּיל, צִמְצֵם
loción *f* 1 רְחִיצָה, שְׁטִיפָה. 2 בֹּשֶׂם. 3 תַּרְחִיץ
loco *adjm* מְשֻׁגָּע, מְטֹרָף
locomoción *f* תַּעֲבוּרָה
locomotor *madj* 1 מָנוֹעַ. 2 מְנוֹעִי
locomotora *f* קַטָּר
locomotriz *madj* 1 מָנוֹעַ. 2 מְנוֹעִי
locuacidad *f* פַּטְפְּטָנוּת
locuaz *adj* פַּטְפְּטָן
locución *f* נִיב, בִּטּוּי, מִבְטָא
locura *f* שִׁגָּעוֹן, טֵרוּף הַדַּעַת, שְׁטוּת, אִוֶּלֶת
locutor *m* קַרְיָן
lodazal *m* בִּצָּה
lodo *m* בֹּץ, טִיט, רֶפֶשׁ
lodoso *adj* בִּצִּי, דָּלוּחַ, מְרֻפָּשׁ, עָכוּר
logarítmico *adj* לוֹגָרִיתְמִי
logaritmo *m* לוֹגָרִיתְם
logia *f* לִשְׁכָּה, מִסְדָּר, תָּא
lógica *f* 1 הִגָּיוֹן, שֵׂכֶל יָשָׁר. 2 תּוֹרַת־הַהִגָּיוֹן
lógicamente *adv* 1 בְּדֶרֶךְ הַהִגָּיוֹן. 2 בִּתְבוּנָה
lógico *adjm* 1 הֶגְיוֹנִי, לוֹגִי. 2 הוֹגֵה־דֵעוֹת, לוֹגִיסְט
logística *f* לוֹגִיסְטִיקָה
logístico *adj* לוֹגִיסְטִי
lograr *vti* 1 הִשִּׂיג, רָכַשׁ. 2 הִצְלִיחַ. 3 הִגְשִׁים
logrería *f* נֶשֶׁךְ, רִבִּית קְצוּצָה
logrero *m* מַלְוֶה בְּרִבִּית
logro *m* 1 הֶשֵּׂג. 2 רֶוַח
loma *f* תֵּל, גִּבְעָה
lombarda *f* כְּרוּב אָדֹם
lombriz *f* תּוֹלַעַת, שִׁלְשׁוּל
lombriz solitaria תּוֹלַעַת הַסֶּרֶט, צֶסְטוֹדָה
lomo *m* 1 חֶלֶץ, מֹתֶן, יָרֵךְ. 2 גַּב
lomudo *adj* רְחַב־גֶּרֶם
lona *f* אַבַּרְזִין, בְּרֶזֶנְט
loncha *f* פְּרוּסָה, פֶּלַח, נֵתַח
longanimidad *f* 1 סַבְלָנוּת, אֹרֶךְ רוּחַ, הַבְלָגָה. 2 רֹחַב־לֵב, נְדִיבוּת־לֵב
longánimo *adj* אֲצִיל רוּחַ, נְדִיב לֵב
longaniza *f* נַקְנִיקִיָּה
longevidad *f* אֲרִיכוּת יָמִים, אֹרֶךְ יָמִים
longevo *adj* מַאֲרִיךְ יָמִים
longitud *f* 1 אֹרֶךְ. 2 מֶשֶׁךְ
longitudinal *adj* אָרְכִּי, שֶׁל קַו הָאֹרֶךְ
longuetas *fpl* תַּחְבֹּשֶׁת, אֶגֶד
lonja *f* פְּרוּסָה, פֶּלַח, נֵתַח
lontananza *f* מֶרְחָק
loor *m* שֶׁבַח, תְּהִלָּה, הַלֵּל
loquear *vi* הִשְׁתּוֹלֵל, הִשְׁתּוֹבֵב
lord *m* לוֹרְד
loro *m* תֻּכִּי
los *artmpl* הַ־, אוֹתָם
losa *f* 1 לוּחַ, טַבְלָה. 2 מַרְצֶפֶת
losado *f* רִצּוּף
losange *m* מְעֻיָּן
losar *vt* רִצֵּף
loseta *f* 1 מַלְכֹּדֶת, פַּח. 2 לְבֵנָה, רַעַף
lote *m* 1 חֵלֶק, מָנָה. 2 מִגְרָשׁ, חֶלְקַת אֲדָמָה
lotear *vt* 1 קִטְלֵג. 2 חִלֵּק
lotería *f* פַּיִס, הַגְרָלָה, מַזָּל
loto *m* 1 לוֹטוּס. 2 לוֹטוֹ
loza *f* 1 חַרְסִינָה. 2 מַעֲרֶכֶת כְּלֵי חַרְסִינָה
lozanear *vi* הִתְרַעֲנֵן
lozanía *f* 1 מֶרֶץ, רַעֲנַנּוּת. 2 פּוֹרִיּוּת, סְבִיכוּת. 3 כֹּחַ, מֶרֶץ. 4 יְהִירוּת
lozano *adj* 1 רַעֲנָן. 2 יָהִיר, גַּאַוְתָן. 3 פּוֹרֶה, חָזָק
lúa *f* כְּסָיָה, כְּפָפָה, בֵּית יָד
lubricación *f* סִיכָה, שִׁמּוּן
lubricador *adjm* 1 מְשַׁמֵּן, סָךְ. 2 אָסוּךְ
lubricante *adjm* 1 מְשַׁמֵּן, סָךְ. 2 שֶׁמֶן־סִיכָה
lubricar *vt* שִׁמֵּן, רִכֵּךְ, סָךְ
lubricidad *f* 1 חֲלָקוּת, חֲלַקְלַקּוּת. 2 הֶפְקֵרוּת.

3 תַּאַוְתָנוּת

lúbrico *adj* 1 חֲלַקְלַק. 2 תַּאַוְתָנִי

lucerna *f* 1 נִבְרֶשֶׁת. 2 צֹהַר, אֶשְׁנָב. 3 בַּז

lucero *m* 1 אַיֶּלֶת הַשַּׁחַר. 2 נֹגַהּ

luces *fpl* 1 אוֹרוֹת. 2 הַשְׂכָּלָה, תַּרְבּוּת. 3 הֲבָנָה, תְּבוּנָה, בִּינָה

lucidez *fpl* צַחוּת, בְּהִירוּת, שְׁקִיפוּת

lucido *adj* הָדוּר, יָפֶה, נָאֶה, סַרְזָן

lúcido *adj* בָּהִיר, זוֹרֵחַ, שָׁקוּף, בָּרוּר, מוּבָן

luciente *adj* מַבְרִיק, מַזְהִיר

luciárnaga *f* גַּחְלִילִית

Lucifer *m* 1 שָׂטָן, לוּצִיפֶר. 2 נֹגַהּ, אַיֶּלֶת הַשַּׁחַר

lucífero *adjm* 1 מֵאִיר, זוֹהֵר. 2 אַיֶּלֶת הַשַּׁחַר

lucimiento *m* 1 זֹהַר, קְרִינָה, הַבְרָקָה. 2 הַצְלָחָה, הִצְטַיְּנוּת

lucir *vi* 1 הִבְרִיק, זָהַר, נָצַץ. 2 הִצְטַיֵּן, הִצְלִיחַ

lucrar *vt* 1 עָשַׁק. 2 הִרְוִיחַ, הֵפִיק תּוֹעֶלֶת

lucrativo *adj* מַכְנִיס רֶוַח, מֵבִיא תּוֹעֶלֶת

lucro *m* רֶוַח, תַּאֲוַת בֶּצַע

luctoso *adj* עָצוּב, קוֹדֵר, נוּגֶה

lucubración *f* הַתְמָדָה, שְׁקִידָה, עָמָל

lucubrar *vi* עָמַל, שָׁקַד, הִתְמִיד

lucha *f* 1 מַאֲבָק, קְרָב. 2 הִתְגּוֹשְׁשׁוּת, תִּגְרָה

luchador *m* 1 לוֹחֵם. 2 מִתְאַבֵּק, מִתְגּוֹשֵׁשׁ

luchar *vti* 1 לָחַם, נִלְחַם, נֶאֱבַק. 2 הִתְאַמֵּץ

ludibrio *m* בּוּז, קֶלֶס, לַעַג

lúe *f* זִהוּם, אִלּוּחַ

luego *adv* אָז, לָכֵן, עַל כֵּן. 2 מִיָּד, תֵּכֶף. 3 אַחֲרֵי כֵן, אַחַר כָּךְ

luengo *adj* אָרֹךְ

lugar *m* 1 מָקוֹם, אֲתָר. 2 הִזְדַּמְּנוּת. 3 עִלָּה, סִבָּה

lugarteniente *m* סְגָן, שָׁלִישׁ, מְמַלֵּא מָקוֹם

lúgubre *adj* עָצוּב, נוּגֶה, מַעֲצִיב, קוֹדֵר

lujo *m* מוֹתָרוֹת, לוּקְסוּס

lujuria *f* עַגְבָנוּת, חֵשֶׁק, תְּשׁוּקָה, זִמָּה

lujuriante *adj* חוֹמֵד, עַגְבָן, חוֹשֵׁק

lujurioso *adj* מִתְאַוֶּה, נוֹאֵף, עַגְבָן

lumbago *m* מַתֶּנֶת

lumbar *adj* מָתְנִי

lumbre *f* 1 אֵשׁ, אוֹר, זִיו, בָּרָק. 2 בְּהִירוּת, צַחוּת

lumbrera *f* צֹהַר, אֶשְׁנָב

luminaria *f* אוֹר, מָאוֹר

luminiscencia *f* הָאָרָה, הַקְרָנָה

luminiscente *adj* מַקְרִין, זוֹרֵחַ

luminosidad *f* זְרִיחָה, קְרִינוּת, נְהִירוּת

luminoso *adj* 1 זוֹרֵחַ, מַקְרִין, נוֹצֵץ. 2 מְצֻיָּן

luna *f* יָרֵחַ, לְבָנָה, סַהַר

lunar *adjm* 1 יַרְחִי. 2 בַּהֶרֶת

lunario *m* 1 סְהוֹר. 2 לוּחַ שָׁנָה

lunático *adjm* תִּמְהוֹנִי, סַהֲרוּרִי

lunes *m* יוֹם שֵׁנִי

luneta *f* מִשְׁקֶפֶת, מִשְׁקָפַיִם

lupa *f* עֲדָשָׁה, זְכוּכִית מַגְדֶּלֶת

lupanar *m* בֵּית בֹּשֶׁת, בֵּית זוֹנוֹת

lupino *adj* זְאֵבִי

lúpulo *m* כְּשׁוּת

lusitano *adjm* פּוֹרְטוּגָזִי

lustrabotas *m* מְצַחְצֵחַ נַעֲלַיִם

lustrar *vt* צִחְצַח, לִטֵּשׁ, מֵרֵק, הִבְרִיק

lustre *m* בָּרָק, זֹהַר, זִיו

lustroso *adj* מַבְרִיק, נוֹצֵץ

lutecio *m* לוּטֶצְיוּם (מתכת)

luteranismo *m* לוּתֶרָנִיּוּת

luterano *adjm* לוּתֶרָנִי

luto *m* אֵבֶל, אֲבֵלוּת

luxación *f* נְקִיעָה, הַקָּעָה

luz *f* אוֹר, מָאוֹר

luzbel *m* שָׂטָן, שֵׁד

LL

Ll *f* אֶלְיֶה, לְי, הָאוֹת הָאַרְבַּע־עֶשְׂרֵה שֶׁל הָאָלֶף־בֵּית הַסְּפָרַדִּי
llaga *f* כִּיב, פֶּצַע, חַבּוּרָה
llagar *vt* פָּצַע
llama *f* 1 שַׁלְהֶבֶת, לֶהָבָה, אֵשׁ. 2 לָמָה, גְּמַל הַצֹּאן
llamada *f* 1 קְרִיאָה. 2 סִימָן. 3 דְּרִישָׁה
llamamiento *m* קְרִיאָה
llamar *vt* 1 קָרָא. 2 זָעַק. 3 כִּנֵּס
llamarada *f* הִתְלַקְּחוּת, שַׁלְהֶבֶת, לֶהָבָה
llamativo *adj* 1 מְסַקְרֵן, מוֹשֵׁךְ, מְעוֹרֵר סַקְרָנוּת. 2 מְעוֹרֵר צִמָּאוֹן
llamazar *m* בִּצָּה
llamear *vi* בָּעַר, לָהַט
llana *f* כַּף סַיָּדִים
llanada *f* מִישׁוֹר, עֲרָבָה, בִּקְעָה, עֵמֶק
llanero *m* אִישׁ הַשְּׁפֵלָה, בּוֹקֵר
llaneza *f* פַּשְׁטוּת, תְּמִימוּת
llano *adjm* 1 פָּשׁוּט, תָּמִים. 2 מִישׁוֹר, שְׁפֵלָה, עֵמֶק
llanta *f* חִשּׁוּק
llantén *m* לָחָךְ (צֶמַח)
llanto *m* בְּכִי, בְּכִיָּה, בָּכָה, יְלָלָה
llanura *f* מִישׁוֹר, שְׁפֵלָה
llares *fpl* אַנְקוֹל לְסִיר
llave *f* מַפְתֵּחַ
llavero *m* מַחֲזִיק מַפְתְּחוֹת
llavín *m* מַפְתֵּחַ
llegada *f* בִּיאָה, קְרִיבָה, קְרִיבוּת
llegar *vit* 1 בָּא, הִגִּיעַ, נִכְנַס, עָלָה. 2 נָגַע. 3 קָרַב
llena *f* מַבּוּל, שִׁטָּפוֹן, הֲצָפָה
llenar *vt* מִלֵּא, גָּדַשׁ
lleno *adjm* 1 מָלֵא, גָּדוּשׁ, מְשֻׁפָּע, חָדוּר. 2 שֶׁפַע. 3 קָהָל רַב
llenura *f* 1 רְוָיָה, שֹׂבַע. 2 מִלּוּי
llevadero *adj* נִסְבָּל, קַל
llevar *vt* 1 טִלְטֵל, הוֹבִיל, הֶעֱבִיר, הִסִּיעַ. 2 לָבַשׁ. 3 לָקַח, נָטַל, אָחַז. 4 הִדְרִיךְ, נִהֵל, הוֹלִיךְ
llorar *vi* בָּכָה
lloriquear *vi* יִבֵּב, בָּכָה
lloriqueo *m* יְבָבָה, בְּכִי, בְּכִיָּה
lloro *m* בְּכִי
llorón *adjm* בַּכְיָן
lloroso *adj* בַּכְיָנִי
llovedizo *adj* סַגְרִיר, דּוֹלֵף, גָּשׁוּם
llover *vimp* יָרַד גֶּשֶׁם, הִמְטִיר, הִגְשִׁים
llovizna *f* טִפְטוּף, גֶּשֶׁם דַּק
lloviznar *vimp* נָטַף, טִפְטֵף
llueca *f* דּוֹגֶרֶת
lluvia *f* גֶּשֶׁם, מָטָר
lluvioso *adj* סַגְרִירִי, גָּשׁוּם

M

M *f* אֶמֶה, מ, הָאוֹת הַחֲמֵשׁ עֶשְׂרֵה שֶׁל הָאָלֶף־בֵּית הַסְּפָרַדִּי

maca *f* 1 נֶקֶף, מַכָּה. 2 הוֹנָאָה, זִיּוּף, שֶׁקֶר. 3 נֶזֶק, פְּגִיעָה

macabeo *adjm* מַכַּבִּי

macabro *adj* מַבְעִית, מַחֲרִיד, קוֹדֵר

macaco *madj* 1 מַקָּק, קוֹף. 2 מְכֹעָר, מָאוּס

macadán *m* תַּשְׁתִּית

macadamizar *vt* תִּשְׁתֵּת

macana *f* 1 מַקֵּל, אַלָּה, מוֹט. 2 שְׁטוּת, אִוֶּלֶת

macanear *vt* סִפֵּר בְּדָיוֹת, כִּזֵּב

macanudo *adj* מְצֻיָּן, עָצוּם, יָפֶה

macareo *m* גֵּאוּת

macarrón *m* אִטְרִיָּה

macarse *vref* הִתְקַלְקֵל, הִתְרַקֵּב

macear *vt* חָבַט, הִכָּה, הָלַם

macelo *m* בֵּית מִטְבָּחַיִם

maceración *f* 1 שְׁרִיָּה, תַּשְׁרִית. 2 עִנּוּי, יִסּוּר

maceramiento *m* 1 שְׁרִיָּה, תַּשְׁרִית. 2 עִנּוּי, יִסּוּר. 3 רִכּוּךְ, מִסְמוּס

macerar *vt* 1 הִשְׁרָה, שָׁרָה. 2 עִנָּה, יִסֵּר. 3 רִכֵּךְ, מִסְמֵס

macero *m* שַׁרְבִיטַאי

maceta *f* 1 עָצִיץ. 2 יָדִית

macicez *f* מַסִּיבִיּוּת, מוּצָקוּת

macilento *adj* חִוֵּר, רָפֶה, כָּחוּשׁ, קָמֵל, נוֹבֵל

macillo *m* פַּטִּישׁ

macizar *vt* מִלֵּא, יָצַק

macizo *adj* מוּצָק, מַסִּיבִי

macrocosmo *m* תֵּבֵל, מַקְרוֹקוֹסְמוֹס, עוֹלָם וּמְלֹאוֹ

macroscópico *adj* מַקְרוֹסְקוֹפִּי

mácula *f* 1 כֶּתֶם, רְבָב. 2 בּוּשָׁה, כְּלִמָּה

macular *vt* הִכְתִּים, בִּיֵּשׁ, הִכְלִים

machacar *vti* 1 רִסֵּק, רִסֵּס, כָּתַשׁ, טָחַן, מָעַךְ. 2 הִטְרִיד

machacón *adjm* טַרְדָן, טַרְחָן, מַטְרִיד

machada *f* 1 עֵדֶר עִזִּים. 2 טִפְּשׁוּת, אֱוִילוּת

machar *vt* 1 כִּתֵּשׁ, רִסֵּק, טָחַן. 2 הִתְבַּשֵּׂם, הִשְׁתַּכֵּר

machetazo *m* מַכַּת קוֹפִיץ

machete *m* קוֹפִיץ יַעַר

machetear *vt* קִצֵּץ, כָּרַת

machihembrar *vt* שִׁבֵּץ, חִבֵּר, הִצְמִיד

machina *f* מָנוֹף, עֲגוּרָן

macho *madj* 1 זָכָר, גֶּבֶר. 2 גַּבְרִי

machucamiento *m* חִבּוּט, הַכָּאָה, חַבּוּרָה, נֶקֶף

machucar *vt* חָבַט, הִכָּה, פָּצַע

machucho *adj* 1 נָבוֹן, מָתוּן, מְיֻשָּׁב. 2 בָּא בַּיָּמִים, יָשִׁישׁ, זָקֵן

madama *f* גְּבֶרֶת

madeja *f* 1 פְּקַעַת, סְלִיל. 2 סְבַךְ, סִבּוּךְ

madera *f* 1 עֵץ. 2 קוֹרָה, קֶרֶשׁ

maderaje, maderamen *m* פִּגּוּם, עֲצֵי בִּנְיָן

maderero *m* סוֹחֵר עֵצִים

madero *m* 1 קוֹרָה, קֶרֶשׁ. 2 טִפֵּשׁ. 3 אֳנִיָּה, סְפִינָה

madianita *adjm* מִדְיָנִי

madrastra *f* אֵם חוֹרֶגֶת

madre *f* אֵם

madre de leche מֵינֶקֶת

madre política חָמוֹת, חוֹתֶנֶת

madre perla *f* צֶדֶף, אֵם הַפְּנִינָה

madreselva *f* יַעְרָה (צמח)

madrigado *adj* 1 נָשׂוּי בְּפַעַם שְׁנִיָּה. 2 בָּקִי, מְנֻסֶּה

madrigal *m* מַדְרִיגַל, שִׁיר־אַהֲבָה

madriguera *f* מְאוּרָה

madrileño *adjm* יְלִיד מַדְרִיד, תּוֹשַׁב מַדְרִיד

madrina *f* סַנְדָּקִית, שׁוֹשְׁבִינָה

madroño *m* קֶטָלָב (שִׂיחַ)
madrugada *f* שַׁחַר, שַׁחֲרִית, זְרִיחָה
madrugador *adjm* מַשְׁכִּים־קוּם
madrugar *vi* הִשְׁכִּים קוּם
madrugón *adj* מַשְׁכִּים קוּם
maduración *f* 1 הַבְשָׁלָה. 2 הִתְבַּגְּרוּת
madurador *adj* מַבְשִׁיל, מַבְחִיל
madurar *vti* 1 הִבְשִׁיל, בָּשַׁל, גָּמַל. 2 בָּגַר, הִתְבַּגֵּר
madurez *f* 1 בְּשֵׁלוּת, גְּמִילָה. 2 בַּגְרוּת, בְּגִירוּת. 3 תְּבוּנָה
maduro *adj* 1 גָּמֵל, בָּשֵׁל. 2 בּוֹגֵר, בַּגִּיר. 3 בָּא בַּיָּמִים. 4 נָבוֹן, פִּקֵּחַ
maelstrom *m* מְעַרְבֹּלֶת
maestra *f* מוֹרָה, מְחַנֶּכֶת
maestría *f* 1 בְּקִיאוּת, מֻמְחִיּוּת. 2 חָרִיצוּת, אָמָּנוּת, זְרִיזוּת
maestro *adjm* 1 נִבְחָר, מְעֻלֶּה. 2 מוֹרֶה, מְלַמֵּד, מְחַנֵּךְ. 3 אָמָּן, בַּעַל מְלָאכָה
maestro de ceremonias מְנַחָה
maestro de obras מְנַהֵל עֲבוֹדָה
magaña *f* 1 עָרְמָה, תַּחְבּוּלָה. 2 פְּגָם, מוּם
magia *f* כְּשָׁפִים, כִּשּׁוּף, קֶסֶם, לְהָטִים, נֵס
magiar *adjm* מַגְיָרִי, הוּנְגָּרִי
mágico *adjm* כִּשּׁוּפִי, מְכַשֵּׁף
magín *m* דִּמְיוֹן, כֹּחַ דִּמְיוֹן
magisterial *adj* שֶׁל הוֹרָאָה, שֶׁל מוֹרֶה
magisterio *m* 1 הוֹרָאָה. 2 תֹּאַר הַמּוֹרֶה, מִקְצוֹעַ הַמּוֹרֶה. 3 חֶבֶר מוֹרִים
magistrado *m* 1 שׁוֹפֵט, דַּיָּן. 2 מוֹשֵׁל
magistral *adj* 1 נַעֲלֶה, נִפְלָא, מְצֻיָּן, מְכֻבָּד. 2 תְּרוּפָה (לפי מרשם רופא)
magistratura *f* כְּהֻנָּה, מִשְׂרָה, פְּקִידוּת
magnanimidad *f* רֹחַב לֵב, נְדִיבוּת, אֲצִילוּת
magnánimo *adj* רְחַב לֵב, נָדִיב, אָצִיל
magnate *m* גְּבִיר, אָצִיל, עָשִׁיר, אֵיל הַכֶּסֶף
magnesia *f* מַגְנֶסְיָה
magnesio *m* מַגְנִיּוֹן
magnético *adj* 1 מַגְנֵטִי. 2 מוֹשֵׁךְ
magnetismo *m* מַגְנֵטִיּוּת
magnetita *f* מַגְנֵטִיט
magnetizar *vt* 1 מִגְנֵט. 2 הִפְנֵט (בהשאלה)
magneto *m* מַגְנֶטוֹ
magnetófono *m* מַגְנֶטוֹפוֹן
magnificación *f* רוֹמְמוּת, שֶׁבַח, הַלֵּל
magnificamente *adv* בְּצוּרָה נִפְלָאָה, לְהַפְלִיא
magnificar *vt* פֵּאֵר, רוֹמֵם, שִׁבַּח
magnificencia *f* תִּפְאֶרֶת, הוֹד, שֶׁבַח, הַלֵּל
magnífico *adj* נִפְלָא, נֶהְדָּר, מְפֹאָר
magnitud *f* 1 מֶרְחָב, גֹּדֶל. 2 חֲשִׁיבוּת
magno *adj* גָּדוֹל, אַדִּיר, חָשׁוּב
magnolia *f* מַגְנוֹלְיָה
mago *m* קוֹסֵם, מְכַשֵּׁף, מָג, אַשָּׁף
magra *f* נֵתַח בָּשָׂר
magrez *f* רָזוֹן, כְּחִישׁוּת
magro *adj* רָזֶה, כָּחוּשׁ, דַּל
maguey *m* אֲגָבָה
magulladura *f* חַבּוּרָה, פֶּצַע, מַכָּה
magullar *vt* הִכָּה, מָעַךְ, כָּתַשׁ
maharajá *m* מַהֲרָגָ'ה
mahometano *adjm* מֻסְלְמִי
mahometismo *m* אִיסְלָם
maicena *f* קֶמַח תִּירָס
maitines *mpl* תְּפִלַּת שַׁחֲרִית
maíz *m* תִּירָס
maizal *m* שְׂדֵה תִּירָס
majada *f* 1 דִּיר, מִכְלָאָה. 2 גָּלָל, צוֹאָה, רְעִי
majadería *f* שְׁטוּת, טִפְּשׁוּת, אִוֶּלֶת, הֲבָלִים
majadero *adj* טַרְדָן, טַרְחָן, עַקְשָׁן, טִפֵּשׁ, שׁוֹטֶה
majar *vt* 1 מָעַךְ, טָחַן, רִסֵּק. 2 הִטְרִיד, הִטְרִיחַ, הִפְרִיעַ
majestad *f* 1 רוֹמְמוּת, תִּפְאֶרֶת, הָדָר. 2 מַלְכוּת, הוֹד מַלְכוּת
majestuosidad *f* הוֹד, פְּאֵר, תִּפְאֶרֶת, הָדָר
majestuoso *adj* מַלְכוּתִי, נַעֲלֶה, מְרוֹמָם, נִשְׂגָּב, אֲצִילִי, מְהֻדָּר
majo *adjm* 1 יָפֶה, נָאֶה. 2 גַּנְדְּרָנִי. 3 גַּנְדְּרָן
majuelo *m* עֻזְרָר (צֶמַח)
mal *adjm* 1 רַע, גָּרוּעַ. 2 רָעָה, אָסוֹן, נֵזֶק, פֶּגַע

mal de ojo עַיִן רָעָה

mal que bien עַל כָּל פָּנִים, אֵיךְ שֶׁהוּא

mala *f* 1 דֹּאַר. 2 דִּבְרֵי דֹּאַר

malabarismo *m* לוּלְיָנוּת, לַהֲטוּטָנוּת

malabarista *m* לוּלְיָן, לַהֲטוּטָן

malacostumbrado *adj* מְפֻנָּק

malacrianza *f* פִּנּוּק

malacuenda *f* 1 שַׂק. 2 אֲרִיג שַׂקִּים

malandanza *f* אָסוֹן, פֶּגַע, שֶׁבֶר, מַזָּל רַע

malandrín *adjm* נָבָל, בֶּן בְּלִיַּעַל, שׁוֹבָב

malaquita *f* מָלָכִיט (מַתֶּכֶת)

malar *adjm* 1 לְחָיִי. 2 עֶצֶם הַלֶּחִי

malaria *f* מָלַרְיָה, קַדַּחַת הַבִּצּוֹת

malavenido *adj* עוֹיֵן, לֹא חֶבְרָתִי

malaventura *f* מַזָּל רַע, פֻּרְעָנוּת

malaventurado *adj* אֻמְלָל, מִסְכֵּן, עָלוּב

malaventuranza *f* צָרָה, מַזָּל רַע

malayo *adjm* מַלַאִי, בֶּן מַלַיָה

malbaratar *vt* בִּזְבֵּז, פִּזֵּר, כִּלָּה

malcarado *adj* 1 זוֹעֵף, מְאַיֵּם, שַׁחֲצָנִי, יָהִיר. 2 מְכֹעָר, מְגֻנֶּה

malcontento *adjm* נִרְגָּן, לֹא שְׂבַע רָצוֹן, רוֹטֵן

malcriado *adj* מְפֻנָּק, חָצוּף, עַזְפָּנִי

malcriar *vt* פִּנֵּק

malcriadez *f* חֻצְפָּנוּת, עַזְפָּנוּת

maldad *f* רִשְׁעוּת, רֶשַׁע, רֹעַ לֵב

maldecir *vti* קִלֵּל, אָרַר

maldición *f* קְלָלָה, גִּנּוּי, אֶרֶר, אָלָה

maldispuesto *adj* 1 שֶׁאֵינוֹ בְּקַו הַבְּרִיאוּת. 2 שׂוֹנֵא, מְמָאֵן, לֹא נוֹטֶה

maldito *adj* מְקֻלָּל, אָרוּר

maleabilidad *f* חֲשִׁילוּת

maleable *adj* חָשִׁיל

maleante *m* נָבָל, רָשָׁע

malear *vt* 1 קִלְקֵל, הִשְׁחִית, עִוֵּת. 2 הִזִּיק

malecón *m* מַזַּח, שׁוֹבֵר גַּלִּים

maledicencia *f* הַשְׁמָצָה, דִּבָּה, לַעַז, רְכִילוּת

maleficiar *vt* 1 הִזִּיק, חִבֵּל, פָּגַע, הֵרַע. 2 כִּשֵּׁף

maleficio *m* כִּשּׁוּף, עַיִן רָעָה

maleficencia *f* רֹעַ, נֶזֶק, שִׁפְלוּת, שְׁחִיתוּת

maléfico *adj* מַזִּיק, חוֹבֵל, נָבָל, מֵרַע, מַשְׁחִית

malentendido *m* אִי הֲבָנָה

malestar *m* מְבוּכָה, רֹגֶז, תְּשִׁישׁוּת

maleta *f* מִזְוָדָה

maletín *m* תִּיק, יַלְקוּט

malevolencia *f* רֹעַ לֵב, רִשְׁעוּת, צָרוּת עַיִן

malevo *adjm* נוֹכֵל, רָשָׁע, רַע־לֵב, בֶּן בְּלִיַּעַל, נָבָל

malévolo *adj* רַע לֵב, רָשָׁע, צַר עַיִן

maleza *f* עֵשֶׂב רַע, עֵשֶׂב שׁוֹטֶה

malformación *f* מוּם, פְּגָם, לִקּוּי

malgastador *adjm* בַּזְבְּזָן, פַּזְרָן

malgastar *vt* בִּזְבֵּז, פִּזֵּר

malhechor *m* רָשָׁע, נָבָל, חוֹטֵא, עֲבַרְיָן, פּוֹשֵׁעַ

malhumor *m* זַעַם, רֹגֶז, מַצַּב רוּחַ רַע

malhumorado *adj* מְרֻגָּז, כַּעֲסָן, סַר וְזָעֵף

malicia *f* זָדוֹן, עָרְמָה, רִשְׁעוּת, אֵיבָה, מַשְׂטֵמָה

maliciar *vt* 1 חָשַׁד. 2 זָמַם. 3 יָצָא לְתַרְבּוּת רָעָה

malicioso *adj* זְדוֹנִי, מְרֻשָּׁע, רַע לֵב

malignidad *f* זָדוֹן, רֶשַׁע, רֹעַ לֵב

maligno *adj* מַזִּיק, מְחַבֵּל, רַע, קָשֶׁה, מַמְאִיר

malintencionado *adj* זְדוֹנִי, זוֹמֵם־רָע

malmadado *adj* פָּרוּעַ, לֹא צַיְּתָן

malo *adj* 1 רַע, רַע לֵב. 2 חוֹלֶה. 3 פָּגוּם, לָקוּי, גָּרוּעַ

malograr *vt* 1 הִשְׁחִית, הָרַס, חִבֵּל, פָּגַם. 2 בִּזְבֵּז, פִּזֵּר. 3 הֶחֱמִיץ (הזדמנות)

malogro *m* 1 כִּשָּׁלוֹן, מַפָּלָה, תְּבוּסָה. 2 קִלְקוּל, עִוּוּת, הַחְמָצַת הִזְדַּמְּנוּת

maloliente *adj* מַסְרִיחַ, מַבְאִישׁ

malón *m* 1 הַתְקָפַת פֶּתַע. 2 פְּשִׁיטָה אִינְדְּיָנִית

malparado *adj* נִזּוֹק, נִכְשָׁל

malparto *m* נֵפֶל, הַפָּלָה

malquerencia *f* שִׂנְאָה

malquerer *vt* שָׂטַם, שָׂנֵא, מָאַס, תִּעֵב

malquistar *vt* סִכְסֵךְ, הִפְרִיד

malquisto *adj* מְסֻכְסָךְ

malsano *adj* מַזִּיק, מֵרַע, דּוֹחֶה, נָגוּעַ

malsín *m* 1 מַלְעִיז, רְכִילַאי, בַּדַּאי. 2 מַלְשִׁין

malta *f* לֶתֶת

maltosa *f* סֻכַּר לֶתֶת
maltrear *vt* הֵצִיק, עִנָּה, פָּגַע
maltratar *vt* הֵצִיק, עִנָּה, פָּגַע
maltrato *m* עִנּוּי, יִסּוּר
maltrecho *adj* מְעֻנֶּה, נִפְגָּע
malva *f* חֶלְמִית
malváceo *adjm* מִמִּשְׁפַּחַת הַחֶלְמִיתִיִּים
malvado *adjm* נוֹכֵל, מֻשְׁחָת, חוֹטֵא, רָשָׁע
malvavisco *m* חָטְמִית
malvender *vt* בִּזְבֵּז, פִּזֵּר, כִּלָּה
malversación *f* מְעִילָה, בִּזְבּוּז
malversador *adjm* בַּזְבְּזָן, מוֹעֵל, מְבַזְבֵּז
malversar *vt* מָעַל, בִּזְבֵּז
malvís *m* טֶרֶד מְזַמֵּר, קִיכְלִי
malla *f* 1 רֶשֶׁת. 2 אֲפֻדָּה. 3 מִכְמֹרֶת
mama *f* 1 שַׁד. 2 אִמָּא
mamá *f* אִמָּא, אֵם
mamada *f* יְנִיקָה
mamadera *f* בַּקְבּוּק יְנִיקָה
mamar *vt* יָנַק
mamario *adj* שֶׁל שָׁדַיִם
mamarracho *m* 1 עִרְבּוּבְיָה, בִּלְבּוּל. 2 שִׁרְבּוּט
mambo *m* מַמְבּוֹ (ריקוד)
mamífero *adjm* יוֹנֵק
mamita *f* 1 אִמָּא. 2 מֵינֶקֶת
mamón *adjm* יוֹנֵק
mampara *f* פַּרְגּוֹד
mamparo *m* מְחִיצָה, דֹּפֶן, חָצִיץ, פַּרְגּוֹד
mampostería *f* בַּנָּאוּת
mampuesto *m* 1 סוֹלְלָה, דָּיֵק, תֵּל־חָזֶה. 2 אֶבֶן לֹא מְסֻתֶּתֶת
mamut *m* מָמוּתָה
maná *m* מָן, מֶגֶד שָׁמַיִם
manada *f* לַהֲקָה, עֵדֶר, עֵדָה
manantial *madj* 1 מָקוֹר, עַיִן, מַעְיָן. 2 נוֹבֵעַ
manar נָבַע, שָׁפַע, זָרַם, זָב, נָזַל
manatí *m* פָּרַת הַיָּם
manceba *f* פִּלֶגֶשׁ
mancebía *f* בֵּית בֹּשֶׁת, בֵּית זוֹנוֹת
mancebo *m* עֶלֶם, בָּחוּר
mancilla *f* כֶּתֶם, דֹּפִי, רְבָב
mancillar *vt* הִכְתִּים, הִשְׁפִּיל, לִכְלֵךְ, הִבְאִישׁ
manco *adj* גִּדֵּם
mancomún *adv* בְּשִׁתּוּף, בְּיַחַד, בִּמְשֻׁתָּף
mancomunar *vt* אִחֵד, חִבֵּר, שִׁתֵּף
mancomunidad *f* 1 קְהִלָּה, חֶבֶר. 2 אִחוּד, אִגּוּד
mancha *f* כֶּתֶם, רְבָב
manchado *adj* מְנֻמָּר, מְכֻתָּם
manchar *vt* 1 הִכְתִּים, לִכְלֵךְ. 2 הִשְׁפִּיל, בִּזָּה
manchón *m* כֶּתֶם
manchú *adjm* מַנְדְז׳וּרִי
manda *f* 1 נֶדֶר. 2 עִזָּבוֹן. 3 הַצָּעָה, הַבְטָחָה
mandamiento *m* 1 מִצְוָה, דִּבֵּר. 2 צַו, פְּקֻדָּה
mandar *vti* 1 צִוָּה, הוֹרָה, פָּקַד. 2 שִׁגֵּר, שָׁלַח. 3 מָשַׁל, שָׁלַט
mandarse cambiar עָזַב, הִסְתַּלֵּק
mandarín *m* מַנְדָּרִין
mandarina *f* מַנְדָּרִינָה
mandatario *m* 1 שַׁלִּיט, מוֹשֵׁל. 2 מֻרְשֶׁה, מְיֻפֵּה כֹּחַ
mandato *m* 1 יִפּוּי כֹּחַ, הַרְשָׁאָה, מַנְדָּט. 2 צַו, פְּקֻדָּה
mandíbula *f* לֶסֶת
mandibular *adj* לִסְתָּנִי, שֶׁל הַלֶּסֶת
mandil *m* סִנָּר
mandioca *f* קָסָבָה (עֵץ)
mando *m* 1 פִּקּוּד, מִפְקָדָה, מַטֶּה. 2 שִׁלְטוֹן, שְׂרָרָה
mandoble *m* 1 מַכַּת חֶרֶב. 2 חֶרֶב, סַיִף
mandolina *f* מַנְדּוֹלִינָה
mandón *adjm* שְׁתַלְטָן, תַּקִּיף
mandrágora *f* דּוּדָא
mandril *m* 1 בַּבּוּן. 2 צִיר, סֶרֶן. 3 מִשְׁחֹלֶת
manducar *vt* לָעַס, אָכַל
manducatoria *f* אֹכֶל, מָזוֹן
manear *vt* כָּפַת
manecilla *f* 1 יָדִית. 2 מָחוֹג. 3 מַפְתֵּחַ. 4 חֹטֶר, מַחֲוָן

manejarse *adj* נוֹחַ, צַיְּתָן

manejar *vt* 1 נָהַג. 2 נִהֵל, הִנְהִיג, הִדְרִיךְ

manejo *m* 1 נְהִיגָה. 2 נִהוּל, טִפּוּל

maneota *f* 1 אֲסוּרְגָל. 2 כְּבִילָה. 3 אֲזִיקִים

manera *f* 1 אֹפֶן, דֶּרֶךְ, שִׁיטָה. 2 נֹהַל, נֹהַג, סִגְנוֹן

manga *f* 1 שַׁרְווּל. 2 זַרְנוּק, צִנּוֹר

manga de agua סוּפָה, מָטָר

manga de viento טוֹרְנָדוֹ, סוּפָה

mangana *f* פְלָצוּר, לַסּוֹ

manganeso *m* מַנְגָּן

mangánico *adj* מַנְגָּנִי

manganilla *f* תַּחְבּוּלָה, תַּכְסִיס, עָרְמָה

mangle *m* רִיזוֹפוֹרָה (צמח טרופי)

mango *m* 1 יָדִית, קַת. 2 מַנְגּוֹ

mangonear *vi* הִתְעָרֵב, בָּחַשׁ בַּקְּדֵרָה

mangosta *f* נְמִיָּה

manguera *f* זַרְנוּק, קוֹלָח, צִנּוֹר־גּוּמִי

manguito *m* יְדוֹנִית

maní *m* בֹּטֶן, אֱגוֹז אֲדָמָה

manía *f* 1 בֻּלְמוּס, תְּשׁוּקָה. 2 שִׁגָּעוֹן, טֵרוּף. 3 הֶרְגֵּל, מִנְהָג, נֹהַג

maníaco *adj* מְשֻׁגָּע, מְטֹרָף

maniatar *vt* כָּפַת

maniático *adjm* 1 תִּמְהוֹנִי, מוּזָר. 2 מְשֻׁגָּע, מְטֹרָף

manicomio *m* 1 בֵּית מְשֻׁגָּעִים. 2 בֵּית חוֹלִים לְחוֹלֵי רוּחַ

manicura *f* מָנִיקוּר, עִדּוּן הַיָּדַיִם

manicuro, manicurista *m* מָנִיקוּרִיסְט

manido *adj* שָׁחוּק, בָּלֶה, תָּשׁוּשׁ, מָהוּהַ, נָדוֹשׁ, מָעוּךְ

manifestación *f* 1 הַפְגָּנָה. 2 גִּלּוּי דַּעַת, פִּרְסוּם, הוֹדָעָה. 3 תּוֹפָעָה

manifestar *vt* 1 הִפְגִּין. 2 גִּלָּה, הוֹדִיעַ, הִבְהִיר

manifiesto *madj* 1 גִּלּוּי דַּעַת, הַצְהָרָה, מִנְשָׁר. 2 גָּלוּי, בָּרוּר, מוּבָן

manija *f* יָדִית

manilla *f* 1 צָמִיד. 2 אֲזִקִּים

manillar *m* הֶגֶה אוֹפַנַּיִם

maniobra *f* תִּמְרוֹן, טַכְסִיס, תַּכְסִיס, תַּחְבּוּלָה

maniobrar *vti* תִּמְרֵן, תִּחְבֵּל

maniota *f* אֲסוּרְגָל

manipulación *m* הַפְעָלָה, תִּפְעוּל

manipular *vt* הִפְעִיל, תִּפְעֵל

manipuleo *m* לַחַשׁ נַחַשׁ, אֲחִיזַת עֵינַיִם

maniquí *m* 1 מַנֶקִין, אִמּוּם. 2 דֻּגְמָנִית, דֻּגְמָן

manirroto *adjm* בַּזְבְּזָן, פַּזְּרָן

manivela *f* אַרְכֻּבָּה

manjar *m* תַּבְשִׁיל, מַעֲדָן, מַטְעַם

mano *f* יָד

mano de obra יָדַיִם עוֹבְדוֹת

manojo *m* צְרוֹר, אֲגֻדָּה, חֲבִילָה

manómetro *m* מַד לַחַץ, מָנוֹמֶטֶר

manopla *f* 1 שִׁרְיוֹן יָד. 2 אֶגְרוֹפָן

manosear *vt* מִשֵּׁשׁ, מִשְׁמֵשׁ

manoseo *m* מִשּׁוּשׁ, מִשְׁמוּשׁ

manotada *f* סְטִירָה

manotazo *m* סְטִירָה, חֲבָטָה

manotear *vti* 1 סָטַר. 2 הֵנִיעַ יָדָיו

manquear *vi* הִתְגַּדֵּם

manquedad, manquera *f* גִּדְמוּת

mansalva *f* הֶעְדֵּר סַכָּנָה

mansarda *f* עֲלִיַּת גַּג

mansedumbre *f* כְּנִיעוּת, צַיְּתָנוּת

mansión *f* 1 מָעוֹן, דִּירָה, מוֹשָׁב. 2 מִשְׁכָּן. 3 אַרְמוֹן, טִירָה

manso *adj* 1 עָנָו, צָנוּעַ, נוֹחַ, צַיְּתָן. 2 מְאֻלָּף, בֵּיתִי. 3 נִכְנָע

manta *f* שְׂמִיכָה

manteca *f* 1 שֻׁמָּן. 2 חֶמְאָה

mantecado *m* עוּגִית חֶמְאָה

mantecoso *adj* שָׁמֵן, שַׁמְנוּנִי

mantel *m* מַפָּה

mantelería *f* מַעֲרֶכֶת מַפּוֹת שֻׁלְחָן

mantener *vt* 1 הֶחֱזִיק, קִיֵּם, תָּמַךְ. 2 פִּרְנֵס, כִּלְכֵּל. 3 הֵגֵן. 4 תִּחְזֵק

mantenimiento *m* 1 הַחְזָקָה, קִיּוּם, תְּמִיכָה. 2 פַּרְנָסָה, כַּלְכָּלָה. 3 תַּחֲזוּקָה

mantequera, mantequillera *f* 1 מַחְבֵּצָה. 2 מַחֲמֵאָה

mantequilla *f* חֶמְאָה
mantilla *f* מִטְפַּחַת רֹאשׁ, צָעִיף
mantillo *m* רַקְבּוּבִית
mantis *m* גְּמַל שְׁלֹמֹה
manto *m* גְּלִימָה, אַדֶּרֶת
mantón *m* 1 צָעִיף, מִטְפַּחַת. 2 אַדֶּרֶת
manuable *adj* שִׁמּוּשִׁי, נוֹחַ
manual *adjm* 1 יָדְנִי. 2 מַדְרִיךְ, מוֹרֵה דֶּרֶךְ. 3 שִׁמּוּשִׁי
manubrio *m* 1 הֶגֶה. 2 אַרְכֻּבָּה
manufactura *f* תַּעֲשִׂיָּה, חֲרֹשֶׁת, מְלֶאכֶת יָד
manufacturar *vt* עָשָׂה, יִצֵּר, עִבֵּד
manufactuero *adj* יַצְרָנִי, חֲרָשְׁתִּי, תַּעֲשִׂיָּתִי
manumisión *f* שִׁחְרוּר, חֵרוּת, קוֹמְמִיּוּת
manumitir *vt* 1 שִׁחְרֵר, קָרָא דְּרוֹר. 2 שָׁלַח לַחָפְשִׁי
manuscrito *madj* 1 כְּתַב יָד. 2 כָּתוּב בַּיָּד
manutención *f* 1 הַחְזָקָה, תְּמִיכָה. 2 פַּרְנָסָה, כַּלְכָּלָה, מְזוֹנוֹת
manzana *f* 1 תַּפּוּחַ עֵץ. 2 רֹבַע
manzanal, manzanar *m* גַּן תַּפּוּחִים
manzanilla *f* בַּבּוֹנָג
manzano *m* עֵץ הַתַּפּוּחַ
maña *f* 1 עָרְמָה, תַּחְבּוּלָה. 2 מֻמְחִיּוּת
mañana *f* 1 מָחָר. 2 מָחֳרָת. 3 בֹּקֶר, שַׁחֲרִית, שַׁחַר
mañanear *vi* הִשְׁכִּים
mañanero *adj* מַשְׁכִּים
mañoso *adj* עָרוּם, זָרִיז
mapa *m* מַפָּה
mapache *m* דְּבִיבוֹן (חיית־טרף אמריקאית)
mapamundi *m* מַפַּת כַּדּוּר הָאָרֶץ, גְּלוֹבּוּס
maquiavélico *adj* מַקְיָבֶלִי
maquiavelismo *m* מַקְיָבֶלִיּוּת
maquiavelista *m* מַקְיָבֶלִיסְט
maquillaje *m* אִפּוּר
maquillar *vt* אִפֵּר
máquina *f* מְכוֹנָה
maquinación *f* מְזִמָּה, תַּחְבּוּלָה, עָרְמָה
maquinador *adj* זוֹמֵם, תַּחְבְּלָן
maquinal *adj* מַכָּנִי, מְלָאכוּתִי

maquinar *vti* זָמַם, חָתַר, תִּחְבֵּל
maquinaria *f* 1 תּוֹרַת־מְכוֹנוֹת. 2 מַעֲרֶכֶת מְכוֹנוֹת
maquinista *m* מְכוֹנַאי
mar *m* יָם
mar de fondo עִרְבּוּבְיָה, סְבַךְ, תִּסְבֹּכֶת
marabú *m* מָרַבּוּ (צפור אפריקאית)
maraña *f* סְבַךְ, תִּסְבֹּכֶת
marasmo *m* תְּשִׁישׁוּת, דִּלְדּוּל, כְּחִישׁוּת
maratón *f* מֵרוֹץ מָרַתּוֹן
maravedí *m* מָרָבֶדִי (מטבע ספרדי עתיק)
maravilla *f* פֶּלֶא, נֵס, מִפְלָאָה
maravillar *vt* 1 הִפְלִיא. 2 הִתְפַּעֵל, הִתְפַּלֵּא
maravilloso *adj* 1 נִפְלָא, מַפְלִיא. 2 מַתְמִיהַּ, תָּמוּהַּ
marbete *m* תָּג, תָּו, תָּוִית
marca *f* 1 חוֹתָם, אוֹת, סִימָן, צִיּוּן, תָּו, סוּג. 2 תּוֹצֶרֶת, סִימָן מִסְחָרִי
marcación *f* סִמּוּן, צִיּוּן
marcador *adjm* מְסַמֵּן, מְצַיֵּן
marcar *vt* 1 סִמֵּן, צִיֵּן, סִמֵּל. 2 הִצְבִּיעַ, הוֹרָה. 3 חִיֵּג
marcasita *f* מַרְקָזִיט (מחצב)
marcial *adj* 1 מִלְחַמְתִּי, צְבָאִי. 2 אַמִּיץ
marciano *adjm* שֶׁל מַרְס, שׁוֹכֵן מַאְדִּים
marco *m* 1 מִסְגֶּרֶת, לִזְבֶּזֶת. 2 דְּפוּס, תַּבְנִית. 3 מַרְק. 4 מַלְבֵּן
marcha *f* 1 מַסָּע, צְעָדָה, מִצְעָד, מַהֲלָךְ. 2 שִׁיר לֶכֶת, מַרְשׁ
marcha atrás הִלּוּךְ אֲחוֹרִי
marchamo *m* תַּו מֶכֶס
marchar *vi* 1 צָעַד, הָלַךְ. 2 הִתְקַדֵּם. 3 עָזַב
marchitamiento *m* נְבִילָה, כְּמִישָׁה, קְמִילָה
marchitar *vt* 1 הוֹבִישׁ. 2 נָבַל, קָמַל, יָבַשׁ, כָּחַשׁ
marchitez *f* נְבִילָה, כָּמָשׁ, כְּחִישׁוּת
marchito *adj* נָבוּל, כָּמוּשׁ, קָמֵל, יָבֵשׁ
marea *f* גֵּאוּת וָשֵׁפֶל
mareado *adjm* חוֹלֵה יָם
mareaje *m* נַוָּטוּת
marear *vt* 1 נִוֵּט. 2 הִסְתַּחְרֵר

marejada *f* 1 נַחְשׁוֹל. 2 מְהוּמָה, אַנְדְּרוֹלוֹמוּסְיָה
mareo, mareamiento *m* סְחַרְחֹרֶת, מַחֲלַת יָם
marfil *m* שֶׁנְהָב, שֵׁן פִּיל
marfileño *adj* דְּמוּי שֶׁנְהָב
marga *f* טִיט, חֹמֶר
margarina *f* מַרְגָּרִינָה
margarita *f* 1 חִנָּנִית. 2 מַרְגָּלִית, פְּנִינָה. 3 שַׁבְּלוּל, חִלָּזוֹן
margen *m* 1 שָׂפָה, שׁוּלַיִם, גָּדָה. 2 מָתַח. 3 סִבָּה, גּוֹרֵם
marginal *adj* שׁוּלִי
marginar *vt* 1 בֵּאֵר, הֵעִיר. 2 הִשְׁאִיר שׁוּלַיִם. 3 רָשַׁם בַּשּׁוּלַיִם. 4 דָּחָה הַצִּדָּה
margoso *adj* טִיטִי
marica *m* נָשִׁי, גֶּבֶר נָשִׁי
maricón *m* שׁוֹכֵב מִשְׁכַּב זָכוּר, סְדוֹמַאי
maridaje *m* 1 זִוּוּג. 2 נִשּׂוּאִין
marido *m* בַּעַל
mariguana *f* קַנַּבּוֹס. 2 מָרִיחוּאָנָה
marimacho *m* אֵשֶׁת מְדָנִים
marimba *f* מָרִימְבָּה, קְסִילוֹפוֹן אֲמֵרִיקָאִי
marina *f* 1 צִי, יַמִּיָּה, חֵיל הַיָּם. 2 סְפָנוּת, יַמָּאוּת. 3 חוֹף. 4 נוֹף יַמִּי
marinar *vt* 1 נִוֵּט. 2 כָּבַשׁ, שִׁמֵּר
marinera *f* חֻלְצַת סַפָּנִים
marinería *f* 1 מַלָּחוּת, יַמָּאוּת. 2 צֶוֶת אֳנִיָּה
marinero *madj* 1 מַלָּח, סַפָּן, יוֹרֵד יָם. 2 יַמִּי
marino *adjm* 1 יַמִּי. 2 מַלָּח, סַפָּן, יַמַּאי
marioneta *f* מַרְיוֹנֶטָה
mariposa *f* פַּרְפַּר
mariposear *vi* פִּרְפֵּר, רִפְרֵף
mariquita *f* פָּרַת מֹשֶׁה רַבֵּנוּ
mariscal *m* מַרְשָׁל, מַצְבִּיא, שַׂר צָבָא
marisco *m* רַכִּיכָה
marisma *f* בִּצָּה
marisquería *f* מִסְעֶדֶת רַכִּיכוֹת
marisquero *m* מוֹכֵר רַכִּיכוֹת
marital *adj* שֶׁל הַנִּשּׂוּאִין, שֶׁל הַחֲתֻנָּה, שֶׁל הַבַּעַל
marítimo *adj* 1 יַמִּי. 2 שֶׁל הַצִּי
marjal *n* בִּקְעָה, בִּצָּה
marlín *m* דַּג הַחֲנִית
marmita *f* קְדֵרָה, דּוּד, קַלַּחַת
mármol *m* שַׁיִשׁ
marmolería *f* בֵּית מְלָאכָה לְשַׁיִשׁ
marmolista *m* אֻמַּן הַשַּׁיִשׁ
marmóreo, marmoroso *adj* שַׁיִשִׁי, עָשׂוּי מִשַּׁיִשׁ
marmota *f* מַרְמוֹטָה
maroma *f* 1 חֶבֶל, כֶּבֶל. 2 לוּלְיָנוּת
maromero *f* לוּלְיָן
marqués *m* רוֹזֵן, מַרְקִיז
marquesa *f* 1 רוֹזֶנֶת. 2 מִטַּת־עֵץ מְגֻלֶּפֶת
marquesado *m* רוֹזְנוּת, מַרְקִיזוּת
marquesina *f* גַּגּוֹן, אַפִּרְיוֹן
marquetería *f* נַגָּרוּת, עֲבוֹדַת תַּשְׁבֵּץ
marra *f* 1 חֹסֶר, חִסָּרוֹן, הֶעְדֵּר. 2 מַקֶּבֶת
marrana *f* 1 חֲזִירָה. 2 אִשָּׁה מְלֻכְלֶכֶת
marranada *f* חֲזִירוּת
marrano *m* 1 חֲזִיר. 2 אָנוּס, מָרָנוֹ
marrar *vi* 1 טָעָה, שָׁגָה. 2 סָטָה
marras *adv* לְפָנִים, קֹדֶם, לִפְנֵי כֵן
marrasquino *m* מָרַסְקִינוֹ, וִישְׁנְיָק
marrón *adjm* עַרְמוֹנִי, חוּם
marroquí *adjm* בֶּן מָרוֹקוֹ, מָרוֹקָאִי
marroquín *m* עוֹר מָרוֹקוֹ
marrubio *m* מַרְבִּיּוֹן (צמח)
marrullería *f* עָרְמָה, חֲנֻפָּה
marsellesa *f* מַרְסֵיֶז (הימנון צרפת)
marsopa *f* חֲזִיר־יָם
marsupial *adjm* חַיַּת כִּיס
marta *f* נְמִיָּה
marta cebellina דֶּלֶק (ממשפחת הנמיות)
marte *m* מַאְדִּים, מַרְס
martes *m* יוֹם שְׁלִישִׁי
martillar, martillear *vti* הָלַם, דָּפַק, הִכָּה, הִקִּישׁ, תָּקַע
martillazo *m* מַכַּת פַּטִּישׁ
martilleo *m* הַלְמוּת פַּטִּישִׁים, הֲלִימָה
martillo *m* פַּטִּישׁ

martinete *m* פַּטִּישׁ מַכָּנִי

martingala *f* 1 תַּחְבּוּלָה, עָרְמָה, תַּכְסִיס. 2 תַּחְבּוּלַת הַמּוֹרִים

martini *m* מַרְטִינִי

martín pescador *m* שַׁלְדָּג

mártir *m* 1 קָדוֹשׁ, קָרְבָּן, מְעֻנֶּה. 2 מְקַדֵּשׁ הַשֵּׁם

martirio *m* עִנּוּי, סֵבֶל, יִסּוּרִים, קִדּוּשׁ הַשֵּׁם

martirizar *vt* עִנָּה, יִסֵּר

marxismo *m* מַרְקְסִיזְם

marxista *m* מַרְקְסִיסְט

marzo *m* מַרְס, מֶרְץ

mas *conj* אַךְ, אֲבָל, בְּרַם, אוּלָם

más *adv* 1 עוֹד. 2 יוֹתֵר

más y mejor לְמַכְבִּיר, בְּשֶׁפַע

masa *f* 1 מַסָּה, גֹּדֶל, עֳבִי, כֹּבֶד. 2 בָּצֵק, עִסָּה. 3 אֹפִי. 4 צְפִיפוּת, קָהָל, הָמוֹן

masacrar *vt* טָבַח, הִשְׁמִיד

masacre *f* טֶבַח, הֲרֵגָה, הַשְׁמָדָה, הַשְׁמֵד

masaje *m* עִסּוּי

masajear *vt* עִסָּה

masajista *m* מְעַסֶּה, עַסַּאי

mascar *vt* לָעַס, כָּסַס, כִּרְסֵם

máscara *f* מַסֵּכָה, מַסְוֶה

mascarada *f* נֶשֶׁף מַסֵּכוֹת

mascarilla *f* מַסֵּכַת גֶּבֶס שֶׁל אָדָם מֵת

mascarón *m* מַסֵּכָה מְגֻחֶכֶת

mascota *f* קָמֵעַ

masculinidad *f* גַּבְרִיּוּת, גַּבְרוּת, זַכְרוּת

masculino *adj* זְכָרִי, גַּבְרִי

mascular *vti* מִלְמֵל, גִּמְגֵּם

masía *f* דִּירַת מֶשֶׁק

masilla *f* מֶרֶק

masón *m* בּוֹנֶה חָפְשִׁי

masonería *f* הַבּוֹנִים הַחָפְשִׁים

masónico *adj* שֶׁל הַבּוֹנִים הֶחָפְשִׁים

masonita *f* מָזוֹנִיט

masoquismo *m* מָזוֹכִיזְם

masoquista *m* מָזוֹכִיסְט

masoquístico *adj* מָזוֹכִיסְטִי

masora *f* מָסוֹרָה, מָסֹרֶת

masoreta *m* מָסוֹרַאי

mastelero *m* תֹּרֶן עִלִּי

masticación *f* לְעִיסָה

masticar *vt* לָעַס, כָּסַס

mástil *m* תֹּרֶן

mastín *m* מַסְטִיף, כֶּלֶב שְׁמִירָה

mástique *m* שְׂרָף

mastitis *f* דַּלֶּקֶת שָׁדַיִם

mastodonte *m* מַסְטוֹדוֹן

mastoideo *adj* פִּטְמִי, פִּטְמָתִי

mastoides *adjf* 1 פִּטְמִי, פִּטְמָתִי. 2 עֶצֶם הָרַקָּה

mastoiditis *f* דַּלֶּקֶת הַזִּיז הַפִּטְמִי

mastuerzo *m* שַׁחֲלַיִם

masturbación *f* אוֹנָנוּת, מַעֲשֵׂה אוֹנָן

masturbarse *vref* אוֹנֵן

mata *f* 1 שִׂיחַ, סְנֶה. 2 נֵצֶר, חֹטֶר. 3 חֻרְשָׁה, מַטָּע, פַּרְדֵּס. 4 סְבַךְ

mata de pelo קְוֻצָּה

matadero *m* בֵּית מִטְבָּחַיִם

matador *adjm* קַטְלָן, רוֹצֵחַ, הוֹרֵג

matadura *f* פֶּצַע, חַבּוּרָה, דַּלֶּקֶת

matamoros *adjmpl* חַם מֶזֶג, נִרְגָּן

matamoscas *m* מַחְבֵּט־זְבוּבִים

matanza *f* הֶרֶג, טֶבַח, שְׁחִיטָה, הֲרִיגָה

mataperro *m* שׁוֹבָב

matar *vt* 1 הָרַג, קָטַל, הֵמִית, רָצַח. 2 הִטְרִיד, הִטְרִיחַ. 3 קֵהָה, הִקְהָה

matarife *m* שׁוֹחֵט, קַצָּב

matasanos *m* רוֹפֵא אֱלִיל

match *m* הִתְחָרוּת, תַּחֲרוּת

mate *adjm* 1 כֵּהֶה, עָמוּם. 2 שַׁחְמָט. 3 מָטֶה (משקה דרום אמריקאי)

matemáticas *f* חֶשְׁבּוֹן, מָתֵמָטִיקָה

matemático *adjm* חֶשְׁבּוֹנַאי, מָתֵמָטִיקַאי, מָתֵמָטִיקָן

materia *f* 1 חֹמֶר, עֶצֶם, גּוּף, יְסוֹד. 2 תֹּכֶן, עִנְיָן. 3 מֻגְלָה. 4 מִקְצוֹעַ. 5 עֵסֶק, מְאֹרָע

materia prima חֹמֶר גֶּלֶם

material *adjm* 1 חָמְרִי, גַּשְׁמִי, מַמָּשִׁי, 2 סְחוֹרָה

materialidad *f* חָמְרָנוּת, חָמְרִיּוּת, גַּשְׁמִיּוּת
materialismo *m* חָמְרָנוּת, חָמְרִיּוּת, גַּשְׁמִיּוּת
materialista *m* חָמְרָן, מַטֶרְיָאלִיסְט
materialización *f* הַגְשָׁמָה, הִתְגַּשְּׁמוּת
materializar *vt* 1 הִגְשִׁים. 2 הִתְגַּשֵּׁם
maternal, materno *adj* אִמָּהִי
maternidad *f* 1 אִמָּהוּת. 2 בֵּית יוֹלְדוֹת
matinal *adj* בָּקְרִי, שַׁחֲרִיתִי
matiné *m* הַצָּגַת שַׁחֲרִית, הַצָּגָה יוֹמִית
matiz *m* גָּוֶן, צֶבַע, נְיוּאַנְס
matizar *vt* גִּוֵּן, גּוֹנֵן
matón *m* קַנְטְרָן, סַכִּינַאי, בַּעַל־אֶגְרוֹף
matonería *f* קַנְטְרָנוּת, אַלָּמוּת, אֵימְתָנוּת
matorral *m* שִׂיחַ, סְבַךְ, סֹבֶךְ
matraca *f* 1 רַעֲשָׁן. 2 מְטָרֵד
matrero *adj* 1 עָרוּם, עַרְמוּמִי. 2 פּוֹשֵׁעַ, שׁוֹדֵד
matriarca *f* מַטְרִיאַרְךְ
matriarcado *m* מַטְרִיאַרְכְיָה
matriarcal *adj* אִמָּהִי, מַטְרִיאַרְכָלִי
matricaria *f* בַּבּוּנָג
matricida *adjm* הוֹרֵג אִמּוֹ
matricidio *m* רֶצַח־אֵם
matrícula *f* 1 הַרְשָׁמָה. 2 מִפְקָד, רִשּׁוּם
matricular *vt* רָשַׁם, פָּקַד
matrimonial *adj* שֶׁל חֲתֻנָּה, שֶׁל נִשּׂוּאִים
matrimonio *m* נִשּׂוּאִים, חֲתֻנָּה, כְּלוּלוֹת
matriz *fadj* 1 רֶחֶם. 2 אִמָּה, מַטְרִיצָה. 3 שֶׁל אֵם
matrona *f* 1 מַטְרוֹנָה, מַטְרוֹנִית. 2 מְיַלֶּדֶת
matronal *adj* שֶׁל מַטְרוֹנָה
matute *m* 1 הַבְרָחָה. 2 סְחוֹרָה מֻבְרַחַת
matutear *vi* הִבְרִיחַ (סְחוֹרָה)
matutino *adj* בָּקְרִי, שַׁחֲרִיתִי
maullador *adj* מְיַלֵּל
maullar *vi* יִלֵּל
maullido *m* יְלָלָה
mausoleo *m* מָאוּזוֹלֵיאוּם
maxilar *madj* 1 לֶסֶת. 2 לִסְתִּי
máxima *f* כְּלָל, פִּתְגָּם, אִמְרָה, מָשָׁל
máxime *adv* בְּעִקָּר, בִּמְיֻחָד, בִּפְרָט, בְּיִחוּד
máximo *madj* 1 מַקְסִימוּם, מֵרַב. 2 מְרַבִּי
máximum *m* מַקְסִימוּם
maya *adj* בֶּן־מָיָה
mayar *vi* יִלֵּל
mayo *m* מַאי
mayonesa *f* מְיוֹנִית
mayor *adjm* 1 גָּדוֹל יוֹתֵר. 2 בָּכִיר. 3 רַב סֶרֶן
mayor de edad בָּגִיר, מְבֻגָּר
mayores *mpl* אָבוֹת
mayoral *m* מְנַהֵל עֲבוֹדָה
mayorazgo *m* בְּכוֹרָה
mayordomo *m* מְנַהֵל מֶשֶׁק
mayoría *f* 1 רֹב. 2 בְּכִירוּת, בַּגְרוּת, בְּגִירוּת
mayoridad *f* בַּגְרוּת, בְּכִירוּת, בְּגִירוּת
mayorista *m* סִיטוֹנַאי
mayormente *adv* בִּמְיֻחָד, בְּעִקָּר, עַל־פִּי־רֹב
mayúscula *f* אוֹת רָאשִׁית, אוֹת גְּדוֹלָה
mayúsculo *adj* גָּדוֹל, עֲנָקִי
maza *f* אַלָּה, מַטֶּה, שַׁרְבִיט
mazacote *m* 1 בֶּטוֹן. 2 אָדָם גַּס, מְטֻמְטָם
mazacotudo *adj* מְגֻשָּׁם, גַּס, כָּבֵד, מְסֻרְבָּל
mazamorra *f* דַּיְסָה
mazapán *m* מַרְצִפָּן
mazazo *m* מַהֲלוּמָה
mazmorra *f* צִינוֹק, בֵּית כֶּלֶא
mazo *m* 1 קוּרְנָס, מַקֶּבֶת. 2 צְרוֹר
mazorca *f* קֶלַח הַתִּירָס
mazurca *f* מָזוּרְקָה
me *pronpers* לִי, אוֹתִי
meada *f* הַשְׁתָּנָה
meadero *m* מִשְׁתָּנָה
meandro *m* פִּתּוּל, עִקּוּל, נַפְתּוּל
mecánica *f* מֵכָנִיקָה, מְכוֹנָאוּת
mecánico *adjm* 1 מֵכָנִי. 2 מְכוֹנַאי
mecanismo *m* מַנְגָּנוֹן, מִבְנֶה
mecanización *f* מִכּוּן
mecanizar *vt* מִכֵּן
mecanografía *f* כַּתְבָנוּת
mecanografiar *vt* תִּקְתֵּק
mecanográfico *adj* תִּקְתּוּקִי
mecanógrafo-a *m-f* כַּתְבָן, כַּתְבָנִית

mecedor *adjm* מְנַדְנֵד, מְנַעֲנֵעַ
mecedora *f* כַּסְנוֹעַ
mecer *vt* נִעֲנַע, נִדְנֵד
mecha *f* 1 פְּתִילָה. 2 נָתִיךְ. 3 פְּתִיל. 4 קְוֻצָּה
mechar *vt* תִּבֵּל
mechero *m* 1 מַבְעֵר. 2 מְנוֹרָה. 3 בֵּית נֵר
mechón *m* קְוֻצָּה, תַּלְתַּל
medalla *f* עִטּוּר, מֶדַלְיָה, אוֹת הִצְטַיְּנוּת, מַטְבֵּעַ
medallón *m* תִּלְיוֹן, קָמֵעַ, קָמֵיעַ
médano *m* חוֹלִית, חוֹלָה, דְּיוּנָה
media *f* 1 גֶּרֶב, פֻּזְמָק. 2 מְמֻצָּע, אֶמְצַע. 3 חֲצִי
mediación *f* 1 תִּוּוּךְ, פְּשָׁרָה, פִּשּׁוּר.
2 הִתְעָרְבוּת
mediado *adj* מָלֵא לְמֶחֱצָה
mediador *adjm* מְתַוֵּךְ
mediana *f* תִּיכוֹן, אֶמְצָעִי
medianamente *adv* בְּמְתִינוּת, בְּיִשּׁוּב הַדַּעַת
medianera *f* מְחִצָּה
medianero *adj* 1 מְתַוֵּךְ. 2 אֶמְצָעִי
medianía *f* בֵּינוֹנִיּוּת
mediano *adj* בֵּינוֹנִי, מְמֻצָּע
medianoche *f* חֲצוֹת־לַיִל
mediante *adjconj* 1 מְתַוֵּךְ. 2 בְּעֶזְרַת, עַל
יְדֵי, בְּאֶמְצָעוּת
mediar *vi* 1 תִּוֵּךְ, פִּשֵּׁר. 2 סִנְגֵּר, הִשְׁתַּדֵּל.
3 הִגִּיעַ לָאֶמְצַע, עָמַד בַּתָּוֶךְ
mediato *adj* אֶמְצָעִי, לֹא־יָשִׁיר
medicación *f* רִפּוּי
medicamento *f* רְפוּאָה, תְּרוּפָה
medicastro *m* רוֹפֵא אֱלִיל
medicina *f* תְּרוּפָה, רְפוּאָה
medicinal *adj* רְפוּאִי, מְרַפֵּא
medicinar *vt* רִפֵּא
medición *f* מְדִידָה, מִדָּה
médico *adjm* 1 רְפוּאִי. 2 רוֹפֵא
médico de cabecera רוֹפֵא מִשְׁפָּחָה
médico forense רוֹפֵא חוֹקֵר
medida *f* 1 מְדִידָה, מִדָּה. 2 אֶמְצָעִי, צַעַד
medidor *adjm* 1 מוֹדֵד, מוֹנֶה. 2 שָׁעוֹן
mediero *m* 1 עוֹשֵׂה גַּרְבַּיִם. 2 שֻׁתָּף
medieval *adj* שֶׁל יְמֵי הַבֵּינַיִם
medio *adjmadv* 1 אֶמְצָעִי, בֵּינוֹנִי. 2 חֲצִי,
אֶמְצַע, מֶחֱצָה. 3 מְמֻצָּע. 4 אֹפֶן, דֶּרֶךְ.
5 סְבִיבָה. 6 בְּאֶמְצַע
medios רְכוּשׁ, נְכָסִים
mediocre *adj* מְמֻצָּע, בֵּינוֹנִי
mediocridad *f* בֵּינוֹנִיּוּת
mediodía *m* 1 צָהֳרַיִם. 2 דָּרוֹם
medioeval *adj* שֶׁל יְמֵי הַבֵּינַיִם
medioevo *m* יְמֵי הַבֵּינַיִם
medir *vt* מָדַד, הֶעֱרִיךְ, בָּחַן
meditabundo *adj* מְהַרְהֵר
meditación *f* הִרְהוּר, מַחֲשָׁבָה, הָגוּת, עִיּוּן,
הִתְבּוֹנְנוּת
meditar *vti* 1 שָׁקַל, בָּחַן. 2 הִרְהֵר, חָשַׁב, הָגָה,
עִיֵּן, הִתְבּוֹנֵן, שָׁקַע בְּמַחֲשָׁבוֹת
mediterráneo *adjm* 1 מֻקַּף אֲדָמָה. 2 יָם
הַתִּיכוֹן
médium *m* מֶדְיוּם
medra, medro *fm* הִתְקַדְּמוּת, הִתְפַּתְּחוּת,
שִׁפּוּר, קִדְמָה, הֲטָבָה, רִבּוּי, הַשְׁבָּחָה
medrar *vi* הִתְקַדֵּם, הִתְפַּתֵּחַ, גָּדַל, הִשְׁתַּפֵּר,
הִתְעַשֵּׁר
medrosamente *adv* בְּיִרְאָה, בְּפַחַד, בְּבֶהָלָה
medroso *adj* 1 פַּחְדָן, מוּג לֵב. 2 מַפְחִיד, מַבְהִיל
médula *f* 1 לְשַׁד. 2 לְשַׁד עֲצָמוֹת. 3 תַּמְצִית,
עִקָּר, גַּרְעִין
medular *adj* 1 לְשַׁדִּי. 2 עִקָּרִי, תַּמְצִיתִי
meduloso *adj* 1 מוֹכִי, בְּשָׂרִי. 2 תַּמְצִיתִי
medusa *f* מֵדוּזָה
mefítico *adj* מַבְאִישׁ, אַרְסִי, מַסְרִיחַ, דּוֹחֶה
megaciclo *m* מֶגָהֶרְץ
megáfono *m* מַגְבִּיר־קוֹל, מֶגָפוֹן
megalito *m* מֶגָלִית, מַצֶּבֶת־עֲנָק קְדוּמָה
megalomanía *f* שִׁגְעוֹן גַּדְלוּת, מֶגָלוֹמַנְיָה
megalómano *adjm* מֶגָלוֹמָן
megatón *m* מֶגָטוֹן
mejicano, mexicano *adjm* מֶקְסִיקָנִי
mejilla *f* לְחִי, לֶחִי
mejillón *m* שַׁבְּלוּל, חִלָּזוֹן

mejor *adjadv* 1 טוֹב יוֹתֵר. 2 הֵיטֵב
mejor dicho לַאֲמִתּוֹ שֶׁל דָּבָר, לְיֶתֶר דִּיּוּק
mejor que mejor עוֹד יוֹתֵר טוֹב
mejora *f* 1 הֲטָבָה, שִׁפּוּר, תִּקּוּן, הַשְׁבָּחָה. 2 יְרֻשָּׁה
mejoramiento *m* הֲטָבָה, שִׁפּוּר, תִּקּוּן, הַשְׁבָּחָה
mejorana *f* אֲזוֹבִית
mejorar *vt* 1 הֵיטִיב, הִשְׁבִּיחַ, שִׁפֵּר. 2 הִשְׁתַּפֵּר
mejoría *f* הֲטָבָה, שִׁפּוּר, הִתְקַדְּמוּת, הַשְׁבָּחָה
mejunje *m* עִרְבּוּבְיָה, תִּסְבֹּכֶת
melado *adj* דִּבְשִׁי
melancolía *f* מָרָה שְׁחוֹרָה, עַצֶּבֶת, יָגוֹן, מֶלַנְכוֹלְיָה
melancílico *adj* שְׁחוֹר־מָרָה, עָצוּב, נוּגֶה, מֶלַנְכוֹלִי
melanesio *adjm* מֶלָנֶסִי
melanosis *f* שַׁחֶרֶת
melaza *f* דִּבְשָׁה
melcocha *f* 1 טוֹפִי. 2 דִּבְשָׁנִית
melena *f* 1 רַעְמָה. 2 שַׁחֲרָה, דָּם שָׁחוֹר (מַחֲלָה)
melifluidad *f* 1 רַכּוּת, נְעִימוּת. 2 דִּבְשׁוּת
melifluo *adj* 1 רַךְ, נָעִים, עָרֵב. 2 דִּבְשִׁי
melindre *m* 1 דִּבְשָׁנִית. 2 הִתְגַּנְדְּרוּת, הִתְנַפְּחוּת
melindroso *adjm* גַּנְדְּרָן, מְפֻנָּק
melocotón *m* אֲפַרְסֵק
melocotonero *m* עֵץ הָאֲפַרְסֵק
melodía *f* נִגּוּן, לַחַן, נְגִינָה, נְעִימָה, מֶלוֹדְיָה
melódico *adj* מֶלוֹדִי, נָעִים, עָרֵב לָאֹזֶן
melodioso *adj* עָרֵב, נָעִים, מֶלוֹדִי
melodrama *f* מֶלוֹדְרָמָה
melodramático *adj* מֶלוֹדְרָמָתִי
melomanía *f* שִׁגָּעוֹן לְמוּסִיקָה, מֶלוֹמַנְיָה
melómano *adjm* מְשֻׁגָּע לְמוּסִיקָה, מֶלוֹמָן
melón *m* מֶלוֹן
melonar *m* מִקְשַׁת מֶלוֹנִים
melonero *m* מוֹכֵר מֶלוֹנִים
melosidad *f* מְתִיקוּת, עֲדִינוּת, רַכּוּת
meloso *adj* דִּבְשִׁי, מָתוֹק, עָדִין, רַךְ
mella *f* 1 פְּגָם, פְּגִימָה. 2 חָרִיץ, סֶדֶק, בְּקִיעַ, נֶקֶב, חָלָל. 3 מַחְסוֹר

mellado *adj* 1 פָּגוּם, סָדוּק. 2 קֵהֶה. 3 חָלוּל
mellar *vt* 1 פָּגַע, פָּגַם. 2 הִקְהָה. 3 חֵרֵץ
mellizo *adjm* תְּאוֹם
membrana *f* קְרוּם, קְרוּמִית
membranoso *adj* קְרוּמִי
membrete *m* 1 כּוֹתֶרֶת, כְּתֹבֶת. 2 הוֹדָעָה בִּכְתָב
membrillar *m* שְׂדֵה חַבּוּשִׁים
membrillo *m* חַבּוּשׁ
membrudo *adj* שְׁרִירִי, חָסֹן
memento *m* תְּפִלַּת זִכָּרוֹן
memo *adjm* שׁוֹטֶה, כְּסִיל, טִפֵּשׁ
memorable *adj* 1 חָשׁוּב. 2 זָכִיר, רָאוּי לִזְכִירָה
memorándum *m* תַּזְכִּיר, מִזְכָּר, דִּין וְחֶשְׁבּוֹן
memorar *vt* 1 זָכַר. 2 הִזְכִּיר
memoria *f* 1 זִכָּרוֹן, זְכִירָה. 2 מַזְכֶּרֶת. 3 דִּין וְחֶשְׁבּוֹן, מִזְכָּר, תַּזְכִּיר
memorial *m* תַּזְכִּיר, מִזְכָּר, תִּזְכֹּרֶת
memorias זִכְרוֹנוֹת
memorioso *adjm* בַּעַל זִכָּרוֹן
memorizar *vt* שִׁנֵּן, לָמַד בְּעַל פֶּה
menaje *m* 1 מֶשֶׁק בַּיִת. 2 כְּלֵי בַּיִת
mención *f* אִזְכּוּר, רְמִיזָה
mención honorifica אוֹת־כָּבוֹד
mencionar *vt* צִטֵּט, הִזְכִּיר, רָמַז, הֵעִיר, אִזְכֵּר
mendacidad *f* שַׁקְרָנוּת, רַמָּאוּת, כַּזְּבָנוּת
mendaz *adjm* שַׁקְרָן, כַּזְּבָן, בַּדַּאי
mendicante *adjm* קַבְּצָן, פּוֹשֵׁט יָד, עָנִי, דַּל
mendicidad *f* קַבְּצָנוּת, פְּשִׁיטַת יָד, עֹנִי, דַּלּוּת
mendigar *vt* קִבֵּץ נְדָבוֹת, פָּשַׁט יָד
mendigo *m* קַבְּצָן, פּוֹשֵׁט יָד
mendoso *adj* לֹא־נָכוֹן, דּוּ־מַשְׁמָעִי
mendrugo *m* 1 פְּרוּסָה, פַּת לֶחֶם. 2 שׁוֹטֶה, כְּסִיל
menear *vt* נִעְנַע, בָּחַשׁ, הֵנִיעַ, נִעֵר, טִלְטֵל
meneo *m* נִעְנוּעַ, בְּחִישָׁה, טִלְטוּל
menester *m* צֹרֶךְ, נְחִיצוּת, הֶכְרֵחַ
menesteroso *adjm* נִצְרָךְ, אֶבְיוֹן, עָנִי
menestra *f* תַּבְשִׁיל
mengano *m* אַלְמוֹנִי
mengua *f* 1 הַפְחָתָה, פְּחוּת, הִתְמַעֲטוּת, פְּחָת.

2 עֹנִי, דַלּוּת. 3 מַחְסוֹר
menguado *adjm* 1 פַּחְדָן, מוּג לֵב. 2 חֲסַר־תְּבוּנָה
menguante *adjf* 1 מִתְמַעֵט, פּוֹחֵת, יוֹרֵד. 2 שָׁפָל
menguar *vti* 1 הִפְחִית, גָּרַע. 2 פָּחַת, הִתְמַעֵט
meninge *f* קְרוּם הַמֹּחַ
meningitis *f* שִׁבְתָּה (דַּלֶּקֶת קְרוּם־הַמֹּחַ)
menopausia *f* הַפְסָקַת הַוֶּסֶת, בְּלוֹת
menor *m* 1 קָטָן. 2 מִינוֹר. 3 צָעִיר, קַטִּין
menoría *f* 1 נְחִיתוּת, פְּחִיתוּת, שִׁפְלוּת. 2 מִעוּט. 3 קַטִּינוּת
menos *adv* פָּחוֹת, מִינוּס
menoscabar *vt* 1 הִמְעִיט, הֶחְסִיר, הִקְטִין, צִמְצֵם. 2 קִלְקֵל, הִזִּיק. 3 בִּזָּה, הִשְׁמִיץ
menoscabo *m* 1 הַמְעָטָה, הַקְטָנָה, צִמְצוּם. 2 קִלְקוּל, פְּגִימָה. 3 הַשְׁמָצָה, בִּזָּיוֹן
menospreciar *vt* זִלְזֵל, בִּזָּה
menosprecio *m* זִלְזוּל, בּוּז
mensaje *m* 1 הוֹדָעָה, יְדִיעָה. 2 בְּשׂוֹרָה, הַצְהָרָה. 3 שְׁלִיחוּת, מִכְתָּב
mensajeria *f* 1 שֵׁרוּת־נוֹסְעִים. 2 קַו אֳנִיּוֹת
mensajero *m* דַּוָּר, רָץ, בַּלְדָּר, שָׁלִיחַ
menstruación *f* וֶסֶת
menstrual *adj* וִסְתִּי
menstruar *vt* הִפְרִישָׁה וֶסֶת
menstruo *adjm* 1 וִסְתִּי. 2 וֶסֶת
mensual *adj* חָדְשִׁי
mensualidad *f* תַּשְׁלוּם חָדְשִׁי
mensuario *m* יַרְחוֹן
mensurable *adj* מָדִיד, בַּר מְדִידָה
menta *f* נַעֲנָה, מִנְתָּה
mentado *adj* מְפֻרְסָם, נוֹדָע, מְהֻלָּל, נִכְבָּד, דָּגוּל
mental *adj* שִׂכְלִי, מֹחִי, רוּחָנִי
mentalidad *f* 1 אֹפִי. 2 דֶּרֶךְ חֲשִׁיבָה, מֶנְטָלִיּוּת
mentar *vt* צִטֵּט, הִזְכִּיר, אִזְכֵּר, רָמַז
mente *f* שֵׂכֶל, תּוֹדָעָה, מַשְׂכָּל, זִכָּרוֹן
mentecado *adjm* שׁוֹטֶה, טִפֵּשׁ, כְּסִיל
mentir *vi* שִׁקֵּר, בָּדָה, כִּזֵּב, כִּחֵשׁ
mentira *f* שֶׁקֶר, בְּדָיָה, כָּזָב
mentiroso *adjm* שַׁקְרָן, כַּזְבָן
mentís *m* הֲזַמָּה, הַכְחָשָׁה
mentol *m* מֶנְתּוֹל
mentolado *adj* בְּטַעַם מֶנְתּוֹל
mentón *m* סַנְטֵר
mentor *m* מַנְהִיג, יוֹעֵץ נֶאֱמָן, מַדְרִיךְ, מוֹרֶה
menú *m* תַּפְרִיט
menudear *vti* 1 שִׁנֵּן. 2 חָזַר וְנִשְׁנָה
menudencia *f* קַטְנוּת, דִּקְדּוּקֵי עֲנִיּוּת
menudeo *m* 1 קִמְעוֹנוּת. 2 תְּכִיפוּת
menudillo *m* קַרְסֹל
menudillos, menudos *mpl* מֵעַיִם, קְרָבַיִם
menudo, *adjm* 1 קָטָן, זָעִיר, פָּעוּט. 2 קַטְנוּנִי, זוּטָר. 3 פְּרוֹטְרוֹט
meñique *madj* 1 זֶרֶת. 2 קְטַנְטַן
meollo *m* 1 מֹחַ, שֵׂכֶל. 2 תַּמְצִית, תֹּכֶן. 3 מַהוּת
mequetrefe *m* חָצוּף, שַׁחֲצָן
meramente *adv* בִּלְבַד, גְּרֵידָא, סְתָם
mercachifle *m* רוֹכֵל, תַּגָּר
mercader *m* סוֹחֵר, תַּגָּר
mercadería *f* סְחוֹרָה, פְּרַקְמַטְיָה, מִצְרָכִים
mercado *m* 1 שׁוּק. 2 יָרִיד
mercancía *f* סְחוֹרוֹת, מִצְרָכִים, פְּרַקְמַטְיָה
mercante *adjm* 1 מִסְחָרִי. 2 סוֹחֵר
mercantil *adj* מִסְחָרִי, תַּגָּרִי
mercantilismo *m* מֶרְקַנְטִילִיּוּת
mercar *vt* סָחַר, תִּגֵּר, קָנָה
merced *f* חֶסֶד, גְּמוּל, רַחֲמִים, רַחֲמָנוּת
mercenario *adjm* שְׂכִיר חֶרֶב, רוֹדֵף בֶּצַע
mercería *f* סִדְקִית, גַּלַנְטֶרְיָה
mercero *m* סִדְקִי
mercerizar *vt* הִבְרִיק (נתן ברק לבד)
mercurial *adj* 1 כַּסְפִּיתִי. 2 שֶׁל מֶרְקוּלִיס
mercurio *m* 1 כַּסְפִּית. 2 מֶרְקוּלִיס
mercurocromo *m* מֶרְקוּרוֹכְרוֹם
merecedor *adj* רָאוּי, זַכַּאי
merecer *vt* זָכָה, הָיָה רָאוּי
merecido *m* גְּמוּל, עֹנֶשׁ
merecimiento *m* זְכוּת, שָׂכָר, גְּמוּל
merendar *vti* 1 אָכַל. 2 סָעַד

merendero *m*	מִסְעָדָה, מִזְנוֹן		3 כְּנוּפְיָה, קְבוּצָה
merengue *m*	מִקְצֶפֶת	mesnadero *m*	שׁוֹמֵר
meretricio *adj*	זְנוּתִי, מֻפְקָר	mesón *m*	פֻּנְדָּק, אַכְסַנְיָה
meretriz *f*	יַצְאָנִית, זוֹנָה, פְּרוּצָה, מֻפְקֶרֶת	mesonero *m*	פֻּנְדְּקָאִי
mergo *m*	מַרְגּוֹס (עוֹף מַיִם)	mesotrón *m*	מֶסוֹטְרוֹן
meridiano *madj*	1 צָהֳרַיִם. 2 קַו אֹרֶךְ.	mesozoico *adj*	מֶסוֹזוֹאִי
	3 דְּרוֹמִי	mestizaje *m*	הַצְלָבַת גְּזָעִים, כִּלְאַיִם
meridional *adj*	דְּרוֹמִי	mestizo *adjm*	מֶסְטִיצוֹ, בֶּן־תַּעֲרֹבֶת
merienda *f*	אֲרוּחָה קַלָּה	mesura *f*	מְתִינוּת, הִתְאַפְּקוּת, יִשּׁוּב הַדַּעַת
merino *madj*	מֶרִינוֹ (צֶמֶר משובח)	mesurar *vt*	1 מִתֵּן, רִכֵּךְ. 2 הִתְאַפֵּק
mérito *m*	1 זְכוּת, עֵרֶךְ, שֹׁוִי, תְּהִלָּה. 2 שֵׁרוּת	meta *f*	1 מַגָּמָה, מַטְּרָה, תַּכְלִית. 2 סוֹף, סִיּוּם,
	מְצֻיָּן		גְּמָר. 3 שַׁעַר (בכדורגל)
meritorio *adj*	רָאוּי לְשֶׁבַח, רַב עֵרֶךְ	metabólico *adj*	שֶׁל חִלּוּף חֳמָרִים
merla, mirlo *f*	שַׁחֲרוּר	metabolismo *m*	חִלּוּף חֳמָרִים
merlín *m*	חֶבֶל	metacarpiano *adj*	שֶׁל מָתוֹךְ הַיָּד
merluza *f*	בַּקָּלָה	metacarpo *m*	מָתוֹךְ הַיָּד (עצמות כף־היד)
merma *f*	1 הִתְמַעֲטוּת, פְּחָת, מִגְרַעַת. 2 נְזִילָה,	metafísica *f*	מֶטָפִיסִיקָה
	דְּלִיפָה	metafísico *adjm*	מֶטָפִיסִי
mermar *vti*	1 הִמְעִיט, גָּרַע, הִפְחִית, הִקְטִין.	metáfora *f*	הַשְׁאָלָה, מְלִיצָה, מֶטָפוֹרָה
	2 הִתְמַעֵט, פָּחַת	metafórico *adj*	הַשְׁאָלָתִי, מְלִיצִי, מֶטָפוֹרִי
mermelada *f*	רִבָּה, מִרְקַחַת, מַרְמְלָדָה	metal *m*	מַתֶּכֶת
mero *adjm*	1 פָּשׁוּט, רָגִיל. 2 זַךְ, טָהוֹר. 3 דָּקָר	metálico *adjm*	1 מַתְּכָתִּי. 2 מַטְבְּעוֹת,
	שָׁחוֹר (דג)		פְּרוֹטְרוֹט
merodeador *adjm*	מִסְתַּנֵּן	metalífero *adj*	מֵכִיל־מַתֶּכֶת
merodear *vi*	הִסְתַּנֵּן	metalizarse *vref*	הִתְמַכֵּר לְכֶסֶף
merodeo *m*	הִסְתַּנְּנוּת	metaloide *m*	מַטְלוֹאִיד, אַלְמַתֶּכֶת
mes *m*	חֹדֶשׁ, יֶרַח	métalurgia *f*	מֶטָלוּרְגְיָה, תּוֹרַת הַמַּתָּכוֹת
mesa *f*	1 שֻׁלְחָן. 2 שֻׁלְחַן עֲבוֹדָה. 3 מְסִבִּים.	metalúrgico *adjm*	1 מֶטָלוּרְגִי. 2 מֶטָלוּרְג
	4 רָמָה. 5 הַנְהָלָה, נְשִׂיאוּת	metamorfosear *vt*	1 הֶחֱלִיף צוּרָה.
mesada *f*	מַעֲנַק חָדָשִׁי, תַּשְׁלוּם חָדָשִׁי		2 הִתְגַּלְגֵּל
mesana *f*	1 תֹּרֶן מְאַסֵּף. 2 מִפְרָשׂ מְאַסֵּף	metamorfosis *fpl*	גִּלְגּוּל, מֶטָמוֹרְפוֹזָה
mesar *vt*	מָרַט, תָּלַשׁ	metano *m*	מֶתָן
mescolanza *f*	עִרְבּוּבְיָה, תַּעֲרֹבֶת, שַׁעַטְנֵז	metaplasma *m*	חֹמֶר תָּאִים
mesero *m*	עוֹבֵד חָדָשִׁי	metastásico *adj*	שֶׁל שִׁנּוּי מָקוֹם
meses mayores	חָדְשֵׁי הֵרָיוֹן אַחֲרוֹנִים	metástasis *f*	1 שִׁנּוּי מָקוֹם. 2 מֶטַסְטָזָה
meseta *f*	רָמָה	metatarso *m*	מָתוֹךְ הָרֶגֶל (עצמות כף הרגל)
mesiánico *adj*	מְשִׁיחִי	metazoo *adjm*	מֶטָזוֹאִי, רַב־תָּאִי
mesianismo *m*	מְשִׁיחִיּוּת	metempsicosis *fpl*	גִּלְגּוּל נְשָׁמוֹת
mesías *m*	מָשִׁיחַ	meteorito *m*	אֶבֶן זִיק, מֶטֵאוֹרִיט
mesnada *f*	1 גְּדוּד, פְּלֻגָּה. 2 מִשְׁמָר, כְּבוּדָּה.	meteórico *adj*	מֶטֵאוֹרִי, מְנַצְנֵץ, מָהִיר

meteoro *m* מֶטֶאוֹר, כּוֹכָב נוֹפֵל
meteorología *f* מֶטֶאוֹרוֹלוֹגְיָה
meteorológico *adj* מֶטֶאוֹרוֹלוֹגִי
meteorologista, meteorólogo *m* מֶטֶאוֹרוֹלוֹג
meter *vt* 1 הִכְנִיס, קָבַע. 2 הִשְׁקִיעַ. 3 שָׂם. 4 הִתְעָרֵב, הִסְתַּבֵּךְ
meticulosidad *f* נוֹקְדָנוּת, קַפְּדָנוּת, דַּיְקָנוּת
meticuloso *adj* נוֹקְדָן, קַפְּדָן, דַּיְקָן
metido *adjm* 1 דַּחְקָן (מתערב בענייני אחרים). 2 שׁוֹפַע. 3 מַכַּת־אֶגְרוֹף. 4 תְּקִיפָה
metileno *m* מֶתִּילֶן
metílico *adj* מֶתִּילִי
metilo *m* מֶתִּיל
metodismo *m* מֶתוֹדִיּוּת, שִׁיטָתִיּוּת
metodista *madj* 1 מֶתוֹדִיסְט. 2 שִׁיטָתִי, מֶתוֹדִי
metódico *adj* שִׁיטָתִי, מְסֻדָּר, הַדְרָגָתִי, מֶתוֹדִי
método *m* שִׁיטָה, סֵדֶר, אֹפֶן, דֶּרֶךְ, מֶתוֹדָה
metodología *f* מֶתוֹדוֹלוֹגְיָה
metraje *m* אֹרֶךְ מָלֵא
metralla *f* 1 צְרוֹר פְּגָזִים, הַפְגָּזָה. 2 רְסִיסִים
métrica *f* תּוֹרַת הַמִּשְׁקָל
métrico *adj* 1 מֶטְרִי. 2 רִתְמִי, קִצְבִּי
metritis *f* דַּלֶּקֶת הָרֶחֶם
metro *m* 1 מֶטֶר. 2 מִשְׁקָל, רֶגֶל הַשִּׁיר
metrónomo *m* מֶטְרוֹנוֹם
metrópoli *f* 1 כְּרַךְ. 2 מֶטְרוֹפּוֹלִין. 3 בִּירָה
metropolitano *adjm* 1 כְּרַכִּי. 2 שֶׁל הַמֶּטְרוֹפּוֹלִין. 3 בִּירָתִי. 4 רַכֶּבֶת תַּחְתִּית
mezcla *f* תַּעֲרֹבֶת, עִרְבּוּב, מְזִיגָה, כִּלְאַיִם
mezcladora *f* מְעַרְבֵּל
mezcladura *f* עִרְבּוּל, הִתְמַזְּגוּת, מְזִיגָה, כִּלְאַיִם
mezclar *vt* עִרְבֵּל, מָהַל, עֵרֵב, עִרְבֵּב
mezcolanza *f* עִרְבּוּבְיָה
mezquindad *f* 1 קַמְצָנוּת, צָרוּת עַיִן. 2 שִׁפְלוּת. 3 מִסְכֵּנוּת
mezquino *adj* 1 קַמְצָן, שָׁפָל, צַר עַיִן. 2 מִסְכֵּן
mezquita *f* מִסְגָּד
mezquite *m* מֶסְקִיט (עץ טרופי)
mezzosoprano *f* מֶצוֹסוֹפְּרָן
mi *adjposm* 1 שֶׁלִּי, לִי, אוֹתִי. 2 מִי
mí *pronper* שֶׁלִּי, לִי, אוֹתִי
miasma *m* 1 מַאֲלָח, צַחֲנָה. 2 קַדַּחַת הַבִּצָּה
miasmático *adj* מַאֲלָחִי
mica *f* נָצִיץ
micado *m* מִיקָדוֹ
micción *f* הַשְׁתָּנָה, שֶׁתֶן
micra, micrón *f* מִיקְרוֹן
microbiano *adj* חַיְדַּקִּי
microbio *m* חַיְדַּק
microcosmo *m* עוֹלָם קָטָן, הָאָדָם, מִיקְרוֹקוֹסְמוֹס
microfilm *m* מִיקְרוֹפִילְם
micrófono *m* מִיקְרוֹפוֹן
micrómetro *m* מִיקְרוֹמֶטֶר
micrón *m* מִיקְרוֹן
microorganismo *m* מִיקְרוֹאוֹרְגָנִיזְם
microscópica *adj* מִיקְרוֹסְקוֹפִּי
miscrocopio *m* מִיקְרוֹסְקוֹפּ
micrótomo *m* אִזְמֵל
miedo *m* פַּחַד, אֵימָה, יִרְאָה, חֲרָדָה, מוֹרָא, בְּעָתָה
miedo cerval פַּחַד מָוֶת
miedoso *adj* פַּחְדָן, מוּג לֵב
miel *f* דְּבַשׁ
miembro *m* 1 אֵיבָר, גַּף. 2 חָבֵר
miente *f* מַחֲשָׁבָה, תּוֹדָעָה
mientras *adv* בֵּינְתַיִם
mientras tanto בֵּינְתַיִם, לְעֵת עַתָּה
miércoles *m* יוֹם רְבִיעִי
mierda *f* חָרָא, צוֹאָה, גָּלָל, גְּלָלִים
mies *f* 1 קָמָה, תְּבוּאָה בְּשֵׁלָה. 2 קָצִיר
mieses *fpl* שְׂדוֹת קָמָה
miga *f* 1 פֵּרוּר, פָּתִית. 2 עִקָּר, תַּמְצִית
migaja *f* שֶׁמֶץ, מִקְצָת, פֵּרוּר, פָּתִית
migración *f* הֲגִירָה, נְדִידָה
migratorio *adj* נוֹדֵד, נָע וָנָד
mijo *m* דֹּחַן
mil *m* אֶלֶף
milagro *m* נֵס, פֶּלֶא, אוֹת, מוֹפֵת

milagroso *adj* נִפְלָא, פִּלְאִי, מוֹפְתִי

milano *m* דַּיָּה

milenario *adjm* 1 שֶׁל אֶלֶף שָׁנִים. 2 עַתִּיק יוֹמִין. 3 אֶלֶף שָׁנִים

milenio *m* אֶלֶף שָׁנִים

milenrama *f* אֲכִילֵיאָה (צמח רפואי)

milésimo *adjm* 1 אַלְפִּי. 2 אַלְפִּית

milhojas *fpl* אֲכִילֵיאָה

miliar *adjm* 1 דָּחְנִי, נִמְשִׁי. 2 תַּמְרוּר הַמִּילִין

milicia *f* מִילִיצְיָה, צְבָא עָם

miliciano *m* אִישׁ־מִילִיצְיָה

milico *m* חַיָּל, טִירוֹן

miligramo *m* מִילִיגְרַם

mililitro *m* מִילִילִיטֶר

milímetro *m* מִילִימֶטֶר

militante *adjm* לוֹחֵם, מְגֻיָּס

militar *adjm* 1 צְבָאִי, מִלְחַמְתִּי. 2 צָבָא. 3 חַיָּל

militarismo *m* מִלְחַמְתִּיּוּת, רוּחַ מִלְחָמָה, מִילִיטָרִיזְם

militarista *adjm* מִילִיטָרִיסְט

militarización *f* מִילִיטָרִיזַצְיָה

militarizar *vt* נָתַן צִבְיוֹן צְבָאִי

milonga *f* מִילוֹנְגָה (ריקוד ארגנטינאי)

milpiés *mpl* מַרְבֵּה רַגְלַיִם

milla *f* מִיל

millaje *m* אֹרֶךְ הַמִּילִין, מִילַז'

millar *m* אֶלֶף

millarada אֶלֶף

millo *m* דֹּחַן

millón *m* מִילְיוֹן

millonada *f* מִילְיוֹן

millonario *m* מִילְיוֹנֵר

millonésimo *adjm* 1 הַמִּילְיוֹן. 2 מִילְיוֹנִית

mimar *vt* פִּנֵּק, עִדֵּן

mimbre *m* עֲרָבָה

mimbrera *f* עֲרָבָה

mimeografiar *vt* שִׁכְפֵּל

mimeógrafo *m* שַׁכְפֵּלָה, מַשְׁכְּפֶלֶת

mimesis *f* חַקְיָנוּת

mimetismo *m* הַסְוָאָה, חַקְיָנוּת

mímica *f* מִימִיקָה, חִקּוּי, חַקְיָנוּת

mímico *adj* מְחַקֶּה, חַקְיָנִי

mimo *m* מִימוּס, חַקְיָן, לֵיצָן

mimosa *f* מִימוֹסָה, אַל תִּגַּע בִּי

mimoso *adj* מְפֻנָּק, מְעֻדָּן

mina *f* 1 מִכְרֶה. 2 מוֹקֵשׁ, פַּח. 3 אוֹצָר. 4 מַחְפֹּרֶת. 5 עוֹפֶרֶת (של עפרון)

minador *m* יוֹקֶשֶׁת, מַקֶּשֶׁת

minar *vt* 1 כָּרָה. 2 מִקֵּשׁ

minarete *m* 1 צְרִיחַ הַמִּסְגָּד. 2 מִינָרֵט

mineral *adjm* 1 מַחְצָבִי, מַתַּכְתִּי. 2 מַחְצָב

mineralogía *f* מִינֶרָלוֹגְיָה

mineralógico *adj* מִינֶרָלוֹגִי

mineralogista *m* מִינֶרָלוֹג

minería *f* כְּרִיָּה, תּוֹרַת חֲצִיבַת מִכְרוֹת

minero *adjm* 1 מַחְצָבִי. 2 כּוֹרֶה, חוֹפֵר

mingitorio *m* מַשְׁתֵּנָה

miniatura *f* זְעִירִית, מִינְיָטוּרָה

mínima *f* דָּבָר פָּעוּט, זוּטָא

mínimo *adjm* 1 פָּעוּט, זָעִיר, מִינִימָלִי. 2 מִינִימוּם

mínimum *m* מִינִימוּם

minino *m* חֲתַלְתּוּל

ministerial *adj* 1 מִינִיסְטֶרְיוֹנִי. 2 מִשְׂרָדִי

ministerio *m* 1 מִינִיסְטֶרְיוֹן, מִשְׂרָד. 2 כְּהֻנָּה

ministrar *vit* 1 שֵׁרֵת, כִּהֵן. 2 סִפֵּק, צִיֵּד

ministrador *adjm* 1 מְכַהֵן, מְשָׁרֵת. 2 כֹּהֵן, שָׁרֵת

ministrante *adjmf* 1 מְכַהֵן, מְשָׁרֵת. 2 אָח. 3 אָחוֹת, חוֹבֶשֶׁת, אוֹמֶנֶת

ministril *m* פְּקִיד בֵּית הַמִּשְׁפָּט

ministro *m* 1 שַׂר, מִינִיסְטֶר. 2 שָׁלִיחַ, צִיר. 3 כֹּהֵן, כֹּמֶר. 4 כְּלֵי קֹדֶשׁ

minorar *vt* הִפְחִית, הִמְעִיט, הִקְטִין, הֵאֵט

minorativo *adjm* מַרְפֶּה, מְטַהֵר, מְשַׁלְשֵׁל

minoría *f* מִעוּט

minoridad *f* קְטִינוּת, קַטְנוּת

minorista *adjm* 1 קִמְעוֹנִי. 2 קִמְעוֹנַאי

minucia *f* 1 קַטְנוּת, דִּקְדּוּקֵי עֲנִיּוּת. 2 פְּרָטִים, פִּרְטֵי פְּרָטִים

minuciosidad *f* קַפְּדָנוּת, דַּיְקָנוּת, דִּקְדּוּקֵי עֲנִיּוּת
minucioso *adj* מְדַקְדֵּק, דַּיְקָנִי, קַפְּדָנִי
minué *m* מִינוּאֶט
minuendo *m* מְחֻסָּר (במתמטיקה)
minúscula *f* אוֹת קְטַנָּה
minúsculo *adj* קְטַנְטַן, זָעִיר, פָּעוּט, זַעֲרוּרִי
minuta *f* 1 תַּזְכִּיר, זִכְרוֹן דְּבָרִים. 2 טְיוּטָה, רָאשֵׁי פְּרָקִים. 3 חֶשְׁבּוֹן. 4 תַּפְרִיט
minutero *m* מְחוֹג הַדַּקּוֹת
minuto *madj* 1 דַּקָּה. 2 זָעִיר, זַעֲרוּרִי
mío *pronpos* שֶׁלִּי
miope *adjm* קְצַר רְאִיָּה, קְצַר רְאוּת
miopía קֹצֶר רְאִיָּה, קֹצֶר רְאוּת
miosis *f* הִצָּרוּת הָאִישׁוֹן
miótico *adj* מְצַמְצֵם הָאִישׁוֹן
mira *f* 1 כַּוֶּנֶת. 2 מִצְפֶּה. 3 מַבָּט. 4 כַּוָּנָה, מַטָּרָה
mirabel *m* חַמָּנִית
mirada *f* מַבָּט, מַרְאֶה
mirador *m* 1 מִסְתַּכֵּל, מַשְׁקִיף, צוֹפֶה. 2 מִצְפֶּה. 3 מִרְפֶּסֶת
miramiento *m* 1 צְפִיָּה, הִסְתַּכְּלוּת, הַבָּטָה. 2 הוֹקָרָה, הַעֲרָכָה. 3 מְתִינוּת
mirar *vt* 1 רָאָה, הִבִּיט, הִסְתַּכֵּל, הִתְבּוֹנֵן. 2 טִפֵּל, דָּאַג, הִשְׁגִּיחַ. 3 שָׁמַר
miríada *f* רְבָבָה
mirilla *f* 1 אֶשְׁנָב, צֹהַר. 2 חָרָךְ
miriñaque *m* 1 שִׂמְלָנִית. 2 קִשּׁוּט זוֹל
mirlo *m* שַׁחֲרוּר
mirón *m* סַקְרָן, חַטְטָן
mirra *f* מֹר
mirto *m* הֲדַס
misa *f* תְּפִלָּה, מִיסָה
misal *m* סֵפֶר תְּפִלּוֹת (נוֹצְרִי)
misantropía *f* שִׂנְאַת הַבְּרִיּוֹת, מִיזַנְתְּרוֹפְּיָה
misantrópico *adj* שֶׁל שִׂנְאַת הַבְּרִיּוֹת, מִיזַנְתְּרוֹפִּי
misántropo *m* שׂוֹנֵא הַבְּרִיּוֹת, מִיזַנְתְּרוֹפּ
miscelánea *f* שׁוֹנוֹת, כֹּל בּוֹ
misceláneo *adj* שׁוֹנֶה, מְעֹרָב
miscibilidad *f* הִתְמַזְּגוּת, בְּלִילוּת
miscible *adj* בָּלִיל, מָזִיג, מִתְמַזֵּג
miserable *adj* 1 שָׁפָל, נִקְלֶה. 2 מִסְכֵּן, עָלוּב, אֻמְלָל. 3 דַּל, אֶבְיוֹן, קַמְּצָן
miseria *f* עֹנִי, דַּלּוּת, מְצוּקָה, מַחְסוֹר
misericordia *f* רַחֲמִים, רַחֲמָנוּת
misericordioso *adj* רַחֲמָנִי, רַחֲמָן, סַלְחָן
mísero *adj* מִסְכֵּן, עָלוּב, אֻמְלָל
misión *f* 1 שְׁלִיחוּת, יִעוּד, מְשִׂימָה. 2 מִשְׁלַחַת, נְצִיגוּת. 3 מִיסְיוֹן
misionario *m* שָׁלִיחַ, מַטִּיף, מְשֻׁלָּח, מִיסְיוֹנֵר
misionero *m* מַטִּיף, מִיסְיוֹנֵר
misiva *f* אִגֶּרֶת, מִכְתָּב
mismo *adj* אוֹתוֹ עַצְמוֹ
misogamia *f* שִׂנְאַת נִשּׂוּאִים
misógamo *adjm* שׂוֹנֵא נִשּׂוּאִים, רַוָּק מֻשְׁבָּע
misoginia *f* שִׂנְאַת נָשִׁים
misógino *adjm* שׂוֹנֵא נָשִׁים
misterio *m* מִסְתּוֹרִין, רָז, סֵתֶר, סוֹד, תַּעֲלוּמָה
misterioso *adj* מִסְתּוֹרִי, נִסְתָּר, סוֹדִי, סָתוּם
mística *f* חָכְמַת הַנִּסְתָּר, קַבָּלָה, מִיסְטִיקָה
misticismo *m* מִיסְטִיּוּת
místico *adjm* מִיסְטִי, מְקֻבָּל
mitad *f* 1 חֵצִי, מַחֲצִית. 2 אֶמְצַע
mítico *adj* מִיתִי, אַגָּדִי
mitigación *f* הֲקַלָּה, הֲפָגָה, הַמְתָּקָה, שִׁכּוּךְ, רִכּוּךְ
mitigar *vt* הֵקֵל, הֵפִיג, הִמְתִּיק, שִׁכֵּךְ, רִכֵּךְ
mitín *m* אֲסֵפַת עָם, הַפְגָּנָה, כִּנּוּס, עֲצֶרֶת
mito *m* אַגָּדָה, מִיתוֹס
mitología *f* מִיתוֹלוֹגְיָה
mitológico *adj* מִיתוֹלוֹגִי, אַגָּדִי
mitón *m* 1 כְּסָיָה. 2 יְדוֹנִית
mitra *f* מִצְנֶפֶת
mixtificación *f* הַטְעָיָה, הַשְׁלָיָה, מִיסְטִיפִיקַצְיָה
mixtificador *adj* רַמַּאי
mixtificar *vt* הִשְׁלָה, רִמָּה
mixto *adj* מְעֹרָב, בָּלוּל, מְמֻזָּג, מְבֻלְבָּל
mixtura *f* תַּעֲרֹבֶת, עִרְבּוּב, מְזִיגָה

mixturar *vt* עִרְבֵּב, מָזַג, עָרַב, מָהַל, רָקַח
mnemotecnia *f* תּוֹרַת הַזְּכִירָה
mnemotécnico *adj* שֶׁל זִכָּרוֹן
mobiliario *adjm* 1 עוֹבֵר לַסּוֹחֵר, סָחִיר. 2 מִטַּלְטְלִין, מִטַּלְטְלִים. 3 רָהִיטִים
moblaje *m* רָהִיטִים, צִיּוּד
moca *f* מוֹקָה
mocasín *m* מוֹקַסִּין
mocear *vi* הִתְהוֹלֵל
mocedad *f* 1 נְעוּרִים, עֲלוּמִים, צְעִירוּת. 2 שׁוֹבְבוּת נְעוּרִים
mocetón *m* נַעַר, צָעִיר, בָּחוּר
moción *f* 1 תְּנוּעָה. 2 הַצָּעָה
moco *m* לֵחָה, רִיר
mocoso *adjm* 1 מוֹרִיד לֵחָה. 2 שׁוֹבָב. 3 חָצוּף, עַזְפָּן
mochada *f* נְגִיחָה, רֹאשִׁיָּה
mochar *vt* נָגַח
mochila *f* תַּרְמִיל גַּב, יַלְקוּט
mocho *adj* 1 קֵהֶה. 2 חֲסַר קַרְנַיִם
mochuelo *m* אֹחַ
moda *f* אָפְנָה, מוֹדָה
modal *adj* אָפְנָתִי
modales *mpl* הִתְנַהֲגוּת, נִימוּסִין
modalidad *f* 1 אָפְנָתִיּוּת. 2 מַהוּת, תְּכוּנָה, סְגֻלָּה
modelado *m* כִּיּוּר, עִצּוּב
modelar *vt* 1 כִּיֵּר, עִצֵּב. 2 הִתְאִים עַצְמוֹ
modelo *m* 1 דֶּגֶם, תַּבְנִית, דֻּגְמָה. 2 דְּמוּת. 3 מוֹפֵת. 4 דֻּגְמָנִית, דֻּגְמָן, מוֹדֶל
moderación *f* מִתּוּן, מְתִינוּת, הִתְאַפְּקוּת, צִמְצוּם
moderado *adj* 1 מָתוּן, מְיֻשָּׁב. 2 בֵּינוֹנִי, מְמֻצָּע. 3 צָנוּעַ, חַסְכָנִי. 4 שָׁקֵט
moderador *m* 1 מְמַתֵּן, מְפַשֵּׁר, מְתַוֵּךְ. 2 יוֹשֵׁב רֹאשׁ, מַנְחֶה. 3 וַסָּת, מַאֵט
moderar *vt* 1 מִתֵּן, צִמְצֵם, הִפְחִית, הִמְעִיט. 2 רִכֵּךְ, שִׁכֵּךְ, תִּוֵּךְ. 3 הֵקֵל, הִמְתִּיק
modernismo *m* מוֹדֶרְנִיזְם, חַדְשָׁנוּת
modernista *m* מוֹדֶרְנִיסְט, חַדְשָׁן
modernización *f* מוֹדֶרְנִיזַצְיָה, חִדּוּשׁ
modernizar *vt* 1 חִדֵּשׁ, עָשָׂה לְמוֹדֶרְנִי. 2 הִתְחַדֵּשׁ
moderno *adjm* 1 חָדָשׁ, מוֹדֶרְנִי, חַדְשָׁנִי. 2 בֶּן יָמֵינוּ
modestia *f* עֲנָוָה, צְנִיעוּת, מְתִינוּת, עַנְוְתָנוּת
modesto *adj* עָנָו, צָנוּעַ, מָתוּן, נֶחְבָּא אֶל הַכֵּלִים
módico *adj* 1 מָתוּן, נוֹחַ. 2 זוֹל
modificación *f* שִׁנּוּי, תִּקּוּן, תֵּאוּם
modificador *adjm* מְתַקֵּן, מְשַׁנֶּה, מַמְתִּיק
modificar *vt* שִׁנָּה, תִּקֵּן
modismo *m* נִיב, בִּטּוּי
modista *f* תּוֹפֶרֶת
modo *m* דֶּרֶךְ, אֹפֶן, שִׁיטָה, אֹרַח, סִגְנוֹן
modorra *f* 1 תַּרְדֵּמָה, תְּנוּמָה. 2 עַצְלָנוּת
modoso *adj* מְנֻמָּס, מָתוּן
modulación *f* גִּוּוּן, אִפְנוּן, סִלְסוּל, סִלּוּם
modulador *m* אַפְנָן, סַלְסְלָן, מְסַלֵּם, מְסַלְסֵל
modular *vti* 1 גִּוֵּן, סִלֵּם, אִפְנֵן. 2 סִלְסֵל
modular *adj* שֶׁל מוֹדֶד, שֶׁל עֵרֶךְ
módulo *m* 1 מִדָּה. 2 קֹטֶר. 3 רַדְיוּס
mofa *f* לַעַג, לִגְלוּג, קֶלֶס
mofarse *vref* לָעַג, לִגְלֵג, הִתְלוֹצֵץ
mofeta *f* 1 צַחֲנָה, בָּאְשָׁה. 2 גַּז מַבְאִישׁ. 3 בּוֹאֵשׁ
moflete *m* לְחִי מְסֻרְבֶּלֶת
mofletudo *adj* בַּעַל לְחִי מְסֻרְבֶּלֶת
mogol *m* מוֹנְגוֹלִי
mogote *m* תֵּל, עֲרֵמָה, גִּבְעָה, תְּלוּלִית
mohín *m* הַעֲוָיָה
mohina *f* רֹגֶז, כַּעַס, חָרוֹן
mohino *adjm* 1 עָצוּב, נוּגֶה. 2 פֶּרֶד. 3 סוּס שָׁחוֹר
moho *m* 1 חֲלֻדָּה. 2 עֹבֶשׁ
mohoso *adj* 1 חָלוּד. 2 טָחוּב, מָלֵא עֹבֶשׁ
mojadura *f* הִתְרַטְּבוּת, הַרְטָבָה
mojar *vt* הִרְטִיב, לִחְלֵחַ
mojicón *m* עוּגָה, עוּגִית
mojiganga *f* 1 נֶשֶׁף מַסֵּכוֹת. 2 בְּדִיחָה, לֵיצָנוּת
mojigatería *f* הִתְחַסְּדוּת, צְבִיעוּת
mojigato *adjm* מִתְחַסֵּד, צָבוּעַ

mojón *m* 1 אֶבֶן מִיל, תַּמְרוּר מִיל. 2 סִימָן. 3 חֲרָאִים, גָּלָל, צוֹאָה
molar *adjm* 1 טוֹחֶנֶת. 2 שֵׁן טוֹחֶנֶת
molde *m* 1 אִמּוּם, דְּפוּס, תַּבְנִית. 2 דֻּגְמָה, מוֹפֵת. 3 תַּדְמִית
moldeado *m* עִצּוּב
moldeador *m* מְעַצֵּב, יוֹצֵר
moldear *vt* עִצֵּב, יִצֵּר, כִּיֵּר, עִטֵּר
moldura *f* כַּרְכֹּב, עֲטָרָה, קִשּׁוּט
mole *fadj* 1 גּוּשׁ, גּוּף, גַּל. 2 רַךְ
molécula *f* פְּרֻדָּה, מוֹלֶקוּלָה, חֲלַקִּיק
molecular *adj* חֲלַקִּיקִי, מוֹלֶקוּלָרִי
moler *vt* רִסֵּק, טָחַן, דָּשׁ
molestar *vt* הִטְרִיד, הִטְרִיחַ, הִרְגִּיז, הִפְרִיעַ
molestia *f* הַטְרָדָה, הַפְרָעָה, טִרְחָה
molesto *adj* מַפְרִיעַ, מַטְרִיד, מַטְרִיחַ
molibdeno *m* מוֹלִיבְּדֶן (מתכת)
molicie *f* פִּנּוּק, עֲדִינָה, רֹךְ, רַכּוּת
molienda *f* טְחִינָה, דַּיִשׁ, כִּרְסוּם
molificación *f* רִכּוּךְ, שִׁכּוּךְ, הֲקַלָּה, הַרְגָּעָה
molificar *vt* רִכֵּךְ, שִׁכֵּךְ, הֵקֵל, הִרְגִּיעַ
molificativo *adj* מְרַכֵּךְ, מְשַׁכֵּךְ, מַרְגִּיעַ, מֵקֵל
molinete *m* 1 טַחֲנָה. 2 גַּלְגַּל מְאַוְרֵר
molinillo *m* מַטְחֵנָה
molinero *adjm* טוֹחֵן
molino *m* טַחֲנָה
molusco *m* רַכִּיכָה
molla *f* בָּשָׂר כָּחוּשׁ
molleja *f* זֶפֶק, קֻרְקְבָן
mollera *f* קָדְקֹד, מֹחַ
mollete *m* אֲפִיפִית
momentáneo *adj* רִגְעִי, אֲרָעִי, חוֹלֵף
momento *m* רֶגַע, הֶרֶף עַיִן
momia *f* חָנוּט
momificación *f* חֲנִיטָה, חִנּוּט
momificar *vt* חָנַט
mona *f* 1 קוֹפָה. 2 מְחַקָּה. 3 שִׁכָּרוֹן
monacal *adj* מִנְזָרִי, נְזִירִי
monacato *m* מִנְזָרִיּוּת, נְזִירִיּוּת
monada *f* 1 לָצוֹן, צְחוֹק. 2 הַעֲוָיָה
mónada *f* יְחִידָה, פְּרָט, פְּרֻדָּה, מוֹנָדָה
monaguillo *m* עוֹזֵר לַכֹּמֶר
monarca *m* מֶלֶךְ, קֵיסָר, שַׁלִּיט, מוֹשֵׁל
monarquía *f* מְלוּכָה, מְלוּכָנוּת
monárquico *adjm* מְלוּכָנִי
monarquismo *m* מְלוּכָנוּת
monasterio *m* מִנְזָר
monástico *adj* מִנְזָרִי
monda *f* גִּזּוּם, זִמּוּר, קִצּוּץ
mondadientes *m* קִסְמִית, קֵיסָם
mondar *vt* גִּזֵּם, זִמֵּר, קִצֵּץ
mondo *adj* טָהוֹר, נָקִי
mondongo *m* קְרָבַיִם, מֵעַיִם
moneda *f* מַטְבֵּעַ
monedero *m* אַרְנָק
monería *f* מוּקְיוֹנוּת
monetario *adj* כַּסְפִּי
monetizar *vt* טָבַע כֶּסֶף
mongol *adjm* מוֹנְגוֹלִי
mongólico *adj* מוֹנְגוֹלִי
monigote *m* 1 גֹּלֶם. 2 בֻּבָּה
monismo *m* מוֹנִיזְם, תּוֹרַת אַחְדוּת הַבְּרִיאָה
monista *m* מוֹנִיסְט
monitor *m* 1 מַזְהִיר, מַתְרֶה, מַטִּיף. 2 אֳנִיַּת שִׁרְיוֹן
monja *f* נְזִירָה
monje *m* נָזִיר, כֹּמֶר, גַּלָּח
mono *adjm* 1 יָפֶה, נָאֶה, נֶחְמָד. 2 קוֹף. 3 אֶחָד, יָחִיד, חַד־
monocromático *adj* חַד צִבְעִי
monocromo *adj* חַד־גּוֹנִי
monocular *adj* חַד עֵינִי
monóculo *m* מִשְׁקָף, מוֹנוֹקֶל
monogamia *f* מוֹנוֹגַמְיָה
monógamo *adjm* 1 מוֹנוֹגָמִי. 2 מוֹנוֹגָמִיסְט
monografía *f* מוֹנוֹגְרַפְיָה
monográfico *adj* מוֹנוֹגְרָפִי
monograma *m* מִשְׁלֶבֶת, מוֹנוֹגְרָמָה
monolítico *adj* מוֹנוֹלִיתִי, אָחִיד וְשָׁלֵם
monolito *m* מוֹנוֹלִית

monologar *vi* שׂוֹחֵחַ עִם עַצְמוֹ, עָרַךְ מוֹנוֹלוֹג
monólogo *m* מוֹנוֹלוֹג, חַד־שִׂיחַ
monomanía *f* שִׁגָּעוֹן לְדָבָר אֶחָד, מוֹנוֹמַנְיָה
monomaníaco *adjm* מְשֻׁגָּע לְדָבָר אֶחָד, מוֹנוֹמָן
monometalismo *m* חַד־מַתַּכְתִּיּוּת
monomio *m* חַד־אֵיבָר
monopolio *m* מוֹנוֹפּוֹל, זְכוּת יָחִיד
monopolizar *vt* מִנְפֵּל, הָיָה בַּעַל מוֹנוֹפּוֹל
monosilábico *adj* חַד הֲבָרִי
monosílabo *m* מִלָּה חַד הֲבָרִית
monoteísmo *m* אַחְדוּת הַבּוֹרֵא, מוֹנוֹתֵאִיזְם
monoteísta *adjm* מוֹנוֹתֵאִיסְט
monotipia *f*, **monotipo** *m* מוֹנוֹטַיְפּ
monotonía *f* חַדְגוֹנִיּוּת, שִׁעֲמוּם, מוֹנוֹטוֹנִיּוּת
monótono *adj* חַדְגוֹנִי, מוֹנוֹטוֹנִי, מְשַׁעֲמֵם
monovalente *adj* חַד עֶרְכִּי
monóxido *m* חַד־חַמְצָן
monseñor *m* אָדוֹן, מוֹנְסִינְיוֹר
monserga *f* גִּמְגּוּם, פִּטְפּוּט
monstruo *m* מִפְלֶצֶת, בְּלִיַּעַל
monstruosidad *f* מִפְלַצְתִּיּוּת, מִפְלֶצֶת
monstruoso *adj* מִפְלַצְתִּי
monta *f* 1 רְכִיבָה. 2 סַךְ, סַךְ הַכֹּל, סִכּוּם
montacargas *m* מַעֲלִית מַשָּׂא
montadura *f* 1 רְכִיבָה. 2 הַרְכָּבָה, שִׁבּוּץ
montaje *m* 1 הַרְכָּבָה, מוֹנְטַז'. 2 מִתְקָן. 3 עֲרִיכָה
montante *m* 1 סַיִף, חֶרֶב. 2 אֶדֶן. 3 אֶשְׁנָב, צֹהַר
montaña *f* הַר, רֶכֶס
montaña rusa רַכֶּבֶת סְחַרְחֶרֶת
montañero *adjm* מְטַפֵּס הָרִים
montañés *adjm* 1 הֲרָרִי. 2 אִישׁ־הֶהָרִים
montañoso *adj* הֲרָרִי
montar *vit* 1 רָכַב, עָלָה. 2 שִׁבֵּץ, הִרְכִּיב. 3 הִצִּיב. 4 טָעַן (כְּלִי־נֶשֶׁק)
montaraz *adjm* 1 הֲרָרִי. 2 בָּר, פִּרְאִי. 3 פֶּרֶא
monte *m* 1 הַר. 2 יַעַר
montecillo *m* גִּבְעָה
montepío *m* קֶרֶן תַּגְמוּלִים
montera *f* מִצְנֶפֶת
montería *f* צַיִד
montero *m* צַיָּד
montículo *m* גַּל, תֵּל, גִּבְעָה
monto *m* 1 סִכּוּם, סַךְ הַכֹּל. 2 עֵרֶךְ
montón *m* 1 עֲרֵמָה, מִצְבּוֹר, גַּל. 2 הָמוֹן, שֶׁפַע
montonera *f* כְּנוּפְיַת פַּרְטִיזָנִים
montonero *m* פַּרְטִיזָן
montuoso *adj* הֲרָרִי
montura *f* 1 סוּס. 2 אֻכָּף. 3 שִׁבּוּץ, הַרְכָּבָה
monumental *adj* עֲנָקִי, עָצוּם, כַּבִּיר, נִצְחִי, מוֹנוּמֶנְטָלִי
monumento *m* יָד, גַּלְעֵד, אַנְדַּרְטָה, מַצֵּבָה
monzón *m* מוֹנְסוּן
moño *m* 1 בְּלוֹרִית. 2 קֶשֶׁר. 3 סֶרֶט, קִשּׁוּט
moquete *m* סְנוֹקֶרֶת, סְטִירָה
moquillo *m* נַזֶּלֶת הַבְּהֵמוֹת
mora *f* 1 תּוּת. 2 פִּגּוּר, אִחוּר. 3 אַרְכָּה
morada *f* מִשְׁכָּן, דִּירָה, מָעוֹן, בַּיִת
morado *adjm* סָגֹל
morador *adjm* דַּיָּר, מִשְׁתַּכֵּן, תּוֹשָׁב
moral *adjmf* 1 מוּסָרִי. 2 מוּסָר, תּוֹרַת הַמִּדּוֹת. 3 עֵץ הַתּוּת
moraleja *f* נִמְשָׁל, מוּסַר הַשְׂכֵּל
moralidad *f* מוּסָרִיּוּת, הֲגִינוּת
moralista *m* מַטִּיף, מוֹכִיחַ
moralizar *vti* הוֹכִיחַ, הִטִּיף מוּסָר
morar *vi* גָּר, דָּר, שָׁכַן, חַי
moratoria *f* אַרְכָּה, מוֹרָטוֹרְיוּם, תַּדְחִית
moratorio *adj* תַּדְחִיתִי, מוֹרָטוֹרִי
morbidez *f* 1 חוֹלָנִיּוּת, דִּכָּאוֹן, עַצְבוּת, תַּחֲלוּאָה. 2 עֲדִינוּת, רַכּוּת
mórbido *adj* חוֹלָנִי
morbo *m* מַחֲלָה, חֹלִי
morbosidad *f* חוֹלָנִיּוּת, דִּכָּאוֹן, עַצְבוּת, תַּחֲלוּאָה
morboso *adj* חוֹלֶה, חוֹלָנִי
morcilla *f* אַלְתּוּר
mordacidad *f* לַעַג, שְׁנִינוּת, עוֹקְצָנוּת, חֲרִיפוּת

mordaz *adj* עוֹקְצָנִי, חָרִיף, לַעֲגָן, לַגְלְגָנִי

mordaza *f* מַחְסוֹם, זְמָם

mordedor *adjm* 1 נוֹשֵׁךְ, לַגְלְגָנִי. 2 לַגְלְגָן

mordelón *madj* 1 נְשִׁיכָה. 2 נַשְׁכָן

mordedura *f* נְשִׁיכָה, הַכָּשָׁה

morder *vt* 1 נָשַׁךְ, הִכִּישׁ, כִּרְסֵם, כָּסַס. 2 כִּלָּה, אָכַל

mordida *f* נֶשֶׁךְ

mordiente *adjm* מְאַכֵּל, חָרִיף

mordiscar *vt* כִּרְסֵם, כָּסַס

mordisco *m* נְשִׁיכָה, נְגִיסָה

morena *f* 1 צְלוֹפָח. 2 לֶחֶם שָׁחוֹר. 3 שְׁחַרְחֹרֶת

moreno *adj* שְׁחַרְחַר

morera *f* עֵץ הַתּוּת

moretón *m* חַבּוּרָה

morfina *f* מוֹרְפְיוּם, מוֹרְפִין

morfinómano *m* מוֹרְפִינִיסְט

morfología *f* מוֹרְפוֹלוֹגְיָה, תּוֹרַת הַצּוּרוֹת

morfológico *adj* מוֹרְפוֹלוֹגִי

morfosis *f* הִוָּצְרוּת, הִתְהַוּוּת

morganático *adj* מוֹרְגָנָטִי

morgue *f* חֲדַר מֵתִים

moribundo *adj* גּוֹסֵס

morigeración *f* הִתְאַפְּקוּת, צְנִיעוּת, סְתַפְּקָנוּת

morigerar *vt* 1 מִתֵּן. 2 הִתְאַפֵּק, הִסְתַּפֵּק

morir *vi* מֵת, שָׁבַק חַיִּים, הִסְתַּלֵּק, נִפְטַר

morisco *adjm* מָאוּרִי

morisqueta *f* 1 תְּנוּעַת־בִּטּוּל. 2 תַּחְבּוּלָה, עָרְמָה. 3 הַעֲוָיָה

mormón *m* מוֹרְמוֹן

mormonismo *m* מוֹרְמוֹנִיּוּת

moro *m* מָאוּרִי

morosidad *f* 1 פִּגּוּר, עִכּוּב, אִחוּר. 2 אִטִּיּוּת, סַחֶבֶת, רַשְׁלָנוּת

moroso *adj* 1 מְפַגֵּר. 2 אִטִּי. 3 רַשְׁלָן

morral *m* תַּרְמִיל, אַמְתַּחַת, צִקְלוֹן

morriña *f* גַּעְגּוּעִים, כִּסּוּפִים

morro *m* 1 בְּלִיטָה. 2 גִּבְעָה, תֵּל

morsa *f* סוּס הַיָּם

mortaja *f* תַּכְרִיכִים

mortal *adjm* 1 קַטְלָנִי, אָנוּשׁ. 2 אֱנוֹשִׁי. 3 אָדָם, בָּשָׂר וָדָם

mortalidad *f* תְּמוּתָה

mortandad *f* תְּמוּתָה, טֶבַח, הֶרֶג

mortecino *adj* 1 שֶׁמֵּת מָוֶת טִבְעִי. 2 גּוֹסֵס, חַלָּשׁ

mortero *m* 1 מַכְתֵּשׁ, מְדוֹכָה. 2 חֹמֶר, טִיחַ, טִיט. 3 מַרְגֵּמָה

mortífero *adj* קַטְלָנִי, מֵמִית

mortificación *f* 1 עִנּוּיִים, יִסּוּרִים, הִסְתַּגְּפוּת. 2 עֶלְבּוֹן, הַשְׁפָּלָה

mortificar *vt* 1 עִנָּה, יִסֵּר. 2 הִשְׁפִּיל. 3 הִסְתַּגֵּף

mortuorio *madj* 1 שֶׁל מָוֶת. 2 בֵּית־הָאָבֵל. 3 קְבוּרָה

mormo *adj* מָאוּרִי

mosaico *madj* 1 פְּסֵיפָס. 2 פְּסֵיפָסִי. 3 שֶׁל תּוֹרַת מֹשֶׁה

mosca *f* זְבוּב

moscardón *m* 1 זְבוּב הַסּוּסִים. 2 טַרְדָן, טַרְחָן

moscatel *m* מוּסְקַט

mosco *m* יַבְחוּשׁ, יַתּוּשׁ

moscón *m* 1 זְבוּב הַתְּכֵלֶת. 2 טַרְדָן, טַרְחָן

moscovita *adjm* מוֹסְקְוָאִי

mosqueado *adj* מְנֻמָּר, מְגֻוָּן

mosquear *vt* 1 הִבְרִיחַ זְבוּבִים. 2 רִמָּה, הוֹנָה

mosquete *m* מוּסְקֶט

mosquetero *m* מוּסְקֶטֶר

mosquitero *m* כִּלָּה

mosquito *m* יַתּוּשׁ, יַבְחוּשׁ

mostacho *m* שָׂפָם

mostaza *f* חַרְדָּל

mosto *m* תִּירוֹשׁ

mostrador *m* דּוּכָן, דַּלְפֵּק

mostrar *vti* 1 הֶרְאָה, הִצִּיג. 2 הוֹפִיעַ

mostreno *adj* 1 מֻפְקָר. 2 בּוּר, עַם הָאָרֶץ

mota *f* 1 פְּגָם, לִקּוּי. 2 כֶּתֶם, רְבָב. 3 קֻוְצָה. 4 תֵּל, גִּבְעָה

mote *m* כִּנּוּי

motear *vt* נִמֵּר, גִּוֵּן
motejar *vt* כִּנָּה
motel *m* מוֹטֶל, אַכְסַנְיָה
motilidad *f* נִיעוּת, כֹּשֶׁר תְּנוּעָה
motín *m* מֶרֶד, קֶשֶׁר, הִתְקוֹמְמוּת
motivación *f* הֲנָעָה, נִמּוּק, דַּחַף
motivar *vt* 1 הֵנִיעַ, גָּרַם. 2 הִסְבִּיר, נִמֵּק
motivo *madj* סִבָּה, גּוֹרֵם, נִמּוּק, מֵנִיעַ
motocicleta *f* אוֹפַנּוֹעַ
motón *m* גַּלְגִּלָּה, גַּלְגִּלּוֹן
motoneta *f* קַטְנוֹעַ
motor *adjm* 1 מֵנִיעַ. 2 מָנוֹעַ
motora *f* סִירַת מָנוֹעַ
motorista *m* נֶהָג
motorización *f* מִנּוּעַ, מִכּוּן
motorizado *adj* מְמֻנָּע, מְנוֹעִי
motorizar *vt* מִנֵּעַ
motril *m* שׁוּלְיָה, חָנִיךְ
motriz *adj* מֵנִיעַ
movedizo *adj* 1 מִתְנוֹעֵעַ, מִשְׁתַּנֶּה, מִטַּלְטֵל, הֲפַכְפְּכָן. 2 לֹא־יַצִּיב
movedura *f* תְּנוּעָה, תְּזוּזָה
mover *vti* 1 הֵזִיז, הֵנִיעַ, טִלְטֵל. 2 נָע. 3 הִשְׁפִּיעַ
movible *adj* נָעַ, נַיָּד, לֹא קָבוּעַ
móvil *madj* 1 מֵנִיעַ, גּוֹרֵם, סִבָּה. 2 נָע, נַיָּד
movilidad *f* נַיָּדוּת, הִתְנוֹעֲעוּת
movilización *f* גִּיּוּס, חִיּוּל
movilizar *vt* גִּיֵּס, חִיֵּל
movimiento *m* 1 תְּנוּעָה, תְּזוּזָה, טִלְטוּל. 2 קֶצֶב
moza *f* 1 עַלְמָה. 2 מְשָׁרֶתֶת, חַדְרָנִית
mozalbete *m* זַאֲטוּט, עֶלֶם, בָּחוּר
mozo *m* 1 עֶלֶם, בָּחוּר. 2 רַוָּק. 3 מְשָׁרֵת, מֶלְצַר
mozuelo *m* נַעַר, עֶלֶם
mucamo *m* מְשָׁרֵת, שַׁמָּשׁ
mucilaginoso *adj* רִירִי, דִּבְקִי
mucílago *m* רִירָה, רִיר צְמָחִים
mucosa *f* רִיר, לֵחָה
mucosidad *f* רִירִיּוּת
mucoso *adj* רִירִי
muchacha *f* בַּחוּרָה, עַלְמָה, נַעֲרָה, רִיבָה
muchachada *f* 1 מַעֲשֵׂה יַלְדוּת. 2 קְבוּצַת נְעָרִים
muchachez *f* יַלְדוּת, בַּחֲרוּת, נַעֲרוּת
muchacho *m* בָּחוּר, נַעַר, עֶלֶם, צָעִיר
muchas gracias תּוֹדָה רַבָּה, רֹב תּוֹדוֹת
muchedumbre *f* הָמוֹן, אֲסַפְסוּף, קָהָל רַב
mucho *adjadv* 1 רַב. 2 הַרְבֵּה
muda *f* 1 תְּמוּרָה, שִׁנּוּי. 2 חֲלִיפַת לְבָנִים
mudable, mudadizo *adj* בַּר שִׁנּוּי, הֲפַכְפַּךְ
mudanza *f* 1 הַחְלָפָה, שִׁנּוּי. 2 הַעֲבָרָה
mudar *vt* 1 הֶחֱלִיף, שִׁנָּה, הֶעֱבִיר. 2 הִשְׁתַּנָּה
mudez *f* אִלְּמוּת
mudo *adj* אִלֵּם
mueblaje *m* רָהִיטִים
mueble *madj* 1 רָהִיט. 2 נָע, נַיָּד, מִטַּלְטֵל
mueblería *f* חֲנוּת רָהִיטִים, נַגָּרִיָּה
mueblista *m* נַגָּר
mueca *f* הַעֲוָיָה
muecín *m* מוּאַזִּין
muela *f* 1 שֵׁן טוֹחֶנֶת. 2 רֶכֶב, אֶבֶן הָרֵחַיִם
muellaje מַס־רָצִיף
muelle *adjm* 1 רַךְ, עָדִין. 2 מֵזַח, רָצִיף. 3 קְפִיץ
muelle real קְפִיץ שָׁעוֹן, קְפִיץ רָאשִׁי
muérdago *m* דִּבְקוֹן
muerte *f* מָוֶת, מִיתָה, פְּטִירָה
muerto *adjm* 1 מֵת, בַּר מִנָּן, נִפְטָר. 2 דּוֹמֵם
muesca *f* 1 סֶדֶק, חָרִיץ. 2 שֶׁקַע
muestra *f* 1 מִדְגָּם, דֶּגֶם. 2 אוֹת, סִימָן
muestrario *m* מִבְחַר־דֻּגְמָאוֹת
muftí *m* מוּפְתִּי
muga *f* צִיּוּן דֶּרֶךְ
mugido *m* גְּעִיָּה
mugir *vi* גָּעָה
mugre *f* טִנֹּפֶת, זֻהֲמָה, לִכְלוּךְ
mugriento *adj* מְטֻנָּף, מְזֹהָם, מְלֻכְלָךְ
mujer *f* 1 אִשָּׁה. 2 רַעְיָה
mujercilla *f* פְּרוּצָה
mujeriego *adj* רוֹדֵף נָשִׁים, רוֹדֵף שְׂמָלוֹת

mujeril *adj* נָשִׁי
mujerzuela *f* פְּרוּצָה
mújol *m* מוּלִית, קִיפוֹן
mula *f* פִּרְדָּה
muladar *m* מִזְבָּלָה
mulato *adjm* מוּלָטִי
mulero *m* נַהַג פְּרָדוֹת
muleta *f* קַב
muletilla *f* 1 פִּזְמוֹן. 2 קַב
mulo *m* פֶּרֶד
multa *f* קְנָס
multar *vt* קָנַס
multicolor *adj* רַבְגּוֹנִי, סַסְגּוֹנִי
multicopista *m* מְשַׁכְפֵּל
multiforme *adj* רַב־צוּרוֹת
multilátero *adjm* 1 רַב־צְדָדִי. 2 רַב־צַלְעוֹן
multimillonaria *adjm* מִילְיַרְדֵּר
multipartito *adj* 1 רַב־חֶלְקִי. 2 רַב־מִפְלַגְתִּי
múltiple *adj* מְרֻבֶּה
multiplicación *f* 1 כָּפֵל, הַכְפָּלָה. 2 הִתְרַבּוּת, רִבּוּי
multiplicador *adjm* 1 כּוֹפֵל, מַכְפִּיל. 2 מַכְפֵּל
multiplicando *m* נִכְפָּל, מֻכְפָּל
multiplicar *vt* 1 כָּפַל, הִכְפִּיל. 2 רִבָּה, הִפְרָה. 3 הִתְרַבָּה
multiplicidad *f* רִבּוּי, מִדַּת רִבּוּי, הִתְרַבּוּת
múltiplo *adjm* 1 כָּפוּל. 2 כְּפוּלָה, מַכְפֵּלָה
multitud *f* קָהָל, הָמוֹן, אֲסַפְסוּף, קָהָל רַב
multitudinario *adj* מְרֻבֶּה, עָתִיר, הֲמוֹנִי
mullido *adjm* 1 רַךְ, חָלָק, עָדִין. 2 מוֹךְ
mullir *vt* רִכֵּךְ, שִׁכֵּךְ, עִדֵּן
mundanalidad *f* הָעוֹלָם הַזֶּה
mundano *adj* שֶׁל הָעוֹלָם הַזֶּה
mundial *adj* עוֹלָמִי
mundo *m* 1 עוֹלָם, תֵּבֵל. 2 חֶבְרָה
munición *f* תַּחְמֹשֶׁת
municionar *vt* סִפֵּק תַּחְמֹשֶׁת, חִמֵּשׁ
municipal *adj* עִירוֹנִי
municipalidad *f* עִירִיָּה, רָשׁוּת מְקוֹמִית
municipio *m* עִירִיָּה, רָשׁוּת מְקוֹמִית
munificencia *f* נְדִיבוּת, פַּזְרָנוּת, נַדְבָנוּת
munificente, munífico *adj* נְדִיב לֵב, פַּזְרָן
muñeca *f* 1 בֻּבָּה. 2 פֶּרֶק הַיָּד
muñeco *m* בֻּבָּה
muñir *vt* כִּנֵּס, הִקְהִיל
muñón *m* גֶּדֶם
murajes *mpl* מַרְגָּנִית
mural *adjm* 1 שֶׁל קִיר. 2 צִיּוּר קִיר
muralla *f* קִיר, חוֹמָה, כֹּתֶל
murciélago *m* עֲטַלֵּף
murga *f* תִּזְמֹרֶת
múrice *m* אַרְגָּמָן
murmullo *m* לַחַשׁ, רִשְׁרוּשׁ, אִוְשָׁה, הֶמְיָה
murmuración *f* 1 רְכִילוּת. 2 מִלְמוּל. 3 תַּרְעֹמֶת
murmurador *m* 1 רוֹטְנָן. 2 מַלְשִׁין
murmurar *vi* 1 לָחַשׁ, מִלְמֵל, הָמָה. 2 הִתְלוֹנֵן, הִתְאוֹנֵן
murmurio *m* לְחִישָׁה, רִשְׁרוּשׁ
muro *m* חוֹמָה, כֹּתֶל, קִיר
murria *f* 1 מָרָה שְׁחוֹרָה, עַצְבוּת. 2 זַעַם
musa *f* מוּזָה
musaraña *f* חֲדַף
muscular *adj* שְׁרִירִי
musculatura *f* תִּשְׁרֹרֶת
músculo *m* שְׁרִיר
musculosidad *f* שְׁרִירִיּוּת
musculoso *adj* שְׁרִירִי
muselina *f* מַלְמָלָה
museo *m* בֵּית נְכוֹת, מוּזֵיאוֹן
musgo *m* טַחַב
musgoso *adj* טְחָבִי
música *f* מוּסִיקָה, מַנְגִּינָה, נִגּוּן, נְעִימָה
musical *adj* מוּסִיקָלִי
músico *adjm* 1 מוּסִיקָלִי, נִגּוּנִי. 2 מוּסִיקַאי, מְנַגֵּן, נַגָּן
musitar *vti* מִלְמֵל, לָחַשׁ, גִּמְגֵּם
muslime *adjm* מֻסְלְמִי
muslímico *adj* מֻסְלְמִי

muslo *m* יָרֵךְ

mustio *adj* 1 כָּמוּשׁ, נוֹבֵל. 2 עָצוּב, נוּגֶה

musulmán *adjm* מֻסְלְמִי

mutabilidad *f* הִשְׁתַּנּוּת, הִתְחַלְּפוּת

mutación *f* הִתְחַלְּפוּת, שִׁנּוּי, הַחְלָפָה, מוּטַצְיָה

mutilación *f* הַטָּלַת מוּם, הַשְׁחָתָה, סֵרוּס

mutilar *vt* הִטִּיל מוּם, הִשְׁחִית, סֵרֵס

mutis *m* 1 יְצִיאָה מִן הַבָּמָה. 2 שֶׁקֶט

mutismo *m* אִלְּמוּת, אֲלָם

mutual *adj* הֲדָדִי, מְשֻׁתָּף

mutualidad *f* הֲדָדִיּוּת

mutuo *adjm* 1 הֲדָדִי, שֶׁל גּוֹמְלִין. 2 הַלְוָאָה

muy *adv* מְאֹד

N

N *f* 1 אֶנֶה, נ–ן, הָאוֹת הַשֵּׁשׁ עֶשְׂרֵה שֶׁל הָאָלֶף־בֵּית הַסְּפָרַדִּי. 2 פְּלוֹנִי, אַלְמוֹנִי

nabab גְּבִיר, עָשִׁיר מֻפְלָג

nabi *m* נָבִיא

nabo *m* לֶפֶת

nácar *m* צֶדֶף

nacarado *adj* צִדְפִּי, מְצֻדָּף

nacarino *adj* צִדְפִּי

nacencia *f* גִּדּוּל, תְּפִיחָה

nacer *vi* 1 נוֹלַד. 2 צָמַח, פָּרַח, נָבַע

nacido *adjm* 1 יָלוּד, נוֹלָד. 2 יְלִיד

naciente *adjm* 1 מִתְהַוֶּה, נוֹלָד. 2 צוֹמֵחַ. 3 עוֹלֶה, מוֹפִיעַ. 4 מִזְרָח

nacimiento *m* 1 לֵדָה, הִוָּלְדוּת. 2 מָקוֹר, מוֹצָא, רֵאשִׁית. 3 מוֹלֶד

nación *f* עַם, אֻמָּה, לְאֹם

nacional *adjm* 1 לְאֻמִּי, אַרְצִי. 2 צִבּוּרִי, כְּלָלִי. 3 אֶזְרָח, נָתִין

nacionalidad *f* 1 עַם, אֻמָּה, לְאֹם. 2 אֶזְרָחוּת, נְתִינוּת, לְאֻמִּיּוּת

nacionalismo *m* לְאֻמִּיּוּת, לְאֻמָּנוּת

nacionalista *adjm* לְאֻמָּנִי

nacionalización *f* הַלְאָמָה

nacionalizar *vt* הִלְאִים

nada *f* 1 אֶפֶס, אַיִן. 2 לֹא כְלוּם, מְאוּמָה

nadada *f* שְׂחִיָּה

nadadera *f* חֲגוֹרַת־שְׂחִיָּה, מָצוֹף

nadadero *m* בְּרֵכַת שְׂחִיָּה

nadador *adjm* שַׂחְיָן

nadar *vi* 1 שָׂחָה, צָף. 2 שָׁט

naderia *f* זוּטָא, דָּבָר שֶׁל מַה בְּכָךְ

nadie *pronindm* אַף לֹא אֶחָד, שׁוּם אָדָם, מָאן דְּהוּ

nadir *m* נָדִיר, נְקֻדַּת הָאֲנָךְ

nafta *f* 1 נֵפְט, שֶׁמֶן אֲדָמָה. 2 בֶּנְזִין

naftalina *f* נַפְטָלִין

naipe *m* קְלָף, קְלָפִים

nalga *f* עַכּוּז, אָחוֹר, שֵׁת

nalgada *f* 1 אֲחוֹר הַחֲזִיר. 2 מַכַּת עַכּוּז, מַלְקָה

nana *f* 1 סַבְתָּא. 2 אוֹמֶנֶת. 3 שִׁיר עֶרֶשׂ

napoleón *m* נַפּוֹלְיוֹן, מַטְבֵּעַ צָרְפָתִי

naranja *f* תַּפּוּחַ זָהָב, תַּפּוּז

naranjada *f* מִיץ תַּפּוּזִים

naranjal *m* פַּרְדֵּס

naranjo *madj* 1 עֵץ תַּפּוּז. 2 כָּתֹם

narcisismo *m* נַרְקִיסִיזְם, אַהֲבַת עַצְמוֹ

narcisista *madj* נַרְקִיסִיסְט, מִתְאַהֵב בְּעַצְמוֹ

narciso *m* נַרְקִיס

narcomania *f* נַרְקוֹמַנְיָה

narcómano *m* נַרְקוֹמָן

narcosis *f* תַּרְדֵּמָה, הַרְדָּמָה, נַרְקוֹזָה

narcótico *adjm* 1 מַרְדִּים. 2 סַם הַרְדָּמָה

narcotismo *m* הַרְדָּמָה, תַּרְדֵּמָה

narcotizar *vt* הִרְדִּים

nardo *m* נֵרְדְּ

narguile *m* נַרְגִּילָה

narigón, narigudo *adjm* 1 בַּעַל חֹטֶם. 2 אַף אָרֹךְ

nariz *f* אַף, חֹטֶם, חַרְטוֹם, חֹד

narración *f* 1 סִפּוּר, תֵּאוּר. 2 מַעֲשִׂיָּה, אַגָּדָה

narrador *m* מְסַפֵּר, בַּעַל אַגָּדָה

narrar *vt* 1 סִפֵּר, תֵּאֵר. 2 הִרְצָה

narrativa *f* 1 כֹּשֶׁר־הַבָּעָה. 2 סִפֹּרֶת

narrativo *adj* סִפּוּרִי, אַגָּדִי

narria *f* 1 מִגְרָרָה, מִזְחֶלֶת. 2 אִשָּׁה שְׁמֵנָה

narval *m* הַדּוֹלְפִין הָאַרְקְטִי

nasal *adj* חָטְמִי, אַפִּי

nasalidad *f* אִנְפּוּף

nata *f* 1 שַׁמֶּנֶת. 2 זִבְדָּה

natación *f* שְׂחִיָּה

natal *adjm*	1 מִלֵּדָה, שֶׁל הַמּוֹלֶדֶת. 2 מְקוֹמִי. 3 לֵדָה. 4 יוֹם־הֻלֶּדֶת
natalicio *m*	1 יוֹם הֻלֶּדֶת. 2 לֵדָה
natalidad *f*	יְלוּדָה
natatorio *adjm*	1 שַׂחְיָנִי. 2 שְׂחִיָּה
natillas *fpl*	רַפְרֶפֶת בֵּיצִים
natividad *f*	מוֹלָד
nativo *madj*	1 יָלִיד, אֶזְרָח, אֲמִתִּי. 2 טִבְעִי
nato *adj*	יָלוּד, מִלֵּדָה
natrón *m*	נֶתֶר
natura *f*	טֶבַע
natural *adjm*	1 טִבְעִי, אֲמִתִּי. 2 יָלִיד, נוֹלָד
naturaleza *f*	1 טֶבַע, יְקוּם, בְּרִיאָה. 2 מַהוּת, הֲוָיָה, טִיב, תְּכוּנָה
naturalidad *f*	טִבְעִיּוּת, מְצִיאוּתִיּוּת
naturalismo *m*	טִבְעִיּוּת, נַטוּרָלִיזְם
naturalista *adjm*	1 חוֹקֵר טֶבַע. 2 נַטּוּרָלִיסְט
naturalización *f*	1 אִזְרוּחַ, הִתְאַזְרְחוּת. 2 אִקְלוּם, הִתְאַקְלְמוּת
naturalizar *vt*	1 אִזְרֵחַ, הִתְאַזְרֵחַ. 2 אִקְלֵם, הִתְאַקְלֵם
naufragar *vi*	1 טָבַע, נִטְרַף, שָׁקַע. 2 נִכְשַׁל
naufragio *m*	1 טְבִיעָה. 2 תְּבוּסָה, כִּשָּׁלוֹן
náufrago *m*	נִצּוֹל מִטְבִּיעָה
náusea *f*	1 בְּחִילָה, קָבָס. 2 מַחֲלַת יָם
nauseabundo *adj*	מַבְחִיל
nauta *m*	יַמַּאי, יוֹרֵד יָם
náutica *f*	סַפָּנוּת, שַׁיִט, נַוָּטוּת
náutico *adj*	יַמִּי, נַוָּטִי
nautilo *m*	נָאוּטִילוּס
navaja *f*	תַּעַר, סַכִּין
navajazo *m*	דְּקִירַת־סַכִּין
naval *adj*	יַמִּי, שֶׁל הַצִּי
nave *f*	סְפִינָה, אֳנִיָּה
navegable *adj*	עָבִיר, בַּר נִוּוּט
navegación *f*	שַׁיִט, סַפָּנוּת, נְסִיעָה בָּאֳנִיָּה
navegador *m*	1 נַוָּט, סַפָּן. 2 נוֹסֵעַ
navegante *adjm*	1 יַמִּי. 2 נַוָּט, סַפָּן, שַׁיָּט
navegar *vit*	1 שָׁט, הִפְלִיג בָּאֳנִיָּה. 2 הִשַּׁיט
navidad *f*	חַג הַמּוֹלָד
naviero *adjm*	1 סַפָּנִי, שֶׁל שַׁיִט. 2 בַּעַל־סְפִינָה
navio *m*	אֳנִיָּה, סְפִינָה
náyade *f*	נִימְפַת הַמַּיִם
nazareno *adjm*	1 בֶּן נָצְרַת. 2 נוֹצְרִי
nazi *adjm*	נָאצִי
nazismo *m*	נָאצִיזְם
nébeda *f*	מִנְתָּה (נַעֲנָה)
neblina *f*	עֲרָפֶל
nebulosa *f*	עַרְפִּלִּית
nebulosidad *f*	עַרְפִּלִּיּוּת, אֲבִיכוּת
nebuloso *adj*	מְעֻרְפָּל, קוֹדֵר, אָבִיךְ
necear *vi*	שָׁטָה, לִגְלֵג
necedad *f*	1 שְׁטוּת, טִפְּשׁוּת, כְּסִילוּת. 2 בּוּרוּת
necesario *adj*	נָחוּץ, הֶכְרֵחִי, חִיּוּנִי
neceser *m*	קֻפְסַת פַּרְכּוּס, מַחְפְּצָה
necesidad *f*	1 צֹרֶךְ, כֹּרַח, הֶכְרֵחַ. 2 מַחְסוֹר, דַּלּוּת, עֹנִי
necesitado *adjm*	נִצְרָךְ, עָנִי, אֶבְיוֹן
necesitar *vti*	1 חִיֵּב, הִצְרִיךְ. 2 נִזְקַק, הִצְטָרֵךְ
necio *adjm*	1 טִפֵּשׁ, כְּסִיל, שׁוֹטֶה. 2 בּוּר. 3 חָצוּף, עַז פָּנִים
necrología *f*	1 מוֹדַעַת־אֵבֶל, נֶקְרוֹלוֹג. 2 הֶסְפֵּד
necrológico *adj*	נֶקְרוֹלוֹגִי, שֶׁל אֵבֶל, הֶסְפֵּדִי
necromancia *f*	אוֹבוּת, כִּשּׁוּף, נֶקְרוֹמַנְטְיָה
necrópolis *f*	בֵּית קְבָרוֹת, בֵּית עָלְמִין, בֵּית עוֹלָם
necrosis *f*	נֶמֶק, רָקָב
necrótico *adj*	נִמְקִי
néctar *m*	צוּף, נֶקְטָר
neerlandés *adjm*	הוֹלַנְדִּי
nefando *adj*	נִבְזֶה, מְתֹעָב, בֶּן בְּלִיַּעַל
nefario *adj*	רָשָׁע, מַרְשִׁיעַ, פּוֹשֵׁעַ, נִבְזֶה
nefasto *adj*	הֲרֵה־אָסוֹן, מְבַשֵּׂר רַע, מֵבִיא שׂוֹאָה
nefritico *adjm*	1 שֶׁל הַכְּלָיוֹת. 2 חוֹלֶה־כְּלָיוֹת
nefritis *f*	דַּלֶּקֶת כְּלָיוֹת
negación *f*	1 שְׁלִילָה, הַכְחָשָׁה, סְתִירָה, אִיּוּן, סֵרוּב. 2 תֹּאַר־שְׁלִילָה
negar *vt*	שָׁלַל, כָּפַר, אִיֵּן, הִכְחִישׁ
negativa *f*	סֵרוּב, שְׁלִילָה, דְּחִיָּה
negatividad *f*	שְׁלִילִיּוּת

negativo *adjm* 1 שְׁלִילִי. 2 נֶגָטִיב, תַּשְׁלִיל
negligencia *f* רַשְׁלָנוּת, הִתְרַשְּׁלוּת, הַזְנָחָה
negligente *adjm* רַשְׁלָן, מְזַנֵּחַ, רַשְׁלָנִי
negociable *adj* 1 עוֹבֵר לַסּוֹחֵר. 2 סָחִיר
negociación *f* סִחוּר, מַשָּׂא וּמַתָּן
negociado *m* 1 עֵסֶק, עִסְקָה. 2 עִסְקַת־בֶּצַע
negociador *adjm* מְתַוֵּךְ, מְנַהֵל מַשָּׂא וּמַתָּן
negociante *m* סוֹחֵר, תַּגָּר
negociar *vti* נָשָׂא וְנָתַן, סָחַר, תִּגֵּר
negocio *m* 1 עֵסֶק, מִסְחָר. 2 חֲנוּת, בֵּית מִסְחָר
negra *f* כּוּשִׁית
negrear *vi* הִשְׁחִיר, הָפַךְ שָׁחוֹר
negrero *m* סוֹחֵר עֲבָדִים
negro *adjm* 1 שָׁחוֹר. 2 כּוּשִׁי
negro de humo פִּיחַ
negroide *adj* דּוֹמֶה לְכוּשִׁי, כּוּשִׁי
negrura *f* שְׁחוֹר, קַדְרוּת
negruzco *adj* שְׁחַרְחַר
némesis *m* נֵמֵסִיס, אֵלַת־הַנְּקָמָה
nene *m* יֶלֶד, תִּינוֹק
nenúfar *m* נִימְפֵאָה, שׁוֹשַׁנַּת־הַמַּיִם
neoclasicismo *m* נֵיאוֹקְלָסִיצִיזְם
neoclásico *adj* נֵיאוֹקְלָסִי
neófito *m* 1 טִירוֹן. 2 גֵּר. 3 מוּמָר
neolatino *adjm* 1 רוֹמָנִי. 2 רוֹמָנִית
neolítico *adj* נֵיאוֹלִיתִי
neologismo *m* מִלָּה חֲדָשָׁה אוֹ מְחֻדֶּשֶׁת, נֵיאוֹלוֹגִיזְם
neón *m* נֵאוֹן
neoplasma *f* שְׂאֵת, גִּדּוּל מַמְאִיר
nepotismo *m* נֶפּוֹטִיּוּת
neptunio *m* נֶפְטוּנְיוּם
neptuno *m* נֶפְטוּן
nereida *f* נֵרֵאִידָה, נִימְפָה
nervadura *f* מַעֲרֶכֶת הָעֲצַבִּים
nérveo *adj* עֲצַבִּי
nervio *m* עָצָב
nerviosidad *f* עַצְבָּנוּת
nervioso *adj* עַצְבָּנִי
nervosidad *f* עַצְבָּנוּת
nervoso *adj* עַצְבָּנִי
nervudo *adj* 1 חָזָק, נִמְרָץ. 2 קָשׁוּחַ
nescencia *f* בּוּרוּת, חֹסֶר־דַּעַת
nesciente *adj* בּוּר, חֲסַר־דַּעַת
neto *adjm* 1 נָקִי. 2 נֶטוֹ
neumático *adjm* 1 אֲוִירִי, מַכִּיל אֲוִיר. 2 צָמִיג
neumatologia *f* נֵיאוּמָטוֹלוֹגְיָה, תּוֹרַת הָאֲוִיר
neumatómetro *m* מַד נְשִׁימָה
neumococo *m* נֶקֶד רֵאָה
neumoconiosis *f* אֲבֶקֶת־הָרֵאוֹת
neumonia *f* דַּלֶּקֶת רֵאוֹת
neumónico *adj* שֶׁל דַּלֶּקֶת רֵאוֹת
neuralgia *f* כְּאֵב עֲצַבִּים
neurálgico *adj* נֶוְרוֹלוֹגִי
neurastenia *f* חֻלְשַׁת עֲצַבִּים
neurasténico *adjm* חוֹלֵה עֲצַבִּים
neuritis *f* דַּלֶּקֶת הָעֲצַבִּים
neurologia *f* נֶוְרוֹלוֹגְיָה, תּוֹרַת הָעֲצַבִּים
neurológico *adj* נֶוְרוֹלוֹגִי
neurólogo *m* נֶוְרוֹלוֹג
neurona *f* נֶוְרוֹן, תָּא שֶׁל עָצָב
neurosis *f* נֶוְרוֹזָה, עַצֶּבֶת
neurótico *adjm* נֶוְרוֹטִי
neutral *adjm* נֵיטְרָלִי
neutralidad *f* נֵיטְרָלִיּוּת
neutralización *f* נִטְרוּל
neutralizar *vt* נִטְרֵל
neutro *adj* סְתָמִי, נֵיטְרָלִי
neutrón *m* נֵיטְרוֹן
nevada *f* 1 שֶׁלֶג. 2 יְרִידַת שֶׁלֶג
nevado *adjm* 1 מֻשְׁלָג. 2 שֶׁלֶג־עַד
nevar *vimp* הִשְׁלִיג, יָרַד שֶׁלֶג
nevasca *f* יְרִידַת שֶׁלֶג
nevera *f* מַקְרֵר, מְקָרֵר
nevisca *f* שְׁלִיגָה קַלָּה
neviscar *vimp* יָרַד שֶׁלֶג
nevoso *adj* 1 מֻשְׁלָג. 2 צַח, צָחוֹר
nexo *m* קֶשֶׁר, יַחַס סְמִיכוּת
ni *conj* אַף לֹא, גַּם לֹא
ni que כְּאִלּוּ

ni siquiera אֲפִלּוּ
nicotina *f* נִיקוֹטִין
nicotínico *adj* נִיקוֹטִינִי
nicho *m* גֻּמְחָה, שֶׁקַע, מִגְרָעָה
nidada *f* גּוֹזָלִים, אֶפְרוֹחִים (בַּקֵּן)
nidal *m* קֵן
nido *m* 1 קֵן. 2 מִקְלָט. 3 מְאוּרָה. 4 בַּיִת
niebla *f* 1 עֲרָפֶל. 2 קִמָּחוֹן
niego *madj* 1 גּוֹזָל נֶשֶׁר. 2 שׁוֹלֵל, נוֹגֵד
nieto *m* נֶכֶד
nieve *f* שֶׁלֶג
nigromamcia *f* יִדְּעוֹנוּת, נִיגְרוֹמַנְטְיָה
nigromante *m* בַּעַל אוֹב
nihilismo *m* נִיהִילִיזְם
nihilista *adjm* נִיהִילִיסְט
nilón *m* נַיְלוֹן
nimbo *m* הִלָּה, זֹהַר, זִיו
nimiedad *f* 1 קַטְנוּת, זוּטָה, קַלּוּת־עֵרֶךְ. 2 קַפְּדָנוּת, הַפְרָזָה
nimio *adj* 1 קַטְנוּנִי, קַל עֵרֶךְ, פָּעוּט. 2 קַפְּדָן, נוֹקְדָן
ninfa *f* 1 נִימְפָה. 2 גֹּלֶם (שֶׁל חֶרֶק)
ninfomanía *f* תַּאַוְתָנוּת נָשִׁים, שִׁגָּעוֹן הַתַּאֲוָה
ninfomaníaca *f* חוֹלַת תַּאֲוָה
ningún *adj* אַף לֹא אֶחָד
ninguno *adj* אַף לֹא אֶחָד
niña *f* 1 יַלְדָּה, תִּינֹקֶת. 2 אִישׁוֹן
niñada *f* יַלְדוּתִיּוּת
niñera *f* אוֹמֶנֶת, מְטַפֶּלֶת
niñería *f* יַלְדוּתִיּוּת, מַעֲשֵׂה יַלְדוּת
niñez *f* יַלְדוּת
niño *m* יֶלֶד, עוֹלָל, קָטִין
nionio *m* נִיוֹבְּיוּם (מתכת)
nipón *adjm* יַפָּנִי
niquel *m* נִיקֶל
niquelado *adjm* מְצֻפֶּה נִיקֶל
niquelar *vt* צִפָּה בְּנִיקֶל
nirvana *m* נִירְוָנָה, חִדָּלוֹן
nispero *m* שֶׁסֶק
nitidez *f* צַחוּת, זַכּוּת, בְּהִירוּת
nitido *adj* צַח, בָּהִיר, זַךְ, צָלוּל
nitón *m* נִיטוֹן, זָהֳרָן (יסוד גזי)
nitos *adv* לֹא, לָאו
nitrato *m* חַנְקָה
nitrico *adj* חַנְקָנִי
nitro *m* מְלַחַת
nitrocelulosa *f* נִיטְרוֹצֶלּוּלוֹזָה
nitrogenado *adj* חַנְקָנִי
nitrógeno *m* חַנְקָן
nitroglicerina *f* נִיטְרוֹגְלִיצֶרִין
nitroso *adj* שֶׁל חֻמְצָה חַנְקָנִית
nivel *m* 1 מִישׁוֹר, מִפְלָס. 2 פֶּלֶס־מַיִם
nivelación *f* יִשּׁוּר, פִּלּוּס, שִׁוּוּי
nivelado *adj* 1 שָׁוֶה, מְאֻזָּן. 2 אָפְקִי
nivelar *vt* 1 שִׁוָּה, יִשֵּׁר, אִזֵּן. 2 פִּלֵּס, סָלַל
níveo *adj* שַׁלְגִּי, דְּמוּי שֶׁלֶג
no *adv* לֹא, לָאו, אַל, בַּל
no bien מִיָּד לִכְשֶׁ־
no más רַק, לֹא יוֹתֵר
no obstante לַמְרוֹת, עַל אַף
noble *madj* 1 אָצִיל, אַבִּיר. 2 אֲצִילִי, אַבִּירִי
nobleza *f* אֲצִילוּת, אֲצֻלָּה
noción *f* מֻשָּׂג, רַעְיוֹן, מוּדָעוּת, יְדִיעָה
nocividad *f* הֶזֵּק, נֶזֶק
nocivo *adj* מַזִּיק
noctambulismo *m* סַהֲרוּרִיּוּת
noctámbulo *adj* סַהֲרוּרִי
noctiluca *adjf* 1 זַרְחִיתִי, זוֹרֵחַ. 2 גַּחְלִילִית
nocturno *adjm* 1 לֵילִי. 2 נוֹקְטוּרְנוֹ
noche *f* לַיִל, לַיְלָה
nochebuena *f* חַג הַמּוֹלָד
nodal *adj* 1 קָטְבִּי. 2 גִּדּוּלִי
nodo *m* 1 תְּפִיחוּת, גֻּלָּה. 2 קֶשֶׁר. 3 קֹטֶב
nodriza *f* מֵינֶקֶת
nodular *adj* 1 קִשְׁרִי. 2 קָטְבִּי
nódulo *m* פְּקַעַת, קֶשֶׁר
nogal *m* 1 אֱגוֹז. 2 עֵץ הָאֱגוֹז
nómada, nómade *m* נוֹדֵד, נָע וָנָד
nombradía *f* פִּרְסוּם, מוֹנִיטִין, תְּהִלָּה
nombrado *adj* מְפֻרְסָם, דָּגוּל, מְהֻלָּל

nombramiento *m* 1 מִנּוּי, הִתְמַנּוּת. 2 תְּעוּדַת מִנּוּי
nombrar *vt* 1 מִנָּה, הוֹעִיד. 2 קָרָא, נָקַב בְּשֵׁם, כִּנָּה
nombre *m* 1 שֵׁם, כִּנּוּי. 2 שֵׁם עֶצֶם. 3 פִּרְסוּם, מוֹנִיטִין, שֵׁם טוֹב
nombre común שֵׁם עֶצֶם כְּלָלִי
nombre de pila שֵׁם פְּרָטִי
nombre prepio שֵׁם עֶצֶם פְּרָטִי
nomenclatura *f* כִּנְיוֹן, מִנּוּחַ, רְשִׁימָה
nomeolvides *f* זִכְרִינִי, זִכְרִיָּה
nómina *f* 1 רְשִׁימָה. 2 גִּלְיוֹן תַּשְׁלוּמִים
nominación *f* מִנּוּי, הִתְמַנּוּת
nominal *adj* 1 שֵׁמִי. 2 נוֹמִינָלִי, נָקוּב
nominar *vt* 1 מִנָּה. 2 קָרָא בְּשֵׁם, כִּנָּה
nominativo *madj* 1 נוֹמִינָטִיב. 2 מְמֻנֶּה
nómino *m* מְמֻנֶּה, מֻעֲמָד
non *madv* 1 פֶּרֶט. 2 לֹא
nonada *f* אֶפְסוּת, קַטְנוּת
nonagenario *adjm* בֶּן תִּשְׁעִים
nonagésimo *adjm* הַתִּשְׁעִים, חֵלֶק הַתִּשְׁעִים
nonágono *m* מְתֻשָּׁע
nonato *adj* 1 שֶׁנּוֹלַד בְּנִתּוּחַ קֵיסָרִי. 2 יוֹצֵא דֹּפֶן
nones *adv* לֹא בְּאֶלֶף רַבָּתִי
nono *adj* תְּשִׁיעִי
nopal *m* צַבָּר
noquear *vt* הָלַם מַכַּת נוֹקָאוּט
nordestal *adj* צְפוֹנִי מִזְרָחִי
nordeste *m* צְפוֹן מִזְרָח
nórdico *adjm* צְפוֹנִי
noria *f* אַנְטִילְיָה
norma *f* תֶּקֶן, שִׁעוּר, מִדָּה, כְּלָל, נוֹרְמָה
normal *adjm* 1 רָגִיל, תַּקִּין, נוֹרְמָלִי. 2 אֲנָכִי. 3 נִצָּב, אֲנָךְ. 4 תֶּקֶן
normalidad *f* תַּקִּינוּת, נוֹרְמָלִיּוּת
normalista *m* תַּלְמִיד סֶמִינָר לְמוֹרִים
normalización *f* הַסְדָּרָה, יִצּוּב, נוֹרְמָלִיזַצְיָה
normalizar *vt* יִצֵּב, הִתְקִין, עָשָׂה לְנוֹרְמָלִי
noroeste *m* צְפוֹן מַעֲרָב
norte 1 צְפוֹנִי. 2 צָפוֹן
norteamericano *adjm* צְפוֹן אֲמֵרִיקָאִי
nortear *vi* הִצְפִּין, פָּנָה צָפוֹנָה
norteño *adjm* צְפוֹנִי
noruego *adjm* נוֹרְוֶגִי
nos *pronpers* אֲנַחְנוּ, אָנוּ, אוֹתָנוּ
nosocomio *m* בֵּית חוֹלִים
nosogenia *f* הִתְהַוּוּת מַחֲלָה
nosologia *f* תּוֹרַת הַמַּחֲלוֹת
nosomántica *f* רְפוּאַת אֱלִיל
nosotros *pronpers* אֲנַחְנוּ, אָנוּ
nostalgia *f* גַּעְגּוּעִים, כִּלְיוֹן נֶפֶשׁ
nostálgico *adj* מִתְגַּעְגֵּעַ, נוֹסְטַלְגִּי
nota *f* 1 צִיּוּן. 2 הֶעָרָה, סִימָן, תָּו. 3 הוֹדָעָה, אִגֶּרֶת, תַּזְכִּיר
notabilidad *f* 1 חֲשִׁיבוּת. 2 אָדָם מְפֻרְסָם
notable *adjm* נִכְבָּד, מְפֻרְסָם, שַׁקְרָן, בַּעַל שֵׁם
notablemente *adv* בְּאֹפֶן בּוֹלֵט, בְּצוּרָה מֻבְהֶקֶת
notación *f* סִמּוּן, צִיּוּן, תִּוּוּי
notar *vt* 1 צִיֵּן, סִמֵּן, רָשַׁם. 2 הִרְגִּישׁ. 3 הִבְחִין, הִרְגִּישׁ, הִשְׁגִּיחַ
notaria *f* לִשְׁכַּת נוֹטַרְיוֹן
notarial *adj* נוֹטַרְיוֹנִי
notario *m* נוֹטַרְיוֹן
noticia *f* יְדִיעָה, בְּשׂוֹרָה, חֲדָשָׁה
noticiar *vt* הוֹדִיעַ, בִּשֵּׂר, חִדֵּשׁ
noticiario *m* יוֹמַן חֲדָשׁוֹת
noticiero *m* כַּתָּב
noticioso *adjm* 1 מוֹדִיעַ. 2 יְדִיעוֹן, יוֹמַן חֲדָשׁוֹת
notificación *f* הוֹדָעָה, אַזְהָרָה
notificar *vt* הוֹדִיעַ, הִזְהִיר
notoriedad *f* פִּרְסוּם, מוֹנִיטִין
notorio *adj* נוֹדָע, בּוֹלֵט, מְפֻרְסָם, נִכָּר
nova *f* כּוֹכָב חָדָשׁ
novatada *f* מַעֲשֵׂה טִירוֹן
novato *m* טִירוֹן, מַתְחִיל
novecientos *adjm* תְּשַׁע מֵאוֹת
novedad *f* חִדּוּשׁ, חֲדָשָׁה
novedoso *adj* חָדִישׁ, חָדָשׁ

novel *adj* מַתְחִיל, טִירוֹן

novela *f* 1 רוֹמָן, נוֹבֶלָה. 2 סִפּוּר

novelería *f* רְכִילוּת

novelero *adjm* רַכְלָן

novelesco *adj* דִּמְיוֹנִי, בָּדוּי

novelista *m* סוֹפֵר, מְחַבֵּר נוֹבֶלוֹת

novena *f* 1 תְּשִׁיעִית. 2 נוֹבֶנָה (ימי סיגוף נוצריים)

noveno *adj* תְּשִׁיעִי

noventa *adjm* תִּשְׁעִים

noventavo *adjm* חֵלֶק הַתִּשְׁעִים

novia *f* כַּלָּה, אֲרוּסָה

noviazgo *m* אֵרוּסִין, אֲרוּסִים, כְּלוּלוֹת

noviciado *m* טִירוֹנוּת

novicio *adjm* טִירוֹן, מַתְחִיל

noviembre *m* נוֹבֶמְבֶּר

movilunio *m* רֹאשׁ חֹדֶשׁ

novillero *m* רוֹעֶה, בּוֹקֵר

novilla *f* מַבְכִּירָה

novillada *f* עֵדֶר פָּרִים

novillo *m* פַּר, שׁוֹר צָעִיר

novio *m* חָתָן

novisimo *adj* חָדִישׁ בְּיוֹתֵר

novocaina *f* נוֹבוֹקָאִין

nubarrón *m* עָב, עָנָן

nube *f* עָנָן, עָב

núbil *adj* שֶׁהִגִּיעַ לְפִרְקוֹ, בַּגִּיר

nubilidad *f* בְּגִירוּת, בַּגְרוּת

nubio *adjm* נוּבִּי

nublado *adjm* 1 מְעֻנָּן. 2 עָנָן. 3 קַדְרוּת. 4 גֹּדֶשׁ

nublar *vt* עִנֵּן

nubloso, nuboso *adj* מְעֻנָּן

nuca *f* עֹרֶף

nuclear *adj* גַּרְעִינִי

núcleo *m* גַּרְעִין, גַּלְעִין

nucléolo *m* גַּרְעִינוֹן

nucleón *m* נוּקְלֵאוֹן, חֶלְקִיק הַגַּרְעִין

nudillo *m* פֶּרֶק אֶצְבַּע

nudismo *m* נוּדִיזְם

nudista *adjm* נוּדִיסְט

nudo *m* 1 קֶשֶׁר. 2 סְבַךְ, סִבּוּךְ. 3 בְּלִיטָה, סִיקוּס

nudoso *adj* 1 מְסֻבָּךְ. 2 מְסֻקָּס

nuégado *m* דִּבְשָׁן

nuera *f* כַּלָּה

nuestro *adjpos* שֶׁלָּנוּ

nueva *f* בְּשׂוֹרָה, חֲדָשָׁה

nueve *adjm* תֵּשַׁע

nuevo *adj* חָדָשׁ

nuez *f* אֱגוֹז

nuez de coco אֱגוֹז הֹדּוּ, אֱגוֹז קוֹקוֹס

nulidad *f* 1 אַפְסוּת, בִּטּוּל. 2 לֹא יֻצְלַח

nulo *adj* אַפְסִי, חֲסַר־תֹּקֶף

numen *m* הַשְׁרָאָה

numeración *f* סְפִירָה, מִסְפּוּר, סִפְרוּר

numerador *m* מוֹנֶה

numeral *adj* מִסְפָּרִי

numerar *vt* מִסְפֵּר, סִפְרֵר

numerario *adjm* 1 תִּקְנִי. 2 מְזֻמָּנִים, מְצַלְצְלִים

numérico *adj* מִסְפָּרִי, כַּמּוּתִי

número *m* 1 סְפָרָה, מִסְפָּר. 2 כַּמּוּת, מִנְיָן

numerologia *f* גִּימַטְרִיָּה

numerosidad *f* הָמוֹן, אֲסַפְסוּף

Números *mpl* בַּמִּדְבָּר

numeroso *adj* רַב, עָצוּם, מְרֻבֶּה

numismática *f* נוּמִיסְמָטִיקָה

numismático *adjm* 1 נוּמִיסְמָטִי. 2 אַסְפַן מַטְבְּעוֹת

nunca *adv* לְעוֹלָם לֹא, מֵעוֹלָם לֹא, אַף פַּעַם לֹא

nunca jamás לֹא עוֹד

nuncio *m* נוּנְצִיוּס

nupcial *adj* שֶׁל כְּלוּלוֹת, שֶׁל נִשּׂוּאִים

nupcias *fpl* כְּלוּלוֹת, נִשּׂוּאִים

nutria *f* נוּטְרִיָּה

nutrición *f* תְּזוּנָה, מָזוֹן, אֹכֶל, הֲזָנָה

nutrido *adj* גָּדוּשׁ, שׁוֹפֵעַ

nutrimento, nutrimiento *m* מָזוֹן, הֲזָנָה, תְּזוּנָה, כַּלְכָּלָה

nutrir *vt* 1 הֵזִין. 2 כִּלְכֵּל, פִּרְנֵס

nutritivo *adj* 1 מַזִּין. 2 מְכַלְכֵּל, מְפַרְנֵס

Ñ

Ñ *f* אָנְיֶה, הָאוֹת הַשְּׁבַע־עֶשְׂרֵה שֶׁל הָאָלֶף־בֵּית הַסְּפָרַדִּי

ña *f* גְּבֶרֶת, מָרַת

ñacanina *f* צֶפַע, אֶפְעֶה

ñacandú *m* אֹחַ

ñacurutú *m* יַנְשׁוּף

ñame *m* טָמוּס (צמח עשבוני)

ñandú *m* יָעֵן אֲמֵרִיקָאִי

ñañigo *adjm* בֶּן שֵׁבֶט וּודוּ

ñapa *f* דְּמֵי שְׁתִיָּה

ñato *adj* חֲרוּמַף, בַּעַל אַף סוֹלֵד

ñeque *m* אוֹן, כֹּחַ, מֶרֶץ

ño *m* אָדוֹן, מַר

ñongo *adj* בּוּר, עַם הָאָרֶץ

ñoñeria *f* רַגְשָׁנוּת, טִפְּשׁוּת

ñoñez *f* רַגְשָׁנוּת, טִפְּשׁוּת

ñoño *adjm* טִפֵּשׁ, שׁוֹטֶה, כְּסִיל

ñu *m* גְּנוּ, תְּאוֹ אַפְרִיקָנִי

ñudo *m* קֶשֶׁר, סִיקוּס

ñudoso *adj* מְסֻבָּךְ, מְסֻקָּס

ñutir *vi* רָטַן, רָגַן

ñuto *adj* טָחוּן

O

O *fconj* 1 אֹ, אוֹ, הָאוֹת הַשְּׁמוֹנָה עֶשְׂרֵה שֶׁל הָאָלֶף־בֵּית הַסְּפָרַדִּי. 2 אוֹ

oasis *m* נָוֶה, נְאוֹת מִדְבָּר

abcecación *f* סַנְוֵרִים, מְבוּכָה, בִּלְבּוּל

obcecar *vt* 1 סִנְוֵר, הֵבִיךְ, בִּלְבֵּל. 2 הִסְתַּנְוֵר

obedecer *vi* 1 צִיֵּת, הִקְשִׁיב. 2 נִכְנַע, נִשְׁמַע

obedecible *adj* רָאוּי אוֹ נִתָּן לְהַקְשָׁבָה

obediencia *f* צַיְּתָנוּת, מִשְׁמַעַת, הַקְשָׁבָה, מָרוּת

obediente *adj* צַיְּתָן, מְמֻשְׁמָע, נִכְנָע

obelisco *m* אוֹבֶּלִיסְק

obenque *m* רִכְסָה

obertura *f* פְּתִיחָה, אוֹבֶרְטוּרָה

obesidad *f* שֹׁמֶן, שַׁמְנוּת

obeso *adj* שָׁמֵן, בָּרִיא, בַּעַל גּוּף

óbice *m* מַעְצוֹר, מִכְשׁוֹל, תְּקָלָה, מְנִיעָה

obispado *m* בִּישׁוֹפוּת

obispal *adj* בִּישׁוֹפִי, אֶפִּיסְקוֹפָּלִי

obispalia *f* בִּישׁוֹפוּת

obispo *m* הֶגְמוֹן, בִּישׁוֹף

óbito *m* פְּטִירָה, מָוֶת

obituario *m* 1 נֶקְרוֹלוֹג, הַסְפָּדָה. 2 רְשִׁימַת מֵתִים

objeción *f* עִרְעוּר, סְתִירָה, עֲרָר, הִתְנַגְּדוּת, הַשָּׂגָה, טַעֲנָה

objetante *adjm* מִתְנַגֵּד, מִסְתַּיֵּג

objetar *vt* עִרְעֵר, הִתְנַגֵּד, הִשִּׂיג, הִקְשָׁה

objetividad *f* אוֹבְּיֶקְטִיבִיּוּת

objetivo *adjm* 1 חִיצוֹנִי, עִנְיָנִי, מַהוּתִי, תַּכְלִיתִי, אוֹבְּיֶקְטִיבִי. 2 עֲדָשָׁה. 3 מְשִׂימָה, יַעַד, מַטָּרָה

objeto *m* 1 עֶצֶם, דָּבָר, חֵפֶץ. 2 אוֹבְּיֶקְט, נוֹשֵׂא. 3 תַּכְלִית, מַטָּרָה. 4 מֻשָּׂא (בתחביר)

oblación *f* 1 קָרְבָּן, מִנְחָה, תְּרוּמָה, נְדָבָה. 2 נֶסֶךְ

oblicuidad *f* אֲלַכְסוֹנִיּוּת, לִכְסוּן, שִׁפּוּעַ

oblicuo *adj* מְשֻׁפָּע, אֲלַכְסוֹנִי, נָטוּי, מְלֻכְסָן

obligación *f* 1 הִתְחַיְּבוּת, חוֹבָה, אַחֲרָיוּת. 2 נֶדֶר, עֹל. 3 אִגֶּרֶת חוֹב

obligacionista *m* בַּעַל אִגֶּרֶת חוֹב, בַּעַל מְנָיָה

obligar *vt* הִכְרִיחַ, חִיֵּב, אִלֵּץ

obligatorio *adj* מְחַיֵּב, שֶׁל חוֹבָה, הֶכְרֵחִי

oblongo *adj* מָאֳרָךְ, מַלְבֵּנִי

oboe *m* אַבּוּב

óbolo *m* 1 תְּרוּמָה. 2 שֶׁמֶץ, קָרְטוֹב. 3 אֲגוֹרָה, מַטְבֵּעַ

obra *f* 1 מְלָאכָה, עֲבוֹדָה, פְּעֻלָּה, מַעֲשֶׂה. 2 מִפְעָל. 3 מַחֲזֶה, הַצָּגָה. 4 יְצִירָה

obra maestra מְלֶאכֶת מַחֲשֶׁבֶת

obrador *adjm* 1 פּוֹעֵל, עוֹבֵד. 2 בֵּית־מְלָאכָה

obraje *m* תַּעֲשִׂיָּה, יִצּוּר

obrar *vit* 1 פָּעַל, עָבַד. 2 עָשָׂה, יָצַר

obrerismo *m* תְּנוּעַת הָעֲבוֹדָה, תְּנוּעַת הַפּוֹעֲלִים

obrero *adjm* עוֹבֵד, פּוֹעֵל

obscenidad *f* נִבּוּל פֶּה, תּוֹעֵבָה, זִמָּה, שִׁפְלוּת, גַּסוּת

obsceno *adj* נִתְעָב, מְגֻנֶּה, שָׁפָל, גַּס, מְנַבֵּל פֶּה

obscuramente *adv* בַּחֹשֶׁךְ, בָּאֲפֵלָה

obscurantismo *m* חַשְׁכוּת, בַּעֲרוּת, שִׂנְאַת דַּעַת

obscurantista *adjm* שׂוֹנֵא דַעַת, נִבְעָר מִדַּעַת

obscurecer *vt* 1 הֶחְשִׁיךְ, הֶאֱפִיל, עִרְפֵּל, הִכְהָה. 2 חָשַׁךְ, קָדַר

obscurecimiento *m* הַחְשָׁכָה, אִפּוּל, הִתְקַדְּרוּת, הַאֲפָלָה

obscuridad *f* חֹשֶׁךְ, אֲפֵלָה, כֵּהוּת, קַדְרוּת

obscuro *adj* חָשׁוּךְ, סָתוּם, מְעֻרְפָּל, אָפֵל

obsecración *f* הַפְצָרָה, בַּקָּשָׁה, תְּחִנָּה

obsecuencia *f* כְּנִיעוּת, צַיְּתָנוּת, חֲנֻפָּה

obsecuente *adj* צַיְּתָן, נִכְנָע, חַנְפָן, מְצַיֵּת, מִתְרַפֵּס

obsequiar *vt* 1 הֶעֱנִיק, הִגִּישׁ, נָתַן בְּמַתָּנָה. 2 עִנֵּג, שִׁעֲשַׁע. 3 חִזֵּר

obsequio *m* מַתָּנָה, שַׁי, תְּשׁוּרָה, דּוֹרוֹן, מִנְחָה

obsequiosidad *f* כְּנִיעוּת, הִתְרַפְּסוּת, צַיְּתָנוּת

obsequioso *adj* 1 מַסְבִּיר פָּנִים, אָדִיב. 2 חַנְפָן, מִתְרַפֵּס

observable *adj* בּוֹלֵט, רָאוּי לְשִׂימַת לֵב

observación *f* 1 תַּשְׁקִיף, הִתְבּוֹנְנוּת, הִסְתַּכְּלוּת. 2 הֶעָרָה, צִטּוּט. 3 שְׁמִירָה, קִיּוּם. 4 זְהִירוּת, קַפְּדָנוּת

observador *m* מַשְׁקִיף, צוֹפֶה, מִתְבּוֹנֵן

observancia *f* 1 קִיּוּם מִצְווֹת, מִלּוּי חוֹבָה. 2 שִׂימַת לֵב, נִימוּס

observante *adjm* קַפְּדָן, שׁוֹמֵר מִצְווֹת

observar *vt* 1 שָׁמַר, קִיֵּם. 2 הִסְתַּכֵּל, הִתְבּוֹנֵן, הִבִּיט, הִבְחִין, צָפָה. 3 הֵעִיר

observatorio *m* תַּצְפִּית, מִצְפֶּה

obsesión *f* דִּבּוּק, שִׁגָּעוֹן, טֵרוּף

obsesionar *vt* 1 הֵצִיק, הִטְרִיד. 2 הִשְׁתַּגֵּעַ

obsesivo *adj* טוֹרְדָנִי

obsidiana *f* לַבָּה שְׁחוֹרָה

obsoleto *adj* מְיֻשָּׁן, יְשַׁן־נוֹשָׁן

obstáculo *m* מִכְשׁוֹל, מַעְצוֹר

obstante (no) *adv* בְּכָל זֹאת, אַף עַל פִּי כֵן, מִכָּל מָקוֹם, לַמְרוֹת זֹאת

obstetricia *f* מְיַלְּדוּת

obstétrico *adj* מְיַלְּדוּתִי

obstinación *f* עִקְּשׁוּת, עַקְשָׁנוּת, סָרְבָנוּת

obstinado *adj* קְשֵׁה עֹרֶף, עִקֵּשׁ, עַקְשָׁן

obstinarse *vref* הִתְעַקֵּשׁ

obstrucción *f* 1 הַפְרָעָה, עִכּוּב. 2 סְתִימָה, אֲטִימָה. 3 חַבָּלָה

obstruccionismo *m* עִכּוּב, הַפְרָעָה, חִבּוּל, אוֹבְּסְטְרוּקְצְיָה

obstruccionista *adjm* מַפְרִיעַ, מוֹנֵעַ, מְעַכֵּב

obstructor *adj* עוֹצֵר, מְעַכֵּב, סוֹתֵם, חוֹסֵם

obstruir *vt* 1 הִפְרִיעַ, עִכֵּב, חִבֵּל. 2 סָתַם, חָסַם, אָטַם

obntención *f* הַשָּׂגָה, קַבָּלָה, רְכִישָׁה

obtener *vt* הִשִּׂיג, רָכַשׁ, קִבֵּל, נָחַל

obtenible *adj* בַּר הַשָּׂגָה

obturador *adjm* 1 סוֹתֵם, חוֹסֵם. 2 אֶטֶם, סֶגֶר

obturar *vt* סָתַם, חָסַם, אָטַם, סָגַר

obtuso *adj* 1 קֵהֶה. 2 מְטֻמְטָם. 3 עָצוּם, אָטוּם

obús *m* 1 פָּגָז. 2 תּוֹתָח קָצָר

obviar *vti* 1 מָנַע, הֵסִיר מִכְשׁוֹל. 2 הִתְנַגֵּד

obvio *adj* בָּרוּר, פָּשׁוּט, גָּלוּי, בּוֹלֵט

oca *f* אַוָּז

ocasión *f* 1 הִזְדַּמְּנוּת, עִלָּה, סִבָּה, נְסִבָּה. 2 תּוֹאֲנָה. 3 מִקְרֶה, אֵרוּעַ

ocasional מִקְרִי, אֲרָעִי

ocasionar *vt* גָּרַם, עוֹרֵר, סִבֵּב

ocaso *m* 1 שְׁקִיעָה. 2 הִתְנַוְּנוּת

occidental *adj* מַעֲרָבִי

occidente *m* מַעֲרָב

occipital *adjm* 1 עָרְפִּי. 2 עֶצֶם הָעֹרֶף

occipucio *m* עֹרֶף

oceánico *adj* אוֹקְיָנוֹסִי, נִרְחָב

océano *m* אוֹקְיָנוֹס

oceanografía *f* אוֹקְיָנוֹגְרַפְיָה

oceanográfico *adj* אוֹקְיָנוֹגְרָפִי

oceanógrafo *m* אוֹקְיָנוֹגְרָף

ocelote *m* הֶחָתוּל הַמְנֻמָּר

ocena *f* צַחֲנַת

ocio *m* 1 פְּנַאי, בַּטָּלָה. 2 עַצְלוּת, בַּטְלָנוּת. 3 בִּזְבּוּז

ociosidad *f* 1 פְּנַאי, בַּטָּלָה. 2 עַצְלוּת, רַשְׁלָנוּת

ocioso *adj* עָצֵל, רַשְׁלָן, הוֹלֵךְ בָּטֵל

ocluir *vt* סָגַר, סָתַם, חָסַם, אָטַם

oclusión *f* סֶגֶר, סְגִירָה, סְתִימָה, אֲטִימָה

oclusivo *adj* סוֹתֵם, סוֹגֵר, חוֹסֵם, אוֹטֵם

ocre *m* אוֹכְרָה, חַמְרָה, סִקְרָה

octatédrico *adj* תְּמָנִיּוֹנִי

octaedro *m* תְּמָנִיּוֹן

octagonal *adj* מְתֻמָּן, מְשֻׁמָּן

octágono *m* מְתֻמָּן, מְשֻׁמָּן

octano *m* אוֹקְטָן

octante *m* תֹּמֶן, אוֹקְטַנְט

octava *f* שְׁמִינִית, אוֹקְטָבָה

octavilla *f* עָלוֹן, מוֹדָעָה

octavo *adjm* 1 שְׁמִינִי. 2 שְׁמִינִית

octeto *m* תְּמָנִיָּה, שְׁמִינִיָּה

octogenario *adjm* בֶּן שְׁמוֹנִים

octogésimo *adjm* חֵלֶק הַשְּׁמוֹנִים

octubre *m* אוֹקְטוֹבֶּר

óctuple, óctuplo *adjm* פִּי שְׁמוֹנָה, כָּפוּל שְׁמוֹנָה

octuplicar *vt* הִכְפִּיל בִּשְׁמוֹנָה

ocular *adjm* 1 עֵינִי, שֶׁל רְאִיָּה. 2 עֲדָשַׁת הָעַיִן

oculista *mf* רוֹפֵא עֵינַיִם

ocultación *f* 1 הַטְמָנָה, הַחְבָּאָה, הַסְתָּרָה, הַצְפָּנָה. 2 לִקּוּי, הַאֲפָלָה

ocultamente *adv* בְּהֶסְתֵּר, בַּסֵּתֶר, בִּצְנִעָה

ocultar *vt* הֶחְבִּיא, הִסְתִּיר, הִצְפִּין, הִטְמִין

ocultismo *m* חָכְמָה נִסְתָּרָה, קַבָּלָה

oculto *adj* צָפוּן, חָבוּי, גָּנוּז, כָּמוּס, טָמִיר, סוֹדִי, מִסְתּוֹרִי

ocupación *f* 1 מִקְצוֹעַ, עִסּוּק, עֵסֶק, הִתְעַסְּקוּת. 2 חֲזָקָה, אֲחִיזָה, תְּפִיסָה. 3 כִּבּוּשׁ

ocupante *adjm* 1 מַחֲזִיק, תּוֹפֵס. 2 דַּיָּר, שָׁכֵן, מִשְׁתַּכֵּן

ocupar *vti* 1 תָּפַס, לָכַד, הֶחֱזִיק. 2 עָסַק, הֶעֱסִיק, הֶעֱבִיד, הִתְעַסֵּק. 3 גָּר, דָּר. 4 כָּבַשׁ

ocurrencia *f* 1 הַמְצָאָה, תַּחְבּוּלָה. 2 הִזְדַּמְּנוּת, הִתְרַחֲשׁוּת. 3 מִקְרֶה, מְאֹרָע

ocurrent *adj* 1 שָׁנוּן, חָרִיף, מְחֻכָּם. 2 מְשַׁעֲשֵׁעַ, מְבַדֵּחַ, מַצְחִיק

ocurrir *vt* 1 קָרָה, הִתְרַחֵשׁ, חָל, אֵרַע. 2 עָלָה עַל דַּעְתּוֹ. 3 הִזְדַּמֵּן

ochenta *adjm* שְׁמוֹנִים

ochentavo *adjm* הַשְּׁמוֹנִים

ocho *adjm* שְׁמוֹנָה

ochocientos *adjm* שְׁמוֹנֶה מֵאוֹת

oda *f* אוֹדָה, שִׁיר תְּהִלָּה

odalisca *f* פִּילֶגֶשׁ, שִׁפְחָה

odiar *vt* שָׂנֵא, תִּעֵב, שָׂטַם, מָאַס

odio *m* שִׂנְאָה, אֵיבָה, מַשְׂטֵמָה, תִּעוּב

odiosidad *f* שִׂנְאָה

odioso *adj* נִתְעָב, שָׂנוּי, שָׂנוּא

odisea *f* אוֹדִיסֵיאָה

odómetro *m* מַד רֹחַק, מַד סִבּוּב

odontologia *f* רִפּוּי שִׁנַּיִם

odontólogo *m* רוֹפֵא שִׁנַּיִם

odorífero *adj* רֵיחָנִי

odre *m* 1 נֹאד, חֵמֶת. 2 שִׁכּוֹר, מְבֻשָּׂם

oeste *m* 1 מַעֲרָב. 2 יָם

ofender *vt* הֶעֱלִיב, הִכְאִיב, הִרְגִּיז, הִכְלִים, בִּיֵּשׁ, פָּגַע

ofensa *f* 1 עֶלְבּוֹן, פְּגִיעָה. 2 עֲבֵרָה, אַשְׁמָה

ofensiva *f* מִתְקָפָה, הַתְקָפָה

ofensivo *adj* מַעֲלִיב, פּוֹגֵעַ, מֵבִישׁ, דּוֹחֶה

ofensor *adjm* 1 מַעֲלִיב, פּוֹגֵעַ. 2 עֲבַרְיָן, אָשֵׁם

oferta *f* הַצָּעָה, הֶצֵּעַ

oferta y demanda בִּקּוּשׁ וְהֶצֵּעַ

oficial *adjm* 1 רִשְׁמִי. 2 קָצִין. 3 בַּעַל מְלָאכָה, פּוֹעֵל, עוֹבֵד. 4 פָּקִיד

oficialidad *f* 1 קְצֻנָּה. 2 רִשְׁמִיּוּת

oficiante *m* 1 כֹּמֶר. 2 מְכַהֵן, מְמַלֵּא תַּפְקִיד

oficiar *vi* שֵׁרֵת, כִּהֵן, שִׁמֵּשׁ, מִלֵּא תַּפְקִיד

oficina *f* מִשְׂרָד, לִשְׁכָּה

oficinista *m* פָּקִיד, לַבְלָר

oficio *m* 1 מִשְׂרָה, מִקְצוֹעַ, עֲבוֹדָה. 2 תַּפְקִיד, שְׂרָרָה. 3 תְּפִלָּה, טֶקֶס דָּתִי

oficiosidad *f* חָרִיצוּת, שַׁקְדָנוּת

oficioso *adj* 1 חָרוּץ, שַׁקְדָן. 2 חַטְטָן. 3 מְפַשֵּׁר. 3 רִשְׁמִי לְמֶחֱצָה

ofidio *adjm* 1 נַחֲשִׁי. 2 נָחָשׁ

ofrecer *vt* 1 הִצִּיעַ, הִגִּישׁ, נָתַן. 2 הִקְרִיב. 3 הִבְטִיחַ. 4 הֶרְאָה. 5 הִתְנַדֵּב

ofrecimiento *m* 1 הַצָּעָה. 2 קָרְבָּן, נְדָבָה, תְּרוּמָה, מִנְחָה, מַתָּנָה

ofrenda *f* מִנְחָה, מַתָּנָה, קָרְבָּן, נְדָבָה

ofrendar *vt* הִקְרִיב, הֶעֱלָה מִנְחָה

oftalmia *f* דַּלֶּקֶת עֵינַיִם

oftálmico *adj* עֵינִי, שֶׁל הָעַיִן

oftalmología *f* תּוֹרַת מַחֲלוֹת הָעַיִן

oftalmólogo *m* רוֹפֵא עֵינַיִם

ofuscación *f*, **ofuscamiento** *m* הַחְשָׁכָה, הַאֲפָלָה, אִפּוּל, מְבוּכָה, עִרְפּוּל

ofuscar *vt* הֶאֱפִיל, עִרְפֵּל, הֵבִיךְ

ogro *m* מִפְלֶצֶת, בְּרִיָּה מְשֻׁנָּה
¡oh! *interj* הוֹ!, אוֹי! אֲהָהּ!
ohmio, ohm *m* אוֹהְם
oíble *adj* שָׁמִיעַ, נִשְׁמָע
oída *f* שְׁמוּעָה, שְׁמִיעָה
oído *m* 1 אֹזֶן. 2 שְׁמִיעָה
oidor *adjm* שׁוֹמֵעַ, מַאֲזִין
oír *vti* שָׁמַע, הִקְשִׁיב, הֶאֱזִין
ojal *m* לוּלָאָה, אִבְקָה
¡ojalá! *int* הַלְוַאי! מִי יִתֵּן!, יְהִי רָצוֹן!
ojeada *f* הֲצָצָה, מַבָּט, רִפְרוּף
ojear *vt* סָקַר, הֵצִיץ, הִבִּיט, רִפְרֵף
ojera *f* כֶּתֶם בָּעַיִן
ojeriza *f* שִׂנְאָה, טִינָה, אֵיבָה
ojeroso *adj* בַּעַל כְּתָמִים מִתַּחַת לָעֵינַיִם
ojete *m* לוּלָאָה, עַיִן, חָרִיר
ojiva *f* כִּפָּה עָקְצִית
ojo *m* 1 עַיִן. 2 מַעְיָן, מָקוֹר. 3 זְהִירוּת!
ojo de buey 1 כּוֹכָב. 2 צֹהַר, אֶשְׁנָב
ojo de gallo יַבֶּלֶת
ola *f* גַּל, נַחְשׁוֹל, אַדְוָה
olaje *m* תְּנוּעַת הַגַּלִּים
oleada *f* מִשְׁבָּר, נַחְשׁוֹל
oleaginoso *adj* שַׁמְנִי, שַׁמְנוּנִי
oleaje *m* תְּנוּעַת גַּלִּים
óleo *m* שֶׁמֶן
oleomargarina *f* מַרְגָּרִינָה
oleoso *adj* שַׁמְנִי, שַׁמְנוּנִי
oler *vti* 1 הֵרִיחַ, רִחְרֵחַ. 2 נָדַף, הִסְרִיחַ
olfatear *vti* 1 חָשׁ, הֵרִיחַ, רִחְרֵחַ. 2 חָקַר, גִּשֵּׁשׁ
olfateo *m* הֲרָחָה, רִחְרוּחַ
olfato *m* רֵיחַ, חוּשׁ הָרֵיחַ
olfatorio *adj* שֶׁל חוּשׁ הָרֵיחַ
oliente *adj* מֵרִיחַ, רֵיחָנִי
oligarca *m* אוֹלִיגַרְךְ
oligarquía *f* אוֹלִיגַרְכְיָה
oligárquico *adj* אוֹלִיגַרְכִי
olimpíada *f* אוֹלִימְפְּיָדָה
olímpico *adj* אוֹלִימְפִּי
olimpo *m* אוֹלִימְפּוּס

oliscar *vti* 1 רִחְרֵחַ, הֵרִיחַ. 2 הִסְרִיחַ, נִבְאַשׁ
oliva *f* 1 עֵץ הַזַּיִת. 2 שָׁלוֹם. 3 יַנְשׁוּף
olivar *mvt* 1 כֶּרֶם זֵיתִים. 2 גָּזַם
olivera *f* עֵץ הַזַּיִת
olivicultura *f* זֵיתָנוּת
olivo *m* עֵץ הַזַּיִת
olmeda *f* מַטַּע בּוּקִיצוֹת
olmo *m* בּוּקִיצָה
ológrafo *madj* 1 צַוָּאָה. 2 מִסְמָךְ. 3 צַוָּאָתִי
olor *m* 1 רֵיחַ, בֹּשֶׂם. 2 שֶׁמֶץ
oloroso *adj* רֵיחָנִי, בָּשְׂמִי
olvidadizo *adj* שַׁכְחָן
olvidar *vi* שָׁכַח, נָשָׁה
olvido *m* שִׁכְחָה, נְשִׁיָּה, הִתְעַלְּמוּת
olla *f* קְדֵרָה, סִיר
olla de grillos מְהוּמָה, שָׁאוֹן, הֲמֻלָּה
ollar *m* נָחִיר
ollería *f* 1 קַדָּרִיָּה. 2 קַדָּרוּת
ombligo *m* 1 טַבּוּר, שֹׁרֶר. 2 מֶרְכָּז
ombú *m* פִּיטוֹלַקָּה (עץ)
omega *f* אוֹמֶגָה
ominoso *adj* מְבַשֵּׂר רַע, מְאַיֵּם
omisión *f* 1 הַשְׁמָטָה, הַזְנָחָה, שִׁכְחָה. 2 רַשְׁלָנוּת, מֶחְדָּל
omiso *adj* רַשְׁלָן, מְזַלְזֵל
omitir *vt* הִשְׁמִיט, הִזְנִיחַ, הֶחְסִיר, שָׁכַח, דִּלֵּג
ómnibus *m* אוֹטוֹבּוּס
omnímodo *adj* כּוֹלֵל, כּוֹלְלָנִי
omnipotencia *f* יְכֹלֶת כֹּל
omnipotente *adj* כֹּל־יָכוֹל
omnipresencia *f* שְׁכִינָה
omnipresente *adj* הֹוֶה בַּכֹּל
omnisciencia *f* יְדִיעַת הַכֹּל
omnisciente *adj* יוֹדֵעַ הַכֹּל
omnívoro *adj* אוֹכֵל הַכֹּל
omóplato *m* עֶצֶם הַשֶּׁכֶם, שִׁכְמָה
onanismo *m* אוֹנָנוּת, מַעֲשֵׂי אוֹנָן
once *adjm* אַחַד עָשָׂר
onceavo *adjm* 1 הָאַחַד עָשָׂר. 2 חֵלֶק הָ־11
onceno *adj* הָאַחַד עָשָׂר

onda *f* גַּל, אַדְוָה, מִשְׁבָּר, נַחְשׁוֹל

ondear *vti* 1 נִפְנֵף. 2 הִתְנוֹסֵס, הִתְנוֹפֵף. 3 הֶעֱלָה גַּלִּים. 4 הִתְקַמֵּט

ondulación *f* סִלְסוּל, גַּלִּיּוּת, תְּנוּדָה, הִתְנוֹדְדוּת

ondulado *adj* מְסֻלְסָל

ondulante *adj* מִסְתַּלְסֵל, גַּלִּי, מִתְנוֹסֵס

ondular *vt* סִלְסֵל, תִּלְתֵּל

onerosidad *f* הַכְבָּדָה, הָעָקָה

oneroso *adj* מַכְבִּיד, מֵעִיק, מַטְרִיד, רַב נֵטֶל

ónice, ónix *m* שֹׁהַם, אֲנָךְ

onomástico *madj* 1 יוֹם הֻלֶּדֶת. 2 שֶׁל שֵׁם

onomatopeya *f* חִקּוּי צְלִילִים, אוֹנוֹמַטוֹפֵּיָה

onomatopéyico *adj* אוֹנוֹמַטוֹפֵּאִי

ontologia *f* תּוֹרַת הַהֲוָיָה, אוֹנְטוֹלוֹגְיָה

ontológico *adj* אוֹנְטוֹלוֹגִי

ontólogo *m* אוֹנְטוֹלוֹגָן

onza *f* 1 אוּנְקִיָּה. 2 הַנָּמֵר הַלָּבָן

onzavo *adjm* הָאַחַד עָשָׂר

oogénesis *f* הִתְהַוּוּת הַבֵּיצָה

oogonio *m* תָּא אֵם שֶׁל בֵּיצִית

oolitico *adj* שֶׁל אֶבֶן הַבֵּיצָה

oolito *m* אֶבֶן הַבֵּיצָה

oosporo *f* נֶבֶג בֵּיצָה

opacidad *f* עֲמִימוּת, עֲכִירוּת, כִּהָיוֹן, אֲטִימוּת

opaco *adj* אָטוּם, עָמוּם, עָכוּר, אָפֵל, כֵּהֶה

opalescencia *f* נִצְנוּץ, הַבְהָקָה, לִשְׁמִיּוּת

opalescente *adj* מְנַצְנֵץ, מַבְהִיק, זוֹרֵחַ

opalino *adj* לִשְׁמִי

ópalo *m* לֶשֶׁם

opción *f* בְּרֵרָה, בְּחִירָה, אוֹפְּצְיָה

opcional *adj* שֶׁל בְּרֵרָה

ópera *f* אוֹפֶּרָה

operable *adj* 1 בַּר בִּצּוּעַ. 2 נָתִיחַ

operación *f* 1 נִתּוּחַ. 2 פְּעֻלָּה, עֲבוֹדָה, מַעֲשֶׂה

operador *adjm* 1 פָּעִיל, תַּקִּיף. 2 מַפְעִיל. 3 מְנַתֵּחַ. 4 שַׁדָּר, אַלְחוּטַאי

operante *adj* פּוֹעֵל, מַפְעִיל, יָעִיל

operar *vit* 1 פָּעַל. 2 הִפְעִיל, נִהֵל. 3 נִתַּח

operático *adj* שֶׁל אוֹפֶּרָה

operatorio *adj* 1 מִבְצָעִי, תִּפְעוּלִי. 2 נִתּוּחִי

opereta *f* אוֹפֶּרֶטָה

opiado *adj* מֵכִיל אוֹפְּיוּם

opiata *f* סַם שֵׁנָה, סַם מַרְדִּים

opilación *f* 1 עֲצִירוּת. 2 הֶעְדֵּר־וֶסֶת

opilar *vt* 1 עָצַר, מָנַע, חָסַם. 2 עִכֵּב

opimo *adj* שׁוֹפֵעַ, עָשִׁיר

opinar *vi* חָשַׁב, חִוָּה דֵעָה, הִבִּיעַ דֵּעָה, סָבַר

opinión *f* דֵּעָה, חַוַּת דַּעַת, הַעֲרָכָה, סְבָרָה

opio *m* אוֹפְּיוּם

opiparo *adj* 1 דִּשְׁנִי, מְדֻשָּׁן. 2 מְפֹאָר, יָקָר

oponer *vti* הִתְנַגֵּד, נָגַד, חָלַק עַל, עָמַד נֶגֶד

oponible *adj* מִתְנַגֵּד

oporto *m* אוֹפּוֹרְטוֹ (יין)

oportunidad *f* הִזְדַּמְּנוּת, אֶפְשָׁרוּת, שְׁעַת כֹּשֶׁר

oportunismo *m* סְתַגְּלָנוּת, אוֹפּוֹרְטוּנִיזְם

oportunista *adjm* סְתַגְּלָן, סְתַגְּלָנִי, אוֹפּוֹרְטוּנִיסְט

oportuno *adj* 1 מַתְאִים, כָּשֵׁר, שֶׁבָּא בְּעִתּוֹ. 2 בַּעַל הַמְּצָאוֹת

oposición *f* 1 נִגּוּד, הִתְנַגְּדוּת, סְתִירָה. 2 מִכְשׁוֹל. 3 אוֹפּוֹזִיצְיָה

oposicionista *m* מִתְנַגֵּד, אוֹפּוֹזִיצְיוֹנֵר

opositor *m* 1 יָרִיב, מִתְנַגֵּד. 2 מִתְחָרֶה

opresión *f* 1 דִּכּוּי, מוּעָקָה, מְצוּקָה. 2 עֹשֶׁק, חָמָס, אֹנֶס

opresivo *adj* מֵצִיק, מֵעִיק, מְדַכֵּא, לוֹחֵץ

opresor *adjm* עָרִיץ, מְדַכֵּא

oprimir *vt* 1 דִּכָּא, הֵצִיק, עָשַׁק, עִנָּה, הִכְבִּיד. 2 לָחַץ, מָעַךְ, סָחַט

oprobio *m* עֶלְבּוֹן, בּוּשָׁה, כְּלִמָּה, חֶרְפָּה

oprobioso *adj* מַעֲלִיב, מַשְׁפִּיל, מַחְפִּיר

optar *vt* 1 בָּחַר, בֵּרֵר. 2 שָׁאַף

optativo *adj* אוֹפְּטָטִיבִי, שֶׁל בְּרֵרָה

óptica *f* אוֹפְּטִיקָה

óptico *adjm* 1 אוֹפְּטִי. 2 אוֹפְּטִיקַאי

optimismo *m* אוֹפְּטִימִיּוּת

optimista *adjm* 1 אוֹפְּטִימִי. 2 אוֹפְּטִימִיסְט

óptimo *adjm* 1 מְשֻׁבָּח. 2 אוֹפְּטִימוּם

optómetra, optometrista *m* 1 רוֹפֵא

עֵינַיִם. 2 אוֹפְּטִיקַאי

optometria *f* מְדִידַת רְאוּת

optómetro *m* מַד רְאוּת

opuesto *adjm* 1 נִכְחִי, נֶגְדִּי. 2 יָרִיב

opugnar *vt* 1 תָּקַף, הִתְקִיף. 2 הִתְנַגֵּד

opulencia *f* עֹשֶׁר, שֶׁפַע, רְכוּשׁ

opulento *adj* עָשִׁיר מְאֹד, בַּעַל רְכוּשׁ

opúsculo *m* קוּנְטְרֵס, מַסֶּכֶת, חִבּוּר

oquedad *f* 1 חָלָל, נֶקֶב, שֶׁקַע, שְׁקַעֲרוּרִית. 2 נְבִיבוּת, רֵיקוּת

ora *conjdis* 1 כָּעֵת, עַכְשָׁו, עַתָּה. 2 פַּעַם

oración *f* 1 מִשְׁפָּט. 2 תְּפִלָּה, דְּרָשָׁה. 3 נְאוּם

oracular *adj* נְבוּאִי, סָתוּם, דּוּ־מַשְׁמָעִי

oráculo *m* אוּרִים וְתֻמִּים, נְבוּאָה, אוֹרַקְל

orador *m* דַּרְשָׁן, מַטִּיף, נוֹאֵם, דַּבְּרָן

oral *adj* שֶׁבְּעַל פֶּה, פּוּמִי

orangután *m* אוֹרַנְג אוּטַנְג

orar *vi* 1 הִתְפַּלֵּל. 2 הִתְחַנֵּן, הִפְצִיר, בִּקֵּשׁ

orate *m* מְטֹרָף, מְשֻׁגָּע

oratoria *f* דַּרְשָׁנוּת, הַטָּפָה, דַּבְּרָנוּת, תּוֹרַת הַנְּאוּם

oratorio *madj* 1 אוֹרָטוֹרְיָה. 2 אוֹרָטוֹרִי

orbe *m* 1 עִגּוּל, חוּג. 2 כַּדּוּר הָאָרֶץ. 3 עוֹלָם, תֵּבֵל

órbita *f* 1 מַסְלוּל. 2 אֲרֻבַּת הָעַיִן

orbital *adj* מַסְלוּלִי

orca *f* סְנַפִּיר הַסַּיִף

ordalias *fpl* דִּין שָׁמַיִם, מִבְחָן

orden *mf* 1 סֵדֶר, סִדּוּר. 2 מִסְדָּר. 3 מַחְלָקָה, סוּג, מִין. 4 תּוֹר, מַעֲרָךְ. 5 מִשְׁטָר

ordenación *f* 1 סְמִיכָה, מִנּוּי. 2 סִדּוּר, סֵדֶר

ordenada *f* פּוֹסֶק, אוֹרְדִינָטָה

ordenado *adj* מְסֻדָּר, תַּקִּין

ordenancista *m* מַטִּיל מִשְׁמַעַת

ordenanza *fm* 1 פְּקֻדָּה, תַּקָּנָה, חֹק, צַו, חֹק עֵזֶר. 2 מְשָׁרֵת, עוֹזֵר

ordenar *vt* 1 סִדֵּר, אִרְגֵּן, כִּלְכֵּל. 2 צִוָּה, פָּקַד. 3 הִסְמִיךְ, הִכְתִּיר. 4 הִזְמִין

ordeñador *m* חוֹלֵב, חַלְבָן

ordeñar *vt* 1 חָלַב. 2 מָסַק

ordeño *m* 1 חֲלִיבָה. 2 מָסִיק

ordinal *adjm* 1 סִדּוּרִי, סוֹדֵר. 2 מִסְפָּר סִדּוּרִי

ordinariez *f* גַּסּוּת, הֲמוֹנִיּוּת

ordinario *adj* 1 גַּס. 2 רָגִיל, פָּשׁוּט, שָׁכִיחַ

orégano *m* אֲזוֹבִית

oreja *f* 1 אֹזֶן. 2 בְּלִיטָה, זִיז, תָּג

orejera *f* כִּסּוּי לְאָזְנַיִם

orfanato *m* בֵּית יְתוֹמִים

orfandad *f* 1 יַתְמוּת. 2 קִצְבַּת יַתְמוּת. 3 מִסְכֵּנוּת

orfebre *m* צוֹרֵף

orfebreria *f* צוֹרְפוּת

orfeón *m* מַקְהֵלָה

orfeonista *m* חֲבֵר מַקְהֵלָה

organdí *m* אוֹרְגַנְדִּי, מַלְמָלָה

orgánico *adj* שִׁיטָתִי, יְסוֹדִי, אוֹרְגָנִי

organillero *m* מְנַגֵּן בְּתֵבַת נְגִינָה

organillo *m* תֵּבַת נְגִינָה

organismo *m* 1 מַנְגָּנוֹן. 2 גּוּף, מִבְנֶה. 3 גּוּף חַי, אוֹרְגָנִיזְם

organista *m* עוּגָבַאי

organización *f* 1 אִרְגּוּן. 2 מִבְנֶה, אֲגֻדָּה, אִגּוּד. 3 מַנְגָּנוֹן

organizador *adjm* 1 מְאַרְגֵּן. 2 אֲמַרְגָּן. 3 סַדְּרָן

organizar *vt* אִרְגֵּן, סִדֵּר, יִסֵּד, הֵקִים, עָרַךְ

órgano *m* 1 עוּגָב, אוֹרְגָן. 2 כְּלִי, מַכְשִׁיר. 3 בִּטָּאוֹן. 4 מוֹסָד. 5 אֵיבָר

orgasmo *m* אֲבִיּוֹנָה

orgía *f* חִנְגָּה, הוֹלֵלוּת, אוֹרְגִּיָה

orgiástico *adj* אוֹרְגִּי, שֶׁל הִתְהוֹלְלוּת

orgullo *m* יְהִירוּת, גַּאֲוָה, יָמְרָנוּת, הִתְרַבְרְבוּת, שַׁחֲצָנוּת

orgulloso *adj* יָהִיר, רַבְרְבָן, שַׁחֲצָן, גֵּא, גַּאֶה

orientación *f* הִתְמַצְּאוּת, אוֹרְיֶנְטַצְיָה

oriental *adjm* מִזְרָחִי

orientalista *m* מִזְרָחָן

orientar *vt* 1 כִּוֵּן, הִפְנָה. 2 הִתְמַצֵּא

oriente *m* מִזְרָח, קֶדֶם

orificación *f* סְתִימַת זָהָב

orificar *vt* סָתַם בְּזָהָב

orificio *m* חוֹר, נֶקֶב, פֶּתַח, פֶּה

origen *m* מָקוֹר, מוֹצָא, צוּר מַחְצָבֶת, הַתְחָלָה, יִחוּס

original *adjm* 1 מְקוֹרִי, הַתְחָלִי, רִאשׁוֹן. 2 מוּזָר, תִּמְהוֹנִי. 3 מָקוֹר, אוֹרִיגִינָל

originalidad *f* מְקוֹרִיּוּת

originar *vti* 1 יָצַר, הוֹלִיד. 2 חוֹלֵל, גָּרַם. 3 הִתְחִיל, הִתְהַוָּה, צָמַח, נָבַע

originario *adj* 1 מְקוֹרִי, הַתְחָלִי. 2 יְלִיד־

orilla *f* 1 שָׂפָה, גָּדָה, חוֹף. 2 שׁוּלַיִם. 3 בְּלִיטָה. 4 מַשַּׁב־רוּחַ

orillar *vt* 1 תָּחַם תְּחוּם, גָּבַל. 2 סִדֵּר, סִיֵּם. 3 הִתְקָרֵב

orillo *m* שׁוּלַיִם

orín *m* חֲלֻדָּה

orina *f* שֶׁתֶן

orinal *m* עָבִיט, גְּרָף, סִיר לַיְלָה

orinar *vi* הִשְׁתִּין

oriol *m* זַהֲבָן

orión *m* אוֹרְיוֹן

oriundez *f* 1 מָקוֹר, מוֹצָא. 2 נְקֻדַּת־מוֹצָא

oriundo *adj* יְלִיד־

orla *f* 1 גָּדִיל, צִיצִית, פִּיף, מְלָל. 2 קִשּׁוּט, עֲטָרָה

orlar *vt* גָּדַל, גִּדְלֵל, עָשָׂה גְּדִילִים

orlón *m* אוֹרְלוֹן

ornado *adj* מְקֻשָּׁט, מְעֻטָּר, מְצֻעְצָע

ornamentación *f* קִשּׁוּט, עִטּוּר

ornamental *adj* קִשּׁוּטִי, עִטּוּרִי, מְקַשֵּׁט, מְעַטֵּר

ornamentar *vt* קִשֵּׁט, עִטֵּר, פֵּאֵר

ornamento *m* קִשּׁוּט, עִטּוּר, פְּאֵר

ornar *vt* קִשֵּׁט, פֵּאֵר, עִטֵּר

ornato *m* הִדּוּר, יִפּוּי, פְּאֵר

ornitologia *f* אוֹרְנִיתוֹלוֹגְיָה

ornitológico *adj* אוֹרְנִיתוֹלוֹגִי

ornitólogo *m* אוֹרְנִיתוֹלוֹג

ornitorrinco *m* בַּרְוָזָן

oro *m* זָהָב, פָּז

orondo *adj* 1 נָפוּחַ, מְנֻפָּח. 2 יָהִיר, גַּאַוְתָן

oropél *m* סִדְקִית

orquesta *m* תִּזְמֹרֶת

orquestal *adj* תִּזְמָרְתִּי

orquestación *f* תִּזְמוּר

orquestar *vti* תִּזְמֵר

orquidea *f* סַחְלָב

ortiga *f* סִרְפָּד

ortodoncia *f* יִשּׁוּר שִׁנַּיִם

ortodoxia *f* אֲדִיקוּת, חֲרֵדִיּוּת, דָּתִיּוּת

ortodoxo *adj* אָדוּק, חֲרֵדִי, דָּתִי

ortogonal *adj* אֲנָכִי, מְאֻנָּךְ, יְשַׁר זָוִית

ortografía *f* כְּתִיב, תּוֹרַת הַכְּתִיב

ortográfico *adj* אוֹרְתוֹגְרָפִי

ortopedia *f* אוֹרְתוֹפֶּדְיָה

ortopédico *adj* אוֹרְתוֹפֶּדִי

ortopedista *m* אוֹרְתוֹפֶּד

oruga *f* 1 זַחַל. 2 אוֹרָה, בֶּן חַרְדָּל

oruja *f* זַג

orza *f* 1 כַּד. 2 מַאֲזֶנֶת (של סירה). 3 תַּפְנִית

orzar *vi* פָּנָה (בכוון הרוח)

orzuelo *m* 1 שְׂעוֹרָה. 2 מַלְכֹּדֶת, פַּח

os *pronpers* 1 לָכֶם, אֶתְכֶם. 2 לְךָ, אוֹתְךָ

osa *f* דֻּבָּה

osa mayor הַדֹּב הַגָּדוֹל, הָעֲגָלָה הַגְּדוֹלָה

osa menor הַדֹּב הַקָּטָן, הָעֲגָלָה הַקְּטַנָּה

osadia *f* הָעָזָה, אֹמֶץ, עַזּוּת

osado *adj* נוֹעָז, אַמִּיץ

osamenta *f* שֶׁלֶד

osar *vi* הֵעֵז, הִסְתַּכֵּן

osario *m* גְּלוֹסְקָמָה

oscilación *f* תְּנוּדָה, זַעֲזוּעַ, טִלְטוּל

oscilador *m* מַתְנֵד

oscilante *adj* מְטַלְטֵל, מִתְנַדְנֵד

oscilar *vi* 1 הִתְנוֹדֵד, נָע. 2 הִסֵּס, פִּקְפֵּק

oscilatorio *adj* מִתְנַדְנֵד, מִתְנוֹעֵעַ

oscilógrafo *m* רוֹשֵׁם תְּנוּדוֹת

osciloscopio *m* מַשְׁקֵף תְּנוּדוֹת

ósculo *m* נְשִׁיקָה

oscurecer *vit* 1 חָשַׁךְ, קָדַר. 2 הֶחְשִׁיךְ, הֶאֱפִיל, עִרְפֵּל, הִכְהָה

oscuridad *f* חֹשֶׁךְ, אֲפֵלָה, כֵּהוּת, קַדְרוּת

oscuro *adj*	סָתוּם, מְעֻרְפָּל, כָּמוּס, אָפֵל
óseo *adj*	עַצְמִי, גַּרְמִי
osezno *m*	דֻּבּוֹן
osificación *f*	הִתְגַּרְמוּת
osificarse *vref*	הִתְגָּרֵם, הָפַךְ לְעֶצֶם
osmio *m*	אוֹסְמִיּוּם
ósmosis *f*	דִּיּוּת, אוֹסְמוֹזָה
osmótico *adj*	דִּיּוּתִי
oso *m*	דֹּב
oso blanco	הַדֹּב הַצְּפוֹנִי, הַדֹּב הַלָּבָן
oso gris	הַדֹּב הָאָפֹר
oso horniguero	דֹּב הַנְּמָלִים
oso marino	כֶּלֶב הַיָּם
oso pardo	הַדֹּב הַחוּם
osteina *f*	עַצְמִין
osteítis *f*	דַּלֶּקֶת הָעֲצָמוֹת
ostensible *adj*	גָּלוּי, נִכָּר, בּוֹלֵט
ostentación *f*	1 הִתְרַבְרְבוּת, הִתְפָּאֲרוּת, גַּנְדְּרָנוּת. 2 רַאַוְתָנוּת
ostentar *vt*	1 הִבְלִיט. 2 הִתְרַבְרֵב, הִתְפָּאֵר, הִתְגַּנְדֵּר
ostentoso *adj*	מִתְפָּאֵר, מִתְגָּאֶה, מִתְגַּנְדֵּר
osteologia *f*	אוֹסְטֵאוֹלוֹגְיָה
osteólogo *m*	אוֹסְטֵאוֹלוֹג
osteópata *m*	רוֹפֵא עֲצָמוֹת
osteopatia *f*	רִפּוּי מַחֲלַת עֲצָמוֹת
ostra *f*	חִלָּזוֹן, צִדְפָּה, שַׁבְּלוּל
ostracismo *m*	נִדּוּי, גָּלוּת, גֵּרוּשׁ, חֵרֶם
ostrero *adjm*	1 צִדְפִּי, שַׁבְּלוּלִי. 2 מוֹכֵר צְדָפִים
ostugo *m*	1 פִּנָּה. 2 קֻרְטוֹב, שֶׁמֶץ
osuno *adj*	דֻּבִּי
otalgia *f*	כְּאֵב אָזְנַיִם
otero *m*	תֵּל, גִּבְעָה
otitis *f*	דַּלֶּקֶת אָזְנַיִם
otologia *f*	תּוֹרַת מַחֲלוֹת אָזְנַיִם
otólogo *m*	מֻמְחֶה לְמַחֲלוֹת אָזְנַיִם
otomana *f*	סַפָּה, דַּרְגָּשׁ
otomano *adjm*	עוֹתוֹמָנִי
otoñal *adj*	סְתָוִי
otoño *m*	סְתָו
otorgamiento *m*	הַעֲנָקָה, נְתִינָה
otorgante *m*	מַעֲנִיק, מַנְחִיל
otorgar *vt*	הֶעֱנִיק, הִנְחִיל, נָתַן
otro *adj*	1 אַחֵר. 2 עוֹד אֶחָד
otrora *adv*	לְפָנִים, לְשֶׁעָבַר, קֹדֶם
otrosi *adv*	יָתֵר עַל כֵּן, וּכְמוֹ־כֵן, וְכֵן
ovación *f*	תְּשׁוּאוֹת, מְחִיאוֹת כַּפַּיִם
ovado *adj*	סְגַלְגַּל, בֵּיצִי
oval, ovalado *adj*	סְגַלְגַּל, בֵּיצִי, כַּדִּי
óvalo *m*	סְגַלְגַּלּוּת
ovárico *adj*	שֶׁל הַשַּׁחֲלָה
ovario *m*	שַׁחֲלָה
oveja *f*	כִּבְשָׂה, רָחֵל, רְחֵלָה
ovejero *m*	רוֹעֶה
ovejuno *adj*	שֶׁל כְּבָשִׂים
overo *adjm*	1 אֲפַרְסְקִי. 2 צֶבַע הָאֲפַרְסֵק
overol *m*	סַרְבָּל
óvido *adjm*	1 שֶׁל צֹאן. 2 צֹאן
ovillo *m*	פְּקַעַת
ovino *adj*	כִּבְשִׂי
ovíparo *adj*	שֶׁמַּטִּיל בֵּיצִים
ovoide *adj*	בֵּיצָנִי
ovulación *f*	בִּיּוּץ, הֲבָצָה
óvulo *m*	בֵּיצִית, בֵּיצָה
oxalato *m*	אוֹקְסָלִיט
oxálico *adj*	חַמְצִיצִי
oxiacetileno	אוֹקְסִיאָצֶטִילֶן
oxidación *f*	1 חִמְצוּן. 2 הַחְלָדָה
óxido *m*	1 תַּחְמֹצֶת. 2 חֲלֻדָּה
oxigenación *f*	חִמְצוּן
oxigenar *vt*	חִמְצֵן
oxígeno *m*	חַמְצָן
oyente *m*	שׁוֹמֵעַ, מַאֲזִין
ozono *m*	אוֹזוֹן
ozonómetro *m*	מַד־אוֹזוֹן

P

P *f* — פֶּ, הָאוֹת הַתְּשַׁע עֶשְׂרֵה שֶׁל הָאָלֶף־בֵּית הַסְּפָרַדִּי

pabellón *m* — 1 אַפִּרְיוֹן, בִּיתָן, סֻכָּה, צְרִיף. 2 אֲפַרְכֶּסֶת. 3 נֵס, דֶּגֶל. 4 אַפִּרְיוֹן, חֻפָּה, כִּלָּה

pabilo *m* — פְּתִילָה

pábulo *m* — 1 מָזוֹן, כַּלְכָּלָה, אֹכֶל. 2 מִחְיָה. 3 גּוֹרֵם, סִבָּה

pacana *f* — אֱגוֹז פִּיקָן

pacano *m* — עֵץ אֱגוֹז פִּיקָן

pacato *adj* — שָׁלֵו, שָׁקֵט, מַרְגִּיעַ

pacedura *f* — מִרְעֶה, רְעִיָּה

pacer *vi* — רָעָה

paciencia *f* — סַבְלָנוּת, אֹרֶךְ רוּחַ

paciente *adjm* — 1 סַבְלָן. 2 חוֹלֶה, פַּצְיֶנְט

pacienzudo *adj* — מַבְלִיג, סַבְלָן

pacificación *f* — פִּיּוּס, הַרְגָּעָה, הַשְׁקָטָה, רִצּוּי

pacificador *adjm* — מְפַיֵּס, מַרְגִּיעַ, מַשְׁכִּין־שָׁלוֹם

pacificar *vt* — הִשְׁלִים, פִּיֵּס, הִשְׁקִיט, הִרְגִּיעַ, עָשָׂה שָׁלוֹם

pacífico *adjm* — 1 שָׁקֵט, שָׁלֵו, מְפַיֵּס, מַרְגִּיעַ. 2 אוֹהֵב שָׁלוֹם, שׁוֹחֵר שָׁלוֹם

pacifismo *m* — פַּצִיפִיזְם, אַהֲבַת הַשָּׁלוֹם

pacifista *adjm* — פַּצִיפִיסְט, אוֹהֵב שָׁלוֹם, שׁוֹחֵר שָׁלוֹם

pacotilla *f* — 1 דָּבָר שֶׁל מַה בְּכָךְ. 2 קַלּוּת עֵרֶךְ

pactar *vt* — כָּרַת בְּרִית, כָּרַת אֲמָנָה

pacto *m* — בְּרִית, אֲמָנָה, הֶסְכֵּם, חוֹזֶה

pachá — פֶּחָה

pachora *f* — שַׁאֲנַנּוּת, אֲדִישׁוּת

padecer *vti* — סָבַל, נָשָׂא, הִתְעַנָּה, הִתְיַסֵּר

padecimiento *m* — סֵבֶל, עִנּוּיִים, יִסּוּרִים, כְּאֵב, צַעַר

padilla *f* — כִּירָה

padrasto *m* — אָב חוֹרֵג

padre *m* — 1 הוֹרֶה, אָב. 2 כֹּמֶר

padre político — חָם, חוֹתֵן

padres *mpl* — הוֹרִים

padrenuestro *m* — אָבִינוּ שֶׁבַּשָּׁמַיִם

padrinazgo *m* — סַנְדָּקוּת, שׁוֹשְׁבִינוּת

padrino *m* — סַנְדָּק, שׁוֹשְׁבִין

padrón *m* — 1 דֶּגֶם, תַּבְנִית, דֻּגְמָה. 2 מִפְקָד, הַרְשָׁמָה. 3 נִדּוּי

paella *f* — נְזִיד בָּשָׂר עִם אֹרֶז

paga *f* — 1 שָׂכָר, מַשְׂכֹּרֶת. 2 תַּשְׁלוּם, פֵּרָעוֹן. 3 גְּמוּל

pagadero *adjm* — 1 בַּר פֵּרָעוֹן, בַּר תַּשְׁלוּם. 2 מוֹעֵד פֵּרָעוֹן

pagado *adj* — 1 גַּאַוְתָן, יָהִיר. 2 נִפְרָע

pagador *m* — שַׁלָּם

pagaduría *f* — קֻפָּה

pagamento, pagamiento *m* — תַּשְׁלוּם, פֵּרָעוֹן

paganísmo *m* — עֲבוֹדַת אֱלִילִים, עַכּוּ״ם

pagano *adjm* — 1 עוֹבֵד אֱלִילִים, כּוֹפֵר. 2 שָׂעִיר לַעֲזָאזֵל

pagar *vt* — שִׁלֵּם, פָּרַע, סִלֵּק

pagaré *m* — שְׁטַר חוֹב

página *f* — עַמּוּד

paginación *f* — עִמּוּד

paginar *vt* — עִמֵּד, מִסְפֵּר

pago *adjm* — 1 פָּרוּעַ, שֶׁשֻּׁלַּם. 2 אֵזוֹר, מָחוֹז. 3 תַּשְׁלוּם. 4 כְּפָר קָטָן

pagoda *f* — פָּגוֹדָה

paila *f* — כִּיּוֹר, קְעָרָה, גִּגִּית

país *m* — 1 אֶרֶץ, מְדִינָה. 2 מוֹלֶדֶת. 3 חֶבֶל, אֵזוֹר, גָּלִיל

paisaje *m* — נוֹף, מַרְאֶה

paisajista *m* — צַיַּר נוֹף

paisana *f* — רִקּוּד כַּפְרִי

paisanaje *m* אִכָּרוּת
paisano *adj* בֶּן אוֹתָהּ אֶרֶץ, כַּפְרִי
paja *f* 1 קַשׁ, תֶּבֶן. 2 דָּבָר חֲסַר־עֵרֶךְ
pajar *m* אָסָם, גֹּרֶן, מַתְבֵּן
pájara *f* 1 צִפּוֹר. 2 צִפּוֹר נְיָר. 3 אִשָּׁה עֲרוּמָּה
pajarear *vi* 1 צָד צִפֳּרִים. 2 שׁוֹטֵט, נָדַד
pajarera *f* כְּלוּב, שׁוֹבָךְ
pajarete *m* שֶׁרִי, יַיִן מְזֻקָּק
pajarita *f* צִפּוֹר נְיָר
pájaro *m* צִפּוֹר, עוֹף
pájaro bobo פִּינְגְּוִין
pájaro carpintero נַקָּר
pájaro de cuenta עָרוּם, מְמֻלָּח
pájaro mosca יוֹנֵק־הַדְּבַשׁ, צוּפִית
paje *m* שָׁלִיחַ, נַעַר
pajizo *adj* 1 עָשׂוּי קַשׁ. 2 דְּמוּי־קַשׁ
pajonal *m* שְׂדֵה קַשׁ
pala *f* 1 אֵת, יָעֶה, מַחְתָּה. 2 מַעְדֵּר. 3 כַּף הַמָּשׁוֹט. 4 רַחַת, מַחְבֵּט
palabra *f* 1 מִלָּה, דָּבָר, תֵּבָה. 2 דִּבְרָה. 3 דִּבּוּר
palabras mayores 1 עִנְיָן רְצִינִי. 2 קְטָטָה, תִּגְרָה, מַחֲלֹקֶת
palabreo *m* דַּבֶּרֶת
palabrería *f* פִּטְפּוּט, גִּבּוּב דְּבָרִים
palabrero *adjm* פַּטְפְּטָן
palabrita *f* מִלָּה טוֹבָה, הַמְלָצָה
palacete *m* אַרְמוֹן
palaciego *adjm* 1 חַצְרָן. 2 חֲצַר הַמֶּלֶךְ
palacio *m* אַרְמוֹן, טִירָה, הֵיכָל
palada *f* מְלֹא אֵת
paladar 1 חֵךְ. 2 טַעַם
paladear *vt* 1 טָעַם. 2 תִּבֵּל
paladeo *m* טְעִימָה
paladial *adj* חִכִּי
paladín *m* אַבִּיר, גִּבּוֹר, אַמִּיץ
paladinamente *adv* בְּפַרְהֶסְיָה, בְּגָלוּי
paladio *m* פַּלַּדְיוּם
palafrén *m* סוּס רְכִיבָה
palafrenero *m* סַיָּס, אָרְוָן
palanca *f* מָנוֹף
palangana *f* כִּיּוֹר, קְעָרָה
palangre *m* חַכָּה
palanqueta *f* 1 מָנוֹף. 2 מַפְתֵּחַ גַּנָּבִים
palanquín *m* 1 סַבָּל. 2 אַפִּרְיוֹן
palastro *m* לוּחַ מַתֶּכֶת
palatal *adj* חִכִּי
palatino *adjm* 1 חִכִּי. 2 חַצְרָן
palazo *m* מַכַּת אֵת
palco *m* תָּא, יָצִיעַ
paleador *m* חוֹפֵר
palear *vt* 1 חָפַר. 2 חָבַט
palenque *m* גָּדֵר
paleografía *f* פָּלֵיאוֹגְרַפְיָה
paleográfico *adj* פָּלֵיאוֹגְרָפִי
paleógrafo *m* פָּלֵיאוֹגְרָף
paleotíco *adj* פָּלֵיאוֹלִיתִי
paleontología *f* פָּלֵיאוֹנְטוֹלוֹגְיָה
paleontológico *adj* פָּלֵיאוֹנְטוֹלוֹגִי
paleontólogo *m* פָּלֵיאוֹנְטוֹלוֹג
paleozoico *adj* פָּלֵיאוֹזוֹאִי
palero *m* בּוֹנֶה אוֹ מוֹכֵר אֵתִים
palestino *adjm* פַּלֶשְׂתִּינָאִי
palestra *f* 1 זִירָה. 2 הִתְגּוֹשְׁשׁוּת
paleta *f* 1 קֶסֶת סוֹפְרִים, טַבְלַת הַצְּבָעִים. 2 כַּף־סַיָּדִים. 3 אֵת קָטָן. 4 שִׁכְמָה
paletear *vi* חָתַר
paletilla *f* שִׁכְמָה, עֶצֶם הַשֶּׁכֶם
paleto *madj* 1 אַיָּל. 2 גַּס, קַרְתָּנִי
paletó *m* מְעִיל
paliación *f* הֲקַלָּה, הַרְגָּעָה, הֲפָגָה, הַשְׁקָטָה
paliar *vt* הֵקַל, הִרְגִּיעַ, הִמְתִּיק
paliativo *adjm* 1 מַרְגִּיעַ, מֵקֵל, מַמְתִּיק. 2 הֲקַלָּה
palidecer *vi* הֶחֱוִיר, הִלְבִּין
palidez *f* חִוָּרוֹן, חִוְרוּת
pálido *adj* חִוֵּר
palillo *m* 1 קֵיסָם, מַחְצָצָה. 2 מַקֵּל מְתוֹפְפִים. 3 צִנּוֹרָה, מַסְרֵגָה
palio *m* 1 גְּלִימָה, אַדֶּרֶת. 2 אַפִּרְיוֹן, חֻפָּה
paliza *f* הַכָּאָה, הַלְקָאָה, הַצְלָפָה

palizada *f* גָּדֵר, מְשׂוּכָה
palma *f* 1 דֶּקֶל, תָּמָר. 2 לוּלָב. 3 כַּף הַיָּד, כַּף הָרֶגֶל
palmacristi *f* קִיקָיוֹן
palmada *f* טְפִיחָה, חֲבָטָה, סְטִירָה
palmar *vimadj* 1 מֵת, נִפְטַר. 2 חֳרְשַׁת דְּקָלִים. 3 שֶׁל כַּף הַיָּד. 4 בָּרוּר, גָּלוּי לָעַיִן
palmario *adj* בָּרוּר, מוּבָן
palmatoria *f* פָּמוֹט
palmeado *adj* דִּקְלִי
palmear *vi* טָפַח, מָחָא כַּפַּיִם
palmera *f* דֶּקֶל, תָּמָר
palmeral *m* חֳרְשַׁת דְּקָלִים
palmeta *f* שַׁבָט, שַׁרְבִיט
palmetazo *m* הַצְלָפַת שַׁבֶט
palmípedo *m* בַּעַל רַגְלֵי קְרוּם שְׂחִיָּה
palmito *m* 1 תִּימוֹרָה, דִּקְלוֹן. 2 פְּנֵי אִשָּׁה
palmo *m* זֶרֶת
palmo a palmo שַׁעַל־שַׁעַל, צַעַד אַחַר צַעַד
palmotear *vi* מָחָא כַּפַּיִם
palmoteo *m* מְחִיאַת כַּפַּיִם
palo *m* 1 מַקֵּל, אַלָּה, מַטֶּה. 2 תֹּרֶן
paloduz, palo dulce *m* שׁוּשׁ
paloma *f* יוֹנָה
paloma mensajera יוֹנַת דֹּאַר
palomar *m* שׁוֹבָךְ
palometa *f* פָּלוֹמֶטָה (דַּג־מַאֲכָל דּוֹמֶה לְיוּרֶל)
palomilla *fm* 1 פַּרְפַּר לַיְלָה. 2 עַשְׁנָן. 3 גֹּלֶם
palomina *f* 1 לִשְׁלֶשֶׁת־יוֹנִים. 2 עַשְׁנָן (צְמַח־בָּר)
palomitas *f* תִּירָס קָלוּי
palomo *m* יוֹן
palote *m* 1 מַקְלוֹן. 2 שִׁרְבּוּט
palpable *adj* 1 מָשִׁישׁ, בַּר מִשּׁוּשׁ. 2 מוּחָשִׁי, מַמָּשִׁי, בָּרוּר, נִכָּר
palpación, palpadura *f* מִשּׁוּשׁ, גִּשּׁוּשׁ, בְּדִיקָה
palpamiento *m* מִשּׁוּשׁ, גִּשּׁוּשׁ, בְּדִיקָה
palpar *vti* 1 נָגַע, מִשֵּׁשׁ, בָּדַק. 2 גִּשֵּׁשׁ בָּאֲפֵלָה
palpitación *f* 1 פְּעִימָה, דְּפִיקָה, הֲלִימָה. 2 רַעַד, רֶטֶט. 3 פִּרְכּוּס, פִּרְפּוּר
palpitante *adj* 1 דּוֹפֵק, רוֹעֵד. 2 מְפַרְכֵּס, מְפַרְפֵּר. 3 חָשׁוּב
palpitar *vi* פָּעַם, רָטַט, דָּפַק, פִּרְכֵּס, פִּרְפֵּר
pálpito *m* הַרְגָּשָׁה מֻקְדֶּמֶת, הַרְגָּשַׁת הַבָּאוֹת
palpo *m* מְשׁוֹשָׁה, קֶרֶן מִשּׁוּשׁ
palta *f* אֲבוֹקָדוֹ
palto *m* עֵץ אֲבוֹקָדוֹ
palúdico *adj* 1 טוֹבְעָנִי. 2 שֶׁל בִּצּוֹת. 3 מָלָרִי, קוֹדֵחַ
paludismo *m* קַדַּחַת הַבִּצּוֹת, מָלַרְיָה
palurdo *adjm* 1 מְגֻשָּׁם, גַּס, קַרְתָּנִי. 2 אִכָּר
palustre *madj* 1 כַּף־סַיָּדִים. 2 בִּצִּי, אֲגַמִּי
pampa *f* עֲרָבָה, שְׁפֵלָה, פַּמְפָּס
pámpa *f* עֲלֵה גֶּפֶן
pámpano *m* 1 זְמוֹרָה, שָׂרִיג. 2 עֲלֵה גֶּפֶן
pampeano *adjm* שֶׁל הַפַּמְפָּס, בֶּן הַפַּמְפָּס
pampero *adjm* 1 בֶּן־הַפַּמְפָּס. 2 פַּמְפֵּרוֹ (רוּחַ חֲזָקָה)
pampirolada *f* 1 רֹטֶב שׁוּם. 2 הֲבָלִים, שְׁטֻיּוֹת
pamplemusa *f* פּוֹמֶלוֹ
pamplina *f* 1 מַגָּלִית, עֲרִידָה (מִינֵי עשבים). 2 הֶבֶל, שְׁטוּת, טִפְּשׁוּת
pamporcino *m* רַקֶּפֶת
pan *m* לֶחֶם
pan ázimo מַצָּה
pana *f* 1 קְטִיפִין, קוֹרְדוּרוֹי. 2 כָּבֵד. 3 אֹמֶץ, בִּטָּחוֹן
panacea *f* מַרְפֵּא כֹּל, תְּרוּפָה רַב־שִׁמּוּשִׁית
panadería *f* מַאֲפִיָּה, מִגְדָּנִיָּה, נַחְתּוֹמִיָּה
panadero *m* אוֹפֶה, נַחְתּוֹם
panadizo *m* דַּחַס, מֻרְסָה
panal *m* חַלַּת דְּבַשׁ, יַעְרָה
panamá *f* כּוֹבַע קַשׁ
panamericanismo *m* פָּן־אֲמֵרִיקָנִיזְם
panamericano *adj* פָּן־אֲמֵרִיקָנִי
panatela *f* לְבִנָה, תּוּפִין
pancista *adjm* 1 שֶׁפּוֹסֵחַ עַל שְׁתֵּי הַסְּעִפִּים. 2 הַסְּסָן
páncreas *m* לַבְלָב

pancreático *adj* לַבְלָבִי
pancromático *adj* רָגִישׁ לְכָל הַצְּבָעִים
panda *m* פְּרוֹזְדוֹר (במנזר)
pandear *vi* הִתְעַקֵּל, הִתְעַקֵּם, הִתְכּוֹפֵף
pandemónium *m* 1 גֵּיהִנּוֹם, שְׁאוֹל. 2 רַעַשׁ מַחֲרִישׁ אָזְנַיִם, פַּנְדֵּמוֹנְיוּם
pandereta *f* תֹּף מִרְיָם, טַנְבּוּרִית
panderetear *vi* תָּפַף
pandereteo *m* תִּפּוּף, תְּפִיפָה
pandero *m* תֹּף מִרְיָם
pandilla *f* כְּנוּפְיָה, חֲבוּרָה
pandorga *f* 1 עֲפִיפוֹן. 2 אִשָּׁה שְׁמֵנָה
panecillo *m* לַחְמָנִיָּה
panegírico *adjm* 1 מְשַׁבֵּחַ, מְהַלֵּל. 2 שֶׁבַח, תְּהִלָּה, שִׁיר הַלֵּל
panel *m* פָּנֶל, סָפִין
panela *f* רָקִיק, עוּגִית
panera *f* לַחְמִיָּה, סַל לְלֶחֶם
pánfilo *m* שׁוֹטֶה, מְטֻמְטָם
panfletista *m* קוּנְטְרֵסָן
panfleto *m* קוּנְטְרֵס, חוֹבֶרֶת
pánico *adjm* 1 מְבֹהָל. 2 אֵימָה, פַּחַד, בֶּהָלָה, חֲרָדָה, פָּנִיקָה
panizo *m* זִיפָן
panoja *f* 1 מַכְבֵּד. 2 קֶלַח הַתִּירָס
panoplia *f* 1 שִׁרְיוֹן. 2 אֹסֶף כְּלֵי־נֶשֶׁק
panóptico *adj* פָּנְאוֹפְּטִי
panorama *f* נוֹף, תְּמוּנָה, מַרְאֶה, פָּנוֹרָמָה
panorámico *adj* נוֹפִי, פָּנוֹרָמִי
panoso *adj* קִמְחִי
panqueque *m* סְפָגָנִיָּה, רָקִיק
pantalón *m* מִכְנָסַיִם, אַבְרָקַיִם
pantaloncito *m* תַּחְתּוֹנִים
pantalla *f* 1 אָהִיל. 2 פַּרְגּוֹד. 3 מָסָךְ
pantanal *m* אֵזוֹר בִּצּוֹת
pantano *m* בִּצָּה
pantanoso *adj* בִּצִּי, בִּצָּתִי, מְרֻפָּשׁ
panteísmo *m* פַּנְתֵּאִיזְם
panteísta *adjm* פַּנְתֵּאִיסְט
panteón *m* פַּנְתֵּיאוֹן
pantera *f* פַּנְתֵּר, נָמֵר
pantógrafo *m* פַּנְטוֹגְרָף
pantomima *f* פַּנְטוֹמִימָה
pantomímico *adj* פַּנְטוֹמִימִי
pantomimo *m* פַּנְטוֹמִימִיקָן
pantoque *m* שִׁפּוּלַיִם (של ספינה)
pantorrilla *f* שׁוֹק
pantorrillera *f* מָגֵן הַשּׁוֹק
pantufla *f* מָסוּל, נַעַל בַּיִת
panza כָּרֵס, בֶּטֶן
panzada *f* מַכַּת כָּרֵס
panzón, panzudo *adjm* כַּרְסְתָן
pañal *m* חִתּוּל
pañero *m* סוֹחֵר בַּדִּים
paño *m* 1 בַּד, אָרִיג. 2 בֶּגֶד. 3 עִמְעוּם, מַכְהֶה
pañol *m* מַחְסָן שֶׁל אֳנִיָּה
pañolero *m* מַחְסְנַאי
pañoleta *f* צָעִיף
pañolón *m* צָעִיף
paños menores תַּחְתּוֹנִים, לְבָנִים
pañuelo *m* מִטְפַּחַת, מִמְחָטָה
papa *mf* 1 אַפִּיפְיוֹר. 2 תַּפּוּחַ אֲדָמָה, בּוּלְבּוּס. 3 אַבָּא. 4 עוֹרְבָא פָּרַח
papá *m* אַבָּא
papada *f* פִּימָה
papado *m* אַפִּיפְיוֹרִיּוּת
papagayo *m* תֻּכִּי
papahuevos *m* פֶּתִי, שׁוֹטֶה
papal *adj* אַפִּיפְיוֹרִי
papamoscas *m* 1 חוֹטֵף זְבוּבִים. 2 פֶּתִי, שׁוֹטֶה
papanatas *m* פֶּתִי, שׁוֹטֶה
papar *vt* 1 בָּלַע. 2 אָכַל
paparrucha *f* עוֹרְבָא פָּרַח
papayaráceo *adj* פַּרְגִּי, מִמִּשְׁפַּחַת הַפַּרְגִּיִּים
papayoráceas *fpl* מִשְׁפַּחַת הַפַּרְגִּיִּים
papaverina *f* פַּפָּוֶרִין
papaya *f* פַּפָּיָה
papayo *m* פַּפָּיוֹ (עץ)
papazgo *m* אַפִּיפְיוֹרִיּוּת
papel *m* 1 נְיָר. 2 תַּפְקִיד

papel carbónico נְיַר פֶּחָם
papel de lija נְיַר שָׁמִיר, נְיַר זְכוּכִית
papelear *vi* חִטֵּט בִּנְיָרוֹת
papeleo *m* נַיֶּרֶת
papelera *f* 1 מְהַדֵּק לִנְיָרוֹת. 2 סַל פְּסֹלֶת, סַל נְיָרוֹת
papelería *f* 1 נְיָר בְּעִרְבּוּבְיָה. 2 חֲנוּת לְמַכְשִׁירֵי כְּתִיבָה
papelero *adjm* 1 נְיָרִי. 2 מְיַצֵּר אוֹ מוֹכֵר נְיָר
papeleta *f* 1 תְּעוּדָה, פִּתְקָה, פֶּתֶק. 2 חֶשְׁבּוֹן. 3 רִפּוֹרְט
papelillo *m* 1 גְּלוּלָה. 2 סִיגַרְיָה. 3 פִּסַּת נְיָר
papelón *m* 1 מִתְרַבְרֵב, רַבְרְבָן. 2 נְיַר טְיוּטָה. 3 קַרְטוֹן
papera *f* 1 זַפֶּקֶת. 2 חַזֶּרֶת
papi *m* אַבָּא
papila *f* פִּטְמָה, פִּטְמִית
papilar *adj* פִּטְמִי
papilla *f* 1 דַּיְסָה. 2 הוֹנָאָה, חֲנֻפָּה
papiro *m* גֹּמֶא, פַּפִּירוּס
papirote *m* מַכָּה בְּאֶצְבַּע צְרֵדָה
papismo *m* אַפִּיפְיוֹרִיּוּת
papista *adjm* אַפִּיפְיוֹרִי
papo *m* פִּימָה, זֶפֶק
papudo *adj* בַּעַל פִּימָה
pápula *f* חָטָט
paquebote *m* אֳנִיָּה, סְפִינָה
paquete *m* 1 חֲבִילָה, צְרוֹר, חֲפִיסָה. 2 טַרְזָן
paquetería *f* גַּלַּנְטֶרְיָה, סִדְקִית
paquidermo *adjm* עָבֶה עוֹר
par *adjm* 1 שָׁוֶה, שָׁקוּל. 2 זוּג, צֶמֶד. 3 חָבֵר, רֵעַ, עָמִית. 4 אָצִיל
para prep בִּשְׁבִיל, בְּעַד, עֲבוּר, כְּדֵי
para eso בִּשְׁבִיל זֶה
para nunca לְעוֹלָם לֹא
para su gobierno לְדִידוֹ
parabién *m* אִחוּלִים, בְּרָכוֹת
parábola *f* מָשָׁל, חִידָה, אֲלֵגוֹרְיָה, פָּרַבּוֹלָה
parabólico *adj* מְשָׁלִי, אֲלֵגוֹרִי
parabrisas *f* מָגֵן רוּחַ
paracaídas *fpl* מַצְנֵחַ
paracaidista *m* צַנְחָן
parachoques *mpl* פַּגּוֹשׁ
parada 1 עֲצִירָה, עֲמִידָה. 2 תַּחֲנָה. 3 הַפְסָקָה. 4 מִצְעָד, תַּהֲלוּכָה
paradero *m* 1 תַּחֲנָה. 2 מָקוֹם. 3 תַּחֲנָה סוֹפִית
paradigma *m* דֻּגְמָה, נְטִיָּה, מִשְׁקָל
paradisiáco *adj* עֶדְנִי, גַּנְעֶדְנִי
parado *adj* 1 עוֹמֵד. 2 מְבֻטָּל, בָּטֵל. 3 שׁוֹבֵת. 4 מְרֻשָּׁל, עָצֵל
paradoja פָּרָדוֹקְס
paradójico *adj* פָּרָדוֹקְסָלִי
parador *madj* 1 פֻּנְדָּק, אַכְסַנְיָה. 2 עוֹמֵד
parafina *f* פָּרָפִין
parafrasear *vti* עָשָׂה פָּרַפְרָזָה
paráfrasis *f* פָּרַפְרָזָה
parafrástico *adj* פָּרַפְרָזִי
paragolpes *m* פַּגּוֹשׁ
parágrafo *m* סָעִיף, פִּסְקָה
paraguas *m* מִטְרִיָּה
paragüero *m* מַחֲזִיק מִטְרִיּוֹת
paraíso *m* 1 גַּן עֵדֶן, עֵדֶן. 2 יָצִיעַ
paraje *m* מָקוֹם, אֵזוֹר, אִפַּרְכְיָה
paralaje *m* עֶתֶק, פָּרָלַקְסָה
paralelar *vt* הִקְבִּיל, הִתְאִים, הִשְׁוָה
paralelepípedo *m* מַקְבִּילוֹן, פָּרָלֶלוֹפִּיפֶּד
paralelismo *m* הַקְבָּלָה, הַשְׁוָאָה, דִּמְיוֹן, שִׁוְיוֹן
paralelo *adjm* 1 מַקְבִּיל. 2 הַתְאָמָה, הֶקְבֵּל, תִּקְבֹּלֶת
paralelogramo *m* מַקְבִּילִית
paralipómenos *mpl* דִּבְרֵי הַיָּמִים
parálisis *f* שִׁתּוּק, שָׁבָץ
paralítico *adjm* מְשֻׁתָּק
paralización *f* שִׁתּוּק, הַשְׁבָּתָה
paralizar *vt* שִׁתֵּק, הִשְׁבִּית
paralogizar *vt* כִּזֵּב
paramecio *m* סַנְדָּלִית
paramentar *vt* קִשֵּׁט, יִפָּה
paramento *m* קִשּׁוּט
parámetro *m* מֵצַד, פָּרָמֶטֶר

páramo *m* שְׁמָמָה, שִׁמָּמוֹן, צִיָּה

parangón *m* 1 הַשְׁוָאָה, דִּמּוּי, הַקְבָּלָה. 2 מוֹפֵת, דֻּגְמָה

parangonar *vt* הִשְׁוָה, דִּמָּה

paraninfo *m* 1 שׁוֹשְׁבִין. 2 מְבַשֵּׂר. 3 אוֹדִיטוֹרְיוּם

paranoia *f* פָּרָנוֹיָה

paranoico *adjm* פָּרָנוֹאִי

parapetarse *vref* הִתְגּוֹנֵן, הִתְבַּצֵּר

parapeto *m* 1 מַעֲקֶה, מִסְעָד. 2 סוֹלְלָה, דָּיֵק, תֵּל־חָזֶה

paraplejía *f* כֶּלַח, שִׁתּוּק־רַגְלַיִם

parapléjico *adjm* 1 כִּלְחִי. 2 מְשֻׁתַּק־רַגְלַיִם

parar *vti* 1 סִכֵּל, מָנַע. 2 עָצַר, עָמַד. 3 חָדַל. 4 גָּר. 5 הִתְחַמֵּק

pararrayos *m* כַּלִּיא בָּרָק

pararse en הִבְחִין, הִשְׁגִּיחַ, שָׂם לֵב

parasitario *adj* טַפִּילִי

parásito *m* טַפִּיל

parasol *m* סוֹכֵךְ, שִׁמְשִׁיָּה

paratifoide *adj* פָּרָטִיפוּסִי

paratifoidea *f* פָּרָטִיפוּס

parca *f* פַּרְקָה, מָוֶת, מִיתָה

parcamente *adv* בְּצִמְצוּם, בְּחִסָּכוֹן, בְּקַמְצָנוּת

parcela *f* חֶלְקַת אֲדָמָה, מִגְרָשׁ

parcelación *f* פַּרְצֶלַצְיָה, חֲלֻקָּה

parcelar *vt* חִלֵּק, עָשָׂה פַּרְצֶלַצְיָה

parcial *adj* 1 חֶלְקִי. 2 נוֹשֵׂא פָּנִים, מְבַכֵּר, מַעְדִּיף, מְשֻׁחָד

parcialidad *f* מַשּׂוֹא פָּנִים, הַעְדָּפָה

parco *adj* מְיֻשָּׁב, מָתוּן, צָנוּעַ, חַסְכָנִי

parchar *vt* תִּקֵּן, הִטְלִיא, הִכְלִיב

parche *m* 1 טְלַאי. 2 אִסְפְּלָנִית, רְטִיָּה, תַּחְבֹּשֶׁת. 3 תֹּף. 4 עוֹר־הַתֹּף

pardal *adjm* 1 כַּפְרִי. 2 דְּרוֹר. 3 נָמֵר. 4 גָּמָל

pardear *vi* הֶאֱפִיר, נַעֲשָׂה אָפֹר

¡pardiez! לְמַעַן הַשֵּׁם!

pardillo *m* פְּרוּשׁ

pardo *adjm* 1 אָפֹר, אַפְרוּרִי, חוּם, שָׁחוּם. 2 נָמֵר

pardusco *adj* אַפְרוּרִי, שְׁחַמְחַם

parear *vt* 1 זִוֵּג, חִבֵּר, חִתֵּן, הִשִּׂיא. 2 הִתְאִים, הִשְׁוָה

parecer *vim* 1 דָּמָה, נִרְאָה, נִדְמָה. 2 חַוַּת דַּעַת, דֵּעָה, הַעֲרָכָה

parecido *adj* דּוֹמֶה, שָׁוֶה, נוֹטֶה

pared *f* 1 קִיר, כֹּתֶל, חוֹמָה. 2 דֹּפֶן. 3 מְחִצָּה

pardaño *adj* גּוֹבֵל

paredón *m* חוֹמָה, קִיר, כֹּתֶל

paregórico *m* מַרְגִּיעַ, מַשְׁקִיט

pareja *f* 1 זוּג, צֶמֶד. 2 בֶּן זוּג. 3 עָמִית

parejo *adj* 1 יָשָׁר, חָלָק. 2 שָׁוֶה, מְאֻזָּן

parejura *f* 1 דִּמְיוֹן. 2 שִׁוְיוֹן

paremia *f* פִּתְגָּם, מָשָׁל

parentela *f* קְרוֹבִים, מִשְׁפָּחָה, שְׁאֵרֵי־בָּשָׂר

parentesco *m* קִרְבָה מִשְׁפַּחְתִּית

paréntesis *m* 1 סוֹגְרַיִם. 2 מַאֲמָר מֻסְגָּר

parergón *m* קִשּׁוּט נוֹסָף, תּוֹסֶפֶת

paresa *f* אֲצִילָה

paresia *f* שִׁתָּקוֹן, שִׁתּוּק חֶלְקִי

parético *adjm* מְשֻׁתָּק

parhelia *f* 1 הִלַּת הַשֶּׁמֶשׁ. 2 שֶׁמֶשׁ מְדֻמָּה

paria *m* פַּרְיָה, מְנֻדֶּה, מֻחְרָם, מְקֻפָּח

parida *adjf* יוֹלֶדֶת

paridad *f* 1 דִּמְיוֹן, שִׁוְיוֹן. 2 הַשְׁוָאָה, עֵרֶךְ

pariente *m* שְׁאֵר בָּשָׂר, קְרוֹב מִשְׁפָּחָה

parietal *adjm* 1 שֶׁל קִיר. 2 עֶצֶם־הַקָּדְקֹד

parihuela *f* אֲלוּנְקָה

parir *vti* 1 יָלַד, הוֹלִיד. 2 הִמְלִיטָה

parla *f* 1 שִׂיחָה. 2 מֶלֶל, פַּטְפְּטָנוּת, פִּטְפּוּט

parlamentar *vi* הִתְדַּיֵּן, דָּן, נָשָׂא וְנָתַן

parlamentario *madj* 1 פַּרְלָמֶנְטָר, חֲבֵר כְּנֶסֶת, חֲבֵר בֵּית הַנִּבְחָרִים. 2 פַּרְלָמֶנְטָרִי

parlamentarismo *m* פַּרְלָמֶנְטָרִיזְם

parlamento *m* פַּרְלָמֶנְט, הַכְּנֶסֶת, בֵּית הַנִּבְחָרִים

parlanchín *adjm* פַּטְפְּטָן

parlante *adjm* 1 מְדַבֵּר, מְשׂוֹחֵחַ. 2 רַמְקוֹל

parlar *vti* 1 שׂוֹחַח, דִּבֵּר, שָׂח. 2 פִּטְפֵּט

parlatorio *m* 1 שִׂיחָה. 2 חֲדַר־אוֹרְחִים

parlero *adj* 1 פַּטְפְּטָן. 2 רַכְלָן

parlotear *vi* פִּטְפֵּט

parloteo *m* פִּטְפּוּט

parnaso *m* פַּרְנָסוֹס

parné *m* כֶּסֶף, מְצַלְצְלִין, מָעוֹת

paro *m* 1 יַרְגָּזִי. 2 הַשְׁבָּתָה, שְׁבִיתָה, הַפְסָקָה

parodia *f* פָּרוֹדְיָה, שְׁנִינָה

parodiar *vt* חִקָּה, סִלֵּף

parodista *m* פָּרוֹדְיָן, מְחַבֵּר פָּרוֹדְיוֹת

parola *f* דַּבְּרָנוּת, דַּבֶּרֶת

parótida *f* 1 מִצַּד הָאֹזֶן. 2 בַּלּוּטַת מִצַּד הָאֹזֶן

parotídeo *adj* שֶׁל מִצַּד הָאֹזֶן

parotiditis *f* חַזֶּרֶת

paroxismo *m* תְּקִיפָה, מִתְקָף, עֲוִית

parpadear *vi* עִפְעֵף, מִצְמֵץ

parpadeo *m* עִפְעוּף, מִצְמוּץ

párpado *m* עַפְעַף

parpar *vi* קִרְקֵר, גִּעְגַּע

parque *m* גַּן, פַּרְק, גַּן צִבּוּרִי

parqueadero *m* חָנְיוֹן

parquear *vti* 1 הֶחֱנָה. 2 חָנָה

parquedad *mf* מִעוּט, מַחְסוֹר, צִמְצוּם, חַסְכָנוּת, מְתִינוּת

parqueo *m* חֲנִיָּה, חָנְיוֹן

parra *f* גֶּפֶן

parrafada *f* שִׂיחָה, פִּטְפּוּט

párrafo *m* פִּסְקָה, סָעִיף

parral *m* גֶּפֶן, גְּפָנִים

parranda *f* הִתְהוֹלְלוּת, הִלּוּלָה, חִנְגָּא

parrandear *vi* הִתְהוֹלֵל

parrandero *adj* הוֹלְלָן

parricida *adjm* הוֹרֵג הוֹרֶה, רוֹצֵחַ אִשְׁתּוֹ

parricidio *m* הֲרִיגַת הוֹרֶה, רְצִיחַת אִשְׁתּוֹ

parrilla *f* אַסְכָּלָה

párroco *m* כֹּמֶר, כֹּהֵן

parroquia *f* 1 עֵדָה, קְהִלָּה. 2 כְּנֵסִיָּה

parroquial *adj* עֲדָתִי, קַרְתָּנִי

parroquiano *m* לָקוֹחַ, קוֹנֶה

parsimonia *f* חַסְכָנוּת, קַמְצָנוּת, צִמְצוּם

parsimonioso *adj* חַסְכָנִי, קַמְצָנִי

parte *fm* 1 חֵלֶק, מָנָה. 2 קֶטַע, פֶּרֶק. 3 תַּפְקִיד. 4 מָקוֹם, שֶׁטַח

partenogénesis *f* רְבִיַּת בְּתוּלִים

partera *f* מְיַלֶּדֶת

partería *f* מְיַלְּדוּת

parterre *m* עֲרוּגָה

partible *adj* חָלִיק, מִתְחַלֵּק

partición *f* חֲלֻקָּה, חִלּוּק, הַפְרָדָה, חַיִץ

participación *f* 1 הִשְׁתַּתְּפוּת. 2 הוֹדָעָה, מוֹדָעָה

participante *adj* 1 מִשְׁתַּתֵּף. 2 מוֹדִיעַ

participar *vti* הִשְׁתַּתֵּף, הוֹדִיעַ

partícipe *m* מִשְׁתַּתֵּף, שֻׁתָּף

participial *adj* שֶׁל בֵּינוֹנִי פּוֹעֵל

participio *m* בֵּינוֹנִי פּוֹעֵל

partícula *f* חֶלְקִיק, גַּרְעִין, שֶׁמֶץ, קוֹרְטוֹב

particular *adjm* 1 פְּרָטִי, אִישִׁי. 2 מְיֻחָד, אָפְיָנִי. 3 פְּרָט

particularidad *f* יִחוּד, פְּרָטִיּוּת, קַפְּדָנוּת

particularizar *vt* 1 פֵּרֵט. 2 צִיֵּן לְשֶׁבַח. 3 הִצְטַיֵּן

partida *f* 1 עֲזִיבָה, יְצִיאָה, הֲלִיכָה. 2 הַכְנָסָה. 3 תְּעוּדָה. 4 רִשּׁוּם. 5 מִשְׂחָק. 6 חֲבוּרָה. 7 סְחוֹרָה. 8 זִנּוּק, גִּיחָה

partida de matrimonio כְּתֻבָּה

partida de nacimiento תְּעוּדַת־לֵדָה

partidario *madj* 1 פַּרְטִיזָן. 2 תּוֹמֵךְ, חָסִיד

partidismo *m* צִדּוּד, דְּבֵקוּת

partidista *adj* מִפְלַגְתִּי, כִּתָּתִי

partido *adjm* 1 מִפְלָגָה, סִיעָה. 2 גָּזוּר, חָתוּךְ, מְחֻלָּק, מְפֻצָּל. 3 מִשְׂחָק. 4 מָחוֹז, גָּלִיל. 5 תּוֹעֶלֶת, רֶוַח

partidura *f* פִּסֹּקֶת, שְׁבִילָה

partir *vti* 1 גָּזַר, חָתַךְ, פִּצַּח, בִּקַּע. 2 יָצָא, הָלַךְ, עָזַב, נָסַע. 3 הִתְפַּלֵּג

partitivo *adj* מִתְחַלֵּק, חֶלְקִי

partitura *f* תַּכְלִיל, פַּרְטִיטוּרָה

parto *m* לֵדָה

parturienta *adjf* יוֹלֶדֶת

parva *f* עֲרֵמָה, גָּדִישׁ, כְּרִי

parvada *f* עֲרֵמוֹת תְּבוּאָה

parvedad *f* 1 קַטְנוּת, זְעִירוּת. 2 מָנָה מַפְסֶקֶת
parvificar *vt* 1 הִקְטִין. 2 הִפְחִית
párvulo *adjm* 1 קָטָן, זָעִיר. 2 תִּינוֹק, עוֹלָל. 3 תָּם, תָּמִים
pasa *f* צִמּוּק
pasable *adj* 1 עָבִיר. 2 עוֹבֵר לַסּוֹחֵר. 3 בֵּינוֹנִי, נִסְבָּל
pasada *f* 1 הַעֲבָרָה, מַעֲבָר, חֲצִיָּה. 2 תַּחְבּוּלָה, עָרְמָה, הוֹנָאָה. 3 תֶּפֶר
pasadera *f* אֶבֶן מַעֲבָר, קֶרֶשׁ־מַעֲבָר
pasadero *adj* 1 עָבִיר. 2 עוֹבֵר לַסּוֹחֵר. 3 בֵּינוֹנִי, נִסְבָּל
pasadizo *m* מַעֲבָר, מִסְדְּרוֹן, סִמְטָה
pasado *madj* 1 עָבָר, זְמַן עָבָר. 2 בָּלֶה, רָקוּב, מְקֻלְקָל
pasado mañana מָחֳרָתַיִם
pasador *m* 1 עוֹבַר־אֹרַח. 2 בְּרִיחַ. 3 מַבְרִיחַ. 4 מַכְבֵּנָה. 5 סִכָּה. 6 יָתֵד. 7 מְסַנֶּנֶת
pasagonzalo *m* סְטִירָה
pasaje *m* 1 מַעֲבָר, עֲבִירָה, מַסָּע. 2 דְּמֵי מַעֲבָר, דְּמֵי נְסִיעָה. 3 קְהַל נוֹסְעִים
pasajero *adjm* 1 חוֹלֵף, עוֹבֵר, זְמַנִּי, אֲרָעִי. 2 נוֹסֵעַ
pasamano *m* 1 קִשּׁוּטֵי מַלְמָלָה. 2 מַעֲקֶה
pasante *m* 1 מִתְמַחֶה, אַסִּיסְטֶנְט. 2 רֵישׁ־דּוּכְנָא
pasaporte *m* דַּרְכּוֹן
pasar *vti* 1 עָבַר, הָלַךְ, פָּנָה. 2 קָרָה, הִתְרַחֵשׁ, אֵרַע. 3 חָדַר, הִשְׁחִיל
pasar a mejor vida נֶאֱסַף אֶל אֲבוֹתָיו
pasar en blanco עָבַר בִּשְׁתִיקָה
pasarela *f* 1 כֶּבֶשׁ, גַּמְלָה. 2 מַעֲבָר
pasatiempo *m* בִּדּוּר, בִּלּוּי, שַׁעֲשׁוּעִים
pascua *f* 1 פֶּסַח. 2 פַּסְחָא, חַג הַמּוֹלָד
pascual *adj* 1 שֶׁל פֶּסַח, פִּסְחִי. 2 שֶׁל חַג הַמּוֹלָד
pase *m* 1 רִשָּׁיוֹן, רְשׁוּת, הַרְשָׁאָה. 2 תְּעוּדָה. 3 תְּנוּעַת־יָד
pase lo que pase וִיהִי מָה; יִהְיֶה מַה שֶּׁיִּהְיֶה
paseante *m* 1 מְטַיֵּל, טַיָּל. 2 בַּטְלָן, הוֹלֵךְ בָּטֵל
pasear *vi* טִיֵּל

paseo *m* 1 טִיּוּל. 2 טַיֶּלֶת
pasillo *m* 1 מִסְדְּרוֹן, פְּרוֹזְדוֹר. 2 מַעֲבָר. 3 מַעֲרְכוֹן
pasión *f* 1 עִנּוּיִים, יִסּוּרִים, סֵבֶל. 2 תְּשׁוּקָה, תַּאֲוָה, לְהִיטוּת
pasional *adj* לְהִיטוּתִי, תְּשׁוּקָתִי, הִתְרַגְּשׁוּתִי
pasionaria *f* שַׁעֲוָנִית
pasito *m* שַׁעַל, פְּסִיעָה
pasividad *f* סְבִילוּת, כְּנִיעָה, פַּסִּיבִיּוּת
pasivo *adj* 1 סָבִיל, פַּסִּיבִי. 2 חֶשְׁבּוֹן־חוֹבָה
pasmado *adj* הָמוּם, נִדְהָם
pasmar *vt* 1 הִדְהִים. 2 הִקְפִּיא. 3 קָפָא, נִקְרַשׁ. 4 נִתְקַף עֲוִית
pasmo *m* 1 הִתְקָרְרוּת, קִפָּאוֹן. 2 הִשְׁתּוֹמְמוּת, תִּמָּהוֹן, תַּדְהֵמָה. 3 עֲוִית, צַפֶּדֶת
pasmoso *adj* 1 מַפְלִיא. 2 מַפְתִּיעַ, מַדְהִים
paso *m* 1 שַׁעַל, צַעַד, פְּסִיעָה. 2 קֶצֶב, טֶמְפּוֹ. 3 מַעֲבָר, דֶּרֶךְ. 4 מְאֹרָע, אֵרוּעַ, מִקְרֶה. 5 מַעֲרְכוֹן
paso a paso לְאַט לְאַט, אַט אַט
pasquín *m* 1 כְּתַב פְּלַסְתֵּר. 2 הִתּוּל, שְׁנִינָה. 3 עַמּוּד מוֹדָעוֹת
pasquinada *f* הִתּוּל, שְׁנִינָה
pasquinar *vt* הוֹצִיא כְּתַב פְּלַסְתֵּר
pasta *f* 1 בָּצֵק. 2 כְּרִיכָה. 3 מִשְׁחָה. 4 עִסָּה. 5 כֶּסֶף
pastadero *m* אָחוּ, כַּר, אֲפָר
pastar *vi* רָעָה
pastel *m* עוּגָה, מַאֲפֶה
pastelería *f* 1 מִגְדָּנִיָּה. 2 מִינֵי מַאֲפֶה
pastelero *m* אוֹפֶה
pastelillo *m* עוּגִית, רָקִיק
pasteurización *f* פִּסְטוּר
pasteurizado *adj* מְפֻסְטָר
pasteurizar *vt* פִּסְטֵר
pastilla *f* 1 גְּלוּלָה, טַבְלִית. 2 חֲפִיסָה
pastinaca *f* טְרִיגוֹן קוֹצָנִי (דג)
pastizal *m* אָחוּ, כַּר, אֲפָר
pasto *m* 1 מִרְעֶה. 2 עֵשֶׂב, דֶּשֶׁא. 3 מָזוֹן
pastor *m* 1 רוֹעֶה, נוֹקֵד. 2 כֹּמֶר, כֹּהֵן

pastoral *adj* שֶׁל רוֹעִים, רוֹעִי, פַּסְטוֹרָלִי
pastorear *vti* רָעָה
pastoreo *m* רְעִיָּה
pastoril *adj* רוֹעִי
pastosidad *f* דְּבֵקוּת, בְּצֵקִיּוּת
pastoso *adj* דָּבִיק, בְּצֵקִי
pastura *f* מִרְעֶה, אָחוּ
pata *f* 1 רֶגֶל. 2 בָּסִיס. 3 בַּרְוָזָה
pata de gallo 1 קֶמֶט מִתַּחַת לָעַיִן. 2 שִׁרְבּוּט
patada *f* בְּעִיטָה
patalear *vi* 1 בָּעַט. 2 פִּרְפֵּר, פִּרְכֵּס
pataleo *m* בְּעִיטָה, בִּעוּט
pataleta *f* 1 עֲוִית. 2 הִתְפָּרְצוּת זַעַם
patán *adjm* 1 כַּפְרִי, פָּשׁוּט, קַרְתָּנִי. 2 אִכָּר
patanería *f* גַּסּוּת, בּוּרוּת
patata *f* 1 תַּפּוּחַ אֲדָמָה. 2 בַּטָּטָה
patatal *m* שְׂדֵה תַּפּוּחֵי אֲדָמָה
patatús *m* 1 אֲנָחָה. 2 אָסוֹן, תְּאוּנָה
pateadura *f* 1 בִּעוּט, בְּעִיטָה. 2 נְזִיפָה
patear *vt* בָּעַט
patentar *vt* הוֹצִיא פַּטֶּנְט
patente *adjf* 1 בָּרוּר, גָּלוּי לָעַיִן. 2 פַּטֶּנְט, רִשְׁיוֹן, תְּעוּדָה
patentizar *vt* הִבְהִיר, נָתַן בִּטּוּי
paternal *adj* אֲבָהִי, חַנּוּן
paternalismo *m* אַבְהוּת, אַבְהוּתִיּוּת
paternidad *f* אַבְהוּת
paterno *adj* אֲבָהִי, חַנּוּן
paternósfer *m* אָבִינוּ שֶׁבַּשָּׁמַיִם
patético *adj* נִרְגָּשׁ, מְרַגֵּשׁ, פָּתֵטִי
patetismo *m* זַעֲזוּעַ, הִתְרַגְּשׁוּת, הִתְלַהֲבוּת, פָּתוֹס, פָּתֵטִיּוּת
patiabierto *adj* עֲקֹם רַגְלַיִם
patibulario *adj* דּוֹחֶה, מַגְעִיל, נִתְעָב
patíbulo *m* גַּרְדּוֹם, עֵץ הַתְּלִיָּה
patilla *f* 1 פְּאַת־זָקָן. 2 תַּחְבּוּלָה
patillas *mpl* הַשָּׂטָן
patín *m* 1 חֲצַרוֹן. 2 גַּלְגִּלִית. 3 מַחֲלִיקַיִם. 4 יַסְעוּר
pátina *f* פַּטִּינָה, חֲלֻדַּת הַנְּחֹשֶׁת

patinadero *m* חֲלַקְלַקָּה
patinador *m* מַחֲלִיק
patinaje *m* גְּלִישָׁה, הַחְלָקָה
patinar *vi* גָּלַשׁ, הֶחֱלִיק
patio *m* חָצֵר
patitieso *adj* 1 נִדְהָם, מִשְׁתּוֹמֵם. 2 נְטוּל הַכָּרָה
patituerto *adj* עֲקֹם רַגְלַיִם
patizambo *adj* עֲקֹם רַגְלַיִם
pato *m* בַּרְוָז
patochada *f* שְׁטוּת, אִוֶּלֶת
patogenia *f* חֵקֶר הַמַּחֲלוֹת
patógeno *adj* מַחֲלָה, מַחֲלִיא
patojo *adj* מִתְנוֹעֵעַ כְּבַרְוָז
patología *f* פָּתוֹלוֹגְיָה
patológico *adj* פָּתוֹלוֹגִי
patólogo *m* פָּתוֹלוֹג
patota *f* כְּנוּפְיָה
patraña *f* בְּדָיָה, שֶׁקֶר, כָּזָב
patria *f* מוֹלֶדֶת
patriarca *m* אָב קַדְמוֹן, פַּטְרִיאַרְךְ
patriarcado *m* פַּטְרִיאַרְכָט
patriarcal *adj* פַּטְרִיאַרְכָלִי
patricio *adjm* 1 פַּטְרִיצִי. 2 אָצִיל
patrimonial *adj* שֶׁל נַחֲלַת אָבוֹת
patrimonio *m* 1 נַחֲלַת אָבוֹת, נַחֲלָה, יְרֻשָּׁה, מוֹרָשָׁה. 2 רְכוּשׁ. 3 מוֹרֶשֶׁת
patrio *adj* 1 שֶׁל הַמּוֹלֶדֶת. 2 אֲבָהִי
patriota *m* פַּטְרִיוֹט
patriotería *f* שׁוֹבִינִיּוּת
patriotero *m* שׁוֹבִינִיסְט, לְאֻמָּנִי
patriótico *adj* פַּטְרִיוֹטִי
patriotismo *m* פַּטְרִיוֹטִיּוּת
patrocinador *adjm* פַּטְרוֹן, תּוֹמֵךְ, נוֹתֵן חָסוּת
patrocinar *vt* נָתַן חָסוּת, תָּמַךְ
patrocinio *m* תְּמִיכָה, חָסוּת, פַּטְרוֹנוּת
patrón *m* 1 בַּעַל בַּיִת, מְנַהֵל, אָדוֹן. 2 פַּטְרוֹן, חַסְדַּאי. 3 דֻּגְמָה, מוֹפֵת, מִדְגָּם
patrona *f* בַּעֲלַת בַּיִת
patronal *adj* 1 פַּטְרוֹנִי. 2 אֲבָהִי. 3 נוֹתֵן־חָסוּת
patronato *m* אֲדוֹנוּת, פַּטְרוֹנוּת

patronímico *adj* פַּטְרוֹנִימִי, גָּזוּר מִשֵּׁם הָאָב
patrono *m* חוֹסֶה, פַּטְרוֹן
patrulla *f* סִיּוּר, פַּטְרוֹל, מִשְׁמָר
patrullaje *m* פִּטְרוּל, סִיּוּר
patrullar *vti* סִיֵּר, פִּטְרֵל
paular *vim* 1 דִּבֵּר, מִלְמֵל. 2 בִּצָּה. 3 מִכְשׁוֹל
paulatino *adj* הַדְרָגָתִי, הַדְרָגִי, אִטִּי
pauperismo *m* דַּלּוּת, עֹנִי, אֶבְיוֹנוּת, קַבְּצָנוּת
paupérrimo *adj* עָנִי, חֲסַר כֹּל
pausa *f* 1 הַפְסָקָה, הֲפוּגָה. 2 עִכּוּב, שְׁהִי. 3 אִטִּיּוּת
pausado *adj* אִטִּי, שָׁהוּי, מָתוּן
pausar *vi* הִפְסִיק, שָׁבַת, דָּמַם
pauta *f* 1 סַרְגֵּל. 2 אַמַּת מִדָּה. 3 כְּלָל, חֹק. 4 דֻּגְמָה, מוֹפֵת
pava *f* 1 תַּרְנְגֹלֶת הֹדּוּ. 2 קֻמְקוּם
pavada *f* 1 לַהֲקַת תַּרְנְגוֹלֵי הֹדּוּ. 2 טִפְּשׁוּת, אִוֶּלֶת, שְׁטוּת
pavesa *f* רֶמֶץ, גַּחֶלֶת
pavía *f* אֲפַרְסֵק
pavido *adj* 1 פַּחְדָן. 2 בַּיְשָׁן
pavimentación *f* רִצּוּף, זִפּוּת, סְלִילָה
pavimentado *adj* סָלוּל, רָצוּף
pavimientar *vt* רִצֵּף, סָלַל, זִפֵּת
pavimiento *m* רִצּוּף, סְלִילָה, רִצְפָּה
pavo *madj* 1 תַּרְנְגוֹל הֹדּוּ. 2 תָּמִים, טִפֵּשׁ
pavo real, pavón *m* טַוָּס
pavonear *vi* הִתְרַבְרֵב, הִתְפָּאֵר
pavor *m* פַּחַד, חֲרָדָה, אֵימָה, יִרְאָה
pavoroso *adj* אָיֹם, נוֹרָא, מַפְחִיד, מַבְעִית
pavura *f* אֵימָה, מוֹרָא, פַּחַד, יִרְאָה
paya *f* זֶמֶר מְאֻלְתָּר
payador *m* 1 זַמָּר. 2 בַּדְּחָן
payar *vi* זִמֵּר, שָׁר
paysada *f* לֵיצָנוּת, מוּקְיוֹנוּת
payasear *vi* הִתְבַּדֵּחַ, הִתְלוֹצֵץ
payaso *m* לֵיצָן, לֵץ, לַגְלְגָן, מוּקְיוֹן
payo *adjm* 1 כַּפְרִי, קַרְתָּנִי. 2 בּוּר, עַם הָאָרֶץ
payuelas *fpl* אֲבַעְבּוּעוֹת רוּחַ
paz *f* 1 שָׁלוֹם. 2 שַׁלְוָה, מְנוּחָה, שֶׁקֶט
pazguato *m* פֶּתִי, כְּסִיל, אֱוִיל, סָכָל
pe *f* שֵׁם הָאוֹת פ
pe a pa מֵאָלֶף עַד תָּו, לְגַמְרֵי, כָּלִיל
peaje *m* 1 זְכוּת מַעֲבָר. 2 דְּמֵי מַעֲבָר
peajero *m* גּוֹבֶה דְּמֵי מַעֲבָר
peatón *m* הוֹלֵךְ רֶגֶל
pebete *m* 1 קְטֹרֶת, לְבוֹנָה. 2 זַאֲטוּט, פִּרְחָח, נַעַר. 3 דָּבָר מַסְרִיחַ
pebre *m* רֹטֶב פִּלְפֵּל
peca *f* נֶמֶשׁ, בַּהֶרֶת קַיִץ
pecadillo *m* עֲבֵרָה קַלָּה
pecado *m* חֵטְא, פֶּשַׁע, עֲבֵרָה, מִשְׁגֶּה
pecador *adjm* חוֹטֵא, עֲבַרְיָן, רָשָׁע
pecaminoso *adj* חוֹטֵא, רָשָׁע, לֹא מוּסָרִי
pecar *vi* חָטָא, פָּשַׁע, עָוָה
pecarí *m* חֲזִיר בָּר
pecera *f* אַקְוַרְיוֹן
pécora *f* 1 כִּבְשָׂה. 2 אִשָּׁה קַלַּת דַּעַת. 3 פְּרוּצָה, זוֹנָה
pecoso *adj* מְנֻמָּשׁ, בַּעַל חֲטָטִים
pectina *f* פֶּקְטִין
pectora *adjm* 1 חָזִי. 2 חֹשֶׁן
pecuario *adj* מִקְנִי
peculado *m* מְעִילָה, שְׁלִיחַת יָד, מַעַל
peculiar *adj* 1 מְיֻחָד, אָפְיָנִי. 2 מוּזָר, מְשֻׁנֶּה
peculiaridad *f* סְגֻלָּה, תְּכוּנָה
peculiarmente *adv* בִּמְיֻחָד, בְּיִחוּד
peculio *m* רְכוּשׁ, נְכָסִים, אֶמְצָעִים
pecunia *f* מָמוֹן, כֶּסֶף
pecuniario *adj* כַּסְפִּי
pechar *vti* 1 שִׁלֵּם מַס. 2 נָטַל עַל עַצְמוֹ. 3 הִתְמוֹדֵד, לָחַם, נֶאֱבַק
pechera *f* לְבָבִית, חָזִיָּה מְעֻמְלֶנֶת
pechicolorado *m* אֲדֹם הֶחָזֶה
pecho *m* 1 חָזֶה. 2 שַׁד. 3 אֹמֶץ. 4 סְגוֹר־הַלֵּב. 5 מַס, נֵטֶל, יְהָב
pechuga *f* 1 חָזֶה. 2 אֹמֶץ
pedagogía פֵּדָגוֹגְיָה
pedagógico *adj* פֵּדָגוֹגִי
pedagogo *m* פֵּדָגוֹג

pedal *m* דַּוְשָׁה
pedalear *vi* דִּוֵּשׁ
pedáneo *m* יו"ר מוֹעָצָה כַּפְרִית
pedante *m* דַּקְדְּקָן, נוֹקְדָן, נַקְרָן, פַּדַּנְט
pedantear *vi* הִתְנַהֵג כְּפַדַּנְט, הִקְפִּיד
pedantería *f* דַּקְדְּקָנוּת, דִּקְדּוּקֵי עֲנִיּוּת
pedantesco *adj* נוֹקְדָנִי, קַפְּדָנִי, פַּדַּנְטִי
pedazo *m* חֲתִיכָה, חֵלֶק, פְּרוּסָה, נֵתַח, רְסִיס, פֶּלַח
pederasta *m* סְדוֹמַאי, שׁוֹכֵב מִשְׁכַּב זְכוּר
pederastia *f* מִשְׁכַּב זְכוּר, סְדוֹמָאוּת
pedernal *m* צֹר, חַלָּמִישׁ
pedestal *m* כַּן, אֶדֶן, בָּסִיס, יְסוֹד
pedestre *adj* 1 רַגְלִי, הוֹלֵךְ בָּרֶגֶל. 2 גַּס, הֲמוֹנִי
pediatra *m* רוֹפֵא יְלָדִים
pediatría *f* תּוֹרַת רִפּוּי יְלָדִים
pediátrico *adj* שֶׁל רִפּוּי יְלָדִים
pedicuro *m* פֶּדִּיקוּר
pedida *f* בַּקָּשָׁה
pedido *m* 1 עֲתִירָה, בַּקָּשָׁה, הַפְצָרָה, מִשְׁאָלָה. 2 הַזְמָנָה
pedidor *adjm* 1 מַעְתִּיר, בַּקְשָׁן, מְבַקֵּשׁ. 2 טַרְדָן, טַרְחָן
pedigüeño *adj* טַרְדָן, בַּקְשָׁן
pedir *vt* בִּקֵּשׁ, דָּרַשׁ, הִפְצִיר, עָתַר, הִתְחַנֵּן
pedo *m* נְפִיחָה
pedorrera *f* נְפִיחָנוּת
pedorrero *adj* נְפִיחָנִי
pedorreta *f* נְשִׁיפַת בּוּז
pedrada *f* יִדּוּי אֶבֶן
pedregal *m* אַדְמַת טְרָשִׁים, אַדְמַת סְלָעִים
pedregoso *adj* סַלְעִי, טַרְשִׁי, מְסֻלָּע
pedrería *f* אֲבָנִים יְקָרוֹת
pedrusco *m* אָבָן, חַלּוּק
pedúnculo *m* גִּבְעוֹל, קָנֶה, קֶלַח
pega *f* 1 הַדְבָּקָה. 2 עַקְעַק (צִפּוֹר). 3 הַצְלָפָה
pegadizo *adj* דָּבִיק, מְדַבֵּק
pegadura *f* 1 הַדְבָּקָה (של שני דברים). 2 דְּבוּקָה
pegajosidad *f* דְּבִיקוּת
pegajoso *adj* דָּבִיק
pegar *vti* 1 הִדְבִּיק, חִבֵּר, צֵרַף. 2 תָּפַר. 3 הִצְלִיף, חָבַט, הִכָּה, הָלַם. 4 הִשְׁרִישׁ, נִקְלַט
pegársela a uno סִדֵּר אוֹתוֹ, תִּעְתַּע בּוֹ, הִטְעָה אוֹתוֹ
pegote *m* 1 רְטִיָּה. 2 טַרְדָן, טַרְחָן
peinato *madj* 1 תִּסְרֹקֶת. 2 טַרְזָן, גַּנְדְּרָן
peinador *m* 1 מַסְרֵק. 2 גְּלִימַת בֹּקֶר. 3 עֲטִיפָה
peinar *vt* סֵרֵק
peine *m* מַסְרֵק
peineta *f* מַזְקֶפֶת, מַסְרֵק קָטָן
peje *m* 1 דָּג. 2 טִיפּוּס, בַּרְנָשׁ
pejerrey *m* קוֹלְיָס (דָּג)
peladilla *f* 1 שָׁקֵד מְסֻכָּר. 2 חַלּוּק־אֶבֶן
pelado *adjm* 1 קֵרֵחַ. 2 עָנִי, דַּל
pelafustán *m* אָרְחֵי פָּרְחֵי
pelagatos *m* קַבְּצָן
pelagra *f* חַסְפֶּסֶת
pelaje *m* שֵׂעָר, פַּרְוָה
pelambre *f* שֵׂעָר
pelar *vt* 1 מָרַט, תָּלַשׁ. 2 סִפֵּר, גָּזַז. 3 קִלֵּף
peldaño *m* מַדְרֵגָה, דַּרְגָּה, מַעֲלָה
pelea *f* רִיב, תִּגְרָה, קְטָטָה, מְרִיבָה
pelear *vi* רָב, הִתְקוֹטֵט, נִלְחַם
pelechar *vi* 1 הִשִּׁיר שַׂעֲרוֹתָיו. 2 הִתְאוֹשֵׁשׁ
pelele *m* 1 גֹּלֶם, דַּחְלִיל. 2 טִפֵּשׁ, כְּסִיל, שׁוֹטֶה
peletería *f* פַּרְוָנוּת
peletero *m* פַּרְוָן
peliagudo *adj* 1 שָׂעִיר. 2 מְסֻבָּךְ, קָשֶׁה
pelícano *m* שַׂקְנַאי
película *f* 1 קְלִפָּה, קְרוּם. 2 סֶרֶט, פִילְם
peligrar *vi* הִסְתַּכֵּן, הָיָה בְּסַכָּנָה
peligro *m* סַכָּנָה, סִכּוּן
peligroso *adj* מְסֻכָּן
pelillo *m* 1 מוֹךְ, פְּלוּמָה. 2 שְׁטוּת, תַּרְעֹמֶת
pelirrojo *adj* אַדְמוֹנִי
pelmazo *m* 1 דָּבָר דָּחוּס, לָחוּץ. 2 עַצְלָן, נִרְפֶּה. 3 טַרְדָן, טַרְחָן. 4 מִטְרָד, הַרְגָּזָה, הַטְרָדָה
pelo *m* שֵׂעָר
pelón *adjm* קֵרֵחַ
pelota *f* כַּדּוּר

pelotear *vi* כדרר
pelotera *f* תגרה, מהומה, שאון, רעש
pelotón *m* 1 קבוצה, כתה. 2 קוצה
peltre *m* נתך בדיל ונחשת
peluca *f* פאה נכרית
peludo *adj* שעיר
peluquería *f* מספרה
peluquero *m* ספר
pelusa *f* 1 מוך, פלומה. 2 קנאת־ילדים
pelviano *adj* של אגן הירכים
pelvis *f* אגן הירכים
pellejo *m* 1 עור. 2 נאד, חמת
pelliza *f* פרוה
pellizcar *vt* צבט
pellizco *m* צביטה
pena *f* 1 צער, יסורים, יגון. 2 ענש. 3 נוצה
penable *adj* בר־ענשין
penacho *m* 1 ציצית, קוצת נוצות. 2 גאוה, גנדרנות
penado *adjm* 1 קשה, מיגע. 2 נדון
penal *adjm* 1 פלילי. 2 בית סהר
penalidad *f* 1 פליליות. 2 יגע. 3 ענש. 4 צער
penalista *m* 1 משפטן. 2 ממחה למשפט הפלילי
penalizar *vt* ענש, העניש, קנס
penar *vti* 1 העניש, ענש, קנס. 2 צער. 3 סבל
penca *f* 1 שוט, מצלף. 2 עלה בשרני
penco *m* סוס
pendejo *m* 1 שער הערוה. 2 פחדן. 3 פרחח
pendencia *f* ריב, קטטה, תגרה
pendenciar *vi* רב, התקוטט
pendenciero *adjm* נרגן, איש ריב, איש מדון
pender *vi* 1 נתלה, רחף, נטה. 2 חכה, צפה. 3 סמך, נשען
pendiente *adjmf* 1 תלוי, תלוי ועומד. 2 עגיל. 3 ירידה, שפוע, מורד
péndola *f* 1 מטטלת. 2 קולמוס
pendolista *m* 1 לבלר, כתבן. 2 סופר, מחבר
pendón *m* 1 נס, דגל. 2 אדם שפל
pendular *adj* של המטטלת
péndulo *adjm* 1 תלוי. 2 מטטלת
pene *m* איבר הזכר
penetrable *adj* חדיר
penetración *f* חדירה, הבקעה, חלחול
penetrante *adj* 1 חודר, נוקב. 2 שנון, חד
penetrar *vt* חדר, בקע, פעפע, חלחל
penicilina *f* פניצילין
península *f* חצי־אי
peninsular *adj* של חצי־ אי, שיך לחצי־אי
penique *m* פני
penitencia *f* 1 חרטה, תשובה. 2 תענית, צום. 3 ענש. 4 הסתגפות
penitencial *adj* של חרטה, של תשובה
penitenciaría *f* בית כלא, בית סהר
penitenciario *adj* של בית הכלא
penitente *adj* חוזר בתשובה, מסתגף
penol *m* זרוע אסקריא
penología *f* נהול בתי סהר
penosamente *adv* 1 בעמל רב. 2 בצער
penoso *adj* 1 מכאיב, מצער, מעציב. 2 מיגע
pensado (de-) *adv* בכונה, במתכון
pensador *adjm* 1 חושב, מהרהר. 2 הוגה־דעות, פילוסוף
pensamiento *m* 1 מחשבה, חשיבה, רעיון. 2 תודעה. 3 שכל. 4 אמנון־ותמר
pensar *vi* חשב, הגה, סבר, הרהר, עין
pensativo *adj* מהרהר, שקוע בהרהורים
pensel *m* חמנית
pensil *adjm* 1 תלוי. 2 גן־עדנים
pensión 1 פנסיון. 2 גמלה, פנסיה, קצבה, תמיכה
pensionado *adjm* 1 בעל־גמלה, פנסיונר. 2 פנימיה
pensionar *vt* העניק גמלה
pensionista *m* 1 אורח במלון. 2 פנסיונר. 3 תלמיד פנימיה
pentaedro *m* פירמידה מחמשת
pentagonal *adj* מחמש
pentágono *m* מחמש
pentagrama *f* פנטגרמה, חמשורון,

שׁוּרוֹן־תָּוִים

pentámetro *m* פֶּנְטָמֶטֶר, טוּר מְחֻמַּשׁ רַגְלַיִם

pentateuco *m* חֻמָּשׁ

péntatlo *m* תַּחֲרוּת חֻמָּשׁ

pentecostés *m* שָׁבוּעוֹת

penúltimo *adj* שֶׁלִּפְנֵי הָאַחֲרוֹן

penumbra *f* דִּמְדּוּמִים, פְּלַג־צֵל, אוֹרְצֵל

penumbroso *adj* פְּלַג־צִלִּי

penuria *f* עֹנִי, דַּלּוּת, מַחְסוֹר, סֵבֶל

peña *f* סֶלַע, צוּר, צוּק

peñascal *m* אַדְמַת טְרָשִׁים

peñasco *m* צוּר, סֶלַע, צוּק

peñascoso *adj* סַלְעִי

peñola *f* נוֹצַת־כְּתִיבָה

peñon *m* צוּק

peón *m* 1 פּוֹעֵל, שְׂכִיר יוֹם. 2 חַיָּל. 3 סְבִיבוֹן

peonada *f* עֲבוֹדַת יוֹם שֶׁל פּוֹעֵל

peonaje *m* חֶבֶר פּוֹעֲלִים

peonía *f* אַדְמוֹנִית

peonza *f* סְבִיבוֹן

peor *adj* גָּרוּעַ, נָחוּת

pepa *f* זַרְעוֹן, גַּרְגִּיר, חַרְצָן

pepinillos *m* כְּבוּשִׁים, חֲמוּצִים

pepino *m* מְלָפְפוֹן

pepita *f* 1 אַסְכָּרַת הָעוֹפוֹת. 2 חַרְצָן, גַּרְעִין, גַּרְגַּר

pepitoria *f* 1 צְלִי־עוֹף. 2 עִרְבּוּבְיָה

pepón *m* אֲבַטִּיחַ

pepsina *f* עַכְלָן, פֶּפְּסִין

péptico *adj* עִכּוּלִי

péptido *m* פֶּפְּטִיד

peptona *f* פֶּפְּטוֹן

pequeñez *f* 1 קַטְנוּת. 2 קַטְנוּנִיּוּת. 3 יַלְדוּת. 4 דָּבָר פָּעוּט, קַל עֵרֶךְ

pequeño *adjm* 1 קָטָן, זָעִיר. 2 פָּעוּט, קַל עֵרֶךְ. 3 עוֹלָל, יֶלֶד, פָּעוֹט

pequeñuelo *adjm* 1 קְטַנְטַן. 2 זַאֲטוּט

pera *f* אַגָּס

peral *m* עֵץ הָאַגָּס

peralte *m* קֶשֶׁת

perca *f* אוֹקוּנוֹס

percal *m* בַּד פִּרְחוֹנִי

percance *m* תַּקָּלָה, פֶּגַע, תְּאוּנָה, צָרָה, מְצוּקָה

percatar *vi* הִרְגִּישׁ, הֵבִין, שָׂם לֵב

percebe *m* דַּג הַשַּׁבְּלוּל

percepción *f* תְּפִיסָה, תְּחוּשָׁה, הַשָּׂגָה, הַרְגָּשָׁה

perceptibilidad *f* תְּפִיסוּת, מוּחָשׁוּת

perceptible *adj* 1 תָּפִיס, מוּחָשׁ, מֻרְגָּשׁ. 2 מִתְקַבֵּל, בַּר פֵּרָעוֹן

perceptivo *adj* תּוֹפֵס, הֶמְחֵשִׁי, מַשִּׂיג

percibir *vt* 1 תָּפַס, הֵבִין, קָלַט, הִכִּיר, הִרְגִּישׁ. 2 קִבֵּל, רָכַשׁ, לָקַח

percudir *vt* 1 הִכְהָה, עָמַם, עִמְעֵם, הִכְהָה. 2 לִכְלֵךְ, טִנֵּף

percusión *f* הַקָּשָׁה, נְקִישָׁה, טְפִיחָה, תִּפּוּף

percusor *m* נוֹקֵר

percha *f* 1 כְּלוֹנָס. 2 קוֹלָב. 3 אוֹקוּנוֹס

perchero *m* קוֹלָב

perdedor *adjm* 1 מַפְסִיד, מְאַבֵּד. 2 אִבּוּד, הֶפְסֵד

perder *vt* 1 הִפְסִיד, שִׁכֵּל. 2 אִבֵּד, בִּזְבֵּז, כִּלָּה, בִּלָּה, הֶחְמִיץ, הִשְׁחִית

perder la vista הִתְעַוֵּר

perderse *vref* הָלַךְ לְאִבּוּד, כָּלָה, אָבַד

perdición *f* אָבְדָן, הֶרֶס, כְּלָיָה, חֻרְבָּן

perdida *f* 1 אֲבֵדָה, הֶפְסֵד, אִבּוּד. 2 פְּחָת

perdidamente *adv* 1 לְלֹא שִׁעוּר, עַד כְּדֵי אָבְדַן הַחוּשִׁים. 2 לַשָּׁוְא

perdido *adjm* 1 אָבוּד, תּוֹעֶה, אוֹבֵד, נָבוֹךְ. 2 אוֹבֵד עֵצוֹת. 3 הוֹלֵל, מֻפְקָר, פָּרוּץ

perdigón *m* 1 קוֹרֵא צָעִיר. 2 גַּרְגַּר עוֹפֶרֶת

perdiguero *m* כֶּלֶב צַיִד

perdimiento *m* אֲבֵדָה, אָבְדָן

perdiz *f* קוֹרֵא (צִפּוֹר)

perdón *m* 1 סְלִיחָה, מְחִילָה, חֲנִינָה, כַּפָּרָה. 2 דְּחִיָּה, פְּטוֹר, שִׁחְרוּר

perdonable *adj* סָלִיחַ, בַּר סְלִיחָה

perdonar *vt* 1 סָלַח, מָחַל, כִּפֵּר, חָנַן. 2 פָּטַר, שִׁחְרֵר

perdonavidas *m* אַלָּם, שַׁחֲצָן, קַנְטְרָן

perdulario *adjm* 1 רַשְׁלָן, מֻזְנָח. 2 מֻפְקָר,

מְשֻׁחָת, הוֹלֵל

perdurabilidad *f* תְּמִידוּת, קֶבַע, קְבִיעוּת, הַתְמָדָה

perdurable *adj* בַּר קְיָמָא, נִצְחִי, קָבוּעַ, אֵיתָן

perdurar *vi* נִמְשַׁךְ, אָרַךְ, הִתְקַיֵּם, הִתְמִיד

percedero *adj* אוֹבֵד, חוֹלֵף, אָבִיד, כָּלֶה

perecer *vi* 1 נִשְׁחַת, כָּלָה, נָבַל. 2 מֵת, גָּוַע

peregrinación *f* 1 עֲלִיָּה לְרֶגֶל, צַלְיָנוּת. 2 נְדִידָה, נְסִיעָה, מַסָּע, נְדוּדִים

peregrinaje *m* עֲלִיָּה לְרֶגֶל, צַלְיָנוּת

peregrinar *vi* 1 עָלָה לְרֶגֶל. 2 נָדַד, נָסַע, שׁוֹטֵט

peregrino *adjm* עוֹלֵה רֶגֶל, צַלְיָן

perejil *m* פֶּטְרוֹסִילְיָה

perenne *adj* 1 תְּמִידִי, נִצְחִי, אֵיתָן. 2 רַב שְׁנָתִי

perentorio *adj* הֶחְלֵטִי, מַכְרִיעַ, נֶחֱרָץ, סוֹפִי

pereza *f* עַצְלָנוּת, עַצְלוּת, רַשְׁלָנוּת

perezoso *adjm* עַצְלָן, עָצֵל, רַשְׁלָן

perfección *f* שְׁלֵמוּת, מֻשְׁלָמוּת

perfeccionamiento *m* הִשְׁתַּלְּמוּת, שְׁלֵמוּת, שִׁכְלוּל

perfeccionar *vt* הִשְׁלִים, שִׁפֵּר, שִׁכְלֵל

perfecto *adj* שָׁלֵם, מֻשְׁלָם, תָּמִים, לְלֹא רְבָב

perfidia *f* בְּגִידָה, מְעִילָה, כַּחַשׁ, מְזִמָּה, כָּזָב

pérfido *adj* בּוֹגֵד, מוֹעֵל, רַמַּאי, מִתְכַּחֵשׁ, כּוֹזֵב

perfil *m* דְּיוֹקָן, צְדוּדִית, פְּרוֹפִיל

perfilado *adj* מְאֹרָךְ, מֻרְחָב, נִמְשָׁךְ

perfilar *vt* 1 תֵּאֵר דְּיוֹקָן, הֵכִין תַּרְשִׁים. 2 שִׁפְשֵׁף, לִטֵּשׁ, עִדֵּן. 3 הִתְהַדֵּר, הִתְגַּנְדֵּר

perfiles *mpl* עֲבוֹדוֹת גִּמּוּר

perforación *f* קִדּוּחַ, נִקּוּב, קְדִיחָה

perforador *adj* מְנַקֵּב, נוֹקֵב, חוֹדֵר

perforadora *f* מְנַקֵּב

perforar *vt* קָדַח, נָקַב, חָדַר

perfumador *m* מַזְלֵף־בֹּשֶׂם

perfumar *vt* 1 בִּשֵּׂם. 2 הִתְבַּשֵּׂם

perfume *m* בֹּשֶׂם

perfumeria *f* בְּשָׂמִיָּה, מִבְשָׂמָה, תַּמְרוּקִיָּה

perfumero *m* בַּשָּׂם

perfumista *m* בַּשָּׂם

perfunctorio *adj* שִׁטְחִי, מְרֻשָּׁל, כִּלְאַחַר יָד

pergamino *m* קְלָף, גְּוִיל

pergeñar *vt* הֵכִין, סִדֵּר, תֵּאֵר

pergeño **n** מִתְוֶה, תַּרְשִׁים, תֵּאוּר, מִרְשָׁם

pericia *f* מְיֻמָּנוּת, כִּשְׁרוֹן, יְכֹלֶת

perico *m* תֻּכִּי

perico de los palotes פְּלוֹנִי אַלְמוֹנִי

periferia *f* הֶקֵּף, פֶּרִיפֶרְיָה

periférico *adj* הֶקֵּפִי, חִיצוֹנִי

perifollos *mpl* אֶלֶגַנְטִיּוּת מְעֻשָּׂה, טַרְזָנוּת

perifrasis *f* דִּבּוּר סָחוֹר סָחוֹר, אֲרִיכוּת לָשׁוֹן, גִּבּוּב דְּבָרִים

perifrástico *adj* עוֹקֵף, שֶׁל אֲרִיכוּת לָשׁוֹן

perigeo *m* פֶּרִיגֵאָה

perihelio *m* פֶּרִיהֶלְיוֹן

perilla *f* 1 זְקַנְקַן, זְקַן־תַּיִשׁ. 2 יָדִית

perillán *m* נָבָל, שׁוֹבָב, בֶּן בְּלִיַּעַל

perimetro *m* הֶקֵּף, פֶּרִימֶטֶר

periódico *adjm* 1 תְּקוּפָתִי, תְּקוּפִי, עוֹנָתִי, מַחֲזוֹרִי. 2 עִתּוֹן, יוֹמוֹן

periodismo *m* עִתּוֹנוּת, עִתּוֹנָאוּת

periodista *m* כַּתָּב, עִתּוֹנַאי

periodisto *adj* עִתּוֹנִי, עִתּוֹנָאִי

periodo *m* 1 תְּקוּפָה, עֵת, עוֹנָה. 2 וֶסֶת, מַחֲזוֹר. 3 מַעְגָּל. 4 מַחֲזֹרֶת

peripatético *adj* מְשׁוֹטֵט, פֶּרִיפָּטֶטִי

peripecia *f* 1 תַּהְפּוּכוֹת, תְּמוּרוֹת, חֲלִיפוֹת. 2 תְּאוּנָה, פֶּגַע, הַרְפַּתְקָה, תְּלָאָה

peripuesto *adj* טַרְזָן, גַּנְדְּרָן

periquete *m* הֶרֶף־עַיִן

periquito *m* תֻּכִּי

periscopio *m* פֶּרִיסְקוֹפּ

peristalsis *f* תְּנוּעַת מֵעַיִם, פֶּרִיסְטַלְטִיקָה

peristáltico *adj* שֶׁל תְּנוּעַת מֵעַיִם

peristilo *m* אוּלָם עַמּוּדִים

peritaje *m* חַוַּת דַּעַת

perito *adjm* מֻמְחֶה, בָּקִי, יַדְעָן

peritoneo *m* צֶפֶק

peritonitis *f* צַפֶּקֶת

perjudicar *vt* הִזִּיק, חִבֵּל, פָּגַע, קִלְקֵל, הֵרַע

perjudicial *adj* מַזִּיק, פּוֹגֵעַ

perjuicio *m* נֶזֶק, פְּגִיעָה, חַבָּלָה, הֶפְסֵד
perjurar *vi* 1 נִשְׁבַּע לַשֶּׁקֶר. 2 קִלֵּל, גִּדֵּף. 3 הֵפֵר שְׁבוּעָה
perjurio *m* 1 שְׁבוּעַת שֶׁקֶר. 2 הֲפָרַת שְׁבוּעָה
perjuro *adjm* 1 אָשֵׁם בִּשְׁבוּעַת שֶׁקֶר. 2 עֵד־שֶׁקֶר
perla *f* 1 פְּנִינָה, מַרְגָּלִית. 2 אוֹת פְּנִינָה (דפוס)
perlado *adj* פְּנִינִי
perlesia *f* שִׁתּוּק, שָׁבָץ
permanecer *vi* שָׁהָה, יָשַׁב, הִתְקַיֵּם, נִשְׁאַר
permanencia *f* שְׁהִיָּה, הִשָּׁאֲרוּת, קֶבַע, קְבִיעוּת
permanente *adj* קָבוּעַ, תְּמִידִי, מַתְמִיד
permeabilidad *f* חֲדִירוּת, חִלְחוּל
permeable *adj* חָדִיר, מְחַלְחֵל
permisible *adj* כָּשֵׁר, מֻתָּר
permisión *f* הֶתֵּר, רְשׁוּת, רִשְׁיוֹן, הַרְשָׁאָה, הַתָּרָה
permisivo *adj* מַרְשֶׁה, מַסְכִּים, מַתִּירָן
permiso *m* 1 רְשׁוּת, הֶתֵּר. 2 רִשְׁיוֹן, הַרְשָׁאָה
permitir *vt* הִרְשָׁה, הִתִּיר, אִפְשֵׁר
permuta *f* חֲלִיפִין, מֵיר, חִלּוּף, תְּמוּרָה
permutable *adj* חָלִיף, בַּר חֲלִיפִין
permutación *f* 1 חִלּוּף, חֲלִיפִין. 2 שִׁנּוּי, תְּמוּרָה
permutar *vt* הֶחֱלִיף, הֵמִיר, שִׁנָּה
pernada *f* בְּעִיטָה
pernaza *f* רֶגֶל גְּדוֹלָה
pernetas (en) *adv* חֲשׂוּף־שׁוֹקַיִם
perniciosidad *f* הֶזֵּק, קִלְקוּל, הֶפְסֵד
pernicioso *adj* מַזִּיק, מְחַבֵּל, מְסֻכָּן, מַמְאִיר, מַשְׁחִית
pernil *m* 1 שׁוֹק. 2 מִכְנָס
pernio *m* צִיר (שֶׁל דֶּלֶת אוֹ חַלּוֹן)
perno *m* בֹּרֶג
pernoctar *vi* לָן
pero *conjm* 1 אֲבָל, בְּרַם, אַךְ, אוּלָם. 2 שְׁגִיאָה, פְּגָם
perogrullada *f* 1 אֱמֶת מְסֻכֶּמֶת, קִמְחָא טְחִינָא. 2 שְׁטוּת, הֲבָלִים, טִפְּשׁוּת
perol *m* קַלַּחַת
peroné *m* שׁוֹקִית
peroración *f* 1 נְאוּם. 2 סִכּוּם, חֲתִימַת נְאוּם
perorar *vi* 1 נָאַם, דִּבֵּר, הִרְצָה. 2 הִפְצִיר
perorato *f* דְּרָשָׁה
peróxido *m* עַל־תַּחְמֹצֶת
perpendicular *fadj* 1 אֲנָךְ. 2 מְאֻנָּךְ, אֲנָכִי, זָקוּף, נִצָּב
perpetración *f* בִּצּוּעַ עֲבֵרָה, עֲשִׂיַּת חֵטְא
perpetrador *adjm* עֲבַרְיָן, פּוֹשֵׁעַ
perpetrar *vt* בִּצַּע, עָשָׂה, חָטָא, עָבַר עֲבֵרָה
perpetua *f* אַלְמָוֶת, חַיְעַד
perpetuación *f* 1 הַנְצָחָה. 2 הַתְמָדָה
perpetuar *vt* 1 הִנְצִיחַ. 2 הִתְמִיד
perpetuidad *f* 1 נֶצַח, נִצְחִיּוּת, צְמִיתוּת. 2 הַתְמָדָה
perpetuo *adj* נִצְחִי, תְּמִידִי, עוֹלָמִי
perplejidad *f* תִּמָּהוֹן, מְבוּכָה, בִּלְבּוּל, הִשְׁתּוֹמְמוּת, תַּדְהֵמָה
perplejo *adj* נָבוֹךְ, נִדְהָם, מְבֻלְבָּל, מִשְׁתּוֹמֵם
perra *f* 1 כַּלְבָּה. 2 שִׁכְרוּת. 3 עַצְלוּת
perrada *f* 1 עֲדַת כְּלָבִים. 2 שִׁפְלוּת, נִבְזוּת
perrera *f* מְאוּרַת כְּלָבִים, מְלוּנָה
perrería *f* 1 עֲדַת כְּלָבִים. 2 חֶבֶר מְרֵעִים. 3 רַגְזָנוּת, רַטְנָנוּת
perrero *m* 1 מְאוּרַת כְּלָבִים. 2 שׁוֹמֵר כְּלָבִים. 3 אוֹהֵב כְּלָבִים
perrillo, perrito *m* גּוּר כֶּלֶב
perro *m* כֶּלֶב
perro braco כֶּלֶב צַיִד
perro de aguas כֶּלֶב סְפַּנְיֶל
pero de lanas צַמְרוֹן, פּוּדְל
perro de presa בּוּלְדוֹג
perruno *adj* כַּלְבִּי
persa *adjm* פַּרְסִי
persecución *f* 1 רְדִיפָה, רְדִיפוֹת. 2 עִנּוּי
perseguidor *m* 1 רוֹדֵף, נוֹגֵשׂ. 2 מְעַנֶּה
perseguimiento *m* רְדִיפָה
perseguir *vt* 1 רָדַף. 2 הֵצִיק, עִנָּה, הִטְרִיד
perseverancia *f* 1 הַתְמָדָה, שְׁקִידָה, חָרִיצוּת. 2 עַקְשָׁנוּת, קְשִׁי עֹרֶף
perseverante *adj* 1 מַתְמִיד, שַׁקְדָן, חָרוּץ.

2 עַקְשָׁן, קְשֵׁה עֹרֶף

perseverar *vi* 1 הִתְמִיד, שָׁקַד. 2 הִתְעַקֵּשׁ

persiana *f* תְּרִיס

pérsico *adjm* פַּרְסִי

persignarse *vref* הִצְטַלֵּב

persistencia *f* הַתְמָדָה, הֶתְמֵד, עַקְשָׁנוּת, שְׁקִידָה

persistente *adj* מַתְמִיד, עַקְשָׁנִי, קְשֵׁה עֹרֶף

persistir *vi* 1 הִתְמִיד, שָׁקַד, הִמְשִׁיךְ. 2 הִתְעַקֵּשׁ

persona *f* אָדָם, אִישׁ, בֶּן אָדָם, בַּרְנָשׁ, אֱנוֹשׁ, נֶפֶשׁ חַיָּה, גּוּף

personaje *m* 1 אִישִׁיּוּת, נִכְבָּד. 2 גִּבּוֹר (במחזה)

personal *adjm* 1 אִישִׁי, פְּרָטִי, עַצְמִי, מְיֻחָד. 2 מַנְגָּנוֹן עוֹבְדִים, צֶוֶת, חֶבֶר

personalidad *f* 1 אִישִׁיּוּת, יִחוּד. 2 נִכְבָּד

personalizar *vt* אִיֵּשׁ

personeria *f* 1 נְצִיגוּת. 2 אִישִׁיּוּת מִשְׁפָּטִית

personero *m* נָצִיג, בָּא כֹּחַ, מֻרְשֶׁה, שְׁתַדְּלָן

personificación *f* אִיּוּשׁ, הַאֲנָשָׁה, גִּלּוּם־דְּמוּת

personificar *vt* אִיֵּשׁ, גִּלֵּם

personilla *f* בַּרְנָשׁ

perspectiva *f* פֶּרְסְפֶּקְטִיבָה

perspicacia *f* חֲרִיפוּת, שְׁנִינוּת, חַדּוּת, פִּקְחוּת

perspicaz *adj* חָרִיף, שָׁנוּן, חוֹדֵר, פִּקֵּחַ

perspicuidad *f* בְּהִירוּת, בְּרִירוּת, צַחוּת, זַכּוּת

perspicuo *adj* בָּהִיר, בָּרוּר, צַח, זַךְ, מוּבָן

persuadible אָמִין, מְהֵימָן, מִתְקַבֵּל עַל הַדַּעַת

persuadidor *adjm* מְשַׁכְנֵעַ, מְשַׁדֵּל, מְפַתֶּה, בַּעַל כֹּחַ־שִׁכְנוּעַ

persuadir *vt* שִׁכְנֵעַ, שִׁדֵּל, פִּתָּה, הִשְׁפִּיעַ עַל־הִשִּׂיא, הֵנִיעַ

persuasible *adj* בַּר פִּתּוּי, בַּר שִׁכְנוּעַ, בַּר שִׁדּוּל

persuasión *f* שִׁכְנוּעַ, שִׁדּוּל, פִּתּוּי

persuasiva *f* כֹּחַ שִׁכְנוּעַ

persuasivo *adj* מְשַׁכְנֵעַ, מְפַתֶּה, מְשַׁדֵּל, מַשְׁפִּיעַ

pertenecer *vi* הָיָה שַׁיָּךְ, הִתְיַחֵס, הִשְׁתַּיֵּךְ

pertenencia *f* 1 בַּעֲלוּת, קִנְיָן. 2 אֲחִיזָה, הַחְזָקָה. 3 הַתְאָמָה, קֶשֶׁר, שַׁיָּכוּת

pértiga *f* מוֹט, כְּלוֹנָס

pertinacia *f* 1 עַקְשָׁנוּת, הַתְמָדָה. 2 טַרְדָנוּת

pertinaz *adj* 1 עַקְשָׁן, מַתְמִיד. 2 טַרְדָן

pertinencia *f* שַׁיָּכוּת, הַתְאָמָה, קֶשֶׁר

pertinente *adj* שַׁיָּךְ, מַתְאִים, נוֹגֵעַ

pertrechar *vt* 1 צִיֵּד, סִפֵּק. 2 צָבַר, אָגַר

pertrechos *mpl* הַסְפָּקָה, אַסְפָּקָה, צֵידָה, מְלַאי, מִצְרָכִים

perturbable *adj* מַפְרִיעַ, מֵבִיךְ

perturbación *f* הִתְרַגְּשׁוּת, מְבוּכָה, הַפְרָעָה, תִּמָּהוֹן

perturbador *adj* מַפְרִיעַ, מַטְרִיד, מֵבִיךְ

perturbar *vt* הִפְרִיעַ, הִטְרִיד, הֵבִיךְ

peruano *adjm* פֶּרוּאָנִי

perulero *madj* 1 כַּד. 2 פֶּרוּאָנִי

perversidad *f* 1 רִשְׁעוּת. 2 סְטִיָּה

perversión *f* נְלִיזָה, נְלִיזוּת, הַשְׁחָתָה, קִלְקוּל

perverso *adjm* 1 סוֹטֶה, נָלוֹז, מֻשְׁחָת, מְעֻוָּת. 2 רָשָׁע

pervertidor *adjm* מַשְׁחִית, מְקַלְקֵל־הַמִּדּוֹת, מְפַתֶּה לִדְבַר עֲבֵרָה

pervertir *vt* 1 עִוֵּת, עִקֵּם, הִשְׁחִית, קִלְקֵל, סִלֵּף. 2 זָנָה, יָצָא לְתַרְבּוּת רָעָה

pervinca *f* וִינְקָה (צמח נוי)

pesa *f* 1 מִשְׁקָל. 2 מִשְׁקֹלֶת

pesada *f* שְׁקִילָה

pesadez *f* 1 כֹּבֶד, כְּבֵדוּת, נֵטֶל, קֹשִׁי. 2 טִרְדָּה, טִרְחָה. 3 מוּעָקָה

pesadilla *f* סִיּוּט, חֲלוֹם בַּלָּהוֹת

pesado *adj* 1 כָּבֵד, קָשֶׁה. 2 טַרְדָן, טַרְדָנִי. 3 שָׁמֵן, בָּרִיא. 4 אִטִּי. 5 עָמֹק. 6 קַנְטְרָנִי

pesadumbre *f* צַעַר, יָגוֹן, עַצְבוּת, תּוּגָה, דְּאָבָה

pésame *m* תַּנְחוּמִים, הִשְׁתַּתְּפוּת בְּצַעַר

pesantez *f* כֹּבֶד, נֵטֶל, מוּעָקָה

pesar *vtim* 1 שָׁקַל. 2 צַעַר, חֲרָטָה, דַּאֲבוֹן, יָגוֹן, עָגְמַת נֶפֶשׁ

pesaroso *adj* עָצוּב, עָגוּם, מְצַעֵר

pesca *f* 1 דַּיִג, דִּיגָה. 2 דָּגָה

pescada *f* בַּקָּלָה

pescaderia *f* חֲנוּת דָּגִים

pescadero *m* סוֹחֵר דָּגִים
pescado *m* דָּג
pescador *m* דַּיָּג
pescante *n* 1 מַדְלֶה. 2 מָנוֹף. 3 מוֹשַׁב הָעֶגְלוֹן. 4 מוֹשַׁב הַנֶּהָג
pescar *vti* דָּג
pescozón *m* מַכָּה בַּצַּוָּאר
pescozudo *adj* בַּעַל צַוָּאר עָבֶה
pescuezo *m* 1 צַוָּאר. 2 יְהִירוּת, גַּאֲוָה, גַּאַוְתָנוּת
pesebre *m* אֻרְוָה, אֵבוּס
pesebrera *f* אֻרְוָה
peseta *f* פֶּזֶטָה
pesimismo *m* פֶּסִימִיּוּת, רְאִיַּת שְׁחוֹרוֹת
pesimista *adjm* פֶּסִימִיסְט, רוֹאֶה שְׁחוֹרוֹת
pésimo *adj* גָּרוּעַ בְּיוֹתֵר, רַע מְאֹד
peso *m* 1 מִשְׁקָל. 2 פֶּזוֹ
pesquera *f* מְקוֹם דַּיִג
pesquería *f* 1 דָּגָה, דִּיּוּג. 2 מְקוֹם דַּיִג
pesquero *adj* שֶׁל דַּיִג
pesquis *m* תְּבוּנָה, בִּינָה, שֵׂכֶל
pesquisa *fm* 1 חֲקִירָה, בְּדִיקָה, דְּרִישָׁה. 2 בַּלָּשׁ
pesquisador *adjm* 1 חוֹקֵר. 2 בַּלָּשׁ
pesquisar *v* 1 חָקַר, בָּדַק. 2 בִּלֵּשׁ
pestaña *f* רִיס
pestañear *vi* עִפְעֵף, מִצְמֵץ
pestañeo *m* עִפְעוּף, מִצְמוּץ
peste *f* 1 מַגֵּפָה, דֶּבֶר. 2 מַכָּה, אָסוֹן. 3 סִרְחוֹן, בָּאְשָׁה. 4 שֶׁקֶץ. 5 קְלָלָה. 6 טִרְדָּה
pestífero *adj* 1 מַדְבִּיק, מְחַלֶּה, מְסַכֵּן. 2 מַסְרִיחַ, מַבְאִישׁ
pestilencia *f* 1 דֶּבֶר, נֶגֶף, מַגֵּפָה. 2 סִרְחוֹן, צַחֲנָה, בְּאשׁ
pestilente *adj* 1 מַדְבִּיק, מַחֲלֶה, מְסַכֵּן, מַטְרִיד, מַזִּיק. 2 מַסְרִיחַ, מַבְאִישׁ
pestillo *m* בְּרִיחַ
pesuño *m* טֶלֶף
petaca *f* 1 מִזְוָדָה, תֵּבָה. 2 נַרְתִּיק
pétalo *m* עֲלֵה כּוֹתֶרֶת
petardo *m* 1 נֶפֶץ. 2 חֲזִיז. 3 הוֹנָאָה, תַּרְמִית, מִרְמָה
petate *m* 1 שְׁטִיחַ, מַחְצֶלֶת. 2 מִזְוָדָה, מִטְעָן
petición *f* עֲצוּמָה, בַּקָּשָׁה, תְּחִנָּה, עֲתִירָה, פֶּטִיצְיָה
peticionario *m* מַפְצִיר, עוֹתֵר, מַעְתִּיר, תּוֹבֵעַ
petimetre *m* טַרְזָן, גַּנְדְּרָן
petirojo *m* אֲדֹם הֶחָזֶה
petiso *adj* גּוּץ, נָמוּךְ, קְטַן קוֹמָה
petitoria *f* בַּקָּשָׁה, תְּחִנָּה, עֲתִירָה, עֲצוּמָה
petitorio *adj* מְבַקֵּשׁ, מַפְצִיר, תּוֹבֵעַ
peto *m* צִנָּה, שִׁרְיוֹן הֶחָזֶה
petrel *m* עוֹף הַסְּעָרָה
pétreo *adj* סַלְעִי, אַבְנִי, טַרְשִׁי
petrificación *f* אִבּוּן, הִתְאַבְּנוּת
petrificar *vt* 1 אִבֵּן, הִקְשָׁה. 2 הִתְאַבֵּן
petrografía *f* פֶּטְרוֹגְרַפְיָה, תּוֹרַת־הַמַּחְצָבִים
petrográfico *adj* פֶּטְרוֹגְרָפִי, שֶׁל תּוֹרַת הַמַּחְצָבִים
petróleo *m* נֵפְט, פֶּטְרוֹל, דֶּלֶק
petrolero *adjm* 1 פֶּטְרוֹלִי, שֶׁל נֵפְט. 2 מְכָלִית. 3 מוֹכֵר נֵפְט. 4 מַצִּית
petrolífero *adj* מֵכִיל נֵפְט
petroso *adj* סַלְעִי, אַבְנִי
petulancia *f* שַׁחֲצָנוּת, יְהִירוּת, גַּאַוְתָנוּת
petulante *adj* שַׁחֲצָן, יָהִיר
petunia *f* פֶּטוּנְיָה (צֶמַח נוֹי)
peyorativo *adj* הוֹלֵךְ וָרַע, מִשְׁתַּנֶּה לְרַע
pez *m* 1 דָּג. 2 זֶפֶת, כֹּפֶר
pezón *m* 1 גִּבְעוֹל. 2 דַּד, פִּטְמָה
pezuña *f* פַּרְסָה, טֶלֶף
pi *f* פִּי
piada *f* צִיּוּץ
piador *adj* מְצַיֵּץ
piadoramente *adv* 1 בְּרַחֲמִים. 2 בְּיִרְאָה, בַּאֲדִיקוּת
piadoso *adj* 1 אָדוּק, דָּתִי, חָסִיד, יְרֵא שָׁמַיִם. 2 רַחֲמָן
piafar *vi* רָקַע בְּרַגְלָיו
pial *m* פְּלָצוּר
pialar *vt* פִּלְצֵר
piamente *adv* 1 בַּאֲדִיקוּת, בְּיִרְאָה.

2 בְּרַחֲמָנוּת

pianisimo *adjadv* חֲרִישִׁי, חֶרֶשׁ חֶרֶשׁ, פְּיָנִיסִימוֹ

pianista *m* פְּסַנְתְּרָן

piano *m* פְּסַנְתֵּר

pianola *f* פְּסַנְתֵּר מֵכָנִי

piar *vi* צִיֵּץ

piara *f* עֵדֶר, מִקְנֶה

piastra *f* גְּרוּשׁ, פְּיַאסְטֶר

pibe *m* יֶלֶד, פָּעוֹט

pica *f* 1 רֹמַח, כִּידוֹן, שַׁפּוּד. 2 רַכֶּכֶת

picacho *m* פִּסְגָּה, שִׂיא

picada *f* עֲקִיצָה, דְּקִירָה

picadero *m* 1 בֵּית סֵפֶר לִרְכִיבָה. 2 סָמוֹךְ, בֻּלָּם

picadillo *m* מַאֲכַל בָּשָׂר (שְׁשְׁלִיק)

picado *adjm* 1 מְנֻקָּב, בָּקוּעַ. 2 מְבֻסָּם. 3 מְרֻגָּז. 4 קְצִיצָה, בָּשָׂר טָחוּן. 5 צְלִילָה

picador *m* 1 מְאַלֵּף סוּסִים. 2 פִּיקָדוֹר

picadura *f* דִּקְרוּר, עֲקִיצָה, דְּקִירָה

picaflor *m* יוֹנֵק הַדְּבַשׁ

picamaderos *m* נַקָּר

picana *f* דָּרְבָן, מַרְדֵּעַ, מַלְמָד

picanear *vt* דִּרְבֵּן

picante *adjm* 1 חָרִיף, מְגָרֶה. 2 שָׁנוּן, מְפֻלְפָּל. 3 חֲרִיפוּת, שְׁנִינוּת, גֵּרוּי

picapedrero *m* סַתָּת

picapica *f* אַבְקַת־גֵּרוּי

picapleitos *m* אִישׁ מָדוֹן, אִישׁ רִיב

picaporte *m* בְּרִיחַ

picaposte *m* נַקָּר

picar *vti* 1 דָּקַר, עָקַץ, נָעַץ, נִקֵּר, נִקֵּב. 2 נָשַׁךְ. 3 כִּסֵּס, נָגַס. 4 טָחַן, קִצֵּץ. 5 צָלַל. 6 הִרְגִּיז, הִטְרִיד

picardía *f* 1 שִׁפְלוּת, רִשְׁעוּת. 2 עַרְמוּמִיּוּת, שׁוֹבְבוּת. 3 עוֹקְצָנוּת

picaresco *adj* 1 פִּיקָרֶסְקִי. 2 עַרְמוּמִי

pícaro *adjm* 1 נָבָל, נוֹכֵל. 2 שׁוֹבָב. 3 עָרוּם

picarón *m* 1 נָבָל, בֶּן בְּלִיַּעַל. 2 שׁוֹבָב. 3 כַּעַךְ

picaza *f* עַקְעָק, עוֹרֵב לְבָנִי

picazo *m* 1 מִנְקָר. 2 מַכַּת כִּידוֹן. 3 עֲקִיצָה, דְּקִירָה

picazón *f* גֵּרוּד, גֵּרוּי

picea *f* אֲשׁוּחִית

píceo *adj* דָּגִי, דְּמוּי־דָּג

pico *m* 1 נַקָּר. 2 מַקּוֹר. 3 פִּסְגָּה. 4 פִּיָּה. 5 מַכּוֹשׁ, קַרְדֹּם

picofeo *m* טוּקָן (צִפּוֹר)

picota *f* 1 עַמּוּד קָלוֹן, סַד. 2 פִּסְגָּה

picotazo *m* נִקּוּר, נְקִירָה

picotear *vt* 1 נִקֵּר, דָּקַר. 2 חִטֵּט

pícrico *adj* שֶׁל חֻמְצָה פִּיקְרִית

pictórico *adj* צִיּוּרִי

picudo *adjm* 1 בַּעַל מַקּוֹר. 2 פַּטְפְּטָן. 3 שַׁפּוּד

pichel *m* כַּד

pichincha *f* הִזְדַּמְּנוּת, מְצִיאָה

pichón *m* 1 גּוֹזָל. 2 טִירוֹן. 3 נַעַר, עוּל יָמִים

pidón *adjm* 1 פּוֹשֵׁט יָד, בַּקְשָׁן. 2 טַרְדָן

pie *m* 1 רֶגֶל. 2 בָּסִיס, יְסוֹד

pie de imprenta שֵׁם הַמַּדְפִּיס

piedad *f* יִרְאַת שָׁמַיִם, אֲדִיקוּת, חֲסִידוּת

piedra *f* אֶבֶן

piedra angular אֶבֶן פִּנָּה

piedra de amolar אֶבֶן מַשְׁחֶזֶת

piedra de toque אֶבֶן בֹּחַן

piedra imán אֶבֶן שׁוֹאֶבֶת

piedra pómez אֶבֶן סְפוֹגִית

piel *f* 1 עוֹר. 2 קְרוּם, קְלִפָּה. 3 פַּרְוָה

piélago *m* 1 לֶב־יָם. 2 יָם

pierna *f* רֶגֶל, שׁוֹק, יָרֵךְ

pieza *f* 1 חֶדֶר. 2 חֲתִיכָה, קֶטַע, חֵלֶק, שֶׁבֶר. 3 מַחֲזֶה, מַעֲרְכוֹן. 4 יְצִירָה. 5 כְּלִי

pífano *m* 1 חָלִיל. 2 חֲלִילָן

pifia *f* 1 הַחְטָאָה. 2 טָעוּת, שְׁגִיאָה

pifiar *vi* 1 טָעָה, שָׁגָה, הֶחֱטִיא. 2 שָׁרַק

pigmentación *f* צִבְעָנוּת, צִבְעוּן

pigmento *m* צִבְעָן

pigmeo *adjm* גַּמָּד, נַנָּס

pijama *f* פִּיגָ'מָה

pila *f* 1 אַגָּן, כִּיּוֹר, קְעָרָה. 2 מַצְבֵּר. 3 עֲרֵמָה, גַּל, תֵּל. 4 כּוּר

pilar *m* 1 עַמּוּד. 2 מַצֵּבָה
pilastra *f* עַמּוּד
pilcha *f* בֶּגֶד בָּלוּי וּמְטֻלָּא
píldora *f* גְּלוּלָה
pileta *f* בְּרֵכָה, מִקְוֶה
pilón *m* אַגָּן, שֹׁקֶת, בְּרֵכָה
pilórico *adj* שֶׁל הַשּׁוֹעֵר
piloro *m* שׁוֹעֵר
piloso *adj* שָׂעִיר
pilotaje *m* 1 נַוָּטוּת, קַבַּרְנִיטוּת. 2 טַיָּסוּת
pilotar *vt* נָהַג, נִוֵּט
pilote *m* יָתֵד, כְּלוֹנָס, מוֹט
piloto *m* 1 נַוָּט, קַבַּרְנִיט, הַגַּאי. 2 נַתָּב. 3 טַיָּס. 4 רַכָּז, מְרַכֵּז
piltrafa *f* 1 פְּסֹלֶת, חֲלָאָה, זֻהֲמָה. 2 סְחָבָה, סְמַרְטוּט, מַטְלִית. 3 שְׁאֵרִיּוֹת, נְבֵלוֹת
pillada *f* נִבְזוּת, נוֹכְלוּת
pillaje *m* בַּז, בִּזָּה, גָּזֵל, שֹׁד
pillar *vt* 1 בָּזַז, שָׁדַד, גָּזַל, חָמַס. 2 תָּפַס, אָחַז, לָכַד. 3 הִפְתִּיעַ
pillastre *m* שׁוֹבָב, נוֹכֵל, נָבָל
pillería *f* שׁוֹבְבוּת, נוֹכְלוּת, נִבְזוּת
pillo *adj* שׁוֹבָב, נוֹכֵל, נָבָל
pilluelo *m* פִּרְחָח זַאֲטוּט
pimentero *m* פִּלְפְּלוֹן
pimentón *m* פִּלְפֵּל אָדֹם
pimienta *f* פִּלְפֵּל
pimiento *m* פִּלְפֶּלֶת
pimpollo *m* 1 שָׁתִיל, נֶבֶט. 2 נֵצֶר, נִצָּן. 3 נַעַר, עוּל יָמִים. 4 נַעֲרָה פּוֹרַחַת
pinacoteca *f* מוּזֵיאוֹן תְּמוּנוֹת
pináculo *m* 1 שִׂיא, פִּסְגָּה. 2 רֹאשׁ, כִּפָּה
pinado *adj* מְנֻצָּה, נוֹצִי, נוֹצָתִי
pinar *m* חֹרֶשׁ אֳרָנִים
pincel *m* 1 מִכְחוֹל. 2 מִבְרֶשֶׁת
pincelada *f* מְשִׁיכַת מִכְחוֹל
pincelar *vt* 1 צִיֵּר, צָבַע. 2 שִׁקֵּף, תֵּאֵר
pincha *f* נַעֲרַת־מִטְבָּח
pinchadura *f* 1 דְּקִירָה, נְקִיבָה, עֲקִיצָה. 2 נֶקֶר, נֶקֶב, תֶּקֶר
pinchar *vt* 1 דָּקַר, עָקַץ. 2 נִקֵּב, נִקֵּר. 3 הִמְרִיץ, דִּרְבֵּן
pinchazo *m* 1 דְּקִירָה, עֲקִיצָה. 2 נֶקֶר, נֶקֶב, תֶּקֶר. 3 דִּרְבּוּן, הַמְרָצָה
pinche *m* שׁוּלְיַת טַבָּח
pincho *m* 1 עֹקֶץ, קוֹץ, שַׁף. 2 שַׁפּוּד
pindonguear *vi* שׁוֹטֵט
pineal *adj* אָרְנִי, אִצְטְרֻבָּלִי
pingajo *m* סְמַרְטוּט, סְחָבָה, מַטְלִית
pingar *vi* 1 נָטַף, טִפְטֵף, זָלַף. 2 קִפֵּץ, דִּלֵּג
pingo *m* 1 סְחָבָה, סְמַרְטוּט, מַטְלִית. 2 סוּס מָהִיר
pingorotudo *adj* מִתְנַשֵּׂא, מִתְרַבְרֵב, יָהִיר
pingpong *m* פִּינְג פּוֹנְג
pingüe *adj* 1 שָׁמֵן, דָּשֵׁן. 2 פּוֹרֶה, שׁוֹפֵעַ
pingüino *m* פִּינְגְּוִין
pinito *m* צַעַד רִאשׁוֹן שֶׁל תִּינוֹק
pinnado *adj* מְנֻצָּה, נוֹצִי, נוֹצָתִי
pino *madj* 1 אֹרֶן. 2 צַעַד, פְּסִיעָה. 3 תָּלוּל. 4 זָקוּף
pinocha *f* מַחַט הָאֹרֶן
pinoso *adj* אָרְנִי
pinta *f* 1 כֶּתֶם, רְבָב. 2 סִימָן, אוֹת, תָּו, צִיּוּן
pintado *adj* 1 מְגֻוָּן, צִבְעוֹנִי, סַסְגּוֹנִי, צָבוּעַ. 2 דּוֹמֶה, שָׁוֶה. 3 נָאֶה, רָאוּי
pintar *vti* 1 צָבַע, צִיֵּר. 2 תֵּאֵר. 3 פִּרְכֵּס. 4 הִבְשִׁיל, גָּמַל
pintarrajear *vt* שִׁרְבֵּט
pintear *vi* טִפְטֵף
pintiparado *adj* יָאֶה, נָאֶה, הוֹלֵם, מַתְאִים
pinto *adj* מְנֻמָּר, נָקֹד
pintonear *vi* הִבְשִׁיל, גָּמַל
pintor *m* 1 צַבָּע. 2 צַיָּר
pintoresco *adj* צִיּוּרִי, סַסְגּוֹנִי
pintorrear *vt* שִׁרְבֵּט
pintura *f* 1 צֶבַע. 2 צְבִיעָה. 3 תְּמוּנָה. 4 פִּרְכּוּס
pinza *f* צְבָת, מֶלְקָחַיִם, צְבָת, מַלְקֵט
pinzón *m* פָּרוּשׁ (צפור שיר)
piña *f* 1 אִצְטְרֻבָּל. 2 אֲנָנָס. 3 עֵדֶר, הָמוֹן
piñata *f* קְדֵרָה, סִיר
piñón *m* 1 אִצְטְרֻבָּל. 2 סַבֶּבֶת

pio *adjm* 1 אָדוּק, דָּתִי, חָרֵד, חָסִיד. 2 צִיּוּץ. 3 תְּשׁוּקָה, חֵשֶׁק

piojento *adj* 1 מָלֵא כִּנִּים, מְכֻנָּם. 2 שֶׁל כִּנִּים

piojeria *f* 1 כִּנָּמֶת. 2 עֹנִי, אֶבְיוֹנוּת

piojillo *m* כְּנִימָה

piojo *m* כִּנָּה

piojoso *adj* 1 מְכֻנָּם, מָלֵא כִּנִּים. 2 שָׁפָל, עָלוּב, נִתְעָב

pión *adj* צַיְּצָנִי

pionero *m* חָלוּץ, סוֹלֵל דֶּרֶךְ

piorrea *f* זִיבַת מֻגְלָה, מֻרְסָה

pipa *f* 1 חָבִית, גִּיגִית, חֲבִיּוֹנָה. 2 מִקְטֶרֶת. 3 חָלִיל רוֹעִים. 4 חַרְצָן, גַּרְעִין

pipeta *f* טַפְטֶפֶת, טְפִי

pipiar *vi* צִיֵּץ, צִפְצֵף

pipiolo *m* טִירוֹן, מַתְחִיל, יָרֹק

pique *m* 1 טִינָה, קִנְטוּר, תַּרְעֹמֶת. 2 זִנּוּק

piqueta *f* קַרְדֹּם, מַעְדֵּר

piquete *m* 1 דְּקִירָה, עֲקִיצָה. 2 מִשְׁמָר, כִּתַּת חַיָּלִים

pira *f* מְדוּרָה

piramidal *adj* פִּירָמִידִי

pirámide *f* פִּירָמִידָה

pirata *f* שׁוֹדֵד יָם, פִּירָט

piratear *vi* בִּצַּע שֹׁד יַמִּי

pirateria שֹׁד יַמִּי, פִּירָטִיּוּת

pirático *adj* פִּירָטִי

pirita *f* פִּירִיט, אֶבֶן הָאֵשׁ

piromania *f* שִׁגָּעוֹן לְהַצָּתוֹת

pirómano *m* מְשֻׁגָּע לְהַצָּתוֹת

piropear *vt* הֶחֱנִיף, דִּבֵּר חֲלָקוֹת, הֶחֱמִיא

piropo *m* מַחֲמָאָה, חֲנִיפָה, דִּבְרֵי חֲלָקוֹת

pirotecnia *f* פִּירוֹטֶכְנִיקָה, זִקּוּקִין

pirotécnico *adj* פִּירוֹטֶכְנִי, שֶׁל זִקּוּקִין דִּינוּר

piroxilina *f* פִּירוֹקְסִילִין

pirrarse *vref* חָשַׁק, הִתְאַוָּה, הִשְׁתּוֹקֵק

pirrico *adj* 1 שֶׁל מָחוֹל מִלְחַמְתִּי. 2 שֶׁל פִּירוּס

pirueta *f* סִבּוּב, סְחַרְחֹרֶת

piruetear *vi* הִסְתַּחְרֵר, הִסְתּוֹבֵב

piruli *m* סֻכָּרִיָּה עַל מַקֵּל

pisa *f* 1 דְּרִיכָה, לְחִיצָה, דְּחִיקָה. 2 בְּעִיטָה

pisada *f* 1 עִקְבָה. 2 צַעַד, פְּסִיעָה. 3 הֲלִיכָה, צְעִידָה. 4 בְּעִיטָה

pisador *adjm* 1 צוֹעֵד. 2 דּוֹהֵר. 3 דּוֹרֵךְ־יַיִן

pisadura *f* 1 צַעַד, פְּסִיעָה. 2 בְּעִיטָה

pisapapeles *mpl* אֶבֶן אֶכֶף

pisar *vt* 1 דָּרַךְ, דָּרַס, רָמַס. 2 הָלַךְ, צָעַד. 3 הִזְדַּוֵּג

pisaverde *m* טַרְזָן, גַּנְדְּרָן

piscatorio *adj* שֶׁל דַּיָּגוּת

piscina *f* 1 בְּרֵכָה. 2 מַאֲגָר, מִקְוֵה מַיִם

piscis *m* מַזַּל דָּגִים

piscolabis *mpl* לְגִימָה, טְעִימָה

piso *m* 1 רִצְפָּה, קַרְקַע. 2 קוֹמָה, דְּיוֹטָה. 3 דְּרִיכָה, הֲלִיכָה

pisón *m* בַּטִּישׁ

pisonear *vt* בִּטֵּשׁ

pisotear *vt* רָמַס, דָּרַס, דָּרַךְ

pisoteo *m* רְמִיסָה, דְּרִיכָה

pisotón *m* דְּרִיכָה עַל הָרֶגֶל

pista *f* 1 מַסְלוּל, נָתִיב. 2 עִקְבָה, עָקֵב. 3 זִירָה

pistacho *m* בָּטְנָה, פִּסְתָּק

pistollo *m* עֱלִי

pisto *m* 1 מִיץ, רֹטֶב. 2 מְרַק עוֹף. 3 דַּיְסָה

pistola *f* אֶקְדָּח

pistolera *f* נַרְתִּיק הָאֶקְדָּח

pistolero *m* אֶקְדָּחָן

pistoletazo *f* 1 יְרִיַּת אֶקְדָּח. 2 פֶּצַע מִירִיַּת אֶקְדָּח

pistón *m* 1 שַׁסְתּוֹם. 2 בֻּכְנָה

pita *f* 1 אֲגָבָה. 2 סִיב. 3 חוּט

pitada *f* שְׁרִיקָה, צְפִירָה

pitagórico *adj* פִּיתָגוֹרִי

pitanza *f* 1 קִצְבָּה, גִּמְלָה. 2 מָנָה

pitar *vit* 1 שָׁרַק, צָפַר. 2 עִשֵּׁן. 3 שִׁלֵּם. 4 חִלֵּק מָזוֹן. 5 שִׁלֵּם קִצְבָּה

pitecántropo *m* הַקּוֹף הָאֱנוֹשִׁי

pitido *m* שְׁרִיקָה

pitillera נַרְתִּיק לְסִיגָרִיּוֹת

pitillo *m* סִיגָרִיָּה

pito *m* 1 מַשְׁרוֹקִית. 2 שַׁרְקָן, שׁוֹרֵק. 3 צִפְצוּף

pitón *m* 1 פֶּתֶן. 2 פִּיתוֹן. 3 קֶרֶן. 4 נֵצֶר, נֶבֶט. 5 פִּיָּה, זַרְבּוּבִית

pituitario *adj* רִירִי, מַפְרִישׁ רִיר

pituso *adj* חָמוּד, נֶחְמָד, מְלַבֵּב

pivote *m* צִיר, סֶרֶן

piyama *f* פִּיגָ'מָה

pizarra *f* 1 צִפְחָה. 2 לוּחַ צִפְחָה

pizarrón *m* לוּחַ כְּתִיבָה

pizarroso *adj* צִפְחִי

pizca *f* קֻרְטוֹב, שֶׁמֶץ, פֵּרוּר, קְצָת

pispireta *f* נַעֲרָה עַלִּיזָה, פַּטְפְּטָנִית

placa *f* 1 לוּחִית, טַבְלָה. 2 נֶגָטִיב, תַּשְׁלִיל

placaminero *m* פֶּרְסִימוֹן

placativo *adj* מְשַׁכֵּךְ, מְפַיֵּס, מְרַצֶּה

pláceme *m* אִחוּלִים, בְּרָכוֹת

placenta *f* שִׁלְיָה

placentario *adj* שִׁלְיִי

placentero *adj* נָעִים, עָרֵב, עַלִּיז, מְבַדֵּחַ

placer *vtm* 1 הֵנָה, שִׁעֲשַׁע, רִצָּה, עִנֵּג, הִתְעַנֵּג. 2 נְעִימוּת, שִׂמְחָה, עַלִּיזוּת, תַּעֲנוּג

placero *m* שׁוּקַאי

placidez *f* שַׁלְוָה, מְנוּחָה, שֶׁקֶט, רְגִיעָה

plácido *adj* שָׁלֵו, רוֹגֵעַ, שָׁקֵט, נוֹחַ

plaga *f* 1 מַכָּה, מַגֵּפָה, דֶּבֶר. 2 טַרְדָנוּת

plagar *vt* 1 שָׁרַץ, הִרְחִישׁ. 2 צִעֵר, קִלְקֵל, הִזִּיק, נָגַף. 3 הִטְרִיד

plagiar *vt* גָּנַב גְּנֵבָה סִפְרוּתִית

plagiario *m* פְּלַגְיָטוֹר

plagio *m* פְּלַגְיָט

plan *m* 1 תָּכְנִית, תַּרְשִׁים, צִיּוּר. 2 תִּכְנוּן, מַחֲשָׁבָה, רַעְיוֹן, תַּחְבּוּלָה

plana *f* 1 עַמּוּד. 2 מִישׁוֹר. 3 מִפְקָדָה, מַטֶּה. 4 כַּף סַיָּדִים

plancton *m* זִרְמָנִית, פְּלַנְקְטוֹן

plancha *f* 1 פַּח, לוּחַ, רִקּוּעַ. 2 מַגְהֵץ. 3 גִּהוּץ. 4 טִפְּשׁוּת

planchada *f* גַּמְלָה

planchado *adjm* 1 מְגֹהָץ. 2 גִּהוּץ

planchador *m* 1 גַּהֲצָן, גָּהָץ. 2 דַּפָּס

planchadora *f* 1 מַגְהֵצָה, מְכוֹנַת גִּהוּץ. 2 גַּהֲצָנִית

planchar *vt* גִּהֵץ

planchear *vt* צִפָּה, רִקַּע, רִדֵּד

planeador *m* דָּאוֹן

planear *vti* 1 תִּכְנֵן, תִּכֵּן. 2 חָשַׁב, זָמַם. 3 דָּאָה, רִחֵף

planeo *m* דְּאִיָּה

planeta *m* כּוֹכָב, כּוֹכַב לֶכֶת

planetario *adjm* 1 כּוֹכָבִי. 2 פְּלָנֶטַרְיוּם

planetoide *m* פְּלָנֶטוֹאִיד

planicie *f* מִישׁוֹר, עֲרָבָה, בִּקְעָה

planificación *f* תִּכְנוּן

planificar *vt* תִּכְנֵן

planilla *f* רְשִׁימָה

plano *madj* 1 מַפָּה, תָּכְנִית, תַּרְשִׁים, שִׂרְטוּט. 2 שָׁטוּחַ, מִישׁוֹרִי, יָשָׁר. 3 מִשְׁטָח

planta *f* 1 צֶמַח, שָׁתִיל, שִׂיחַ. 2 כַּף הַיָּד אוֹ הָרֶגֶל. 3 תַּבְנִית, מִרְגָּם. 4 קוֹמָה. 5 מַצָּב, מַעֲמָד

planta baja קוֹמַת קַרְקַע

plantación *f* מַטָּע, נְטִיעָה

plantador *m* 1 נוֹטֵעַ. 2 מִתְיַשֵּׁב

plantaina *f* לֶחֶךְ

plantar *vtadj* 1 נָטַע, שָׁתַל, זָרַע. 2 כּוֹנֵן, הֵכִין. 3 שָׂם, הִנִּיחַ, קָבַע. 4 הִתְיַשֵּׁב, יָשַׁב. 5 שֶׁל כַּף הַיָּד אוֹ הָרֶגֶל

planteamiento *m* 1 הַצָּגָה, קְבִיעָה. 2 רָאשֵׁי פְּרָקִים. 3 הִתְיַשְּׁבוּת, יִסּוּד, הֲקָמָה. 4 עֶמְדָּה

plantear *vt* 1 הִבִּיעַ, צִיֵּן, קָבַע, נִסַּח, הִתְוָה. 2 הֵקִים, יִסֵּד, כּוֹנֵן

plantel *m* 1 מִשְׁתָּלָה. 2 מוֹסָד חִנּוּכִי

plantificar *vt* 1 נָטַע, שָׁתַל, זָרַע. 2 יִסֵּד, כּוֹנֵן, הֵכִין. 3 קָבַע, הִנִּיחַ, שָׂם. 4 הֶעֱמִיד, הִצִּיב

plantigrado *adj* הוֹלֵךְ עַל כַּפּוֹת רַגְלָיו

plantilla *f* 1 סֻלְיָה. 2 מַצָּעִית, רְפִידָה. 3 מִדְרָס. 4 טֹפֶס, דֶּגֶם, תַּבְנִית. 5 תָּכְנִית

plantillar *vt* עָשָׂה סֻלְיָה

plantio *m* מַטָּע, נְטִיעָה
plantón *m* 1 שָׁתִיל, נֵצֶר, חֹטֶר. 2 בְּרֵכָה. 3 שׁוֹמֵר, זָקִיף. 4 אִחוּר רַב
planudo *adj* שָׁטוּחַ
plañidero *adj* עָצוּב, נוּגֶה, בַּכְיָנִי, מְקוֹנֵן
plañido *m* קִינָה, סְפִידָה, יָגוֹן, בְּכִיָּה
plañir *vi* הִתְיַפֵּחַ, קוֹנֵן, בָּכָה, נָאֱנַח, נֶאֱנַק, גָּנַח
plaqué *m* רֶדֶד, רִקּוּעַ, צִפּוּי
plaqueta *f* טַסִּית דָּם
plasma *f* פְּלַסְמָה
plasmar *vt* עִצֵּב, יִצֵּר, כִּיֵּר, חוֹלֵל
plasta *f* 1 טִיט, חֹמֶר. 2 עִרְבּוּבְיָה, בִּלְבּוּל, מְהוּמָה
plástica *f* אָמָּנֻיּוֹת פְּלַסְטִיּוֹת
plasticidad *f* גְּמִישׁוּת, כִּיּוּרִיּוּת, פְּלַסְטִיּוּת
plástico *adjm* 1 מְעַצֵּב, כִּיּוּרִי, פְּלַסְטִי. 2 חֹמֶר פְּלַסְטִי
plata *f* 1 כֶּסֶף. 2 מָמוֹן
plataforma *f* 1 מַצָּע, תָּכְנִית פְּעֻלָּה. 2 רָצִיף, מֵזַח. 3 פְּלַטְפוֹרְמָה
platal *m* מָמוֹן, הוֹן
platanal *m* מַטַּע בָּנָנוֹת, מַטַּע מוֹז
platanero *m* עֵץ הַבָּנָנָה, עֵץ הַמּוֹז
plátano *m* בָּנָנָה, מוֹז
platazo *m* מְלוֹא הַצַּלַּחַת
platea *f* אוּלָם
plateado *adj* מְכֻסָּף
plateadura *f* כִּסּוּף, הַכְסָפָה
platear *vt* הִכְסִיף, כִּסֵּף
platería *f* צוֹרְפוּת
platero *m* צוֹרֵף
plática *f* 1 שִׂיחָה, שִׂיחַ. 2 דְּרָשָׁה
platicar *vi* שָׂח, שׂוֹחַח, דִּבֵּר
platija *f* דַּג מֹשֶׁה רַבֵּנוּ
platillo *m* 1 צַלַּחַת קְטַנָּה, תַּחְתִּית. 2 כַּף מֹאזְנַיִם
platina *f* פְּלַטִּינָה
platinado *adj* מְצֻפֶּה פְּלַטִּינָה
platinar *vt* צִפָּה בִּפְלַטִּינָה
platino *m* פְּלַטִּינָה
plato *m* 1 צַלַּחַת. 2 מָנָה. 3 תַּבְשִׁיל
platónico *adj* פְּלָטוֹנִי, אַפְּלָטוֹנִי
platudo *adj* עָשִׁיר, אָמִיד
plausibilidad *f* סְבִירוּת, מְהֵימָנוּת, אֲמִינוּת
plausible *adj* סָבִיר, מְהֵימָן, אָמִין
playa *f* חוֹף, שְׂפַת־יָם
plaza *f* 1 כִּכָּר. 2 שׁוּק. 3 מַעֲמָד, מַצָּב. 4 מִבְצָר, מְצוּדָה, מָעוֹז
plaza fuerte מִבְצָר, מְצוּדָה, מָעוֹז
¡plaza, plaza! פַּנּוּ דֶּרֶךְ!
plazo *m* 1 מוֹעֵד, מֶשֶׁךְ זְמַן. 2 אַרְכָּה. 3 שִׁעוּר (שֶׁל תַּשְׁלוּם)
plazoleta *f* כִּכָּר, רְחָבָה
plazuela *f* כִּכָּר
pleamar *f* גֵּאוּת
plebe *f* הָמוֹן, אֲסַפְסוּף, עֵרֶב רַב
plebeyo *adjm* 1 הֲמוֹנִי, פְּלֶבִּי. 2 אִישׁ־הָעָם
plebiscito *m* מִשְׁאַל עָם
plectro *m* 1 מִשְׁפָּט. 2 מוּזָה, הַשְׁרָאָה
plegable *adj* מִתְקַפֵּל, כָּפִיף
plegado *m* קִפּוּל, קִמּוּט, קְפָלִים
plegador *adjm* 1 מְקַפֵּל. 2 מַקְפֵּלָה
plegadura *f* קִפּוּל, קִמּוּט, קְפָלִים
plegar *vt* 1 קִפֵּל. 2 צִיֵּת, נִכְנַע, הִתְקַפֵּל. 3 הִצְטָרֵף
plegaria *f* תְּפִלָּה, תְּחִנָּה, תַּחֲנוּנִים
pleistoceno *adjm* 1 פְּלֵיסְטוֹצֶנִי. 2 תְּקוּפַת הַקַּרְחוֹנִים
pleiteador *m* 1 אִישׁ מָדוֹן, אִישׁ רִיב. 2 סָנֵגוֹר, פְּרַקְלִיט
pleitear *vt* 1 הִתְדַּיֵּן. 2 נִשְׁפַּט. 3 רָב
pleitesía *f* הַכְנָעָה, כִּבּוּד, הוֹקָרָה, הַעֲרָצָה
pleitista *adjm* 1 אוֹהֵב־מְדָנִים. 2 אִישׁ מָדוֹן
pleito *m* 1 רִיב, מַחֲלֹקֶת. 2 מִשְׁפָּט, דִּין וּדְבָרִים
plenamar *f* גֵּאוּת
plenario *adj* 1 מָלֵא, שָׁלֵם, מֻחְלָט. 2 שֶׁל הַמְּלִיאָה
plentilunio *m* יָרֵחַ מָלֵא
plenipotenciaro *adjm* 1 מֻסְמָךְ, מֻרְשֶׁה. 2 צִיר, שַׁגְרִיר

plenitud *f* מְלֵאוּת, שְׁלֵמוּת, גֹּדֶשׁ, שֶׁפַע, עֲתֶרֶת

pleno *adjm* 1 מָלֵא, שָׁלֵם, גָּדוּשׁ, שׁוֹפֵעַ, שָׂבֵעַ. 2 מְלִיאָה

pleonasmo *m* יִתּוּר, שְׂפַת יֶתֶר, גִּבּוּב דְּבָרִים

pleonástico *adj* יִתּוּרִי, מְגַבֵּב דְּבָרִים

plétora *f* 1 מְלֵאוּת, גֹּדֶשׁ, שֶׁפַע, שִׁפְעָה. 2 רִבּוּי דָּם

pletórico *adj* 1 מָלֵא, גָּדוּשׁ, שׁוֹפֵעַ. 2 מָלֵא דָּם

pleura *f* אֹדֶר

pleural *adj* אַדְרִי

pleuresia *f* דַּלֶּקֶת הָאֹדֶר

pleurítico *adj* שֶׁל דַּלֶּקֶת הָאֹדֶר

plexo *m* מִקְלַעַת, סְבָכָה, רֶשֶׁת, צֹמֶת

pléyades *fpl* פְּלֵיָדוֹת

plica *f* 1 מִסְמָךְ מֻפְקָד. 2 לַבֶּדֶת

pliego *m* 1 פוֹלְיוֹ. 2 גִּלְיוֹן נְיָר. 3 תִּיק תְּעוּדוֹת. 4 כְּתָב רִשְׁמִי

plioceno *adjm* פְּלִיאוֹקֵנִי

plisado *adjm* 1 מְקֻפָּל, קָמוּט. 2 קִפּוּל, קִמּוּט

plisar *vt* קִפֵּל, קִמֵּט

plomada *f* מִשְׁקֹלֶת אֲנָךְ

plomazo *m* פֶּצַע מִירִיַּת רוֹבֶה

plomeria *f* שְׁרַבְרָבוּת, פֶּחָחִיָּה

plomero *m* שְׁרַבְרָב

plomizo *adj* 1 עוֹפַרְתִּי. 2 אַפְרוּרִי

plomo *madj* 1 עוֹפֶרֶת, אֲבָר. 2 אָפֹר, אַפְרוּרִי

pluma *f* 1 נוֹצָה. 2 צִפֹּרֶן. 3 סִגְנוֹן. 4 עֵט. 5 סוֹפֵר. 6 כְּתִיבָה

pluma fuente עֵט נוֹבֵעַ

plumada *f* 1 רִשּׁוּם, שִׂרְטוּט עֵט. 2 קִשּׁוּט

plumado *adj* נוֹצִי

plumaje *m* נוֹצוֹת, נוֹצָה

plumero *m* 1 מַאֲבָק. 2 יַד הָעֵט

plumista *m* לַבְלָר, כַּתְבָן, מַעְתִּיק

plumón *m* 1 כֶּסֶת. 2 מוֹךְ, פְּלוּמָה

plumoso *adj* נוֹצִי

plural *adjm* 1 שֶׁל רַבִּים. 2 רִבּוּי, רַבִּים

pluralidad *f* 1 רִבּוּי, רֹב. 2 עֹדֶף קוֹלוֹת

pluralizar *vt* נָתַן צוּרַת רַבִּים

pluscuamperfecto *adjm* עָבָר נִשְׁלָם

plusvalia *f* מוּסַף עֵרֶךְ

plutocracia *f* שִׁלְטוֹן הָעֲשִׁירִים, מַעֲמַד הָעֲשִׁירִים

plutócrata *m* פְּלוּטוֹקְרָט, עָשִׁיר

plutocrático *adj* פְּלוּטוֹקְרָטִי

plutón *m* פְּלוּטוֹן

plutonio *m* פְּלוּטוֹנְיוּם

pluvial *adj* גַּשְׁמִי, גָּשׁוּם

pobeda *f* חֻרְשַׁת צַפְצָפוֹת לְבָנוֹת

población *f* 1 יִשּׁוּב, שִׁכּוּן. 2 אֻכְלוּסִיָּה

poblacho *m* כְּפָר, עֲיָרָה

poblado *adjm* 1 מְאֻכְלָס, מְיֻשָּׁב. 2 יִשּׁוּב, כְּפָר

poblador *m* מִתְיַשֵּׁב, תּוֹשָׁב, מְיַשֵּׁב

poblar *vt* 1 אִכְלֵס, יִשֵּׁב, הוֹשִׁיב, הִתְיַשֵּׁב. 2 הִרְבָּה, הִרְבִּיעַ

pobre *adjm* עָנִי, אֶבְיוֹן, רָשׁ, מִסְכֵּן

pobrete *adj* אֻמְלָל, עָנִי, רָשׁ

pobreza *f* עֹנִי, דַּלּוּת, אֶבְיוֹנוּת, עֲנִיּוּת, מַחְסוֹר

pocilga *f* חֲזִירִיָּה, דִּיר חֲזִירִים

pocillo *m* 1 גַּת. 2 סֵפֶל, קְעָרָה

pócima *f* שִׁקּוּי, תְּרוּפָה, רְפוּאָה

poción *f* שִׁקּוּי

poco *adjadv* 1 מְעָט. 2 מְעַט, קְצָת, לְאַט

poco a poco לְאַט לְאַט

pocos *mpl* מְעַטִּים

poda *f* גִּזּוּם, זְמִירָה, קִצּוּץ

podar *vt* גָּזַם, זִמֵּר, קִצֵּץ

podadera *f* מַזְמֵרָה

podenco *m* זַרְזִיר

poder *mvi* 1 שִׁלְטוֹן, רָשׁוּת, סַמְכוּת. 2 יִפּוּי כֹּחַ. 3 יְכֹלֶת. 4 יָכֹל

poderhabiente *adjm* מֻרְשֶׁה, מְיֻפֵּה־כֹּחַ

poderio *m* 1 שִׁלְטוֹן, מָרוּת. 2 אוֹן, עָצְמָה, חֹסֶן

poderoso *adj* חָזָק, נִמְרָץ, אַדִּיר, תַּקִּיף

podiatra *m* מֻמְחֶה לְמַחֲלוֹת רַגְלַיִם

podiatria *f* רִפּוּי מַחֲלוֹת רַגְלַיִם

podio *m* בָּסִיס, מַסָּד, יְסוֹד, כַּן

podómetro *m* מַד מְהִירוּת

podón *m* מַזְמֵרָה

podredumbre *f* רִקָּבוֹן, רָקָב, נֶמֶק

podredura *f* רִקָּבוֹן, רַקְבּוּבִית, נָמֵק
podrido *adj* רָקוּב
podrir *vti* 1 הִרְקִיב. 2 מִקְמֵק, נִרְקַב, רָקַב, הִתְמַקְמֵק, הִתְרַקֵּב
poema *m* שִׁיר, שִׁירָה, פִּיּוּט, פּוֹאֶמָה
poesía *f* שִׁירָה, פִּיּוּט
poeta *m* מְשׁוֹרֵר, פַּיְּטָן
poetastro *m* חַרְזָן
poética *f* פּוֹאֶטִיקָה
poético *adj* שִׁירִי, פִּיּוּטִי, מְלִיצִי
poetisa *f* מְשׁוֹרֶרֶת, פַּיְּטָנִית
poetizar *vti* פִּיֵּט
pogrom *m* פּוֹגְרוֹם, פְּרָעוֹת
póker *m* פּוֹקֶר
polaco *adjm* פּוֹלָנִי
polaina *f* 1 גַּמָּשָׁה, חוֹתָל. 2 קַרְסֻלִּית
polar *adj* קָטְבִּי
polaridad *f* קָטְבִּיּוּת
polarización *f* קִטּוּב, הַקְטָבָה, הִתְקַטְּבוּת
polarizar *vt* קִטֵּב
polca *f* פּוֹלְקָה
polea *f* גַּלְגֶּלֶת, גַּלְגִּלּוֹן
poleame *m* מַעֲרֶכֶת גַּלְגִּלּוֹת
polémica *f* פּוֹלְמוּס, פְּלֻגְתָּא, מַחֲלֹקֶת
polémico *adj* פּוֹלְמוּסִי
polemista *m* פּוֹלְמוּסָן
polen *m* אֲבָקָה
poliandria *f* 1 רִבּוּי בְּעָלִים, פּוֹלִיַנְדְּרִיָּה. 2 רִבּוּי אַבְקָנִים
poliándrico *adj* 1 רַב אַבְקָנִי. 2 רַבַּת בְּעָלִים
policía *f* 1 מִשְׁטָרָה. 2 שׁוֹטֵר. 3 נִימוּס, אֲדִיבוּת
policiaco *adj* מִשְׁטַרְתִּי
policial *adj* מִשְׁטַרְתִּי
policlínica *f* מִרְפָּאָה
policlínico *adj* שֶׁל מִרְפָּאָה
policromia *f* רִבּוּי צְבָעִים
policromo *adj* רַב צְבָעִים
polichinela *m* לֵיצָן, בַּדְּחָן
poliédrico *adj* פֵּאוֹנִי
poliedro *m* פֵּאוֹן
poligala *f* מַרְבֵּה־חָלָב (צמח)
poligamia *f* רִבּוּי נָשִׁים, פּוֹלִיגַמְיָה
polígamo *adjm* רַב נָשִׁים, פּוֹלִיגָם
polígloto *adjm* רַב לְשׁוֹנִי, בַּלְשָׁן
poligonal *adj* מְצֻלָּע
polígono *adjm* רַב צַלְעוֹן
polilla *f* עָשׁ
polimerización *f* פּוֹלִימֶרִיזַצְיָה
polimerizar *vt* פִּלְמֵר, הִתְפַּלְמֵר
polímero *adjm* 1 פּוֹלִימֶרִי. 2 פּוֹלִימֶר
polinesio *adjm* פּוֹלִינֵזִי
polinización *f* הַאֲבָקָה
polinizar *vt* הֶאֱבִיק
polinomio *m* רַב אֵיבָר
poliomelitis *f* שַׁתֶּקֶת, שִׁתּוּק יְלָדִים
pólipo *m* פּוֹלִיפּ, שַׁקַּד
polisílabo *adj* רַב הֲבָרוֹת
polisón *m* תַּחְתּוֹנִית
polista *m* שַׂחְקַן פּוֹלוֹ
politécnico *madj* 1 טֶכְנִיּוֹן. 2 פּוֹלִיטֶכְנִי
politeísmo *m* עֲבוֹדַת אֱלִילִים, פּוֹלִיתֵאִיזְם
politeísta *adjm* עוֹבֵד אֱלִילִים, פּוֹלִיתֵאִיסְט
política *f* 1 מְדִינִיּוּת, פּוֹלִיטִיקָה. 2 תְּבוּנָה, חָכְמָה, נִימוּס. 3 עֶמְדָּה
políticamente *adv* 1 בְּאֹרַח מְדִינִי. 2 בִּתְבוּנָה
politicastro *m* מְדִינַאי כּוֹשֵׁל
político *madj* 1 מְדִינַאי. 2 מְדִינִי, פּוֹלִיטִי. 3 מְנֻמָּס, עָרוּם. 4 תַּכְסִיסָן
politiquear *vi* עָסַק בִּמְדִינִיּוּת
politiqueo *m* שְׁתַדְּלָנוּת
politiquería *f* פּוֹלִיטִיקָנוּת
politiquero *m* פּוֹלִיטִיקָן, שְׁתַדְּלָן
póliza *f* פּוֹלִיסָה
polizón *m* נוֹסֵעַ סָמוּי
polizonte *m* שׁוֹטֵר
polo *m* 1 פּוֹלוֹ. 2 קֹטֶב, צִיר
polonio *m* פּוֹלוֹנְיוּם
poltrón *adj* עַצְלָן, בַּטְלָן
poltrona *f* כִּסֵּא נוֹחַ

poltroneria *f* עַצְלָנוּת, בַּטְלָנוּת

polución *f* קֶרִי, שְׁפָכָה

poluto *adj* מְטֻנָּף, מְלֻכְלָךְ, מְזֹהָם, טָמֵא

polvareda *f* עֲנַן אָבָק

polvera *f* פּוּדְרִיָּה

polvillo *m* אָבָק

polvo *m* אָבָק

pólvora *f* אֲבַק שְׂרֵפָה

polvorear *vt* אִבֵּק

polvoriento *adj* מְאֻבָּק

polvorin *m* 1 מַחְסַן נֶשֶׁק. 2 מַחְסָן לַאֲבַק שְׂרֵפָה

polvoroso *adj* מְאֻבָּק

polla *f* פַּרְגִּית

pollada *f* בְּרֵכָה

pollera *f* חֲצָאִית

pollino *m* 1 חֲמוֹר, עַיִר. 2 שׁוֹטֶה, כְּסִיל

pollita *f* פַּרְגִּיָּה, אֶפְרוֹחַ

pollito *m* אֶפְרוֹחַ

pollo *m* תַּרְנְגוֹל צָעִיר

polluelo *m* אֶפְרוֹחַ

poma *f* 1 תַּפּוּחַ. 2 מַזְלֵף לְבֹשֶׂם

pomada *f* מִשְׁחָה

pomar *f* מַטַּע תַּפּוּחִים

pomelo *m* אֶשְׁכּוֹלִית

pómez *f* אֶבֶן סְפוֹגִית, חֲפָף

pomo *m* 1 תַּפּוּחַ. 2 שְׁפוֹפֶרֶת, צְלוֹחִית, צִנְצֶנֶת. 3 גֻּלָּה

pompa *f* 1 זֹהַר, הוֹד, פְּאֵר, הָדָר. 2 בּוּעָה, בַּעְבּוּעָה, שַׁלְפּוּחִית. 3 מַשְׁאֵבָה

pompón *m* צִיצָה, פּוֹמְפּוֹן

pomposidad *f* הוֹד, הָדָר, הִתְגַּנְדְּרוּת, הִתְהַדְּרוּת

pomposo *adj* 1 מִתְהַדֵּר, מִתְגַּנְדֵּר. 2 מְפֹאָר, הָדוּר

pómulo *m* עֶצֶם הַלֶּחִי

pon *m* הַסָּעָה

ponche *m* פּוּנְץ׳

ponchera *f* קַעֲרַת פּוּנְץ׳

poncho *m* 1 פּוֹנְצ׳וֹ, כַּתַּפִיָּה. 2 עַצְלָן, רַשְׁלָן

ponderable *adj* בַּר מִשְׁקָל, שֶׁאֶפְשָׁר לְהַעֲרִיכוֹ

ponderación *f* 1 מְתִינוּת, שִׁקּוּל דַּעַת, יִשּׁוּב הַדַּעַת. 2 הַפְרָזָה, הַלֵּל, שֶׁבַח. 3 שִׁקּוּל, הַשְׁוָאָה

ponderado *adj* נָבוֹן, מָתוּן, מְיֻשָּׁב

ponderar *vt* 1 שָׁקַל, אִזֵּן. 2 הִפְרִיז. 3 הִלֵּל, שִׁבַּח, הֶעֱרִיץ

ponderoso *adj* 1 כָּבֵד, רַב מִשְׁקָל. 2 רְצִינִי, מָתוּן, זָהִיר

ponedero *adjm* 1 שֶׁנִּתָּן לָשִׂים עָלָיו. 2 קֵן

ponedora *f* מְטִילָה

poner *vt* 1 שָׂם. 2 עָרַךְ, סִדֵּר. 3 הִנִּיחַ, שִׁעֵר. 4 הֵטִיל. 5 נָתַן. 6 הִתְעָרֵב, הֵמֵר. 7 לָבַשׁ, הִתְלַבֵּשׁ. 8 הִצִּיב, הֶעֱמִיד

poner bien שִׁבַּח, הִלֵּל

poner en escena הֶעֱלָה עַל הַבָּמָה

poner mal הִשְׁמִיץ

poniente *m* 1 מַעֲרָב. 2 רוּחַ מַעֲרָבִית

pontear *vti* גִּשֵּׁר

pontificado *m* אַפִּיפְיוֹרוּת, בִּישׁוֹפוּת

pontifical *adj* אַפִּיפְיוֹרִי, בִּישׁוֹפִי

pontificación *f* אַפִּיפְיוֹרוּת

pontificar *vi* שִׁמֵּשׁ כְּכֹהֵן גָּדוֹל

pontífice *m* 1 כֹּהֵן גָּדוֹל. 2 בִּישׁוֹף. 3 אַפִּיפְיוֹר

pontificio *adj* אַפִּיפְיוֹרִי

pontón *m* סִירַת־גְּשָׁרִים

ponzoña *f* 1 רַעַל, אֶרֶס. 2 סַם

ponzoñoso *adj* אַרְסִי

popa *f* יַרְכְּתֵי סְפִינָה

popelina *f* פּוֹפְּלִין

populacheria *f* הֲמוֹנִיּוּת

populachero *adj* הֲמוֹנִי

populacho *m* הָמוֹן, אֲסַפְסוּף

popular *adj* 1 עֲמָמִי, הֲמוֹנִי. 2 פּוֹפּוּלָרִי

popularidad *f* 1 עֲמָמִיּוּת, הֲמוֹנִיּוּת. 2 פִּרְסוּם, מוֹנִיטִין, פּוֹפּוּלָרִיּוּת

popularización *f* פּוֹפּוּלָרִיזַצְיָה

popularizar *vt* עָשָׂה לְפּוֹפּוּלָרִי

populoso *adj* מְאֻכְלָס

popurri *m* מַחֲרֹזֶת מַנְגִּינוֹת

poquedad *f* 1 מִעוּט, מַחְסוֹר, אַפְסוּת. 2 בַּיְשָׁנוּת, פַּחְדָנוּת, מֹרֶךְ לֵב

póquer *m* פּוֹקֶר

poquito *adj* מְעַט מְאֹד

poquito a poco לְאַט לְאַט

por *prep* בִּגְלַל, לְמַעַן, בְּעַד, כְּדֵי, מִפְּנֵי

por cuanto עַל כֵּן, הוֹאִיל, כֵּיוָן

por donde אֵיפֹה

por ejemplo לְמָשָׁל

por ende לְפִיכָךְ, עַל כֵּן, הֱוֵה אוֹמֵר

por ensalmo בְּאֹרַח פֶּלֶא, בְּאֹרַח נֵס

por qué לָמָּה, מַדּוּעַ

por sentado לָבֶטַח

porcachón *adj* חֲזִירִי

porcelana *f* חַרְסִינָה

porcentage *m* אֲחוּזִים

porcino *adj* חֲזִירִי

porción *f* 1 חֵלֶק. 2 מָנָה. 3 הַקְצָבָה

porche *m* אַכְסַדְרָה

pordiosear *vti* פָּשַׁט יָד, קִבֵּץ נְדָבוֹת

pordioseria *f* קִבּוּץ נְדָבוֹת

pordiosero *m* פּוֹשֵׁט יָד, מְקַבֵּץ נְדָבוֹת

porfia *f* 1 עִקְשׁוּת, עַקְשָׁנוּת. 2 הַתְמָדָה, הָתְמֵד. 3 קְשִׁי עֹרֶף. 4 מַחֲלֹקֶת, קִנְטוּר

porfiado *adjm* 1 עַקְשָׁן. 2 קְשֵׁה עֹרֶף

porfiar *vi* 1 רָב, הִתְקוֹטֵט, הִתְעַקֵּשׁ. 2 עָמַד עַל דַּעְתּוֹ

pórfido *m* בַּהַט, פּוֹרְפִיר

pormenor *m* פְּרָט, פְּרִיט

pormenorizar *vt* תֵּאֵר, פֵּרַט

pornografia *f* פּוֹרְנוֹגְרַפְיָה

pornográfico *adj* פּוֹרְנוֹגְרָפִי

poro *m* נַקְבּוּבִית, נֶקֶב

porosidad *f* נַקְבּוּבִיּוּת

poroso *adj* נַקְבּוּבִי

poroto *m* שְׁעוּעִית

porque *conj* כִּי, מִפְּנֵי שֶׁ־, מִשּׁוּם שֶׁ־, מִכֵּיוָן שֶׁ־

porqué *m* 1 סִבָּה, נְסִבָּה, גּוֹרֵם, עִלָּה. 2 כַּמּוּת, מָנָה

porqueria *f* לִכְלוּךְ, טִנֹּפֶת, זֻהֲמָה, טֻמְאָה, צוֹאָה

porqueriza *f* חֲזִירִיָּה, דִּיר חֲזִירִים

porquerizo *m* רוֹעֵה חֲזִירִים

porra *f* 1 אַלָּה, מַטֶּה. 2 מַקֶּבֶת, קָרְנָס. 3 חֻצְפָּה, מֵצַח נְחוּשָׁה, עַזּוּת פָּנִים

porrada *f* 1 מַהֲלֻמָּה, מַכָּה. 2 שְׁטוּת, הֲבָלִים, טִפְּשׁוּת. 3 עֲרֵמָה, גַּל, סֹוָר

porrazo *m* 1 מַהֲלֻמָּה, מַכָּה. 2 נְפִילָה

porreria *f* שְׁטוּת, אִוֶּלֶת, טִפְּשׁוּת

porro *adj* מְטֻמְטָם, כְּסִיל

porrón *m* 1 כַּד, קַנְקַן. 2 מְטֻמְטָם, כְּסִיל

portaaviones *mpl* נוֹשֵׂאת מְטוֹסִים

portacartas *mpl* אַמְתַּחַת דֹּאַר

portada *f* 1 חֲזִית, מַרְאֶה חִיצוֹנִי. 2 עֲטִיפָה, שַׁעַר הַסֵּפֶר

portada *adj* 1 לָבוּשׁ בְּהִדּוּר. 2 לָבוּשׁ בְּרַשְׁלָנוּת

portador *adjm* 1 נוֹשֵׂא, מַעֲבִיר. 2 מוֹכָ"ז

portafolio *m* תִּיק

portafusil *m* רְצוּעַת רוֹבֶה

portal *m* 1 שַׁעַר, מָבוֹא, פֶּתַח. 2 סַף, מִפְתָּן, אַסְקֻפָּה. 3 אַכְסַדְרָה

portalón *m* כַּוָּה (באוניה)

portamantas *mpl* רְצוּעָה לִשְׂמִיכוֹת

portamonedas *mpl* 1 אַרְנָק. 2 אֲפֻנְדָּה

portaobjetos *mpl* זְכוּכִית נוֹשֵׂאת

portapapeles *mpl* 1 יַלְקוּט, תִּיק. 2 מְהַדֵּק

portapliegos *mpl* יַלְקוּט, תִּיק

portaplumas *mpl* 1 יְדִית הָעֵט. 2 קַלְמָר

portar *vt* 1 נָשָׂא, חָגַר, אָזַר

portarse *vref* הִתְנַהֵג

portátil *adj* נַיָּד, מִטַּלְטֵל

portaviandas *mpl* סִיר־הַמַּעֲלוֹת

portavoz *m* 1 דּוֹבֵר. 2 שׁוֹפָר, בִּטָּאוֹן. 3 מַגְבִּיר קוֹל

portazgo *m* מַס מַעֲבָר, הֶטֵּל, מֶכֶס

portazo *m* טְרִיקָה, טְרִיקַת דֶּלֶת

porte *m* 1 הוֹבָלָה, תּוֹבָלָה, מִשְׁלוֹחַ, הַסָּעָה. 2 דְּמֵי דֹּאַר, דְּמֵי מִשְׁלוֹחַ. 3 הִתְנַהֲגוּת. 4 כָּבוֹד, חֲשִׁיבוּת, עֵרֶךְ

portear *vti* 1 הוֹבִיל, שָׁלַח, הִסִּיעַ, נָשָׂא. 2 נִסְגַּר, טָרַק (דלת או חלון)

portearse *vref* הִגֵּר, נָדַד

portento *m* 1 עִלּוּי. 2 פֶּלֶא, מוֹפֵת, אוֹת
portentoso *adj* מוֹפְתִי, מַפְלִיא, נִפְלָא, כַּבִּיר
porteño *adjm* יְלִיד בּוּאֶנוֹס אַיְרֶס
porteo *m* הוֹבָלָה
portería *f* 1 שַׁמָּשׁוּת. 2 שׁוֹעֲרוּת
portero *m* שׁוֹעֵר, שׁוֹמֵר, שׁוֹמֵר הַסַּף
portezuela *f* פִּשְׁפָּשׁ, דַּלְתִּית
pórtico *m* אַכְסַדְרָה
portier *m* מָסָךְ, וִילוֹן, פַּרְגּוֹד
portilla *f* צֹהַר, אֶשְׁנָב, חַלּוֹן
portillo *m* 1 חוֹר, נֶקֶב, נָקִיק, פִּרְצָה. 2 פִּשְׁפָּשׁ, אֶשְׁנָב
portón *m* שַׁעַר, כְּנִיסָה
portorriqueño *adjm* פּוֹרְטוֹרִיקָנִי
portuario *adj* חוֹפִי, שֶׁל נָמָל
portugués *adjm* פּוֹרְטוּגָלִי, פּוֹרְטוּגֵזִי
porvenir *m* עָתִיד
pos *prep* אַחֲרֵי, אַחַר, בְּעִקְבוֹת
posada *f* פֻּנְדָּק, אַכְסַנְיָה
posaderas *fpl* אֲחוֹרַיִם, עַכּוּז
posadero *m* פּוּנְדְּקַאי, מַרְזְחָן, בַּעַל אַכְסַנְיָה
posar *vti* 1 לָן, הִתְאַכְסֵן, הִתְאָרֵחַ. 2 יָשַׁב לָנוּחַ, נָח. 3 עָמַד (לִפְנֵי צַלָּם, צַיָּר אוֹ פַּסָּל) כְּנִצָּב. 4 נִנּוֹחַ. 5 שָׁקַע
posarse *vref* הִתְיַשֵּׁב, הִשְׁתַּקֵּעַ
posdata *f* נ.ב., הֶעָרַת שׁוּלַיִם, הוֹסָפָה
pose *f* 1 פּוֹזָה, מַצָּב. 2 הַעֲמָדַת פָּנִים
poseedor *m* בַּעַל־קִנְיָן, בְּעָלִים
poseer *vt* 1 הֶחֱזִיק, הָיָה לוֹ. 2 תָּפַס, אָחַז. 3 שָׁלַט. 4 הִתְמַסֵּר
poseído *adj* אָחוּז דִּבּוּק, מְטֹרָף
posesión *f* 1 אֲחֻזָּה, נַחֲלָה, קִנְיָן, בַּעֲלוּת. 2 רְכוּשׁ, נְכָסִים. 3 שְׁלִיטָה
posesionar *vt* הִנְחִיל, הוֹרִישׁ
posesivo *adjm* 1 קִנְיָנִי. 2 יַחַס הַקִּנְיָן
poseso *adjm* אָחוּז שֵׁד, אָחוּז דִּבּוּק, מְטֹרָף, מְשֻׁגָּע
posfecha *f* תַּאֲרִיךְ מְאֻחָר
posfechar *vt* קָבַע תַּאֲרִיךְ מְאֻחָר
posguerra *f* אַחַר הַמִּלְחָמָה
posibilidad *f* ...כֹלֶת
posibilitar *vt*
posible *adj* ...מֻתָּר, נִסְבָּל
posición *f* ..., עֶמְדָּה. 2 מַעֲמָד, מָקוֹם. 3 מִשְׂרָה, תַּפְקִיד, עֲבוֹדָה
positivismo *m* פּ...יבִיזְם
positivista *m* פּוֹזִיטִיבִיסְט
positiva *f* פּוֹזִיטִיב
positividad *f* חִיּוּבִיּוּת, הֶחְלֵטִיּוּת
positivo *m* חִיּוּבִי, בָּרוּר, וַדַּאי, מְפֹרָשׁ, מֻחְלָט, הֶחְלֵטִי
positrón *m* פּוֹזִיטְרוֹן (אלקטרון חיובי)
posma *mf* כְּבֵדוּת, אִטִּיּוּת, רִפְיוֹן
posmeridiano *adjm* 1 שֶׁלְּאַחַר הַצָּהֳרַיִם. 2 אחה"צ
poso *m* 1 מִשְׁקָע. 2 מַרְגּוֹעַ, מְנוּחָה
posponer *vt* הִשְׁהָה, דָּחָה, עִכֵּב
posta *f* דֹּאַר
postal *adjf* 1 שֶׁל דֹּאַר. 2 גְּלוּיָה
postdata *f* נ.ב., הֶעָרַת שׁוּלַיִם, הוֹסָפָה
postdiluviano *adj* שֶׁלְּאַחַר הַמַּבּוּל
poste *m* עַמּוּד, כְּלוֹנָס
postergación *f* דִּחוּי, דְּחִיָּה, הַשְׁהָיָה, עִכּוּב
postergar *vt* דָּחָה, עִכֵּב, הִשְׁהָה
posteridad *f* 1 הֶעָתִיד. 2 צֶאֱצָאִים, זֶרַע
posterior *adjm* 1 מְאֻחָר, אֲחוֹרִי. 2 יַשְׁבָן, עַכּוּז
posterioridad *f* 1 אָחוֹר, אֲחוֹרִיּוּת. 2 הַדּוֹרוֹת הַבָּאִים
posteriormente *adv* 1 אַחֲרֵי כֵן, לְאַחַר מִכֵּן. 2 בְּאָחוֹר
postgraduado *adjm* מֻסְמָךְ
postguerra *f* תְּקוּפָה שֶׁלְּאַחַר מִלְחָמָה
postigo *m* 1 פִּשְׁפָּשׁ. 2 תְּרִיס
postilla *f* 1 גֶּלֶד, קְרוּם. 2 בֵּאוּר, הֶעָרָה
postillón *m* רַכָּב, עֶגְלוֹן
postín *m* הִתְפָּאֲרוּת, זְחִיחוּת, יְהִירוּת
postizo *adjm* 1 מְלָאכוּתִי, מְדֻמֶּה, כּוֹזֵב, מְזֻיָּף, מְעֻשֶּׂה. 2 פֵּאָה נָכְרִית
postludio *m* הֶפְטֵר, נְגִינַת־סִיּוּם
postmeridiano *adj* שֶׁלְּאַחַר הַצָּהֳרַיִם

post mortem שֶׁלְּאַחַר הַמָּוֶת

postración *f* 1 הִשְׁתַּחֲוּוּת, כְּרִיעָה. 2 חֻלְשָׁה, תְּשִׁישׁוּת, אֲפִיסַת כֹּחוֹת

postrador *adjm* 1 מַשְׁפִּיל. 2 הָדוֹם

postrar *vt* 1 הִשְׁפִּיל, הִכְנִיעַ. 2 הִשְׁתַּטֵּחַ, כָּרַע. 3 הִתְרַפֵּס. 4 תָּשַׁשׁ, נֶחֱלַשׁ

postre *adjm* 1 אַחֲרוֹן. 2 פַּרְפֶּרֶת, לִפְתָּן, קִנּוּחַ סְעֻדָּה

postrer, postrero *adj* 1 אַחֲרוֹן. 2 מְרֻחָק, קִיצוֹנִי

postrimería *f* סוֹף, סוֹף הַיָּמִים

postulado *m* הַנָּחַת־יְסוֹד, פּוֹסְטוּלָט

postulante *adjm* מֻעֲמָד, מְבַקֵּשׁ, דּוֹרֵשׁ

postular *vt* 1 בִּקֵּשׁ, דָּרַשׁ, תָּבַע. 2 קָבַע, הִנִּיחַ

póstumo *adj* שֶׁלְּאַחַר הַמָּוֶת

postura *f* 1 תְּנוּחָה, עֲמִידָה, יְצִיבָה. 2 מִכְרָז, הַכְרָזָה, הַצָּעַת מְחִיר. 3 שָׁתִיל. 4 שְׁתִילָה. 5 הֲטָלַת־בֵּיצִים. 6 בֵּיצָה

potable *adj* רָאוּי לִשְׁתִיָּה

potaje *m* מָרָק, נָזִיד

potasa *f* אַשְׁלָג

potásico *adj* אַשְׁלָגִי

potasio *m* אַשְׁלְגָן

pote *m* קְדֵרָה, סִיר, צִנְצֶנֶת

potencia *f* עָצְמָה, כֹּחַ, אוֹן, מֶרֶץ, יְכֹלֶת, תֹּקֶף

potencial *adjm* 1 אֶפְשָׁרִי, פּוֹטֶנְצְיָלִי. 2 פּוֹטֶנְצְיָל

potencialidad *f* אֶפְשָׁרוּת, פּוֹטֶנְצְיָלִיּוּת

potenciar *vt* הִגְבִּיר, הֶעֱצִים

potentado *m* אַדִּיר, תַּקִּיף, רַב עָצְמָה

potente *adj* אַדִּיר, עָצוּם, נִמְרָץ, רַב פְּעָלָה

potestad *f* שִׁלְטוֹן, שְׂרָרָה

potestativo *adj* שֶׁל רְשׁוּת, סַמְכוּתִי

potra *f* 1 סְיָחָה. 2 שֶׁבֶר

potranca *f* סוּסָה צְעִירָה, סְיָחָה

potrero *m* 1 אָחוּ, כַּר, אֲפָר. רְעִיָּה

potro *m* סוּס

poza *f* שְׁלוּלִית

pozo *m* בְּאֵר, בּוֹר

pozo negro בּוֹר שׁוֹפְכִין

práctica *f* הֶרְגֵּל, אִמּוּן, הִתְרַגְּלוּת, נִסָּיוֹן, תִּרְגּוּל, שִׁנּוּן, אֶפְשָׁרוּת

practicable *adj* שִׁמּוּשִׁי, מַעֲשִׂי, אֶפְשָׁרִי

practicaje *m* נִוּוּט

practicante *adjm* 1 אָח, חוֹבֵשׁ. 2 מִתְמַחֶה

practicar *vt* 1 בִּצַּע. 2 אִמֵּן, שִׁנֵּן, עָשָׂה, תִּרְגֵּל. 3 עָסַק. 4 הִתְאַמֵּן

práctico *adjm* 1 מַעֲשִׂי, שִׁמּוּשִׁי, תּוֹעַלְתִּי. 2 מְנֻסֶּה, מְיֻמָּן. 3 נַוָּט

pradera *f* אָחוּ, אֲפָר, כַּר, עֲרָבָה

prado *m* 1 אָחוּ, שְׂדֵה־מִרְעֶה, אֲפָר. 2 מִדְשָׁאָה

pragmático *adj* מַעֲשִׂי, פְּרַגְמָטִי

pragmatismo *m* פְּרַגְמָטִיּוּת

pragmatista *m* פְּרַגְמָטִיסְט

praseodimio *m* פְּרַסֵיאוֹדִים (יסוד כימי)

preámbulo *m* מָבוֹא, פְּתִיחָה, הַקְדָּמָה

prebenda *f* 1 הַכְנָסָה שֶׁל הֶקְדֵּשׁ. 2 הַכְנָסָה קַלָּה. 3 שְׂכַר הַכֹּמֶר

preboste *m* 1 מַנְהִיג, רֹאשׁ. 2 מַשְׁגִּיחַ

precario *adj* חַלָּשׁ, רוֹפֵף

precaución *f* זְהִירוּת

precaucionarse *vref* נִזְהַר

precautela *f* זְהִירוּת

precautorio *adj* זָהִיר

precaver *vt* 1 רָאָה אֶת הַנּוֹלָד. 2 נִזְהַר

precavido *adj* זָהִיר

precedencia *f* 1 זְכוּת קְדִימָה, יִתְרוֹן, עֲדִיפוּת, בְּכוֹרָה. 2 הַעְדָּפָה

precedente *adjm* 1 קוֹדֵם. 2 תַּקְדִּים

preceder *vit* 1 קָדַם. 2 הִקְדִּים

preceptivo *adj* 1 שֶׁל מִצְוָה. 2 לִמּוּדִי, מְחַנֵּךְ

precepto *m* מִצְוָה, צַו, פְּקֻדָּה, הוֹרָאָה

preceptor *m* מוֹרֶה, מְחַנֵּךְ

preceptuar *vt* צִוָּה, פָּקַד, הוֹרָה

preces *fpl* תְּפִלּוֹת, תְּחִנּוֹת, תַּחֲנוּנִים

preciado *adj* יָקָר, אָהוּב, חָבִיב, יַקִּיר, נַעֲלֶה, מְכֻבָּד

preciador *m* מַעֲרִיךְ, שַׁמַּאי

preciar *vt* הֶעֱרִיךְ, שָׁם

precintar *vt* חָשַׁק

precinto *m* חִשּׁוּק

precio *m* 1 מְחִיר, שׁוִֹי. 2 שַׁעַר, עֵרֶךְ. 3 גְּמוּל, פְּרָס

preciosidad *f* 1 חֶמְדָּה, מַחְמָד. 2 יֹפִי, מֹתֶק. 3 דָּבָר יְקַר עֵרֶךְ

precioso *adj* 1 יָקָר, נַעֲלֶה, מֻפְלָא, מְצֻיָּן. 2 יָפֶה, נָאֶה, יָאֶה. 3 אָהוּב

preciosura *f* חֶמְדָּה, מַחְמָד

precipicio *m* 1 תְּהוֹם. 2 מוֹרָד, תְּלִילוּת, שִׁפּוּעַ. 3 אֲבַדּוֹן, אָסוֹן, חֻרְבָּן

precipitación *f* 1 פְּזִיזוּת, חִפָּזוֹן, בְּהִילוּת. 2 הִתְפָּרְצוּת. 3 שִׁקּוּעַ. 4 צְנִיחָה, נְפִילָה. 5 מָטָר, גֶּשֶׁם

precipitadero *m* 1 תְּהוֹם. 2 מוֹרָד, שִׁפּוּעַ, מִדְרוֹן

precipitado *adjm* 1 נֶחְפָּז, מְבֹהָל, פָּזִיז, נִמְהָר. 2 מִשְׁקָע

precipitar *vti* 1 הִשְׁלִיךְ, זָרַק, הִפִּיל. 2 הֵחִישׁ, זֵרֵז, הֵאִיץ. 3 שָׁקַע. 4 הִתְפָּרֵץ, הִשְׂתָּעֵר

precisar *vti* 1 דִּיֵּק, צִיֵּן, הִגְדִּיר, קָבַע. 2 אִלֵּץ, הִכְרִיחַ, כָּפָה. 3 נִזְקַק

presisión *f* 1 דִּיּוּק, דַּיְּקָנוּת. 2 צֹרֶךְ, הֶכְרֵחַ

preciso *adj* 1 מְדֻיָּק, מְדַקְדֵּק, נָכוֹן. 2 זָקוּק, נָחוּץ, חִיּוּנִי, הֶכְרֵחִי

precitado *adj* הַנִּזְכָּר לְעֵיל, הַנֶּאֱמָר לְעֵיל

preclaro *adj* חָשׁוּב, נִכְבָּד, יָדוּעַ, נְשׂוּא פָּנִים

precisamente *adv* בְּדִיּוּק, בְּדַיְּקָנוּת

precocidad *f* הִתְבַּגְּרוּת מֻקְדֶּמֶת, בְּשֵׁלוּת מְהִירָה

precognición *f* יְדִיעָה מֻקְדֶּמֶת

precolombino *adj* לִפְנֵי קוֹלוּמְבּוּס

preconcebir *vt* חִשֵּׁב מֵרֹאשׁ, הִשִּׂיג מֵרֹאשׁ

preconización *f* 1 שֶׁבַח, תְּהִלָּה. 2 תְּמִיכָה, חָסוּת

preconizar *vt* 1 הִלֵּל, שִׁבַּח, קִלֵּס. 2 הִכְרִיז, הִצְהִיר, פִּרְסֵם, בִּשֵּׂר. 3 נָתַן חָסוּת, תָּמַךְ

preconocer *vt* חָזָה מֵרֹאשׁ, יָדַע מֵרֹאשׁ

precoz *adj* מֻקְדָּם, בִּכּוּרִי

precursor *adjm* 1 קוֹדֵם. 2 חָלוּץ, מְבַשֵּׂר

predecesor *m* 1 קוֹדֵם. 2 אָב קַדְמוֹן

predecir *vt* נִבָּא, נִחֵשׁ

predestinación *f* הַקְדָּשָׁה מֵרֹאשׁ, יִעוּד מֵרֹאשׁ

predestinado *adjm* מְיֹעָד מֵרֹאשׁ

predestinar *vt* הִקְדִּישׁ מֵרֹאשׁ, הוֹעִיד מֵרֹאשׁ

predeterminación *f* הַחְלָטָה מֵרֹאשׁ, קְבִיעָה מֵרֹאשׁ

predeterminar *vt* הֶחְלִיט מֵרֹאשׁ, קָבַע מֵרֹאשׁ

prédica *f* דְּרָשָׁה, הַטָּפָה, דְּרוּשׁ, הַטָּפַת מוּסָר

predicación *f* דְּרָשָׁה, דְּרוּשׁ, הַטָּפָה, נְאוּם

predicado *m* 1 נָשׂוּא. 2 אֲמִירָה

predicador *m* דַּרְשָׁן, מַטִּיף, מַגִּיד, נוֹאֵם

predicamento *m* 1 מַעֲמָד, עֶמְדָּה. 2 סוּג, מִין. קָטֵגוֹרְיָה. 3 הוֹקָרָה, הַעֲרָכָה

predicar *vt* 1 דָּרַשׁ, הִטִּיף, הוֹכִיחַ. 2 נָזַף, גִּנָּה. 3 הִכְרִיז, הִצְהִיר

predicativo *adj* 1 נְשׂוּאִי. 2 מְחַיֵּב

predicción *f* 1 נִחוּשׁ, נְבוּאָה. 2 חֲזִיָּה, תַּצְפִּית, תַּחֲזִית

predilección *f* נְטִיָּה, בִּכּוּר, הַעְדָּפָה, חִבָּה יְתֵרָה

predilecto *adj* עָדִיף, מְבֻכָּר

predio *m* נַחֲלָה, אֲחֻזָּה

predisponer *vt* 1 הִכְשִׁיר דֵּעָה מֻקְדֶּמֶת. 2 נַעֲשָׂה רָגִישׁ

predisposición *f* 1 נְטִיָּה מֻקְדֶּמֶת. 2 רְגִישׁוּת

predominación *f* 1 עֶלְיוֹנוּת, יִתְרוֹן. 2 שְׁלִיטָה, שִׁלְטוֹן, תֹּקֶף

predominante *adj* שׁוֹלֵט, מַכְרִיעַ, בּוֹלֵט, שׂוֹרֵר, רָאשִׁי

predominar *vti* גָּבַר, הִשְׁתַּלֵּט, הִתְבַּלֵּט

predominio *m* הַכְרָעָה, עֶלְיוֹנוּת, הִשְׁתַּלְּטוּת, שְׁלִיטָה, יִתְרוֹן

preeminencia *f* עֶלְיוֹנוּת, רוֹמְמוּת, עֲדִיפוּת, נִכְבָּדוּת

preeminente *adj* עֶלְיוֹן, דָּגוּל, רָם, נַעֲלֶה, חָשׁוּב

preexistencia *f* קֹדֶם קִיּוּם

preexistente *adj* קוֹדֵם, קַדְמוֹנִי

preexistir *vi* נִמְצָא לִפְנֵי, הָיָה קַיָּם קֹדֶם

prefabricación *f* יִצּוּר טְרוֹמִי

prefabricar *vt* יָצַר מֵרֹאשׁ

prefacio *m* הַקְדָּמָה, מָבוֹא, פְּתִיחָה

prefecto *m* 1 שׁוֹפֵט. 2 מוֹשֵׁל, נְצִיב.
3 דָּקָן, מְמֻנֶּה

prefectura *f* 1 נְצִיבוּת. 2 מִשְׂרַד הַנְּצִיב

preferencia *f* עֲדִיפוּת, הַעְדָּפָה, בִּכּוּר

preferente *adj* מַעְדִּיף, מְבַכֵּר

preferible *adj* עָדִיף, מְבֻכָּר

preferir *vt* בִּכֵּר, הֶעְדִּיף

preficación *f* הַצָּבַת קִדֹּמֶת

prefigurar *vt* חָזָה מֵרֹאשׁ

prefijar *vt* קָבַע מֵרֹאשׁ

prefijo *m* תְּחִלִּית, קִדֹּמֶת

preformado *adj* מוּכָן מֵרֹאשׁ

pregón *m* כְּרוּז, מִנְשָׁר, הַכְרָזָה, גִּלּוּי דַּעַת

pregonar *vt* 1 הִכְרִיז, בִּשֵּׂר, גִּלָּה, פִּרְסֵם.
2 הִלֵּל, שִׁבַּח

pregonero *adjm* כָּרוֹז, מְבַשֵּׂר

preguerra *f* תְּקוּפָה קְדַם מִלְחַמְתִּית

pregunta *f* שְׁאֵלָה, קֻשְׁיָה

preguntar *vt* שָׁאַל, חָקַר, בָּדַק, הִקְשָׁה

preguntón *adj* סַקְרָן, מַקְשָׁן

prehistoria *f* קְדַם הִיסְטוֹרְיָה, פְּרֵהִיסְטוֹרְיָה

prehistórico *adj* קְדַם הִיסְטוֹרִי, פְּרֵהִיסְטוֹרִי

prejuiciado *adj* מַזִּיק, בַּעַל דֵּעָה קְדוּמָה

prejuiciar *vt* פָּגַע, עִוֵּת, הוֹצִיא מִשְׁפָּט קָדוּם

prejuicio *m* דֵּעָה קְדוּמָה, מִשְׁפָּט קָדוּם

prejuzgar *vt* עִוֵּת, הוֹצִיא מִשְׁפָּט קָדוּם

prelacia *f* הֶגְמוֹנוּת, בִּישׁוֹפוּת

prelación *f* עֲדִיפוּת, הַעְדָּפָה, בִּכּוּר

prelada *f* אֵם מִנְזָר

prelado *m* הֶגְמוֹן, בִּישׁוֹף

preliminar *adjm* 1 מַקְדִּים, פּוֹתֵחַ, טְרוֹמִי.
2 מָבוֹא, הַקְדָּמָה, פְּתִיחָה.
3 סִדּוּרִים מֻקְדָּמִים

preludiar *vti* אִקְדֵּם, הִקְדִּים מָבוֹא

preludio *m* אַקְדָּמָה, פְּרֵלוּד

prematuro *adj* 1 מַקְדִּים, שֶׁלִּפְנֵי זְמַנּוֹ.
2 קַשִּׁין. 3 בֹּסֶר

premeditación *f* זָדוֹן, כַּוָּנָה תְּחִלָּה, זְמָם

premeditar *vt* 1 זָמַם, הִתְנַכֵּל. 2 חִשֵּׁב מֵרֹאשׁ

premiar *vt* גָּמַל, פִּצָּה, נָתַן פְּרָס, שִׁלֵּם

premio *m* פְּרָס, גְּמוּל, פִּצּוּי, שָׂכָר, פְּרֶמְיָה,
תַּגְמוּל

premioso *adj* חָמוּר, דּוֹחֵק, מַטְרִיד, לוֹחֵץ, צַר

premisa *f* 1 הַנָּחָה, סְבָרָה, הַשְׁעָרָה, קְבִיעָה.
2 אוֹת, סִימָן

premonitorio *adj* מַזְהִיר, מַתְרֶה, מְבַשֵּׂר־רַע

premura *f* דְּחִיפוּת, נְחִיצוּת, דֹּחַק, מְצוּקָה

prenatal *adj* קְדַם־לֵדָתִי

prenda *f* 1 מַשְׁכּוֹן, עֲבוֹט, עֲרֻבָּה, עֵרָבוֹן.
2 אוֹת, סִימָן. 3 בֶּגֶד, לְבוּשׁ,
מַלְבּוּשׁ, כְּסוּת. 4 דָּבָר אָהוּב

prendar *vt* 1 מִשְׁכֵּן, עָבַט, הֶעֱבִיט. 2 שָׁבָה לֵב.
3 הִתְאַהֵב, הִתְחַבֵּב

prendedor *m* 1 סִכָּה. 2 מַכְבֵּנָה. 3 פְּרִיפָה

prender *vti* 1 תָּפַס, אָחַז. 2 אָסַר. 3 הִצְמִיד,
קָשַׁר. 4 הִדְלִיק. 5 הִשְׁתָּרֵשׁ, הִשְׁרִישׁ. 6 קִשֵּׁט.
7 נִתְפַּס, נֶאֱחַז

prendero *m* רוֹכֵל בִּדְבָרִים מְשֻׁמָּשִׁים

prensa *f* 1 מַכְבֵּשׁ. 2 דְּפוּס. 3 מַכְבֵּשׁ דְּפוּס.
4 עִתּוֹנוּת

prensado *adjm* 1 דָּחוּק, לָחוּץ. 2 הֶדְפֵּס

prensador *m* 1 דַּפָּס. 2 לוֹחֵץ

prensar *vt* לָחַץ, דָּחַק, כִּבֵּשׁ

prensil *adj* תּוֹפֵס, אוֹחֵז

prensista *m* דַּפָּס

preñado-a *adjfm* 1 מָלֵא, גָּדוּשׁ. 2 הָרָה,
מְעֻבֶּרֶת. 3 הֵרָיוֹן

preñar *vt* עִבֵּר, הִפְרָה

preñez *f* הֵרָיוֹן, עִבּוּר, פִּרְיוֹן, פּוֹרִיּוּת

preocupación *f* 1 דְּאָגָה, חֲרָדָה. 2 פִּזּוּר־נֶפֶשׁ.
3 יִשּׁוּב קוֹדֵם, תְּפִיסָה מֵרֹאשׁ

preocupar *vt* 1 הִדְאִיג, הִטְרִיד. 2 נִטְרַד

preordinación *f* גְּזֵרָה מֵרֹאשׁ, גְּזֵרָה מִשָּׁמַיִם

preordinar *vt* הֶחְלִיט מֵרֹאשׁ, גָּזַר מֵרֹאשׁ

preparación *f* 1 הֲכָנָה, הַכְשָׁרָה, הַתְקָנָה,
הִתְכּוֹנְנוּת. 2 תִּרְכֹּבֶת, תַּכְשִׁיר

preparado *adjm* 1 מוּכָן, עָשׂוּי, מְתֻקָּן. 2 בַּעַל
הַשְׂכָּלָה, מְלֻמָּד. 3 תִּרְכֹּבֶת

preparar *vt* 1 הֵכִין, סִדֵּר, הִכְשִׁיר, יָצַר, עָשָׂה, צִיֵּד, הִתְקִין, סִפֵּק. 2 הִתְכּוֹנֵן
preparativo *adjm* 1 מֵכִין, מַכְשִׁיר. 2 הֲכָנָה. 3 תַּכְשִׁיר
preparatorio *adj* מֵכִין, מַכְשִׁיר
preponderancia *f* עֶלְיוֹנוּת, חֲשִׁיבוּת־יֶתֶר, יִתְרוֹן, הַכְרָעָה
preponderante *adj* עֶלְיוֹן, מַכְרִיעַ
preponderar *vt* הִכְרִיעַ, שָׁלַט, עָלָה עַל־
preposición *f* מִלַּת יַחַס
preposicional, prepositivo *adj* שֶׁל מִלַּת יַחַס
prepósito *m* רֹאשׁ, יוֹשֵׁב רֹאשׁ, נָשִׂיא
preposterar *vt* 1 הָפַךְ אֶת הַסֵּדֶר. 2 הִתְהַפֵּךְ
prepóstero *adj* מְהֻפָּךְ, הָפוּךְ
prepotencia *f* עֶלְיוֹנוּת, תַּקִּיפוּת, שְׁלִיטָה, הִשְׁתַּלְּטוּת
prepotente *adj* תַּקִּיף, מַכְרִיעַ, אַדִּיר, עֶלְיוֹן
prepucio *m* עָרְלָה
prerrogativa *f* יִתְרוֹן, זְכוּת־יֶתֶר, עֲדִיפוּת
presa *f* 1 שָׁלָל, טֶרֶף, קָרְבָּן, בִּזָּה. 2 סֶכֶר. 3 אַמַּת מַיִם. 4 פְּרוּסָה, חֲתִיכָה, פֶּלַח
presagiar *vt* נִבָּא, נִחֵשׁ, הִזְהִיר
presagio *m* 1 נִחוּשׁ, נְבוּאָה, אַזְהָרָה. 2 אוֹת, סִימָן
presbicia *f* רֹחַק־רְאִיָּה
présbita *adj* מַרְחִיק רְאוֹת
presbiterado *m* כְּמוּרָה
presbiteriano *adjm* פְּרֶסְבִּיטֶרִי
presbiterio *m* פְּרֶסְבִּיטֶרְיוּם
presbítero *m* כֹּמֶר, זָקֵן
presciencia *f* חָזוֹן, רְאִיַּת הַנּוֹלָד, נְבוּאָה
presciente *adj* חוֹזֶה אֶת הַנּוֹלָד
prescindir *vi* וִתֵּר, נִמְנַע, דִּלֵּג עַל־
prescribir *vti* 1 צִוָּה, הוֹרָה, קָבַע, פָּקַד. 2 הִתְיַשֵּׁן, בָּטֵל, פָּג
prescripción *f* 1 צַו, הוֹרָאָה, פְּקֻדָּה. 2 מַתְכּוֹן. 3 הִתְיַשְּׁנוּת
prescripto, prescrito *adjm* 1 מְצֻוֶּה, קָבוּעַ. 2 שֶׁפָּג תָּקְפּוֹ. 3 שֶׁנּוֹשַׁן, שֶׁהִתְיַשֵּׁן
presencia *f* 1 נוֹכְחוּת, מַעֲמָד. 2 שְׁכִינָה, רוּחַ. 3 הוֹפָעָה. 4 תֹּאַר, הָדָר. 5 קִיּוּם
presencia de ánimo שַׁלְוַת נֶפֶשׁ
presencial *adj* נוֹכֵחַ
presenciar *vt* נָכַח
presentable *adj* 1 יִצּוּגִי. 2 בַּר הַצָּגָה
presentación *f* 1 הַצָּגָה, מַצָּג. 2 הַעֲנָקָה, הַקְדָּשָׁה. 3 הוֹפָעָה, מוֹפָע. 4 הַגָּשָׁה
presentar *vt* 1 הִצִּיג, הִגִּישׁ, הֶעֱנִיק. 2 יִצֵּג. 3 הִצִּיעַ. 4 דִּגֵּל
presente *adjm* 1 נוֹכֵחַ, עַכְשָׁוִי. 2 הֹוֶה. 3 מַתָּנָה, תְּשׁוּרָה, שַׁי, מִנְחָה
presentemente *adv* כָּרֶגַע, עַכְשָׁו, כָּעֵת
presentimiento *m* אַזְהָרָה, הַרְגָּשַׁת הַבָּאוֹת, הַתְרָאָה
presentir *vt* הִרְגִּישׁ אֶת הַבָּאוֹת
preservación *f* 1 שִׁמּוּר, שְׁמִירָה. 2 שְׁמוּרָה. 3 הִשְׁתַּמְּרוּת
preservador *adjm* שׁוֹמֵר, מֵגֵן
preservar *vt* 1 שָׁמַר, הֵגֵן, הִצִּיל. 2 שִׁמֵּר, כָּבַשׁ
preservativo *adjm* 1 שׁוֹמֵר, מְשַׁמֵּר. 2 מוֹנֵעַ־הֵרָיוֹן
presidencia *f* 1 נְשִׂיאוּת. 2 יְשִׁיבַת רֹאשׁ
presidencial *adj* נְשִׂיאִי, נְשִׂיאוּתִי
presidente *m* 1 נָשִׂיא. 2 יוֹשֵׁב רֹאשׁ
presidiario *m* אָסִיר
presidio *m* 1 בֵּית סֹהַר, בֵּית כֶּלֶא. 2 חַיִל מַצָּב. 3 מִבְצָר, מְצוּדָה. 4 מִשְׁמָר
presidir *vti* 1 יָשַׁב רֹאשׁ. 2 נִהֵל יְשִׁיבָה
presilla *f* לוּלָאָה, עֲנִיבָה, אֲבָקָה
presión *f* לַחַץ, דְּחִיסָה, לְחִיצָה, מוּעָקָה
presionar *vt* לָחַץ, דָּחַק, דָּחַס, מָעַךְ
preso *adjm* אָסִיר, כָּלוּא, אָסוּר
prestación *f* 1 הַלְוָאָה, הַשְׁאָלָה, שְׁאִילָה, מִלְוָה. 2 הַעֲנָקָה, תְּמִיכָה
prestador *m* מַלְוֶה, מַשְׁאִיל
prestamista *m* נוֹשֶׁה, מַלְוֶה בְּרִבִּית
préstamo *m* 1 הַלְוָאָה. 2 הַשְׁאָלָה, שְׁאִילָה
prestancia *f* יְפִיפוּת, יָפְיוּת, נְעִימוּת, עֲרֵבוּת

prestar *vt* 1 הִלְוָה, הִשְׁאִיל. 2 עוֹדֵד, עָזַר, סִיֵּעַ. 3 נָתַן, מָסַר
presteza *f* זְרִיזוּת, מְהִירוּת, יְעִילוּת
prestidigitación *f* לַהֲטוּטָנוּת, אֲחִיזַת עֵינַיִם
prestidigitador *m* לַהֲטוּטָן
prestigio *m* יְקָרָה
prestigioso *adj* מְהֻלָּל, מְפֻרְסָם, דָּגוּל, נִכְבָּד
presto *adjadv* 1 מוּכָן, נָכוֹן. 2 מָהִיר, זָרִיז, עֵר, נִמְרָץ. 3 מַהֵר
presumible *adj* אֶפְשָׁרִי, נִרְאֶה, סָבִיר, מִסְתַּבֵּר
presumido *adj* גַּאַוְתָן, יָהִיר, זָחוּחַ
presumir *vti* 1 דִּמָּה, שִׁעֵר, הִנִּיחַ, חָשַׁב, סָבַר. 2 הִתְהַלֵּל, הִתְגָּאָה, הִתְיַהֵר. 3 הִתְיַמֵּר
presunción *f* 1 זְחִיחוּת, גַּאֲוָה, יְהִירוּת. 2 הַשְׁעָרָה, הַנָּחָה, סְבָרָה
presuntamente *adv* לְפִי הַמְשֹׁעָר, לְפִי סְבָרָה
presuntivo *adj* סָבִיר, מְיֻסָּד, מְשֹׁעָר, מִתְקַבֵּל עַל הַדַּעַת
presunto *adj* מְשֹׁעָר
presuntuosidad *f* יְהִירוּת, גַּאַוְתָנוּת, חֻצְפָּה, שַׁחֲצָנוּת
presuntuoso *adj* יָהִיר, זָחוּחַ, גַּאַוְתָן
presuponer *vt* סָבַר, שִׁעֵר, הִנִּיחַ מֵרֹאשׁ
presuposición *f* סְבָרָה, הַנָּחָה, הַשְׁעָרָה
presupuestar *vti* הִקְצִיב
presupuestario *adj* תַּקְצִיבִי
presupuesto *m* תַּקְצִיב
presura *f* 1 דִּכָּאוֹן, דְּאָגָה, חֲרָדָה, מוּעָקָה. 2 זְרִיזוּת, מְהִירוּת. 3 עִקְּשׁוּת, עַקְשָׁנוּת
presuroso *adj* מָהִיר, זָרִיז, פּוֹחֵז, פָּזִיז
pretencioso *adj* 1 יָמְרָנִי, שַׁחֲצָנִי. 2 מִתְגַּנְדֵּר, מִתְנַפֵּחַ
pretender *vt* טָעַן, דָּרַשׁ, תָּבַע, שָׁאַף
pretendiente *m* מְחַזֵּר, מְבַקֵּשׁ, מַפְצִיר, תּוֹבֵעַ, בַּעַל דִּין
pretensión *f* 1 יָמְרָה, תְּשׁוּקָה. 2 טַעֲנָה, תְּבִיעָה. 3 שַׁחֲצָנוּת, פְּרֶטֶנְסִיָּה
preterir *vt* הִשְׁמִיט, דִּלֵּג, הִתְעַלֵּם
pretérito *adjm* 1 שֶׁחָלַף. 2 עָבָר
preternatural *adj* לֹא טִבְעִי, עַל טִבְעִי
pretextar *vt* תֵּרֵץ, נָתַן אֲמַתְלָה, הִצְטַדֵּק
pretexto *m* תּוֹאֲנָה, אֲמַתְלָה, תֵּרוּץ, הִצְטַדְּקוּת
pretil *m* מַעֲקֶה, סוֹרֵג, סְבָכָה
pretina *f* 1 אֵזוֹר, חֲגוֹרָה. 2 אַבְנֵט
pretor *m* פְּרֵטוֹר
pretorial *adj* פְּרֵטוֹרִי
pretoriano *adj* פְּרֵטוֹרְיָנִי
prevalecer *vi* 1 הִתְבַּלֵּט, בָּלַט. 2 הִשְׁתַּלֵּט, גָּבַר, הִצְלִיחַ. 3 הִשְׁתָּרֵשׁ, הִשְׁרִישׁ
prevaler *vi* 1 גָּבַר, הִשְׁתַּלֵּט, הִצְלִיחַ. 2 הִשְׁתַּמֵּשׁ, הֵפִיק תּוֹעֶלֶת
prevaricación *f* מְעִילָה, שֶׁקֶר, סִלּוּף, עִוּוּת הַדִּין
prevaricador *adjm* מוֹעֵל, סוֹטֶה, עַוְתָן
prevaricar *vi* מָעַל, שִׁקֵּר, עִוֵּת דִּין
prevención *f* 1 מְנִיעָה, הַזְהָרָה, עֲצִירָה. 2 מַעְצוֹר, רְתִיעָה. 3 תַּחֲנַת מִשְׁטָרָה. 4 מִשְׁמָר
prevenido *adj* 1 מוּכָן, מְתֻקָּן. 2 מוּעָד, מֻזְהָר, מֻתְרֶה. 3 עֵרָנִי, זָהִיר. 4 מְצֻיָּד
prevenir *vt* 1 הִזְהִיר. 2 הֵכִין מֵרֹאשׁ. 3 שִׁעֵר, הִנִּיחַ. 4 נִזְהַר. 5 הִתְכּוֹנֵן
preventivo *adjm* 1 מוֹנֵעַ, עוֹצֵר. 2 מְנִיעָה, מַעְצָר
prever *vt* 1 חָזָה, צָפָה מֵרֹאשׁ. 2 הִקְדִּים תְּרוּפָה
previo *adj* קוֹדֵם, מֻקְדָּם, רִאשׁוֹן, טְרוֹם
previsible *adj* חָזוּי, צָפוּי
previsión *f* חִזּוּי, רְאִיַּת הַנּוֹלָד
previsión social בִּטּוּחַ לְאֻמִּי, בִּטּוּחַ סוֹצְיָאלִי
previsor *adj* זָהִיר, נָבוֹן, רוֹאֶה אֶת הַנּוֹלָד
prez *mf* כָּבוֹד, תְּהִלָּה, מוֹנִיטִין
prieto *adjm* 1 כֵּהֶה, שְׁחַרְחַר. 2 דָּחוּס, מְהֻדָּק. 3 קַמְצָן. 4 שָׁחוֹר
prima *f* 1 דּוֹדָנִית, בַּת דּוֹדָה. 2 שָׂכָר, גְּמוּל, פְּרָס. 3 פְּרֶמְיָה
primacía *f* 1 עֶלְיוֹנוּת, בְּכוֹרָה, רִאשׁוֹנוּת. 2 סַמְכוּת עֶלְיוֹנָה
primada *f* תַּעֲלוּל, לָצוֹן
primado *m* הֶגְמוֹן, אַרְכִיבִּישׁוֹף
primar *vi* הִצְטַיֵּן

primario *adj* 1 רִאשׁוֹנִי, בְּסִיסִי, יְסוֹדִי, עִקָּרִי. 2 קוֹדֵם, קָדוּם. 3 מְקוֹרִי

primate *m* 1 נִכְבָּד, דָּגוּל, נִשְׂגָּב. 2 קוֹף

primavera *f* 1 אָבִיב. 2 רַקֶּפֶת

primaveral *adj* אֲבִיבִי

primazgo *m* דּוֹדָנוּת

primer *adj* רִאשׁוֹן, רִאשׁוֹנִי

primera *f* מַהֲלָךְ רִאשׁוֹן

primerizo-a *adjf* 1 רִאשׁוֹן, רִאשׁוֹנִי. 2 טִירוֹן, מַתְחִיל. 3 מַבְכִּירָה

primero *adjadvm* 1 רִאשׁוֹן. 2 רָאשִׁי, עִקָּרִי. 3 קוֹדֵם, קָדוּם. 4 קֹדֶם

primeros auxilios עֶזְרָה רִאשׁוֹנָה

primicia *f* בִּכּוּרִים, בְּכוֹרָה

primitivo *adj* קָדוּם, קַדְמוֹן, הִיּוּלִי, פְּרִימִיטִיבִי

primo *adjm* 1 רִאשׁוֹן. 2 מְצֻיָּן. 3 דּוֹדָן, בֶּן דּוֹד

primo hermano דּוֹדָן רִאשׁוֹן

primogénito *adjm* בְּכוֹר

primogenitura *f* בְּכוֹרָה

primor *m* 1 מְיֻמָּנוּת, כְּשִׁירוּת. 2 שְׁלֵמוּת, שִׁכְלוּל, יֹפִי

primordial *adj* רִאשׁוֹנִי, עִקָּרִי, קַדְמוֹן

primoroso *adj* 1 נֶהְדָּר, נָאֶה, נִפְלָא, נֶחְמָד. 2 מְיֻמָּן, מֻמְחֶה

princesa *f* נְסִיכָה

principado *m* נְסִיכוּת

principal *adjm* 1 רֹאשׁ, רִאשׁוֹן, רָאשִׁי. 2 עִקָּרִי. 3 מְנַהֵל

príncipe *m* נָסִיךְ

principesco *adj* נְסִיכִי, אֲצִילִי, מַלְכוּתִי

principiante *m* טִירוֹן, מַתְחִיל, שׁוּלְיָה

principiar *vt* הִתְחִיל, הֵחֵל, פָּתַח

principio *m* 1 תְּחִלָּה, הַתְחָלָה. 2 מָקוֹר, יְסוֹד. 3 עִקָּרוֹן. 4 שִׁיטָה, כְּלָל

pringar *vt* 1 מָשַׁח, מָרַח, סָךְ. 2 הִכְתִּים, לִכְלֵךְ

pringón *adj* 1 מְשֻׁמָּן, מָשׁוּחַ. 2 מְלֻכְלָךְ

pringoso *adj* שָׁמֵן

pringue *m* 1 שֻׁמָּן. 2 לִכְלוּךְ, כֶּתֶם, רְבָב. 3 חֵלֶב

prior *m* אַב מִנְזָר

prioridad *f* קְדִימָה, עֲדִיפוּת, זְכוּת בְּכוֹרָה

prisa *f* מְהִירוּת, חִפָּזוֹן, זְרִיזוּת

prisco *m* אֲפַרְסֵק

prisión *f* 1 תְּפִיסָה, אֲחִיזָה. 2 בֵּית סֹהַר, כֶּלֶא

prisionero *m* אָסִיר, עָצוּר, שָׁבוּי

prisma *f* מִנְסָרָה

prismático *adj* מִנְסַרְתִּי

prismáticos *mpl* מִשְׁקֶפֶת

pristino *adj* מְקוֹרִי, קָדוּם, קַדְמוֹנִי

privación *f* מַחְסוֹר, עֹנִי, דַּלּוּת, מְצוּקָה, הֶעְדֵּר, שְׁלִילָה

privada *f* בֵּית שִׁמּוּשׁ, בֵּית כִּסֵּא

privado *adj* פְּרָטִי, אִישִׁי, חֲשָׁאִי, סוֹדִי

privanza *f* חֶסֶד, הַעְדָּפָה, אַהֲדָה, הַפְלָיָה לְטוֹבָה

privar *vt* 1 שָׁלַל, קִפַּח, הֶחְסִיר, מָנַע. 2 אָסַר. 3 הֶעְדִּיף, בִּכֵּר

privativo *adj* 1 פְּרָטִי, אִישִׁי, מְיֻחָד. 2 מַחְסִיר, שׁוֹלֵל, מוֹנֵעַ

privilegiado *adj* מְיֻחָס, חָסוּי

privilegiar *vt* הֶעְדִּיף

privilegio *m* יִחוּס, זְכוּת, הַעְדָּפָה, זְכוּת יֶתֶר

pro *fmprep* 1 תּוֹעֶלֶת, רֶוַח. 2 בְּעַד

proa *f* חַרְטוֹם־הָאֳנִיָּה

probabilidad *f* אֶפְשָׁרוּת, סִכּוּי, הִסְתַּבְּרוּת

probable *adj* אֶפְשָׁרִי, סָבִיר, מִסְתַּבֵּר

probación *f* נִסּוּי, מִבְחָן, נִסָּיוֹן

probado *adj* בָּדוּק, מְנֻסֶּה, בָּקִי

probador *m* 1 חֲדַר הַלְבָּשָׁה. 2 מְנַסֶּה, טוֹעֵם

probadura *f* בְּדִיקָה, דְּגִימָה

probar *vt* 1 טָעַם, לָגַם. 2 נִסָּה, בֵּרֵר. 3 בָּחַן, בָּדַק. 4 אִמֵּת, הוֹכִיחַ

probatorio *adj* מִבְחָנִי, נִסְיוֹנִי

probeta *f* מַבְחֵנָה

probidad *f* הֲגִינוּת, יֹשֶׁר, צֶדֶק, תֹּם

problema *m* 1 בְּעָיָה, שְׁאֵלָה, סֻגְיָה. 2 חִידָה. 3 מַחֲלֹקֶת, פְּלֻגְתָּא

problemático *adj* מְפֻקְפָּק, פְּרוֹבְּלֵמָטִי, בְּעָיָתִי, מֻטָּל בְּסָפֵק

probo *adj* הָגוּן, מְהֵימָן, כֵּן, יָשָׁר

probóscide *f* חֵדֶק, חֹטֶם

procacidad *f* גַּסּוּת, עַזְפָּנוּת, חֻצְפָּה
procaz *adj* גַּס, עַזְפָּן, חֻצְפָּן, חָצוּף
procedencia *f* 1 מָקוֹר, מוֹצָא, צוּר מַחְצָבְת. 2 הַתְחָלָה, רֵאשִׁית
procedente *adj* 1 יוֹצֵא, שֶׁמּוֹצָאוֹ. 2 מַתְאִים, הוֹלֵם, רָאוּי. 3 חֻקִּי
proceder *vim* 1 יָצָא מִן. 2 פָּעַל, נָהַג. 3 הִתְנַהֵג. 4 נָבַע, בָּא. 5 הִתְנַהֲגוּת, פְּעֻלָּה
procedimiento *m* 1 נֹהַל, הָלִיךְ. 2 דֶּרֶךְ, שִׁיטָה
procedimiento judicial הָלִיךְ מִשְׁפָּטִי
prócer *madj* 1 גִּבּוֹר. 2 נִשְׂגָּב, רָם, דָּגוּל
procesado *adjm* 1 תְּבַעֲנָה, הָלִיךְ מִשְׁפָּטִי. 2 נֶאֱשָׁם
procesal *adj* מִשְׁפָּטִי, חֻקִּי
procesamiento *m* 1 עִבּוּד. 2 תְּבִיעָה, אִשּׁוּם, קָטֵגוֹרְיָה. 3 כְּתַב אִשּׁוּם
procesar *vt* 1 תָּבַע לַדִּין. 2 שָׁפַט
procesión *f* תַּהֲלוּכָה
procesional *adj* תַּהֲלוּכָתִי
proceso *m* 1 מִשְׁפָּט, דִּין. 2 תַּהֲלִיךְ, שִׁיטָה
proclama *f* 1 הַכְרָזָה, הַצְהָרָה, מִנְשָׁר. 2 גִּלּוּי דַּעַת, קוֹל קוֹרֵא, כְּרוּז
proclamación *f* הַכְרָזָה, הַצְהָרָה
proclamar *vt* 1 הִכְרִיז, הִצְהִיר. 2 פִּרְסֵם, בִּשֵּׂר, קָרָא. 3 הֵעִיד
proclive *adj* נָטוּי, נוֹטֶה, מְשֻׁפָּע
proclividad *f* נְטִיָּה, שִׁפּוּעַ
procomún *m* תּוֹעֶלֶת הַצִּבּוּר
procónsul *m* פְּרוֹקוֹנְסוּל
procreación *f* רְבִיָּה, הוֹלָדָה, לֵידָה
procreador *adjm* מוֹלִיד, פּוֹרֶה
procrear *vt* הוֹלִיד
procura *f* 1 סוֹכְנוּת. 2 יִפּוּי כֹּחַ, הַרְשָׁאָה. 3 פְּרַקְלִיטוּת. 4 הַשְׁגָּחָה
procuración *f* 1 חָרִיצוּת, שְׁקִידָה, הַתְמָדָה. 2 יִפּוּי כֹּחַ, הַרְשָׁאָה, אַפּוֹטְרוֹפְּסוּת. 3 פְּרַקְלִיטוּת
procurador *m* 1 פְּרוֹקוּרָטוֹר, שְׁתַדְּלָן. 2 אַפּוֹטְרוֹפּוֹס. 3 עוֹרֵךְ דִּין, פְּרַקְלִיט, קָטֵגוֹר. 4 מֻרְשֶׁה
procuraduria *f* פְּרַקְלִיטוּת
procurar *vt* 1 הִשְׁתַּדֵּל, הִתְאַמֵּץ. 2 רָכַשׁ. 3 הֵבִיא, גָּרַם
prodigalidad *f* 1 פַּזְרָנוּת, בַּזְבְּזָנוּת. 2 נְדִיבוּת־לֵב
prodigar *vt* 1 בִּזְבֵּז, פִּזֵּר. 2 חִלֵּק, הֶעֱנִיק, נָתַן בְּיָד רְחָבָה
prodigio *m* פֶּלֶא, נֵס, אוֹת
prodigioso *adj* 1 נִפְלָא, מַפְלִיא, מֻפְלָא. 2 עָצוּם, עֲנָק, כַּבִּיר
pródigo *adjm* בַּזְבְּזָן, פַּזְרָן, נְדִיב לֵב
producción *f* 1 יִצּוּר, תּוֹצֶרֶת, תְּפוּקָה, תְּנוּבָה. 2 יְצִירָה, עֲשִׂיָּה, בִּצּוּעַ
producible *adj* בַּר־יִצּוּר, שֶׁנִּתָּן לְיִצּוּר
producir *vt* 1 יִצֵּר, הֵפִיק, הֵנִיב. 2 חוֹלֵל, בָּרָא. 3 הֵבִיא, הִצִּיג. 4 עוֹרֵר, גָּרַם
productividad *f* פִּרְיוֹן, פּוֹרִיּוּת, פְּרוֹדוּקְטִיבִיּוּת
productivo *adj* פּוֹרֶה, יַצְרָנִי, יוֹצֵר, מוֹעִיל, פְּרוֹדוּקְטִיבִי
producto *m* 1 תּוֹצֶרֶת, תּוֹצָר, מוּצָר, תּוֹצָאָה, פְּרִי, תְּפוּקָה, יְבוּל. 2 מַכְפֵּלָה
productor *adjm* 1 מֵפִיק, יַצְרָן. 2 עוֹבֵד, פּוֹעֵל
proemio *m* הַקְדָּמָה, מָבוֹא, פְּתִיחָה
proeza *f* 1 מַעֲשֵׂה גְבוּרָה. 2 גְּבוּרָה
prafanación *f* חִלּוּל הַקֹּדֶשׁ, סִלּוּף, טִמּוּא
profanador *adjm* מְחַלֵּל, מְטַמֵּא
profanamiento *m* חִלּוּל הַקֹּדֶשׁ, טִמּוּא, סִלּוּף
profanar *vt* 1 חִלֵּל, סִלֵּף, טִמֵּא. 2 חִלֵּן
profanidad *f* חִלּוּל, תּוֹעֵבָה, נִבּוּל פֶּה, הַשְׁמָצָה
profano *adj* 1 חִלּוֹנִי, שֶׁל חֹל. 2 אֶזְרָחִי. 3 מֻפְקָר. 4 הֶדְיוֹט, לֹא מֻמְחֶה
profecia *f* נְבוּאָה, חָזוֹן
proferir *vt* הִבִּיעַ, בִּטֵּא
profesar *vt* 1 כִּהֵן. 2 הוֹרָה, לִמֵּד. 3 אִמֵּן, תִּרְגֵּל, שִׁנֵּן. 4 נִמְנָה, הִשְׁתַּיֵּךְ. 5 עָסַק, הִתְעַסֵּק
profesión *f* 1 מִקְצוֹעַ, מִשְׁלַח יָד. 2 הוֹדָאָה. 3 אֱמוּנָה
profesional *adjm* 1 מִקְצוֹעִי. 2 בַּעַל מִקְצוֹעַ

profesionalismo *m* מִקְצוֹעָנוּת, מִקְצוֹעִיּוּת
profeso *adj* מֻשְׁבָּע
profesor *m* מוֹרֶה, מֻמְחֶה, פְּרוֹפֶסוֹר
profesorado *m* פְּרוֹפֶסוּרָה
profeta *m* נָבִיא, חוֹזֶה
profético *adj* נְבִיאִי, נְבוּאִי
profetisa *f* נְבִיאָה
profetizar *vti* נִבָּא, חָזָה, נִחֵשׁ, הִתְנַבֵּא
proficiencia *f* מְיֻמָּנוּת, מֻמְחִיּוּת, בְּקִיאוּת
proficiente *adj* מְיֻמָּן, מֻמְחֶה, בָּקִיא
profiláctica *f* הִיגְיֶנָה
profiláctico *adjm* 1 הִיגְיֶנִי. 2 אֶמְצָעִי־מְנִיעָה
profilaxis *f* הִיגְיֶנָה
prófugo *adjm* 1 מִתְחַמֵּק, מִשְׁתַּמֵּט. 2 עָרִיק. 3 פָּלִיט
profundidad *f* עֹמֶק, מַעֲמַקִּים, מְצוּלָה, תְּהוֹם
profundizar *vt* 1 הֶעֱמִיק. 2 חָקַר, הִתְעַמֵּק בְּ־
profundo *adj* עָמֹק
profusión *f* 1 שֶׁפַע, גֹּדֶשׁ, עֲתֶרֶת. 2 בִּזְבּוּז, פַּזְרָנוּת
profuso *adj* שׁוֹפֵעַ, רַב
progenie *f* 1 יִחוּס, יִחוּשׂ, מִשְׁפָּחָה. 2 צֶאֱצָאִים, זֶרַע
pregenitor *m* מוֹלִיד, אָב
progenitura *f* 1 מִשְׁפָּחָה. 2 בְּכוֹרָה. 3 זְכוּת־הַבְּכוֹרָה
prognosis *f* חִזּוּי, תַּחֲזִית, אַבְחָנָה
programa *f* 1 תָּכְנִית, מַצָּע. 2 תָּכְנִיָּה. 3 שִׁדּוּר
programación *f* תִּכְנוּת
programar *vt* תִּכְנֵן, תִּכְנֵת
progresar *vi* הִתְקַדֵּם, הִתְפַּתֵּחַ, הִשְׁתַּפֵּר
progresión *f* 1 הִתְקַדְּמוּת, הִתְפַּתְּחוּת, הִשְׁתַּפְּרוּת. 2 טוּר, פְּרוֹגְרֶסְיָה
progresista *adjm* אוֹהֵב קִדְמָה, מִתְקַדֵּם, פְּרוֹגְרֶסִיבִי
progresivo *adj* מִתְקַדֵּם, מִתְפַּתֵּחַ, פְּרוֹגְרֶסִיבִי
progreso *m* קִדְמָה, הִתְקַדְּמוּת, הִתְפַּתְּחוּת, הִשְׁתַּפְּרוּת
prohibición *f* אִסּוּר, עִכּוּב, מְנִיעָה
prohibir *vt* אָסַר, מָנַע, עִכֵּב
prohibitivo *adj* מוֹנֵעַ, אוֹסֵר
prohibitorio *adj* מוֹנֵעַ, אוֹסֵר
prohijamiento *m* אִמּוּץ
prohijar *vt* אִמֵּץ
prohombre *m* אִישִׁיּוּת, נִכְבָּד
prójima *f* פְּרוּצָה
prójimo *m* 1 הַזּוּלַת. 2 שָׁכֵן
prole *f* צֶאֱצָאִים, בָּנִים
proletariado *m* מַעֲמַד הַפּוֹעֲלִים, פְּרוֹלֶטַרְיוֹן
proletario *adjm* פּוֹעֵל, עוֹבֵד, פְּרוֹלֶטָרִי
proliferación *f* רִבּוּי, שִׂגְשׂוּג, פְּרִיחָה
prolifico *adj* פּוֹרֶה, מֵנִיב, שׁוֹפֵעַ
prolijidad *f* 1 אַרְכָנוּת, אֲרִיכוּת. 2 טַרְדָנוּת. 3 קַפְּדָנוּת
prolijo *adj* 1 אָרֹךְ, אַרְכָן. 2 טַרְדָן. 3 קַפְּדָן
prologar *vt* כָּתַב הַקְדָּמָה
prólogo *m* הַקְדָּמָה, מָבוֹא, פְּתִיחָה, פְּרוֹלוֹג
prolongación *f* הַאֲרָכָה, אַרְכָּה, הַרְחָבָה, מְתִיחָה
prolongado *adj* מָאֳרָךְ, מְמֻשָּׁךְ, מָתוּחַ, מֻרְחָב
prolongar *vt* הֶאֱרִיךְ, הִמְשִׁיךְ, מָתַח, הִרְחִיב
promediar *vti* 1 מִצַּע. 2 תִּוֵּךְ, פִּשֵּׁר, יִשֵּׁב. 3 חָצָה. 4 הִתְעָרֵב לְטוֹבַת־
promedio *m* 1 מְמֻצָּע. 2 חֲצִי. 3 אֶמְצַע, תָּוֶךְ
promesa *f* הַבְטָחָה, הִתְחַיְּבוּת
prometedor *adjm* מַבְטִיחַ
Prometeo *m* פְּרוֹמֶתֵאוּס
prometer *vt* 1 הִבְטִיחַ, הִתְחַיֵּב. 2 הִתְאָרֵס
prometido *m* 1 אָרוּס. 2 הַבְטָחָה, הִתְחַיְּבוּת
prometio *m* פְּרוֹמֶתְיוּם (יסוד כימי)
prominencia *f* 1 בְּלִיטָה, הִתְבַּלְּטוּת. 2 חֲשִׁיבוּת
prominente *adj* בּוֹלֵט, חָשׁוּב, נִכְבָּד, נְשׂוּא פָּנִים
promiscuidad *f* כִּלְאַיִם, עִרְבּוּבְיָה, תַּעֲרֹבֶת
promiscuo *adj* מְעֹרָב, מְעֻרְבָּב
promisión *f* הַבְטָחָה
promisorio *adj* מַבְטִיחַ
promoción *f* 1 עֲלִיָּה. 2 הַעֲלָאָה, קִדּוּם. 3 יִזּוּם, עִדּוּד

promontorio *m* 1 צוּק, כֵּף. 2 תֵּל, גִּבְעָה
promotor *adjm* יוֹזֵם, מְעוֹרֵר, מְעוֹדֵד
promover *vt* 1 יָזַם, עוֹדֵד, סִיֵּעַ, עוֹרֵר. 2 הֶעֱלָה בְּדַרְגָּה, קִדֵּם
promulgación *f* פִּרְסוּם, הַכְרָזָה, הוֹדָעָה, הֲפָצָה
promulgador *adjm* מְפַרְסֵם, מֵפִיץ
promulgar *vt* פִּרְסֵם, הִכְרִיז, הוֹדִיעַ, הֵפִיץ
prono *adj* 1 מְשֻׁפָּע, נָטוּי, נוֹטֶה לְ־, מֻפְנֶה. 2 שָׁכוּב עַל בִּטְנוֹ, מִשְׁתַּטֵּחַ
pronombre *m* כִּנּוּי, כִּנּוּי הַשֵּׁם
pronominal *adj* שֶׁל כִּנּוּי הַשֵּׁם
pronosticación *f* סְכִיָּה, חִזּוּי, נִבּוּי, נְבוּאָה, נִחוּשׁ, אַבְחָנָה
pronosticador *adj* סוֹכֶה, מְבַשֵּׂר, מַגִּיד עֲתִידוֹת
pronisticar *vt* סָכָה, חָזָה, נִבָּא, אִבְחֵן
pronóstico *m* נִחוּשׁ, סִכּוּי, חִזּוּי, תַּחֲזִית
prontamente *adv* מִיָּד, חִישׁ, בִּזְרִיזוּת, מַהֵר
prontitud *f* מְהִירוּת, זְרִיזוּת, עֵרָנוּת
pronto *adjmadv* 1 מָהִיר, זָרִיז, עֵר, נִמְרָץ. 2 מוּכָן וּמְזֻמָּן. 3 דַּחַף פִּתְאוֹמִי. 4 מִיָּד, חִישׁ
prontuario *m* 1 תַּמְצִית. 2 תִּיק, תִּיק מִשְׁטַרְתִּי
pronunciación *f* הִגּוּי, בִּטּוּי, מִבְטָא
pronunciamiento *m* 1 הִתְקוֹמְמוּת, קֶשֶׁר, הִתְמַרְדוּת. 2 הוֹדָעָה, הַכְרָזָה, הַצְהָרָה. 3 בִּטּוּי
pronunciar *vt* 1 בִּטֵּא, הִבִּיעַ, הִשְׁמִיעַ. 2 חָרַץ, חִוָּה דַעַת. 3 הִכְרִיז, הִצְהִיר
pronunciarse *vref* 1 הִתְקוֹמֵם, הִתְמָרֵד. 2 הִזְדַּהָה, עָמַד לְצִדּוֹ
propagación *f* 1 הִתְרַבּוּת, הִתְפַּשְּׁטוּת. 2 הֲפָצָה
propagador *adjm* מֵפִיץ, מַפְרֶה
propaganda *f* תַּעֲמוּלָה, הַסְבָּרָה
propagandista *m* תַּעַמְלָן, תּוֹעַמְלָן
propagar *vt* 1 הֵפִיץ, פִּזֵּר, הֶעֱבִיר. 2 הִפְרָה, הִרְבָּה. 3 הִתְרַבָּה
propalar *vt* גִּלָּה, פִּרְסֵם, הֵפִיץ, סִפֵּר
propano *m* פְּרוֹפָּן (פחמימה של גז)
propasar *vt* 1 חָרַג, הִסִּיג גְּבוּל. 2 הִפְרִיז
propender *vi* נָטָה, שָׁאַף, גִּלָּה נְטִיָּה
propensión *f* נְטִיָּה, פְּנִיָּה, שְׁאִיפָה
propenso *adj* נוֹטֶה לְ־, בַּעַל נְטִיָּה לְ־
propiciación *f* כַּפָּרָה, פִּצּוּי, רִצּוּי, פִּיּוּס
propiciar *vt* 1 כִּפֵּר, פִּצָּה, רִצָּה, פִּיֵּס. 2 יָזַם, עוֹדֵד
propiciatorio *adj* מְכַפֵּר, מְרַצֶּה, מְפַיֵּס
propicio *adj* 1 נָעִים, נוֹחַ, רָצוּי. 2 מְבַשֵּׂר טוֹב, מַתְאִים
propiedad *f* 1 נַחֲלָה, קִנְיָן, רְכוּשׁ. 2 בַּעֲלוּת. 3 אֲחֻזָּה, מֶשֶׁק. 4 תְּכוּנָה
propietario *adjm* 1 בַּעַל, אָדוֹן. 2 בַּעַל רְכוּשׁ
propina *f* דְּמֵי־שְׁתִיָּה, דְּמֵי־טִרְחָה
propinar *vt* 1 מָזַג. 2 נָתַן רְפוּאָה. 3 הִנְחִית
propincuidad *f* קִרְבָה, קֳרֵבוּת, דִּמְיוֹן
propincuo *adj* קָרוֹב
propio *adj* 1 מְיֻחָד, אִישִׁי. 2 גּוּפָא, עַצְמִי, פְּרָטִי. 3 צָנוּעַ, הָגוּן. 4 אָפְיָנִי, סִמְלִי, סְגֻלָּתִי. 5 מַתְאִים
proponente *m* מַצִּיעַ, תּוֹמֵךְ
proponer *vt* הִצִּיעַ, הִבִּיעַ דַּעְתּוֹ
proporción *f* 1 יַחַס, מִדָּה, שִׁעוּר. 2 הֶקֵּף, תְּחוּם, טְוָח. 3 הִזְדַּמְּנוּת
proporcionado *adj* 1 מְתֹאָם, תַּקִּין, סָדִיר. 2 יַחֲסִי, מְתֹאָם
proporcional *adj* יַחֲסִי, פְּרוֹפּוֹרְצְיוֹנָלִי
proporcionar *vt* 1 הֶעֱנִיק, סִפֵּק, נָתַן, צִיֵּד. 2 חִלֵּק אוֹ עָרַךְ בְּאֹפֶן יַחֲסִי. 3 הִתְאִים
proposición *f* 1 הַצָּעָה, הַנָּחָה. 2 תָּכְנִית. 3 מִשְׁפָּט
propósito *m* מַטָּרָה, תַּכְלִית, כַּוָּנָה, מַשְׁמָעוּת, מְזִמָּה
propuesta *f* הַצָּעָה
propugnar *vt* תָּמַךְ, הֵגֵן, לִמֵּד זְכוּת, סִנְגֵּר
propulsa *f* דְּחִיָּה, פְּסִילָה, סֵרוּב
propulsar *vt* הֵנִיעַ, דָּחַף
propulsión *f* הֲנָעָה, דַּחַף, דְּחִיפָה, הֶנֵּעַ

propulsor *adjm* 1 מֵנִיעַ, דּוֹחֵף. 2 מַדְחֵף, פְּרוֹפֶּלֶר
prorrata *f* מִכְסָה, אֻמְדָּן, שׁוּמָה, הַעֲרָכָה, עֶרֶךְ
prorratear *f* חִלֵּק לְפִי הָעֶרֶךְ
prorrateo *m* חֲלֻקָּה לְפִי הָעֶרֶךְ
prórroga *f* דְּחִיָּה, אַרְכָּה
prorrogable *adj* בַּר דִּחוּי
prorrogación *f* אַרְכָּה, דִּחוּי
prorrogar *vt* דָּחָה, עִכֵּב, הֶאֱרִיךְ, הִשְׁהָה
prorrumpir *vi* פָּרַץ, הִתְפָּרֵץ
prosa *f* 1 סִפְרוּת, פְּרוֹזָה. 2 דַּבְּרָנוּת
prosaico *adj* פְּרוֹזָאִי, אָפֹר, מְשַׁעֲמֵם
prosapia *f* יִחוּס, יִחוּשׂ, שַׁלְשֶׁלֶת־יוּחֲסִין
proscenio *m* 1 בִּימָה. 2 קְדַם־בָּמָה
proscribir *vt* 1 הִגְלָה, גֵּרֵשׁ. 2 נִדָּה, הֶחֱרִים, אָסַר
proscripción *f* 1 הַגְלָיָה, גֵּרוּשׁ. 2 נִדּוּי, הַחְרָמָה, אִסּוּר
proscrito *adjm* 1 מְנֻדֶּה, פּוֹשֵׁעַ, מֻפְקָר. 2 גּוֹלֶה
prosecución *f* 1 הַמְשָׁכָה, הֶמְשֵׁךְ. 2 רְדִיפָה
proseguir *vti* 1 הִמְשִׁיךְ. 2 הִתְקַדֵּם, הוֹסִיף לָלֶכֶת
prosélito *m* 1 גֵּר. 2 מְשֻׁמָּד, מוּמָר
prosista *m* פְּרוֹזָאִיקָן
prosodia *f* פְּרוֹסוֹדְיָה, תּוֹרַת הַמִּשְׁקָל
prosódico *adj* פְּרוֹסוֹדִי
prospecto *m* תָּכְנִיָּה, חוֹבֶרֶת
prosperar *vti* שִׂגְשֵׂג, הִצְלִיחַ, פָּרַח
prosperidad *f* שֶׁפַע, רְוָחָה, שִׂגְשׂוּג, הַצְלָחָה
próspero *adj* 1 מַצְלִיחַ, מְשַׂגְשֵׂג. 2 אָמִיד, עָשִׁיר. 3 רָצוּי, נָעִים, נוֹחַ, מְבַשֵּׂר טוֹב
próstata *f* עַרְמוֹנִית
prostático *adj* עַרְמוֹנִיתִי
prosternarse *vref* 1 הִשְׁתַּטֵּחַ, הִשְׁתַּחֲוָה. 2 הִשְׁפִּיל עַצְמוֹ
prostíbulo *m* בֵּית בֹּשֶׁת, בֵּית זוֹנוֹת
prostitución *f* זְנוּת, פְּרִיצוּת, הֶפְקֵר, נִאוּף
prostituir *vt* 1 חִלֵּל. 2 זָנָה, נָאַף
prostituta *f* זוֹנָה, פְּרוּצָה, קְדֵשָׁה
protagonista *m* כּוֹכָב, גִּבּוֹר מַחֲזֶה, שַׂחְקָן רָאשִׁי
protagonizar *vt* כִּכֵּב, מִלֵּא תַּפְקִיד רָאשִׁי
protección *f* הֲגַנָּה, מָגֵן, אִבְטוּחַ, חָסוּת, מַחֲסֶה
proteccionismo *m* מְדִינִיּוּת מָגֵן, פְּרוֹטֶקְצְיוֹנִיזְם
proteccionista *m* תּוֹמֵךְ בִּמְדִינִיּוּת מָגֵן, פְּרוֹטֶקְצְיוֹנִיסְט
protector *adjm* מָגֵן, תּוֹמֵךְ, שׁוֹמֵר, אַפּוֹטְרוֹפּוֹס
protectorado *m* מִשְׁטַר חָסוּת, אֶרֶץ חָסוּת, פְּרוֹטֶקְטוֹרָט
protectriz *adjf* 1 הֲגַנָּתִי. 2 תּוֹמֶכֶת
proteger *vt* הֵגֵן, שָׁמַר, אִבְטַח, תָּמַךְ
protegido *m* חוֹסֶה, בָּחִיר, בֶּן מַחֲסֶה, בֶּן חָסוּת
proteína *f* חֶלְבּוֹן, פְּרוֹטֵאִין
protesta *f* 1 מְחָאָה, עִרְעוּר. 2 קֻבְלָנָה, פְּרוֹטֶסְט. 3 הַצְהָרָה, גִּלּוּי דַּעַת
protestante *adjm* 1 פְּרוֹטֶסְטַנְט. 2 מוֹחֶה, מְעַרְעֵר, מִתְנַגֵּד
protestantismo *m* פְּרוֹטֶסְטַנְטִיּוּת
protestar *vti* 1 מָחָה, עִרְעֵר, קָבַל, הִתְנַגֵּד, טָעַן. 2 הוֹדִיעַ, הִצְהִיר
protesto *m* פְּרוֹטֶסְט
protoactinio *m* פְּרוֹטַקְטִינְיוּם (יסוד מתכתי)
protocolar *adj* טִכְסִי, פְּרוֹטוֹקוֹלָרִי
protocolario *adj* פְּרוֹטוֹקוֹלָרִי
protocolizar *vt* 1 כָּתַב זִכְרוֹן דְּבָרִים, רָשַׁם פְּרוֹטוֹקוֹל. 2 אִשֵּׁר
protocolo *m* 1 פְּרוֹטוֹקוֹל, זִכְרוֹן דְּבָרִים, פְּרָטֵי־כֹּל. 2 טֶכֶס רִשְׁמִי
protón *m* פְּרוֹטוֹן (גַּרְעִין הַתָּא)
protoplasma *m* אַב־חֹמֶר, פְּרוֹטוֹפְּלַסְמָה
protoplasmático *adj* פְּרוֹטוֹפְּלַסְמִי
prototipo *m* אַבְטִפּוּס
protozoario *adjm* חַד תָּאִי, פְּרוֹטוֹזוֹאִי
protozoo *adjm* חַד תָּאִי
protuberancia *f* בְּלִיטָה, תְּפִיחָה
protuberante *adj* בּוֹלֵט, תָּפוּחַ
provecto *adj* 1 עַתִּיק־יוֹמִין. 2 זָקֵן

provecho *m* תּוֹעֶלֶת, הֲנָאָה, רֶוַח

provechoso *adj* מוֹעִיל, תּוֹעַלְתִּי

proveedor *m* סַפָּק

proveeduria *f* מַחְסַן־אַסְפָּקָה

proveer *vt* סִפֵּק, צִיֵּד, פִּרְנֵס

proveido *m* שְׁפִיטָה

proveimiento *m* אַסְפָּקָה

provenir *vi* יָצָא, צָמַח, נָבַע

proverbial *adj* 1 מְשָׁלִי, פִּתְגָּמִי. 2 מְהֻלָּל, יָדוּעַ, מְפֻרְסָם

proverbio *m* מָשָׁל, פִּתְגָּם

providencia *f* 1 נְכוֹנוּת, תְּבוּנָה. 2 חָזוּת, רְאִיַּת הַנּוֹלָד, זְהִירוּת. 3 הַשְׁגָּחָה. 4 הַשְׁגָּחָה עֶלְיוֹנָה

providiencial *adj* שֶׁבָּא מֵאֵת הַהַשְׁגָּחָה הָעֶלְיוֹנָה

providente *adj* נָבוֹן, זָהִיר, דּוֹאֵג, חַסְכָנִי

próvido *adj* 1 זָהִיר, נָבוֹן, מָתוּן. 2 נָעִים, רָצוּי, נוֹחַ

provincia *f* 1 מָחוֹז, גָּלִיל. 2 מוֹשָׁבָה, פְּרוֹבִינְצְיָה

provincial *adj* 1 פְּרוֹבִינְצְיָאלִי, בַּטְלָן. 2 מְחוֹזִי, גְּלִילִי, קַרְתָּנִי

provincialismo *m* 1 קַרְתָּנוּת, כַּפְרִיּוּת. 2 צָרוּת אֹפֶק. 3 בַּטְלָנוּת

provinciano *adjm* 1 כַּפְרִי. 2 קַרְתָּנִי, צַר אֹפֶק

provisión *f* 1 הַסְפָּקָה, צִיּוּד, צֵידָה. 2 הוֹרָאָה, דְּאָגָה. 3 תְּנַאי, מִנּוּי

provisional *adj* 1 אֲרָעִי, זְמַנִּי. 2 עַל תְּנַאי

provisorio *adj* אֲרָעִי, זְמַנִּי

provocación *f* 1 הֲסָתָה. 2 גֵּרוּי. 3 הַכְעָסָה, הַרְגָּזָה. 4 הַדָּחָה, זָדוֹן, מֵזִיד

provocador *adj* 1 מֵסִית. 2 מְגָרֶה. 3 מַדִּיחַ, מְעוֹרֵר. 4 מְקַנְטֵר, מַכְעִיס, מַרְגִּיז

provocar *vt* 1 הֵסִית. 2 גֵּרָה. 3 עוֹרֵר, הִדִּיחַ. 4 קִנְטֵר, הִכְעִיס, הִרְגִּיז

provocativo *adj* מְגָרֶה, מֵסִית, מַדִּיחַ, מְעוֹרֵר

proxenta *m* רַכְלָן, סַרְסוּר

próximamente *adv* 1 בְּקָרוֹב. 2 בְּקֵרוּב

proximidad *f* 1 קִרְבָה, סְמִיכוּת. 2 מִתְאָר. 3 סְבִיבָה

próximo *adj* קָרוֹב, סָמוּךְ

proyección *f* 1 הַשְׁלָכָה. 2 הֲטָלָה, זְרִיקָה. 3 הַקְרָנָה. 4 הֵטֵל

proyectar *vt* 1 הִשְׁלִיךְ, זָרַק, הֵטִיל. 2 זָמַם, יָזַם, תִּכְנֵן. 3 הִקְרִין

proyectil *m* טִיל, קָלִיעַ

proyectista *m* מְתַכְנֵן, מְתַכְנֶנֶת

proyecto *m* 1 תָּכְנִית. 2 הַצָּעָה. 3 כַּוָּנָה, מְזִמָּה

proyector *adjm* 1 מַקְרֵן. 2 זַרְקוֹר, מָטוֹל

prudencia *f* זְהִירוּת, מְתִינוּת, תְּבוּנָה, פִּקְחוּת, חַסְכָנוּת

prudencial *adj* זָהִיר, נָבוֹן, מָתוּן, פִּקֵּחַ

prudente *adj* נָבוֹן, זָהִיר, מָתוּן, פִּקֵּחַ

prudentemente *adv* בִּתְבוּנָה, בִּזְהִירוּת

prueba *f* 1 רְאָיָה, הוֹכָחָה. 2 בְּחִינָה, מִבְחָן, בְּדִיקָה, נִסָּיוֹן. 3 דֻּגְמָה, מִדְגָּם. 4 תַּחֲרוּת

prurito *m* 1 גֵּרוּי. 2 תְּשׁוּקָה, חֵשֶׁק

prusiano *adjm* פְּרוּסִי

prusiato *m* פְּרוּסְיָאט (מֶלַח חֻמְצָתִי)

prúsico *adj* שֶׁל חֻמְצָה פְּרוּסִית

pseudo *adj* מְדֻמֶּה, מְזֻיָּף

pseudónimo *adjm* 1 בָּדוּי, מְזֻיָּף. 2 פְּסֶבְדּוֹנִים

psicoanálisis *m* פְּסִיכוֹאֲנָלִיסָה

psicoanalista *m* פְּסִיכוֹאֲנָלִיטִיקַאי

psicoanalítico *adj* פְּסִיכוֹאֲנָלִיטִי

psicoanalizar *vt* נָתַן טִפּוּל פְּסִיכוֹאֲנָלִיטִי

psicologia *f* פְּסִיכוֹלוֹגְיָה

psicológico *adj* פְּסִיכוֹלוֹגִי

psicólogo *m* פְּסִיכוֹלוֹג

psiconeurosis *f* פְּסִיכוֹנֶוְרוֹסָה, עַצֶּבֶת

psicópata *m* חוֹלֵה נֶפֶשׁ, פְּסִיכוֹפָּת

psicopatia *f* מַחֲלַת נֶפֶשׁ

psicopático *adj* פְּסִיכוֹפָּתִי

psicopatologia *f* פְּסִיכוֹפָּתוֹלוֹגְיָה

psicosis *f* פְּסִיכוֹזָה, טֵרוּף, מַחֲלַת נֶפֶשׁ

psicosomático *adj* פְּסִיכוֹסוֹמָטִי

psicoterapia *f* רְפוּאַת הַנֶּפֶשׁ, פְּסִיכוֹתֶרַפְּיָה

psicoterapeuta *m* פְּסִיכוֹתֶרַפִּיסְט
psicótico *adjm* פְּסִיכוֹטִי
psiquiatra *mf* פְּסִיכְיַאטְר, רוֹפֵא נֶפֶשׁ
psiquiatría *f* פְּסִיכְיַאטְרִיָּה
psiquiátrico *adj* פְּסִיכְיַאטְרִי
psíquico *adj* פְּסִיכִי
psiquis *m* נֶפֶשׁ, נְשָׁמָה
psitacosis *f* דֶּרֶרֶת (קַדַּחַת הַתֻּכִּיִּים)
psoriasis *f* סַפַּחַת, גָּרָב
pterodáctilo *m* פְּטֶרוֹדַקְטִיל (זוחל פרהיסטורי)
ptomaina *f* פְּטוֹמָאִין (אַלְקָלוֹאִיד אוֹרְגָנִי)
¡pi! *interj* פִּי!
púa *f* 1 עֹקֶץ, חֹד, קוֹץ, שַׁף. 2 שֵׁן הַמַּסְרֵק. 3 מַחַט. 4 מַפְרֵט. 5 נוֹכֵל
púber *adjm* בּוֹגֵר, שֶׁהִגִּיעַ לְפִרְקוֹ
pubertad *f* בַּגְרוּת
pubescencia *f* הִתְבַּגְּרוּת
pubescente *adj* בָּגִיר, מִתְבַּגֵּר
púbico *adj* חֵיקִי
pubis *m* 1 חֵיק. 2 עֶרְוָה. 3 שְׂעַר הָעֶרְוָה
publicación *f* 1 פִּרְסוּם. 2 הוֹדָעָה. 3 הַדְפָּסָה, הוֹצָאָה לָאוֹר
públicamente *adv* בְּפָמְבֵּי, בְּפַרְהֶסְיָה
publicano *m* 1 מוֹכֵס. 2 גּוֹבֶה
publicar *vt* 1 פִּרְסֵם, הִדְפִּיס, הוֹצִיא לָאוֹר. 2 הִכְרִיז, הוֹדִיעַ, גִּלָּה, בִּשֵּׂר
publicidad *f* 1 פִּרְסֹמֶת, פִּרְסוּם, תַּעֲמוּלָה. 2 פֻּמְבִּיּוּת, פָּמְבֵּי
publicista *m* 1 פִּרְסוּמַאי, עִתּוֹנַאי, כַּתָּב. 2 מוֹצִיא לָאוֹר, מו"ל
publicitario *adj* תַּעֲמוּלָתִי, פִּרְסוּמִי
público *adjm* 1 פֻּמְבִּי, צִבּוּרִי, כְּלָלִי. 2 מְפֻרְסָם, יָדוּעַ. 3 צִבּוּר, קָהָל
puchero *m* 1 סִיר, קְדֵרָה. 2 תַּבְשִׁיל. 3 עֲוָיָה, עֲוִית
puches *mpl* דַּיְסָה, נָזִיד
pucho *m* 1 בְּדַל סִיגָרִיָּה. 2 קְצָת, מְעַט, קָרְטוֹב
pudelación *f* רִכּוּךְ, הִתּוּךְ (של ברזל)
pudelador *m* יוֹצֵק־מַתֶּכֶת
pudelar *vt* יָצַק, הִתִּיךְ
pudendo *adj* 1 מֵבִישׁ, מַחְפִּיר. 2 שֶׁל הָעֶרְוָה
pudibundez *f* הִתְחַסְּדוּת, הִצְטַנְּעוּת
pudibundo *adj* צָנוּעַ, עָנָו
pudicia *f* צְנִיעוּת, עַנְוְתָנוּת, הֲגִינוּת, יֹשֶׁר
púdico *adj* צָנוּעַ, בַּיְשָׁן, עָנָו
pudiente *adj* אָמִיד, עָשִׁיר, בַּעַל יְכֹלֶת
pudín *m* רַפְרֶפֶת, פּוּדִינְג
pudor *m* עֲנָוָה, עֲנִיווּת, צְנִיעוּת, הֲגִינוּת
pudoroso *adj* עָנָו, צָנוּעַ, הָגוּן, מָתוּן
pudrición *f* רָקָב, רִקָּבוֹן, נֶמֶק, רַקְבּוּבִית
pudrimiento *m* רָקָב, רִקָּבוֹן
pudrir *vti* 1 הִרְקִיב. 2 הִטְרִיד. 3 נִרְקַב, נָמַק
pueblerino *adj* כַּפְרִי
pueblo *m* 1 כְּפָר, עֲיָרָה. 2 יִשּׁוּב. 3 אֻמָּה, עַם, לְאֹם, גּוֹי. 4 הָמוֹן, אֲסַפְסוּף
puente *m* 1 גֶּשֶׁר. 2 גֶּשֶׁר סִפּוּן. 3 גִּשְׁרִית
puerca *f* 1 חֲזִירָה. 2 פְּרוּצָה, יַצְאָנִית
puerco *madj* 1 חֲזִיר. 2 מְלֻכְלָךְ. 3 גַּס־רוּחַ
puerco espin קִפּוֹד
pueril *adj* יַלְדוּתִי
puerilidad *f* יַלְדוּת, יַלְדוּתִיּוּת
puerperal *adj* לַדָּתִי, שֶׁל הַלֵּדָה
puerro *m* כְּרֵשָׁה, פּוֹרָה (ירק־מאכל)
puerta *f* דֶּלֶת, שַׁעַר, פֶּתַח, כְּנִיסָה
puerto *m* 1 נָמָל. 2 חוֹף מִבְטַחִים. 3 שְׁבִיל־הָרִים
puertorriqueño *adjm* פּוּאֶרְטוֹרִיקָאִי, פּוּאֶרְטוֹרִיקָנִי
pues *conj* לָכֵן, אֵפוֹא, הוֹאִיל, הֱיוֹת, כִּי
puesta *f* שְׁקִיעָה
puestero *m* רוֹכֵל, בַּעַל־דּוּכָן
puesto *adjm* 1 מֻנָּח, מֻשָּׂם. 2 לָבוּשׁ. 3 עֶמְדָּה, מַצָּב. 4 מָקוֹם, דּוּכָן. 5 מִשְׂרָה
puesto que הֱיוֹת שֶׁ־, הוֹאִיל וְ־
¡puf! *interj* פּוּף!, פּוּי!
púgil *m* מִתְאַגְרֵף, אֶגְרוֹפָן
pugilato *m* אִגְרוּף
pugilismo *m* הִתְאַגְרְפוּת
pugilista *m* מִתְאַגְרֵף, אֶגְרוֹפָן

pugna *f* 1 מַאֲבָק. 2 קְרָב, רִיב, תִּגְרָה
pugnacidad *f* לוֹחֲמָנוּת, שְׁאִיפַת קְרָב
pugnar *vi* לָחַם, נֶאֱבַק, הִתְקוֹטֵט
pugnaz *adj* לוֹחֲמָנִי, אוֹהֵב מָדוֹן
puja *f* 1 הִתְחָרוּת, מֵרוֹץ. 2 הַצָּעַת־מְחִיר
pujador *m* מַצִּיעַ מְחִיר
pujante *adj* נִמְרָץ, בַּעַל מֶרֶץ, תַּקִּיף
pujanza *f* אֹמֶץ, עֹז, חֹזֶק
pujar *vt* 1 חָתַר. 2 דָּחַף, הָדַף, לָחַץ, דָּחַק. 3 הִתְאַמֵּץ. 4 גִּמְגֵּם. 5 הִצִּיעַ מְחִיר. 6 עִוָּה פָּנָיו, יִבֵּב. 7 הִסֵּס
pujo *m* 1 זָחִיר, טְחִירָה. 2 תְּשׁוּקָה, חֵשֶׁק, תַּאֲוָה. 3 הַעֲוָיָה
pulcritud *f* 1 נִקָּיוֹן, נְקִיּוּת, טָהֳרָה. 2 הַקְפָּדָה
pulcro *adj* 1 נָקִי, טָהוֹר, מְצֻחְצָח. 2 קַפְדָן
pulchinela *m* לֵיצָן, בַּדְחָן
pulga *f* פַּרְעוֹשׁ
pulgada *f* אִינְץ׳
pulgar *m* בֹּהֶן
pulgoso *adj* מָלֵא פַּרְעוֹשִׁים
pulguillas *m* כַּעֲסָן, רַגְזָן, רַתְחָן
pulidez *f* בָּרָק, צִחְצוּחַ, לִטּוּשׁ, עִדּוּן
pulido *adj* מְצֻחְצָח, מְלֻטָּשׁ, מְמֹרָט, מְעֻדָּן
pulidor *adjm* 1 מְצַחְצֵחַ, מְלַטֵּשׁ. 2 לַטָּשׁ. 3 מְכוֹנַת־לִטּוּשׁ
pulimentar *vt* לִטֵּשׁ, מֵרֵט, צִחְצֵחַ, מֵרֵק, עִדֵּן
pulimento *m* לִטּוּשׁ, צִחְצוּחַ, עִדּוּן
pulir *vt* הִבְרִיק, מֵרֵק, צִחְצֵחַ, עִדֵּן, הִקְצִיעַ, שִׁפְשֵׁף
pulmón *m* רֵאָה
pulmonar *adj* רֵאָתִי
pulmonia *f* דַּלֶּקֶת רֵאוֹת
pulmotor *m* מַנְשֵׁמָה
pulóver *m* סְוֶדֶר, מַיְזָע
pulpa *f* 1 צִיפָּה. 2 לְשַׁד הַצְּמָחִים. 3 בָּשָׂר רַךְ
pulperia *f* חֲנוּת כָּל בּוֹ
pulpero *m* חֶנְוָנִי
púlpito *m* דּוּכָן, בָּמָה
pulpo *m* תְּמָנוּן
pulsopo *adj* בְּשָׂרִי, צִיפָּתִי
pulque *m* עֲסִיס אֲגָבוֹת
pulsación *f* פְּעִימָה, הֲלִימָה, דֹּפֶק
pulsada *f* דֹּפֶק, פְּעִימָה
pulsador *m* לְחִיץ, כַּפְתּוֹר־לְחִיצָה
pulsar *vti* 1 דָּפַק, פָּעַם, הָלַם. 2 מִשֵּׁשׁ הַדֹּפֶק
pulsear *vi* הִתְחָרָה בְּכוֹחוֹת יָדַיִם
pulsera *f* 1 צָמִיד, אֶצְעָדָה. 2 תַּלְתַּל, קְוֻצָּה, מַחְלָפָה
pulso *m* 1 דֹּפֶק. 2 חֹזֶק־יָד. 3 הֲבָנָה, חוּשׁ
pulular *vi* 1 נָבַט. 2 שָׁרַץ, רָחַשׁ. 3 הִתְרַבָּה
pulverización *f* 1 שְׁחִיקָה, כְּתִישָׁה, כִּתּוּת, רִסּוּק, אִבּוּק. 2 רִסּוּס
pulverizar *vt* 1 שָׁחַק, כָּתַשׁ, כִּתֵּת, רִסֵּק. 2 רִסֵּס
pulla *f* לַעַג, לִגְלוּג, עֹקֶץ
¡pum! *interj* הַךְ!, בּוּם!
puma *m* פּוּמָה, אַרְיֵה אֲמֵרִיקָאִי
puna *f* 1 רָמָה. 2 חֳלִי הָרִים (מַחֲלַת־גְּבָהִים)
punción *f* 1 דֶּקֶר, נֶקֶר, נֶקֶב. 2 נִקּוּב, נִקּוּר, דִּקּוּר
pundonor *m* כָּבוֹד עַצְמִי, יְהִירוּת, יָמְרָנוּת
pundonoroso *adj* יָהִיר, יָמְרָנִי, גַּאַוְתָן
punible *adj* עָנִישׁ, בַּר עֲנִישָׁה, בַּר עֳנָשִׁין
punición עֹנֶשׁ, הַעֲנָשָׁה, עֲנִישָׁה
punitivo *adj* מַעֲנִישׁ, שֶׁל עֳנָשִׁין
punta *f* 1 חֹד, עֹקֶץ. 2 קָצֶה, סוֹף. 3 מַסְמֵר. 4 בָּדָל. 5 בְּדַל סִיגָרִיָּה
punta a cabo מִתְּחִלָּתוֹ עַד סוֹפוֹ
puntada 1 תֶּפֶר. 2 דְּקִירָה, עֲקִיצָה
puntaje *m* נִקּוּד, שִׁעוּר הַנְּקֻדּוֹת
puntal *m* 1 עַמּוּד, סָמוֹךְ, תּוֹמֵךְ, מִשְׁעָן. 2 עַמּוּד הַתָּוֶךְ
puntapié *m* בְּעִיטָה
puntazo *m* דְּקִירָה, עֲקִיצָה
punteado *m* 1 נִקּוּד, סִמּוּן נְקֻדּוֹת. 2 פְּרִיטָה
puntear *vti* 1 נִקֵּד, נִמֵּר. 2 תָּפַר. 3 פָּרַט (כלי)
punteo *m* פְּרִיטָה
puntera *f* 1 חַרְטוֹם הַנַּעַל. 2 טְלַאי בַּגֶּרֶב. 3 בְּעִיטָה
punteria *f* 1 מִכְוָן. 2 כִּוּוּן, קְלִיעָה, טִוּוּחַ. 3 צַלָּפוּת, קַלָּעוּת
puntero *adjm* 1 צַלָּף, קַלָּע. 2 חֹטֶר, מַחֲוֶה. 3 אִזְמֵל, חֶרֶט

puntiagudo *adj* מְחֻדָּד, חַד

puntilla *f* 1 סַלְסָלָה, מַלְמָלָה, תַּחְרִים. 2 מַסְמֵר. 3 חֶרֶט, חֹד

puntillazo *m* בְּעִיטָה

puntillo *m* דַּקְדְּקָנוּת, נַקְרָנוּת

puntilloso *adj* דַּקְדְּקָן, נַקְרָן

punto *m* 1 נְקֻדָּה. 2 תֶּפֶר. 3 מַעֲלָה, דַּרְגָּה. 4 מַצָּב, מַעֲמָד. 5 מָקוֹם. 6 רֶגַע

punto de apoyo נְקֻדַּת־מִשְׁעָן

punto de vista מַבָּט, הַשְׁקָפָה

punto por punto 1 סָעִיף אַחַר סָעִיף. 2 בִּפְרָטֵי־פְּרָטִים

puntuación *f* 1 נִקּוּד, פִּסּוּק. 2 סִימָנֵי־הַפִּסּוּק

puntual *adj* דַּיְקָן, דַּקְדְּקָן

puntualidad *f* דַּיְקָנוּת, דַּקְדְּקָנוּת

puntualizar *vt* 1 אִפְיֵן, צִיֵּן. 2 הִגְדִּיר, פֵּרֵשׁ. 3 פֵּרֵט, תֵּאֵר בִּפְרוֹטְרוֹט

puntuar *vt* 1 נִקֵּד, פִּסֵּק. 2 הִטְעִים, הִדְגִּישׁ

puntura *f* דְּקִירָה, נִקּוּב

punzada *f* 1 דְּקִירָה. 2 עֲקִיצָה

punzar *vt* 1 דָּקַר. 2 עָקַץ

punzó *m* שָׁנִי

punzón *m* 1 דֶּקֶר, חֶרֶט. 2 מַרְצֵעַ. 3 מַבְלֵט

puñada *f* סְנוֹקֶרֶת

puñado *m* חֹפֶן

puñal *m* פִּגְיוֹן

puñalada *f* 1 דְּקִירַת פִּגְיוֹן. 2 פֶּצַע מִפִּגְיוֹן

puñetazo *m* סְנוֹקֶרֶת

puño *m* 1 אֶגְרוֹף, חֹפֶן. 2 חֵפֶת. 3 יָד, יָדִית. 4 אֹמֶץ, עֹז, עָצְמָה

pupa *f* 1 אֲבַעְבּוּעָה. 2 גֶּלֶד, קְרוּם. 3 קְרִיאַת כְּאֵב

pupila *f* 1 אִישׁוֹן, בָּבַת עַיִן. 2 תַּלְמִידָה, חֲנִיכָה. 3 יְתוֹמָה קְטַנָּה (בְּאַפּוֹטְרוֹפְּסוּת)

pupilaje *m* 1 אַפּוֹטְרוֹפְּסוּת. 2 פְּנִימִיָּה. 3 דְּמֵי אַכְסוּן

pupilo *m* 1 חָנִיךְ, תַּלְמִיד. 2 יָתוֹם קָטָן בְּאַפּוֹטְרוֹפְּסוּת

pupitre *m* 1 מִכְתָּבָה. 2 סַפְסַל לְמוּרִים

puré *m* 1 מְחִית. 2 רֶסֶק, דַּיְסָה

pureza *f* זֹךְ, טֹהַר, זַכּוּת, צַחוּת

purga *f* טִהוּר

purgación *f* 1 טִהוּר. 2 חִטּוּי, נִקּוּי. 3 שִׁלְשׁוּל

purgador *adjm* מְטַהֵר, מְשַׁלְשֵׁל

purgante *adjm* מְטַהֵר, מְשַׁלְשֵׁל

purgar *vt* 1 טִהֵר, נִקָּה, חִטֵּא. 2 שִׁלְשֵׁל

purgativo *adjm* מְשַׁלְשֵׁל

purgatorio *m* גֵּיהִנּוֹם, תֹּפֶת, מְקוֹם טִהוּר הַנְּשָׁמוֹת

purificación *f* טִהוּר, זִכּוּךְ, חִטּוּי

purificador *adjm* מְטַהֵר, מְזַכֵּךְ, מְחַטֵּא

purificar *vt* טִהֵר, זִכֵּךְ, חִטֵּא, זִקֵּק

purismo *m* טַהֲרָנוּת, פּוּרִיזְם

purista *adjm* טַהֲרָן, טַהֲרָנִי, פּוּרִיסְט

puritanismo *m* פּוּרִיטָנִיּוּת

puritano *adj* פּוּרִיטָנִי, מַחְמִיר

puro *adjm* 1 זַךְ, טָהוֹר, צַח, נָקִי. 2 סִיגָר

púrpura *f* אַרְגָּמָן

purpúreo *adj* אַרְגְּמָנִי

purulencia *f* מֻגְלָה, מֻגְלָתִיּוּת

purulento *adj* מֻגְלָתִי

pus *f* מֻגְלָה

pusilánime *adj* פַּחְדָן, מוּג לֵב, הַסְסָן

pusilanimidad *f* פַּחְדָנוּת, מֹרֶךְ לֵב, הִסּוּס

pústula *f* מֻגְלִית, שַׁלְבּוּקִית

pustuloso *adj* שַׁלְבּוּקִי

puta *f* זוֹנָה, פְּרוּצָה, יַצְאָנִית, קְדֵשָׁה

putaísmo *m* 1 זְנוּת, זְנוּנִים. 2 בֵּית בֹּשֶׁת. 3 חַיֵּי־זְנוּת

putativo *adj* מְדֻמֶּה, לֹא־אֲמִתִּי

putear *vi* זָנָה, נָאַף

putería *f* זְנוּת, זְנוּנִים, נִאוּפִים, פְּרִיצוּת

putero *adjm* מֻפְקָר, נוֹאֵף, פּוֹרֵק עֹל, תַּאַוְתָן

putesco *adj* 1 זוֹנֶה, נוֹאֵף. 2 נַאֲפוּפִי, עַגְבָנִי

putrefacción *f* רָקָב, רִקָּבוֹן, נֶמֶק

putrefacto *adj* רָקוּב, נִרְקָב, מַסְרִיחַ, מַבְאִישׁ

putridez *f* רַקְבִּיבוּת, רִקָּבוֹן

pútrido *adj* רָקוּב, נִרְקָב, מַסְרִיחַ

puya *f* 1 דָּרְבָן, מַלְמָד. 2 צֶמַח רִפּוּי

Q

Q *f* קוּ, הָאוֹת הָעֶשְׂרִים שֶׁל הָאָלֶף־בֵּית הַסְּפָרַדִּי

quantum *m* קְוַנְטוּם

que *pronrel* 1 שֶׁ־, אֲשֶׁר. 2 שֶׁ־, כִּי. 3 מֵאֲשֶׁר

¿qué? *adjpron* 1 מָה. 2 מִי? אֵיזֶה?, כַּמָּה?

¿qué más da? מַה זֶּה חָשׁוּב!

quebracho *m* קְוֶבְּרַצ׳וֹ (עץ אמריקאי)

quebrada *f* 1 נָקִיק, גַּיְא, נִקְרָה, עָרוּץ, וָדִי.
2 פְּשִׂיטַת רֶגֶל

quebradizo *adj* 1 שָׁבִיר, שַׁבְרִירִי. 2 עָדִין, רָפֶה

quebrado *adjm* 1 שָׁבוּר. 2 פּוֹשֵׁט רֶגֶל.
3 שֶׁבֶר (בְּחֶשְׁבּוֹן)

quebradura *f* 1 בְּקִיעַ, קֶרַע, שְׁבִירָה. 2 שֶׁבֶר

quebrantador *adj* 1 מַחֲלִישׁ, מַרְפֶּה, מַתִּישׁ.
2 מַכְאִיב, מְצַעֵר. 3 מַבְקִיעַ

quebrantahuesos *m* פֶּרֶס

quebrantamiento *m* 1 שְׁבִירָה, בִּקּוּעַ.
2 שִׁבְרוֹן לֵב, הִתְמוֹטְטוּת.
3 אֹנֶס, כְּפִיָּה, הֶכְרֵחַ.
4 עֲיֵפוּת, רִפְיוֹן

quebrantar *vt* 1 שָׁבַר, הִבְקִיעַ, נִפֵּץ. 2 רִסֵּק,
רִסֵּס, כָּתַשׁ. 3 אָנַס, הִכְרִיחַ.
4 רִכֵּךְ, עִדֵּן. 5 נִשְׁבַּר, הִתְמוֹטֵט

quebranto *m* 1 הִתְמוֹטְטוּת, שִׁבְרוֹן לֵב. 2 צָרָה,
מַכְאוֹב, מְצוּקָה. 3 יֵאוּשׁ, מַפַּח נֶפֶשׁ.
4 נֶזֶק, הֶפְסֵד. 5 חֶמְלָה, רַחֲמִים

quebrar *vti* 1 שָׁבַר, נִפֵּץ, הִבְקִיעַ. 2 רִכֵּךְ, עִדֵּן.
3 הִתְגַּבֵּר. 4 הִפְרִיעַ, הִטְרִיד.
5 הִפְסִיק, הֵפֵר. 6 פָּשַׁט רֶגֶל.
7 נִשְׁבַּר, הִתְמוֹטֵט

quebrazón *m* שְׁבִירָה, נִפּוּץ

queche *m* קֶטְשׁ, סְפִינָה, סִירָה

queda *f* 1 עֹצֶר. 2 פַּעֲמוֹן־עֹצֶר

quedada *f* הִשָּׁאֲרוּת, הִשְׁתַּהוּת

quedar *vi* 1 נִשְׁאַר, שָׁהָה. 2 עָמַד, נֶעֱצַר.
3 הִסְכִּים. 4 תָּאַם, הָלַם

quedo *adjadv* 1 שָׁקֵט, דּוֹמֵם, רוֹגֵעַ, שׁוֹתֵק.
2 בְּשֶׁקֶט, בְּנַחַת, בְּמְתִינוּת

quehacer *m* עֵסֶק, מִקְצוֹעַ, מְלָאכָה, עִסּוּק

queja *f* 1 תַּרְעֹמֶת, תְּלוּנָה, קֻבְלָנָה, טְרוּנְיָה,
עִרְעוּר. 2 קִינָה, סְפִידָה, יָגוֹן

quejarse *vref* 1 הִתְלוֹנֵן, הִתְאוֹנֵן, הִתְרָעֵם.
2 גָּנַח, הִתְגַּנֵּחַ, נֶאֱנַק

quejido *m* אֲנָקָה, אֲנָחָה, גְּנִיחָה, הֶמְיָה, נְהִי

quejoso *adj* 1 מִתְלוֹנֵן, מִתְאוֹנֵן, מִתְרָעֵם.
2 נֶאֱנָח

quejumbre *f* הִתְלוֹנְנוּת, הִתְאוֹנְנוּת

quejumbroso *adj* רַגְזָן, מִתְלוֹנֵן, רוֹטֵן

quema *f* 1 צָרֶבֶת, כְּוִיָּה. 2 שְׂרֵפָה, דְּלֵקָה

quemadero *adjm* 1 טָעוּן שְׂרֵפָה. 2 מוֹקֵד.
3 מִשְׂרָפָה

quemado *m* שָׂרוּף, שָׁזוּף

quemador *adjm* 1 מַבְעִיר, מַצִּית, מַעֲלֶה
בָּאֵשׁ. 2 צוֹרֵב. 3 מַבְעֵר

quemadura *f* 1 כְּוִיָּה, צְרִיבָה. 2 מַכַּת כְּפוֹר

quemar *vti* 1 צָרַב, שָׂרַף, חָרַךְ. 2 לָהַט, לִהֵט

quemazón *f* 1 שְׂרֵפָה, דְּלֵקָה. 2 צְרִיבָה, כְּוִיָּה.
3 גֵּרוּי

quepis *m* כֻּמְתָּה צְבָאִית

querella *f* 1 קְטָטָה, רִיב, מְרִיבָה, תִּגְרָה.
2 קֻבְלָנָה, תְּלוּנָה

querellado *m* נִתְבָּע

querellante *m* 1 תּוֹבֵעַ, טוֹעֵן, עוֹתֵר.
2 מִתְקוֹטֵט

querellarse *vref* 1 הִתְלוֹנֵן, הִתְאוֹנֵן.
2 הִתְקוֹטֵט

querelloso *adj* 1 מִתְלוֹנֵן, עוֹתֵר.
2 אוֹהֵב־מְדָנִים

querencia *f* 1 אַהֲבָה, חִבָּה. 2 קֵן. 3 גַּעְגּוּעִים,
כִּסּוּפִים. 4 מִשְׁכָּן, מְאוּרָה

querendón *adj* רוֹחֵשׁ חִבָּה, מָלֵא רֶגֶשׁ

querer *vtim* 1 רָצָה, חָפֵץ, חָשַׁק. 2 אָהַב, חִבֵּב. 3 אַהֲבָה, חִבָּה. 4 רָצוֹן, חֵפֶץ

querida *f* פִּילֶגֶשׁ, מְאַהֶבֶת

querido *adjm* 1 אָהוּד, אָהוּב, חָבִיב, נֶחְמָד. 2 מְאַהֵב

querúbico *adj* כְּרוּבִי, מַלְאָכִי

querubín *m* כְּרוּב, מַלְאָךְ

quesadilla *f* עוּגַת גְּבִינָה

quesera *f* 1 מִגְבָּנָה. 2 כְּלִי לִגְבִינָה

quesería *f* 1 מִגְבָּנָה. 2 חֲנוּת גְּבִינוֹת

quesero *adjm* גַּבָּן, מְגַבֵּן

queso *m* גְּבִינָה

quevedos *mpl* מִשְׁקְפֵי לַחַץ, מִצְבָּטַיִם

¡quia! *interj* מָה! אֵיךְ!

quicio *m* צִיר (שֶׁל דֶּלֶת אוֹ חַלּוֹן)

quid *m* 1 מַהוּת. 2 סִבָּה, עֵרֶךְ

quiebra *f* 1 סֶדֶק, שֶׁסַע, בְּקִיעָה, שֶׁבֶר. 2 פְּשִׁיטַת רֶגֶל, שְׁמִיטָה

quiebro *m* 1 כְּפִיפָה, הַטָּיָה. 2 סִלְסוּל שֶׁל הַקּוֹל

quien *pronrel* מִי, מִי שֶׁ־, אֲשֶׁר

quienquiera *pron* מִישֶׁהוּ

quietamente *adv* בְּשֶׁקֶט, בְּשַׁלְוָה

quieto *adj* 1 שָׁקֵט, שָׁלֵו, שַׁאֲנָן. 2 דּוֹמֵם, נָח

quietud *f* 1 שֶׁקֶט, שַׁלְוָה. 2 מְנוּחָה, מַרְגּוֹעַ

quijada *f* לֶסֶת, סַנְטֵר

quijotada *f* מַעֲשֵׂה דוֹן קִישׁוֹטִי

quijote *m* דּוֹן קִישׁוֹט

quijotesco *adj* דּוֹן קִישׁוֹטִי

quilate *m* קָרָט (1/5 הגרם בקירוב)

quilo *m* 1 מִיץ־מֵעַיִם. 2 עֵץ־פְּרִי צִ׳ילְיָנִי

quilla *f* שִׁדְרִית

quimera *f* 1 רַעְיוֹן־רוּחַ, תַּעְתּוּעֵי דִּמְיוֹן. 2 הֲזָיָה. 3 בִּעוּתִים

quimérico *adj* 1 דִּמְיוֹנִי. 2 שֶׁל בִּעוּתִים, מַבְעִית

química *f* כִּימְיָה

químico *adjm* 1 כִּימִי. 2 כִּימַאי, רוֹקֵחַ

quimono *m* קִימוֹנוֹ

quina *f* 1 כִּינִין, חִינִין. 2 חֲמִשָּׁה, חֲמִישִׁיָּה

quincalla *f* כְּלֵי מַתֶּכֶת זוֹלִים

quincallero *m* רוֹכֵל

quince *adjm* 1 חֲמִשָּׁה עָשָׂר. 2 הַחֲמִשָּׁה עָשָׂר

quincena *f* שְׁבוּעַיִם

quincenal *adj* דּוּ שְׁבוּעִי

quinceno *adj* הַחֲמִשָּׁה עָשָׂר

quincuagenario *adjm* בֶּן חֲמִשִּׁים

quincuagésimo *adjm* 1 הַחֲמִשִּׁים. 2 חֵלֶק הַחֲמִשִּׁים

quindécimo *adjm* (הַחֵלֶק) הַחֲמִשָּׁה עָשָׂר

quingentésimo *adjm* (הַחֵלֶק) הַחֲמֵשׁ מֵאוֹת

quingombó *m* בַּמְיָה, הִיבִּיסְקוּס נֶאֱכָל

quinientos adjmpl חֲמֵשׁ מֵאוֹת

quinina *f* חִינִין, כִּינִין

quino עֵץ חִינִין

quinqué *m* מְנוֹרַת נֵפְט

quinquenal *adj* חָמֵשׁ שְׁנָתִי

quinquenio *m* חֹמֶשׁ

quinta *f* 1 חֲוִילָה, נְוֵה־קַיִץ. 2 חֲמִישִׁיָּה

quintaesencia *f* מַהוּת, תַּמְצִית, עִקָּר

quintal *m* קְוִינְטָל, מֵאָה לִיבְּרוֹת (46 ק״ג)

quintal métrico מֵאָה קִילוֹגְרַם

quintero *m* 1 בַּעַל־חַוָּה. 2 חוֹכֵר, אָרִיס

quinteto *m* 1 חַמְשִׁיר. 2 חַמְשִׁית

quintillizo *m* חֲמִישִׁיָּה

quintillón *m* קְוִינְטִילְיוֹן

quinto *adjm* 1 חֲמִישִׁי. 2 טִירוֹן

quíntuple *m* מְחֻמָּשׁ

quintuplicar *vt* חִמֵּשׁ

quíntuplo *adjm* 1 מְחֻמָּשׁ, פִּי חֲמִשָּׁה. 2 חֲמִישִׁיָּה

quinzavo *adjm* 1 הַחֲמִשָּׁה עָשָׂר. 2 הַחֵלֶק הַ־15

quiosco *m* קְיוֹסְק

quirófano *m* חֲדַר נִתּוּחִים

quiromancia *f* חָכְמַת הַיָּד

quiromántico *adjm* מְנַחֵשׁ עַל פִּי הַיָּד

quiropráctica *f* רִפּוּי ע״י טִפּוּל בְּחוּט הַשִּׁדְרָה

quiropráctico *adjm* מְרַפֵּא

quirúrgico *adj* נִתּוּחִי, כִּירוּרְגִי

quirurgo *m* מְנַתֵּחַ

quisquilla *f* זוּטֵי דְבָרִים, עִנְיָן שֶׁל מַה־בְּכָךְ

quisquilloso *adj* 1 רָגִישׁ. 2 טַרְדָן, רַתְחָן
quiste *m* כִּיסוֹן, כִּיס, שַׁלְחוּף
quisto *adj* רָצוּי
quita *f* פֵּרָעוֹן, תַּשְׁלוּם, סִלּוּק
quitamanchas *mpl* 1 מֵסִיר־כְּתָמִים. 2 חֹמֶר־נִקּוּי
quitanieves *mpl* גּוֹרֵף־שֶׁלֶג
quitanza *f* פְּטוֹר
quitar *vt* 1 סִלֵּק, הֵסִיר, הֶעֱבִיר, בִּעֵר. 2 הִסְתַּלֵּק. 3 הִשְׁתַּחְרֵר
quitar del medio 1 סִלֵּק. 2 סִלֵּק מֵעַל דַּרְכּוֹ
quitarse de encima 1 הִשְׁתַּחְרֵר מִ־. 2 נִעֵר מֵעַל עַצְמוֹ
quitasol *m* שִׁמְשִׁיָּה
quite *m* תְּנוּעָה, הֲזָזָה
quizás *adv* אוּלַי
quórum *m* מִנְיָן, קְווֹרוּם

R

R *f* אֶרְרֶה, הָאוֹת הָעֶשְׂרִים וְאַחַת שֶׁל הָאָלֶף־בֵּית הַסְפָרַדִּי

raba *f* פִּתְיוֹן

rabada *f* בְּשַׂר אֲחוֹרַיִם שֶׁל בְּהֵמָה

rabadán *m* 1 רוֹעֶה. 2 מַנְהִיג רוֹעִים

rabadilla *f* 1 עֶצֶם הָעֹקֶץ, עֶצֶם הָאַלְיָה. 2 קְצֵה־הַזָּנָב אֵצֶל הַצִּפֳּרִים

rábano *m* צְנוֹן, צְנוֹנִית

rabí *m* רַב, רַבִּי

rabia *f* 1 כַּעַס, זַעַם, חָרוֹן, חֵמָה, רֹגֶז. 2 כַּלֶּבֶת

rabiar *vi* 1 כָּעַס, זָעַם, רָגַז, סָעַר. 2 הָיָה נְגוּעַ כַּלֶּבֶת. 3 הִשְׁתּוֹלֵל. 4 הִשְׁתּוֹקֵק

rabicorto *adj* קְצַר־זָנָב

rábido *adj* חוֹלֵה כַּלֶּבֶת, נְגוּעַ כַּלֶּבֶת

rabieta *f* כַּעַס, רֹגֶז, חָרוֹן

rabillo *m* 1 זַנְבְנָב. 2 פְּטוֹטֶרֶת. 3 עֹקֶץ. 4 גִּבְעוֹל

rabillo del ojo זָוִית הָעַיִן

rabinato *m* רַבָּנוּת

rabínico *adj* רַבָּנִי, תַּלְמוּדִי

rabino *m* רַב, רַבִּי

rabiosamente *adv* בְּזַעַם, בְּכַעַס

rabioso *adj* 1 נְגוּעַ כַּלֶּבֶת. 2 סוֹעֵר, רוֹגֵז

rabo *m* 1 זָנָב. 2 פְּטוֹטֶרֶת. 3 עֹקֶץ. 4 שֹׁבֶל. 5 זָוִית הָעַיִן

rabona *f* הַעְדָּרוּת לְלֹא רְשׁוּת

rabotada *f* גַּסּוּת רוּחַ

racial *adj* 1 גִּזְעִי. 2 גִּזְעָנִי

racimo *m* 1 צְרוֹר, אֶגֶד. 2 אֶשְׁכּוֹל

raciocinación *f* הֶקֵּשׁ, הֶסֵּק

raciocinar *vi* הִקִּישׁ, הִסִּיק, הוֹצִיא מַסְקָנָה

raciocinio *m* הַסָּקַת מַסְקָנוֹת

ración *f* מָנָה, קִצְבָּה, קִצְבָּה

racional *adjm* 1 הֶגְיוֹנִי, שִׂכְלִי, תְּבוּנָתִי, רַצְיוֹנָלִי. 2 רַצְיוֹנָל (באלגברה)

racionalidad *f* הֶגְיוֹנִיּוּת, שִׂכְלִיּוּת

racionalismo *m* שִׂכְלְתָנוּת, רַצְיוֹנָלִיזְם

racionalista *m* רַצְיוֹנָלִיסְט

racionamiento *m* קִצּוּב

racionar *vt* קָצַב, הִקְצִיב

racismo *m* גִּזְעָנוּת

racista *adjm* גִּזְעָנִי

racha *f* 1 מַשַּׁב רוּחַ פִּתְאוֹמִי. 2 תְּקוּפָה קְצָרָה שֶׁל מַזָּל. 3 הִתְפָּרְצוּת. 4 גֶּזֶר־עֵץ

rada *f* מְבוֹא יָם, מִפְרָץ

radar *m* מַכַּ"ם, רָדָר

radiación *f* 1 קְרִינָה, הַקְרָנָה. 2 שִׁדּוּר

radiactividad *f* רַדְיוֹאַקְטִיבִיּוּת

radiactivo *adj* רַדְיוֹאַקְטִיבִי

radiado *adj* 1 מַקְרִין, זוֹרֵחַ. 2 בַּעַל צוּרַת כּוֹכָב

radiador *m* 1 רַדְיָטוֹר, מַצְנֵן. 2 מַקְרֵן

radial *adj* חִשּׁוּרִי, קַרְנִי, מֶרְכָּזִי, רַדְיָלִי

radián *m* רַדְיָן

radiante *adj* קוֹרֵן, זוֹרֵחַ, זוֹהֵר, מַקְרִין

radiar *vti* 1 קָרַן, זָרַח, הִקְרִין. 2 שִׁדֵּר

radical *adjm* 1 שָׁרְשִׁי, יְסוֹדִי. 2 קִיצוֹנִי. 3 שֹׁרֶשׁ. 4 יְסוֹד, רָדִיקָל

radicalmente *adv* בְּאֹפֶן יְסוֹדִי, בִּיסוֹדִיּוּת

radicalismo *m* קִיצוֹנִיּוּת, רָדִיקָלִיּוּת

radicar *vi* 1 הִשְׁתַּקַּע, הִתְיַשֵּׁב. 2 הִשְׁרִישׁ, הִשְׁתָּרֵשׁ

radio *m* 1 רַדְיוּם. 2 תַּחֲנַת רַדְיוֹ, אַלְחוּט. 3 עֶצֶם הַחִשּׁוּר, הַקָּנֶה הָעֶלְיוֹן 4 רַדְיוֹ, מַקְלֵט. 5 רַדְיוּס, תְּחוּם

radioactividad *f* רַדְיוֹאַקְטִיבִיּוּת

radioactivo *adj* רַדְיוֹאַקְטִיבִי

radiocomunicación *f* 1 שִׁדּוּר רַדְיוֹ. 2 קֶשֶׁר־רַדְיוֹ

radiodifundir *vi* שִׁדֵּר

radiodifúsión *f* שִׁדּוּר

radiodifusora *f* תַּחֲנַת רַדְיוֹ
radiodirigido *adj* מוּבָל בְּאַלְחוּט
radioemisor *adjm* 1 מְשַׁדֵּר. 2 מַשְׁדֵּר
radioemisora *f* תַּחֲנַת רַדְיוֹ
radioescucha *m* מַאֲזִין
radiofonía *f* אַלְחוּט, רַדְיוֹ
radiofrecuencia *f* תְּדִירוּת גַּלֵּי רַדְיוֹ
radiografía *f* תַּצְלוּם רַדְיוֹ, תַּצְלוּם רֶנְטְגֶן
radiográfico *adj* רַדְיוֹגְרָפִי
radiograma *f* רַדְיוֹגְרָמָה
radiolocutor *m* קַרְיָן
radiología *f* רַדְיוֹלוֹגְיָה
radiológico *adj* רַדְיוֹלוֹגִי
radiólogo *m* רַדְיוֹלוֹג
radiorreceptor *m* מַקְלֵט
radioscopía *f* רַדְיוֹסְקוֹפְּיָה, שִׁקּוּף־רֶנְטְגֶן
radiotécnico *m* טֶכְנַאי־רַדְיוֹ
radiotelefonía *f* רַדְיוֹ טֶלֶפוֹנְיָה, אַלְחוּט
radioteléfono *m* רַדְיוֹ־טֶלֶפוֹן
radiotelefotografía *f* צִלּוּם רַחַק
radiotelegrafía *f* רַדְיוֹ טֶלֶגְרָף, אַלְחוּט
radiotelegrafista אַלְחוּטַאי
radioterapia *f* רִפּוּי ע״י הַקְרָנָה, רַדְיוֹתֶרַפְּיָה
radiotransmisor *m* מַשְׁדֵּר
radioyente *m* מַאֲזִין לְרַדְיוֹ
rádium *m* רַדְיוּם
radón *m* רָדוֹן (יסוד כימי, תוצר התפרקות של רדיום)
raer *vt* 1 שָׁחַק, שִׁפְשֵׁף, גֵּרֵד. 2 שֵׁרֵשׁ
ráfaga *f* 1 רוּחַ פְּרָצִים. 2 נִצְנוּץ, בָּרָק, בָּזָק
rafia *f* רַפְיָה, לֶכֶשׁ
raglán *m* מְעִיל רַגְלָן (על שם ממציאו)
raído *adj* 1 בָּלוּי, מְרֻפָּט. 2 חָצוּף, חֲסַר־בּוּשָׁה
raigambre *f* 1 פְּקַעַת שָׁרָשִׁים. 2 מַעֲרֶכֶת מְסֹעֶפֶת
raigón *m* שֹׁרֶשׁ הַשֵּׁן
rail *m* מְסִלָּה
raíz *f* 1 שֹׁרֶשׁ. 2 מָקוֹר. 3 עִקָּר, יְסוֹד
raja *f* 1 בְּקִיעָה, סֶדֶק, בֶּקַע, קֶרַע. 2 פֶּלַח, פְּרוּסָה, נֵתַח. 3 רְסִיס, קֵיסָם
rajá *m* רָגָ'ה, נָסִיךְ, מוֹשֵׁל (בְּהֹדּוּ)
rajadura *f* 1 בְּקִיעָה, חָרִיץ, סֶדֶק. 2 רְסִיס, בֶּקַע
rajar *vt* 1 בָּקַע, סָדַק. 2 חִלֵּק. 3 הִתְרַבְרֵב. 4 הִתְחַמֵּק. 5 פִּטְפֵּט
ralea *f* סוּג, מִין, מַעֲמָד, גֶּזַע
ralear *vi* 1 דִּלֵּל, הִקְלִישׁ. 2 הִתְבַּהֵר
raleza *f* דְּלִילוּת, קְלִישׁוּת
ralo *adj* דָּלִיל, קָלוּשׁ
rallador *m* פַּמְפִּיָּה, מַגְרֶדֶת
ralladura *f* 1 גְּרִידָה, קִרְצוּף. 2 רֶסֶק, שְׁבָבִים
rallar *vt* 1 גָּרַר, גֵּרֵד, קִרְצֵף. 2 הִטְרִיד, הִרְגִּיז, הִקְנִיט, הִכְעִיס
rallo *m* פַּמְפִּיָּה, מַגְרֶדֶת
rama *f* 1 חֹטֶר, עָנָף, זְמוֹרָה, נֵצֶר. 2 אֲגַף, סְנִיף, מָדוֹר, שְׁלוּחָה
ramada *f* 1 סְבַךְ, צַמֶּרֶת. 2 פֹּארָה. 3 סֻכָּה, בִּקְתָּה
ramaje *m* סְבַךְ־עֲנָפִים
ramal *m* 1 שְׁלוּחָה, הִסְתָּעֲפוּת. 2 סְנִיף, אֲגַף. 3 גְּדִיל, צִיצִית, פִּיף. 4 זֶרֶד
ramalazo *m* 1 הַצְלָפָה. 2 כְּאֵב פִּתְאוֹמִי
rambla *f* טַיֶּלֶת
ramera *f* פְּרוּצָה, יַצְאָנִית, זוֹנָה, קְדֵשָׁה
ramificación *f* הִסְתָּעֲפוּת, הִתְפַּצְּלוּת, הִשְׂתָּרְגוּת
ramificarse *vref* הִסְתָּעֵף, הִתְעַנֵּף
ramillete *m* זֵר
ramilletero *m* אֲגַרְטָל
ramo *m* 1 זֶרֶד, זְמוֹרָה, נֵצֶר. 2 זֵר. 3 עָנָף, שְׁלוּחָה, מַחְלָקָה. 4 סוּג, מִין
ramojo *m* זְרֹדֶת
ramonear *vt* 1 גָּזַם, זָמַר. 2 כִּרְסֵם
rampa *f* 1 כֶּבֶשׁ. 2 עֲוִית
rampante *adj* מִשְׁתּוֹלֵל, פָּרוּעַ
ramplón *adjm* 1 גַּס, בּוּר. 2 קַבְקַב
ramplonería *f* גַּסּוּת, בּוּרוּת
rana *f* צְפַרְדֵּעַ
ranciar *vt* הִתְעַפֵּשׁ, הִתְקַלְקֵל
rancidez, ranciedad *f* עִפּוּשׁ, רִקָּבוֹן, סִרְחוֹן
rancio *adj* 1 מְעֻפָּשׁ, מַסְרִיחַ. 2 עַתִּיק, יָשָׁן
ranchería *f* 1 מַחֲנֵה צְרִיפִים אוֹ בִּקְתוֹת. 2 מִטְבַּח־שָׂדֶה

ranchero *m* 1 כַּפְרִי. 2 חַוַּאי. 3 בּוֹקֵר
rancho *m* 1 חַוָּה, אֲחֻזָּה. 2 בִּקְתָּה, צְרִיף. 3 נָזִיד. 4 אֲרוּחָה
rango *m* 1 דַּרְגָּה, דָּרָג. 2 מַעֲמָד, מַעֲלָה
ranura *f* חָרִיץ, סֶדֶק, בְּקִיעַ
rapacería *f* 1 חַמְסָנוּת, עֹשֶׁק. 2 מַעֲשֵׂה־שׁוֹבְבוּת
rapacidad *f* חַמְסָנוּת, עֹשֶׁק
rapador *adjm* 1 שֶׁל גִּלּוּחַ, גֵּרוּד. 2 גַּלָּב, סַפָּר
rapadura *f* 1 גִּלּוּחַ. 2 גַּז
rapapolvo *m* נְזִיפָה
rapar *vt* 1 גִּלַּח, הִתְגַּלֵּחַ. 2 עָשַׁק, גָּנַב, גָּזַל. 3 גָּזַז
rapaz *adjm* 1 חוֹמֵס, בּוֹזֵז, עוֹשֵׁק. 2 טוֹרֵף. 3 זַאֲטוּט, פִּרְחָח. 4 נַעַר, יֶלֶד
rape *m* 1 גִּלּוּחַ. 2 גַּז
rapé *m* טַבַּק הֲרָחָה
rápidamente *adv* מַהֵר, מִיָּד, בְּחִפָּזוֹן
rapidez *f* מְהִירוּת, שֶׁטֶף, חִפָּזוֹן
rápido *adjm* 1 מָהִיר. 2 אֶשֶׁד. 3 רַכֶּבֶת מְהִירָה
rapiña *f* בִּזָּה, שֹׁד, חָמָס
raposa *f* שׁוּעָל
raposear *vi* הֶעֱרִים
raposera *f* מְאוּרַת שׁוּעָלִים
raposo *m* 1 שׁוּעָל. 2 אָדָם עַרְמוּמִי
rapsoda *m* טְרוּבָּדוּר, פַּיְטָן
rapsodia *f* רַפְּסוֹדְיָה
rapsódico *adj* רַפְּסוֹדִי
raptar *vt* חָטַף
rapto *m* 1 חֲטִיפָה. 2 דַּחַף פְּנִימִי, הִתְלַהֲבוּת
raptor *adjm* חוֹטֵף
raqueta *f* 1 מַחְבֵּט, רַחַת. 2 נַעַל־שֶׁלֶג
raquídeo *adj* שִׁדְרָתִי, שֶׁל עַמּוּד הַשִּׁדְרָה
raquis *m* עַמּוּד הַשִּׁדְרָה
raquítico *adj* חוֹלֵה רַכֶּכֶת
raquitismo *m* רַכֶּכֶת
raramente *adv* 1 לְעִתִּים רְחוֹקוֹת. 2 בְּאֹרַח מוּזָר
rarefacción *f* הַקְלָשָׁה, קְלִישׁוּת, דִּבְלוּל
rareza *f* נְדִירוּת, קְלִישׁוּת, דִּבְלוּל
raro *adj* 1 נָדִיר, לֹא רָגִיל. 2 קָלוּשׁ, דָּלִיל. 3 יֹקֶר מְצִיאוּת. 4 מְשֻׁנֶּה, תִּמְהוֹנִי
ras *m* מִישׁוֹר, רָמָה, מִפְלָס
rasar *vt* 1 מָחַק, גֵּרֵד, שִׁפְשֵׁף. 2 נָגַע. 3 הִשְׁוָה
rascacielos *m* גּוֹרֵד שְׁחָקִים, בִּנְיָן רַב־קוֹמוֹת
rascador *m* מְגָרֵד, מְקַרְצֵף
rascadura *f* גְּרִידָה, גֵּרוּד
rascar *vt* 1 גֵּרֵד, קִרְצֵף. 2 שָׂרַט, סָרַט
rascatripas *m* כַּנָּר, קַשְׁקְשָׁן
rascazón *f* עִקְצוּץ (תְּחוּשַׁת גֵּרוּי בַּגּוּף)
rascón *adjm* 1 חָרִיף, חָמוּץ, מְחֻסְפָּס. 2 אֲגַמִּית
rasero *m* מָחוֹק
rasgado *adjm* 1 קָרוּעַ. 2 מְפֻלָּשׁ. 3 קֶרַע, חוֹר
rasgar *vt* 1 קָרַע, שִׁסַּע. 2 פָּרַט (עַל מֵיתָר)
rasgo *m* 1 סִלְסוּל. 2 קַו אֹפִי, תְּכוּנָה, סְגֻלָּה. 3 אֲרֶשֶׁת, הַבָּעָה. 4 מֶחֱוָה
rasgón *m* קֶרַע, חוֹר, קְרִיעָה
rasguear *vi* 1 פָּרַט. 2 סִלְסֵל (אוֹתִיּוֹת)
rasgueo *m* 1 פְּרִיטָה. 2 סִלְסוּל
rasguñar *vt* שָׂרַט, סָרַט
rasguño *m* שְׂרִיטָה
raso *adjm* 1 יָשָׁר, חָלָק. 2 פָּשׁוּט, רָגִיל. 3 בָּהִיר. 4 סָטִין
raspa *f* 1 מָשׁוֹף. 2 אַדְרָה. 3 מַלְעָן
raspador *m* קַרְצֶפֶת, מַגְרֵד
raspadura *f* קִרְצוּף, גֵּרוּד, גֵּרוּי
raspar *vt* קִרְצֵף, גֵּרֵד
rasqueta *f* מַגְרֶדֶת, יָעֶה, מַגְרֵד
rasquetear *vt* גֵּרֵד, קִרְצֵף
rastra *f* 1 מַשְׂדֵּדָה. 2 מַגְרֵפָה. 3 עָקֵב, סִימָן. 4 אַנְקוֹל, עֹגֶן
rastreador *m* 1 גַּשָּׁשׁ, סַיָּר. 2 מַשְׂדֵּדָה, מִזְחֶלֶת
rastrear *vt* 1 גִּשֵּׁשׁ, סִיֵּר. 2 שִׂדֵּד, גָּרַר, גָּרַף. 3 רִחֵף, רִפְרֵף
rastreo *m* חִפּוּשׂ, גִּשּׁוּשׁ, בִּלּוּשׁ
rastrero *adj* 1 זוֹחֵל, רוֹמֵשׂ. 2 שָׁפָל, מָאוּס, נָבָל, נִבְזֶה
rastrillador *m* מַגְרֵף, מַגְרֵד
rastrillar *vt* 1 גָּרַף, צָבַר, לִקֵּט. 2 נִפֵּץ, נִפֵּט
rastrillo *m* 1 מַגּוֹב, מַגְרֵפָה. 2 מַסְרֵקָה.

3 מַקְרֵדָה. 4 סוֹרֵג

rastro *m* 1 עָקֵב, סִימָן. 2 מַגּוֹב, מַגְרֵפָה. 3 בֵּית מִטְבָּחַיִם. 4 שָׂרִיד

rastojera *f* שְׂדֵה בּוּר

rastrojo *m* 1 קַשׁ, תֶּבֶן. 2 שָׂדֶה קָצוּר

rasuración *f* גִּלּוּחַ, הִתְגַּלְּחוּת

rasurar *vt* גִּלַּח, הִתְגַּלַּח

rata *f* 1 עַכְבָּר. 2 עַכְבְּרוֹשׁ

rataplán *m* נְקִישַׁת תֹּף

ratear *vi* 1 כִּיֵּס. 2 הִזְדַּחֵל. 3 חִלֵּק לְשִׁעוּרִין

ratería *f* 1 כַּיָּסוּת. 2 שִׁפְלוּת, נִבְזוּת

ratero *adjm* כַּיָּס

ratificación *f* אִשְׁרוּר

ratificar *vt* אִשְׁרֵר

rato *m* רֶגַע, שָׁעָה קַלָּה

ratón *m* עַכְבָּר

ratonar *vt* כִּרְסֵם, כָּסַס

ratonera *f* 1 מַלְכֹּדֶת עַכְבָּרִים. 2 חוֹר עַכְבָּרִים

ratonesco *adj* עַכְבָּרִי

raudal *m* 1 זֶרֶם, שֶׁטֶף. 3 שֶׁפַע, גֹּדֶשׁ

raudo *adj* מָהִיר, פּוֹחֵז, מִתְפָּרֵץ

raya *f* 1 קַו. 2 תְּחוּם. 3 תְּרִיסָנִית. 4 פְּסֹקֶת

rayadillo *m* אֲרִיג מְפֻרְשִׁים

rayado *adjm* 1 מְקֻוְקָו, מְשֻׂרְטָט, מְסֻרְגָּל. 2 קִוְקוּו, סִרְגּוּל, שִׂרְטוּט

rayano *adj* 1 סָמוּךְ. 2 גּוֹבֵל, קָרוֹב

rayar *vt* 1 קִוְקֵו, סִרְגֵּל, שִׂרְטֵט. 2 הִדְגִּישׁ, צִיֵּן. 3 תָּחַם, גָּבַל, הִגְבִּיל. 4 בָּלַט, הִתְבַּלֵּט

rayo *m* 1 בָּרָק, בָּזָק. 2 קֶרֶן. 3 חִשּׁוּר

rayón *m* זְהוֹרִית

raza *f* 1 גֶּזַע. 2 יַחַס, יִחוּס. 3 סוּג, מִין, טִיב. 4 סֶדֶק, חָרִיץ. 5 קֶרֶן

razón *f* 1 בִּינָה, תְּבוּנָה, שֵׂכֶל. 2 נִמּוּק, טַעַם, הַנְמָקָה. 3 סִבָּה, גּוֹרֵם, יְסוֹד

razón social שֵׁם מִסְחָרִי

razonable *adj* 1 הֶגְיוֹנִי, שִׂכְלִי, תְּבוּנָתִי. 2 סָבִיר, הוֹגֵן, מִתְקַבֵּל עַל הַדַּעַת. 3 מָתוּן, מְיֻשָּׁב

razonado *adj* מְחֻשָּׁב, הֶגְיוֹנִי, שָׁקוּל

razonamiento *m* הַנְמָקָה, שִׁקּוּל דַּעַת, הִגָּיוֹן

razonar *vti* חָשַׁב, סָבַר, הִסִּיק, נִמֵּק

razzia *f* פְּשִׁיטָה, מָצוֹד

re *m* 1 רֵה. 2 קִדֹּמֶת שֶׁפֵּרוּשָׁהּ: שׁוּב, מֵחָדָשׁ

rea *adjf* פּוֹשַׁעַת, עֲבַרְיָנִית

reabrir *vt* פָּתַח מֵחָדָשׁ, פָּתַח שֵׁנִית

reacción *f* תְּגוּבָה, הֲגָבָה, פְּעֻלַּת גּוֹמְלִין, רֵאַקְצְיָה

reaccionar *vi* הֵגִיב, עָנָה

reaccionario *adjm* 1 רֵאַקְצְיוֹנִי. 2 רֵאַקְצְיוֹנֶר

reacio *adj* עַקְשָׁן, עִקֵּשׁ, קְשֵׁה עֹרֶף

reactivo *adjm* 1 מֵגִיב, תְּגוּבָתִי. 2 מְעוֹרֵר, רֵאַקְטִיב

reactor *m* מֵאִיץ, כּוּר אֲטוֹמִי

readaptar *vt* שִׁקֵּם

real *adjm* 1 מַמָּשִׁי, מְצִיאוּתִי, אֲמִתִּי, מוּחָשִׁי. 2 מַלְכוּתִי. 3 מְפֹאָר, מְצֻיָּן. 4 יָרִיד. 5 מַחֲנֶה. 6 מַטְבֵּעַ

realce *m* 1 הַבְלָטָה, הַדְגָּשָׁה. 2 הוֹד, פְּאֵר

realengo *adjm* 1 מַלְכוּתִי. 2 הֶפְקֵר

realeza *f* 1 מַלְכוּת. 2 אֲצֻלָּה

realidad *f* 1 מְצִיאוּת, הֲוָיָה, מַמָּשׁוּת, מוּחָשׁוּת. 2 אֱמֶת, אֲמִתּוּת, כֵּנוּת

realismo *m* 1 מְלוּכָנוּת. 2 מַמָּשִׁיּוּת, מוּחָשִׁיּוּת, מְצִיאוּתִיּוּת. 3 רֵאָלִיזְם

realista *adjm* 1 מְלוּכָנִי. 2 מְצִיאוּתִי, מַמָּשִׁי, מוּחָשִׁי. 3 רֵאָלִיסְט

realizable *adj* בַּר בִּצּוּעַ, בַּר מִמּוּשׁ

realización *f* הַגְשָׁמָה, הַמְחָשָׁה, מִמּוּשׁ, הִתְגַּשְּׁמוּת

realizar *vt* 1 בִּצַּע, הִגְשִׁים, הִמְחִישׁ. 2 הִוֵּן

realzar *vt* 1 הִבְלִיט, הִדְגִּישׁ, צִיֵּן. 2 פִּרְסֵם. 3 רוֹמֵם, הֶעֱלָה, הֵרִים

reanimar *vt* 1 עוֹדֵד, עוֹרֵר. 2 הֶחֱיָה

reanudar *vt* חִדֵּשׁ, הִמְשִׁיךְ

reaparecer *vi* הוֹפִיעַ מֵחָדָשׁ

reaparición *f* הוֹפָעָה מֵחָדָשׁ

rearmar *vt* 1 זִיֵּן מֵחָדָשׁ. 2 הִזְדַּיֵּן מֵחָדָשׁ

rearme *m* זִיּוּן מֵחָדָשׁ

reasumir *vt* נָטַל מֵחָדָשׁ
reasunción *f* לְקִיחָה מֵחָדָשׁ
reata *f* 1 פִּלְצוּר, כֶּבֶל, חֶבֶל. 2 עֵדֶר חֲמוֹרִים
reavivar *vt* 1 עוֹדֵד, עוֹרֵר. 2 הֶחֱיָה, הֵשִׁיב לְחַיִּים
rebaba *f* חִסְפֹּסֶת, זִיז, כַּרְכֹּב
rebaja *f* 1 הֲנָחָה, הוֹזָלָה. 2 הַפְחָתָה, הוֹרָדָה
rebajar *vt* 1 הוֹזִיל, הִפְחִית. 2 הוֹרִיד, הִנְמִיךְ. 3 הִמְעִיט, הִקְטִין, צִמְצֵם. 4 הִשְׁפִּיל, בִּזָּה, הִכְלִים
rebalsar *vt* 1 סָכַר, עָצַר. 2 גָּדַשׁ
rebanada *f* פְּרוּסָה, פֶּלַח, נֵתַח, חֲתִיכָה
rebanador *adj* מְפַלֵּחַ, חוֹתֵךְ
rebanar *vt* פָּרַס, פִּלַּח, חָתַךְ, גָּזַר
rebañar *vt* טָבַל, שָׁרָה, הִסְפִּיג, הִרְטִיב
rebaño *m* 1 עֵדֶר, צֹאן. 2 לַהֲקָה, עֵדָה
rebasar *vti* 1 גָּלַשׁ. 2 הִפְרִיז. 3 עָלָה עַל גְּדוֹתָיו. 4 הִגְדִּישׁ אֶת הַסְּאָה. 5 חָלַף עַל פְּנֵי
rebate *m* הִתְמוֹדְדוּת, הִתְנַגְּשׁוּת, קְרָב
rebatible *adj* בַּר הֲזַמָּה, שֶׁנִּתָּן לְהַפְרִיכוֹ
rebatir *vt* 1 הִכְחִישׁ, הֵזֵם, הִפְרִיךְ, סָתַר. 2 דָּחָה, הָדַף, הִרְתִּיעַ
rebato *m* 1 אַזְעָקָה. 2 הַתְקָפַת פֶּתַע. 3 פַּעֲמוֹן אַזְעָקָה, מַזְעֵק
rebelarse *vref* 1 הִתְקוֹמֵם, הִתְמָרֵד, מָרַד. 2 הִתְנַגֵּד
rebelde *adjm* 1 מַמְרֶה, מַרְדָן, מוֹרֵד, קוֹשֵׁר, מִתְקוֹמֵם. 2 עַקְשָׁן, עִקֵּשׁ, סַרְבָן
rebeldía *f* מְרִי, מַרְדָנוּת, הִתְקוֹמְמוּת, הִתְמָרְדוּת
rebelión *f* מֶרֶד, מְרִידָה, קֶשֶׁר, הִתְקוֹמְמוּת
rebencazo *m* הַצְלָפַת מַגְלֵב, הַצְלָפַת שׁוֹט
rebenque *m* מַגְלֵב, שׁוֹט
rebisabuelo *m* אָב רִבֵּעַ
rebisnieto *m* רִבֵּעַ
reblandecer *vt* רִכֵּךְ, עִדֵּן
reblandecimiento *m* רִכּוּךְ, הִתְרַכְּכוּת
reborde *m* שָׂפָה, כַּרְכֹּב, אֹגֶן
rebosadura *f* גְּלִישָׁה, הִשְׁתַּפְּכוּת
rebosamiento *m* גְּלִישָׁה, הִשְׁתַּפְּכוּת
rebosar *vi* הִשְׁתַּפֵּךְ, גָּלַשׁ, עָבַר עַל גְּדוֹתָיו
rebotar *vit* 1 קָפַץ, נִקְפַּץ, נִתַּר. 2 נִרְתַּע, הִרְתִּיעַ. 3 דָּחָה, הִרְחִיק. 4 כּוֹפֵף
rebote *m* קְפִיצָה, נְתִירָה
rebozar *vt* 1 עָטַף. 2 הִתְעַטֵּף, הִתְכַּסָּה
rebozo *m* 1 צָעִיף, רְדִיד. 2 הִתְחַפְּשׂוּת. 3 אֲמַתְלָה, תּוֹאֲנָה
rebujo *m* מַעֲטֶה, כְּסוּת, מַעֲטֶפֶת
rebullir *vi* נָע, זָז, הִתְנוֹעֵעַ
rebusca *f* 1 חִשּׁוּט, מִשְׁמוּשׁ. 2 לֶקֶט, עוֹלֵלוֹת. 3 פְּסֹלֶת, שִׁירַיִם
rebuscado *adj* דַּקְדְּקָן, מְלָאכוּתִי, מְעֻשֶּׂה
rebuscamiento *m* הַעֲמָדַת פָּנִים
rebuscar *vt* 1 חִטֵּט, מִשְׁמֵשׁ, חִפֵּשׂ. 2 לִקֵּט, עוֹלֵל
rebuznar *vi* נָעַר
rebuzno *m* נְעִירָה
recabar *vt* 1 שִׁדֵּל. 2 הִשִּׂיג בְּתַחֲנוּנִים
recado *m* 1 הוֹדָעָה, יְדִיעָה, בְּשׂוֹרָה. 2 שָׁדָר, תִּשְׁדֹּרֶת. 3 שַׁי, דּוֹרוֹן, מַתָּנָה. 4 שְׁלִיחוּת. 5 צֵידָה. 6 רֶסֶן
recaer *vi* 1 חָזַר לְסוּרוֹ. 2 חָלָה שׁוּב
recaída *f* 1 חֲזָרָה לְסוּרוֹ. 2 הִשָּׁנוּת הַחֹלִי
recalada *f* נְחִירָה, רְאִיַּת יַבָּשָׁה מֵהַיָּם
recalar *vti* 1 הִשְׁרָה, הִסְפִּיג, לִחְלֵחַ. 2 הִתְקָרֵב לַיַּבָּשָׁה. 3 נִרְטַב
recalcar *vt* 1 הִדְגִּישׁ, הִבְלִיט, צִיֵּן. 2 דָּחַס, צִפֵּף, לָחַץ. 3 שִׁנֵּן, הִטְעִים
recalcitrante *adj* מַמְרֶה, עַקְשָׁן, מִתְמָרֵד
recalcitrar *vi* מָרָה, הִתְמָרֵד, הִתְעַקֵּשׁ
recalentamiento *m* 1 רְתִיחָה. 2 יִחוּם
recalentar *vt* 1 הִרְתִּיחַ, רִתַּח. 2 יִחֵם. 3 הִתְיַחֵם
recamado *m* רִקּוּם
recamar *vt* רָקַם
recámara *f* 1 חֲדַר הַמְתָּנָה. 2 חֲדַר הַלְבָּשָׁה. 3 מַחְסָנִית. 4 חֲדַר מִטּוֹת
recambiar *vt* תָּגַר, סָחַר, הִתְגַּר, שִׁחְלֵף
recambio *m* 1 שַׁחְלִיפִין. 2 חֶלְקֵי חִלּוּף
recamo *m* 1 רִקּוּם. 2 קִשּׁוּט
recapacitar *vt* הִרְהֵר, סִכֵּם, חִשֵּׁב
recapitulación *f* הִרְהוּר, סִכּוּם, מַחֲשָׁבָה

recapitular *vt* הִרְהֵר, סִכֵּם
recargar *vt* הִגְדִּישׁ, גָּדַשׁ
recargo *m* תּוֹסֶפֶת, עֹמֶס יָתֵר
recatado *adj* 1 צָנוּעַ, עָנָו. 2 מָתוּן, זָהִיר. 3 נֶחְבָּא אֶל הַכֵּלִים
recatar *vt* 1 הִסְתִּיר, הֶעֱטָה, כִּסָּה, הִצְנִיעַ, הִטְמִין, הֶעְלִים. 2 טָעַם שֵׁנִית, הִטְעִים. 3 נִזְהַר, הִסֵּס
recato *m* 1 צְנִיעוּת, עֲנָוָה. 2 מְתִינוּת, זְהִירוּת
recauchaje *m* גִּפּוּר, תִּקּוּן צָמִיג
recauchar *vt* גִּפֵּר
recaudación *f* 1 גְּבִיָּה, הַכְנָסָה. 2 גּוּבַיְנָה. 3 פִּדְיוֹן
recaudador *m* גּוֹבֶה
recaudamiento *m* 1 גְּבִיָּה, הַכְנָסָה. 2 אֵזוֹר גְּבִיָּה
recaudar *vt* 1 גָּבָה. 2 אִבְטַח, בִּטַּח
recaudo *m* 1 גְּבִיָּה, הַכְנָסָה. 2 זְהִירוּת. 3 שְׁמִירָה. 4 עַרְבוּת
recebar *vt* כִּסָּה בְּחָצָץ
recebo *m* 1 חָצָץ. 2 מִלּוּי
recelar *vt* 1 חָשַׁשׁ, חָשַׁד. 2 יִחֵם סוּסָה
recelo *m* חֲשָׁשׁ, חֲשָׁד, פִּקְפּוּק, הִסּוּס
receloso *adj* חַשְׁדָנִי, חֲסַר־אֵמוּן
recental *adj* בֶּן־בָּקָר אוֹ בֶּן־צֹאן
recentísimo *adj* חָדִישׁ בְּיוֹתֵר
recepción *f* 1 קַבָּלַת פָּנִים, מְסִבָּה. 2 קַבָּלָה, הִתְקַבְּלוּת. 3 קַבֶּלֶת, קְלִיטָה
recepcionista *m* פְּקִיד קַבָּלָה
receptáculo *m* 1 בֵּית קִבּוּל. 2 מַצָּעִית
receptar *vt* 1 אֵרַח, קִדֵּם בִּבְרָכָה, קִבֵּל פְּנֵי. 2 הִסְתִּיר, חִפָּה. 3 קִבֵּל, קָלַט
receptividad *f* יְכֹלֶת־קְלִיטָה, קְלִיטוּת
receptivo *adj* 1 קוֹלֵט, מְקַבֵּל. 2 נַעֲנֶה
receptor *adjm* 1 קוֹלֵט. 2 מַקְלֵט. 3 אָזְנִיָּה, שְׁפוֹפֶרֶת. 4 לַבְלָר בֵּית־מִשְׁפָּט
receso *m* פַּגְרָה, חֻפְשָׁה, הַפְסָקָה
receta *f* 1 מַתְכּוֹן. 2 רֶצֶפְּט, מִרְשָׁם־רוֹפֵא
recetar *vt* 1 רָשַׁם מַתְכּוֹן. 2 רָשַׁם תְּרוּפָה
recetario *m* 1 פִּנְקַס מַתְכּוֹנִים. 2 סֵפֶר־תְּרוּפוֹת
recibí *m* תַּקְבּוּל, אִשּׁוּר, קַבָּלָה
recibidero *adj* מִתְקַבֵּל, בַּר פֵּרָעוֹן, קָבִיל
recibidor *adjm* 1 קוֹלֵט, מְקַבֵּל. 2 חֲדַר־כְּנִיסָה, אַכְסַדְרָה
recibimiento *m* 1 הִתְקַבְּלוּת, קְלִיטָה. 2 טְרַקְלִין, אַכְסַדְרָה. 3 קַבָּלַת פָּנִים
recibir *vt* 1 קִבֵּל. 2 קִדֵּם, פָּגַשׁ. 3 נָטַל, סָפַג. 4 הִקְבִּיל פְּנֵי, קִבֵּל אוֹרְחִים
recibirse *vref* הֻכְתַּר, הֻסְמַךְ
recibo *m* קַבָּלָה, אִשּׁוּר
recidiva *f* הִשָּׁנוּת, חֲזָרָה (שֶׁל מַחֲלָה)
reciedumbre *f* עָצְמָה, חֹסֶן, עֹצֶם
recién *adv* זֶה עַתָּה, לֹא מִכְּבָר
reciente *adj* עַכְשָׁוִי, חָדִישׁ, חָדָשׁ
recientemente *adv* לָאַחֲרוֹנָה, לֹא מִכְּבָר
recinto *m* 1 רְחָבָה, סְבִיבָה. 2 שֶׁטַח מְגֻדָּר
recio *adj* חָסֹן, בָּרִיא, חָזָק, עַז, גַּבְרִי
récipe *m* מַתְכּוֹן
recipiente *adjm* 1 מְקַבֵּל. 2 מְכָל, כְּלִי קִבּוּל, בֵּית קִבּוּל
reciprocación *f* הֲדָדִיּוּת, יַחַס גּוֹמְלִין
reciprocamente *adv* בַּהֲדָדִיּוּת, אַהֲדָדֵי
reciprocar *vt* 1 גָּמַל. 2 תֵּאֵם
reciprocidad *f* הֲדָדִיּוּת, גּוֹמְלִין
recíproco *adj* הֲדָדִי, מְשֻׁתָּף, שֶׁל גּוֹמְלִין
recitación *f* הַקְרָאָה, הַטְעָמָה, דִּקְלוּם
recitado *m* רֶצִיטָטִיב
recitador *adjm* מְדַקְלֵם, קַרְיָן
recital *m* רֶסִיטָל, קוֹנְצֶרְט
recitar *vt* דִּקְלֵם, קָרָא, הִקְרִיא
reclamación *f* 1 דְּרִישָׁה, תְּבִיעָה, תְּלוּנָה. 2 עֲתִירָה
reclamante *m* תּוֹבֵעַ, טוֹעֵן, דּוֹרֵשׁ, עוֹתֵר
reclamar *vti* 1 תָּבַע, בִּקֵּשׁ, דָּרַשׁ. 2 הִתְלוֹנֵן, הִתְאוֹנֵן. 3 מָחָה, עִרְעֵר
reclamo *m* 1 בַּרְוָז פִּתָּיוֹן. 2 קוֹל צִפּוֹר. 3 קֶסֶם, פִּתּוּי, כִּשּׁוּף. 4 פִּרְסֹמֶת, פִּרְסוּם. 5 מֵימְרָה, אִמְרַת כָּנָף. 6 תְּלוּנָה, דְּרִישָׁה, מְחָאָה

reclinación *f* 1 נְטִיָּה, הִשָּׁעֲנוּת. 2 הַשְׁעָנָה

reclinado *adj* נָטוּי, שָׁכוּב, נוֹטֶה, נִשְׁעָן

reclinar *vt* 1 כּוֹפֵף, הִרְכִּין, הִשְׁעִין. 2 נִשְׁעַן

reclinatorio *m* 1 הֲדוֹם תְּפִלָּה. 2 מִשְׁעָן, מִשְׁעֶנֶת

recluir *vt* 1 כָּלָא, אָסַר. 2 הִסְגִּיר

reclusión *f* 1 כְּלִיאָה, מַאֲסָר. 2 פְּרִישׁוּת, הִסְתַּגְּרוּת

recluso *adjm* אָסִיר, כָּלוּא

recluta *m* 1 גִּיּוּס. 2 טוּרַאי, חַיָּל, טִירוֹן

reclutamiento *m* 1 גִּיּוּס. 2 שְׁנָתוֹן־גִּיּוּס

reclutar *vt* גִּיֵּס

recobrar *vt* 1 הֶחֱזִיר לְעַצְמוֹ. 2 שָׁב לְאֵיתָנוֹ

recobro *m* 1 הַחְזָרָה. 2 הַבְרָאָה, הַחְלָמָה

recocer *vt* 1 בִּשֵּׁל שׁוּב. 2 הִקְדִּיחַ. 3 הִתְרַגֵּשׁ

recocido *adjm* 1 בָּקִי, מְנֻסֶּה. 2 רִתּוּחַ, הַרְתָּחָה. 3 הִתְרַתְּחוּת

recodo *m* פִּנָּה, סִבּוּב, תַּפְנִית, פִּתּוּל

recoger *vt* 1 לָקַח, הֵרִים. 2 אָסַף, לִקֵּט, קָטַף. 3 הֶחֱסָה. 4 הִתְכַּוֵּץ, הִצְטַמֵּק. 5 פָּרַשׁ, הִתְבּוֹדֵד, הִסְתַּגֵּר

recogida *f* 1 הוֹצָאָה מִמַּחְזוֹר. 2 אָסִיף, קָטִיף

recogido *adjm* בּוֹדֵד, פָּרוּשׁ, נָזִיר

recogimiento *m* 1 אִסּוּף, קָטִיף. 2 פְּרִישׁוּת, הִתְבּוֹדְדוּת. 3 מִנְזָר

recolección *f* 1 אָסִיף, קָצִיר, קָטִיף. 2 לִקּוּט, אִסּוּף

recolectar *vt* 1 אָסַף, קָצַר, קָטַף. 2 לִקֵּט, אָגַר

recoleto *adjm* פָּרוּשׁ, פּוֹרֵשׁ, מִתְבּוֹדֵד, נָזִיר

recomendable *adj* מֻמְלָץ, רָצוּי, יָאֶה, כְּדַאי

recomendación *f* 1 הַמְלָצָה, עֵצָה, חַוַּת דַּעַת. 2 שֶׁבַח, הַלֵּל

recomendar *vt* 1 הִמְלִיץ, יָעַץ, הִצִּיעַ. 2 שִׁבַּח, הִלֵּל. 3 הִצִּיעַ עַצְמוֹ

recomendatorio *adj* מַמְלִיץ

recompensa *f* גְּמוּל, פְּרָס, פִּצּוּי

recompensar *vt* גָּמַל, פִּצָּה

reconcentrar *vt* 1 אָסַף. 2 רִכֵּז. 3 הִתְרַכֵּז

reconciliación *f* הִתְפַּיְּסוּת, פִּיּוּס, הַשְׁלָמָה

reconciliar *vt* 1 פִּיֵּס, רִצָּה, הִשְׁלִים. 2 הִתְפַּיֵּס

reconcomio *m* 1 דַּחַף, יֵצֶר, תְּשׁוּקָה. 2 חֲשָׁשׁ, חֲשָׁד, פִּקְפּוּק

reconditez *f* כְּמִיסוּת, סוֹדִיּוּת

recóndito *adj* סָתוּם, כָּמוּס, טָמִיר, רָזִי

reconocer *vt* 1 הִכִּיר, הִבְחִין, זִהָה. 2 הוֹדָה, הִכִּיר טוֹבָה. 3 סִיֵּר, בָּדַק, חָקַר. 4 וִדָּה, הִתְוַדָּה

reconocible *adj* נִכָּר, בַּר הַכָּר

reconocido *adj* 1 מֻכָּר, יָדוּעַ. 2 אֲסִיר־תּוֹדָה

reconocimiento *m* 1 הַכָּרָה, הַבְחָנָה. 2 סִיּוּר, תִּיּוּר. 3 הוֹדָיָה, הַכָּרַת טוֹבָה

reconquista *f* שִׁכְבּוּשׁ, כִּבּוּשׁ מֵחָדָשׁ

reconquistar *vt* כָּבַשׁ מֵחָדָשׁ

reconstitución *f* שִׁקּוּם, שִׁחְזוּר

reconstituir *vt* שִׁקֵּם, שִׁחְזֵר

reconstituyente *adjm* 1 מְעוֹדֵד, מְעוֹרֵר. 2 מְשַׁקֵּם, מְשַׁחְזֵר

reconstrucción *f* שִׁקּוּם, שִׁחְזוּר

reconstruir *vt* שִׁקֵּם, שִׁחְזֵר

recontar *vt* 1 סָפַר, מָנָה. 2 סִפֵּר, תֵּאֵר

reconvención *f* גִּנּוּי, גְּעָרָה, נְזִיפָה, תּוֹכָחָה

reconvenir *vt* גִּנָּה, גָּעַר, נָזַף, הוֹכִיחַ

recopilación *f* 1 קֹבֶץ, קִצּוּר, תַּמְצִית. 2 חִבּוּר, אֹסֶף, לֶקֶט

recopilar *vt* 1 תִּכֵּן, קִצֵּר, תִּמְצֵת. 2 חִבֵּר, אָסַף, לִקֵּט

récord *m* שִׂיא, הֶשֵּׂג

recordable *adj* רָאוּי לִזְכִירָה

recordación *f* זְכִירָה, זִכָּרוֹן, הִזָּכְרוּת

recordar *vt* זָכַר, הִזְכִּיר, אִזְכֵּר

recordativo *adj* מַזְכִּיר, מְאַזְכֵּר

recordatorio *m* תִּזְכֹּרֶת, מִזְכָּר

recorrer *vt* 1 תָּר, נָע, סִיֵּר. 2 עָבַר בִּרְפְרוּף. 3 בָּדַק, בָּחַן, הִגִּיהַּ. 4 תִּקֵּן

recorrido *m* דֶּרֶךְ, נָתִיב, תְּוַי, מַהֲלָךְ

recortar *vt* חָתַךְ, גָּזַר, זִמֵּר

recortado *adjm* 1 מְשֻׁנָּן. 2 גְּזִיר־נְיָר

recorte *m* 1 חִתּוּךְ. 2 רְשִׁימָה קְצָרָה (בעתון). 3 שְׁאֵרִית

recoser *vt* תִּקֵּן, תִּפֵּר

recosido *m* תִּקּוּן הַטְלָאָה

recostado *adj* 1 שׁוֹכֵב, שָׂרוּעַ. 2 שָׁעוּן, רָכוּן

recostar *vt* 1 הִשְׁעִין, הִרְכִּין. 2 נִשְׁעַן, הִשְׂתָּרַע

recoveco *m* 1 פִּתּוּל, הִתְפַּתְּלוּת, עִקּוּם. 2 פִּנָּה, מַחֲבוֹא. 3 תַּחְבּוּלָה

recreación *f* בִּדּוּר, עִנּוּג, נֹפֶשׁ, שַׁעֲשׁוּעִים

recrear *vt* 1 הֶחֱיָה. 2 שִׁעֲשַׁע, שִׂמַּח, בִּדַּח, בִּדֵּר, עִנֵּג. 3 יָצַר מֵחָדָשׁ. 4 הִתְבַּדֵּר

recreativo *adj* מְבַדֵּר, מְשַׁעֲשֵׁעַ, מְעַנֵּג

recrecer *vt* 1 רָבָה, הִתְרַבָּה. 2 הִרְבָּה. 3 הִתְאוֹשֵׁשׁ

recreo *m* 1 הַפְסָקָה. 2 בִּדּוּר, שַׁעֲשׁוּעַ, נֹפֶשׁ

recriminación *f* גִּנּוּי, נְזִיפָה, גְּעָרָה

recriminar *vt* גִּנָּה, נָזַף, גָּעַר

recrudecer *vi* 1 הֶחֱמִיר. 2 פָּרַץ מֵחָדָשׁ, הִתְחַדֵּשׁ

recrudecimiento *m* 1 הַחְמָרָה, הַכְבָּדָה. 2 הִתְחַדְּשׁוּת (שֶׁל מַחֲלָה)

recrudescencia *f* הִתְפָּרְצוּת מֵחָדָשׁ, הִתְחַדְּשׁוּת

recrudescente *adj* מִתְחַדֵּשׁ, מַחְמִיר

recrujir *vi* חָרַק

recruzar *vt* סִיֵּר שֵׁנִית

recta *f* יָשָׁר, קַו יָשָׁר

rectal *adj* שֶׁל חַלְחֹלֶת

rectangular *adj* 1 אֲנָכִי, יְשַׁר־זָוִית. 2 מַלְבֵּנִי

rectángulo *adjm* 1 יְשַׁר־זָוִית. 2 מַלְבֵּן

rectificación *f* תִּקּוּן, יִשּׁוּר

rectificador *adjm* 1 מְתַקֵּן, מְיַשֵּׁר. 2 מְיַשֵּׁר־זֶרֶם

rectificar *vt* 1 תִּקֵּן, יִשֵּׁר. 2 זִכֵּךְ, זִקֵּק

rectificativo *adj* מְתַקֵּן

rectitud *f* 1 הֲגִינוּת, יֹשֶׁר. 2 יַשְׁרוּת

recto *adjm* 1 יָשָׁר, הָגוּן, תָּמִים. 2 זָקוּף, יָשִׁיר. 3 חַלְחֹלֶת, הַמְּעִי הַיָּשָׁר

rector *adjm* 1 נָגִיד, רֶקְטוֹר. 2 כֹּהֵן, כֹּמֶר. 3 מְנַהֵל

rectorado *m* נְגִידוּת, רֶקְטוֹרוּת, מִנְהָלָה

rectoria *f* 1 בֵּית הַכֹּהֵן. 2 לִשְׁכַּת הָרֶקְטוֹר

recua *f* 1 עֵדֶר. 2 אֲסַפְסוּף

recuadro *m* גֻּמְחָה, מִגְרָעָה, מִגְרַעַת

recubrimiento *m* חִפּוּי, כִּסּוּי, צִפּוּי, מַעֲטָה, עֲטִיפָה, מִכְסֶה

recubrir *vt* חִפָּה, כִּסָּה, צִפָּה, עָטָה, עָטַף

recuento *m* מִנְיָן שֵׁנִי, סְפִירָה שְׁנִיָּה

recuerdo *m* 1 זִכָּרוֹן, זְכִירָה. 2 מַזְכֶּרֶת

recuesta *f* דְּרִישָׁה, בִּקּוּשׁ, מִשְׁאָלָה, בַּקָּשָׁה

recuestar *vt* בִּקֵּשׁ, שָׁאַל

reculada *f* רְתִיעָה, הַרְתָּעָה, נְסִיגָה

recular *vi* רָתַע, נָסוֹג, נִרְתַּע

reculones (a-) *mpl* לְאָחוֹר, בִּנְסִיגָה

recuperación *f* 1 הִתְאוֹשְׁשׁוּת, הַחְלָמָה, הַבְרָאָה. 2 שִׁמּוּשׁ חוֹזֵר. 3 קַבָּלָה בַּחֲזָרָה

recuperar *vt* 1 קִבֵּל בַּחֲזָרָה. 2 עָשָׂה שִׁמּוּשׁ חוֹזֵר. 3 הִתְאוֹשֵׁשׁ, הֶחֱלִים, הִבְרִיא

recuperativo *adj* מַבְרִיא, מַחֲלִים

recurrente *adjm* עוֹתֵר, מַעְתִּיר

recurrir *vi* 1 פָּנָה. 2 נִזְקַק. 3 נָקַט, הִשְׁתַּמֵּשׁ. 4 עָתַר. 5 חָזַר, שָׁב

recurso *m* 1 פְּנִיָּה. 2 בַּקָּשָׁה, עֲתִירָה, עֲצוּמָה. 3 מַשְׁאָב. 4 אֶמְצָעִי. 5 תּוּשִׁיָּה

recusación *f* דְּחִיָּה, סֵרוּב, מֵאוּן

recusante *adjm* 1 מַמְרֶה. 2 סוֹכֵר

recusar *vt* דָּחָה, שָׁלַל, פָּסַל

rechazar *vt* 1 דָּחָה, הִרְחִיק, פָּסַל. 2 הֵקִיא. 3 הָדַף, הִרְתִּיעַ

rechazo *m* 1 דְּחִיָּה, הַרְחָקָה. 2 הַרְתָּעוּת, הֲדִיפָה

rechifla *f* לִגְלוּג, שְׁרִיקַת־בּוּז

rechiflar *vti* לִגְלֵג, שָׁרַק

rechinamiento *m* חֲרִיקָה, שִׁקְשׁוּק

rechinar *vi* חָרַק, שִׁקְשֵׁק

rechistar *vi* רָטַן, הִתְרַעֵם, הִתְלוֹנֵן

rechoncho *adj* שְׁמַנְמַן, גּוּץ

rechupete (de-) *m* מְצֻיָּן

red *f* 1 רֶשֶׁת. 2 מִכְמֹרֶת. 3 מַעֲרֶכֶת. 4 קְלִיעָה, סְרִיגָה. 5 מַלְכֹּדֶת

redacción *f* 1 נִסּוּחַ, חִבּוּר. 2 עֲרִיכָה, נֹסַח. 3 מַעֲרֶכֶת (שֶׁל כְּתַב־עֵת)

redactar *vt* נִסֵּחַ, חִבֵּר, עָרַךְ

redactor *m* עוֹרֵךְ

redada *f* 1 הֲטָלַת רֶשֶׁת. 2 שְׁלַל־מָצוֹד
redar *vt* 1 רִשֵּׁת. 2 הֵטִיל רֶשֶׁת
redecilla *f* 1 רִשְׁתִּית. 2 רֶשֶׁת שֵׂעָר. 3 בֵּית־הַכּוֹסוֹת
rededor *m* 1 מִתְאָר, הֶקֵּף, תַּרְשִׁים. 2 סְבִיבָה
redención *f* גְּאֻלָּה, יְשׁוּעָה, הַצָּלָה, כַּפָּרָה, פְּדוּת, פְּדִיָּה
redentor *m* גּוֹאֵל, מַצִּיל, מוֹשִׁיעַ
redescuento *m* נִכּוּי, נִכָּיוֹן
redil *m* דִּיר, מִכְלָאָה
redimible *adj* בַּר פְּדִיָּה
redimir *vt* פָּדָה, גָּאַל, שִׁחְרֵר
redingote *m* מְעִיל רְכִיבָה
rédito *m* רֶוַח, הַכְנָסָה
reditual *adj* מַכְנִיס, רִוְחִי
redituar *vt* הִכְנִיס רְוָחִים
redivivo *adj* קָם לִתְחִיָּה
redoblado *adj* 1 מְכֻפָּל. 2 גּוּץ, רְחַב־גֶּרֶם
redoblar *vti* 1 הִכְפִּיל. 2 קִפֵּל. 3 תּוֹפֵף
redoble *m* 1 הֶדְהוּד, תִּפּוּף. 2 הַכְפָּלָה
redoblona *f* הִמּוּר
redolente *adj* סוֹבֵל מֵחוֹשִׁים
redolor *m* מֵחוֹשׁ
redoma *f* בַּקְבּוּק, קַנְקַן, צִנְצֶנֶת
redomado *adj* עָרוּם, עַרְמוּמִי
redomón *adj* חֲצִי מְאֻלָּף
redonda *f* 1 סְבִיבָה. 2 תָּו שָׁלֵם
redondear *vt* 1 עִגֵּל. 2 הִבְרִיא, שִׁקֵּם (עֵסֶק)
redondel *m* 1 חוּג, עִגּוּל, מַעְגָּל. 2 זִירָה
redondez *f* 1 עֲגַלְגַּלּוּת. 2 הֶקֵּף הָעִגּוּל. 3 שֶׁטַח כַּדּוּרִי
redondilla *f* שִׁיר מְרֻבָּע
redondo *adjm* 1 עָגֹל, עֲגַלְגַּל. 2 מִסְפָּר מְעֻגָּל
redopelo *m* מְהוּמָה, קְטָטָה
reducción *f* הַפְחָתָה, הַקְטָנָה, הוֹרָדָה, צִמְצוּם
reducible *adj* פָּרִיק, בַּר הַקְטָנָה, מִצְטַמְצֵם
reducido *adj* מֻקְטָן, מְצֻמְצָם, כָּחוּשׁ
reducir *vt* הִפְחִית, הִמְעִיט, הִקְטִין, צִמְצֵם
reducto *m* מִבְצָר, מְצוּדָה
redundancia *f* גֹּדֶשׁ, כֶּפֶל לָשׁוֹן
redundante *adj* גָּדוּשׁ, מְגֻבָּב מִלִּים
redundar *vi* 1 גָּלַשׁ. 2 הִסְתַּיֵּם בְּ־
reduplicación *f* הַכְפָּלָה
reduplicar *vt* כָּפַל, הִכְפִּיל
reedificación *f* בִּנּוּי, קִמּוּם
reelección *f* בְּחִירָה מֵחָדָשׁ
reelegible *adj* מֻעֲמָד לִבְחִירָה נוֹסֶפֶת
reelegir *vt* בָּחַר שֵׁנִית, בָּחַר מֵחָדָשׁ
reembarcar *vt* הֶעֱלָה שׁוּב, שִׁטְעֵן
reembarque *m* שִׁטְעוּן
reembolsar *vt* הֶחֱזִיר, שִׁלֵּם, פָּרַע
reembolso *m* גּוּבַיְנָא, גּוּבַיְנָה
reemplazar *vt* הֶחֱלִיף, מִלֵּא מָקוֹם, תִּחְלֵף
reemplazo *m* 1 מַחֲלִיף. 2 תַּחֲלִיף. 3 תַּחֲלוּפָה
reencarnación *f* הִתְגַּלְּמוּת, גִּלְגּוּל
reencarnar *vi* הִתְגַּלֵּם, הִתְגַּלְגֵּל
reencuentro *m* הִתְנַגְּשׁוּת, תַּקְרִית
reengendrar *vt* 1 גִּלֵּם מֵחָדָשׁ. 2 עָבַר גִּלְגּוּל
reentrar *vi* נִכְנַס שֵׁנִית
reenviar *vt* הֶחֱזִיר, שִׁטְעֵן
reenvío *m* הַחְזָרַת מִשְׁלוֹחַ
reexaminar *vt* בָּחַן מֵחָדָשׁ
reexpedición *f* שִׁטְעוּן
reexpedir *vt* שִׁטְעֵן
refacción *f* 1 אֲרוּחָה קַלָּה. 2 תִּקּוּן, שִׁפּוּץ
refaccionar *vt* תִּקֵּן, שִׁפֵּץ
refajo *m* תַּחְתּוֹנִית
refección *f* תִּקּוּן, שִׁפּוּץ
refectorio *m* מִזְנוֹן, חֲדַר אֹכֶל
referencia *f* 1 סִפּוּר. 2 יַחַס, זִקָּה, קֶשֶׁר. 3 הַמְלָצָה. 4 מוּבָאָה, צִיטָטָה
referéndum *m* 1 מִשְׁאַל עָם. 2 בַּקָּשַׁת־הַנְחָיוֹת
referente *adj* מִתְיַחֵס, נוֹגֵעַ לְ־
referir *vt* 1 סִפֵּר. 2 יִחֵס. 3 הִתְיַחֵס
refilón (de-) 1 בַּאֲלַכְסוֹן. 2 דֶּרֶךְ אַגַּב
refinación *f* 1 זִקּוּק, צְרִיפָה, טִהוּר. 2 שִׁפּוּר, שִׁכְלוּל
refinado *adj* 1 מְתֻרְבָּת, מְנֻמָּס, עָדִין. 2 מְזֻקָּק, מְזֻכָּךְ, מְצֹרָף, צָרוּף

refinamiento *m* 1 עֲדִינוּת, נִימוּס. 2 זִקּוּק, טִהוּר. 3 עִדּוּן
refinar *vt* 1 זִקֵּק, זִכֵּךְ, טִהֵר, צֵרֵף. 2 עִדֵּן, צִחְצַח, שִׁכְלֵל
refineria *f* בֵּית זִקּוּק
reflectar *vt* שִׁקֵּף, הִשְׁתַּקֵּף
reflector *madj* 1 זַרְקוֹר. 2 זוֹרֵק אוֹר, מַחֲזִיר אוֹר
reflejar *vt* 1 שִׁקֵּף, הִשְׁתַּקֵּף. 2 הִבִּיעַ, אָמַר. 3 חָשַׁב, הִרְהֵר, עִיֵּן. 4 בִּצְבֵּץ
reflejo *adjm* 1 חוֹזֵר, מֻחְזָר, מִשְׁתַּקֵּף. 2 הֶחְזֵר, בָּבוּאָה, הִשְׁתַּקְּפוּת. 3 רֶפְלֶקְס
reflexión *f* 1 הִרְהוּר, מַחֲשָׁבָה, הִתְבּוֹנְנוּת. 3 הִשְׁתַּקְּפוּת, הַחְזָרָה (של אור, חום וכו')
reflexionar *vi* הִרְהֵר, חָשַׁב, עִיֵּן, שָׁקַל, הִתְעַמֵּק
reflexivo *adj* 1 מַחֲזִיר, מְשַׁקֵּף. 2 חוֹשֵׁב, מְהַרְהֵר. 3 חוֹזֵר
refluir *vi* 1 נָסוֹג לְאָחוֹר (נוֹזְלִים). 2 הִסְתַּיֵּם בְּ־
reflujo *m* 1 שֵׁפֶל. 2 נְסִיגָה
refocilación *f* תַּעֲנוּג, הֲנָאָה, חֶדְוָה, עֹנֶג
refocillar *vt* הֵנָה, עִנֵּג, רִצָּה, שִׁעֲשַׁע
reforma *f* שִׁנּוּי צוּרָה, תִּקּוּן, רֵפוֹרְמָה
reformación *f* רֵפוֹרְמַצְיָה, שִׁנּוּי עֲרָכִים
reformador *adjm* מְתַקֵּן, רֵפוֹרְמָטוֹר
reformar *vt* 1 תִּקֵּן, שִׁנָּה, שִׁפֵּר. 2 הֶחֱזִיר לְמוּטָב
reformatorio *adjm* 1 מְתַקֵּן. 2 מוֹסָד לַעֲבַרְיָנִים
reformista *adjm* 1 רֵפוֹרְמִי. 2 רֵפוֹרְמִיסְט
reforzar *vt* תִּגְבֵּר, חִזֵּק, שִׁרְיֵן
refracción *f* רֶפְרַקְצְיָה, שִׁבְרוּר, הִשְׁתַּבְּרוּת
refractar *vt* שָׁבַר קֶרֶן אוֹר
refractario *adj* 1 מַמְרֶה, סוֹרֵר. 2 עַקְשָׁן, קְשֵׁה עֹרֶף. 3 עוֹמֵד בִּפְנֵי חֹם
refractor *m* מִשְׁתַּבֵּר, רֶפְרַקְטוֹר, שׁוֹבֵר־אוֹר
refrán *m* מָשָׁל, אִמְרָה, פִּתְגָּם
refranero *m* פִּתְגָּמוֹן
refregadura *f* 1 שִׁפְשׁוּף, עִסּוּי. 2 שְׂרִיטָה, שָׂרֶטֶת
refregamiento *m* שִׁפְשׁוּף, עִסּוּי
refregar *vt* 1 שִׁפְשֵׁף, חִכֵּךְ, עִסָּה. 2 הֶעֱלִיב, נָזַף
refregón *m* 1 שִׁפְשׁוּף, עִסּוּי. 2 שְׂרִיטָה, שָׂרֶטֶת
refreír *vt* טִגֵּן
refrenamiento *m* הַבְלָגָה, רִסּוּן, בְּלִימָה, הִתְאַפְּקוּת, מַעְצוֹר
refrenar *vt* 1 רִסֵּן, בָּלַם, עָצַר. 2 הִבְלִיג
refrendar *vt* 1 אִשֵּׁר, אִמֵּת. 2 אִשְׁרֵר
refrendata *f* אִשּׁוּר, אִשְׁרוּר
refrescante *adj* מְרַעֲנֵן
refrescar *vti* 1 רִעֲנֵן, קֵרֵר, צִנֵּן. 2 נָפַשׁ
refresco *m* מַשְׁקֶה מְרַעֲנֵן
refresquería *f* קִיוֹסְק, מִזְנוֹן
refriega *f* קְטָטָה, קְרָב, תִּגְרָה, רִיב
refrigeración *f* 1 קֵרוּר, צִנּוּן. 2 אֲרוּחָה קַלָּה
refrigerador *adjm* מְקָרֵר
refrigeradora *f* מְקָרֵר חַשְׁמַלִּי
refrigerante *adjm* 1 מְצַנֵּן, מְרַעֲנֵן. 2 מְקָרֵר
refrigerar *vt* קֵרֵר, צִנֵּן, רִעֲנֵן
refrigerio *m* 1 אֲרוּחָה קַלָּה. 2 הֲקַלָּה, רְוָחָה
refringente *adj* שׁוֹבֵר, מִשְׁתַּבְרֵר
refringir *vt* 1 שָׁבַר. 2 הִשְׁתַּבֵּר
refrito *adjm* 1 מְעֻבָּד. 2 עִבּוּד
refuerzo *m* תִּגְבֹּרֶת, חִזּוּק
refugiado *m* פָּלִיט
refugiar *vt* נָתַן מַחְסֶה, הֶחֱסָה
refugio *m* 1 מַחְסֶה, מִפְלָט. 2 מִקְלָט
refulgencia *f* נֹגַהּ, בָּרָק, זֹהַר
refulgente *adj* זוֹהֵר, מַבְרִיק, קוֹרֵן
refulgir *vi* זָהַר, הִבְרִיק, קָרַן
refundición *f* 1 עִצּוּב. 2 הִתּוּךְ
refundir *vt* 1 עִצֵּב. 2 הִתִּיךְ
refunfuñar *vi* מִלְמֵל, רָטַן, רָגַן, הִתְלוֹנֵן
refunfuño *m* מִלְמוּל, רִטּוּן, הִתְלוֹנְנוּת, הַרְגָּנוּת
refunfuñón *adjm* מַלְמְלָן, רוֹטֵן, רוֹגֵן
refutación *f* הֲזַמָּה, הַכְחָשָׁה, סְתִירָה
refutar *vt* הֵזֵם, הִכְחִישׁ, סָתַר
regacear *vt* הִפְשִׁיל כְּלַפֵּי מַעְלָה
negadera *f* 1 מַזְלֵף. 2 תְּעָלַת־הַשְׁקָאָה
regadio *adjm* 1 בַּר הַשְׁקָאָה. 2 אַדְמַת שְׁלָחִין
regador *adjm* מַשְׁקֶה
regalado *adj* 1 עָנֹג. 2 עָדִין, רַךְ, עָרֵב.

3 מְהַנָּה, מְעַנֵּג. 4 זוֹל, חָפְשִׁי

regalar *vt* 1 נָתַן מַתָּנָה. 2 שִׁעֲשַׁע, עִנֵּג. 3 נֶהֱנָה

regalía *f* 1 תַּמְלוּגִים, זְכוּת מַלְכוּתִית. 2 זְכוּת, חֲסִיּוֹן, יִחוּס

regaliz *m* שׁוּשׁ (צֶמַח רְפוּאִי)

regalo *m* 1 מִנְחָה, דּוֹרוֹן, שַׁי, תְּשׁוּרָה. 2 עֹנֶג, תַּעֲנוּג. 3 אֲרוּחָה. 4 מַשְׁקֶה מְעֻדָּן

regalón *adj* מְפֻנָּק

regañadientes (a-) *adv* בְּאִי רָצוֹן, בְּרֹגֶז

regañar *vti* 1 נָבַח. 2 רָטַן, רָב, נָהַם. 3 נָזַף, גָּעַר

regaño *m* 1 נְזִיפָה, גְּעָרָה. 2 רִטּוּן, רִגּוּן

regañón *adj* 1 רַגְזָן, כַּעֲסָן. 2 רוּחַ צְפוֹנִית־מַעֲרָבִית

regar *vt* הִשְׁקָה

regata *f* תַּחֲרוּת־שַׁיִט, מֵרוֹץ סִירוֹת

regate *m* 1 הִתְחַמְּקוּת, הִשְׁתַּמְּטוּת. 2 הַעֲרָמָה

regatear *vti* 1 הִתְמַקֵּחַ. 2 תִּגֵּר. 3 הִתְחַמֵּק, הִשְׁתַּמֵּט. 4 עָרַךְ תַּחֲרוּת־שַׁיִט

regateo *m* מִקּוּחַ, הִתְמַקְּחוּת, תִּגּוּר

regatero *adjm* 1 מִתְמַקֵּחַ, עוֹמֵד עַל הַמִּקָּח. 2 רוֹכֵל

regato *m* 1 יוּבַל, פֶּלֶג. 2 שְׁלוּלִית

regazo *m* חֵיק

regencia *f* 1 שִׁלְטוֹן, שְׁלִיטָה. 2 עוֹצְרוּת. 3 מֶמְשָׁלָה זְמַנִּית

regeneración 1 הִתְחַדְּשׁוּת, תְּחִיָּה, חִדּוּשׁ. 2 חֲזָרָה לְמוּטָב

regenerar *vt* 1 הֶחֱיָה, הֶחֱזִיר לְמוּטָב, חִדֵּשׁ. 2 הִתְחַדֵּשׁ, חָזַר לְמוּטָב

regenerativo *adj* 1 מְחַדֵּשׁ, מְחַיֶּה. 2 מַחֲזִיר לְמוּטָב

regentar *vt* 1 מָשַׁל, מָלַךְ. 2 נִהֵל, נָהַג

regente *adjm* 1 עוֹצֵר. 2 מוֹשֵׁל. 3 מְנַהֵל

regentear *vt* נִהֵל, נָהַג

regicida *m* 1 הוֹרֵג־מֶלֶךְ. 2 מִתְנַקֵּשׁ בַּמֶּלֶךְ

regicidio *m* הֲרִיגַת מֶלֶךְ

regidor *adjm* 1 מוֹשֵׁל, שׁוֹלֵט. 2 חֲבֵר עִירִיָּה, חֲבֵר מוֹעָצָה

regiduría *f* חֲבֵרוּת בְּמוֹעֶצֶת עִירִיָּה

régimen *m* 1 מִשְׁטָר, שִׁיטָה. 2 דִּיאֶטָה. 3 שִׁלְטוֹן

regimental *adj* גְּדוּדִי, חֲטִיבָתִי

regimentación *f* 1 אִרְגּוּן, נִהוּל. 2 הֲקָמַת גְּדוּד

regimentar *vt* 1 אִרְגֵּן בְּמִסְגֶּרֶת גְּדוּד. 2 הֵקִים חֲטִיבָה

regimiento *m* 1 גְּדוּד, חֲטִיבָה. 2 שִׁלְטוֹן, מִשְׁטָר. 3 מוֹעֶצֶת עִירִיָּה

regio *adj* 1 מְפֹאָר, נֶהְדָּר, מְצֻיָּן. 2 מַלְכוּתִי

región *f* 1 אֵזוֹר, מָחוֹז, חֶבֶל, גָּלִיל, נָפָה. 2 מֶרְחָב, תְּחוּם

regional *adj* 1 אֲזוֹרִי, מְחוֹזִי, גְּלִילִי. 2 מֶרְחָבִי

regionalismo *m* 1 מְחוֹזִיּוּת. 2 אַהֲבָה לְמָקוֹם מְסֻיָּם. 3 מִשְׁטָר מְקוֹמִי

regionalista *adjm* תּוֹמֵךְ בְּמִשְׁטָר רֶגְיוֹנָלִי

regir *vt* 1 מָלַךְ, מָשַׁל, שָׁלַט, רָדָה. 2 הָיָה בְּתֹקֶף. 3 נִהֵל, נָהַג, שָׂרַר

registrador *adjm* 1 רוֹשֵׁם, מוֹדֵד. 2 מַכְשִׁיר־רִשּׁוּם

registradora *f* קֻפָּה רוֹשֶׁמֶת

registrar *vt* 1 רָשַׁם, צִיֵּן. 2 רָשַׁם בְּסֵפֶר. 3 בָּחַן. 4 נִרְשַׁם

registro *m* 1 רִשּׁוּם, רְשִׁימָה, צִיּוּן בְּיוֹמָן. 2 מִרְשָׁמָה, אַרְכִיב, פִּנְקָס

regla *f* 1 כְּלָל, תַּקָּנָה, מִנְהָג, נֹהַג. 2 סַרְגֵּל. 3 וֶסֶת

reglamentación *f* 1 תִּקְנוּן, הַסְדָּרָה. 2 וִסּוּת

reglamentar *vt* 1 תִּקֵּן, חָקַק. 2 וִסֵּת, סִדֵּר

reglamentario *adj* חֻקִּי, רִשְׁמִי

reglamento *m* 1 תִּקְנוּן, קֹבֶץ־תַּקָּנוֹת. 2 צַו, תַּקָּנָה. 3 חֹק עֵזֶר

reglar *vt* 1 שִׂרְטֵט, קִוְקֵו. 2 סִדֵּר, הִסְדִּיר, הִתְאִים. 3 וִסֵּת. 4 הִתְאַפֵּק

regleta *f* חֲצָצָה, חֲצִיצָה

regletear *vt* חָצַץ

regocijar *vt* 1 שִׂמַּח, הִרְנִין. 2 הִתְרוֹנֵן

regocijo *m* שִׂמְחָה, עַלִּיזוּת, עֲלִיצוּת, צָהֳלָה, שָׂשׂוֹן

regodearse *vref* 1 הִתְעַנֵּג. 2 הִשְׁתּוֹבֵב, הִתְהוֹלֵל. 3 הִתְלוֹצֵץ, הִתְבַּדֵּחַ

regodeo *m* 1 תַּעֲנוּג. 2 הִתְלוֹצְצוּת,

rehogar *vt* בַּשֵּׁל
rehuida *f* 1 בִּטּוּל, הֲפָרָה. 2 הִתְחַמְּקוּת, הִסְתַּלְּקוּת
rehuir *vt* 1 עָקַף. 2 מֵאֵן, דָּחָה, מָאַס, סֵרֵב. 3 הִתְחַמֵּק, הִתְרַחֵק, הִשְׁתַּמֵּט
rehusar *vt* סֵרֵב, דָּחָה, מֵאֵן, מָאַס
reídor *adj* צוֹחֵק, עַלִּיז, אִישׁ רֵעִים
reimpresión *f* תַּדְפִּיס, מַהֲדוּרָה חֲדָשָׁה
reimprimir *vt* הִדְפִּיס שֵׁנִית
reina *f* מַלְכָּה
reinado *m* 1 שִׁלְטוֹן, מָרוּת, מֶמְשָׁלָה. 2 מַלְכוּת, תְּקוּפַת שִׁלְטוֹן
reinar *vi* מָלַךְ, מָשַׁל, שָׂרַר
reincidencia *f* הִשָּׁנוּת, חֲזָרָה, מִקְרֶה חוֹזֵר
reincidente *adj* חוֹזֵר לְסוּרוֹ
reincidir *vi* נִשְׁנָה, חָזַר וּבָא
reingresar *vi* 1 הִצְטָרֵף מֵחָדָשׁ. 2 נִכְנַס שֵׁנִית
reingreso *m* כְּנִיסָה מֵחָדָשׁ
reino *m* 1 מְלוּכָה, מַלְכוּת, מַמְלָכָה. 2 שִׁלְטוֹן, מָרוּת, מִמְשָׁל, מִשְׁטָר
reinstalación *f* 1 הַחְזָרָה. 2 הַתְקָנָה מֵחָדָשׁ
reinstalar *vt* הֵשִׁיב עַל כַּנּוֹ, הֶחֱזִיר לִמְקוֹמוֹ
reintegración *f* הַחְזָרָה, הֲשָׁבָה, קִמּוּם, הַכְלָלוּת
reintegrar *vt* הֶחֱזִיר, הֵשִׁיב
reintegro *m* 1 הַחְזָרָה, הֲשָׁבָה. 2 תַּשְׁלוּם
reír *vi* 1 צָחַק, צִחְקֵק. 2 לָעַג, לִגְלֵג, בָּז
reiteración *f* הִשָּׁנוּת, חֲזָרָה
reiterar *vt* הִבִּיעַ שֵׁנִית, חָזַר וְאָמַר
reivindicación *f* 1 צִדּוּד בִּזְכוּת, הַצְדָּקָה, הֲגַנָּה. 2 דְּרִישָׁה, תְּבִיעָה
reivindicar *vt* 1 צִדֵּד בִּזְכוּת, הִצְדִּיק, הֵגֵן. 2 דָּרַשׁ, תָּבַע
reja *f* 1 מַחֲרֵשָׁה. 2 שְׂבָכָה, סוֹרֵג, רֶשֶׁת
rejado *m* סְבָכָה, מַעֲקֶה, סוֹרֵג, סְרִידָה
rejilla *f* 1 שְׂבָכָה, סוֹרֵג, סְרִידָה. 2 אֶשְׁנָב, צֹהַר. 3 רֶשֶׁת
rejo *m* 1 דָּרְבָן, חֹד, דֶּקֶר, עֹקֶץ. 2 גִּבְעוֹלוֹן
rejón *m* 1 חֲנִית, רֹמַח, כִּידוֹן. 2 פִּגְיוֹן
rejonear *vt* דָּקַר

הִתְהוֹלְלוּת, הִשְׁתּוֹבְבוּת
regojo *m* 1 פְּרוּסַת־לֶחֶם. 2 עֶלֶם צָנוּם
regoldar *vi* גִּהֵק
regordete *adj* שְׁמַנְמַן
regraciar *vt* הִבִּיעַ תּוֹדָה
regresar *vi* חָזַר, שָׁב
regresión *f* 1 נְסִיגָה, חֲזָרָה, רְתִיעָה. 2 רֶגְרֶסְיָה
regresivo *adj* חוֹזֵר, נָסוֹג, יוֹרֵד, פּוֹחֵת, רֶגְרֶסִיבִי
regreso *m* חֲזָרָה, שִׁיבָה, נְסִיגָה
regüeldo *m* גִּהוּק
reguera *f* תְּעָלַת־הַשְׁקָאָה, אַמַּת־מַיִם
reguero *m* 1 זֶרֶם, שֶׁטֶף, זְרִימָה. 2 פֶּלֶג. 3 תְּעָלָה, אַמָּה
regulación *f* 1 וִסּוּת, הִתְוַסְּתוּת. 2 קְבִיעָה, הַתְאָמָה. 3 צַו, תַּקָּנָה
regulador *adjm* 1 מְוַסֵּת, מְסַדֵּיר. 2 וַסָּת, כַּוֶּנֶת
regular *adjmvt* 1 סָדִיר, תַּקִּין. 2 רָגִיל, קָבוּעַ. 3 בֵּינוֹנִי. 4 וִסֵּת, הִתְאִים, סִדֵּר
regularidad *f* 1 שְׁכִיחוּת, תְּדִירוּת, סְדִירוּת, רְגִילוּת. 2 דִּיּוּק
regularización *f* הַסְדָּרָה, וִסּוּת
regularizar *vt* הִסְדִּיר, וִסֵּת
regularmente *adv* 1 בִּקְבִיעוּת. 2 בְּפַשְׁרָנוּת
regulativo *adj* מְוַסֵּת
régulo *m* 1 מַלְכִּיּוֹן (צפור־שיר זעירה). 2 מֶלֶךְ קָטָן
regurgitación *f* 1 הַעֲלָאַת גֵּרָה. 2 הֲקָאָה
regurgitar *vi* 1 הֶעֱלָה גֵּרָה. 2 הֵקִיא
rehabilitación *f* 1 שִׁקּוּם. 2 זִכּוּי, טִהוּר
rehabilitado *adj* מְזֻכֶּה, מְטֹהָר
rehabilitar *vt* 1 שִׁקֵּם. 2 זִכָּה, טִהֵר
rehacer *vt* 1 שִׁחְזֵר. 2 אִרְגֵּן מֵחָדָשׁ
rehacimiento *m* 1 הִתְאוֹשְׁשׁוּת, הַחְלָמָה, הַבְרָאָה. 2 הִתְחַדְּשׁוּת, שִׁחְזוּר
rehecho *adj* גּוּץ
rehén *m* בֶּן עֲרֻבָּה, בַּר־תַּעֲרוּבוֹת
rehervir *vti* 1 הִרְתִּיחַ מֵחָדָשׁ. 2 רָתַח. 3 הִסְתַּנְוֵר

rejoneo *m* דִּקּוּר
rejuvenecedor *adj* מַצְעִיר, מְחַדֵּשׁ
rejuvenecer *vt* הִצְעִיר, חִדֵּשׁ
rejuvenecimiento *m* הַצְעָרָה, הִתְחַדְּשׁוּת
relación *f* 1 יַחַס, קֶשֶׁר, שַׁיָּכוּת, זִקָּה. 2 דּוּחַ, דִּין וְחֶשְׁבּוֹן. 3 סִפּוּר, הַגָּדָה
relacionar *vt* 1 יִחֵס, קִשֵּׁר, שִׁיֵּךְ. 2 סִפֵּר, הִגִּיד, אָמַר
relaciones públicas יַחֲסֵי צִבּוּר
relajación *f* הַתָּרָה, רְפִיָּה, הַרְפָּיָה, הֲפָגָה
relajado *adj* מֻפְקָר, מֻשְׁחָת
relajamiento *m* הַתָּרָה, רְפִיָּה, הַרְפָּיָה, הֲפָגָה
relajar *vt* הִתִּיר, הֵקֵל, רִפָּה, הֵפִיג
relamer *vt* לִקֵּק, לִקְלֵק
relamido *adj* גַּנְדְּרָן, מִתְהַדֵּר
relámpago *m* בָּרָק, בָּזָק
relampaguear *vi* הִבְזִיק, הִבְרִיק
relampagueo *m* הַבְרָקָה, הַבְזָקָה
relapso *adjm* חוֹזֵר לְסוּרוֹ
relatar *vt* 1 סִפֵּר, תֵּאֵר, הִגִּיד, אָמַר. 2 דִּוֵּחַ, גּוֹלֵל
relatividad *f* יַחֲסִיּוּת
relativismo *m* תּוֹרַת הַיַּחֲסוּת
relativo *adj* יַחֲסִי
relato *m* 1 דּוּחַ, הַצְהָרָה, דִּוּוּחַ. 2 סִפּוּר, אַגָּדָה
relator *m* מַנְחֶה, מְסַפֵּר
releer *vt* קָרָא מֵחָדָשׁ
relegación *f* נִדּוּי, הַגְלָיָה, שִׁלּוּחַ
relegar *vt* נִדָּה, הָגְלָה, שִׁלַּח
relente *m* טַל, רְסִיסֵי לַיְלָה
relevación *f* 1 הֲקַלָּה, הַרְוָחָה. 2 תַּחֲלוּפָה. 3 שִׁחְרוּר, פְּטוֹר, הַתָּרָה. 4 הַבְלָטָה, תַּבְלִיט, בְּלִיטָה
relevante *adj* 1 בּוֹלֵט. 2 דָּגוּל, נִכְבָּד, נַעֲלֶה
relevar *vti* 1 הִבְלִיט, בָּלַט. 2 הֵרִים, רוֹמֵם. 3 שִׁחְרֵר, הֶחֱלִיף. 4 הֵקֵל, רִוַּח. 5 פָּטַר, זִכָּה
relevo *m* חִלּוּף מִשְׁמָרוֹת, תַּחֲלוּפָה
relicario *m* 1 מִשְׁכָּן, מִזְבֵּחַ, מָקוֹם קָדוֹשׁ. 2 בֵּית שְׂרִידִים. 3 מַשְׁכִּיָּה
relieve *m* 1 בְּלִיטָה, תַּבְלִיט. 2 רוֹמְמוּת
religa *f* סַגְסֹגֶת, נֶתֶךְ, מֶסֶג, סִיג
religión *f* דָּת, אֱמוּנָה
religiosidad *f* דָּתִיּוּת, אֲדִיקוּת, יִרְאַת שָׁמַיִם, חֲסִידוּת
religioso *adjm* 1 דָּתִי, אָדוּק, חָרֵד, חָסִיד. 2 כֹּמֶר, נָזִיר
relimpio *adj* טָהוֹר
relinchar *vi* צָהַל
relincho *m* צְהִילָה
relindo *adj* נָאֶה מְאֹד, יָפֶה מְאֹד, נֶהְדָּר
reliquia *f* 1 מַזְכֶּרֶת. 2 שָׂרִיד. 3 זֵכֶר
reloj *m* 1 שָׁעוֹן, אוֹרְלוֹגִין. 2 מַד, מוֹדֵד
relojería *f* 1 שָׁעָנוּת. 2 חֲנוּת שְׁעוֹנִים
relojero *m* שָׁעָן
relucir *vi* הִבְרִיק, נָצַץ, בָּרַק, זָרַח
reluctancia *f* מֵאוּן, אִי רָצוֹן, הִתְנַגְּדוּת
reluctante *adj* מְמָאֵן, סָרְבָן
relumbrar *vi* נָצַץ, בָּרַק, זָרַח, הִבְהִיק
relumbre *m* זֹהַר, בָּרָק, הַבְהָקָה
relumbro *m* 1 בָּרָק, בָּזָק. 2 רַבְרְבָנוּת
relumbroso *adj* מַבְרִיק, זוֹרֵחַ, נוֹצֵץ
rellenar *vt* 1 מִלֵּא, גָּדַשׁ. 2 הִתְמַלֵּא. 3 הִלְעִיט, פִּטֵּם
relleno *adjm* 1 מְמֻלָּא. 2 גָּדוּשׁ. 3 חֹמֶר מִלּוּי. 4 הַלְעָטָה, פִּטּוּם
remachado *m* סִמְרוּר
remachar *vt* סִמְרֵר
remache *m* 1 סִמְרוּר. 2 מַסְמֶרֶת
remada *f* שִׁיּוּט, חֲתִירָה
remador *m* חוֹתֵר
remanente *madj* 1 שָׂרִיד, שְׁאֵרִית, שִׁירַיִם. 2 נוֹתָר, עוֹדֵף
remangar *vt* 1 קִפֵּל, הִפְשִׁיל, חָפַת. 2 הִתְקַפֵּל
remanso *m* 1 מַיִם רְדוּדִים. 2 אִטִּיּוּת, מְתִינוּת
remar *vi* חָתַר, שָׁט
rematado *adj* 1 גָּמוּר, שָׁלֵם. 2 מְחֻסָּל. 3 חֲסַר תַּקָּנָה, נוֹאָשׁ
rematar *vt* 1 גָּמַר, הִשְׁלִים, סִיֵּם. 2 מָכַר בְּמִכְרָז, מָכַר בִּמְכִירָה פֻּמְבִּית

remate *m* 1 גְּמָר, סוֹף, סִיּוּם, קֵץ. 2 מְכִירָה פֻּמְבִּית, מִכְרָז
remecer *vt* זִעֲזַע, טִלְטֵל, נִעֲנַע
remedable *adj* בַּר חִקּוּי
remedador *m* חַקַּאי, חַקְיָן
remedar *vt* חִקָּה
remediable *adj* בַּר תִּקּוּן, שֶׁנִּתָּן לְרִפּוּי
remediar *vt* 1 רִפֵּא, תִּקֵּן. 2 סִיֵּעַ, עָזַר
remedio *m* 1 תְּרוּפָה, רְפוּאָה, מַרְפֵּא. 2 תִּקּוּן, תַּקָּנָה. 3 עֶזְרָה, סִיּוּעַ. 4 מָנוֹס, מוֹצָא
remedo *m* חִקּוּי
remembranza *f* זִכָּרוֹן, מַזְכֶּרֶת
rememorar *vt* זָכַר, נִזְכַּר
rememorativo *adj* מַזְכִּיר
remendar *vt* תִּקֵּן, הִטְלִיא
remendón *m* מַטְלִיא, מְתַקֵּן
remero *m* חוֹתֵר, מְשׁוֹטַאי, שַׁיָּט
remesa *f* 1 מִשְׁלוֹחַ. 2 פֵּרָעוֹן, תַּשְׁלוּם, הַמְחָאָה
remesar *vt* 1 מָרַט. 2 שָׁלַח
remeter *vt* הִכְנִיס
remiendo *m* טְלַאי, תִּקּוּן
remilgado *adj* מְפֻנָּק, עָדִין
remilgarse *vref* הִתְגַּנְדֵּר
remilgo *m* 1 עֲוָיָה. 2 דִּקְדּוּקֵי עֲנִיּוּת
reminiscencia *f* זְכִירָה, זִכָּרוֹן
remirar *vt* 1 קַר, בָּחַן, בָּדַק. 2 הִסְתַּכֵּל, הִתְבּוֹנֵן
remisible *adj* 1 בַּר־מְחִילָה. 2 שֶׁנִּתָּן לְצִשּׁוּט
remisión *f* 1 מִשְׁלוֹחַ. 2 מְחִילָה, סְלִיחָה. 3 פְּטוֹר, שִׁחְרוּר. 3 הַפְנָיָה
remiso *adj* 1 רַשְׁלָן, מְזַלְזֵל, אִטִּי. 2 נִפְקָד
remitente *adjm* 1 שׁוֹלֵחַ. 2 מוֹעֵן
remitido *m* 1 גִּלּוּי־דַּעַת. 2 מוֹדָעָה, פִּרְסֹמֶת
remitir *vt* 1 שָׁלַח. 2 מָחַל, סָלַח, כִּפֵּר. 3 פָּטַר, שִׁחְרֵר. 4 הִפְחִית. 5 הִפְנָה
remitirse *vref* הִתְיַחֵס
remo *m* מָשׁוֹט
remoción *f* סִלּוּק, הַעֲבָרָה, הַרְחָקָה, הֲסָרָה
remojar *vt* 1 הִשְׁרָה, הִרְטִיב. 2 חָגַג (בשתיה)
remojo *m* שְׁרִיָּה, הַרְטָבָה
remolacha *f* סֶלֶק
remolcador *adjm* 1 גּוֹרֵר. 2 גּוֹרֶרֶת
remolcar *vt* גָּרַר, מָשַׁךְ, סָחַב
remolinear *vt* 1 עִרְבֵּל. 2 הִתְעַרְבֵּל, הִתְגָּעֵשׁ, הִסְתַּחְרֵר
remolino *m* 1 מְעַרְבֹּלֶת. 2 הִצְטוֹפְפוּת, מְהוּמָה
remolón *adj* בַּטְלָן, עַצְלָן, רַשְׁלָן
remolonear *vi* הִתְעַצֵּל, הִתְרַשֵּׁל, הִתְבַּטֵּל
remolque *m* 1 סְחִיבָה, גְּרִירָה. 2 מִגְרָר. 3 כֶּבֶל, חֶבֶל
remontar *vt* 1 הִבְרִיחַ. 2 הֵרִים, רוֹמֵם. 3 הִתְקִין. 4 הִרְקִיעַ, הִמְרִיא, הִתְרוֹמֵם
remonte *m* 1 הִתְרוֹמְמוּת, הַמְרָאָה. 2 הַתְקָנָה
remoque *m* עֲקִיצָה, לַעַג, לִגְלוּג
remoquete *m* 1 כִּנּוּי, שֵׁם לְוַאי. 2 אִמְרָה, חִדּוּד, שְׁנוּן
rémora *f* 1 אֳכֶנֶאִיס (דָּג). 2 מִכְשׁוֹל, עִכּוּב, מְנִיעָה
remorder *vt* 1 נָשַׁךְ. 2 כִּרְסֵם, כָּסַס, כִּלָּה, אִכֵּל. 3 גָּרַם לְמוּסַר כְּלָיוֹת. 4 הִתְחָרֵט
remordimiento *m* חֲרָטָה, מוּסַר כְּלָיוֹת
remoto *adj* רָחוֹק, נִדָּח
remover *vt* 1 סִלֵּק, הֵסִיר, הֵזִיז. 2 זִעֲזַע. 3 פִּטֵּר, הִדִּיחַ
removimiento *m* 1 הֲסָרָה, הֲזָזָה, הֲנָעָה. 2 סִלּוּק, חִלּוּץ
remozamiento *m* 1 הַצְעָרָה. 2 חִדּוּשׁ, שִׁפּוּץ
remozar *vt* 1 חִדֵּשׁ, שִׁפֵּץ. 2 הִצְעִיר
rempujar *vt* דָּחַף, הָדַף
rempujo *m* דְּחִיפָה, הֲדִיפָה, דְּחִיקָה
rempujón *m* לְחִיצָה, דְּחִיקָה
remuda *f* הַחְלָפָה, חִלּוּף
remudar *vt* הֶחֱלִיף, הֶחֱזִיר
remuneración *f* פִּצּוּי, תַּשְׁלוּם, שָׂכָר, גְּמוּל
remunerar *vt* פִּצָּה, שִׁלֵּם, גָּמַל
remuneratorio *adj* מְשַׁתַּלֵּם, רִוְחִי
renacer *vi* קָם לִתְחִיָּה
renaciente *adj* מִתְחַדֵּשׁ
renacimiento *m* 1 תְּחִיָּה, הִתְחַדְּשׁוּת. 2 רֵנֵסַנְס

renacuajo *m* רֹאשָׁן
renal *adj* כִּלְיָתִי, שֶׁל הַכִּלְיָה
rencilla *f* סִכְסוּךְ, מְרִיבָה, תַּקְרִית, מַחֲלֹקֶת
rencilloso *adj* נִרְגָּן, קַנְטְרָנִי
renco *adj* פִּסֵּחַ, צוֹלֵעַ
rencor *m* מַשְׂטֵמָה, שִׂנְאָה, אֵיבָה
rencoroso *adj* שׂוֹטֵם, שׂוֹנֵא, נוֹטֵר אֵיבָה
rendición *f* 1 כְּנִיעָה, הִכָּנְעוּת. 2 מְסִירָה, הַגָּשָׁה. 3 תְּנוּבָה, יְבוּל, הַכְנָסָה
rendido *adj* 1 כָּנוּעַ, מִתְרַפֵּס. 2 צַיְּתָן, נִכְנָע. 3 עָיֵף, יָגֵעַ. 4 אָדִיב, מְנֻמָּס
rendija *f* חָרִיץ, סֶדֶק, פִּרְצָה
rendimiento *m* 1 עֲיֵפוּת, לֵאוּת. 2 כְּנִיעָה, הַכְנָעָה. 3 רֶוַח, הַכְנָסָה. 4 הֶסְפֵּק, הֶשֵּׂג. 5 פִּרְיוֹן, תְּנוּבָה
rendir *vt* 1 הִכְנִיעַ, נִצַּח, הֵבִיס. 2 שִׁלֵּם, פָּרַע. 3 מָסַר, הִגִּישׁ. 4 עָיַף, יָגַע, לָאָה
rendirse *vref* 1 נִכְנַע, צִיֵּת. 2 הִתְעַיֵּף
renegado *adjm* 1 בּוֹגֵד, עָרִיק. 2 מוּמָר, מְשֻׁמָּד
renegar *vt* 1 כָּפַר, הִכְחִישׁ. 2 תִּעֵב, שָׂנֵא, מָאַס. 3 גִּדֵּף, קִלֵּל. 4 הִשְׁתַּמֵּד, הֵמִיר דָּתוֹ
renegón *adj* מְחַלֵּל הַשֵּׁם, קַלְלָן
renegrear *vi* הִשְׁחִיר
renegrido *adj* שָׁחֹר־כָּחֹל, שְׁחַרְחַר
renglón *m* 1 שׁוּרָה, קַו, טוּר. 2 סוּג, מִין. 3 פְּרָט, פְּרִיט. 4 סָעִיף. 5 כְּתָב
renglonadura *f* סִרְגּוּל, שִׂרְטוּט, קִוְקוּו
rengo *adjm* צוֹלֵעַ, פִּסֵּחַ
renguear *vi* צָלַע
reniego *m* 1 קְלָלָה, גִּדּוּף. 2 הַכְחָשָׁה
renio *m* רֶנְיוּם (מַתֶּכֶת)
renitencia *f* תִּעוּב, הִתְגַּעֲלוּת
reno *m* אַיַּל הַצָּפוֹן
renombrado *adj* מְפֻרְסָם, דָּגוּל, מְהֻלָּל
renombre *m* פִּרְסוּם, תְּהִלָּה, שֵׁם, מוֹנִיטִין
renovación *f* חִדּוּשׁ, הַחְיָאָה, הִתְחַדְּשׁוּת
renovar *vt* 1 חִדֵּשׁ. 2 שִׁקֵּם, קוֹמֵם. 3 פִּרְסֵם מֵחָדָשׁ. 4 הִתְחַדֵּשׁ
renquear *vi* צָלַע
renta *f* 1 הַכְנָסָה, רֶוַח. 2 שְׂכִירוּת, שְׂכַר דִּירָה. 3 דְּמֵי שְׂכִירוּת
rentado *adj* בַּעַל הַכְנָסָה
rentar *vt* הִכְנִיס רֶוַח
rentista *m* 1 בַּעַל הוֹן. 2 בַּעַל מְנָיוֹת
renuencia *f* מֵאוּן, אִי רָצוֹן, הִסְתַּיְּגוּת
renuente *adj* עַצְלָן, רַשְׁלָן, מְזַלְזֵל
renuevo *m* 1 נֶבֶט, נֵצֶר. 2 חִדּוּשׁ, הִתְחַדְּשׁוּת
renuncia *f* וִתּוּר, הִתְפַּטְּרוּת, הִסְתַּלְּקוּת
renunciación *f* הִסְתַּלְּקוּת, הַפְקָרָה, זְנִיחָה
renunciar *vti* וִתֵּר, הִתְפַּטֵּר, הִסְתַּלֵּק, זָנַח, נָטַשׁ
renuncio *m* הִסְתַּלְּקוּת, הַפְקָרָה
reñido *adj* 1 כּוֹעֵס, מַרְגִּיז. 2 שָׁנוּי בְּמַחֲלֹקֶת
reñidor *adj* סַכְסְכָן, קַנְטְרָן, אִישׁ מָדוֹן
reñir *vti* 1 קִנְטֵר. 2 רָב, הִתְקוֹטֵט
reo *adjm* 1 אָשֵׁם, נֶאֱשָׁם. 2 פּוֹשֵׁעַ, עֲבַרְיָן
reóforo *m* מוֹלִיךְ־זֶרֶם
reojo (de-) *m* מִן הַצַּד
reorganización *f* שִׁרְגּוּן, אִרְגּוּן מֵחָדָשׁ
reorganizar *vt* שִׁרְגֵּן, אִרְגֵּן מֵחָדָשׁ
reóstato *m* רֵאוֹסְטָט, מְכַוֵּן זֶרֶם
repagar *vt* שִׁלֵּם בְּיֹקֶר
repantigarse *vref* הִשְׁתַּטַּח, הִשְׂתָּרַע
reparable *adj* בַּר תִּקּוּן
reparación *f* 1 תִּקּוּן, שִׁפּוּץ. 2 פִּצּוּי, פִּיּוּס. 3 אִשּׁוּשׁ, הִתְאוֹשְׁשׁוּת. 4 שִׁלּוּמִים
reparador *adjm* 1 מְעוֹדֵד, מְחַזֵּק, מְשַׁקֵּם. 2 מְתַקֵּן, מְשַׁפֵּץ
reparar *vt* 1 תִּקֵּן, שִׁפֵּץ. 2 פִּצָּה, שִׁלֵּם, פִּיֵּס. 3 אוֹשֵׁשׁ, עוֹדֵד, חִזֵּק. 4 שִׁקֵּם
reparo *m* 1 תִּקּוּן, שִׁפּוּץ. 2 הֶעָרָה, בִּקֹּרֶת, הִסְתַּיְּגוּת. 3 הִסּוּס. 4 תְּרוּפַת־אִשּׁוּשׁ
repartición *f* 1 חֲלֻקָּה, חִלּוּק. 2 מַחְלָקָה
repartimiento *m* 1 חֲלֻקָּה, חִלּוּק. 2 מַס־חֲבֵרוּת. 3 הַקְצָבָה, קִצּוּב
repartir *vt* 1 חִלֵּק. 2 הִקְצִיב, קָצַב. 3 הֵפִיץ, פִּזֵּר. 4 הִקְצָה, מִיֵּן
reparto *m* 1 לְהוּק. 2 חֲלֻקָּה. 3 הֲפָצָה
repasar *vt* 1 שִׁנֵּן. 2 עִיֵּן, בָּחַן, בָּדַק. 3 תִּקֵּן, חִזֵּק
repaso *m* 1 שִׁנּוּן, חֲזָרָה. 2 נְזִיפָה
repatriación *f* הַחְזָרָה לַמּוֹלֶדֶת

repatriar *vt* 1 הֶחֱזִיר לַמּוֹלֶדֶת. 2 חָזַר לַמּוֹלֶדֶת

repechar *vi* עָלָה, הִתְאַמֵּץ

repecho *m* מַעֲלֶה אוֹ מוֹרָד, מִדְרוֹן, שִׁפּוּעַ

repelar *vt* מָרַט

repelente *adj* 1 נִתְעָב, מַגְעִיל, מְעוֹרֵר גֹּעַל. 2 אָטִים. 3 מַרְתִּיעַ, דּוֹחֶה

repeler *vt* 1 הִגְעִיל. 2 דָּחָה, הָדַף, דָּחַף. 3 הִרְתִּיעַ. 4 אָטַם

repelo *m* 1 כִּוּוּן נֶגְדִּי. 2 תִּגְרָה, רִיב. 3 מְרִיטָה. 4 הַגְעָלָה, הַמְאָסָה

repelón *m* 1 מְרִיטָה. 2 קְרִיעָה, קֶרַע

repeloso *adj* 1 מְחֻסְפָּס. 2 רַגְזָן, נִרְגָּן

repensar *vt* הִרְהֵר, שָׁקַל בַּדָּבָר

repente (de-) *m* פִּתְאוֹם, לְפֶתַע

repentinamente *adv* לְפֶתַע פִּתְאֹם, בְּאֹפֶן פִּתְאוֹמִי

repentino *adj* פִּתְאוֹמִי

repercusión *f* 1 רְתִיעָה, נְסִיגָה. 2 הֲגָבָה, תְּגוּבָה. 3 הַרְתָּעָה. 4 הֵד, תְּהוּדָה

repercutir *vi* 1 נִרְתַּע, נָסוֹג. 2 הִדְהֵד. 3 הִתְפַּשֵּׁט, הִכָּה גַּלִּים

repertorio *m* רֶפֶּרְטוּאָר

repetición חֲזָרָה, הִשָּׁנוּת

repetidor *adjm* 1 נִשְׁנֶה. 2 מְשַׁנֵּן, חוֹזֵר, חַזְרָן

repetir *vt* 1 חָזַר, שִׁנֵּן. 2 נִשְׁנָה, חָזַר עַל עַצְמוֹ

repicar *vt* 1 קִצֵּץ, רִסֵּק, טָחַן. 2 צִלְצֵל

repique *m* 1 רִסּוּק, טְחִינָה. 2 צִלְצוּל

repiquetear *vt* 1 צִלְצֵל. 2 הִתְקוֹטֵט, הִתְוַכֵּחַ

repiqueteo *m* 1 צִלְצוּל. 2 קְטָטָה, הִתְקוֹטְטוּת

repisa *f* 1 מַדָּף, אִצְטַבָּה, זִיזִית. 2 סָמוֹכָה, מִסְעָד

repizcar *vt* צָבַט

repleción *f* 1 גֹּדֶשׁ, שֶׁפַע, 2 הִתְפַּטְּמוּת

replegar *vt* 1 קִפֵּל, הִפְשִׁיל. 2 נָסוֹג

repleto *adj* 1 מָלֵא, גָּדוּשׁ, שׁוֹפֵעַ. 2 מְפֻטָּם

réplica *f* 1 תְּגוּבָה. 2 מַעֲנֶה, תְּשׁוּבָה. 3 טַעֲנָה

replicar *vi* 1 הֵגִיב, עָנָה, הֵשִׁיב. 2 טָעַן

repliegue *m* 1 קֶפֶל, קִפּוּל. 2 נְסִיגָה, הִתְקַפְּלוּת

repoblación *f* 1 אִכְלוּס מֵחָדָשׁ. 2 יִעוּר מֵחָדָשׁ. 3 חִדּוּשׁ הַמְּלַאי

repoblar *vt* 1 אִכְלֵס מֵחָדָשׁ. 2 יִעֵר מֵחָדָשׁ. 3 חִדֵּשׁ מְלַאי

repollo *m* כְּרוּב

reponer *vt* 1 שִׁחְזֵר, שִׁקֵּם. 2 אוֹשֵׁשׁ. 3 הֶחֱזִיר. 4 הִבְרִיא, הֶחֱלִים, הִתְאוֹשֵׁשׁ

reportaje *m* כַּתָּבָה, רְשִׁימָה

reportar *vt* 1 רִסֵּן, עָצַר, בָּלַם. 2 הִשִּׂיג, הִגִּיעַ. 3 הֶעֱבִיר (יְדִיעָה)

reporte *m* 1 יְדִיעָה, כַּתָּבָה. 2 דּוּחַ, הוֹדָעָה, דִּוּוּחַ. 3 שְׁמוּעָה, רְכִילוּת

reportero *m* כַּתָּב, עִתּוֹנַאי

reposado *adj* רָגוּעַ, שָׁלֵו, מָתוּן, שָׁקֵט

reposar *vi* 1 נָח, רָגַע, נִרְגַּע. 2 נָפַשׁ. 3 שָׁכַב. 4 שָׁקַע

reposición *f* 1 הֲשָׁבָה, הַחְזָרָה. 2 חִדּוּשׁ, הַחֲיָאָה. 3 הִתְאוֹשְׁשׁוּת

repositorio *m* מַחְסָן

reposo *m* מְנוּחָה, הַרְגָּעָה, שַׁלְוָה, מַרְגּוֹעַ

repostada *f* תְּשׁוּבָה נִצַּחַת

repostar *vt* 1 תִּדְלֵק. 2 חִדֵּשׁ אֶת הַמְּלַאי

repostería *f* 1 מִגְדָּנִיָּה. 2 מִזָּוֶה

repostero *m* 1 אוֹפֶה, נַחְתּוֹם. 2 שַׂר הָאוֹפִים

reprender *vt* גָּעַר, נָזַף, גִּנָּה, הוֹכִיחַ

reprensible *adj* מְגֻנֶּה, בַּר גִּנּוּי, רָאוּי לִגְנַאי

reprensión *f* גְּעָרָה, נְזִיפָה, גִּנּוּי, תּוֹכָחָה

reprensor *adjm* מוֹכִיחַ, נוֹזֵף, מְגַנֶּה, גּוֹעֵר

represa *f* 1 סֶכֶר. 2 סוֹלְלָה, מַחְסוֹם

represalia *f* 1 נָקָם, נְקָמָה, נְקִימָה. 2 פְּעֻלַּת גְּמוּל

represar *vt* 1 סָכַר. 2 דִּכָּא, עָצַר, מָנַע, בָּלַם

representable *adj* 1 מְיֻצָּג, יִצּוּגִי. 2 בַּר־הַבְחָנָה

representación *f* 1 הַצָּגָה, הַדְגָּמָה, תְּצוּגָה. 2 תֵּאוּר, דְּמוּת, צִיּוּר. 3 דִּמּוּי. 4 יִצּוּג. 5 רָשׁוּת. 6 שְׁלִיחוּת

representante *m* 1 צִיר. 2 נָצִיג, שָׁלִיחַ, סוֹכֵן, מֻרְשֶׁה, בָּא כֹּחַ. 3 שַׂחְקָן

representar *vt* 1 יִצֵּג. 2 הִצִּיג, הִוָּה. 3 בִּטֵּא, הִדְגִּים

representativo *adj* מְיַצֵּג, מַדְגִּים, מְתָאֵר, טִיפּוּסִי

represión *f* 1 דִּכּוּי, הַכְנָעָה. 2 עֲצִירָה, בְּלִימָה

represivo *adj* מְדַכֵּא, מֵצִיק, לוֹחֵץ

reprimenda *f* גְּעָרָה, נְזִיפָה, תּוֹכָחָה

reprimir *vt* דִּכָּא, הִכְנִיעַ, בָּלַם, עָצַר, רִסֵּן

reprobable *adj* רָאוּי לִגְנַאי, מְגֻנֶּה

reprobar *vt* 1 גִּנָּה, בִּקֵּר, הוֹכִיחַ. 2 הִכְשִׁיל, דָּחָה

réprobo *adjm* 1 רָשָׁע, חוֹטֵא. 2 טָמֵא, מְנֻדֶּה

reprochar *vt* גִּנָּה, הוֹכִיחַ, גָּעַר, יִסֵּר, נָזַף

reproche *m* גִּנּוּי, תּוֹכָחָה, גְּעָרָה, נְזִיפָה

reproducción *f* 1 תַּעְתִּיק, הֶעְתֵּק, הַעְתָּקָה. 2 יְלוּדָה, רְבִיָּה, פְּרִיָּה. 3 שִׁחְזוּר, שִׁעְתּוּק

reproducir *vt* 1 הֶעְתִּיק, שִׁעְתֵּק. 2 הוֹלִיד, הִפְרָה, הִרְבָּה

reproductivo *adj* 1 מַפְרֶה, יוֹצֵר. 2 מַעְתִּיק

reproductor *adjm* מַפְרֶה, מוֹלִיד, מַרְבֶּה

repropiarse *vref* הִתְנַגֵּד (סוּס לְרוֹכְבוֹ)

repropio *adj* סַרְבָן, סַרְבָנִי

reptil *adjm* 1 זוֹחֵל. 2 שָׁפָל, בָּזוּי. 3 רֶמֶשׂ, שֶׁרֶץ

república *f* קְהִלִּיָּה, רֶפּוּבְּלִיקָה

republicano *adjm* רֶפּוּבְּלִיקָנִי

repudiación *f* 1 גֵּרוּשׁ, דְּחִיָּה, מֵאוּן. 2 גֵּרוּשִׁין

repudiar *vt* גֵּרֵשׁ, דָּחָה, מֵאֵן, סֵרֵב

repudio *m* 1 מֵאוּס, דְּחִיָּה, מֵאוּן, גֵּרוּשׁ. 2 גֵּרוּשִׁין, גֵּט

repudrirse *vref* 1 נִרְקַב, הִתְרַקֵּב. 2 דָּעַךְ (מִצַּעַר, גַּעְגּוּעִים וְכוּ')

repuesto *m* 1 אַבְזָר, חֲלַק־חִלּוּף. 2 מְלַאי

repugnancia *f* 1 בְּחִילָה, שְׂאָט נֶפֶשׁ, גֹּעַל נֶפֶשׁ. 2 דְּחִיָּה

repugnar *vti* 1 נָגַד, הִתְנַגֵּד, סָתַר. 2 גָּעַל, מָאַס, בָּחַל

repugnante *adj* 1 סוֹתֵר, נוֹגֵד, דּוֹחֶה. 2 מַגְעִיל, מַבְחִיל

repujado *adjm* 1 מְבֻלָּט. 2 תַּבְלִיט

repujar *vt* הִבְלִיט, עָשָׂה תַּבְלִיטִים

repulgado *adj* מְעֻשֶּׂה, מְלָאכוּתִי

repulgar *vt* קִפֵּל, שִׂפָּה

repulgo *m* 1 קֶפֶל. 2 שָׂפָה, קִשּׁוּט, עִטּוּר

repulido *adj* מַבְרִיק, מְמֹרָק, מְצֻחְצָח

repulir *vt* צִחְצַח, מֵרַק, הִבְרִיק

repulsa *f* 1 מֵאוּן, סֵרוּב, דְּחִיָּה. 2 גְּעָרָה, נְזִיפָה, תּוֹכָחָה

repulsar *vt* 1 דָּחָה, מָאַס. 2 הֵשִׁיב רֵיקָם

repulsión *f* 1 דְּחִיָּה, הֲדִיפָה. 2 שִׂנְאָה, תִּעוּב, מַשְׂטֵמָה, שְׂאָט נֶפֶשׁ, גְּעִילָה

repulsivo *adj* 1 דּוֹחֶה, מַרְתִּיעַ. 2 מַגְעִיל, נִתְעָב

repullo *m* קְפִיצָה, חַלְחָלָה, רְתִיעָה, נִתּוּר, גִּיחָה, עֲוִית

reputación *f* מוֹנִיטִין, שֵׁם טוֹב

reputar *vt* 1 הוֹקִיר, כִּבֵּד. 2 הֶעֱרִיךְ

requebrar *vt* 1 שִׁבֵּר, נִפֵּץ. 2 הֶחֱנִיף. 3 חִזֵּר

requemar *vt* 1 שִׁזֵּף, לִהֵט. 2 יִבֵּשׁ. 3 הִתְלַהֵט

requerimiento *m* 1 בַּקָּשָׁה, מִשְׁאָלָה. 2 דְּרִישָׁה, תְּבִיעָה

requerir *vt* 1 בִּקֵּשׁ, שָׁאַל. 2 דָּרַשׁ, תָּבַע

requesón *m* 1 גְּבִינָה. 2 חֲבֵצָה

requiebro *m* 1 חֲנֻפָּה, מַחֲמָאָה. 2 עַגְבָנוּת, חִזּוּר

réquiem *m* 1 רֶקְוִיאֶם. 2 תְּפִלַּת־הַשְׁכָּבָה

requilorios *mpl* דִּבְרֵי־עֲקִיפִין

requisa *f* 1 סִיּוּר בִּקֹּרֶת, בְּדִיקָה. 2 הַחְרָמָה, הַפְקָעָה

requisar *vt* הֶחֱרִים, הִפְקִיעַ

requisición *f* 1 בְּדִיקָה, חֲקִירָה. 2 דְּרִישָׁה, תְּבִיעָה. 3 הַפְקָעָה, הַחְרָמָה

requisito *m* 1 דְּרִישָׁה. 2 תְּנַאי

res *f* 1 רֹאשׁ בָּקָר. 2 פַּר

resabiar *vt* 1 קִלְקֵל, הִשְׁחִית. 2 טָעַם. 3 הִתְקַלְקֵל, נִפְגַּם

resabio *m* 1 טַעַם לְוַאי. 2 קַרְטוֹב, שֶׁמֶץ. 3 סִימָן, רֶמֶז. 4 מִדָּה רָעָה

resaca *f* 1 שִׁיבַת הַגַּלִּים לַיָּם. 2 פְּלִיטַת־הַיָּם. 3 חִיּוּב חוֹזֵר

resalado *adj* נָאֶה, מָלֵא חֵן, חִנָּנִי

resalit *vi* בָּלַט, הִזְדַּקֵּר

resaltar *vi* 1 בָּלַט, הִזְדַּקֵּר. 2 הִצְטַיֵּן

resalto *m* 1 בְּלִיטָה, הִזְדַּקְּרוּת. 2 קְפִיצָה,

נִתּוּר, דִּלּוּג

resarcimiento *m* פִּצּוּי, גְּמוּל

resarcir *vt* פִּצָּה, הֶחֱזִיר, גָּמַל

resbalar *vi* הֶחֱלִיק, מָעַד, הִתְחַלֵּק

resbaladizo *adj* חֲלַקְלַק, חָמִיק, חֲמַקְמַק

resbalón *m* מְעִידָה, הִתְחַלְּקוּת, נְפִילָה

rescatar *vt* הִצִּיל, שִׁחְרֵר, פָּדָה, גָּאַל, הוֹשִׁיעַ

rescate *m* 1 הַצָּלָה, שִׁחְרוּר, פְּדוּת. 2 כֹּפֶר, פִּדְיוֹן

rescindir *vt* בִּטֵּל, הֵפֵר

rescisión *f* בִּטּוּל, הֲפָרָה

rescoldo *m* 1 רֶמֶץ, גַּחֶלֶת. 2 נְקִיפַת לֵב, מוּסַר כְּלָיוֹת, חֲרָטָה

rescripto *m* צַו, פְּקֻדָּה

resecación *f* 1 יִבּוּשׁ, הִתְיַבְּשׁוּת. 2 נְבִילָה, כְּמִישָׁה

resecar *vt* 1 יָבַשׁ, חָרַב. 2 כָּמַשׁ, נָבַל, בָּלָה

reseción *f* מִתּוּן

reseco *adjm* יָבֵשׁ, חָרֵב, כָּמוּשׁ, נוֹבֵל

reseda *f* רִכְפָּה (צֶמַח)

resentido *adj* כּוֹעֵס, נֶעֱלָב

resentimiento *m* עֶלְבּוֹן, כַּעַס, טִינָה, תַּרְעֹמֶת

resentir *vt* הֶעֱלִיב, פָּגַע

resentirse *vref* הִתְרָעֵם, הִתְרַגֵּז, נֶעֱלַב, כָּעַס

reseña *f* 1 תַּזְכִּיר, רְשִׁימָה, תֵּאוּר, רִשּׁוּם. 2 מִסְקָר. 3 סְקִירָה

reseñar *vt* רָשַׁם, סָקַר, תֵּאֵר

resero *m* 1 בּוֹקֵר. 2 בַּעַל מִקְנָה

reserva *f* 1 שְׁמִירָה, מִשְׁמֶרֶת. 2 זְהִירוּת, מְתִינוּת. 3 הִסְתַּיְּגוּת. 4 עֲתוּדָה, חֵיל מִלּוּאִים. 5 מְלַאי, מִלּוּאִים

reservación *f* 1 שְׁמִירָה. 2 סְיָג, הִסְתַּיְּגוּת. 3 שְׁמוּרָה, תְּחוּם מוֹשָׁב

reservado *adjm* 1 שָׁמוּר. 2 מְאֻפָּק, מָתוּן, צָנוּעַ, מְסֻיָּג. 3 אִישִׁי, מְגֻבָּל, פְּרָטִי, סוֹדִי. 4 מָקוֹם שָׁמוּר

reservar *vt* 1 שָׁמַר. 2 אָגַר, אָצַר, עִתֵּד. 3 הִצְפִּין, טָמַן, הִסְתִּיר, הֶעְלִים

reservista *m* עֲתוּדַאי, חַיַּל מִלּוּאִים

resfriado *adjm* 1 מְצֻנָּן, מְקֹרָר. 2 הִצְטַנְּנוּת, הִתְקָרְרוּת

resfriarse *vref* הִצְטַנֵּן, הִתְקָרֵר

resfrío *m* הִצְטַנְּנוּת, הִתְקָרְרוּת

resguardar *vt* שָׁמַר, הֵגֵן

resguardo *m* 1 שְׁמִירָה, מַחְסֶה. 2 הֲגַנָּה, מִשְׁמָר, מָגֵן

residencia *f* מִשְׁכָּן, מְגוּרִים, דִּירָה, מָעוֹן, בַּיִת

residencial *adjm* 1 שֶׁל מְגוּרִים, רָאוּי לִמְגוּרִים. 2 פֶּנְסְיוֹן, אַכְסַנְיָה

residente *adjm* 1 גָּר, דָּר. 2 תּוֹשָׁב מְקוֹמִי

residir *vi* שָׁכַן, גָּר, דָּר, יָשַׁב, הָיָה, חַי

residual *adj* שְׂרִידִי, מִשְׁקָעִי, עוֹדֵף, נוֹתָר, נִשְׁאָר

residuo *m* 1 שָׂרִיד, שְׁאֵרִית, שִׁירַיִם, עֹדֶף. 2 מִשְׁקָע

resignación *f* 1 וִתּוּר, הִכָּנְעוּת, כְּנִיעוּת. 2 הִסְתַּלְּקוּת, הִתְפַּטְּרוּת

resignar *vti* 1 וִתֵּר, נִכְנַע. 2 הִפְקִיד. 3 הִסְתַּלֵּק, הִתְפַּטֵּר

resina *f* 1 שְׂרָף. 2 קֶטֶף, צֳרִי

resistencia *f* 1 עֲמִידוּת, הִתְנַגְּדוּת, תִּנְגֹּדֶת. 2 מַחְתֶּרֶת, מֶרִי

resistente *adj* 1 עָמִיד, חָסִין, מִתְנַגֵּד. 2 חָזָק, אֵיתָן

resistible *adj* עָמִיד, שֶׁאֶפְשָׁר לְהִתְנַגֵּד לוֹ

resistir *vti* 1 הִתְנַגֵּד, הִתְקוֹמֵם, נֶאֱבַק, לָחַם. 2 עָמַד בִּפְנֵי־, סָבַל. 3 הֶחֱזִיק מַעֲמָד

resistor *m* נַגָּד

resma *f* חֲבִילַת נְיָר

resobrino *m* בֶּן־אַחְיָן

resol *m* זֹהַר הַשֶּׁמֶשׁ

resolución *f* 1 הַחְלָטָה, הַכְרָעָה, הֶחְלֵטִיּוּת. 2 תַּקִּיפוּת, אֹמֶץ, אֵיתָנוּת. 3 צַו, הוֹרָאָה

resoluto *adj* תַּקִּיף, הֶחְלֵטִי, אֵיתָן

resolver *vt* 1 הֶחְלִיט, גָּמַר אֹמֶר, הִכְרִיעַ. 2 פָּתַר, הִתִּיר. 3 הֵמֵס, הִפְרִיד, פֵּרֵק. 4 סִכֵּם

resollar *vi* נָשַׁף, שָׁאַף

resonador *adjm* 1 מְהַדְהֵד. 2 מָהוֹד

resonancia *f* תְּהוּדָה, הִדְהוּד

resonante *adj* מְהַדְהֵד

resonar *vi* הִדְהֵד, הִצְטַלְצֵל, הִתְפַּשֵּׁט

resoplar *vi* נָשַׁף

resoplido, resoplo *m* נְשִׁיפָה, הִתְנַשְּׁמוּת

resorte *m* 1 קְפִיץ. 2 אֶמְצָעִי

respaldar *vt* תָּמַךְ, סִיֵּעַ, עוֹדֵד, סָמַךְ, הִטָּה שֶׁכֶם

respaldo *m* 1 מִסְעָד, מִשְׁעֶנֶת. 2 גִּבּוּי, עִדּוּד, תְּמִיכָה

respectar *vimp* נָגַע, הִתְיַחֵס, הָיָה שַׁיָּךְ

respectivamente *adv* 1 בְּהַתְאָמָה. 2 בְּהִתְיַחֲסוּת

respectivo *adj* שַׁיָּךְ, נוֹגֵעַ, קָשׁוּר, מִתְיַחֵס

respecto *m* שַׁיָּכוּת, הִתְיַחֲסוּת, יַחַס, עִנְיָן, קֶשֶׁר

résped *f* 1 לְשׁוֹן הַנָּחָשׁ. 2 עֹקֶץ, עֲקִיצָה. 3 גֵּרוּי

respetabilidad *f* הַדְרַת כָּבוֹד, נִכְבָּדוּת

respetable *adj* 1 נִכְבָּד, מְכֻבָּד. 2 רַב, הָגוּן

respetar *vt* 1 כִּבֵּד, הוֹקִיר, הָדַר. 2 הִתְחַשֵּׁב בְּ־

respeto *m* כָּבוֹד, כִּבּוּד, הוֹקָרָה, דֶּרֶךְ אֶרֶץ, הִתְחַשְּׁבוּת

respetuosamente *adv* בְּכָבוֹד רַב, בְּכָל הַכָּבוֹד

respetuoso *adj* 1 נִכְבָּד, נְשׂוּא־פָּנִים. 2 אָדִיב, מְנֻמָּס

respingado *adj* מְפֻשָּׁל

respingar *vi* 1 הֵרִים, הִפְשִׁיל. 2 הִתְנַגֵּד. 3 נִפְשַׁל, הִתְרוֹמֵם

respingo *m* 1 קְפִיצָה, דִּלּוּג, נִתּוּר. 2 רְתִיעָה

respiración *f* הַנְשָׁמָה, נְשִׁימָה, שְׁאִיפָה

respiradero *m* 1 פֶּתַח. 2 צֹהַר, אֶשְׁנָב. 3 אַף

respirador *adj* 1 נוֹשֵׁם. 2 מַנְשִׁים

respirar *vti* 1 נָשַׁם, שָׁאַף. 2 הִנְשִׁים

respiratorio *adj* שֶׁל נְשִׁימָה

respiro *m* 1 נְשִׁימָה. 2 הֲפוּגָה, הַרְוָחָה, מָנוֹחַ

resplandecer *vi* הִבְרִיק, הִזְהִיר, זָרַח, נָצַץ, נִצְנֵץ

resplandeciente *adj* מַזְהִיר, זוֹרֵחַ, מַבְרִיק, נוֹצֵץ

resplandor *m* זֹהַר, נֹגַהּ, בָּרָק, הוֹד, נִצְנוּץ

respondedor *adjm* 1 עוֹנֶה, מֵשִׁיב, מֵגִיב. 2 חֻצְפָּן, חָצוּף

responder *vti* עָנָה, הֵשִׁיב, הֵגִיב

respondón *adj* שׁוֹבָב, גַּס, עַז פָּנִים, חָצוּף, חֻצְפָּן

responsabilidad *f* 1 אַחֲרָיוּת. 2 הִתְחַיְּבוּת, נֶאֱמָנוּת

responsabilizar *vt* 1 חִיֵּב, הִטִּיל אַחֲרָיוּת. 2 עָשָׂה אַחֲרַאי

responsable *adj* 1 אַחֲרַאי. 2 מֻרְשֶׁה

responsar *vi* הִסְפִּיד, קוֹנֵן

responsivo *adj* נַעֲנֶה, מֵגִיב, עוֹנֶה

responso *m* 1 הֶסְפֵּד, קִינָה. 2 גְּעָרָה, נְזִיפָה

respuesta *f* תְּשׁוּבָה, תְּגוּבָה, הֲגָבָה

resquebradura *f* 1 סֶדֶק, בְּקִיעַ, חָרִיץ. 2 סִדּוּק, בְּקִיעָה

resquebrajadizo *adj* שָׁבִיר, שַׁבְרִירִי, פָּרִיךְ

resquebrajadura *f* סִדּוּק, בְּקִיעָה

resquebrajar *vt* סִדֵּק, בָּקַע

resquebrar *vi* נִסְדַּק, נִבְקַע

resquemar *vti* 1 צָרַב. 2 חִכֵּךְ. 3 עִקְצֵץ

resquemor *m* 1 תַּרְעֹמֶת. 2 צְרִיבָה, צָרֶבֶת. 3 עִקְצוּץ

resquicio *m* 1 סֶדֶק, בְּקִיעַ. 2 פֶּתַח. 3 הִזְדַּמְּנוּת, אֶפְשָׁרוּת

resta *f* 1 חִסּוּר. 2 הַפְחָתָה. 3 שְׁאֵרִית, יִתְרָה, שָׂרִיד

restablecer *vt* הֶחֱזִיר, חִדֵּשׁ, שִׁקֵּם

restablecerse *vref* הֶחֱלִים, הִבְרִיא

restaclecimiento *m* 1 הַחְלָמָה, הַבְרָאָה. 2 שִׁקּוּם, קִמּוּם

restallar *vi* צִפְצֵף, שָׁרַק, שִׁקְשֵׁק

restallido *m* שִׁקְשׁוּק, שְׁרִיקָה, צִפְצוּף

restante *m* שְׁאֵרִית, יִתְרָה, שָׂרִיד

restañar *vt* 1 עָצַר (דָּם). 2 צִפָּה בִּבְדִיל

restar *vti* 1 גָּרַע, הֶחְסִיר. 2 הִפְחִית. 3 נִשְׁאַר

restaurante *m* מִסְעָדָה

restauración *f* 1 שִׁקּוּם, שִׁחְזוּר. 2 תְּקוּמָה, תְּחִיָּה

restaurar *vt* 1 שִׁקֵּם, שִׁחְזֵר. 2 עוֹדֵד, חִזֵּק. 3 הֶחֱזִיר עַל כַּנּוֹ. 4 קוֹמֵם, הֶחֱיָה

restaurativo *adjm* מְעוֹדֵד, מְחַזֵּק

restitución *f* 1 הַחְזָרָה, הֲשָׁבָה. 2 פִּצּוּי, שִׁלּוּם

restituir *vt* 1 הֶחֱזִיר, הֵשִׁיב. 2 פִּצָּה

resto *m* שְׁאֵרִית, שְׁאָר, שָׂרִיד, עֹדֶף

restos mortales גּוּפָה, גְּוִיָּה

restorán *m* מִסְעָדָה

restregadura *f* שִׁפְשׁוּף

restregar *vt* שִׁפְשֵׁף

restricción *f* צִמְצוּם, הַגְבָּלָה, סְיָג

restrictivo *adj* מַגְבִּיל, מְצַמְצֵם, מְסַיֵּג, מַחְמִיר

restringir *vt* צִמְצֵם, הִגְבִּיל, סִיֵּג, הֶחְמִיר, תָּחַם

resucitar *vti* 1 הֶחֱיָה. 2 קָם לִתְחִיָּה

resudar *vi* 1 הִזִּיעַ. 2 הִתְאַדָּה

resudor *m* זֵעָה

resuelto *adj* אֵיתָן, תַּקִּיף, הֶחְלֵטִי, אַמִּיץ, נוֹעָז

resuello *m* נְשִׁיפָה, שְׁאִיפָה

resulta *f* מַסְקָנָה, תּוֹלָדָה, תּוֹצָאָה

resultado *m* תּוֹצָאָה, סִכּוּם, מַסְקָנָה

resultante *adjf* 1 יוֹצֵא, נוֹבֵעַ, בָּא כְּתוֹצָאָה מִן. 2 תּוֹצָאָה, מַסְקָנָה, פֹּעַל־יוֹצֵא

resultar *vi* יָצָא, נָבַע, צָמַח, הִתְהַוָּה

resumen *m* סִכּוּם, תַּמְצִית, קִצּוּר, תִּמְצוּת

resumidero *m* בִּיב

resumir *vt* סִכֵּם, תִּמְצֵת, קִצֵּר

resurgimiento *m* תְּחִיָּה

resurgir *vi* 1 קָם לִתְחִיָּה. 2 הוֹפִיעַ מֵחָדָשׁ

resurrección *f* תְּחִיָּה

retablo *m* 1 צְלָם. 2 שֻׁלְחַן עִלִּי

retaco *m* רוֹבֶה

retador *m* מְאַתְגֵּר, מִתְחָרֶה

retaguardia *f* 1 חֵיל־מְאַסֵּף. 2 עֹרֶף

retahila *f* שׁוּרָה, סִדְרָה, טוּר

retajador *m* מוֹהֵל

retajar *vi* מָל

retal *m* שְׁאֵרִית, שָׂרִיד

retama *f* אֲחִירֹתֶם (צֶמַח)

retar *vt* 1 אִתְגֵּר. 2 נָזַף, גָּעַר

retardación *f* הָאָטָה, מַעְצוֹר, אִחוּר, עִכּוּב, שְׁהִיָּה, הַשְׁהָיָה

retardado *adj* מְפַגֵּר, מְפָרֵעַ

retardar *vt* 1 עִכֵּב, הֵאֵט. 2 אִחֵר, פִּגֵּר, הִשְׁתַּהָה

retardo *m* הָאָטָה, אִחוּר, עִכּוּב, הִשְׁתַּהוּת, שְׁהִיָּה, הַשְׁהָיָה

retazo *m* שְׁאֵרִית, שָׂרִיד

retemblar *vi* רָטַט, רָעַד, הִזְדַּעְזֵעַ

retén *m* 1 תַּחֲנַת מִשְׁטָרָה, בֵּית־מַעְצָר. 2 צֵידָה, צִיּוּד. 3 עַתּוּדָה

retención *f* 1 הַחְזָקָה, עֲצִירָה, עִכּוּב. 2 הַלָּנַת־שָׂכָר. 2 כֹּשֶׁר זְכִירָה

retener *vt* 1 הֶחֱזִיק, עִכֵּב, עָצַר. 2 הֵלִין (שָׂכָר). 3 אָחַז. 4 הֵכִיל, כָּלַל

retentiva *f* זְכִירָה, זִכָּרוֹן

retentivo *adj* 1 מַחֲזִיק. 2 זוֹכֵר, בַּעַל כֹּשֶׁר זְכִירָה

reticencia *f* 1 הִסְתַּיְּגוּת, אֲמִירָה מְסֻיֶּגֶת. 2 רְמִיזָה

reticente *adj* 1 מְאַפֵּק, שַׁתְקָנִי, זָהִיר. 2 מְסֻיָּג, מִסְתַּיֵּג

reticular *adj* רִשְׁתִּי

retina *f* רִשְׁתִּית

retintín *m* צְלִיל, צִלְצוּל, קִשְׁקוּשׁ

retiñir *vi* הִצְטַלְצֵל, צִלֵּל, קִשְׁקֵשׁ

retirada *f* 1 נְסִיגָה. 2 מַחֲסֶה, מִקְלָט, מִפְלָט

retirado *adj* 1 פּוֹרֵשׁ. 2 רָחוֹק, נִבְדָּל. 3 שֶׁנִּמְצָא בְּדִימוֹס

retirar *vt* 1 סִלֵּק, הוֹצִיא, הֵסִיר, הִרְחִיק. 2 נָסוֹג, הִסְתַּלֵּק. 3 פָּרַשׁ, הִתְפַּטֵּר

retiro *m* 1 הִסְתַּלְּקוּת, פְּרִישָׁה, נְסִיגָה. 2 הִתְבּוֹדְדוּת

reto *m* 1 אֶתְגָּר. 2 נְזִיפָה, גְּעָרָה

retocar *vt* דִּיֵּת

retoñar *vi* לִבְלֵב, נָבַט

retoño *m* נֶבֶט, נֵצֶר, לִבְלוּב

retoque *m* דִּיּוּת

retorcer *vt* 1 שִׁזֵּר, פִּתֵּל. 2 עִקֵּם

retorcimiento *m* שִׁזּוּר, פִּתּוּל, עִקּוּם, הִתְעַקְּמוּת

retórica *f* חָכְמַת הַמְּלִיצָה, רֵטוֹרִיקָה

retórico *adj* מְלִיצִי, נִמְלָץ, רֵטוֹרִי

retornar *vti* 1 הֶחֱזִיר, הֵשִׁיב. 2 שִׁזֵּר, פִּתֵּל. 3 חָזַר, שָׁב

retorno *m* חֲזָרָה, שִׁיבָה, הַחְזָרָה

retorta *f* אַבִּיק

retortero *m* שִׁזּוּר, פִּתּוּל
retortijar *vt* שִׁזֵּר, פִּתֵּל
retortijón *m* שִׁזּוּר, פִּתּוּל
retozar *vi* 1 קָפַץ, דִּלֵּג. 2 הִשְׁתּוֹבֵב, הִתְהוֹלֵל
retozo *m* הִשְׁתּוֹבְבוּת, הִתְהוֹלְלוּת
retozón *adj* עַלִּיז, לֵץ, מִשְׁתּוֹבֵב, מִתְהוֹלֵל
retracción *f* 1 הִתְכַּוְּצוּת, כִּוּוּץ. 2 חֲזָרָה. 3 חֲזָקָה, זְכוּת קִנְיָן
retractación *f* 1 הַכְחָשָׁה, בִּטּוּל. 2 חֲרָטָה
retractar *vt* 1 הִכְחִישׁ, בִּטֵּל. 2 הִתְחָרֵט
retractil *adj* נָסִיג
retracto *m* זְכוּת בַּר־מֶצָר
retraer *vt* 1 הִרְתִּיעַ. 2 נָסוֹג. 3 הִתְבּוֹדֵד
retraído *adj* מִתְבּוֹדֵד, פָּרוּשׁ
retraimiento *m* הִתְבּוֹדְדוּת, פְּרִישׁוּת
retrasar *vti* 1 הִשְׁהָה, עִכֵּב. 2 אֵחֵר, פִּגֵּר. 3 הִתְמַהְמַהּ, שָׁהָה, נָסוֹג
retraso *m* אִחוּר, פִּגּוּר, עִכּוּב, הַשְׁהָיָה
retratar *vt* 1 צִלֵּם. 2 צִיֵּר, תֵּאֵר
retrato *m* 1 צִלּוּם. 2 צִיּוּר, דְּיוֹקָן, תְּמוּנָה
retratista *m* 1 צַלָּם. 2 דְּיוֹקְנַאי
retrechar *vi* נָסוֹג, נִרְתַּע, רָתַע
retrechero *adj* 1 עָרוּם, עַרְמוּמִי. 2 שׁוֹבָב
retreta *f* 1 אוֹת לִנְסִיגָה. 2 תְּרוּעַת חֲצוֹצְרָה
retrete *m* בֵּית שִׁמּוּשׁ, בֵּית כִּסֵּא
retribución *f* גְּמוּל, תַּגְמוּל, שָׂכָר, תַּשְׁלוּם, פִּצּוּי
retribuir *vt* גָּמַל, פִּצָּה, שִׁלֵּם
retributivo *adj* גּוֹמֵל, מְפַצָּה
retroactividad *f* מִפְּרָעוּת
retroactivo *adj* מִפְּרָעִי, רֶטְרוֹאַקְטִיבִי
retroceder *vi* נָסוֹג, נִרְתַּע
retroceso *m* 1 נְסִיגָה. 2 רְתִיעָה. 3 הִשָּׁנוּת, חֲזָרָה
retrogradación *f* נְסִיגָה
retrogradar *vi* 1 נָסוֹג, מְפַגֵּר. 2 רֵיאַקְצְיוֹנֵר
retrógrado *adjm* נְסִיגָה
retrogresión *f* רַעַם, הִרְעִים
retronar *vi* מַבָּט לְאָחוֹר
retrospección *f* סוֹקֵר לְאָחוֹר, רֶטְרוֹסְפֶּקְטִיבִי
retrospectivo *adj* יִחֵס לִזְמַן קוֹדֵם
retrotraer *vt* לָשׁוֹן לִזְמַן קוֹדֵם
retruécano *m* לָשׁוֹן נוֹפֵל עַל לָשׁוֹן
retumbar *vi* הִדְהֵד
retumbo *m* הִדְהוּד
reuma, reumatismo *m* שִׁגָּרוֹן
reumático *adjm* 1 שִׁגְרוֹנִי. 2 חוֹלֵה שִׁגָּרוֹן
reunión *f* אֲסֵפָה, כִּנּוּס, יְשִׁיבָה, הִתְאַסְּפוּת
reunir *vt* אָסַף, קִבֵּץ, לִקֵּט, כִּנֵּס, אִחֵד
reválida *f* בְּחִינַת הַסְמָכָה
revalidación *f* מַתַּן תֹּקֶף, אִשּׁוּר, חִדּוּשׁ תֹּקֶף
revalidar *vt* נָתַן תֹּקֶף, אִשֵּׁר, חִדֵּשׁ תֹּקֶף
revancha *f* נָקָם, נְקָמָה, תַּגְמוּל
revelación *f* 1 גִּלּוּי, הִתְגַּלּוּת. 2 פִּתּוּחַ (סֶרֶט)
revelado *m* פִּתּוּחַ (שֶׁל סֶרֶט)
revelador *adjm* 1 מְגַלֶּה, מוֹדִיעַ. 2 מְפַתֵּחַ
revelar *vt* 1 גִּלָּה, הֶרְאָה. 2 פִּתַּח
revendedor *m* קִמְעוֹנַאי
revender *vt* מָכַר בְּקִמְעוֹנוּת
revenirse *vref* 1 הִתְקַלְקֵל, נִפְגַּם. 2 חָזַר לְמַצָּבוֹ הַקּוֹדֵם
reventa *f* מְכִירָה קִמְעוֹנִית
reventar *vit* 1 הִתְפּוֹצֵץ, פָּקַע, פָּרַץ. 2 הִטְרִיד, הִרְגִּיז. 3 נִפֵּץ. 4 הֶעֱבִיד בְּפֶרֶךְ, הוֹגִיעַ
reventón *madj* 1 הִתְפּוֹצְצוּת. 2 עֲיֵפוּת. 3 מִתְפַּקֵּעַ
reverberación *f* הִשְׁתַּקְּפוּת, הִשְׁתַּבְּרוּת
reverbebar *vi* הִשְׁתַּקֵּף, נִשְׁתַּבֵּר
reverbero *m* הִשְׁתַּקְּפוּת, הִשְׁתַּבְּרוּת
reverdecer *vit* 1 הוֹרִיק. 2 הִתְחַדֵּשׁ, הִתְעוֹרֵר לְחַיִּים
reverencia *f* 1 כָּבוֹד, הוֹקָרָה, הַעֲרָצָה, דֶּרֶךְ אֶרֶץ. 2 קִדָּה
reverencial *adj* שֶׁל דֶּרֶךְ אֶרֶץ
reverenciable *adj* נְשׂוּא פָּנִים, נִכְבָּד, נַעֲרָץ
reverenciar *vt* כִּבֵּד, הוֹקִיר, הֶעֱרִיץ
reverendo *adjm* 1 נִכְבָּד, נַעֲרָץ. 2 כֹּמֶר
reverente *adj* מְכַבֵּד, מוֹקִיר, מַעֲרִיץ
reversibilidad *f* הֲפִיכוּת
reversible *adj* הָפִיךְ, מְהֻפָּךְ
reversión *f* הֲפִיכוּת

reverso *adjm* 1 הָפוּךְ. 2 גַּב. 3 הַצַּד הַשֵּׁנִי, הַהֵפֶךְ
reverter *vi* גָּלַשׁ, הִשְׁתַּפֵּךְ
revertir *vi* חָזַר לְקַדְמוּתוֹ
revés *m* 1 הֵפֶךְ, צַד שֵׁנִי. 2 צָרָה, מַפָּלָה
revesado *adj* 1 מְסֻבָּךְ, קָשֶׁה. 2 שׁוֹבָב
revestimiento *m* צִפּוּי, עֲטִיפָה
revestir *vt* 1 צִפָּה, עָטַף. 2 כִּסָּה, הִלְבִּישׁ. 3 הֶעֱנִיק, הֶאֱצִיל
revisar *vt* בָּדַק, בָּחַן
revisión *f* בְּדִיקָה, בְּחִינָה, חֲקִירָה
revisor *m* פַּקָּח, מְפַקֵּחַ, בּוֹדֵק
revista *f* 1 סְקִירָה, תַּסְקִיר. 2 בְּחִינָה, עִיּוּן. 3 מִסְקָר. 4 כְּתַב עֵת
revistar *vt* 1 סָקַר, בָּחַן, בָּדַק. 2 סִקֵּר
revivir *vi* הֶחֱיָה
revocable *adj* בַּר בִּטּוּל
revocación *f* בִּטּוּל, הֲפָרָה, פְּסִילָה
revocador *m* טַיָּח, סַיָּד
revocadura *f* סִיּוּד, טִיּוּחַ
revocar *vt* 1 בִּטֵּל, הֵפֵר, פָּסַל. 2 טִיַּח
revolcadero *m* 1 מַרְבֵּץ. 2 הִתְפַּלְּשׁוּת
revolcar *vt* 1 רָבַץ. 2 הִתְפַּלֵּשׁ, הִתְבּוֹסֵס
revolcón *m* הִתְפַּלְּשׁוּת, הִתְבּוֹסְסוּת
revolotear *vi* רִפְרֵף, רִחֵף, עָג, הִתְעוֹפֵף
revoloteo *m* רִפְרוּף, רִחוּף
revoltijo *m* בִּלְבּוּל, עִרְבּוּבְיָה
revoltoso *adj* מַרְדָן, שׁוֹבָב, מַמְרֶה
revolución *f* 1 מַהְפֵּכָה, מֶרֶד. 2 סִבּוּב
revolucionar *vt* גָּרַם לְמַהְפֵּכָה, הִמְרִיד, חוֹלֵל מַהְפֵּכָה
revolucionario *adjm* מַהְפְּכָן
revólver *m* אֶקְדּוֹחַ, אֶקְדָּח
revolver *vt* 1 בָּחַשׁ, עֵרֵב. 2 נִעֵר, עִרְבֵּב. 3 הָפַךְ
revoque *m* טִיּוּחַ
revuelco *m* הִתְפַּלְּשׁוּת, הִתְבּוֹסְסוּת
revuelo *m* 1 בִּלְבּוּל, עִרְבּוּבְיָה. 2 מָעוֹף, רִפְרוּף, רִחוּף
revuelta *f* 1 מֶרֶד, הִתְקוֹמְמוּת, קֶשֶׁר. 2 שִׁיבָה, חֲזָרָה. 3 פִּתּוּל
revuelto *adj* 1 מְסֻבָּךְ, מְעֹרָב. 2 גּוֹעֵשׁ
revulsión *f* הַסָּחַת־כְּאֵב, רֶבּוּלְסְיָה
rey *m* מֶלֶךְ
reyerta *f* קְטָטָה, תִּגְרָה, רִיב
reyezuelo *m* מַלְכִּיּוֹן, צִפּוֹר־שִׁיר (רֶגוּלוּס)
rezagado *adjm* מְפַגֵּר, מְאַחֵר, נֶחֱשָׁל
rezagar *vt* 1 הִשְׁאִיר מֵאָחוֹר. 2 דָּחָה. 3 הִתְעַכֵּב
rezago *m* 1 שְׁאֵרִית, שָׂרִיד, יִתְרָה. 2 פִּגּוּר
rezar *vt* הִתְפַּלֵּל, פִּלֵּל, הִתְחַנֵּן
rezo *m* 1 תְּפִלָּה. 2 תַּחֲנוּנִים, בַּקָּשָׁה
rezongador *adjm* רוֹטְנָן
rezongar *vi* רָטַן, הִתְלוֹנֵן
rezongón *adjm* רוֹטְנָן
rezumar *vti* 1 הִזִּיעַ. 2 בִּצְבֵּץ
ría *f* שֶׁפֶךְ
riachuelo *m* פֶּלֶג, יוּבַל, נַחַל
riada *f* שִׁטָּפוֹן
ribazo *m* גִּבְעָה, תֵּל
ribera *f* 1 חוֹף, גָּדָה. 2 שְׂפַת יָם אוֹ נָהָר
ribereño *adjm* 1 שֶׁגָּר לְיַד גְּדוֹת הַנָּהָר. 2 חוֹפִי
ribero *m* סוֹלְלָה, דָּיֵק
ribete *m* 1 סֶרֶט, פַּסִּים. 2 שָׂפָה. 3 יִפּוּי, קִשּׁוּט, נוֹי. 4 סִימָן, אוֹת, רֶמֶז
ribetes *mpl* 1 אוֹת, סִימָן, רֶמֶז. 2 יֻמְרָה
ribetear *vt* שִׁפָּה
ricacho *adjm* אָמִיד, גְּבִיר, עָשִׁיר
ricino *m* קִיקָיוֹן
rico *adjm* 1 עָשִׁיר, אָמִיד, גְּבִיר. 2 טָעִים, נֶחְמָד
rictus *m* עֲוִית
ridiculez *f* גִּחוּךְ, אֱוִילוּת, צְחוֹק, נִלְעָגוּת
ridiculizar *vt* לָעַג, הִתְקַלֵּס, לִגְלֵג, גִּחֵךְ
ridículo *adjm* מְגֻחָךְ, מַצְחִיק, אֱוִילִי
riego *m* הַשְׁקָיָה, הַשְׁקָאָה
riel *m* מְסִלָּה, פַּס
rielar *vi* הִבְהִיק, זָרַח, נָגַהּ, נִצְנֵץ
rienda *f* 1 מוֹשְׁכוֹת. 2 רֶסֶן
riente *adj* מַצְחִיק
riesgo *m* סִכּוּן, הִסְתַּכְּנוּת
rifa *f* הַגְרָלָה, פַּיִס
rifar *vt* הִגְרִיל, פַּיֵּס

rifle *m* רוֹבֶה

riflero *m* רוֹבַאי

rigidez *f* 1 קְשִׁיחוּת, קֹשִׁי, נֻקְשׁוּת, קַשְׁיוּת. 2 קַפְּדָנוּת, חֻמְרָה

rígido *adj* 1 קָשִׁחַ, קָשֶׁה, נֻקְשֶׁה, מוּצָק. 2 קַפְּדָן, מַחְמִיר. 3 נַיָּח, יַצִּיב

rigor *m* 1 קְשִׁיחוּת, קַשְׁיוּת. 2 חֻמְרָה. 3 קַפְּדָנוּת, דַּיְקָנוּת. 4 תַּקִּיפוּת, תֹּקֶף

rigoroso *adj* מַחְמִיר, קָשֶׁה, קָשׁוּחַ

rigurosamente 1 בְּיָד חֲזָקָה. 2 בִּיסוֹדִיּוּת, בְּחֻמְרָה

rigurosidad *f* קַפְּדָנוּת, דַּקְדְּקָנוּת, רְצִינוּת, חֻמְרָה

riguroso *adj* קַפְּדָן, מַקְפִּיד, דַּקְדְּקָן, רְצִינִי, מַחְמִיר

rima *f* 1 חָרוּז, חֲרִיזָה, פִּיּוּט. 2 גַּל, תַּל, מִצְבּוֹר, עֲרֵמָה

rimar *vti* 1 חָרַז. 2 הִתְחָרֵז

rimbombante *adj* מְהַדְהֵד, מְלִיצִי

rimero *m* גַּל, תַּל, עֲרֵמָה, מִצְבּוֹר

rincón *m* 1 פִּנָּה, קֶרֶן זָוִית. 2 מַחֲבוֹא

rinconada *f* קֶרֶן זָוִית

rinconera *f* שֻׁלְחַן פִּנָּה, אֲרוֹן פִּנָּה

ringlera *f* שׁוּרָה, קַו, טוּר

ringorrango *m* קִשּׁוּט מְיֻתָּר, רַבְרְבָנוּת

rinoceronte *m* קַרְנַף

riña *f* קְטָטָה, תִּגְרָה, רִיב, מְרִיבָה, מַחֲלֹקֶת

riñón *m* כִּלְיָה

río *m* נָהָר, יְאוֹר, נַחַל

riostra *f* סָמוֹךְ, סְמוֹכָה, תּוֹמֵךְ, תְּמִיכָה

ripio *m* 1 שְׁאֵרִית, שָׂרִיד. 2 חָצָץ

riqueza *f* 1 כֶּסֶף, עֹשֶׁר. 2 פּוֹרִיּוּת, שֶׁפַע. 3 הוֹן, רְכוּשׁ, נְכָסִים

risa *f* צְחוֹק

risada *f* צְחוֹק גַּס, צָהֳלַת צְחוֹק

risco *m* צוּק, סֶלַע

riscoso *adj* תָּלוּל, צוּקִי

risibilidad *f* נְטִיָּה לִצְחֹק

risible *adj* מַצְחִיק, מְגֻחָךְ

risita *f* חִיּוּךְ, גִּחוּךְ, צְחוֹק

risotada *f* צְחוֹק גַּס, צָהֳלַת צְחוֹק

ristra *f* 1 צְרוֹר, מַחֲרֹזֶת. 2 שׁוּרָה, טוּר, קַו

risueño *adj* מְחַיֵּךְ, עַלִּיז, שָׂמֵחַ

rítmico *adj* קָצוּב, רִיתְמִי, מִקְצָבִי

ritmo *m* מִקְצָב, קֶצֶב, מִשְׁקָל

rito *m* טֶקֶס, נֹהַג, נֹסַח, מִנְהָג, פֻּלְחָן

ritual *adjm* 1 דָּתִי, פֻּלְחָנִי, טִקְסִי. 2 פֻּלְחָן. 3 סֵפֶר תְּפִלּוֹת

ritualista *m* שׁוֹמֵר־פֻּלְחָן

rival *m* מִתְחָרֶה, יָרִיב

rivalidad *f* הִתְחָרוּת, יְרִיבוּת

rivalizar *vi* הִתְחָרָה

rizador *m* מְסַלְסֵל, מְתַלְתֵּל

rizar *vt* תִּלְתֵּל, סִלְסֵל

rizo *adjm* 1 מְתֻלְתָּל, מְסֻלְסָל. 2 תַּלְתַּל

roano *adj* צָהֹב אָפֹר, לָבָן אֲדַמְדַּם

robalo, róbalo *m* אוֹקוּנוֹס

robar *vt* גָּנַב, גָּזַל, חָמַס, עָשַׁק, שָׁדַד, חָטַף

roble *m* אַלּוֹן

robledal *m* חֻרְשַׁת אַלּוֹנִים

roblizo *adj* חָזָק, קָשֶׁה, מוּצָק

robo *m* גְּנֵבָה, גָּזֵל, שֹׁד, חָמָס

robot *m* רוֹבּוֹט, גֹּלֶם

robustecer *vt* 1 חִזֵּק, רִסֵּן, חִשֵּׁל. 2 הִתְחַשֵּׁל

robustez *f* חֹסֶן, חֹזֶק, כֹּחַ, חִשּׁוּל

robusto *adj* חָסֹן, בָּרִיא, חָזָק

roca *f* סֶלַע, צוּר, צוּק

rocallo *f* חֶלֶק, חַלְּקֵי אֲבָנִים, חַלְּקֵי נַחַל

roce *m* 1 שִׁפְשׁוּף, חִכּוּךְ, שְׁחִיקָה. 2 מַגָּע, קֶשֶׁר, קִרְבָה

rociada *f* 1 הַזָּיָה, זְלִיפָה, הַתָּזָה, זִלּוּף. 2 טַל. 3 גְּעָרָה, נְזִיפָה

rociadera *f* מַזְלֵף

rociador *m* מַזְלֵף

rociar *vi* הִזְלִיף, זִלֵּף, הִתִּיז, זִרְזֵף

rocín *m* 1 סוּס, סְיָח. 2 גַּס, בּוּר, עַם הָאָרֶץ

rocío *m* טַל

rococó *adjm* רוֹקוֹקוֹ

rocoso *adj* סַלְעִי, צוּקִי

roda *f* קְנֵה הַחַרְטוֹם

rodaballo *m* סַנְדָּל
rodada *f* 1 עִקְבָה, עָקֵב. 2 נְפִילָה
rodado *adjm* 1 מְנֻמָּר, רַבְגּוֹנִי. 2 כְּלִי רֶכֶב
rodadura *f* גִּלְגּוּל, טִלְטוּל
rodaja *f* אֲסִימוֹן
rodaje *m* 1 מַעֲרֶכֶת גַּלְגַּלִּים. 2 הַסְרָטָה
rodar *vit* 1 הִתְגַּלְגֵּל, הִסְתּוֹבֵב, הִתְנוֹעֵעַ. 2 הִסְרִיט. 3 הִתְדַּרְדֵּר, נָפַל, מָעַד. 4 הִתְהַפֵּךְ
rodear *vti* 1 סוֹבֵב, סָבַב, הִקִּיף, כִּתֵּר. 2 גָּדַר. 3 הִתְהַפֵּךְ. 4 סִבֵּב
rodeo *m* 1 סִבּוּב. 2 דֶּרֶךְ־עֲקִיפִין. 3 מִכְלָאָה. 4 רוֹדֵאוֹ. 5 דִּבְרֵי סְחוֹר סְחוֹר
rodilla *f* בֶּרֶךְ
rodillazo *m* מַכַּת בֶּרֶךְ
rodillera *f* כִּסּוּי בִּרְכַּיִם, בִּרְכִּיָּה
rodillo *m* 1 מַעְגִּילָה, מַעְגִּילִיָּה. 2 מַכְבֵּשׁ, גָּלִיל
rodio *m* רוֹדְיוּם
rododendro *m* רוֹדוֹדֶנְדְרוֹן (עֵץ)
rodrigar *vt* תָּמַךְ, הִשְׁעִין
rodrigazón *m* עוֹנַת עִנּוּב הַגְּפָנִים
rodrigón *m* תּוֹמֵךְ, תְּמִיכָה, מִשְׁעָן, סָמוֹכָה
roedor *adjm* כַּרְסְמָן, מְכַרְסֵם
roedura *f* כִּרְסוּם
roer *vt* 1 כִּרְסֵם. 2 אָכַל, כִּלָּה. 3 הִטְרִיד
rogación *f* בַּקָּשָׁה, תְּחִנָּה
rogar *vt* בִּקֵּשׁ, הִפְצִיר, הִתְחַנֵּן, הֶעְתִּיר
rogativa *f* תְּפִלָּה, תְּחִנָּה
rojez *f* אַדְמִימוּת, אֹדֶם, סֹמֶק
rojizo *adj* אֲדַמְדַּם
rojo *adj* אָדֹם
rojura *f* אַדְמִימוּת
rol *m* 1 מַצָּבָה. 2 תַּפְקִיד
rollizo *adjm* 1 חָסֹן, בָּרִיא. 2 שְׁמַנְמַן, גּוּץ
rollo *m* 1 גָּלִיל. 2 מְגִלָּה. 3 מַעְגִּילָה
romadizo *m* נַזֶּלֶת, הִצְטַנְּנוּת
romana *f* מִשְׁקָל, מֹאזְנַיִם
romance *adjm* 1 רוֹמָנִית. 2 סְפָרַדִּית. 3 רוֹמָן. 4 אֲהַבְהָבִים
romancero *adjm* רוֹמַנְסָן, רוֹמַנְסֶרוֹ
románico *adjm* 1 רוֹמָנִי. 2 רוֹמָאִי
romanista *m* רוֹמָנִיסְט
romano *adjm* רוֹמָאִי
romanticismo *m* רוֹמַנְטִיצִיזְם
romántico *adjm* רוֹמַנְטִי, רִגְשִׁי, רַגְשָׁן
romanza *f* רוֹמַנְסָה, שִׁיר
romaza *f* חֻמְעָה (צֶמַח)
rombo *m* מְעֻיָּן, רוֹמְבּוּס
romboidal *adj* מְעֻיָּן
romboide *m* מְעֻיָּן
romería *f* עֲלִיָּה לְרֶגֶל
romero *m* 1 עוֹלֶה לְרֶגֶל, צַלְיָן. 2 רוֹסְמָרִין
romo *adj* 1 קֵהֶה. 2 חֲרוּמַף
rompecabezas *mpl* תַּשְׁבֵּץ, חִידוֹן
rompehielos *mpl* שׁוֹבֶרֶת־קֶרַח
rompehuelgas *mpl* מֵפֵר שְׁבִיתָה
rompeolas *mpl* שׁוֹבֵר גַּלִּים
romper *vt* 1 שָׁבַר, קָרַע, שִׁסַּע. 2 נִתֵּק. 3 הֵפֵר. 4 פָּרַץ, הִתְפָּרֵץ
rompiente *m* שׁוּנִית, רִיף
rompimiento *m* 1 נִתּוּק. 2 הֲפָרָה. 3 שְׁבִירָה
ron *m* רוּם
roncador *adjm* נַחֲרָן, נוֹחֵר
roncar *vi* נָחַר
roncear *vi* 1 הִתְמַהְמֵהַּ, הִסֵּס, פִּקְפֵּק, הִתְעַכֵּב. 2 הֶחֱנִיף
roncería *f* 1 עִכּוּב, פִּגּוּר, הִסּוּס, פִּקְפּוּק. 2 חֲנֻפָּה, חֲנִיפָה
roncero *adj* 1 מְסָרְבָּל. 2 אִטִּי
ronco *adj* צָרוּד
roncha *f* חַבּוּרָה, מַכָּה
ronda *f* 1 מַעְגָּל, מָחוֹל. 2 סִיּוּר, סִבּוּב. 3 הִלּוּלָה
rondalla *f* סִפּוּר, אַגָּדָה, בְּדָיָה
rondar *vit* 1 אָרַב. 2 הִסְתּוֹבֵב, שׁוֹטֵט, סָבַב, הִקִּיף. 3 סִיֵּר, פִּטְרֵל. 4 עִגֵּל
rondín *m* 1 סִיּוּר, פִּטְרוּל. 2 שׁוֹטֵר מַקּוֹף
rondó *m* רוֹנְדוֹ
ronquedad *f* צְרִידוּת
ronquera *f* צָרֶדֶת
ronquido *m* נַחֲרָה

ronronear *vi* נָהַם, לָחַשׁ

ronroneo *m* נְהִימָה

ronzal *m* אַפְסָר

roña *f* 1 חֲלֻדָּה. 2 גָּרָב, גָּרֶדֶת, שְׁחִין. 3 לִכְלוּךְ, זֻהֲמָה

roñería *f* קַמְצָנוּת

roñoso *adj* 1 מְלֻכְלָךְ, מְזֹהָם. 2 חָלוּד. 3 קַמְצָן

ropa *f* בֶּגֶד, לְבוּשׁ, מַלְבּוּשׁ

ropa blanca לְבָנִים

ropa hecha קוֹנְפֶקְצְיָה

ropaje *m* הַלְבָּשָׁה, בְּגָדִים

ropavejería *f* חֲנוּת בְּגָדִים מְשֻׁמָּשִׁים

ropavejero *m* רוֹכֵל (בִּבְגָדִים יְשָׁנִים)

ropería *f* מֶלְתָּחָה

ropero *m* אֲרוֹן בְּגָדִים

roque *m* צְרִיחַ (בשח מט)

roqueño *adj* טַרְשִׁי

rorcual *m* הַלִּוְיָתָן הָאָדֹם

rorro *m* תִּינוֹק

rosa *f* וֶרֶד, שׁוֹשַׁנָּה

rosa de los vientos שׁוֹשַׁנַּת הָרוּחוֹת

rosáceo *adj* וַרְדִּי

rosada *f* כְּפוֹר

rosado *adj* וָרֹד, וַרְדִּי

rosal *m* וַרְדִּינָה, שִׂיחַ וְרָדִים

rosaleda *f* מַטַּע וְרָדִים

rosario *m* מַחֲרֹזֶת אַלְמֻגִּים

rosbif *m* צָלִי, אֻמְצָה

rosca *f* 1 בֹּרֶג. 2 כַּעַךְ. 3 תַּבְרִיג, תִּבְרֹגֶת. 4 גַּלְגַּל, עִגּוּל. 5 חִלָּזוֹן

roscado *adj* לוּלְיָנִי, חֶלְזוֹנִי

róseo *adj* וָרֹד, וַרְדִּי

roseta *f* 1 שׁוֹשֶׁנֶת, שׁוֹשָׁן. 2 תּוֹבְרָה, לוּלָאָה

rosetón *m* חַלּוֹן שׁוֹשַׁנָּה

rosillo *adj* 1 אַדְמוֹנִי. 2 לְבַן־אֲדַמְדַּם

rosquilla *f* כַּעֲכוֹן

rostro *m* פָּנִים, פַּרְצוּף, חָזוּת, קְלַסְתֵּר פָּנִים

rota *f* 1 תְּבוּסָה, מַפָּלָה. 2 בֵּית דִּין אַפִּיפְיוֹרִי. 3 דֶּקֶל

rotación *f* סִבּוּב, הִתְחַלְּפוּת, מַחֲזוֹר

rotativo *adjm* 1 תּוֹרָנִי. 2 סִבּוּבִי, מַחֲזוֹרִי, מִסְתּוֹבֵב. 3 יוֹמוֹן

rotatorio *adj* סִבּוּבִי, מִסְתּוֹבֵב

roten *m* דֶּקֶל

roto *adjm* 1 שָׁבוּר. 2 קָרוּעַ, בָּלוּי. 3 לוֹבֵשׁ־קְרָעִים

rotonda *f* רוֹטוֹנְדָה

rotar *m* חוּגָה, רוֹטוֹר

rotoso *adj* בָּלוּי, קָרוּעַ, מְטֻלָּא

rótula *f* פִּקַּת הַבֶּרֶךְ

rotulación *f* 1 מַתַּן כּוֹתֶרֶת. 2 הַדְבָּקַת תָּוִית

rotular *vtadj* 1 כִּנָּה, צִיֵּן. 2 נָתַן כּוֹתֶרֶת. 3 הִדְבִּיק תָּוִית. 4 שֶׁל הַבֶּרֶךְ

rótulo *m* 1 כּוֹתֶרֶת. 2 תָּוִית

rotundidad *f* 1 עֲגִילוּת, עֲגַלְגַּלּוּת. 2 הָחְלֵטִיּוּת. 3 שְׁלֵמוּת

rotundo *adj* 1 עָגֹל. 2 הֶחְלֵטִי. 3 נִמְרָץ

rotura *f* 1 שֶׁבֶר. 2 קֶרַע

roturación *f* 1 חָרִישׁ רִאשׁוֹן. 2 חָרִישׁ טָרִי

roturar *vt* 1 חָרַשׁ חָרִישׁ רִאשׁוֹן. 2 פִּלַּח

rozadura *f* 1 שִׁפְשׁוּף, חִכּוּךְ. 2 נְגִיעָה

rozamiento *m* שִׁפְשׁוּף, חִכּוּךְ

rozar *vt* 1 שִׁפְשֵׁף. 2 נִכֵּשׁ. 3 גֵּרֵד. 4 קָצַץ. 5 לִחֵךְ. 6 הִתְחַכֵּךְ. 7 נִתְגַּמְגֵּם. 8 הִתְיַדֵּד

rúa *f* נָתִיב, דֶּרֶךְ, מַסְלוּל

ruana *f* שְׂכְמִיָּה

ruano *adj* אַדְמוֹנִי

rúbeo *adj* אֲדַמְדַּם

rubéola *f* אַדֶּמֶת

rubí *m* אֹדֶם, כַּדְכֹּד

rubia *fm* 1 פּוּאַת הַצַּבָּעִים. 2 שִׁבּוּט

rubicundez *f* אֲדַמְדַּמּוּת, סֹמֶק

rubicundo *adj* אֲדַמְדַּם, וָרֹד

rubificar *vt* צָבַע אָדֹם, הֶאְדִּים

rubio *adjm* 1 אַדְמוֹנִי. 2 לַיאוֹצִיקוּס

rublo *m* רוּבָּל

rubor *m* 1 סֹמֶק. 2 בּוּשָׁה

ruborizar *vt* 1 הֶאְדִּים. 2 בִּיֵּשׁ. 3 הִסְמִיק, הִתְבַּיֵּשׁ

ruboroso *adj* מַסְמִיק, סָמוּק

rúbrica *f* 1 כּוֹתֶרֶת. 2 חֲתִימָה. 3 מִנְהָג
rubricar *vt* חָתַם
rucio *adj* אָפֹר
ruda *f* פֵּיגָם (שִׂיחַ בָּר)
rudeza *f* גַּסּוּת, בּוּרוּת, חֻצְפָּה
rudimentario *adj* 1 רִאשׁוֹנִי. 2 בְּסִיסִי. 3 מְגֻוָּן
rudimento *m* הַתְחָלָה, יְסוֹד
rudo *adj* גַּס, מְחֻסְפָּס
rueca *f* כִּישׁוֹר, פֶּלֶךְ
rueda *f* 1 גַּלְגַּל, אוֹפַן. 2 תּוֹר, מַחֲזוֹר. 3 מַעְגָּל, עִגּוּל. 4 חוּג
rueda de la fortuna גַּלְגַּל הַמַּזָּל
rueda de molino אֶבֶן־רֵחַיִם, רֶכֶב
ruedo *m* 1 שָׂפָה, אֹגֶן. 2 הֶקֵּף, פֶּרִימֶטֶר. 3 סִבּוּב, גִּלְגּוּל. 4 זִירָה
ruego *m* בַּקָּשָׁה, תַּחֲנוּן, תְּחִנָּה
ruejo *m* גַּלְגַּל־מַיִם, גַּלְגַּל־טַחֲנָה
rufián *m* 1 שָׁפָל, נִבְזֶה, בִּרְיוֹן. 2 רוֹעֵה־זוֹנוֹת
rufianería *f* שִׁפְלוּת, נִבְזוּת, בִּרְיוֹנוּת
rufianesco *adj* נִבְזִי, נִבְזֶה, שָׁפָל
rugido *m* שְׁאָגָה, צָהֳלָה, רַעַם, הֲמֻלָּה, גְּעִיָּה
rugiente *adj* שׁוֹאֵג, רוֹעֵם
rugir *vi* שָׁאַג, צָהַל, רָעַם, גָּעָה, רָעַשׁ
rugosidad *f* קֶמֶט, קֶפֶל
rugoso *adj* מְקֻמָּט, מְקֻפָּל
ruibarbo *m* רִבָּס (צֶמַח)
ruido *m* 1 רַעַשׁ, שָׁאוֹן, הֲמֻלָּה. 2 מְהוּמָה
ruidoso *adj* מַרְעִישׁ, רוֹעֵשׁ, סוֹאֵן
ruin *adj* 1 שָׁפָל, נִבְזֶה, נִקְלֶה, נָבָל. 2 אֻמְלָל, עָלוּב, מִסְכֵּן. 3 חֲסַר עֵרֶךְ, קַל עֵרֶךְ
ruina *f* הֶרֶס, חֻרְבָּן, שׁוֹאָה, הִתְמוֹטְטוּת
ruindad *adj* 1 שִׁפְלוּת, נִבְזוּת, נַבְלוּת. 2 אֻמְלָלוּת, צָרוּת עַיִן
ruinoso *adj* הָרוּס, שׁוֹמֵם, מָט לִנְפֹּל
ruiseñor *m* זָמִיר
ruleta *f* 1 רוּלֶטָה. 2 תַּגְלִיל (מֶטֶר מְגֻלְגָּל)
rulo *m* 1 כַּדּוּר. 2 מַכְבֵּשׁ. 3 תַּלְתַּל. 4 אַדְמַת בַּעַל. 5 רֶכֶב (אֶבֶן)
ruma *f* גַּל, תֵּל, מִצְבּוֹר, עֲרֵמָה
rumba *f* 1 רוּמְבָּה. 2 הִלּוּלָה. 3 צְנֵפָה
rumbeador *m* גַּשָּׁשׁ, סַיָּר
rumbear *vi* כִּוֵּן עַצְמוֹ, הִתְמַצֵּא
rumbo *m* 1 כִּוּוּן, דֶּרֶךְ, מַטָּרָה. 2 הוֹד, תִּפְאֶרֶת, פְּאֵר
rumboso *adj* 1 מְפֹאָר, נֶהְדָּר. 2 נָדִיב, נְדִיב־לֵב
rumiante *adjm* מַעֲלֶה גֵרָה
rumiar *vt* הֶעֱלָה גֵרָה
rumor *m* 1 שְׁמוּעָה, לַחַשׁ. 2 הִתְלַחֲשׁוּת. 3 הֶמְיָה, אִוְשָׁה, רִשְׁרוּשׁ, מִלְמוּל
rumorear *vt* 1 הִתְלַחֵשׁ, לָחַשׁ. 2 הָמָה, רִשְׁרֵשׁ
rumoroso *adj* הוֹמֶה, מְרַשְׁרֵשׁ
runfla *f* סִדְרָה, קְבוּצָה
runrún *m* רַעַשׁ, הֶמְיָה
runrunearse *vref* הִתְלַחֵשׁ
rupia *f* רוּפְּיָה
rupicabra *f* זֶמֶר, יָעֵל
ruptura *f* 1 שְׁבִירָה. 2 קֶרַע. 3 נִתּוּק
rural *adj* כַּפְרִי, חַקְלָאִי
ruso *adjm* רוּסִי
rusticar *vi* 1 חַי בַּכְּפָר. 2 הִתְאַכֵּר
rusticidad *f* 1 כַּפְרִיּוּת, קַרְתָּנוּת. 2 גַּסּוּת, חִסְפּוּס
rústico *madj* 1 אִכָּר, כַּפְרִי. 2 גַּס, מְחֻסְפָּס
ruta *f* נָתִיב, דֶּרֶךְ, מַסְלוּל
rutenio *m* רוּתֶנְיוּם (מַתֶּכֶת)
rutilante *adj* מַבְרִיק, מַזְהִיר, זוֹהֵר
rutilar *vi* נִצְנֵץ, זָהַר, זָרַח
rutina *f* 1 שִׁגְרָה. 2 נֹהַל, נֹהַג, מִשְׁטָר
rutinario *adj* שִׁגְרָתִי
ruzafa *f* גַּן, גִּנָּה

S

S *f* ס–שׂ, אֶסֶה, הָאוֹת הָעֶשְׂרִים וּשְׁתַּיִם שֶׁל הָאָלֶף־בֵּית הַסְּפָרַדִּי

sábado *m* שַׁבָּת

sábado *m* דַּג עֲלוֹזָה

sabana *f* סָוָנָה, עֲרָבָה

sábana *f* סָדִין

sabandija *f* 1 שֶׁרֶץ, רֶמֶשׂ, זוֹחֵל, זַחַל. 2 אִישׁ בָּזוּי, אָדָם נִבְזֶה

sabañón *m* חַבּוּרַת צִנָּה, תְּפִיחַת־כְּפוֹר

sabático *adj* 1 שֶׁל שַׁבָּת. 2 שֶׁל שְׁנַת שְׁמִטָּה. 3 שֶׁל שְׁנַת שַׁבָּתוֹן

sabatina *f* תְּפִלַּת שַׁבָּת

sabatino *adj* שֶׁל שַׁבָּת

sabatismo *m* שְׁמִירַת הַשַּׁבָּת

sabatizar *vi* קִדֵּשׁ הַשַּׁבָּת, שָׁמַר הַשַּׁבָּת, שָׁבַת

sabedor *adj* מֻמְחֶה, יוֹדֵעַ, מַכִּיר, מְלֻמָּד, בָּקִי

sabelotodo *m* יוֹדֵעַ־כֹּל, יַדְעָן מֻפְלָג (בְּלַעַג)

saber *vtim* 1 יָדַע, הִכִּיר, הִשְׂכִּיל. 2 הִבְחִין. 3 דַּעַת, תְּבוּנָה, חָכְמָה

sabido *adj* יָדוּעַ

sabiduría *f* חָכְמָה, בִּינָה, דַּעַת, תְּבוּנָה

sabiendas (a) *adv* בְּיוֹדְעִין, בְּיוֹדְעִים, בְּכַוָּנָה

sabiente *adj* יוֹדֵעַ, מַכִּיר, בָּקִי

sabihondo *adjm* מִתְיַמֵּר לָדַעַת

sabio *adjm* חָכָם, נָבוֹן, מְלֻמָּד, בַּר דַּעַת

sablazo *m* 1 מַכַּת חֶרֶב. 2 סְחִיטַת־כֶּסֶף

sable *m* חֶרֶב, סַיִף, שֶׁלַח

sablista *m* סַחְטָן, טַפִּיל

sabor *m* טַעַם

saborear *vt* 1 תִּבֵּל. 2 טָעַם. 3 נֶהֱנָה

saboreo *m* 1 טַעַם. 2 טְעִימָה. 3 הֲנָאָה

sabotaje *m* חַבָּלָה, סַבּוֹטָז'

saboteador *m* חַבְּלָן, מְחַבֵּל, חַתְרָן

sabotear *vt* חִבֵּל, הִשְׁמִיד, חָתַר

sabroso *adj* טָעִים, עָרֵב

sabueso *m* 1 זַרְזִיר, כֶּלֶב צַיִד. 2 גַּשָּׁשׁ, בַּלָּשׁ

sábulo *m* זִיפְזִיף

sabuloso *adj* חוֹלִי, חֲצָצִי

saburra *f* 1 אַבְנִית. 2 מִשְׁקָע רִירִי

saburroso *adj* 1 אַבְנִי. 2 רִירִי

saca *f* 1 הוֹצָאָה, שְׁלִיפָה, עֲקִירָה. 2 יִצּוּא. 3 הֶעְתֵּק מְאֻשָּׁר. 4 אַמְתַּחַת

sacabocados *mpl* מְנַקֵּב, מַקָּב

sacacorchos *mpl* מַחְלֵץ

sacamiento *m* הֲסָרָה, הוֹצָאָה, עֲקִירָה, סִלּוּק, חִלּוּץ, שְׁלִיפָה

sacamuelas *m* רוֹפֵא שִׁנַּיִם (בְּלַעַג)

sacapuntas *mpl* מְחַדֵּד, מַשְׁחִיז

sacar *vt* 1 הֵסִיר, הוֹצִיא, עָקַר, סִלֵּק, חִלֵּץ. 2 קִדֵּם, הִקְדִּים. 3 סִכֵּם. 4 צִלֵּם

sacar adelante קִדֵּם

sacar el cuerpo הִתְחַמֵּק

sacar en limpio הִסִּיק מַסְקָנוֹת

sacarina *f* סָכָרִין

sacerdocio *m* כְּהֻנָּה

sacerdotal *adj* כֹּהֲנִי

sacerdote *m* 1 כֹּהֵן. 2 כֹּמֶר, גַּלָּח

sacerdotisa *f* 1 כֹּהֶנֶת. 2 קְדֵשָׁה

saciable *adj* מַשְׂבִּיעַ

saciar *vt* 1 הִשְׂבִּיעַ, הִרְוָה. 2 שָׂבַע, רָוָה

saciedad *f* שֹׂבַע, רְוָיָה

saciña *f* עֲרָבָה

sacio *adj* שָׂבֵעַ, רָווּי

saco *m* 1 שַׂק, אַמְתַּחַת. 2 כִּיס. 3 שֹׁד, בִּזָּה

sacramental *adj* מְקֻדָּשׁ, פֻּלְחָנִי

sacramentar *vt* קִדֵּשׁ

sacramento *m* קִדּוּשִׁים, סַקְרָמֶנְט

sacratísimo *adj* מְקֻדָּשׁ בְּיוֹתֵר

sacrificar *vt* 1 הִקְרִיב. 2 זָבַח

sacrificio *m* 1 קָרְבָּן, זֶבַח, עוֹלָה. 2 מְסִירוּת

נֶפֶשׁ
sacrilegio *m* חִלּוּל הַקֹּדֶשׁ, כְּפִירָה
sacrílego *adj* כּוֹפֵר, מוֹעֵל בַּקֹּדֶשׁ
sacristán *m* שַׁמָּשׁ
sacristía *f* 1 שַׁמָּשׁוּת. 2 לִשְׁכַּת תַּשְׁמִישֵׁי הַקְּדֻשָּׁה
sacro *adjm* קָדוֹשׁ
sacrosanto *adj* שֶׁל קֹדֶשׁ הַקֳּדָשִׁים
sacudida *f* זַעֲזוּעַ, נִעְנוּעַ, נְעִירָה, נִדְנוּד, טִלְטוּל, רְעָדָה
sacudidura *f* נְעִירָה, נִעְנוּעַ
sacudimiento *m* טִלְטוּל, נִדְנוּד, נְעִירָה
sacudir *vt* נִעְנַע, נִעֵר, הִרְעִיד, טִלְטֵל, זִעֲזַע
sacudón *m* הֶלֶם, זַעֲזוּעַ, חֲרָדָה
sachar *vt* נִכֵּשׁ, שֵׁרֵשׁ, בִּעֵר
sacho *m* נַכָּשׁ, מְנַכֵּשׁ
sádico *adj* סָדִיסְטִי, אַכְזָרִי
sadismo *m* סָדִיסְם, אַכְזְרִיּוּת
sadista *adjm* סָדִיסְט, אַכְזָר
saeta *f* 1 חֵץ. 2 מָחוֹג
saetazo *m* 1 פְּגִיעַת חֵץ. 2 פֶּצַע מִפְּגִיעַת חֵץ
safari *m* סָפָרִי
saga *f* אַגָּדָה, סִפּוּר, עֲלִילָה
sagacidad *f* פִּקְחוּת, שְׁנִינוּת, עָרְמָה, תּוּשִׁיָּה
sagaz *adj* פִּקֵּחַ, שָׁנוּן, עָרוּם, מְמֻלָּח
sagitario *m* 1 קַשָּׁת. 2 מַזַּל כִּסְלֵו (קֶשֶׁת)
sagrado *adj* קָדוֹשׁ
sagrario *m* דְּבִיר
sahina *f* דּוּרָה, סוֹרְגוּם
sahornarse *vref* הִשְׁתַּפְשֵׁף (עוֹר־הַגּוּף)
sahorno *m* גֵּרוּי, שִׁפְשׁוּף (בָּעוֹר)
sahumar *vt* קִטֵּר, בִּשֵּׂם
sahumerio *m* קְטֹרֶת, קִטּוּר
sainete *m* 1 מַעֲרְכוֹן מַצְחִיק. 2 תַּבְלִין. 3 רֹטֶב
saja, sajadura *f* חֲתָךְ, שָׂרֶטֶת, סְרִיטָה, בְּקִיעַ
sajar *vt* חָתַךְ, שָׂרַט, בָּקַע
sajón *adjm* סַקְסוֹנִי
sal *f.* 1 מֶלַח. 2 חֵן, חִנָּנִיּוּת
sal de higuera מֶלַח מְשַׁלְשֵׁל
sala *f* 1 אוּלָם. 2 חֶדֶר, סָלוֹן
salacidad *f* תַּאַוְתָנוּת, עַגְבָנוּת
saladar *m* 1 בִּצַּת מֵי יָם. 2 אַדְמַת מֶלַח
salado *adj* 1 מָלוּחַ. 2 חִנָּנִי. 3 מְמֻלָּח
saladura *f* 1 תִּבּוּל בְּמֶלַח. 2 מְלִיחוּת
salamandra *f* סָלָמַנְדְּרָה
salar *vt* מָלַח, הִמְלִיחַ
salario *m* מַשְׂכֹּרֶת, שָׂכָר, גְּמוּל
salaz *adj* תַּאַוְתָן, עַגְבָן, תַּאַוְתָנִי
salazón *m* בָּשָׂר מָלוּחַ
salcochar *vt* רִתַּח, הִרְתִּיחַ
salchicha *f* נַקְנִיקִית
salchichón *m* נַקְנִיק
saldar *vt* 1 פָּרַע, סִלֵּק, חִסֵּל. 2 מָכַר בִּמְכִירָה כְּלָלִית
saldo *m* 1 יִתְרָה. 2 עֹדֶף. 3 שְׁאֵרִית
saledizo *adjm* 1 בּוֹלֵט, מִזְדַּקֵּר. 2 גְּזוּזְטְרָה
salero *m* 1 מַמְלֵחָה. 2 חִנָּנִיּוּת, חֵן
saleroso *adj* חִנָּנִי, מְמֻלָּח
salicilato *m* סָלִיצִילָט
salicílico *adj* שֶׁל חֻמְצַת סָלִיצִילָט
salida *f* 1 יְצִיאָה, מוֹצָא. 2 זְרִיחָה, עֲלִיָּה. 3 בְּלִיטָה. 4 גִּיחָה, זִנּוּק, נִתּוּר. 5 הוֹצָאָה. 6 חִדּוּד, שְׁנִינוּת
salida de baño חֲלוּק־רַחְצָה
salidizo *m* לִזְבֵּז, מַדָּף, אִצְטַבָּה
salido *adj* 1 בּוֹלֵט. 2 מְיֻחָם
saliente *adjf* 1 יוֹצֵא, בּוֹלֵט. 2 בְּלִיטָה
salina *f* מִלַּחַת
salino *adj* מָלֵחַ, מָלוּחַ, מִלְחִי
salir *vi* 1 יָצָא. 2 זָרַח, עָלָה. 3 בָּלַט. 4 גָּח, זִנֵּק, הֵגִיחַ, נִתֵּר. 5 נָבַע. 6 גָּלַשׁ. 7 הִתְפַּשֵּׁר
salir a דָּמָה, נִדְמָה, נִרְאָה
salir de נֶחֱלַץ, נִמְלַט
salir de las casillas יָצָא מִן הַכֵּלִים
salirse con la suya הִצְלִיחַ
salitral *adjm* 1 מִלַּחְתִּי, מֵכִיל מִלַּחַת. 2 חַנְקָנִי. 3 מִרְבַּץ מִלַּחַת
salitre *m* מִלַּחַת
salitrera *f* מִרְבַּץ מִלַּחַת
salitrero *adj* מִלַּחְתִּי, הַשַּׁיָּךְ לְמִלַּחַת

salitroso *adj* מְלַחְתִּי

saliva *f* רִיר, רֹק

salival *adj* רִירִי, רֻקִּי

salivación *f* רִיּוּר, הַפְרָשַׁת רִיר

salivadera *f* מַרְקֵקָה

salivar *vi* רִיֵּר, יָרַק

salivazo *m* יְרִיקָה

salmista *m* מְחַבֵּר מִזְמוֹרִים, מְחַבֵּר תְּהִלִּים

salmo *m* 1 מִזְמוֹר, שִׁיר. 2 סֵפֶר תְּהִלִּים

salmodía *f* תַּהֲלִילָה

salmodiar *vti* תִּהְלֵל

salmón *m* אִלְתִּית, סַלְמוֹן

salmonete *m* מוּלִית

salmuera *f* צִיר, מֵי מֶלַח

salobral *madj* 1 מִלְחִית, מִרְבַּץ מֶלַח. 2 מָלוּחַ, מָלֵחַ

salobre *adj* מָלוּחַ, מָלֵחַ

salobridad *f* מְלַחוּת

salón *m* 1 טְרַקְלִין, אוּלָם, סָלוֹן. 2 מִסְבָּאָה

salpicadero *m* לוּחַ הַמַּכְשִׁירִים

salpicadura *f* הַתָּזָה, זְלִיפָה, זִלּוּף, בְּזִיקָה

salpicar *vt* הִתִּיז, זִלֵּף, הִזָּה, זִרְזֵף

salpicón *m* 1 הַתָּזָה, זִלּוּף, טִפְטוּף. 2 תִּבְלֹלֶת

salpullido *m* תִּפְרַחַת, אֲבַבִית, פְּרִיחָה

salsa *f* רֹטֶב, מִיץ, צִיר

salsera *f* קַעֲרִית לְרֹטֶב

saltador *adjm* מְקַפֵּץ, מְדַלֵּג, קוֹפֵץ

saltamontes *mpl* חַרְגּוֹל, חָגָב, אַרְבֶּה

saltar *vit* 1 קָפַץ, דִּלֵּג, פָּרַץ, הֵגִיחַ, נִתֵּר. 2 עָקַף. 3 פָּסַח

saltarín *adjm* 1 קַפְצָן. 2 רַקְדָן

salteador *m* גַּזְלָן, שׁוֹדֵד

saltear *vt* 1 גָּזַל, שָׁדַד. 2 הִתְקִיף, תָּקַף, הִתְנַפֵּל. 3 טִגֵּן. 4 עָבַד בְּסֵרוּגִין

salteo *m* 1 גֶּזֶל, שְׁדִידָה, בִּזָּה. 2 פְּרִיצָה, הִתְנַפְּלוּת. 3 הַתְקָפָה

salterio *m* 1 סֵפֶר־תְּהִלִּים. 2 סֵפֶר תְּפִלּוֹת. 3 נֵבֶל

saltimbanqui *m* 1 לֵיצָן, לֵץ. 2 לוּלְיָן. 3 רַמַּאי, נוֹכֵל

salto *m* 1 קְפִיצָה, דִּלּוּג, גִּיחָה, נִתּוּר. 2 מִבְקָע, פֶּתַח, פִּרְצָה. 3 הַתְקָפָה, פְּרִיצָה. 4 תִּלּוּל, תְּהוֹם. 5 אֶשֶׁד

salto de agua אֶשֶׁד, אֲשֵׁדָה, מַפַּל־מַיִם

salto mortal סַלְטוֹ מוֹרְטָלֶה, קְפִיצַת־מָוֶת

saltón *adjm* 1 קַפְצָן, קוֹפֵץ, דַּלְגָן. 2 חַרְגּוֹל, חָגָב, אַרְבֶּה

salubre *adj* 1 בָּרִיא. 2 מַבְרִיא

salubridad *f* בְּרִיאוּת, הַבְרָאָה

salud *f* 1 בְּרִיאוּת. 2 הַצָּלָה, יְשׁוּעָה. 3 שָׁלוֹם! 4 לְחַיִּים!

saludable *adj* 1 מַבְרִיא. 2 מוֹעִיל

saludar *vt* 1 בֵּרַךְ, דָּרַשׁ בְּשָׁלוֹם. 2 הִצְדִּיעַ

saludo *m* 1 בְּרָכָה, שָׁלוֹם! 2 הַצְדָּעָה

salutación *f* 1 בְּרָכָה, דְּרִישַׁת שָׁלוֹם. 2 דִּבְרֵי־בְּרָכָה

salva *f* 1 מַטָּח, צְרוֹר. 2 תְּרוּעוֹת הֵידָד. 3 שְׁבוּעָה. 4 שָׁלוֹם, בְּרָכָה

salvación *f* יְשׁוּעָה, יֶשַׁע, הַצָּלָה, גְּאֻלָּה

salvado *m* 1 סֻבִּים, סֻבִּין. 2 נִצָּל, נִצּוֹל

salvador *m* מוֹשִׁיעַ, גּוֹאֵל, מַצִּיל, פּוֹדֶה

salvaguardar *vt* 1 שָׁמַר, הֵגֵן. 2 הֶחֱסָה

salvaguardia *f* 1 שְׁמִירָה, הֲגַנָּה, מִשְׁמָר, מַחְסֶה. 2 שׁוֹמֵר, נוֹטֵר, זָקִיף

salvajada *f* פִּרְאוּת, גַּסּוּת, בּוּרוּת

salvaje *adjm* 1 פִּרְאִי, בַּרְבָּרִי, פָּרוּעַ. 2 אַכְזָרִי. 3 פֶּרֶא. 4 בָּר

salvajismo *m* פִּרְאוּת, אַכְזְרִיּוּת, בַּרְבָּרִיּוּת

salvamente *adv* בְּבִטְחָה, לְלֹא־פַּחַד

salvamento *m* 1 הַצָּלָה, יְשׁוּעָה. 2 חִלּוּץ, הִנָּצְלוּת. 3 מִקְלָט, מַחְסֶה, מִפְלָט

salvar *vt* 1 הִצִּיל, הוֹשִׁיעַ. 2 חִלֵּץ, שִׁחְרֵר, גָּאַל. 3 הִתְגַּבֵּר, גָּבַר. 4 דִּלֵּג. 5 הוֹצִיא מִן הַכְּלָל. 6 נִצַּל, נֶחֱלַץ

salvavidas *mpl* חֲגוֹרַת הַצָּלָה, גַּלְגַּל הַצָּלָה

salve *interj* שָׁלוֹם! בָּרוּךְ הַבָּא! הֱיֵה שָׁלוֹם!

salvia *f* מַרְוָה (צֶמַח)

salvo *adjprep* 1 נִצּוֹל, בָּטוּחַ. 2 זוּלַת, פְּרָט, מִלְּבַד

salvo que לְהוֹצִיא, אֶלָּא אִם כֵּן

salvoconducto *m* רִשְׁיוֹן מַעֲבָר, תְּעוּדַת מַעֲבָר
sallar *vt* נִכֵּשׁ, שֵׁרֵשׁ, בִּעֵר
samario *m* סַמַרְיוּם (מַתֶּכֶת)
samaritano *adjm* שׁוֹמְרוֹנִי
samba *f* סַמְבָּה (רִקּוּד)
samovar *m* מֵחַם
sampán *m* סַמְפָּן (סִירַת־מִפְרָשִׂים סִינִית)
samurai *m* סָמוּרַאי
san *adj* קָדוֹשׁ
sanable *adj* רָפִיא, בַּר רִפּוּי
sanamente *adv* בְּכֵנוּת, בְּנֶאֱמָנוּת
sanar *vti* 1 רִפֵּא. 2 הִבְרִיא
sanatorio *m* בֵּית הַבְרָאָה, בֵּית־הַחְלָמָה
sanción *f* 1 אִשּׁוּר, אִשְׁרוּר. 2 תֹּקֶף. 3 עֹנֶשׁ, קְנָס. 4 עִצּוּמִים
sancionar *vt* 1 אִשֵּׁר, אִשְׁרֵר. 2 נָתַן תֹּקֶף. 3 הֶעֱנִישׁ
sancochar *vt* שָׁלַק, חָלַט
sancocho *m* מַאֲדֶה, נְזִיד בָּשָׂר וִירָקוֹת
sanctasanctórum *m* קֹדֶשׁ הַקֳּדָשִׁים
sandalia *f* סַנְדָּל
sándalo *m* אַלְמֹג, אַלְגֹּם, סַנְטָל (צֶמַח)
sandez *m* שְׁטוּת, טִפְּשׁוּת, אִוֶּלֶת, כְּסִילוּת
sandía *f* אֲבַטִּיחַ
sandiar *m* מִקְשָׁה
sandio *madj* 1 טִפֵּשׁ. 2 אֱוִילִי, טִפְּשִׁי, שְׁטוּתִי
sandunga *f* 1 חֵן, יֹפִי, נֹעַם, חִנָּנִיּוּת. 2 הוֹלֵלוּת, הִלּוּלָה וַחֲגִגָה
sandunguero *adj* חִנָּנִי, נָעִים
sandwich *m* כָּרִיךְ
saneado *adj* 1 בָּרִיא. 2 נָקִי, מְטֻיָּב
saneamiento *m* 1 הַבְרָאָה. 2 תַּבְרוּאָה. 3 טִיּוּב, שִׁפּוּר
sanear *vt* 1 הִבְרִיא, רִפֵּא. 2 טִיֵּב, שִׁפֵּר. 3 יִבֵּשׁ, נִקָּז. 4 פִּצָּה
sangrar *vti* 1 הִקִּיז דָּם. 2 דִּמֵּם, שָׁתַת דָּם
sangre *f* דָּם
sangría *f* הַקָּזָה
sangriento *adj* 1 עָקֹב מִדָּם, מְגֹאָל בְּדָם. 2 אַכְזָר, רוֹצְחָנִי
sanguesa *f* פֶּטֶל
sanguijuela *f* עֲלוּקָה
sanguinario *adj* צְמֵא דָם, אַכְזָר, רַצְחָנִי
sanguíneo *adj* 1 דָּמִי, אָדֹם. 2 חַם מֶזֶג. 3 צְמֵא דָם, רַב הַדָּמִים
sanguinolento *adj* דָּמִי, מֵכִיל דָּם, עָקֹב מִדָּם
sanidad *f* בְּרִיאוּת, תַּבְרוּאָה, סָנִיטַצְיָה
sanitario *adj* תַּבְרוּאִי, בְּרִיאוּתִי, סָנִיטָרִי
sano *adj* 1 בָּרִיא, שָׁלֵם. 2 אֵיתָן, מוּצָק
sano y salvo בָּרִיא וְשָׁלֵם, בָּרִיא וְחָפְשִׁי
sánscrito *adjm* 1 סַנְסְקְרִיטִי. 2 סַנְסְקְרִיט
sanseacabó *interj* תַּם וְנִשְׁלַם! זֶהוּ זֶה! חֲסַל!
santabárbara *f* מַחְסָן לַאֲבַק שְׂרֵפָה
santiamén *m* הֶרֶף עַיִן
santidad *f* קְדֻשָּׁה, קֹדֶשׁ
santificación *f* קִדּוּשׁ, הַקְדָּשָׁה, הִתְקַדְּשׁוּת, קְדֻשָּׁה
santificador *adjm* מְקַדֵּשׁ
santificar *vt* 1 קִדֵּשׁ, הִקְדִּישׁ. 2 כִּבֵּד. 3 טִהֵר, אִשֵּׁר
santiguar *vt* 1 צִלֵּב. 2 הִלְקָה. 3 הִצְטַלֵּב
santísimo *adj* הַקָּדוֹשׁ בְּיוֹתֵר
santo *adjm* קָדוֹשׁ
santo y seña סִיסְמָה
santón *m* 1 נָזִיר מֻסְלְמִי. 2 מִתְחַסֵּד, צָבוּעַ
santoral *m* לוּחַ הַקְּדוֹשִׁים
santuario *m* 1 מִשְׁכָּן, מִזְבֵּחַ, מִקְדָּשׁ. 2 בֵּית הַמִּקְדָּשׁ. 3 כְּנֵסִיָּה
santurrón *adjm* מִתְחַסֵּד, צָבוּעַ
santurronería *f* הִתְחַסְּדוּת, צְבִיעוּת
saña *f* 1 זַעַם, כַּעַס, רֹגֶז. 2 אַכְזְרִיּוּת
sañudo *adj* 1 זוֹעֵם, כּוֹעֵס, רוֹגֵז. 2 אַכְזָרִי
sapidez *f* טְעִימוּת, עֲרֵבוּת
sápido *adj* טָעִים, עָרֵב
sapiencia *f* חָכְמָה, תְּבוּנָה, בִּינָה, דַּעַת
sapiente *adj* חָכָם, נָבוֹן
sapo *m* קַרְפָּדָה
saponaria *f* בּוֹרִית, סַבּוֹנִין (צֶמַח)
saponificación *f* 1 סִבּוּן. 2 הִסְתַּבְּנוּת
saponificar *vt* 1 סִבֵּן. 2 הִסְתַּבֵּן

saque *m* הוֹצָאַת־כַּדּוּר (בְּמִשְׂחָק)

saqueador *adjm* בּוֹזֵז, שׁוֹדֵד, גַּזְלָן

saquear *vt* שָׁדַד, בָּזַז, לָקַח שָׁלָל

saqueo *m* בִּזָּה, שֹׁד, חָמָס, גְּזֵלָה

saquillo *m* יַלְקוּט

sarampión *m* חַצֶּבֶת

sarao *m* נֶשֶׁף, מִשְׁתֶּה, מְסִבָּה

sarape *m* שְׂמִיכָה

sarcasmo *m* לַעַג, שְׁנִינָה, הִתּוּל, סַרְקַזְם

sarcástico *adj* לוֹעֵג, שָׁנוּן, מְהַתֵּל, סַרְקַסְטִי

sarcófago *m* סַרְקוֹפָג

sarcoma *f* שְׂאֵת, סַרְקוֹמָה

sardina *f* טָרִית, סַרְדִּין

sardineta *f* 1 טָרִית קְטַנָּה. 2 קִשּׁוּט, סֶרֶט

sardónico *adj* לַגְלְגָנִי, עוֹקְצָנִי, מְרִירִי, שָׁנוּן

sarga *f* 1 סַרְגָּה (בַּד־צֶמֶר עָבֶה). 2 עֲרָבָה (עֵץ)

sargazo *m* סַרְגָּסוֹ (אַצַּת־יָם)

sargento *m* סַמָּל

sarmiento *m* זְמוֹרָה, שָׂרִיג

sarna *f* שְׁחִין, גָּרָב

sarnoso *adjm* נְגוּעַ שְׁחִין

sarong *m* סָרוֹנְג (גְּלִימָה מַלַאִית)

sarpullido *m* תִּפְרַחַת, אֲבַבִית, פְּרִיחָה

sarraceno *adjm* עַרְבִי, מֻסְלְמִי

sarro *m* 1 מִשְׁקָע, קַבַּעַת, סְחֹפֶת. 2 אַבְנִית

sarroso *adj* אַבְנִיתִי

sarta *f* 1 מַחֲרֹזֶת. 2 שְׁרוֹךְ. 3 סִדְרָה, שׁוּרָה, טוּר

sartén *f* מַחֲבַת

sastre *m* חַיָּט

sastrería *f* 1 חַיָּטוּת. 2 חֲנוּת לְדִבְרֵי הַלְבָּשָׁה

satán, satanás *m* שָׂטָן

satánico *adj* שְׂטָנִי

satélite *m* 1 לַוְיָן. 2 גָּרוּר

satén, satín *m* סָטִין, אַטְלַס

satinado *adj* מַבְרִיק, נוֹצֵץ

satinar *vt* הִבְרִיק, נָצַץ

sátira *f* 1 סָטִירָה. 2 לִגְלוּג, לַעַג, שְׁנִינָה

satírico *adj* 1 סָטִירִי. 2 לַגְלְגָנִי, לוֹעֵג

satirizar *vt* שָׂם לְלַעַג, לִגְלֵג עַל־, עָקַץ

sátiro *m* 1 שָׂעִיר, סָטִיר. 2 תַּאַוְתָן, הוֹלֵל

satisfacción *f* 1 סִפּוּק, קֹרַת רוּחַ, נַחַת, הֲנָאָה. 2 הַעֲנוּת. 3 פִּצּוּי, רִצּוּי, פֵּרָעוֹן

satisfacer *vt* 1 סִפֵּק, הִשְׂבִּיעַ. 2 רִוָּה. 3 הֵנִיחַ אֶת הַדַּעַת. 4 פִּצָּה, רִצָּה, פִּיֵּס. 5 בָּא עַל סִפּוּקוֹ

satisfactorio *adj* מַשְׂבִּיעַ רָצוֹן, מֵנִיחַ אֶת הַדַּעַת, מְסַפֵּק

satisfecho *adj* שְׂבַע רָצוֹן, מְרֻצֶּה

sátrapa *m* אֲחַשְׁדַּרְפָּן

satrapía *f* אֲחַשְׁדַּרְפָּנוּת

saturación *f* רְוָיָה, הַרְוָיָה, רִוּוּי

saturado *adj* רָוֶה, רָווּי

saturar *vt* רִוָּה, הִרְוָה, מִלֵּא

saturnino *adj* 1 עָצוּב, קוֹדֵר, זוֹעֵף. 2 סוֹבֵל מֵהַרְעָלַת עוֹפֶרֶת. 3 עוֹפַרְתִּי

Saturno *m* 1 שַׁבְּתַאי. 2 עוֹפֶרֶת

sauce *m* עֲרָבָה

sauce llorón בָּכָא (עֵץ)

saúco *m* סַמְבּוּק (שִׂיחַ)

savia *f* 1 מֹהַל, לְשַׁד. 2 חִיּוּת, יְסוֹד חִיּוּנִי

saxofonista *m* סַקְסוֹפוֹנַאי

saxófono *m* סַקְסוֹפוֹן

saya *f* 1 שִׂמְלָנִית. 2 אֵפוֹד

sayo *m* 1 גְּלִימָה, חָלוּק. 2 בֶּגֶד, מַלְבּוּשׁ

sazón *f* 1 הִתְבַּכְּרוּת, הִתְבַּשְּׁלוּת. 2 תַּבְלִין. 3 בְּשֵׁלוּת

sazonado *adj* שָׁנוּן, מְחֻכָּם, מְשַׁעֲשֵׁעַ

sazonar *vt* 1 תִּבֵּל. 2 בִּכֵּר, בִּשֵּׁל. 3 הִתְבַּשֵּׁל, הִתְבַּכֵּר

se *pronpers* 1 עַצְמוֹ, עַצְמָם. 2 לוֹ, לָהֶם

sebáceo *adj* חֶלְבִּי

sebe *m* סְבָכָה, סְכָכָה

sebo *m* חֵלֶב

seborrea *f* זִיבַת־חֵלֶב

seboso *adj* חֶלְבִּי

seca *f* חֹרֶב, בַּצֹּרֶת, יֹבֶשׁ

secamiento *m* יִבּוּשׁ

secano *m* אַדְמַת־בַּעַל, אַדְמַת בּוּר

secante *adjm* 1 סוֹפֵג, מְיַבֵּשׁ. 2 סָקַנְס, חוֹתֵךְ. 3 נְיָר סוֹפֵג

secar *vt* יִבֵּשׁ, נִגֵּב

sección *f* 1 קֶטַע, חֵלֶק. 2 חֲתָךְ. 3 חִתּוּךְ, כְּרִיתָה. 4 מַחְלָקָה, כִּתָּה. 5 פֶּרֶק. 6 פָּלַח. 7 מָחוֹז, חֶבֶל, אֵזוֹר

seccional *adj* 1 חֶלְקִי, מִקְטָעִי. 2 מְחוֹזִי, חַבְלִי

seccionar *vt* כָּרַת, חָתַךְ, בִּתֵּר, חִלֵּק

secesión *f* הִתְבַּדְּלוּת, פְּרִישָׁה, הִתְפָּרְדוּת

secesionismo *m* תְּנוּעַת פְּרִישָׁה, בַּדְלָנוּת

secesionista *adjm* פּוֹרֵשׁ, בַּדְלָן

seco *adj* 1 יָבֵשׁ. 2 צָנוּם, כָּחוּשׁ. 3 נָבוּל, קָמוּל

secoya *f* סֶקְווֹיָה (עֵץ)

secreción *f* 1 הַפְרָשָׁה. 2 צוֹאָה

secretar *vt* הִפְרִישׁ

secretaría *f* מַזְכִּירוּת

secretario *m* מַזְכִּיר

secretear *vi* הִתְלַחֵשׁ, לָחַשׁ, הִסְתּוֹדֵד

secreteo *m* הִתְלַחֲשׁוּת

secreto *adjm* 1 סוֹדִי. 2 סוֹד, רָז, מִסְתּוֹרִין, תַּעֲלוּמָה

secreto a voces סוֹד גָּלוּי

secretor *adj* מַפְרִישׁ

secta *f* 1 כַּת, כִּתָּה. 2 קְבוּצָה, סִיעָה

sectario *adjm* 1 כִּתָּתִי, צַר דַּעַת. 2 אִישׁ־סִיעָה

sectarismo *m* כִּתָּתִיּוּת, צָרוּת דַּעַת

sector *m* 1 קֶטַע, גִּזְרָה, אֵזוֹר. 2 מִגְזָר. 3 עָנָף, סֶקְטוֹר

secuaz *m* חָבֵר, חָסִיד, מַעֲרִיץ

secuela *f* תּוֹצָאָה, תּוֹלָדָה

secuencia *f* הֶמְשֵׁךְ, רְצִיפוּת

secuestrable *adj* תָּפִיס, בַּר־תְּפִיסָה

secuestrar *vt* 1 חָטַף. 2 עִקֵּל, הִפְקִיעַ, הֶחֱרִים

secuestro *m* 1 חֲטִיפָה. 2 עִקּוּל, הַפְקָעָה, הַחְרָמָה

secular *adj* 1 חִלּוֹנִי, אֶזְרָחִי. 2 שֶׁל הַמֵּאָה

secularismo *m* חִלּוֹנִיּוּת

secularista *adjm* חִלּוֹנִי

secularización *f* עֲשִׂיָּה לְחֻלִּין, חִלּוּן

secularizar *vt* עָשָׂה לְחֻלִּין, חִלֵּן

secundar *vt* תָּמַךְ, עָזַר, סִיֵּעַ

secundario *adj* 1 מִשְׁנִי, טָפֵל. 2 תִּיכוֹן

sed *f* צָמָא

seda *f* מֶשִׁי

sedación *f* הַרְגָּעָה, הַשְׁקָטָה, שִׁכּוּךְ

sedal *m* חַכָּה

sedán *m* אַפִּרְיוֹן

sedante *adj* מַרְגִּיעַ, מַשְׁקִיט, מְשַׁכֵּךְ

sedar *vt* הִרְגִּיעַ, הִשְׁקִיט, שִׁכֵּךְ

sedativo *adj* מַרְגִּיעַ, מַשְׁקִיט, מְשַׁכֵּךְ

sede *f* מוֹשָׁב, מֶרְכָּז, מְקוֹם־מוֹשָׁב

sedentario *adj* קָבוּעַ, יַצִּיב

sedicente *adj* מִתְיַמֵּר

sedición *f* הִתְקוֹמְמוּת, קֶשֶׁר, הֲסָתָה

sedicioso *adj* מֵסִית, מְקוֹמֵם, מַמְרִיד

sediento *adj* צָמֵא

sedimentación *f* 1 הַשְׁקָעָה, שִׁקּוּעַ. 2 שְׁקִיעָה

sedimentar *vt* 1 שִׁקַּע. 2 הִשְׁאִיר מִשְׁקָע

sedimentario *adj* מִשְׁקָעִי

sedimento *m* 1 מִשְׁקָע, קֻבַּעַת. 2 סְחֹפֶת

sedoso *adj* 1 מִשְׁיִי. 2 מַבְרִיק. 3 רַךְ, עָנֹג

seducción *f* 1 פִּתּוּי, שִׁדּוּל. 2 קֶסֶם, שְׁבִיַּת־לֵב. 3 הַדָּחָה, הֲסָתָה

seducir *vt* 1 פִּתָּה, שִׁדֵּל. 2 הִקְסִים. 3 הֵסִית, הִדִּיחַ

seductivo *adj* 1 מְפַתֶּה, מְשַׁדֵּל. 2 מוֹשֵׁךְ, מַקְסִים, שׁוֹבֵה לֵב. 3 מַדִּיחַ, מֵסִית

seductor *adjm* 1 מְפַתֶּה, פַּתַּאי. 2 מוֹשֵׁךְ, מַקְסִים, שׁוֹבֵה לֵב

sefardí *adjm* סְפָרַדִּי

segada *f* קָצִיר, אָסִיף

segadera *f* חֶרְמֵשׁ, מַגָּל

segador *m* קוֹצֵר

segadora *f* מַקְצֵרָה

segar *vt* קָצַר

segazón *f* 1 קָצִיר. 2 עוֹנַת הַקָּצִיר

seglar *adjm* 1 חִלּוֹנִי, אֶזְרָחִי. 2 שֶׁל הַמֵּאָה

segmental *adj* מִקְטָעִי, מֻרְכָּב מִקְטָעִים

segmentar *vt* קִטֵּעַ, חִלֵּק לִקְטָעִים

segmento *m* 1 קֶטַע. 2 פֶּלַח. 3 מִקְטָע

segregación *f* 1 הַפְרָדָה, הַבְדָּלָה, הִפָּרְדוּת. 2 הַפְרָשָׁה
segregar *vt* 1 הִפְרִיד, הִבְדִּיל, בּוֹדֵד. 2 הִפְרִישׁ
segueta *f* מַשּׂוֹר, מַסּוֹרִית
seguetear *vi* נִסֵּר בְּמַסּוֹרִית
seguida *f* 1 הֶמְשֵׁךְ, רְצִיפוּת. 2 סִדְרָה, טוּר
seguida (en-) לְאַלְתַּר, תֵּכֶף, מִיָּד
seguido *adj* מְמֻשָּׁךְ, רָצוּף, נִמְשָׁךְ
seguidor *m* חָסִיד, מַעֲרִיץ
seguimiento *m* רְדִיפָה, הֲלִיכָה אַחֲרֵי
seguir *vti* 1 רָדַף. 2 הָלַךְ בְּעִקְּבוֹת. 3 שָׁמַע בְּקוֹל
según prep בְּהֶתְאֵם, לְפִי, עַל פִּי
según y como תָּלוּי בַּנְּסִבּוֹת
segunda *f* 1 סֶקוּנְדָה. 2 הִלּוּךְ שֵׁנִי
segundar *vt* 1 תָּמַךְ, עָזַר, סִיֵּעַ. 2 חָזַר, שִׁנֵּן
segundario *madj* 1 מְחוֹג הַשְּׁנִיּוֹת. 2 שֵׁנִי, שְׁנִיּוֹנִי
segundero *m* מְחוֹג הַשְּׁנִיּוֹת
segundo *madj* 1 שְׁנִיָּה. 2 שֵׁנִי, מִשְׁנִי. 3 אַחֵר
segur *m* 1 קַרְדֹּם, גַּרְזֶן. 2 חֶרְמֵשׁ, מַגָּל
seguridad *f* 1 בִּטָּחוֹן, וַדָּאוּת. 2 בְּטִיחוּת
seguro *adjm* 1 בָּטוּחַ. 2 בִּטָּחוֹן. 3 בִּטּוּחַ
seis *adjm* שִׁשָּׁה
seisavo *adjm* שִׁשִּׁית, סֶקְסְטָה
seiscientos *adjm* שֵׁשׁ מֵאוֹת
seiseno *adj* שִׁשִּׁית
seísmo *m* רְעִידַת אֲדָמָה
selección *f* 1 מִבְחָר, בְּחִירָה. 2 מִיּוּן
seleccionador *adjm* בּוֹחֵר, בּוֹרֵר
seleccionar *vt* בָּחַר, בֵּרֵר, בָּרַר
selectividad *f* 1 בַּרְרָנוּת. 2 יְכֹלֶת הַבְּרֵירָה
selectivo *adj* בָּרִיר, בַּרְרָנִי
selecto *adj* נִבְחָר, מֻבְחָר, בָּחִיר
selenio *m* סֶלֶנְיוּם (מַתֶּכֶת)
seltz *f* מֵי סוֹדָה
selva *f* יַעַר
selvático *adj* 1 יַעֲרִי. 2 גַּס
selvoso *adj* מְיֹעָר, עָשִׁיר בִּיעָרוֹת
sellar *vt* 1 חָתַם. 2 הֶחְתִּים, טָבַע, הִטְבִּיעַ
sello *m* חוֹתֶמֶת, חוֹתָם, גּוּשְׁפַּנְקָה
semáforo *m* רַמְזוֹר
semana *f* שָׁבוּעַ
semanal *adj* שְׁבוּעִי
semanario *m* שְׁבוּעוֹן
semántica *f* סֵמַנְטִיקָה
semántico *adj* סֵמַנְטִי
semblante *m* 1 מַרְאֶה, צוּרָה, דִּמְיוֹן. 2 קְלַסְתֵּר, פַּרְצוּף, פָּנִים
semblanza *f* 1 דִּמּוּי, דְּמוּת, קְלַסְתֵּר, צוּרָה. 2 בִּיּוֹגְרַפְיָה, תּוֹלְדוֹת חַיִּים
sembradío *adj* מוּכָן לִזְרִיעָה
sembrado *m* זְרִיעָה
sembrador *adjm* זוֹרֵעַ
sembrar *vt* 1 זָרַע. 2 נָטַע, שָׁתַל. 3 הֵפִיץ
semejante *adjm* 1 דּוֹמֶה. 2 הַזּוּלַת
semejanza *f* דִּמּוּי, הֶקֵּשׁ, דִּמְיוֹן
semejar *vi* דָּמָה
semen *m* זֶרַע
semental *adjm* 1 מַרְבִּיעַ. 2 סוּס הַרְבָּעָה
semestral *adj* חֲצִי שְׁנָתִי
semestre *m* חֲצִי שָׁנָה
semibreve *f* תָּו שָׁלֵם
semicircular *adj* חֲצִי עִגּוּלִי
semicírculo *m* חֲצִי עִגּוּל
semidiós *m* 1 אֱלִיל, בֶּן אֵלִים. 2 גִּבּוֹר
semifinal *adjm* חֲצִי הַגְּמָר
semifluido *adj* סָמִיךְ, מְעֻבֶּה, נוֹזֵל־לְמֶחֱצָה
semilunio *m* חֲצִי יָרֵחַ
semilla *f* 1 גַּרְעִין, זֶרַע. 2 רָקָב. 3 מָקוֹר, סִבָּה, רֶקַע
semillero *m* 1 מִשְׁתָּלָה, מִנְבָּטָה, עֲרוּגַת זְרִיעָה. 2 חֲמָמָה
seminal *adj* מַפְרֶה, זַרְעִי
seminario *m* 1 סֶמִינָר, סֶמִינַרְיוֹן. 2 בֵּית מִדְרָשׁ לְמוֹרִים
seminarista *m* סֶמִינָרִיסְט, תַּלְמִיד
semita *adjm* 1 שֵׁמִי. 2 יְהוּדִי, עִבְרִי
semítico *adj* שֵׁמִי
sempiterno *adj* נִצְחִי, עוֹלָמִי
sen *f* כַּסְיָה (צֶמַח)

sena *f* 1 כַּסִּיָּה. 2 שֵׁשׁ נְקֻדּוֹת (בְּקֻבִּיָּה)

senado *m* סֶנָט

senador *m* סֶנָטוֹר

senaduría *f* סֶנָטוֹרִיּוּת

senatorial *adj* סֶנָטוֹרִי

sencillez *f* פַּשְׁטוּת, צְנִיעוּת, עֲנָוָה, כֵּנוּת, תְּמִימוּת

sencillo *adjm* 1 פָּשׁוּט, צָנוּעַ, עָנָו, כֵּן, תָּם. 2 לְלֹא כָּחָל וְשָׂרָק. 3 מָעוֹת, כֶּסֶף קָטָן

senda f, sendero *m* נָתִיב, שְׁבִיל, דֶּרֶךְ, אֹרַח, מַסְלוּל

sendos *adjpl* אֶחָד לְכָל אֶחָד

senectud *f* הִזְדַּקְּנוּת, זִקְנָה, קְשִׁישׁוּת

senescal *m* 1 שַׂר הַמֶּשֶׁק. 2 אַב בַּיִת

senil *adj* עוֹבֵר בָּטֵל

senilidad *f* זִקְנָה, הִזְדַּקְּנוּת

seno *m* 1 שָׁד, חָזֶה. 2 חֵיק, רֶחֶם. 3 מְעָרָה, פְּנִים, תּוֹךְ. 4 סִינוּס

sensación *f* 1 תְּחוּשָׁה, חִישָׁה, הַרְגָּשָׁה. 2 סֶנְסַצְיָה

sensacional *adj* 1 תְּחוּשָׁתִי, חוּשִׁי. 2 עַז־רֹשֶׁם, סֶנְסַצְיוֹנִי

sensacionalismo *m* תְּחוּשִׁיּוּת, רְדִיפָה אַחֲרֵי סֶנְסַצְיוֹת

sensatez *f* תְּבוּנָה, יִשּׁוּב הַדַּעַת, מְתִינוּת

sensato *adj* נָבוֹן, מָתוּן, מְיֻשָּׁב

sensibilidad *f* רְגִישׁוּת

sensibilizar *vt* רִגֵּשׁ, עָשָׂה רָגִישׁ

sensible *adj* רָגִישׁ, עַר, עֲרָנִי, חוּשִׁי, חוּשָׁנִי

sensiblemente *adv* בְּצוּרָה מֻרְגֶּשֶׁת, בְּאֹפֶן נִכָּר

sensiblería *f* רִגְשִׁיּוּת, רַגְשָׁנוּת

sensiblero *adj* רַגְשָׁנִי, רָגִישׁ, רִגְשִׁי

sensitiva *f* מִימוֹסָה (צֶמַח)

sensitivo *adj* 1 רָגִישׁ, רַגְשָׁנִי, חוּשִׁי, חוּשָׁנִי. 2 פָּגִיעַ, עָדִין

sensorial *adj* חוּשִׁי, תְּחוּשָׁתִי

sensorio *adjm* 1 חוּשִׁי. 2 מְחוּשָׁה, מֶרְכַּז הַתְּחוּשָׁה

sensual *adj* חוּשָׁנִי, תַּאַוְתָנִי, חָמְרִי, בְּשָׂרִי

sensualismo *m* חוּשָׁנִיּוּת, תַּאַוְתָנוּת, חָמְרִיּוּת

sensualista *adjm* חוּשָׁן, תַּאַוְתָן

sentado *adj* 1 מְיֻשָּׁב בְּדַעְתּוֹ. 2 קָבוּעַ, אֵיתָן, יַצִּיב

sentar *vt* 1 הוֹשִׁיב. 2 יָשַׁב, הִתְיַשֵּׁב. 3 בִּסֵּס, קָבַע. 4 הִתְאִים, הָלַם

sentencia *f* 1 גְּזַר דִּין, פְּסַק דִּין. 2 הַחְלָטָה. 3 מִשְׁפָּט, מַאֲמָר

sentenciar *vt* דָּן, שָׁפַט, הִרְשִׁיעַ, חָרַץ מִשְׁפָּט

sentencioso *adj* 1 נִמְרָץ, יָמְרָנִי. 2 פִּתְגָּמִי, מִכְתָּמִי, מְלִיצִי

sentenciosamente *adv* בְּקִצּוּר, בְּמִשְׁפָּטִים קְצוּבִים

sentido *adjm* 1 רָגִישׁ, נִרְגָּשׁ. 2 כֵּן, רְצִינִי, אֲמִתִּי. 3 נֶעֱלָב, נִפְגָּע. 4 חוּשׁ, תְּחוּשָׁה, רֶגֶשׁ. 5 מוּבָן, פֵּרוּשׁ, מַשְׁמָעוּת

sentimental *adj* רַגְשָׁנִי, רָגִישׁ, רִגְשִׁי

sentimentalismo *m* רַגְשָׁנוּת, רִגְשִׁיּוּת

sentimiento *m* רֶגֶשׁ, הַרְגָּשָׁה, תְּחוּשָׁה, חוּשׁ

sentina *f* 1 שִׁפּוּלַיִם. 2 טִנֹּפֶת

sentir *vtm* 1 הִרְגִּישׁ, חָשׁ. 2 הִצְטַעֵר. 3 הִבְחִין, הֵבִין. 4 שָׁמַע. 5 תְּחוּשָׁה, רְגִישׁוּת, עֲדִינוּת

seña *f* 1 סִיסְמָה. 2 אוֹת, סִימָן, מוֹפֵת, רֶמֶז. 3 מִקְדָּמָה, מִפְרָעָה

señal *f* 1 אוֹת, סִימָן, רֶמֶז. 2 סִיסְמָה. 3 תָּו, תָּוִית, עֵדוּת

señalado *adj* 1 דָּגוּל, מְפֻרְסָם, נוֹדָע, בּוֹלֵט. 2 מְסֻמָּן

señalar *vt* 1 סִמֵּן, צִיֵּן. 2 קָבַע, שָׂם. 3 הִצְבִּיעַ, הֶרְאָה. 4 אוֹתֵת. 5 הִבְלִיט

señalarse *vref* הִתְבַּלֵּט, הִצְטַיֵּן

señas *fpl* כְּתֹבֶת, מַעַן

señero *adj* 1 נָדִיר, מְיֻחָד בְּמִינוֹ. 2 בּוֹדֵד, נִפְרָד, מְבֻדָּד

señor *m* 1 אָדוֹן, מָר. 2 שַׁלִּיט, מוֹשֵׁל, נָגִיד, מְנַהֵל. 3 אָצִיל, נִכְבָּד. 4 בַּעַל

señora *f* 1 גְּבֶרֶת. 2 גְּבִירָה

señorear *vt* מָשַׁל, שָׁלַט, שָׂרַר

señoría *f* הוֹד מַעֲלָתוֹ, הוֹד מַעֲלָה

señorial *adj* אֲצִילִי, נִשְׂגָּב, מְפֹאָר, רָם

señoril *adj* אָצִיל, אֲצִילִי, אַבִּירִי

señorío *m* 1 אֲצִילוּת, יִחוּס, הָדָר. 2 שִׁלְטוֹן, מָרוּת, רִבּוֹנוּת. 3 אַדְנוּת

señorita *f* עַלְמָה, בַּחוּרָה, רִיבָה

señorito *m* 1 עֶלֶם, בָּחוּר. 2 טַרְזָן

señuelo *m* מַלְכֹּדֶת, פִּתָּיוֹן

sépalo *m* עֲלֵה גָּבִיעַ

separable *adj* פָּרִיד, בַּר הַפְרָדָה

separación *f* 1 הַפְרָדָה, הַבְדָּלָה, פֵּרוּד, פִּלּוּג, נִתּוּק, הִנָּתְקוּת, הִפָּרְדוּת. 2 מְחִצָּה

separado *adj* מְפֹרָד, נִפְרָד, פָּרוּד, נִבְדָּל, מְנֻתָּק, מְחֻלָּק

separar *vt* הִפְרִיד, הִבְדִּיל, הִפְרִישׁ, חִלֵּק, נִתֵּק, פִּלֵּג, הִרְחִיק

separatismo *m* בַּדְלָנוּת, הִתְבַּדְּלוּת, פְּרִישׁוּת

separatista *adjm* בַּדְלָן, פּוֹרֵשׁ, בַּדְלָנִי

sepelio *m* לְוָיָה, קְבוּרָה

sepia *f* דְּיוֹנוּן

sepsis *f* אֲלַח, אִלּוּחַ

septeno *adj* שְׁבִיעִי

septentrión *n* צָפוֹן

septentrional *adj* צְפוֹנִי

septeto *m* שְׁבִיעִיָּה

séptico *adj* אִלְחִי, אִלּוּחִי

septiembre *m* סֶפְּטֶמְבֶּר

séptima *f* שְׁבִיעִית

séptimo *adjm* 1 שְׁבִיעִי. 2 שְׁבִיעִית

septingésimo *adjm* הַשְּׁבַע מֵאוֹת, הַחֵלֶק הַשְּׁבַע מֵאוֹת

septo *m* 1 חַיִץ, מְחִצָּה. 2 גָּדֵר. 3 שִׁכְבָה

septuagenario *adjm* בֶּן שִׁבְעִים

séptuagésima *f* 1 שִׁבְעִימִית. 2 תַּרְגּוּם הַשִּׁבְעִים

septuagésimo *adjm* הַשִּׁבְעִים, חֵלֶק הַשִּׁבְעִים

septuplicar *vt* שִׁבַּע

séptuplo *adj* מַכִּיל שִׁבְעָה, כְּפוּל־שֶׁבַע

sepulcral *adj* 1 שֶׁל קֶבֶר, שֶׁל קְבוּרָה. 2 קוֹדֵר, עָגוּם, עָצוּב

sepulcro *m* קֶבֶר, כּוּךְ, שְׁאוֹל

sepultador *m* קַבְּרָן

sepultar *vt* קָבַר

sepulto *adj* קָבוּר

sepultura *f* קֶבֶר, מַצֵּבָה

sepulturero *m* קַבְּרָן

sequedad *f* 1 יֹבֶשׁ. 2 חִסְפּוּס

sequía *f* בַּצֹּרֶת, חֹרֶב

séquito *m* פָּמַלְיָה, חֲבוּרָה, בְּנֵי לְוָיָה

ser *vim* 1 הָיָה, נִמְצָא, הִתְקַיֵּם, קָרָה, עָלָה. 2 מַהוּת, עֶצֶם. 3 חַי, יְצִיר, נֶפֶשׁ, יֵשׁוּת. 4 מְצִיאוּת, יְקוּם

sera *f* טֶנֶא, סַל

seráfico *adj* מַלְאָכִי, שֶׁל שָׂרָף

serafín *m* שָׂרָף

serenar *vt* 1 הִרְגִּיעַ, הִשְׁקִיט. 2 הִתְבַּהֵר. 3 שָׁב לִמְנוּחָה

serenata *f* סֶרֶנָדָה

serenidad *f* 1 שַׁלְוָה, שֶׁקֶט. 2 צַחוּת, בְּהִירוּת

sereno *adjm* 1 צַח, בָּהִיר, בָּרוּר. 2 שָׁלֵו, רוֹגֵעַ, שָׁקֵט. 3 מָתוּן, מְיֻשָּׁב. 4 שׁוֹמֵר לַיְלָה. 5 טַל

serial *f* סִדְרָה, רֶצֶף

sérico *adj* מִשְׁיִי

serie *f* סִדְרָה, הֶמְשֵׁךְ, רְצִיפוּת, שׁוּרָה

seriedad *f* רְצִינוּת, כֹּבֶד רֹאשׁ, חֻמְרָה

serio *adj* 1 רְצִינִי, חָמוּר, מַרְצִין, מְיֻשָּׁב וְשָׁקוּל. 2 מְסֻכָּן

sermón *m* דְּרָשָׁה, דְּרוּשׁ, הַטָּפָה

sermonear *vti* 1 הִטִּיף, דָּרַשׁ. 2 גָּעַר, נָזַף

sermoneo *m* הַטָּפַת מוּסָר

seroja f, serojo *m* שַׁלֶּכֶת

serón *m* טֶנֶא, סַל

serosidad *f* נַסְיוּבִיּוּת

seroso *adj* נַסְיוּבִי

serpentear *vi* הִתְפַּתֵּל

serpentín *m* סְלִיל הַמַּזְקֵקָה

serpentina *f* 1 סֶרְפֶּנְטִין (מַחְצָב). 2 סְלִיל־נְיָר צַר

serpentino *adj* פְּתַלְתֹּל, עֲקַלְקַל, מִתְפַּתֵּל, זַחְלָנִי, עֲקַלָּתוֹן
serpiente נָחָשׁ
serpigo *m* גַּרֶדֶת, גָּרָב
serpollo *m* נֵצֶר, חֹטֶר, שָׁתִיל, נֶבֶט
serrado *adj* מְסוֹרִי, מְשֻׁנָּן כְּמַסּוֹר
serrador *adjm* 1 נַסָּר. 2 נַסְּרָן
serrallo ?? הַרְמוֹן
serranía *f* נְאוֹת הָרִים, רָמָה
serrano *adj* הֲרָרִי
serrar *vt* נִסֵּר
serrín *m* נְסֹרֶת
serrucho *m* מַסּוֹר
servible *adj* שָׁמִישׁ, מוֹעִיל, מֵיטִיב, שִׁמּוּשִׁי
servicial *adj* 1 עוֹזֵר, מְסַיֵּעַ, עוֹשֶׂה חֶסֶד. 2 אָדִיב, נִימוּסִי
servicio *m* 1 שֵׁרוּת. 2 תְּפִלָּה, טֶקֶס, פֻּלְחָן. 3 כְּהֻנָּה, מִשְׂרָה. 4 מְשָׁרֵת, שַׁמָּשׁ. 5 סַכּוּ"ם, כְּלֵי שֻׁלְחָן. 6 בֵּית שִׁמּוּשׁ
servidor *m* מְשָׁרֵת, שַׁמָּשׁ, עֶבֶד
servidor de Ud. עַבְדְּךָ הַנֶּאֱמָן
servidumbre *f* 1 מְשָׁרְתִים, צֶוֶת מְשָׁרְתִים. 2 שִׁעְבּוּד, תְּלוּת
servil *adj* 1 עַבְדוּתִי, מְשֻׁעְבָּד. 2 נִכְנָע, נִרְצָע, מִתְרַפֵּס
servilismo *m* 1 הִתְרַפְּסוּת, כְּנִיעוּת, הִשְׁתַּעְבְּדוּת. 2 נֶאֱמָנוּת יְתֵרָה
servilleta *f* מַפִּית
servilletero *m* מַחֲזִיק־מַפִּיּוֹת
servio *adjm* סֶרְבִּי
servir *vti* 1 שֵׁרֵת, שִׁמֵּשׁ. 2 עָבַד אֶת הַבּוֹרֵא. 3 סִפֵּק, הִגִּישׁ
sésamo *m* 1 שֻׁמְשֻׁם. 2 לַחַשׁ־קֶסֶם
sesenta *adjm* שִׁשִּׁים
sesentavo *adjm* הַשִּׁשִּׁים, שִׁשִּׁימִית
sesentón *adjm* בֶּן שִׁשִּׁים
sesgado *adj* עָקֹם, אֲלַכְסוֹן
sesgadura *f* חֲתָךְ אֲלַכְסוֹנִי
sesgar *vt* 1 חָתַךְ בַּאֲלַכְסוֹן. 2 עָבַר בַּאֲלַכְסוֹן. 3 הִטָּה, שִׁפַּע

sesgo *adjm* 1 אֲלַכְסוֹנִי, עָקֹם. 2 עִוּוּי, הַעֲוָיָה. 3 אֲלַכְסוֹנִיּוּת, עֲקַמִּימוּת
sesión *f* 1 עוֹנָה, תְּקוּפָה. 2 מוֹשָׁב, יְשִׁיבָה. 3 אֲסֵפָה, מִפְגָּשׁ
sesionar *vi* קִיֵּם יְשִׁיבָה
seso *f* 1 מֹחַ. 2 שֵׂכֶל, בִּינָה
sesqui אֶחָד וָחֵצִי
sestear *vi* נָם, הִתְנַמְנֵם
sesudo *adj* 1 חָכָם, נָבוֹן, פִּקֵּחַ, בַּר דַּעַת. 2 מָתוּן, מָסוּר
seta *f* 1 פִּטְרִיָּה. 2 זִיף, שֵׂעָר מְסֻמָּר
setecientos *adjm* שְׁבַע מֵאוֹת
setenta *adjm* שִׁבְעִים
setentavo *adjm* הַשִּׁבְעִים
setentón *adjm* בֶּן שִׁבְעִים
setiembre *m* סֶפְּטֶמְבֶּר
sétimo *adjm* 1 שְׁבִיעִי. 2 שְׁבִיעִית
seto *m* 1 גָּדֵר. 2 מְשׂוּכָה, מְסוּכָה
seudo *adj* בָּדוּי, מְזֻיָּף, מְרֻמֶּה
seudónimo *m* שֵׁם סִפְרוּתִי, פְּסֵבְדוֹנִים
severidad *f* קַפְּדָנוּת, חֻמְרָה, רְצִינוּת, דַּקְדְּקָנוּת
severo *adj* חָמוּר, קָשֶׁה, רְצִינִי, קַפְּדָן, דַּקְדְּקָן
sevicia *f* אַכְזָרִיּוּת
sexagenario *adjm* בֶּן שִׁשִּׁים
sexagésimo *adjm* הַשִּׁשִּׁים, חֵלֶק מִשִּׁשִּׁים
sexagonal *adj* מְשֻׁשֶּׁה
sexcentécimo *adjm* חֵלֶק מִשֵּׁשׁ מֵאוֹת
sexo *m* מִין
sexta *f* שִׁשִּׁית
sextante *m* מַדְזָוִית, סֶקְסְטַנְט
sexteto *m* שִׁשִּׁיָּה
sextillón *m* סֶקְסְטִילְיוֹן
sexto *adjm* 1 שִׁשִּׁי. 2 שִׁשִּׁית
sextuplicar *vt* הִכְפִּיל פִּי שִׁשָּׁה
séxtuplo *adj* כָּפוּל שִׁשָּׁה, פִּי שִׁשָּׁה
sexual *adj* מִינִי
sexualidad *f* מִינִיּוּת
si *mconjpron* 1 סִי. 2 אִם, אִלּוּ, לוּ. 3 לְעַצְמוֹ, אוֹתוֹ, הוּא עַצְמוֹ
sí *adv* כֵּן, הֵן

si bien אָמְנָם
si no אַחֶרֶת
sí que בְּוַדַּאי, אֶל נָכוֹן
sí tal כֵּן נָכוֹן
siamés *adjm* סִיאָמִי
sibarita *m* סִיבָּרִיט, רוֹדֵף תַּעֲנוּגוֹת
sibarítico *adj* 1 סִיבָּרִיטִי. 2 רוֹדֵף־תַּעֲנוּגוֹת
sibila *f* 1 סִיבִּילָה. 2 מַגֶּדֶת עֲתִידוֹת
sibilante *adjf* 1 שׁוֹרֵק. 2 עִצּוּר שׁוֹרֵק
sicario *m* סִיקָרִי, סִיקָרִיקוֹן, שׁוֹדֵד, גַּזְלָן
siclo *m* שֶׁקֶל
sicofante *m* מַלְשִׁין, מִתְרַפֵּס, חַנְפָן, טַפִּיל
socología *f* פְּסִיכוֹלוֹגְיָה
sicológico *adj* פְּסִיכוֹלוֹגִי
sicólogo *m* פְּסִיכוֹלוֹג
sicomoro *m* שִׁקְמָה
sicópata *m* פְּסִיכוֹפָּת, חוֹלֵה נֶפֶשׁ
sicopatía *f* פְּסִיכוֹפַּתְיָה, מַחֲלַת נֶפֶשׁ
sicopático *adj* פְּסִיכוֹפָּתִי
sicopatología *f* פְּסִיכוֹפָּתוֹלוֹגְיָה
sicosis *f* פְּסִיכוֹזָה, טֵרוּף, מַחֲלַת נֶפֶשׁ, בִּלְמוּס
sicosomático *adj* פְּסִיכוֹסוֹמָטִי
sicoterapia *f* פְּסִיכוֹתֶרַפְּיָה, רְפוּאַת הַנֶּפֶשׁ
sideral *adj* כּוֹכָבִי, שֶׁל כּוֹכָבִים
siderurgia *f* תַּעֲשִׂיַּת־הַפְּלָדָה
siderúrgico *adj* שֶׁל תַּעֲשִׂיַּת הַפְּלָדָה
sidra *f* יֵין־תַּפּוּחִים
siega *f* קָצִיר, אָסִיף
siembra *f* 1 זְרִיעָה. 2 עוֹנַת הַזְּרִיעָה
siempre *adv* 1 תָּמִיד. 2 תְּדִיר
siempre jamás לְעוֹלָם וָעֶד
siempre que כָּל זְמַן שֶׁ־, בִּתְנַאי שֶׁ־
siempreviva *f* עַדְעָד
sien *f* רַקָּה, צֶדַע, צִדְעָה
siena *f* צִבְעַן־סִיֶּנָה
sierpe *f* נָחָשׁ
sierra *f* 1 מַסּוֹר. 2 רֶכֶס הָרִים. 3 דַּג הַמַּסּוֹר
sierva *f* שִׁפְחָה, אָמָה
siervo *m* עֶבֶד
sieso *m* פִּי הַטַּבַּעַת
siesta *f* מְנוּחַת צָהֳרַיִם
siete *adj* שִׁבְעָה, שֶׁבַע
sífilis *f* עַגֶּבֶת
sifilítico *adjm* 1 עַגַּבְתִּי, עַגַּבְתָּן. 2 חוֹלֵה עַגֶּבֶת
sifón *m* סִיפוֹן, גִּשְׁתָּה
sifué *m* רְצוּעַת הָאֻכָּף
sigilar *vt* הִצְפִּין, הִטְמִין, הִסְתִּיר
sigilo *m* סוֹדִיּוּת, חֲשָׁאִיּוּת, סֵתֶר, סוֹד
sigiloso *adj* 1 חֲשָׁאִי, מַסְתִּיר, שׁוֹמֵר סוֹד, סוֹדִי. 2 עַרְמוּמִי. 3 מִתְחַמֵּק
sigla *f* רָאשֵׁי תֵבוֹת
siglo *m* 1 מֵאָה. 2 דּוֹר
siglo de oro תּוֹר הַזָּהָב
signar *vt* חָתַם
signatorio *adjm* חוֹתֵם
signatura *f* 1 אוֹת, סִימָן, מוֹפֵת. 2 חֲתִימָה
significación *f* מַשְׁמָעוּת, כַּוָּנָה, רֶמֶז, פֵּשֶׁר, מוּבָן, עֵרֶךְ
significado *adjm* 1 חָשׁוּב, רַב חֲשִׁיבוּת, רַב מַשְׁמָעוּת. 2 אוֹת, סֵמֶל, מוּבָן, פֵּשֶׁר, פֵּרוּשׁ
significar *vti* 1 סִמֵּל. 2 בִּטֵּא. 3 הָיָה פֵּרוּשׁוֹ. 4 הִתְבַּלֵּט
significativo *adj* רַב מַשְׁמָעוּת, רַב חֲשִׁיבוּת
signo *m* אוֹת, סִימָן, מוֹפֵת, צִיּוּן, רֶמֶז, סֵמֶל, עֵדוּת
siguiente *adj* הַבָּא, הַשֵּׁנִי
sílaba *f* הֲבָרָה
silabario *m* 1 לוּחַ הֲבָרוֹת. 2 אַלְפוֹן
silabear *vt* הִבֵּר, חִלֵּק לַהֲבָרוֹת
silabeo *m* הִבּוּר, חֲלֻקָּה לַהֲבָרוֹת
silábico *adj* הֲבָרִי, שֶׁל הַהֲבָרָה
sílabo *m* תֹּכֶן הָעִנְיָנִים
silbar *vti* 1 שָׁרַק, צִפְצֵף. 2 קִבֵּל בִּשְׁרִיקוֹת
silbato *m* 1 מַשְׁרוֹקִית. 2 שְׁרִיקָה
silbido *m* שְׁרִיקָה, צִפְצוּף
silenciador *m* 1 מַשְׁתִּיק, מַשְׁקִיט, מְעַמְעֵם. 2 מַשְׁתּוֹקִית
silenciar *vt* הִשְׁתִּיק, הִשְׁקִיט, שִׁתֵּק, הִסָּה

silencio *m* 1 שֶׁקֶט, דְּמָמָה, שְׁתִיקָה, דוּמִיָּה. 2 הַפְסָקָה. 3 שֶׁקֶט!

silencioso *adj* שׁוֹתֵק, מַחֲרִישׁ, דּוֹמֵם, אִלֵּם, שַׁאֲנָן

silente *adj* דּוֹמֵם, חֲרִישִׁי

sílex *m* חַלָּמִישׁ

sílfide *f* נִימְפָה

silfo *m* 1 רוּחַ. 2 אַוְרִירִית

silicato *m* סִילִיקָט

sílfice *m* צֹרָנִית

silíceo *adj* צֹרָנִי

silicio *m* צֹרָן

silicosis *f* צֹרֶנֶת

silo *m* סִילוֹ, תַּחְמִיץ

silogismo *m* הֶקֵּשׁ, גְּזֵרָה שָׁוָה

silueta *f* צְלָלִית, צְדוּדִית, פְּרוֹפִיל

siluro *m* שְׁפַמְנוּן

silvestre *adj* 1 בַּר, פֶּרֶא, פִּרְאִי. 2 יַעֲרִי

silvicultor *m* יַעֲרָן

silla *f* 1 כִּסֵּא. 2 מוֹשָׁב. 3 אֻכָּף, מַרְדַּעַת

silla de manos אַפִּרְיוֹן

silla de montar אֻכָּף, מַרְדַּעַת

silleta *f* 1 כִּסֵּא מִתְקַפֵּל. 2 כִּסְאוֹן

sillín *m* 1 אֻכָּף, מַרְדַּעַת. 2 מוֹשָׁב

sillón *m* כֻּרְסָה

sima *f* תְּהוֹם

simbiosis *f* חַיֵּי שִׁתּוּף

simbólicamente *adv* בְּצוּרָה סִמְלִית

simbólico *adj* סִמְלִי

simbolismo *m* סִמְלִיּוּת

simbolizar *vt* סִמֵּל

símbolo *m* סֵמֶל, אוֹת, רֶמֶז, צִיּוּן

simetría *f* סִימֶטְרִיָּה, הַתְאָמָה, תְּאִימוּת

simétrico *adj* סִימֶטְרִי, תּוֹאֵם

símico *adj* קוֹפִי

simiente *f* זֶרַע

simiesco *adj* קוֹפִי

simil *adjm* 1 דּוֹמֶה. 2 דִּמּוּי, הַשְׁוָאָה

similar *adj* דּוֹמֶה, שָׁוֶה, כָּמוֹ, שָׁקוּל

similitud *f* דִּמְיוֹן

similor *m* זְהַר מְלָאכוּתִי

simio *m* קוֹף

simonía *f* מְעִילָה בַּקֹּדֶשׁ

simpar *adj* יָחִיד בְּמִינוֹ

simpatía *f* אַהֲדָה, חִבָּה, חֵן, סִימְפַּתְיָה

simpático *adj* אָהוּד, חָמוּד, חִנָּנִי, חָבִיב, סִימְפָּתִי

simpatizar *vi* אָהַד, חִבֵּב, רָחַשׁ אַהֲדָה

simple *adj* 1 פָּשׁוּט, רָגִיל. 2 לְלֹא כָּחָל וְשָׂרָק. 3 תָּם, תָּמִים, יָשָׁר, כֵּן. 4 שׁוֹטֶה, טִפֵּשׁ

simplemente *adv* בְּפַשְׁטוּת, פָּשׁוּט

simpleza *f* 1 פַּשְׁטוּת. 2 טִבְעִיּוּת. 3 תֹּם, תְּמִימוּת, ישֶׁר. 4 בּוּרוּת

simplicidad *f* 1 פַּשְׁטוּת. 2 טִבְעִיּוּת. 3 תֹּם, תְּמִימוּת, ישֶׁר. 4 בּוּרוּת

simplificación *f* פִּשּׁוּט, צִמְצוּם

simplificar *vt* פִּשֵּׁט, הֵקֵל, צִמְצֵם

simplón *m* תָּם, כְּסִיל, שׁוֹטֶה, פֶּתִי

simulación *f* 1 הַעֲמָדַת פָּנִים, הִתְחַפְּשׂוּת. 2 זִיּוּף, חִקּוּי

simulacro *m* 1 דְּיוֹקָן, צֶלֶם. 2 אֲחִיזַת־עֵינַיִם. 3 תִּמְרוֹן, בִּיּוּם

simular *vt* הֶעֱמִיד פָּנִים, הִתְחַזָּה, הִתְחַפֵּשׂ

simultáneamente *adv* בּוֹ־זְמַנִּית

simultáneo *adj* סִימוּלְטָנִי, בּוֹ־זְמַנִּי

simultaneidad *f* סִימוּלְטָנִיּוּת, בּוֹ־זְמַנִּיּוּת

simún *m* רוּחַ־קָדִים

sin *prep* בְּלִי, לְלֹא, בְּלֹא, בְּאֵין

sin embargo לַמְרוֹת זֹאת

sin fin אֵינְסוֹף, אֵינְסוֹפִיּוּת

sin igual אֵין כָּמוֹהוּ, אֵין דּוֹמֶה לוֹ

sin querer מִבְּלִי מֵשִׂים, שֶׁלֹּא בְּכַוָּנָה

sinagoga *f* בֵּית כְּנֶסֶת

sinapismo *m* אִסְפְּלָנִית חַרְדָּל

sincerarse *vref* הִצְטַדֵּק, הִתְוַדָּה

sinceridad *f* כֵּנוּת, אֲמִתִּיּוּת, ישֶׁר

sincero *adj* כֵּן, אֲמִתִּי, יָשָׁר, גְּלוּי לֵב

síncopa *f* 1 סִינְקוֹפָּה. 2 הַבְלָעַת תְּנוּעָה, הַשְׁמָטַת אוֹתִיּוֹת

sincopar *vt* 1 הִשְׁמִיט אוֹתִיּוֹת. 2 קִצֵּר, תִּמְצֵת

síncope *m* 1 סִינְקוֹפָּה. 2 הִתְעַלְּפוּת, אִבּוּד הַחוּשִׁים, אִבּוּד הַהַכָּרָה

sincrónico *adj* סִינְכְּרוֹנִי, מְתֹאָם, בּוֹ־זְמַנִּי

sincronización *f* סִינְכְּרוֹנִיזַצְיָה, תֵּאוּם, סִינְכְּרוּן

sincronizar *vt* סִנְכְּרֵן, תֵּאֵם, הִתְאִים

sindicalismo *m* סִינְדִּיקָלִיזְם

sindicalista *m* סִינְדִּיקָלִיסְט

sindicación *f* סִינְדִּיקָלִיּוּת, אִגּוּד

sindicar *vt* 1 הֶאֱשִׁים. 2 הִטִּיל חֲשָׁד. 3 אִגֵּד. 4 הִתְאַגֵּד

sindicato *m* 1 אִגּוּד מִקְצוֹעִי. 2 סִינְדִּיקָט. 3 הִתְאַגְּדוּת, אִגּוּד

síndico *m* 1 מֻרְשֶׁה, נֶאֱמָן. 2 מְפָרֵק־נְכָסִים

sindiós *adjm* כּוֹפֵר

síndrome *m* תִּסְמֹנֶת

sinécdoque *f* סִינֶקְדוֹכָה

sinecura *f* סִינֶקוּרָה, מִשְׂרָה לְלֹא אַחֲרָיוּת אוֹ טִרְחָה

sinedrio *m* סַנְהֶדְרִין

sinéresis *f* הַבְלָעָה (שֶׁל שְׁתֵּי תְּנוּעוֹת)

sinfonía *f* סִימְפוֹנְיָה, הַרְמוֹנְיָה

sinfónico *adj* סִימְפוֹנִי, הַרְמוֹנִי

singa *f* חֲתִירָה, שִׁיּוּט

singlón *m* זְרוֹעַ אִסְקַרְיָא

singular *adjm* 1 יָחִיד. 2 מְיֻחָד, נָדִיר, יוֹצֵא מִן הַכְּלָל. 3 מוּזָר, מְשֻׁנֶּה, תִּמְהוֹנִי. 4 נִפְלָא

singularidad *f* 1 יְחִידוּת. 2 יִחוּד, נְדִירוּת. 3 זָרוּת, תִּמְהוֹנוּת

singularizar *vt* 1 יִחֵד, הֵבִיא בְּצוּרַת הַיָּחִיד. 2 הִבְלִיט

singularizarse *vref* הִצְטַיֵּן, הִתְבַּלֵּט

singulto *m* יְבָבָה, הִתְיַפְּחוּת

siniestra *f* שְׂמֹאל

siniestrado *m* קָרְבָּן

siniestro *adjm* 1 שְׂמָאלִי. 2 מֻרְשָׁע, רָשָׁע, מְשַׁחֵת, מַזִּיק. 3 אָסוֹן, שׁוֹאָה, תְּאוּנָה

sinnúmero *m* מִסְפָּר אֵינְסוֹפִי

sino *conjm* 1 אֶלָּא, רַק, אִם, כִּי אִם. 2 גּוֹרָל, מַזָּל

sinodal *adj* סִינוֹדִי, מוֹעַצְתִּי

sínodo *m* וַעַד, סִינוֹד, מוֹעָצָה, וְעִידָה

sinónimo *adjm* 1 נִרְדָּף, זֵהֶה, דּוֹמֶה, שָׁוֶה. 2 שֵׁם נִרְדָּף, שֵׁם זֵהֶה

sinopsis *f* תַּקְצִיר, תַּמְצִית, קִצּוּר

sinóptico *adj* תַּמְצִיתִי, מְקֻצָּר

sinrazón *f* 1 עָוֶל, אִי צֶדֶק. 2 חֹסֶר הִגָּיוֹן

sinsabor *m* 1 תְּפֵלוּת. 2 דְּאָגָה, צַעַר, אִי נְעִימוּת

sinsonte *m* צִפּוֹר־שִׁיר אֲמֵרִיקָאִית (מִין שַׁחֲרוּר)

sintáctico *adj* תַּחְבִּירִי

sintaxis *f* תַּחְבִּיר

síntesis *f* 1 סִינְתֶזָה, מִזּוּג, אִחוּד. 2 הַרְכָּבָה, תִּרְכֹּבֶת, תִּצְרֹפֶת

sintético *adjm* 1 סִינְתֶטִי, מְלָאכוּתִי. 2 חֹמֶר סִינְתֶטִי

sintetizar *vt* אִחֵד, מִזֵּג, הִרְכִּיב, צֵרֵף

síntoma *m* 1 סִימָן, סִימַן מַחֲלָה. 2 סִימְפְּטוֹם

sintomático *adj* מְבַשֵּׂר, אָפְיָנִי, סִימְפְּטוֹמָטִי

sintonización *f* כִּוְנוּן

sintonizador *m* 1 מְכַוֵּן. 2 כַּוָּן, כַּוְנָן

sintonizar *vt* כִּוְנֵן, הִתְאִים, הִרְמֵן, תֵּאֵם

sinuosidad *f* הִתְפַּתְּלוּת, גַּלִּיּוּת, עֲקֻמָּה

sinuoso *adj* מִתְפַּתֵּל, גַּלִּי, עֲקַלְתוֹנִי

sinusitis *f* דַּלֶּקֶת הַגַּת

sinvergonzón *m* עַזְפָּנִים, חֻצְפָּן

sinvergonzonería *f* חֻצְפָּה, חֹסֶר בּוּשָׁה

sinvergüenza *adjm* חָצוּף, מְחֻצָּף, עַזְפָּן

sinvergüenzada *f* מַעֲשֶׂה מְחֻצָּף

Sión *f* צִיּוֹן

sionismo *m* צִיּוֹנוּת

sionista *adjm* צִיּוֹנִי

sique *f* נֶפֶשׁ, נְשָׁמָה

siquiatra *m* פְּסִיכִיאַטְר, רוֹפֵא נֶפֶשׁ

siquiatría *f* פְּסִיכִיאַטְרִיָּה

siquiátrico *adj* פְּסִיכִיאַטְרִי

síquico *adj* פְּסִיכִי

siquiera *conjadv* אֲפִלּוּ, לְפָחוֹת, לַמְרוֹת,

אַף כִּי

siquis *f* נֶפֶשׁ, נְשָׁמָה

sirena *f* 1 סִירֶנָה. 2 צוֹפָר, צוֹפַר אַזְעָקָה

sirga *f* כֶּבֶל, חֶבֶל

sirio *adjm* סוּרִי

sirle *m* גְּלַל־צֹאן

siroco *m* רוּחַ קָדִים

sirsaca *f* אֲרִיג פִּשְׁתִּים, שִׁירְשָׂקָר

sírvase בְּבַקָּשָׁה, אָנָּא, נָא

sirvienta *f* שִׁפְחָה, אָמָה, עוֹזֶרֶת

sirviente *m* מְשָׁרֵת, שַׁמָּשׁ

sisa *f* 1 לַקְחָנוּת, גְּנֵבָה. 2 גְּזִירָה. 3 הֶטֵּל

sisal *m* 1 אֲגָבָה. 2 סִיסָל, סִיב־הָאֲגָבָה

sisar *vt* 1 לָקַח, גָּנַב, סָחַב. 2 גָּזַר

sisear *vti* שָׁרַק, צִפְצֵף (מִתּוֹךְ בּוּז)

siseo *m* שְׁרִיקָה, צִפְצוּף

sísmico *adj* סֵיסְמִי, רָעִישׁ

sismo *m* רְעִידַת אֲדָמָה

sismógrafo *m* סֵיסְמוֹגְרָף

sistema *m* שִׁיטָה, מַעֲרֶכֶת, מִשְׁטָר, סֵדֶר

sistemáticamente *adv* בְּשִׁיטָתִיּוּת, בְּאֹפֶן שִׁיטָתִי

sistemático *adj* שִׁיטָתִי

sistematizar *vt* שִׁטֵּט, עָרַךְ בְּאֹפֶן שִׁיטָתִי

sístole *m* 1 הִתְכַּוְּצוּת הַלֵּב. 2 כִּוּוּץ הֲבָרָה גְדוֹלָה

sistólico *adj* הִתְכַּוְּצוּתִי

sitial *m* מְקוֹם כָּבוֹד, מוֹשַׁב כָּבוֹד

sitiador *adjm* צָר, מְכַתֵּר, שָׂם מָצוֹר

sitiar *vt* 1 הִקִּיף, שָׂם מָצוֹר. 2 אִלֵּף

sitio *m* 1 מִגְרָשׁ. 2 מָצוֹר. 3 מָקוֹם, אֲתָר

sito *adj* שׁוֹכֵן, חוֹנֶה, מֻנָּח, יוֹשֵׁב

situación *f* 1 מָקוֹם, מֻצָּב, עֶמְדָּה, מַעֲמָד. 2 נְסִבָּה, רֶקַע. 3 מַצָּב

situado *adjm* 1 נִמְצָא. 2 הַכְנָסָה, שָׂכָר

situar *vt* 1 מִקֵּם, הִצִּיב, קָבַע, הוֹשִׁיב. 2 הִתְמַקֵּם

ski *m* מִגְלָשַׁיִם, סְקִי

slogan *m* סִיסְמָה

smóking *m* סְמוֹקִינְג (חֲלִיפַת עֶרֶב חֲגִיגִית)

snob *m* סְנוֹבּ, יַהֲרָן, יְהִירָן

snobismo *m* סְנוֹבִּיּוּת, יַהֲרָנוּת

so *prepinterj* 1 תַּחַת, מִתַּחַת. 2 אָהּ!

soba *f* 1 לִישָׁה, מְעִיכָה, עִסּוּי, מִזְמוּז. 2 עִסָּה. 3 הַכָּאָה

sobaco *m* שֶׁחִי, בֵּית הַשֶּׁחִי

sobado *adjm* 1 בָּלוּי, נָדוֹשׁ, שָׁדוּף, מְיֻשָּׁן. 2 לִישָׁה, עִסָּה

sobadura *f* לִישָׁה, עִסָּה, מְעִיכָה, מִזְמוּז

sobajar *vt* 1 מָעַךְ, סָחַט, עִסָּה. 2 הִשְׁפִּיל, הֶעֱלִיב, דִּכָּא

sobajear *vt* מָעַךְ, סָחַט, עִסָּה, לָשׁ, מִזְמֵז

sobajeo *m* מְעִיכָה, סְחִיטָה, מִזְמוּז

sobaquera *f* 1 פֶּתַח הַזְּרוֹעַ. 2 בֵּית הַשֶּׁחִי

sobaquina *f* זֵעַת בֵּית הַשֶּׁחִי

sobar *vt* 1 מָעַךְ, סָחַט, עִסָּה, לָשׁ. 2 מִשֵּׁשׁ, מִשְׁמֵשׁ. 3 הִכָּה

soberanía *f* רִבּוֹנוּת, שִׁלְטוֹן, אַדְנוּת

soberano *adjm* 1 רִבּוֹן, רִבּוֹנִי, מַלְכוּתִי. 2 מֻפְלָא, עֶלְיוֹן, מְעֻלֶּה. 3 מֶלֶךְ, קֵיסָר

soberbia *f* 1 יְהִירוּת, גַּאֲוָה. 2 הוֹד, פְּאֵר

soberbio *adj* 1 יָהִיר, גַּאַוְתָן. 2 מְפֹאָר

sobina *f* יָתֵד

sobón *adjm* מִתְרַפֵּס, חַנְפָן

sobornable *adj* שֶׁנִּתָּן לְשִׁחוּד, שָׁחִיד

sobornación *f* 1 שִׁחוּד, שֹׁחַד. 2 פִּתּוּי, שִׁדּוּל

sobornal *m* הַעֲמָסַת יֶתֶר

sobornar *vt* שִׁחֵד, פִּתָּה

soborno *m* שֹׁחַד, בֶּצַע, שַׁלְמוֹן

sobra *f* 1 שְׁאֵרִית, שִׁירַיִם. 2 עֹדֶף, יִתְרָה

sobradamente *adv* בְּשֶׁפַע, בְּהַפְרָזָה

sobrado *adjm* 1 עוֹדֵף, רַב מִדַּי. 2 עָשִׁיר. 3 אַמִּיץ. 4 עֲלִיַּת גַּג. 5 שִׁירַיִם

sobrante *adjm* 1 נוֹתָר, נוֹסָף. 2 יָתֵר, שְׂיָר, עֹדֶף, יִתְרָה, שְׁאֵרִית

sobrar *vti* 1 הִגְדִּישׁ. 2 נִשְׁאַר, נוֹתַר

sobras *fpl* שִׁירַיִם

sobre *prepm* 1 עַל, מֵעַל. 2 מַעֲטָפָה

sobre sí עָלָיו, עַל עַצְמוֹ

sobre todo בְּעִקָּר, מֵעַל לַכֹּל

sobreabundancia *f* שֶׁפַע, גֹּדֶשׁ

sobreabundante *adj* שׁוֹפֵעַ, גָּדוּשׁ

sobreagudo *adjm* 1 הַגָּבוֹהַּ בְּיוֹתֵר (צְלִיל). 2 דִּיסְקַנְט

sobrealiento *m* הִתְנַשְּׁמוּת

sobrealzar *vt* רוֹמֵם, פֵּאֵר, הִלֵּל, שִׁבַּח

sobrecama *f* כִּסּוּי מִטָּה

sobrecarga *f* הַעֲמָסַת יֶתֶר

sobrecargar *vt* הֶעְמִיס יֶתֶר עַל הַמִּדָּה

sobrecargo *m* עֲמִיל מַשָּׂא

sobreceja *f* גַּבָּה

sobreceño *m* עֲוִית פָּנִים

sobrecincha *f* רְצוּעַת הָאֻכָּף

sobrecoger *vt* הִפְתִּיעַ, הִדְהִים, הִבְהִיל

sobrecogimiento *m* 1 הַפְתָּעָה, זַעֲזוּעַ. 2 תִּמָּהוֹן

sobrecubierta *f* עֲטִיפָה עֶלְיוֹנָה

sobredicho *adj* הַנֶּאֱמָר לְעֵיל

sobreetender *vt* הֵבִין מֵרֹאשׁ, הֵבִין מֵאֵלָיו

sobreestimación *f* אֹמֶד יֶתֶר

sobreestimar *vt* הֶעֱרִיךְ יֶתֶר עַל הַמִּדָּה

sobreexceder *vt* 1 הִפְרִיז. 2 הִשִּׂיג

sobreexcitación *f* הִתְרַגְּשׁוּת־יֶתֶר

sobreexcitar *vt* גֵּרָה מֵעַל הַמִּדָּה

sobreexponer *vt* חָשַׂף יֶתֶר עַל הַמִּדָּה

sobreexposición *f* חֲשִׂיפַת־יֶתֶר

sobregirar *vti* מָשַׁךְ מְשִׁיכַת־יֶתֶר (מֵחֶשְׁבּוֹנוֹ)

sobregiro *m* מְשִׁיכַת יֶתֶר

sobrehilado *madj* 1 הַכְלָבָה. 2 מְכֻלָּב

sobrehilar *vt* הִכְלִיב

sobrehumano *adj* עַל־אֱנוֹשִׁי

sobrellenar *vt* גָּדַשׁ, הִגְדִּישׁ

sobrellevar *vt* 1 סָבַל, גִּלָּה סַבְלָנוּת. 2 הִטָּה שֶׁכֶם. 3 נָשָׂא אֶת גּוֹרָלוֹ

sobremanera *adv* יֶתֶר עַל הַמִּדָּה

sobremarcha *f* הִלּוּךְ מֻפְלָג

sobremesa *f* 1 מַפָּה לְשֻׁלְחָן. 2 קִנּוּחַ סְעֻדָּה

sobrenadar *vi* שָׁט, צָף

sobrenatural *adj* עַל־טִבְעִי

sobrenombre *m* כִּנּוּי, שֵׁם לְוַאי

sobrentender *vt* הֵבִין מֵרֹאשׁ, הֵבִין מֵאֵלָיו

sobrepasar *vt* עָלָה, עָבַר, הִשִּׂיג

sobrepasarse *vref* חָרַג מִן הַמִּסְגֶּרֶת

sobrepelliz *f* גְּלִימָה לְבָנָה

sobrepeso *m* מִשְׁקַל יֶתֶר

sobreponer *vt* הוֹסִיף

sobreponerse *vref* הִתְאוֹשֵׁשׁ, הִתְגַּבֵּר

sobreprecio *m* תּוֹסֶפֶת־מְחִיר

sobrepuesto *adjm* 1 מוּסָף. 2 טְלַאי

sobrepujar *vt* עָלָה, גָּבַר, הִצְטַיֵּן

sobresaliente *adj* מִצְטַיֵּן, בּוֹלֵט, יוֹצֵא מִן הַכְּלָל, דָּגוּל, מְפֻרְסָם

sobresalir *vi* הִצְטַיֵּן, הִתְבַּלֵּט, בָּלַט

sobresaltar *vti* 1 הֶחֱרִיד, זִעֲזַע, הִבְהִיל. 2 הִזְדַּקֵּר

sobresalto *m* חַלְחָלָה, חֲרָדָה, רְתִיעָה, הִלָּפְתוּת

sobrescribir *vt* 1 שִׁכְתֵּב. 2 מִעֵן

sobrescrito *m* כְּתֹבֶת, מַעַן

sobreseer *vti* 1 וִתֵּר, בִּטֵּל. 2 הִפְסִיק. 3 זִכָּה

sobreseímiento *m* 1 הַפְסָקַת הֲלִיכִים. 2 זִכּוּי

sobrestante *m* מְפַקֵּחַ, מַשְׁגִּיחַ

sobresueldo *m* רֶוַח צְדָדִי

sobretarde *f* בֵּין־הָעַרְבַּיִם, בֵּין־הַשְּׁמָשׁוֹת

sobretodo *m* אַדֶּרֶת, מְעִיל עֶלְיוֹן

sobrevenida *f* מְאֹרָע מִזְדַּמֵּן

sobrevenir *vi* הִתְרַחֵשׁ, אֵרַע, קָרָה

sobreviviente *adjm* פָּלִיט, שָׂרִיד, נִצּוֹל

sobrevivir *vi* שָׂרַד, נוֹתַר, נִשְׁאַר בַּחַיִּים

sobrexceder *vt* 1 הִפְרִיז. 2 הִשִּׂיג

sobriedad *f* 1 פִּכְחוּת, צְלִילוּת דַּעַת. 2 מְתִינוּת, סְתַפְּקָנוּת

sobrino *m* אַחְיָן, בֶּן־אָח

sobrio *adj* 1 פִּכֵּחַ, מְפֻכָּח. 2 מָתוּן, סְתַפְּקָן

socaire *m* 1 מַחְסֶה. 2 הִסְתַּגְּרוּת

socapa *f* אֲמַתְלָה, תּוֹאֲנָה

socarra *f* חֲרִיכָה, קְלִיָּה

socarrar *vt* חָרַךְ, קָלָה

socarrón *adj* 1 עָרוּם, עוֹקְצָנִי, מְהַתֵּל, אִירוֹנִי. 2 צָבוּעַ, עַקְמָן
socarronería *f* 1 עָרְמָה, עוֹקְצָנוּת, הִתּוּל, אִירוֹנִיּוּת. 2 צְבִיעוּת, עַקְמָנוּת
socavación *f* 1 חַבָּלָה, חֲתִירָה. 2 חֲפִירָה
socavar *vt* 1 חָתַר, חִבֵּל. 2 חָפַר
socavón *m* נִקְבָּה, נִקְרָה
sociabilidad *f* חַבְרוּתִיּוּת
sociable *adj* חַבְרוּתִי, יְדִידוּתִי
social *adj* חֶבְרָתִי, יְדִידוּתִי, חַבְרוּתִי
socialismo *m* סוֹצְיָאלִיזְם
socialista *adjm* 1 סוֹצְיָאלִיסְטִי. 2 סוֹצְיָאלִיסְט
socialización *f* סוֹצְיָאלִיזַצְיָה
socializar *vt* הִלְאִים
sociedad *f* 1 חֶבְרָה. 2 אֲגֻדָּה, חֶבֶר. 3 שֻׁתָּפוּת
sociedad anónima חֶבְרַת מְנָיוֹת, חֶבְרָה בְּעֵרָבוֹן מֻגְבָּל
sociedad de consumo חֶבְרַת הַשֶּׁפַע
socio *m* 1 שֻׁתָּף. חָבֵר
socio fundador חָבֵר מְיַסֵּד
sociología *f* סוֹצְיוֹלוֹגְיָה
sociológico *adj* סוֹצְיוֹלוֹגִי
sociólogo *m* סוֹצְיוֹלוֹג
socolor *m* אֲמַתְלָה, תּוֹאֲנָה, תֵּרוּץ
socorrer *vt* עָזַר, סִיַּע, תָּמַךְ, הוֹשִׁיעַ
socorrido *adj* 1 מְסַיֵּעַ, עוֹזֵר, תּוֹמֵךְ. 2 שָׁחוּק, בָּלֶה, נָדוֹשׁ, שָׁרוּף
socorro *m* 1 עֶזְרָה, סִיּוּעַ, תְּמִיכָה, סַעַד. 2 קְרִיאַת "הַצִּילוּ!"
soda *f* נֶתֶר, סוֹדָה, מֵי סוֹדָה
sódico *adj* נַתְרָנִי, שֶׁל נַתְרָן
sodio *m* נַתְרָן
sodomía *f* מַעֲשֵׂה סְדוֹם, מִשְׁכַּב זְכוּר
sodomita *m* עוֹשֶׂה מַעֲשֵׂה סְדוֹם
soez *adj* גַּס, שָׁפָל, נִתְעָב
sofá *m* סַפָּה
sófbol *m* כַּדּוּר בָּסִיס
sofisma *f* סוֹפִיסְם
sofista *adjm* 1 סוֹפִיסְטִי. 2 סוֹפִיסְט
sofistería *f* סוֹפִיסְטִיּוּת
sofisticación *f* מִתְחַכְּמוּת, סוֹפִיסְטִיקַצְיָה
sofisticar *vt* 1 הִתְעָה, הִטְעָה, עִוֵּת, סִלֵּף, זִיֵּף. 2 תִּחְכֵּם
soflama *f* 1 לֶהָבָה, שַׁלְהֶבֶת. 2 סֹמֶק. 3 נְאוּם
sofocante *adj* חוֹנֵק, מַחֲנִיק
sofocar *vt* 1 חָנַק, הֶחֱנִיק. 2 דִּכָּא. 3 נֶחְנַק
sofoco *m* מַחֲנָק, חֲנִיקָה
sofreír *vt* טִגֵּן
sofrenar *vt* 1 רִסֵּן, עָצַר, בָּלַם. 2 גָּעַר, נָזַף
sofrito *m* טִגּוּן
soga *f* כֶּבֶל, חֶבֶל
soja *f* סוֹיָה
sojuzgar *vt* דִּכָּא, שִׁעְבֵּד, הִכְנִיעַ
sol *m* 1 שֶׁמֶשׁ, חֶרֶס, חַמָּה. 2 סוֹל
solacear *vt* בִּדֵּר, שִׁעֲשַׁע
solamente *adv* רַק, בִּלְבַד, אַךְ וְרַק
solana *f* 1 מִרְפֶּסֶת סְגוּרָה. 2 מָקוֹם מוּצַף שֶׁמֶשׁ
solano *m* 1 סוֹלָנוּם (צֶמַח). 2 רוּחַ קָדִים
solapa *f* 1 דַּשׁ. 2 אֲמַתְלָה, תּוֹאֲנָה
solapado *adj* צָבוּעַ, עַקְמָן, עַרְמוּמִי
solar *vtmadj* 1 רִצֵּף. 2 שָׂם סֻלְיוֹת. 3 מִגְרָשׁ, אֲחֻזָּה, נַחֲלָה. 4 יִחוּס. 5 שִׁמְשִׁי
solariego *adjm* 1 יִחוּסִי, שֶׁל יוּחֲסִין. 2 אָצִיל
solario *m* חֲמָמָה
solaz *m* בִּדּוּר, נֹפֶשׁ, שַׁעֲשׁוּעִים, תַּעֲנוּג, מַרְגּוֹעַ
solazar *vt* 1 בִּדֵּר, שִׁעֲשַׁע. 2 הִשְׁתַּעֲשַׁע, הִתְבַּדֵּר
soldadesca *f* 1 חַיָּלִים. 2 חַיָּלוּת, צְבָאִיּוּת. 3 אֲסַפְסוּף
soldadesco *adj* צְבָאִי, חַיָּלִי
soldado *m* 1 חַיָּל. 2 טוּרַאי. 3 טִירוֹן
soldado raso טוּרַאי
soldador *m* מַלְחִים
soldadura *f* הַלְחָמָה
soldán *m* שֻׁלְטָן
soldar *vt* הִלְחִים, רִתֵּךְ
solear *vt* 1 שָׂם בַּשֶּׁמֶשׁ. 2 הִתְחַמֵּם, הִשְׁתַּזֵּף
solecismo *m* טָעוּת לְשׁוֹנִית, שַׁבֶּשְׁתָּא, שִׁבּוּשׁ
soledad *f* גַּלְמוּדִיּוּת, בְּדִידוּת, שִׁמָּמוֹן

solemne *adj* 1 רְצִינִי, חָמוּר. 2 מְפֹאָר, טִקְסִי, חֲגִיגִי

solemnidad *f* 1 חֲגִיגִיּוּת. 2 חֲגִיגָה. 3 טֶקֶס. 4 רְצִינוּת

solemnizar *vt* 1 חָגַג. 2 פֵּאֵר

solenoide *m* סוֹלֶנוֹאִיד

soler *vi* הָיָה רָגִיל, נָהַג לְ־

solera *f* קוֹרָה, כְּלוֹנָס

solevantado *adj* עַצְבָּנִי, נִרְגָּז, טָרוּד, חֲסַר מְנוּחָה

solevantamiento *m* הַפְרָעָה, מְהוּמָה, הִתְפָּרְעוּת

solevantar *vt* 1 עוֹרֵר, קוֹמֵם, הֵסִית. 2 הֶעֱלָה

solevar *vt* 1 קוֹמֵם, עוֹרֵר. 2 רוֹמֵם, נִשֵּׂא. 3 הֶעֱלָה

solfa *f* 1 סֻלָּמִיּוּת. 2 מַנְגִּינָה, נִגּוּן. 3 מַכּוֹת, הַלְקָאָה. 4 סוֹלְפֶג׳

solfear *vti* שָׁר, זִמְזֵם, סִלְפֵּג׳

solfeo *m* סוֹלְפֶג׳

solferino *adj* אַרְגְּמָנִי

solicitación *f* בַּקָּשָׁה, הַפְצָרָה, עֲתִירָה, תְּחִנָּה

solicitado *adj* מְבֻקָּשׁ

solicitador *m* מַפְצִיר, שְׁתַדְּלָן

solícitamente *adv* בְּנִימוּס, בַּאֲדִיבוּת

solicitante *m* מְבַקֵּשׁ, עוֹתֵר, מַפְצִיר

solicitar *vt* 1 בִּקֵּשׁ, הִפְצִיר, עָתַר, שִׁדֵּל. 2 קִדֵּם, עוֹדֵד, סִיֵּעַ

solícito *adj* שַׁקְדָן, חָרוּץ, דּוֹאֵג

solicitud *f* 1 בַּקָּשָׁה, פְּנִיָּה. 2 שַׁקְדָנוּת, חָרִיצוּת. 3 דְּאָגָה

solidar *vt* 1 בִּסֵּס, חִזֵּק, יִצֵּב. 2 אִשֵּׁר

solidaridad *f* 1 אַחְדוּת, תְּמִימוּת־דֵּעִים. 2 הִזְדַּהוּת, סוֹלִידָרִיּוּת

solidario *adj* אַחְדוּתִי, תְּמִים־דֵּעִים, סוֹלִידָרִי

solidarizar *vi* 1 הִתְאַחֵד. 2 הִזְדַּהָה

solideo *m* כִּפָּה, יַרְמוּלְקָה

solidificación *f* מִצּוּק, הִתְמַצְּקוּת, הִתְעַבּוּת

solidificar *vt* 1 מִצֵּק, עִבָּה. 2 אִחֵד, לִכֵּד

solidez *f* מוּצָקוּת, מִקְשָׁה, יַצִּיבוּת, אֵיתָנוּת

sólido *adjm* 1 מוּצָק, קָשֶׁה, יַצִּיב, אֵיתָן. 2 מְיֻשָּׁב, רְצִינִי

soliloquiar *vi* שׂוֹחַח עִם עַצְמוֹ

soliloquio *m* שִׂיחָה עִם עַצְמוֹ, מוֹנוֹלוֹג

solio *m* כִּסֵּא מַלְכוּת, כִּסֵּא כָּבוֹד

solípedo *adj* מַפְרִיסֵי פַּרְסָה

solista *m* סוֹלָן, סוֹלִיסְט

solitaria *f* 1 עַרְקָה. 2 תּוֹלַעַת־הַסֶּרֶט

solitario *adjm* בּוֹדֵד, מִתְבּוֹדֵד, יְחִידִי, גַּלְמוּד, פָּרוּשׁ

sólito *adj* שָׁכִיחַ, רָגִיל, מְקֻבָּל, מָצוּי

solitud *f* גַּלְמוּדִיּוּת, בְּדִידוּת

soliviantado *adj* נִרְגָּז, עַצְבָּנִי, מוּסָת

soliviantar *vt* עוֹרֵר, קוֹמֵם, הִדִּיחַ, הֵסִית

soliviar *vt* 1 הֶעֱלָה, הֵרִים, הִגְבִּיהַּ. 2 הִתְרוֹמֵם

solivio *adjm*, **soliviadura** *f* 1 הֲרָמָה. 2 הִתְרוֹמְמוּת

solo *adjm* 1 יְחִידִי, בּוֹדֵד. 2 סוֹלוֹ

sólo *adv* לְבַד, רַק, אַךְ, בִּלְבַד

solomillo *m* נֵתַח בָּשָׂר

solsticio *m* תְּקוּפַת הַחַמָּה

soltar *vt* 1 הִתִּיר, חִלֵּץ, שִׁחְרֵר, פִּתַּח. 2 הוֹצִיא לַחָפְשִׁי

soltería *f* רַוָּקוּת

soltero *adjm* רַוָּק

solterón *m* רַוָּק מֻשְׁבָּע

soltura *f* 1 הַתָּרָה, חִלּוּץ, שִׁחְרוּר. 2 זְרִיזוּת, גְּמִישׁוּת

solubilidad *f* הִמַּסּוּת, מְסִיסוּת, נְמִיסָה

solubilizar *vt* הֵמֵס

soluble *adj* מָסִיס, נָמֵס

solución *f* 1 פִּתְרוֹן, תְּשׁוּבָה. 2 הַבְהָרָה, הֶסְבֵּר. 3 תְּמִסָּה, הֲמַסָּה

solucionar *vt* 1 פָּתַר. 2 הִבְהִיר, הִסְבִּיר, בֵּאֵר

solvencia *f* 1 כֹּשֶׁר פֵּרָעוֹן. 2 אֲמִידוּת. 3 מְסִיסוּת

solventar *vt* 1 שִׁלֵּם, פָּרַע. 2 פָּתַר. 3 בֵּאֵר, הִבְהִיר

solvente *adjm* 1 בַּעַל כֹּשֶׁר פֵּרָעוֹן, בַּר פֵּרָעוֹן. 2 מָסִיס. 3 מֵמֵס, מְמוֹסֵס. 4 פִּתְרוֹן

sollado *m* הַסִּפּוּן הַנָּמוּךְ
sollastría *f* טַבָּחוּת
sollo *m* חִדְקָן (דָּג)
sollozar *vi* הִתְיַפֵּחַ, יִבֵּב, בָּכָה
sollozo *m* הִתְיַפְּחוּת, יְבָבָה, בָּכָה, בְּכִי
somanta *f* הַלְקָאָה, הַכָּאָה, הַצְלָפָה
somático *adj* גּוּפָנִי, פִיסִי
somatología *f* סוֹמָטוֹלוֹגְיָה, תּוֹרַת הַגּוּף
sombra *f* 1 צֵל. 2 רוּחַ, שֵׁד. 3 מַחְסֶה, מִקְלָט, הֲגַנָּה. 4 דְּיוֹקָן, צֶלֶם. 5 כֶּתֶם, רְבָב
sombraje *m* סוֹכֵךְ
sombrajo *m* 1 סְכָכָה. 2 הֲצַלָּה
sombreado *m* מָקוֹם מֻצָּל, צִלָּה
sombrear *vt* 1 סָכַךְ, הֵצַל. 2 הֶאֱפִיל, הֵעִיב
sombrerera *f* 1 אֵשֶׁת הַכּוֹבָעָן. 2 תֵּבַת כּוֹבָעִים
sombreria *f* חֲנוּת כּוֹבָעִים
sombrerero *m* כּוֹבָעָן
sombrero *m* כּוֹבַע, מִגְבַּעַת
sombrilla *f* שִׁמְשִׁיָּה
sombrio *adj* 1 אָפֵל, כֵּהֶה, חָשׁוּךְ. 2 קוֹדֵר, עָגוּם, עָצוּב
somero *adj* שִׁטְחִי, חִיצוֹנִי
someter *vt* 1 הִכְנִיעַ, שִׁעְבֵּד, רָדָה. 2 הֶעֱמִיד, הִגִּישׁ, מָסַר, הִצִּיעַ (לְדִיּוּן וכו'). 3 נִכְנַע, הִשְׁתַּעְבֵּד
sometimiento *m* 1 שִׁעְבּוּד, הַכְנָעָה, רְדִיָּה. 2 הַגָּשָׁה, הַעֲמָדָה, מְסִירָה, הַצָּעָה
sommier *m* קְפִיצֵי הַמִּטָּה
somnifero *adjm* 1 מַרְדִּים, מְיַשֵּׁן. 2 סַם הַרְדָּמָה
somnolencia *f* 1 נִמְנוּם, תְּנוּמָה. 2 נַמְנֶמֶת
somorgujar *vti* 1 טָבַל, הִטְבִּיל, שִׁקַּע. 2 צָלַל
somorgujo *m* טַבְלָן (צִפּוֹר)
son *m* 1 צְלִיל, קוֹל. 2 נִגּוּן, מַנְגִּינָה. 3 פִּרְסֹמֶת, פִּרְסוּם. 4 אֲמַתְלָה, תֵּרוּץ, תּוֹאֲנָה. 5 סִבָּה, נִמּוּק
sonable *adj* 1 מַרְעִישׁ. 2 מְפֻרְסָם
sonado *adj* מְפֻרְסָם, יָדוּעַ
sonajero *m* רַעֲשָׁן
sonambulismo *m* סַהֲרוּרִיּוּת
sonámbulo *m* סַהֲרוּרִי
sonante *adj* מְצַלְצֵל, מַרְעִישׁ, מְהַדְהֵד
sonante y contante טָבִין וּתְקִילִין
sonar *vtm* 1 צִלְצֵל, הִשְׁמִיעַ קוֹל. 2 מָחַט, קִנַּח. 3 נִגֵּן, פָּרַט. 4 נָפוֹצָה שְׁמוּעָה. 5 סוֹנָר
sonarse *vref* הִתְקַנֵּחַ
sonata *f* סוֹנָטָה
sonda *f* 1 בְּדִיקַת עֹמֶק. 2 עֹמֶק. 3 מַחְדֵּר. 4 צַנְתַּר
sondable *adj* שֶׁנִּתָּן לִבְדִיקָה, בַּר־חֲקִירָה
sondear *vt* 1 בָּדַק עֹמֶק. 2 חָקַר, בָּדַק, בָּחַן, גִּשֵּׁשׁ
sondeo *m* 1 גִּשּׁוּשׁ, חֲקִירָה. 2 חֲדִירָה
sonetista *m* סוֹנֶטָן, מְחַבֵּר סוֹנֶטוֹת
soneto *m* סוֹנֶטָה, שִׁיר זָהָב
sónico *adj* קוֹלִי
sonido *m* קוֹל, צִלְצוּל
soniquete *m* קִשְׁקוּשׁ
sonoridad *f* צוֹלְלוּת, צְלִילִיּוּת
sonorización *f* קוֹלִיּוּת, צִלְצוּלִיּוּת, הַצְלָלָה
sonorizar *vt* הִצְלִיל, הָפַךְ לִצְלִיל קוֹלִי
sonoro *adj* קוֹלִי, צְלִילִי
sonreir *vi* חִיֵּךְ, הִתְחַיֵּךְ
sonrisa *f* חִיּוּךְ, בַּת צְחוֹק
sonrojar *vt* 1 הֶאְדִּים, הִסְמִיק. 2 בִּיֵּשׁ, הִכְלִים
sonrojo *m* סֹמֶק, אֹדֶם
sonrosado *adj* וָרֹד
sonsaca *f* 1 פִּתּוּי, שִׁדּוּל. 2 חֲנֻפָּה
sonsacar *vt* 1 סָחַב, גָּנַב. 2 מָשַׁךְ לְצִדּוֹ, שִׁדֵּל. 3 סָחַט, הוֹצִיא (יְדִיעוֹת)
sonsonete *m* זִמְרוּר
soñador *adj* חוֹלֵם, חוֹזֶה, הוֹזֶה
soñar *vt* חָלַם, חָזָה, הָזָה
soñolencia *f* נַמְנֶמֶת, תְּנוּמָה, נִמְנוּם
soñoliento *adj* 1 רָדוּם, יָשֵׁן, מְנַמְנֵם. 2 מַרְדִּים
sopa *f* 1 מָרָק. 2 נָזִיד, בְּלִיל
sopaipa *f* דֻּבְשָׁנִית

sopanda *f* קוֹרָה

sopapina *f* הַלְקָאָה, הַכָּאָה

sopapo *m* סְטִירָה

sopera *f* מְרָקִית, מָגֵס, אִלְפָּס

sopero *m* צַלַּחַת עֲמֻקָּה

sopesar *vt* בָּחַן, בָּדַק

sopetear *vt* 1 טָבַל, הִרְטִיב, שָׁרָה. 2 הִלְקָה, הִכָּה, הֶעֱלִיב, סָטַר

sopeteo *m* טְבִילָה, הַרְטָבָה, הַשְׁרָיָה

sopetón *m* סְטִירָה, מַכָּה, עֶלְבּוֹן

sopetón (de-) *adv* פִּתְאֹם, בְּמַפְתִּיעַ

soplado *adj* נָאֶה, מְסֻדָּר

soplador *adjm* 1 נוֹשֵׁב, מְנַשֵּׁב. 2 מֵסִית, מְעוֹרֵר. 3 לַחְשָׁן

sopladura *f* 1 נְשִׁיפָה, נְשִׁיבָה. 2 הַדְלָפָה

soplar *vti* 1 נָשַׁב, נָשַׁף, נָפַח. 2 סָחַב, גָּנַב. 3 הִדְלִיף. 4 לָחַשׁ. 5 הִלְשִׁין

soplete *m* מַבְעֵר, אַבּוּב צוֹרְפִים

soplido *m* נְשִׁיפָה, נְשִׁיבָה

soplillo *m* 1 מְאַוְרֵר. 2 מַלְמָלָה, מֶשִׁי. 3 סֻפְגָּנִיָּה

soplo *m* 1 נְשִׁיבָה, נְשִׁיפָה. 2 מַשַּׁב־רוּחַ. 3 רֶגַע, הֶרֶף עַיִן. 4 הַלְשָׁנָה, מְסִירָה. 5 הַדְלָפָה

soplón *adjm* מַלְשִׁין, מוֹסֵר

soplonería *f* הַלְשָׁנָה

soponcio *m* הִתְעַלְּפוּת

sopor *m* תַּרְדֵּמָה, קֵהָיוֹן

soporífero *adjm* 1 מַרְדִּים. 2 סַם מַרְדִּים

soportal *m* 1 מִרְפֶּסֶת, אַכְסַדְרָה. 2 מִסְדְּרוֹן. 3 מִקְמֶרֶת

soportable *adj* סָבִיל, נִסְבָּל

soportar *vt* 1 סָבַל, נָשָׂא. 2 תָּמַךְ, סָמַךְ, עוֹדֵד

soporte *m* 1 תְּמִיכָה, סְמִיכָה. 2 עִדּוּד, עֶזְרָה

soprano *m* סוֹפְּרָן

sopuntar *vt* נִקֵּד

sor *f* 1 נְזִירָה. 2 אָחוֹת רַחֲמָנִיָּה

sorber *vt* 1 שָׁתָה, לָגַם, גָּמַע, מָצַץ. 2 קָלַט. 3 הֵרִיחַ, רִחְרֵחַ

sorbete *m* גְּלִידָה

sorbo *m* 1 לְגִימָה, גְּמִיעָה, בְּלִיעָה. 2 הֲרָחָה, רִחְרוּחַ

sordamente *adv* בַּחֲשָׁאִין, בַּסֵּתֶר

sordera *f* חַרְשׁוּת

sordez *f* אִלְּמוּת, דּוּמְמוּת

sordidez *f* 1 טִנּוּף, לִכְלוּךְ, שִׁפְלוּת. 2 קַמְצָנוּת

sórdido *adj* 1 מְטֻנָּף, מְלֻכְלָךְ, שָׁפָל, נִתְעָב, מְכֹעָר. 2 קַמְצָן

sordina *f* עַמְעֶמֶת

sordo *adj* חֵרֵשׁ

sordomudo *m* חֵרֵשׁ אִלֵּם

sorgo *m* דּוּרָה

sorna *f* לַעַג, עוֹקְצָנוּת, שְׁנִינָה, הִתּוּל

soroche *m* מַחֲלַת־גְּבָהִים

sorprendente *adj* מַפְתִּיעַ, מַפְלִיא, מַתְמִיהַּ

sorprender *vt* הִפְתִּיעַ, הִדְהִים, הִפְלִיא

sorpresa *f* הַפְתָּעָה, תַּדְהֵמָה, הִשְׁתּוֹמְמוּת, תִּמָּהוֹן

sorpresivo *adj* מַפְתִּיעַ, מַדְהִים

sortear *vi* 1 הִגְרִיל, פִּיֵּס. 2 הִשְׁתַּמֵּט, הִתְחַמֵּק, נִמְנַע

sorteo *m* הַגְרָלָה, פַּיִס, פּוּר, גּוֹרָל, מַזָּל

sortija *f* 1 טַבַּעַת. 2 תַּלְתַּל

sortilegio *m* כִּשּׁוּף, קְסָמִים, אַשָּׁפוּת, נִחוּשׁ

sortilego *m* אַשָּׁף, קוֹסֵם, מְכַשֵּׁף

sosa *f* 1 נֶתֶר, סוֹדָה. 2 פַּרְקָן

sosegar *vt* 1 הִרְגִּיעַ, הִשְׁקִיט. 2 נִרְגַּע, שָׁכַךְ

sosería *f* 1 תִּפְלוּת, הֶבֶל. 2 כְּסִילוּת, שְׁטוּת

sosia *m* כָּפִיל

sosiego *m* שַׁלְוָה, רְגִיעָה, שֶׁקֶט, מְנוּחָה

soslayar *vt* 1 הִטָּה, שִׁפַּע. 2 הִתְחַמֵּק, הִשְׁתַּמֵּט

soslayo *adj* אֲלַכְסוֹנִי

soso *adj* תָּפֵל

sospecha *f* חֲשָׁד, חֲשָׁשׁ, פִּקְפּוּק

sospechar *vti* חָשַׁד, חָשַׁשׁ, פִּקְפֵּק

sospechoso *adj* 1 חָשׁוּד. 2 מְפֻקְפָּק

sosquin *m* סְטִירַת פֶּתַע

sostén *m* 1 מִשְׁעָן, תְּמִיכָה, מִשְׁעֶנֶת. 2 מְפַרְנֵס, תּוֹמֵךְ. 3 חֲזִיָּה

sostener *vt* 1 הִשְׁעִין, תָּמַךְ. 2 הֶחֱזִיק. 3 פִּרְנֵס,

כִּלְכֵּל. 4 סָבַל, נָשָׂא. 5 הִתְעַנָּה

sostenido *adjm* 1 מְחֻזָּק, נִסְמָךְ. 2 נָסֵק

sostenimiento *m* 1 תְּמִיכָה, סְמִיכָה, הַחְזָקָה. 2 קִיּוּם, פַּרְנָסָה, כַּלְכָּלָה

sota *f* בָּחוּר (בִּקְלָפִים)

sotabanco *m* עֲלִיַּת גַּג

sotana *f* גְּלִימָה

sótano *m* מַרְתֵּף

sotavento *m* סֵתֶר רוּחַ, מָגֵן־רוּחַ (בָּאֳנִיָּה)

sotechado *m* בִּקְתָּה, סֻכָּה, צְרִיף

soterrar *vt* 1 קָבַר. 2 הִצְפִּין, הֶחְבִּיא, טָמַן, הִטְמִין

soto *m* חֻרְשָׁה, חֹרֶשׁ

sotrozo *f* פִּין קוֹנִי, פִּין כָּפִיף

soviet *m* סוֹבְיֶט

soviético *adjm* סוֹבְיֶטִי

soya *f* סוֹיָה

staccato *adj* סְטָקָטוֹ, נָתוּק

su *adjpos* שֶׁל

suave *adj* 1 עָדִין, רַךְ. 2 חָבִיב, מְנֻמָּס

suavidad *f* 1 רַכּוּת, עֲדִינוּת. 2 נֹעַם, נְעִימוּת

suavizador *adj* מְרַכֵּךְ, מַעֲדִין, מַחֲלִיק

suavizar *vt* 1 רִכֵּךְ, עִדֵּן, הֶחֱלִיק. 2 הִרְגִּיעַ, שִׁכֵּךְ, הִמְתִּיק, הִנְעִים

sub *prep* תַּת־, סְגַן־, מִשְׁנֶה לְ־

subalterno *adjm* כָּפוּף לְ־, מִשְׁנֶה, פָּקוּד

subarrendar *vt* חָכַר חֲכִירַת מִשְׁנֶה

subarriendo *m* חֲכִירַת מִשְׁנֶה

subasta *f* מְכִירָה, מְכִירָה פֻּמְבִּית

subastar *vt* מָכַר, מָכַר בִּמְכִירָה פֻּמְבִּית

subclase *f* תַּת־מַחְלָקָה, תַּת־מִשְׁפָּחָה

subcomisión *f* וַעֲדַת מִשְׁנֶה

subconsciencia *f* תַּת הַכָּרָה

subconsciente *adjm* 1 תַּת הַכָּרָתִי. 2 תַּת־הַכָּרָה

subcontratar *vt* עָרַךְ חוֹזֶה מִשְׁנֶה

subcontratista *m* קַבְּלַן מִשְׁנֶה

subcontrato *m* חוֹזֵה מִשְׁנֶה

subcutáneo *adj* תַּת עוֹרִי

subdesarrollado *adj* תַּת־מְפֻתָּח, מִתְפַּתֵּחַ

subdirector *m* 1 סְגַן מְנַהֵל. 2 מִשְׁנֶה לְר[illegible]

súbdito *madj* 1 נָתִין. 2 כָּפוּף

subdividir *vt* חִלֵּק חֲלֻקַּת מִשְׁנֶה

subdivisión *f* חֲלֻקַּת מִשְׁנֶה

suberina *f* שַׁעֲמָן

subestimación *f* אֹמֶד חָסֵ[illegible] הַעֲרָכָה פְּחוּתָה

subestimar *vt* אָמַד בְּחֶסֶר, לֹא הֶעֱרִיךְ כָּרָאוּי

subida *f* 1 עֲלִיָּה. 2 הַעֲלָאָה. 3 טִפּוּס

subido *adj* 1 גָּבוֹהַּ, רָם, עֶלְיוֹן. 2 חָזָק. 3 יָקָר. 4 מִתְבַּלֵּט

subilla *f* מַרְצֵעַ

subir *vti* 1 הֶעֱלָה. 2 עָלָה, טִפֵּס, גָּאָה

súbitamente *adv* פִּתְאֹם, לְפֶתַע

súbito *adj* פִּתְאֹמִי

subjefe *m* סְגַן מְנַהֵל, מִשְׁנֶה לַמְנַהֵל

subjetividad *f* סוּבְּיֶקְטִיבִיּוּת

subjetivo *adj* סוּבְּיֶקְטִיבִי

subjuntivo *m* דֶּרֶךְ הַתִּלּוּי, דֶּרֶךְ הַשֶּׁמָּא (דקדוק)

sublevación *f* הִתְקוֹמְמוּת, מֶרֶד, מְרִידָה

sublevamiento *m* הִתְקוֹמְמוּת

sublevar *vt* קוֹמֵם, הֵסִית, הִמְרִיד

sublimación *f* 1 זִקּוּק, זִכּוּךְ. 2 טִהוּר, עִדּוּן. 3 סוּבְּלִימַצְיָה, הַאֲצָלָה

sublimado *m* סוּבְּלִימָט

sublimar *vt* 1 טִהֵר, זִקֵּק, זִכֵּךְ. 2 עִדֵּן. 3 רוֹמֵם. 4 הָפַךְ מוּצָק לְגַז

sublime *adj* נַעֲלֶה, מְרוֹמָם, נִשְׂגָּב, דָּגוּל

sublimidad *f* רוֹמְמוּת, נִשְׂגָּבוּת, אֲצִילוּת

submarino *adjm* 1 תַּת מֵימִי. 2 צוֹלֶלֶת

submúltiplo *adjm* מְחַלֵּק (שֶׁל מִסְפָּר)

suboficial *m* נַגָּד, סַמָּל

subordinación *f* 1 כְּפִיפוּת. 2 כְּנִיעָה. 3 צִיּוּת. 4 שִׁעְבּוּד. 5 תְּלוּת

subordinado *adjm* 1 כָּפוּף, נָחוּת. 2 טָפֵל, מְשֻׁעְבָּד

subordinar *vt* הִכְפִּיף, הִכְנִיעַ, שִׁעְבֵּד

subrayar *vt* הִבְלִיט, הִדְגִּישׁ, צִיֵּן

subrepción *f* 1 גְּנֵבַת דַּעַת. 2 הַטְעָיָה, הַתְעָיָה

subrepticio *adj* שֶׁנַּעֲשָׂה אוֹ מֻשָּׂג בַּחֲשַׁאי

subrogación *f* תַּחֲלִיף, מִלּוּי מָקוֹם

subrogar *vt* מִלֵּא מָקוֹם, תִּחְלֵף
subsanar *vt* 1 סָלַח, מָחַל. 2 תִּקֵּן, שִׁפֵּר
subscribir *vt* 1 חָתַם. 2 הִמְנָה. 3 נִמְנָה
subscripción *f* 1 הִמָּנוּת. 2 חֲתִימָה. 3 הַחְתָּמָה
subscriptor *m* מָנוּי
subsecretario *m* תַּת מַזְכִּיר, מַזְכִּיר מִשְׁנֶה
subsecuente *adj* תּוֹכֵף, הַבָּא אַחֲרָיו
subsidiario *adjm* 1 מִשְׁנִי, צְדָדִי. 2 עוֹזֵר, מְסַיֵּעַ
subsidio *m* מַעֲנָק, קִצְבָּה, הַעֲנָקָה, תְּמִיכָה
subsiguiente *adj* תּוֹכֵף, הַבָּא אַחֲרָיו
subsistencia *f* פַּרְנָסָה, קִיּוּם, מִחְיָה
subsistente *adj* חַי, קַיָּם, נִמְצָא, מִתְקַיֵּם
subsistir *vi* הִתְפַּרְנֵס, הִתְקַיֵּם, חַי
subsónico *adj* תַּת־קוֹלִי
substancia *f* 1 עֶצֶם, חֹמֶר. 2 הֲוָיָה, מְצִיאוּת. 3 עִקָּר. 4 גּוּף, יֵשׁוּת. 5 טֶבַע. 6 לֶשֶׁד, תֹּכֶן, תַּמְצִית
substancial *adj* מַמָּשִׁי, עֻבְדָּתִי, נִכָּר, חָשׁוּב, עִקָּרִי
substanciar *vt* מִמֵּשׁ, גִּלֵּם, אִמֵּת, קִיֵּם, הוֹכִיחַ
substancioso *adj* 1 דָּשֵׁן, שָׁמֵן. 2 תַּמְצִיתִי. 3 מוּצָק, אֵיתָן. 4 מֵזִין
substantivo *adjm* 1 מַמָּשִׁי, אֵיתָן, יֵשׁוּתִי. 2 שֵׁם, שֵׁם עֶצֶם
substitución *f* הַחְלָפָה, מִלּוּי מָקוֹם
substituir *vt* תִּחְלֵף, מִלֵּא מָקוֹם
substituto *adjm* 1 מַחֲלִיף. 2 מְמַלֵּא מָקוֹם
substracción *f* 1 הַפְחָתָה, חִסּוּר. 2 גְּנֵבָה, לְקִיחָה, סְחִיבָה
substraendo *m* מְחַסֵּר
substraer *vt* 1 גָּרַע, הֶחְסִיר, הִפְחִית. 2 גָּנַב, לָקַח. 3 חִסֵּר, נִכָּה
subsuelo *m* קַרְקַע תַּחְתִּית, בֶּטֶן־הָאֲדָמָה
subteniente *m* סְגַן מִשְׁנֶה
subterfugio *m* אֲמַתְלָה, תּוֹאֲנָה, תֵּרוּץ, תַּחְבּוּלָה
subterráneo *adjm* 1 חֲשָׁאִי, נִסְתָּר, מַחְתַּרְתִּי. 2 תַּת קַרְקָעִי. 3 מַרְתֵּף. 4 רַכֶּבֶת תַּחְתִּית
subtítulo *m* כּוֹתֶרֶת מִשְׁנֶה
suburbano *adjm* 1 פַּרְוָרִי, פַּרְבָּרִי. 2 בֶּן־פַּרְוָר
suburbio *m* פַּרְוָר, פַּרְבָּר
subvención *f* תְּמִיכָה, מַעֲנָק, הַעֲנָקָה, סִיּוּעַ
subvencionar *vt* סִיַּע, הֶעֱנִיק קִצְבָּה, תָּמַךְ
subvenir *vt* סִיַּע, עָזַר, תָּמַךְ, פִּרְנֵס
subversión *f* הִתְקוֹמְמוּת, חֲתִירָה, הֲפִיכָה
subversivo *adj* חַתְרָנִי, הַרְסָנִי
subversor *m* חַתְרָן, הַרְסָן, מֵסִית
subvertir *vt* 1 הִשְׁחִית, הָרַס. 2 קוֹמֵם
subyacente *adj* 1 מֻנָּח מִתַּחַת. 2 תַּת־הַכָּרָתִי
subyugación *f* שִׁעְבּוּד, הַכְנָעָה
subyugar *vt* שִׁעְבֵּד, הִכְנִיעַ
succión *f* יְנִיקָה, מְצִיצָה, סְפִיגָה
sucionar *vt* יָנַק, מָצַץ, סָפַג
suceder *vi* 1 יָרַשׁ, בָּא בִּמְקוֹם. 2 קָרָה, הִתְרַחֵשׁ, אֵרַע
sucedido *m* אֵרוּעַ, הִתְרַחֲשׁוּת, מְאֹרָע, מִקְרֶה
sucesión *f* 1 הֶמְשֵׁכִיּוּת, רְצִיפוּת, רֶצֶף. 2 שׁוּרָה. 3 יְרֻשָּׁה. 4 צֶאֱצָאִים. 5 סֵדֶר, סִדְרָה
sucesivamente *adv* בָּזֶה אַחַר זֶה
sucesivo *adj* 1 סוֹדֵר, רָצוּף. 2 תּוֹכֵף
suceso *m* מְאֹרָע, אֵרוּעַ, מִקְרֶה, הִתְרַחֲשׁוּת
sucesor *m* יוֹרֵשׁ, חֲלִיף
suciedad *f* טִנּוּף, לִכְלוּךְ, זִהוּם
sucinto *adj* תַּמְצִיתִי, מְקֻצָּר
sucio *adj* מְלֻכְלָךְ, מְטֻנָּף, מְזֹהָם, נִתְעָב
sucre *m* סוּקְרֶה (מַטְבֵּעַ בְּאֶקְוָדוֹר)
sucrosa *f* סֻכַּר קָנֶה
súcula *f* כַּנֶּנֶת, אַרְכֻּבָּה, מָנוֹף
suculencia *f* עֲסִיסִיּוּת, לְשַׁדִּיּוּת
suculente *adj* 1 עֲסִיסִי, טָעִים, מֵזִין. 2 מְעַנְיֵן
sucumbir *vi* 1 נִכְנַע, הִתְמוֹטֵט. 2 נִסְפָּה, מֵת
sucursal *f* סְנִיף
sud *m* דָּרוֹם, נֶגֶב
sudamericano *adjm* דְּרוֹם אֲמֵרִיקָנִי
sudar *vti* הִזִּיעַ
sudario *m* תַּכְרִיךְ, תַּכְרִיכִים
sudeste *m* דְּרוֹם מִזְרָח

sudoeste *m* דְּרוֹם מַעֲרָב
sudor *m* זֵעָה
sudoroso *adj* 1 מַזִּיעַ. 2 מְפָרֵךְ
sudoso *adj* מַזִּיעַ
sudsudeste *m* דְּרוֹם דְּרוֹם מִזְרָח
sudsudoeste *m* דְּרוֹם דְּרוֹם מַעֲרָב
sueco *adjm* שְׁוֶדִי
suegro *m* חוֹתֵן, חָם
suela *f* סֻלְיָה
sueldo *m* שָׂכָר, מַשְׂכֹּרֶת, גְּמוּל
suelo *m* 1 קַרְקַע, אֲדָמָה. 2 רִצְפָּה
suelta *f* הַתָּרָה, שִׁחְרוּר
suelto *adjm* 1 מָהִיר, זָרִיז, קַל. 2 חָפְשִׁי, מְשֻׁחְרָר. 3 רָפֶה, רָפוּי, רוֹפֵף, תָּלוּשׁ. 4 פֶּרֶט. 5 מַאֲמָר
sueño *m* 1 חֲלוֹם. 2 תַּרְדֵּמָה, שֵׁנָה
suero *m* 1 נַסְיוֹב. 2 מֵי גְּבִינָה, חֲבַצָּה
suerte *f* 1 מַזָּל, גּוֹרָל. 2 הִזְדַּמְּנוּת, מִקְרֶה. 3 סוּג, מִין, טִיב. 4 דֶּרֶךְ, אֹפֶן, אֹרַח. 5 תַּחְבּוּלָה, עָרְמָה, תַּכְסִיס
suertudo *adjm* בַּר מַזָּל
suéter *m* סְוֶדֶר, אֲפֻדָּה
suficiencia *f* 1 דֵּיּוּת, סְפִיקָה. 2 יְכֹלֶת, יְעִילוּת, כִּשְׁרוֹן
suficiente *adj* 1 מַסְפִּיק. 2 יָעִיל, מֻכְשָׁר. 3 מַשְׂבִּיעַ רָצוֹן
sufijo *m* סוֹפִית, סִיֹּמֶת
sufragar *vt* 1 הִצְבִּיעַ, בָּחַר. 2 מִמֵּן
sufragio *m* 1 הַצְבָּעָה. 2 קוֹל. 3 תְּמִיכָה, מִמּוּן
sufragista *adjm* 1 מַצְבִּיעַ. 2 תּוֹמֵךְ בְּהַצְבָּעַת נָשִׁים
sufrible *adj* שֶׁנִּתָּן לְשֵׂאתוֹ, סָבִיל
sufrido *adj* סַבְלָן, סָבִיל, סוֹבֵל
sufriente *adj* סוֹבֵל, מִתְעַנֶּה
sufrimiento *m* 1 סֵבֶל, צַעַר, יִסּוּרִים, כְּאֵב. 2 סוֹבְלָנוּת
sufrir *vti* סָבַל, הִתְעַנָּה, הִתְיַסֵּר
sufusión *f* תְּבַלּוּל
sugerencia *f* הַצָּעָה, רֶמֶז, עֵצָה
sugerente *adj* רוֹמֵז, מְרַמֵּז, מַצִּיעַ
sugerir *vt* 1 הִצִּיעַ. 2 רָמַז. 3 יָעַץ
sugestión *f* 1 הַצָּעָה, רֶמֶז. 2 סוּגֶסְטְיָה, הַשָּׁאָה
sugestionable *adj* מַשִּׁיא, מַשְׁפִּיעַ
sugestionar *vt* הִצִּיעַ, הִשְׁפִּיעַ, הִשִּׁיא
sugestivo *adj* רוֹמֵז, מְרַמֵּז, מַשִּׁיא
suicida *adjm* מִתְאַבֵּד
suicidarse *vref* הִתְאַבֵּד, אִבֵּד עַצְמוֹ לְדַעַת
suicidio *m* הִתְאַבְּדוּת, אִבּוּד עַצְמוֹ לְדַעַת
suizo *adjm* שְׁוֵיצָרִי
sujeción *f* הַכְנָעָה, שִׁעְבּוּד, רְדִיָּה
sujetapapeles *mpl* מַחֲזִיק נְיָרוֹת
sujetar *vt* 1 הֶחֱזִיק, תָּפַס, אָחַז. 2 קָבַע, תָּקַע, הִצְמִיד, הִדֵּק. 3 הִכְנִיעַ, שִׁעְבֵּד
sujeto *adjm* 1 כָּפוּף, נָתוּן, אָחוּז, מְחֻזָּק. 2 נוֹשֵׂא. 3 אָדָם, אִישׁ, בֶּן אָדָם. 4 עִנְיָן
sulfa *f* סוּלְפָה
sulfato *m* גָּפְרָה, סוּלְפָט
sulfurar *vt* 1 גִּפֵּרֶת. 2 הִרְגִּיז, הִכְעִיס. 3 הִתְרַגֵּז, כָּעַס
sulfúrico *adj* גָּפְרִיתָנִי
sulfuro *m* גָּפְרִית
sulforoso *adj* גָּפְרִיתִי
sultán *m* סוּלְטָן
sultanato *m* סוּלְטָנוּת
suma *f* 1 סְכוּם, סָךְ, כַּמּוּת. 2 סִכּוּם, חִבּוּר. 3 תַּמְצִית, קִצּוּר
sumadora *f* מְכוֹנַת חִשּׁוּב
sumamente *adv* מְאֹד
sumando *m* מְחֻבָּר (בְּחֶשְׁבּוֹן)
sumar *vti* 1 חִבֵּר, סִכֵּם. 2 הִצְטָרֵף, הִתְחַבֵּר
sumario *adjm* 1 תַּמְצִיתִי, מְקֻצָּר, מְסֻכָּם, מַקִּיף. 2 מָהִיר, מִיָּדִי. 3 קִצּוּר, סִכּוּם, תַּמְצִית. 4 כְּתַב אִשּׁוּם, הַאֲשָׁמָה, קָטֵגוֹרְיָה
sumergible *adjm* 1 שָׁקִיעַ, בַּר צְלִילָה. 2 צוֹלֶלֶת
sumergir *vt* 1 הִשְׁקִיעַ, הִטְבִּיעַ. 2 שָׁקַע, צָלַל
sumersión *f* טְבִילָה, שְׁקִיעָה, צְלִילָה
sumidero *m* בִּיב, בּוֹר שׁוֹפְכִין

suministrar *vt* 1 סַפֵּק, צִיֵּד. 2 הִמְצִיא, הִגִּישׁ
suministro *m* הַסְפָּקָה, מְלַאי, אַסְפָּקָה, צֵידָה
sumir *vt* יָרַד, טָבַע, שָׁקַע, חָדַר, טָמַן
sumisión *f* 1 הִשְׁתַּעְבְּדוּת, צַיְּתָנוּת, צִיּוּת, כְּנִיעוּת. 2 הִתְרַפְּסוּת
sumiso *adj* 1 נִכְנָע, צַיְּתָן, מְשֻׁעְבָּד. 2 מִתְרַפֵּס
sumo *adj* עִלָּאִי, רָם וְנִשָּׂא, גָּדוֹל
sumo sacerdote כֹּהֵן גָּדוֹל
suntario *adj* מוֹתָרִי
suntuosidad *f* פְּאֵר, הוֹד, הָדָר, תִּפְאֶרֶת
suntuoso *adj* מְפֹאָר, נֶהְדָּר, נִפְלָא, עָשִׁיר
supeditar *vt* 1 דִּכָּא, לָחַץ. 2 שִׁעְבֵּד, הִכְנִיעַ
superable *adj* נָצִיחַ, שֶׁנִּתָּן לִגְבֹּר עָלָיו
superabundancia *f* שֶׁפַע, גֹּדֶשׁ
superabundante *adj* שׁוֹפֵעַ, יָתֵר, גָּדוּשׁ, רַב מִדַּי
superación *f* הִצְטַיְּנוּת, הִתְגַּבְּרוּת, עֲלִיָּה עַל־
superar *vt* 1 עָלָה, הִצְטַיֵּן, גָּבַר. 2 הִתְעַלָּה
superávit *m* עֹדֶף, יִתְרָה
superchería *f* 1 תַּרְמִית, הוֹנָאָה, סִלּוּף, זִיּוּף. 2 אֱמוּנָה תְּפֵלָה
superchero *adj* זַיְּפָן, רַמַּאי
super ego מַצְפּוּן, מוּסַר כְּלָיוֹת
superentender *vt* פִּקַּח, הִשְׁגִּיחַ
superstructura *f* בִּנְיַן־עַל
superficial *adj* 1 שִׁטְחִי, חִיצוֹנִי. 2 קַל, פָּזִיז
superficialidad *f* שִׁטְחִיּוּת, חִיצוֹנִיּוּת
superficie *f* מִשְׁטָח, שֶׁטַח, פָּנִים
superfino *adj* עָדִין, מְעֻלֶּה, מְשֻׁבָּח
superfluidad *f* 1 עֹדֶף, מוֹתָר, שֶׁפַע. 2 שִׁטְחִיּוּת
superfluo *adj* 1 חִיצוֹנִי, שִׁטְחִי. 2 עוֹדֵף, מְיֻתָּר
superheterodino *m* מַקְלַט־מַשְׁדֵּר
superhombre *m* אָדָם עֶלְיוֹן
superintendencia *f* פִּקּוּחַ, הַשְׁגָּחָה
superintendente *m* מְפַקֵּחַ, מַשְׁגִּיחַ
superior *adjm* 1 עֶלְיוֹן. 2 מְשֻׁבָּח, נַעֲלֶה. 3 מְמֻנֶּה
superiora *f* אֵם מִנְזָר, נְזִירָה
superioridad *f* 1 עֶלְיוֹנוּת. 2 יִתְרוֹן. 3 הַנְהָלָה
superlativo *adjm* 1 מְעֻלֶּה. 2 גֻּזְמָה, שִׂיא. 3 דַּרְגַּת הַהַפְלָגָה
superno *adj* עֶלְיוֹן, גָּבוֹהַּ, נַעֲלֶה
supernumerario *adjm* נוֹסָף, מוּסָף, מְיֻתָּר
superponer *vt* הֶחְפִּיף, הִרְכִּיב
superposición *f* חֲפִיפָה, הַרְכָּבָה
supersónico *adj* עַל־קוֹלִי
superstición *f* אֱמוּנָה תְּפֵלָה
supersticioso *adj* מַאֲמִין בָּאֱמוּנוֹת תְּפֵלוֹת
superveniencia *f* הִתְרַחֲשׁוּת, אֵרוּעַ
supervenir *vi* הִתְרַחֵשׁ, אֵרַע, קָרָה
supervisar *vti* פִּקַּח, הִשְׁגִּיחַ
supervisión *f* פִּקּוּחַ, הַשְׁגָּחָה
supervisor *m* מְפַקֵּחַ, מַשְׁגִּיחַ
supervivencia *f* 1 שָׂרִיד, שְׂרִידָה. 2 הִשָּׁאֲרוּת
superviviente *adjm* 1 פָּלִיט, שָׂרִיד, נִצּוֹל. 2 שְׂרִידָה, שְׁאֵרִית הַפְּלֵיטָה
supino *adj* 1 פְּרַקְדָּן. 2 אֱוִילִי, טִפְּשִׁי
suplantar *vt* 1 תָּפַס מָקוֹם שֶׁל אַחֵר. 2 זִיֵּף
suplementar *vt* הוֹסִיף, הִשְׁלִים
suplementario *adj* נוֹסָף, מוּסָף, מַשְׁלִים, מְסַיֵּעַ
suplemento *m* מוּסָף, נִסְפָּח, הַשְׁלָמָה, תּוֹסֶפֶת
suplente *adjm* מַחֲלִיף, מְמַלֵּא מָקוֹם, תַּחֲלִיף
súplica *f* תְּחִנָּה, בַּקָּשָׁה, הַפְצָרָה, הַעְתָּרָה, תַּחֲנוּנִים
suplicante *adjm* מִתְחַנֵּן, מִתְפַּלֵּל, מְבַקֵּשׁ, מַעְתִּיר
suplicar *vti* הִתְחַנֵּן, הִתְפַּלֵּל, בִּקֵּשׁ, הֶעְתִּיר
suplicio *m* עִנּוּי, יִסּוּרִים, מְצוּקָה, כְּאֵב
suplidor *adjm* 1 מַחֲלִיף, מְמַלֵּא מָקוֹם. 2 תַּחֲלִיף
suplir *vt* 1 הִשְׁלִים, הִמְצִיא. 2 סִפֵּק, צִיֵּד
suponer *vt* הִנִּיחַ, שִׁעֵר, דִּמָּה, חָשַׁב, סָבַר
suposición *f* הַנָּחָה, הַשְׁעָרָה
supositorio *m* פְּתִילָה, נֵר (רְפוּאִי)
suprarrenal *adj* שֶׁל יֹתֶרֶת הַכִּלְיָה
supremacía *f* עֶלְיוֹנוּת, שְׁלִיטָה
supremo *adj* עֶלְיוֹן, עִלָּאִי, מַכְרִיעַ
supresión *f* 1 בִּטּוּל, הַשְׁמָטָה, הַפְסָקָה. 2 דִּכּוּי

3 הַרְחָקָה

suprimir *vt* 1 בַּטֵּל, הִשְׁמִיט, הִפְסִיק. 2 דִּכָּא.
3 הִרְחִיק

supuesto *adjm* 1 מְשֹׁעָר, מְדֻמֶּה. 2 הַנָּחָה,
הַשְׁעָרָה

supuración *f* 1 הִתְמַגְּלוּת, מִגּוּל. 2 מֻגְלָה

supurante *adj* מְמַגֵּל

supurar *vi* הִתְמַגֵּל, הוֹצִיא מֻגְלָה

sur *m* דָּרוֹם, נֶגֶב

surcar *vt* חָרַשׁ, תָּלַם

surco *m* 1 תֶּלֶם. 2 חָרִיץ

sureño *adj* דְּרוֹמִי

surgente *adj* נוֹבֵעַ, זוֹרֵם, שׁוֹפֵעַ

surgimiento *m* צְמִיחָה, הוֹפָעָה, בִּצְבּוּץ

surgir *vi* צָמַח, הִתְגַּלָּה, הוֹפִיעַ, בִּצְבֵּץ, נָבַע

surrealismo *m* סוּרֵיאָלִיזְם

surrealista *m* סוּרֵיאָלִיסְט

surtido *m* מִבְחָר, מְלַאי

surtidor *adjm* 1 סַפָּק. 2 מִזְרָקָה

surtir *vti* 1 סִפֵּק, צִיֵּד. 2 הִמְצִיא, הִשְׁלִים.
3 נָבַע, זָרַם, שָׁפַע

sus *adjpl* שֶׁלָּהֶם

susceptibilidad *f* רְגִישׁוּת, עֲדִינוּת,
אִסְטְנִיסוּת

susceptible *adj* רָגִישׁ, רַגְשָׁן, אִסְטְנִיס

suscitar *vt* גֵּרָה, עוֹרֵר, הֵסִית, הִלְהִיב

suscribir *vt* 1 חָתַם, אִשֵּׁר, תָּמַךְ. 2 נִמְנָה

suscripción *f* חֲתִימָה, מָנוּי

suscriptor *m* מָנוּי, חוֹתֵם

susodicho *adj* הָאָמוּר לְעֵיל, הַנִּזְכָּר לְעֵיל

suspender *vt* 1 תָּלָה. 2 הִפְסִיק.
3 עִכֵּב, הִשְׁהָה

suspensión *f* הַפְסָקָה, הַשְׁהָיָה, הַשְׁבָּתָה

suspensivo *adj* עוֹצֵר, מַפְסִיק

suspenso *adjm* 1 מַפְסִיק, עוֹצֵר. 2 מֻפְתָּע.
3 רְפִיפוּת. 4 צִפִּיָּה

suspensores *mpl* כְּתֵפִיּוֹת, בִּירִיּוֹת

suspensorio *adjm* 1 מַפְסִיק. 2 תְּלִי.
3 תַּחְבֹּשֶׁת

suspicacia *f* חַשְׁדָנוּת, חֲשָׁשׁ

suspicaz *adj* חַשְׁדָן, חוֹשֵׁד, חַשְׁדָנִי

suspirado *adj* נִכְסָף, חָשׁוּק

suspirar *vi* נֶאֱנַח, גָּנַח

suspiro *m* אֲנָחָה, גְּנִיחָה

sustancia *f* 1 חֹמֶר, עֶצֶם. 2 הֲוָיָה, מְצִיאוּת,
עִקָּר. 3 גּוּף, טֶבַע, יֵשׁוּת.
4 לְשַׁד, תֹּכֶן, תַּמְצִית

sustancial *adj* מַמָּשִׁי, עֻבְדָּתִי, נִכָּר, חָשׁוּב,
עִקָּרִי

sustanciar *vt* מִמֵּשׁ, גִּלֵּם, אִמֵּת, קִיֵּם

sustancioso *adj* 1 דָּשֵׁן, שָׁמֵן. 2 תַּמְצִיתִי.
3 מוּצָק, אֵיתָן. 4 מַזִּין

sustantivo *adjm* 1 מַמָּשִׁי, אֵיתָן, יֵשׁוּתִי.
2 שֵׁם, שֵׁם עֶצֶם

sustentar *vt* קִיֵּם, תָּמַךְ, כִּלְכֵּל, פִּרְנֵס

sustento *m* מִחְיָה, פַּרְנָסָה, כַּלְכָּלָה

sustituir *vt* 1 הֶחֱלִיף. 2 מִלֵּא מָקוֹם שֶׁל־, שָׂם
בִּמְקוֹם־

sustituto *adjm* 1 מַחֲלִיף. 2 תַּחֲלִיף, תְּמוּרָה

susto *m* פַּחַד, אֵימָה, בֶּהָלָה, יִרְאָה, מוֹרָא

sustracción *f* חִסּוּר, הַפְחָתָה, גְּרִיעָה

sustraendo *m* מְחַסֵּר

sustraer *vt* הֶחְסִיר, הִפְחִית, גָּרַע

susurrar *vi* לָחַשׁ, מִלְמֵל, רִחְשֵׁשׁ, רָחַשׁ

susurro *m* לַחַשׁ, לְחִישָׁה, רַחֲשׁוּשׁ, רַחַשׁ

sutil *adj* 1 עָדִין, דַּק, דַּקִּיק. 2 שָׁנוּן, חָרִיף,
עָרוּם, פִּקֵּחַ

sutileza *f* 1 עֲדִינוּת, דַּקּוּת, רַכּוּת. 2 שְׁנִינוּת,
פִּקְחוּת, חֲרִיפוּת

sutilizar *vt* 1 עִדֵּן, דִּקֵּק. 2 לִטֵּשׁ. 3 הִתְפַּלְמֵס

sutura *f* תֶּפֶר, אִחוּי, תְּפִירָה

suyo *adjpos* שֶׁלּוֹ, שֶׁלָּהּ

suyos *adjpospl* שֶׁלָּהֶם, שֶׁלָּהֶן

svástica *f* צְלַב קֶרֶס

T

T *f* טֶ, תֶ, הָאוֹת הָעֶשְׂרִים וְשָׁלֹשׁ שֶׁל הָאָלֶף־בֵּית הַסְּפָרַדִּי

taba *f* אַרְכֻּבָּה, עַרְקוּב

tabacal *m* מַטַּע טַבָּק

tabacalero *adjm* 1 שֶׁל טַבָּק. 2 מְגַדֵּל אוֹ מְיַצֵּר טַבָּק

tabaco *m* טַבָּק

tabalario *m* אֲחוֹרַיִם

tabalear *vt* 1 נִעְנַע, נִעֵר. 2 תּוֹפֵף

tabanco *m* דּוּכָן, דָּלְפֵּק

tábano *m* זְבוּב הַסּוּס

tabaquera *f* 1 קֻפְסַת טַבַּק הֲרָחָה. 2 נַרְתִּיק לְטַבָּק

tabaquería *f* חֲנוּת לְטַבָּק

tabaquero *m* טַבָּקַאי

tabardillo *m* 1 קַדַּחַת, חֹם. 2 מַכַּת שֶׁמֶשׁ

taberna *f* מִסְבָּאָה, בֵּית מַרְזֵחַ, פּוּנְדָּק

tabernáculo *m* 1 אֹהֶל. 2 סֻכָּה. 3 מִשְׁכָּן. 4 אַרְגַּז לֶחֶם הַקֹּדֶשׁ

tabernero *m* מוֹזֵג

tabes *m* 1 כִּלָּיוֹן, הִתְנַוְּנוּת. 2 כִּלְיוֹן מֹחַ הַשִּׁדְרָה

tabica *f* 1 מִכְסֶה. 2 פַּנֵּל, סָפִין

tabicar *vt* 1 חָצַץ. 2 חָתַם, סָתַם, סָגַר

tabido *adj* 1 מֻשְׁחָת. 2 מְנֻוָּן

tabique *m* מְחִצָּה, חַיִץ

tabla *f* 1 קֶרֶשׁ, לוּחַ. 2 רְשִׁימָה, טַבְלָה. 3 תַּיקוּ. 4 דָּלְפֵּק, דּוּכָן

tabla de multiplicar לוּחַ־הַכֶּפֶל

tabla de salvación קֶרֶשׁ הַצָּלָה

tabla rasa לוּחַ חָלָק, טַבּוּלָה רָסָה

tablada *f* מִכְלָאָה (בְּבֵית מִטְבָּחַיִם)

tablado *m* 1 רִצְפַּת־עֵץ. 2 בָּמָה. 3 פִּגּוּם. 4 מִזְרָן. 5 גַּרְדּוֹם

tablaje *m* 1 קְרָשִׁים. 2 בַּיִת לִמְשַׂחֲקֵי מַזָּל

tablas *fpl* 1 תַּיקוּ. 2 בָּמָה

tablas de la Ley לוּחוֹת־הַבְּרִית

tablazón *f* 1 קְרָשִׁים. 2 דָּפְנוֹת הָאֳנִיָּה

tablero *m* 1 לוּחַ. 2 לוּחַ־מִשְׂחָק

tableta *f* 1 טַבְלִית. 2 לוּחִית. 3 גְּלוּלָה

tablilla *f* טַבְלִית

tablón *m* 1 קֶרֶשׁ, קוֹרָה. 2 שִׁכְרוּת

tabú *m* טַבּוּ, אִסּוּר, חֵרֶם, נִדּוּי

tabulación *f* לִוּוּחַ

tabulador *m* לַוָּח

tabular *vtadj* 1 לִוַּח. 2 לוּחִי, שָׁטוּחַ. 2 מְסֻדָּר. 3 טַבּוּלָרִי

taburete *m* שְׁרַפְרַף

taca *f* גֻּמְחָה

tacañería *f* קַמְצָנוּת, צָרוּת עַיִן

tacaño *adj* קַמְצָן

tacica, tacita *f* סִפְלוֹן

tácito *adj* 1 שׁוֹתֵק, דּוֹמֵם. 2 מוּבָן מֵאֵלָיו

taciturnidad *f* שַׁתְקָנוּת, שְׁתִיקָה

taciturno *adj* שַׁתְקָן, דּוֹמֵם, שׁוֹתֵק

taco *m* 1 פְּקָק, מַסְתֵּם. 2 יָתֵד, טְרִיז, מְשֻׁלָּשׁ. 3 אָנִיץ, אֶגֶד. 4 מַטֵּה הַבִּילְיַרְד. 5 לְגִימָה. 6 סִבּוּךְ. 7 עָקֵב. 8 גִּדּוּף

tacón *m* עָקֵב

taconazo *m* מַכַּת עָקֵב

taconear *vi* 1 נָקַשׁ בַּעֲקֵבָיו. 2 טָפַף

taconeo *m* טְפִיחָה, נְקִישָׁה

táctica *f* טַקְטִיקָה, טַכְסִיסָנוּת

táctico *adjm* 1 טַכְסִיסִי. 2 טַכְסִיסָן, תַּכְסִיסָן

táctil *adj* מִשּׁוּשִׁי

tacto *m* 1 חוּשׁ הַמִּשּׁוּשׁ. 2 נְגִיעָה, מַגָּע, מִשּׁוּשׁ. 3 טַקְט, נִימוּס

tacha *f* דֹּפִי, פְּגָם, מוּם, שְׁגִיאָה, כֶּתֶם

tachable *adj* 1 בַּר גִּנּוּי, בַּר אַשְׁמָה. 2 מָחִיק

tachadura *f* מְחִיקָה

tachar *vt* 1 מָחַק. 2 פָּסַל, גִּנָּה, הֶאֱשִׁים

tacho *m* פַּח, גִּיגִית
tachón *m* 1 מְחִיקָה. 2 נַעַץ, מַסְמֶרֶת
tachonar *vt* הִדֵּק בִּנְעָצִים, נִעֵץ
tachuela *f* נַעַץ, מַסְמֶרֶת
tafetán *m* טַפֶּטָה
tafilete *m* עוֹר מָרוֹקוֹ
tagarote *m* לַבְלָר
tahona *f* 1 טַחֲנָה. 2 מַאֲפִיָּה
tahonero *m* 1 אוֹפֶה, נַחְתּוֹם. 2 טוֹחֵן
tahur *m* קַלְפָן
taimado *adj* עָרוּם, עַרְמוּמִי, נָבָל
taimarse *vref* 1 הִתְעַקֵּשׁ. 2 הִתְחַכֵּם, הֶעֱרִים
taita *m* אַבָּא
taja *f* חֲתָךְ, חִתּוּךְ, גְּרִיעָה
tajada *f* פֶּלַח, פְּרוּסָה, נֵתַח
tajado *adj* חָתוּךְ
tajador *m* מַחְתֵּכָה
tajadura *f* חֲתָךְ, חִתּוּךְ
tajamar *m* 1 פּוֹלֵחַ גַּלִּים. 2 דָּיֵק, שׁוֹבֵר גַּלִּים
tajante *adj* חוֹתֵךְ, נוֹקֵב
tajar *vt* חָתַךְ, פִּלַּח, חִלֵּק
tajo *m* 1 חֶתֶךְ, חִתּוּךְ. 2 לַהַב. 3 חֲתָךְ. 4 סַדָּן. 5 פֶּלַח
tal *adj* 1 כָּזֶה, כָּזוֹ, כָּזֹאת. 2 דּוֹמֶה, שָׁוֶה
tal cual כְּגוֹן, כְּמוֹ
tal a para cual מִין לְמִינוֹ
tal que בִּתְנַאי שֶׁ...
tala *f* חֲטִיבָה, כְּרִיתָה
talabarte *m* אֲזֵן הַחֶרֶב
talabartería *f* 1 אֻכָּפָנוּת, רַצְעָנוּת. 2 רַצְעָנִיָּה
talabartero *m* רַצְעָן
taladrar *vt* קָדַח, נָקַב
taladro *m* 1 מַקְדֵּחַ. 2 מַקְדֵּחָה
tálamo *m* 1 אַפִּרְיוֹן. 2 בֵּית קִבּוּל. 3 תַּלְמִית. 4 רָמָה
talanquera *f* סוֹלְלָה, דָּיֵק
talante *m* 1 רָצוֹן, רְצִיָּה, חֵשֶׁק, נְטִיָּה. 2 מַצַּב רוּחַ. 3 אֹפֶן, צוּרָה
talar *vtadj* 1 חָטַב, כָּרַת. 2 הִשְׁמִיד, הָרַס, כִּלָּה. 3 שֶׁמַּגִּיעַ עַד הַקַּרְסֻלַּיִם

talco *m* טַלְק
taled *m* טַלִּית
talega *f* 1 שַׂק, אַמְתַּחַת. 2 מָמוֹן, כֶּסֶף
talego *m* אַמְתַּחַת
talento *m* 1 כִּשְׁרוֹן. 2 כִּכָּר (מַטְבֵּעַ)
talentoso *adj* מֻכְשָׁר, כִּשְׁרוֹנִי
talio *m* תַּלְיוּם (מַתֶּכֶת)
talismán *m* קָמֵעַ, קָמֵיעַ
talmud *m* תַּלְמוּד
talmudista *m* תַּלְמוּדַאי, יוֹדֵעַ תַּלְמוּד
talón *m* עָקֵב
talonario *m* פִּנְקָס
taltuza *f* עַכְבַּר־הַכִּיס
talud *m* מִדְרוֹן, מוֹרָד
talla *f* 1 גֹּבַהּ, קוֹמָה, שִׁעוּר קוֹמָה. 2 גֹּדֶל, מִדָּה, שִׁעוּר. 3 גִּלּוּף, חֲרִיתָה. 4 טְרִיפָה. 5 פִּדְיוֹן
tallado *adjm* 1 גָּלוּף, חָרוּת. 2 לִטּוּשׁ
talladura *f* לִטּוּשׁ
tallar *vt* 1 גִּלֵּף, חָרַת, חָקַק. 2 טָרַף (קְלָפִים). 3 אָמַד, שִׁעֵר. 4 שׁוֹחֵחַ, סִפֵּר, גּוֹלֵל. 5 חִזֵּר
tallarín *m* אִטְרִיָּה
talle *m* 1 מֹתֶן, גִּזְרָה. 2 מַרְאֶה, אֹפֶן, צוּרָה
taller *m* בֵּית מְלָאכָה, סַדְנָה
tallo *m* קָנֶה, גִּבְעוֹל
tamal *m* 1 טָמָל, תַּבְשִׁיל מֶקְסִיקָנִי. 2 תִּסְבֹּכֶת
tamaño *madj* 1 מִדָּה, גֹּדֶל, שִׁעוּר. 2 גָּדוֹל
tamarindo *m* תְּמַר הֹדּוּ
tambalear *vi* הִתְנוֹדֵד, מָעַד, הִתְנוֹעֵעַ
tambaleo *m* הִתְנוֹדְדוּת, מְעִידָה, הִתְנוֹעֲעוּת
también *adv* גַּם, גַּם כֵּן, כְּמוֹ כֵן, אַף
tambo *m* רֶפֶת
tambor *m* 1 תֹּף. 2 מְתוֹפֵף, תַּפָּף. 3 תֹּף הָאֹזֶן
tambora *f* תֹּף גָּדוֹל
tamborilear *vi* תָּפַף
tamboril *m* תֹּף מִרְיָם, טַנְבּוּר
tamiz *m* נָפָה, כְּבָרָה
tamizar *vt* נִפָּה, כָּבַר
tamo *m* פְּלוּמָה, מוֹךְ, מוֹץ

tampoco *adv* אַף לֹא, גַּם לֹא
tan *adv* כֹּה, כָּךְ, כָּכָה, כָּל־כָּךְ
tanda *f* 1 סִבּוּב, מַחֲזוֹר. 2 סִדְרָה, שׁוּרָה, טוּר.
3 תּוֹר. 4 קְבוּצָה. 5 הַצָּגָה, תְּצוּגָה.
6 הַלְקָאָה, חֲבָטָה
tándem *m* אוֹפַנַּיִם דּוּ מוֹשָׁבִיִּים
tangencia *f* 1 מַשִּׁיקוּת, הַשָּׁקָה. 2 נְגִיעָה, מַגָּע
tangencial *adj* 1 מַשִּׁיק. 2 נוֹגֵעַ
tangente *adjm* מַשִּׁיק
tangible *adj* מָשִׁישׁ, מוּחָשׁ
tango *m* טַנְגּוֹ
tánico *adj* שֶׁל חֻמְצָה טָנִית
tanino *m* טָנִין, דִּבְעוֹן
tanque *m* 1 טַנְק. 2 מְכָל, דּוּד
tantalio *m* טַנְטָל
tantán *m* גּוֹנְג
tantear *vt* 1 מִשֵּׁשׁ, מִשְׁמֵשׁ. 2 בָּחַן, מָדַד.
3 אָמַד, שִׁעֵר
tanteo *m* 1 מִשּׁוּשׁ, מִשְׁמוּשׁ. 2 בְּדִיקָה, מְדִידָה
tanto *adjadvm* 1 כֹּה, כָּל כָּךְ, כְּמוֹ. 2 נְקֻדָּה
tanto por ciento אֲחוּזִים
tañer *vt* 1 פָּרַט, נִגֵּן. 2 צִלְצֵל
tañido *m* 1 צְלִיל, נִגּוּן, פְּרִיטָה. 2 צִלְצוּל
tapa *f* מִכְסֶה, כִּסּוּי, עֲטִיפָה
tapabarro *m* כָּנָף
tapada *f* אִשָּׁה רְעוּלַת־פָּנִים
tapadera *f* מִכְסֶה
tapado *m* 1 גְּלִימָה, מַעֲטֶה, מְעִיל.
2 מַטְמוֹן, אוֹצָר
tapar *vt* 1 כִּסָּה, סָתַם, סָגַר. 2 הִטְמִין,
הִצְפִּין, הִסְתִּיר
taparrabo *m* כִּסּוּי הַחֲלָצַיִם
tapete *m* 1 טַפִּיט. 2 מַפָּה, שָׁטִיחַ, מַרְבָד
tapia *f* גָּדֵר, קִיר
tapiar *vt* 1 גִּדֵּר. 2 סָתַם, סָגַר
tapicería *f* 1 רִפּוּד. 2 מַרְפֵּדִיָּה
tapicero *m* רַפָּד
tapioca *f* טַפְּיוֹקָה (גְּרִיסִים)
tapir *m* טַפִּיר
tapiz *m* שָׁטִיחַ, מַרְבָד, טַפִּיט
tapizar *vt* רִפֵּד
tapón *m* 1 פְּקָק, מְגוּפָה, עֶצֶר. 2 מִכְסֶה. 3 נָתִיךְ
taponamiento *m* 1 סְתִימָה. 2 צַוַּאר הַבַּקְבּוּק
taponar *vt* פָּקַק, סָתַם
tapujo *m* 1 מַעֲטֶה, עֲטִיפָה, מַסְוֶה. 2 תַּחְבּוּלָה,
תּוֹאֲנָה
taquigrafía *f* קַצְרָנוּת
taquigráfico *adj* קַצְרָנִי
taquígrafo *m* קַצְרָן
taquilla *f* 1 אָרוֹן. 2 קֻפָּה
tara *f* 1 טָרָה. 2 פְּגָם, מוּם, לִקּוּי
tarabilla *f* מְהַדֵּק, מְחַבֵּר
tarambana *mf* שׁוֹבָב, שׁוֹבֵבָה
tarantela *f* טָרַנְטֶלָה (מָחוֹל)
tarántula *f* עַכְשׁוּב (מִין עַכָּבִישׁ)
tararear *vt* פִּזֵּם, זִמְזֵם
tarareo *m* פִּזּוּם, זִמְזוּם
tarasca *f* פֶּה, לֹעַ
tarascar *vt* נָשַׁךְ, נָגַס
tardanza *f* אִחוּר, הִתְמַהְמְהוּת, עִכּוּב
tardar *vi* אִחַר, הִתְמַהְמַהּ, הִתְאַחֵר, פִּגֵּר, הִתְעַכֵּב
tarde *fadv* 1 עֶרֶב, בֵּין הָעַרְבַּיִם. 2 מְאֻחָר
tarde o temprano מְאֻחָר אוֹ מֻקְדָּם
tardío *adj* 1 אִטִּי, מְאֻחָר. 2 מְפַגֵּר
tardo *adj* 1 אִטִּי, מְאֻחָר. 2 מְפַגֵּר
tarea *f* 1 מְשִׁימָה, מַטָּלָה. 2 עֲבוֹדָה, פְּעֻלָּה.
3 תַּפְקִיד, מַעֲמָסָה
tárgum *m* תַּרְגּוּם
tarifa *f* 1 תַּעֲרִיף. 2 מְחִירוֹן, תַּמְחִיר
tarima *f* 1 בִּימָה, דּוּכָן, בָּמָה. 2 דַּרְגָּשׁ
tarjeta *f* 1 כַּרְטִיס. 2 גְּלוּיָה
tarjeta postal גְּלוּיָה, גְּלוּיַת דֹּאַר
tarjetero *m* כַּרְטֶסֶת
taro *m* קוֹלְקָס (צֶמַח טְרוֹפִּי)
tarquín *m* רֶפֶשׁ, סְחֹפֶת
tarraya *f* מִכְמֹרֶת
tarro *m* 1 קֻפְסָה. 2 כַּד, פַּךְ. 3 מִגְבַּעַת
tarso *m* שֹׁרֶשׁ הָרֶגֶל
tarta *f* עוּגָה
tartajear *vi* גִּמְגֵּם

tartajeo *m* גִּמְגּוּם
tartalear *vi* 1 רָעַד, הִתְנוֹעֵעַ. 2 הִשְׁתּוֹמֵם
tartamudear *vi* גִּמְגֵּם
tartamudeo *m* גִּמְגּוּם
tartamudez *f* גִּמְגּוּם, עִלְּגוּת
tartamudo *adjm* מְגַמְגֵּם
tartán *m* טַרְטָן (בַּד סְקוֹטִי)
tartana *f* 1 סִירָה חַד־תָּרְנִית. 2 דּוּ־אוֹפַנִּית
tártaro *adjm* 1 טָטָרִי. 2 שְׁאוֹל, גֵּיהִנּוֹם
tartera *f* דְּפוּס אֲפִיָּה
tártrico *adj* טַרְטָרִי
tarugo *m* יָתֵד, מַסְמֵרָה, פִּין
tarumba *f* מְבוּכָה
tas *m* 1 סַדָּן. 2 סַדְנָן
tasa *f* 1 שׁוּמָה, עֵרֶךְ, מַס. 2 אֻמְדָּן, הַעֲרָכָה. 3 שִׁעוּר, מִדָּה. 4 מְחִיר
tasación *f* אֻמְדָּן, הַעֲרָכָה
tasador *m* שַׁמַּאי
tasajo *m* נֵתַח בָּשָׂר
tasar *vt* אָמַד, מָדַד, הֶעֱרִיךְ, שָׁם
tasca *f* מְאוּרַת קוּבְיוּסְטוּסִים
tascar *vt* כָּסַס, כִּרְסֵם, לָעַס
tata *m* אַבָּא
tatarabuelo *m* 1 סָבָא רַבָּא, סָב שִׁלֵּשׁ. 2 אָב רִבֵּעַ
tataranieto *m* 1 שִׁלֵּשׁ. 2 רִבֵּעַ
tatuaje *m* קַעֲקוּעַ
tatuar *vt* קִעְקַע
taumaturgo *m* לַהֲטוּטָן, עוֹשֶׂה נִפְלָאוֹת
taurino *adj* פָּרִי, שׁוֹרִי
tauro *m* מַזַּל שׁוֹר
taurófilo *m* אוֹהֵב מִלְחֶמֶת שְׁוָרִים
taurómaco *m* מִלְחֶמֶת שְׁוָרִים
tauromaquía *f* אָמָּנוּת מִלְחֶמֶת שְׁוָרִים
tautología *f* כֶּפֶל לָשׁוֹן, יִתּוּר לָשׁוֹן
tautológico *adj* שֶׁל כֶּפֶל לָשׁוֹן
taxativo *adj* מַגְבִּיל, מְצַמְצֵם
taxi *m* מוֹנִית
taxidermia *f* אִדְרָאוּת, פַּחֲלָצוּת, חֲנִיטָה
taxidermista *m* אִדְרַאי, חוֹנֵט
taxímetro *m* מוֹנֶה
taxista *m* נַהַג מוֹנִית
taxonomía *f* מִיּוּן, סִוּוּג
taxonomico *adj* מִיּוּנִי, סִוּוּגִי
taxonomista *m* מְמַיֵּן, מְסַוֵּג
taza *f* סֵפֶל
tazón *m* קְעָרָה, גָּבִיעַ
te *pronpers* אוֹתְךָ
té *m* תֵּה
tea *f* אֲבוּקָה, לַפִּיד
teatral *adj* תֵּיאַטְרָלִי
teatro *m* תֵּיאַטְרוֹן
teca *f* עֵץ טִיק
tecla *f* מְנַעֲנֵעַ, קָלִיד, מַקָּשׁ
teclado *m* מִקְלֶדֶת
teclear *vi* 1 נִעֲנַע. 2 טִקְטֵק
tecleo *m* 1 נִעֲנוּעַ, טִקְטוּק. 2 קַלְדָנוּת
teclista *mf* קַלְדָן, קַלְדָנִית
tecnecio *m* טֶכְנֶצְיוּם (מַתֶּכֶת)
técnica *f* טֶכְנִיקָה
técnico *adjm* 1 טֶכְנִי. 2 טֶכְנַאי
tecnicismo *m* טֶכְנִיּוּת
tecnicolor *m* טֶכְנִיקוֹלוֹר
tecnocracia *f* טֶכְנוֹקְרַטְיָה
tecnócrata *m* טֶכְנוֹקְרָט
tecnocrático *adj* טֶכְנוֹקְרָטִי
tecnología *f* טֶכְנוֹלוֹגְיָה
tecnológica *adj* טֶכְנוֹלוֹגִי
tecnólogo *m* טֶכְנוֹלוֹג
tectónica *f* אַדְרִיכָלִיּוּת, אַרְדִּיכָלִיּוּת
tectónico *adj* אַדְרִיכָלִי, אַרְדִּיכָלִי
techado *m* גַּג
techar *vt* טִלֵּל, שָׂם גַּג, סָכַךְ
techo *m* גַּג
techumbre *f* גַּג
tedio *m* שִׁעֲמוּם, חַדְגּוֹנִיּוּת
tedioso *adj* 1 מְשַׁעֲמֵם, חַד גּוֹנִי. 2 מְיַגֵּעַ, מְעַיֵּף
tegumento *m* עֲטִיף
teísmo *m* תֵּיאִיזְם, אֱמוּנָה בֵּאלֹהִים
teísta *adjm* תֵּיאִיסְט, מַאֲמִין בֵּאלֹהִים

teja *f* רַעַף
tejado *m* גַּג
tejar *vtm* 1 רִעֵף. 2 בֵּית חֲרֹשֶׁת לִרְעָפִים
tejedor *adjm* אוֹרֵג
tejeduría *f* 1 סְרִיגָה. 2 בֵּית אֲרִיגָה
tejemaneje *m* זְרִיזוּת, מְיֻמָּנוּת
tejer *vt* 1 אָרַג, סָרַג. 2 זָמַם
tejido *m* 1 אָרִיג. 2 רִקְמָה
tejo *m* 1 טַבַּעַת, דִּסְקוּס. 2 אֲסִימוֹן. 3 טַקְסוּס (עֵץ)
tejón *m* תַּחַשׁ
tela *f* 1 אָרִיג, בַּד. 2 עִנְיָן, נוֹשֵׂא. 3 קְרוּם. 4 רֶשֶׁת, קוּרֵי עַכָּבִישׁ
tela de juicio נֹהַל מִשְׁפָּטִי
tela matálica תְּרִיס בַּרְזֶל
telar *m* מְכוֹנַת־טְוִיָּה
telaraña *f* קוּרֵי עַכָּבִישׁ
telefonear *vt* טִלְפֵּן
telefonía *f* טֶלֶפוֹנָאוּת
telefónica *adj* טֶלֶפוֹנִי
telefonista *m* טֶלֶפוֹנַאי
teléfono *m* טֶלֶפוֹן
telefoto *m* טֶלֶפוֹטוֹ
telefotografía *f* טֶלֶפוֹטוֹגְרַפְיָה
telefotográfico *adj* טֶלֶפוֹטוֹגְרָפִי
telegrafía *f* הַבְרָקָה, טֶלֶגְרַפְיָה
telegrafiar *vt* הִבְרִיק, טִלְגְּרֵף
telegráfico *adj* טֶלֶגְרָפִי, מִבְרָקִי
telegrafista *m* מִבְרְקַאי, קַשָּׁר, טֶלֶגְרָפַאי, מִבְרְקָן
telégrafo *m* מִבְרָקִיָּה, טֶלֶגְרָף, מִבְרָקָה
telegrama *f* מִבְרָק, טֶלֶגְרָמָה
telemetría *f* מְדִידַת רֹחַק
telémetro *m* מַדְטְוָח, מַדְרֹחַק
teleología *f* תַּכְלִיתִיּוּת
teleológico *adj* תַּכְלִיתִיּוּתִי
telepatía *f* טֶלֶפַּתְיָה
telepático *adj* טֶלֶפַּתִי
telescópico *adj* טֶלֶסְקוֹפִּי
telescopio *m* טֶלֶסְקוֹפּ
teletipo *m* טֶלֶטַיפּ
televidente *m* צוֹפֵה טֶלֶוִיזְיָה
televisar *vt* טִלְוֵז, שִׁדֵּר בְּטֶלֶוִיזְיָה
televisión *f* טֶלֶוִיזְיָה
televisor *m* מַקְלֵט טֶלֶוִיזְיָה
telilla *f* קְרוּם
telón *m* פַּרְגּוֹד, מָסָךְ
telurio *m* טֶלוּרְיוּם (מַתֶּכֶת)
tema *m* 1 נוֹשֵׂא, מַסָּה, עִנְיָן, תֹּכֶן. 2 עַקְשָׁנוּת. 3 דִּבּוּק. 4 עֲלִילָה
temático *adj* שֶׁל נוֹשֵׂא, שֶׁל תֹּכֶן
tembladera *f* רְעִידָה
temblar *vi* רָעַד, רָטַט, הֵחִיל
tembladero *m* בִּצָּה
tembleque *adj* 1 חַלָּשׁ, רָפֶה. 2 רָעוּעַ, בָּקוּעַ, סָדוּק
temblequear *vi* רָעַד
temblón *adj* פַּחְדָן
temblor *m* רְעִידָה, רְעִידַת אֲדָמָה, רַעַשׁ
tembloroso *adj* רוֹעֵד
temer *vti* פָּחַד, חָשַׁשׁ, יָרֵא, חָרַד, דָּאַג
temerario *adj* 1 נוֹעָז. 2 פַּחֲזָן, פָּזִיז
temeridad *f* 1 עַזּוּת, הֶעָזָה. 2 פְּזִיזוּת, פַּחֲזָנוּת
temeroso *adj* פּוֹחֵד, חָרֵד, יָרֵא
temible *adj* מַפְחִיד, מַבְהִיל
temor *m* פַּחַד, חֲשָׁשׁ, חֲרָדָה
témpano *m* 1 תֹּף, תֻּפִּית, תֹּף הָאֹזֶן. 2 תִּנְבֹּפֶן. 3 קַרְחוֹן
témpano de hielo קַרְחוֹן
temperado *adj* 1 מְמֻזָּג, מְאֻזָּן. 2 פִּכֵּחַ. 3 מָתוּן
temperamento *m* מֶזֶג, אֹפִי, טֶבַע
temperancia *f* 1 מְאֻזָּנוּת. 2 צְנִיעוּת, הִתְנַזְּרוּת. 3 פִּכְּחוּן
temperante *adj* 1 מְמַזֵּג, מְאַזֵּן. 2 מְפַשֵּׁר, פַּשְׁרָן
temperar *vt* 1 מִזֵּג, אִזֵּן. 2 פִּשֵּׁר
temperatura *f* 1 מֶזֶג אֲוִיר. 2 חֹם
temperie *f* מֶזֶג אֲוִיר
tempestad *f* סְעָרָה, סוּפָה
tempestuoso *adj* רוֹעֵשׁ, סוֹעֵר, רוֹגֵשׁ

templa *f* טֶמְפֶּרָה (צֶבַע)
templado *adj* 1 מְמֻזָּג, מְאֻזָּן. 2 מְרֻפֶּה. 3 פּוֹשֵׁר. 4 פִּכֵּחַ. 5 מָתוּן. 6 סְתַפְּקָן
templanza *f* 1 מְתִינוּת, סְתַפְּקָנוּת. 2 פִּכְּחוּת
templar *vt* 1 חִשֵּׁל, הִקְשָׁה. 2 שִׁכֵּךְ, רִכֵּךְ. 3 עִרְבֵּב, מִזֵּג. 4 פִּשֵּׁר, הִפְשִׁיר. 5 כִּוֵּן (כְּלִי נְגִינָה)
temple *m* 1 חִשּׁוּל, קַשְׁיוּת. 2 מֶזֶג אֲוִיר. 3 אֹפִי, טֶבַע. 4 תְּכוּנָה
templete *m* 1 בֵּית תְּפִלָּה. 2 בִּיתָן
templo *m* הֵיכָל, מִקְדָּשׁ, כְּנֵסִיָּה, בֵּית תְּפִלָּה
temporada *f* עוֹנָה, תְּקוּפָה, זְמַן
temporal *adjm* 1 חוֹלֵף, זְמַנִּי, אַרְעִי. 2 סוּפָה, סְעָרָה. 3 חִלּוֹנִי. 4 צִדְעִי, רַקָּתִי
temporario *adj* זְמַנִּי, אַרְעִי, חוֹלֵף
temporero *adj* אַרְעִי
temporizar *vi* הִתְפַּשֵּׁר, נַעֲשָׂה מָתוּן
tempranero *adj* מֻקְדָּם
tempranito *adv* מֻקְדָּם מְאֹד
temprano *adjadv* מֻקְדָּם
tenacidad *f* הַתְמָדָה, עַקְשָׁנוּת, שְׁקִידָה
tenacillas *f* 1 מֶלְקָחַיִם. 2 מַלְקֵט
tenada *f* מִכְלָאָה, דִּיר
tenaz *adj* 1 שׁוֹקֵד, מַתְמִיד. 2 עַקְשָׁן, עִקֵּשׁ
tenaza *f* צְבָת
tenazuelas *fpl* מַלְקֶטֶת
tenca *f* 1 טִינְקָה (דָּג). 2 עֶפְרוֹנִי אֲמֵרִיקָאִי
tendal *m* 1 יְרִיעָה. 2 אֹהֶל. 3 גַּגּוֹן
tendalera *f* אַנְדְּרוֹלוֹמוּסְיָה
tendencia *f* מְגַמָּה, נְטִיָּה, שְׁאִיפָה
tendencioso *adj* מְגַמָּתִי
ténder *m* טֶנְדֶּר
tender *vti* 1 מָתַח, שָׁטַח, פָּרַשׂ, פָּשַׁט. 2 נָטָה, שָׁאַף, רָצָה
tenderete *m* אַנְדְּרוֹלוֹמוּסְיָה
tendero *m* חֶנְוָנִי
tendón *m* גִּיד
tenebrosidad *f* אֲפֵלָה, אֲפֵלוּת, קַדְרוּת, חֹשֶׁךְ
tenebroso *adj* אָפֵל, קוֹדֵר
tenedor *m* 1 מַזְלֵג. 2 מַחֲזִיק, אוֹחֵז
tenedor de libros פִּנְקְסָן, מְנַהֵל חֶשְׁבּוֹנוֹת
teneduría *f* מִשְׂרַד הַנְהָלַת חֶשְׁבּוֹנוֹת
teneduria de libros הַנְהָלַת חֶשְׁבּוֹנוֹת
tenencia *f* 1 אֲחִיזָה, הַחְזָקָה. 2 חֲזָקָה, חֲכִירוּת. 3 סְגָנוּת
tener *vt* 1 הָיָה לְ־. 2 אָחַז, תָּפַס. 3 הֵכִיל, כָּלַל. 4 הִרְגִּישׁ. 5 עָצַר, בָּלַם. 6 אָמַד, שִׁעֵר
tener lugar קָרָה, אֵרַע
tener que הִצְטָרֵךְ
tener que ver הִתְיַחֵס
tenería *f* בּוּרְסְקִי
tenia *f* עַרְקָה, תּוֹלַעַת־הַסֶּרֶט
teniente *adjm* 1 סְגָן. 2 מַחֲזִיק, אוֹחֵז. 3 סֶגֶן
tenis *m* טֶנִיס
tenista *m* שַׂחְקַן טֶנִיס
tenor *m* 1 טֶנוֹר. 2 סִגְנוֹן. 3 תֹּכֶן, הֶרְכֵּב, מִבְנֶה
tenorio *m* דּוֹן ז'וּאָן, רוֹדֵף־שְׂמָלוֹת
tensar *vt* הִדֵּק, הֵצֵר, מָתַח, מָשַׁךְ
tensión *m* 1 לַחַץ, מֶתַח. 2 מְתִיחוּת, מַאֲמָץ. 3 מְשִׁיכָה
tenso *adj* מָתוּחַ
tensor *adjm* 1 מוֹתֵחַ. 2 מַתְחָן
tentación *f* 1 פִּתּוּי, גֵּרוּי. 2 יֵצֶר הָרַע
tentáculo *m* זְרוֹעַ צַיִד, מָשׁוֹשׁ, מַחוֹשׁ
tentador *adjm* מְפַתֶּה, מַדִּיחַ, מְגָרֶה, שׁוֹבֵה לֵב
tentalear *vt* מִשֵּׁשׁ, מִשְׁמֵשׁ
tentar *vt* 1 פִּתָּה, גֵּרָה, שִׁדֵּל. 2 מִשֵּׁשׁ, מִשְׁמֵשׁ. 3 הִדִּיחַ
tentativa *f* נִסָּיוֹן
tentativo *adj* נִסְיוֹנִי, זְמַנִּי, אַרְעִי
tenue *adj* 1 קָלוּשׁ, דָּלִיל, דַּל. 2 דַּק, כָּחוּשׁ, רָזֶה
tenuidad *f* דַּקּוּת, עֲדִינוּת, קְלִישׁוּת
teñido m, teñidura *f* צְבִיעָה
teñir *vt* צָבַע
teocracia *f* תֵּיאוֹקְרַטְיָה
teocrático *adj* תֵּיאוֹקְרָטִי
teologal *adj* תֵּיאוֹלוֹגִי
teología *f* תֵּיאוֹלוֹגְיָה
teológico *adj* תֵּיאוֹלוֹגִי
teólogo *m* תֵּיאוֹלוֹג

teorema *f* הַנָּחָה, מִשְׁפָּט, תֵּיאוֹרֶמָה
teoría *f* הֲלָכָה, תּוֹרָה, סְבָרָה, תֵּיאוֹרְיָה
teórica *f* הֲלָכָה, תּוֹרַת הַהֲלָכָה
teórico *adj* תֵּיאוֹרֶטִי, מֻפְשָׁט, עִיּוּנִי
teorizar *vti* הָגָה, שִׁעֵר, סָבַר
teosofía *f* תֵּיאוֹסוֹפְיָה
teosófico *adj* תֵּיאוֹסוֹפִי
teósofo *m* תֵּיאוֹסוֹף
tepe *m* כַּר דֶּשֶׁא
tequila *f* טֶקִילָה (מַשְׁקֶה מֶקְסִיקָנִי)
terapeuta *m* מְרַפֵּא, רוֹפֵא
terapéutica *f* רִפּוּי, תּוֹרַת הָרִפּוּי
terapéutico *adj* תֵּרַפֵּאוּטִי
terbio *m* טֶרְבִּיוּם (מַתֶּכֶת)
tercer *adj* שְׁלִישִׁי
tercera *f* שְׁלִישִׁיָּה (בְּמִשְׂחַק קְלָפִים)
tercería *f* תִּוּוּךְ, בּוֹרְרוּת
tercero *adjm* 1 שְׁלִישִׁי. 2 מְתַוֵּךְ
terceto *m* שְׁלִישִׁיָּה
terciana *f* קַדַּחַת שְׁלִישׁוֹנִית
terciar *vt* 1 שִׁלֵּשׁ, הִשְׁלִישׁ. 2 הֵטִיל עַל כְּתֵפָיו. 3 הִשְׁתַּתֵּף, הִתְעָרֵב (בְּדִיּוּן). 4 תִּוֵּךְ. 5 הִשְׁתַּדֵּל לְטוֹבַת־
terciarse *vref* הִזְדַּמְּנָה הַשָּׁעָה
terciario *adj* שְׁלִישִׁי, שְׁלִישׁוֹנִי
tercio *adjm* 1 שְׁלִישִׁי. 2 גְּדוּד
terciopelo *m* קְטִיפָה
terco *adj* עַקְשָׁן, עִקֵּשׁ
tergiversación *f* סִלּוּף, עִוּוּת, זִיּוּף
tergiversar *vt* סִלֵּף, עִוֵּת, זִיֵּף
termal *adj* חַם, תֶּרְמִי
termas *fpl* חַמִּים, מַעְיְנוֹת מַרְפֵּא
termes *m* טֶרְמִיט, נְמָלָה לְבָנָה
térmico *adj* תֶּרְמִי
terminable *adj* מִסְתַּיֵּם, מֻגְבָּל, בַּר סִיּוּם
terminación *f* 1 סִיּוּם. 2 תְּחוּם, גְּבוּל. 3 חֲתִימָה. 4 תּוֹצָאָה. 5 סִיֹּמֶת
terminado *adjm* 1 גָּמוּר, מֻחְלָט, סוֹפִי. 2 גְּמָר
terminal *adjm* 1 סוֹפִי, קִיצוֹנִי. 2 תַּחֲנָה סוֹפִית, מָסוֹף
terminante *adj* בָּרוּר, מֻחְלָט, מְדֻקְדָּק, מְדֻיָּק
terminar *vti* 1 סִיֵּם, גָּמַר, סִכֵּם. 2 חָדַל, נִגְמַר, כָּלָה
término *m* 1 סוֹף, סִיּוּם, קֵץ, גְּמָר. 2 תְּחוּם, גְּבוּל, קָצֶה. 3 מֻנָּח. 4 אֵבָר. 5 מוֹעֵד, תַּאֲרִיךְ. 6 דְּרִישָׁה
término medio מְמֻצָּע
término municipal תְּחוּם שִׁפּוּט
terminología *f* מִנּוּחַ, טֶרְמִינוֹלוֹגְיָה
termita *f* טֶרְמִיט (נְמָלָה)
termodinámica *f* תֶּרְמוֹדִינָמִיקָה
termodinámico *adj* תֶּרְמוֹדִינָמִי
termómetro *m* מַדְחֹם
termos *mpl* תֶּרְמוֹס, שְׁמַרְחֹם
termosifón *m* דּוּד־חִמּוּם
termostático *adj* תֶּרְמוֹסְטָטִי
termóstato *m* וַסַּת חֹם, תֶּרְמוֹסְטָט
terna *f* שְׁלִישִׁיָּה
ternario *adjm* 1 שְׁלִישִׁי. 2 מְשֻׁלָּשׁ
ternera *f* 1 עֶגְלָה. 2 בְּשַׂר עֵגֶל
ternero *m* עֵגֶל
terneza *f* 1 רַכּוּת, עֶדְנָה, נֹעַם, רֹךְ. 2 מַחֲמָאָה
ternilla *f* חַסְחוּס, סְחוּס
ternilloso *adj* סְחוּסִי
terno *m* 1 חֲלִיפָה. 2 שְׁלִישִׁיָּה. 3 גִּדּוּף, קְלָלָה
ternura *f* 1 רַכּוּת, עֶדְנָה, נֹעַם, רֹךְ. 2 מַחֲמָאָה
terquear *vi* הִתְעַקֵּשׁ
terquedad *f* עַקְשָׁנוּת, עִקְּשׁוּת
terracota *f* טֶרָה קוֹטָה
terrado *m* 1 מִרְפֶּסֶת. 2 טֶרָסָה
terramicina *f* טֶרָמִיצִין
terraplén *m* סוֹלְלָה, גִּבְעָה
terraplenar *vt* בָּנָה סוֹלְלָה
terráqueo *adj* 1 עָשׂוּי מֵאֲדָמָה וּמַיִם. 2 שֶׁל הָעוֹלָם הַזֶּה
terrateniente *m* בַּעַל אֲחֻזָּה
terraza *f* 1 מִרְפֶּסֶת. 2 טֶרָסָה
terregoso *adj* טַרְשִׁי
terremoto *m* רְעִידַת אֲדָמָה, רַעַשׁ
terrenal *adj* אַרְצִי, שֶׁל הָעוֹלָם הַזֶּה

terreno *madj* 1 מִגְרָשׁ, אֲדָמָה, קַרְקַע. 2 שֶׁל הָעוֹלָם הַזֶּה

terrestre *adj* 1 יַבַּשְׁתִּי, אַרְצִי. 2 שֶׁל הָעוֹלָם הַזֶּה

terribilidad *f* נוֹרָאוּת, אֵימְתָנוּת

terrible *adj* נוֹרָא, אָיֹם, מַחֲרִיד, מַבְהִיל

terrier *m* שַׁפְלָן

terrífico *adj* נוֹרָא, אָיֹם, מַבְהִיל, מַחֲרִיד

territorial *adj* אַרְצִי, מְחוֹזִי, גְּלִילִי, טֶרִיטוֹרְיָלִי

territorio *m* אֶרֶץ, חֶבֶל אֶרֶץ, גָּלִיל

terrón *m* רֶגֶב, גְּבִישׁ

terror *m* אֵימָה, בְּעָתָה, אֵימִים, טֵרוֹר

terrorífico *adj* נוֹרָא, אָיֹם, מַבְהִיל, מַחֲרִיד

terrorismo *m* בִּרְיוֹנוּת, אֵימְתָנוּת, טֶרוֹרִיזְם

terrorista *m* בִּרְיוֹן, מְחַבֵּל, טֶרוֹרִיסְט

terruño *m* אֶרֶץ לֵדָה, מְכוֹרָה

terso *adj* 1 מְלֻטָּשׁ, מְצֻחְצָח. 2 חֲלַקְלַק, חָלָק. 3 מַחֲנִיף

tersura *f* 1 לִטּוּשׁ, צִחְצוּחַ. 2 צַחוּת, עֲדִינוּת. 3 חֲלַקְלַקּוּת

tertulia *f* 1 מְסִבָּה. 2 מִפְגַּשׁ רֵעִים. 3 חֲבוּרָה. 4 חוּג. 5 מוֹעֲדוֹן. 6 פְּרוֹזְדוֹר (בתיאטרון העתיק)

tesar *vt* מָתַח

tesauro *m* 1 אוֹצָר, גַּנְזַךְ. 2 מִלּוֹן. 3 אֲגָרוֹן

tesis *f* 1 הַנָּחָה, תֵּזָה. 2 עֲבוֹדַת־גְּמַר

teso *adj* נֻקְשֶׁה, קָשׁוּחַ

tesón *m* 1 שְׁקִידָה, הַתְמָדָה. 2 קַשְׁיוּת, עַקְשָׁנוּת

tesonería *f* 1 עַקְשָׁנוּת. 2 הַתְמָדָה, שְׁקִידָה

tesonero *adj* 1 מַתְמִיד, שׁוֹקֵד. 2 עַקְשָׁן

tesorería *f* גִּזְבָּרוּת

tesorero *m* גִּזְבָּר

tesoro *m* 1 אוֹצָר, מַטְמוֹן. 2 מִשְׂרַד הָאוֹצָר. 3 אוֹצַר הַמְּדִינָה

test *m* בְּחִינָה, מִבְחָן, בֹּחַן

testa *f* רֹאשׁ

testación *f* מְחִיקָה

testado *adj* מוֹרִישׁ

testador *m* מוֹרִישׁ, בַּעַל צַוָּאָה

testaferro *m* שְׁלִיחַ לִדְבַר עֲבֵרָה

testamentaria *f* הוֹצָאָה לַפֹּעַל

testamentario *adjm* 1 שֶׁל צַוָּאָה. 2 מוֹצִיא לַפֹּעַל, אַפּוֹטְרוֹפּוֹס

testamento *m* צַוָּאָה

testar *vit* 1 הוֹרִישׁ, צִוָּה. 2 מָחַק

testarudez *f* 1 עַקְשָׁנוּת, עִקְּשׁוּת. 2 קְשִׁי עֹרֶף

testarudo *adj* עַקְשָׁן, קְשֵׁה עֹרֶף

testicular *adj* אֲשָׁכִי

testículo *m* אֶשֶׁךְ

testificación *f* עֵדוּת, הֲעָדָה

testificar *vt* הֵעִיד, אִשֵּׁר

testigo *m* עֵד

testigo de cargo עֵד הַתְּבִיעָה

testigo de descargo עֵד הַהֲגַנָּה

testigo de vista עֵד רְאִיָּה

testimonial *adj* עֵדוּתִי

testimoniar *vti* הֵעִיד, הִצְהִיר, הוֹכִיחַ

testimonio *m* עֵדוּת

testosterona *f* הוֹרְמוֹן זַכְרוּת

testuz *m* 1 מֵצַח. 2 עֹרֶף

teta *f* 1 שַׁד. 2 פִּטְמָה, דַּד, עָטִין

tetar *vt* הֵינִיק

tétano *m* צַפֶּדֶת

tetera *f* קֻמְקוּם, תֵּיוֹן

tetero *m* בַּקְבּוּק יְנִיקָה

tetilla *f* שָׁדִית, פִּטְמָה

tetraédrico *adj* אַרְבָּעוֹנִי

tetraedro *m* אַרְבָּעוֹן

tetragonal *adj* מְרֻבָּע

tetrágono *m* מְרֻבָּע

tetrarca *m* טֶטְרַרְךְ

tetrarquía *f* טֶטְרַרְכְיָה

tétrico *adj* עָצוּב, נוּגֶה, קוֹדֵר

teutón *m* טֶבְטוֹן, גֶּרְמָנִי

teutónico *adjm* טֶבְטוֹנִי, גֶּרְמָנִי

textil *adjm* 1 שֶׁל טֶקְסְטִיל. 2 אָרִיג

texto *m* 1 גִּרְסָה, נֹסַח. 2 סֵפֶר לִמּוּד

textual *adj* מִלּוּלִי

textura *f* 1 מִבְנֶה, מִרְקָם, מַסֶּכֶת. 2 אֲרִיגָה, רִקְמָה

tez פָּנִים, פַּרְצוּף, קְלַסְתֵּר

tezado *adj* שָׁזוּף, שָׁחֹם
ti *pronpers* לְךָ, לָךְ
tía *f* 1 דּוֹדָה. 2 נְקֵבָה
tía abuela דּוֹדָה זְקֵנָה
tiamina *f* תִּיאָמִין
tiara *f* 1 מִצְנֶפֶת פַּרְסִית. 2 כֶּתֶר מְשֻׁלָּשׁ. 3 סַמְכוּת הָאַפִּיפְיוֹר. 4 עֲטָרָה, נֵזֶר
tibia *f* 1 חָלִיל. 2 שׁוֹקָה
tibieza *f* 1 פּוֹשְׁרוּת. 2 אֲדִישׁוּת
tibio *adj* 1 פּוֹשֵׁר. 2 אָדִישׁ
tiburón *m* כָּרִישׁ
tic *m* עֲוִית שְׁרִירֵי הַפָּנִים
tiempo *m* 1 זְמַן, עֵת. 2 תְּקוּפָה, עוֹנָה. 3 פְּנַאי, שְׁהוּת. 4 קֶצֶב. 5 מֶזֶג־אֲוִיר
tienda *f* 1 חֲנוּת. 2 אֹהֶל, סֻכָּה. 3 מְלוּנָה
tienda de campaña אֹהֶל
tienta *f* 1 זְרִיזוּת, מְיֻמָּנוּת. 2 מִבְחָנָה, צִנְתֵּר
tiento *m* 1 נְגִיעָה, מַגָּע, מִשּׁוּשׁ, מִשְׁמוּשׁ. 2 חוּשׁ הַמִּשּׁוּשׁ. 3 זְהִירוּת, קְפִידָה. 4 מִבְחָן. 5 מַקֵּל עִוְרִים
tierno *adj* עָדִין, רַךְ, רַעֲנָן
tierra *f* 1 אֲדָמָה, קַרְקַע. 2 אֶרֶץ, יַבָּשָׁה
tierra adentro פְּנִים הָאָרֶץ
tierra de nadie שֶׁטַח הֶפְקֵר
tierra firme יַבָּשָׁה
tieso *adj* קָשֶׁה, נֻקְשֶׁה, חָזָק, יַצִּיב, אָשׁוּן
tiesto *m* עָצִיץ
tiesura *f* קַשְׁיוּת, אֲשִׁינוּת, קְשִׁיחוּת, יַצִּיבוּת
tifo *madj* 1 טִיפוּס. 2 מָלֵא, גָּדוּשׁ
tifo asiático חוֹלִירַע, כּוֹלֵרָה
tifo de América קַדַּחַת צְהֻבָּה
tifo de Oriente מַגֵּפַת הַמִּפְשָׂעָה
tifoidea *f* טִיפוּס הַבֶּטֶן
tifoideo *adj* דּוֹמֶה לְטִיפוּס
tifón *m* טַיְפוּן
tifus *m* טִיפוּס
tigre *m* טִיגְרִיס, נָמֵר, יָגוּאָר
tigresa 1 נְמֵרָה. 2 אִשָּׁה אַכְזָרִית
tijera *f* מִסְפָּרַיִם
tiferada *f* גְּזִירַת מִסְפָּרַיִם
tijeretazo *m* גְּזִירַת מִסְפָּרַיִם
tijeretear *vt* גָּזַר בְּמִסְפָּרַיִם
tijereteo *m* גְּזִירָה בְּמִסְפָּרַיִם
tila *f* טִילְיָה, תִּרְזָה
tílburi *m* כִּרְכָּרָה, טִלְבּוּרִי
tildar *vt* 1 שָׂם זַרְקָא. 2 כִּנָּה. 3 מָחַק
tilde *m* 1 זַרְקָא. 2 כִּנּוּי. 3 מְחִיקָה
tilín *m* צִלְצוּל, צְלִיל
tilo *m* טִילְיָה, תִּרְזָה
tilla *f* סִפּוּן
tillado *m* רִצְפַּת עֵץ
tillar *vt* רִצֵּף
timador *m* רַמַּאי, נוֹכֵל
timar *vt* רִמָּה, הוֹנָה
timbal *f* 1 תֹּף הַדּוּד. 2 טַנְבּוּר
timbalero *m* תֻּנְפְּנַאי
timbrado *adj* 1 מְבֻיָּל. 2 חָתוּם. 3 מְצַלְצֵל
timbrar *vt* 1 בִּיֵּל. 2 חָתַם, הִטְבִּיעַ. 3 צִלְצֵל
timbre *m* 1 בּוּל. 2 חוֹתָם. 3 מְצִלָּה, פַּעֲמוֹן
timbre de gloria 1 יְהִירוּת. 2 מַעֲשֵׂה גְּבוּרָה
timidez *f* בַּיְשָׁנוּת, פַּחְדָנוּת, מֹרֶךְ לֵב
tímido *adj* בַּיְשָׁן, פַּחְדָן, נֶחְבָּא אֶל הַכֵּלִים
timo *m* 1 תִּימוּס (דָּג). 2 הוֹנָאָה, רַמָּאוּת. 3 בַּלּוּטָה
timol *m* תִּימוֹל (חֹמֶר אַנְטִיסֶפְּטִי)
timón *m* הֶגֶה
timonear *vti* נִוֵּט, נָהַג
timonel *m* נַוָּט, הַגַּאי
timonera *f* נוֹצוֹת הַזָּנָב
timonero *m* נַוָּט, הַגַּאי
timorato *adj* חָרֵד, פַּחְדָן
tímpano *m* תֹּף, תֹּף הָאֹזֶן, תֻּפִּית
tina *f* 1 גִּיגִית. 2 אַמְבָּט
tinaja *f* 1 חָבִית. 2 גִּיגִית. 3 כַּד
tinajero *m* קַדָּר
tinglado *m* 1 בִּקְתָּה, סְכָכָה. 2 בָּמָה
tiniebla *f* 1 אֲפֵלָה, חֲשֵׁכָה, חֹשֶׁךְ. 2 בּוּרוּת
tino *m* 1 תְּבוּנָה, בִּינָה. 2 חוּשׁ
tinta *f* 1 דְּיוֹ. 2 צֶבַע, גָּוֶן
tinta china טוּשׁ
tinta simpática דְּיוֹ סְתָרִים

tintar *vt* דַּיֵּת, גַּוֵּן, צָבַע
tinte *m* גָּוֶן, צֶבַע
tinterillo *m* נוֹכֵל, פְּרַקְלִיט לִדְבַר עֲבֵרָה
tintero *m* דְּיוֹתָה, קֶסֶת
tintinear *vi* צִלְצֵל, קִשְׁקֵשׁ
tintineo *m* צִלְצוּל, קִשְׁקוּשׁ
tinto *adj* צָבוּעַ, מְגֻוָּן
tintorería *f* 1 מִצְבָּעָה. 2 מִכְבָּסָה
tintorero *m* 1 צַבָּע. 2 כּוֹבֵס
tintura *f* תְּמִסָּה, צֶבַע, דְּיוֹ, גָּוֶן
tinturar *vt* 1 צָבַע. 2 תִּבֵּל
tiña *f* 1 שְׁחִין. 2 קַמְצָנוּת
tiñoso *adj* מֻכֵּה שְׁחִין
tío *m* דּוֹד
tío abuelo דּוֹד זָקֵן (דּוֹד הָאָב)
tíovivo *m* סְחַרְחֵרָה
tipejo *m* בַּרְנָשׁ
típico *adj* אָפְיָנִי, טִיפּוּסִי
tiple *m* סוֹפְּרָן
tipo *m* 1 טִיפּוּס, אֹפִי, סֵמֶל. 2 מִין, סוּג. 3 שִׁיטַת מִיּוּן. 4 בַּרְנָשׁ. 5 אוֹת דְּפוּס
tipografía *f* דְּפוּס, מְלֶאכֶת הַדְּפוּס
tipográfico *adj* טִיפּוֹגְרָפִי
tipógrafo *m* דַּפָּס, מַדְפִּיס
tipómetro *m* מְשׂוּרָה
tiquete *m* כַּרְטִיס
tiquismiquis *mpl* פְּכִּים קְטַנִּים, דְּבָרִים שֶׁל מַה בְּכָךְ, בּוּקֵי סְרִיקֵי
tira *f* 1 פַּס, רְצוּעָה, סֶרֶט. 2 בְּלָאִים
tira y afloja מִקָּח וּמִמְכָּר
tirabuzón *m* מַחְלֵץ
tirada *f* 1 זְרִיקָה, הֲטָלָה, הַשְׁלָכָה. 2 הַדְפָּסָה, דְּפוּס. 3 מֶרְחָק. 4 סִדְרָה
tirado *adj* 1 זוֹל. 2 מָצוּי
tirador *m* 1 יוֹרֶה, צַלָּף. 2 זוֹרֵק, מַשְׁלִיךְ. 3 יָדִית. 4 מִקְלַעַת. 5 דַּפָּס
tiralíneas *m* עֵט שִׂרְטוּט
tiranía *f* רוֹדָנוּת, עָרִיצוּת
tiránico *adj* רוֹדָנִי, עָרִיצִי
tiranizar *vt* רָדָה, עָרַץ, עָשַׁק, דִּכָּא
tirano *adjm* רוֹדָן, עָרִיץ, אַכְזָר
tirante *adj* מָתוּחַ
tirantes *mpl* כְּתֵפוֹת
tirantez *f* מֶתַח, מְתִיחוּת, לַחַץ
tirar *vti* 1 זָרַק, הִשְׁלִיךְ, הֵטִיל. 2 גָּרַר, מָשַׁךְ, סָחַב. 3 יָרָה. 4 הִדְפִּיס, הוֹצִיא לָאוֹר
tirar a נָטָה, דָּמָה לְ־
tirar de שָׁלַף
tiras *fpl* בְּלָאִים, סְמַרְטוּטִים
tiritar *vi* רָעַד, רָטַט
tiritón *m* רַעַד, רְעָדָה, צְמַרְמֹרֶת
tiro *m* 1 יְרִיָּה. 2 הַשְׁלָכָה, זְרִיקָה. 3 מְשִׁיכָה
tiro al blanco קְלִיעָה לַמַּטָּרָה
tiroideo *adj* שֶׁל בַּלּוּטַת הַתְּרִיס
tiroides *m* בַּלּוּטַת הַתְּרִיס
tirón *m* 1 מְשִׁיכָה, גְּרִירָה. 2 מְתִיחָה
tirotear *vt* יָרָה
tiroteo *m* יְרִי, מַטָּח
tirria *f* 1 שִׂנְאָה, אֵיבָה, מַשְׂטֵמָה. 2 מְאִיסָה
tisana *f* סַם רְפוּאִי, תֵּה רְפוּאִי
tísico *adjm* 1 שַׁחַפְתִּי. 2 חוֹלֵה שַׁחֶפֶת
tisis *f* שַׁחֶפֶת
tisú *m* בַּד אָרוּג בְּחוּטֵי זָהָב אוֹ כֶּסֶף
titán *m* טִיטָן, עֲנָק, נָפִיל
titánico *adj* טִיטָנִי, עֲנָקִי, נְפִילִי
titanio *m* טִיטָן
títere *m* 1 מַרְיוֹנֶטָה, בֻּבָּה. 2 לֵיצָן, מוּקְיוֹן
titilación *f* 1 רַעַד. 2 נִצְנוּץ, בִּהוּק. 3 דִּגְדּוּג
titilar *vi* 1 רָעַד. 2 נִצְנֵץ, בָּהַק
titileo *m* 1 רַעַד. 2 נִצְנוּץ, בִּהוּק. 3 דִּגְדּוּג
titiritar *vi* רָעַד, הִזְדַּעֲזַע
titiritero *m* 1 מוּקְיוֹן. 2 עוֹבֵד עִם בֻּבּוֹת
titubear *vi* הִסֵּס, הִתְלַבֵּט, פִּקְפֵּק
titubeo *m* הִסּוּס, פִּקְפּוּק, הִתְלַבְּטוּת
titular *adjmvt* 1 בַּעַל תֹּאַר. 2 אוֹת גְּדוֹלָה. 3 כּוֹתֶרֶת. 4 כִּנָּה, קָרָא
título *m* 1 כּוֹתֶרֶת, שֵׁם. 2 תֹּאַר. 3 טַבּוּ. 4 נְיַר־עֵרֶךְ
tiza *f* גִּיר
tiznar *vt* 1 פִּיֵּחַ. 2 הִכְתִּים, לִכְלֵךְ

tizne *m*	פִּיחַ, עָשָׁן
tizón *m*	1 אוּד. 2 כֶּתֶם, רְבָב
tizona *f*	סַיִף, חֶרֶב
toalla *f*	מַגֶּבֶת, אַלוּנְטִית
toallero *m*	קוֹלָב
tobillera *f*	מָגֵן לְקַרְסֹל
tobillo *m*	קַרְסֹל
tobogán *m*	מַגְלֵשָׁה
toca *f*	1 כָּפִיָּה, צָעִיף, כִּבְנָה. 2 גְּלִימָה
tocadiscos *m*	פַּטִפוֹן
tocado *madj*	1 תִּסְרֹקֶת. 2 נָגוּעַ. 3 מְשֻׁגָּע, מְטֹרָף
tocador *m adj*	1 מְנַגֵּן, נַגָּן. 2 חֲדַר הַלְבָּשָׁה, בּוּדוֹאָר
tocar *vti*	1 נָגַע, מִשֵּׁשׁ, מִשְׁמֵשׁ. 2 נִגֵּן, פָּרַט. 3 צִלְצֵל. 4 נָשַׁב, תָּקַע. 5 הִקִּישׁ, הִכָּה
tocarse *vref*	כִּסָּה אֶת רֹאשׁוֹ
tocayo *m*	חָבֵר בַּעַל אוֹתוֹ שֵׁם
tocino *m*	קֹתֶל חֲזִיר
tocología *f*	מְיַלְדוּת
tocólogo *m*	מְיַלֵּד
tocón *m*	גֶּדֶם, כֹּרֶת
tocuyo *m*	אָרִיג כֻּתְנָה
tocho *adj*	מְגֻשָּׁם, גַּס, בּוּר
todavía *adv*	1 עֲדַיִן, עוֹד. 2 לַמְרוֹת זֹאת
todavía no	טֶרֶם, עֲדַיִן לֹא
todo *adjm*	1 כָּל. 2 כְּלָל, שְׁלֵמוּת, הַכֹּל
todos *pron*	הַכֹּל, כֻּלָּם
todopoderoso *adj*	כֹּל-יָכוֹל
Todopoderoso (el-) *m*	הַבּוֹרֵא, אֱלֹהִים
toga *f*	גְּלִימָה, טוֹגָה
tojino *m*	טְרִיז, חָזָק
tojo *m*	רֹתֶם
toldilla *f*	סִפּוּן
toldo *m*	1 אַבְּרָזִין, טַרְפּוֹלִין. 2 בִּקְתָּה, אֹהֶל
tolerable *adj*	סָבִיל, נִסְבָּל
tolerancia *f*	סוֹבְלָנוּת
tolerante *adj*	סוֹבְלָנִי
tolerar *vt*	סָבַל, נָשָׂא
tolete *m*	מַקֵּל חוֹבְלִים, אֵלָה

tolmo *m*	צוּק, סֶלַע
tolondro *adjm*	טִפֵּשׁ, כְּסִיל
tolueno *m*	טוֹלוּאָן (דָּלָק)
tolva *f*	1 מֵרְזֵב. 2 סֶדֶק, חָרִיץ
tolvanera *f*	עַלְעוֹל, סוּפָה
toma *f*	1 שָׁלָל. 2 תְּפִיסָה, לְקִיחָה, לְכִידָה. 3 מָנָה. 4 קְלִיטָה. 5 מָקוֹר, מוֹצָא. 6 הַנְּקֻטּוֹת
toma de corriente	שֶׁקַע חַשְׁמַלִּי
toma y daca	דִּין וּדְבָרִים
tomador *m*	1 לַקְחָן, פַּיָּס. 2 שַׁתְיָן, שִׁכּוֹר
tomadura *f*	לְקִיחָה
tomaína *f*	פְּטוֹמָאִין
tomar *vt*	1 לָקַח, תָּפַשׂ. 2 לָכַד, כָּבַשׁ. 3 אָחַז, הֶחֱזִיק. 4 נָטַל, נָקַט. 5 שָׁתָה, הִשְׁתַּכֵּר. 6 נָקַט
tomar a pechos	לָקַח לְתִשׂוּמֶת-לֵב
tomar el pelo	לָעַג, לִגְלֵג, הִתְלוֹצֵץ
tomate *m*	עַגְבָנִיָּה
tomatera *f*	צֶמַח עַגְבָנִיָּה
tómbola *f*	הַגְרָלָה, פַּיִס
tomillo *m*	קוֹרָנִית (צֶמַח בָּר)
tomo *m*	1 כֶּרֶךְ (שֶׁל סֵפֶר). 2 חֲשִׁיבוּת
tomo y lomo (de)	בַּעַל-חֲשִׁיבוּת
ton *m*	נִגּוּן, טוֹן
tonada *f*	נִגּוּן, מַנְגִּינָה, נְעִימָה, לַחַן, שִׁיר
tonadilla *f*	פִּזְמוֹן
tonal *adj*	קוֹלִי, צְלִילִי, טוֹנָלִי
tonalidad *f*	קוֹלִיּוּת, צְלִילִיּוּת
tonante *adj*	רוֹעֵם
tonar *vi*	רָעַם, הִרְעִים
tonel *m*	חָבִית
tonelada *f*	טוֹן, טוֹנָה
tonelaje *m*	טוֹנָז', תְּפוּסָה
tonelería *f*	1 חַבְתָנוּת. 2 בֵּית-מְלָאכָה לַחֲבִיּוֹת
tonelero *m*	חַבְתָּן
tongo *m*	1 תַּרְמִית בְּתַחֲרוּת. 2 מִצְנֶפֶת, מִגְבַּעַת
tónica *f*	1 יַסָּד (בְּמוּסִיקָה). 2 צְלִיל רָאשִׁי
tonicidad *f*	חֹזֶק, גְּמִישׁוּת
tónico *madj*	1 אִתָּן, סַם חִזּוּק, מְעוֹדֵד.

2 מְטֻעָם. 3 יָסֵד

tonificación *f* עִדּוּד, חִזּוּק

tonificador *adj* מְעוֹדֵד

tonificar *vt* אִתֵּן, חִזֵּק, עוֹדֵד

tonina *f* טוּנוּס

tono *m* 1 צְלִיל, קוֹל. 2 נִגּוּן, מַנְגִּינָה, נְעִימָה

tonsila *f* שָׁקֵד

tonsilar *adj* שְׁקֵדִי

tonsilectomía *f* כְּרִיתַת שָׁקֵד

tonsilitis *f* שַׁקֶּדֶת

tonsura *f* גִּלּוּחַ הָרֹאשׁ

tonsurar *vt* גִּלַּח הָרֹאשׁ

tontas y a locas (a) בְּפִזִּיזוּת, בְּחִפָּזוֹן

tontería *f* שְׁטוּת, טִפְּשׁוּת, כְּסִילוּת

tonto *adjm* שׁוֹטֶה, טִפֵּשׁ, כְּסִיל

topacio *m* פִּטְדָה, טוֹפָּז

topar *vti* 1 נָגַח, הִתְנַגֵּשׁ. 2 נָגַע, פָּגַשׁ, נִתְקַל. 3 דָּחַף. 4 עָלָה בְּיָדוֹ

tope *m* 1 קָצֶה, פִּסְגָּה. 2 הִתְנַגְּשׁוּת, דְּחִיפָה. 3 נְקֻדַּת־קֹשִׁי. 4 בְּלוֹם

topetada *f* 1 נְגִיחָה. 2 נְגִיחַת־רֹאשׁ

topetar *vti* 1 נָגַח. 2 הִתְנַגֵּשׁ

topetazo *m* דְּחִיפָה, הֲדִיפָה, הִתְנַגְּשׁוּת

topetudo *adj* נַגָּח

tópico *adjm* 1 מְקוֹמִי. 2 תְּרוּפָה לְשִׁמּוּשׁ חִיצוֹנִי. 3 נוֹשֵׂא

topinera *f* תֵּל שֶׁל חֹלֶד

topo *m* חֹלֶד, חֲפַרְפֶּרֶת

topografía *f* טוֹפּוֹגְרַפְיָה

topográfico *adj* טוֹפּוֹגְרָפִי

topógrafo *m* טוֹפּוֹגְרָף

toque *m* 1 נְגִיעָה, מַגָּע, מִשּׁוּשׁ. 2 בְּחִינָה, מִבְחָן. 3 מַכָּה, דְּפִיקָה. 4 קְרִיאָה, תְּרוּעָה. 5 גָּוֶן, צֶבַע

toque de diana הַשְׁכָּמָה

toque de queda עֹצֶר

toquilla *f* 1 סֶרֶט כּוֹבַע. 2 מִטְפַּחַת רֹאשׁ

tora *f* תּוֹרָה

torácico *adj* חָזִי

tórax *m* חָזֶה

torbellino *m* 1 מְעַרְבֹּלֶת. 2 סְעָרָה

torcaz *f* יוֹנַת בָּר

torcedura *f* כְּפִיפָה, עִקּוּם, עֲקַמְמִיּוּת

torcer *vti* 1 כָּפַף, עִקֵּם, כּוֹפֵף. 2 שָׁזַר, פָּתַל. 3 קִפֵּל. 4 פָּנָה. 5 הִטְעָה, עִוֵּת, סִלֵּף. 6 הִסְתּוֹבֵב

torcida *f* פְּתִילָה

torcido *adjm* 1 עָקֹם, כָּפוּף. 2 מְפֻתָּל, לוּלְיָנִי. 3 קָלוּעַ, שָׁזוּר

torcijón *m* 1 כְּאֵב בֶּטֶן. 2 עֲוִית מֵעַיִם

tordillo *adjm* אָפֹר, אֲפַרְפַּר, מְנֻמָּר

tordo *m* 1 סוּס מְנֻמָּר. 2 קִיכְלִי, טָרֶד

toreador *m* לוֹחֵם שְׁוָרִים

torear *vti* לָחַם בִּשְׁוָרִים

toreo *m* מִלְחֶמֶת שְׁוָרִים

torero *adjm* לוֹחֵם שְׁוָרִים

toril *m* מִכְלָאָה לְפָרִים

torio *m* תּוֹרִיּוּם

tormenta *f* 1 סְעָרָה, סוּפָה. 2 שׁוֹאָה, אָסוֹן

tormento *m* יִסּוּרִים, צַעַר רַב, עִנּוּי, סֵבֶל

torna *f* 1 חֲזָרָה, שִׁיבָה. 2 סֶכֶר

tornadizo *adj* הֲפַכְפַּךְ, הֲפַכְפְּכָן

tornado *m* סוּפָה, עַלְעוֹל

tornamiento *m* 1 שִׁיבָה, חֲזָרָה. 2 הִתְהַפְּכוּת, גִּלְגּוּל

tornapunta *f* סָמוֹךְ, תְּמוֹכָה

tornar *vti* 1 חָזַר, שָׁב. 2 הָפַךְ, קִפֵּל

tornasol *m* 1 חַמָּנִית. 2 לַקְמוּס. 3 גִּוּוּן

tornasolado *adj* נוֹצֵץ, סַסְגּוֹנִי

tornasolar *vt* עָשָׂה לְנוֹצֵץ

tornavoz *m* לוּחַ תְּהוּדָה

torneado *adj* חָרוּט

tornear *vt* 1 הִתְחָרָה. 2 חָרַט. 3 סוֹבֵב

torneo *m* תַּחֲרוּת, הִתְחָרוּת, טוּרְנִיר

tornero *m* חָרָט

tornillo *m* בֹּרֶג

torniquete *m* חַסָּם, חוֹסֵם עוֹרְקִים

torno *m* מַחֲרֵטָה

toro *m* פַּר, שׁוֹר

torón *m* תּוֹרוֹן
toronja *f* אֶשְׁכּוֹלִית
toronjil *m* מֶלִיסָה, צְרִי־הַדְּבוֹרָה (צמח רפואי)
toronjo *m* עֵץ הָאֶשְׁכּוֹלִית
torpe *adj* קְהֵה חוּשִׁים, מְטֻמְטָם
torpedear *vt* טִרְפֵּד
torpedero *m* טַרְפֶּדֶת
torpedo *m* טוֹרְפֶּדוֹ
torpeza *f* קֵהוּת חוּשִׁים, טִמְטוּם, טִפְּשׁוּת
tórpido *adj* קְהֵה חוּשִׁים
torpor *m* קֵהוּת, תַּרְדֵּמָה, קֵהָיוֹן, טִמְטוּם
torrado *m* דָּבָר קָלוּי
torrar *vt* 1 קָלָה. 2 שִׁזֵּף
torre *f* 1 צְרִיחַ, מִגְדָּל. 2 מְצוּדָה
torrecilla *f* צְרִיחַ
torrefacción *f* קְלִיָּה
torrefacto *adj* קָלוּי
torreja *f* 1 דֻּבְשָׁן. 2 פֶּלַח, פְּרוּסָה
torrencial *adj* זוֹרֵם, שׁוֹטֵף, פּוֹרֵץ, עַז
torrentada *f* שֶׁבֶר עָנָן
torrente *m* זֶרֶם, שִׁטָּפוֹן, שֶׁטֶף, גֶּשֶׁם שׁוֹטֵף
torrentera *f* עָרוּץ, וָדִי
torrentoso *adj* זִרְמִי, זוֹרֵם, שׁוֹטֵף, עַז
torreón *m* מִצְפָּה
torrero *m* שׁוֹמֵר מִגְדַּלּוֹר
tórrido *adj* בּוֹעֵר, לוֹהֵט
torrija *f* 1 דֻּבְשָׁן. 2 פֶּלַח, פְּרוּסָה
torsión *f* 1 פִּתּוּל, עִקּוּל, עִקּוּם. 2 עִוּוּת, סִלּוּף
torsional *adj* פִּתּוּלִי, סִבּוּבִי
torso *m* 1 גּוּף. 2 קֶטַע, גְּוִיָּה
torta *f* 1 עוּגָה. 2 סְטִירָה
tortera *f* תַּבְנִית לְעוּגָה
torticolis *f* עִקּוּם הַצַּוָּאר
tortilla *f* 1 חֲבִיתָה. 2 חֲבִיתָה
tórtola *f* תּוֹר
tórtolo *m* 1 תּוֹר (ז'). 2 פֶּתִי, תָּם
tórtolos זוּג יוֹנִים, נֶאֱהָבִים
tortuga *f* צָב
tortuosidad *f* עִקְּשׁוּת, פִּתּוּל, הִתְפַּתְּלוּת
tortuoso *adj* מִתְפַּתֵּל, מְעֻוָּת, מְסֻלָּף, עָקֹם
tortura *f* עִנּוּי, מַכְאוֹב, יִסּוּרִים
torturar *vt* עִנָּה, יִסֵּר, הֵצִיק, טִרְטֵר
torvo *m* אַכְזָרִי, עַז, פִּרְאִי
torzal *m* חוּט, גָּדִיל, שְׁזִיר
tos *f* שִׁעוּל
tos ferina שַׁעֶלֶת
tosco *adj* גַּס, מְחֻסְפָּס, בּוּר, חֲסַר נִימוּס
toser *vi* הִשְׁתַּעֵל
toser fuerte הִתְיַמֵּר, הָיָה זָחוּחַ
tósigo *m* רַעַל, אֶרֶס, סַם
tosquedad *f* גַּסּוּת, חִסְפּוּס, בּוּרוּת, חֹסֶר נִימוּס
tostada *f* צְנִים
tostado *adjm* 1 קָלוּי. 2 שָׁזוּף. 3 קְלִיָּה, קָלִי
tostador *m* מַקְלֶה, מַצְנֵם
tostar *vt* 1 קָלָה, צָלָה. 2 שִׁזֵּף. 3 צָנַם
tostón *m* 1 קָלִי, קְלִיָּה. 2 צְנִים
total *madj* 1 סָךְ, סַךְ הַכֹּל. 2 כְּלָלִי, שָׁלֵם, מַקִּיף
totalidad *f* כְּלָל, מִכְלוֹל, הַכֹּל
totalitario *adj* 1 רוֹדָנִי, טוֹטָלִיטָרִי. 2 מֻחְלָט
totalitarismo *m* רוֹדָנוּת, טוֹטָלִיטָרִיּוּת
tótem *m* טוֹטֶם
totémico *adj* טוֹטֶמִי
totemismo *m* טוֹטֶמִיּוּת
totuma *f* הַקָּרָא הַיָּבֵשׁ (עֵץ דְּלוּעִים)
toxemia *f* רַעֶלֶת דָּם
toxicidad *f* רַעֲלִיּוּת, רַעֲלָנוּת
tóxico *adj* רַעֲלִי, מֻרְעָל
toxicología *f* חֵקֶר הָרְעָלִים
toxicológico *adj* רַעֲלִי, שֶׁל חֵקֶר הָרְעָלִים
toxicólogo *m* חוֹקֵר רְעָלִים
toxicomanía *f* בֻּלְמוּס לְסַמִּים מְשַׁכְּרִים, נַרְקוֹמַנְיָה
toxicómano *adjm* נַרְקוֹמָן
toxina *f* רַעֲלָן, טוֹקְסִין
toza *f* קְלִפַּת עֵץ
tozo *adj* נַנָּס, גַּמָּד
tozudez *f* עַקְשָׁנוּת, עִקְּשׁוּת, קַשְׁיוּת עֹרֶף
tozudo *adj* עַקְשָׁן, עִקֵּשׁ, קְשֵׁה עֹרֶף
traba *f* 1 קֶשֶׁר, חִבּוּר. 2 בְּרִיחַ, סוֹרֵג. 3 מִכְשׁוֹל, מַעְצוֹר

trabado *adj* מְחֻבָּר, קָשׁוּר

trabajador *adjm* עוֹבֵד, פּוֹעֵל

trabajar *vit* 1 עָמַל, עָבַד, פָּעַל. 2 עִבֵּד

trabajo *m* 1 עֲבוֹדָה, עָמָל, מְלָאכָה. 2 מְשִׂימָה, תַּפְקִיד

trabajos *mpl* סֵבֶל, יֶגַע

trabajoso *adj* מְיַגֵּעַ (מִשְׂחָק), קָשֶׁה, מְעַיֵּף

trabalenguas *mpl* מִשְׁפָּט קָשֶׁה בִּטּוּי

trabar *vti* 1 קָשַׁר, חִבֵּר. 2 עָצַר, מָנַע, הִכְשִׁיל. 3 הִתְקוֹטֵט

trabarse la lengua גִּמְגֵּם

trabazón *f* קֶשֶׁר, חִבּוּר

trabilla *f* רְצוּעָה, פַּס, סֶרֶט

trabucar *vt* בִּלְבֵּל, עִרְבֵּב, הֵבִיךְ

trabuco *m* מַרְגֵּמָה, בַּלִּיסְטְרָא

tracalada *f* אֲסַפְסוּף

tracción *f* גְּרִירָה, מְשִׁיכָה, מְתִיחָה

tracoma *f* גַּרְעֶנֶת

tracto *m* 1 מֶשֶׁךְ זְמַן. 2 מֶרְחָק. 3 מַסְלוּל. 4 מִזְמוֹר נוֹצְרִי

tractor *m* טְרַקְטוֹר, גּוֹרֶרֶת

tradición *f* מָסֹרֶת

tradicional *adj* מָסָרְתִּי, מְקֻבָּל

tradicionalismo *m* מָסָרְתִּיּוּת

tradicionalista *adjm* 1 מָסָרְתִּי. 2 שׁוֹמֵר מָסֹרֶת

traducción *f* תַּרְגּוּם, תִּרְגּוּם

traducible *adj* בַּר תִּרְגּוּם

traducir *vt* תִּרְגֵּם, בֵּאֵר, הִסְבִּיר

traductor *m* מְתַרְגֵּם, תֻּרְגְּמָן

traer *vt* 1 הֵבִיא, הוֹבִיל. 2 גָּרַם. 3 מָשַׁךְ

traer y llevar הָלַךְ רָכִיל

traeres *mpl* קִשּׁוּטִים

trafagar *vi* 1 תִּגֵּר, סָחַר, עָסַק, קָנָה וּמָכַר. 2 נָסַע, שָׁט

tráfano *m* מִסְחָר

traficante *m* סוֹחֵר, תַּגָּר

traficar *vi* 1 סָחַר, תִּגֵּר. 2 עָסַק

tráfico *m* 1 מִסְחָר, סַחַר, מִקָּח וּמִמְכָּר. 2 תַּעֲבוּרָה, תַּחְבּוּרָה

tragaderas *fpl* וֵשֶׁט

tragadero *m* וֵשֶׁט, בֵּית בְּלִיעָה

tragaldabas *m* גַּרְגְּרָן

tragaluz *f* אֶשְׁנָב, צֹהַר

tragar *vt* בָּלַע, זָלַל

tragedia *f* 1 טְרַגֶּדְיָה. 2 אָסוֹן

trágico *adj* מַעֲצִיב, טְרָגִי

tragicomedia *f* טְרָגִיקוֹמֶדְיָה

tragicómico *adj* טְרָגִיקוֹמִי

trago *m* לְגִימָה, גְּמִיעָה

tragón *adjm* גַּרְגְּרָן

traición *f* בְּגִידָה, מְעִילָה, מַעַל

traicionar *vt* בָּגַד, מָעַל

traicionero *adjm* בּוֹגְדָנִי, מוֹעֵל, בּוֹגֵד

traída *f* הֲבָאָה, הַכְנָסָה

traída de aguas הַסְפָּקַת מַיִם

traído *adj* 1 מוּבָא. 2 מְשֻׁמָּשׁ

traidor *m* בּוֹגֵד, מוֹעֵל

traílla *f* 1 רְצוּעָה. 2 מִפְלָס

traillar *vt* פִּלֵּס

traje *m* חֲלִיפָה

trajear *vt* 1 סִפֵּק לְבוּשׁ, הִלְבִּישׁ. 2 הִתְלַבֵּשׁ

trajín *m* הֲמֻלָּה, רַעַשׁ

trajinar *vti* 1 הוֹבִיל, טִלְטֵל. 2 שׁוֹטֵט, נָע וָנָד. 3 חִטֵּט

tralla *f* 1 חֶבֶל, כֶּבֶל. 2 שׁוֹט

trallazo *m* הַצְלָפָה

trama *f* 1 עֵרֶב, שְׁתִי וָעֵרֶב. 2 קֶשֶׁר, עֲלִילָה, מְזִמָּה

tramar *vt* 1 אָרַג. 2 זָמַם, הֶעֱלִיל, קָשַׁר

tramilla *f* גְּדִיל, פְּתִיל

tramitación *f* נִהֵל, נִהֵג, תַּהֲלִיךְ, פְּרוֹצֶדוּרָה

tramitar *vt* נִהֵל, נִהֵג, סִדֵּר

trámite *m* פְּעֻלָּה, נֹהַג, נֹהַל, נִהוּל, סִדּוּר, סֵדֶר

tramo *m* 1 מֶרְחָק, כִּבְרַת דֶּרֶךְ. 2 מִמְתָּח. 3 מִרְוָח

tramoya *f* 1 מַעֲרֶכֶת הַתַּפְאוּרָה. 2 תַּרְמִית, הוֹנָאָה, שֶׁקֶר. 3 הַעֲמָדַת פָּנִים

tramoyista *adjm* עוֹבֵד בָּמָה

trampa *f* 1 מַלְכֹּדֶת, פַּח. 2 דֶּלֶת מַלְכֹּדֶת. 3 הוֹנָאָה, תַּחְבּוּלָה, תַּרְמִית

trampear *vti* רִמָּה, הוֹנָה, הֶעֱרִים

trampería *f* 1 רַמָּאוּת, הוֹנָאָה. 2 מַעֲשֵׂה עָרְמָה

trampero *m* צַיָּד

trampolín *m* קֶרֶשׁ קְפִיצָה, מַקְפֵּצָה

tramposo *adjm* נוֹכֵל, רַמַּאי

tranca *f* 1 כְּלוֹנָס, מוֹט, אַלָּה. 2 בְּרִיחַ

trancar *vt* סָגַר, נָעַל

trancarse *vref* סָבַל מַעֲצִירוּת

trancazo *m* מַכַּת אַלָּה

trance *m* 1 רֶגַע, שָׁעָה גּוֹרָלִית. 2 צַעַר. 3 מְחִיר

tranco *m* 1 פְּסִיעָה, צַעַד. 2 סַף, מִפְתָּן

tranquear *vi* פָּסַע, צָעַד

tranquera *f* גֶּדֶר כְּלוֹנָסָאוֹת, גֶּדֶר יְתֵדוֹת

tranquilizante *m* מַרְגִּיעַ, מַשְׁקִיט

tranquilizar *vt* הִרְגִּיעַ, הִשְׁקִיט

tranquilo *adj* שָׁקֵט, שָׁלֵו, רוֹגֵעַ

transacción *f* 1 עֵסֶק, עִסְקָה. 2 פְּשָׁרָה, הֶסְכֵּם

transar *vti* הִסְכִּים, הִתְפַּשֵּׁר

transantlántico *adjm* 1 טְרַנְסְאַטְלַנְטִי. 2 אֳנִיַּת־אוֹקְיָנוֹס

transbordador *m* 1 מַעְבֹּרֶת, רַפְסוֹדָה. 2 רַכֶּבֶל

transbordar *vt* שִׁטְעֵן

transbordo *m* שִׁטְעוּן

transcendencia *f* 1 עֶלְיוֹנוּת, נִשְׂגָּבוּת. 2 עַל־טִבְעִיּוּת, טְרַנְסְצֶנְדֶּנְטִיּוּת

transcendental *adj* 1 נַעֲלֶה, נִשְׂגָּב. 2 חָשׁוּב בְּיוֹתֵר

transcendente *adj* טְרַנְסְצֶנְדֶּנְטִי, נִשְׂגָּב

transcender *vi* הִתְפַּשֵּׁט, הִתְפַּרְסֵם, הִתְגַּלָּה

transcontinental *adj* טְרַנְסְקוֹנְטִינֶנְטָלִי, חוֹצֵה יַבָּשֶׁת

transcribir *vt* הֶעְתִּיק

transcripción *f* תַּעְתִּיק, הֶעְתֵּק

transcripto *adjm* 1 מָעְתָּק. 2 הֶעְתֵּק, תַּעְתִּיק

transcriptor *m* מַעְתִּיק

transcurrir *vi* 1 עָבַר, חָלַף. 2 הִתְרַחֵשׁ, קָרָה, אֵרַע

transcurso *m* מֶשֶׁךְ, זְמַן

transeúnte *adjm* 1 עוֹבֵר, חוֹלֵף, בֶּן חֲלוֹף, רִגְעִי. 2 עוֹבֵר אֹרַח. 3 הוֹלֵךְ רֶגֶל

transferencia *f* הַעֲבָרָה, מְסִירָה

transferible *adj* עָבִיר

transferir *vt* הֶעֱבִיר, מָסַר

transfiguración *f* הִשְׁתַּנּוּת

transfigurar *vt* 1 שִׁנָּה צוּרָה. 2 הִשְׁתַּנָּה

transfixión *f* דְּקִירָה, בִּתּוּק

transfijo *adj* דָּקוּר, נִדְקָר

transflorar *vi* הִשְׁתַּקֵּף

transformación *f* שִׁנּוּי, תְּמוּרָה, הִשְׁתַּנּוּת

transformador *adjm* 1 מְשַׁנֶּה. 2 שַׁנַּאי, טְרַנְסְפוֹרְמָטוֹר

transformar *vt* שִׁנָּה, הֶחֱלִיף, הֵמִיר

transformismo *m* הִשְׁתַּנּוּת

transformista *m* מַאֲמִין בִּתְמוּרָה

tránsfuga *m* בּוֹרֵחַ, פָּלִיט, עָרִיק

transfundir *vt* 1 עֵרָה, הֵרִיק. 2 הֵפִיץ, פִּזֵּר

transfusión *f* עֵרוּי

transgredir *vt* הֵפֵר, עָבַר עַל־

transgresión *f* הֲפָרָה, עֲבֵרָה, חֵטְא, פֶּשַׁע

transgresor *m* עֲבַרְיָן, חוֹטֵא, פּוֹשֵׁעַ

transición *f* 1 מַעֲבָר, שִׁנּוּי. 2 תְּקוּפַת־בֵּינַיִם

transido *adj* מְדֻכָּא, עָצוּב, מְדֻכְדָּךְ

transigencia *f* הִתְפַּשְּׁרוּת, וִתּוּר

transigente *adj* וַתְּרָן

transigir *vi* וִתֵּר, הִתְפַּשֵּׁר

transistor *m* טְרַנְזִיסְטוֹר

transitable *adj* עָבִיר

transitar *vi* עָבַר, הָלַךְ, נָסַע

transitivo *adjm* 1 חוֹלֵף, אֲרָעִי. 2 פֹּעַל יוֹצֵא

tránsito *m* 1 מַעֲבָר, הַעֲבָרָה. 2 תְּנוּעָה, תַּעֲבוּרָה, תַּחְבּוּרָה

transitorio *adj* עוֹבֵר, חוֹלֵף, רִגְעִי, זְמַנִּי

translación *f* 1 הַעֲבָרָה. 2 הַעְתָּקָה. 3 תִּרְגּוּם

translimitar *vt* חָרַג, עָבַר גְּבוּל

transliteración *f* תַּעְתִּיק, תִּעְתּוּק

translucidez *f* שְׁקִיפוּת לְמֶחֱצָה, עִמּוּם

translúcido *adj* שָׁקוּף לְמֶחֱצָה, עָמוּם

transmigración *f* 1 נְדִידָה, נְדוּדִים. 2 גִּלְגּוּל

transmigrar *vi* 1 נָדַד. 2 הִתְגַּלְגֵּל

transmisión *f* 1 הַעֲבָרָה. 2 מְמְסָרָה. 3 שֶׁדֶר, תִּשְׁדֹּרֶת. 4 תִּמְסֹרֶת

transmisibilidad *f* אֶפְשָׁרוּת הַמְּסִירָה, עֲבִירוּת

transmisible *adj* בַּר מְסִירָה, בַּר הַעֲבָרָה, עָבִיר

transmisor *adjm* 1 מְשַׁדֵּר. 2 מַשְׁדֵּר

transmitir *vt* 1 שִׁדֵּר. 2 הֶעֱבִיר, מָסַר, שָׁלַח

transmutación *f* שִׁנּוּי צוּרָה, תְּמוּרָה, הֲמָרָה

transmutar *vt* 1 הֵמִיר. 2 שִׁנָּה צוּרָתוֹ

transónico *adj* עַל-קוֹלִי

transparencia *f* שְׁקִיפוּת, בְּהִירוּת

transparentarse *vref* הִשְׁתַּקֵּף, הִתְבַּהֵר

transparente *adj* שָׁקוּף, בָּהִיר

transpiración *f* זֵעָה, הַזָּעָה

transpirar *vi* הִזִּיעַ

transplantar *vt* 1 הֶעֱבִיר. 2 הִשְׁתִּיל

transplante *m* 1 נְטִיעָה, הַשְׁתָּלָה. 2 הַעֲבָרָה

transponer *vt* הֶעֱבִיר, הֶחֱלִיף, שִׁנָּה מָקוֹם

transportación *f* הוֹבָלָה, תּוֹבָלָה, הַעֲבָרָה, תַּעֲבוּרָה

transportador *adjm* 1 מַעֲבִיר, מוֹבִיל. 2 מַדְזָוִית

transportar *vt* הוֹבִיל, הֶעֱבִיר, שָׁלַח, הִסִּיעַ

transporte *m* 1 הוֹבָלָה, תּוֹבָלָה, תַּחְבּוּרָה, הַסָּעָה. 2 הִתְרוֹמְמוּת־הַנֶּפֶשׁ

transposición *f* הַעֲבָרָה, שִׁכּוּל, שִׁנּוּי, חִלּוּף

transversal *adj* 1 רָחְבִּי, חוֹצֶה. 2 אֲלַכְסוֹנִי

transverso *adj* רָחְבִּי, אֲלַכְסוֹנִי

transvertir *vt* שִׁנָּה, הֶעֱבִיר

tranvía *f* חַשְׁמַלִּית

tranzar *vt* חָתַךְ, בִּתֵּר, כָּרַת

trapacear *vt* רִמָּה, הוֹנָה

trapacería *f* הוֹנָאָה, רַמָּאוּת

trapacero, trapacista *adjm* רַמַּאי, נוֹכֵל

trapajo *m* סְמַרְטוּט, קְרָעִים

trapajoso *adj* מְרֻפָּט, בָּלוּי

trapalear *vi* נִקֵּשׁ, הִקִּישׁ, דָּפַק

trapeador *m* מַטְלִית, סְחָבָה

trapear *vt* נִקָּה בְּמַטְלִית

trapecio *m* 1 טְרַפֶּז. 2 מְרֻבָּע. 3 טְרַפֵּזוֹאִיד

trapense *adjm* שַׁתְקָן

trapezoidal *adj* טְרַפֵּזִי, טְרַפֵּזוֹאִידִי

trapezoide *m* טְרַפֵּזוֹאִיד

trapiche *m* 1 טַחֲנַת סֻכָּר. 2 גַּת. 3 מַגְרֵסָה

trapichear *vi* תִּגֵּר

trapisonda *f* 1 הֲמֻלָּה, שָׁאוֹן, רַעַשׁ, מְהוּמָה. 2 תִּסְבֹּכֶת, בִּלְבּוּל

trapo *m* 1 סְחָבָה, מַטְלִית, סְמַרְטוּט. 2 מִפְרָשׂ. 3 בֶּגֶד, לְבוּשׁ

trapos *mpl* 1 בְּגָדִים, חֲפָצִים. 2 בְּלָאִים. 3 מְטַלְטְלִים

traposo *adj* מְמֻרְטָט, קָרוּעַ

traque *m* 1 קִשְׁקוּשׁ, נְקִישָׁה. 2 קוֹל נֶפֶץ

tráquea *f* קָנֶה, גַּרְגֶּרֶת

traqueal *adj* שֶׁל קָנֶה

traquear *vi* הִרְעִישׁ, הִקִּישׁ, קִשְׁקֵשׁ

traquearteria *f* קָנֶה, גַּרְגֶּרֶת

traquetear *vit* 1 הִרְעִישׁ, הִקִּישׁ, קִשְׁקֵשׁ. 2 נִעְנַע

traqueteo *m* רַעַשׁ, הֲמֻלָּה, שָׁאוֹן, מְהוּמָה

traquido *m* קוֹל נֶפֶץ, נְקִישָׁה

tras prep אַחַר, לְאַחַר, אַחֲרֵי

tras de מֵאֲחוֹרֵי

trasbordador *m* 1 מַעְבֹּרֶת, רַפְסוֹדָה. 2 רַכֶּבֶל

trasbordar *vt* שִׁטְעֵן

trasbordo *m* שִׁטְעוּן

trasca *f* רְצוּעָה, חֲגוֹרָה

trascendencia *f* 1 עֶלְיוֹנוּת, נִשְׂגָּבוּת. 2 עַל-טִבְעִיּוּת, טְרַנְסְצֶנְדֶּנְטִיּוּת

trascendental *adj* 1 נַעֲלֶה, נִשְׂגָּב. 2 חָשׁוּב בְּיוֹתֵר

trascendente *adj* חָשׁוּב, עֶלְיוֹן, טְרַנְסְצֶנְדֶּנְטִי

trascender *vi* הִתְפַּשֵּׁט, הִתְפַּרְסֵם, הִתְגַּלָּה

trascocina *f* מִזְוֶה

trascolar *vt* סִנֵּן

trascordarse *vref* שָׁכַח

trascurrir *vi* 1 עָבַר, חָלַף. 2 הִתְרַחֵשׁ, קָרָה, אֵרַע

trascurso *m* מֶשֶׁךְ, זְמַן

trasechar *vt* אָרַב

trasegar *vt* 1 בִּלְבֵּל, עִרְבֵּב. 2 יָצַק, עֵרָה. 3 שָׁתָה לְשָׁכְרָה, הִשְׁתַּכֵּר

trasero *adjm* 1 אֲחוֹרִי. 2 אֲחוֹרַיִם, עַכּוּז, אָחוֹר

trasgo *m* 1 רוּחַ, שֵׁד, פֵּיָה. 2 שׁוֹבָב

trasgredir *vt* הֵפֵר, עָבַר עַל־

trasgresión *f* הֲפָרָה, עֲבֵרָה, חֵטְא, פֶּשַׁע

trasgresor *m* עֲבַרְיָן, חוֹטֵא, פּוֹשֵׁעַ

trashojar *vt* עִיֵּן, דִּפְדֵּף, עִלְעֵל

trasiego *m* בִּלְבּוּל, עִרְבּוּבְיָה

traslación *f* הַעֲבָרָה, הַעְתָּקָה

traslador *vt* 1 הֶעֱבִיר, הֶעְתִּיק. 2 מָסַר, טִלְטֵל

traslado *m* הַעֲבָרָה, הַעְתָּקָה

traslucirse *vref* הִשְׁתַּקֵּף

trasluz *m* 1 אוֹר אֲלַכְסוֹנִי. 2 הִשְׁתַּקְּפוּת

trasmallo *m* מִכְמֹרֶת, רֶשֶׁת

trasmañar *vt* דָּחָה מִיּוֹם לְיוֹם

trasnochada *f* 1 לֵיל שִׁמּוּרִים. 2 אֶמֶשׁ

trasnochado *adj* 1 עָיֵף (מֵאִי־שֵׁנָה). 2 מְיֻשָּׁן. 3 מְעֻפָּשׁ, בָּלֶה, תָּפֵל

trasnochador *adjm* 1 שֶׁאֵינוֹ יָשֵׁן בַּלַּיְלָה. 2 שׁוֹמֵר־לַיְלָה

trasoñar *vt* הָזָה, חָלַם בְּהָקִיץ

trasnochar *vt* 1 עָבַר לֵיל שִׁמּוּרִים. 2 לָן

traspapelarse *vref* הִשְׁתַּרְבֵּב

traspasar *vt* 1 דָּקַר, חָדַר. 2 חָצָה, עָבַר. 3 חָטָא, פָּשַׁע

traspaso *m* 1 הַעֲבָרָה, מְסִירָה. 2 יָגוֹן, צַעַר, עֶצֶב

traspié *m* 1 מְעִידָה, נְפִילָה. 2 הַמְעָדָה

trasplantar *vt* 1 הֶעֱבִיר. 2 שָׁתַל, נָטַע. 3 הִשְׁתִּיל

trasplante *m* 1 הַעֲבָרָה. 2 שְׁתִילָה. 3 הַשְׁתָּלָה

trasponer *vt* הֶעֱבִיר, הֶחֱלִיף, שִׁנָּה

trasportación *f* הוֹבָלָה, תּוֹבָלָה, תַּחְבּוּרָה, הַעֲבָרָה, תַּעֲבוּרָה

trasportador *adjm* 1 מַעֲבִיר, מוֹבִיל. 2 מַדְזָוִית, זָוִיתָן

trasportar *vt* הוֹבִיל, הֶעֱבִיר, הִסִּיעַ

trasporte *m* הוֹבָלָה, תּוֹבָלָה, תַּחְבּוּרָה, הַעֲבָרָה, תַּעֲבוּרָה

trasposición *f* הַעֲבָרָה, שִׂכּוּל, שִׁנּוּי, חִלּוּף

traspunte *m* לַחְשָׁן

trasquila *f* גַּז, גִּזָּה

trasquilar *vt* גָּזַז

trasquilón *m* 1 גִּזָּה. 2 הוֹנָאָה

trastabillar *vi* 1 מָעַד, נִכְשַׁל, נִתְקַל. 2 גִּמְגֵּם

trastabillón *m* 1 מְעִידָה, נְפִילָה. 2 הַמְעָדָה

trastada *f* נִבְזוּת, שִׁפְלוּת, נְבָלָה

trastazo *m* 1 מַכָּה, חֲבָטָה, מַהֲלֻמָּה. 2 חַבּוּרָה

traste *m* 1 מְנַעֲנֵעַ. 2 עֶצֶם, כְּלִי. 3 עַכּוּז

trastear *vti* 1 נִעְנַע. 2 נִהֵל, נָהַג. 3 טִלְטֵל. 4 פָּרַט

trastera *f* עֲלִיַּת גַּג

trastienda *f* חֶדֶר אֲחוֹרִי

trasta *m* 1 כְּלִי, עֶצֶם. 2 גְּרוּטָאָה

trastos *mpl* גְּרוּטָאוֹת

trastornar *vt* הָפַךְ, עִרְבֵּב, הִפְרִיעַ, בִּלְבֵּל

trastorno *m* הֲפִיכָה, עִרְבּוּבְיָה, הַפְרָעָה, בִּלְבּוּל

trastrocar *vt* 1 הֶחֱלִיף, שִׁנָּה. 2 הִתְהַפֵּךְ

trasudar *vi* הִזִּיעַ

trasudor *m* זֵעָה

trasunto *m* הֶעְתֵּק, תַּעְתִּיק

trasversal *adjf* 1 חוֹתֵךְ, חוֹצֶה. 2 רָחְבִּי. 3 נִצָּב

trasverso *adj* 1 נִצָּב. 2 חוֹצֶה. 3 אֲלַכְסוֹנִי

trasverter *vi* גָּלַשׁ

trata *f* סַחַר־עֲבָדִים

trata de blancas מִסְחַר נָשִׁים

tratable *adj* 1 נוֹחַ, מְקַבֵּל מָרוּת. 2 נִימוּסִי, מְנֻמָּס

tratado *m* 1 הֶסְכֵּם, חוֹזֶה, בְּרִית, אֲמָנָה. 2 מַסָּה, מַסֶּכֶת. 3 מֶחְקָר

tratamiento *m* 1 טִפּוּל. 2 הִתְנַהֲגוּת. 3 יַחַס. 4 תֹּאַר

tratante *m* סוֹחֵר, תַּגָּר

tratar *vt* 1 נִסָּה, הִשְׁתַּדֵּל. 2 טִפֵּל, דָּן, עָסַק. 3 סָחַר, תִּגֵּר. 4 הִתְיַחֵס, הִתְנַהֵג

trato *m* 1 טִפּוּל. 2 מִסְחָר, סַחַר. 3 הִתְנַהֲגוּת, הִתְיַחֲסוּת. 4 הֶסְכֵּם, חוֹזֶה. 5 מַשָּׂא וּמַתָּן

trato hecho מֻסְכָּם, סֻכַּם

trauma *f* פֶּצַע, חַבּוּרָה, חֲבָלָה

traumático *adj* חַבּוּרָתִי, שֶׁל פֶּצַע
traumatismo *m* חֲבָלָה
través *m* 1 שִׁפּוּעַ. 2 אָסוֹן, צָרָה
través (a-) דֶּרֶךְ, בֵּין
travesaño *m* 1 קוֹרָה. 2 כָּרִית
travesear *vi* 1 הִשְׁתּוֹבֵב. 2 הִרְהֵר, חָשַׁב
travesía *f* 1 נְסִיעָה. 2 מַעֲבָר, חֲצִיָּה. 3 מֶרְחָק
travesura *f* שׁוֹבְבוּת, תַּעֲלוּל, קוּנְדֵּסוּת
traviesa *f* 1 מֶרְחָק. 2 אֶדֶן
traviesco *adj* 1 שׁוֹבָב, מַרְדָּן. 2 עַלִּיז, שָׂמֵחַ
trayecto *m* 1 נָתִיב, מַסְלוּל. 2 נְסִיעָה, מַסָּע
trayectoria *f* מַסְלוּל
traza *f* 1 תַּרְשִׁים, מִתְוָה. 2 תַּבְנִית, תֵּאוּר.
3 מַרְאֶה. 4 סִימָן, צוּרָה. 5 הַמְצָאָה,
תַּחְבּוּלָה. 6 עִקְבָה, עָקֵב
trazado *adjm* 1 בַּעַל מַרְאֶה. 2 מִתְאָר, הֶקֵּף,
תַּרְשִׁים. 3 תְּוַי, נָתִיב
trazante *adj* עוֹקֵב, נוֹתֵב
trazar *vt* 1 שִׂרְטֵט, תֵּאֵר, צִיֵּר. 2 חִשֵּׁב
trazo *m* קַו, צִיּוּר, שִׂרְטוּט, רִשּׁוּם
trazumar *vi* נָטַף, נָזַל, טִפְטֵף
trébedes *fpl* חֲצוּבָה
trebejo *m* 1 כְּלִי, מַכְשִׁיר. 2 עֶצֶם. 3 כְּלִי שַׁחְמָט
trébol *m* תִּלְתָּן
trece *adjm* שְׁלֹשָׁה־עָשָׂר
treceno *adjm* הַשְּׁלֹשָׁה־עָשָׂר
trecientos *adjm* שְׁלֹשׁ מֵאוֹת
trecho *m* מֶרְחָק, מֶשֶׁךְ, תְּחוּם
trecho en trecho מִזְּמַן לִזְמַן
tregua *f* 1 הֲפוּגָה. 2 שְׁבִיתַת נֶשֶׁק
treinta *adjm* שְׁלֹשִׁים
treintavo *adjm* הַשְּׁלֹשִׁים
treintena *f* שְׁלֹשִׁים
treinteno *adj* הַחֵלֶק הַשְּׁלֹשִׁים
tremebundo *adj* אָיֹם, נוֹרָא, מַחֲרִיד
tremedal *m* אַדְמַת בֹּץ
tremendo *adj* 1 מַבְהִיל, מַבְעִית, מַחֲרִיד.
2 נוֹרָא, אָיֹם
trementina *f* שְׂרַף אֵלָה, טֶרְפֶּנְטִין
tremolar *vt* דָּגַל, הִתְנוֹסֵס, הֵנִיף, הִתְנוֹפֵף, נוֹפֵף
tremolina *f* 1 יְלֶלֶת־הָרוּחַ. 2 שָׁאוֹן, הֲמֻלָּה
trémolo *m* רַעֲדוּד
tremor *m* רְעָדָה, רַעַד, רֶטֶט, חִיל
trémulo *adj* רוֹעֵד, רוֹטֵט, חָרֵד
tren *m* 1 רַכֶּבֶת. 2 פְּאֵר, הָדָר. 3 דֶּרֶךְ חַיִּים
tren de vida דֶּרֶךְ חַיִּים
trencilla *f* גְּדִיל, סֶרֶט
trenza *f* צַמָּה, מַחְלָפָה
trenzar *vt* קָלַע, שָׁזַר
trepa *f* 1 טִפּוּס. 2 חֲדִירָה, קִדּוּחַ. 3 קִפּוּל
trepador *adjm* מְטַפֵּס
trepanación *f* קִדּוּחַ, קְרִיחָה
trépano *m* מַקְדֵּחַ
trepar *vit* 1 טִפֵּס. 2 קָדַח, נָקַב
trepidación *f* רֶטֶט, חִיל, רְעִידָה
trepidar *vi* 1 רָטַט, רָעַד. 2 הִסֵּס
tres *adjm* שְׁלֹשָׁה
trescientos *adjm* שְׁלֹשׁ מֵאוֹת
tresillo *m* שְׁלִישִׁיָּה
treta *f* תַּחְבּוּלָה, תַּכְסִיס, תַּרְמִית
trezavo *adjm* הַשְּׁלֹשָׁה־עָשָׂר
tríada *f* שְׁלִישִׁיָּה, שִׁלּוּשׁ
triangulación *f* טְרִיאַנְגּוּלַצְיָה
triangular *adjvt* 1 מְשֻׁלָּשׁ. 2 חִלֵּק
לִמְשֻׁלָּשִׁים
triángulo *adjm* מְשֻׁלָּשׁ
tribal *adj* שִׁבְטִי
tribu *m* 1 שֵׁבֶט. 2 בֵּית אָב
tribulación *f* 1 זַעֲזוּעַ, סֵבֶל, תְּלָאָה. 2 אָסוֹן,
פֶּגַע, רָעָה
tribuna *f* בָּמָה, דּוּכָן, בִּימָה
tribunal *m* בֵּית מִשְׁפָּט, בֵּית דִּין
tribuno *m* 1 סָנֵגוֹר. 2 טְרִיבּוּן. 3 נוֹאֵם, דַּרְשָׁן,
מֵלִיץ
tributario *adjm* 1 מְשַׁלֵּם מַס. 2 שֶׁל מִסִּים.
3 מְשֻׁעְבָּד. 4 יוּבַל, פֶּלֶג
tributar *vt* 1 כִּבֵּד, הוֹקִיר. 2 הֶעֱנִיק. 3 שִׁלֵּם מַס
tributo *m* 1 מַס, מַס עוֹבֵד. 2 מִנְחָה
tricentenario *m* שְׁלֹשׁ מֵאוֹת שָׁנָה
tricentésimo *adjm* (הַחֵלֶק) הַשְּׁלֹשׁ מֵאוֹת

tríceps *adjm* שְׁלָש־רָאשִׁי
triciclo *m* תְּלַת אוֹפַן
tricolor *adj* תְּלַת צִבְעִי
tricornio *adjm* 1 תְּלַת קַרְנִי. 2 כּוֹבַע תְּלַת קַרְנִי
tricot *m* אֲרִיג־טְרִיקוֹ
tricota *f* אֲפֻדָּה
tricúspide *adjm* 1 שְׁלָש חֲדוּדִי. 2 שַׁסְתּוֹם תְּלַת חֲדוּדִי
tridente *adjm* 1 תְּלַת־שִׁנִּי. 2 קִלְשׁוֹן
triedro *adj* שְׁלָשׁוֹנִי, בַּעַל שָׁלֹשׁ צְלָעוֹת
trienal *adj* תְּלַת־שְׁנָתִי
trifásico *adj* תְּלַת מוֹפָעִי, תְּלַת־זִרְמִי
trifulca *f* קְטָטָה, מְרִיבָה, תִּגְרָה
trifurcación *f* תְּלַת שִׁנִּיּוּת, תְּלַת עַנְפִיּוּת
trifurcado *adj* תְּלַת עַנְפִי, תְּלַת שִׁנִּי
trigésimo *adjm* 1 הַשְּׁלֹשִׁים. 2 חֵלֶק־הַשְּׁלֹשִׁים
trigal *m* שְׂדֵה חִטָּה, שְׂדֵה קָמָה
trigo *m* חִטָּה
trigonometría *f* טְרִיגוֹנוֹמֶטְרִיָּה
trigonométrico *adj* טְרִיגוֹנוֹמֶטְרִי
trigueño *adj* שְׁחַרְחַר, בְּרוּנֶטִי
trilátero *adj* תְּלַת צַלְעִי
trilogía *f* טְרִילוֹגְיָה
trilla *f* 1 דַּיִשׁ, דִּישָׁה. 2 עוֹנַת הַדַּיִשׁ
trillado *adj* נָדוֹשׁ, שָׁכִיחַ, שִׁגְרָתִי
trillador *adjm* דַּיָּשׁ
trilladora *f* מְכוֹנַת דַּיִשׁ
trilladura *f* דַּיִשׁ
trillar *vt* דָּשׁ, חָבַט
trillizo *m* שְׁלִישִׁיָּה
trillo *m* מְכוֹנַת דַּיִשׁ
trillón *m* טְרִילְיוֹן
trillonésimo *adjm* טְרִילְיוֹנִית
trimensual *adj* תְּלַת חָדְשִׁי
trimestral *adj* רִבְעוֹנִי, תְּלַת חָדְשִׁי
trimestre *m* טְרִימֶסְטֶר
trimotor *adj* תְּלַת מְנוֹעִי
trinar *vi* 1 טִרְלֵל, סִלְסֵל. 2 כָּעַס, רָגַז
trinca *f* שְׁלִישִׁיָּה
trincar *vt* 1 בִּתֵּר. 2 קָשַׁר, הִצְמִיד, הִדֵּק. 3 כָּפַת, אָסַר
trinchar *vt* בִּתֵּר, חָתַךְ, פִּלַּח, גָּזַר
trinche *m* מַזְלֵג
trinchera *f* חֲפִירָה, מַחְפֹּרֶת, עֶמְדָּה
trineo *m* מִזְחֶלֶת, מִגְרָרָה
trinidad *f* שִׁלּוּשׁ
trinitaria *f* אַמְנוֹן וְתָמָר (פֶּרַח)
trinitrotolueno *m* ט.נ.ט., טְרִינִיטְרוֹטוֹלוּאָן
trino *m* טִרְלוּל, טְרִיל
trinomio *m* תְּלַת־אֵיבָר
trinquete *m* 1 מַחְגֵּר. 2 מַחְבֵּט. 3 תֹּרֶן קִדְמִי. 4 מִפְרָשׂ קִדְמִי
trinquis *m* לְגִימָה
trío *m* 1 שְׁלִישִׁיָּה. 2 שַׁלְשִׁית
tríodo *m* טְרִיאוֹדָה (באלקטרוניקה)
tripa *f* מְעִי, קְרָבַיִם
tripartición *f* חֲלֻקָּה לִשְׁלֹשָׁה חֲלָקִים
tripartir *vt* שִׁלֵּשׁ, חִלֵּק לִשְׁלֹשָׁה חֲלָקִים
tripartito *adj* תְּלַת צְדָדִי, מְחֻלָּק לִשְׁלֹשָׁה
tripe *m* קְטִיפָה
triplano *m* תְּלַת־כְּנָפִי
triple *adjm* 1 מְשֻׁלָּשׁ. 2 שְׁלִישִׁיָּה
triplicación *f* הַכְפָּלָה בְּשָׁלֹשׁ, שִׁלּוּשׁ
triplicado *adj* עָשׂוּי בִּשְׁלֹשָׁה הֶעְתֵּקִים
triplicar *vt* שִׁלֵּשׁ, הִכְפִּיל בְּשָׁלֹשׁ
tríplice *adj* מְשֻׁלָּשׁ, כְּפוּל שָׁלֹשׁ
trípode *m* חֲצוּבָה
tríptico *m* 1 תְּלַת לוּחִית. 2 טְרִילוֹגְיָה
triptongo *m* תְּלַת־תְּנוּעָה
tripulación *f* צֶוֶת (של אניה או מטוס)
tripulante *m* מַלָּח, אִישׁ צֶוֶת
tripular *vt* צִוֵּת, אִיֵּשׁ, אִכְלֵס
trique *m* קוֹל נֶפֶץ
triquina *f* שַׂעֲרוֹנִית (תּוֹלַעַת הַבְּהֵמָה)
triquinosis *f* מַחֲלַת הַשַּׂעֲרוֹנִית
triquiñuela *f* תַּחְבּוּלָה, עָרְמָה
triquitraque *m* קוֹל נֶפֶץ
trirreme *m* טְרִירֵמָה (אֳנִיַּת מְשׁוֹטִים)

tris *m* 1 נְקִישָׁה, הַקָּשָׁה. 2 הֶרֶף עַיִן, רֶגַע קָט
trisar *vt* סִדֵּק, בָּקַע
trisca *f* רַעַשׁ, שָׁאוֹן, הֲמֻלָּה
triscar *vti* 1 רָקַע, הִרְעִישׁ. 2 הִשְׁתּוֹבֵב. 3 עִרְבֵּב, בִּלְבֵּל
trisecar *vt* שִׁלֵּשׁ, חִלֵּק לִשְׁלֹשָׁה חֲלָקִים שָׁוִים
trisección *f* חֲלֻקָּה לִשְׁלֹשָׁה חֲלָקִים
trisílabo *adj* תְּלַת־הֲבָרִי
triste *adj* עָצוּב, עָגוּם, נוּגֶה
tristeza *f* עֶצֶב, יָגוֹן, עַצְבוּת
tristón *adj* עָצוּב
tritio *m* טְרִיטְיוּם (מתכת)
tritón *m* 1 טְרִיטוֹן. 2 סִירוֹנִית
trituración *f* כְּתִישָׁה, שְׁחִיקָה, טְחִינָה
triturador *adjm* טוֹחֵן, כּוֹתֵשׁ
trituradora *f* מַכְתֵּשָׁה
triturar *vt* כָּתַשׁ, שָׁחַק, טָחַן, רִסֵּק
triunfador *m* מְנַצֵּחַ
triunfal *adj* שֶׁל נִצָּחוֹן
triunfante *adj* מְנַצֵּחַ
triunfar *vi* 1 נִצַּח, הִצְלִיחַ. 2 חָגַג נִצָּחוֹן
triunfo *m* נִצָּחוֹן, הַצְלָחָה
triunvirato *m* שִׁלְטוֹן שֶׁל שְׁלֹשָׁה, טְרִיוּמְוִירָט
triunviro *m* טְרִיוּמְוִיר
trivial *adj* שֶׁל מַה בְּכָךְ, פָּעוּט
trivialidad *f* הֲבָלִים, עִנְיָן שֶׁל מַה־בְּכָךְ
triza *f* רְסִיס, גֶּזֶר, חֲתִיכָה
trizar *vt* נִפֵּץ, סָדַק, בָּקַע
trocable *adj* חָלִיף, בַּר חֲלִיפִין
trocaico *adjm* 1 עִלִּי. 2 טְרוֹכֵיאוּס
trocar *vtm* 1 הֶחֱלִיף, הֵמִיר, שִׁנָּה. 2 מַזְרֵק־יְנִיקָה
trocatinta *f* 1 תַּגְרָנוּת. 2 עִרְבּוּבְיָה
trocla *f* גַּלְגִּלָּה
trocha *f* 1 נָתִיב, שְׁבִיל. 2 מְסִלָּה, דֶּרֶךְ
trochemoche (a-) *adv* בְּלִי סֵדֶר
trofeo *m* 1 שָׁלָל. 2 פְּרָס. 3 אוֹת נִצָּחוֹן
trófico *adj* הֲזָנָתִי
troglodita *adjm* שׁוֹכֵן מְעָרוֹת
troica *f* טְרוֹיקָה (שְׁלִישִׁיָּה)
troj, troje *m* אָסָם, גֹּרֶן
trole *m* מוֹט מוֹלִיךְ (שֶׁל חַשְׁמַלִּית)
trolebús *m* טְרוֹלֶבּוּס, אוֹטוֹבּוּס חַשְׁמַלִּי
tromba *f* 1 עַמּוּד מַיִם. 2 עַלְעוֹל
trombocito *m* כַּדּוּרִית לְבָנָה
tromblón *m* טְרוֹמְבּוֹן
trombosis *f* פַּקֶּקֶת, תַּקְרִישׁ
trompa *f* 1 קֶרֶן, שׁוֹפָר. 2 חַדֶּק. 3 חַרְטוֹם, חֹטֶם. 4 חֲצוֹצְרָה. 5 שְׁפוֹפֶרֶת
trompa de Eustaquio חֲצוֹצֶרֶת הַשֶּׁמַע
trompa de Falopio שְׁפוֹפֶרֶת הַשַּׁחֲלָה
trompada *f*, **trompazo** *m* סְנוֹקֶרֶת
trompeta *fm* 1 חֲצוֹצְרָה. 2 חֲצוֹצְרָן
trompetada *f* תְּקִיעָה בַּחֲצוֹצְרָה
trompetazo *m* תְּקִיעָה בַּחֲצוֹצְרָה
trompetear *vi* חִצְצֵר
trompeteo *m* תְּקִיעַת חֲצוֹצְרָה
trompetero *m* חֲצוֹצְרָן
trompetilla *f* מַכְשִׁיר שֶׁמַע
trompicar *vti* 1 הִכְשִׁיל, הִמְעִיד. 2 נִכְשַׁל, מָעַד
trompicón *m* מִכְשׁוֹל, מְעִידָה, הִתְקַלּוּת
trompis *m* סְנוֹקֶרֶת
trompo *m* סְבִיבוֹן
tronada *f* סוּפַת רְעָמִים
tronar *vi* רָעַם, הִרְעִים
tronca *f* קִטּוּם, קְטִיעָה, כְּרִיתָה, גִּמְימָה
troncal *adj* שֶׁל הַגֶּזַע
troncar *vt* קָטַע, כָּרַת, גִּמֵּם
tronco *m* 1 קוֹרָה, גֶּזַע. 2 גּוּף. 3 חָזֶה. 4 צֶמֶד, צֶוֶת
troncha *f* נַתַח, חֵלֶק, פְּרוּסָה, פֶּלַח
tronchar *vt* פִּצַּח, שָׁבַר, כָּרַת, קָצַץ
tronera *f* אֶשְׁנָב, צֹהַר
tronido *m* רַעַם, חֲזִיז
trono *m* כִּסֵּא כָּבוֹד, כֵּס מַלְכוּת
tronzar *vt* 1 פִּצַּח, שָׁבַר, כָּרַת, קָצַץ. 2 קִפֵּל. 3 עִיֵּף, הִתִּישׁ, הֶלְאָה
tropa *f* 1 חַיִל, גַּיִס, צָבָא. 2 הָמוֹן, אֲסַפְסוּף. 3 עֵדֶר
tropel *m* 1 עֵרֶב רַב, אֲסַפְסוּף, הָמוֹן.

2 עִרְבּוּבְיָה, בִּלְבּוּל

tropelía *f* 1 הִתְעַלְּלוּת, הַשְׁפָּלָה, חֵרוּף, גִּדּוּף.
2 בִּלְבּוּל, עִרְבּוּבְיָה, אַנְדְּרוֹלוֹמוּסְיָה

tropezar *vi* נִתְקַל, נִכְשַׁל, מָעַד, נָפַל

tropezón *m* מִכְשׁוֹל, תְּקָלָה, מִשְׁגֶּה

tropical *adj* טְרוֹפִּי

trópico *adjm* 1 טְרוֹפִּי. 2 חוּג, מַהְפָּךְ

tropiezo *m* 1 מִכְשׁוֹל, תְּקָלָה. 2 מִשְׁגֶּה, טָעוּת.
3 קֹשִׁי. 4 מַעְצוֹר

tropilla *f* עֵדֶר, לַהֲקָה

tropimo *m* טְרוֹפִּיזְם (תגובה מיוחדת על גירוי חיצוני)

tropo *m* הַשְׁאָלָה, מְלִיצָה

troposfera *f* טְרוֹפּוֹסְפֵרָה

troquel *m* מַטְבַּעַת

troquelar *vt* הִטְבִּיעַ (מַטְבְּעוֹת)

troqueo *m* טְרוֹכֵיאוּס

trotamundos *m* נָע וָנָד, מְשׁוֹטֵט

trotar *vi* 1 דָּהַר. 2 צָעַד. 3 רָץ

trote *m* דְּהִירָה, דַּהֲרָה

trotón *adjm* 1 דּוֹהֵר. 2 סוּס

troupe *f* לַהֲקָה, קְבוּצָה, צֶוֶת

trousseau *m* נְדוּנְיָה, מֹהַר

trova *f* שִׁיר, פִּיּוּט, חָרוּז

trovador *m* פַּיְטָן, טְרוּבָּדוּר

trovar *vti* חָרַז, פִּיֵּט

troza *f* 1 רְצוּעָה, חֲגוֹרָה. 2 גֶּזַע, כֹּרֶת

trozar *vt* 1 כָּרַת, גָּדַע. 2 קִצֵּץ. 3 חָטַב, בִּקַּע

trozo *m* חֲתִיכָה, קֶטַע, פְּרוּסָה, נֵתַח

truco *m* 1 טְרוּקוֹ (מִשְׂחַק קְלָפִים). 2 אֲחִיזַת
עֵינַיִם. 3 תַּחְבּוּלָה

truculencia *f* גַּסּוּת, אַכְזָרִיּוּת, פִּרְאוּת

truculento *adj* גַּס, אַכְזָר, פִּרְאִי

trucha *f* טְרוּטָה (דָּג)

trueno *m* רַעַם

trueque *m* חֲלִיפִין, תְּמוּרָה

trufa *f* 1 כְּמֵיהָה. 2 רַמָּאוּת, שֶׁקֶר

truhán *adjm* נָבָל, שָׁפָל, רַמַּאי

truhanada *f* נִבְזוּת, שִׁפְלוּת

truhanería *f* נִבְזוּת, שִׁפְלוּת, רַמָּאוּת

truhanesco *adj* נִבְזִי, שָׁפָל

trujamán *m* 1 מְתֻרְגְּמָן, תֻּרְגְּמָן. 2 יוֹעֵץ

trullo *m* 1 בַּרְוַז הַיְּפִי. 2 גַּת

truncamiento *m* קִטּוּם, קְטִיעָה, כְּרִיתָה

truncar *vt* קָטַע, קִצֵּץ, כָּרַת, גָּמַם

trusa *f* בֶּגֶד יָם

trust *m* טְרוּסְט, מוֹנוֹפּוֹל

tu *adj* שֶׁלְּךָ

tú *pronpers* אַתָּה, אַתְּ

tualet *m* שֻׁלְחַן פִּרְכּוּס

tuba *f* טוּבָּה

tuberculina *f* טוּבֶּרְקוּלִין

tubérculo *m* גַּבְשׁוּשִׁית, גַּבְשׁוּשׁ, פְּקַעַת

tuberculosis *f* שַׁחֶפֶת, תַּלֶּלֶת

tuberculoso *adjm* 1 שַׁחַפְתִּי. 2 חוֹלֵה שַׁחֶפֶת

tubería *f* צַנֶּרֶת

tuberosa *f* נֵרְדְּ

tuberoso *adj* בַּעַל פְּקָעוֹת, גַּבְשׁוּשִׁי

tubo *m* 1 צִנּוֹר. 2 שְׁפוֹפֶרֶת. 3 מְנוֹרָה.
4 מַבְחֵנָה

tubo de ensayo מַבְחֵנָה

tubular *adj* 1 צִנּוֹרִי. 2 שְׁפוֹפַרְתִּי

tucán *m* טוּקָן (צִפּוֹר)

tudesco *adjm* גֶּרְמָנִי, טֶבְטוֹנִי

tuerca *f* אֹם

tuerto *adjm* 1 שְׁתוּם־עַיִן. 2 עָקֹם

tuerto o derecho טוֹב אוֹ רַע

tueste *m* קְלִיָּה

tuétano *m* לְשַׁד עֲצָמוֹת

tufo *m* 1 אֵד, קִיטוֹר, הֶבֶל. 2 רֵיחַ לֹא נָעִים.
3 יְהִירוּת, גַּאַוְתָנוּת. 4 צִיצָה. 5 רֵיחַ.
6 בְּאִישָׁה, בַּאוּשׁ, סִרְחוֹן

tugurio *m* בִּקְתָּה, סֻכָּה, צְרִיף כַּפְרִי

tul *m* טוּל, מַלְמָלָה

tule *m* גֹּמֶא

tulio *m* תּוּלְיוּם (מַתֶּכֶת)

tulipa *f* 1 מָגִנּוֹר, אָהִיל, חֻפָּה. 2 צִבְעוֹנִי

tulipán *m* צִבְעוֹנִי

tullido *adjm* מְשֻׁתָּק, נָכֶה, בַּעַל מוּם

tullir *vt* 1 פָּצַע, חִבֵּל. 2 נִהְיָה בַּעַל מוּם

tumba *f* 1 קֶבֶר. 2 אֲרוֹן־קְבוּרָה. 3 כְּרִיתַת עֵצִים

tumbar *vt* הִפִּיל, הִשְׁלִיךְ, הִכְרִיעַ, הֵטִיל
tumbo *m* 1 נְפִילָה. 2 טִלְטוּל
tumefacción *f* תְּפִיחָה, נְפִיחוּת
tumefacto *adj* תָּפוּחַ, נָפוּחַ
tumescencia *f* תְּפִיחָה, תְּפִיחוּת
tumescente *adj* תּוֹפֵחַ
túmido *adj* תָּפוּחַ, נָפוּחַ
tumor *m* תְּפִיחָה, שְׂאֵת, גִּדּוּל
túmulo *m* תֵּל, גַּל, קֶבֶר
tumulto *m* הֲמֻלָּה, מְהוּמָה, שָׁאוֹן, רַעַשׁ
tumultuar *vt* אִרְגֵּן מְהוּמוֹת
tumultuoso *adj* רוֹגֵשׁ, סוֹעֵר, רַעֲשָׁנִי
tuna *f* 1 צַבָּר. 2 בַּטָּלָה
tunal *m* מַטַּע צַבָּרִים
tunanta *f* פְּרוּצָה
tunante *m* נָבָל, נִבְזֶה, נוֹכֵל, רַמַּאי, בֶּן בְּלִיַּעַל
tunar *vi* הָלַךְ בָּטֵל
tunda *f* הַכָּאָה, הַלְקָאָה
tundir *vt* 1 גָּזַר. 2 הִלְקָה, הִצְלִיף, הִכָּה
tundra *f* טוּנְדְרָה
tunear *vi* הָלַךְ בָּטֵל
túnel *m* מִנְהָרָה, נִקְבָּה
tungsteno *m* ווֹלְפְרַם
túnica *f* 1 גְּלִימָה. 2 אִצְטְלָה, גּוּפִיָּה. 3 חָלוּק, כְּסוּת
tuno *adjm* נָבָל, נִבְזֶה, נוֹכֵל, רַמַּאי, בֶּן בְּלִיַּעַל. 2 צַבָּר (צֶמַח)
tuntún (al-) *adv* בְּאַקְרַאי, בְּמִקְרֶה
tupé *m* 1 תַּלְתַּל, בְּלוֹרִית. 2 עַזּוּת, חֻצְפָּה, עֻזְפָּנוּת
tupido *adj* סָמִיךְ, צָפוּף, לָחוּץ
tupir *vt* לָחַץ, צוֹפֵף
turba *f* 1 הָמוֹן, אֲסַפְסוּף. 2 כָּבוּל, טוֹרְף
turbación *f* מְבוּכָה, תִּמָּהוֹן
turbante *m* תַּרְבּוּשׁ, מִצְנֶפֶת
turbar *vt* הֵבִיךְ, הִפְרִיעַ, הִדְאִיג, צִעֵר, הִכְאִיב
turbidez *f* דְּלִיחוּת, עֲכִירוּת
turbina *f* טוּרְבִּינָה
turbio *adj* 1 דָּלוּחַ, עָכוּר. 2 מְעֻרְבָּב, נִרְפָּשׂ. 3 חָשׁוּךְ, קוֹדֵר
turbión *m* 1 סוּפָה, סְעָרָה. 2 שִׁטָּפוֹן, מַפֹּלֶת
turbonada *f* סוּפָה, סְעָרָה
turbulencia *f* מְהוּמָה, רַעַשׁ, תְּסִיסָה
turbulento *adj* רוֹעֵשׁ, תּוֹסֵס, סוֹעֵר
turco *adjm* טוּרְקִי
turf *m* מֵרוֹץ סוּסִים
turgencia *f* תְּפִיחָה, נְפִיחוּת, תְּפִיחוּת
turgente *adj* 1 נָפוּחַ, תָּפוּחַ. 2 מְלִיצִי, יָמְרָנִי, רַבְרְבָנִי
turismo *m* תַּיָּרוּת
turista *m* תַּיָּר
turístico *adj* תַּיָּרִי
turmalina *f* טוּרְמָלִין (מַחְצָב)
turnar *vi* פָּעַל לְסֵרוּגִין
turno *m* 1 תּוֹר. 2 מַחֲזוֹר
turquesa *f* 1 נֹפֶךְ, טוּרְקִיז. 2 תַּבְנִית
turquí *adjm* 1 תּוּרְכִּי. 2 כָּחוֹל
turrón *m* נוּגָט, עוּגַת שְׁקֵדִים וּדְבַשׁ
turulato *adj* נִדְהָם, הָמוּם, מְבֻלְבָּל
tus *adjpos* שֶׁלָּכֶם
tusa *f* 1 אֶשְׁבּוֹל. 2 רַעֲמָה
tusar *vt* גָּזַז, גָּזַר
tutear *vti* כִּנָּה בִּלְשׁוֹן "אַתָּה"
tutela *f* אַפּוֹטְרוֹפְּסוּת, פִּקּוּחַ, הַשְׁגָּחָה
tutelar *adj* מַשְׁגִּיחַ, מְפַקֵּחַ
tuteo *m* כִּנּוּי בְּ"אַתָּה"
tutiplén (a-) *adv* בְּשֶׁפַע, בְּגֹדֶשׁ
tutor *m* מַשְׁגִּיחַ, אוֹמֵן, אַפּוֹטְרוֹפּוֹס
tutoría *f* אַפּוֹטְרוֹפְּסוּת, פִּקּוּחַ, הַשְׁגָּחָה
tutti-frutti *m* סָלַט־פֵּרוֹת
tuturuto *adj* נִדְהָם, הָמוּם, מְבֻלְבָּל
tuyo *adjpronpos* שֶׁלְּךָ

U

U *f* 1 אוּ, אָ, וּ, הָאוֹת הָעֶשְׂרִים וְאַרְבַּע שֶׁל
הָאָלֶף־בֵּית הַסְּפָרַדִּי. 2 אוֹ
ubérrimo *adj* 1 שׁוֹפֵעַ בְּיוֹתֵר. 2 פּוֹרֶה מְאֹד
ubicación *f* הִמָּצְאוּת. 2 הַצָּבָה. 3 הִתְמַקְּמוּת.
4 אִתּוּר. 5 מִקּוּם. 6 עֶמְדָּה
ubicar *vit* 1 נִמְצָא. 2 הֶעֱמִיד, הִצִּיב.
3 אִתֵּר, מִקֵּם
ubicuidad *f* הִמָּצְאוּת בְּכָל מָקוֹם בּוֹ־זְמַנִּית
ubicuo *adj* שֶׁנִּמְצָא בְּכָל מָקוֹם
ubre *f* עָטִין, כְּחָל
ubrera *f* פַּטֶּרֶת הַפֶּה (מַחֲלַת יְלָדִים)
ucase *m* 1 גְּזֵרָה. 2 צַו מַלְכוּת
Ud. כְּבוֹדוֹ
udómetro *m* מַד־גֶּשֶׁם
ueste *m* מַעֲרָב
¡uf! *interj* אוֹי! אוּף!
ufanarse *vref* נִזְחַח, נִזְדַּחַח, הִתְיַהֵר, הִתְרַבְרֵב
ufanía *f* זְחִיחוּת, הִתְפָּאֲרוּת, הִתְרַבְרְבוּת
ufano *adj* זָחוּחַ, יָהִיר
ujier *m* שַׁמָּשׁ, שׁוֹמֵר הַסַּף, קָוָס
ukase *m* צַו מַלְכוּת, אוּקָז (שֶׁל הַצָּארִים)
úlcera *f* 1 כִּיב, אוּלְקוּס. 2 פֶּצַע, חַבּוּרָה
ulceración *f* כִּיּוּב, כַּיֶּבֶת
ulcerar *vt* 1 כִּיֵּב. 2 הִתְכַּיֵּב
ulceroso *adj* מְכֻיָּב, כִּיבִי
ulterior *adj* 1 שֶׁמֵּעֵבֶר. 2 מְאֻחָר. 3 רָחוֹק יוֹתֵר
últimamente *adv* בַּזְּמַן הָאַחֲרוֹן, לְבַסּוֹף
ultimar *vt* 1 סִיֵּם, גָּמַר. 2 הָרַג
ultimatum *m* הַתְרָאָה אַחֲרוֹנָה, אוּלְטִימָטוּם
último *adj* אַחֲרוֹן, סוֹפִי, קִיצוֹנִי
ultra *adjm* 1 מִלְּבַד. 2 שֶׁמֵּעֵבֶר לְ־. 3 קִדֹּמֶת
בְּרֹאשׁ שְׁמוֹת־תֹּאַר לְצִיּוּן הַהַפְלָגָה
ultrajante *adj* מַעֲלִיב, מַבִּישׁ, פּוֹגֵעַ, מַחְפִּיר
ultrajar *vt* הֶעֱלִיב, גִּדֵּף, בִּיֵּשׁ, הִשְׁמִיץ
ultraje *m* עֶלְבּוֹן, גִּדּוּף, חֵרוּף, פְּגִיעָה

ultramar *m* מַעֲבָר לַיָּם
ultramarino *m* מֵעֵבֶר לַיָּם
ultranza (a-) *adv* 1 בְּכָל מְחִיר. 2 בְּכָל הַתֹּקֶף
ultratumba *f* הָעוֹלָם הַבָּא
ultravioleta *adj* אוּלְטְרָה־סָגֹל
ululación *f* יִלּוּל, זְעָקָה, צְרִיחָה
ulular *vi* יִלֵּל, זָעַק, צָרַח
ululato *m* יְלָלָה, זְעָקָה, צְרִיחָה
umbilical *adj* שָׁרְרִי, טַבּוּרִי
umbral *m* מִפְתָּן, סַף
umbría *f* צֵל, אֲפֵלָה
umbrío *adj* מוּצָל, אָפֵל
umbroso *adj* מוּצָל, מֵצֵל
un *adj* 1 הַ־. 2 אֶחָד
una *artindadj* 1 הַ־. 2 אַחַת
unánime *adj* שֶׁנַּעֲשָׂה פֶּה אֶחָד, מְאֻחָד בְּדֵעָה
unanimidad *f* אַחְדוּת דֵּעוֹת
unción *m* 1 מְשִׁיחָה. 2 דְּבֵקוּת. 3 הִתְלַהֲבוּת
uncir *vt* 1 צִמֵּד, חִבֵּר. 2 רָתַם, קָשַׁר לְעֹל
undécimo *adjm* הָאַחַד־עָשָׂר
undulación *f* גַּלִּיּוּת, תְּנוּעַת גַּלִּים
undular *vi* הִתְנַחְשֵׁל, הִתְנוֹעֵעַ, הִתְנוֹדֵד
ungimiento *m* 1 מְשִׁיחָה. 2 סִיכָה. 3 מִשְׁחָה
ungir *vt* מָשַׁח, סָךְ
ungüento *m* מִשְׁחָה
únicamente *adv* רַק, בִּלְבַד
unicameral *adj* חַד־בֵּיתִי (פַּרְלָמֶנְט)
unicelular *adj* חַד־תָּאִי
unicidad *f* 1 יְחִידוּת. 2 מְיֻחָדוּת
único *adj* 1 יָחִיד. 2 מְיֻחָד, יוֹצֵא מִן הַכְּלָל
unicornio *m* 1 קֶרֶשׁ (חַיָּה מִיתוֹלוֹגִית
חַד־קַרְנִית). 2 קַרְנַף
unidad *f* 1 יְחִידָה. 2 אֲחִידוּת. 3 אַחְדוּת, אִחוּד
unidamente *adv* יַחְדָּו, בְּיַחַד
unido *adj* 1 מְאֻחָד, מְלֻכָּד. 2 מְחֻבָּר, קָשׁוּר,

מְאַחָה. 3 מְהַדֵּק

unificación *f* אִחוּד, הַאֲחָדָה

unificar *vt* 1 מִזֵּג, אִחֵד, לִכֵּד. 2 חִבֵּר, קָשַׁר. 3 זִוֵּג. 4 הִתְאַחֵד, הִתְמַזֵּג

uniformar *vt* 1 הֶאֱחִיד, נָתַן צוּרָה אֲחִידָה. 2 הִלְבִּישׁ מַדִּים

uniforme *adjm* 1 אָחִיד, קָבוּעַ, יַצִּיב. 2 חַד גּוֹנִי. 3 מַדִּים, תִּלְבֹּשֶׁת

uniformidad *f* 1 אֲחִידוּת. 2 חַד גּוֹנִיּוּת

unigénito *adjm* בֵּן יָחִיד

unilateral *adj* חַד צְדָדִי

unión *f* 1 אִחוּד, הִתְאַחֲדוּת, בְּרִית. 2 חִבּוּר, קֶשֶׁר. 3 צֵרוּף, תִּרְכֹּבֶת

unionismo *m* אַחְדוּת, עִקָּרוֹן הָאַחְדוּת

unionista *m* אַחְדוּתָן

uníparo *adj* מוֹלִיד בֵּן אֶחָד

unipede *adj* חַד־רַגְלִי

unipersonal *adj* 1 חַד־אִישִׁי. 2 חַד־גּוּפִי (פֹּעַל)

unir *vt* 1 חִבֵּר, קָשַׁר, זִוֵּג. 2 הִתְאַחֵד, הִתְחַבֵּר, הִתְקַשֵּׁר, הִתְמַזֵּג

unisexual *adj* חַד־מִינִי

unisón *adj* חַד־קוֹלִי

unisonancia *f* חַד־צְלִילִיּוּת, חַד־קוֹלִיּוּת

unísono *m* חַד־קוֹלִיּוּת

unísono (al-) *adv* פֶּה אֶחָד

unitario *adjm* אַחְדוּתִי, אוּנִיטָרִי

unitivo *adj* מְאַחֵד, מְלַכֵּד

univalente *adj* חַד־עֶרְכִּי

univalvo *adjm* חַד קַשְׂוִי (רַכִּיכָה)

universal *adj* 1 כְּלָלִי. 2 עוֹלָמִי, אוּנִיבֶרְסָלִי

universalidad *f* 1 כְּלָלִיּוּת. 2 עוֹלָמִיּוּת, אוּנִיבֶרְסָלִיּוּת

universalismo *m* עוֹלָמִיּוּת, אוּנִיבֶרְסָלִיּוּת

universalista *adjm* 1 אוּנִיבֶרְסָלִי. 2 אוּנִיבֶרְסָלִיסְט

universalizar *vt* עָשָׂה לְאוּנִיבֶרְסָלִי

universidad *f* מִכְלָלָה, אוּנִיבֶרְסִיטָה

universitario *adj* אוּנִיבֶרְסִיטָאִי

universo *adjm* 1 עוֹלָמִי. 2 תֵּבֵל, עוֹלָם, יְקוּם

unívoco *adjm* 1 כּוֹלֵל. 2 שֵׁם כּוֹלֵל

uno *pronindadjm* 1 ה׳. 2 אֶחָד

uno a uno כָּל אֶחָד, אֶחָד אֶחָד

uno que otro אֲחָדִים, אֵי־אֵלּוּ

uno y otro שְׁנֵיהֶם כְּאֶחָד

unos cuantos כַּמָּה, אֲחָדִים

untadura *f* 1 מִשְׁחָה. 2 מְשִׁיחָה, מְרִיחָה

untamiento *m* מְשִׁיחָה, מְרִיחָה

untar *vt* מָשַׁח, מָרַח

unto *m* מִשְׁחָה

untuosidad *f* שַׁמְנוּנִיּוּת

untuoso *adj* שָׁמֵן, שַׁמְנוּנִי

untura *f* 1 מִשְׁחָה. 2 מְשִׁיחָה, מְרִיחָה

uña *f* 1 צִפֹּרֶן. 2 טֶלֶף. 3 מַקּוֹר. 4 עֹקֶץ

uña y carne יְדִידִים בְּלֵב וָנֶפֶשׁ

uñada *f* סְרִיטָה

uñero *m* 1 צִפֹּרֶן חוֹדֶרֶת. 2 מִרְסָה מִתַּחַת לַצִּפֹּרֶן

¡upa! *interj* 1 הֵי הוֹפּ! אֶל עָל!

uranálisis *m* בְּדִיקַת שֶׁתֶן

uranio *m* אוּרַנְיוּם

Urano *m* אוּרָנוּס (כּוֹכָב)

urbanidad *f* נִימוּסִים, אֲדִיבוּת, דֶּרֶךְ אֶרֶץ

urbanismo *m* תּוֹרַת בִּנּוּי־עָרִים

urbanización *f* עִיּוּר, אוּרְבַּנִיזַצְיָה

urbanizar *vt* 1 עִיֵּר. 2 הָפַךְ לְעִירוֹנִי

urbano *adj* 1 עִירוֹנִי. 2 אָדִיב, מְנֻמָּס

urbe *f* כְּרַךְ

urdiembre, urdimbre *f* שְׁתִי

urdir *vt* 1 שִׁזֵּר, פִּתֵּל. 2 שֵׂרַג. 3 זָמַם מְזִמּוֹת

urea *f* שִׁתְנָן

uremia *f* שַׁתֶּנֶת הַדָּם

urémico *adj* שֶׁל שַׁתֶּנֶת

uréter *m* שָׁפְכָן, מוֹבִיל הַשֶּׁתֶן

uretra *f* שָׁפְכָה

urgencia *f* דְּחִיפוּת, דֹּחַק, נְחִיצוּת

urgente *adj* דָּחוּף, מִיָּדִי

urgir *vi* 1 דָּחַק. 2 הָיָה נָחוּץ

úrico *adj* שִׁתְנִי

urinación *f* הַשְׁתָּנָה

urinal *adjm* 1 שִׁתְנִי. 2 מִשְׁתָּנָה

urinálisis *m* בְּדִיקַת שֶׁתֶן

urinario *adjm* 1 שִׁתְנִי. 2 מִשְׁתָּנָה

urna *f* 1 קַלְפִּי. 2 תֵּבָה, אָרוֹן. 3 כַּד

uro *m* רְאֵם

urogallo *m* תַּרְנְגוֹל־בָּר

urología *f* אוּרוֹלוֹגְיָה, חֵקֶר הַשָּׁתָן

urológico *adj* אוּרוֹלוֹגִי

urólogo *m* אוּרוֹלוֹג

urraca *f* עַקְעָק (צִפּוֹר)

úrsido *adjm* 1 דֻּבִּי. 2 מִשְׁפַּחַת הַדֻּבִּים

ursino *adj* דֻּבִּי

urticaria *f* סַרְפֶּדֶת

usado *adj* 1 מְשֻׁמָּשׁ, בָּלוּי, יָשָׁן. 2 מֻרְגָּל, רָגִיל. 3 מְקֻבָּל, שָׁכִיחַ. 4 מְיֻמָּן, מְאֻמָּן

usanza *f* 1 נֹהַג, מִנְהָג, הֶרְגֵּל. 2 שִׁמּוּשׁ

usar *vti* 1 הִשְׁתַּמֵּשׁ. 2 נָהַג, הָיָה רָגִיל. 3 שִׁמֵּשׁ כְּ־

usía *pronper* כְּבוֹדוֹ

usina *f* 1 תַּחֲנַת חַשְׁמַל. 2 מִפְעָל, בֵּית חֲרֹשֶׁת

uso *m* 1 שִׁמּוּשׁ, נֹהַג, מִנְהָג, הֶרְגֵּל. 2 בְּלַאי, פְּחָת, הִתְבַּלּוּת

uso de razón תְּבוּנָה, בִּינָה, הֲבָנָה

usted *pronper* כְּבוֹדוֹ

ustión *m* בְּעֵרָה, דְּלֵקָה

ustorio *adj* בּוֹעֵר, דּוֹלֵק

usual *adj* שָׁכִיחַ, רָגִיל, מָצוּי, מְקֻבָּל

usualmente *adv* בְּדֶרֶךְ כְּלָל

usucapión *f* חֲזָקָה

usufructo *m* 1 טוֹבַת הֲנָאָה. 2 רֶוַח, רְוָחִים

usufructuar *vti* 1 הֵפִיק תּוֹעֶלֶת, הֵפִיק רְוָחִים. 2 נֶהֱנָה

usura *f* נֶשֶׁךְ

usurario *adj* נוֹשְׁכָנִי, שֶׁל נֶשֶׁךְ

usurero *m* נוֹשְׁכָן, מַלְוֶה בְּרִבִּית

usurpación *f* חָמָס, עֹשֶׁק, גָּזֵל

usurpador *adjm* חַמָּס, עוֹשֵׁק, תּוֹפֵס בְּכֹחַ

usurpar *vt* חָמַס, עָשַׁק, גָּזַל, תָּפַס שֶׁלֹּא כַּחֹק

utensilio *m* כְּלִי, מַכְשִׁיר, תַּשְׁמִישׁ

útero *m* רֶחֶם

uterino *adj* רַחְמִי, שֶׁל הָאֵם

útil *adjm* 1 שִׁמּוּשִׁי, מוֹעִיל, יָעִיל. 2 תּוֹעֶלֶת. 3 מֻתָּר, חֻקִּי. 4 כֵּלִים, מַכְשִׁירִים

utilidad *f* 1 שִׁמּוּשִׁיּוּת. 2 תּוֹעֶלֶת. 3 רְוָחִיּוּת

utilitario *adj* שִׁמּוּשִׁי, מוֹעִיל, מַעֲשִׂי, תּוֹעַלְתִּי

utilitarismo *m* תּוֹעַלְתָּנוּת

utilitarista *adjm* תּוֹעַלְתָּן

utilizable *adj* מוֹעִיל, בַּר שִׁמּוּשׁ, בַּר תּוֹעֶלֶת

utilización *f* נִצּוּל, שִׁמּוּשׁ

utilizar *vt* נִצֵּל, שִׁמֵּשׁ, הִשְׁתַּמֵּשׁ, הֵפִיק תּוֹעֶלֶת

útilmente *adv* בְּדֶרֶךְ מוֹעִילָה

utopia, utopía *f* אוּטוֹפְּיָה, חֲלוֹם בְּהָקִיץ

utópico *adj* אוּטוֹפִּי

utopista אוּטוֹפִּיסְט, בַּעַל־חֲלוֹמוֹת

utrero *m* שׁוֹר צָעִיר, פַּר צָעִיר

uva *f* 1 עֵנָב. 2 גֶּפֶן

uval *adj* עֲנָבִי, דּוֹמֶה לְעֵנָב

úvea *f* עִנְבִיָּה

uvero *adjm* 1 שֶׁל עֲנָבִים. 2 מוֹכֵר עֲנָבִים

úvula *f* עִנְבָּל, לְהָאָה

uvular *adj* עִנְבָּלִי

uxoricida *m* הוֹרֵג אִשְׁתּוֹ, רוֹצֵחַ אִשְׁתּוֹ

uxoricidio *m* הֲרִיגַת אִשְׁתּוֹ, רֶצַח אִשְׁתּוֹ

V

V *f* וֶ, בֶ, הָאוֹת הָעֶשְׂרִים וְחָמֵשׁ שֶׁל הָאָלֶף־בֵּית הַסְּפָרַדִּי

vaca *f* פָּרָה

vacación *f* חֹפֶשׁ, חֻפְשָׁה, פַּגְרָה, נֹפֶשׁ, הַפְסָקָה

vacada *f* עֵדֶר

vacancia *f* 1 מָקוֹם פָּנוּי. 2 מִשְׂרָה פְּנוּיָה

vacante *adjf* 1 פָּנוּי, חָפְשִׁי, בָּטֵל. 2 מִשְׂרָה פְּנוּיָה

vacar *vi* 1 נִשְׁאַר בָּטֵל. 2 הִתְפַּטֵּר. 3 הִתְפַּנָּה

vaciadero *m* 1 צִנּוֹר. 2 בִּיב

vaciado *m* דְּפוּס, יְצִיקָה

vaciamiento *m* 1 הֲרָקָה. 2 הִתְרוֹקְנוּת. 3 יְצִיקָה

vaciar *vt* 1 הֵרִיק, רוֹקֵן. 2 שָׁפַךְ, יָצַק. 3 הִשְׁלִיךְ

vaciedad *f* רֵיקָנוּת, שְׁטוּת, טִפְּשׁוּת, פְּתַיּוּת

vacilación *f* 1 הִסּוּס, פִּקְפּוּק. 2 הִתְלַבְּטוּת. 3 מְבוּכָה. 4 הִתְנוֹדְדוּת

vacilar *vi* 1 הִסֵּס, פִּקְפֵּק. 2 הִתְלַבֵּט. 3 הִתְנוֹדֵד

vacío *adjm* 1 חָלוּל, רֵיק, פָּנוּי, נָבוּב. 2 בָּטֵל. 3 שִׁטְחִי, טִפְּשִׁי. 4 רִיק, חָלָל

vaco *adjm* 1 פָּנוּי. 2 שׁוֹר

vacuidad *f* רֵיקוּת, רֵיקָנוּת, חָלָל

vacuna *f* תַּרְכִּיב

vacunación *f* הַרְכָּבָה

vacunar *vt* 1 הִרְכִּיב. 2 חִסֵּן

vacuno *adj* בְּקָרִי

vacuo *adjm* 1 רֵיק, נָבוּב. 2 מִשְׂרָה פְּנוּיָה. 3 רִיק

vacuola *f* בּוּעִית

vadeable *adj* עָבִיר

vadear *vt* 1 חָצָה, עָבַר. 2 הִתְגַּבֵּר עַל־. 3 הִתְנַהֵג

vado *m* מַעֲבָר, מַעְבָּרָה

vagabundear *vi* שׁוֹטֵט, נָע וָנָד, נָדַד

vagabundeo *m* נְדִידָה, שׁוֹטְטוּת

vagabundo *adjm* נוֹדֵד, נַוָּד

vagamente *adv* בִּמְעֻרְפָּל, סְתָמִית

vagancia *f* נַוָּדוּת, שׁוֹטְטוּת, נְדִידָה

vagante *adjm* נוֹדֵד, נָע וָנָד

vagar *vim* 1 נוֹדֵד, שׁוֹטֵט, נָע, נָד. 2 שׁוֹטְטוּת, נְדִידָה

vagaroso *adj* נוֹדֵד, מְשׁוֹטֵט

vagido *m* יְבָבָה, יְלָלָה

vagina *f* נַרְתִּיקָה, פֹּת, בֵּית־הָרֶחֶם

vaginal *adj* נַרְתִּיקִי

vaginitis *f* דַּלֶּקֶת־הַנַּרְתִּיקָה

vago *adjm* 1 נוֹדֵד, מְשׁוֹטֵט. 2 בַּטְלָן, יוֹשֵׁב קְרָנוֹת. 3 מְעֻרְפָּל, סְתָמִי. 4 הָעָצָב הַתּוֹעֶה

vagón *m* קָרוֹן

vagonada *f* מִטְעַן קָרוֹן

vagoneta *f* קְרוֹנִית

vaguear *vi* 1 שׁוֹטֵט, נָדַד. 2 הָלַךְ בָּטֵל

vaguedad *f* עִרְפּוּל, אִי בְּהִירוּת, סְתָמִיּוּת

vaharada *f* נְשִׁימָה, הִתְאַדּוּת, הִתְנַדְּפוּת

vahear *vi* הוֹצִיא הֶבֶל מִפִּיו

vahido *m* סְחַרְחֹרֶת

vaho *m* 1 נְשִׁימָה. 2 הֶבֶל, אֵד, אֵדִים, קִיטוֹר. 3 סִרְחוֹן, צַחֲנָה

vaina *f* 1 נָדָן. 2 נַרְתִּיק, תַּרְמִיל

vainica *f* שִׁפּוּי, אִמְרָה, מְלָל

vainilla *f* 1 שָׁנָף, וָנִיל. 2 שִׁפּוּי, אִמְרָה

vaivén *m* 1 טִלְטוּל, נִעְנוּעַ, נִיד, נִדְנוּד. 2 מְטֻטֶּלֶת

vajilla *f* סַכּוּ"ם, מַעֲרֶכֶת כְּלֵי שֻׁלְחָן

val *m* עֵמֶק

vale *m* 1 שְׁטַר חוֹב, שְׁטַר הִתְחַיְּבוּת, הַמְחָאָה. 2 שׁוֹבֵר. 3 חֶשְׁבּוֹן, קַבָּלָה. 4 שָׁלוֹם!

valedero *adj* 1 יָקָר, בַּעַל עֵרֶךְ. 2 בַּר־תֹּקֶף

valedor *m* 1 מֵלִיץ יֹשֶׁר. 2 פַּטְרוֹן

valencia *f* עֶרְכִּיּוּת

valentía *f* אֹמֶץ, אֹמֶץ לֵב, גְּבוּרָה, הֶעָזָה

valentón *adjm* רַבְרְבָן, שַׁחֲצָן, גַּאַוְתָן
valentonada *f* רַבְרְבָנוּת, שַׁחֲצָנוּת, גַּאַוְתָנוּת
valentonería *f* רַבְרְבָנוּת, שַׁחֲצָנוּת
valer *vim* 1 הָיָה שָׁוֶה, עָלָה. 2 אֹמֶץ. 3 מְחִיר
valer la pena הָיָה כְּדַאי
valer más הָיָה עָדִיף, הָיָה רָצוּי, הָיָה מְבֻכָּר, הָיָה שָׁוֶה יוֹתֵר
valer por הָיָה מַתְאִים לְ־
valeriana *f* 1 וָלֶרְיָנָה (צֶמַח). 2 תְּרוּפַת־הַרְגָּעָה
valerosamente *adv* בִּגְבוּרָה, בְּאֹמֶץ
valerosidad *f* גְּבוּרָה, אֹמֶץ
valeroso *adj* אַמִּיץ, גִּבּוֹר, אַמִּיץ לֵב
valerse de הִשְׁתַּמֵּשׁ בְּ־
valetudinario *adj* חוֹלָנִי, חָלוּשׁ
¡válgame Dios! יִשְׁמְרֵנִי הַשֵּׁם! לְמַעַן הַשֵּׁם!
valía *f* 1 עֵרֶךְ, שֹׁוִי, מְחִיר. 2 הַשְׁפָּעָה
validación *f* תֹּקֶף, אִשּׁוּר, קִיּוּם
validar *vt* תִּקֵּף, אִשֵּׁר, קִיֵּם
validez *f* תֹּקֶף, חֻקִּיּוּת, אִשּׁוּר, קִיּוּם
valido *adjm* 1 מְקֻבָּל, רָאוּי, מַתְאִים. 2 בֶּן חָסוּת. 3 חָסוּת
válido *adj* 1 שָׁרִיר, תָּקֵף, תּוֹפֵס, חֻקִּי. 2 בָּרִיא
valiente *adjm* אַמִּיץ, עַז נֶפֶשׁ, גִּבּוֹר
valientemente *adv* בְּאֹמֶץ, בִּגְבוּרָה
valija *f* 1 מִזְוָדָה. 2 אַמְתַּחַת דֹּאַר
valimiento *m* 1 יִתְרוֹן, תּוֹעֶלֶת, רֶוַח. 2 חֶסֶד, חֵן. 3 חָסוּת
valioso *adj* 1 יָקָר, מוֹעִיל, חָשׁוּב, נִכְבָּד, יְקַר עֵרֶךְ. 2 אָמִיד, עָשִׁיר
valor *m* 1 אֹמֶץ, אֹמֶץ לֵב, גְּבוּרָה. 2 עֵרֶךְ, שֹׁוִי, עֲלוּת. 3 מְחִיר. 4 הָעָזָה. 5 נְיַר־עֵרֶךְ, מְנָיָה
valoración *f* הַעֲרָכָה, אֻמְדָּן, שׁוּמָה
valorar *vt* הֶעֱרִיךְ, אָמַד, שִׁעֵר, שָׂם
valores *mpl* נְיָרוֹת עֵרֶךְ
valoría *f* 1 יַחַס־הַעֲרָכָה. 2 עֶרְכִּיּוּת
valorización *f* 1 אֹמֶד, אֻמְדָּן, הַעֲרָכָה, שׁוּמָה. 2 הִתְיַקְּרוּת
valorizar *vt* 1 הֶעֱרִיךְ, הֶאֱמִיד, אָמַד, שִׁעֵר, שָׂם. 2 הִתְיַקֵּר
vals *m* וַלְס (רִקּוּד)
valsar *vi* רָקַד וַלְס
valuación *f* 1 אֻמְדָּן, הַעֲרָכָה, שׁוּמָה. 2 הִתְיַקְּרוּת
valuador *adjm* מַעֲרִיךְ, שַׁמַּאי
valuar *vt* אָמַד, הֶעֱרִיךְ, שִׁעֵר, שָׂם
valva *f* 1 צֶדֶף. 2 שַׁסְתּוֹם, מַסְתֵּם
válvula *f* 1 שַׁסְתּוֹם, מַסְתֵּם. 2 שְׁפוֹפֶרֶת
valvular *adj* שַׁסְתּוֹמִי, מַסְתֵּמִי
valla *f* 1 גָּדֵר. 2 מִכְשׁוֹל, מַחְסוֹם, מְחִצָּה. 3 מְשׂוּכָה
valladar *m* 1 גָּדֵר. 2 מִכְשׁוֹל
vallado *m* גָּדֵר
vallar *vtmadj* 1 גָּדַר. 2 גָּדֵר. 3 שֶׁל גָּדֵר
valle *m* עֵמֶק, בִּקְעָה, גַּיְא
vampiro *m* 1 עַרְפָּד. 2 עוֹשֵׁק, נַצְלָן
vanadio *m* וָנַדְיוּם
vanagloria *f* רַבְרְבָנוּת, יְהִירוּת, זְחִיחוּת
vanagloriarse *vref* הִתְרַבְרֵב, נִזְחַח, נִזְדַּחַח
vanaglorioso *adj* רַבְרְבָן, זָחוּחַ, יָהִיר
vanamente *adv* לַשָּׁוְא, לְלֹא תּוֹעֶלֶת
vandálico *adj* וַנְדָּלִי, בַּרְבָּרִי, פִּרְאִי
vandalismo *m* וַנְדָּלִיּוּת, בַּרְבָּרִיּוּת, פִּרְאוּת
vándalo *adjm* וַנְדָּל, בַּרְבָּרִי
vanguardia *f* חָלוּץ, נַחְשׁוֹן
vanidad *f* 1 הֶבֶל, הַבְלוּת. 2 הִתְרַבְרְבוּת
vanidoso *adj* רַבְרְבָן, שַׁחֲצָן, זָחוּחַ, יָהִיר
vano *adjm* 1 נָבוּב, רֵיק, אַפְסִי, חֲסַר־עֵרֶךְ. 2 גֻּמְחָה, שֶׁקַע, קַעַר. 3 סַף, אֶדֶן
vapor *m* קִיטוֹר, הֶבֶל, אֵד
vaporización *f* אִדּוּי, הִתְאַדּוּת
vaporizador *adjm* מְאַדֶּה, מַזְלֵף, מְרַסֵּס
vaporizar *vti* 1 אִיֵּד. 2 רִסֵּס, זִלֵּף. 3 הִתְאַדָּה
vaporosidad *f* 1 הִתְאַדּוּת. 2 עֲדִינוּת, דַּקּוּת
vaporoso *adj* 1 אַדִי. 2 עָדִין, דַּק
vapulación f, הַצְלָפָה,
vapulamiento *m* הַלְקָאָה
vapulear *vt* הִלְקָה, הִצְלִיף, הִכָּה
vapuleo *m* הַלְקָאָה, הַצְלָפָה
vaquería *f* 1 עֵדֶר. 2 רֶפֶת. 3 מַחְלָבָה
vaqueriza *f* רֶפֶת

vaquerizo *adjm* 1 בְּקָרִי. 2 רַפְתָּן. 3 בּוֹקֵר
vaquero *adjm* 1 בְּקָרִי. 2 בּוֹקֵר
vaqueta *f* עוֹר בָּקָר מְעֻבָּד
vara *f* 1 מַטֶּה, מַקֵּל, מוֹט. 2 יָצוּל. 3 אַמָּה. 4 שַׁרְבִיט, שֵׁבֶט
varada *f* עֲלִיָּה עַל שִׂרְטוֹן
varadero *m* מִסְפָּן
varadura *f* עֲלִיָּה עַל שִׂרְטוֹן
varar *vi* עָלָה עַל שִׂרְטוֹן
vararo *m* חֲבָטַת־מַקֵּל
varear *vt* 1 חָבַט, הִצְלִיף, הִכָּה. 2 דִּרְבֵּן בְּמַלְמָד. 3 מָכַר לְפִי אַמָּה
variabilidad *f* 1 הִשְׁתַּנּוּת, חִלּוּף. 2 הֲפַכְפְּכוּת
variable *adj* מִשְׁתַּנֶּה, הֲפַכְפַּךְ, חָלִיף, שׁוֹנֶה
variación *f* חִלּוּף, שִׁנּוּי, הִשְׁתַּנּוּת, שִׁנּוּי, וָרְיַצְיָה
variado *adj* מְגֻוָּן, רַב גּוֹנִי, שׁוֹנֶה
variante *adjf* 1 מִשְׁתַּנֶּה. 2 גִּרְסָה, נֹסַח אַחֵר
variar *vt* 1 שִׁנָּה, גִּוֵּן, הֶחֱלִיף. 2 הִשְׁתַּנָּה, הִתְחַלֵּף
várice *f* דַּלִּיּוֹת
varicela *f* אֲבַעְבּוּעוֹת רוּחַ
varicocela *f* דַּלִּיּוֹת כִּיס הָאֲשָׁכִים, פֶּקַע דַּלִּיתִי
varicocidad *f* דַּלִּיּוֹת
varicosis *f* דַּלִּיּוֹת הָרַגְלַיִם
varicoso *adj* דַּלִּיתִי
variedad *f* 1 שֹׁנִי, רַב גּוֹנִיּוּת. 2 מִין, סוּג, זַן. 3 מִבְחָר
variedades *fpl* וָרְיֶטֶה, רַב־מוֹפָע
varilla *f* 1 קָנֶה, שֵׁבֶט, שַׁרְבִיט. 2 חִשּׁוּר
varillaje *m* מַעֲרֶכֶת חִשּׁוּרִים
vario *adj* 1 מְגֻוָּן, רַב גּוֹנִי. 2 שׁוֹנֶה
variola *f* אֲבַעְבּוּעוֹת
varioloso *adjm* חוֹלֵה־אֲבַעְבּוּעוֹת
varios *adjpl* 1 שׁוֹנוֹת. 2 אֲחָדִים
varón *m* 1 זָכָר, גֶּבֶר. 2 בֶּן אָדָם
varonil *adj* גַּבְרִי, אֲצִילִי
vasallaje *m* 1 עַבְדוּת, שִׁעְבּוּד. 2 וַסָּלִיּוּת
vasallo *adjm* 1 עֶבֶד, מְשֻׁעְבָּד. 2 וָסָל
vasar m, vasera *f* אִצְטַבַּת־מִטְבָּח
vascular *adj* צִנּוֹרִי, שֶׁל כְּלֵי הַדָּם
vaselina *f* וָזֶלִין
vasija *f* 1 כְּלִי, כַּד, קַנְקַן. 2 מַעֲרֶכֶת־כַּדִּים
vaso *m* 1 כּוֹס. 2 כַּד, צִנְצֶנֶת, אֲגַרְטָל. 3 כְּלִי
vástago *m* 1 בֵּן, צֶאֱצָא. 2 נֵבֶט, נֵצֶר, חֹטֶר. 3 מוֹט הַבּוּכְנָה
vastedad *f* מֶרְחָב, רֹחַב, גֹּדֶל
vasto *adj* רָחָב, גָּדוֹל, עָצוּם, נִרְחָב, מְרֻוָּח
vate *m* 1 מְנַבֵּא, מַגִּיד עֲתִידוֹת, חוֹזֶה, מְנַחֵשׁ. 2 פַּיְטָן, מְשׁוֹרֵר
vaticano *madj* 1 וָטִיקָן. 2 שֶׁל הַוָּטִיקָן
vaticinador *adjm* מְנַחֵשׁ, חוֹזֶה, מַגִּיד עֲתִידוֹת
vaticinar *vt* נִחֵשׁ, חָזָה, נִבָּא
vaticinio *m* נִבּוּי, נְבוּאָה, נִחוּשׁ
vatídico *adj* נְבוּאִי, חֲזוֹנִי
vatio *m* וַט
vaya *f* לַעַג, לִגְלוּג, בּוּז
vecinal *adj* שְׁכֵנִי, שְׁכוּנָתִי, סְבִיבָתִי
vecindario *m* 1 שְׁכֵנִים. 2 שְׁכֵנוּת, סְבִיבָה
vecinidad *f* שְׁכֵנוּת, סְבִיבָה, שְׁכוּנָה
vecino *adjm* 1 שָׁכֵן. 2 קָרוֹב. 3 דּוֹמֶה, שָׁוֶה
vector *m* וֶקְטוֹר
vectorial *adj* וֶקְטוֹרִי, שֶׁל וֶקְטוֹר
veda *f* 1 אִסּוּר, מְנִיעָה. 2 כִּתְבֵי קֹדֶשׁ שֶׁל הֹדּוּ
vedado *m* פַּרְק לְאֻמִּי
vedar *vt* אָסַר, מָנַע
vedeja *f* 1 רַעְמָה. 2 תַּלְתַּל
vedette *f* שַׂחֲקָנִית רָאשִׁית
vedija *f* קְוֻצָּה, מַחְלָפָה
vadijoso *adj* מְסֻלְסָל, מְתֻלְתָּל, מְקֻרְזָל
veedor *adjm* 1 סַקְרָן. 2 מַשְׁקִיף, מְפַקֵּחַ, מַשְׁגִּיחַ
veeduria *f* פַּקָּחוּת, הַשְׁגָּחָה
vega *f* בִּקְעָה, גַּיְא
vegetación *f* 1 צִמְחִיָּה, צְמִיחָה. 2 גִּדּוּל, גְּדִילָה. 3 הִתְנַוְּנוּת
vegetal *adjm* 1 צוֹמֵחַ, צִמְחִי. 2 צֶמַח
vegetar *vi* 1 צָמַח, גָּדַל. 2 הִתְנַוֵּן
vegetariano *adjm* צִמְחוֹנִי
vegetativo *adj* צִמְחִי, מַצְמִיחַ
vehemencia *f* הִתְלַהֲבוּת, לַהַט, נִמְרָצוּת, תַּקִּיפוּת

vehemente *adj* תַּקִּיף, נִלְהָב, נִמְרָץ
vehículo *m* 1 רֶכֶב, כְּלִי רֶכֶב. 2 מַעֲבִיר, כְּלִי
veintavo *adjm* 1 הָעֶשְׂרִים. 2 חֵלֶק הָעֶשְׂרִים
veinte *adj* עֶשְׂרִים
veintena *f* עֶשְׂרִים
veinteno *adjm* 1 הָעֶשְׂרִים. 2 חֵלֶק הָעֶשְׂרִים
veintécimo *adjm* הַחֵלֶק הָעֶשְׂרִים
vejación *f* הַטְרָדָה, הַטְרָחָה
vejamen *m* הַטְרָדָה, הַטְרָחָה, הַפְרָעָה
vejancón *adjm* יָשִׁישׁ, קָשִׁישׁ
vejar *vt* הִטְרִיד, הִטְרִיחַ, הֵצִיק, הִקְנִיט
vejatorio *adj* מַקְנִיט, מֵצִיק, מַכְעִיס, מַטְרִיד
vejestorio *m* יָשִׁישׁ, קָשִׁישׁ, בָּלֶה מְזֹקָן
vejete *m* זָקֵן, יָשִׁישׁ
vejez *f* זִקְנָה, יְשִׁישׁוּת
vejiga *f* 1 שַׁלְפּוּחִית. 2 אֲבַעְבּוּעָה, בּוּעָה
vejigatorio *m* אִסְפְּלָנִית, רְטִיָּה
vela *f* 1 עֵרוּת. 2 מִשְׁמָר לֵילִי. 3 מִשְׁמֶרֶת־לַיְלָה. 4 נֵר. 5 מִפְרָשׂ
velación *f* 1 עֵרוּת. 2 צִעוּף הַכַּלָּה (בִּשְׁעַת הַחֻפָּה)
velada *f* נֶשֶׁף, נִשְׁפִּיָּה
velado *adjmf* 1 רָעוּל, מְצֹעָף, מְכֻסֶּה. 2 בַּעַל אוֹ אִשָּׁה חֻקִּיִּים. 3 עַרְפִּלִי, אַפְלוּלִי
velador *m* 1 שׁוֹמֵר, נוֹטֵר, זָקִיף. 2 אֲרוֹן לַיְלָה. 3 שֻׁלְחַן לַיְלָה
velaje, velamen *m* מַעֲרֶכֶת מִפְרָשִׂים
velar *vtadj* 1 שָׁמַר, הִשְׁגִּיחַ, פִּקֵּחַ. 2 הָיָה עֵר. 3 כִּסָּה, טִשְׁטֵשׁ, הִסְתִּיר. 4 וִילוֹנִי
velatorio *m* מִשְׁמַר־כָּבוֹד לְנִפְטָר
veleidad *f* 1 קַפְרִיסָה. 2 הֲפַכְפְּכָנוּת, קַלּוּת דַּעַת
veleidoso *adj* קַל דַּעַת, הֲפַכְפְּכָן
velero *m* 1 אֳנִיַּת מִפְרָשִׂים. 2 אִישׁ־מִפְרָשׂ
veleta *f* 1 שַׁבְשֶׁבֶת. 2 מִשְׁקֹלֶת. 3 הֲפַכְפְּכָן
velo *m* 1 צָעִיף, רְעָלָה, מַסְוֶה. 2 וִילוֹן. 3 קְרוּם
velocidad *f* מְהִירוּת
velocímetro *m* מַד־מְהִירוּת
velocipedista *com* רוֹכֵב־אוֹפַנַּיִם
velocípedo *m* אוֹפַנַּיִם
velódromo *m* מַסְלוּל לְמֵרוֹצֵי אוֹפַנַּיִם
velón *m* 1 מְנוֹרַת־שֶׁמֶן. 2 פָּמוֹט
velorio *m* 1 מִסְפֵּד. 2 מִשְׁמַר־כָּבוֹד לַמֵּת
veloz *adj* מָהִיר, זָרִיז, קַל רַגְלַיִם
vello *m* מוֹךְ, פְּלוּמָה
vellón *m* 1 גֵּז. 2 צִיצָה, פֶּקַע
velloso *adj* שָׂעִיר
velludillo *m* קְטִיפִין
velludo *adjm* 1 שָׂעִיר. 2 קְטִיפִי
vena *f* 1 וְרִיד. 2 מִכְרֶה, מִרְבָּץ. 3 מָזָג, טִיב. 4 לִיף, סִיב
venablo *m* כִּידוֹן, רֹמַח
venado *m* צְבִי, אַיָּל
venal *adj* 1 וְרִידִי. 2 שָׁחִיד, אוֹהֵב בֶּצַע, מֻשְׁחָת
venalidad *f* שְׁחִידוּת, תַּאֲוַת בֶּצַע
venático *adj* תִּמְהוֹנִי
vencedor *adjm* מְנַצֵּחַ
vencejo *m* 1 סִיס. 2 חֶבֶל־קְשִׁירָה
vencer *vti* 1 נִצַּח, גָּבַר, הִתְגַּבֵּר. 2 פָּג תָּקְפּוֹ
vencido *adj* מְנֻצָּח
vencimiento *m* 1 נִצָּחוֹן. 2 הִתְגַּבְּרוּת. 3 פְּקִיעַת תֹּקֶף. 4 כִּשָּׁלוֹן, תְּבוּסָה
venda *f* תַּחְבֹּשֶׁת
vendaje *f* תַּחְבֹּשֶׁת
vendar *vt* חָבַשׁ
vendaval *m* סוּפָה
vendedor *adjm* זַבָּן, מוֹכֵר
vender *vti* 1 מָכַר. 2 שִׁמֵּשׁ כְּזַבָּן
vendetta *f* גְּאֻלַּת דָּם, נְקָמָה
vendible *adj* מָכִיר
vendimia *f* 1 בָּצִיר. 2 עוֹנַת־הַבָּצִיר
vendimiador *adjm* בּוֹצֵר
venduta *f* חֲנוּת יְרָקוֹת
veneciano *adjm* וֶנֶצְיָאנִי
veneno *m* רַעַל, אֶרֶס, סַם
venenosidad *f* רְעִילוּת, אַרְסִיּוּת
venenoso *adj* אַרְסִי
venerabilidad *f* נִכְבָּדוּת
venerable *adj* נִכְבָּד, נַעֲרָץ, נְשׂוּא־פָּנִים
veneración *f* הַעֲרָצָה, הוֹקָרָה
venerado *adj* נַעֲרָץ, נִכְבָּד
venerar *vt* הֶעֱרִיץ, כִּבֵּד, הוֹקִיר

venéreo *adj* מִינִי, מְעוֹרֵר אֲבִיּוֹנָה
venero *m* 1 מַעְיָן, עַיִן. 2 מָקוֹר, מוֹצָא
vengador *adjm* נוֹקֵם, נַקְמָן
venganza *f* נְקָמָה, נָקָם
vengar *vt* 1 נָקַם. 2 הִתְנַקֵּם
vengativo *adj* נַקְמָן, נוֹקֵם
venia *f* 1 מְחִילָה, סְלִיחָה. 2 קִדָּה. 3 רְשׁוּת
venial *adj* 1 לֹא חָמוּר. 2 סָלִיחַ, בַּר כַּפָּרָה
venialidad *f* סְלִיחוּת
venida *f* 1 בִּיאָה. 2 חֲזָרָה
venidero *adj* הַבָּא, הֶעָתִיד לָבוֹא
venido *adj* בָּא, הִגִּיעַ
venir *vi* 1 בָּא, הוֹפִיעַ, הִגִּיעַ. 2 הִתְאִים. 3 נָבַע, יָצָא
venir al caso בָּא בְּחֶשְׁבּוֹן, שַׁיָּךְ לָעִנְיָן
venirse abajo הִתְמוֹטֵט, נָפַל
venoso *adj* וְרִידִי
venta *f* 1 מְכִירָה, מִמְכָּר. 2 פּוּנְדָק
ventada *f* מַשַּׁב רוּחַ
ventaja *f* יִתְרוֹן, תּוֹעֶלֶת
ventajista *m* סְתַגְּלָן, אוֹפּוֹרְטוּנִיסְט
ventajoso *adj* מוֹעִיל, תּוֹעַלְתִּי
ventana *f* חַלּוֹן
ventanal *m* חַלּוֹן גָּדוֹל, חַלּוֹן רָחָב
ventanilla *f* צֹהַר, אֶשְׁנָב
ventarrón *m* סוּפָה, סְעָרָה
ventear, ventar *vimpvt* 1 נָשַׁב (רוּחַ). 2 הֵרִיחַ
ventero *m* פּוּנְדְקַאי
ventilador *m* מְאַוְרֵר
ventilación *f* אִוְרוּר
ventilar *vt* אִוְרֵר
ventisca *f* סוּפַת (שֶׁלֶג)
ventiscar *vimp* יָרַד שֶׁלֶג
ventisquero *m* קַרְחוֹן
ventolera *f* 1 סוּפָה, סְעָרָה. 2 מַשַּׁב רוּחַ. 3 גַּאֲוָה, יְהִירוּת
ventosa *f* כּוֹס־רוּחַ
ventosear *vi* הִפְלִיץ, פָּלַט גַּזִּים
ventosidad *f* פְּלִיטַת־גַּזִּים, נְפִיחָה
ventoso *adj* נְפִיחָנִי, שֶׁל נְפִיחָה
ventral *adj* גְּחוֹנִי, בִּטְנִי
ventricular *adj* שֶׁל חַדְרֵי הַלֵּב
ventrículo *m* חֶדֶר, קֵבִית, חָלָל
ventrílocuo *m* פִּיתוֹם, מְדַבֵּר מִתּוֹךְ הַבֶּטֶן
ventriloquía *f* פִּיתוֹמוּת
ventura *f* 1 אֹשֶׁר. 2 גּוֹרָל, מַזָּל. 3 סַכָּנָה, סִכּוּן
venturoso *adj* 1 מְאֻשָּׁר. 2 בַּר־מַזָּל
venus *f* נֹגַהּ, וֶנוּס
ver *vtim* 1 רָאָה, הִבִּיט, הִסְתַּכֵּל, הִתְבּוֹנֵן. 2 רְאִיָּה. 3 מַרְאֶה. 4 דֵּעָה
vérselas con הִתְמוֹדֵד עִם־
ver y creer רָאָה וְהֶאֱמִין
vera *f* צַד, שָׂפָה, קָצֶה
veracidad *f* אִמּוּת, אֲמִינוּת, אֲמִתּוּת
veranda *f* אַכְסַדְרָה, מִרְפֶּסֶת, גְּזוּזְטְרָה
veranear *vi* קִיֵּט
veraneo *m* קִיּט
veraniego *adj* קֵיצִי
veranillo *m* סוֹף הַקַּיִץ, שִׁלְהֵי הַקַּיִץ
verano *m* קַיִץ
veras *fpl* אֱמֶת, מְהֵימָנוּת
veraz *adj* אֲמִתִּי, כֵּן, נֶאֱמָן
verba *f* שֶׁטֶף, רְהִיטוּת
verbal *adj* 1 שֶׁבְּעַל פֶּה. 2 מִלּוּלִי. 3 שֶׁל פֹּעַל
verbatim *adjadv* מִלָּה בְּמִלָּה, בְּאֹפֶן מִלּוּלִי
verbena *f* 1 וֶרְבֵּנָה (צֶמַח). 2 מְסִבָּה
verbigracia *f* לְדֻגְמָה, לְמָשָׁל
verbo *m* 1 פֹּעַל. 2 מִלָּה, דִּבּוּר
verborrea *f* דַּבֶּרֶת
verbosidad *f* מֶלֶל, פִּטְפּוּט, פַּטְפְּטָנוּת
verboso *adj* מְגַבֵּב דְּבָרִים, פַּטְפְּטָן
verdad *f* 1 אֱמֶת, אֲמִתּוּת. 2 כֵּנוּת
verdaderamente *adv* בֶּאֱמֶת, לְמַעֲשֶׂה, לַאֲמִתּוֹ שֶׁל דָּבָר
verdadero *adj* אֲמִתִּי, נֶאֱמָן, כֵּן
verde *adj* 1 יָרֹק. 2 בֹּסֶר
verdeante *adj* 1 יָרֹק. 2 טִירוֹן
verdear *vi* נַעֲשָׂה יָרֹק, הוֹרִיק
verdejo *adj* יְרַקְרַק
verdolaga *f* רְגֵלָה (צֶמַח רַע)

verdor *m* 1 יֶרֶק. 2 מֶרֶץ, עֹז. 2 נְעוּרִים
verdoso *adj* יְרַקְרַק
verdugo *m* 1 נֶבֶט, נֵצֶר, חֹטֶר. 2 מַגְלֵב, שׁוֹט. 3 תַּלְיָן. 4 אַכְזָר. 5 חַבּוּרָה
verdugón *m* 1 חַבּוּרָה. 2 נֶבֶט, נֵצֶר, חֹטֶר
verdulería *f* חֲנוּת יְרָקוֹת
verdulero *m* יַרְקָן
verdura *f* 1 יֶרֶק. 2 יָרָק. 3 יְרָקוֹת
verdusco *adj* יְרַקְרַק
verecundia *f* בּוּשָׁה, כְּלִמָּה
vereda *f* מִדְרָכָה, שְׁבִיל, נָתִיב
veredicto *m* פְּסַק דִּין, גְּזַר דִּין
verga *f* 1 אִסְקַרְיָא, מוֹט. 2 אֵיבַר הַזַּכְרוּת
vergajo *m* מַגְלֵב, שׁוֹט
vergel *f* גַּן, גִּנָּה
vergonzante *adj* בַּיְשָׁן, נֶחְבָּא אֶל הַכֵּלִים
vergonzosamente *adv* בְּבֹשֶׁת פָּנִים, בְּחֶרְפָּה
vergonzoso *adj* 1 בַּיְשָׁן. 2 מֵבִישׁ, מַחְפִּיר
vergüenza *f* בּוּשָׁה, חֶרְפָּה, כְּלִמָּה
vericueto *m* 1 אַדְמַת טְרָשִׁים. 2 שְׁבִיל
verídico *adj* אֲמִתִּי, נָכוֹן, כֵּן
verificable *adj* בַּר אִמּוּת
verificación *f* הוֹכָחָה, אִמּוּת, אִשּׁוּר
verificar *vt* 1 אִמֵּת, הוֹכִיחַ, אִשֵּׁר. 2 וִדֵּא. 3 הִתְגַּשֵּׁם
verija *f* עֶרְוָה
verja *f* סְבָכָה, שְׂבָכָה
verme *m* תּוֹלַעַת
vermicida *adjm* מַשְׁמִיד תּוֹלָעִים
vermicular *adj* 1 מִתְלַע. 2 דְּמוּי־תּוֹלַעַת
vermiforme *adj* תּוֹלָעִי
vermífugo *adjm* מַשְׁמִיד תּוֹלָעִים, קוֹטֵל־תּוֹלָעִים
verminoso *adj* אֲכוּל־תּוֹלָעִים
vermut *m* וֶרְמוּט
vernáculo *adjm* מְקוֹמִי, דִּבּוּרִי, מְיֻחָד לְמָקוֹם
vernal *adj* אֲבִיבִי, רַעֲנָן
vernier *m* סַרְגֵּל זָחִיחַ, סַרְגֵּל וֶרְנְיֶר
verónica *f* בֶּרוֹנִיקָה (צמח נוי)
verosímil *adj* סָבִיר, מִתְקַבֵּל עַל הַדַּעַת
verosimilitud *f* סְבִירוּת, דְּבַר אֱמֶת
verraco *m* חֲזִיר
verriondo *adj* יחום
verruga *f* 1 יַבֶּלֶת, גַּבְשׁוּשׁ. 2 טַרְדָן
verrugoso *adj* מְיֻבָּל, גַּבְשׁוּשִׁי
versado *adj* מְלֻמָּד, מְנֻסֶּה, בָּקִי
versar *vi* 1 נָסַב, דָּן, עָסַק. 2 סָבַב
versátil *adj* 1 גָּמִישׁ, הֲפַכְפַּךְ. 2 בָּקִי, מֻסְמָךְ, רַב צְדָדִי
versatilidad *f* 1 גְּמִישׁוּת, הֲפַכְפְּכוּת. 2 בְּקִיאוּת, רַב צְדָדִיּוּת
versículo *m* פָּסוּק, חָרוּז
versificación *f* חֲרִיזָה, חַרְזָנוּת
versificar *vti* חָרַז, חִבֵּר שִׁיר
versión *f* 1 נֹסַח, גִּרְסָה. 2 תַּרְגּוּם
verso *m* חָרוּז, פִּיּוּט
versus prep לְעֻמַּת, נֶגֶד
vertebra *f* חֻלְיָה
vertebrado *adjm* בַּעַל־חֻלְיוֹת
vertebral *adj* חֻלְיָתִי
vertedero *m* 1 צִנּוֹר, בִּיב. 2 אַשְׁפָּה
verter *vti* 1 שָׁפַךְ, יָצַק. 2 תִּרְגֵּם. 3 זָרַם
vertical *adjf* אֲנָךְ, מְאֻנָּךְ, נִצָּב, זָקוּף
vértice *m* רוּם, רֹאשׁ, פִּסְגָּה, קָדְקֹד, חֹד
vertiente *mf* 1 שִׁפּוּעַ, מִדְרוֹן, מוֹרָד. 2 מַעְיָן
vertifinoso *adj* מְסַחְרֵר, סְחַרְחַר, מִסְתּוֹבֵב
vértigo *m* סְחַרְחֹרֶת
vertimiento 1 שְׁפִיכָה, יְצִיקָה. 2 הִשְׁתַּפְּכוּת
versania *f* שִׁגָּעוֹן, טֵרוּף
vesícula *f* שַׁלְחוּפִית, בּוּעִית
vesicular *adj* מְשֻׁלְבָּק, שַׁלְפּוּחִי
vesiculoso *adj* מְשֻׁלְבָּק, שַׁלְפּוּחִי
vespasiana *f* מִשְׁתָּנָה
vespertino *adj* עַרְבִּי, שֶׁל דִּמְדּוּמִים
vestal *adjf* 1 שֶׁל וֶסְטָה (האלה הרומית). 2 וֶסְטַלְיָה
vestíbulo *m* מָבוֹא, כְּנִיסָה, פְּרוֹזְדוֹר
vestido *m* בֶּגֶד, לְבוּשׁ
vestidura *f* 1 לְבוּשׁ, בֶּגֶד, מַלְבּוּשׁ. 2 אֵפוֹד
vestigio *m* סִימָן, עָקֵב, זֵכֶר, שָׂרִיד
vestigio *m* מִפְלֶצֶת

vestimenta *f* בֶּגֶד, לְבוּשׁ, מַלְבּוּשׁ
vestir *vti* 1 הִלְבִּישׁ. 2 לָבַשׁ, הִתְלַבֵּשׁ. 3 צִפָּה
vestuario *m* 1 תִּלְבֹּשֶׁת. 2 מַלְתָּחָה. 3 חֲדַר הַלְבָּשָׁה
veta *f* נָקִיק, גִּיד, נִימָה
vetado *adj* מְגֻיָּד, עָקֹד
vetar *vt* הֵטִיל וֶטוֹ, אָסַר, עִכֵּב
veteado *adj* מְגֻיָּד, עָקֹד
vetear *vt* פִּסְפֵּס, גִּוֵּן
veterano *adjm* 1 וָתִיק. 2 מְנֻסֶּה. 3 חַיָּל וָתִיק
veterinaria *f* וֶטֶרִינַרְיָה, רְפוּאַת בַּעֲלֵי־חַיִּים
veterinario *madj* 1 וֶטֶרִינָר. 2 וֶטֶרִינָרִי
veto *m* וֶטוֹ, הִתְנַגְּדוּת לְהַחְלָטָה
vetustez *f* עַתִּיקוּת, יֹשֶׁן, זִקְנָה
vetusto *adj* יָשָׁן, עַתִּיק
vez *f* 1 פַּעַם. 2 זְמַן, הִזְדַּמְּנוּת. 3 מִקְרֶה
vía *f* 1 נָתִיב, מַסְלוּל, דֶּרֶךְ, שְׁבִיל, מְסִלָּה. 2 שִׁיטָה, תַּהֲלִיךְ. 3 נֹהַג, נֹהַל
vía crucis דֶּרֶךְ הַיִּסּוּרִים
vía férrea מְסִלַּת בַּרְזֶל
vía láctea שְׁבִיל הֶחָלָב
vía pública דֶּרֶךְ צִבּוּרִית
viabilidad *f* 1 חִיּוּנִיּוּת, אֶפְשָׁרוּת הַקִּיּוּם. 2 מַעֲשִׂיּוּת, אֶפְשָׁרוּת בִּצּוּעַ
viable *adj* 1 חִיּוּנִי, קַיָּם. 2 אֶפְשָׁרִי, בַּר בִּצּוּעַ
viaducto *m* גֶּשֶׁר
viajante *adjm* 1 נוֹסֵעַ. 2 סוֹכֵן נוֹסֵעַ
viajar *vti* 1 נָסַע. 2 עָבַר
viaje *m* נְסִיעָה, מַסָּע
viajero *adjm* נוֹסֵעַ
vial *adjm* 1 שֶׁל דְּרָכִים. 2 שְׂדֵרָה
vialidad *f* 1 עֲבִירוּת הַדְּרָכִים. 2 תַּעֲבוּרָה
vianda *f* מָזוֹן, מַעֲדַנִּים, מַאֲכָל
viandante *m* 1 נוֹסֵעַ, עוֹבֵר אֹרַח. 2 הוֹלֵךְ רֶגֶל
viático *m* הוֹצָאוֹת דֶּרֶךְ, אֵשֶׁ"ל
víbora *f* צֶפַע, אֶפְעֶה
vibración *f* 1 רַעַד, רֶטֶט. 2 תְּנוּדָה, זַעֲזוּעַ
vibrador *adjm* 1 רוֹטֵט, מַרְטִיט. 2 רַטָּט
vibrante *adj* רוֹעֵד, מְרַטֵּט
vibrar *vti* 1 הִרְעִיד, זִעֲזַע, נִדְנֵד. 2 רָטַט, הִתְנוֹדֵד
vibrátil *adj* רוֹטֵט, מַרְטִיט, מִתְנוֹדֵד
vibratorio *adj* רָטִיט, מַרְעִיד, רוֹטֵט
vicaría *f* 1 כְּמוּרָה. 2 בֵּית הַכֹּמֶר
vicariato *m* מִשְׂרַת כֹּמֶר
vicario *adjm* 1 שֶׁל כֹּמֶר. 2 כֹּמֶר
vice- סְגָן, מִשְׁנֶה לְ־
vicealmirante *m* סְגַן אַדְמִירָל
vicepresidencia *f* סְגָנוּת הַנָּשִׂיא
vicepresidente *m* סְגַן הַנָּשִׂיא
viceversa *adv* לְהֵפֶךְ, הִפּוּכוֹ שֶׁל דָּבָר
viciar *vt* 1 הִשְׁחִית, קִלְקֵל. 2 זִיֵּף, סִלֵּף. 3 בִּטֵּל
vicio *m* 1 מִדָּה רָעָה. 2 מִגְרָעָה, דֹּפִי. 3 מוּם, חִסָּרוֹן. 4 חֵטְא, עָווֹן, פֶּשַׁע. 5 הֶפְקֵרוּת, פְּרִיצוּת
vicioso *adj* 1 מֻפְקָר, מֻשְׁחָת. 2 לָקוּי, פָּגוּם
vicisitud *f* תַּהְפּוּכוֹת, חֲלִיפוֹת, גִּלְגּוּלִים, שִׁנּוּיִים
vicisitudinario *adj* 1 תּוֹכֵף. 2 סֵרוּגִי
víctima *f* קָרְבָּן, שָׂעִיר לַעֲזָאזֵל, טֶרֶף
victimario *m* 1 מַגִּישׁ־הַקָּרְבָּן, עוֹזֵר־הַכֹּהֵן (בימי קדם). 2 רוֹצֵחַ, קַטְלָן
victoria *f* 1 נִצָּחוֹן. 2 כִּבּוּשׁ הַיֵּצֶר. 3 וִיקְטוֹרְיָה
victoriano *adj* וִיקְטוֹרְיָנִי
victorioso *adj* מְנַצֵּחַ
vicuña *f* 1 וִיקוּנְיָה (גְּמַל־צֹאן). 2 עוֹר הַוִּיקוּנְיָה
vid *f* גֶּפֶן
vida *f* 1 חַיִּים. 2 חִיּוּת, חִיּוּנִיּוּת
vida de perros חַיִּים עֲלוּבִים, חַיֵּי־כֶּלֶב
vida mía אֲהוּבָתִי
videncia *f* רְאִיַּת־הַנּוֹלָד
vidente *adjm* 1 רוֹאֶה. 2 חוֹזֶה, רוֹאֶה אֶת הַנּוֹלָד
video *m* טֶלֶוִיזְיָה
vidriado *adj* זְגוּגִי, זְכוּכִי
vidriar *vt* זִגֵּג
vidriera *f* חַלּוֹן רַאֲוָה
vidriero *m* זַגָּג
vidrio *m* זְכוּכִית, זְגוּגִית
vidrioso *adj* זְגוּגִי, זְכוּכִי
viejo *adjm* 1 זָקֵן. 2 יָשָׁן, עַתִּיק. 3 יָשִׁישׁ, קָשִׁישׁ
viejos *mpl* הוֹרִים, זְקֵנִים

viento *m* 1 רוּחַ. 2 יְהִירוּת, הֲבָלִים, הַבְלוּת. 3 כִּוּוּן, זֶרֶם. 4 נְשִׁיפָה. 5 סִרְחוֹן
vientre *m* בֶּטֶן, כָּרֵס
viernes *m* יוֹם שִׁשִּׁי
viga *f* קוֹרָה
vigencia *f* תֹּקֶף
vigente *adj* בַּר־תֹּקֶף
vigesimal *adj* עֶשְׂרִימִי
vigésimo *adj* הָעֶשְׂרִים, הַחֵלֶק הָעֶשְׂרִים
vigía *f* 1 מִצְפֶּה, מִגְדַּלּוֹר. 2 מִשְׁמָר, שְׁמִירָה. 3 זָקִיף, שׁוֹמֵר, נוֹטֵר. 4 צוֹפֶה
vigilancia *f* 1 עֵרָנוּת. 2 שְׁמִירָה, מִשְׁמָר, הַשְׁגָּחָה
vigilante *adjm* 1 עֵר, עֵרָנִי, זָהִיר. 2 שׁוֹטֵר, שׁוֹמֵר
vigilar *vti* שָׁמַר, הִשְׁגִּיחַ, פִּקַּח
vigilia *f* 1 עֵרוּת, עֵרָנוּת. 2 תְּפִלַּת לַיְלָה. 3 עֶרֶב. 4 אַשְׁמוּרָה
vigor *m* עֹז, מֶרֶץ, כֹּחַ, עָצְמָה
vigorizador *adj* מְעוֹדֵד, מְחַזֵּק
vigorizar *vt* אִמֵּץ, חִזֵּק
vigoroso *adj* עַז, חָזָק, נִמְרָץ
vigueta *f* 1 קֶרֶשׁ. 2 מוֹט־בַּרְזֶל
vihuela *f* קַתְרוֹס, גִּיטָרָה
viking *m* וִיקִינְג
vil *adj* שָׁפָל, רָשָׁע, נִקְלֶה
vileza *f* שִׁפְלוּת, נִבְזוּת, רִשְׁעוּת
vilipendiar *vt* חֵרֵף, גִּדֵּף, הִשְׁמִיץ, הִלְעִיז
vilipendio *m* חֵרוּף, גִּדּוּף, הַשְׁמָצָה, הוֹצָאַת דִּבָּה
vilo (en-) *adv* 1 תָּלוּי בָּאֲוִיר. 2 בְּהִסּוּס
villa *f* 1 עֲיָרָה, מוֹשָׁבָה, כְּפָר. 2 חֲוִילָה, וִילָה
villadiego *m* הִסְתַּלְּקוּת, בְּרִיחָה
villanada *f* נַבְלוּת, נִבְזוּת, שִׁפְלוּת
villancico *m* פִּיּוּט לְחַג הַמּוֹלָד
villanía *f* נַבְלוּת, שִׁפְלוּת, נִבְזוּת
villano *adjm* 1 כַּפְרִי. 2 נָבָל, שָׁפָל, נִבְזֶה
villorrio *m* כְּפָר, עֲיָרָה
vinagre *m* חֹמֶץ
vinagrera *f* פַּכִּית חֹמֶץ, חֳמְצִיָּה
vinagreta *f* רֹטֶב חֳמְצִי
vinatero *adjm* 1 יֵינִי. 2 יֵינָן

vinculación *f* 1 קֶשֶׁר, הִתְחַבְּרוּת, הִתְקַשְּׁרוּת. 2 גְּרִירָה, הִכָּרְכוּת
vincular *vtadj* 1 הִנְצִיחַ, קָשַׁר לָנֶצַח. 2 קָשַׁר, חִבֵּר. 3 הִתְקַשֵּׁר. 4 שֶׁל קֶשֶׁר
vínculo *m* קֶשֶׁר, זִקָּה, הִתְחַבְּרוּת, הִתְקַשְּׁרוּת
vincunable *adj* מִתְקַשֵּׁר, קָשִׁיר, מִתְלַכֵּד
vindicación *f* הַצְדָּקָה, הֲגַנָּה, צִדּוּד בִּזְכוּת
vindicar *vt* 1 הִצְדִּיק, זִכָּה, טִהֵר. 2 נָקַם
vindicativo *adj* 1 מַצְדִּיק, מֵגֵן. 2 נוֹקֵם
vindicatorio *adj* 1 מַצְדִּיק, מְזַכֶּה. 2 נוֹקְמָנִי
vindicta *f* תַּגְמוּל, נְקָמָה, נָקָם
vinícola *adj* יֵינִי, שֶׁל יַיִן, גַּפְנִי
vinicultor *m* יֵינָן, כּוֹרֵם
vinicultura *f* יֵינוּת, כּוֹרְמוּת
vino *m* יַיִן
vinoso *adj* יֵינִי
viña *f* כֶּרֶם
viñador *m* כּוֹרֵם, בּוֹצֵר
viñedo *m* כֶּרֶם
viñeta *f* 1 גַּפְנִית (עיטור בראש עמוד של ספר). 2 אִיּוּר
viola *f* 1 וִיּוֹלָה, כּוֹנֶרֶת. 2 וִיּוֹלָן, כּוֹנַרְתָּן
violáceo *adj* סְגַלְגַּל
violación *f* 1 אֹנֶס. 2 חִלּוּל, עֲבֵרָה. 3 הֲפָרָה, פְּגִיעָה, הַפְרָעָה
violado *adj* סָגֹל
violar *vt* 1 אָנַס. 2 חִלֵּל, עָבַר עַל. 2 הֵפֵר
violencia *f* 1 אַלִּימוּת, פִּרְאוּת, חֵמָה. 2 כֹּחַ, עֹז
violentar *vt* 1 הִכְרִיחַ, אִלֵּץ. 2 אָנַס. 3 חִלֵּל
violento *adj* 1 אַלִּים. 2 חוֹמֵס. 3 זוֹעֵם. 4 פִּרְאִי
violeta *adjf* סָגֹל
violín *m* כִּנּוֹר
violinista *m* כַּנָּר
violón *m* קוֹנְטְרַבַּס
violoncelista *m* צֶ'לָן
violoncelo *m* צֶ'לוֹ
viperino *adj* צִפְעוֹנִי, אַרְסִי
vira *f* 1 חֵץ. 2 פְּתִיל
virada *f* 1 סִבּוּב, פְּנִיָּה, נְטִיָּה. 2 תַּפְנִית, שִׁנּוּי
virago *f* 1 מִרְשַׁעַת, סוֹרֶרֶת. 2 אִשָּׁה גְּבַרְתָּנִית

viraje *m* סִבּוּב, פְּנִיָּה, תַּפְנִית

virar *vti* 1 הִפְנָה. 2 סָבַב, פָּנָה, נָטָה

virazón *f* רוּחַ יַמִּית

virgen *adjf* 1 צָנוּעַ, תָּמִים, צַח, זַךְ. 2 בְּתוּלָה

virginal *adj* 1 בְּתוּלִי. 2 תָּמִים, צָנוּעַ

virginidad *f* 1 בְּתוּלִים. 2 צְנִיעוּת, תֹּם

virgulilla *f* פְּסִיק, תָּג, מֶתֶג

virgo *m* 1 בְּתוּלִים. 2 בְּתוּלָה

viril *adj* גַּבְרִי, תַּקִּיף, זְכָרִי

virilidad *f* גַּבְרִיּוּת, תַּקִּיפוּת, זַכְרוּת

virola *f* טַבַּעַת

virolento *adj* 1 חוֹלֵה אֲבַעְבּוּעוֹת. 2 מְצֻלָּק

virreina *f* אֵשֶׁת הַמִּשְׁנֶה לַמֶּלֶךְ

virreinal *adj* שֶׁל הַמִּשְׁנֶה לַמֶּלֶךְ

virreinato *m* 1 מִשְׂרַת מִשְׁנֶה לַמֶּלֶךְ. 2 נְצִיבוּת

virrey *m* מִשְׁנֶה לַמֶּלֶךְ

virtual *adj* 1 שֶׁבְּפֹעַל, שֶׁבְּכֹחַ, שֶׁבְּעֶצֶם. 2 עַרְטִילַאי

virtud *f* 1 מִדָּה טוֹבָה, מַעֲלָה, סְגֻלָּה. 2 מוּסָרִיּוּת

virtuosamente *adv* 1 לְהַפְלִיא. 2 בְּמוּסָרִיּוּת

virtuosidad *f* וִירְטוּאוֹזִיּוּת

virtuosimo *m* מַעֲשֵׂה אָמָן, וִירְטוּאוֹזִיּוּת

virtuoso *adj* עִלּוּי, וִירְטוּאוֹז

viruela *f* אֲבַעְבּוּעוֹת

virulencia *f* 1 אַרְסִיּוּת. 2 אַלִּימוּת. 3 תַּקִּיפוּת

virulento *adj* 1 אַרְסִי, אַלִּים, רָשָׁע. 2 תַּקִּיף

virus *m* וִירוּס, נָגִיף

viruta *f* שְׁבָב, נְסֹרֶת

vis a vis *adv* לְעֻמַּת, מוּל, פָּנִים אֶל פָּנִים

vis cómica *f* בַּדְּחָנוּת, לֵיצָנוּת

visa *f* אַשְׁרָה, וִיזָה

visado *m* 1 אַשְׁרָה, וִיזָה. 2 אִשּׁוּר

visaje *m* מַרְאֶה, חָזוּת, פַּרְצוּף, פָּנִים

visajero *adjm* עוֹשֵׂה־הַעֲוָיוֹת

visar *vt* אִשֵּׁר, נָתַן וִיזָה

víscera *f* קְרָבַיִם

visceral *adj* שֶׁל הַקְּרָבַיִם

viscosidad *f* צְמִיגוּת

viscoso *adj* צָמִיג, דָּבִיק, מְדַבֵּק

visera *f* מִצְחָה

visibilidad *f* רְאוּת

visible *adj* נִרְאָה, גָּלוּי, בָּרוּר, נִרְאָה לָעַיִן

visigodo *adjm* וִיזִיגוֹת, גּוֹתִי

visigótico *adj* וִיזִיגוֹתִי

visillo *m* וִילוֹן

visión *f* רְאִיָּה, חָזוֹן, חָזוּת, חֲלוֹם

visionario *adjm* חוֹזֶה, בַּעַל חֲלוֹמוֹת, הוֹזֶה

visir *m* וָזִיר

visita *f* 1 בִּקּוּר. 2 אוֹרֵחַ, מְבַקֵּר

visitación *f* בִּקּוּר

visitador *m* 1 מְבַקֵּר, אוֹרֵחַ. 2 מְפַקֵּחַ

visitante *adjm* מְבַקֵּר, אוֹרֵחַ

visitar *vt* בִּקֵּר, הִתְאָרֵחַ

visiteo *m* אֵרוּחַ, הִתְאָרְחוּת, הִסְתּוֹפְפוּת

visivo *adj* רְאוּתִי, שֶׁל הָרְאִיָּה

vislumbrar *vt* שִׁעֵר, הִנִּיחַ, דִּמָּה

vislumbre *m* 1 קֶרֶן אוֹר. 2 הַשְׁעָרָה, הַנָּחָה. 3 חֲשָׁשׁ

viso *m* 1 זִיו, בָּרָק, נִיצוֹץ. 2 הוֹרָאָה, סִימָן, רֶמֶז. 3 מַרְאֶה

visón *m* חֻרְפָּן

visor *m* עֲדָשָׁה

visorio *adjm* 1 חָזוּתִי, נִרְאֶה, גָּלוּי. 2 שִׁעֲרוּךְ

víspera *f* עֶרֶב, אוֹר לְיוֹם

vista *f* 1 רְאִיָּה. 2 מַרְאֶה, נוֹף. 3 מַבָּט. 4 דִּיּוּן, בֵּרוּר. 5 עַיִן

vistazo *m* מַבָּט, הָעָפַת־עַיִן

visto *adj* נִרְאֶה, בּוֹלֵט, בָּרוּר

visto bueno בְּסֵדֶר, מֻסְכָּם

visto que הֱיוֹת שֶׁ־, הוֹאִיל וְ־

vistosidad *f* הִדּוּר, תִּפְאֶרֶת, הִתְקַשְּׁטוּת

vistoso *adj* נָאֶה, גַּנְדְּרָנִי, טַרְזָנִי, מְפֹאָר

visual *adjf* 1 חָזוּתִי. 2 גָּלוּי, נִרְאֶה. 3 תְּוַי

visualidad *f* הִתְרַשְּׁמוּת מִמַּרְאֶה נָאֶה

visualización *f* הַחֲזָיָה, חִזּוּי

visualizar *vt* 1 הֶחֱזָה. 2 חָזָה

vital *adj* 1 חִיּוּנִי, חַי. 2 הֶכְרֵחִי, נָחוּץ

vitalicio *adj* מַתְמִיד, לְכָל הַחַיִּים

vitalidad *f* חִיּוּנִיּוּת, חִיּוּת, מֶרֶץ

vitalismo *m* וִיטָלִיזְם, תּוֹרַת הַחִיּוּת
vitalista *madj* וִיטָלִיסְט, וִיטָלִיסְטִי
vitalización *f* חִיּוּן, הַחְיָאָה
vitalizar *vt* חִיֵּן, הֶחֱיָה
vitamina *f* וִיטָמִין
vitamínico *adj* וִיטָמִינִי
vitela *f* קְלָף, מְגִלָּה
vitelo *m* חֶלְמוֹן־הַבֵּיצָה
vitorear *vt* מָחָא כַּף, קָרָא הֵידָד, הֵרִיעַ
vítreo *adj* זְכוּכִי, זְגוּגִי
vitrificación *f* הִזְדַּגְּגוּת, זִגּוּג
vitrificar *vt* זִגֵּג
vitrina *f* 1 חַלּוֹן רַאֲוָה. 2 אֲרוֹן זְכוּכִית
vitriólico *adj* 1 וִיטְרִיוֹלִי. 2 מַר, נוֹקֵב, צוֹרֵב
vitriolo *m* וִיטְרִיוֹל
vitualla *f* 1 אַסְפָּקָה, אַפְסַנְיָה. 2 מָזוֹן, צֵידָה
vituperación *f* חֵרוּף, גִּדּוּף, הַשְׁמָצָה, גִּנּוּי
vituperar *vt* חֵרֵף, גִּדֵּף, הִשְׁמִיץ, גִּנָּה
vituperio *m* גִּנּוּי, גִּדּוּף, חֵרוּף, הַשְׁמָצָה
vituperioso *adj* מְחָרֵף, מְגַנֶּה, מַשְׁמִיץ
viudedad *f* קִצְבַּת הָאַלְמָנָה
viudez *f* אַלְמְנוּת, אַלְמוֹן
viudo *adjm* אַלְמָן
viva *m* 1 תְּשׁוּאוֹת. 2 הֵידָד!
vivac *m* קַסַרְקְטִין שָׂדֶה, מַחֲנֶה אֲרָעִי
vivacidad *f* 1 עֵרָנוּת, חִיּוּנִיּוּת, הִתְלַהֲבוּת. 2 חֲרִיפוּת, פִּקְחוּת, שְׁנִינוּת
vivamente *adv* 1 מַהֵר, בִּזְרִיזוּת. 2 בְּצוּרָה חַיָּה
vivandero *m* שֶׁקֶ״מִיסְט, אִישׁ שֶׁקֶ״ם
vivaque *m* קַסַרְקְטִין שָׂדֶה, מַחֲנֶה אֲרָעִי
vivaquear *vi* חָנָה
vivar *vtm* 1 מָחָא כַּף. 2 שְׁפַנִּיָּה. 3 בְּרֵכַת דָּגִים
vivaracho *adj* עַלִּיז, עֵרָנִי, תּוֹסֵס
vivaz *adj* 1 מָלֵא חַיִּים, תּוֹסֵס. 2 רַב שְׁנָתִי
¡vive Dios! לְמַעַן הַשֵּׁם
vivencia *f* חֲוָיָה
víveres *mpl* צֵידָה, מָזוֹן, מִצְרָכִים
vivero *m* 1 מִשְׁתָּלָה. 2 בְּרֵכַת דָּגִים
viveza *f* 1 עֵרָנוּת, עַלִּיזוּת. 2 חִיּוּת, בְּהִירוּת. 3 הִתְלַהֲבוּת, לַהַט. 4 חֵן, זֹהַר
vividero *adj* רָאוּי לִמְגוּרִים
vividez עֵרָנוּת, חִיּוּנִיּוּת
vívido *adj* חַי, עַלִּיז, תּוֹסֵס, עֵרָנִי, מָלֵא חַיִּים
vivido *adj* שֶׁנּוֹבֵעַ מִמָּקוֹר רִאשׁוֹן
vividor *adjm* 1 חַי. 2 חָרוּץ, שַׁקְדָן. 3 נַצְלָן
vivienda *f* 1 מְגוּרִים, שִׁכּוּן. 2 מָעוֹן, בַּיִת
viviente *adj* חַי
vivifación *f* הַחְיָאָה
vivificador *adj* מְחַיֶּה
vivicar *vt* הֶחֱיָה
vivificativo *adj* מְחַיֶּה, נוֹתֵן חַיִּים
vivífico *adj* חַי
vivíparo *adj* שֶׁל מִשְׁפַּחַת־הַיּוֹנְקִים
vivir *vitm* 1 חַי, הִתְקַיֵּם. 2 שָׁכַן, הִתְגּוֹרֵר, גָּר. 3 הִתְפַּרְנֵס. 4 חַיִּים, קִיּוּם
vivir para ver מִיָּמַי לֹא יָדַעְתִּי זֹאת!
vivisección *f* בִּתּוּר גּוּף חַי שֶׁל בַּעֲלֵי חַיִּים
vivo *adjm* 1 חַי. 2 פִּקֵּחַ. 3 בָּהִיר, מַבְרִיק
vizcacha *f* וִיסְקָצָ׳ה (ארנב אמריקאי)
vizcondado *m* וִיסְקוֹנְטִיּוּת
vizconde *m* וִיסְקוֹנְט
vocablo *m* מִלָּה, מֻנָּח, תֵּבָה
vocabulario *m* אוֹצַר מִלִּים, אֲגָרוֹן, לֶקְסִיקוֹן
vocabulista *m* מִלּוֹנַאי, מְחַבֵּר־מִלּוֹן
vocación *f* 1 יִעוּד. 2 תַּפְקִיד. 3 שְׁאִיפָה, נְטִיָּה. 4 מִקְצוֹעַ, מִשְׁלַח יָד, מְלָאכָה
vocacional *adj* מִקְצוֹעִי
vocal *adjfm* 1 קוֹלִי. 2 תְּנוּעָה. 3 חֲבֵר הַנְהָלָה
vocálico *adj* שֶׁל תְּנוּעָה, ווֹקָלִי
vocalismo *m* תּוֹרַת הַתְּנוּעוֹת (בַּלָּשׁוֹן)
vocalista *m* זַמָּר
vocalización *f* הֲנָעַת־עִצּוּר
vocalizador *adjm* 1 מֵנִיעַ. 2 תְּנוּעָה
vocalizar *vti* 1 שָׁר. 2 הָפַךְ לִתְנוּעָה, הֵנִיעַ
vocalmente *adv* בְּעַל־פֶּה, בְּקוֹל
vocativo *m* יַחֲסַת הַקְּרִיאָה
voceador *m* 1 כָּרוֹז, מַכְרִיז. 2 צַעֲקָן
vocear *vti* 1 הִכְרִיז, פִּרְסֵם, הִצְהִיר, בִּשֵּׂר. 2 הִזְעִיק
vocejón *m* קוֹל צָרוּד

voceo *m* צַעֲקָנוּת, רַעֲשָׁנוּת
vocería *f* 1 צַעֲקָנוּת, רַעֲשָׁנוּת. 2 דּוֹבְרוּת
vocerío *m* שָׁאוֹן, מְהוּמָה
vocero *m* דּוֹבֵר
vociferación *f* צַעֲקָנוּת, צְעָקָה, צְוָחָה
vociferador *adj* 1 צַעֲקָן, צוֹרֵחַ, צַוְחָן. 2 קוֹלָנִי, צַעֲקָנִי
vociferar *vti* 1 צָעַק, צָוַח, צָרַח. 2 פִּטְפֵּט
vocinglería *f* צַעֲקָנוּת, קוֹלָנִיּוּת, הֲמֻלָּה
vocinglero *adj* צַעֲקָן, קוֹלָנִי
vodevil *m* וּודְבִיל (הַצָּגָה קַלָּה)
vodka *m* ווֹדְקָה, יֵין שָׂרָף
vodú *m* וּודוּ, כִּשּׁוּף
voduismo *m* כִּשּׁוּף
voduista *m* מְכַשֵּׁף, מַאֲמִין בְּווּדוּ
volada *f* מָעוֹף, גִּיחָה
voladero *adjm* 1 מְסֻגָּל לָעוּף. 2 בַּר־חָלוֹף. 3 תְּהוֹם
volado *adjm* תִּמְהוֹנִי
volador *adjm* 1 מְעוֹפֵף, פּוֹרֵחַ, מְרַחֵף, מִתְנוֹסֵס. 2 זִקּוּקִית. 3 דָּג מְעוֹפֵף
voladura *f* פִּצּוּץ, הִתְפּוֹצְצוּת
volandas (en-) *adv* 1 בְּרִחוּף. 2 בִּמְהִירוּת
volandera *f* 1 דִּסְקִית (שֶׁל בֹּרֶג). 2 רֶכֶב־רֵחַיִם
volandero *adj* 1 מְרַחֵף, מְרַפְרֵף, מְעוֹפֵף. 2 מִקְרִי, אַקְרָאִי
volante *adjm* 1 עָף, מְעוֹפֵף, חָג. 2 נוֹדֵד. 3 פִּיף, צִיצָה, צִיצִית. 4 עָלוֹן, כְּרוּז. 5 גַּלְגַּל־תְּנוּפָה. 6 הָגֶה
volantín *m* עֲפִיפוֹן
volar *vit* 1 עָף, טָס, פָּרַח, רִפְרֵף, רִחֵף. 2 הֵעִיף. 3 פּוֹצֵץ, נִתֵּץ
volatería *f* 1 צֵיד עוֹפוֹת. 2 חוֹלְמָנוּת, הֲזָיָה
volátil *adj* 1 נָדִיף, מִתְנַדֵּף. 2 הֲפַכְפַּךְ. 3 מְעוֹפֵף
volatilidad *f* נְדִיפוּת, הִתְנַדְּפוּת
volatilizar *vt* 1 הָפַךְ לְגַז, אִיֵּד. 2 הִתְנַדֵּף, הִתְאַיֵּד
volatín *m* לוּלְיָנוּת
volatinero *m* לוּלְיָן
volcán *m* הַר גַּעַשׁ, וּולְקָן
volcánico *adj* וּולְקָנִי
volcar *vt* 1 הָפַךְ, הִפִּיל. 2 הִטָּה. 3 הִתְהַפֵּךְ
volear *vt* 1 חָבַט בָּאֲוִיר. 2 הֵנִיף
voleo *m* חֲבָטָה
volframio *m* וּולְפְרַם
volibol *m* כַּדּוּרְעָף
volición *f* רָצוֹן, בְּחִירָה, רְצִיָּה, הַחְלָטָה
volitivo *adj* רְצוֹנִי
volquete *m* מְכוֹנִית רְכִינָה (עם ארגז מתרומם)
volt *m* ווֹלְט
voltaico *adj* ווֹלְטִי
voltaísmo *m* ווֹלְטִיּוּת
voltaje *m* מָתַח, ווֹלְטָג׳
voltámetro *m* ווֹלְטָמֶטֶר
volteador *m* 1 לוּלְיָן. 2 קַפְצָן
voltear *vti* 1 הִשְׁלִיךְ, הִפִּיל, הָפַךְ. 2 סָבַב, סוֹבֵב. 3 קִמֵּר. 4 הִסְתּוֹבֵב, חָג
volteo *m* הֲפִיכָה, הִתְהַפְּכוּת, הִסְתּוֹבְבוּת
voltereta *f* גִּלְגּוּל, הִפּוּךְ
voltímetro *m* מַד ווֹלְטִים
voltio *m* ווֹלְט
volubilidad *f* 1 הֲפַכְפְּכָנוּת. 2 קַלּוּת תְּנוּעָה
voluble *adj* 1 הֲפַכְפְּכָן, מִשְׁתַּנֶּה. 2 קַל דַּעַת
volumen *m* 1 נֶפַח. 2 כֶּרֶךְ (שֶׁל סֵפֶר)
voluminosidad *f* נִפְחִיּוּת
voluminoso *adj* 1 עַב־כֶּרֶס. 2 רַב־נֶפַח
voluntad *f* 1 רָצוֹן, רְצִיָּה, שְׁאִיפָה. 2 מַטָּרָה
voluntariamente *adv* 1 בְּהִתְנַדְּבוּת. 2 בְּרָצוֹן
voluntariedad *f* רָצוֹן חָפְשִׁי
voluntario *adjm* 1 רְצוֹנִי, חָפְשִׁי. 2 מִתְנַדֵּב
voluntarioso *adj* 1 שַׁקְדָן, חָרוּץ. 2 עַקְשָׁן
voluptuosidad *f* חוּשָׁנִיּוּת, תַּאַוְתָנוּת
voluptuoso *adjm* חוּשָׁנִי, תַּאַוְתָן
voluta *f* 1 קִשּׁוּט חֶלְזוֹנִי. 2 טַבַּעַת עָשָׁן
volver *vti* 1 הָפַךְ, שִׁנָּה. 2 הֶחֱזִיר, הֵשִׁיב. 3 הֵקִיא. 4 חָזַר, שָׁב
volver en si הִתְאוֹשֵׁשׁ, שָׁב לְאֵיתָנוֹ

volverse atrás פָּנָה לְאָחוֹר
volverse contra 1 הִתְיַצֵּב נֶגֶד־. 2 פָּנָה בְּזַעַם
volverse loco הִשְׁתַּגֵּעַ
volvible *adj* 1 הָפִיךְ. 2 מִסְתּוֹבֵב
vómico *adj* שֶׁגּוֹרֵם הֲקָאָה
vomitado *adj* חַלָּשׁ, חִוֵּר
vomitar *vt* הֵקִיא
vomitivo *adjm* 1 גּוֹרֵם הֲקָאָה. 2 סַם הֲקָאָה
vómito *m* קִיא, הֲקָאָה
voracidad *f* 1 לְהִיטוּת, רַעַבְתָנוּת. 2 זְלִילָה, גַּרְגְּרָנוּת
vorágine *f* מְעַרְבֹּלֶת
voraz *adj* לָהוּט, רַעַבְתָן, זוֹלֵל, בַּלְעָן
vórtice *m* 1 מְעַרְבֹּלֶת. 2 סוּפָה, סְעָרָה
vos *pronper* אַתָּה
vosear *vt* דִּבֵּר בִּלְשׁוֹן "אַתָּה"
vosotros *pronperpl* אַתֶּם
votación *f* הַצְבָּעָה, בְּחִירָה
votante *m* בּוֹחֵר, מַצְבִּיעַ
votar *vit* 1 הִצְבִּיעַ, בָּחַר. 2 נָדַר. 3 קִלֵּל
votivo *adj* מְקֻדָּשׁ, מְקֻדָּשׁ, נִדְרִי
voto *m* 1 נֶדֶר. 2 קוֹל. 3 זְכוּת בְּחִירָה. 4 הַצְבָּעָה, בְּחִירָה. 5 קְלָלָה, גִּדּוּף
voz *f* 1 קוֹל. 2 צְעָקָה. 3 צְלִיל. 4 מְנָת, מִלָּה. 5 עֵצָה, דֵּעָה
voz de mando פְּקֻדָּה
vozarrón *m* קוֹל חָזָק
vuecencia *m* הוֹד מַעֲלָתוֹ
vuelco *m* 1 הִתְהַפְּכוּת, סִבּוּב. 2 קְפִיצָה
vuelo *m* רִחוּף, טִיסָה, מָעוֹף, גִּיחָה
vuelta *f* 1 חֲזָרָה, שִׁיבָה. 2 סִבּוּב. 3 הַעְתָּקָה, הֲזָזָה. 4 הִתְהַפְּכוּת. 5 עֹדֶף
vuelta de campana הִתְהַפְּכוּת
vuelto *m* עֹדֶף
vuestro *adjpos* שֶׁלְּךָ, שֶׁלָּכֶם
vulcanita *f* גּוּמִי מְגֻפָּר
vulcanización *f* גִּפּוּר
vulcanizar *vt* גִּפֵּר
vulgacho *m* אֲסַפְסוּף, הָמוֹן
vulgar *adj* 1 הֲמוֹנִי, עֲמָמִי, גַּס, פָּשׁוּט. 2 שָׁכִיחַ
vulgaridad *f* 1 גַּסּוּת, הֲמוֹנִיּוּת. 2 מַעֲשֶׂה גַּס
vulgarismo *m* גַּסּוּת, הֲמוֹנִיּוּת
vulgarización *f* הִמּוּן, הֲפָצָה,ווּלְגָרִיזַצְיָה
vulgarizar *vt* 1 הִמֵּן. 2 הֵפִיץ בָּרַבִּים
vulgarmente *adv* 1 בְּלָשׁוֹן פְּשׁוּטָה. 2 בְּצוּרָה גַּסָּה
vulgata *f* ווּלְגָטָה
vulgo *m* הָמוֹן, אֲסַפְסוּף
vulnerabilidad *f* פְּגִיעוּת, פְּצִיעוּת, הִפָּגְעוּת
vulnerable *adj* פָּגִיעַ, פָּצִיעַ
vulneración *f* 1 פְּגִיעָה, פְּצִיעָה. 2 גְּרִימַת נֶזֶק. 3 הֲפָרַת חֹק, עֲבֵרָה
vulnerar *vt* 1 פָּגַע, פָּצַע. 2 הֵפֵר
vulpeja *f* שׁוּעָלָה, אֵשֶׁת מְדָנִים
vulpino *adj* 1 שׁוּעָלִי. 2 עָרוּם
vultuoso *adj* נָפוּחַ, בַּעַל פָּנִים נְפוּחוֹת
vultúrido *adj* נִשְׁרִי
vulva *f* פֹּת, בֵּית־הָרֶחֶם
vulvitis *f* דַּלֶּקֶת בֵּית־הָרֶחֶם

W

W *f* — וו, הָאוֹת הַזֹּאת לֹא שַׁיֶּכֶת לָאָלֶף־בֵּית הַסְּפָרַדִּי; מִשְׁתַּמְּשִׁים בָּהּ בְּמִלִּים זָרוֹת

wadi *m* — וָדִי, וָאדִי

wagogo *m* — רַעַל

wagón *m* — קָרוֹן

walhalla *m* — גַּן עֵדֶן

walkirias *fpl* — וַלְקִירִיּוֹת (אלות במיתולוגיה הסקאנדינאווית)

walk-over *m* — מֵרוֹץ יָחִיד

wapití *m* — וַפִּיטִי (צְבִי אֲמֵרִיקָאִי)

wat *m* — וַט

water closet *m* — בֵּית שִׁמּוּשׁ, בֵּית כִּסֵּא

water polo *m* — כַּדּוּר מַיִם

watt *m* — וַט

week-end — חֻפְשַׁת סוֹף־שָׁבוּעַ

whig *m* — וִיג

whisky *m* — וִיסְקִי

whist *m* — וִיסְט (משחק־קלפים)

wigwam *m* — וִיגְוַם (אוהל אינדיאני)

winche *m* — כַּנֶּנֶת, מָנוֹף

wolfram *m* — ווֹלְפְרַם

X

X *f* 1 אִיקְס, הָאוֹת הָעֶשְׂרִים וָשֵׁשׁ שֶׁל הָאָלֶף־בֵּית הַסְּפָרַדִּי. 2 נֶעְלָם

xanteína *f* קְסַנְתֵּאוֹן, כֹּתֶם, כַּתְמוּמִית

xantina *f* כַּתְמָן, קְסַנְתִּין

xantofilia *f* צְהֹב הֶעָלִים

xenia *f* קְסֶנְיָה (בּוֹטַנִיקָה)

xeno *m* קְסֶנוֹן (יסוד כימי)

xenofilia *f* אַהֲבַת־הַזָּר

xenófilo *adj* אוֹהֵב־זָרִים, אוֹהֵב־גֵּרִים

xenofobia *f* שִׂנְאַת זָרִים

xenófobo *adjm* שׂוֹנֵא זָרִים

xenón *m* קְסֶנוֹן (יסוד כימי)

xerófilo *adj* עָמִיד בִּפְנֵי בַּצֹּרֶת (צֶמַח)

xeroftalmia *f* יַבֶּשֶׁת הָעַיִן

xifoideo *adj* שֶׁל עֶצֶם הֶחָזֶה

xifoides *m* עֶצֶם הֶחָזֶה

xilema *m* עֵצָה (רִקְמַת הַצֶּמַח)

xilófago *adj* אוֹכֵל עֵץ, קוֹדֵחַ בְּעֵץ

xilofonista *m* נַגַּן־קְסִילוֹפוֹן

xilófono *m* קְסִילוֹפוֹן, מַקּוֹשִׁית

xilografía *f* חֲרִיטַת עֵץ, גִּלּוּף

xiloideo *adj* דְּמוּי־עֵץ

Y

Y *f* 1 יְ, הָאוֹת הָעֶשְׂרִים וָשֶׁבַע שֶׁל הָאָלֶף־בֵּית הַסְּפָרַדִּי. 2 וְ־

ya *adv* כְּבָר, עַכְשָׁו, תֵּכֶף

¡ya lo creo! בְּוַדַּאי! כַּמּוּבָן!

ya no כְּבָר לֹא

ya que הֱיוֹת שֶׁ־, הוֹאִיל וְ, מִכֵּיוָן שֶׁ־

yacaré *m* תַּנִּין אֲמֵרִיקָנִי, אַלִּיגַטוֹר

yacente *adjm* 1 רוֹבֵץ, שׁוֹכֵב. 2 שָׁכוּב, מֻטָּל

yacer *vi* שָׁכַב, נָח, שָׁכַן, הָיָה מֻטָּל, חָנָה

yacija *f* 1 מִטָּה, מִשְׁכָּב. 2 קֶבֶר

yacimiento *m* מִכְרֶה, מִרְבָּץ

yactura *f* פְּשִׁיטַת רֶגֶל

yagua *f* דֶּקֶל, תָּמָר

yaguar *m* יָגוּאָר, נָמֵר

yak *m* יַק (שׁוֹר טִיבֶּטִי)

yámbico *adj* יַמְבִּי, שֶׁל חָרוּז יוֹרֵד

yambo *m* יַמְבּוּס, חָרוּז יוֹרֵד

yanqui *adjm* יַנְקִי

yantar *vtm* 1 אָכַל. 2 אֹכֶל

yapa *f* תּוֹסֶפֶת, מַתָּנָה, דּוֹרוֹן

yarda *f* יַרְד

yate *m* יַכְטָה

yautía *f* יָאוּטִיָה (צמח־מאכל אמריקאי)

yedra *f* קִיסוֹס

yegua *f* סוּסָה

yeguada *f* לַהֲקַת סוּסוֹת, עֵדֶר סוּסוֹת

yelmo *m* קַסְדָּה

yema *f* 1 נֶבֶט, נִצָּן, כַּפְתּוֹר. 2 חֶלְמוֹן

yen *m* יֶן (מטבע יפני)

yerba *f* עֵשֶׂב

yerba mate מָטֶה (תה ארגנטינאי)

yerbajo *m* עֵשֶׂב

yermar *vt* 1 הֶחֱרִיב. 2 דִּלְדֵּל, רוֹשֵׁשׁ

yermo *adjm* 1 שׁוֹמֵם, חָרֵב, מֻזְנָח, נָטוּשׁ. 2 מִדְבָּר

yerno *m* חָתָן

yerro *m* טָעוּת, שְׁגִיאָה, שִׁבּוּשׁ, מִשְׁגֶּה

yerto *adj* 1 קָפוּא. 2 קָשֶׁה

yeta *f* מַזָּל־רַע

yesal *m* מִכְרֵה גֶּבֶס

yesca *f* 1 אַלִּיתָא (חֹמֶר דָּלִיק). 2 מַבְעִיר־אֵשׁ

yeso *m* גֶּבֶס

yesoso *adj* גִּבְסִי

yidish *adjm* אִידִישׁ, אִידִית

yo *pronperm* אֲנִי

yodo *m* יוֹד

yodoformo *m* יוֹדוֹפוֹרְם

yodurar *vt* יוֹדֵד, שָׂם יוֹד עַל פֶּצַע

yoduro *m* יוֹדִיד

yoga *m* יוֹגָה

yogurt *m* יוֹגוּרְט (חֻבְצָה)

yola *f* סִירָה

yuca *f* יוּקָה (צמח אמריקאי)

yugo *m* 1 עֹל. 2 אַסָל, עֻלָּה. 3 עַבְדוּת, שִׁעְבּוּד

yugoslavo *adjm* יוּגוֹסְלָבִי

yugular *adj* שֶׁל הַצַּוָּאר

yunque *m* סַדָּן

yunta *f* צֶמֶד, זוּג

yuntero *m* יוֹגֵב, עוֹבֵד אֲדָמָה

yute *m* יוּטָה

yuxtaponer *vt* עָרַךְ סָמוּךְ זֶה לָזֶה

yuxtaposición *f* קִרְבָה, סְמִיכוּת

yuyo *m* עֵשֶׂב

Z

Z *f* זֵטָה, הָאוֹת הָעֶשְׂרִים וּשְׁמוֹנָה שֶׁל הָאָלֶף־בֵּית הַסְּפָרַדִּי
zabordar *vi* עָלָה עַל שִׂרְטוֹן
zaca *f* נֹאד גָּדוֹל
zacapela *f* מְרִיבָה, קְטָטָה
zacate *m* חָצִיר, שַׁחַת, מִסְפּוֹא
zafacoca *f* מְהוּמָה, שָׁאוֹן, קְטָטָה, מְרִיבָה
zafada *f* הַחָלְצוּת
zafado *adj* 1 עַז פָּנִים, חֲסַר בּוּשָׁה. 2 עַר, עֵרָנִי, זָרִיז. 3 נָקוּעַ, שֶׁהוּזַז מִמְּקוֹמוֹ
zafar *vt* 1 שִׁחְרֵר, פִּנָּה, הִתִּיר. 2 הִתְחַמֵּק, הִשְׁתַּמֵּט. 3 נָקַע
zafarrancho *m* 1 קְרִיאָה לִפְעֻלָּה. 2 מְהוּמָה, קְטָטָה, שָׁאוֹן. 3 אַנְדְּרוֹלוֹמוּסְיָה
zafiedad *f* גַּסּוּת
zafio *adjm* גַּס, גַּס רוּחַ
zafirino *adj* סַפִּירִי
zafiro *m* סַפִּיר
zafo *adj* 1 פָּנוּי, חָפְשִׁי. 2 לֹא־נִזּוֹק
zafra *f* 1 כַּד שֶׁמֶן. 2 קְצִיר קְנֵי סֻכָּר. 3 תַּעֲשִׂיַּת הַסֻּכָּר
zaga *f* סוֹף, אָחוֹר, מְאַסֵּף, עֹרֶף
zagal *m* 1 עֶלֶם, בָּחוּר. 2 רוֹעֵה צֹאן
zagalejo *m* 1 תַּחְתּוֹנִית. 2 רוֹעֵה צֹאן
zaguán *m* מָבוֹא, כְּנִיסָה, פְּרוֹזְדוֹר
zaguero *adjm* 1 בַּלָּם, מַגֵּן. 2 מְאַסֵּף, עָרְפִּי
zaherir *vt* 1 נָזַף, הוֹכִיחַ, בִּקֵּר. 2 הֶעֱלִיב, פָּגַע
zahína *f* דּוּרָה
zahones *mpl* מִכְנְסֵי עוֹר
zahorí *m* 1 קוֹסֵם, מַגִּיד עֲתִידוֹת. 2 פִּקֵּחַ, עָרוּם
zaino *adjm* 1 בּוֹגֵד, בּוֹגְדָנִי. 2 שַׁקְרָן. 3 עַרְמוֹנִי
zalagarda *f* 1 מַאֲרָב. 2 מַלְכֹּדֶת, פַּח. 3 הִתְקוֹטְטוּת. 3 שָׁאוֹן, מְהוּמָה
zalamería *f* חֲנֻפָּה, חֲנִיפָה, חַנְפָנוּת
zalamero *adj* חַנְפָן
zalea *f* פַּרְוַת כְּבָשִׂים
zalema *f* 1 קִדָּה. 2 חֲנֻפָּה, חֲנִיפָה
zamacuco *m* 1 כְּסִיל. 2 שִׁכְרוּת
zamacueca *f* קוּאָקָה, רִקּוּד עֲמָמִי
zamarra *f* 1 מְעִיל פַּרְוָה. 2 פַּרְוַת כֶּבֶשׂ
zamarrear *vt* נִעֵר, טִלְטֵל
zamarro *m* מִכְנְסֵי עוֹר
zambo *adjm* 1 פִּסֵּחַ, קִישָׁן. 2 בֶּן תַּעֲרֹבֶת
zambomba *finterj* 1 תֹּף. 2 כַּפְתּוֹר וָפֶרַח!
zambra *f* חִנְגָּא, חֲגִיגָה, מִשְׁתֶּה
zambullida *f* טְבִילָה, צְלִילָה
zambullir *vt* 1 הִטְבִּיל. 2 טָבַל, צָלַל
zampar *vt* 1 זָלַל, בָּלַע. 2 הִתְגַּנֵּב
zampoña *f* 1 חֲלִיל־פַּן. 2 קַלּוּת דַּעַת. 3 פִּזִיזוּת, פַּחֲזוּת
zanahoria *f* גֶּזֶר
zanca *f* 1 רֶגֶל. 2 חָוָק
zancada *f* צַעַד
zancadilla *f* 1 הַכְשָׁלָה, הַפָּלָה. 2 תַּחְבּוּלָה, תַּרְמִית
zanco *m* קַב
zancón *adj* בֶּגֶד קָצָר
zancuda *f* עוֹפוֹת אֲרֻכֵּי רַגְלַיִם
zancudo *adjm* 1 בַּעַל רַגְלַיִם אֲרֻכּוֹת (עוֹף). 2 יַתּוּשׁ
zanganada *f* עַזּוּת, הֶעָזָה, חֻצְפָּה
zanganear *vi* שׁוֹטֵט, הִתְבַּטֵּל
zángano *m* 1 זְכַר הַדְּבוֹרִים. 2 עַצְלָן, בַּטְלָן
zanglotear *vt* נִעֵר, טִלְטֵל
zanguanga *f* 1 הִתְחַלּוּת. 2 הִשְׁתַּמְּטוּת, אֲמַתְלָה
zanguango *m* בַּטְלָן, עַצְלָן, נִרְפֶּה
zanja f, zanjón *m* חֲפִירָה, תְּעָלָה
zanjar *vt* 1 חָפַר, תִּעֵל. 2 פָּתַר

zanquilargo *adj* אָרֹךְ רַגְלַיִם
zapa *f* 1 אֵת. 2 מִנְהָרָה, חֲפִירָה. 3 שִׁיּוּף
zapador *m* 1 חַבְּלָן. 2 חַפָּר
zapallo *m* דְּלַעַת
zapapico *m* קַרְדֹּם
zapar *vti* חָפַר, עָדַר
zapateado *m* רִקּוּד סְפָרַדִּי
zapatear *vi* רָקַד בְּנְקִישׁוֹת רַגְלַיִם
zapateo *m* רִקּוּד בִּנְקִישַׁת רַגְלַיִם
zapatería *f* חֲנוּת נַעֲלַיִם
zapatero *m* סַנְדְּלָר
zapatilla *f* מָסוּל, נַעַל בַּיִת
zapato *m* נַעַל
zaquizamí *m* עֲלִיַּת גַּג
zar *m* צַאר
zarabanda *f* 1 רִקּוּד, סָרַבַּנְד. 2 שָׁאוֹן, מְהוּמָה
zarandajas *fpl* קְטַנּוֹת, זוּטוֹת
zarandear *vt* 1 נִעֵר, טִלְטֵל. 2 נִפָּה, כִּבֵּר
zarandeo *m* 1 נִעוּר, טִלְטוּל. 2 נִפּוּי
zaraza *f* בַּד כֻּתְנָה פִּרְחוֹנִי
zarcillo *m* 1 קְנוֹקֶנֶת. 2 מַעְדֵּר. 3 עָגִיל
zarco *adj* כְּחַלְחַל, כָּחֹל
zarigüeya *f* אוֹפּוֹסוּם (חיית־כיס אמריקאית)
zarina *f* צָארִינָה
zarpa *f* 1 הַפְלָגָה. 2 גַּף
zarpada *f* מַכַּת גַּפַּיִם (של חיית טרף)
zarpa *vi* הִפְלִיג
zarpazo *m* 1 הַצְלָפָה. 2 שְׂרִיטָה
zarrapastroso *adjm* 1 קָרוּעַ, בָּלוּי. 2 לוֹבֵשׁ־קְרָעִים
zarria *f* 1 לִכְלוּךְ, זֻהֲמָה, טִנּוּף. 2 קֶרַע, טְלַאי
zarza *f* 1 סְנֶה, אָטָד, שִׂיחַ. 2 פֶּטֶל
zarzal *m* חֻרְשַׁת פֶּטֶל
zarzamora *f* פֶּטֶל
zarzaparrilla *f* 1 קִיסוֹסִית. 2 מַשְׁקֵה קִיסוֹסִית
zarzo *m* סְכָכָה, סְבָכָה
zarzoso *adj* מָלֵא חוֹחִים, מָלֵא קוֹצִים
zarzuela *f* סַרְסוּאֶלָה (אוֹפֶּרֶטָה סְפָרַדִּית)
zenit *m* 1 זֶנִּיט. 2 שִׂיא
zigzag *m* זִיגְזַג
zigzaguear *vi* זִגְזֵג
zigzagueo *m* זִגְזוּג
zinc *m* אָבָץ
zinia *f* צִינְיָה (צֶמַח)
zipizape *m* קְטָטָה, רִיב, מְהוּמָה
zócalo *m* בָּסִיס, מַסָּד, יְסוֹד, אֶדֶן
zodiacal *adj* שֶׁל גַּלְגַּל הַמַּזָּלוֹת
zollipo *m* הִתְנַפְּחוּת
zodíaco *m* 1 גַּלְגַּל הַמַּזָּלוֹת. 2 מַחֲזוֹר, מַעְגָּל
zona *f* אֵזוֹר
zoncería *f* שְׁטוּת, טִפְּשׁוּת, כְּסִילוּת
zonzo *adjm* כְּסִיל, שׁוֹטֶה, טִפֵּשׁ
zoófago *adj* נִזּוֹן מִן הַחַי
zoología *f* תּוֹרַת הַחַי, זוֹאוֹלוֹגְיָה
zoológico *adjm* 1 שֶׁל הַחַי, חַי, זוֹאוֹלוֹגִי. 2 בֵּיבָר, גַּן חַיּוֹת
zoólogo *m* זוֹאוֹלוֹג
zopenco *adjm* טִפֵּשׁ, כְּסִיל, פֶּתִי
zopilote *m* פֶּרֶס אֲדֹם הָרֹאשׁ
zopo *adj* בַּעַל מוּם
zoquete *m* 1 גֶּדֶם, שְׁיָר. 2 כְּסִיל, טִפֵּשׁ, גֹּלֶם. 3 פְּרוּסַת לֶחֶם. 4 גֶּרֶב
zorra *f* 1 שׁוּעָלָה. 2 מִרְשַׁעַת, סוֹרֶרֶת. 3 פְּרוּצָה
zorrero *madj* 1 כֶּלֶב צַיִד. 2 עַרְמוּמִי
zorrillo *m* בּוֹאֵשׁ
zorro *m* 1 שׁוּעָל. 2 נוֹכֵל, אִישׁ־מְזִמּוֹת
zorruno *adj* שׁוּעָלִי
zorzal *m* קִיכְלִי
zote *m* מְטֻמְטָם, בּוּר
zozobra *f* 1 טְבִיעָה. 2 אֳנִיָּה שֶׁנִּטְרְפָה. 3 דְּאָגָה, חֲרָדָה, מוּעָקָה
zozobrar *vi* 1 טָבַע, נִטְרַף. 2 דָּאַג, חָרַד
zucarino *adj* סֻכָּרִי
zueco *m* 1 קַבְקַב. 2 שׁוֹדֵי
zulú *adjm* זוּלוּ
zumaque *m* אוֹג (צֶמַח)
zumba *f* 1 מִצְלָה. 2 הַלְקָאָה
zumbar *vti* זִמְזֵם
zumbido *m* זִמְזוּם

zumbo *m* זִמְזוּם
zumbón *adjm* 1 מְזַמְזֵם. 2 לֵיצָן
zumo *m* מִיץ, עָסִיס
zumoso *adj* עֲסִיסִי
zunchar *vt* חִשֵּׁק
zuncho *m* חִשּׁוּק
zunzún *m* יוֹנֵק הַדְּבַשׁ
zupia *f* מִשְׁקָע (שֶׁל יַיִן)
zurcido *m* 1 תְּפִירָה. 2 תָּפָר, טְלַאי
zurcidor *adj* תַּפָּר, מְאַחֵה־קְרָעִים
zurcidura *f* תְּפִירָה
zurcir *vt* תָּפַר, אִחָה
zurdería *f* אִטְּרוּת
zurdo *adj* אִטֵּר, שְׂמָאלִי
zurear *vi* הָמָה (יונה)
zureo *m* הֲמִיָּה
zuro *m* 1 שִׁבֹּלֶת הַתִּירָס. 2 יוֹד־בָּר
zurra *f* 1 בִּרְסוּק. 2 חֲבָטָה, חִבּוּט. 3 הַלְקָאָה. 4 רִיב, קְטָטָה
zurrado *m* כְּפָפָה, כְּסָיָה
zurrador *adjm* 1 מַצְלִיף. 2 בָּרְסְקִי, בָּרְסִי
zurrapa *f* מִשְׁקָע, שְׁמָרִים, שִׁירַיִם
zurrar *vt* 1 בִּרְסֵק. 2 חָבַט, הִלְקָה, הִכָּה. 3 הוֹכִיחַ, נָזַף. 4 רָב, הִתְקוֹטֵט
zurriaga מַגְלֵב, שׁוֹט
zurriar *vi* הִרְעִישׁ, קִשְׁקֵשׁ
zurribanda *f* הַלְקָאָה
zurrido *m* 1 קִשְׁקוּשׁ. 2 חֲבָטָה
zurrir *vi* הִרְעִישׁ, קִשְׁקֵשׁ
zurrón *m* אַמְתַּחַת, תַּרְמִיל, יַלְקוּט
zurrona *f* זוֹנָה, פְּרוּצָה
zurupeto *m* סַפְסָר בִּנְיָרוֹת־עֵרֶךְ
zutano *m* פַּלְמוֹנִי
zuzón סַבְיוֹן (צמח בר ממשפחת המורכבים)

תַּקְצִיר הַדִּקְדּוּק הַסְּפָרַדִּי

SINOPSIS DE LA GRAMATICA ESPAÑOLA

הַמִּבְטָא — *La pronunciación*

בִּסְפָרַדִּית, כְּמוֹ בְּעִבְרִית, מְבַטְּאִים כְּפִי שֶׁכּוֹתְבִים. הַיּוֹם קָשֶׁה מְאֹד לוֹמַר מַה הוּא הַהִגּוּי הַנָּכוֹן שֶׁל כָּל אוֹת, כִּי בַּאֲמֶרִיקָה הַלָּטִינִית מְבַטְּאִים שׁוֹנֶה מֵאֲשֶׁר בִּסְפָרַד, וַאֲפִלּוּ בִּסְפָרַד עַצְמָהּ הַהִגּוּי שׁוֹנֶה בָּאֲזוֹרִים הַשּׁוֹנִים.

הַנְּגִינָה — *El acento*

הַנְּגִינָה בָּאָה לְהַדְגִּישׁ אֶת אֵם־הַקְּרִיאָה הַחֲזָקָה בַּמִּלָּה. בִּסְפָרַדִּית יֵשׁ רַק נְגִינָה כְּתוּבָה אַחַת (´). לְהַלָּן חֻקֵּי הַנְּגִינָה:

1. כָּל הַמִּלִּים בַּעֲלוֹת יוֹתֵר מֵהֲבָרָה אַחַת, הַמִּסְתַּיְּמוֹת בְּאֵם־קְרִיאָה אוֹ בְּ־n אוֹ s, יֵשׁ לָהֶן נְגִינָה (aguda) מִלְּרַע כְּתוּבָה: revolución, café, anís, sofá.
2. כָּל הַמִּלִּים הַמִּסְתַּיְּמוֹת בְּאוֹת שֶׁהִיא לֹא n אוֹ s, יֵשׁ לָהֶן נְגִינָה מִלְּעֵיל (grave) כְּתוּבָה: fácil, lápiz, azúcar, césped.
3. כָּל הַמִּלִּים הַמֻּטְעָמוֹת בַּהֲבָרָה שֶׁלִּפְנֵי הַמִּלְּעֵיל, הֵן מֻדְגָּשׁוֹת: tómalo, cállate.
4. כָּל הַמִּלִּים מִלְּרַע אוֹ מִלְּעֵיל, שֶׁיֵּשׁ בָּהֶן שְׁתֵּי אִמּוֹת־קְרִיאָה יַחַד וַאֲשֶׁר אֶפְשָׁר לַחְשֹׁב כְּדוּ־תְנוּעָה, אַךְ זֶה לֹא כָּךְ: caída, baúl, púa.
5. הַמִּלִּים הַמֻּרְכָּבוֹת שׁוֹמְרוֹת אֶת הַנְּגִינָה שֶׁל הַמַּרְכִּיבוֹת: cortésmente, fácilmente.
6. הַמִּלִּים הַהוֹמוֹגְרָפִיּוֹת, כְּדֵי לְהַבְדִּיל בֵּינֵיהֶן: sí — כֵּן, si — אִם־לוּ; dé — נָתַן, de — שֶׁל; más — עוֹד, mas — כְּרַם, אֲבָל.
7. הַמִּלִּים הַלּוֹעֲזִיּוֹת שׁוֹמְרוֹת אֶת הַנְּגִינָה שֶׁל שְׂפַת הַמָּקוֹר.
8. מַטְעִימִים אֶת שְׁמוֹת הַגּוּף כְּדֵי לְהַבְדִּילָם מִשְּׁמוֹת הַתֹּאַר.

אוֹתִיּוֹת רֵישִׁיּוֹת — *Las mayúsculas*

מִשְׁתַּמְּשִׁים בְּאוֹת רֵישִׁית:

1. בְּהַתְחָלַת מִשְׁפָּט, לְאַחַר נְקֻדָּה, וּבִתְחִלַּת קֶטַע חָדָשׁ.
2. שְׁמוֹת שֶׁל אֲנָשִׁים אוֹ מְקוֹמוֹת גֵּיאוֹגְרָפִיִּים: Jerusalem, Israel, Gonzalez, Pedro.
3. לְאַחַר נְקֻדָּתַיִם.
4. תְּכוּנוֹת הָאֱלוֹהוּת וּשְׁמוֹת הֲדָרָה: Duque de Osuna, el Papa, Creador, Dios.
5. קִצּוּרִים וְרָאשֵׁי־תֵבוֹת: V.S., Ud., Dn., Sr.
6. שְׁמוֹת קִבּוּצִיִּים: la Real Academia, Colegio Naval.
7. שֵׁם הַמְּסַמֵּל שְׂרָרָה אוֹ תַּפְקִיד: Justicia, Rey, Alcalde.
8. הַמִּסְפָּרִים הָרוֹמִיִּים.
9. בָּאוֹתִיּוֹת הַכְּפוּלוֹת רַק הָרִאשׁוֹנָה: Ll, Ch.
10. בְּשִׁירָה, הַתְחָלַת כָּל חָרוּז.

הַתָּוִית – *El Artículo*

בִּסְפָרַדִּית יֵשׁ הַתָּוִית הַמְיַדַּעַת – el, la, los, las, lo – artículo definido – הַמְצַיֶּנֶת

אֶת הַמּוּדָע, וְהַתָּוִית הַמַּסְתֶּמֶת – un, uno, unos, unas – artículo indefinido – הַמְצַיֶּנֶת

עֶצֶם סְתָמִי אוֹ בִּלְתִּי־יָדוּעַ.

שֵׁם עֶצֶם – *El substantivo*

בִּסְפָרַדִּית יֵשׁ שֵׁם עֶצֶם זָכָר, שֵׁם עֶצֶם נְקֵבָה וְשֵׁם עֶצֶם סְתָמִי. רֹב שְׁמוֹת הָעֶצֶם שַׁיָּכִים

לִשְׁנֵי הַמִּינִים הָעִקָּרִיִּים, זָכָר אוֹ נְקֵבָה. לְהַלָּן כְּלָלִים לִקְבִיעַת מִין הַשֵּׁם:

א. זָכָר – *El masculino*

1. שֵׁם הַגֶּבֶר, אוֹ זְכָרִים, הֵם בְּדֶרֶךְ כְּלָל זָכָר: el elefante, el señor, el hombre.

2. שֵׁם עֶצֶם הַמִּסְתַּיֵּם בְּאוֹת o, הוּא זָכָר: el burro, el toro, el marido.

   יוֹצֵא מִן הַכְּלָל: la mano.

3. שְׁמוֹת יְמֵי הַשָּׁבוּעַ, הֶחֳדָשִׁים, הַנְּהָרוֹת, הָאֲגַמִּים, הַיַּמִּים, הָאוֹקְיָנוֹסִים, הֶהָרִים, הֵם

   בְּדֶרֶךְ כְּלָל זָכָר: los Pirineos, el Atlántico, el Paraná, el marzo, el lunes.

4. שְׁמוֹת עֶצֶם אֲשֶׁר מְקוֹרָם יְוָנִי וַהֲבָרָתָם הָאַחֲרוֹנָה ma, הֵם זָכָר: el drama, el

   tema.

ב. נְקֵבָה – *El femenino*

1. שֵׁם הָאִשָּׁה אוֹ הַנְּקֵבוֹת הוּא בְּדֶרֶךְ כְּלָל נְקֵבָה: la señora, la mujer.

2. שֵׁם עֶצֶם הַמִּסְתַּיֵּם בְּאוֹת a, הוּא נְקֵבָה: la yegua, la burra, la vaca.

3. יוֹצֵא מִן הַכְּלָל: el mapa, el día.

4. שְׁמוֹת עֶצֶם הַמִּסְתַּיְּמִים בְּ־er, -dad, -ión, tad, tud, umbre, הֵם בְּדֶרֶךְ כְּלָל

   נְקֵבָה la juventud, la dificultad, la nación, la humanidad, la vejez, la

   certidumbre.

5. שְׁמוֹת עֶצֶם מֻפְשָׁטִים הַמִּסְתַּיְּמִים בְּ־ón, הֵם בְּדֶרֶךְ כְּלָל נְקֵבָה: la razón, la

   comezón.

6. שְׁמוֹת עֶצֶם עִם סִיֹּמֶת ón הֵם בְּרֻבָּם זָכָר: el montón. סִיֹּמֶת הַנְּקֵבָה הִיא ona

   la regañona:

7. אוֹתִיּוֹת הָאָלֶף־בֵּית הֵן בְּמִין נְקֵבָה: la o, la g, la b.

שְׁמוֹת עֶצֶם מֻפְשָׁטִים, שֶׁנּוֹצְרוּ מִשְּׁמוֹת תֹּאַר, הֵם סְתָמִיִּים וּמְקַבְּלִים אֶת הַתָּוִית lo:

lo bueno, lo largo.

יֵשׁ שְׁמוֹת עֶצֶם שֶׁהֵם גַּם זָכָר וְגַם נְקֵבָה וְזֹאת – כְּשֶׁפֵּרוּשָׁם זֶהֶה: el mar אוֹ la mar.

יֵשׁ שְׁמוֹת עֶצֶם אֲשֶׁר פֵּרוּשָׁם שׁוֹנֶה בְּזָכָר וּבִנְקֵבָה: el guía (מוֹרֵה דָרֶךְ); la guía (מַדְרִיךְ);

el capital (הַמָּמוֹן), la capital (עִיר הַבִּירָה).

שְׁמוֹת עֶצֶם הַמִּסְתַּיְּמִים בְּ־ista-, ante-, cida-, יֵשׁ לָהֶם אוֹתָהּ צוּרָה בְּזָכָר וּבִנְקֵבָה,

וְהַמִּין בָּא רַק בַּתָּוִית: el אוֹ la homicida; el אוֹ la artista; el אוֹ la paciente; ela

el אוֹ estudiante.

ג. רַבִּים — *El plural*

1. שֵׁם עֶצֶם, הַמִּסְתַּיֵּם בְּאֵם־קְרִיאָה לֹא מֻטְעֶמֶת, מוֹסִיף s: el palo, los palos; la casa, las casas.
2. שֵׁם עֶצֶם הַמִּסְתַּיֵּם בְּעִצּוּר או j y, מוֹסִיף es בְּרַבִּים: el buey, los bueyes; la ley, las leyes; el cristal, los cristales; la mujer, las mujeres.
3. לְשֵׁם עֶצֶם, הַמִּסְתַּיֵּם בְּאֵם־קְרִיאָה מֻטְעֶמֶת (לְמַעֵט é), מוֹסִיפִים בְּדֶרֶךְ כְּלָל es, אַךְ לִפְעָמִים s: el bajá, los bajaes; el cebú, los cebúes; el rubí, los rubíes; el paletó, los paletoes. אַךְ: el bongó, los bongós; la mamá, las mamás; el papá, los papás.
4. שֵׁם עֶצֶם הַמִּסְתַּיֵּם בְּ־e מֻטְעֶמֶת, מְקַבֵּל el café, los cafés, el bebé, los bebés.
5. שֵׁם עֶצֶם בַּעַל יוֹתֵר מֵהֲבָרָה אַחַת הַמִּסְתַּיֵּם ב־s, וְאֵם־קְרִיאָה לֹא מֻטְעֶמֶת לְפָנֶיהָ, לֹא מִשְׁתַּנֶּה בְּרַבִּים.
6. לִשְׁמוֹת עֶצֶם שֶׁמְּקוֹרָם הוּא לוֹעֲזִי, מוֹסִיפִים s אוֹ es, אַךְ הַנֹּהַג הַמְקֻבָּל יוֹתֵר הוּא לְהוֹסִיף רַק s: el club, los clubs; el complot, los complots; el album, los albums.
7. שֵׁם עֶצֶם הַמִּסְתַּיֵּם בְּ־z, מַחֲלִיף אֶת הַ־z בְּ־c בְּרַבִּים, וּמוֹסִיפִים בְּסוֹפוֹ es: el lápiz, los lápices; la raíz, las raíces.

ג. הֲפִיכָה לִנְקֵבָה — *Formación del femenino*

1. שֵׁם עֶצֶם הַמִּסְתַּיֵּם בְּ־o, מַחֲלִיף אֶת הַ־o בְּ־a: el muchacho, la muchacha; el tío, la tía.
2. לְשֵׁם עֶצֶם הַמִּסְתַּיֵּם בְּ־án, ón, or, ol, és, ín, מוֹסִיפִים a.
3. יֵשׁ שְׁמוֹת עֶצֶם שֶׁסִּיֹּמֶת הַנְּקֵבָה שֶׁלָּהֶם אֵינָהּ אֲחִידָה: el duque, la duquesa; el actor, la actriz; el poeta, la poetisa; el emperador, la emperatriz.

הַתֹּאַר — *El adjetivo*

1. שֵׁם־תֹּאַר הַמִּסְתַּיֵּם בְּזָכָר בְּ־o מְקַבֵּל בְּמִין נְקֵבָה a: bueno, buena; malo, mala.
2. שֵׁם־תֹּאַר הַמִּסְתַּיֵּם בְּעִצּוּר אוֹ בְּאֵם־קְרִיאָה שֶׁאֵינָהּ o, יֵשׁ לוֹ צוּרָה מְשֻׁתֶּפֶת לְזָכָר וְלִנְקֵבָה: débil, familiar, común, verde, elegante, egoísta וְכוּ׳.
3. שֵׁם־תֹּאַר הַמְסַמֵּל לְאֹם וְהַמִּסְתַּיֵּם בְּעִצּוּר, יוֹצֵר אֶת צוּרַת הַנְּקֵבָה עַל־יְדֵי הוֹסָפַת a: inglés, inglesa; español, española.
4. שְׁמוֹת־תֹּאַר, הַמִּסְתַּיְּמִים בְּ־án-, on-, or-, מוֹסִיפִים a בִּנְקֵבָה.
5. שְׁמוֹת־תֹּאַר בְּדַרְגַּת הַיִּתְרוֹן הַמִּסְתַּיְּמִים בְּ־or, אֵינָם מִשְׁתַּנִּים בִּנְקֵבָה.
6. הַכְּלָלִים לַהֲפִיכַת שֵׁם־תֹּאַר לְרַבִּים הֵם כְּמוֹ בְּמִקְרֶה שֶׁל שְׁמוֹת הָעֶצֶם.

דַּרְגּוֹת שֵׁם־הַתֹּאַר הָעִקָּרִיּוֹת הֵן:

דַּרְגַּת הַפְּשִׁיטוּת — adjetivo simple: sabio, grande, fácil

דַּרְגַּת הַדִּמְיוֹן — adjetivo calificativo: sabio como, grande como

דַּרְגַּת הַיִּתְרוֹן — adjetivo comparativo: más fácil, más sabio, más grande

דַּרְגַּת הַהַפְלָגָה — adjetivo superlativo: rapidísimo, facilísimo

שְׁמוֹת־תֹּאַר בְּדַרְגַּת הַהַפְלָגָה שֶׁבָּאִים בְּצוּרָה מְיֻחֶדֶת:

bueno – óptimo
malo – pésimo (malísimo)
grande – máximo (grandísimo)
pequeño – mínimo (pequeñísimo)
acre – acérrimo
antiguo – antiquísimo
pobre – paupérrimo
mísero – misérrimo
probable – probabilísimo

שֵׁם הַגּוּף — *El pronombre*

כִּנּוּיֵי הַגּוּף מִתְחַלְּקִים כִּדְלְקַמָּן: 1. כִּנּוּי אִישִׁי; 2. כִּנּוּי קִנְיָן; 3. כִּנּוּי רֶמֶז; 4. כִּנּוּי יַחַס; 5. כִּנּוּי סְתָמִי; 6. כִּנּוּי שְׁאֵלָה.

1. כִּנּוּי אִישִׁי: גּוּף רִאשׁוֹן: yo, me, mí; גּוּף שֵׁנִי: tú, te, ti; גּוּף שְׁלִישִׁי: lo, ello, él, le, se,; גּוּף שְׁלִישִׁי (נְקֵבָה): ella, le, se, la; גּוּף רִאשׁוֹן רַבִּים: nos nosotras nosotros,; גּוּף שֵׁנִי רַבִּים: vosotros, vos, os; גּוּף שֵׁנִי רַבִּים (נְקֵבָה): vosotras; גּוּף שְׁלִישִׁי רַבִּים: ellos, les, se, los; גּוּף שְׁלִישִׁי רַבִּים (נְקֵבָה): ellas, les, se, los.
2. כִּנּוּי קִנְיָן: nuestras, vuestros, vuestras; tuyos tuyas; suyos, suyas suyo, suya; nuestro, nuestra; vuestro, vuestras; míos, mías; nuestros, mío, mía; tuyo, tuya;.
3. כִּנּוּי רֶמֶז: ésa, eso, ésos, ésas; aquél, aquélla, aquello, aquéllos, aquéllas éste, ésta, esto, éstos, éstas; ése,.
4. כִּנּוּי יַחַס: que, cual, quien, cuyo.
5. כִּנּוּי סְתָמִי: alguien, nadie, cualquiera, quienquiera.
6. כִּנּוּי שְׁאֵלָה: quién, qué, cuál, cuyo, cuánto, dónde, cómo.

תֹּאַר הַפֹּעַל — *El adverbio*

תֹּאַר הַפֹּעַל נוֹצָר מִשֵּׁם־הַתֹּאַר בְּמִין נְקֵבָה עַל־יְדֵי הוֹסָפַת הַסִּיֹּמֶת sola – solamente; mente :feliz – felizmente;

בְּמִקְרֶה שֶׁשֵּׁם־הַתֹּאַר מֻטְעָם, נִשְׁאֶרֶת הַהַטְעָמָה בִּמְקוֹמָהּ גַּם בְּתֹאַר הַפֹּעַל: rápida – rápidamente.

תֹּאַר־הַפֹּעַל מִתְחַלֵּק לַסּוּגִים הַבָּאִים: 1) מָקוֹם; 2) זְמַן; 3) אֹפֶן; 4) מִסְפָּר; 5) סֵדֶר; 6) חִיּוּב; 7) שְׁלִילָה; 8) סָפֵק.

1. תְּאָרֵי הַפֹּעַל לְמָקוֹם הֵם: debajo, junto, aquende, allende, allá, acullá

acá, dentro, fuera, delante, detrás, encima, debajo, detrás, encima, aquí, ahí, allí, arriba, abajo, cerca, lejos,.

2. תְאָרֵי הַפֹּעַל לִזְמַן הֵם: entonces, luego, nunca, tarde, ya, hogaño, cuando, todavía, antaño, hoy, ayer, anteayer, mañana, ahora, antes, después, pronto,.
3. תְאָרֵי הַפֹּעַל לְאֹפֶן הֵם: adrede, bien, mal, así, buenamente, malamente, sólo, recio, duro, despacio, alto, como, bajo, excepto, conforme, apenas, quedo, וְכִמְעַט כָּל תְאָרֵי הַפֹּעַל הַמִּסְתַּיְּמִים בְּ־mente.
4. תְאָרֵי הַפֹּעַל לְמִסְפָּר הֵם: casi, tanto, nada, harto, bastante, tan, cuanto, más, poco, mucho,.
5. תְאָרֵי הַפֹּעַל לְסֵדֶר הֵם: sucesivamente, últimamente, antes, después, primeramente,.
6. תְאָרֵי הַפֹּעַל לְחִיּוּב הֵם: sí, cierto, ciertamente, verdaderamente, también.
7. תְאָרֵי הַפֹּעַל לִשְׁלִילָה הֵם: no, nunca, jamás, tampoco.
8. תְאָרֵי הַפֹּעַל לְסָפֵק הֵם: quizá, quizás, acaso, si.

מִלַּת הַיַּחַס — *La preposición*

מִלּוֹת הַיַּחַס הֵן: en, entre, hacia, hasta, para, por, según, sin, so, sobre, tras, a, ante, bajo, cabe, con, contra, de, desde,.

תּוֹרַת הַכְּתִיב

תורת הכתיב — *Ortografía*

תורת הכתיב היא חלק של הדקדוק הנוגע לכתיב נכון של המלים וכן להשתמש ביעילות בסימני העזר של הכתיב. להלן מספר חוקי כתיב נכונים:

כותבים ב־B

1. זמני הפועל המסתיימים ב־BER (beber), BIR (recibir) ו־BUIR (imbuir)
יוצאים מן הכלל: vivir, servir, hervir, volver, ver, precaver ונטיותיהם.
2. סיומת בזמן עבר חווי בפועלים השייכים לגזרה הראשונה (AR) (amaba, jugaba, cantabais) ושל הפועל ir. (iba, ibas, ibais...)
3. המלים המתחילות בהברה — BAN (bandera) — BAR (barco) — BAS (bastante); — BAT (batalla) — BOR (borde) ו־BOT (botella)
יוצאים מן הכלל: varilla, varicar, varear, vara, vasco, vándalo, vasallo, vástago, vasto; vate, Vaticano, vaticinar; vanguardia, vanidad; varón, voracidad, vorágine, votar, vaselina, vasija, vaso,.
4. המלים המתחילות בהברה — BIBL (biblioteca); BU (bula); — BUR (burguesía) (יוצאים מן הכלל — vuestro)
5. המלים המסתיימות בהברות — BILIDAD (amabilidad); (meditabundo)

(polisílaba) – (monosílabo) ILABO ;(moribunda) BUNDA – BUNDO
ILABA יוצאים מן הכלל: civilidad, movilidad

6. הברות בעלות האות B – הבאות לאחר עיצור amable, brusco.
7. האות הסופית במלה: Jacob
8. לאחר האות M תמיד כותבים B: bomba, ambiente

כותבים ב־V

1. כשצליל זה בא אחרי ההברות – AD (adversario); CLA (clave); (convencer) CON – DI (diván); IN (invierno); JO (joven) – PRI (privilegio) יוצאים מן הכלל: dibujo
2. שמות תואר המסתיימים ב־AVA (octava); AVE (suave); AVO (esclavo) – EVA (sueva) – EVE (leve) – EVO (longevo) – IVA (cautiva); (cautivo) IVO יוצא מן הכלל árabe (על כל הנטיות) ושמות התואר המורכבים מן השם SILABA (bisílabo, trisílabo, trisílaba, bisílabo).
3. ההוה של הפועל IR (vaya, ve, voy).
4. הכינויים האישיים של הפעלים אשר במקורם אין לא B ולא V (anduve, estuviera) למען הסיומת זמן עבר חווי שבגזרה הראשונה.
5. הפעלים המסתיימים בסיומת SERVAR – (conservar, reservar) למעט desherbar
6. במלים המורכבות המתחילות ב־VICE (vicecónsul); VILLA (Villamediana); VILLAR (Villarejo).
7. המלים המסתיימות ב־IVORO (carnívoro); IVORA (herbívora); VIRO (triunviro); VIRA (ELvira) יוצא מן הכלל víbora –

כותבים ב־G לפני E או I

1. המלים המתחילות בהברה – (geometría, geología, geografía)
2. המלים המסתיימות GELICO (angélico); GEN (origen); (octogenario) GENARIO; GENEO (heterogéneo); GENICO (fotogénico); (ingenio) GENIO; GENITO (primogénito); GESIMAL (cegesimal); (trigésimo) GESIMO; GETICO (exgético); GIENICO (higiénico); (virginal) GINAL; GINEO (virgíneo); GINOSO (caliginoso); (neologismo) GISMO; GIA (magia); GIO (litigio); GION (religión); (regional) GIONAL; GIONARIO (legionario); GIOSO (religioso); (panegírico) GIRICO; IGENA (indígena); IGENO (oxígeno); OGIA (teología); OGICO (lógico). אותו הדבר בנקבה וברבים אם יש. יוצא מן הכלל: salvajismo, espejismo, aguajinoso, comejón, ojén.
3. מקור הפעלים המסתיימים ב־IGERAR (morigerar); GER – (recoger);

GIR (surgir) ובזמני הפועל האחרים בהם ישנו הצליל G. יוצא מן הכלל: tejer, crujir

כותבים ב־J לפני E או I

1. הצלילים ji-je בפעלים אשר במקורם אין g או j: reduje, dije
2. המלים המסתיימות ב־JE (equipaje); JERO (viajero); JERIA – (cerrajería); JIN – (cojín). יוצא מן הכלל faringe, laringe, paragoge, ambage, magín, auge, cónyuge, esfinge, ועוד כמה מלים.
3. סיומת המלים אשר ההברה האחרונה היא: JA–; JO–; JU– ajillo, cajista

כותבים ב־H

1. המלים אשר במקורן כתבו ב־F: harina (farina); hacer (facer)
2. המלים המתחילות בצליל – IA (hiato); IE (hierático); UE (hueso); IDR (hidráulico); IGR (higrómetro); UI (huida); IPER (hipérbole); IPO (hipódromo); OG (hogaza); OLG (holgazán); OSP (hospicio); יוצא מן הכלל: ogro, ipecacuana.
3. כל נטיות הפועל של הפעלים haber, hacer
4. המלים המתחילות ב־ELIO (heliótropo); EMA (hematoma); (hemiciclo) EMI; EMO (hemoptisis); EPTA (heptarquía); ETERO (heterodoxo); OME (homeopatía); OMO (homologar). יוצא מן הכלל: emancipar, emanar, omóplato, emolumento, emoción, emir, eminencia, emigrar, emitir.
5. באמצע המלה כותבים H כדי להפריד בין שתי תנועות שלא יוצרות דו־תנועה (דיפטונגציה), כגון: vahído, ahorcar, alcohol, almohada.
6. במלים המורכבות אשר מופיעה האות H באחד המרכיבים: deshonesto, deshonra

   יוצא מן הכלל: ovario, óvalo, ovalado, oval, oquedad, óseo, osamenta, osario, arfanato, orfandad, oscence, ovoide, ovo, ovíparo; כי לא מופיעה האות במקור הלטיני.
7. בסוף מלה כותבים H רק במלות קריאה בעלות הברה אחת: oh!, bah!, ah!; וכמה מלים לועזיות.

כותבים ב־K

האות K מופיעה רק במלים לועזיות שנקלטו בספרדית: kermesse, kilo, kan.

כותבים ב־M

1. כותבים ב־M לפני האות B (imberbe) והאות P (amparo) כותבים M במקום N.
2. כותבים M לפני N (amnesia, himno) למעט במלים המורכבות עם מלות היחס

(sinnúmero) ;(connivencia) CON ;(innecesario) IN ;(ennegrecer) EN
SIN.

כותבים ב־R

1. בהתחלת המלה ולאחר העצורים S–N–L מקבל העיצור R צליל מודגש: ,Israel
alrededor, rosa

2. כדי לקבל צליל מידגש בין התנועות כותבים R כפולה: error, arribar

כותבים ב־X במקום S

1. בהתחלת מלה לפני תנועה או האות H: exhalación, exaltar.

2. כמעט תמיד לפני CR (excretor); PLA (explayar); PLE (expletivo);
PLI (explícito); PLO (explotar); PRE (expresar); PRI (exprimir);
PRO (expropiar)

3. במלים אשר הברתן הראשונה היא EX – (extender, extraer, extemporáneo)
או EXTRA (extramuros, extrajudicial, extraordinario)

4. יש מלים שעד היום נכתבות באות X אף על פי שמבטאים אותן כ־J: ,México
Oaxaca

הַפֹּעַל — *El verbo*

בִּסְפָרַדִּית יֵשׁ שָׁלֹשׁ גְּזָרוֹת:
פְּעָלִים, אֲשֶׁר מְקוֹרָם מִסְתַּיֵּם בְּ־AR, שַׁיָּכִים לַגִּזְרָה הָרִאשׁוֹנָה.
פְּעָלִים, אֲשֶׁר מְקוֹרָם מִסְתַּיֵּם בְּ־ER, שַׁיָּכִים לַגִּזְרָה הַשְּׁנִיָּה.
פְּעָלִים, אֲשֶׁר מְקוֹרָם מִסְתַּיֵּם בְּ־IR, שַׁיָּכִים לַגִּזְרָה הַשְּׁלִישִׁית.
דֻּגְמָה לִנְטִיַּת הַפֹּעַל:

מָקוֹר	הוֹוֶה	עָבָר קָרוֹב חִוּוּי	עָבָר חִוּוּי	עָתִיד חִוּוּי	צִוּוּי	דֶּרֶךְ הַשֶּׁמָּא
רִאשׁוֹנָה						
Amar	am-o	am-é	am-aba	am-aré		am-e
(לֶאֱהֹב)	am-as	am-aste	am-abas	am-arás	am-a	am-es
	am-a	am-ó	am-aba	am-ará	am-e	am-e
	am-amos	am-amos	am-ábamos	am-aremos	am-emos	am-emos
	am-áis	am-asteis	am-abais	am-aréis	am-ad	am-éis
	am-an	am-aron	am-aban	am-arán	am-en	am-en
שְׁנִיָּה						
Temer	tem-o	tem-í	tem-ía	tem-eré		tem-a
(לְפַחֵד)	tem-es	tem-iste	tem-ías	tem-erás	tem-e	tem-as
	tem-e	tem-ió	tem-ía	tem-erá	tem-a	tem-a
	tem-emos	tem-imos	tem-íamos	tem-eremos	tem-amos	tem-amos
	tem-éis	tem-isteis	tem-íais	tem-eréis	tem-ed	tem-áis
	tem-en	tem-ieron	tem-ían	tem-erán	tem-an	tem-an
שְׁלִישִׁית						
Vivir	viv-o	viv-í	viv-ía	viv-iré		viv-a
(לִחְיוֹת)	viv-es	viv-iste	viv-ías	viv-erás	viv-e	viv-as
	viv-e	viv-ió	viv-ía	viv-irá	viv-a	viv-a
	viv-imos	viv-imos	viv-íamos	viv-iremos	viv-amos	viv-amos
	viv-ís	viv-isteis	viv-íais	viv-iréis	viv-id	viv-áis
	viv-en	viv-ieron	viv-ían	viv-irán	viv-an	viv-an

שֵׁם הַפֹּעַל – *El gerundio*

שֵׁם הַפֹּעַל בַּנְּטִיָּה הָרִאשׁוֹנָה נוֹצָר כְּשֶׁמּוֹסִיפִים הַסִּיֹּמֶת ANDO – בִּמְקוֹם הָ־R.
שֵׁם הַפֹּעַל בַּנְּטִיָּה הַשְּׁנִיָּה נוֹצָר כְּשֶׁמּוֹסִיפִים הַסִּיֹּמֶת IENDO – בִּמְקוֹם הָ־R.
שֵׁם הַפֹּעַל בַּנְּטִיָּה הַשְּׁלִישִׁית נוֹצָר כְּשֶׁמּוֹסִיפִים הַסִּיֹּמֶת IENDO – בִּמְקוֹם הָ־R.

בֵּינוֹנִי פָּעוּל – *El participio*

צוּרַת הַבֵּינוֹנִי פָּעוּל נוֹצֶרֶת בַּדֶּרֶךְ הַבָּאָה:
בַּנְּטִיָּה הָרִאשׁוֹנָה עַל־יְדֵי הֲמָרַת הָ־R שֶׁל צוּרַת הַמָּקוֹר בְּ־ADO;
בַּנְּטִיָּה הַשְּׁנִיָּה וְהַשְּׁלִישִׁית עַל־יְדֵי הֲמָרַת הָ־R בְּ־IDO.

פְּעָלִים עִם שְׁתֵּי צוּרוֹת בֵּינוֹנִי פָּעוּל.

יֵשׁ פְּעָלִים בַּעֲלֵי שְׁתֵּי צוּרוֹת שֶׁל בֵּינוֹנִי פָּעוּל: הָאֶחָד שָׁלֵם, וְהַשֵּׁנִי חָסֵר (לְעִתִּים רְחוֹקוֹת בְּשִׁמּוּשׁ). הַשְּׁכִיחִים הֵם: bendecir (לְבָרֵךְ) *bendito* – bendecido; convertir (לְהַחֲלִיף) – convertido – *converso*; despertar (לְעוֹרֵר) *despierto* – despertado; elegir

(לִבְחֹר) – elegido – *electo*; expresar (לְהַבִּיעַ) – expresado – expreso; fijar (לִקְבֹּעַ) – fijado – *fijo*; incluir (לִכְלֹל) – incluido – *incluso*; prender (לֶאֱסֹר) – prendido – *preso*; romper (לִשְׁבֹּר) – rompido – *roto*; soltar (לְשַׁחְרֵר) – soltado – suelto; suspender (לְעַכֵּב) – suspendido – *suspenso* (צוּרוֹת הַבֵּינוֹנִי הַפָּעוּל הֶחָסֵר, הַמּוּבָאוֹת בְּאוֹתִיּוֹת מְשֻׁפָּעוֹת, מְשַׁמְּשׁוֹת לִפְעָמִים גַּם כִּשְׁמוֹת־עֶצֶם).

הֶעָרוֹת לַפְּעָלִים הַשְּׁלֵמִים

פֹּעַל הַמִּסְתַּיֵּם בַּהֲבָרַת CAR מַחֲלִיף אֶת אוֹת הַשֹּׁרֶשׁ c בְּ־qu לִפְנֵי הָאוֹת e: tocar – נֶהְפָּךְ לְ־*toqué, toque, toquemos*.

בְּפֹעַל הַמִּסְתַּיֵּם בַּהֲבָרַת EAR מַכְפִּילִים אֶת הָאוֹת e כְּשֶׁהַסִּיֹּמֶת הַמִּתּוֹסֶּפֶת לַשֹּׁרֶשׁ מַתְחִילָה בָּאוֹת e: golpear – בְּעָבָר וּבְדֶרֶךְ הַשֶּׁמָּא: *golpeé, golpées*.

בְּפֹעַל הַמִּסְתַּיֵּם בַּהֲבָרָה AR מוֹסִיפִים אֶת הָאוֹת u אַחֲרֵי אוֹת הַשֹּׁרֶשׁ g כְּשֶׁהַסִּיֹּמֶת מַתְחִילָה בָּאוֹת e: cargar – *cargué*; comulgar – *comulgué, comulgues*.

פֹּעַל הַמִּסְתַּיֵּם בַּהֲבָרַת GUAR מַחֲלִיף אֶת הָאוֹת u בְּ־ü כְּשֶׁהַסִּיֹּמֶת מַתְחִילָה בְּ־eis: averiguar – *averigüéis*.

פֹּעַל הַמִּסְתַּיֵּם בַּהֲבָרָה ZAR מַחֲלִיף אֶת אוֹת הַשֹּׁרֶשׁ z בְּ־c לִפְנֵי הָאוֹת e: alcanzar – *alcance, alcancen*.

פֹּעַל הַמִּסְתַּיֵּם בַּהֲבָרָה CER אוֹ CIR מַחֲלִיף אֶת אוֹת הַשֹּׁרֶשׁ c בְּ־z לִפְנֵי הָאוֹת a אוֹ o: vencer – *venzo, venzamos*; esparcir – *esparzo, esparzas*.

פֹּעַל הַמִּסְתַּיֵּם בַּהֲבָרָה GER–GIR מַחֲלִיף אֶת אוֹת הַשֹּׁרֶשׁ g בְּ־j לִפְנֵי a אוֹ o: proteger – *protejo, proteja*; afligir – *aflija, aflijo*.

פֹּעַל הַמִּסְתַּיֵּם בַּהֲבָרָה AER–EER–OER מַחֲלִיף בֶּעָבָר אֶת הָאוֹת i בְּ־y לִפְנֵי אֵם־קְרִיאָה אַחֶרֶת: raer – *rayó*; creer – *creyó – creyeron*; roer – *royendo*.

פֹּעַל הַמִּסְתַּיֵּם בַּהֲבָרָה GUIR מַשְׁמִיט אֶת הָאוֹת u כְּשֶׁלְּאַחַר הָאוֹת g בָּאָה a אוֹ o: distinguir – *distinga, distingo*.

בַּפֹּעַל delinquir מִתְחַלֶּפֶת הָאוֹת q בְּ־c, לִפְנֵי a אוֹ o: *delinco, delincamos*.

הַפְּעָלִים הַחֲסֵרִים

בִּסְפָרַדִּית יֵשׁ כְּ־900 פְּעָלִים חֲסֵרִים. אֶפְשָׁר לְחַלֵּק אֶת הַפְּעָלִים הַחֲסֵרִים לְשֵׁשׁ קְבוּצוֹת:

קְבוּצָה I

פְּעָלִים הַמִּסְתַּיְּמִים בְּ־AR אוֹ ER, שֶׁהָאוֹת e שֶׁבַּהֲבָרָה שֶׁלִּפְנֵי הָאַחֲרוֹנָה מִשְׁתַּנָּה בָּהֶם לְ־ie:

acertar:	(הֹוֶה)	acierto, aciertas, acierta, aciertan
	(צִוּוּי)	acierta, acierta Vd., acierten Vds.
	(דֶּרֶךְ הַשֶּׁמָּא)	acierte, aciertes, acierte. acierten.
ascender:	(הֹוֶה)	asciendo, asciendes, asciende, ascienden
	(צִוּוּי)	asciende, ascienda Vd., asciendan Vds.
	(דֶּרֶךְ הַשֶּׁמָּא)	ascienda. asciendas, ascienda, asciendan.

קְבוּצָה II

פְּעָלִים הַמִּסְתַּיְּמִים בְּ־AR – ER – IR שֶׁהָאוֹת O שֶׁבַּהֲבָרָה שֶׁלִּפְנֵי הָאַחֲרוֹנָה מִשְׁתַּנָּה לְ־ue:

acostar: (הֹוֶה) acuesto, acuestas, acuesta, acuestan
(צִוּוּי) acuesta, acueste Vd., acuesten Vds.
(דֶּרֶךְ הַשֶּׁמָּא) acueste, acuestes, acueste, acuesten.

ascender: (הֹוֶה) absuelvo, absuelves, absuelve, absuelven
(צִוּוּי) absuelve, absuelva Vd., absuelvan Vds.
(דֶּרֶךְ הַשֶּׁמָּא) absuelva, absuelvas, absuelva, absuelvan.

dormir: (הֹוֶה) duermo, duermes, duerme, duermen
(צִוּוּי) duerme, duerma Vd., duerman Vds.
(דֶּרֶךְ הַשֶּׁמָּא) duerma, duermas, duerma, duerman.

קְבוּצָה III

פְּעָלִים אֲחֵרִים, הַמִּסְתַּיְּמִים בַּהֲבָרָה ACER, OCER, UCIR, מוֹסִיפִים z בֵּין אֵם־הַקְּרִיאָה הָאַחֲרוֹנָה שֶׁל הַשֹּׁרֶשׁ וְלָאוֹת c: conocer – הֹוֶה *conozco*; בְּדֶרֶךְ הַשֶּׁמָּא: *conozcan, conozca, conozcas, conozcamos, conozcais*.

פְּעָלִים cocer, escocer, torcer, מִשְׁתַּנָּה הָאוֹת o שֶׁל הַשֹּׁרֶשׁ בָּאוֹתִיּוֹת ue, כְּמוֹ acostar, וְהָאוֹת e שֶׁלִּפְנֵי a אוֹ o מִשְׁתַּנָּה לְ־z: הֹוֶה – *cuezo, cueces* וְכוּ'; דֶּרֶךְ הַשֶּׁמָּא – *cueza, cuezas, cueza*, וְכוּ'.

הַפְּעָלִים הַמִּסְתַּיְּמִים בַּהֲבָרוֹת ducir, כְּגוֹן: producir, reducir, traducir מַחֲלִיפִים אֶת הָאוֹת c בָּאוֹת j: conducir; עָבָר קָרוֹב – *condujeron – conduje, condujo*; דֶּרֶךְ הַשֶּׁמָּא – *conduzca, conduzcas, conduzca*, וְכוּ'; deducir; עָבָר קָרוֹב *dedujeron – deduje, dedujo*,; דֶּרֶךְ הַשֶּׁמָּא *deduzca, deduzcas, deduzca*, וְכוּ'.

קְבוּצָה IV

כַּמָּה פְּעָלִים, הַמִּסְתַּיְּמִים בַּהֲבָרָה IR וְיֵשׁ לָהֶם אוֹת e בַּהֲבָרָה לִפְנֵי הָאַחֲרוֹנָה, מַחֲלִיפִים אוֹתָהּ בְּ־ie: sentir; הֹוֶה: *siento, sientes, siente, sienten*; צִוּוּי – *siente*; דֶּרֶךְ הַשֶּׁמָּא: *sienta, sientas, sienta, sientan*. שֵׁם הַפֹּעַל: *sintiendo*; בֵּינוֹנִי פָּעוּל: *sentido*.

קְבוּצָה V

כַּמָּה פְּעָלִים, הַמִּסְתַּיְּמִים בְּ־IR וּבַהֲבָרָה שֶׁלִּפְנֵי הָאַחֲרוֹנָה יֵשׁ e, מִתְחַלֶּפֶת הָאוֹת e בְּ־i: pedir; הֹוֶה – *pido, pides, pide, piden*; צִוּוּי: *pide*; דֶּרֶךְ הַשֶּׁמָּא: *pidamos, pidais*; *pidan, pida, pidas, pida*, שֵׁם הַפֹּעַל: *pidiendo*; בֵּינוֹנִי פָּעוּל: *pedido*.

הַפְּעָלִים ceñir, reñir, teñir מַפְסִידִים גַּם אֶת הָאוֹת i בְּגוּף שְׁלִישִׁי בְּעָבָר קָרוֹב: *ciño*, *ciñeron*.

קְבוּצָה VI

הַפְּעָלִים הַמִּסְתַּיְּמִים בְּ־UIR מַחֲלִיפִים אֶת הָאוֹת i בְּ־y: argüir; הֹוֶה arguyen;
– arguyo, arguyes, arguye, צִוּוּי – arguye; דֶּרֶךְ הַשֶּׁמָּא: arguyais, arguyan;
arguya, arguyas, arguya, arguyamos, עָבָר קָרוֹב: argüisteis, arguyeron;
argüí, argüiste, arguyó, argüimos, שֵׁם הַפֹּעַל: arguyendo.

הַפְּעָלִים הַבָּאִים הֵם חֲסֵרִים:

Asir:	(הֹוֶה) asgo, ases, ase; asimos, asís, asen
	(דֶּרֶךְ הַשֶּׁמָּא) asga, asgas, asga; asgamos, asgáis. asgan
	(צִוּוּי) ase tú, asga él; asgamos, asid, asgan
Caber:	(הֹוֶה) quepo, cabes, cabe; cabemos, cabéis, caben
	(עָבָר קָרוֹב) cupe, cupiste, cupo; cupimos, cupimos, cupisteis. cupieron.
	(דֶּרֶךְ הַשֶּׁמָּא) quepa, quepas, quepas; quepamos, quepáis, quepan.
	(צִוּוּי) cabe tú. quepa él; quepamos, cabed, quepan.
Caer:	(הֹוֶה) caigo, caes, cae; caemos, caéis, caen.
	(עָבָר קָרוֹב) caí, caiste, cayó; caimos, caisteis, cayeron.
	(דֶּרֶךְ הַשֶּׁמָּא) caiga, caigas, caiga; caigamos, caigáis, caigan.
	(צִוּוּי) cae tú, caigamos, caed, caigan.
Decir:	(הֹוֶה) digo, dices. etc.
	(עָבָר קָרוֹב) dije, dijiste, dijo; dijimos, dijisteis. dijeron.
	(דֶּרֶךְ הַשֶּׁמָּא) diga. etc.
	(צִוּוּי) di tú, diga él, etc.
Erguir:	(הֹוֶה) yergo, yergues, yergue; erguimos, erguís, yerguen.
	(עָבָר קָרוֹב) erguí, erguiste, irguió; erguimos, erguisteis. irguieron.
	(דֶּרֶךְ הַשֶּׁמָּא) yerga, yergas, yerga; irgamos, irgáis, yergan.
	(צִוּוּי) yergue tú, yerga él; irgamos. erguid. yergan.
Errar:	(הֹוֶה) verro, yerras, yerra; erramos, erráis, yerran.
	(דֶּרֶךְ הַשֶּׁמָּא) yerre, uerres, yerre; erremos, erréis, yerren.
	(צִוּוּי) yerra tú, yerre él; erremos, errad, yerren.
Estar:	(הֹוֶה) estoy, estás, está; estamos, estáis. están.
	(עָבָר קָרוֹב) estuve, estuviste, estuvo; estuvimos, estuvisteis, estuvieron.
	(דֶּרֶךְ הַשֶּׁמָּא) esté, estés; estemos, estéis, estén.
	(צִוּוּי) está tú, esté él, etc.
Haber:	(הֹוֶה) he, has, ha; hemos, habéis, han.

(עָבָר קָרוֹב) hube, hubiste, hubo; hubimos, hubisteis. hubieron.
(דֶּרֶךְ הַשֶּׁמָּא) haya, hayas, haya; hayamos, hayáis, hayan.

Ir: (הֹוֶה) voy, vas, va; vamos, vais, van.
(עָבָר קָרוֹב) fui, fuiste, fué; fuimos, fuisteis, fueron.
(דֶּרֶךְ הַשֶּׁמָּא) vaya, vayas, vaya; vayamos, vayáis, vayan.
(צִוּוּי) ve, tu, vaya él; vayamos, vayáis, vayan.
(עָבָר) iba, ibas, iba; íbamos, ibais, iban.

Oler: (הֹוֶה) huelo, hueles, huele; olemos, oléis, huelen.
(דֶּרֶךְ הַשֶּׁמָּא) huela, huelas, huela; olamos, oláis, huelan.
(צִוּוּי) huele tú, huela él; olamos, oled, huelan.

Podrir: (הֹוֶה) pudro, pudres, pudre; podrimos, podris, pudren.
Pudrir: (עָבָר קָרוֹב) podrí, podriste, pudrió; podrimos, podristeis, pudrieron.
(צִוּוּי) pudre ti, pudra él; podramos, podrid, pudran.

Poner: (הֹוֶה) pongo, pones, pone; ponemos, ponéis, ponen.
(עָבָר קָרוֹב) puse, pusiste, puso; pusimos, pusisteis, pusieron.
(צִוּוּי) pon tú, ponga él; pongamos, poned, pongan.

Reir: (הֹוֶה) río, ríes, ríe; reimos, reís, ríen.
(עָבָר קָרוֹב) reí, reíste, rió; reímos, reisteis, rieron.
(דֶּרֶךְ הַשֶּׁמָּא) ría, ría, ría; riamos, riáis, rían.
(צִוּוּי) rie, tú, ría él; riamos, reid, rian.
(עָבָר) reía, reías, reía; reíamos, reíais, reían.

Saber: (הֹוֶה) sé, sabes, וכו.
(עָבָר קָרוֹב) supe, supiste, supo; supimos, supisteis, supieron.
(דֶּרֶךְ הַשֶּׁמָּא) sepa, sepas, sepa; sepamos, sepáis, sepan.

Satisfacer: (הֹוֶה) satisfago, satisfaces, satisface; satisfacemos, satisfacéis, satisfacen.
(עָבָר קָרוֹב) satisfice, satisficiste, satisfizo; satisficimos, satisficiste, satisficieron.
(צִוּוּי) satisfaz tú, satisfaga él; satisfamos, satisfaced, satisfagan.

Ser: (הֹוֶה) soy, eres, es; somos, sois, son.
(עָבָר קָרוֹב) fuí, fuiste, fué; fuimos, fuisteis, fueron.
(דֶּרֶךְ הַשֶּׁמָּא) sea, seas, sea; seamos, seais, sean.
(צִוּוּי) sé tú, sea él. וכו.
(עָבָר) era, eras, era; éramos, erais, eran.

Tener: (הֹוֶה) tengo, tienes, וכו.
(עָבָר קָרוֹב) tuve, tuviste, tuvo; tuvimos, tuvisteis. tuvieron.
(דֶּרֶךְ הַשֶּׁמָּא) tenga, tengas, tenga; tengamos, tengáis, tengan.

	(צִוּוּי) ten tú, tenga él, etc.
Traer:	(כְּמוֹ) caer
Venir:	(הֹוֶה) vengo, vienes, etc.
	(עָבָר קָרוֹב) vine, viniste, vino; vinimos, vinisteis, vinieron.
	(דֶּרֶךְ הַשֶּׁמָּא) venga, vengas, venga; vengamos, vengáis, vengan.
	(צִוּוּי) ven tú, venga él, etc.
Ver:	(הֹוֶה) veo, ves, ve. vemos, veis, ven.
	(עָבָר קָרוֹב) vi, viste, etc.
	(דֶּרֶךְ הַשֶּׁמָּא) vea, veas, vea; veamos, veais, vean.
	(צִוּוּי) veía, veías, veía, veíamos, veíais, veían.
Yacer:	(הֹוֶה) yazco, yazgo o yago; yaces, yace; yacemos, yacéis, yacen
	(דֶּרֶךְ הַשֶּׁמָּא) yazga o yazca.
	(צִוּוּי) yace tú o yaz.

הַפְּעָלִים tener, haber, ser, estar מְשַׁמְּשִׁים גַּם כִּפְעָלֵי עֵזֶר.

רְשִׁימַת הַפְּעָלִים הַחֲסֵרִים הַשְּׁכִיחִים

פֹּעַל	קְבוּצָה	פֹּעַל	קְבוּצָה	פֹּעַל	קְבוּצָה
Aborrecer	III	Agradecer	III	Asentir	IV
Abastecer	III	Aguerrir (פֹּעַל עָלוּל)	IV	Aserrar	I
Abstenerse	I	Alborecer	III	Asir (רְאֵה הֶעָרָה)	
Acaecer	III	Alentar	I	Asolar	II
Acertar	I	Almorzar	II	Asoldar	II
Acollar	II	Amolar	II	Asonar	II
Acontecer	III	Amollecer	III	Asosegar	I
Acordar	I	Amorecer	III	Atender	I
Acostar	II	Amortecer	III	Aterir	I
Acrecentar	I	Anochecer	III	Aterrar	I
Adherir	IV	Apacentar	I	Atestar	I
Adolecer	III	Aparecer	III	Atontecer	III
Adormecer	III	Apetecer	III	Atraer	I
Adquirir	IV	Apostar	II	Atravesar	I
Aducir	III	Apretar	I	Atribuir	IV
Advertir	IV	Aprobar	II	Atronar	II
Aferrar	I	Argüir	VI	Avenir	IV
Afluir	VI	Arrendar	I	Aventar	I
Afollar	II	Arrepentirse	I	Avergonzar	II
Aforar	II	Ascender	I	Bendecir	V
Aforar	II	Asentar	I	Blanquecer	III

פַּעַל	קְבוּצָה	פַּעַל	קְבוּצָה	פַּעַל	קְבוּצָה
Caber (רָאֵה הָעָרָה)		Contribuir	VI	Digerir	I
Caer (רָאֵה הָעָרָה)		Controvertir	I	Diluir	VI
Calentar	I	Convalecer	III	Discernir	IV
Canecer	III	Convertir	IV	Discordar	II
Carecer	III	Corregir	IV	Disminuir	VI
Cegar	I	Costar	II	Disolver	II
Ceñir	V	Crecer	II	Distribuir	VI
Cerner	I	Dar	II	Divertir	I
Cernir	IV	Decentar	I	Doler	II
Cerrar	IV	Decir (רָאֵה הָעָרָה)	V	Dormir	II
Cimentar	I	Deducir	III	Elegir	V
Circuir	VI	Defender	I	Embellecer	III
Clarecer	III	Deferir	I	Embermejecer	III
Cocer	II	Degollar	II	Embestir	V
Colar	II and III	Demolar	II	Emblandecer	III
Colegir	V	Demostrar	II	Embobecer	III
Comedirse	V	Denegar	I	Embosquecer	III
Comenzar	I	Denodarse	II	Embravecer	III
Competir	V	Denostrar	II	Embrutecer	III
Complacer	III	Dentar	I	Emparentar	I
Concebir	V	Derengar	I	Emperdernir (פַּעַל עָלוּל)	V
Concernir	I	Derretir	V	Empedrar	I
Concertar	I	Derrocar	II	Empellar	I
Concluir	VI	Derruir	VI	Empequeñecer	III
Concordar	II	Desbastecer	III	Empezar	I
Condescender	I	Descender	I	Emplastecer	III
Condolerse	II	Descollar	II	Emplumecer	III
Conducir	III	Descordar	II	Empobrecer	III
Conferir	I	Desertar	I	Empodrecer	III
Confesar	I	Desleir	V	Emporcar	II
Confluir	VI	Desmembrar	I	Enaltecer	III
Conocer	III	Desolar	II	Encallecer	III
Conseguir	V	Desollar	II	Encanecer	III
Consentir	I	Despertar	I	Encarecer	III
Consolar	VI	Desterrar	I	Encender	I
Constituir	VI	Destruir	VI	Encerrar	I
Constreñir	V	Desvergonzarse	II	Encomendar	I
Construir	VI	Dezmar	I	Encontrar	II
Contar	II	Diferir	IV	Encorar	II

קְבוּצָה	פֹּעַל	קְבוּצָה	פֹּעַל	קְבוּצָה	פֹּעַל
I	Hacendar	II	Entortar	II	Encordar
V	Hacer	III	Entristecer	II	Encornar
I	Heder	III	Entullecer	II	Encovar
I	Helar	III	Entumecer	III	Encrudecer
V	Henchir	III	Envanecer	III	Endurecer
I	Hender	III	Envejecer	III	Enflaquecer
V	Heñir	III	Enverdecer	III	Enfranquecer
I	Herir	V	Envestir	III	Enfurecer
I	Herrar	III	Envilecer	III	Engrandecer
I	Hervir	IV	Erguir (רְאֵה הָעָרָה)	V	Engreirse
II	Holgar	I	Errar (רְאֵה הָעָרָה)	II	Engrosar
II	Hollar	I	Escarmentar	III	Engrumecer
VI	Huir	III	Escarnecer	I	Enhestar
III	Humedecer	III	Esclarecer	I	Enlenzar
VI	Imbuir	II	Escocer	III	Enloquecer
VI	Incluir	II	Esforzar	I	Enmendar
III	Inducir	III	Establecer	III	Enmollecer
I	Inferir		Estar (רְאֵה הָעָרָה)	III	Enmudecer
I	Ingerir	I	Estregar	III	Ennoblecer
I	Inquerir	III	Estremecer	III	Enorgullecer
VI	Instituir	V	Estreñir	III	Enrarecer
VI	Instruir	VI	Excluir	III	Enriquecer
III	Introducir	V	Expedir	III	Enrobustecer
I	Invernar	I	Extender	II	Enrodar
V	Invertir	III	Fallecer	III	Enrojecer
V	Investir	III	Favorecer	III	Enronquecer
VI	Ir (רְאֵה הָעָרָה)	III	Fenecer	III	Enroñecer
II	Jugar	III	Florecer	III	Ensandecer
III	Languidecer	VI	Fluir	I	Ensangrentar
IV	Leer	II	Follar	III	Ensoberbecer
VI	Luir	III	Fortalecer	III	Ensordecer
II	Llover	II	Forzar	III	Entallecer
V	Maldecir	I	Fregar	I	Entender
I	Manifestar	V	Freir	III	Entenebrecer
V	Mantener	V	Gemir	III	Enternecer
III	Mecer	I	Gobernar	I	Enterrar
V	Medir	III	Guarecer	I	Entesar
I	Melar	III	Guarnecer	III	Entontecer
I	Mentar		Haber (רְאֵה הָעָרָה)	III	Entorpecer

פֹּעַל	קְבוּצָה	פֹּעַל	קְבוּצָה	פֹּעַל	קְבוּצָה
Mentir	I	Poner (רְאֵה הֶעָרָה)		Restribuir	VI
Merecer	III	Poseer	VI	Revejecer	III
Merendar	I	Preferir	IV	Reventar	I
Moblar	II	Preterir	IV	Reverdecer	III
Mohecer	III	Prevalecer	III	Revolcar	II
Moler	II	Probar	II	Robustecer	III
Morder	II	Producir	III	Rodar	II
Morir	II	Proferir	IV	Roer (פֹּעַל עָלוּל)	VI
Mostrar	II	Prostituir	VI	Rogar	II
Mover	II	Proveer	VI	Saber (רְאֵה הֶעָרָה)	I
Nacer	III	Quebrar	I	Salir	IV
Negar	I	Querer	I	Salpimentar	I
Negrecer	III	Raer (פֹּעַל עָלוּל)	VI	Sarmentar	I
Nevar	I	Reblandecer	III	Satisfacer (רְאֵה הֶעָרָה)	V
Obedecer	III	Recordar	II	Seducir	VI
Obscurecer	III	Recostar	II	Segar	I
Obstruir	VI	Recrudecer	III	Seguir	IV
Ofrecer	III	Referir	IV	Sembrar	I
Oir	VI	Regar	I	Sementar	I
Oler (רְאֵה הֶעָרָה)	II	Regimentar	I	Sentar	I
Oponer	VI	Regir	V	Sentir	I
Oscurecer	III	Regoldar	I	Ser (רְאֵה הֶעָרָה)	
Pacer	I	Reir (רְאֵה הֶעָרָה)	V	Serrar	I
Padecer	III	Rejuvenecer	III	Servir	V
Parecer	II	Relentecer	III	Sofreir	V
Pedir	V	Remanecer	III	Solar	II
Pensar	I	Remendar	I	Soldar	II
Perder	I	Rendir	V	Soler	II
Permanecer	III	Renovar	II	Soltar	II
Perniquebrar	III	Reñir	V	Sonar	II
Pertenecer	III	Repetir	V	Soñar	II
Pervertir	IV	Requebrar	I	Sonreir	V
Placer (פֹּעַל עָלוּל)	III	Requerir	IV	Sosegar	I
Plastecer	III	Rescontrar	II	Soterrar	I
Plegar	I	Resollar	II	Sugerir	I
Poblar	II	Resplandecer	III	Temblar	I
Poder	II	Restablecer	III	Tender	I
Podrir, Pudrir		Restituir	VI	Tener (רְאֵה הֶעָרָה)	I
(רְאֵה הֶעָרָה)		Restregar	I	Tentar	I

פֹּעַל	קְבוּצָה	פֹּעַל	קְבוּצָה	פֹּעַל	קְבוּצָה
Teñir	IV	Travesar	I	Verdecer	III
Torcer	II	Trocar	II	Vertir	IV
Tostar	II	Tronar	II	Vestir	V
Traducir	III	Tropezar	I	Volar	II
Traer (רְאֵה הֶעָרָה)	V	Tumefacerse	V	Volcar	II
Transferir	I	Valer(se)	IV	Volver	II
Trascender	I	Venir (רְאֵה הֶעָרָה)	IV	Yacer (רְאֵה הֶעָרָה)	III
Trascordarse	II	Ventar	I	Zaherir	I
Trasegar	I	Ver (רְאֵה הֶעָרָה)			

LIBROS RECOMENDADOS

- Todo Sobre La Bolsa: Acerca de los Toros y los Osos, Jose Meli

- Piense y Hágase Rico, Napoleon Hill

- El Sistema Para Alcanzar El Exito Que Nunca Falla, W. Clement Stone

- La Ciencia de Hacerse Rico, Wallace D. Wattles

- El Hombre Mas Rico de Babilonia, George S. Clason

- El Secreto Mas Raro, Earl Nightingale

- El Arte de la Guerra, Sun Tzu

- Cómo Gané $2,000,000 en la Bolsa, Nicolas Darvas

- Como un Hombre Piensa Asi es Su Vida, James Allen

- El Poder De La Mente Subconsciente, Dr. Joseph Murphy

- La Llave Maestra, Charles F. Haanel

- Analisis Tecnico de la Tendencia de los Valores, Robert D. Edwards - John Magee

- Como hablar bien en publico e influir en los hombres de negocios, Dale Carnegie

Disponibles en www.snowballpublishing.com

CPSIA information can be obtained
at www.ICGtesting.com
Printed in the USA
BVHW03s1705090518
515756BV00031B/540/P

9 781607 965077